statt 358 O. Schlemmer: Ein technischer Organismus. Bühnenkostümtyp, 1924.
lies Oskar Schlemmer: »Ein technischer Organismus«, 1924, Tuschzeichnung Bühnen Archiv Oskar Schlemmer, verschollen

statt 359 O. Schlemmer: Wandelnde Architektur, Bühnenkostümtyp, 1924.
lies Oskar Schlemmer: »Wandelnde Architektur, 1924, Tuschzeichnung Bühnen Archiv Oskar Schlemmer, verschollen

statt 362 links O. Schlemmer als »Tänzer türkisch« in Das Triadische Ballett, Stuttgart 1922/23.
lies Oskar Schlemmer: »Oskar Schlemmer als Tänzer türkisch. Das Triadische Ballett, Rosa Reihe«, 1922, überarbeitete Photographie Bühnen Archiv Oskar Schlemmer, Sammlung C. Raman Schlemmer.

statt 362 rechts Elsa Hötzel als »Rundrock« in Das Triadische Ballett, Stuttgart 1922/23.
lies Oskar Schlemmer: »Das Triadische Ballett, Gelbe Reihe, Grosser Rock«, 1926, Tänzerin Daisy Spies, Bühnen Archiv Oskar Schlemmer.

Photonachweis

statt 973 Theatersammlung der Universität Hamburg: **348, 356, 357 (u), 358 (u), 359 (u)**, 366 (l), 366 (r), 368 (o), 369 (u), 379 (l), 390 (l)
lies Nachweis entfällt ersatzlos.

statt 974 Autonomi, marionette e ballerine nel teatro d'avanguardi, Hrsg. v. C. Nasso u. S. Parini, Mailand 2000: 129, **350, 362 (r), 362 (l)**
lies Nachweis entfällt ersatzlos.

statt 975 Die Maler und das Theater im 20. Jahrhundert, Frankfurt a.M. 1986: 8, 54 (l), 55 (r), 60 (o), 64, 68 (u), 69 (u), 130, 131, 145, 146 (o), 147 (u), 155, 191, 212, 216, 223, 300, **354 (u)**, 551, 625 (u), 627, 717, 766, 773 (o), 779, 790 (o), 791(u), 823 (o), 832, 833 (u), 836 (l), 859 (u), 860, 861
lies Nachweis entfällt ersatzlos.

statt 973 Sammlung Familie Schlemmer 251, 352, 355
lies Bühnen Archiv Oskar Schlemmer, Sammlung U. Jaïna Schlemmer und Photo Archiv
C. Raman Schlemmer, Oggebbio, Italien, für alle Werke von Oskar Schlemmer

Copyrighthinweis

statt 973 Sammlung Familie Schlemmer 251, 352, 355
lies © 2003, Für alle Werke von Oskar Schlemmer:
Bühnen Archiv Oskar Schlemmer, IT – 28 824 Oggebbio (VB), Italien
Photo Archiv C. Raman Schlemmer, Oggebbio:
251, 348, 350, 351 (u), 352 (o), 352 (u), 353, 354 (o), 354 (u) , 355, 356, 357 (u), 358 (u), 359 (u), 362 (l), 362 (r), 363, 451. (Die Abbildungen von Werken Oskar Schlemmers stammen nicht von Original-Abbildungsvorlagen. Die Farben stimmen nicht authentisch mit den Originalen von Oskar Schlemmer überein.)

Errata und Addenda zu Manfred Brauneck, Die Welt als Bühne, Band 4. Verlag J. B. Metzler. Stuttgart, 2003.

Bedauerlicherweise haben sich in die Bildunterschriften, in die Photonachweise und in die Copyrighthinweise die folgenden Fehler eingeschlichen.

Bildunterschriften

statt 251	O. Schlemmer: Mensch im Raum. Bauhaus-Bühne, Weimar 1924.
lies	Oskar Schlemmer: »Figur im Raum«, Bauhausbühne Dessau, 1926/27, Tänzer Werner Siedhoff, Bühnen Archiv Oskar Schlemmer
statt 348	Figurinen-Plan von Oskar Schlemmer für Das Triadische Ballett, 1926.
lies	Oskar Schlemmer: »Das Triadische Ballett: Figurenplan«, 1926, Aquarell und Tusche auf Papier
statt 350	O. Schlemmer: Das Triadische Ballett, 1922. Figurine: Taucher.
lies	Oskar Schlemmer: »Das Triadische Ballett, Gelbe Reihe, Taucher«, 1922, Figurine auf Trägerfigur, Bühnen Archiv Oskar Schlemmer, Sammlung C. Raman Schlemmer
statt 352	O. Schlemmer: Lichtspiel mit Projektion und Transparenz. Bauhausbühne, Dessau 1926. Photograph: Lux Feininger.
lies	Oskar Schlemmer: »Lichtspiel mit Projektion und Transparenz«, 1926/27, Tänzer Werner Siedhoff, Photograph: Lux Feininger Bühnen Archiv Oskar Schlemmer
statt 353 links	O. Schlemmer: Treppenwitz. Bauhausbühne Dessau 1927. Andreas Weininger als Musikalischer Clown.
lies	Oskar Schlemmer: »Treppenwitz«, Bauhausbühne Dessau 1927. Links: Andreas Weininger als Musikalischer Clown, Oskar Schlemmer Mitte Bühnen Archiv Oskar Schlemmer
statt 354 oben	O. Schlemmer: Stäbetanz. Bauhausbühne, Dessau 1928.
lies	Oskar Schlemmer: »Stäbetanz«, Bauhaustanz, Bauhausbühne Dessau, 1928/29, Tänzerin Amanda von Kreibig Bühnen Archiv Oskar Schlemmer
statt 354 unten	Drahtkostüm für Das Triadische Ballett von O. Schlemmer, 1922.
lies	Oskar Schlemmer: »Das Triadische Ballett, Schwarze Reihe, Drahtfigur«, 1922 Bühnen Archiv Oskar Schlemmer, Sammlung C. Raman Schlemmer
statt 355	O. Schlemmer: Metalltanz. Bauhausbühne, Dessau 1929.
lies	Oskar Schlemmer: »Metalltanz« Bauhaustanz, Bauhausbühne Dessau, 1929,Tänzerin Karla Grosch Bühnen Archiv Oskar Schlemmer
statt 356	O. Schlemmer: Entmaterialisierung, Oskar Schlemmer: »Bühnenkostümtyp«, 1924.
lies	Oskar Schlemmer: »Die Zeichen im Menschen. Entmaterialisierung«, 1924, Tuschzeichnung Bühnen Archiv Oskar Schlemmer, Sammlung UJS
statt 357	O. Schlemmer: Die Gliederpuppe. Bühnenkostümtyp, 1924.
lies	Oskar Schlemmer »Die Gliederpuppe«, 1924, Tuschzeichnung Bühnen Archiv Oskar Schlemmer, Sammlung UJS

DIE WELT ALS BÜHNE

Manfred Brauneck

DIE WELT ALS BÜHNE

Geschichte des europäischen Theaters

Vierter Band

Verlag J.B. Metzler
Stuttgart · Weimar

Bibliografische Information Der Deutschen Bibliothek
Die Deutsche Bibliothek verzeichnet diese Publikation in der Deutschen Nationalbibliografie; detaillierte bibliografische Daten sind im Internet über <http://dnb.ddb.de> abrufbar.

Gesamtwerk
ISBN 3-476-00916-5

Bd. 4 2003
ISBN 3-476-01616-1

www.metzlerverlag.de
info@metzlerverlag.de

Einbandgestaltung: Willy Löffelhardt unter Verwendung eines Bühnenbildentwurfs von Giacomo Balla, 1915
Satz: Typomedia GmbH, Ostfildern
Druck: Stürtz AG, Würzburg

Printed in Germany

Juni/2003
Verlag J. B. Metzler Stuttgart · Weimar

INHALT

DAS EUROPÄISCHE THEATER IN DER ERSTEN HÄLFTE DES 20. JAHRHUNDERTS

Vorwort

Am Ende der ersten Hälfte des 20. Jahrhunderts war eine Entwicklung des europäischen Theaters zum Abschluß gekommen, während der wesentliche ästhetische und theaterkulturelle Konventionen ihre Verbindlichkeit verloren haben. Eingesetzt hatte dieser Prozeß in den beiden Jahrzehnten um 1900. Er verlief in den Avantgardebewegungen Frankreichs, Italiens und Rußlands mit größerer Rasanz als in anderen Ländern, in denen diese Entwicklung etwas verspätet in Gang kam; so etwa in Deutschland und in England. In Deutschland spielte dabei die dominante Stellung, die der Traditionsbewahrer Max Reinhardt im Theaterleben dieses Landes einnahm, eine besondere Rolle. Zudem stellte das für die deutsche Theaterkultur so typische Insistieren auf einer aufklärerischen Wirkung der Bühne, gar als »moralische Anstalt«, gegenüber ästhetischen Innovationen eher ein hemmendes Moment dar, vor allem gegenüber den abstrakt-verspielten Experimenten der Avantgarde, die solche Botschaften nicht mehr zuließen. In England schirmten ein Hang zum Empiristischen und unternehmerischer Geschäftssinn die Theater vor allzu umstürzlerischen Experimenten weitgehend ab. Sonderwege gingen einige Länder Nordost- und Südosteuropas, in denen die Professionalisierung des Theaterwesens erst um 1900 zum Abschluß gekommen war. Dort hatte sich der in diesen Regionen im 19. Jahrhundert so innovative Impuls der Nationaltheaterbewegung zu Beginn des 20. Jahrhunderts politisch weitgehend überlebt. Insgesamt also war die Entwicklung des europäischen Theaters in diesem Zeitraum weniger durch Kontinuität als durch Brüche und Ungleichzeitigkeiten geprägt.

Diese erste Hälfte des 20. Jahrhunderts war eine Periode zunächst der Reformen, bald aber der Revolten und der Grenzüberschreitungen, der totalen Öffnung des Experimentierens im künstlerischen wie im soziologischen Raum. Das von dem Wiener Theaterarchitekten Friedrich Kiesler stammende Diktum »Die Kulisse explodiert« (1924) mag als Metapher für die experimentelle Dynamik in diesem Zeitraum dienen. In ihm wurde eine kaum überschaubare Fülle neuer theatraler Konzepte entworfen und erprobt, deren Radikalität und Inspirationskraft das künstlerische Medium wie die soziale Institution Theater geradezu revolutionierten. Ein vergleichbarer Prozeß vollzog sich im Bereich der Dramaturgien, der literarischen wie der nicht-literarischen. Im spannungsvollen Dialog dazu kultivierten Regisseure wie Stanislavskij und Max Reinhardt ihr Theater der realistischen Menschengestaltung und der illusionistischen Verzauberung und setzten damit europaweit Maßstäbe. Mitte der zwanziger Jahre drängten Inhalte und Botschaften wieder verstärkt auf die Bühne, die das Theater »zeitgemäßer« erscheinen ließen; eine Hinwendung zur »Sachlichkeit« und im Einklang mit dem Zeitgeist dieser Roaring Twenties. Der experimentelle Elan dieser Jahre erfaßte auch die Freie Tanzbewegung. Nun vollends als eigenständige Kunstform durchgesetzt, fächerte sich diese Szene in eine Vielzahl künstlerischer und weltanschaulich getönter Richtungen und Schulen auf. Der enorme wissenschaftliche Fortschritt, der zwischen den beiden Weltkriegen stattfand, ließ ein Lebensgefühl aufkommen, das suggerierte, die Welt wäre »neu« erfunden worden. Die Künste reagierten darauf mit einem Pluralismus der Stile und einer immensen Produktion von Manifesten. Bald aber befand sich auch das

Theater im Strudel der politischen Entwicklungen der dreißiger Jahre, in denen Europa auf die größte Katastrophe seiner bisherigen Geschichte zusteuerte.

Dennoch: Die Positionen der Moderne waren nicht mehr zurückzunehmen. Als »entartet« oder »formalistisch« diffamiert, hielten sie selbst staatsterroristischem Druck stand und stellten die Grundlagen bereit für die Entwicklungen des Theaters in der zweiten Jahrhunderthälfte. So hatten die ersten europaweiten Theaterbewegungen nach dem Zweiten Weltkrieg, das Theater des Absurden in den fünfziger und das politische Theater der sechziger Jahre, unmittelbare Vorläuferschaften in den zwanziger und dreißiger Jahren. Gleiches gilt für die sich auch durch die zweite Hälfte des Jahrhunderts hinziehende Auseinandersetzung mit den Werken der Klassiker auf der zeitgenössischen Bühne, ein zentrales Problem der europäischen Theaterkultur. »Werktreue« oder »Aktualisierung«: damit waren die – von London bis Berlin – kontrovers diskutierten Standpunkte bezeichnet. Aufgenommen wurde in der zweiten Jahrhunderthälfte auch die Auseinandersetzung mit den drei großen, in den zwanziger und dreißiger Jahren entwickelten Theatermodellen: dem psychologisch verfeinerten Realismus Stanislavskijs, der grenzgängerischen Theatervision Antonin Artauds und dem epischen Theater Bertolt Brechts. Deren weltweite Wirkungsgeschichte entfaltete sich vor allem in den fünfziger, sechziger und siebziger Jahren.

Zu dem Zusammenspiel von Bühnenkunst und dramatischer Dichtung, das die Entwicklung des europäischen Theaters von seinem Beginn an vorangetrieben hatte, kam im ersten Drittel des 20. Jahrhunderts eine neue Form des Zusammenwirkens von Theater und bildender Kunst. Die Bühne wurde nun auch zum Raum bildnerischen Experimentierens. Die Maler und Architekten entwarfen nicht nur den szenischen Aktionsraum für das Bühnenereignis, sondern erschlossen den Regisseuren und Choreographen aus der Imaginationskraft ihres Mediums neue Ausdrucksmöglichkeiten. Mitunter waren dies Raumschöpfungen, die die tradierten Vorstellungen von Theater und Bühne aufbrachen und diese einer gänzlich neuen Wahrnehmung aussetzten. Edward Gordon Craig und Adolphe Appia hatten in den Anfangsjahren des 20. Jahrhunderts die Vorbilder geliefert. Aber nicht nur der Raum des Theaters wurde in experimentellen Projekten neu erforscht und erweitert, auch der Schauspieler wurde an die Grenzbereiche seiner Ausdrucksmöglichkeiten herangeführt, in seiner psychischen Erlebnisfähigkeit wie als Körperwesen. Der Tänzer und die Marionette, ja die Ästhetik der Maschinen wurden zeitweise als die Ideale vollkommener Bewegung gefeiert. Abstrakte Spielanordnungen – »Triadisches Ballett«, »Bühnensynthese« oder auch nur »Klang« – waren die neuen theatralen Genres, die an die Stelle von (literarischen) Geschichten traten, wie sie auf der Bühne seit jeher erzählt worden waren. Aber auch als politisch engagierter, Partei nehmender Künstler wurde der Schauspieler in diesen Jahrzehnten wie nie zuvor in der Geschichte des Theaters gefordert – und verfolgt.

Der Dynamik und der Vielfalt des künstlerischen Experimentierens entsprach durchaus auch die Erweiterung der Vorstellungen vom Theater als einer sozialen öffentlichen Institution. Gerade in dieser Hinsicht hatte das Theater in einer Zeit weitreichender Veränderungen des gesellschaftlichen und kulturellen Lebens seinen Ort neu zu bestimmen. Vor diesem Hintergrund wurde das Verhältnis von Bühne und Publikum in allen nur denkbaren Konstellationen und

Versuchsanordnungen durchgespielt. Deren Spektrum reichte vom intimen Kammerspiel bis zu Formen der Großrauminszenierungen, von der Integration der Zuschauer in eine kompakte Spiel-Raum-Situation, in der die Trennung von Spielern und Zuschauern tendenziell aufgehoben war, bis zur Theatralisierung öffentlicher Räume.

»Theater der Zukunft« war die gemeinsame Perspektive aller Reformprojekte um 1900. Am Ende des 20. Jahrhunderts ist freilich zu fragen gewesen, ob dies die »Zukunft« war, die sich diese Reformer erträumt hatten. Für die Theaterexperimente der zwanziger und dreißiger Jahre lautete das Schlagwort, das Zeitgenossenschaft signalisieren sollte: »Totales Theater«. Der darin angelegte Gestus suggestiver Überwältigung ließ im Jahrhundert der Totalitarismen bald auch eine politische Variante »totalen Theaters« aufkommen: die Theatralisierung des Politischen, wie sie in faschistischen Massenveranstaltungen oder den Agitationsszenarien des sowjetrussischen Proletkults stattfand.

Drei spezifische Entwicklungen, die in der ersten Hälfte des 20. Jahrhunderts – auf unterschiedlichen Problemfeldern –, stattgefunden haben, sind hervorzuheben, da durch sie grundlegende Veränderungen für das Theater eingeleitet wurden. Es sind dies: das neue Verständnis von Regie, insbesondere von der Stellung des Regisseurs im Prozeß der Inszenierungsarbeit; – ein verändertes Verhältnis des Theaters gegenüber der Sphäre des Politischen, verursacht durch seine Inanspruchnahme von politischen Gruppierungen und Parteien, vor allem aber durch Zensur und ideologische Reglementierung des Theaterwesens durch die diktatorischen Regime dieses Jahrhunderts; – schließlich die dem Theater aufgezwungene Auseinandersetzung mit dem Film und den in diesem Zusammenhang stattfindenden Veränderungen des tradierten kulturellen Gefüges europäischer Prägung, in dem das Theater stets eine exponierte Rolle eingenommen hatte. Die Brisanz dieser Problematik sollte sich vor allem gegen Ende der zweiten Jahrhunderthälfte erweisen.

Kennzeichnend für diese Periode ist aber auch, daß in den Jahrzehnten, die durch die beiden Weltkriege, durch Revolutionen, nationale und soziale Erschütterungen von epochalem Ausmaß ihr geschichtliches Profil erhalten haben, das Theater als Ort des gesellschaftlichen und nationalen Wertediskurses noch einmal eine große Zeit hatte; gewiß auch mißbraucht zu Agitation und Propaganda, aber eben auch kämpferisches Forum von Aufklärung und Widerstand in den dunklen Jahren dieser Epoche.

In der Darstellung der künstlerischen Entwicklung des Theaters wurde dem experimentellen Bereich besondere Aufmerksamkeit gewidmet, da in dieser Sphäre Theatralitätskonzepte entworfen wurden, die – auch wenn deren inszenatorischen Realisierungen im Gesamtbild des Theaterlebens nur marginale Ereignisse gewesen sein mögen – von erheblicher Signifikanz für die den Zeitgeist bestimmenden künstlerischen, mentalitätsgeschichtlichen aber auch modischen Trends waren. Beispielhaft dafür ist die über Jahrzehnte anhaltende Faszination an den Entwicklungen der modernen Technik, die Faszination am Mechanischen, am Technizistisch-Konstruktiven und deren geradezu enthusiastische Adaption in der Bühnenästhetik. Was davon dauerhaft die Gestaltungsmöglichkeiten der Szenographie erweitert hat, waren vor allem Experimente mit dem Licht als einem eigenständigen, Raum schaffenden und szenische Räume interpretierenden Medium.

So war das europäische Theater in der ersten Hälfte des 20. Jahrhunderts sicherlich mehr als in früheren Perioden seiner Geschichte durch ein Nebeneinander und eine Vielfalt unterschiedlichster ästhetischer Richtungen, Konzepte und Stile geprägt, in denen sich nicht nur die Dynamik des Experimentierens, sondern auch eine Aufsplitterung, ja der Zerfall des kulturellen Konsenses der Gesellschaften manifestierte. Mehrfach wurde in dieser Periode versucht, durch politisch-dirigistische Maßnahmen, Terror und Verfolgung spezifische künstlerische Entwicklungen zu unterdrücken. Auf Dauer sind diese Versuche fehlgeschlagen. Die erste Hälfte des 20. Jahrhunderts war deswegen auch eine Zeit der erzwungenen Emigrationsbewegungen. Zudem gab es in vielen Ländern Europas politische Konstellationen, durch die Austausch und Begegnung über die nationalen Grenzen hinweg – ein essentielles Merkmal des europäischen Theaters während seiner gesamten Geschichte – gewaltsam verhindert, Länder über Jahrzehnte von internationalen Entwicklungen abgeschottet wurden.

Wie bei den bereits vorliegenden Bänden dieser Theatergeschichte habe ich auch für diesen vierten Band bewährten Helfern zu danken, deren Korrekturarbeiten für mich unentbehrlich waren. Dieser Dank gilt in erster Linie Edgar Krämer, Wolfgang Beck, Martin Franzbach und Michaela Giesing, aber auch Barbara Müller-Wesemann und meiner Frau als der ersten kritischen Leserin des Manuskripts. Werner Schulze-Reimpell habe ich darüber hinaus für viele hilfreiche Gespräche über diesen so weitläufigen Gegenstand zu danken. Das Bildarchiv hat Brenda Steinecke betreut; auch die Bildlegenden wurden von ihr vorbereitet. Insbesondere bei den redaktionellen Abschlußarbeiten war sie eine engagierte, umsichtige Mitarbeiterin. Wolfgang Beck hat die Bibliographie und die Register bearbeitet. Die Schreibarbeiten hat Marga Singer ausgeführt. Bei ihr bedanke ich mich für die Sorgfalt und Geduld, die sie für meine handschriftlichen Manuskripte aufgebracht hat. Mein Dank richtet sich auch an alle Mitarbeiterinnen der Hamburger Theatersammlung, an die Fotostelle der Universität Hamburg und alle Archive und Fotografen, die Abbildungen zur Verfügung gestellt und die Erlaubnis zur Reproduktion gegeben haben. Dem J.B. Metzler Verlag, vor allem Bernd Lutz, schulde ich Dank für das Vertrauen und die Großzügigkeit, die ich bisher bei der Realisierung dieses umfänglichen Publikationsprojekts erfahren habe; Antje Wachsmann danke ich für die stets gute Zusammenarbeit bei der Gestaltung des Buches.

Hamburg, im Dezember 2002 Manfred Brauneck

DAS EUROPÄISCHE THEATER IN DER ERSTEN HÄLFTE DES 20. JAHRHUNDERTS

Das französische Theater: vom Beginn des Ersten Weltkriegs bis zum Ende der Dritten Republik

Einleitung

»Ein zu Boden fallendes Taschentuch kann dem Dichter der archimedische Punkt sein, von dem er eine ganze Welt in Bewegung setzt ...«

(Guillaume Apollinaire: *L'esprit nouveau et les poètes.* 1917)

»Heutzutage hält echte Kunst es mit der sozialrevolutionären Aktivität: gleich dieser trachtet jene, die kapitalistische Gesellschaftsordnung in Verwirrung zu stürzen und zugrunde zu richten.«

(André Breton, 1925)

Kubismus und der Surrealismus waren in ihren bildnerischen Manifestationen wie in den theoretischen Diskursen, die die künstlerische Arbeit begleiteten, die herausragenden Beiträge Frankreichs zur Entwicklung der Kunst im ersten Drittel des 20. Jahrhunderts. Sie schufen auch für das Theater ein Klima der Innovationen und der »Revolten«. Zudem kam es zu einer Zusammenarbeit der Maler mit dem Theater, die eine neue Qualität in die Bühnenästhetik brachte. Beide Richtungen, Kubismus und Surrealismus, besetzten – auch im europäischen Kontext – wesentliche Positionen innerhalb des Spektrums der künstlerischen Avantgarde: Der Kubismus vollzog die endgültige Lösung, die Abstraktion, vom Vorbild der Natur. Der Surrealismus erweiterte den Raum der Kunst über das Herrschaftsterrain der Logik hinaus und versuchte in einem zweiten Entwicklungsschritt Anschluß zu finden an die sozialrevolutionären Kämpfe der Zeit. In beiden Bewegungen reflektierte sich aber auch eine epochale Zäsur in der Geschichte dieses Zeitraums. Es war das Ende der Belle Epoque, mit der nicht nur eine entspannt-saturierte bürgerliche Lebensform unterging, sondern auch die sie ermöglichende Haltung der inneren Konfliktverdrängung. In Frankreich erzwang diese Entwicklung eine Neugruppierung der weltanschaulichen Lager. Zudem kamen in diesen Jahrzehnten neue politische Bewegungen rechts- und linksextremer Provenienz auf, die den Verlauf der Geschichte dieses Jahrhunderts entscheidend prägen sollten. Das französische Theater freilich blieb davon jedoch weitgehend unbeeinflußt. Darin

Ch. Bérard: Kostümentwürfe zu Renauld et Armide *von J. Cocteau, 1943*

M. Georges-Michel: Uraufführung von Parade *im Théâtre du Châtelet, Gemälde von 1917. v.l.n.r.: Marie Laurencin, Diaghilev, Misia Edwards, Erik Satie, Pablo Picasso, Jean Cocteau und Michel Georges-Michel. Publikumstumulte im Parkett und in den Rängen*

unterschieden sich die Verhältnisse in Frankreich wesentlich von denen in Ländern wie Italien, Deutschland, Spanien oder Rußland, wo das kulturelle Leben massiv reglementiert wurde durch die ideologische Doktrin der politischen Führung und eine darin begründete Kulturpolitik. Die beiden Weltkriege, an deren Ende Frankreich jeweils auf der Siegerseite stand – auch wenn es dabei zum Zusammenbruch der Dritten Republik gekommen war –, beeinträchtigten dennoch auch das Theaterleben in diesem Lande. Das offizielle Ende der Dritten Republik, die 1870, mitten im Deutsch-Französischen Krieg, ausgerufen worden war, stellte die Unterzeichnung des Waffenstillstands mit Deutschland am 22. Juni 1940 dar.

Die Entwicklung dieser Endphase verlief in folgenden Schritten: Unmittelbar

Jean Cocteau in der Rolle des Heurtebise im Théâtre d'Orphée, Paris 1927

Antonin Artaud in der Hauptrolle seines Stückes Les Cenci. *Théâtre Folies-Wagram, Paris 1935*

nach dem Ende des Ersten Weltkriegs, in den »années folles«, bahnte sich eine Eskalation der angestauten sozialen und weltanschaulichen Konflikte innerhalb der französischen Gesellschaft an. Für diese Krisenstimmung war die Finanz- und Betrugsaffäre (1933/34) um den Bankier Alexandre Stavisky mit den dadurch in Paris ausgelösten Straßenschlachten linker und rechter Gruppierungen das grellste Symptom. (vgl. J. Grimm 1991, 306) Auch wenn es als Folge dieser Auseinandersetzungen der Front Populaire noch einmal gelang, eine breite Gegenbewegung zu den faschistischen, antisemitischen und antirepublikanischen Kräften zu mobilisieren, so war doch das System der Dritten Republik in seinen sozialen und ideologischen Fundamenten destabilisiert. Die französischen Künstler und Intellektuellen, die diese Vorgänge von beiden Lagern aus kommentierten, reklamierten nun auch für Kunst und Literatur einen neuen gesellschaftlichen Bezug. Ihnen ging es darum, einen radikalen Bruch zu manifestieren gegenüber dem Ästhetizismus der Jahrhundertwende, der die Trennung von Kunst und Leben so sehr kultiviert hatte.

Das Theater nahm an dieser Entwicklung zunächst nur am Rande teil. Nach einer Phase sich geradezu überstürzenden Experimentierens in den zwanziger Jahren kennzeichnet die folgende Periode, die der dreißiger und vierziger Jahre, eine Wende zum Traditionalismus; ein Vorgang, der tendenziell auch in anderen Ländern zu beobachten war.

War es für das Theater in der ersten Hälfte des 20. Jahrhunderts generell ein Problem, ein entspanntes Verhältnis zu der sprunghaft expandierenden Ent-

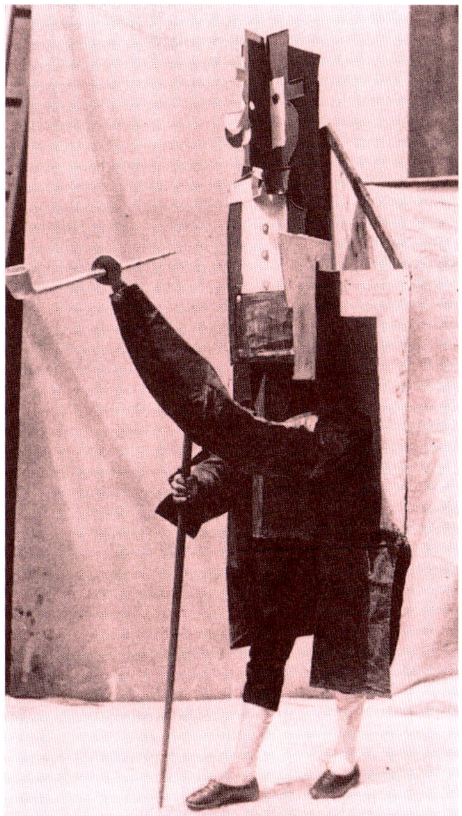

Louis Jouvet als Docteur Knock in J. Romains gleichnamigem Stück. Comédie des Champs-Élysées, Paris 1923

Léon Woizikowski als Manager im Frack in Parade. *Ballets Russes, Théâtre du Châtelet, Paris 1917*

wicklung des Films und zur Kinokultur als einer konkurrierenden Sphäre im Unterhaltungsgewerbe zu finden, so betraf das die Pariser Theater in besonderem Maße. Dort nämlich war mit dem Unternehmen von Charles Pathé das erste europäische Filmimperium gegründet worden, das mit seiner immensen Produktion in aller Welt präsent war. (vgl. J. Toeplitz I 1975, 47 ff) Das Jahr 1908 stellte in der Entwicklung dieses neuen Mediums eine Zäsur dar. War das Kino bis dahin eine Form plebejischer Jahrmarktvergnügungen gewesen, so sollte nun ein neues Publikum – letztlich auch das Theaterpublikum – für das Kino gewonnen werden. Es war dies die Geburtsstunde des »film d'art«, der sich das Theater zum Vorbild nahm. So fand schließlich auch die erste Produktion dieser neuen Richtung unter Mitwirkung der Académie Française und der Comédie Française statt. Auf deren Bühne wurde das Stück *L'Assassinat du Duc de Guise* (Die Ermordung des Herzogs von Guise) von dem prominenten Komödienautor Henri Lavedan inszeniert. Der Komponist Camille Saint-Saëns schuf dazu die Musik. Damit war der Film in eine unmittelbare, eine konkurrierende Nähe zum Theater gerückt. Kassenerfolge wurden diese Produktionen, die sich so direkt am Theater orientierten, freilich nicht. Auch die berühmten Bühnenstars, die an diesen Filmen mitgearbeitet hatten, konnten dort ihre Erfolge von der Bühne nicht annähernd fortsetzen. Selbst so herausragende Künstlerinnen wie Sarah Bernhardt scheiterten bei dem Versuch, eine Karriere im Filmgeschäft aufzubauen.

Diese Orientierung des Films am Theater fand zwar nicht die erwünschte

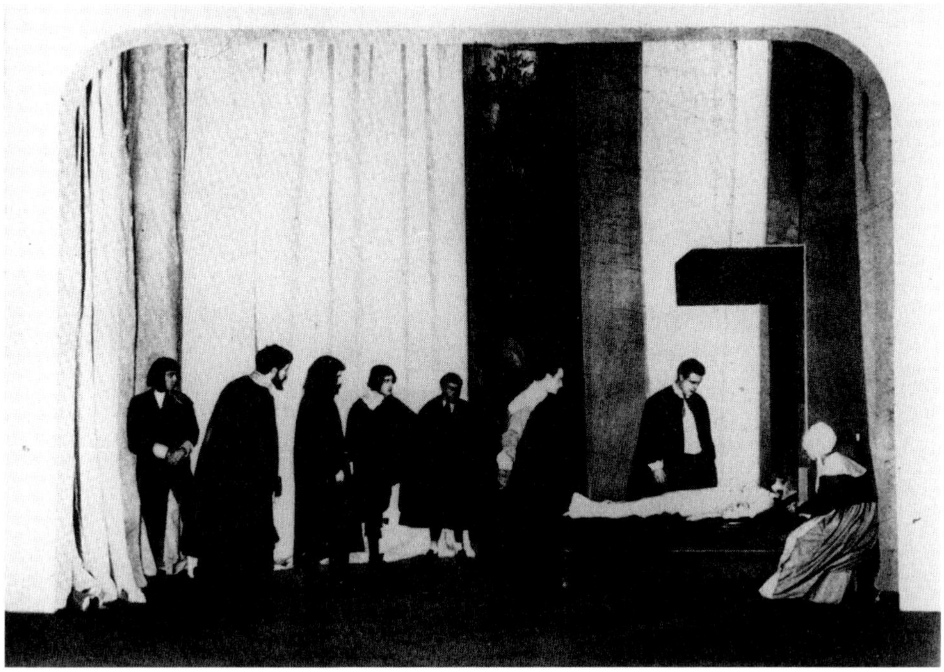

Th. Heywood: Une Femme tuée par la douceur. *R.: J. Copeau. B.: F. Jourdain. Théâtre du Vieux-Colombier, Paris 1913*

Resonanz beim Publikum, dennoch hatte das Kino seitdem einen Platz in der kulturellen Sphäre erobert, hatte den Schritt aus dem Wandergewerbe und dem Café-Haus- und Jahrmarktsmilieu heraus geschafft. Bereits 1909 kam eine Verfilmung von Zolas *L'Assommoir* heraus, die künstlerisch einen wesentlichen Fortschritt gegenüber dem ersten »Kunstfilm« von 1908 darstellte. Regisseur war Albert Capellani (1870–1931), der als Schauspieler im Théâtre Libre von Antoine, dann im Ensemble von Firmin Gémier engagiert war. Capellani verstand es, die Idee der naturalistischen Milieu- und Menschendarstellung im filmischen Medium zu verwirklichen und dabei doch alles Theaterhafte zu vermeiden. Damit aber hatte das Theater endgültig seine Stellung als das perfekte Illusionsmedium verloren. Zudem war dadurch eine Entwicklung eingeleitet, die das Theater auch zunehmend aus seiner Rolle als Unterhaltungseinrichtung für breite Bevölkerungsschichten verdrängte. Die Frage, ob das Kino eine Konkurrenz für das Theater darstellt und dieses gar in seiner Existenz gefährden könnte, wurde seither immer wieder – und von Seiten der Theaterdirektoren nur zu oft mit geradezu hektischer Aufgeregtheit – diskutiert. Mit dem verstärkten Auftreten der amerikanischen Filmindustrie auf dem europäischen Markt in den zwanziger und frühen dreißiger Jahren kam es europaweit zu einer Verschärfung dieser Problematik.

Von der im Jahre 1925 in Paris stattfindenden Weltausstellung ging für die Theaterentwicklung ein innovativer Impuls besonderer Art aus. Im Rahmen dieses Unternehmens wurde die »Internationale Theaterausstellung« eingerichtet. Für diese Ausstellung wurde ein eigener Theaterbau errichtet. August Perret konzipierte dafür in einem ersten Entwurf ein Theater – ein »Laboratorium« nannte er es –, das weitgehend schon der Idee eines »Totaltheaters« entsprach, für das Walter Gropius und Erwin Piscator in Deutschland zwei Jahre später,

L. Pirandello: Chacun savérité. *R.: Ch. Dullin. Théâtre de l'Atelier, Paris 1924*

1927, ebenfalls Baupläne vorlegten. (vgl. Kap.: Theaterentwicklung in der Weimarer Republik) Auch in Perrets Entwurf waren – wie in dem Projekt von Gropius – die Positionen von Zuschauerplätzen und Bühne vielfältig veränderbar. Der in Paris realisierte Bau fiel zwar deutlich konventioneller aus, hatte jedoch auch eine dreiteilige Bühne, die drei Spielsituationen simultan ermöglichte. Neben den führenden französischen Regisseuren Lugné-Poë, Copeau, Jouvet, Baty und Rouché waren Max Reinhardt und Vsevolod Mejerchol'd für das Programm verantwortlich. Es wurde eine beeindruckende Leistungsschau aller Richtungen der Bühnenästhetik dieser Jahre. (vgl. D. Pauly 1995, 22ff)

In der Entwicklung des französischen Theaters kam es aber erst Mitte der vierziger Jahre zu einem grundsätzlicher ansetzenden Neubeginn. Eine junge Generation von Regisseuren stellte sich gegen den poetischen Klassizismus, zu dem sich die Reformprojekte der ersten Jahrzehnte des 20. Jahrhunderts im Laufe der Jahre verfestigt hatten. Einen entscheidenden Beitrag für diese Erneuerung des französischen Theaters leisteten vor allem die Autoren des absurden Theaters, insbesondere Ionesco und Beckett, aber auch Jean-Paul Sartre mit seinem Konzept eines »théâtre de situation«. Diese neuen Stücke waren es, die nun auch eine neue Richtung in der Bühnenästhetik und im Schauspielstil durchsetzen ließen.

Das Theaterwesen in der zweiten Hälfte der Dritten Republik (1910–1940)

Daß Paris das Zentrum des französischen Theaterlebens war, unstrittig auch künstlerisches Vorbild für das Theater in der Provinz, galt – wie in der gesamten Geschichte des französischen Theaters – auch für die drei Jahrzehnte der zweiten Hälfte der Dritten Republik. Was die institutionellen Rahmenbedingungen betraf, so hatten sich bereits in den Jahren vor 1900 jene strukturellen Veränderungen durchgesetzt, die auch für das frühe 20. Jahrhundert richtungweisend blieben. (vgl. Bd. III, Kap.: Jahrhundertwende 1900/Frankreich) Neben den Bollwerken der Tradition, an der Spitze die Comédie Française, und einigen Privattheatern, die sich vorsichtig der Moderne geöffnet hatten, existierte die vielgestaltige Sphäre der Boulevardtheater, die nicht gewillt waren, ihren kommerziellen Erfolg durch künstlerische Experimente zu gefährden. Seit Ende der achtziger Jahre aber waren neue Bühnen gegründet worden, so etwa das Théâtre Libre (1887), das Théâtre d'Art (1890), das Théâtre de L'Œuvre, das 1893 von dem Regisseur Aurélien Lugné-Poë initiiert und bis 1929 von diesem geleitet wurde, schließlich Jacques Rouchés Théâtre des Arts, (1910 bis 1913). Alle diese Theater setzten sich programmatisch für die neuen künstlerischen Tendenzen in der Dramatik und in der Bühnenkunst ein. Dieses Profil des französischen Theaterwesens blieb in den ersten vier Jahrzehnten des 20. Jahrhunderts beinahe unverändert erhalten. Einige neue Bühnen kamen hinzu, die sich in das breite Spektrum längerfristiger Richtungen aber auch schnellebiger Moden einfügten. Zu den wichtigsten Gründungen dieser späteren Zeit gehörte die Comédie Théâtre et Studio des Champs-Elysées, ein Operetten- und Revuetheater, das 1913 eröffnet wurde. 1922, als Louis Jouvet diese Bühne übernahm und bis 1934 leitete, wurde deren Repertoireprofil grundlegend verändert. Von 1934 bis 1944 fand kein eigener Spielbetrieb mehr statt. In diesen Jahren diente dieses Theater als Probebühne für unterschiedliche Ensembles. Die meisten der etwa fünfzig in Betrieb befindlichen Pariser Bühnen bewahrten in der Ausrichtung ihres Repertoires mehr oder weniger ihre auch in den Publikumserwartungen fest verankerte Tradition als Schauspielbühnen, Operetten- oder Revuetheater. Das Beispiel der Comédie zeigt allerdings, daß es auch zu Verschiebungen im Profil des Repertoires kommen konnte. So wurde etwa auch das Théâtre des Ambassadeurs, eines der großen Revuetheater, mit der Eröffnung eines Neubaus im Jahre 1929 als literarische Bühne weitergeführt, die sich vor allem der Stücke von Jean Anouilh und Jean Cocteau annahm. Das einstige auf Melodramen spezialisierte Théâtre de Montmartre wurde 1922 unter Charles Dullin – mit dem neuen Namen Théâtre de l'Atelier – eine der führenden künstlerischen Bühnen der Hauptstadt. Auch das Théâtre de l'Athénée (zuvor Athénée-Comique) entwickelte sich erst seit der Übernahme der Direktion durch Louis Jouvet 1934 zu einer der ersten literarischen Bühnen. Das 1906 von Sacha Guitry eröffnete Théâtre des Mathurins, mehr als zwanzig Jahre eine der besten Pariser Boulevardbühnen, änderte 1933 sein Repertoire grundlegend, als Georges und Ludmilla Pitoëff die Direktion übernahmen. Die

André Derain: Figurinenentwurf für M. Ravels Ballett La Valse

Molière: Les fourberies de Scapin. *Théâtre du Vieux-Colombier, 1920*

zeitgenössische Dramatik, vor allem Stücke von Ibsen und Shaw, setzte nun die Akzente im Repertoire dieses prominenten Theaters. Eine vergleichbare Entwicklung fand am Théâtre Montparnasse statt – seit 1903 eine vorwiegend volkstümliche Bühne –, als Gaston Baty, einer der vier großen Reformer des französischen Theaters, 1930 das Montparnasse übernahm.

So wurde auch der in der Mitte des zweiten Jahrzehnts des 20. Jahrhunderts einsetzende Erneuerungsprozeß des französischen Theaters mit einer Theaterneugründung eingeleitet: mit Jacques Copeaus legendärer Reformbühne, des Théâtre du Vieux-Colombier. Fortgesetzt wurde Coupeaus Reformarbeit durch den Zusammenschluß von vier Persönlichkeiten, die jeweils Schauspieler, Regisseur und Szenograph in Personalunion waren: von Charles Dullin, Louis Jouvet, Gaston Baty und Georges Pitoëff. »Cartel des quatre« nannten sich diese Vier. Ihre Vereinigung bestand von 1927 bis 1939 und wurde in Frankreich zu einer maßstabsetzenden Instanz in der Bühnenkunst, die vor allem eine kritische Gegenposition zu dem kommerziellen Theaterbetrieb der Boulevardbühnen vertrat, anfangs aber auch in kritischer Distanz zum Klassizismus der Comédie Française stand.

Die Comédie Française

Diese Bühne befand sich in diesen Jahren in einer »latenten Krise« (J. de Jomaron 1989, 269), was ihre künstlerische Innovationskraft betraf. Das Gebäude der Comédie, die Salle Richelieu, war durch einen Brand am 8. März 1900 stark

Jean-Louis Barrault und Marie Bell in Der seidene Schuh *von P. Claudel. Comédie Française, Paris 1943*

beschädigt worden. Am 29. Dezember des gleichen Jahres konnte das wieder hergestellte Theater eröffnet werden. In den Monaten des »Exils« trat das Ensemble der Comédie im Odéon, in der Opéra und auf einigen anderen Pariser Bühnen, vor allem im Théâtre Sarah Bernhardt auf. Jules Claretie führte die Comédie Française bis 1913 als Administrateur. Sein Nachfolger wurde nach einer kurzen Interimsphase Émile Fabre (bis 1936). 1935 wurde das Theater grundlegend renoviert und vor allem in den technischen Abteilungen modernisiert. Auf Fabre folgte Édouard Bourdet (bis 1940); 1941 wurde Jean-Louis Vaudoyer als neuer Administrateur nominiert, der die Comédie bis 1944 leitete. In diesem Jahr kam es in der Folge der Kriegsereignisse zu einer dreimonatigen Schließung des Theaters. Wiedereröffnet wurde die Comédie Française mit einer Festaufführung am 27. Oktober 1944 im befreiten Paris in Anwesenheit von General de Gaulle (1890–1970), dem prominentesten Repräsentanten des französischen Widerstands gegen die deutsche Besatzung.

Ihre Verfassung als Société des Comédiens français, die der Comédie Française seit ihrer Gründung im Jahre 1680 ihren besonderen Status verlieh, war – nach der zeitweiligen Aufhebung dieser rechtlichen Grundlage und ihrer Privilegien in den Revolutionsjahren (1790/1791) – 1804 wieder bestätigt worden. Dieser Vertrag regelt noch heute die Beziehungen unter den angeschlossenen Schauspielern, den Sociétaires. Juristisch ist die Société des Comédiens français nicht mit anderen Gesellschaften des zivilen Rechts zu vergleichen. Auch ist sie keine öffentliche Einrichtung. Der französische Staat subventioniert diese Bühne jedoch und übt eine strenge Kontrolle über deren Betriebsführung aus. An der Spitze steht ein vom Kultusminister für drei Jahre ernannter Verwalter, der Administrateur, der von einem Verwaltungsausschuß unterstützt wird. Dieser besteht aus acht Sociétaires, die von der Generalversammlung der Schauspieler gewählt werden. Die Société des Comédiens français wird aus vierzig Sociétaires gebildet, zwei Drittel davon sind männliche Schauspieler, ein Drittel Schauspielerinnen. Diese Truppe insgesamt repräsentiert die Comédie Française. Ihre Mitglieder haben praktisch den Status von Beamten. Hinzu kommen die sogenannten Pensionnaires, die jeweils für ein Jahr engagiert werden und das Ensemble verstärken. Jeder der Sociétaires war zunächst auch als Pensionnaire engagiert. Für die Gestaltung des Repertoires, das in seiner großen Linie auf einen programmatischen Traditionalismus festgelegt ist, ist letztlich der Administrateur verantwortlich. Eine wesentliche Rolle für die künstlerische Ausrichtung spielt auch das Comité de lecturer, der Leseausschuß, dem der Administrateur vorsitzt. Dieser Ausschuß entscheidet über die Aufnahme neuer Stücke ins Repertoire. Molière ist bis heute mit großem Abstand der am meisten aufgeführte Autor an der Comédie Française. Ihm folgen Racine, Corneille, Regnard, Dancourt, Musset und Marivaux. (vgl. S. Chevalley 1961, 32 ff) Émile Fabre, der als Dramatiker der naturalistischen Richtung um Antoine nahestand, unternahm einige vorsichtige Versuche, das Repertoire zu modernisieren. (vgl. P. Dux 1980, 139) Als die künstlerischen Höhepunkte seiner Ära aber gelten jene drei Zyklen, mit denen die Comédie die großen Dramatiker ihrer Tradition zelebrierte: der Molière-Zyklus von 1922, ein Zyklus romantischer Dramen und 1932 ein Zyklus mit Klassikern des 18. Jahrhunderts. Dennoch verließen in diesen Jahren einige der prominentesten Darsteller diese so renommierte Bühne. Hinzu kam eine Finanzkrise, ausgelöst durch drastische Kürzungen der staatlichen Subventionen im Jahre 1930. Als eine Art »Retter« sollte 1929 Jacques Copeau die künstlerische Leitung der Comédie Française übernehmen. Ein von einhundert Künstlern unterzeichnetes Manifest unterstützte dieses Vorhaben, dessen Realisierung jedoch von den Traditionalisten in der Administration verhindert wurde. Fabres Nachfolger, Édouard Bourdet, gelang es schließlich, durch das Engagement von Copeau als Regisseur, ebenso durch die Verpflichtung der Regisseure Dullin, Jouvet und Baty und der Bühnenbildnerin Susanne Lalique eine künstlerische Erneuerung der Comédie einzuleiten. Verbunden war dieser Schritt auch mit einer Änderung der Statuten (1936). Es wurden nun die Mitwirkungsmöglichkeiten der sehr traditionalistisch ausgerichteten Sociétaires an der Repertoiregestaltung deutlich eingeschränkt zugunsten des Administrateur. (vgl. P. Dux 1980, 150) Diese Entwicklung setzte sich auch unter Jean-

La nuit des rois, *nach Shakespeares Komödie* Was Ihr wollt. *Théâtre du Vieux-Colombier, Paris 1920*

Louis Vaudoyer fort. Die Aufführungen von Henry de Montherlants (1896–1972) *La Reine morte* (1942) und Paul Claudels *Le Soulier de satin* (1943) in der genialen Regie von Jean-Louis Barrault waren aufsehenerregende Ereignisse, die den neuen Kurs dieser französischen Repräsentationsbühne anzeigten, die aber auch in der angespannten Atmosphäre des von der deutschen Armee besetzten Paris als Manifestationen kultureller nationaler Größe gefeiert wurden. Copeau, dessen Sohn Pascal in der Résistance eine führende Rolle spielte, hatte verhindert, daß das Ensemble der Comédie in den letzten Kriegsjahren von Paris weg in den »freien« Süden des Landes verlegt wurde.

Die Pariser Boulevardbühnen

Den künstlerischen Gegenpol zur Comédie Française stellten die Boulevardtheater dar, eine Theatersphäre, die seit der zweiten Hälfte des 19. Jahrhunderts ein fester Bestandteil des französischen Theaterwesens war, nicht minder typisch für die Theaterkultur des Landes als das traditionsbewußte »Staatstheater«. (vgl. Bd. III, Kap.: Frankreich) Das 1906 von Sacha Guitry (1885–1957) eröffnete Théâtre des Mathurins war eine der berühmtesten Bühnen in dieser Sparte, neben dem Théâtre du Gymnase, dem Théâtre de la Porte-Saint-Martin oder dem Théâtre Michel, das seine größten Erfolge Anfang der zwanziger Jahre verzeichnen konnte. Die Boulevardtheater behandelten jedes nur denkbare Thema, dies aber in einer Manier, die die Künstlichkeit und Konstruiertheit der Situationen und Charaktere für keinen Augenblick vergessen ließ. Und sie boten vor allem den Schauspielern die Möglichkeit zu brillieren,

É. Bourdet: Fric-Frac.
Théâtre Antoine, Paris 1950

J. Supervielle: La belle au bois. *Téâtre de l'Avenue, 1932*

ohne sie damit zu belasten, eine Botschaft vermitteln oder einer programmatischen künstlerischen Linie entsprechen zu müssen. Das Spiel auf der Boulevardbühne war sich gewissermaßen selbst genug. Ein weiteres Merkmal dieser Theatersphäre war es, daß sich das Boulevardtheater immer wieder auch selbst ironisierte, ja parodierte. Es war – auf der Höhe seiner künstlerischen Perfektion in den zwanziger Jahren – stets auch Theater über das Theater; eine Art Theater »zweiten Grades«, ein »Lachen über das Lachen« (J. de Jomaron 1989, 361 f). Ihr Repertoire gestalteten die Pariser Boulevardbühnen mit den Liebes- und Diebeskomödien von Tristan Bernard (1866–1947), den Boulevardklassikern von Feydeau und Courteline (vgl. Bd. III, Kap.: Frankreich), also auch mit Stücken der älteren Autorengeneration in diesem Metier. Diese aber wurden schließlich in der Gunst des unterhaltungssüchtigen Publikums der zwanziger Jahre durch das Komödientheater von Sacha Guitry verdrängt. Der schrieb etwa 130 Stücke für den Boulevard; witzig und frivol im Ton und überaus bühnenwirksam. Oftmals waren diese Komödien im Theatermilieu angesiedelt. Guitry, der auch als Schauspieler äußert populär war, war der erfolgreichste Bühnenkünstler in dieser Sphäre des leichten, intelligenten Unterhaltungstheaters. Sein Vater, Lucien Guitry (1860–1925), war ein prominenter Schauspieler, der mit Antoine zusammengearbeitet hatte, mit Sarah Bernhardt auftrat und auch an der Comédie Française als Schauspieler und Regisseur engagiert war. Als Theaterleiter hatte Lucien Guitry von 1902 bis 1910 die Direktion des Théâtre Renaissance, später des Théâtre Porte-Saint-Martin inne. Als Autor waren seine erfolgreichsten Komödien *Grand-père* und *L'Archevêque et ses fils*. Viele Jahre zählte er zu den einflußreichsten Persönlichkeiten im Pariser Theaterleben und galt als hochgeschätzter Theaterleiter.

Sacha Guitry und seine erste Frau Charlotte Lysés

Von diesem Hintergrund her – Sacha Guitry wurde in St. Petersburg geboren, während eines Engagements seines Vaters am Michailovskij-Theater – hatte der Sohn sehr früh schon Zugang zur Bühne gefunden. Als Schauspieler und

Stückeschreiber galt er, nicht zuletzt auch durch sein an Liebesaffären so reiches Privatleben, als die Verkörperung des »esprit parisien«, eines ebenso intelligenten wie frivolen Lebensstils, der sich durch seinen Charme jedweder moralischen Diskreditierung entzog. *Le Veilleur de nuit* (1911), *La Prise de Berg-op-Zoom* (1913), *Faisons un rêve* (1916) oder *Désirée* (1927) waren seine am häufigsten aufgeführten Komödien. Die Kritiker apostrophierten Sacha Guitry als den »Montaigne der Alkoven« (n. J. de Jomaron 1989, 354) und charakterisierten damit wohl den abgeklärten, amüsierten Blick, mit dem dieser Autor das Treiben in den Pariser Boudoirs betrachtete.

Ebenfalls zu den Erfolgsautoren des Boulevardtheaters zählten Henri Bernstein (1876–1953), Marcel Achard, Édouard Bourdet (1887–1945) und Marcel Pagnol (1895–1974). Die Stücke von Henry Léon Bernstein haben mitunter einen satirischen, moralisierenden Ton und spielen vielfach im Milieu skrupelloser Geschäftemacher, so etwa *La Griffe* (1906) oder *La Galerie des glaces* (1924). Bourdet, erfolgreich auch als Direktor der Comédie Française, war als Autor von dem sozialkritischen Naturalismus Henry Becques' beeinflußt und behandelte in seinen Stücken immer wieder auch heikle erotische Themen, wie Homosexualität oder die Prostitution von Männern. Stücke in dieser Richtung sind *La Prisonnière* (1926), *Le Sexe faible* (1929) oder *La Fleur des pois* (1932). Ebenfalls von Becques »comédie rosse« beeinflußt ist Marcel Pagnol. Dessen erstes Erfolgsstück *Topaze* (1928) ist eine Farce auf die Korruption der Politiker und der Presse. Mit der Trilogie *Marius* (1929), *Fanny* (1931) und *César* (1931) entfaltete er eine bunte Welt von Typen im Milieu des Hafens von Marseille. Mit den Stücken von Bourdet und Pagnol vollzog sich in den dreißiger Jahren ein Wandel im Boulevardtheater, ja es geriet diese Theatersphäre in eine Krise (J. de Jomaron 1989, 365 f). In den Jahren 1932/33 mußten zahlreiche Bühnen schließen, nicht zuletzt aufgrund der Konkurrenz durch das Kino. Zahlreiche populäre Darsteller und Autoren des Boulevardtheaters fanden nun beim Film neue, vor allem auch finanziell weitaus attraktivere Arbeitsmöglichkeiten.

Tanzszene aus dem Programm der Folies-Bergère: Cœurs en folies, *Paris 1924*

v. r.: Pauline Carton, Sacha Guitry und Arletty in Desirée, *1927*

Standen die Klassiker des Boulevardtheaters in den zwanziger und dreißiger Jahren zwar nicht mehr an der Spitze der am meisten aufgeführten Autoren, so waren sie es doch gewesen – Labiche, Feydeau, Courteline –, die die so bühnenwirksamen dramaturgischen Muster für dieses Genre kreiert hatten. Zur Konvention dieser Theatersphäre gehörte auch jene feine Grenze, bis zu der hin das Boulevardtheater kritische Töne anschlagen und sich »wirklichen« Problemen der Gesellschaft zuwenden durfte. Diese Grenze nicht zu überschreiten, war eine unabdingbare Voraussetzung für das finanzielle Überleben dieser Bühnen.

Die Theaterreform von Jacques Copeau und das Cartel des quatre: Retheatralisierung und Werktreue

»Mögen die anderen Richtungen vergehen; uns aber lasse man für das Neue Theater ein nacktes Brett!«

(Jacques Copeau: *Un essai de rénovation dramatique.* 1913)

Die Theaterreform, die mit dem Namen von Jacques Copeau (1879–1949) verbunden war, bezog wesentliche Impulse aus einer Öffnung des französischen Theaters für die neuesten Entwicklungen im Ausland. Dabei spielte auch ein Buch eine entscheidende Rolle als Vermittler: Jacques Rouchés 1910 erschienene Programmschrift *L'Art théâtral moderne*, in der – erstmals für die französischen Bühnenkünstler – das gesamte damalige Spektrum theaterästhetischer Neuansätze in Deutschland (Fuchs und Reinhardt), in der Schweiz (Appia), in England (Craig) und in Rußland (Stanislavskij und Mejerchol'd) vorgestellt wurde. Die Wirkung dieses Buches auf die junge Generation der französischen Bühnenkünstler war offenbar auch deswegen so durchschlagend, weil dessen Autor selbst ein anerkannter Theaterpraktiker war. Rouché hatte 1909 die Direktion des Théâtre des Arts übernommen und setzte dort die während

Ansicht auf die Bühne des Théâtre du Vieux-Colombier, Paris 1919

seiner Rundreise (1910) durch die europäischen Theaterzentren gewonnenen Erfahrungen, über die er in seinem Buch eingehend berichtet, in die Praxis um. Er beschreibt darin nicht nur die programmatischen Tendenzen dieser Entwicklungen, sondern schildert auch – etwa in dem Kapitel über die Arbeit von Mejerchol'd – eingehend die praktischen Anleitungen zu dessen Arbeitsmethode. So bildete sich am Théâtre des Arts, wo auch Copeau und die Schauspieler Jouvet und Dullin engagiert waren, ein Regiestil aus, der auf die leisen, verinnerlichten Ausdrucksmittel setzte, ein hohes Maß an Stilisierung anstrebte und die bildnerischen Elemente der Inszenierung auf hohem künstlerischen Niveau (durch das Engagement berühmter Maler) kultivierte. Einen seiner Bühnenbildner, René Piot, schickte Rouché 1910 nach Florenz, um dort die Arbeit von Gordon Craig zu studieren, vor allem dessen Experimente mit den sogenannten »screens«. (vgl. Bd. III, Kap.: Edward Gordon Craig) So waren viele Aspekte der von Copeau systematisch ausgearbeiteten Schauspielkunst und auch der Bühnenästhetik im Ansatz bereits von Rouché vorgegeben. Dieser verließ 1914 das Théâtre des Arts und übernahm die Direktion der Grand Opera, die er bis 1944 innehatte.

Unter Inszenierung verstehen wir: den Entwurf einer dramatischen Aktion. Das ist das Zusammenwirken der Bewegungen, der Gesten und Haltungen, der Einklang von Gesichtsausdruck, Sprechen, Schweigen; es ist die Totalität des szenischen Spektakels, die ausgeht von einem einzigen Gedanken, der sie entwirft, ordnet und mit sich in Einklang bringt. Der Regisseur entwickelt unter den Spielern jenes verborgene aber sichtbare Band, jene wechselseitige Sensibilität und geheimnisvolle Korrespondenz der Beziehungen, deren Fehlen bewirkt, daß ein Drama, selbst wenn es von ausgezeichneten Schauspielern aufgeführt wird, das Wesentliche seines Ausdrucks verliert. Dies alles zu erreichen, ist die Aufgabe des Regisseurs.

(*J. Copeau:* Die Erneuerung des Theaters*; n. M. Brauneck 1982, 61)*

In diesem inspirierenden Umfeld konnte Jacques Copeau die grundlegenden Linien seiner eigenen Reformarbeit entwickeln. Bevor er sich dem Theater zuwandte, war er Kunsthändler und Literaturkritiker. Von 1909 bis 1913 leitete er die Redaktion der Zeitschrift *La Nouvelle Revue Française*, die führende französische Literaturzeitschrift, die er 1909 zusammen mit André Gide, Gaston Gallimard und Jean Schlumberger gegründet hatte. Sein erstes Projekt für Rouchés Théâtre des Arts war eine Bühnenfassung von Dostoevskijs Roman *Die Brüder Karamasow*, die er zusammmen mit Jacques Croué erarbeitete.

Im Juni 1913 gründete Copeau schließlich seine eigene Theatertruppe, in der Dullin und Jouvet seine wichtigsten Mitarbeiter wurden. Als Spielstätte konnte er das alte Théâtre de l'Athénée-Saint-Germain erwerben. Der Theaterarchitekt Francis Jourdain renovierte den Saal und ersetzte die ursprüngliche in Blau, Rot und Gold gehaltene Rokoko-Dekoration durch eine strenge Raumausstattung, die jedes Dekor vermied und alle Aufmerksamkeit auf die Bühne lenkte. Der Bühnenrahmen war schwarz, der Vorhang grün, der gesamte Innenraum in einem hellen Gelbton gehalten. Das Proszenium wurde deutlich zurückgesetzt. (vgl. M.-F. Christout u.a. 1993, 15 ff) Das Problem der Raumgestaltung blieb ein zentraler Bestandteil auch in Copeaus späteren bühnenästhetischen Reflexionen. Dabei ging es ihm stets darum, die Idee des »nackten Gerüsts« (le tréteau nu) mit der Gestaltung des gesamten Theaterinnenraums abzustimmen.

Copeau entwarf dafür selbst eine Anzahl von Bühnenplänen. Die Gründung seines Theaters zeigte er mit einem programmatischen Aufruf öffentlich an. In dem *Appel à la jeunesse* heißt es, daß das Théâtre du Vieux-Colombier »gegen die Feigheit des kommerziellen Theaters (opponiere) und die freiesten und aufrichtigsten Manifestationen der neuen Bühnenkunst verteidigen« werde. Am 23. Oktober 1913 wurde diese Bühne eröffnet. Gegeben wurde *Une Femme tuée par la douceur*, die französische Bearbeitung eines Stücks (*A Woman Killed by Kindness*) des elisabethanischen Dramatikers Thomas Heywood, und *L'Amour médecin* von Molière. Die beiden herausragenden Inszenierungen dieser ersten Saison waren jedoch die lyrische Tragödie *L'Echange* (Der Tausch) von Paul Claudel und – vom Publikum und der Kritik als »Wunder einer neuen

P. Claudel: L'Echange. *Charles Dullin als Louis Lane und Marie Kalff als Marthe. Théâtre du Vieux-Colombier, Paris 1914*

Bühnenkunst« enthusiastisch gefeiert – *La nuit des rois*, eine Bearbeitung von Shakespeares Komödie *Was ihr wollt.* Copeau spielte darin den Malvolio, Jouvet den komischen Ritter Bleichenwang, Blanche Albane die Olivia und Suzanne Bing die Viola. Durch die Geschlossenheit des Ensemblespiels und die Virtuosität der Spielphantasie aller Akteure muß diese Inszenierung eine so unerhörte Faszination ausgeübt haben, daß Copeaus Truppe damit schlagartig an die erste Stelle der modernen französischen Bühnenkunst rückte. Einladungen zu Gastspielen kamen aus aller Welt. Das Ensemble des Vieux-Colombier hatte seinen Stil gefunden, insbesondere im Umgang mit Stücken von Molière. In der Auseinandersetzung mit diesem Klassiker setzte sich das Spiel von Copeaus Ensemble durch eine als befreiend empfundene Spontaneität und Frische überdeutlich von jener Spielweise ab, in der die Comédie Française die Komödien Molières aufzuführen pflegte.

Copeau hatte die Grundsätze seiner Reform in einem Manifest dargelegt, das unter dem Titel *Un Essai de rénovation dramatique* im September 1913 in der *Nouvelle Revue Française* erschien. Es war ein Bekenntnis, doch ohne jeden dogmatischen Anspruch, ohne Plädoyer für eine bestimmte Methode. Darin unterschied sich Copeaus Manifest deutlich von vergleichbaren Erklärungen des Théâtre Libre oder des Théâtre de l'Œuvre, die sich sehr viel strenger auf eine ästhetische oder auch weltanschauliche Richtung festlegten. Copeau dagegen ging es aber gerade um die Befreiung des Theaters von solcher Art Programmen. »Rethéâtralisation« war sein Stichwort, mit dem er auf die elementaren Gegebenheiten des Mimus anspielte, wie sie seiner Meinung nach in der Tradition der Commedia dell'arte verwirklicht waren. Offen für die Improvisation, dabei aber auch für die Wahrung größter Disziplin: dies war Copeaus künstlerisches Ethos. In der Hinwendung zu dieser Elementarsphäre aller darstellenden Kunst traf sich Copeau mit Zielen der Theaterreform von Edward Gordon Craig und den Schweizern Adolphe Appia und Émile Jaques-Dalcroze. (vgl. Bd. III, Kap. Jahrhundertwende/Schweiz), die er beide 1915 besuchte. Anders jedoch als Craig, für den auch die szenische Architektur ein zentrales Ausdrucksmittel war, setzte Copeau auf das Ausdrucksspiel der Schauspieler; anders auch als bei Craig und Appia war für Copeau die Arbeit an der dramatischen Dichtung, die strenge Bindung an den Text ein ganz entscheidendes, ja geradezu als moralische Verpflichtung begriffenes Postulat. Appias Vision eines alle Kunstsphären integrierenden, von der Ordnung des Musikalischen getragenen Gesamtkunstwerks setzte Copeau die Vision eines »théâtre pur« entgegen. Was alle diese Reformer jedoch verband, war ihre programmatische Distanz zur Kommerzialisierung der Bühnenkunst und die Anprangerung einer daraus resultierenden inhaltlichen Verflachung.

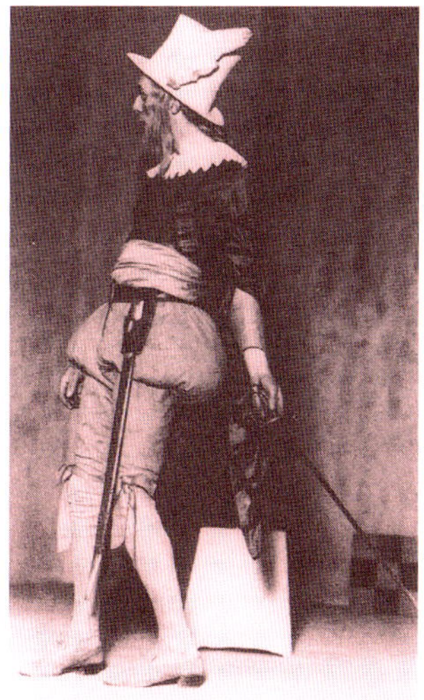

La nuit des rois, *nach Shakespeares Komödie* Was Ihr wollt. *Théâtre du Vieux-Colombier, Paris 1920*

Mit seiner Konzentration auf die Elemente des Mimus und die dramatische Dichtung grenzte sich Copeau letztlich aber auch von jenen theaterästhetischen Neuerungen ab, die Jacques Rouché in seinem Buch *L'Art théâtral moderne* vorgestellt und die er zunächst auch begrüßt hatte. Wovon er sich in seinem Reform-Manifest von 1913 jedoch vor allem distanzierte, war die Übergewichtung der bildnerischen und bühnentechnischen Elemente. Copeau schreibt dort: »Sich für die Erfindungen der Ingenieure und Elektriker zu begeistern, heißt ..., in welcher Form auch immer mit Tricks zu arbeiten. Alte oder neue, wir lehnen sie alle ab! Gut oder schlecht, rudimentär nur oder vervollkommnet ..., wir verneinen die Bedeutung jedweder Maschinerie für das Theater! Man mag die Erklärung solcher Prinzipien verdächtig finden: man wird uns vorhalten, daß wir auf der kleinen Bühne des Théâtre du Vieux-Colombier ja gezwungen sind, auf die Vorteile einer reichen Dekoration zu verzichten. Wir können aber freimütig

La nuit des rois, *nach W. Shakespeares Komödie* Was Ihr wollt. *R.: J. Copeau. B.: D. Grant. Théâtre du Vieux-Colombier, Paris 1914*

Jacques Copeau in La Maison natale. *Théâtre du Vieux-Colombier, Paris 1923*

erwidern, daß wir uns freuen, uns mit einem solchen Mangel an Hilfsmitteln zufrieden geben zu müssen. Wir würden ihren Gebrauch verweigern, auch wenn sie uns angeboten würden, denn wir haben die tiefe Überzeugung, daß es verheerend für die dramatische Kunst ist, von einem großen Aufgebot an Maschinerie Gebrauch zu machen. Es macht nervös, verbraucht alle Kraft, begünstigt die Bequemlichkeit und das Malerische und läßt das Drama als Ausstattungsstück enden. Wir glauben nicht, daß man ›um den ganzen Menschen in seinem Leben darzustellen‹, ein Theater benötigt, ›wo die Dekorationen von unten auftauchen können und blitzschnelle Szenenwechsel erfolgen‹, noch, daß schließlich die Zukunft unserer Kunst an ›eine Frage des Mechanismus‹ gebunden sein soll. Hüten wir uns davor, von irgend etwas Abstriche zu machen! Man darf nicht die szenischen Konventionen mit den dramatischen Konventionen verwechseln. Die einen zerstören, heißt nicht, die anderen zu befreien. Ganz im Gegenteil! Die Zwänge der Bühne und ihre Künstlichkeit werden uns disziplinieren und zwingen, die ganze Wahrheit in den Gefühlen und Handlungen unserer Personen zu konzentrieren. Mögen die anderen Richtungen vergehen; uns aber lasse man für das neue Theater ein nacktes Brett!« (n. M. Brauneck 1982, 62)

Als in der Folge des Kriegsausbruchs ein Teil des Ensembles, darunter auch Charles Dullin – der Harpagon in *L'Avare*, einem der großen Publikumserfolge der Truppe – zum Militärdienst einberufen wurde, mußte Copeau neu disponieren. Nach einer kurzen Zwischenstation in Genf brach das Ensemble des Vieux-Colombier im Januar 1917 zu einem Gastspiel nach New York auf. Dieses »amerikanische Abenteuer« (M.-F. Christout) dauerte bis 1919. Die Truppe trat dort im Garrick Theatre auf. Diese Bühne war nach Plänen von Jouvet – dem Vorbild des Vieux-Colombier entsprechend – umgebaut worden. Copeau zeigte eine Reihe seiner Pariser Inszenierungen. Unter dem Druck, das Unternehmen finanzieren zu müssen, studierte er aber auch einige neue Stücke ein. Insgesamt wurde dieser Aufenthalt in New York ein voller Erfolg für Copeaus Truppe.

Als Copeau im April 1919 mit seinem Ensemble wieder in Paris eintraf, war der Innenraum des Vieux-Colombier neu gestaltet, nun konsequent nach seinen Vorstellungen. Zusammen mit Jouvet hatte er den Umbauplan entworfen. Mit *Le Conte d'hiver*, einer Bearbeitung von Shakespeares *Wintermärchen*, wurde die Saison eröffnet. Copeau schaltete sich auch sogleich wieder in die theaterkulturellen Debatten ein, die in diesen ersten Nachkriegsjahren entbrannt waren. (vgl. M.-F. Christout 1993, 85) Es begann eine Arbeitsphase, die durch das Experimentieren mit Improvisationstheater, den Elementen der Commedia dell'arte und einer äußersten Konzentration auf einfachste Bühnenmittel geprägt war. Herausragende Inszenierungen, die Copeaus Inszenierungsstil europaweit bekannt machten, waren die von Jean Schlumbergers Stück *La Morte de Sparte*, von Carlo Gozzis *La Princesse Turandot* und von Goldonis *La Locandiera*. Daneben kamen auch frühere Inszenierungen wieder in den Spielplan. Copeau war zu einer Kultfigur für alle Theaterenthusiasten geworden. Er verstärkte nun auch den Ausbildungsbetrieb an seinem Theater. Für alle Bereiche der Schauspielkunst und der Dramatik wurden die Grundlagen theoretisch erörtert. Paul Valéry, André Gide und Jules Romains zählten zu den Dozenten dieser Kurse. Auch kam es zur Gründung eines zweiten Ensembles. Ein intensiver Tourneebetrieb machte Copeaus Theater in der französischen Provinz bekannt, wo die Truppe vielerorts im Freien auftrat; war doch die Forderung eines »Volkstheaters« von Beginn an eine der Reformideen des Meisters.

1924 schloß Copeau das Vieux-Colombier, das zunehmend in Finanzierungsprobleme geraten war, und zog sich mit einer kleinen Gruppe auf seinen Arbeitsstil eingeschworener Schauspieler – nun unter dem Namen »Les Copeaus« – in das Dorf Pernand-Vergelesses in Burgund zurück, um dort ganz nach dem Ideal der Einfachheit und in asketischer Strenge einer Kunst zu leben, die er stets auch als Lebensform begriffen hatte. Copeau kam nur noch gelegentlich für einige Regiearbeiten nach Paris zurück. 1931 gründete er die Compagnie des Quinze, die unter der Leitung seines Neffen Michel Saint-Denis (vgl. Kap.: England) stand und zunächst überwiegend in den Dörfern der französischen Provinz auftrat, dann aber auch zu Gastspielen ins Ausland reiste. 1940 übernahm Copeau für einige Monate die Direktion der Comédie Française.

Die Arbeit des Théâtre du Vieux-Colombier setzte Louis Jouvet fort, der längst zum wichtigsten Mitarbeiter Copeaus geworden war, 1922 aber dessen Truppe verlassen hatte. Jouvet übernahm einige der Inszenierungen des Vieux-Colombier und einen Teil der Schauspieler an die Comédie des Champs-Elysées, die er von 1924 an leitete. Auch Charles Dullin hatte sich 1922 von Copeaus Ensemble gelöst und das Théâtre de l'Atelier übernommen.

Das Théâtre du Vieux-Colombier, von 1930 bis 1933 der Standort der Compagnie des Quinze, existiert noch heute. Die Direktionen wechselten relativ häufig; zeitweise wurde das Theater als Avantgarde-Kino, später auch als Jazz-Club genutzt. In den 40er und 50er Jahren war das Vieux-Colombier unter der Direktion von Paul Annet-Badel eine Hochburg des existentialistischen Theaters. 1944 fand dort die Uraufführung von Jean-Paul Sartres *Huis Clos* statt. Immer wieder aber mußte das Haus geschlossen werden. Von 1962 bis 1970 hatte der deutsche Regisseur Wolfram Mehring (geb. 1930) dort die Experimentierbühne Théâtre de la Mandragore und das Centre international de recherches scéniques eingerichtet. 1989 wurde das Vieux-Colombier als kleiner »zweiter Saal« (320 Plätze) der Comédie Française angeschlossen. (vgl. M.-F. Christout 1993, 158ff) Damit waren zwei zum Mythos gewordene Institutionen des französischen Theaters schließlich zusammengeführt.

Vor allem sollten von dem Cartel Maßnahmen getroffen werden, die jedem helfen, Geld zu sparen: gemeinsame Plakate und Programmanzeigen; Verwendung eines gleichen Vertragstyps zum Engagement der Schauspieler; gemeinsame Lieferanten für Holz, Leinwand, Farben, Stoffe usw.; Organisation von Tourneen; Abschaffung der sogenannten »répétition générale«, die einen erheblichen Ausfall an Eintrittsgeldern für das Theater bedeutet; Kontrolle des Freikartensystems; Preisermäßigung für junge Leute; Ausbildung des Schauspieler-Nachwuchses; gemeinsame Absprache des Programms vor jeder Saison.

(G. Meiler 1984, 21f)

Das Cartel des quatre: Dullin, Jouvet, Pitoëff, Baty

Während Jacques Copeau in den Dörfern von Burgund seine Theaterexperimente in der Konfrontation mit einem »anderen« Publikum überprüfte und weiterentwickelte, einem Publikum, das keinerlei Prägung durch das intellektuelle Klima und die aufgeregte Alltagswelt der Metropole erfahren hatte, das spontan und neugierig auf die Darbietungen der »Copeaus« reagierte, gründeten am 6. Juli 1927 in Paris vier prominente Theaterleiter eine informelle Assoziation, die sie »Cartel des quatre« nannten. Es waren dies Charles Dullin (1885–1949), Louis Jouvet (1887–1951), Georges Pitoëff (1884–1939) und Gaston Baty (1885–1952). Der Zweck dieses Zusammenschlusses war die Weiterarbeit an den Reformzielen des Théâtre du Vieux-Colombier. Als vor-

Les Fères Karamazov, *nach F. Dostoevskij. Théâtre du Vieux-Colombier, Paris*

bildlich galt den Vieren vor allem das von Copeau initiierte Zusammenwirken von Autor, Bühnenkünstlern und Publikum als einer Gemeinschaft Gleichgesinnter. Auch sollte das Cartel eine Solidargemeinschaft gegen das Machtmonopol der Pariser Presse sein, die letztlich über Erfolg oder Mißerfolg einer Aufführung entscheiden konnte. Es ging also auch um die Freiheit der Kunst und um die Bewahrung des von Copeau proklamierten ethischen Kanons. Einig waren sich die vier Regisseure, die sich offenbar als eine Art »famille d'élection« begriffen, im Kampf für die Unabhängigkeit des Theaters von kommerziellen Interessen. Eine wesentliche Rolle spielte das Cartel auch im Zusammenhang mit der von unterschiedlichen Gruppierungen verfolgten Idee eines »Volkstheaters«. Dies setzte auf der institutionellen Ebene in erster Linie eine Dezentralisierung des französischen Theaterwesens voraus. Dafür arbeitete das Cartel mit linkspolitischen, aber auch der konservativen katholischen Reformbewegung angehörenden Institutionen zusammen, so etwa mit der Fédération du Théâtre ouvrier de France, der »Groupe Octobre« und der Tourneetheatertruppe Comédiens Routiers von Léon Chancerel (1886–1965). 1936 engagierte sich das Cartel zusammen mit der Volksfrontbewegung für eine neue Theaterpolitik, deren wesentlicher Kern immer wieder die Forderung war, durch staatliche Förderungen auch außerhalb der Metropole Paris ein künstlerisch innovatives Theaterleben zu ermöglichen. (vgl. Ph. Rouyer in: D. Rubin 1994 I, 274f)

In der künstlerischen Zielsetzung ging es um die Weiterführung der Copeau'schen Reformen in der Inszenierungsarbeit und um ein ausgewogenes Verhältnis von klassischen und zeitgenössischen Stücken in der Spielplangestaltung. In der Bühnenästhetik waren die vier Regisseure bestrebt, dem Realismus als künstlerischer Tendenz entgegenzuarbeiten zugunsten poetisch stilisierender Elemente in der Inszenierung. Als überlebt abgetan wurde aber auch der Eskapismus der L'Art pour l'Art-Bewegung, wie er sich etwa im Werk Maeterlincks und anderer Symbolisten darstellte, zugunsten einer Dramatik, die sich mit Problemen des gegenwärtigen Lebens auseinandersetzte. Insbesondere in diesem Punkt lag die programmatische Ausrichtung des Cartel auf der gleichen Linie wie die der Avantgarde-Bewegungen dieser Jahre. Von besonderer Bedeutung für die Entwicklung des französischen Theaters war auch, daß in der Arbeit der vier Regisseure die von Rouché und Copeau initiierte Öffnung gegenüber den Entwicklungen des ausländischen Theaters beibehalten wurde. Das Cartel des quatre existierte bis 1939.

Charles Dullin

»Zurückkehren zu den großen Traditionen der dramatischen Kunst und von dieser Basis aus auf die Suche gehen nach neuen Formen – im Einklang mit dem Geist unserer Zeit.« Auf diesen Nenner brachte Charles Dullin in dem Essay *Ce*

Bühnenbild von Charles Dullin zu Volpone. *Théâtre de l'Atelier, Paris 1929*

M. Achard: Celui qui vivait sa mort. *R.: Ch. Dullin. B.: Touchagues. Théâtre de l'Atelier, Paris 1923*

sont les dieux qu'il nous faut (n. D. Whitton 1987, 71) die Grundtendenz seiner Reformarbeit als Regisseur und Theaterleiter. Eine Synthese von alten Spieltraditionen, dem elisabethanischen Theater und der Commedia dell'arte, und der zeitgenössischen Dramatik, die die Realität des gegenwärtigen Lebens auf die Bühne bringt, sollte es sein. Regie verstand Dullin als das Herausarbeiten der inhaltlichen Substanz der dramatischen Werke in strenger Verpflichtung dem dichterischen Wort gegenüber; eine Übersetzungsarbeit im Grunde von der Dichtung in das Medium der Bühneninszenierung. Bei der Analyse des Werks sollte mit der größtmöglichen Unvoreingenommenheit vorgegangen werden. Geradezu »jungfräulich« (Dullin) habe sich der Regisseur der dramatischen Dichtung zu nähern. Dennoch aber blieb diese Annäherung ein permanenter, vor allem ein offener Prozeß des Suchens nach der »Wahrheit des Textes«. Gefundene, erarbeitete Stationen sollten immer wieder aufgehoben, »zerstört« werden, um den kreativen Prozeß weitertreiben zu können. Dullins eigenen mehrfach wiederholten Inszenierungen desselben Werks – beispielhaft dafür ist seine Auseinandersetzung mit Molières Komödie *Der Geizige* - verdeutlichen die Idee eines offenen, kreativen Suchens.

Erproben konnte Dullin dieses Programm erstmals an dem von ihm gegründeten, im Herbst 1921 eröffneten Théâtre de l'Atelier in Paris. Damit hatte er sich die institutionellen Voraussetzungen für die Verwirklichung seines Lebenstraums geschaffen. Als achtzehntes Kind einer savoyardischen Bauernfamilie geboren, hatte er doch einen Lebensweg von pittoreskem Charakter: eine geradezu romanhafte Theaterkarriere. Schon als Zwölfjähriger lief Dullin von zu Hause weg und schloß sich einer Wandertruppe an. Der Vater holte ihn jedoch wieder zurück und zwang ihn, eine Lehre zu beginnen, zuerst in einem

Aristophanes: Die Vögel. *R.: Ch. Dullin. Théatre de l'Atelier, Paris 1928*

Tuchladen, dann bei einem Advokaten in Lyon, wo er nachts durch die Cafés der Stadt zog und Texte von Villon, Baudelaire und Verlaine rezitierte. Bettelarm ging Dullin 1905 nach Paris und arbeitete an einem kleinen Theater im Arbeiterviertel von Belleville. In Cabarets auf dem Montmartre trug er Gedichte vor. Dort nun entdeckte ihn 1911 Jacques Copeau und engagierte Dullin für die Rolle des Smerdiakov in *Les Frères Karamasov* an das Théâtre des Arts. 1913 trat er der Truppe des Vieux-Colombier bei, wo er zu einem der wichtigsten Mitgestalter von Copeaus Theaterreform wurde. In der ersten Saison am Vieux-Colombier spielte er auch erstmals jene Rolle, die ihm später Weltruhm verschaffte: den Harpagon in Molières Komödie *L'Avare*. Wohl mehr als eintausendmal ist Dullin in dieser Rolle aufgetreten. In seinen eigenen Inszenierungen dieses Stücks am Théâtre de l'Atelier (erstmals 1922) gewann das Profil der Figur des Geizigen immer mehr an Komplexität. Höhepunkt von Dullins Spiel war stets das Erschrecken des durch den Verlust seines Geldes an den Rand des Wahnsinns getriebenen Harpagon vor seinem eigenen riesigen Schatten, den er auf einen Vorhang warf. 1919 verließ Dullin die Truppe von Copeau und arbeitete kurze Zeit zusammen mit Firmin Gémier (1869–1933) an dessen Schauspielschule, die dieser nach dem Vorbild des Vieux-Colombier am Théâtre Comédie Montaigne gegründet hatte. Mit einem kleinen eigenen Ensemble inszenierte er nun selbst erstmals Molières *L'Avare* und *La Vie est un songe* von Calderón. Der Erfolg beider Aufführungen ermutigte ihn schließlich zur Gründung des Théâtre de l'Atelier, das er bis 1939 leitete.

Den Spielplan dieser Bühne gestaltete Dullin überaus vielfältig. Neben seinen Erfolgsstücken *L'Avare* und der mehr als vierhundertmal aufgeführten Komödie *Volpone* von Ben Jonson (erstmals 1929) brachte er Dramen von Shakespeare,

Calderón, Lope de Vega und von Cervantes auf die Bühne, aber eben auch zeitgenössische Stücke, so etwa erstmals in Paris ein Stück von Luigi Pirandello: *La Volupté de l'honneur* (20. Dezember 1922). Vom gleichen Autor folgten *Chacun sa vérité* (1924) und *Tout pour le mieux* (1926). Andere zeitgenössische Autoren in Dullins Spielplan waren Jean Cocteau, von dessen *Antigone*-Adaption er 1922 die Uraufführung herausbrachte, Max Jacob, Marcel Achard, Bernard Zimmer, Nikolaj Evreinov, Roger Vitrac, Armand Salacrou und schließlich am Ende seiner Bühnenlaufbahn – nun freilich nicht mehr am Atelier, sondern am Théâtre de la Cité – Jean-Paul Sartre (*Les Mouches,* 1943). Am Atelier setzte sich Dullin vor allem für die Dramen von Armand Salacrou (1899–1989) ein. Dessen pessimistische Gesellschaftsstücke, die in ihrem ironischen Ton an Pirandello und die Surrealisten erinnerten, machte er zu Publikumserfolgen: *Atlas-Hôtel* (1931) und vor allem *La Terre est ronde* (1938); später am Théâtre de la Cité auch *Le Soldat et la sorcière* (1945).

»Dem Stück zu dienen«: dies war das künstlerische Credo des Regisseurs und des Schauspielers Dullin. Dabei ging er stets von einem emotionalen Verhältnis zur Rolle aus, das – wie er schrieb – einem Liebeswerben gleichkam. So sehr sollte der Schauspieler in die Rollencharaktere eindringen, daß diese ihm gleichsam wie Personen im Leben begegnen würden: »Du bist morgens in einer so großen Eile, ihnen zu begegnen, daß du vergißt, dich zu rasieren.« (n. D. Whitton 1987, 75) Einmal erzählt Dullin davon, wie ihm Smerdiakov »tatsächlich« begegnet sei, die Figur, die er am Vieux-Colombier in *Les Frères Karamasov* gespielt hatte. Obwohl er, was die Bühnengestaltung betraf, Copeaus Idealvorstellung eines »nackten Bretts« teilte, ließ er doch für einige seiner eigenen Inszenierungen auch recht aufwendige Bühnendekorationen bauen, so etwa für Pirandellos *Chacun sa vérité.* Dullin war zwar skeptisch gegenüber

Molière: L'avare. *Charles Dullin in der Titelrolle. Paris 1922*

jedweder Bühnenmaschinerie, doch der dramaturgische Einsatz des Lichts war eines seiner wirkungsvollsten inszenatorischen Gestaltungsmittel. In dieser Hinsicht orientierte er sich an den lichttechnisch so virtuosen Szenenentwürfen Adolphe Appias.

Charles Dullin, der 1937 und 1939 auch an der Comédie Française engagiert war, verließ 1941 das Théâtre de l'Atelier, das in immer größere finanzielle Schwierigkeiten geraten war. André Barsacq (1909–1973) übernahm diese Bühne bis 1973; ihm folgte Pierre Franck. Schwerpunkte im Spielplan blieben auch in der Zeit nach Dullin zeitgenössische Stücke, vor allem von Claudel, Anouilh und Friedrich Dürrenmatt. Für nur eine Spielzeit übernahm Dullin das Théâtre de Paris. Von 1942 bis 1947 leitete er das Théâtre Sarah Bernhardt, das in den Jahren der Okkupation in Théâtre de la Cité umbenannt worden war. Wieder war es der finanzielle Ruin dieses Theaters, der Dullin aufgeben ließ. Mit Salacrous Erfolgsstück *L'Archipel Lenoir*, das er am Théâtre Montparnasse herausbrachte, ging er auf Tournee in die französische Provinz und ins Ausland. Salacrou hatte dieses Stück eigens für den gänzlich verarmten Dullin geschrieben, dem mit zunehmendem Alter ein die Erscheinung des Schauspielers arg verunstaltender Buckel gewachsen war. Dullin, längst eine Legende geworden, starb am 11. Dezember 1949 in einem Pariser Spital. Zu seinen Schülern zählten Persönlichkeiten wie Jean-Louis Barrault, Antonin Artaud, Roger Blin, Jean Marais und Jean Vilar, die das französische Theater in der zweiten Hälfte des 20. Jahrhunderts maßgeblich prägten.

Louis Jouvet als Jocelyn in J. de la Fontaine: La Coupe Enchantée. *Théâtre du Vieux-Colombier, Paris 1919*

Louis Jouvet

> »In Wirklichkeit macht ein Stück seine Regie von selbst. Es genügt, daß man aufmerksam und nicht zu persönlich ist.«
>
> (Louis Jouvet)

Die von den Mitgliedern des Cartel angestrebte schöpferische Synthese von klassischer Bühnenkunst und Moderne, die Ansiedelung des Theaterereignisses in einer Zeitlosigkeit, in der Molière und Giraudoux, Shakespeare und Sophokles gleichzeitig »zu Hause sind« (S. Melchinger 1956, 199), – dies ist wohl keinem so überzeugend gelungen wie dem Schauspieler und Regisseur Louis Jouvet. Beispielhaft dafür war dessen legendäre Inszenierung von Molières *L'École des femmes* 1936 am Théâtre de l'Athénée in Paris. Jouvet spielte darin den Monsieur Arnolphe. Die Bühnendekoration schuf Christian Bérard (1902–1949). Es war eine malerisch-poetische, wie improvisiert wirkende Szenerie; Zitate barocker Stilelemente im zeitgenössischen Ambiente. Über Jouvets Schauspielstil in dieser Aufführung schreibt Siegfried Melchinger und charakterisiert damit zugleich dessen Grundeinstellung zu seinem Metier: »Wir spielen nur, schien Jouvet unablässig zu sagen, nehmt uns ja nicht ernst, es ist alles Theater; aber heimlich hatte er den doppelten Boden unter das Spiel gelegt; er trug Gebärden, Rhythmus, Prosodie, Mimik wie ein preziöses, beinahe kokettes Kostüm, aber es flatterte und schlotterte um etwas anderes, etwas Verborgenes und doch nicht ganz zu Verheimlichendes: das Ich eines Menschen, der auch

Molière: L'École des femmes, *1936. v.l.n.r.: Teddy Silibe, Michel Etcheverry und Louis Jouvet als Arnolphe*

einer von uns hätte sein können und in der tiefsten Schicht ganz gewiß einer von uns war.« (1956, 200) Was Melchinger hier zu beschreiben versucht, war jene als höchste Kunstfertigkeit wahrgenommene Balance zwischen dem Herausstellen des Theaterhaften, das Jouvet oftmals bis zur Verwandlung seiner selbst ins Puppenhafte trieb, und einer sich gleichermaßen vermittelnden Konzentration auf einen realistischen Kern der Figur, die er spielte. Jouvets Schauspielkunst vermied jeden Anschein von Illusionismus, dennoch war die Verwandlung des Schauspielers in die Figur, die er darstellte, perfekt. Jouvet selbst schreibt über diesen Vorgang: »Etwas Dunkles und Formloses in uns gibt uns das Gefühl einer neuen Identität. Man ist am Beginn einer Selbstverdoppelung. Man ist an der Grenze seines Selbst, schwebend über einer neuen Welt. Es ist, als ob man selbst auf der Bühne wäre, aber man weiß es nicht. Mitten im objektiven Begreifen der Gegenstände und der Wesen befindet sich eine Art Nichts, das wir fühlen, die da unten und die auf der Bühne, und wir lassen es auf uns zukommen, wir nehmen es an, wir dulden es, wir lieben es.« (*Le Comédien désincarné.* Paris 1954). Was Jouvet vorschwebte, war ein in jedem Moment intellektuell kontrolliertes Einfühlungstheater. In diesem Paradox vermochte er offenbar den Gegensatz von Illusion und Realität aufzuheben. Was dabei entstand, nannte er die »andere Realität« oder die »andere Ebene«, die »nicht unbetretbar« sei. Auch den Zuschauer sah Jouvet in diesen Zustand der »Selbstverdoppelung« versetzt. In keine bewußtlose Identifikation mit der Bühnenfigur sollte er verfallen, sondern in einer Dialektik von Nähe und Ferne die Bühnenrealität, so virtuos sie sich auch darbot, als eigene Realität annehmen.

Auch als Regisseur kultivierte Jouvet diese Haltung der dramatischen Dichtung gegenüber. Ein solches Verhältnis zum Text setzt er voraus, wenn er schreibt »In Wirklichkeit macht ein Stück seine Regie von selbst.« Dem Regisseur aber fordert diese Einstellung die größte Konzentration ab: Das Hinhören, nicht der »Einfall«, ist dessen schöpferische Leistung. Jouvet nahm mit dieser Vorstellung eine Position ein, die in ganz ähnlicher Weise der russische Regisseur Stanislavskij oder die Deutschen Max Reinhardt und Gustaf Gründgens vertraten. Auch ihnen ging es darum, die »Stimme des Dichters sprechen zu lassen, unverfälscht, ohne etwas zu verschweigen und ohne etwas hinzuzufügen.« (Gustaf Gründgens) Wenn sich andere Regisseure »Werktreue« auf die Fahne geschrieben hatten und der zentralen Idee des Stücks nachforschten, so versagte sich Jouvet selbst diesen interpretatorischen Zugriff. Er konzentrierte sich un-

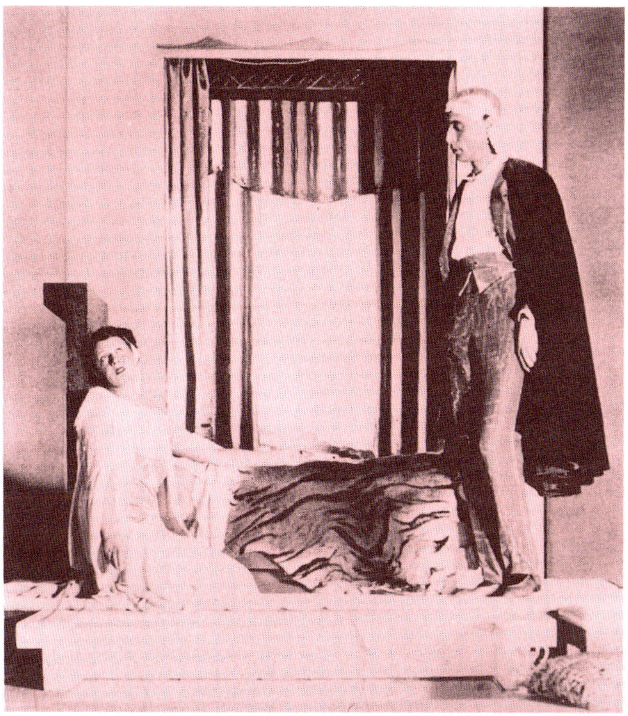

Louis Jouvet als Fontgeloy in J. Giraudoux' Siegfried. *R.: L. Jouvet. B. u. K.: C. Cipra. Comédie des Champs-Élysées, Paris 1928*

Louis Jouvet in Docteur Knock. *Comédie des Champs-Élysées, Paris 1923*

Louis Jouvet in der Titelrolle von Molières Dom Juan. *L'Athenée, Paris 1947*

mittelbar auf das, was die Figuren im Text sagten, ohne daß er diese »vorweg als Charaktere« oder »Typen« oder durch eine repräsentative Funktion festgelegt hätte. So waren die Dialoge für ihn die zentralen Elemente jeder Inszenierung. In dieser Hinsicht unterschied sich Jouvet freilich deutlich von Stanislavskijs Methode, die Rolle auch mit Hilfe eines Subtextes oder einer »Überaufgabe« zu entwickeln. Diese rigorose Konzentration auf die Sprache erhielt bei Jouvet eine besondere Dimension dadurch, daß er davon ausging, daß bereits in der Sprache der mimische Gestus der Figur angelegt, ja vorgegeben sei. Sprache und Sprechen seien in einem elementaren Sinne nicht nur durch ihre semantische Bedeutung, sondern auch durch ihre physikalische Dimension, durch Klang und Rhythmus, bestimmt. Von seinen Schauspielern verlangte Jouvet, »den Text zu atmen« (»respirer le texte«, n. D. Whitton 1987, 92). Das »Atmen des Textes« zu entdecken, sei die wesentliche Aufgabe des Schauspielers, erst dann sei letztlich die »unsichtbare Kraft« des Textes, dessen »énergie humaine«, wirksam, die auch Schauspieler und Publikum verbindet. In der zentralen Bedeutung, die Jouvet dem literarischen Text einräumte, nahm er eine gewisse Sonderstellung selbst innerhalb des Cartels ein. Dennoch widmete er sich durchaus auch den nicht-sprachlichen Inszenierungselementen mit größter Sorgfalt: nicht jedoch, um in der Szene eine realistische Atmosphäre zu erzeugen, sondern um der theatralen Wertigkeit wegen, die von den Materialien der Kostüme und der Requisiten, dem Licht und der Musik ausging. Anfangs entwarf Jouvet deswegen auch seine Bühnendekorationen selbst. Dabei hatten die ersten Arbeiten – entsprechend der von Copeau kreierten »nackten« Bühne – eine Tendenz zur Abstraktion und folgten einem puristischen Funktionalismus. Später änderte Jouvet seinen Stil. Die Räume vermittelten nun zwar insgesamt den Eindruck einer stilisierten, theatralen Künstlichkeit, die Details der Ausstattung aber waren durchaus realistisch ausgearbeitet. Jouvet bevorzugte bei der Auswahl dieser Ausstattungsobjekte metallisch glänzende Materialien und Glas, deren Lichtreflexionen er wirkungsvoll ins Spiel brachte. Beispielhaft für diese Manier war die Ausstattung der Uraufführung von *Knock, ou le Triomphe de la médecine* (1923) von Jules Romains an der Comédie des Champs-Élysées. Seit Mitte der dreißiger Jahre arbeitete Jouvet auch mit Christian Bérard zusammen, dem bedeutendsten französischen Bühnenbildner dieser Jahre; erstmals im April 1924 bei der Uraufführung von Jean Cocteaus *La Machine infernale* an der Comédie des Champs-Élysées, wo Jouvet auch Regie führte. Weitere gemeinsame Arbeiten waren: *La Guerre de Troie n'aura pas lieu* (1934) von Giraudoux, *L'École des femmes* (1935) von Molière, *L'Illusion comique* von Corneille (1937) an der Comédie Française, *Le Corsaire* (1938) von Marcel Achard und vor allem auch *La Folle de Chaillot* (1945) von Giraudoux. (vgl. B. Liebowitz Knapp 1957, 282ff)

Jouvet galt auf der Höhe seiner Laufbahn als die Inkarnation eines »Theatermenschen« – für seine Schüler »le patron« –, dem es um nichts anderes ging als um das Theater. Hier aber setzten seine Kritiker an. Für sie bargen der Perfektionismus und die kühle Intellektualität von Jouvets Inszenierungen die Gefahr der Sterilität. Zudem stand er im Ruf, ein »ultra-konservativer Ästhet« zu sein (D. Whitton). Grundsätzliche Kritik an Jouvets Theaterauffassung kam jedoch von zwei ganz unterschiedlichen Positionen: von denjenigen, die im Gefolge von Artaud das Theater nicht als eine literarische Veranstaltung, sondern als

Bühnenbildentwurf von Georges Pitoëff für F. Molnárs Liliom. *Comédie des Champs-Élysées, Paris 1923*

ein eher »dionysisches« Ereignis begreifen wollten; zum anderen von jenen, die – im Sinne Brechts – die gesellschaftskritische, die politische Funktion des Theaters an die erste Stelle rückten. »Wo bleibt das Leben? Wo die Menschen?« – diese Fragen an das Theater Jouvets stellte auch der italienische Regisseur Giorgio Strehler, einer von Jouvets prominentesten Schülern. (G. Strehler 1980, 121)

Louis Jouvet, der in Crozon (Finistère) geboren wurde, begann in Paris zunächst ein Studium der Pharmazie. Sein Versuch, am Konservatorium für das Schauspielstudium aufgenommen zu werden, scheiterte dreimal. Er schloß sich deswegen einer Wandertruppe an, wurde jedoch schon 1910 von Rouché an das Théâtre des Arts engagiert. 1913 folgte er Copeau an dessen Vieux-Colombier, wo er als Schauspieler größte Erfolge feierte. 1917 bis 1919 begleitete er Copeau auf dessen Amerika-Tournee; anschließend arbeitete er auch als Regisseur und Bühnenbildner in Copeaus Truppe. 1922 bot ihm Jacques Hébertot (1886–1970) die Übernahme seines Theaters, der Comédie des Champs-Élysées an. Diese Bühne leitete Jouvet bis 1934. Zu den Höhepunkten dieser Direktion zählten die Uraufführungen der meisten Stücke von Jean Giraudoux, so etwa *Siegfried* (1928), *Amphitryon 38* (1929) und *Intermezzo* (1933). Diese Kooperation setzte sich auch am Théâtre de l'Athénée fort, das Jouvet 1934 übernahm und bis zu seinem Tode 1951 leitete; unterbrochen lediglich durch den Krieg, 1941 bis 1945. In diesen Jahren gab Jouvets Truppe Gastspiele in der Schweiz und in Südamerika. Zu den erfolgreichsten Inszenierungen seiner Laufbahn zählen – neben den Stücken von Giraudoux – Molières Komödien *L'École des femmes* (1936), *Le Médecin malgré lui* (1942), *La Jalousie du Barbouillé* (1943), *Dom Juan* (1947), *Les Fourberies de Scapin* und *Tartuffe* (1950). Überragende Erfolge waren auch die Uraufführungen von neun Stücken von Jules Romains (1985–1972), der auch ein Mitarbeiter von Copeau am Vieux-Colombier war, darunter *Monsieur Le Trouhadec saisi par la débauche* (1923), *Knock ou le triomphe de la médecine* (1923) und *Amédée et les messieurs en rang* (1923). Davon war *Knock* das Erfolgsstück schlechthin, in dem Jouvet in der Titelrolle brillierte. Es veranschaulicht die »unamistische« Philosophie des Autors, die die Macht der Kollektivseele über das Individuum behauptet. Im Stück stellt sich diese These dar in der Manipulation der kleinen Dorfgemeinde Saint-Maurice durch »Dr. Knock«, dem es gelingt, die knausrigen Dorfbewohner durch das Angebot einer kostenlosen Untersuchung von seiner fixen Idee zu überzeugen: »Jeder Gesunde ist ein unwissender Kranker«. Dies führt sehr rasch dazu, daß das Leben im Dorfe nur noch durch Notdienste aufrechterhalten werden kann, weil beinahe alle Bewohner, von Knock als »krank« diagnostiziert, – das Bett hüten. Selbst der ehemalige Dorfarzt verfällt am Ende der Suggestion seines Kollegen. Romains dreiaktige Komödie ist eine Persiflage auf den Triumph der modernen Reklame und eine Satire auf die Verführbarkeit der Masse durch eine unbegriffene, diktatorische Rhetorik. Von Jean Genets erstem Stück, *Die Zofen*, brachte Jouvet 1947 am Athénée die Uraufführung heraus. Auch als Filmschauspieler gelang Louis Jouvet eine beachtliche Karriere.

Jouvet hat die Subjektivität ebenso gehaßt wie die landläufige Abstraktion. Mittelmäßigkeit verletzte ihn, weil sie ihm gleichbedeutend damit schien, daß einer sich mit dem Sosein abfand. Theater – das war für ihn gesteigertes Dasein. Er suchte die Klarheit, und nichts vermochte seinen scharfsinnigen Verstand zu täuschen. Aber er kannte die Grenzen, wo das Dunkel anfängt, und dorthin zog es ihn. Die Bühnenwelt war aufgerissen, das Menschenbild war zersetzt: da waren überall Schichten, in die er sich hineingrub und aus denen er auftauchte mit einer unheimlichen Aura um sich. Es war, als ob er aus dem Totenreich zurückgekehrt wäre, ein revenant, um ein Leben, das Leben der Person, die er zu spielen hatte, noch einmal zu leben. Deshalb hatte er wohl auch den unsichtbaren Kompagnon, mit dem er, nach seinen Worten, zuweilen auf der Bühne stand: den »ange gardien«, den Schutzengel.

(S. Melchinger 1956, 202)

Georges Pitoëff

> »Wie soll ein Regisseur ein Stück auf die Bühne bringen? … Er ist frei, absolut frei.«
>
> (Georges Pitoëff)

Innerhalb des Cartel vertraten Georges Pitoëff und Gaston Baty insofern ganz eigene Positionen, als ihnen das Werk des Dichters nicht in dem Maße »heilig« war, als dies für Dullin und Jouvet galt. Für Pitoëff war der Regisseur – etwa im Sinne von Edward Gordon Craig oder Adolphe Appia – der eigentliche Schöpfer des Bühnenkunstwerks, der über den dramatischen Text ebenso frei verfügen konnte wie über die Ausdrucksmittel der Nachbarkünste, der Architektur, Malerei, der Musik oder des Tanzes. Nicht das Werk des Dichters, sondern der Schauspieler stand im Zentrum von Pitoëffs Theaterauffassung. In diesem Punkt wiederum unterschied er sich doch von Reformern wie Craig oder den Vertretern der russischen Theateravantgarde, die den Malern und den Bühnenbauern einen so beherrschenden Einfluß auf die Inszenierungen einräumten. Für

S. Gantillon: Maya.
R.: G. Baty. Studio des Champs-Élysées, Paris 1924

Pitoëff war allein der Schauspieler der Interpret der Szene. Dennoch aber war für ihn der poetische Text unstrittig der Dreh- und Angelpunkt der Inszenierungsarbeit. Zu ihm hatte der Regisseur ein Verhältnis inniger Gemeinschaft – Pitoëff nannte es »communion« – einzugehen. Das Drama (als Plot) und seine poetische Struktur galten ihm als die eigentlichen Impulsgeber der schöpferischen Inspiration. Interpretation des Textes bedeutete für Pitoëff jedoch, daß er »seinen Standpunkt«, den er dem Werk gegenüber einnahm, in Szene setzte. Nicht ein Regiestil, eine einheitliche künstlerische Handschrift, war es, die Pitoëffs Inszenierungen kennzeichnete, sondern eine sehr persönliche Sicht auf das Stück. Dessen »Geheimnis«, so meinte er, sei ohnehin nicht zu begreifen; nicht einmal vom Dichter selbst.

Dieser Auffassung entsprach Pitoëffs Forderung nach einer einfachen Bühne, die klare Zeichen setzen sollte im Sinne der Interpretation des Werks durch den Regisseur, die freilich nicht der Subjektivität des Deutens Tür und Tor öffnen, sondern das Wesen (»essence«) des Stücks freilegen sollte. Pitoëff verdeutlicht dieses Regieprinzip am Beispiel seiner berühmten Inszenierung von George Bernhard Shaws Schauspiel *Saint Joan*, einem der erfolgreichsten Stücke Mitte der zwanziger Jahre auf den europäischen Bühnen. Worum es ihm ging, war, das Werk so zu inszenieren, daß das Publikum begriff: »Johanna war eine Heilige«.

W. Shakespeare: Romeo und Julia. *R. u. B.: G. Pitoëff. Théatre des Mathurins, Paris 1937*

Auf diese Interpretationsidee hin, die die spirituelle Kraft der Protagonistin erfahrbar machen sollte, waren alle Elemente der Inszenierung ausgerichtet. Zu deren Gunsten wurden dann aber auch alle anderen Facetten dieser Figur vernachlässigt. Ludmilla Pitoëff, die Frau des Regisseurs, spielte die Rolle der Titelheldin und setzte dieses Konzept, das sich so offensichtlich vom Bild der historischen Figur wie von Shaws Rollenbild der Johanna unterschied, konsequent um. Shaw kommentierte diese Inszenierung mit wütenden Beschimpfungen und empfahl Ludmilla, deren Schauspielkunst er bewunderte, sich von diesem Regisseur und gleich auch von diesem Ehemann zu trennen. Der irische Dichter hatte freilich generell ein sehr zwiespältiges Verhältnis zum französischen Theater, das seine Stücke seiner Meinung nach nie angemessen – gemeint war: mit dem von ihm intendierten erzieherischen Impuls – auf die Bühne bringe. »Ich habe London erzogen, New York, Berlin und Wien, Moskau und Stockholm liegen mir zu Füßen«, schrieb Shaw, »aber ich bin zu alt, um Paris zu erziehen.« (n. D. Whitton 1987, 105) Offenbar litten Shaws Stücke auf den französischen Bühnen auch unter entstellenden Übersetzungen. Der Tenor der positiven Kritiken von Pitoëffs *Saint Joan*-Inszenierung war die einhellige Be-

Georges und Ludmilla Pitoëff in Sechs Personen suchen einen Autor *von L. Pirandello. Comédie des Champs-Élysées, Paris 1923*

wunderung der konzeptionellen Geschlossenheit der Aufführung; Zustimmung auch für die Sympathie mit der Titelheldin, die Pitoëffs »Interpretation« vermittelte. Einer der größten Erfolge dieses Regisseurs war die Aufführung von Pirandellos berühmtesten Stück *Sechs Personen suchen einen Autor*, 1923 an der Comédie des Champs-Elysées. Die konzeptionelle Linie, die Pitoëff in dieser Inszenierung verfolgte, war das Herausarbeiten der alptraumartigen Atmosphäre, vor allem aber der tragischen Dimension, die er in dem Stück sah. Pirandello stimmte begeistert zu. Für das französische Theater war diese Inszenierung ein Meilenstein auf dem Wege in eine neue Entwicklungsphase, die den poetischen Klassizismus Jouvets oder Dullins hinter sich ließ. Nach dieser Inszenierung wurden die französischen Bühnen von einer Welle des Pirandellismus erfaßt. (vgl. Kap.: Italien) Pirandello war in den dreißiger Jahren der lebende Autor, dessen Stücke in Paris am häufigsten aufgeführt wurden; er übertraf darin selbst den französischen Erfolgsautor dieser Jahre, Jean Giraudoux. (vgl. D. Whitton 1987, 107f)

Ein weiterer Akzent, den Pitoëffs Arbeit in der Entwicklung des modernen französischen Theaters setzte, war die Erschließung der Stücke Čechovs für die

G. Flaubert: Madame Bovary. *Adaptation, R. u. B.: G. Baty. Théâtre Montparnasse, Paris 1936/37*

französische Bühne. Seine Inszenierungen von *Onkel Vanja* (1921), *Die Möwe* (1922) und *Drei Schwestern* (1929) setzten Maßstäbe. Für das Stück *Der Kirschgarten* entwickelte er in seinen letzten Lebensjahren ein Regiekonzept, das jedoch erst sein Sohn Sacha 1966 realisierte. Die Faszination dieser Čechov-Inszenierung lag für das französische Publikum in der Authentizität der Atmosphäre und des Lebensgefühls, das Pitoëff aus seiner intimen Kenntnis des russischen Provinzlebens auf die Pariser Bühne brachte, mehr aber noch in der für diesen Regisseur so typischen Art des Herausarbeitens der »essence« der Stücke. Dabei löste sich Pitoëff gänzlich von dem durch Stanislavskij in die Čechov-Inszenierungen gebrachten Realismus. Für die Bühnendekoration bedeutete dies die Konzentration auf nur wenige Elemente: Samtvorhänge, ein paar Stühle und Paravents. Die Grundidee der Čechov'schen Stücke lag für Pitoëff im Innenleben der Charaktere: Čechov bringt uns bei, schreibt er, »eine Gesellschaft zu lieben, die aus an sich bedeutungslosen Menschen besteht, die aber beispielhaft sind für die große Masse. Diese Menschen aber tragen in ihrem Inneren einen Kern von Glauben, Vertrauen, Leidenschaft, Genie und Resignation. Nur von außen gesehen, scheinen sie bedeutungslos zu sein. In ihnen brennt ein verzehrendes Feuer.« (*Notre théâtre.* Paris 1949, 44f) Im französischen Theater war Pitoëff der erste Regisseur, der in seinen Inszenierungen von

Stücken ausländischer Autoren, sei es Strindberg, Wilde, Shaw, Pirandello, Čechov oder Gor'kij, versuchte, dem Publikum einen authentischen Eindruck (keineswegs im Sinne eines Naturalismus) des nationalen Charakters dieser Stücke zu vermitteln (vgl. D. Whitton 1987, 110). Er unterschied sich darin deutlich von Regisseuren wie Antoine oder Lugné-Poë, die die ausländischen Stücke ausgesprochen »französisch« inszenierten.

Georges Pitoëff war 1884 als Sohn eines Theaterdirektors in Tiflis geboren. 1908 debütierte er als Schauspieler in St. Petersburg, schloß sich dann einer Wandertruppe an, die durch Rußland reiste. Von 1913 an arbeitete er auch als Regisseur und siedelte 1915 in die Schweiz über, wo er in Genf (bis 1916) eine Amateurtheatertruppe leitete. Mit dieser Truppe gab Pitoëff, der 1915 die Schauspielerin Ludmilla Smanov (1895–1951) geheiratet hatte, auch Gastspiele (ab 1919) in Paris, zunächst an Rouchés Théâtre des Arts, dann (1922–1924) an der Comédie des Champs-Élysées. In den folgenden Jahren unternahm die »Compagnie Pitoëff« Tourneen ins weitere Ausland. 1927 kam es zur Gründung des Cartel. In Paris trat die Truppe nun am Théâtre des Arts (1925 bis 1927 und wieder 1931) auf, ebenso am Théâtre de l'Œuvre (1930), am Vieux-Colombier (1933), am Théâtre de l'Avenue (1932 bis 1934) und am Théâtre des Mathurins (1928, 1929 und ständig von 1934 bis 1939). In diesem Jahr starb Pitoëff in Genf. Seine Frau Ludmilla führte das Theater weiter und bereiste mit dem Ensemble die USA und Kanada.

Gaston Baty

> »Es geht nicht darum, über all diese Dinge nur zu reden, sondern sie fühlbar zu machen.«
>
> (Gaston Baty)

Gaston Baty war derjenige in der Gruppe des Cartel, der für den Regisseur den größten gestalterischen Freiraum einforderte. Vor Pariser Studenten demonstrierte er einmal die »Macht des Regisseurs über den Text«, indem er eine Szene aus Molières Komödie *Der eingebildete Kranke* – ohne ein Wort zu verändern – mit seinen Schauspielern in drei Variationen vorstellte: als Komödie, als Farce und als Drama. Spielsituation und Charaktere erschienen jeweils in einem gänzlich anderen Licht. (vgl. G. Meiler 1984, 97ff) Baty galt als der »Magier« unter den Regisseuren, der aber auch seine Inszenierungsarbeit als Theoretiker reflektierte und mit dem Begriff eines »théâtre intégral« – im Deutschen steht dafür der Begriff »Totaltheater« – eine Theorie des Theaters geradezu als Doktrin festlegte. Diese Theorie ging weit über die ästhetische Sphäre hinaus und hatte eine sowohl theologische wie kulturpolitische Begründung. Baty war überzeugter Katholik und sah in der Lehre des mittelalterlichen Theologen Thomas von Aquin und im Leben des Heiligen Franz von Assisi ein Weltbild vorgegeben, das durch eine große Einheitsvision, der Einheit von Geist und Materie, Vernunft und Glauben, bestimmt war. Dieses Weltbild hatte – so Batys theaterkulturelle These – in den mittelalterlichen Mysterienspielen und auch noch im elisabethanischen Theater zur Ausbildung einer durch diesen Totali-

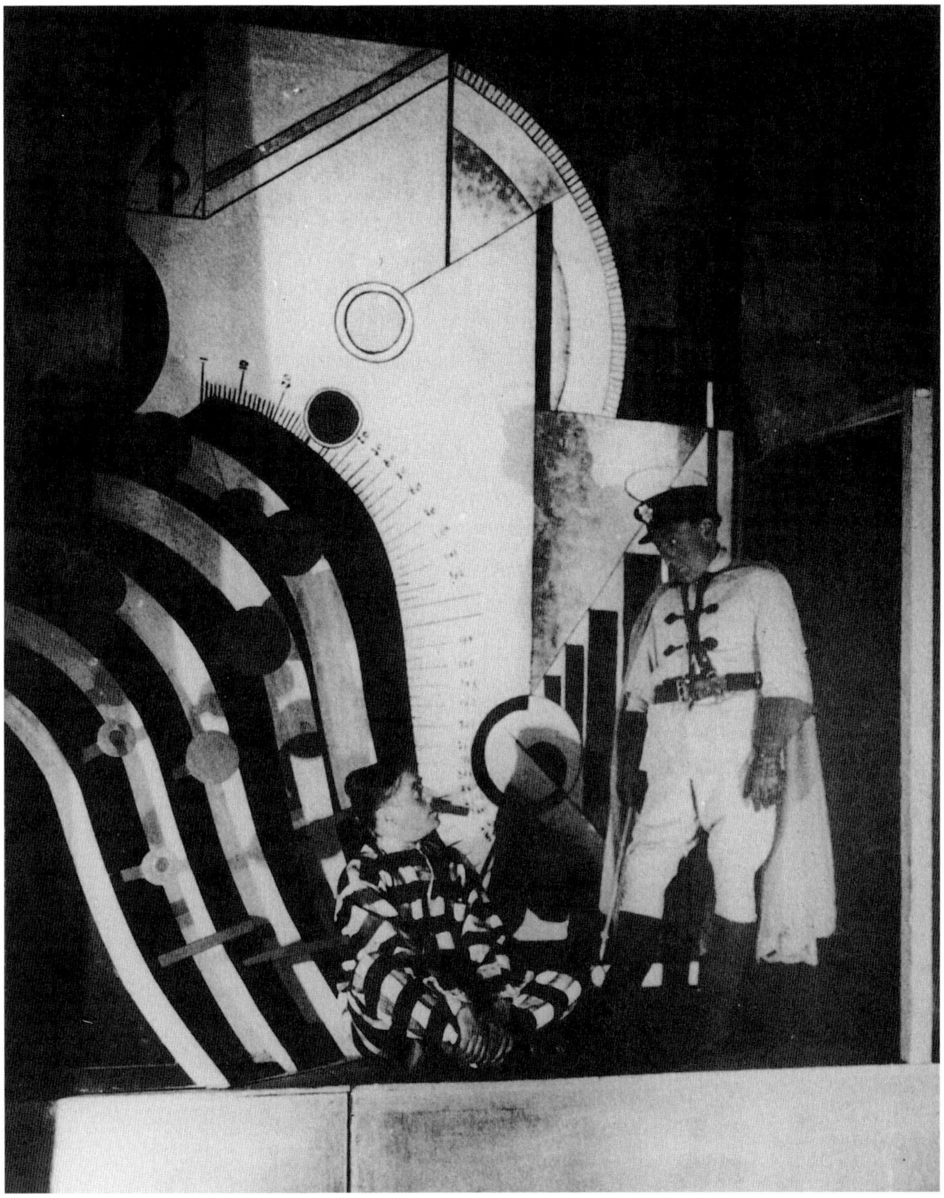

E. Rice: La machine à calculer. *R.: G. Baty. Studio des Champs-Élysées, Paris 1927*

tätsgedanken geprägte Theaterästhetik geführt. Diese wurde für Baty zum Vorbild schlechthin. Was er an den katholischen Passions- und Mirakelspielen (vgl. Bd. I, Kap.: Theater des Mittelalters) so bewunderte, war die Zusammenführung aller künstlerischen Ausdrucksmittel zu einem »théâtre intégral« als Zusammenspiel von Text, bildender Kunst, Musik und Tanz; ein Theater der Synthese aller Sinne, wie es Baty auch in den liturgischen Feiern der katholischen Kirche verwirklicht sah. In einer Reihe historischer Studien zur Entwicklungsgeschichte des europäischen Theaters verfolgte Baty diese These. Dabei interpretiert er den Humanismus, die Renaissance und die Aufklärung als jene Schnitt- und Bruchstellen dieser Tradition, von denen an das Theater durch die Herrschaft des Textes bestimmt werde und seine wesensmäßige Theatralität –

eben im Sinne eines »théâtre intégral« – weitgehend verloren hätte. Diesen Prozeß, der letztlich als kulturphilosophisch unterlegtes Entfremdungsphänomen beschrieben wird, rückgängig zu machen und jene Totalität des Theaters, in der nicht mehr »Sire le Mot« – so der Titel eines Essays (1921) von Baty – herrscht, wiederherzustellen, darin sah Baty ein wesentliches Ziel seiner Theaterarbeit.

Neben dieser komplexen kulturgeschichtlichen und zugleich »thomistischen« Begründung seiner Ästhetik, die in den Jahren von 1917 bis 1921 erstmals der Öffentlichkeit vorgestellt wurde, hatten diese Position auch konkrete Theatererlebnisse lange zuvor schon vorbereitet. Als Student der Kunstgeschichte hielt sich Baty ab Winter 1907/08 für ein Jahr in München auf und stand dort in engem Kontakt mit der Gruppe um Georg Fuchs, Max Littmann und den Maler und Bühnenausstatter Fritz Erler (1868–1940), den Gründern des Münchner Künstlertheaters. Dabei erlebte Baty ein konsequent durch bildnerische Mittel geprägtes Theater. Ähnliche Eindrücke gewann er bei Besuchen von Max Reinhardts Deutschem Theater in Berlin in den Jahren 1908 und 1911, von Aufführungen des Stanislavskij-Ensembles in Moskau und von Inszenierungen Vsevolod Mejerchol'ds an dessen Moskauer Studio. In Frankreich gelang es Baty, der als einziger der bedeutenden französischen Regisseure dieser Jahre kein Schauspieler war, 1919 mit dem Regisseur Firmin Gémier in Kontakt zu kommen, der ihn als Regieassistenten einstellte. Bereits 1920 aber brachte Baty am Théâtre des Arts seine erste eigene Inszenierung heraus. Dort lernte er auch zwei Persönlichkeiten kennen, die in seiner weiteren Laufbahn eine wesentliche Rolle spielen sollten: Charles Dullin und die Schauspielerin Marguerite Jamois, die eine kongeniale Vermittlerin seiner Regieintentionen wurde. Diese erste Inszenierung ließ schon sehr deutlich Batys Handschrift als Regisseur erkennen: ein virtuoses Zusammenspiel von visuellen und akustischen Effekten, insbesondere auch eine eindrucksvolle Lichtgestaltung. »Atmosphäre« wurde von der Kritik bereits anläßlich dieser ersten Arbeit zum Markenzeichen dieses Regisseurs erklärt. Aber auch eine erbitterte Gegnerschaft formierte sich, die die Arbeiten Batys in dessen 30 Jahre währenden Theaterlaufbahn vehement ablehnte. (vgl. G. Meiler 1984, 61 ff) Von »Regie-Orgien« war vielfach die Rede, von doktrinärer Text- und Literaturfeindlichkeit und davon, daß der dramatische Text nur zum Anlaß genommen werde, um spektakuläre Schaueffekte zu inszenieren. Die Auseinandersetzungen um Batys theaterästhetische Position war eine der großen Querelen um die sogenannte »Emanzipation« des Theaters von der Literatur. Dabei kämpfte Baty in einer Front mit Reformern wie Edward Gordon Craig oder Adolphe Appia, aber auch mit Max Reinhardt.

Batys theoretische Hauptwerke – neben zahlreichen Artikeln in den Zeitschriften *Bulletins de la Chimère* (1922–1923), *Masques. Cahiers d'Art dramatique* (1926–1933) und den *Cahiers du Théâtre* (1926–1932) – waren *Le Masque et l'Encensoir* – eine Zusammenfassung dieses Essays wurde bereits 1926 veröffentlicht – und *Vie de l'art théâtral des origines à nos jours* (Paris 1932). Die Grundgedanken seiner beiden Hauptschriften fügen sich zur »Doktrin« eines »théâtre intégral« zusammen. Deren wesentliche Elemente sind aus der Ästhetik der Mysterienspiele und der Spielpraxis des elisabethanischen Theaters abgeleitet: Symbolik, Simultaneität, die herausragende, »mitspielende« Rolle des Bühnenbildes, schließlich eine Art Schönheitspathos (»la beauté si-

Diese grundsätzliche Vereinfachung (der Bühne), verbunden – wie beim Mysterienspiel – mit einer raffinierten Maschinerie, verleiht dem szenischen System eine extreme Anpassungsfähigkeit für dramatische Stilrichtungen verschiedenster Art. Um schnelle und reibungslose Szenenwechsel außerdem noch zu erleichtern, wurden schon im Hôtel de Bourgogne bewegliche Vorhänge im Sinn moderner Bühnenverfahren (»à notre manière« – betont Baty) eingesetzt. So läßt das Theater, dank seiner szenischen Flexibilität, dem Dichter jede Freiheit … Ein derart geschmeidiges (»souple«) Bühneninstrument bietet Batys Ansicht nach ideale Voraussetzungen für eine Dramaturgie, die – wie das Werk Shakespeares – auf einer Übersteigerung der Realität (»grossissement de la vérité«) beruht. Fern vom Regelzwang der humanistisch-klassischen Ästhetik können sich unglaubliche Aktionen, entsetzliche oder übermenschliche Leidenschaften auf dieser Bühne abspielen: Entführungen und Verfolgungsjagden, Verwechslungen, Duelle, Wiedererkennungsszenen und Hochzeiten. Zwanzig Jahre vergehen zwischen zwei Szenen; der Held schafft tausend Orte in einer Stunde. Die durch die szenische Symbolik aktivierte Phantasie des Publikums begreift auch das Un-wahrscheinliche als theatrale Realität.

(G. Meiler 1984, 63)

J. V. Pellerin: Cris des Cœurs. *R. u. B.: G. Baty. Théâtre Montparnasse, Paris 1928*

gnificative«, »le pathétique visuel«). (vgl. G. Meiler 1984, 71f) Im einzelnen bedeutet dies: Die Bühnendekorationen sollen keine illusionistischen Milieurekonstruktionen darstellen, sondern als Zeichen (Symbole) die Phantasie der Zuschauer animieren, vor allem Atmosphäre erzeugen. Als simultan bespielbares Raumsystem, das durch Vorhänge oder plastische Gliederungselemente mehrere Spielfelder bereitstellt, sollte die Bühne einen temporeichen Spielrhythmus ermöglichen, vor allem den gleichzeitigen Ablauf paralleler Szenen. Baty erfand dafür eine Konstruktion, die, im hinteren Teil der Bühne aufgestellt, mit Hilfe beweglicher Segmente einen raschen Dekorationswechsel herstellen ließ. (vgl. G. Meiler 1984, 84) Atmosphäre zu erzeugen und auf diese Weise »mitzuspielen«, sei die einzige Aufgabe der Bühnendekoration. Baty entwarf die Bühnenbilder für seine Inszenierungen in der Regel selbst. Später arbeitete er mit den Bühnenbildnern Charles Sanlaville und Émile Bertin zusammen. Den Begriff »beauté significative« stellte Baty gegen alle Spielarten der puritanisch »gesäuberten« Bühne. Für ihn mußte die optische Ausstattung der Inszenierung auch sinnliches Vergnügen bereiten. Daß sich Baty mit dieser »Doktrin« im Widerspruch zu einer überaus mächtigen, spezifisch französischen Tradition der Bühnenkunst befand, wie sie sich vor allem in der Praxis der Klassikerinszenierungen der Comédie Française manifestierte, lag auf der Hand. Aber auch von Seiten einiger zeitgenössischer Reformer wie etwa Antoine, dem Gründer des Théâtre Libre, sah sich Baty Angriffen ausgesetzt, die ihm einen Hang zum bloßen Ausstattungstheater unterstellten. Immer wieder versuchte er diese Kritik mit Inszenierungen zu widerlegen, in denen er die Dekorationen aufs äußerste konzentrierte, nichts aber von seiner Vision eines atmosphärischen Theaters aufgab. Mit Jacques Copeaus Konzeption der Bühne als einem »nackten Brett« ließ sich Batys Bühnenästhetik dennoch vereinbaren, weil es beiden letztlich darauf ankam, »durch eine Erneuerung der szenischen Strukturen die Voraussetzungen für eine neue an Shakespeare (statt an den klassischen Regeln) orientierte Dramaturgie zu schaffen«. (G. Meiler 1984, 82) Auf dieser Ebene existierte auch die Gemeinsamkeit in den reformerischen Zielen zwischen so unterschiedlichen Persönlichkeiten wie den vier Regisseuren und Theaterleitern des Cartel des quatre.

Nach seiner ersten eigenen Regiearbeit am Théâtre des Arts war es wieder Gémier, der Baty als Regisseur für die Spielzeit 1920/21 an die Comédie des Champs-Élysées verpflichtete. Im Dezember 1922 gründete dieser schließlich sein eigenes Ensemble: Les Compagnons de la Chimère. Die Chimäre, ein Fabelwesen, das halb Frau, halb Vogel ist, sollte die zwei Seiten der Truppe symbolisieren: den Dienst am Ideal der Kunst und das feste Stehen auf dem Boden der Realität. Baty inszenierte mit diesem Ensemble zunächst an unterschiedlichen Theatern. Dabei gelang ihm mit der Inszenierung von Jean-Jacques Bernards (1888–1941 oder 1942) Drama *Martine* eine Arbeit, die seine Bühnenästhetik und seine Regieprinzipien programmatisch demonstrierte. Bernards neue Dramaturgie, die das Drama als »Schule des Schweigens« begriff und ganz auf die atmosphärischen Effekte, auf das Spiel mit dem Unausgesprochenen setzte, entsprach weitgehend Batys eigenen Intentionen. Der Streit um die Rolle des Textes auf der Bühne war damit aber hell entbrannt. Baty reagierte darauf mit dem Essay *Sire le Mot*, den er in der Zeitschrift *Les Lettres* (Nov. 1921) veröffentlichte.

Im Mai 1923 konnte Gaston Baty eine erste eigene Bühne eröffnen, die Baraque de la Chimère. Es war ein schlichtes Theater, das schon nach wenigen Monaten aus finanziellen Gründen wieder geschlossen werden mußte. Von 1924 bis 1928 arbeitete er vor allem am Studio des Champs-Élysées, einer kleinen Experimentierbühne der von Jacques Hébertot (1887–1970) geleiteten Théâtres des Champs-Élysées. Am 13. Oktober 1930 eröffnete Baty das Théâtre Montparnasse (vgl. A. Simon 1972, 75 ff) mit einer Inszenierung von Bertolt Brechts *Dreigroschenoper*. Dieses Theater leitete er bis 1942. Anschließend übernahm Marguerite Jamois die Direktion.

1936 wurde Baty erstmals zusammen mit Copeau, Jouvet und Dullin als Regisseur an die Comédie Française verpflichtet; zwischen 1938 und 1948 inszenierte er dort sechs Stücke. Seine Inszenierung von Racines *Bérénice* im Dezember 1946 wurde zu einem veritablen Skandal, da das konservative Publikum der Comédie über Batys eigenwillige Interpretation dieses Stücks empört war. 1949 zog sich Baty vom Schauspieltheater zurück und widmete sich nur noch dem Marionettentheater und der Herausgabe seiner zahlreichen theoretischen Schriften.

Eine wesentliche Facette in der Theaterlaufbahn von Gaston Baty war dessen Tätigkeit im Bereich der berufsständischen Organisationen. Schon 1925 gründete er zusammen mit Copeau, Henri Ghéon und Georges le Roy die Vereinigung »Confrères de Saint-Genest. Fédération des artistes catholiques du théâtre de France« und übernahm deren Vorsitz. 1926 engagierte er sich in dem von Firmin Gémier gegründeten Berufsverband aller Theaterschaffenden, der »Société universelle du théâtre«. Auch in dem Verband »Union française de la S.U.d.T.« arbeitete Baty mit, vor allem bei den Vorbereitungen des ersten Internationalen Theaterkongresses im Juni 1927 in Paris. Im Herbst 1936

F. Dostoevskij: Schuld und Sühne. *R.: G. Baty. Théâtre Montparnasse, Paris 1933*

G. Baty: Bühnenbildentwurf für Le Simoun *von Henri-René Lenormand, R.: G. Baty. Comédie-Montaigne-Gémier, Paris 1920*

wurde er Vorsitzender der »Association des directeurs du théâtre«, eines von Louis Jouvet gegründeten Verbandes, der sich vor allem um die steuerrechtlichen Belange der französischen Privattheater kümmerte. Noch 1951 war Baty an der Gründung des »Centre dramatique de Sud-Est« in Aix-en-Provence beteiligt, ein Projekt, durch das der immer wieder erhobenen kulturpolitischen Forderung nach einer Dezentralisierung des französischen Theaterwesens Rechnung getragen werden sollte. Als Baty 1952 schließlich an einem Schlaganfall starb – er war der letzte Überlebende des Cartel –, waren im französischen Theater längst neue Impulse wirksam geworden, repräsentiert durch Persönlichkeiten wie Vilar oder Barrault. Die Reformideen des Cartel hatten sich überlebt. Mit seinem rigorosen Eintreten für eine Auffassung der Regie als dem kreativen Zentrum der Bühneninszenierung hatte Gaston Baty – von dem A. Simon (1972, 173) meint, man könne ihn nur über die Paradoxien seiner Persönlichkeit verstehen: als Revolutionär und Konservativen, als Rationalisten und Antirationalisten – eine richtungweisende Entwicklung auch für das Theater nach 1945 mit vorbereitet.

Théâtre du Peuple – Théâtre National Populaire

»Theater des Volkes« ist kein Modeartikel und kein Spiel von Dilettanten. Es ist der kraftvolle Ausdruck einer neuen Gesellschaft, ihrer Stimme und ihrer Gedanken.«

(Romain Rolland: *Le Théâtre du Peuple.* 1903)

Noch im letzten Jahrzehnt des 19. Jahrhunderts, nur wenige Jahre später als die deutsche Volksbühnenbewegung (vgl. Bd. III, Kap.: Jahrhundertwende), wurde das Projekt »Théâtre du Peuple« auch in der französischen Öffentlichkeit diskutiert. Sozialisten wie Anarchisten nahmen sich dieses Themas an. Einen zusätzlichen Impuls erhielt diese Diskussion durch den Abschluß der Affäre Dreyfus im Jahre 1899, die sich als Sieg der liberalen und sozialistischen Intelligenz darstellte, die nun auch verstärkt in der französischen Öffentlichkeit ihren Anspruch als gestaltende Kraft in der Gesellschaft anmeldete. Dabei war die Forderung »Theater für das Volk« stets auch verbunden mit der Forderung nach einer Dezentralisierung des französischen Theaterwesens. Konkret bedeutete dies den Aufbau von Theaterzentren außerhalb der Hauptstadt, auf die sich traditionellerweise das Theaterleben des Landes weitgehend konzentrierte. Erste Aktivitäten in dieser Richtung unternahm der Dramatiker Maurice Pottecher (1867–1960), der im Jahre 1895 in seinem Heimatdorf Bussang in den Vogesen ein Freilichttheater als »Théâtre du Peuple« gründete, das als jährlich stattfindendes Festspiel noch heute existiert. Die Bühne war für ein Publikum von etwa eintausend Personen eingerichtet. Aufgeführt wurden Stücke, die sich mit Themen aus der Lebenssphäre der einfachen Leute befaßten. Pottecher schrieb selbst eine Reihe realistischer Komödien für dieses Festspielprogramm. 1899 faßte er zudem seine theaterpolitischen Vorstellungen in dem Manifest *Le Théâtre du Peuple* zusammen, das grundlegend wurde für alle weiteren Bestrebungen, die Dezentralisierung des Theaters in Frankreich voranzubringen. Auch in Paris gab es Projekte, die diese programmatische Richtung verfolgten: 1897 veröffentlichte Louis Lumet das Manifest *Théâtre Civique*, in dem er ein Theater forderte, das gesellschaftskritische Themen (Pazifismus, Korruption, Klassenjustiz) aufgriff, ein Alternativprogramm zu dem seichten Unterhaltungstheater der Café-Concerts und der Music-Halls. Zwei Jahre später eröffnete Henri Dargel 1899 in dem Pariser Vorort Saint-Antoine das Théâtre de la Coopération, das sich ausschließlich an ein Arbeiterpublikum richtete und später im Gebäude des Athénée in Saint-Germain bis 1914 untergebracht war. 1903 gründete Henri Beaulieu ein Théâtre du Peuple in Clichy und Eugène Berny das Théâtre Populaire im Pariser Arbeiterviertel Belleville. Letzteres konnte seinen Spielbetrieb bis 1910 aufrechterhalten.

Alle diese Projekte verstanden sich als aufklärerische Alternativen zum kommerziellen Unterhaltungstheater, aber ebenso gegenüber dem am bürgerlichen Bildungskanon orientierten klassischen Literaturtheater. Auch das sozialkritische oder das experimentelle Theater der neunziger Jahre, etwa Antoines

Théâtre Libre oder das Théâtre de L'Œuvre, entsprach nicht der Programmatik eines Théâtre du Peuple, da es sich in erster Linie an ein intellektuelles Publikum wandte. Zudem handelte es sich um Bühnen, die aufgrund ihrer beschränkten Räumlichkeiten nur für ein zahlenmäßig sehr begrenztes Publikum zugänglich waren. Die Idee eines Théâtre du Peuple war stets verbunden mit der Vorstellung, ein sehr großes Publikum, ja ein Massenpublikum, zu erreichen. Vor allem sollten die Eintrittspreise so niedrig sein, daß sich auch Arbeiter den Besuch dieser Aufführungen leisten konnten.

Um 1900 war es vor allem der Dichter Romain Rolland (1866–1944), der zum profiliertesten Fürsprecher dieser französischen »Volksbühnenbewegung« wurde. In seiner Schrift *Le Théâtre du peuple* (1903) plädierte Rolland für ein Theater als »moralische Anstalt« im Sinne Schillers, das aber auch verankert sei im Bewußtsein der eigenen nationalen Geschichte und seinem Geist nach jenen kämpferischen Optimismus fördern sollte, der die angemessene politische Haltung der modernen Arbeiterklasse sei. Rolland schrieb zur gleichen Zeit einen Zyklus von Revolutionsstücken, die für das Repertoire dieser Bühnen konzipiert war: *Les Loups* (1898), *Danton et Le Triomphe de la raison* (1899) und *Le Quatorze-Juillet* (1902). Keines der Stücke war jedoch ein Erfolg; wenngleich ihre Aufführungen beim bürgerlichen Publikum Skandale auslösten, besonders *Les Loups* in einer Inszenierung von Lugné-Poë 1898 am Théâtre de L'Œuvre. Allein Rollands *Danton* kam gelegentlich auch später noch zur Aufführung.

Firmin Gémier

»Jedes Volk hat das dringende Bedürfnis, sich ein Bild seiner Ideale zu entwerfen.«

(Firmin Gémier, 1925)

Mit Firmin Gémier (1869–1933) nahm sich erstmals ein erfahrener Theaterpraktiker der Idee des Théâtre Populaire an. War diese Theatersphäre bis dahin überwiegend eine Angelegenheit von Literaten und politisch engagierten Theateramateuren gewesen, so erfolgte nun deren Professionalisierung. Gémier war als Schauspieler zunächst (1890) am l'Odéon, dann an Antoines Théâtre Libre und bei Lugne-Poë am Théâtre de l'Œuvre engagiert. Er war dort der Darsteller des Père Ubu in der Uraufführung dieses legendären Skandalstücks von Alfred Jarry. Seit 1901 arbeitete er auch als Regisseur und führte 1902 Rollands Revolutionsstück *Le Quatorze-Juillet* auf. Bereits 1894 beteiligte sich Gémier an einem politischen Theaterprojekt, mit dem für die Einrichtung einer Maison du Peuple im Pariser Viertel Montmartre geworben wurde. 1906 übernahm Firmin Gémier die Direktion des Théâtre Antoine, die er bis 1921 innehatte. Von 1922 an leitete er das Théâtre de l'Odéon und führte diese renommierte Bühne bis 1930. Gleichzeitig aber verfolgte er Pläne zur Gründung eines Théâtre du Peuple, das er sich immer auch als ein Theater für ein Massenpublikum vorstellte. In diesem Sinne organisierte Gémier mehrere spektakuläre Projekte: 1903 eine Freilichttheater-Aufführung in der Schweiz mit 2400 Akteuren und

E. Saint-Georges de Bouhélier: Ödipus, König von Theben. *R.: F. Gémier u. G. Baty. Cirque d'Hiver, Paris 1919*

18 000 Zuschauern, 1911 die Gründung des Théâtre National Ambulant. Letzteres war ein Wandertheater, das eine dem Théâtre Antoine exakt nachgebaute Spielstätte mit der gesamten bühnentechnischen Ausrüstung mit sich führte und Plätze für 1600 Zuschauer bot. Für Gémier war dies die eigentliche Form eines Nationaltheaters. Steinbauten für Theater erklärte er rundweg für Relikte einer überholten Theaterkultur. (vgl. D. Whitton 1987, 216) Stücke von Molière, Beaumarchais, Tolstoj und Balzac wurden auf dieser mobilen Bühne aufgeführt, mit der Gémier den Norden Frankreichs bereiste. Aufgrund der hohen Transportkosten war das Unternehmen freilich nach drei Monaten finanziell am Ende. Im Jahr darauf startete Gémier mit dem Théâtre Ambulant erneut eine Tournee, nun jedoch mit einer wesentlich weniger aufwendigen Ausstattung. Ein anderes Projekt, mit dem er seine Vision eines modernen, demokratischen Massentheaters in die Tat umsetzte, waren zwei Theateraufführungen 1919 im Cirque d'Hiver, den Gémier – dem Vorbild von Max Reinhardt, dessen *Ödipus*-Inszenierung im Zirkus Schumann in Berlin folgend – gemietet hatte. Er inszenierte dort zusammen mit Gaston Baty *Oedipe, roi de Thèbes,* eine symbolistische Adaption dieses Stoffes von Edmond Saint-Georges Bouhélier (1876–1947) und *La Grande Pastorale*, ein provenzalisches Christgeburt-Spiel mit folkloristischen Tänzen, viel Musik und gar noch mit Auftritten dressierter Tiere. Für die Inszenierung des *Oedipe* hatte Gémier zweihundert Sportler engagiert, die athletische Übungen darboten. Die Faszination, die von spektakulären theatralen Massenauftritten ausging, streng choreographiert mit einem Hang zum Sportiven, war offenbar ein modischer Zug dieser Jahre. Max Reinhardt in Berlin und Vsevolod Mejerchol'd in Moskau (vgl. Kap.: Rußland) experimentierten in der gleichen Richtung. Die Idee eines modernen Volkstheaters als eines Massentheaters – Max Reinhardt propagierte 1911 ein »Thea-

ter der Fünftausend« – verband sich hier mit einer Vorstellung von Modernität, die sich durch das Einbeziehen von Schaueffekten, wie sie der Zirkus, der Film oder der Sport boten, vor allem auch durch räumliche Monumentalität mit Aufführungen im Zirkus, in Music-Halls oder großen Freilichtarenen auszuweisen glaubte.

1920 schließlich konnte Gémier für seine Idee eines Théâtre National Populaire eine dauerhafte Lösung finden, die in der Entwicklung der französischen Theaterkultur tatsächlich ein Zeichen setzte und zur Gründung einer bis heute existierenden Institution führte, die beides sein sollte: volkstümlich und national. Für Gémier war mit der Idee des Théâtre National Populaire (T.N.P.) auch die Vision verbunden, eine Institution zu schaffen, die die französische Gesellschaft in der künstlerischen Vergegenwärtigung ihrer Geschichte und ihrer Ideale einigen würde. Die Wahrung der Menschenrechte auf Freiheit, Selbstbestimmung, Gerechtigkeit und Frieden waren die politischen Ideale, die Gémier mit diesem Projekt verband. (vgl. D. Whitton 1987, 217) Als Gebäude für das Théâtre National Populaire konnte der für die Weltausstellung 1878 errichtete Palais du Trocadéro erworben werden, wo Gémier neben seinen eigenen Produktionen mit einem ständigen Ensemble auch Gastspiele der Comédie Française, der Opéra, der Opéra-Comique und des Théâtre de l'Odéon veranstaltete. Daneben plante er weiterhin große Freilichtspektakel, so etwa das gigantische experimentelle Theaterprojekt *Son et lumière* in den Gärten von Versailles für 40 000 Zuschauer, das freilich aus Kostengründen nicht zustande kam.

Nach Gémiers Tod verlor das Théâtre National Populaire sehr bald an Profil. Pierre Aldebert produzierte in den Jahren von 1940 bis 1951 eine Reihe von Großveranstaltungen, darunter auch Freilichtaufführungen. Das Palais de Chaillot, das 1937 auf den Fundamenten des abgerissenen Trocadéro errichtet worden war, stand nach 1945 zunächst nicht mehr zur Verfügung, da es zum Sitz der Vereinten Nationen geworden war. Auch Jean Vilar (1912–1971), der 1951 die Leitung des T.N.P. (bis 1963) übernahm, trat bis zur Rückkehr des Theaters in das Gebäude des Palais de Chaillot mit seinem Ensemble in den Pariser Arbeitervorstädten auf. Nun kam es auch zu einer weitgehenden Strukturreform der Institution des T.N.P., die den Beginn einer neuen Ära seiner künstlerischen Entwicklung einleitete (vgl. Bd. V, Kap.: Frankreich).

Gémier, der neben seiner Regietätigkeit auch ein rastloser Organisator war, hatte 1920 die Comédie Montaigne übernommen und Gaston Baty dort als Direktor eingesetzt. Was ihm für diese Bühne vorschwebte, war ein Theater, das sich von den Boulevardbühnen ebenso unterschied wie von den Experimentierbühnen Copeaus oder Lugné-Poës: ein Theater, das Werke klassischer und zeitgenössischer Autoren in einer modernen, aber auch für ein breites Publikum faßbaren Form aufführte. Bereits 1922 gab Gémier diese Bühne wieder auf; 1926 zog er sich von der künstlerischen Leitung des Odéon, 1930 auch von der Direktion dieses Theaters zurück. Das Théâtre National Populaire jedoch leitete er bis zu seinem Tod 1933. Zu seinen wichtigsten Initiativen außerhalb seiner künstlerischen Projekte zählen die Gründung der französischen Shakespeare-Gesellschaft 1917 (Société Shakespeare), wodurch die Auseinandersetzung mit diesem Dramatiker auf den französischen Bühnen einen neuen Impuls erhielt. 1926 gründete er die »Société universelle de théâtre«, aus der 1948 das »Institut

E. Saint-Georges de Bouhélier: Ödipus, König von Theben. *R.: F. Gémier u. G. Baty. Cirque d'Hiver, Paris 1919*

international de théâtre de l'UNESCO« hervorging. In zahllosen Reisen durch viele Länder hatte Gémier geradezu missionarisch für diesen Zusammenschluß geworben und schließlich die Gründung dieses Weltverbandes der Berufstheater, der zunächst bis zum Ausbruch des Zweiten Weltkrieges existierte, auch durchgesetzt. Die Organisation von internationalen Theaterkongressen und Festivals gehörte ebenfalls zu seinen Aktivitäten. Mit seiner Gründung des Théâtre National Populaire war er einer der großen Mitgestalter des französischen Theaterlebens im ersten Drittel des 20. Jahrhunderts. Zudem sollte sich dieses als das dauerhafteste unter den vielen Reformprojekten dieser Jahre erweisen.

Das Theater der Avantgarde

Die Revolte des Alfred Jarry, der mit seinem *Ubu roi*, uraufgeführt am 10. Dezember 1898 am Théâtre de l'Œuvre in Paris, alle theaterästhetischen Konventionen zertrümmern wollte, war bereits am Ende des ersten Jahrzehnts des 20. Jahrhunderts in ihrem anarchischen Impuls verpufft. Nicht zum vollständigen Umsturz der Bühnenkunst war es gekommen, sondern eine moderate Erneuerungsbewegung hatte sich durchgesetzt, die sich in erster Linie gegen die Doktrin des Naturalismus richtete, in gleicher Weise aber auch gegen die reduktionistische Ästhetik des Symbolismus. Vor allem die Schauspielkunst sollte reformiert werden durch eine Rückbesinnung auf ihre elementaren Qualitäten theatraler Menschengestaltung. »Retheatralisierung« hieß das Motto, unter dem diese Erneuerungsbewegung stand und deren bedeutendster Vertreter Jacques Copeau war. So bedeutsam dessen Reformen für die Bühnenkunst und – im Kampf gegen die inhaltliche Verflachung und Kommerzialisierung der Boulevardtheater – als theaterkulturelles Projekt auch waren, so blieb dabei doch jene Distanz zur aktuellen Lebenswirklichkeit, die für alle Kunstrichtungen

Bühnenbildentwurf von Fernand Léger für La création du monde. *Théâtre des Champs-Élysées, Paris 1923*

der Belle Epoque charakteristisch war, fast ungebrochen erhalten. Symptomatisch für diese Tendenz war, daß sich Jacques Copeau in seiner letzten Arbeits- und Lebensphase mit seiner Truppe zu einer beinahe klösterlich puristisch betriebenen Form der Kunstausübung in die Provinz zurückzog. Die von Firmin Gémier in den ersten beiden Jahrzehnten des neuen Jahrhunderts propagierte Bewegung eines »Théâtre du Peuple« war zwar ein Versuch, in das Theaterleben eine sozialpolitische Komponente einzubringen – Dezentralisierung war hier das Stichwort –, doch tangierte auch dieser Reformimpuls nicht die elementaren Grundlagen der Ästhetik des Theaters. Hier nun setzten die Avantgardebewegungen an und begründeten den ästhetischen Umsturz mit der Forderung nach »radikaler Modernität« im Theater. Gemeint war damit die unmittelbare Auseinandersetzung mit der Alltagswirklichkeit des modernen großstädtischen Lebens und vor allem die Übernahme der in diesem Lebensraum entwickelten Formen der Wahrnehmung und der Zeiterfahrung (Schnelligkeit) als konstitutionelle Momente künftiger Kunstproduktion. Die Impulse zu dieser Entwicklung gingen nach den Vorgaben der italienischen Futuristen (vgl. Kap.: Italien) auch in Frankreich von den Malern und von einer Gruppe junger Autoren aus, nicht aber von Schauspielerpersönlichkeiten, wie dies etwa für die Richtung der Reformen des Cartel des quatre doch so prägend war. Eine Folge dieser

La création du monde. *Ch.: J. Börlin, B. u. K.: F. Léger, M.: D. Milhaud. Théâtre des Champs-Élysées, Paris 1923*

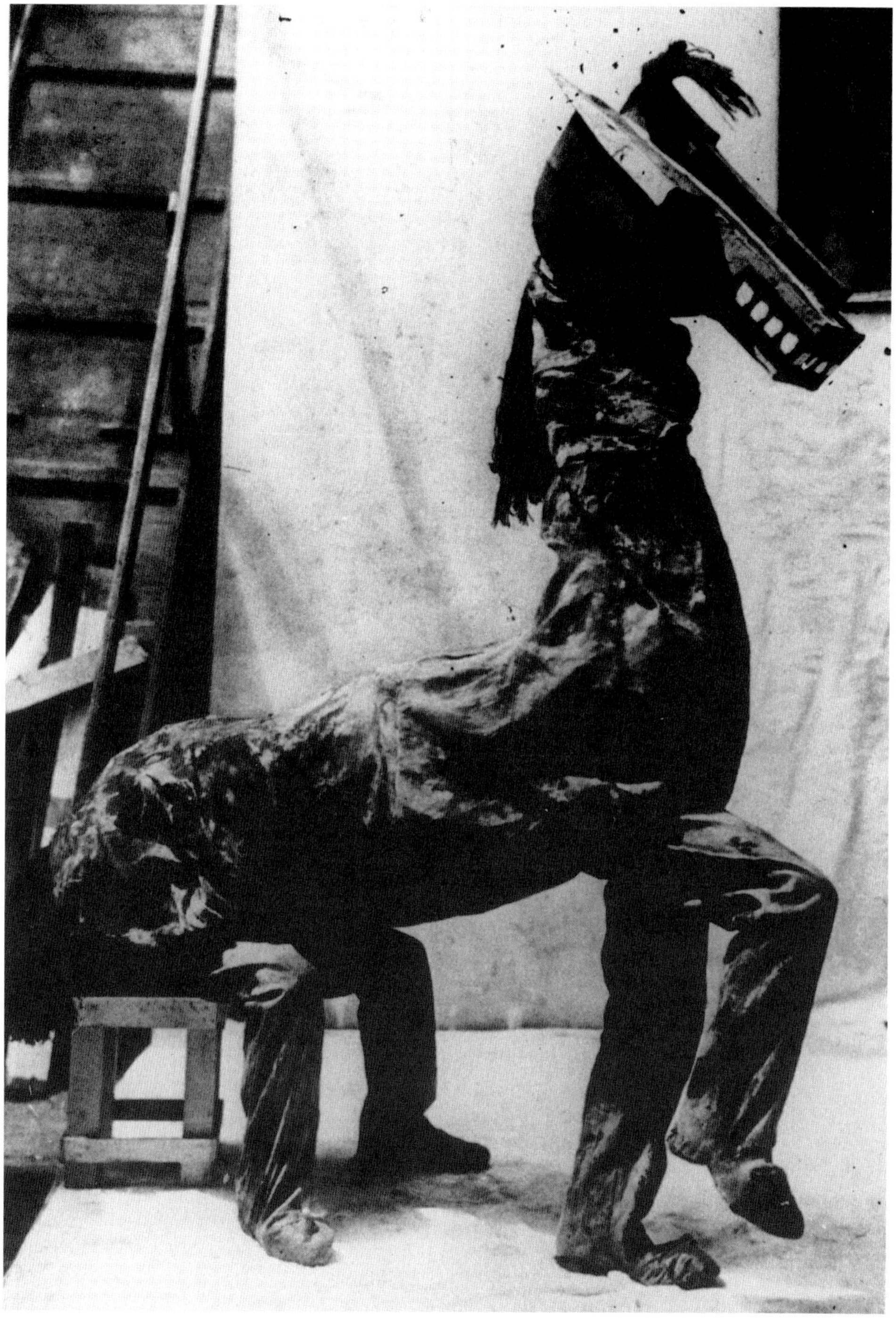

Parade. *M.: E. Satie. Ch.: L. Massine. K.: P. Picasso. Ballets Russes im Théâtre du Châtelet, Paris 1917*

Konstellation war die, daß im Theater der Avantgarde in Frankreich – nicht anders als in Italien – der Schauspieler auf der Bühne nicht mehr das bestimmende, gar das zentrale Element war, daß sich dieses Theater vielmehr als ein Theater der Gegenstände, der Farben, der Marionetten und der Tänzer darstellte, daß vor allem dem literarischen Text eine gänzlich untergeordnete Funktion zugewiesen wurde. Dabei bildeten sich neue Dramaturgien aus, die nicht mehr ganzheitliche oder realistische Handlungsverläufe aufbauen ließen, sondern fragmentarische Strukturen bevorzugten, die wirkungsästhetisch nicht mehr auf Einfühlung und Verstehen beruhten, die vielmehr den Schock als ein der Alltagswahrnehmung in der modernen Zivilisation adäquates Wirkungsmoment einsetzten. Kubismus und Surrealismus waren die künstlerischen Richtungen, innerhalb derer sich in Frankreich die Formensprache der Theateravantgarde ausbildete und deren ästhetische Diskurse auch für das Theater von weitreichender Bedeutung waren.

Bühnenbildentwurf von Fernand Léger für D. Milhauds La création du monde. *Théâtre des Champs-Élysées, 1923*

Hatte der experimentelle Naturalismus Ende der 80er Jahre des 19. Jahrhunderts in Antoines Théâtre Libre und in vergleichbaren Institutionen in anderen Ländern (vgl. Bd. III: Jahrhundertwende) Theatergründungen initiiert, die sich programmatisch der neuen Bühnenkunst verschrieben und über die Anfangsjahre der Bewegung hinaus ihren Fortbestand sichern konnten, entwickelte sich im Zusammenhang der Avantgardebewegungen der zehner, zwanziger und dreißiger Jahre ein weitaus weniger stabiles institutionelles Produktionsumfeld. In Paris war die erste Institution dieser Art die Gruppe »Art et Action«, ein Ensemble – zuvor unter dem Namen »Art et Liberté» –, das 1919 von dem Architekten Edouard Autant (1872–1964) als eine Art »laboratoire de théâtre« gegründet und auch von ihm und seiner Frau, der Schauspielerin Louise Lara (1876–1952), die zuvor der Comédie Française angehört hatte, geleitet wurde. (vgl. D. Pauly 1995, 175 ff). Das Unternehmen war zwar das in seinem experimentellen Ansatz konsequenteste und lebendigste Projekt, blieb jedoch eine Randerscheinung im Theaterleben von Paris. 1921 bezog die Gruppe ein winziges Studio, das »Grenier jaune«, wo auf kleinstem Raum Inszenierungen zeitgenössischer Texte gezeigt wurden; durchaus als kritische Alternative zur dogmatischen Strenge der Arbeit von Copeau und Jouvet. Schwerpunkte bildeten Texte und Stücke der italienischen Futuristen und der Surrealisten, vor allem aber szenographische und choreographische Experimente, Arbeiten mit Masken, Musik und Lichteffekten. Jarry und Edward Gordon Craig waren Vorbilder. Bei den Inszenierungen der Gruppe »Art et Action« wurde für jede Produktion eine spezifische Bühnenanlage eingerichtet. Autant verzichtete weitgehend auf eine feste bühnentechnische Ausstattung. Eine spätere Theatergründung, wieder nur eine kurzlebige Einrichtung, war das Théâtre Alfred Jarry, das im September 1926 von Antonin Artaud, Roger Vitrac und Robert Aron ins Leben gerufen wurde.

Weder das Studio der Gruppe »Art et Action« noch das Théâtre Alfred Jarry waren aufgrund ihrer räumlichen und bühnentechnischen Voraussetzungen Spielstätten, die die Vielfalt der avantgardistischen Theaterexperimente, die in diesen Jahren in Paris Furore machten, hätten aufnehmen können. Diesen Projekten standen aber auch andere Bühnen offen, so etwa das Théâtre de l'Œuvre, das Théâtre Antoine oder das Vieux-Colombier, ebenso große Bühnen wie das Théâtre du Châtelet oder das Théâtre des Champs-Élysées. Gerade an diesen beiden Bühnen wurden die ersten spektakulären Inszenierungen des französischen Avantgardetheaters, die die neue Ästhetik schlagartig und zugleich in größter Perfektion verwirklicht demonstrierten, gezeigt: *Parade* 1917 und *Skating Rink* 1922.

Ballets Russes und Ballets Suédois – Pablo Picassos und Fernand Légers Revolutionierung der Bühnenästhetik aus dem Geiste des Kubismus

»Die Trauben der Kunst locken nicht mehr die Vögel. Der Geist allein erkennt den Geist. Es lebe die Betörung des Geistes. Die Betörung des Auges ist tot.«

(Jean Cocteau: *Picasso*. 1923)

Daß die ersten und künstlerisch bemerkenswertesten Ereignisse des Avantgardetheaters in Frankreich Produktionen zweier Ballett-Compagnien waren, von Diaghilevs Ballets Russes und der Truppe der Ballets Suédois, macht deutlich, in welche Richtung dieser Aufbruch in eine neue Ära der Theaterästhetik ging. Es war vor allem der Beitrag, den die Maler Pablo Picasso (1881–1973) und Fernand Léger (1881–1955) für diese Bühnenproduktionen leisteten, der weitaus mehr war als die Entwurfsarbeit für Dekorationen und Kostüme. Es war die neue Qualität einer Modernitätsauffassung, die sich von der biederen Wissenschaftsgläubigkeit der »naturalistischen Moderne« ebenso unterschied wie von der »katastrophensüchtigen« (H. Rischbieter) Verherrlichung der technischen Zivilisation der italienischen Futuristen. Léger sah die »unerschöpflichen Mög-

C. Debussy: Jeux. *Bühnenbildentwurf von Pierre Bonnard für die Ballets Suédois, Paris 1920*

lichkeiten«, die der zivilisatorische Fortschritt den Menschen zu bieten schien, mit kraftbewußter Gelassenheit. Als Künstler begriff er sich dieser neuen Realität gegenüber als Ordnungsstifter. Und dies war das Programm des Kubismus: nicht ein Erschrecken vor einer Welt, in der Schnelligkeit das Gesetz der Bewegung war und die Dynamik des Mechanischen den Rhythmus des Alltags bestimmte, sondern die Feier der Schönheit dieses »Schauspiels«, seine Ordnung durch die Geometrie der Formen, wobei der Mensch als der einstmals wesentliche Akteur aus dem Spiel genommen war. In dem Text *Die erfundene Bühne* (1924) schreibt Léger: »Versuchen wir es, mit einem frischeren Material zu arbeiten, mit einem ganz frischen. Ein Schauspiel muß schnell ablaufen, die Einheit währt nur fünfzehn bis zwanzig Minuten – in dieser kurzen Spanne Zeit wollen wir ›die neuen Möglichkeiten‹ suchen. Man hat für den Bühnenmenschen einen Gegenpart gefunden, eine Erneuerung auf mechanischem Weg. Man läßt die Gegenstände selbst sich bewegen, agieren ... Das Auge, das wesentliche Organ für die tausend Verantwortlichkeiten, leitet das Individuum mehr denn je, vom Morgen bis zum Abend, ununterbrochen registriert es: richtig, scharf, unfehlbar, genau. Die Schnelligkeit ist das oberste Gesetz der modernen Welt, das Auge muß so zu wählen verstehen, in einem Bruchteil der Sekunde, wenn es gilt – sei es am Steuerrad, sei es auf der Straße, sei es vor dem Mikroskop des Gelehrten. Das Leben rollt so mächtig ab, daß alles Bewegung wird. Der Rhythmus ist so dynamisch, daß sogar der ›Ausschnitt des Lebens‹, den man von seinem Platz im Café aus sieht, ein Schauspiel wird. Die verschiedenen Elemente stoßen einander, prallen aneinander. Das Spiel der Gegensätze ist so heftig, daß das Gesehene hypertroph wird.« (n. H. Rischbieter u. W. Storch 1968, 97) Verherrlicht wird hier eine Welt des Sichtbaren, ein Kult des Auges in einer Zeit, in der sich der Film als Kunstform durchzusetzen beginnt. Entsprechend wurden die Grundlagen der Bühnenästhetik neu vereinbart. Auch Picasso konzipierte seine Bühnenarbeiten ausschließlich im Rahmen einer strengen, optischen, aperspektivischen Ordnung, die den Zuschauer zwang, die Bühne, die keinerlei Illusion mehr erzeugte, als »Bild« neu zu entziffern. Sie repräsentierte eine eigenständige Zeichenwelt, durchaus im Kontrast zu den fragmentarisch noch verbliebenen erzählerischen Elementen der Inszenierung. W. Spies weist darauf hin, daß sich in dieser Hinsicht der Kubismus auf der Bühne grundlegend unterschied von den bühnenbildnerischen Konzepten eines Craig oder Appia. (vgl. Bd. III, Kap.: Jahrhundertwende) Im Gegensatz zu diesen versuchte der Kubismus nicht, »das Bühnenbild zu konzentrieren, abstrakter zu machen, in ihm eine symbolische Überhöhung des Geschehens zu finden. Er greift dadurch, daß er zu einer Lektüre und Interpretation der Bühne zwingt, zutiefst in das Bewußtsein des Zuschauers ein. Das Bühnenbild Picassos ist kein Bühnen›bild‹ mehr im herkömmlichen Sinne: es ist eine Schrift, eine Art pikturales Transparent, das vom Zuschauer gelesen werden muß.« (n. H. Rischbieter u. W. Storch 1968, 82) Es war die neuartige, eine verblüffende Verbindung zwischen Dekoration und Kostüm auf der einen Seite und den über die Choreographie noch vermittelten erzählerischen Elementen andererseits, die die kubistische Bühne auszeichnete.

Skizzen zu der Figur »Manager« von Guillaume Apollinaire für Parade. *Paris 1917*

Drei Ballett-Produktionen waren es, die diese neue Bühnenästhetik repräsentierten und europaweit bekannt machten: *Parade* (1917), ein von Diaghilevs Ballets Russes getanztes Ballett (Choreographie: Léonide Massine) nach einem

Kostümentwurf von Pablo Picasso für Le Tricorne, *1919*

Kostümentwurf von Pablo Picasso für Parade *von E. Satie, 1917*

Text von Jean Cocteau und der Musik von Erik Satie (1866–1925), Bühne und Kostüme von Pablo Picasso; und die beiden Produktionen von Rolf de Marés Ballets Suédois: *Skating Rink* (1922) nach einem Text des italienischen Futuristen Ricciotto Canudo und der Musik des Schweizer Komponisten Arthur Honegger (1892–1955) und *La Création du monde* (1923), nach einem Text von Blaise Cendrars (1887–1961) und der Musik von Darius Milhaud (1892–1974). Für beide Ballette schuf der schwedische Tänzer Jean Börlin (1893–1930) die Choreographien. Die Ausstattungen entwarf Fernand Léger.

Für die Ballets Russes (vgl. Bd. III, Kap.: Jahrhundertwende) war *Parade* eine markante Station auf dem Wege ihrer künstlerischen Modernisierung. In den Jahren um 1914 wurde in dieser Tanzcompagnie eine Neuorientierung eingeleitet: von einer durch folkloristische Elemente und von der Bildsprache des Jugendstils geprägten Bühnen- und Kostümgestaltung, wie sie in den Entwürfen von Bakst und Benois zu so faszinierenden Lösungen gebracht worden war, zur Auseinandersetzung mit den Kunstrichtungen der Avantgarde, dem Futurismus und dem Kubismus. Die Choreographie zu Stravinskys *Feu d'artifice* 1917, für die der italienische Futurist Giacomo Balla die Dekorationen geschaffen hatte (vgl. Kap.: Italien), war der erste Schritt in diese Richtung. *Parade* war das erste Ballett, ja das erste Bühnenkunstwerk, das konsequent aus dem Geiste des Kubismus heraus konzipiert war. Das Libretto von Cocteau (kaum mehr Text als eine Buchseite) entwarf bruchstückhaft ein Pariser Jahrmarktszenarium, eine

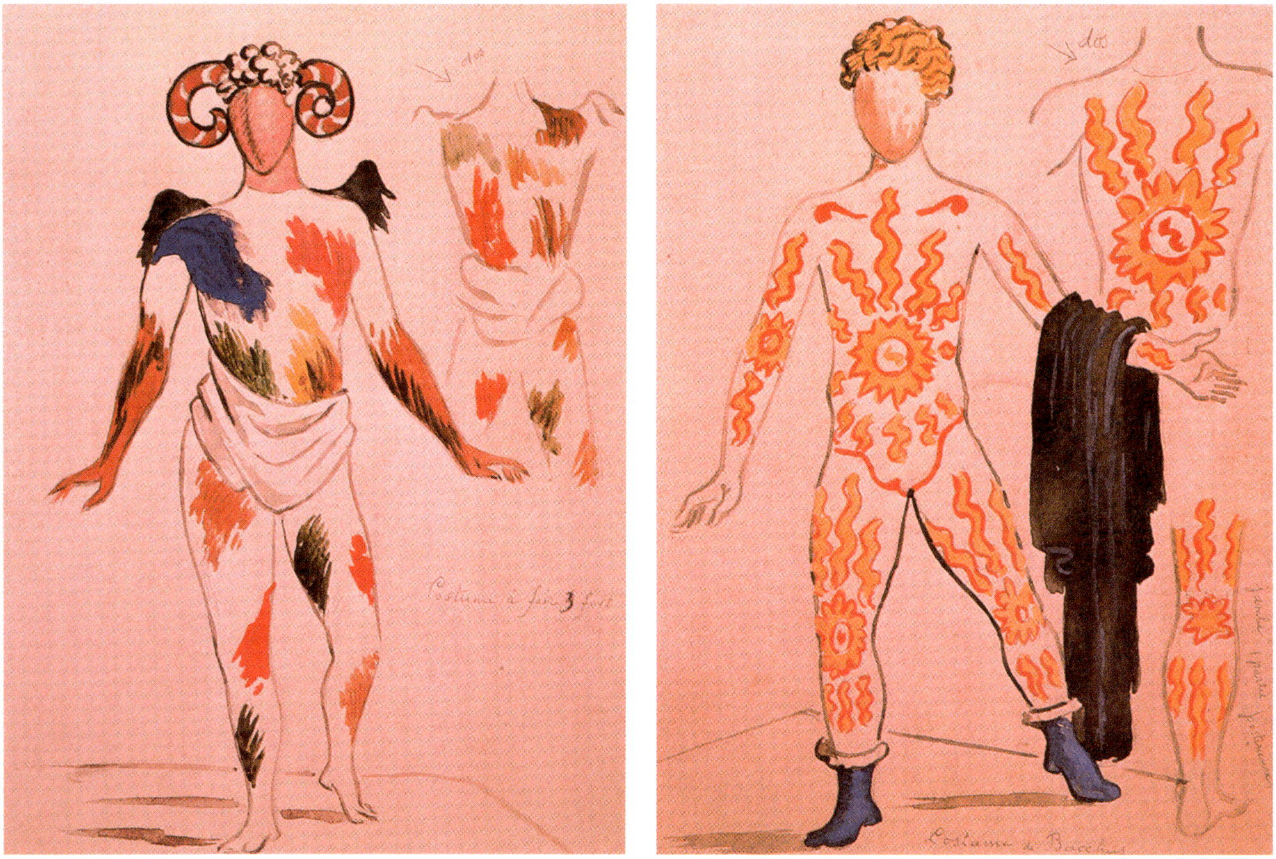

Kostümentwürfe von Giorgio de Chirico für Bacchus und Ariadne *von A. Roussel, 1931*

Art Außenseitermilieu, in dem Figuren agierten, über die sich der Bewegungsgestus und der Rhythmus modernen Großstadtlebens vermittelte: Apollinaire beschreibt die Poesie dieser Szenerie folgendermaßen: »*Parade* (wird) die Vorstellungen vieler Zuschauer verwirren. Sie werden verblüfft sein, aber auf angenehme Weise, und sie werden sich verzaubern lassen, sie werden die Grazie der modernen Bewegungen kennenlernen, wie sie es nie geahnt hätten. Ein prächtiger Revue-Chinese wird für den Aufschwung ihrer freien Phantasie sorgen, und das amerikanische Mädchen, das die Kurbel eines imaginären Autos dreht, wird den magischen Kreislauf des täglichen Lebens damit ausdrücken, dessen stumme Riten der Akrobat im weißblauen Trikot mit erstaunlicher und erlesener Behendigkeit zelebrieren wird.« (n. H. Rischbieter u. W. Storch 1968, 83) Saties Musik war ebenfalls von irritierender, expressiver Modernität: eine Collage aus Alltagsgeräuschen und sich überlagernden artifiziellen Klangeffekten. Für die gesamte Inszenierung aber hatte Picasso die künstlerische Ordnung, die ein Höchstmaß an formaler Präzision erforderte, vorgegeben, der sich auch Massines Choreographie unterwarf. Es ging nicht mehr um die Imagination oder Reproduktion einer realen Wirklichkeit auf der Bühne. Vielmehr war »die Wirklichkeit in einem System von Analyse und Synthese übersetzt« – so Apollinaire; dies nannte er »sur-réalisme«. Picasso hatte sich in Rom bei den Ballets Russes mit den räumlichen und technischen Verhältnissen der Bühne vertraut gemacht und konnte nun auch ein Konzept durchsetzen, das weit in die

J. Cocteau: Les Mariés de la Tour Eiffel. *Paul Witzansky als General und der Strauß und der Jäger. Théâtre des Champs-Élysées, Paris 1921*

Choreographie und die Dramaturgie des Szenariums eingriff. Dabei war die »revolutionäre Neuerung, die Picasso einführte, um den Übergang zwischen der Szenerie und dem Ballett zu bilden ...«, die Erfindung der »berühmten ›Manager‹-Figuren. Man könnte diese als kubistische Tanzmasken bezeichnen ... Der Gebrauch, der von diesen Figuren im Tanz gemacht wird, unterstreicht dies: Es sind szenische Grotesken, die – auch die von Geräuschen unterlegte Musik Saties bestätigt dies – in ihren Bewegungen lediglich sich selbst demonstrieren. Kostüm und Akteur werden identisch.« (W. Spies in: H. Rischbieter u. W. Storch 1968, 82) Von den Zeitgenossen wurde *Parade* als ein »epochales Kunstwerk« wahrgenommen, obwohl die Uraufführung am 18. Mai 1917 durch Tumulte im Publikum, die auch durch die Kriegsereignisse motiviert waren, gestört und die Künstler mit militanten antideutschen Parolen beschimpft wurden. Eine Wiederholung von *Parade* im Dezember 1920 wurde dann doch enthusiastisch gefeiert.

Picasso, der später auch selbst zwei Theaterstücke geschrieben hat – *Le désir attrapé par la queue* (1941, Wie man die Wünsche beim Schwanz packt) und *Les quatre petites filles* (1952, Vier kleine Mädchen) –, konnte nach der Uraufführung von *Parade* seine erste große Ausstellung herausbringen. Für die Ballets Russes stattete er noch die Produktionen *Le Tricorne* (1919, Musik von Manuel de Falla), *Pulcinelle* (1920, Musik von Igor Stravinsky) und *Cuadro Flamenco*

(1921) aus. Weitere Bühnenarbeiten in diesen Jahren waren *Antigone* (1922) von Jean Cocteau (nach Sophokles) und das Ballett *Mercure* (1924, Musik von Erik Satie). Jahre später entwarf er die Dekorationen für eine Inszenierung von Sophokles' *Oidipus in tyrannos* (1947) am Théâtre des Champs-Élysées und für das Ballett *Icare* (1962, Musik von Arthur Honegger) an der Opéra Paris. Von diesen Projekten war *Mercure* dasjenige, in dem Picasso die vollständige Einheit von Bild und Szene gelang: »In ›Bain de Grâces‹, einer Szene aus *Mercure*, treten die Tänzer ins Bild ein und verschmelzen mit der stilisierten, aperspektivischen Kulisse. Die Köpfe und Brüste, die aus dem gemalten Dekor auftauchen, werden zu Realitätszitaten, die, wie die Elemente in den ›papiers collés‹, die Eigenwelt des ›tableau‹ hervortreten lassen. Soweit ist Picasso in der Unterordnung der Szene unters Bild sonst nicht mehr gegangen.« (W. Spies in: H. Rischbieter u. W. Storch 1908, 82).

Serge Lifar und Ensemble in Le fils Prodigue, *1929*

Für die Ballets Russes stellten der Ausbruch des Krieges 1914 und die Revolution 1917 weitreichende Einschnitte in ihrer Entwicklung dar. Nun waren die russischen Künstler endgültig von ihrem Ursprungsland abgeschnitten und hatten seither ihren Standort in Westeuropa, zeitweise in Italien, in der Schweiz oder in Paris. Nach dem Tode von Serge Diaghilev im Jahre 1929 löste sich das Ensemble auf. 1931 wurden zwei Nachfolge-Compagnien gegründet: das Ballet de l'Opéra de Monte Carlo unter Leitung von René Blum und l'Opéra Russe Paris unter Leitung von Wassilij de Basil. Im ersten Drittel des 20. Jahrhunderts war sicherlich die Saison 1917 mit Stravinskys *Feu d'artifice* in Rom und *Parade* in Paris die künstlerisch »avantgardistischste«, wenngleich bei diesen Projekten das Ballett als Tanzereignis durchaus in den Hintergrund getreten war gegenüber den spektakulären Szenerien, die die Maler geschaffen hatten.

1918 fand keine »Saison Russe« in Paris statt. Diaghilev setzte auch nach *Parade* die Zusammenarbeit mit den Malern der École de Paris fort. Derain,

J. Cocteau: Les Mariés de la Tour Eiffel. *Théâtre des Champs-Élysées, Paris 1921*

E. Satie: Mercure. *B. u. K.: Pablo Picasso. Aufführung bei den Soirées de Paris im Théâtre de la Cigale, 1924*

Léon Woizikowski als Manager im Frack in Parade, *Paris 1917*

Braque, Matisse, Utrillo, Rouault, Dufy, Robert und Sonia Delaunay, Max Ernst, Gris, Miró und Marie Laurencin entwarfen Ausstattungen für seine Choreographien. Für *Le Train bleu* (1924) entwarf die Modedesignerin Coco Chanel die Kostüme. Keine der Produktionen dieser Jahre aber erreichte noch einmal die künstlerische Höhe von *Parade*. Eine richtungweisende Arbeit war jedoch die Ausstattung von Igor Stravinskys *Le Chant du rossignol* (1920) durch Henri Matisse (1869–1954), der gegen den Farbenrausch der Dekorationen von Bakst und Benois eine strengere Konzentration im Einsatz der Farbigkeit durchsetzte. Seine These war: »Eine Lawine von Farben bleibt ohne Kraft. Die Farbe erlangt nur ihre volle Ausdrucksstärke, wenn sie ›organisiert‹ ist und ihr Intensitätsgrad der Emotion des Künstlers entspricht.« (n. H. Rischbieter u. W. Storch 1968, 81) 1939 entwarf Matisse auch die Dekorationen für *L'Étrange farandole*. Dieses Ballett von Dimitrij Šostakovič war als Wettstreit der Farben Rot und Schwarz inszeniert. Erhalten blieb auch in den zwanziger Jahren die Zusammenarbeit der Ballets Russes mit dem russischen Bühnenbildner Michail Larionov (1881–1964), der 1919 nach Paris übergesiedelt war, ebenso die Zusammenarbeit mit der russischen Futuristin Natalja Gončarova (1881–1962), die seit 1917 in Paris lebte. Auch mit konstruktivistischen Malern arbeitete Diaghilev Ende der 20er Jahre zusammen; so mit Naum Gabo (1890–1977) und Antoine Pevsner (1886–1962) für *La Chatte* (1927) und mit Georgij Jakulov für *Le Pas d'acier* (1927). (vgl. D. Bablet u. E. Billeter 1968, 49f) Alle diese Arbeiten stellten die experimentelle Offenheit der Ballets Russes unter Beweis. *La Chatte* wurde im April 1927 in Monte Carlo uraufgeführt in der Choreographie von Georges Balanchine (1904–1983), der seit 1925 Chefchoreograph der Ballets Russes war und später die Ballet Society (1946) in New York gründete, aus der das über Jahrzehnte hin den westlichen Tanzstil prägende Ensemble des New York City Ballet (seit 1948) hervorging. Balanchine war es, der eine künstlerische Kon-

E. Satie: Mercure. *B. u. K.: Pablo Picasso, 1924*

tinuität von den Ballets Russes in die Tanzentwicklungen nach 1945 herstellte. In der Ausstattung von Gabo und Pevsner war *La Chatte* – die Geschichte von der Verwandlung einer Katze in eine Frau und wieder in eine Katze zurück – eines der ersten »industriellen« Ballette (J.E. Bowlt), das in eine nach den Grundsätzen des Konstruktivismus entworfene abstrakte Gegenstandswelt versetzt war. Dabei waren die Bewegungen der Tänzer gänzlich dem schematischen Bewegungsduktus des mechanischen Bühnendekors angepaßt. In *Le Pas d'acier*, uraufgeführt im Juni 1927 in Paris, hatte Jakulov seine Idee eines Theaters nach dem »Prinzip unaufhörlicher Bewegung, ein Kaleidoskop von Formen und Farben« (n. D. Bablet u. E. Billeter 1986, 49) durchgesetzt. Dieses Ballett zeichnete ein Bild des nachrevolutionären Rußlands, die Vision einer proletarischen Maschinenwelt. Der Choreograph Massine schreibt darüber: »Die Räder und Kolben auf den Plattformen bewegten sich im Takt mit den hämmernden Bewegungen der jungen Fabrikarbeiter, und indem ich das Tableau mit einem großen Ensemble vor den Plattformen verstärkte und so eine Komposition auf mehreren Ebenen schuf, welche die szenischen und tänzerischen Bewegungen zusammenschweißte, gelang es mir, einen Höhepunkt von überwältigender Kraft zu gestalten.« (L. Massine 1968, 74) Der politische Aspekt dieses Motivs, die Verherrlichung der neuen Sowjetgesellschaft, interessierte die Inszenatoren von *Le Pas d'acier* offenbar aber nicht.

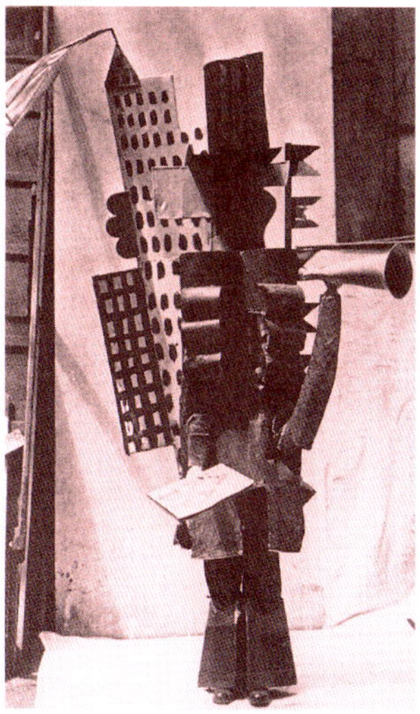

Statkiewicz als Manager aus New York in Parade, *Paris 1917*

Die Bewertung dieser letzten Periode der Ballets Russes ist aus späterer Sicht durchaus ambivalent. Es gab einerseits die konstruktivistischen Experimente wie *La Chatte* und *Le Pas d'acier*, die unstrittig die Flexibilität und Vitalität der Diaghilev-Compagnie demonstrierten, daneben aber wurden ständig auch Reprisen der legendären Erfolge aus der Zeit der Jahrhundertwende wie etwa *Schéhérazade* gezeigt, und es erfolgte, wohl um des Kassenerfolgs willen, eine Anpassung an die modischen Trends der Zeit, die einen Hang zu Chic und

Skating Rink. *B. u. K.: F. Léger. Ballets Suédois, 1922*

Mondänität im Ausstattungswesen zur Folge hatte. Unter der Leitung von Diaghilevs Nachfolger, dem Oberst Wassilij de Basil, verloren die Ballets Russes jedoch endgültig ihren experimentellen Elan.

Fernand Léger war der zweite große kubistische Maler, der sich wie Pablo Picasso, doch programmatisch noch ambitionierter als dieser, dem Theater zuwandte. Seine bedeutendsten Bühnenarbeiten schuf er 1922 und 1923 für die Ballets Suédois, jene erst 1920 von dem schwedischen Kunstsammler Rolf de Maré (1888–1964) in Paris gegründete avantgardistische Tanz-Compagnie, die mit ihren Aufsehen erregenden Produktionen fünf Jahre lang in ganz Europa Furore machte. Entstanden war die Idee zur Gründung dieser Truppe in Schweden. De Maré, der kaum praktische Erfahrungen in der Theatersphäre, aber um so bessere Kontakte zur Pariser Malerszene hatte, gehörte in Stockholm zum Freundeskreis um den Choreographen Michail Fokin, der – zuvor einer der Tanzstars und Choreographen der Ballets Russes – seit 1913 als Ballettdirektor an der Königlichen Oper in Stockholm engagiert war. Aus diesem Umkreis rekrutierte de Maré die Tänzer für sein Projekt einer experimentellen schwedischen Tanztruppe und auch seinen wichtigsten künstlerischen Mitarbeiter, den Tänzer und Choreographen Jean Börlin. Dieser hatte ein grundlegend anderes Tanzverständnis als die Ballets Russes und auch als sein Lehrer Fokin. Börlin behielt vom klassischen Tanz die Forderung nach perfekter Körperbeherrschung bei, entwickelte jedoch eine Bewegungsästhetik, die frei war von den klassischen Regeln und dem Lebensgefühl des modernen Menschen entsprach, die auch dessen radikal verändertem Lebensstil Ausdruck verlieh. Ein Jahr, bevor die Ballets Suédois in Paris ihr Debut gaben, reiste Börlin durch Europa und studierte die neuesten künstlerischen Entwicklungen. Er traf den Schweizer Tanzreformer Émile Jaques-Dalcroze, die Tänzerin Mary Wigman, studierte die

Kostümentwurf von Fernand Léger für D. Milhauds Ballett La création du monde. *Théâtre des Champs-Elysées, Paris 1923*

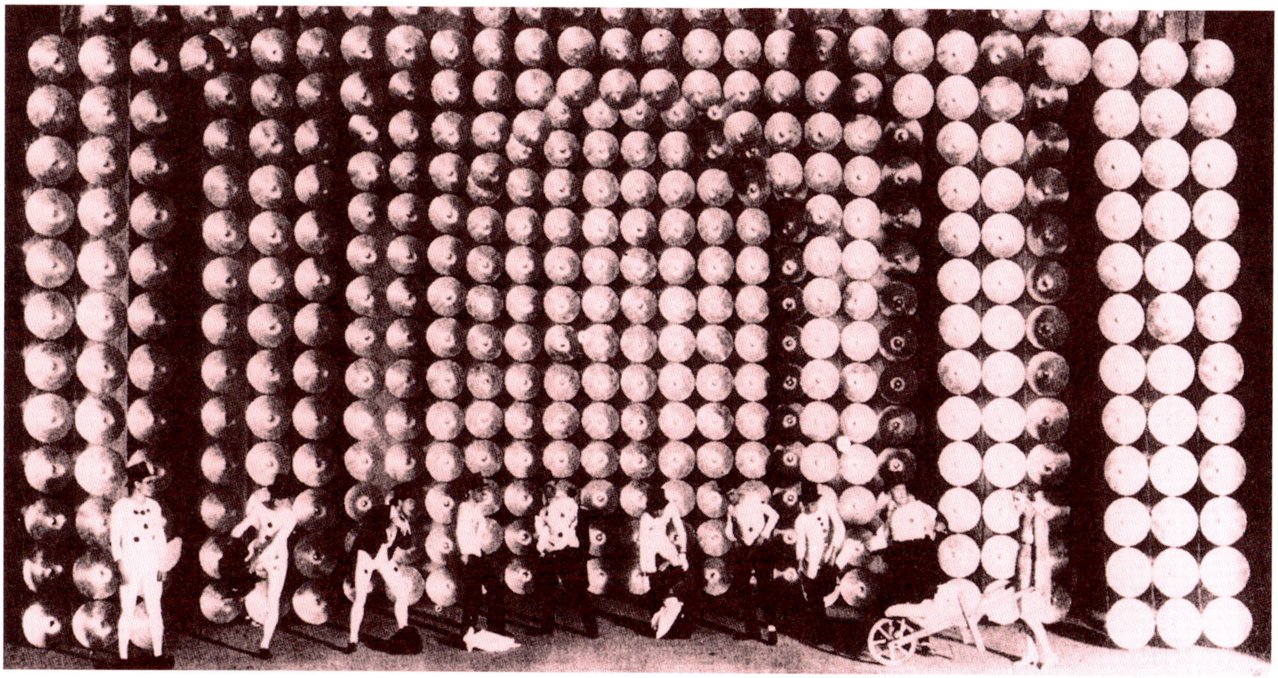

Francis Picabias Vorhang zu Relâche, *1924*

Arbeit von Rudolf von Laban (vgl. Kap.: Deutschland) und kam in Kontakt mit der Züricher Dadaisten-Gruppe. Auch setzte er sich mit Formen des traditionellen afrikanischen und des spanischen Tanzes auseinander. Wesentliche Impulse erhielt Börlin auch durch die Begegnung mit den neuen Richtungen der Malerei, dem italienischen Futurismus und dem deutschen Expressionismus. (vgl. B. Häger 1990, 9f)

In Paris wurde die Comédie des Champs-Élysées die Spielstätte der Ballets Suédois. Dort gaben sie ihr Debüt am 25. März 1920 mit sieben Tanzstudien, darunter *Sculpture nègre, Devant la mort* und – inspiriert von siamesischen Tänzen – *Danse céleste.* Mit diesem Auftritt demonstrierte die Truppe ihr tanzästhetisches Programm. Es ging Börlin nicht um die Darbietung schwereloser Virtuosität, sondern um »freien Tanz«, der auch die Schwere des Körpers als Ausdruckselement einsetzte; es ging um totale Expressivität und eine natürliche Körpersprache; bei diesem Debüt noch ohne jede Bühnendekoration. In rascher Folge wurden neue Produktionen vorgestellt, darunter im November 1920 *El Greco*, womit eine Auseinandersetzung mit der Malerei initiiert war: die Tanzszene als Synthese von Pantomime und Bewegung, als dreidimensional aufgelöstes Bild in der Art des spanischen Manieristen. Tourneen nach England, Spanien und Belgien fanden noch 1920 statt. In der Saison 1921 war das Ballett *Les Mariés de la Tour Eiffel*, nach einem Text von Jean Cocteau, einer der Höhepunkte. Das Libretto erzählt »die Geschichte einer Kleinbürgerhochzeit und ihre überraschenden Begleitumstände an einem 14. Juli auf dem Eiffelturm.« (J. Grimm 1982, 116) In dem Geschehen sind Raum- und Zeitidentitäten aufgehoben, gleiches gilt für die Personen und Gegenstände. Zentrales wirkungsästhetisches Prinzip sind die Schocks, die die absurde Grundstruktur der Spielsituation durch permanente Realitätsbrüche und Sinnverschiebungen aus-

Kostümentwurf von Fernand Léger zu D. Milhauds Ballett La création du monde, *Paris 1923*

Kostümentwurf von Fernand Léger für D. Milhauds Ballett La création du monde, *Paris 1923*

Das Theater der Farbe müßte komponiert sein wie ein Vers von Mallarmé, wie eine Seite von Joyce: vollendetes und reines Nebeneinander, genaue Verknüpfungen, jedes Grundelement in absoluter Strenge und in den richtigen Anteilen dosiert. Die Schönheit liegt in der Suggestivkraft, die den Zuschauer zur Anteilnahme veranlaßt. Er trägt das seine zum Kunstwerk bei: seinen rezeptierenden Geist.

(Sonia Delaunay: Die getanzte Farbe. *1923, in: H. Rischbieter u. W. Storch 1968, 105)*

löst. Dabei spielt ein defekter Fotoapparat eine Schlüsselrolle, »der nicht im naturalistischen Sinne Wirklichkeit naturgetreu abbilden soll, sondern als Laterna magica zum (Mit-)Urheber einer ›magischen‹, surrealistischen Wirklichkeit wird, die der identifizierbaren realen Wirklichkeit als ›plus vrai que le vrai‹ unendlich überlegen ist.« (J. Grimm 1982, 119) In der Zusammenarbeit mit Cocteau nahm das ästhetische Programm der Ballets Suédois wesentlich schärfere Konturen an.

So waren denn auch die beiden legendären Projekte der Ballets Suédois entsprechend vorbereitet: *Skating Rink* und *La Création du monde.* Beide Ballette wurden entscheidend geprägt durch die Dekorationen von Fernand Léger, die weit mehr waren als bloße Ausstattung. Sie bestimmten vielmehr die visuelle Form und den Rhythmus der gesamten Inszenierung. Für Léger waren diese Arbeiten die ersten Aufträge, die er für das Theater übernommen hatte. Bühne und Theater aber waren bereits zuvor schon Themen seiner kunsttheoretischen Reflexionen. Was ihn dabei faszinierte, war die Möglichkeit, eine Gemeinschaftsarbeit mit anderen Künstlern – im Sinne eines »totalen Theaters« zu schaffen. Vor allem aber sah der kubistische Maler das moderne synthetische Leben als eine gigantische Theatermaschine, als ein »Schauspiel der Gegenstände«, dynamisch, rhythmisch und voller Überraschungen: »eine Jagd nach dem letzten Schrei«. So übertrifft »auf der unendlichen Bühne der Welt ... ein Aufmarsch von Mannequins in einem guten Modesalon heute als Schaustellungsreiz die Leistungen vieler Durchschnittsbühnen.« (n. H. Rischbieter u. W. Storch 1968, 97) Diese Faszination am »Schauspiel« der modernen Alltagswelt, an der Bewegung der Maschinen, dem Lichterspiel der Reklame und an den bewegten Bildmontagen des Kinos teilte Léger mit den Futuristen. (vgl. Kap.: Italien) »Psychischer Ausdruck« war für ihn als Maler eine uninteressante künstlerische Gestaltungsaufgabe. Die menschliche Gestalt wird für ihn erst dann zum Gegenstand seiner Kunst, wenn sie die strenge Form und die Schönheit einer Maschine annimmt. »Ich erfinde Maschinenbilder«, schreibt Léger 1925, »wie andere Phantasielandschaften malen«. Das Moment des Mechanischen, das seiner Maschinenauffassung zugrunde liegt, sah Léger als künstlerisches Prinzip vor allem auch im Film verwirklicht. Mit zwei eigenen Arbeiten wandte er sich diesem Bereich zu. Er illustrierte Ivan Golls Kinodichtung *Die Chaplinade* mit Figurinen, die in der Figur Chaplins als Roboter seine Sicht des modernen Menschen wiedergab. 1923 schuf er die experimentellen Sequenzen in Marcel L'Herbiers Film *L'Inhumaine.* 1924 entstand Légers eigener Film *Le Ballet mécanique*, der einer der Klassiker des Avantgardefilms wurde. Der Film entstand in Zusammenarbeit mit dem Dichter Ezra Pound, dem amerikanischen Fotografen Man Ray (eigentlich Emmanuel Rudnitzki), dem Kameramann Dudley Murphy und dem Komponisten Georges Antheil. In den Essays *L'Esthétique de la machine: l'objet fabriqué, l'artisan et l'artiste* (1924), *Le Spectacle: lumière, couleur, image mobile, objet-spectacle* (1924) und *Le Ballet-spectacle, l'objet-spectacle* (1925, Schauspielballett und Gegenstandsschauspiel) formulierte Léger seine theaterästhetischen Positionen. (vgl. M. Brauneck 1995, 218 ff)

Skating Rink, eine Art »Schlittschuh-Ballett«, war offenbar inspiriert worden von Charlie Chaplins Erfolgsfilm *The Rink* aus dem Jahre 1916. Ricciotto Canudo hatte ein Gedicht geschrieben, das das Thema von *The Rink* abwandelt

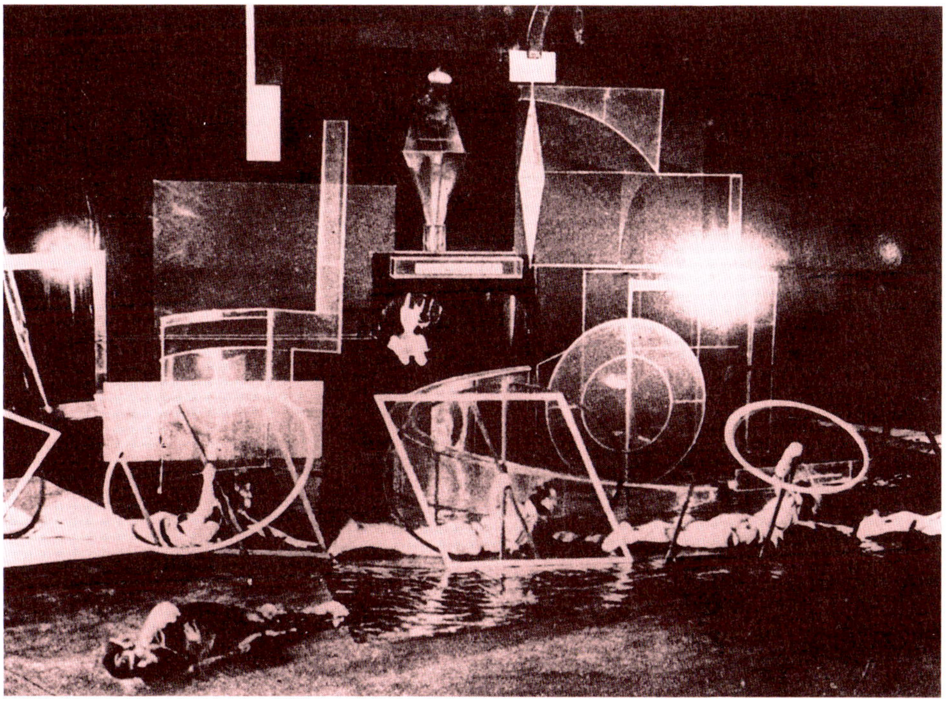

H. Sauguet: La Chatte. *Ch.: G. Balanchine. B.: Pevsner. Ballets Russes, Monte Carlo 1927*

und nach dem das Libretto für das Ballett verfaßt wurde: Protagonist (getanzt von Jean Börlin) ist ein schlittschuhlaufender Dichter, der sich in ein Mädchen (getanzt von Jolanda Figoni) verliebt, einen wilden Kampf mit einem Rivalen siegreich übersteht, sich am Ende aber über seine Verliebtheit lustig macht und wieder in der Menge der Schlittschuhläufer untertaucht. Léger stellte sich mit seinen Entwürfen auf das Milieu dieser Geschichte ein. Er besuchte öffentliche Eisbahnen, Tanzlokale und Vorstadtkneipen, um Studien für seine Kostümentwürfe zu machen und schlug Börlin Bewegungsformen vor, wie er sie in diesen Milieus beobachtet hatte. Was Léger an den Rollschuhbahnen so begeisterte, waren die Vitalität und die klare Linienführung der Bewegungen, die Heiterkeit der Atmosphäre und die schnellen kurzen Begegnungen (auch die Flirts), die an diesen Orten möglich waren.

Kostümentwurf von F. Léger für D. Milhauds Ballett La création du monde. *Théâtre des Champs-Elysées, Paris 1923*

La Création du monde war ein Projekt, das Léger zusammen mit seinem Freund, dem Dichter Blaise Cendrars (1887–1961), konzipiert hatte. Grundlage für dieses »Ballet nègre« war die 1922 erschienene *Anthologie nègre* von Cendrars. Erzählt wird die Legende eines Bantuvolks von der Schöpfung der Welt durch die drei Gottheiten Nzame, Mebere und Nkwa. (vgl. J. Freeman in: D. Bablet u. E. Billeter 1986, 95) Als Komponist konnte Milhaud gewonnen werden. Für diesen war die Entdeckung der Jazzmusik, wie er sie auf Streifzügen durch Pariser Tanzlokale zu hören bekam, ein so überwältigendes Erlebnis, daß er diese Eindrücke in seiner Komposition verarbeitete. Léger studierte in Pariser Museen afrikanische Masken und exotische Skulpturen als Vorbilder für seine Kostüme und die Figurinen. Auch Börlin ließ sich von der Statuarik afrikanischer Skulpturen für seine Choreographie inspirieren.

Von Léger waren die Entwürfe für die Ballets Suédois seine wichtigsten Arbeiten für das Theater. In den dreißiger und vierziger Jahren entwarf er erneut

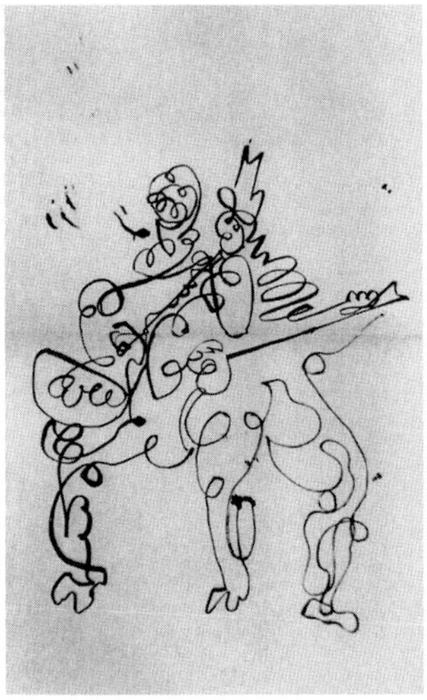

Kostümentwurf von Pablo Picasso für Ragtime *von I. Stravinsky, Paris 1919*

einige Ballettausstattungen, darunter 1937 für *David triomphant*, eine Choreographie von Serge Lifar an der Opéra in Paris, und 1948 für *Le Pas d'acier*, ein Auftrag für das Ballet des Champs-Élysées. In den fünfziger Jahren entstanden Entwürfe für *Bolivar* am Théâtre National de l'Opéra in Paris (1950), ein Ballet nach Musik von Darius Milhaud, und für *Léonardo da Vinci* (1952, Paris), choreographiert von Janine Charrat. Léger war 1940 in die USA emigriert und 1945 nach Frankreich zurückgekehrt.

Die Ballets Suédois brachten nach *La Création du monde* zunächst noch fünf kleinere Produktionen heraus, dann hatte am 4. Dezember 1924 *Relâche* Premiere, ein Projekt, das einen Endpunkt in der künstlerischen Entwicklung dieser Compagnie darstellte und das zu dessen Auflösung führte. Libretto und Ausstattung für *Relâche* stammten von dem französischen Maler Francis Picabia (1879–1953), der dem Kreis der Dadaisten um Tristan Tzara nahe stand. Die Musik komponierte Erik Satie. Als Zwischenspiel schuf René Clair (1898–1981) sein filmisches Meisterwerk *Entr'acte*. Wieder war Jean Börlin der Choreograph. Formal war *Relâche* eine Collage von tänzerischen Auftritten, Filmprojektionen, schockierenden Lichteffekten und kurzen, abrupt abbrechenden musikalischen Einlagen, ein dadaistisches Spektakel in einer mondänen Szenerie. Die Botschaft von *Relâche* war ein Hymnus auf ein Leben ohne Nachdenken, ohne Ziel und Konventionen, das nur in Momentaufnahmen aufblitzt, wie Picabia in seiner Erläuterung zu dem Libretto schrieb. (vgl. B. Häger 1940, 251) *Relâche* war der totale Bruch mit der gesamten Balletttradition und ging in seiner Auflösung aller festen Strukturen auch über die Experimente der Ballets Russes und vergleichbarer Projekte der Ballets Suédois hinaus. Es war »Endspiel« und Sackgasse zugleich, der letzte Auftritt der Truppe von Rolf de Maré.

Börlin setzte seine Tanzkarriere in Paris und später in New York fort. De Maré gründete in Paris die Opéra-Music Hall des Champs-Élysées, die von 1925 bis 1927 bestand. Neben zahlreichen internationalen Tanzensembles brachte er aus New York erstmals (1925) die *Revue Nègre* nach Paris und Europa, mit Josephine Baker, (1906–1975) der legendären schwarzen Revuetänzerin mit dem Bananengürtel. Große Verdienste erwarb sich Rolf de Maré auch durch die Gründung (1932) der Archives Internationales de la Danse. Im gleichen Jahr schrieb er einen Wettbewerb für junge Choreographen aus, der von Kurt Jooss (vgl. Kap.: Deutschland) mit dem Ballett *Der grüne Tisch* gewonnen wurde. Es war das erste politische Ballett und leitete eine neue Ära in der Tanzgeschichte ein.

Das Theater des »Esprit nouveau«: Apollinaire, Ivan Goll und Jean Cocteau

»Der Schock, das Unerwartete ist eines der wesentlichen Mittel der heutigen Poesie.«

(Guillaume Apollinaire: *L'esprit nouveau et les poètes.* 1917)

Mit spektakulären Produktionen der Ballets Russes und der Ballets Suédois hatte der Kubismus als die radikalste Kunstrichtung der Moderne seine revolutionierende Kraft auch auf der Bühne manifestiert. Die beiden bedeutendsten kubistischen Maler, Picasso und Léger, hatten mit ihren Dekorationen und Kostümentwürfen diesen Durchbruch bewirkt und der neuen Bühnenkunst, vermittelt durch die weltweiten Tourneen der beiden berühmten Ballett-Compagnien, eine enorme Resonanz verschafft. Mit Guillaume Apollinaire (1880–1918), Jean Cocteau und Blaise Cendrars, mit Satie, Honegger und Milhaud waren von Beginn an auch Literaten und Musiker an dieser Entwicklung beteiligt. Im gleichen Jahr 1917, in dem mit *Parade* (Libretto von Jean Cocteau) das erste kubistische Ballett Furore machte, fand auch die Uraufführung im Théâtre Maubel – etwa drei Wochen nach *Parade* – des ersten Theaterstücks statt, das konsequent diese neue Ästhetik demonstrierte: Apollinaires *Les mamelles de Tirésias* (Die Brüste des Tiresias) in der Regie von Pierre Albert Birot. Dekoration und Kostüme entwarf der Maler Serge Férat. Mit diesem Stück, das

Der Realismus ist leider das einzige Mittel, mit dem wir die Irrealität wahrnehmen können. Ich meine mit Realismus nicht eine platte Beschreibung des Lebens, und deshalb habe ich Parade *ein realistisches Ballett genannt; damit wollte ich sagen, daß dieses Ballett ein Abbild meiner persönlichen Realität ist, nicht aber der Realität im herkömmlichen Sinn.*

(J. Cocteau n. J. Poetter 1989, 167)

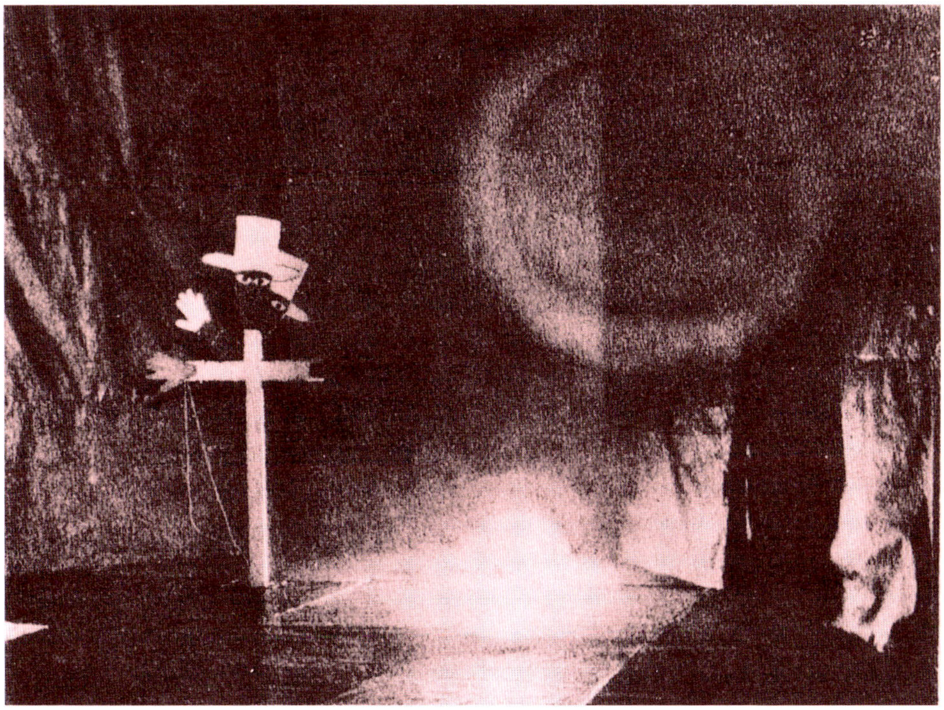

A. Rimbaud: Une saison en enfer. *(Adaption für die Bühne) Szene 3: Das Kreuz. R: Louise Lara u. Edouard Autant. B. u. K.: Claude Autant-Lara. Art et Action, 1923*

Vier Szenenentwürfe von Serge Férat für G. Apollinaires Les mamelles de Tirésias. *Théâtre Maubel, Paris 1917*

in großen Teilen bereits 1903 geschrieben wurde, kreierte Apollinaire ein neues Genre, das »drame surréaliste«. Im Vorwort dazu erläuterte er sein ästhetisches Programm und führte dafür das Kunstwort »surréalisme« ein. Vor allem aber sollten *Les mamelles de Tirésias* als künstlerische Manifestation eines »esprit nouveau« wahrgenommen werden. Unter dieser Formel verstand Apollinaire eine Kunstauffassung, die sich kompromißlos auf das moderne Leben, auf technische Neuerungen und die wissenschaftlichen Entdeckungen, die dieses Leben prägen, einläßt.

Apollinaire, der bedeutendste Lyriker und Kunsttheoretiker der französischen Avantgarde, hatte in Essays, Vorträgen und Ausstellungsbesprechungen Grundthesen einer neuen Ästhetik formuliert, die er in der Auseinandersetzung mit der Malerei des Kubismus entwickelt. 1913 war ein Sammelband seiner Schriften

erschienen: *Les peintres cubistes; méditations esthétiques.* 1917 hielt er den programmatischen Vortrag *L'esprit nouveau et les poètes.* Seine Gedichtsammlungen *Alcools* (1913) und *Calligrammes* (1918) waren seine bedeutendsten literarischen Arbeiten; Texte, die in ihren kühnen Bildassoziationen, Metaphernketten und schockierenden Collagen alle herkömmlichen sprachlichen und metrischen Ordnungsschemata auflösen und dieses auch in ihrer typographischen Form zur Anschauung bringen. Thematisch umkreisen diese Gedichte den Aufbruch in ein »neues Leben«, rauschhaft gefeiert und immer wieder getönt von der Faszination an den Errungenschaften der modernen Technik, wofür für Apollinaire der Eiffelturm als das sinnfälligste Manifest galt. Dabei aber war diese Lebensfeier stets auch durchzogen von Gedanken an Tod, Vergänglichkeit und Vereinsamung. Auf diese Weise reflektiert sich in Figuren am Rande der bürgerlichen Gesellschaft das Selbstverständnis des avantgardistischen Künstlers. (vgl. J. Grimm 1991, 296 f) Neben diesem geradezu obsessiv zur Schau gestellten Modernitätsbewußtsein spielte für Apollinaire auch sein Patriotismus eine Leben und Werk prägende Rolle. Als Kriegsteilnehmer wurde er 1916 schwer verwundet. Zuvor lebte er als freier Schriftsteller in Paris. Mit allen Künstlerkreisen, die mit gleicher Radikalität zu einem Neubeginn in der Kunst aufriefen, stand er in freundschaftlicher Verbindung, insbesondere mit

Pablo Picasso, der 1904 endgültig von Spanien nach Paris übergesiedelt war. Alfred Jarry und der Marquis de Sade, der Klassiker der erotischen Literatur, dessen *Les onze mille verges* (Die elftausend Ruten) er 1907 neu herausgab, waren literarische Vorbilder aufgrund der Kompromißlosigkeit, mit der sich diese Autoren über alle Konventionen und Tabus der bürgerlichen Gesellschaft hinweggesetzt hatten.

Dieser Grundhaltung entsprach auch Apollinaires Theaterästhetik. Es war eine Ästhetik des Schocks und der Überraschung, der permanenten, beinahe gewalttätigen Konfrontation des Zuschauers mit Neuem, Verblüffendem. Dabei spielten Inhalte keine Rolle, es ging ausschließlich darum, den Zuschauer zu einer neuen Wahrnehmungsweise seiner Umwelt zu zwingen, zur blitzartigen mentalen Reaktion auf Unvorhergesehenes, wie sie Apollinaire als typisch ansah für ein Leben unter den Bedingungen der modernen Zivilisation. Diese wirkungsästhetischen Vorstellungen hatten ihre Entsprechungen auf der strukturellen Ebene der Kunstproduktion. Für das Theater folgte daraus eine Orientierung am Film und an der Malerei, insbesondere an den Techniken der Collage und der Simultandarstellung, den Möglichkeiten, disparate Realitätsbereiche aneinanderprallen, Handlungssequenzen beliebig abbrechen zu lassen und mit den Zeitverhältnissen im Sinne von Verlangsamung und Beschleunigung der Aktionsverläufe frei umgehen zu können. Apollinaire dienten diese Techniken zur Herstellung einer überaus komplexen Kunstwelt als eines assoziativen Systems unendlich vieler Verweisungen, wobei auch die Trennung von Spielsphäre und der Sphäre der Zuschauer tendenziell aufgehoben war. Nie ging es um Wahrheitssuche, sondern vielmehr um eine Demonstration der unendlichen Möglichkeiten, frei über die Wirklichkeit – im Sinne ihres autonomen Entwurfs – zu verfügen. Eben dies schien Apollinaire die wesentliche Errungenschaft des technischen Zeitalters.

In dem Stück *Die Brüste des Tiresias* entledigt sich die emanzipatorisch bewegte Thérèse nach einem Streit mit ihrem Gatten ihrer Brüste, zweier blauroter Luftballons, und bricht, gekleidet als Mann und mit plötzlich gewachsenem Bart, auf, um »die Probleme der Gesellschaft« zu lösen. Der Mann dagegen, nun in den Kleidern von Thérèse, widmet sich weiter der Zeugung von Kindern, und es sind gar 40 049 an einem Tag. Polizisten, grotesk karikierte Journalisten, ein Wucherer und ein Schriftsteller, ein Literaturpreis, der aus 20 Kisten Dynamit besteht, eine Kartenlegerin, deren Schädel wie eine elektrische Glühbirne beleuchtet ist, sind weitere Akteure in einer aberwitzigen Handlung, die mit der Versöhnung der Ehegatten endet. (vg. J. Grimm 1982, 79 f) Drei Motive sind in dieser Groteske, die den Mythos von dem Seher Tiresias, wie Homer ihn in der *Odyssee* erzählt, persifliert, durchgespielt: Die Geschlechtsumwandlung als ein Akt der Grenzüberschreitung (der Mythos der Androgynität), die Dialektik von Tod und Leben als Gleichzeitigkeit von Todeserfahrung und exzessiver Lust am Leben, schließlich das bevölkerungspolitische Thema der »repopulation« als spezifisch französisches Problem der offenkundigen Unterbevölkerung Frankreichs, das durch die verheerenden Verluste im Ersten Weltkrieg neue Aktualität erhielt. Jeder dieser Motivbereiche erzeugt eine eigene Bilderwelt, deren Elemente sich in einer offenen Szenenfolge permanent überlagern und vermischen. Wortspiele und Verfremdungen sind typische Stilmittel, ebenso die Mischung von Überzeichnung und offenbar ernst gemeinten

Kostümentwurf (Hirsch) von George Grosz für Methusalem *von I. Goll, Berlin 1924*

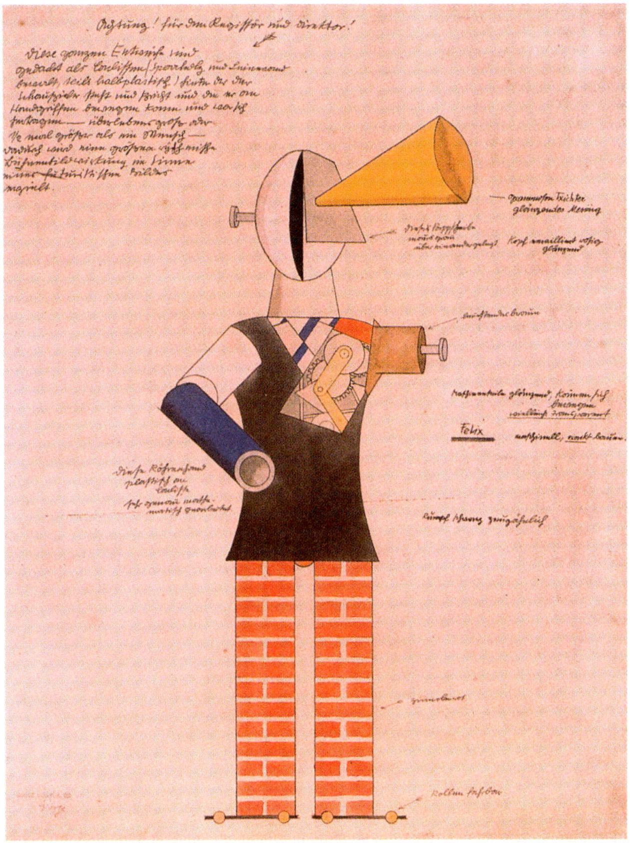

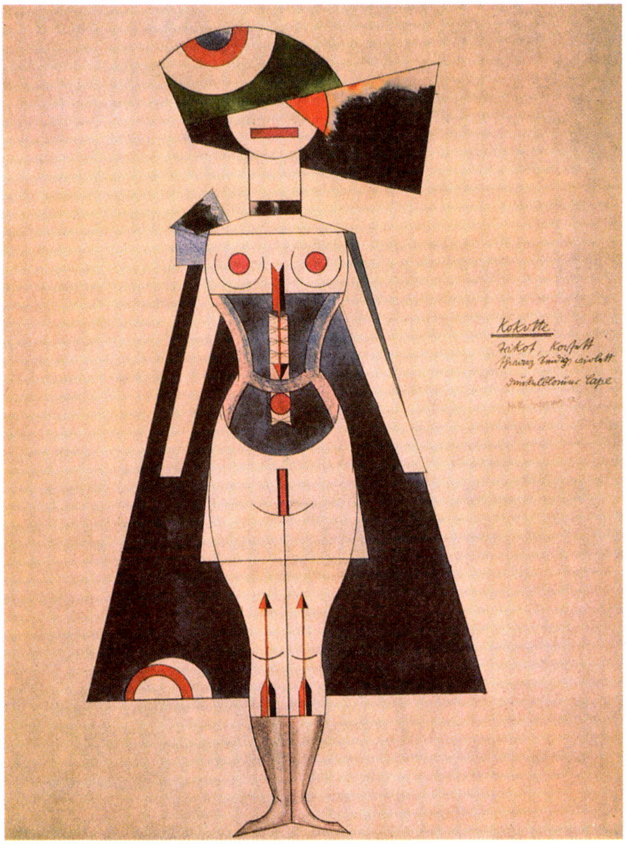

Kostümentwürfe (Felix u. Veronika, Katze) von George Grosz für Methusalem *von I. Goll. Dramatisches Theater, Berlin 1924*

Botschaften. Mit anderen Stücken, etwa dem Einakter *La température* oder den Dramen *Casanova* und *Couleur du temps* (1917), die den experimentellen Rang von *Les mamelles de Tirésias* nicht annähernd erreichen, hatte Apollinaire keinen Erfolg auf der Bühne. Dem Theater blieb er jedoch verbunden als Kommentator der jeweils neuesten Entwicklungen der Bühnenkunst und als rühriger Propagandist jenes »Esprit nouveau«, auf den alle Gruppierungen der Avantgarde eingeschworen waren.

Mit dem »satirischen Drama« *Methusalem oder der ewige Bürger*, 1918 in deutscher Sprache geschrieben (erschienen 1922) – die französische Fassung *Mathusalem ou l'éternel bourgeois* entstand vermutlich schon 1919 (erschienen 1923) – gelang Ivan Goll das Theaterstück im Umkreis der Avantgarde-Autoren »mit dem größten gesellschaftspolitischen Realitätsgehalt«: das »aggressivste und engagierteste Bühnenstück« und »provozierendste Theaterereignis dieser Jahre«. (vgl. J. Grimm 1982, 166ff) Goll schrieb noch andere Theaterstücke, von denen aber keines von gleicher innovatorischer Kraft war wie *Methusalem*. (vgl. F.N. Mennemeier 1994, 1ff) Es waren dies Stücke wie das »Proletarierdrama« (F.N. Mennemeier) *Explosion* (1919), die »Filmdichtung« *Die Chaplinade* (1920), die Possen *Der Unsterbliche* (1920) und *Der Ungeborene* (1920), das zivilisationskritische Stück *Melusine* (1922) und die fünfaktige Tragödie *Der Stall des Augias* (1924). Von Golls theoretisch-programmatischen Manifesten sind die wichtigsten *Das Wort an sich. Versuch einer neuen Poetik* (1921), *Es gibt kein*

Cocteau geht es um die Realisierung eines poetischen Theaters, dem Claudel, Giraudoux, Antonin Artaud und Anouilh sowie Nachkriegsautoren wie Georges Schehadé, René de Obaldia, Fernando Arrabal und die Absurden in ähnlicher Weise verpflichtet sind. Es geht aus von der Überlegung, daß das Kunstwerk als Ganzes autonom ist, eine artifizielle Realität, die keinen Sinn hat, sondern einen Sinn erstellt. Sprachliche und genuin theatralische Elemente bilden eine Konstruktion, die als szenische Metapher aussagekräftig wird. Die thematische Persistenz zeigt die Hartnäckigkeit an, mit der der Autor sich um die Lösung der ihn bedrängenden Fragen bemüht. Die Bühne wird zur Inkarnation dieses inneren Schauspiels.

(H. Siepmann in: J. Poetter 1989, 126)

Drama mehr (1922) und das *Manifest des Surrealismus* (1924), mit dem sich Goll zu einem durch den technischen Fortschritt geprägten modernen Lebensgefühl bekennt. F.N. Mennemeier nennt ihn in diesem Zusammenhang einen »emphatischen Großstadtdichter« (1994, 4) und sieht insbesondere darin die Zugehörigkeit Golls zur Avantgarde.

Ivan Goll war eine Künstlerpersönlichkeit ohne feste nationale Identität: »durch Zufall in Frankreich geboren, durch Stempelpapier als Deutscher bezeichnet«, wie er selbst seine Biographie resümiert. Sein Geburtsort lag im französischen Teil von Lothringen; Französisch war seine Muttersprache. Er wuchs auf in Metz und verbrachte seine Studienjahre als Jurist in Straßburg. Dem deutschen Wehrdienst entzog sich Goll durch Flucht in die Schweiz, wo er unter anderem Kontakt hatte zu C.G. Jung, James Joyce und den Züricher Dadaisten. (vgl. Kap.: Schweiz) 1919 übersiedelte er nach Paris; 1939 emigrierte Goll zusammen mit seiner Frau Claire nach Amerika, kehrte aber 1947 wieder nach Frankreich zurück. Sein dichterisches Werk verfaßte Goll in französischer, deutscher und auch in englischer Sprache. Seine künstlerische und intellektuelle Heimat aber waren der Maler- und Literatenkreis um Apollinaire, seinem wichtigsten Anreger, und die französischen Surrealisten.

Im Diskurs um das neue experimentelle Theater prägte Goll die Begriffe »Überdrama« und »Überrealismus«. Letzteres war Apollinaires »surréalisme« nachgebildet. Hingewiesen wurde damit auf eine Ausdehnung der szenischen Realitätssphäre in alogische Bezirke und die totale Erweiterung der ästhetischen Darstellungmittel zum Zweck der Analyse dieser Sphäre. »Der Mensch im Drama«, so formulierte Goll dieses Programm (n. J. Grimm 1982, 158) »äußert nicht nur das, was er will, was er im Umgang sagt, sondern alles, was hinter seiner Stirnmaske steckt, auch alles, was ihm selbst nicht bewußt wird. Der Dichter ist dazu da, zu künden, was nicht im Wirklichen liegt, das Überreale ... Die Bühne darf nicht nur mit dem ›realen‹ Leben arbeiten, und sie wird ›überreal‹, wo sie auch von den Dingen hinter den Dingen weiß. Reiner Realismus war die größte Entgleisung aller Literaturen ... wir wollen Theater. Wir wollen unwirklichste Wahrheit. Wir suchen nach dem Überdrama ... Der Mensch und die Dinge sollen möglichst nackt gezeigt werden, und zur besseren Wirkung immer durch das Vergrößerungsglas. Man hat ganz vergessen, daß die Bühne nichts anderes ist als ein Vergrößerungsglas«. (n. J. Grimm 1982, 159) Äußerungen wie diese lassen an Valle-Incláns Technik der esperpentischen Deformation denken. (vgl. Kap.: Spanien) Die Mittel, die Goll in diesem Sinne einsetzt, sind Übertreibungen aberwitziger Art, wie sie durch den Einsatz von Masken, greller Schminke, Verfremdungen der Figuren durch Sprachrohre, elektrische Lichteffekte und physiognomische Deformationen der Körper als Automaten oder Puppen erzeugt werden können. Hinzu kommen Einblendungen von Filmen und Grammophonaufnahmen in das szenische Geschehen, das keiner logischen Handlungsdramaturgie mehr folgt. »Alogik« nämlich ist ein weiteres Schlüsselwort der Gollschen ästhetischen Programmatik. Dabei verliert Goll jedoch keineswegs den Bezug zur konkreten Lebenswirklichkeit. Für ihn verbindet sich diese freilich auch mit der Verzweiflung über die Sinnlosigkeit des Krieges und einen alltäglich konstatierten Werteverfall. Diesem Zustand tritt Goll als Satiriker entgegen, der seiner Zeit ihr Spiegelbild in der größtmöglichen Verzerrung vorhält. Er will erschrecken und mit diesem Schrecken wachzurütteln. Goll sah sich dabei in einer vergleichbaren Situation wie sein großes Vorbild Apollinaire, dessen *Les mamelles de Tirésias* er als »soziale Mahntafel« deutete. (vgl. J. Grimm 1982, 161) Wie für diesen sind aber auch für Goll »Schnelligkeit« und »Überraschung« zentrale Kategorien, die er aus der modernen großstädtischen Lebensrealität in die Kunstsphäre überträgt. Dieser direkte gesellschaftliche Bezug seiner Dichtung mag im Falle des *Methusalem* auch dadurch noch verschärft worden sein, daß der im Zusammenhang mit dem Skandal um die »Erste Internationale Dada-Messe« 1920 in Berlin (vgl. Kap.: Deutschland) als politischer Agitator angeklagte Maler George Grosz die Figurinen für die deutsche Uraufführung des Stücks am 13. Oktober 1924 im Dramatischen Theater in Berlin entwarf. Der Berliner Kritiker Alfred Kerr nannte das Stück »ein satirisches Mittelding zwischen Plakat, Varieté, Kino. Hingehauener Ulk eines Angeekelten.« (n. R. Grimm u. V. Žmegač 1966, 83)

Protagonist dieses mit zeitkritischen Anspielungen gespickten Einakters ist der Schuhfabrikant Methusalem, ein monströser »Ur-Bürger«, dessen Alpträume im ersten Bild als Film in die Szene projiziert werden. Daran schließt sich eine Revolution der Tiere an, als Verfremdung der menschlichen Sphäre, die in einem allgemeinen Chaos endet und in ihren hehren utopischen Zielen scheitert. Weitere turbulente Aktionen folgen: eine ebenso banale wie groteske Liebesgeschichte zwischen Ida, der Tochter des Fabrikanten, und einem armen, revolutionär gestimmten Studenten; der Ausbruch eines Streiks, während dem die Arbeitermenge in die Wohnung von Methusalem eindringt und diesen zu Tode erschreckt, die absurden Aktivitäten seines Sohnes Felix, des »Zahlenmenschen«, und einer Reihe anderer Figuren in bizarrer Maske und Kleidung. »Ihre Gesichtsmasken drücken Geiz, Neid, Neugier aus. Sie halten von Zeit zu Zeit einen Operngucker vor die Augen. Die Frauen, obgleich Bürgerinnen, tragen extravagante Modelle: als Hüte echte Geranientöpfe, ausgestopfte Vögel oder das Reichstagsgebäude en miniature in Pappe: dann Zebra- und Büffelpelze, teils mit sehr langen Schleppen, teils nur über die Knie reichend.« (Regieanmerkung zur 6. Szene) Goll führt ein Bestiarium der Bourgeoisie vor, das hinter allen Absurditäten doch stets noch den Bezug zur Realität durchscheinen läßt. Die französische Fassung wurde 1927 im Théâtre Saint-Michel von Jean Painlevé uraufgeführt; sie ist bühnengerechter als die deutsche und ganz »auf französisches Milieu und Spießertum umgestellt« (Claire Goll). Auch diese Aufführung war »ein kompromißloser Angriff gegen jene in Frankreich ebenso wie zuvor in Deutschland mächtige nationalistisch-konservative Bourgeoisie. Verglichen mit Apollinaires Aufforderung, zum Nutzen des Staats Kinder zu zeugen, verglichen auch mit Cocteaus Verdrängung und Sublimierung des Krieges, liegt auf der Aussageebene der innovatorische Charakter von Golls *Methusalem* in der ungeschminkten Satire auf die Zeit.« (J. Grimm 1982, 173) Seine eigentliche Wirkungsgeschichte entfaltete dieses Stück jedoch erst in den 50er Jahren mit dem Aufkommen des Absurden Theaters.

Goll plädiert für das »Überdrama«, für den »Überrealismus« im Theater, er fordert die entstellende und erschreckende Maske, die Groteske, die Alogik als Form geistigen Humors, die Peitsche der Satire usw. Seine Grundforderung lautet: »Das neue Drama sei enorm. Und auch abnorm.« »Enormität«, das ist die avantgardistische Steigerungsform des traditionellen Moments der Überraschung.

(F. N. Mennemeier 1994, 7f)

Jean Cocteau

»Der wahre Stil ist: der Blickwinkel«

(Jean Cocteau. 1924)

Jean Cocteau war einer der produktivsten Bühnenautoren innerhalb der französischen Avantgarde, wenngleich sein Lebenswerk weit über den Zeitraum der 20er und 30er Jahre hinausreicht und alles andere ist als festlegbar auf eine bestimmte Richtung, Tendenz oder Stil (vgl. J. Poetter 1989, 10ff) Klaus Mann nannte ihn einen »absoluten Ästheten«. In seinem autobiographisch getönten Roman *Thomas l'imposteur* (1923, Thomas der Schwindler) reflektiert Cocteau diesen Ästhetizismus in einer ambivalenten Verherrlichung des Krieges »als Schauspiel«. Mit *Parade*, dem Libretto für die Ballets Russes, konnte er 1917 seinen ersten literarischen Erfolg feiern. Sein bereits 1912 für dieselbe Truppe geschriebenes Ballett *Le Dieu bleu* (Der blaue Gott) war eine wenig erfolgreiche Arbeit geblieben; stilistisch war es ein Anachronismus. Das historische Drama *Bacchus*, 1951 am Théâtre Marigny in Paris uraufgeführt, war Cocteaus letzte Arbeit für das Theater. Diese beiden Werke markieren auch in etwa die Spannweite der Genres, innerhalb derer sich Cocteau mit seinen Stücken bewegte. Dazwischen lagen Tragödien, die – wie etwa *Antigone* (1922) – in strengem klassischen Stil verfaßt waren. Und ein weiteres verbindet das frühe mit dem letzten der Bühnenwerke: *Parade* und *Bacchus* lösten außergewöhnliche Skandale aus; das eine wegen seiner Radikalität als künstlerisches Experiment, das andere aufgrund seines anarchisch blasphemischen Inhalts. Stets aber war für Cocteau das Theater »alles«, wie Cécile Gîteau schreibt (n. J. Poetter 1989, 156): »Mit seinen Intrigen, Tricks und Mysterien, die an der Poesie wie an der Mode teilhaben, war das Theater eine Lebensform für ihn.«

Cocteau war auch Schauspieler, Regisseur und Bühnenbildner. Wesentlicher Bestandteil seines künstlerischen Gesamtwerks sind seine Filme und sein bildnerisches Werk, vor allem die Zeichnungen. Letztlich aber hatte Cocteau sein Leben wohl als eine Art Gesamtwerk inszeniert, zu dem auch seine »spannungs- und konfliktreichen Freundschaften« (J. Grimm) gehörten. Immer wieder tauchen Begriffe wie »Mondänität«, »Klassizismus« oder »Eklektizismus« bei der Charakterisierung dieses »Anregers und Aufregers« (H. Rischbieter) auf. Zum Psychogramm des Künstlers Cocteau gehören auch sein regelmäßiger Umgang mit Opium, von dem er trotz mehrerer Entzugskuren nicht loskam, und seine Homosexualität.

Szenenfoto aus J. Cocteaus Film: Le Testament d'Orphée, *1960. L'Homme-Cheval*

Jean Cocteau (1889–1963) stammte aus einer großbürgerlichen kunstbesessenen Juristenfamilie und fand schon als Siebzehnjähriger Kontakt zu Literaten- und Künstlerkreisen und den mondänen Zirkeln von Paris. 1912 begegnete er Serge Diaghilev, dem Impresario der Ballets Russes, der ihm den Einstieg in eine Theaterkarriere ermöglichte. Im gleichen Jahr lernte er Erik Satie, Pablo Picasso und Igor Stravinsky kennen, bald darauf den Kreis der Maler der École de Paris und die Literaten Blaise Cendrars, André Salmon, Guillaume Apollinaire und vor allem Max Jacob. Auch mit André Gide (1869–1951) war Cocteau seit 1912 befreundet. 1918 wurde er Sprecher der Groupe des Six, einer Gruppe junger Musiker, die die Zurückdrängung des Einflusses von Debussy, des Hauptvertreters des musikalischen Impressionismus, und des Werks von Ri-

J. Cocteau: Orphée, *London*

chard Wagner zu ihrem Programm erklärt hatten. (vgl. Bd. III, Kap.: Frankreich/ Das symbolistische Theater) Von entscheidender Bedeutung für Cocteau war auch die Begegnung mit dem italienischen surrealistischen Maler Giorgio de Chirico (1888–1978), dessen metaphysische Labyrinthe zur Inspiration wurden für Cocteaus eigene surreale Bilderfindungen und eine lebenslang anhaltende ästhetische Faszination an der Figur des Todes.

Parade (1917) war Coctaus erstes durchgearbeitetes avantgardistisches Stück. Es folgten *Le bœuf sur le toit* (Der Ochs auf dem Dach) und *Les Mariés de la Tour Eiffel* (Die Hochzeit auf dem Eiffelturm). (vgl. Kap.: Ballets Russes) Um die

J. Cocteau/de Madrazo: Le Dieu Bleu. *Ballets Russes. Théâtre du Châtelet, Paris 1912. Ch.: M. Fokin. B. u. K.: L. Bakst*

»Poesie des Theaters« ging es ihm in diesen Stücken. In diesem Zusammenhang schreibt er über den Dichter: »... dieser habe die Aufgabe, die Dinge und Gefühle aus Schleiern und Nebelschwaden zu befreien, sie plötzlich vor Augen treten zu lassen, so nackt und so schnell, daß das menschliche Auge nur mit Mühe sie wiedererkennt.« (n. J. Poetter 1989, 28) Mit diesem Programm, das in seiner Grundausrichtung durchaus auf »radikale Modernität« – auf Plötzlichkeit, Schnelligkeit, Überraschung – im Sinne Apollinaires und dessen Kreis insistiert, setzte Cocteau doch auch eigene Akzente. Deutlicher als diese Gruppe rückt er den »Geist der Poesie« ins Zentrum, den es neu zu entdecken gelte. Und ein weiteres kommt hinzu und wird zu einem seiner Lebensthemen: die Auseinandersetzung mit dem Mythos, die ihn auch zu einer modernen Aneignung klassischer Form führt. *Aufruf zur Ordnung* ist der Titel eines Essaybandes aus dem Jahre 1926, in dem Cocteau dieses Thema entwickelt. 1922 bereits erschien der Einakter *Antigone* nach Sophokles. 1925 beendet er die Arbeit an dem Stück *Orphée* und beginnt mit dem Schreiben an *Oedipe roi*, seiner zweiten Sophokles-Adaption, aus der in der Zusammenarbeit mit Strawinsky das Opernoratorium *Oedipus Rex* (szenische Uraufführung 1918) entsteht. Immer wieder veröffentlichte Cocteau neben seinen Theater- und Filmarbeiten auch Gedichtbände, Essays, Prosa, Romane und journalistische Arbeiten und schuf ein beachtliches bildkünstlerisches Werk.

In den Jahren nach 1950 nahm Cocteaus Dichtung forciert esoterische Züge an; beispielhaft für diese Tendenz ist die Gedichtsammlung *Clair-Obscur* (1954, Hell-Dunkel). Als Cocteau 1963 starb, war er im offiziösen französischen Kulturleben längst etabliert. Schon 1955 wurde er in die Académie Française aufgenommen; die Universität Oxford verlieh ihm die Ehrendoktorwürde. Sein letzter Film, *Le Testament d'Orphée* (1959), war der Versuch, ein »intimes Selbstbildnis« zu entwerfen.

Die Bühnenarbeiten

> »Was ich am Theater liebe, ist die Distanz, das Mysterium. Ich liebe alles, was ihm Feierlichkeit verleiht.«
>
> (*Les monstres sacrés*, III, 5)

So konsequent wie kaum ein anderer Autor faßte Cocteau seine Stücke als »prétextes à mise en scène« auf, – »nicht als Kunstwerke für sich, sondern Gerüst für die Inszenierung. ›Théâtre pur‹ heißt bei Cocteau, daß das Theater sich selbst reflektiert: das Schauspiel spielt sich selbst, der Schauspieler spielt den Schauspieler.« (M. Kesting, n. J. Poetter 1989, 119) In Vorworten zu seinen Dramen erläutert Cocteau diese Einstellung immer wieder: Theater steht für ihn nicht in einem wie auch immer vermittelten Bezug zur realen Wirklichkeit, gar als deren illusionistisches Abbild, sondern stellt eine eigenständige artifizielle Spielsphäre dar. Diese freilich ist durchaus als poetische Gegenwelt zu begreifen zu der tatsächlichen Lebenswelt, aus der Cocteau letztlich mit seiner gesamten Lebensinszenierung in die Welt des Artistischen floh. Eine zentrale Rolle in dieser poetischen Konfrontation spielte der antike Mythos, aus Cocteaus Sicht das Gegenbild schlechthin zur modernen Zivilisation.

Bühnenbildentwurf von Irène Lagut für J. Cocteaus Les Mariés de la Tour Eiffel. *Théâtre des Champs-Élysées, Paris 1921*

Zwischen den Balletten *Parade*, *Les Mariés de la Tour Eiffel* und *Le train bleu* (1924) entstand *Le bœuf sur le toit* (1919), ein Stück »ohne jeden Tiefgang« (J. Grimm), eine Farce auf das moderne Großstadtleben, aber »Totaltheater« pur, bei dem alle Spielelemente gleichwertig in Aktion gesetzt sind. Wie in *Parade* und *Les Mariés* ist auch in *Le bœuf* das Boulevardtheater die Projektionsfolie, von der sich diese experimentellen Arbeiten abheben, mit der sie aber auch spielen. Mit *Antigone* schrieb Cocteau das erste dramatische Bühnenwerk, das seine Auseinandersetzung mit antiken Mythen einleitete. Die Uraufführung brachte Charles Dullin am 20. Dezember 1922 an seinem Théâtre de l'Atelier heraus. Dullin selbst spielte den Kreon, Antonin Artaud den Teiresias, Cocteau übernahm die Rolle des Chors. Arthur Honegger komponierte dazu eine kurze Bühnenmusik und benutzte Cocteaus Text als Libretto für seine dreiaktige Oper *Antigone*, die 1927 am Théâtre de la Monnaie in Brüssel uraufgeführt wurde. Honeggers Musik stellte den künstlerisch bedeutendsten Beitrag zu Cocteaus *Antigone*-Projekt dar. (dazu G. Steiner 1988, 211 f) Das Stück ist geprägt von einem »modernen« Blick auf den alten Stoff. Die Figuren werden reduziert auf ihre »Anatomie« (K. Kerény), bisweilen bis an die Grenze zum Parodistischen. In der Weltabgewandtheit der Titelheldin reflektiert Cocteau sehr persönliche Züge. Auch wird hier eine Korrektur in der ästhetischen Orientierung Cocteaus eingeleitet, die er in dem Essay *Le secret professionnel* (1922) skizziert. Es ist die Abkehr von einem antiliterarischen Modernismus und der »Entwurf einer Ästhetik, die von einem ›retour à la rose de Ronsard et (au) classicisme‹ gekenn-

Kostümentwurf von J. Hugo für J. Cocteaus Les Mariés de la Tour Eiffel, *1921*

zeichnet ist.« (J. Grimm 1982, 127) In einem vergleichbaren geistigen Umfeld stehen auch die gleichzeitigen und späteren Bearbeitungen antiker Mythen und deren »Modernisierung« im Werk von Giraudoux, Anouilh, Camus und Jean-Paul Sartre.

Der *Antigone* folgte eine Adaption (1924) von Shakespeares Drama *Roméo et Juliette*, ein Schauspiel, dessen Aufführung ganz auf die Farbeffekte der Dekoration und die ballettartige Choreographie in der Bewegungsführung der Darsteller konzentriert war. Mit *Orphée* kam im Dezember 1926 eines der Hauptwerke Cocteaus zur Uraufführung durch Georges und Ludmilla Pitoëff am Théâtre des Arts. Es war eine äußerst ungewöhnliche, ebenso ironische wie autobiographisch getönte Version dieses antiken Mythos: Orphée und Eurydice bewegen sich in einem modernen häuslichen Milieu, ein permanent streitendes, Spiegel und Fenster zerschlagendes Paar. Als ein Pferd dem Dichter durch seinen Hufschlag eine Botschaft übermittelt, wird Eurydice gar eifersüchtig auf das Tier. Schließlich wird sie von einer Bacchantin vergiftet. Orphée folgt ihr – im Gang durch einen Spiegel in die Unterwelt. Der Tod als elegante Dame personifiziert, dazu deren Assistenten und auch ein Glaser namens Heurtebise, der die zerbrochenen Spiegel und Fenster reparieren muß, sind weitere Figuren in dieser surrealen Szenerie. Als Orphée mit Eurydike aus der Unterwelt zurückkehrt, setzt der Streit der beiden sogleich wieder ein. Versehentlich stolpert Orphée und schaut sich dabei um. Daraufhin entschwindet die Gattin – wiederum durch den Spiegel – erneut in das Reich des Todes. Orphée fällt schließlich einer Intrige der Bacchantin zum Opfer und wird vom Pöbel zerrissen, sein Kopf auf die Bühne geworfen. Heurtebise, nun in der Funktion eines Schutzengels, setzt Orphées Kopf auf einen Sockel und entflieht in die Unterwelt. Der Polizei, die

J. Cocteau: Œdipus Rex. *Städtische Bühnen, Essen* 1929/30

auftaucht und den Mörder Orphées sucht, erklärt der Kopf: er sei Jean Cocteau. Da von einem Mörder keine Spur zu finden ist, ziehen die Polizisten wieder ab. Jetzt aber schwebt das ganze Haus ins Jenseits und dient dort dem wieder auftauchenden Paar Orphée und Eurydice als Wohnung. Weltberühmt wurde die Verfilmung von *Orphée*, die Cocteau im Jahre 1950 mit Jean Marais als Titelheld herausbrachte. In dem Film sind die Akzente etwas verschoben. Orphée folgt Eurydice in das Totenreich, weil er von der »Prinzessin«, der Verkörperung seines Todes, fasziniert ist. Diese »Prinzessin« verliebt sich in Orphée und verrät dadurch ihre Mission. Durch ihre Helfer, geheimnisvolle Motorradfahrer, läßt sie Eurydice töten. Orphée gelingt es jedoch, sie ins Diesseits zurückzuholen. Die »Prinzessin« aber muß sich für ihre Tat einer fürchterlichen Strafe unterziehen. (vgl. U. Gregor, E. Patalos 1973, 250f) Mit *Orphée* thematisiert Cocteau, freilich nicht ohne ironische Töne, die Situation des modernen Dichters: das ebenso Unerklärliche wie Anstößige des schöpferischen Vorgangs.

Das Stück *La voix humaine* (Die geliebte Stimme) wurde 1930 von Cocteau selbst an der Comédie Française uraufgeführt. Mit dieser Inszenierung begann auch seine Zusammenarbeit mit dem Bühnenbildner Christian Bérard. Den Stoff des Ödipus-Mythos legte er dem Stück *La machine infernale* (Die Höllenmaschine) zugrunde; Jouvet brachte es 1924 an seinem Theater heraus. In *Les chevaliers de table ronde* (1937, Die Ritter der Tafelrunde) spielte Jean Marais erstmals eine zentrale Rolle. Am 14. November 1938 hatte das Stück *Les parents terribles* (Die schrecklichen Eltern) am Théâtre des Ambassadeurs seine Uraufführung. 1948 verfilmte Cocteau dieses Werk, das ohne experimentelle Finessen nach der Dramaturgie des Boulevardtheaters geschrieben war. In den

J. Cocteau: La machine infernale. *Szene aus der Uraufführung an der Comédie des Champs-Élysées, Paris 1924*

Kostümentwürfe von Jean Hugo für J. Cocteaus Les Mariés de la Tour Eiffel, *1921*

40er Jahren entstanden *Les monstres sacrés* (1940, Die heiligen Ungeheuer), das Kriminalstück *La machine à écrire* (1941, Die Schreibmaschine), das Versdrama *Renaud et Armide*, das Cocteau 1943 an der Comédie Française selbst inszenierte. Die romantische Liebestragödie *L'aigle à deux têtes* (1946, Der Doppeladler) wurde ein großer Publikumserfolg. »Streng wie eine Fuge aufgebaut« (J. Cocteau), erzählt es von der unmöglichen Liebe zwischen einer »anarchistischen Königin« und einem »königlichen Anarchisten«. Es folgte dann noch das Skandalstück *Bacchus*. Es schildert – versetzt in die Zeit der Renaissance – das anarchische Treiben in einer deutschen Kleinstadt nahe der Schweizer Grenze. Als Brauchtumsfeier wird der Dionysos-Mythos zelebriert. Als dessen Protagonist, ein anscheinend wahnsinniger junger Mann, ein Reich der Friedfertigkeit ausruft, treibt ihn der aufgeputschte Pöbel auf den Scheiterhaufen.

In den letzten Jahrzehnten seines Lebens rückte das Ballett wieder mehr ins Zentrum von Cocteaus Arbeit. Es entstanden Werke wie *Phèdre* (1950), *La dame à la licorne* (1953), *Le bel indifférent* (1957) und *Les Fils de l'air ou l'enfant changé en jeune homme*. Von Cocteaus Filmen waren *Le Sang d'un poète* (1930), *La Belle et la Bête* (1945) und *Orphée* die bedeutendsten Werke, durchweg, wie auch die meisten seiner Arbeiten für das Theater, von eindringlichem Bekenntnischarakter: »plus vrai que le vrai«. Wahrer als das Wahre zu sein, war für Cocteau das Ziel aller seiner Arbeiten.

Dadaismus, Surrealismus und das Theater

»Spontanéité, vitalité, simplicité, active, incohérence, vie«

(Tristan Tzara)

»Ich glaube an die künftige Auflösung dieser scheinbar so gegensätzlichen Zustände von Traum und Wirklichkeit in einer Art absoluter Realität, wenn man so sagen kann: Surrealität.«

(André Breton: *Manifest des Surrealismus.* 1924)

Beide Bewegungen, den Dadaismus und den Surrealismus, verbinden die Radikalität ihrer Zerstörungsdynamik, die sich auf das gesamte Gefüge bürgerlicher Kultur und Gesellschaft richtete, Skepsis und Mißachtung gegenüber Logik und Vernunft, aber auch ein geradezu militant verfochtenes Gruppenbewußtsein, eine Attitüde der Exklusivität. Eine gemeinsame programmatische Basis existierte freilich nur in einem sehr kurzen Zeitraum, 1920, im Gründungsjahr von »Dada Paris« und nur wenig darüber hinaus. Sehr bald ging die Gruppe der Surrealisten um André Breton eigene Wege und distanzierte sich von der dadaistischen Destruktionsprogrammatik. Unterschiedliche Bilder vom Menschen und von der Gesellschaft standen sich gegenüber, vor allem auch Unterschiede in den Zielen dieser Revolte. Was im Zusammenhang beider Gruppen an theatralen Experimenten entstand, war eher im ästhetischen Erscheinungsbild und weniger durch theoretische Begründungen zu unterscheiden, sie trugen die Handschrift einzelner, »oberhalb eines gemeinsamen gruppenspezifischen Nenners«. (J. Grimm 1982, 176) Für beide Richtungen aber gilt, daß ihr unmittelbarer Beitrag für die Entwicklung des Theaters eher als marginal anzusehen ist. Weitaus bedeutender sind die bildnerischen Arbeiten und die kunsttheoretischen Diskurse, die in diesen Bewegungen entstanden. Diese wiederum spielten eine wesentliche Rolle auch für das Theater, für die Entwicklung neuer Dramaturgien und für die Bühnenästhetik.

Der Surrealismus beruht auf dem Glauben an die höhere Wirklichkeit gewisser, bis dahin vernachlässigter Assoziationsformen, an die Allmacht des Traumes, an das zweckfreie Spiel des Denkens. Er zielt auf die endgültige Zerstörung aller anderen psychischen Mechanismen und will sich zur Lösung der hauptsächlichen Lebensprobleme an ihre Stelle setzen.

(A. Breton: Manifest des Surrealismus, *1924)*

Als Tristan Tzara, der Hauptaktivist der Züricher Dadagruppe (vgl. Kap.: Schweiz), am 17. Januar 1920 in Paris eintraf, war dies gewissermaßen das Gründungsdatum von »Dada Paris«. André Breton, der in diesen Jahren erstmals an die Öffentlichkeit getreten war, hatte Tzara bereits 1919 aufgefordert, in die französische Hauptstadt zu kommen. In der intellektuellen Atmosphäre um Apollinaire und die Künstler des »Esprit nouveau« schien der Boden für die dadaistische Bewegung vorbereitet, die nun die Schweizer Enklave verließ. Mitbegründer der Pariser Dada-Gruppe war Francis Picabia. Auch Louis Aragon (1897–1982), Breton und Philippe Soupault (1897–1990), die Herausgeber der 1919 gegründeten Zeitschrift *Littérature* und der spätere Kern der Surrealisten, schlossen sich den Dadaisten an. Sonia Delaunay kam aus Madrid nach Paris zurück. Max Ernst (1891–1975) und Hans Arp (1887–1966) reisten von Köln aus an. Marcel Duchamp (1887–1968) und Man Ray (1890–1976) stießen

1921 von New York kommend zu der Pariser Gruppe. Georges Ribemont-Dessaignes (1884–1974), ein mit Picabia und Duchamp befreundeter Musiker, Maler und Schriftsteller, schrieb 1919 das erste Dada-Stück: *Le serin muet* (Der stumme Kanarienvogel).

Der erste öffentliche Auftritt der Dadaisten in Paris fand am 23. Januar 1920 statt. Es war eine nach der in Zürich erprobten Provokationsdramaturgie angelegte »Soirée«, auf der experimentelle Texte und Manifeste vorgetragen wurden, dazu Sketche, kleine Theaterstücke und experimentelle Lärmmusik. J. Grimm listet folgende Veranstaltungen auf, die 1920 und 1921 von den theatralen Aktivitäten der Pariser Dadaisten als die wichtigsten angesehen werden können: »*Manifestation Dada* vom 17. März 1920 im ›Théâtre de l'Œuvre‹; aufgeführt wurden u.a. von Tzara *La première aventure céleste de Monsieur Antipyrine*; von A. Breton und Ph. Soupault *S'il vous plaît*; von Ribemont-Dessaignes *Le serin muet*; Festival Dada vom 26. Mai 1920 in der ›Salle Gaveau‹, aufgeführt wurden u.a. von T. Tzara *La deuxième aventure céleste de Monsieur Antipyrine* sowie von Breton/Soupault *Vous m'oublierez;* Soirée Dada vom 10 Juni 1921 in der ›Galerie Montaigne‹, zur Aufführung gelangte u.a. Tzaras *Le cœur à gaz*.« (1982, 178) Um Publikum in diese Veranstaltungen zu locken, warben die Dadaisten mit provokanten Falschmeldungen und der Ankündigung spektakulärer Aktionen und fiktiver Gerichtsprozesse.

In Paris war Tzara die profilierteste Persönlichkeit innerhalb der Gruppe der Dadaisten. Anläßlich des 1922 geplanten *Congrès pour la détermination des directives et la défense de l'esprit moderne* kam es jedoch zum Bruch mit Breton, der den Dadaisten deren ausschließlich negative Proteststrategie und obsessive

Kostüme von Sonia Delaunay für Cœur à gaz *von T. Tzara. Aufgeführt bei der letzten Dada-Soirée im Théâtre Michel, Paris 1923*

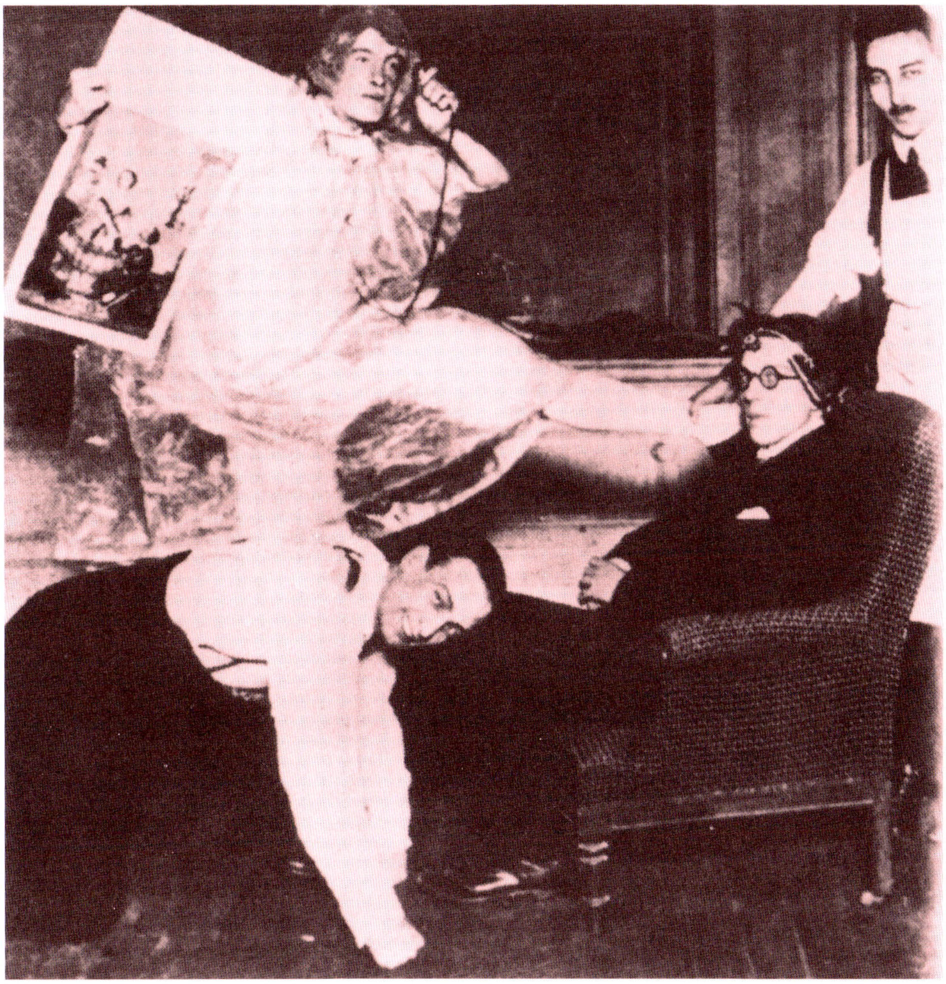

A. Breton u. Ph. Soupault:
Vous m'oublierez.
Paris 1920

Gegenwartsfixierung vorwarf und dem ein konstruktives Programm zur Erneuerung von Kunst und Gesellschaft entgegensetzte. Dieser Konflikt eskalierte in der *Soirée du cœur à barbe* 1923. Das Ende von »Dada Paris« war damit endgültig besiegelt. (vgl. J. Grimm 1982, 220 f u. St. Waetzoldt u. V. Haas 1977, 62 ff) 1924 veröffentlichte Breton das *Manifeste du surrealisme*, was auch nach außenhin die Konstituierung einer neuen künstlerischen Gruppierung, eben der Surrealisten, signalisierte. Tzara zog sich nach dieser Spaltung der ursprünglich weitgehend konformen Bewegung zunächst gänzlich vom Literaturbetrieb zurück. 1929 kam es zu einer erneuten Annäherung an Breton und die Surrealisten, 1935 jedoch zum endgültigen Bruch. Tzara arbeitete seither als politischer Schriftsteller im Kampf gegen den aufkommenden Faschismus in Europa, nahm auf der Seite der Republikaner am spanischen Bürgerkrieg teil und schloß sich im Zweiten Weltkrieg der französischen Résistance an. Mit vielfachen Ehrungen ausgezeichnet, starb Tristan Tzara 1963 in Paris.

Was das Verhältnis von Dadaismus und Surrealismus betrifft, so bemerkt J. Grimm (1982, 180f) zu Recht, daß eine chronologisch und programmatisch »säuberliche« Abgrenzung nur schwer möglich ist, daß es sich vielfach um

Überlagerungen von tendenziell gleichgerichteten Strömungen handelt. Während jedoch Tzara einen Zustand anarchistischer Auflösungen aller Konventionen und Normen geradezu kultivierte und darin ein schöpferisches Potential sah, suchten die Surrealisten auch nach neuen Wegen der Erkenntnisgewinnung und neuen Methoden für den künstlerischen Schöpfungsprozeß. In diesem Zusammenhang entdeckten sie die Freudsche Psychoanalyse. Sie nahmen die von Freud entwickelten Thesen über die Bedeutung des Unbewußten, von Traum und Wahnsinn auf und begannen auf der Grundlage dieses Wissens in ihren künstlerischen Arbeiten zu experimentieren. Im Traum und im Zustand der Halluzinationen vermeinten sie das Wesen der schöpferischen Imagination erfassen zu können. Zudem entsprach dieses Denksystem auch den weltanschaulichen Vorstellungen der Surrealisten, insofern nämlich, als sie Logik und Rationalität als untaugliche Prinzipien der Erkenntnisgewinnung oder der Beschreibung der Wirklichkeit ansahen. Diese Vorstellung schien auch gestützt durch die in diesen Jahrzehnten veröffentlichten naturwissenschaftlichen Entdeckungen von Albert Einstein, Louis-Victor de Broglie und Werner Heisenberg, durch die ein durchgängiger Relativismus als Grundstruktur der Materie und die Unhaltbarkeit des Kausalitätsbegriffs nachgewiesen wurden. So formulierte Breton bereits in seinem ersten Manifest von 1924: »Unter dem Banner der Zivilisation, unter dem Vorwand des Fortschritts ist es gelungen, alles aus dem Geist zu verbannen, was zu Recht oder Unrecht als Aberglaube, als Hirngespinste gilt, und jede Wahrheitssuche zu verurteilen, die nicht der gebräuchlichen entspricht ... Einzig die Imagination zeigt mir, was sein kann, und das genügt, den furchtbaren Bann ein wenig zu lösen ... Die Imagination ist vielleicht im Begriff, wieder in ihre alten Rechte einzutreten.« (1977, 15f) Entsprechend diesen Vorstellungen richteten sich die ersten künstlerischen Experimente der Surrealisten darauf, diese Imaginationskräfte in einem Zustand der Trance und des Halbbewußtseins zu aktivieren. Breton und Soupault entwickelten daraus die Technik der »écriture automatique« (1919, in: *Champs magnétiques*). In der ersten Phase der Bewegung trainierten sie regelrecht das Schreiben und Zeichnen im Zustand des Halbschlafs oder des Rausches. Breton veröffentlichte in der Zeitschrift *Littérature* Protokolle solcher Séancen, in denen Mitglieder der Gruppe geradezu wie Automaten zeichneten und schrieben. (vgl. M. Nadeau 1965, 55f) Ebenso wurden Traumprotokolle angefertigt und veröffentlicht. Immer wieder betonten die Surrealisten auch den wissenschaftlichen Forschungsaspekt, der aus ihrer Sicht mit diesen Experimenten verbunden war. Eine Geschäftsstelle, die 1924 eingerichtet wurde, nannten sie *Bureau de recherches surréalistes.* Ab 1. Dezember 1924 erschien die Zeitschrift *La Révolution surréaliste* als offizielles Organ der Bewegung. Apollinaire, der 1918 bereits gestorben war und den Namen »surréalisme« kreiert hatte, wurde als einer ihrer Ahnherren beansprucht. Auch Ivan Goll sympathisierte mit den Surrealisten. Mit ihrer programmatischen Erklärung, konstruktive Konzepte für eine neue Kunst entwickeln zu wollen, setzten sie sich endgültig von den Dadaisten um Tristan Tzara ab.

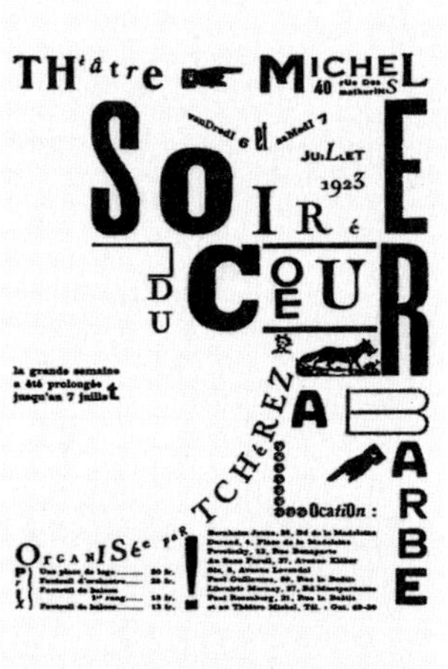

Einladung für die Dada-Soirée im Théâtre Michel, Paris 1923

Doch bildeten sich nun auch innerhalb der Surrealisten-Gruppe alsbald zwei Fraktionen heraus: diejenigen, die mit ihren revolutionären Aktivitäten im geistigen Bereich verblieben und ausschließlich auf Veränderungen im kulturellen Leben hinwirkten, und jene, die mit ihren revolutionären Ideen unmittelbar

G. Ribemont-Dessaignes: La Bourreau du Pérou. *R.: L. Lara u. E. Autant. B.: J. Sima. Laboratoire de Théâtre Art et Action, Paris 1927*

auf die Gesellschaft einwirken wollten. Konkret bedeutete dies ein Engagement innerhalb der kommunistischen Bewegung. Dieser Konflikt führte bereits 1925 zum Auseinanderbrechen der Gruppe. Breton, der der Kommunistischen Partei Frankreichs beitrat (1927), agierte als strenger Hüter der »rechten Lehre« und betrieb den Ausschluß einiger Mitglieder, darunter auch den von Roger Vitrac und Antonin Artaud. In einem zweiten Manifest *(Second manifeste du surréalisme)* formulierte Breton im Jahre 1930 unmißverständlich, daß sich – gemäß der Lehre von Karl Marx – der revolutionäre Kampf zunächst auf das »Sein«, also gegen die gesellschaftlichen Verhältnisse richten müsse. Der Surrealismus habe kein Interesse »für das, was sich neben ihm tut unter dem Vorwand der Kunst oder gar der Antikunst, der Philosophie oder Anti-Philosophie, mit einem Wort für alles, was nicht auf die Zerstörung des Seins zielt.« (1977, 55) 1935 wurde Breton jedoch aus der PCF ausgeschlossen. 1938 organisierte er die internationale Surrealistenausstellung in Paris. 1940 emigrierte er in die USA. 1947 veranstaltete Breton in Paris die zweite große Ausstellung des Surrealismus. Innerhalb der Avantgarde-Bewegung steht André Breton für jene Richtung, die mit ihrem revolutionären Anspruch am konsequentesten aus der Sphäre rein künstlerischer Betätigung auszubrechen bestrebt war.

Von den Theaterprojekten der Dadaisten und der Surrealisten, die in die Form literarischer Fixierung und einer Bühneninszenierung gebracht wurden – nicht also die Soiréen –, sind vier Arbeiten wohl die interessantesten: *Le serin muet* von Ribemont-Dessaignes, *La première aventure céleste de M. Antipyrine* und *Le*

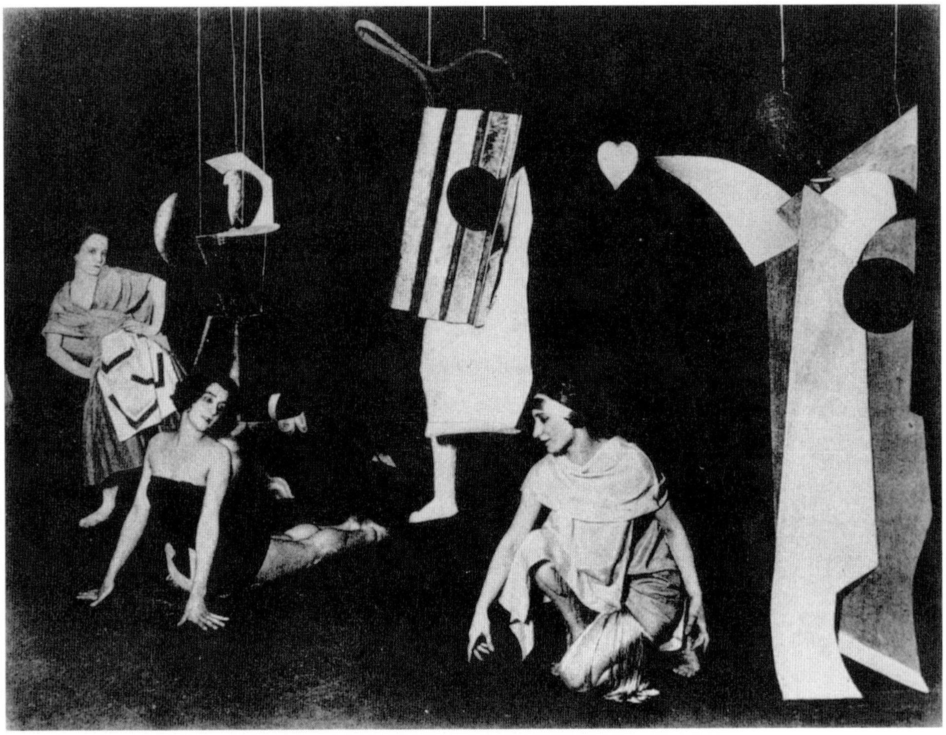

Le Marchand de cœurs.
R., B. u. K.: E. Prampolini.
Théâtre de la Pantomime Futuriste, Théâtre de la Madeleine, Paris 1927

cœur à gaz von Tristan Tzara und *S'il vous plaît*, von Breton und Soupault gemeinsam geschrieben.

Georges Ribemont-Dessaignes war Maler und Schriftsteller, befreundet mit Marcel Duchamp und Francis Picabia. Seit Tristan Tzara in Paris auftrat, war er an nahezu allen von diesem arrangierten Aktionen beteiligt, verfaßte dadaistische Manifeste, komponierte bruitistische Musik und betätigte sich als Bühnenausstatter und auch als Schauspieler. Als »kompromißloser Polemiker« (J. Grimm) war er Mitherausgeber des provokantesten Publikationsorgans der Dadaisten, der von Picabia 1917 gegründeten Zeitschrift *391*. Bereits 1921 aber ging Ribemont-Dessaignes zunehmend auf Distanz zu beiden Gruppen, den Dadaisten und den Surrealisten. Sein erstes Theaterstück war *L'empereur de Chine*. Es entstand 1916, erschien 1921 und wurde 1925 im Studio Art et Action uraufgeführt. Zentrales Thema ist das Ringen des Geistes um Erkenntnis, ein Kampf um die Versöhnung von Geist und Leben. *L'empereur de Chine* ist ein abstraktes, hintergründiges Stück, ohne realistische Raum- oder Zeitstrukturen, ohne kausale Handlungsverknüpfung; mit Figuren, die in erster Linie Symbolträger sind in einer »Welt ohne jeden intellektuellen und moralischen Fixpunkt«. »In der ausschließlichen Apotheose des Lebens« (J. Grimm 1982, 203 f) lag die Nähe dieses Werks zu Dada. Der Einakter *Le serin muet* entstand 1919 und wurde im Rahmen einer Dada-Soirée 1920 uraufgeführt. Das Stück thematisiert die Unmöglichkeit einer Verständigung der Menschen untereinander am Beispiel eines grotesken Ehestreits, der in einer Katastrophe endet. Wieder geht es um die Demonstration der zerstörerischen Gewalt des Intellekts, Kennzeichen eines männlichen Prinzips; um die Zertrümmerung also eines der abendländischen Grundwerte. In der Überzeichnung des diktatorischen Gestus', mit dem der Ehemann Riquet in dieser Farce die »Macht des Denkens« durchsetzt, ist zumindest ein Ansatz zu politischer Kritik nicht zu übersehen. Dies gilt auch für *Le bourreau en Pérou* (uraufgeführt 1926 im Studio Art et Action). Dieses Stück, eine Orgie von Mord und Vergewaltigung, wird vielfach als Vorausahnung faschistischer Greueltaten interpretiert. Um das Problem radikaler Subjektivität geht es in den Einaktern *Arc-en-ciel* (1926), *Larmes de couteau* (1926) und *Le partage des os* (1929). Charakteristisch für alle Theaterstücke von Ribemont-Dessaignes sind starke, einprägsame szenische Bilder, der konsequente Bruch mit allen dramaturgischen Konventionen und ein »höchst kunstvoll vermitteltes zeitgeschichtliches Engagement«. (vgl. J. Grimm 1982 218f u. J.-P. Begot 1978)

Tzaras *La première aventure céleste de M. Antipyrine* wurde im März 1920 im Rahmen einer »Manifestation Dada« im Théâtre de l'Œuvre uraufgeführt. Das Werk entspricht seiner Form nach in keiner Hinsicht einem Theaterstück. Die Namen der Akteure, die keinerlei psychologische Merkmale oder soziale Kennzeichen haben, sind infantil-bizarre Wortbildungen. Antipyrine etwa ist der Name eines Medikaments. Der Sprache fehlt jedwede grammatische und syntaktische Ordnung; einzelne Wörter erscheinen als sinnleere Laute. So existiert auch keinerlei Handlung oder Konflikt. Die Vorstellung der Dadaisten, Kunst solle nicht Sinnvermittlung, sondern reines Spiel sein, ist konsequent umgesetzt. Für die Aufführung im Théâtre de l'Œuvre hatte Picabia die Kostüme entworfen: verschiedenfarbige Papiersäcke, in denen die Schauspieler steckten, dazu eine Lärm- und eine Echomaschine. Die Trennung von Bühne und Zuschauern war aufgehoben in dem Tumult, den der planvoll provozierte Skandal auslöste. Die lärmenden, Eier werfenden Zuschauer wurden zu Mitspielern. Genau dies hatten die Inszenatoren erwartet.

Gegenüber *Première aventure* ist *Le cœur à gaz* als dreiaktiges Stück, jedoch ebenfalls ohne erkennbaren Handlungsverlauf, angelegt. Auch hier bleibt die Ebene der Bedeutung leer. Als Protagonisten treten einzelne Körperteile auf, (Oreille, Bouche, Nez, Œil, Cou u.a.) dazu ein Tänzer. Auf der Bühne ist eine »Herzmaschine« installiert. In den Dialogen der Figuren werden automatisierte Sprachschemata pausenlos wiederholt: »Mais oui, mais oui, mais oui, mais oui ...« In solcherart Parodie herkömmlicher Sprach- und Sinnstrukturen sieht J. Grimm einen Ansatz, der einen Zugang zu dem Stück ermöglichen könnte: »*Le cœur à gaz* ist ein heiteres Spiel mit dramaturgischen Konventionen in der dadaistischen Absicht der Zerstörung einer traditionsbeladenen literarischen Gattung. Doch geht aus der Negation, wie bei Dada so häufig, ein durchaus lebensfähiges neues Bühnenstück mit unleugbarem spielerischen Charme hervor.« (J. Grimm 1982, 246) Auch in *Mouchoir de nuages* (1924) ging es Tzara offenbar um die parodistische Auflösung tradierter Form- und Sinnstrukturen. Eine besondere Pointe in diesem Stück ist die collagenhafte Übernahme einiger Textpartien aus Shakespeares *Hamlet*. Zentrales Motiv ist der Tod des Dichters. Ein typisch dadaistischer Knalleffekt ist am Ende die Versteigerung von dessen Leiche an den Meistbietenden.

Kostüm von Sonia Delaunay für La mode qui vient *von J. Delteil. Paris 1924*

Das Vorbild Jarry, die Verehrung von Apollinaire und das gemeinsame Kriegserlebnis begründeten die Freundschaft von André Breton und Philippe Soupault (1897–1990). Louis Aragon (1897–1982), der Lyriker und Publizist, war der

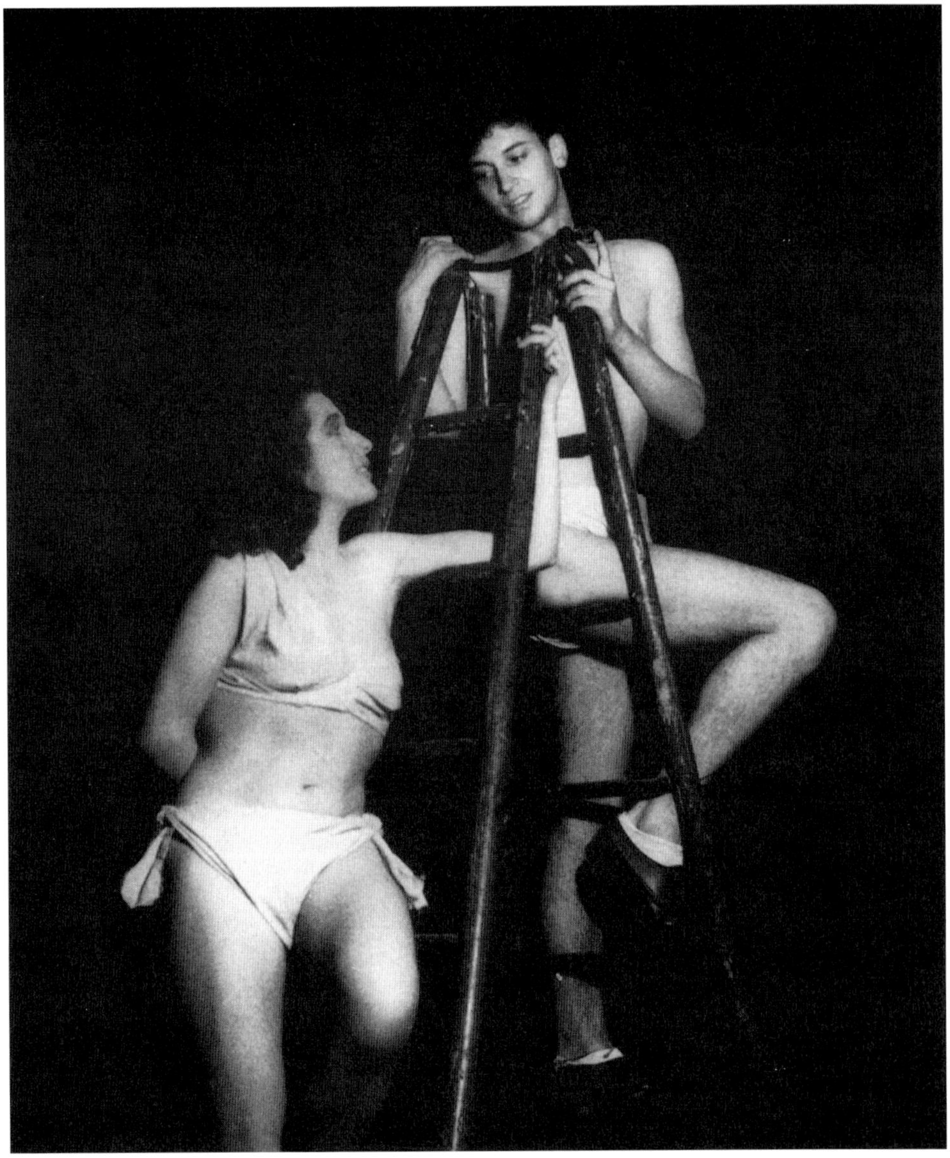

Michel de Ré und Maria Fabrice in G. Ribemont-Dessaignes' Le Serin muet. *Aufführung der Gruppe Le Thyase bei dem Concours des Jeunes Compagnies, Paris 1946*

Dritte in diesem Freundschaftsbunde, spielte aber für die Theaterarbeit der Dadaisten und der Surrealisten keine nennenswerte Rolle.

Von dem von Breton und Soupault gemeinsam verfaßten vieraktigen Stück *S'il vous plaît* wurde ein Akt 1920 im Théâtre de l'Œuvre aufgeführt. Es ist eine Parodie auf das Boulevardtheater und das Genre des Kriminalstücks. Auch der von den beiden geschriebene Sketch *Vous m'oublierez* (1920) hat einen grellen parodistischen Zug. Personen sind hier durch Gegenstände ersetzt, es gibt keinerlei Handlung. Die beabsichtigte Provokation der Zuschauer wurde auch hier ein voller Erfolg. Wie Breton schrieb, endete die Aufführung mit einem »Bombardement von Eiern, Tomaten und Beefsteaks«.

Antonin Artauds »Theater der Grausamkeit«: der Rückgriff auf den Körper

»Das wahre Theater ist mir immer wie eine Übung einer gefährlichen und schrecklichen Handlung erschienen.«

(Antonin Artaud, 1948)

Anmerkungen zu Leben, Weltbild und den Grundlagen von Artauds Theatertheorie

A. Artaud in Le malentendu. *Théâtre du Vieux-Colombier, Paris 1947*

Weder vom Dadaismus noch vom Surrealismus ging für das Theater ein auch nur annähernd vergleichbarer, explosiver und irritierender Impuls aus, wie dies für Antonin Artauds (1896–1948) Idee des »théâtre de la cruauté« der Fall war. Es war dies ein ebenso vieldeutig komplexer wie dunkel verschlüsselter Entwurf einer Theater-Vision, der im Kern eine religiös-metaphysische Dimension hatte, zugleich aber auch kulturkritische Züge trug. Es war keine Anleitung für eine bestimmte ästhetische Richtung, wenngleich von Artaud auf existierende Theatertraditionen als dieser Idee nahestehende verwiesen wurde. Vielmehr ging es um eine geistige, eine existentielle Haltung, die gegenüber dem schöpferischen Prozeß einzunehmen sei; ein theoretischer Entwurf also, der die Theatersphäre deutlich überschritt. Aus dieser Komplexität und Vieldeutigkeit erklärt sich letztlich auch die enorme Innovationskraft dieser Theateridee, die sich jedoch weniger im unmittelbaren historischen Kontext von Artauds Leben und der Entstehung seines Werks durchsetzte, sondern erst nahezu dreißig Jahre später. Von der in den späten 50er und in den 60er Jahren aufkommenden »unabhängigen« Theaterbewegung, für die die Anfang der 50er Jahre von Julian Beck und Judith Malina in New York gegründete Gruppe Living Theatre oder Persönlichkeiten wie Jerzy Grotowski, Peter Brook oder auch Eugenio Barba die Initiatoren waren, wurde Artaud als »(unfreiwilliger) Vater und Vorkämpfer« reklamiert, wie E. Opl (1986, 61) in einem kritischen Resümee dieser Rezeption wohl zu Recht feststellt. Dabei mag offen bleiben, welches die eigentlichen Bewegkräfte für diese außergewöhnliche Wirkungsgeschichte waren, die sicherlich auch eine Geschichte der Mißverständnisse ist. Von anderer Art war der Einfluß Artauds auf Jean-Louis Barrault und Roger Blin, die beide von entscheidender Bedeutung für die Entwicklung für das französische Theater nach 1945 wurden.

Von Artauds eigenen, den realisierten Theaterprojekten ging diese Wirkung wohl kaum aus. Sie blieben weit hinter den konzeptionellen Vorstellungen ihres Urhebers zurück. Sicherlich aber mag dabei neben dem schmalen literarischen Werk, das so viel Zündstoff enthält, auch die Aura der Persönlichkeit Artauds, dieses radikale, grenzgängerische Leben »zwischen Licht und Finsternis«, eine nicht unerhebliche Rolle gespielt haben. Artaud wurde am 4. September 1896 in Marseille als Sohn eines Reeders geboren. Mit fünf Jahren erkrankte er an einer schweren Meningitis, deren Folgen sein weiteres Leben schicksalhaft bestimmen sollten. Schon zur Schulzeit (1910) veröffentlichte er Gedichte. Die uner-

P. Calderón de la Barca: Das Leben ein Traum. *R.: Ch. Dullin. B.: A. Artaud, 1922*

bittlich strenge Erziehung durch den Vater erscheint in den frühen Aufzeichnungen des Jungen als »ein fortschreitender Prozeß der sozialen Desintegration« (E. Kapralik 1977, 15). Im Alter von neunzehn Jahren wurde er zum ersten Mal in eine Nervenheilanstalt eingewiesen. Seit 1915 vermochte er seine Kopfschmerzen nur durch die Einnahme von Opium erträglich zu machen. 1916 war Artaud kurze Zeit im Militärdienst. Anschließend lebte er überwiegend in der psychiatrischen Klinik von Chanet. Im März 1920 zog er in die Nähe von Paris und war auch dort überwiegend in stationärer psychiatrischer Behandlung. Artaud lernte nun die Schriften von Sigmund Freud kennen, kam in die Einflußsphäre der Pariser Künstlerszene und begegnete Jacques Copeau, Lugné-Poë, Gémier, Dullin und Hébertot, den führenden Pariser Theaterpersönlichkeiten dieser Jahre. Es entstanden nun auch die ersten künstlerischen Essays. 1921 trat Artaud erstmals in einer kleinen Rolle am Théâtre de l'Œuvre auf. Im gleichen Jahr schloß er sich der Truppe von Charles Dullin an, erhielt dort Schauspielunterricht und übernahm am Théâtre de l'Atelier im Februar 1922 erneut kleine Rollen. 1921 hatte Artaud die rumänische Schauspielerin Génica Athanasiou kennengelernt. Es wurde ein Liebesverhältnis, in Artauds Leben ein zentrales Ereignis, zerbrach jedoch wegen dessen Suchterkrankung. Neben der Arbeit am Theater schrieb Artaud Rezensionen, gab Rezitationsabende mit eigenen Gedichten und entwarf für Dullins Inszenierungen Kostüme. Am Théâtre de l'Atelier blieb er bis April 1923, anschließend erhielt er ein Engagement am Théâtre des Champs-Élysées. Unter dem Titel *Tric trac du ciel* erschien 1923 eine Sammlung seiner Gedichte, auch gab Artaud nun eine Zeitschrift heraus. Ein Angebot Tzaras, die Regie in einem von dessen Stücken zu übernehmen, lehnte er ab, übernahm in dieser Zeit aber zahlreiche kleinere Rollen als Schauspieler. 1924 erhielt er sein erstes Engagement beim Film. Diese Arbeit setzte er in den folgenden Jahren zur Absicherung seines Lebensunterhalts fort; auch schrieb er mehrere Drehbücher.

1924 wurde für Artaud ein entscheidendes Jahr. Er schloß sich der Gruppe

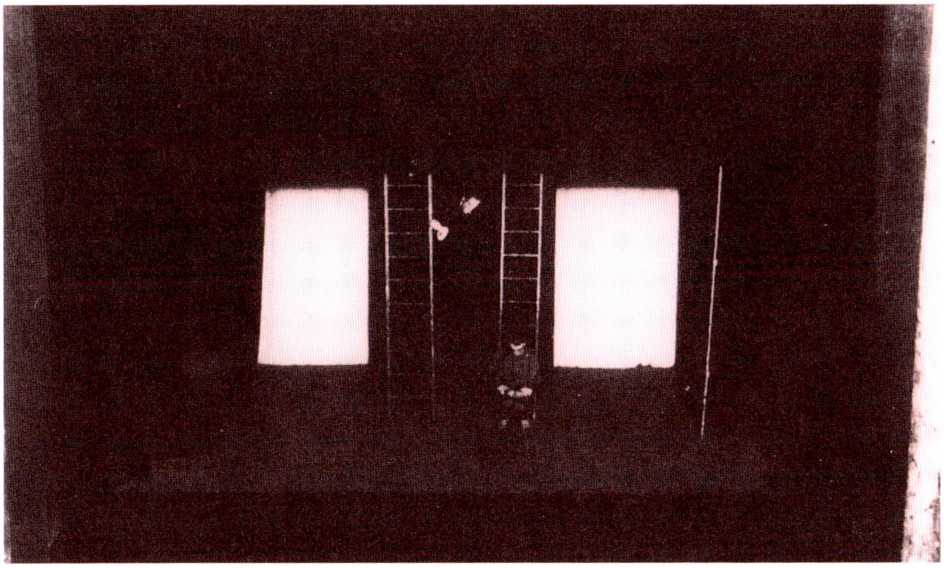

A. Strindberg: Traumspiel. *R.: A. Artaud. Théâtre Alfred Jarry, Paris 1928*

der Surrealisten an und spielte dort sehr bald eine führende Rolle als Direktor der Centrale surréaliste und Redakteur der Zeitschrift *Révolution surréaliste.* Auch entstanden einige surrealistische Texte, darunter der Einakter *Le jet de sang.* Mit der Gruppe der Surrealisten verband ihn die zentrale Bedeutung, die diese dem Traum und den halluzinatorischen Zuständen, den magischen und okkulten Kräften für den schöpferischen Prozeß beimaßen. Es waren dies Einflußsphären und Bewußtseinsdimensionen, die auch für Artaud selbst im Laufe seiner Krankheitserfahrungen existenzbestimmend geworden waren, auf denen sein gesamtes Weltbild und sein Selbstverständnis als Künstler beruhten.

Im September 1926 gründete Artaud zusammen mit Roger Vitrac (1899–1952) und Robert Aron ein eigenes Theater, dem er den programmatischen Namen »Théâtre Alfred Jarry« gab. Dieses Ereignis führte alsbald zum Konflikt mit Breton, nach dessen Verständnis sich die surrealistische Bewegung von allen Einrichtungen der bürgerlichen Kultur – zu denen in exponierter Weise die Theater zählten – zu trennen hatte. Auch stand dieses Unternehmen als in erster Linie künstlerisches Projekt im Gegensatz zu der gerade zu diesem Zeitpunkt einsetzenden Politisierung des Surrealismus und Bretons Hinwendung zur Kommunistischen Partei Frankreichs. Beides zusammen hatte zur Konsequenz, daß Artaud – wie kurz zuvor schon Vitrac – im November 1926 von der Gruppe der Surrealisten offiziell ausgeschlossen wurde.

Also hat eine verkommene Gesellschaft die Psychiatrie erfunden, um sich gegen die Forschungen einiger hervorragender Visionäre zu schützen, deren hellseherische Kräfte ihnen hinderlich waren.

(A. Artaud: Van Gogh, der Selbstmörder durch die Gesellschaft *1947)*

Von 1926 bis 1930 galt Artauds ganze Aufmerksamkeit seiner Theaterarbeit. Es entstanden einige Inszenierungen (vgl. Kap.: Théâtre Alfred Jarry), vor allem aber eine erste Folge theatertheoretischer Schriften. 1930 schließlich kam es zum Bruch auch mit Vitrac und zur Schließung des Théâtre Alfred Jarry. Anschließend hielt sich Artaud längere Zeit in Berlin auf und lernte die Theaterarbeit von Max Reinhardt, Brecht und Piscator und den deutschen Film kennen. 1931 beindruckte ihn das Gastspiel eines balinesischen Theaterensembles in Paris nachhaltig. Der unmittelbar danach erschienene Essay *Le Théâtre balinais, à l'exposition coloniale* (1931) wurde eines seiner zentralen theaterästhetischen

Manifeste. Was Artaud dabei besonders herausstellt, ist der Schauspielstil der Balinesen: eine Sprache des Körpers, »die auf Zeichen und nicht mehr auf Wörtern beruht«, die den Schauspieler mit seinen geometrischen Gewändern als »lebendige Hieroglyphe« erscheinen läßt, eine Sprache und Gestik, die »dem Automatismus des entfesselten Unbewußten selber folgt«, der »Vorrat an rituellen Gebärden« und »daß diese Akteure eine genau festgelegte Zahl von bestimmten Gebärden, von altbewährten, zur festgesetzten Zeit eintretenden Mienen nutzen ... vor allem die Ausarbeitung dieser Audrucksspiele«. (A. Artaud 1969, 58ff) Es waren die Bewußtheit, mit der die balinesischen Darsteller ihre Ausdrucksmittel einsetzten, und die strenge Kodierung dieser Sprache des Körpers, die eine »erschreckende« Entpersönlichung des Schauspielers bewirkte, die Artaud so faszinierten. Er sah darin eine Unmittelbarkeit und Konkretheit des theatralen Ausdrucks, wie ihn das europäische Theater, das er immer wieder ein »rein verbales Theater« nennt, seiner Meinung nach nie erreicht hatte. In der Projektion auf das balinesische Theater entwirft Artaud konkreter als in anderen Schriften auch die Ästhetik eines »anderen« Theaters. Es heißt dort: »In diesem Theater stammt alle Schöpfung von der Bühne, findet ihre Übersetzung oder selbst ihre Ursprünge in einem geheimen psychischen Antrieb, der vor den Wörtern Wort ist ... Dieses Theater verdrängt den Autor zugunsten dessen, was wir in unserem abendländischen Theaterjargon den Regisseur nennen würden; dieser aber wird zu einer Art von magischem Ordner, zu einem Meister heiliger Zeremonien«. (A. Artaud 1969, 64) Formulierungen wie diese waren es, die in der »unabhängigen« Theaterbewegung der 60er Jahre geradezu aufgesogen wurden und dazu führten, die Theaterarbeit zu ritualisieren oder sie als Terrain für Exerzitien der Selbsterfahrung zu begreifen. Insbesondere die Entwicklung des Theaters von Jerzy Grotowski (vgl. Bd. V, Kap.: Polen), einer der Leitfiguren dieser Theaterbewegung, ist typisch für diese Rezeptionslinie.

Mitte der 30er Jahre unternahm Artaud, inzwischen total verschuldet, Reisen nach Mexiko (1936) und Irland (1937). In Mexiko war es vor allem die Begegnung mit dem Indianerstamm der Tarahumaras, der seine Erfahrungen mit der spirituellen und okkulten Welt der Mythen erweiterte und ihn zu Wahrnehmungsexperimenten im Meskalinrausch inspirierte. (vgl. E. Kapralik 1977, 179ff) In Irland waren es die »Geheimnisse der Philosophie der Druiden«, die er erforschen wollte. Diese Reise endete mit dem völligen körperlichen und psychischen Zusammenbruch. Artaud wurde nach Frankreich abgeschoben, der Polizei übergeben und in eine geschlossene psychiatrische Anstalt eingewiesen.

Antonin Artaud in der Hauptrolle seiner eigenen Inszenierung von Les Cenci. *Paris 1935*

1938 erscheint seine wichtigste theatertheoretische Publikation *Le théâtre et son double*, die alle wesentlichen, bis dahin erschienenen Essays vereint, darunter: *Le théâtre et la peste* (1934), *Le théâtre alchimique* (1934), *Sur le théâtre balinais*, (1931), *Théâtre oriental et Théâtre occidental* (1935), *En finir avec les chefs-d'œuvre* (1933), *Le théâtre et la cruauté* (1936); *Le théâtre de la cruauté. Premier manifeste* (1932), *Lettres sur la cruauté* (1932), *Le théâtre de la cruauté. Second manifeste* (1933) und *Un athlétisme affectif* (1935). Im Jahr zuvor war ein aufsehenerregender Bericht über Artauds Mexiko-Erfahrungen erschienen: *D'un voyage au pays des Tarahumaras*, ein Text, der Wesentliches zum Verständnis von Artauds Weltbild beiträgt.

Die Jahre zwischen 1938 und 1946 waren für Artaud eine Odyssee durch

A. Artaud: Les Cenci.
Iya Abdy als Béatrice.
R.: A. Artaud. B.: Balthus.
Théâtre des Folies-Wagram, Paris 1935

eine Reihe von Irrenanstalten. Aus der Klinik von Rodez wurde er schließlich im Mai 1946 auf Intervention seiner Pariser Freunde entlassen. Seine 1946 veröffentlichten *Lettres de Rodez* stellen den Versuch einer »Rehabilitation eines Geisteskranken« dar, enthalten aber auch den Entwurf einer in diesen Jahren entwickelten »langage nouveau«, d.h. einer nur auf Lautassoziationen beruhenden, sinnfreien Sprache bzw. phonetischen Dichtung. (vgl. J. Grimm 1982, 271) Das bedeutendste Werk der letzten Jahre ist Artauds großer Van-Gogh-Essay: *Van Gogh le suicidé de la société* (1947). Eine Anfang 1948 verabredete Sendung im französischen Rundfunk wurde verboten. Artaud hatte geplant, mit dem Text *Pour en finir avec le jugement de Dieu* eine Totalabrechnung mit allen Werten und Glaubensvorstellungen des Abendlandes vorzutragen. Am 4. März 1948 starb der lange schon an Krebs erkrankte Dichter.

Artauds Theaterphilosophie kreiste um den Begriff der »Grausamkeit« (cruauté). Es ist ein Verweis auf die existentielle Kondition von allem Seienden, auch der der Menschen: das unentrinnbare Verstrickt-Sein in einen Kampf antagonistischer Mächte (»Wir sind nicht frei«), auf eine Schicksalsverfallenheit, die einen »existentiellen Schrecken« (Charles Marowitz) auslöst, der sich der Mensch aber »mit erbarmungsloser Entschlossenheit« zu stellen hat. Artaud gebraucht, wie er selbst schreibt (1969, 110), dieses Wort im Sinne von »Lebensgier«, auch »im gnostischen Sinne von Lebensstrudel, der die Finsternis verschlingt … Es handelt sich bei dieser Grausamkeit weder um Sadismus noch um Blut, wenigstens nicht ausschließlich.« (1969, 111 u. 109) In diesen Sinnzusammenhang stellt Artaud auch das Theater: als »fortgesetzte Schöpfung und völlig magische Handlung«, die dieser Notwendigkeit zu gehorchen habe. »Ein Stück ohne diesen Willen, diese blinde Lebensgier … wäre ein unnützes, ein danebengegangenes Stück.« (1969, 111) E. Opl hat aufgezeigt (1986), wie

A. Artaud: Les Cenci. *Staatstheater, Brno 1967*

vielschichtig und in sich widersprüchlich das philosophische Ideenkonstrukt ist, in das der Begriff »Theater der Grausamkeit« eingelagert ist. Es ist ein Konglomerat, in dem gnostische Lehren, Gedankengut aus altindischen Schöpfungsmythen, animistische Vorstellungen und solche aus den mantischen Disziplinen der Magie und der Alchimie zusammenspielen. Eine besondere Rolle nimmt auch die Psychoanalyse Freuds ein. In diesem Konglomerat von Philosophien und religiösen Hypothesen ist auch Artauds Kulturkritik begründet. Sie richtet sich gegen den fundamentalen Werteverfall, den er in seiner Zeit wahrzunehmen vermeint, und dessen Ursache er in einer »Entfremdung von den Urprinzipien« sieht. In dem Reisebericht über die Tarahumaras heißt es: »Die Vernunft ... hat die gegenwärtige Verzweiflung und die materielle Anarchie der Welt erfunden, indem sie die in einer echten Kultur vereinigten Weltelemente trennte« (1975, 154). Gemeint sind dabei auch Trennungen wie die »zwischen den Dingen und den Worten, den Vorstellungen und den Zeichen«. Diese These legte Artaud auch der in den *Lettres de Rodez* vorgestellten Theorie einer »langage nouveau« zugrunde.

Das Theater nun ist für Artaud, insbesondere in den Jahren zwischen 1926 und 1928, als er noch unter dem Einfluß des Surrealismus stand, ein Mittel zur Darstellung der von ihm diagnostizierten geistigen Krise der abendländischen Kultur. Den von ihm konstatierten Werteverfall darzustellen, wird für ihn zur ausschließlichen Aufgabe des Theaters. Dabei soll es nicht darum gehen, die sozialen Mißstände der Zeit anzuprangern, etwa in der Art von Antoines Théâtre Libre, sondern die im Unbewußten angerichteten Zerstörungen aufzuzeigen, für die seiner Meinung nach die »Vergötzung von Logik und Vernunft« (J. Grimm) die Ursache ist. Die Intention von Artauds kulturkritischem Gegenentwurf war es deswegen, die Manifestationen des Unbewußten zur Geltung zu bringen und in den Erfahrungsraum der Menschen zu reintegrieren. Er nannte dies ein »magisches Vorhaben«. So sollte die Theaterinszenierung einen Erfahrungsraum herstellen, in dem die Trennung von Bühne und Publikum aufgehoben und der Zuschauer durch die Intensität der Darstellung existentiell erschüttert wird. Diese Erschütterung sollte durch Identifikation ausgelöst und der Zuschauer in extreme physische wie psychische Reaktionen getrieben werden. Dabei sollte er die Grenzen seiner bisherigen Erfahrungswelt überschreiten. Spontaneität, Improvisation und das Prinzip Zufall – bei vollständigem Wegfall aller konventionellen dramaturgischen oder sprachlogischen Ordnungsfaktoren – sind strukturelle Momente einer solchen Theateraktion. Die Rolle des Zufalls konnte Artaud bereits in Inszenierungen während seiner Zeit am Théâtre de l'Atelier studieren, denn auch Dullin experimentierte in dieser Richtung im Sinne der von Apollinaire propagierten Schock- und Überraschungsästhetik.

Schwierigkeiten in der Umsetzung dieser Vorstellungen am Théâtre Alfred Jarry führten um 1930 zu einer Modifikation von Artauds Theaterauffassung. In der Broschüre *Le Théâtre Alfred Jarry et l'hostilité publique* kommentiert er diese Veränderungen. Zurückgenommen wurde nun die ausschließliche Konzentration auf Manifestationen des Unbewußten. Das Theater sollte statt dessen wieder konkreter auf die Probleme der sozialen und politischen Wirklichkeit eingehen. In diesem Sinne wurde auch der Begriff der »Authentizität« im *Zweiten Manifest des Theaters der Grausamkeit* neu interpretiert. Die Rollen der

Darsteller wurden nun auch deutlicher als soziale Typen angelegt, jedoch ohne daß dabei deren extreme Künstlichkeit aufgegeben wurde. Vor allem forcierte Artaud in dieser Phase den Einsatz bühnentechnischer Mittel, insbesondere die Verwendung von Licht und Geräuscheffekten. Im Rahmen dieser neuen Konzeption wurde auch dem Regisseur eine größere Bedeutung eingeräumt. Thematisch war nun die Erotik ein bevorzugtes Sujet, das Lachen und der Witz wurden – durchaus in Anlehnung an das Boulevardtheater – die bevorzugten Wirkungsmittel. (vgl. J. Grimm 1982, 283) Es war vor allem diese Phase von Artauds Theatertheorie, die das Absurde Theater der 50er Jahre beeinflußt hat.

Das Théâtre Alfred Jarry

> »Strindberg ist ein Rebell, ebenso wie Jarry, wie Lautréamont, wie Breton, wie ich. Wir führen dieses Stück auf als ein Erbrechen gegen sein Vaterland, gegen alle Vaterländer, gegen die Gesellschaft.«
>
> (A. Artaud anläßlich der Aufführung von Strindbergs *Traumspiel* am Théâtre Alfred Jarry im Juni 1928)

Kein anderes Theaterunternehmen im Umfeld der französischen Avantgarde trat mit so unbedingten, höchsten moralischen und ästhetischen Ansprüchen auf wie das Théâtre Alfred Jarry. (vgl. J. Grimm 1982, 283ff u. A. Virmaux 1970) Damit aber war auch das Scheitern dieses Projekts von Beginn an vorgegeben, denn diese Bühne verweigerte ihrem Publikum jedweden Anspruch auf Zerstreuung oder Vergnügen. Es war ein von Artaud bitter ernst gemeinter Versuch, die Menschen in diesem Theater zu zwingen, alle Ängste ihrer Existenz zu durchleben, sie mit allen Traumata ihres Lebens zu konfrontieren. Die Gründung des Théâtre Alfred Jarry erfolgte in der zweiten Jahreshälfte 1926 durch Artaud und Vitrac, die zu dieser Zeit noch der Gruppe der Surrealisten angehörten, und Robert Aron. Aron war Redakteur der *Nouvelle Revue Française*, hatte selbst auch einige Theaterstücke geschrieben und stand den Surrealisten nahe. Er übernahm die administrative Leitung des neu gegründeten Theaters. Im November 1926 erschien ein Gründungsmanifest. Dort heißt es: »Die Aufführungen des Jarry-Theaters werden seinem Publikum … jenes Lachen entreißen, das Ausdruck der tiefsten menschlichen Angst ist; Angst, die durch die innere Dynamik des Spiels evoziert wird, Angst, die mit den Ängsten der Zuschauer korrespondiert, Zuschauer, die folglich nicht länger unbeteiligt bleiben, noch die Pforten des Theaters ungeschoren passieren können.« (n. E. Kapralik 1977, 69) Artaud unterstellte dem Theater die Möglichkeit, sein Publikum geradezu hypnotisieren, es durch das Erleben des Schauspiels in einen Zustand versetzen zu können, in dem jede rationale Kontrolle von Fühlen und Handeln aussetzt. J. Grimm (1982, 297) vermutet, daß Artaud dabei ein Thera-

Diese Versagung von Sinn erfährt der Rezipient als Schock. Ihn intendiert der avantgardistische Künstler, weil er daran die Hoffnung knüpft, der Rezipient werde durch diesen Entzug von Sinn auf die Fragwürdigkeit seiner eigenen Lebenspraxis und die Notwendigkeit, diese zu verändern, hingewiesen. Der Schock wird angestrebt als Stimulans einer Verhaltensänderung, er ist das Mittel, um die ästhetische Immanenz zu durchbrechen und eine Veränderung der Lebenspraxis des Rezipienten einzuleiten.

(P. Bürger 1974, 108)

Plakat zu R. Vitracs Stück: Viktor oder Die Kinder an der Macht. *Paris 1928/29*

pieverfahren vorschwebte, wie es die Psychiatrie seiner Zeit in den Schockbehandlungen praktizierte. Daß im Theater eine Art »Individualtherapie« stattfinden sollte, die »in längerer Perspektive gesellschaftlich revolutionierend wirken möchte«, war offenbar eine Grundvoraussetzung von Artauds Theaterverständnis.

Zunächst sollten die Aufführungen des Théâtre Alfred Jarry im Vieux-Colombier stattfinden. Artaud mußte dann aber für jede Aufführung ein eigenes Theater mieten. Dabei ergaben sich oftmals äußerst ungünstige Aufführungszeiten. Da Artaud auch keine eigene Theatertruppe hatte, wurden für jedes Projekt neue Schauspieler engagiert. Die schwierige finanzielle Situation erlaubte es auch nicht, eine ausreichende Anzahl von Proben anzusetzen. So mußte schließlich die erste Aufführung des Théâtre Alfred Jarry auf den 1. Juni 1927 verschoben werden. Sie fand im Théâtre de Grenelle statt. Inzwischen war auch die »Exkommunikation« von Artaud und Vitrac aus der Gruppe der Surrealisten erfolgt.

Auf dem Programm der Eröffnungsvorstellung am 1. und 2. Juni 1927 standen drei Stücke: ein von Artaud selbst verfaßtes, jedoch verloren gegangenes Stück, die »musikalische Skizze« *Le ventre brûlé ou la mère folle* (Musik von Maxime Jacob), von Robert Aron eine Art Neufassung von Apollinaires *Les mamelles de Tirésias* unter dem Titel *Gigone* und Szenen aus Vitracs Drama *Les mystères de l'amour.* Letzteres war das erfolgreichste Stück dieser Eröffnungspremiere, die insgesamt nicht allzuviel Aufsehen erregte. Den Theaterbetreibern brachte sie ein erhebliches finanzielles Defizit ein. Dies war auch einer der Gründe, weswegen die zweite Produktion erst ein halbes Jahr später stattfinden konnte, am 14. Januar, diesmal in der Comédie des Champs-Élysées. Gezeigt wurde nun die unzensierte Fassung des Films *La mère* (Die Mutter) von dem russischen Regisseur Pudovkin (nach einem Roman von Maksim Gor'kij) und der dritte Akt von Paul Claudels *Partage de midi.* Claudel zählte aufgrund seiner politischen Einstellung zu den Erzfeinden der Surrealisten. In der Ankündigung des Stücks war der Name Claudel nicht genannt. Die Aufführung selbst war als Parodie dieses Stücks angelegt. Wie von den Inszenatoren geplant, protestierte das Publikum lautstark. Artaud unterbrach die Aufführung und nannte Claudel einen »Verräter«. Dafür wurde er zu einer Geldstrafe verurteilt. Den größten

Fotomontage von A. Artaud u. R. Vitrac im einer Broschüre des Théâtre Alfred Jarry, Paris 1930

Skandal in der Geschichte des Théâtre Alfred Jarry jedoch löste die dritte Produktion aus. Sie fand am 2. und 9. Juni 1928 im Théâtre de l'Avenue statt. Gegeben wurde die französische Erstaufführung von August Strindbergs *Traumspiel*, ein Stück, dessen äußerst provokante Inszenierung – »als Brechmittel gegen sein (Strindbergs) Vaterland« – ganz den Vorstellungen entsprach, die Artaud mit seiner Theatergründung verband. Es kam zu einem unerhörten Eklat. Die schwedische Kolonie in Paris, die ein größeres Kartenkontingent übernommen und damit die Aufführung überhaupt erst ermöglicht hatte, verließ empört das Theater. Auch Breton protestierte und wollte eine weitere Aufführung mit allen Mitteln verhindern, so daß Artaud – entgegen allen seinen Prinzipien – Polizeischutz anforderte. Breton wurde vorübergehend festgenommen. Aber auch Aron trennte sich nun vom Théâtre Alfred Jarry.

Die vierte Produktion war eine Matinée-Veranstaltung. Am 24. Dezember 1928 kam die Uraufführung von Vitracs *Victor ou les enfants au pouvoir* heraus. Es war das letzte Projekt des Théâtre Alfred Jarry. (vgl. Kap.: Roger Vitrac) Spätere Versuche Artauds und Vitracs, das Unternehmen weiterzuführen, scheiterten durchweg.

Die Bühnenstücke von Artaud und Vitrac

Eines der Probleme, die zum Scheitern des Théâtre Alfred Jarry geführt haben, war sicherlich das Fehlen geeigneter Stücke. Die von Artaud selbst und von Roger Vitrac verfaßten Dramen allein reichten für die Sicherstellung des Spielbetriebs nicht aus, doch entsprachen diese Arbeiten durchaus der Konzeption des Unternehmens.

Von Artaud sind zwei Stücke erhalten, die eine gewisse Vorstellung hinsichtlich der praktischen Umsetzung seiner theoretischen Ideen vermitteln: *Le jet de sang* und vor allem *Les Cenci*, ein Drama, das freilich nicht in den zeitlichen Kontext des Théâtre Alfred Jarry gehört, sondern später entstand im Umfeld der Manifeste zum »Theater der Grausamkeit«. *Le jet de sang, ou la boule de verre* ist ein Einakter ohne weitere szenische Untergliederung, 1925 entstanden, eine Parodie des Einakters *La boule de verre* von Armand Salacrou. (vg. E. Kapralik 1977, 61 u. J. Grimm 1982, 286ff) Zentrales Thema ist eine mit großem Pathos aufgeladene Liebesbeziehung eines jungen Mannes und eines Mädchens, offenbar ein inzestuöses Verhältnis in einer bizarr surrealen Szenerie, wobei sich die Liebe als ein Streben nach dem Absoluten darstellt. Ein Ritter und eine von ihrer Geilheit umgetriebene Amme, vermutlich die Eltern des jungen Paares (die Identitäten bleiben in typisch surrealistischer Manier im dunkeln), sind das zweite Paar, ein schockierender Kontrast zu den jungen Liebenden. Weiterhin treten auf ein Priester, ein Richter und eine Gemüsehändlerin. Eine zusammenhängende Handlung, Ort oder Zeit lassen sich nicht ausmachen. Das Stück gliedert sich in vier Sequenzen um einzelne Situationen. J. Grimm glaubt als durchgängiges Prinzip den »Einbruch kosmischer Mächte in das Leben des Menschen« (1982, 291) zu erkennen, dessen Ausgesetztheit gegenüber dem Zufall, ganz in dem Sinne, wie Artaud den Begriff der »Grausamkeit« als Kondition einer schicksalhaften Determination der menschlichen Existenz ver-

Das Vordringliche scheint mir weniger in der Verteidigung einer Kultur zu bestehen, deren Vorhandensein noch nie einen Menschen von der Angst vor dem Hunger, von der Sorge um ein besseres Leben befreit hat, als vielmehr darin, dem, was man Kultur nennt, Vorstellungen abzugewinnen, deren lebendige Kraft mit der des Hungers untrennbar eins ist.

(A. Artaud: Das Theater und die Kultur o. J.)

stand. Diese metaphysische Vorstellungswelt setzte Artaud in der Form eines Totaltheaters in Szene. Beispielhaft dafür ist eine Regieanmerkung, die ein geradezu apokalyptisches Bild entwirft, um den Einbruch lebenszerstörender Kräfte in das Schicksal der Menschen zu vergegenwärtigen: »Stille. Man hört so etwas wie das Geräusch eines riesigen Rades, das sich dreht und Wind macht. Ein Wirbelsturm trennt die jungen Liebenden. In diesem Augenblick sieht man zwei Sterne, die aufeinanderprallen, und eine Reihe von Beinen aus lebendem Fleisch, die mit Füßen, Händen, Haaren, Masken, Säulengängen, Säulenhallen, Tempeln, Retorten fallen, aber immer langsamer fallen, als fielen sie ins Leere, dann nacheinander drei Skorpione und schließlich ein Frosch und ein Käfer, der sich in unerträglicher Langsamkeit zu Boden läßt, in einer Langsamkeit, die zum Erbrechen reizt... In diesem Augenblick wird es plötzlich Nacht auf der Bühne. Die Erde bebt. Der Donner wütet, mit Blitzen, die in alle Richtungen zucken, und im Zucken der Blitze sieht man alle Personen, die zu laufen beginnen und sich ineinander verrennen, zu Boden fallen, noch einmal aufstehen und wie Wahnsinnige loslaufen. Plötzlich greift eine riesige Hand (d.i. die Hand Gottes) den Haarschopf der Kupplerin (d.i. die Amme), die in flammendes Rot getaucht wird und zusehends dicker wird ... Sie beißt Gott ins Handgelenk. Ein gewaltiger Blutstrahl zerreißt die Bühne, und man sieht inmitten eines Blitzes, der noch größer ist als die anderen, den Priester, der das Kreuzzeichen macht. Als es wieder hell wird, sind alle Personen tot, und ihre Leichen liegen überall auf dem Boden herum«. (Übersetzung: J. Grimm 1982, 404) Die Szenerie, die hier beschrieben wird, hat ausgesprochen filmischen Charakter, und Artaud stellte sich durchaus vor, alle möglichen bühnentechnischen Mittel, einschließlich Filmprojektionen, zu deren Realisierung einzusetzen. *Le jet de sang* kam zu Lebzeiten von Artaud nicht auf die Bühne. Bei aller Destruktionsenergie, die dieses Werk ausstrahlt und die sich gegen die Fundamente abendländischer Kultur und Religion richtet, bleibt doch auch ein Versuch versöhnender »Rückführung der Kultur in die Natur« festzuhalten. In diesem Sinne ist das zentrale Motiv des Stücks zu verstehen, die Aufhebung des Inzesttabus.

Das Theater wird erst dann wieder es selbst werden, das heißt ein echtes Illusionsmittel darstellen können, wenn es dem Zuschauer der Wahrheit entsprechende Traumniederschläge liefert, in denen sich sein Hang zum Verbrechen, seine erotische Besessenheit, seine Wildheit, seine Chimären, sein utopischer Sinn für das Leben und die Dinge, ja sogar sein Kannibalismus auf einer nicht bloß angenommenen und trügerischen, sondern inneren Ebene Luft machen.

(A. Artaud: Das Theater der Grausamkeit. *1932)*

Von Artauds Inszenierung seines Dramas *Les Cenci* existieren eine Anzahl von Szenenfotos, die einen Eindruck dieser Aufführung vermitteln. Die Uraufführung fand am 7. Mai 1935 in einem Operettentheater, dem Théâtre des Folies-Wagram, statt, nachdem Louis Jouvet sein Theater nicht zur Verfügung gestellt hatte. Artaud hatte beinahe dreißig Schauspieler für dieses Projekt engagiert. Roger Blin war Regieassistent. Die Rolle der Beatrice hatte die Schauspielerin Iya Abdy übernommen. Der Maler und Bühnenbildner Balthus (eigentlich: Balthazar Klossowki de Rola) entwarf die Kostüme und Dekorationen. Roger Désormière (1898–1963), der Dirigent der Ballets Russes, komponierte die Bühnenmusik für *Les Cenci.* Artaud setzte aber auch Tonaufzeichnungen ein, die durch Lautsprecher, die in den vier Ecken des Saals installiert waren, verstärkt auf den Zuschauer schallten. Insgesamt wurde bei dieser Inszenierung mit außergewöhnlichen Ton- und Klangeffekten gearbeitet. So hatte Désomière das Geläute der Glocken der Kathedrale von Amiens magnetophonisch aufgezeichnet. »Zur akustischen Imitation der Geräusche einer mittelalterlichen Folterkammer dienten Maschinengeräusche aus einer Fabrik. Während der vier Akte wurden die Zuschauer, die ja nach Artauds Ideal von der Szene eingekesselt werden sollten, einem Geräuschspektrum ausgesetzt, zu

R. Vitrac: Le Coup de Trafalgar. *Théâtre de l'Atelier, Paris 1934. R.: M. Herrand.*

dem mit aller Kraft läutende Glocken zählten ... ein gewaltiger Ton, der sich von Zeit zu Zeit ausbreitet, wie von einem Hindernis festgehalten, explodierte ... in kurzen Abständen aufeinander ertönenden Donnerschläge ... furchtbare Fanfarenstöße, deren Lärm zunahm ... Geräusche eines drehenden Rades, die von einem anderen Punkt der Bühne her ausgestrahlt wurden ... das Geräusch einer Fabrik in vollem Betrieb.« (n. E. Kapralik 1977, 165) Eine vergleichbar genaue Notation, wie sie für diese Geräuschkulisse existierte, gab es auch für die Beleuchtung. Auch alle anderen szenischen Effekte mußten von größter Authentizität sein. So etwa sollte bei der zentralen Folterszene die Darstellerin der Beatrice auf ein sich horizontal drehendes Rad gespannt werden, wozu die Schauspielerin jedoch nicht bereit war und sich nur an ein senkrecht aufgestelltes Rad fesseln ließ. Genau festgelegt hatte Artaud auch den Gestus der Schauspieler, die während eines Banketts den Ausdruck von Tieren annehmen sollten. Für das Stück hatte er die gleichnamige Tragödie (*The Cenci*, 1819) des englischen Romantikers Percy Bysshe Shelley, die erst 1886 uraufgeführt worden war, zur Vorlage genommen, kombiniert mit einer Erzählung von Stendhal.

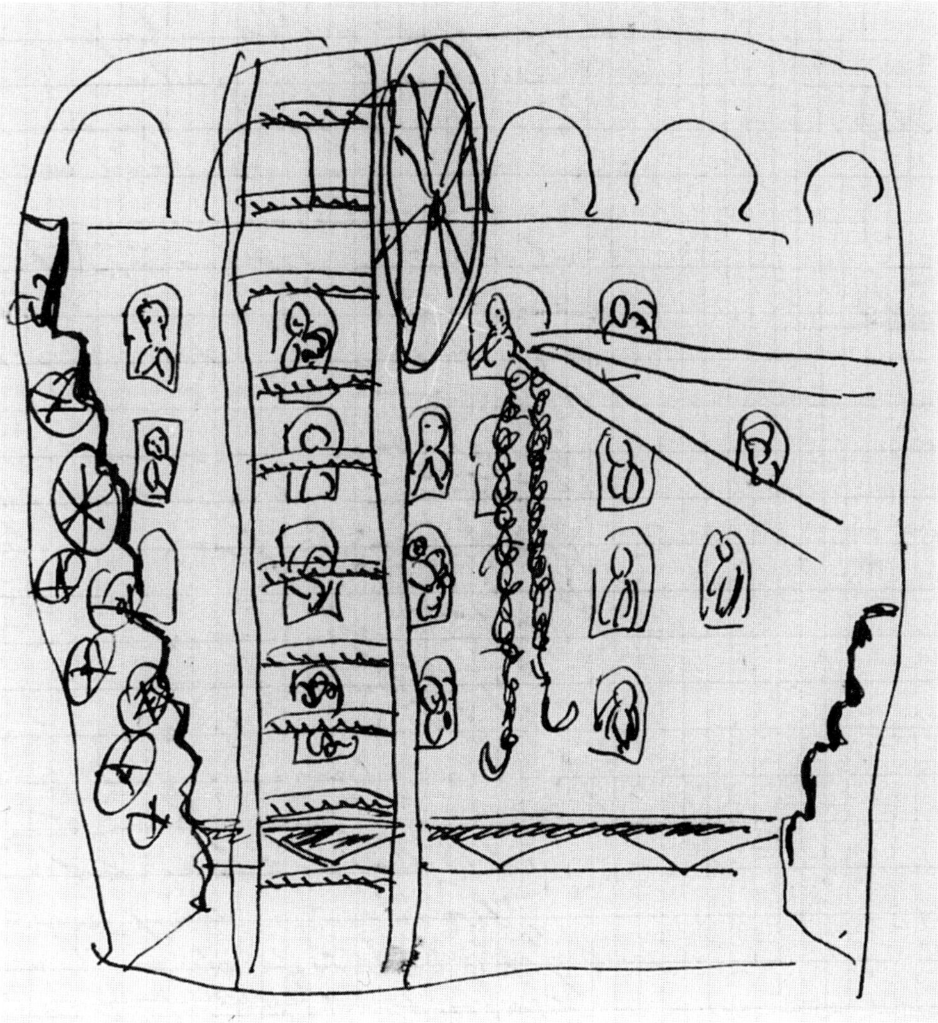

Studie von A. Artaud für das Bühnenbild von Les Cenci, *1935*

Das Stück ist im Stil der elisabethanischen Greueltragödien geschrieben und spielt in der Zeit der Renaissance. Die Cenci sind eine italienische Adelsfamilie, die von dem alten Francesco Cenci, einem Monster an Bösartigkeit, beherrscht wird. Aus abgrundtiefem Menschenhaß plant der Alte seine gesamte Familie zu liquidieren. Seine Tochter Beatrice wird Opfer seiner Vergewaltigung, wandelt sich aber in einem schockartigen Umschwung zur gnadenlosen Rächerin, die den Kampf mit dem Vater aufnimmt und ihn ermorden läßt. Auch auf der Folter gesteht sie diese Tat nicht, denn sie weiß sich letztlich im Recht. Die zentrale Idee des Stücks ist die totale Demontage des – wie Artaud kommentierte – »gesellschaftlichen Aberglaubens an die Familie.« Er selbst spielte sich in der Rolle des alten Cenci in eine wahre Raserei hinein, in eine Art Delirium, mit »absurder Heftigkeit« und »verdrehten Augen« – so die Kritik der Aufführung im *Paris-Soir.* Der Text war wegen der enormen Geräuschkulisse praktisch unverständlich. In der Presse wurde das Stück beinahe ausnahmslos verrissen. Artaud war nun endgültig finanziell ruiniert und auch körperlich am Ende. Seine Reise nach Mexiko war eine Flucht aus dieser desaströsen Situation.

Roger Vitrac: zwischen Surrealismus und Boulevardtheater

»Gehen Sie nicht ins Theater!
Gehen Sie lieber schlafen!«

(Roger Vitrac, 1921)

Vitrac ist der einzige Bühnenautor, der dem Kreis der Pariser Surrealisten – eine Zeitlang wenigstens – angehörte, von dem einige seiner Werke auch nach der Zeit ihrer Entstehung gelegentlich noch aufgeführt wurden. So inszenierten etwa Roger Planchon 1950 in Lyon, Jean Anouilh 1962 in Paris und 1964 an den Münchner Kammerspielen und Hans Neuenfels 1970 in Stuttgart Vitracs berühmtestes Stück *Victor ou les enfants au pouvoir* durchweg mit beachtlichem Erfolg. Auch *Le coup de Trafalgar* kam noch in den 70er Jahren auf die Bühne. Andererseits zählte Vitrac zu denjenigen Literaten aus diesem Umkreis, der als Manifeste-Schreiber kaum an die Öffentlichkeit trat. Er war ein Autor, der nach einer Anfangsphase unbeirrter Parteigängerschaft für André Breton doch sehr bald auf Distanz zum Surrealismus ging, was letztlich auch seinen Ausschluß aus dieser Gruppe zur Folge hatte. Auch seine Trennung von Artaud und dem gemeinsamen Unternehmen des Théâtre Alfred Jarry beruhte darauf, daß sich Vitrac offenbar allzu rigoros vertretenen Kunstdogmen entzog.

Roger Vitrac stammte aus dem Kleinbürgertum und kämpfte verbissen um seinen gesellschaftlichen Aufstieg. In der Pariser Literatenszene, zu der er nach 1910 Kontakt fand, stand er zunächst im Schatten der Führerpersönlichkeiten der Dadaisten und der Surrealisten. Antonin Artaud lernte er 1924 kennen; 1925 gründeten die beiden das Théâtre Alfred Jarry. Nach 1929 entwickelten sich ihre Ansichten über Theater jedoch in unterschiedliche Richtungen. Vitrac arbeitete zwar noch einige Jahre als Bühnenautor, aber ohne nennenswerten Erfolg; außerdem betätigte er sich als Publizist und schrieb Drehbücher für den Film und Texte für das Radio. In dieser Zeit entwickelte sich seine Freundschaft zu Jean Anouilh, dem Vitrac auch seinen späteren Erfolg als Bühnenautor zu verdanken hatte.

Bereits 1920 entstanden Vitracs erste Arbeiten für das Theater, darunter das dadaistische Stück *La fenêtre vorace*. Es folgten 1922 die Einakter *Mademoiselle Piège, Poisson, Le peintre* und *Entrée libre*. Die beiden ersten Einakter standen erkennbar unter dem Einfluß Apollinaires. In ihrer Auflösung aller konventionellen dramaturgischen Ordnungselemente schildern sie in surrealen Szenerien (in *Poisson* mit Hilfe von Darstellungstechniken des Stummfilms) eine in Fragmente zersplitterte, sinnlos gewordene Welt. *Le peintre* und vor allem *Entrée libre* sind Parodien des Boulevardtheaters, dessen stereotype Handlungsmuster grell überzeichnet werden. Der besondere Charakter von *Entrée libre* liegt zudem darin, daß dies eine Art Traumspiel ist, dessen symmetrische Struktur an Strindbergs berühmtes Traumspiel *Nach Damaskus* erinnert. War doch auch die außerordentliche Bedeutung, die dem Traum als Erlebnis- und Erkenntnissphäre beigemessen wurde, dasjenige Element aus der Vorstellungswelt der Surrealisten und auch Artauds, über das sich Vitrac mit diesen uneingeschränkt zu verständigen vermochte. So heißt es in einem von ihm mitverfaßten

Vorwort zur ersten Nummer der Zeitschrift *Révolution surréaliste* (Nr. 1): »Einzig der Traum läßt dem Menschen alle seine Rechte auf Freiheit ... Wir sind alle dem Traum ausgeliefert, und wir sind es uns schuldig, seine Macht auch im Wachzustand hinzunehmen. Er ist ein schrecklicher, in Spiegel und Blitze gekleideter Tyrann.« (n. J. Grimm 1982, 406) Diese Auseinandersetzung mit dem Traum führt Vitrac auch in seinem ersten größeren Stück weiter, in *Les mystères de l'amour* (1923, Die Mysterien der Liebe), von dem die ersten drei Bilder in der Eröffnungsvorstellung des Théâtre Alfred Jarry zur Aufführung kamen. Die inkohärente Bilderfolge des Stücks umspielt die »Mysterien der Liebe« am Beispiel der Liebesbeziehung zwischen Léa und Patrice bzw. Léa und Dovic in einem bizarren Aktionsspektrum, das vom ersten Liebesgeständnis, der Trennung und Wiedervereinigung der Liebenden, Geburt und Tod eines Kindes bis zur Eifersuchtsfarce mit handfesten Prügeleien der Partner reicht. Die Grenze zwischen Bühne und Zuschauerraum wird permanent aufgehoben und das Spiel ins Publikum verlagert. Nachdem sich der vom Theaterdirektor bekanntgegebene Selbstmord des Autors aber sogleich wieder als spektakulär inszenierte Falschmeldung erweist, erschießt Léa am Ende dann doch noch »tatsächlich« einen der Zuschauer. Dem Stück soll ein wirklicher Traum Vitracs zugrunde liegen.

In *Les mystères de l'amour* spielte auch das Motiv des Kindes eine zentrale Rolle. Das Kind erschien dort als Bedrohung der Freiheit der Liebenden. In *Victor ou les enfants au pouvoir* (Victor oder Die Kinder an der Macht) wird dieses Motiv nun in den Mittelpunkt gestellt. Die Uraufführung fand am 24. Dezember 1928 am Théâtre Alfred Jarry statt. In einer Anmerkung Artauds heißt es: »... dieses bald lyrische, bald ironische, bald direkte Drama war gegen die Familie gerichtet mit: dem Ehebruch, dem Inzest, der Skatologie, der Wut, der surrealistischen Poesie, dem Patriotismus, dem Wahnsinn, der Schande und dem Tod als Diskriminanten.« (n. E. Kapralik 1977, 97) Das Stück ist in drei Akte gegliedert. Die überaus turbulente Handlung spielt sich in den Räumen der Familie Paumelle ab. Deren bereits 1,81 m große Sohn Victor feiert seinen neunten Geburtstag. Die sich dabei überschlagenden Zwischenfälle, die stets wahre Orgien des Ohrfeigen-Verteilens auslösen, finden ihre Höhepunkte in den Wahnsinnsanfällen der Patriotin Antoine Magneau, in den Nonsens-Rezitationen Victors und im Auftritt eines Generals, der am Ende des ersten Akts ein dressiertes Pferdchen spielt, auf dem Victor aus dem Zimmer reitet. Im zweiten Akt findet der – freilich mißglückte – Versuch statt, in das am Abend zuvor angerichtete Chaos wieder Ordnung zu bringen. Grotesker Höhepunkt ist hier der Auftritt einer außerordentlich schönen und reichen Dame, die sich jedoch ihrer Furze nicht erwehren kann und mit der Victor über tiefgründige Lebensfragen parliert. Im dritten Akt spitzt sich alles auf das dramatische Finale zu: Nach der Aussprache der Paumelles über den Ehebruch des Gatten, der zuvor die Schlafzimmermöbel zersägt und Victor verprügelt hatte, erhängt sich die Patriotin Antoine, auch Victor stirbt auf rätselhafte Weise. Über seiner Leiche erschießen sich letztendlich auch noch die Eltern. Bei aller Absurdität der Ereignisse behält Vitrac in diesem Stück doch eine feste dramaturgische Grundstruktur bei, beinahe in der Manier des Boulevardtheaters. Unüberhörbar sind die – auch von der Kritik registrierten – gesellschaftskritischen Töne und ein satirischer Zug des Stücks, der das bürgerliche Milieu der Belle Époque, aber

Wenn wir uns heute dermaßen unfähig erweisen, von Äschylos, Sophokles oder Shakespeare eine adäquate Vorstellung zu vermitteln, so liegt das höchstwahrscheinlich daran, daß wir kein Gespür mehr haben für das Körperliche ihres Theaters. Daß uns die unmittelbare menschliche, lebendige Seite einer Sprechweise, eines Gebärdenspiels, eines ganzen szenischen Rhythmus entgeht. Eine Seite, die ebenso viel, wenn nicht mehr Gewicht haben sollte als die bewundernswert gesprochene Sezierung der Psychologie ihrer Helden.

(*A. Artaud:* Brief an B. C. September *1931)*

Szenen aus R. Vitrac: Victor oder Die Kinder an der Macht. *Paris 1928*

auch das brüchig gewordene nationale Selbstverständnis der Franzosen nach der Dreyfus-Affäre attackiert.

Victor war die letzte Produktion des Théâtre Alfred Jarry. Die künstlerischen Intentionen der beiden Partner hatten sich zu weit auseinander entwickelt. Artaud schrieb an Vitrac (n. E. Kapralik 1977, 109): »Wenn du ein Theater machen willst, um bestimmte politische oder andere Ideen zu verfechten, werde ich dich auf diesem Weg nicht begleiten ... das Theater zu benutzen, um irgendeine revolutionäre Idee (außer auf dem Gebiet des Geistes) einzuführen, erscheint mir als der tiefste und widerlichste Opportunismus«.

Die dem *Victor* noch folgenden Stücke, der Einakter *L'éphémère* (1929), in dem wieder eine Kindergestalt im Zentrum steht, *Camelot* (1936), *Les demoiselles du large* (1938), *Le loupe-garau* (1946), *Le sabre de mon père* (1951) und die Komödie *Le condamné*, nähern sich in ihrer Bauform noch weitergehend dem Boulevardtheater an und haben ausgesprochen autobiographische Züge.

Zu Recht ordnet Martin Esslin in seiner Studie *Das Theater des Absurden* (1961, dt. 1964) die Stücke der französischen Surrealisten dem Vorfeld jener Entwicklung zu, die er in seinem Buch behandelt. Neben den Bühnenstücken von Artaud und Vitrac gehören in diesen Kontext auch einige Sketche von Louis Aragon, so etwa *L'armoire à glace un beau soir* (1924, Der Spiegelschrank an einem schönen Abend) und *Au pied du mur* (1924, Am Fuße der Mauer), ebenso das von Aragon und Breton gemeinsam verfaßte Stück *Le trésor des Jésuites* (Der Schatz der Jesuiten). Das gleiche gilt für das einzige Bühnenwerk des surrealistischen Lyrikers Robert Desnos (1900–1945), *La place de l'Étoile*, eine romantische Liebesgeschichte in einer typisch surrealen Traumsphäre. In der Tradition Jarrys und der Dadaisten stehen auch die Nonsens-Stücke von Autoren wie René Daumal (1908–1944), Roger Gilbert-Lecomte (1907–1943) oder Julien Torma (1902–1933). Es ist diese Generation der Grenzgänger, die

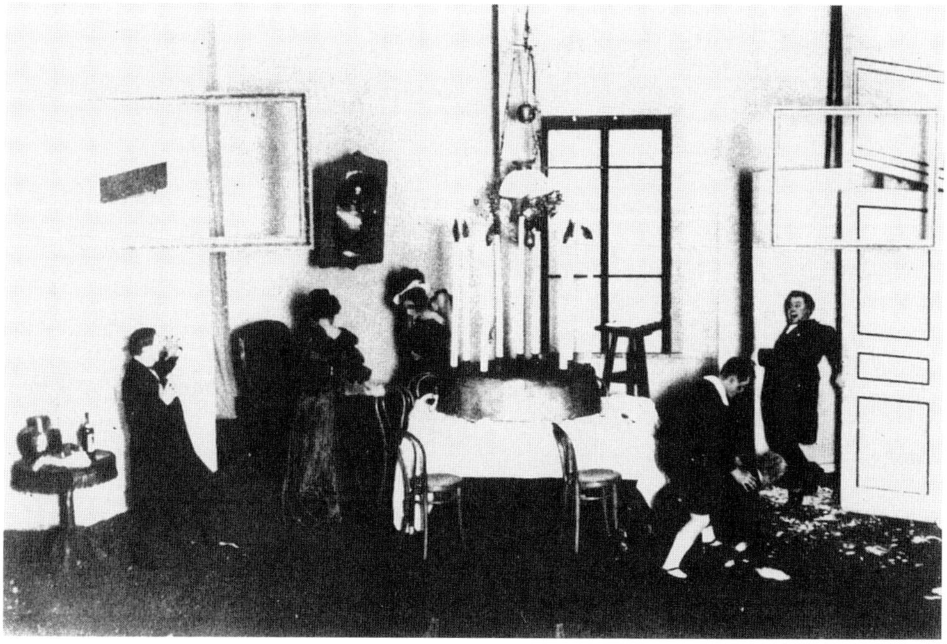

mit ihren Arbeiten die Brücke schlagen aus der Periode der Avantgarde der 20er und 30er Jahre zu den künstlerischen Neuansätzen nach 1945, vor allem dem Absurden Theater, das von Frankreich ausgehend die europäischen Bühnen eroberte.

Preziöser Klassizismus und das Ende der Avantgarde: der Bühnenautor Jean Giraudoux

»Der Autor ist der erste Schauspieler,
er improvisiert den Text.«

(Jean Giraudoux, n. G. Mander 1969, 40)

Theater eines Diplomaten – oder: Botschaften aus der Provinz

Der Dichter stellt seine Gestalten in eine Landschaft, die bepflanzt ist, mit Gegenständen bevölkert und von Kreaturen wimmelnd. So werden seine Stücke zu Gemälden, zu Landschaften mit Figuren, die seine eigene Autorenhandschrift tragen. Die Eigengesetzlichkeit dieser Theaterwelt, die aus der poetischen Freiheit des Künstlers stammt, wird noch weiter unterstrichen durch die Einbeziehung des Übernatürlichen, das, je nach Ermessen des Dichters, in das Geschehen auf der Bühne eingeführt wird, sie bewußt ins Traumhafte und Unwirkliche erweiternd, und damit die künstlerische These des Autors stützend, die der Phantasie und dem Aufspüren des Wunderbaren einen wichtigen Platz einräumt. Es spricht sehr für Giraudoux' poetische Überzeugungskraft, daß es ihm gelingt, den Zuschauer zum Akzeptieren dieser ›widervernünftigen‹ Dimension seines Theaters zu bringen.

(G. Mander 1969, 34 f)

1928, das Jahr, in dem sich das Scheitern von Artauds Théâtre Alfred Jarry, des ambitioniertesten der avantgardistischen Theaterprojekte dieser Jahre, abzeichnete, war zugleich das Jahr, in dem Jean Giraudoux als Bühnenautor erstmals an die Öffentlichkeit trat. Louis Jouvet inszenierte am 3. Mai 1928 an der Comédie des Champs-Élysées Giraudoux' *Siegfried et le Limousin*, eine Dramatisierung des gleichnamige Romans dieses Autors von 1922. Was Giraudoux seinem Publikum nun als Bühnenautor bot, war eine faszinierende Mischung von einem an den klassischen Vorbildern geschulten Stil und modernem Psychologismus, mit leichter Ironie vorgetragen; eine elegante Stilisierung der Sprache und ein von profundem Bildungswissen gesättigter Erfindungsreichtum in der Konstruktion der dramatischen Fabel. Dem zeitgenössischen bürgerlichen Publikum kam diese Synthese der schönen, aber eben auch als modern empfundenen Form mit den Idealen der Tradition offenbar sehr entgegen, zumal eben zu jenem Zeitpunkt die Avantgarde mit ihren sinn- und formzertrümmernden Attacken gegen alles Bürgerliche selbst in eine Krise geraten war und auf der Ebene ihrer künstlerischen Manifestationen stagnierte. So zeichnete sich bereits mit Giraudoux' zweitem Stück, *Amphitryon 38*, das 1929 ebenfalls an der Comédie des Champs-Élysées herauskam, ab, daß hier die Erfolgskarriere eines Bühnenautors ihren Anfang nahm. In den 30er Jahren beherrschten Giraudoux' Theaterstücke die Spielpläne der französischen Bühnen. Im Ausland, vor allem in Deutschland, lag der Höhepunkt dieser Rezeption in den Jahren zwischen 1945 bis Anfang der 60er Jahre.

Schon 1928 war Jean Giraudoux als Romancier in der literarischen Öffentlichkeit bekannt durch Romane wie *L'école des indifférents* (1911), *Siegfried et le Limousin* (1922), *Juliette au pays des hommes* (1924), *Bella* (1926) und *Eglantine* (1927). Nach einem Studium der deutschen Literatur hielt sich Giraudoux als Stipendiat in Deutschland (1905 in München) auf und war anschließend Hauslehrer beim Prinzen von Sachsen-Meiningen. (vgl. D. Inskip 1958, 15 ff) Es folgte eine Assistenz an der Harvard University in den USA (1906). Zurück in Paris, war Giraudoux als Feuilletonist bei der Zeitung *Le Matin* tätig, und es begann seine Laufbahn als Literat. 1914 bis 1918 nahm er am Ersten Weltkrieg teil; anschließend war er Pressechef des französischen Außenministeriums und Generalinspekteur der diplomatischen Dienste; 1939/40 Propagandaminister. Mit der Kapitulation Frankreichs im zweiten Weltkrieg verließ Giraudoux den Staatsdienst. Über viele Jahre also führte er eine Art Doppelleben als Diplomat und als Literat. Nach *Siegfried* und *Amphitryon 38* erschienen weitere Bühnenstücke in rascher Folge, die bis auf *Sodom et Gomorrhe* und *Pour Lucrèce* (Für Lukrezia), das 1953 posthum erschien, durchweg von Louis Jouvet uraufgeführt wurden: *Judith* (1931), *Intermezzo* (1933), *Tessa* (1934), *La guerre de Troie n'aura pas lieu* (1935, Der Trojanische Krieg findet nicht statt), *Supplément au voyage de Cook* (1935, Nachtrag zur Reise des Kapitäns Cook), *L'impromptu de Paris* (1937), *Électre* (1937), *Cantique des Cantiques* (1938, Lied der Lieder), *Ondine* (1939, Undine), *L'Apollon de Bellac* (1942, ursprünglicher Titel: *L'Apollon de Marsac*), *Sodom et Gomorrhe* (1943, Sodom und Gomorrha) und *La folle de Chaillot* (1945, Die Irre von Chaillot), auch dieses Stück kam erst nach dem Tode von Giraudoux im Januar 1944 heraus.

Louis Jouvet als M. de Marsac in J. Giraudoux' L'Apollon de Marsac. *Grand Théâtre l'Athenée, Paris 1947*

Der enorme Erfolg, den viele dieser Stücke hatten, war in erster Linie ihrer besonderen Bühnentauglichkeit zu verdanken, der souveränen Beherrschung aller Theatermittel durch den Autor, mit denen dieser immer wieder auch subtil ironisch spielend umging. Einen wesentlichen Anteil an diesem Erfolg hatte aber auch das Engagement des Schauspielers, Regisseurs und Bühnenleiters Jouvet für das Werk von Giraudoux. (vgl. Kap.: Louis Jouvet) Jouvet stand zu dieser Zeit selbst auch auf der Höhe seiner Berühmtheit. Es war ein Verhältnis gegenseitiger Potenzierung: Giraudoux' geschliffene Dialoge und der kühle intellektuelle Zuschnitt seiner Rollencharaktere fanden in Jouvet einen kongenialen Interpreten. Jouvet wiederum fand in diesem Werk jene Herausforderung, die ihn als Regisseur und Schauspieler brillieren ließ, und er entwickelte dabei einen Interpretationsstil für Giraudoux' Stücke, der auf dieses Werk nachhaltig zurückwirkte, ja, auch seine spätere Wirkungsgeschichte mitbestimmte. Pierre Aimé Touchard pointiert diese schöpferische Symbiose sehr treffend, wenn er schreibt: »Als Giraudoux starb, fragten alle: ›Was wird nun aus Jouvet?‹ und als Jouvet starb, fragten wir uns: ›Was wird nun aus Giraudoux' Werk?‹« (n. G. Mander 1969, 152)

Was Jouvet und Giraudoux in ihrer künstlerischen Auffassung verband, war ein Sich-Verweigern gegenüber einer Aktualität, wie sie in diesen Jahren insbesondere von den Vertretern der Avantgarde eingefordert wurde. Die Bühnenwelt Giraudoux' ist nicht die moderne, von technischen Attraktionen vibrierende Großstadt, und nicht von jener riskanten Grenzgängerei, die die Dadaisten und die Surrealisten so faszinierte, es sind vielmehr mit Magie und Zauber, aber auch mit geistiger Klarheit erfüllte Welten, mythische Räume oder die mit poetischem aber auch skeptischem Blick betrachtete Alltagswelt. Die Psychoanalyse Freuds mit ihren psychopathologischen Entfremdungsbefunden oder gesellschaftskritische, gar politisch revolutionäre Positionen spielen in Giraudoux' Werk keine Rolle. Es ist, der Herkunft des Autors entsprechend, eher die heile Atmosphäre der Provinz, in der das Leben noch nach Tradition und den Gesetzen der Natur folgend geordnet verläuft, wo dem Banalen und dem Alltäglichen noch ein intimer poetischer Charme abgewonnen wird, der den Grundton vieler Stücke bestimmt. Gertrud Mander (1969, 30) spricht davon, daß Giraudoux' Werk »eine platonische, eine klassische Basis« hat. Auch wo seine Protagonisten mit einer gestörten Ordnung konfrontiert sind, wo das Leben nicht seinem Ideal folgt, läßt der Autor sie nie in einen Zustand der

J. Giraudoux: Sodome et Gomorrhe. *Théâtre Hébertot, Paris 1943*

Verzweiflung abstürzen, in dem sie sich selbst gänzlich fremd werden. Auch die Götter, die in Giraudoux' Stücken auftreten, sind letztlich keine Mächte, die sich den Menschen zu unterwerfen vermögen, so sehr sie auch Unheil über sie bringen. In dieser Hinsicht ist Giraudoux' Haltung der des Aufklärers Euripides verwandt. Auch der setzte auf die Kraft der Vernunft als einem ganz unreligiösen Fundament von Humanität.

Bei aller Distanz zu den kulturrevolutionären Positionen der Avantgarde manifestiert sich in dem dramatischen Werk Giraudoux' jedoch mit aller Entschiedenheit der Bruch mit jeder Form von Bühnenrealismus und Illusionsästhetik. Giraudoux vertritt diese Position ohne programmatischen Neuerungsanspruch, was dem Einsatz seiner dramatischen Mittel, den verfremdeten Stilisierungen und ironischen Brüchen, der Persiflage und den Paradoxien, die für diesen Autor so typische Leichtigkeit gibt. »Man hat diese höchst bewußte künstlerische Distanzierungsmethode Giraudoux' eine ›politesse poétique‹ genannt – der Spinnwebschleier des preziösen Stils legt sich wie eine Isolierschicht über die Leidenschaften und intensiven Gefühle; auch das Traurige und Schreckliche wird schön, das Banale und Alltägliche überraschend, das Schockierende akzeptabel.« Es ist hier offenbar eine Haltung zur poetischen Methode erhoben, die der Diplomat Giraudoux in dieser, seiner anderen Berufssphäre erlernt hatte (vgl. G. Mander 1969, 15). Hier aber lagen auch die Grenzen von Giraudoux' Theater, von dessen analytischer Kraft; und es liegt darin auch eine Gefahr, ins Dekorative, die Wirklichkeit nur noch Illuminierende abzugleiten. Siegfried Melchinger beschreibt dieses Problem treffend im Vergleich des Umgangs mit dem Zusammenstoß zwischen realer und imaginativer Welt, wie er auch für das Werk Pirandellos so typisch ist: Stücke wie »*Undine, Sodom und Gomorrha, Intermezzo, Die Irre von Chaillot* und *Für Lukrezia* zeigen die Zersetzung der menschlichen Konturen durch das Imaginative, man könnte auch sagen: durch die Illusion. Hier wird der Illusionismus selbst ad absurdum geführt ... Der malerische Reiz der Transposition mythologischer Verhältnisse ins Moderne tritt gerade in der Zeichnung der Menschen deutlich hervor ... Es ist hübsch, wenn eine Göttin strickt oder klatscht. Das Gefälle vom Podest zum allzu Irdischen hat bei Giraudoux keinen ideologisch-satirischen, sondern einen malerisch-poetischen Charakter. Wenn ein Gott zum Menschen wird, so interessiert diesen Dichter nicht die Distanz, über die er abstürzt, sondern die Verwandlung, in die auf diese Weise beides, das Menschliche und das Göttliche gerät. Giraudoux poetisiert das Menschliche durch das Göttliche, und er poetisiert das Göttliche durch das Menschliche.« (1958, 132f) Dennoch aber verkehrt Giraudoux die mythologischen Stoffe ins Paradoxe und setzt deren ironische Uminterpretation (der Trojanische Krieg findet aus anderen als den im Mythos vorgegebenen Motiven statt; Judith tötet Holofernes aus Liebe) dazu ein, um eine von dunklen Schicksalsmächten freie Welt zu entwerfen. In diesem Zusammenhang steht auch Giraudoux' Auffassung von der Tragödie. Nicht eine Institution der Erziehung oder der Charakterbildung sei diese, vielmehr entstehe durch die künstlerische Form jenes Paradox, daß die Schrecken und Grausamkeiten auf der Bühne für den distanziert das Kunstwerk betrachtenden Zuschauer letztlich »Entspannung«, »Reinigung«, »Gelöstheit« zu bewirken vermögen. Giraudoux sieht darin durchaus eine Übereinstimmung seiner Vorstellung von der Tragödie mit der Auffassung des Aristoteles von der Funktion der tragischen Katharsis. (vgl. W. Raible 1968, 251)

Die Stücke

Siegfried et le Limousin, das Stück, mit dem Giraudoux sein Debüt als Bühnenautor gab, ließ bereits unübersehbar die Handschrift dieses Autors erkennen: das diplomatische Geschick, mit dem er in diesem Stück mit einem für die französische Bühne so heiklen Thema umging. Er erzählt die Geschichte des französischen Dichters Jacques Forestier, der durch eine Kriegsverletzung sein Gedächtnis verliert und in eine sieben Jahre währende neue Identität gerät: als Deutscher mit dem Namen Siegfried. Als Minister wird er einer der führenden Politiker, dessen oberstes Ziel es ist, die nationale Einheit Deutschlands herzustellen. Mit Hilfe seiner einstigen Verlobten Geneviève und in Auseinandersetzung mit seiner Assistentin Eva und seinem politischen Gegenspieler, einem Baron Zelten, einem »echten Deutschen«, findet Siegfried schließlich in seine französische Biographie zurück, nun aber in einer die Nationen versöhnenden

Therese Giehse in der Titelrolle von Die Irre von Chaillot *von J. Giraudoux in der deutschsprachigen Erstaufführung, Schauspielhaus Zürich, 1946. R.: L. Steckel*

Doppelexistenz als Jacques-Siegfried. Das Stück ist ein ironisches Spiel mit den politischen Utopien der zwanziger Jahre, zugleich liefert Giraudoux, der profunde Deutschlandkenner, damit auch eine erhellende völkerpsychologische Studie und ein »Plädoyer für ›la différence‹, ohne Fanatismus.« (G. Mander 1969, 48) Mit der Heimkehr des Protagonisten in die französische Provinz, die für den im Limousin geborenen Giraudoux eine Art heile Welt darstellt, bekennt sich Siegfried-Jacques nicht nur zu seiner ursprünglichen Identität, sondern auch für ein Leben im Privaten und verweigert sich dem Drängen der deutschen Militärs, in die politische Öffentlichkeit zurückzukehren. Ein typisches Merkmal von Giraudoux' Arbeitsweise als Bühnenautor wird bereits an diesem dramatischen Erstling erkennbar. Seine Stücke entstehen durchweg in enger Zusammenarbeit mit dem Bühnenpraktiker Jouvet und erhalten ihre letzte Formung oft erst im Arbeitsprozeß der Bühnenproben.

Giraudoux' Kunst des Uminterpretierens bekannter mythologischer Stoffe findet in *Amphitryon 38* einen ersten künstlerischen Höhepunkt. Sein Stück – so die Anzeige von Giraudoux – sei die 38. Bearbeitung dieses Stoffes. Mit diesem Hinweis schafft der Autor Distanz für seine moderne Replik; er wiederholt bereits vielfach Wiederholtes. Dabei aber interpretiert Giraudoux den Kern dieses Mythos, die Begegnung Jupiters mit Alkmene, gänzlich neu. In seiner Version wird Alkmene durch die Liebeswerbung des Gottes keineswegs verunsichert, vielmehr zieht hier Jupiter den kürzeren. Der Gott kommt gegen den gesunden Menschenverstand der in sich ruhenden Realistin letztlich nicht an: »Alkmene, die zarte Alkmene, ist von einer Art, die unseren Gesetzen einen Widerstand entgegenhält, härter als der Fels. Sie ist der wahre Prometheus ... Es ist in ihr etwas Unzugängliches, vielleicht auch Unzulängliches, das muß das Unendliche im Menschen sein.« So lautet das Fazit des verwirrten Gottes. Als Alkmene aber, nachdem sie ihren heimkehrenden Gatten Amphitryon – in der

J. Giraudoux: Apollon de Bellac. *Teatro delle Novitá, Bergamo 1954*

Szenenbild für J. Giraudoux' La Folle de Chaillot. *R.: L. Jouvet. B. u. K.: Ch. Bérard. Théâtre de l'Athénée, Paris 1945*

Marguerite Moreno in der Titelrolle der Uraufführung von J. Giraudoux' Stück Die Irre von Chaillot. *Théâtre de l'Athénée, Paris 1945. R.: L. Jouvet. Ausstattung: Ch. Bérard*

Annahme, es sei Jupiter – der in der Liebe mit Göttern erfahrenen Lea überließ, schließlich erkennen muß, doch noch das Opfer eines Betrugs geworden zu sein, greift Jupiter versöhnend ein und schenkt ihr Vergessen. Was Giraudoux hier vorführt, ist »eine humanistische Korrektur« (G. Mander) der antiken Schicksalsidee.

Die Uraufführung von *Judith* am Théâtre Pigalle war ein Mißerfolg. Giraudoux machte in diesem Stück aus der alttestamentarischen gottesfürchtigen Retterin des jüdischen Volkes eine selbstbewußte Patriotin, die sich den Männern, denen sie sich überlegen fühlt, aus Stolz verweigert, in Holofernes aber den Mann findet, den sie sich als Partner einer wahren Liebe immer erträumt hatte. Giraudoux hatte diese Rolle ursprünglich für die deutsche Schauspielerin Elisabeth Bergner geschrieben. Judith tötet nach der Liebesnacht Holofernes nun nicht, um ihr Volk zu retten, sondern aus absolut gesetzter Liebe – um die Einzigartigkeit dieser Vereinigung zu verewigen. Publikum und Kritik verweigerten dem Autor jedoch die Gefolgschaft bei dieser höchst preziösen Differenzierung der Tatmotivation seiner Protagonistin.

In einer ganz märchenhaften Welt hat Giraudoux sein nächstes Stück, *Intermezzo*, angesiedelt, das am 27. Februar 1933 von Jouvet wieder an seiner

Giraudoux selbst nennt seine Charaktere ›erdichtete Menschen‹, und man weiß, daß viele seiner Hauptfiguren konzipiert sind nach Gestus und Charakter spezifischer Schauspieler oder Schauspielerinnen (Jouvet, Madeleine Ozeray, Elisabeth Bergner, Edwige Feuillère), daß sie also nicht Porträts nach dem Leben, sondern Rollen sind, in die sowohl die destillierte Menschenerfahrung des Dichters als auch sein Studium der Kunst bestimmter Schauspieler eingegangen ist. Was letztlich immer entscheidet, ist die Spielbarkeit einer Rolle, nicht die Lebensähnlichkeit.

(G. Mander 1969, 23)

Bühne, der Comédie des Champs-Elysées, uraufgeführt wurde. Um »das Abenteuerliche im Alltäglichen und um das Universale im Provinziellen« (G. Mander 1969, 71) geht es in diesem Drama. In einem französischen Provinzstädtchen ist für eine Zeitlang die Ordnung gestört, ausgelöst durch einen Geist, der umgeht. In der Gestalt eines schönen jungen Mannes begegnet dieser Geist dem Mädchen Isabelle, die sich aus der Enge ihres Provinzlebens hinausträumt. Ihre Gegenspieler sind die Vernünftigen, die Pedanten, die Ordnungshüter, die Beamten und die Kontrolleure. Am Ende des Stücks, in dem die Träume und die Phantasie die Begrenztheit der Wirklichkeit immer wieder sprengen, ist die Ordnung wieder zurückgewonnen und Isabelle aus dem gefährlichen Ausflug in ihre Träume »ins Leben« zurückgeholt.

Die Uraufführung von Giraudoux' pessimistischem Antikriegsstück *La guerre de Troie n'aura pas lieu* fand am 21. November 1935 am Théâtre de l'Athénée statt. Im Zentrum steht die Auseinandersetzung mit den in der Geschichte immer wieder praktizierten Versuchen, dem Krieg – dabei steht dieser berühmteste aller Kriege stellvertretend für alle anderen – einen Sinn zu geben, sei es als Durchsetzung vaterländischer Interessen, sei es als Bewährungsfeld für männliches Heldentum oder schlichtweg als »heilige Pflicht«, wie hier die Priesterkaste argumentiert. Gegen diese verblendete Front kämpft Hector mit seinem leidenschaftlichen Eintreten für die Vernunft und das Leben. Schließlich aber verliert er diesen Kampf wegen einer sinnlosen Tat, obwohl Helena bereits überredet war, zu ihrem Gatten zurückzukehren und auf Paris zu verzichten: Als

J. Giraudoux: Ondine. *R.: L. Jouvet. B.: P. Tchelitchev. Théâtre de l'Athénée, Paris 1938*

Bühnenbildentwurf für J. Giraudoux' Ondine *von Pavel Tchelitchev. Théâtre de l'Athénée, Paris 1938*

Hector seinen Gegenspieler, Demokos, tötet, beschuldigt dieser – bereits sterbend – den Griechen Ajax fälschlich als seinen Mörder, wohl wissend, daß dies die Rache seiner Landsleute mobilisieren würde und der Krieg dann nicht mehr zu verhindern wäre. So bestätigt sich schließlich Kassandras Spruch: »Ich ziehe nur die Dummheit in Betracht, die der Menschen und die der Elemente.«

Offenbar als positives Gegenbild zu dem Stück über den Trojanischen Krieg war der Einakter *Suppléments au voyage de Cook* konzipiert. Am Ende dieser Parabel, in der es um den Gegensatz von westlicher (englischer) Zivilisation und einen paradiesischen Naturzustand (auf Tahiti) geht – eine Satire auch auf die puritanische Liebesmoral –, steht die ironische Versöhnung der beiden Lebensformen, auch die Versöhnung von Traum und Wirklichkeit.

Ähnlich wie schon in *Judith* gerät Giraudoux auch in *Electre* – Uraufführung am 13. Mai 1937 am Théâtre de l'Athénée in Paris – bei der Ausbreitung und subtilen Differenzierung der Handlungsmotivationen seiner Figuren in eine nur schwer noch mitvollziehbare Komplexität, bei der die Figuren an Profil verlieren, je weiter der Autor das Differenzieren, sein intelligentes Erklären und in Nuancen verliebtes Begründen treibt. Seine Elektra ist eine Fanatikerin der Reinheit und der Gerechtigkeit, getrieben von einem Haß auf die Mutter und den Regenten Ägisth, ohne daß sie von deren Liebesbeziehung und dem Mord an Agamemnon weiß. Als sie ihrem Haß nachforscht, entdeckt sie die Wahrheit und besteht kompromißlos auf der Durchsetzung der Gerechtigkeit und der Wiederherstellung der Reinheit. Der Aspekt der Rache spielt dabei keine Rolle. Orest muß die beiden töten. Elektra nimmt auch in Kauf, daß ihr Volk dabei vernichtet wird. Denn – und dies ist eine Erfindung Giraudoux', um Elektras Entscheidung noch zu verschärfen, – Argos wird von dem Heer der Korinther angegriffen, und nur Ägisth, längst geläutert und dem Volk ein guter Herrscher, könnte die Stadt retten. Was Giraudoux hier fast lehrstückartig vorführt, ist die Ambivalenz einer absolut gesetzten Gerechtigkeit.

Auch das Märchenspiel *Ondine* kam am 27. April 1939 am Théâtre de l'Athénée zur Uraufführung. Das Stück erzählt von der absoluten Liebe der Nixe zu dem Ritter Hans von Wittenstein; von Undines Traum einer Welt, in der das ideale Natürliche und das Menschliche eins werden. Dieser Traum zerbricht jedoch an dem Unvermögen des Ritters, der Reinheit des Naturwesens standzuhalten. Für diesen Verrat muß er mit seinem Leben bezahlen. Undine geht am Ende endgültig ins Reich der Natur ein. Jouvet spielte in der Uraufführung den Ritter Hans, Madeleine Ozeray (1910–1989), Jouvets wichtigste Mitarbeiterin in seinem Ensemble, brillierte als Undine. Die Kritik feierte diese Uraufführung als eine von Jouvets »exquisitesten Inszenierungen.«

J. Giraudoux: Ondine. *Mit L. Jouvet u. M. Ozeray, Paris 1939*

Da Jouvet mit seiner Truppe von Mai 1941 bis Februar 1945, also in der Zeit der Besetzung Frankreichs durch die deutsche Armee, auf einer Tournee in Südamerika war, fand die Uraufführung von *Sodome et Gomorrhe* am 11. Oktober 1943 im Théâtre Hébertot statt. Die Inszenierung hatten Edwige Feuillère und Lucien Not erarbeitet, Dekorationen und Kostüme hatte Christian Bérard entworfen. Die insgesamt zwar wenig erfolgreiche Aufführung – die Giraudoux-Stücke waren bereits ganz auf den »Ton« der Jouvet-Truppe festgelegt – wurde zu einem überwältigenden Erfolg für den jungen Schauspieler Gérard Philipe. Das Stück behandelt den Kampf der Geschlechter, als eine die ursprüngliche Harmonie der Schöpfung zerstörende Gegebenheit. So erscheint die fatale Ambivalenz des Verhältnisses zwischen Mann und Frau, deren nicht überwindbare Vereinzelung, als der Preis für ihre Selbstbestimmung. Ein Ausweg aus diesem Dilemma zeichnet sich nicht ab, allein der Untergang der Welt vermag es aufzuheben. In diesem Sinne interpretiert der Autor den Untergang der beiden lasterhaften biblischen Städte.

Die Uraufführung von *L'Apollon de Bellac* brachte Jouvet am 16. Juni 1942 am Staatstheater in Rio de Janeiro unter dem Titel *L'Apollon de Marsac* heraus. Den Namen »Bellac« nahm Giraudoux erst später in den Titel. Es ist der Geburtsort des Dichters. Das Stück ist ein Plädoyer für die Phantasie. Diese sei die Kraft, die alles Unzulängliche ins Ideal zu verwandeln imstande ist. So vermag die anmutige Agnes mit dem Satz »wie schön Sie sind« – ganz dem Rat des geheimisvollen Herrn aus Bellac folgend – die Herzen der Männer für sich zu gewinnen: eine überwältigende Bestätigung der These ihres Ratgebers, daß es in der Liebe allein um die Illusion gehe.

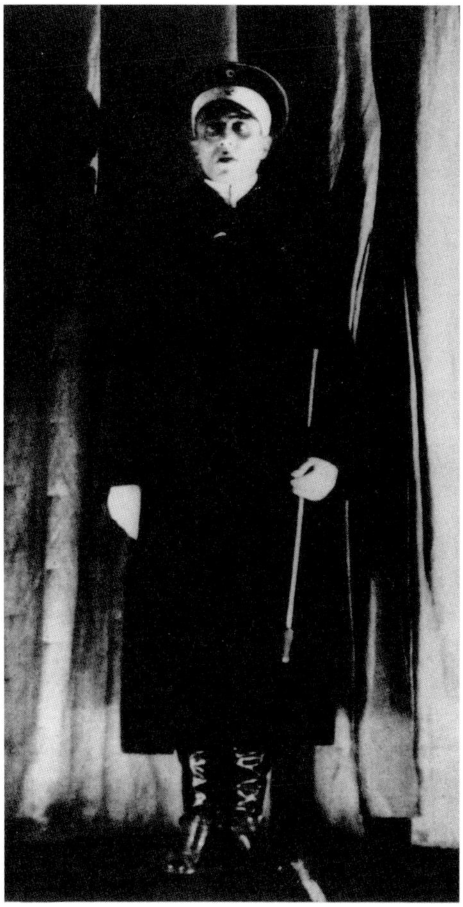

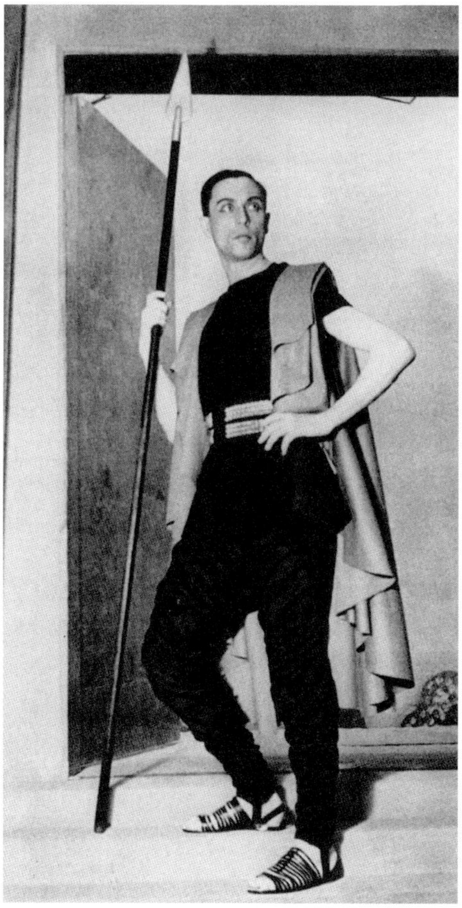

Louis Jouvet als General Fongeloy in Siegfried *von J. Giraudoux. Paris 1928 (Uraufführung)*

Louis Jouvet als Hector in J. Giraudoux' La Guerre de Troie n'aura pas lieu. *Théâtre de l'Atelier, Paris 1935*

Das Stück *La folle de Chaillot* (geschrieben 1943) war die erste Nachkriegsproduktion von Jouvet an seinem mit Molières *L'École des femmes* wiedereröffneten Thèâtre de l'Athénée in Paris. Die Uraufführung fand am 19. Dezember 1945 statt und wurde ein sensationeller Erfolg. Jouvet spielte den Chiffonnier. Giraudoux erlebte diesen Triumph nicht mehr.

Das Stück erzählt, wie Aurélie, die »irre Gräfin« von Chaillot, die Welt vom Bösen befreit. Dieses nämlich, personifiziert in einer Gruppe skrupelloser profitgieriger Wirtschaftsspekulanten, die Paris zum Einsturz bringen wollen um des ›Fortschritts‹ und des ganz großen Geschäfts willen, läßt die ›Gräfin‹ durch eine Falltür in die Kloaken von Paris stürzen und vergißt danach, den kapitalistischen Verschwörern den Rückweg wieder zu ermöglichen. Damit ist das Böse ein für allemal ausgerottet. Von Beginn des Stücks an ist die ›verrückte Gräfin‹ (in der Uraufführung gespielt von Marguerite Moreno) der Mittelpunkt, um den sich in dem Pariser Viertel Chaillot alle Unterprivilegierten mit ihren Hoffnungen und Ängsten versammeln. Ihnen vermittelt sie eine Erfahrung jener Freiheit, die sie selbst unter dem Schutzbrief ihres Irreseins genießt. Für sie inszeniert sie, wie eine gute Fee, eine Welt der Ordnung und der Menschlichkeit. Das Café ist der Ort, an dem sich alle begegnen, ein pittoreskes Abbild einer Welt, die in Gute und Böse aufgeteilt ist. Neben dem Hauptstrang der Fabel, einem monströsen

Plan der Finanzhaie und dessen Vereitelung, spielt sich auch eine romantische Liebesgeschichte ab zwischen der Geschirrwäscherin Irma und Pierre, einem jungen Arbeitslosen, die die resolute ›Gräfin‹ zu einem guten Ende führt. So setzen sich in diesem Märchen die Natur gegenüber der Vernunft und die Menschlichkeit in einer unmenschlich gewordenen Welt durch. »Am Ende der Uraufführung trat Jouvet vor den Vorhang und sagte einfach: ›Das Stück, das Sie gerade gesehen haben, stammt von Jean Giraudoux‹«. (n. G. Mander 1969, 157) Es war eine letzte Reverenz an den verstorbenen Freund.

Giraudoux' posthum erschienenem, erst am 4. November 1953 am Théâtre Marigny uraufgeführten Stück *Pour Lucrèce* mangelt es an dramaturgischer und argumentativer Klarheit. Das von Livius überlieferte Schicksal der geschändeten römischen Jungfrau Lukrezia kehrt Giraudoux um: Die Vergewaltigung ist nur eine arrangierte Täuschung, um den körperfeindlichen Reinheitsfanatismus der Protagonistin in seinem unnatürlichen Absolutheitsanspruch zu entlarven.

Mit dem Tode von Giraudoux ging jene Epoche des französischen Theaters zu Ende, die in ihren geistigen und künstlerischen Auseinandersetzungen von den weltanschaulichen und den politischen Konstellationen der Dritten Republik geprägt war. Dies gilt für die verschiedenen Richtungen der Reformer um Copeau und Dullin und die Gruppen der Avantgarde, die Dadaisten und Surrealisten, in gleicher Weise wie für die modernistischen Erneuerer klassischer Ideale in der Kunst, für Jouvet und Giraudoux. Der Neuansatz, der sich im Werk von Anouilh, Sartre und den Autoren des Absurden Theaters manifestierte, ging von einer grundlegend veränderten gesellschaftlichen und philosophisch-weltanschaulichen Situation aus.

Italienisches Theater: vom Ende der Ära Giolitti bis zum Ende des Zweiten Weltkriegs

Gesellschaftliche und politische Rahmenbedingungen und die institutionellen Strukturen des italienischen Theaterwesens

> »Der Krieg ist Revolution … Niemand soll glauben, daß nach dem Ende des Sturms eine friedliche Rückkehr zum Einstigen möglich sei.«
>
> (A. Salandra, 1918)

Im ersten Drittel des 20. Jahrhunderts war das Aufkommen der faschistischen Bewegung und die Errichtung einer totalitären Diktatur unter Führung des »Duce« das epochale Ereignis in der Geschichte Italiens. Dieses Regime blieb mehr als zwanzig Jahre an der Macht. In diesem Zeitraum beteiligte sich Italien an drei Kriegen. Im Mai 1915 erfolgte auf Drängen nationalistischer Kreise der Eintritt in den Ersten Weltkrieg, nachdem Italien von den alliierten Mächten eine Garantie auf seine gegen Österreich-Ungarn gerichteten Gebietsansprüche erhalten hatte. Damit war die liberale Ära Giolitti (vgl. Bd. III, Kap.: Italien/ Jahrhundertwende) endgültig beendet. In dieser Periode war ein umfassender Modernisierungsprozeß in Gang gekommen, vornehmlich in den Industriezentren im Norden des Landes. Es war aber auch eine Periode, während der sich unübersehbar ein gesellschaftlicher Bedeutungsverlust der Künstler und Intellektuellen vollzogen hatte und diese Gruppen sich an den Rand des politischen Geschehens gedrängt sahen. Für die resignative Reaktion auf diese »Götterdämmerung« kam 1910 der Begriff »crepuscolarismo« auf. Er bezeichnete eine Haltung des Rückzugs aus der Sphäre der aktuellen gesellschaftlichen Auseinandersetzungen, verbunden mit der Kultivierung eines Hangs zu den kleinen Dingen des Lebens, einer Verklärung des Alltäglichen, des Unheroischen. (vgl. H. Thoma, H.H. Wetzel 1992, 314) Andere Gruppierungen dagegen reagierten auf diesen traumatisch erfahrenen Geltungsverlust mit einem forcierten nationalistischen und antisozialistischen Engagement, plädierten für eine Politik des Interventionismus und des Panitalianismus und verfielen in eine mit vitalistischen Ideen ausstaffierte Kriegsverherrlichung. Die Gruppe der Futuristen, die den radikalen Bruch mit jedweder Tradition und die Zerschlagung von deren repräsentativen Institutionen proklamierte, feierte den Krieg als die »einzige Hygiene der Welt«. Marinetti, ihr lautstarker Propagandist, verkündete 1910 im Teatro Lirico in Mailand die »erste futuristische Schlußfolgerung: Nieder mit

S. Benelli: La cena delle Beffe. *R.: C. Bene. Teatro Stabile dell'Aquila, L'Aquila 1973*

Österreich!« Unter der Parole der »Irredenta« forderten die Nationalisten den Anschluß der österreich-ungarischen Gebiete Trentino, Triest, Istrien und Dalmatien an Italien. Auch in Afrika führte die italienische Expansionspolitik zu kriegerischen Auseinandersetzungen: 1910 in Libyen; 1935/36 in Äthiopien; 1936 intervenierte das faschistische Italien auf Seiten Francos im spanischen Bürgerkrieg; 1939 kam es zum Militärbündnis mit Deutschland; 1940 trat Italien in den Zweiten Weltkrieg ein.

Die faschistische Periode der italienischen Geschichte endete 1943 mit dem Zusammenbruch des Duce-Regimes. Mit der Erschießung Mussolinis im April 1945 durch italienische Widerstandskämpfer und der Kapitulation der deutschen Streitkräfte, die Teile Italiens noch besetzt gehalten hatten, war dieses fatale Kapitel im Mai 1945 endgültig abgeschlossen. Es hinterließ einen immensen ideologischen Orientierungsbedarf, der auch zu einem Neubeginn im kulturellen Leben des Landes führte. Dabei übernahm freilich nicht das Theater, sondern der italienische neorealistische Film eine künstlerische Vorreiterrolle.

Seit 1922 wurde Italien von den Faschisten regiert. Benito Mussolini (1883–1945), ursprünglich militanter Aktivist der Sozialistischen Partei und Sprecher der Intervenisten, hatte 1919 die faschistischen Kampfbünde, die Fasci di Combattimento, gegründet, die er 1921 zum Partito Nazionale Fascista umorganisierte. Am 28. Oktober 1922 fand der legendäre »Marsch auf Rom« statt, in dessen Folge König Victor Emanuel III. gezwungen war, Mussolini zum Ministerpräsidenten zu berufen. Systematisch erfolgte nun die Zerschlagung aller demokratischen Institutionen in Staat und Gesellschaft. Durch die Lateranverträge (1929) kam eine Verständigung mit der katholischen Kirche zustande, wodurch diese als politische Institution neutralisiert wurde. Ende der zwanziger Jahre schließlich unterlag das gesamte geistige und kulturelle Leben staatlicher Kontrolle. (vgl. C. di Stefano 1964, 108 ff) Die Pressefreiheit war abgeschafft. Mit den Mitteln moderner Massenkommunikation betrieb das Regime eine ideologische Indoktrinierung in allen Bereichen des öffentlichen Lebens.

Was das Theater betraf, so war dieses lediglich mit der Einrichtung »Carro di Tespi« in die politische Propagandamaschinerie eingebunden, jedoch nicht im Sinne unmittelbarer inhaltlicher Propaganda – vergleichbar etwa der Situation in Rußland oder Deutschland –, sondern vielmehr mit dem Ziel des Aufbaus einer modernen Massenkultur. »Carro di Tespi« war eine Organisation von Theatertruppen, die den Direktiven des Istituto Fascista di Cultura unterstand, mit Gastspielen in allen Teilen des Landes auftrat und sich vor allem an ein neues Theaterpublikum, ein kleinbürgerliches und ein proletarisches Massenpublikum, wandte, – keineswegs an das etablierte Bildungsbürgertum, die traditionellen Theatergänger. Kunstausstellungen, Buchmessen, der Sport, zirzensische Großveranstaltungen, das staatlich besonders geförderte Kino und die vielfältigen Aktivitäten der Accademia d'Italia verfolgten den gleichen Zweck. Das gesamte Theaterwesen stand unter der Verwaltung und Aufsicht der Ente Teatrale Italiano. Die 1935 gegründete staatliche Scuola d'arte drammatica bereitete den Nachwuchs der Bühnenkünstler auf die Aufgaben des Theaters im »Jahrhundert Mussolinis« vor. So nämlich apostrophierte die faschistische Geschichtsschreibung diese Periode.

Bemerkenswert im Hinblick auf diese politischen Verhältnisse war jedoch, daß sich die innovativsten künstlerischen Entwicklungen des italienischen Theaters in diesem Zeitraum unbehindert von Zensur und staatlicher Kulturpolitik entfalten konnten: das Theater des Futurismus, die experimentellen Theaterprojekte von Anton Giulio Bragaglia und das Theater Luigi Pirandellos. Die offene Parteinahme dieser Künstler für die Ideen des Faschismus, zumindest eine Haltung des Sympathisierens oder der politischen Indifferenz erklären letztlich diesen Befund, der das Verhältnis der italienischen Theateravantgarde zum Faschismus so sehr unterschied von vergleichbaren Positionen in Deutschland.

V. Bersezio: Le miserie d'munssù Travet. *1935/36 Armando Falconi in der Titelrolle*

E. De Filippo: Napoli milionaria, *1945*

G. Petronio kommentiert dies mit dem Hinweis auf das »paradoxe Moment des Totalitären« am italienischen Faschismus. Dieser sei »ein großer Topf« gewesen, »der allen Platz bot, wenn sie nur ... das Regime anerkannten«. Offenbar war dies die »Antwort des italienischen Bürgertums auf die sozialistische Bedrohung und die Umsetzung jenes Aufrufs zum bürgerlichen Aufstand ..., der die italienische Kultur vor und nach dem Krieg ganz wesentlich geprägt hatte. In der Vorstellung von der reinigenden Konterrevolution als Ersatz für den verpaßten ›reinigenden Krieg‹ waren die unterschiedlichsten Interessen und kulturellen Strömungen zusammengeflossen.« (G. Petronio III 1993, 205 f) Hinzu kam, daß der Faschismus in Italien – anders als der programmatisch von Beginn an weitaus profiliertere Hitler-Faschismus in Deutschland – erst wesentlich später eine eigene ideologische Doktrin entwickelte und in seiner Anfangszeit in weltanschaulichen Fragen verhältnismäßig diffus war. Erst 1932, als sich das faschistische Regime längst schon als totalitäre Diktatur etabliert hatte, in der alle individuellen Freiheitsrechte aufgehoben waren, kam es auch zur Formulierung einer *Dottrina del fascismo*. Mit Berufung auf Friedrich Nietzsches Theorem vom »Willen zur Macht« erklärte Mussolini dann die »azione diretta« zum schöpferischen Gestaltungsprinzip in der Geschichte und »die großen Männer« als die berufenen Protagonisten des politischen Handelns. Die sozialrevolutionären und anarchistischen Elemente, kennzeichnend für die Frühzeit der faschistischen Bewegung, waren nun aus den Programmschriften eliminiert. Antisemitische und rassistische Ideologieelemente drangen in die weltanschauliche Doktrin des italienischen Faschismus jedoch erst unter dem Einfluß des deutschen Nationalsozialismus ein.

Daß das Theaterleben nur ein begrenztes Interesse des faschistischen Staats auf sich zog, hatte seinen Grund auch darin, daß in Italien eine ausgeprägte politisch links oder antifaschistisch orientierte Theatertradition zu dieser Zeit kaum existierte, deren Unterdrückung und Verfolgung Ziel faschistischer Kulturpolitik hätte sein können. Ohnehin war das Theater in Italien – außer in den Jahrzehnten des Risorgimento – keine Institution von politischer Ausstrahlung oder gar aktivem politischen Engagement. So bot das italienische Theater in der Periode zwischen 1910/14 bis Mitte der 40er Jahre letztlich ein recht uneinheitliches Bild. Seine Bedeutung im geistigen und kulturellen Leben des Landes war eher marginal, was sich offenbar auch aus der in diesem Zeitraum noch unstabilen institutionellen Struktur des italienischen Theaterwesens, vornehmlich des Schauspieltheaters, erklärt. Es gab zwar eine Vielzahl von Theatergebäuden (vgl. Bd. II, Kap.: Italien), die bereits im 18. Jahrhundert errichtet und im 19. Jahrhundert renoviert und bühnentechnisch auf den neuesten Stand gebracht worden waren, doch es gab keine festen Ensembles, kein »teatro stabile«;

E. De Filippo: Kunst der Komödie. *R.: F. Berndt. Schaubühne am Lehniner Platz, Berlin 1982*

vor allem auch kein nennenswertes Engagement der Kommunen bei der Finanzierung der Theater. Versuche zur Gründung eines »Nationaltheaters«, wie sie der populäre Schauspieler Ernesto Novelli (1851–1919) mit der »Casa di Goldoni« im Jahre 1900 in Rom nach dem Vorbild der »Maison de Molière« an der Comédie Française unternommen hatte, führten zu keinen dauerhaften Einrichtungen. Dies gilt auch für den Versuch der Gründung eines »teatro stabile« am Teatro Argentino in Rom 1905 durch den einflußreichen Theaterkritiker Edoardo Boutet (1856–1915), der Drammatica Compagnia di Roma. Bereits drei Jahre nach ihrer Eröffnung zog auch dieses Ensemble mit Gastspielen durchs Land und gab seinen stationären Status auf. Sein künstlerischer Direktor Ferrucio Garavaglia (1870–1912) gründete zusammen mit der Schauspielerin Irma Grammatica (1873–1962) die Wandertruppe »Compagnia di giro«. In Mailand nahm das Projekt des Kritikers und Bühnenautors Marco Praga (1862–1929), der 1911 am Teatro Manzoni die Drammatica Compagnia di Milano als »teatro stabile« gegründet hatte, einen ähnlichen Verlauf. Bereits 1915 mußte diese Bühne ihren Spielbetrieb wieder einstellen, da es Praga nicht gelang, profilierte Schauspieler längerfristig im Engagement zu halten. Der italienischen Tradition entsprechend waren diese nur bereit, sich für ein oder zwei Spielzeiten an ein Ensemble zu binden. Zudem war es generell auch ein Merkmal der italienischen »reisenden« Schauspieltruppen, daß eine rege Fluktuation der Mitglieder zwischen diesen Truppen stattfand. Die »Compagnie di giro« also waren letztlich die eigentlichen Träger des Theaterlebens in Italien, mit Prinzipalen als eigenverantwortliche Unternehmer. Diese Truppen nahmen jeweils für einen begrenzten Zeitraum, selten länger als eine »stagione«, ein Theater in Pacht. Die städtischen Verwaltungen subventionierten diese Ensembles während der Zeit ihrer Auftritte am Ort nur in den seltensten Fällen durch Ermäßigung der Pachtkosten. Einer der erfolgreichsten Leiter einer solchen Truppe war der Schauspieler Virgilio Talli (1858–1928). Auch er unternahm den Versuch, mehr Kontinuität in die Theaterarbeit zu bringen. Seine Idee war es, seine Bühne als »teatro semi-stabile« zu führen, als eine Art Mischform von Tourneebetrieb und ortsgebundenem Spielbetrieb. In dieser Form leitete Talli in den Jahren von 1918 bis 1921 das Teatro Argentina in Rom. Auch während seiner Leitung (1921–1923) der staatlich subventionierten Compagnia Nazionale, die mit dem Ziel gegründet worden war, Grundlagen für ein italienisches Nationaltheater zu entwickeln, setzte Talli seine Bemühungen um künstlerische Reformen fort. Dabei ging es ihm vor allem darum, dem an italienischen Bühnen besonders gepflegten Virtuosentum mit einer mehr konzeptionellen Regiearbeit entgegenzuwirken. Talli förderte vor allem auch junge Schauspieler und versuchte, einen literarisch anspruchsvollen Spielplan durchzusetzen. Von 1926 an bis zu seinem Tode 1928 leitete er auch das Teatro Arcimboli in Mailand als »stehende Bühne«. Besonders erfolgreiche Prinzipale von Schauspieltruppen waren in diesen Jahren auch Ermete Zacconi (1857–1948) und die aus Neapel stammenden Geschwister De Filippo. Zacconi war ein genialer Verwandlungskünstler auf der Bühne und auch im Film, der sich mit seiner Truppe auf besonders reißerische veristische Bühneneffekte spezialisiert hatte. Die Geschwister De Filippo gründeten 1932 am Teatro Sannazaro in Neapel die Compagnia Teatro umoristico I de Filippo, die alsbald die populärste Theatertruppe in Italien wurde. Die führende Persönlichkeit in dieser Schauspielerfamilie

Das italienische Kleinbürgertum versammelt sich also mehrheitlich nicht hinter der roten Fahne, sondern wird zur Massenbasis des Faschismus. Nach einigen Anlaufschwierigkeiten und einer letzten Krise im Kontext der Ermordung des sozialistischen Abgeordneten Giacomo Matteotti (1924), welche den Auszug der Parlamentsopposition aus der Kammer nach sich zieht, gelingt es dem Faschismus durch die Mobilisierung seines Anhangs bei gleichzeitigem relativen Ausgleich der Interessen mit König, Wirtschaft, Armee und Kirche (Lateranverträge, 1929), schließlich mittels Säuberung der radikalen Elemente des eigenen Lagers, den Konsens für das Regime zu stabilisieren.

(H. Thoma, H.H. Wetzel 1992, 329f)

Figurinenentwurf von Fortunato Dépero: Ballerina, *Rom 1915*

war der Schauspieler, Stückeschreiber und Regisseur Eduardo De Filippo (1900–1984). Programm der Truppe war es, die Tradition des neapolitanischen Mundarttheaters, das sie auf ihren Tourneen auch in der Hochsprache aufführten, zu erneuern. Es war dies ein realistisches Schwank- und Komödientheater, das – der Commedia dell'arte verpflichtet – mit großer Genauigkeit die sozialen Probleme der Menschen in Neapel auf die Bühne brachte und mit vitalem Spielwitz und virtuoser Darstellungskunst die Zuschauer begeisterte. Nach dem Zweiten Weltkrieg entstanden die »Klassiker« unter den vielgespielten Dialektkomödien von Eduardo De Filippo, so etwa *Napoli Milionaria* (1945, Neapel im Millionenrausch), *Filumena Marturano* (1946) oder *L'Arte Della Commedia* (1965, Die Kunst der Komödie). Neben Eduardo traten auch Titina (1898–1963) und Peppino De Filippo (1903–1980) in der Compagnia Teatro umoristico auf. Peppino gründete 1945 eine eigene Truppe.

Im Hinblick auf diese Besonderheit des italienischen Theaterwesens, in dem die »Compagnie di giro« eine so zentrale Rolle spielten, war die Gründung des Teatro Sperimentale degli Independenti 1922 in Rom durch Anton Giulio Bragaglia ein höchst bemerkenswertes Ereignis in der neueren Geschichte des Theaters in Italien. (vgl. Kap.: Theater des Futurismus) Als diese Experimentierbühne 1931 aus finanziellen Gründen geschlossen werden mußte, initiierte Bragaglia die Einrichtung einer »festen« Bühne an der 1935 eröffneten staatlichen Scuola d'arte drammatica in Rom: das Teatro dell'arti. Bis 1943 hatte

Bragaglia die Leitung dieser Bühne inne. Nach seinem Weggang wurde sie geschlossen. 1951 aber wurde das Teatro dell'arti von dem Schauspieler Vittorio Gassmann und dem Dramaturgen und Bühnenautor Luigi Squarzina wiedereröffnet; nun jedoch mit dem Ziel, klassisches und modernes Theater einem breiten Publikum nahezubringen. Ein »Teatro Populare« sollte es sein.

Bragaglias Teatro Sperimentale und ebenso das Teatro dell'arti waren also weitere vorbereitende Schritte zur Errichtung »fester Theater«. Die Gründung des ersten »teatro stabile« in Italien, das diesen Namen auch zu Recht trägt, – noch heute existiert und eine der künstlerisch herausragenden europäischen Schauspielbühnen ist –, erfolgte jedoch erst am 14. Mai 1947 in Mailand durch die Regisseure Giorgio Strehler (1921–1998) und Paolo Grassi (1919–1980). Es war dies das Piccolo Teatro di Milano.

Tendenzen in der künstlerischen Entwicklung des italienischen Theaters

Höchst uneinheitlich bot sich das künstlerische Erscheinungsbild des italienischen Theaters im ersten Drittel des 20. Jahrhunderts dar. Noch bis in die zwanziger Jahre reichte der Einfluß von Gabriele D'Annunzios nationalistisch inspiriertem, aber noch ganz der Atmosphäre der Dekadenz des Fin de Siècle verhafteten Ästhetizismus. Fast ebenso lange war Eleonora Duse mit Gastauftritten auch auf italienischen Bühnen präsent. (vgl. Bd. III; Kap.: Italien/Jahrhundertwende) Bereits 1909 aber traten die Futuristen mit einem auch das Theater okkupierenden radikalen Erneuerungswillen an die Öffentlichkeit und fanden mit ihren umstürzlerischen Ideen – auch weit über die Grenzen Italiens hinaus – schlagartig Resonanz. Etwa um 1910 begann auch die Bühnenkarriere des zu dieser Zeit schon berühmten Schriftstellers Luigi Pirandello, der in den folgenden beiden Jahrzehnten als Dramatiker und Bühnenleiter zu Weltruhm gelangte. So sehr diese drei Richtungen künstlerisch unterschiedliche Positionen vertraten, ja sich programmatisch voneinander abgrenzten, standen sie mit ihrem patriotischen Elan doch in einer Front in der Parteinahme für die Kriege, die Italien in diesem Zeitraum führte. Ihre Repräsentanten waren Anhänger oder zeitweilige Sympathisanten des faschistischen Regimes. Eine eigene Sphäre im italienischen Theaterleben ohne ein spezifisch weltanschauliches Profil, durchaus aber mit gesellschaftskritischem Anspruch, bildete das in allen Regionen des Landes gepflegte Volkstheater, von dem das neapolitanische das künstlerisch innovativste war. Von ähnlicher Bedeutung war der in Italien lange schon etablierte Spielbetrieb an Freilichtbühnen, die sich zumeist im Umfeld der Ruinen berühmter antiker Theaterbauten angesiedelt hatten.

Für diese Freilichttheater engagierte sich insbesondere Ettore Romagnoli (1871–1938), Philologe an der Universität von Padua, der auch eine Reihe griechischer Tragödien für diese Bühnen (in Vicenza, Fiesole, Syrakus) neu übersetzt hatte. Dabei waren das griechische Theater in Syrakus und das römische Theater im Ruinenfeld von Ostia die bedeutendsten Zentren dieses bald auch vom Tourismus okkupierten Spielbetriebs. Das Ensemble um den Bühnenbildner Giulio Cambellotti (1876–1960) war die prominenteste Theatertruppe, die sich auf Aufführungen antiker Stücke spezialisiert hatte. Der der Vorstellungswelt der Futuristen nahestehende Maler und Bühnenbildner Alberto Martini (1976–1954) verband die Idee des Freilichttheaters mit einer geradezu naturmythischen Überhöhung des mediterranen Traditionsraums und entwarf 1923 einen auf einem See schwimmenden monumentalen Bühnenbau, den er »Tetiteatro« nannte. Es war dies eine mit zahlreichen Spielplateaus ausgestattete dreigeschossige Bühne, auf der neben antiken Dramen durchaus auch moderne Stücke (von Shakespeare bis D'Annunzio) aufgeführt werden sollten. Das Projekt kam über den ausführlich kommentierten bildnerischen Entwurf nicht hinaus.

Eduardo De Filippo mit seinem Bruder Peppino in L'ultimo buttone*, 1932*

Im Schauspielrepertoire kamen nach der Schule des Verismo und neben dem Bühnenwerk D'Annunzios zwei neue Tendenzen auf: die Erneuerung des Vers-

U. Betti: Notte in casa del ricco. *Compagnia Renzo Ricci, 1942*

dramas durch Sem Benelli (1877–1949) – ursprünglich Journalist, dann Bühnenautor und Prinzipal einer Theatertruppe, seit 1924 faschistischer Abgeordneter – und das sogenannte »groteske Theater« von Luigi Chiarelli (1884–1947), mit dem das Theater Pirandellos vorbereitet wurde.

Benellis Hauptwerk, mit dem er weltweiten Erfolg hatte, war die Tragödie *La cena delle beffe* (Das Mahl der Spötter), die 1909 am Teatro Argentina in Rom uraufgeführt wurde. Es ist ein Intrigenstück, dessen Handlung im Florenz des 16. Jahrhunderts spielt. Es geht darin um den Streit zweier liebestoller Aristokraten (Neri und Gianetto) um die schöne Ginevra, in dessen Verlauf der an die Unbesiegbarkeit seiner Körperkräfte glaubende Neri den Verstand verliert. Das Stück zeichnet sich durch temporeiche Handlung und eine virtuose poetische Dialogsprache aus. In der Pariser Erstaufführung spielte Sarah Bernhardt die Rolle des Giannetto. Weitere Erfolgsstücke Benellis waren *Tignola* (1908, Die Motte) *La maschera di Bruto* (1910, Die Maske des Brutus) und *L'Amorosa Tragedia* (Tragödie der Liebe; Uraufführung 1925 am Teatro Valle in Rom). *Tragödie der Liebe* ist ein von abenteuerlichen Aktionen, Geschlechterstreit, Mord und Liebeswirren gesättigtes Historiendrama.

Temperamentvolle Handlungen mit starken tragischen Effekten waren die Spezialität Benellis. Sein Stil kam einem Geschmackswandel des Publikums entgegen, das sich an den subtilen lyrischen Seelenqualen der Figuren D'Annunzios offenbar satt gesehen hatte, obwohl D'Annunzios Werk – ebenso wie das Shakespeares – fraglos Benellis Dramatik nachhaltig beeinflußt hat.

Mit dem »grotesken Theater« von Luigi Chiarelli kam jene Thematik erstmals auf die italienische Bühne, die zum Zentrum des Werks Pirandellos wurde: das entlarvende Spiel mit Sein und Schein, das Verwischen der Grenzen zwischen diesen beiden Sphären und die Irritation, die die Erfahrung einer grotesk deformierten Wirklichkeit auslöst. Das bedeutendste Werk Chiarellis ist die dreiaktige Parabel *La maschera ed il volto* (Die Maske und das Antlitz). Deren Uraufführung 1916 am Teatro Argentina in Rom durch Ernesto Ferreros Drammatica Compagnia di Roma wurde ein sensationeller Erfolg. Kurz darauf kam *La maschera ed il volto* auch in Mailand auf die Bühne. In dem Stück geht es um die Wahrung der Ehre und darum, was zu tun Pflicht ist, wenn diese Ehre verletzt wird. Dieses Problem spielt Chiarelli äußerst spitzfindig am Beispiel ehelicher Treulosigkeit durch: Im Zentrum der turbulenten Handlung steht Graf Paolo, der seine untreue Gattin Savina eigentlich töten müßte, dies aber nicht fertig bringt. Statt dessen schickt er sie heimlich nach England, behauptet jedoch, sie getötet und in einen See geworfen zu haben. Vor Gericht gestellt, wird der Graf jedoch dank der Geschicklichkeit seines Freundes und Anwalts freigesprochen. Der jedoch ist auch der Geliebte der Gräfin. Als schließlich eine Frauenleiche aus dem See gefischt wird, identifiziert Paolo diese fälschlich als die seiner Gattin. Gerade zu diesem Zeitpunkt aber kehrt die reuige Savina aus England zurück und nimmt tief verschleiert an ihrem vermeintlichen Begräbnis teil. Als die Wahrheit schließlich durch Zufall ans Licht kommt, führt dies zwar zu einem Skandal in der Gesellschaft, Paolo und Savina fallen sich jedoch versöhnt in die Arme und planen ihre Flucht aus einer Gesellschaft, die die Menschen zu Marionetten leerer Konventionen werden läßt und sie zwingt, wie es im Titel des Stücks heißt: ihr »Antlitz« hinter einer »Maske« zu verbergen. Chiarellis Groteske war ein internationaler Bühnenerfolg; 1942 wurde das Stück verfilmt.

Thematisch in die gleiche Richtung gingen die Dramen von Pier Maria Rosso di San Secondo (1887–1956): *Marionette che passione!* (1918), *La bella addormentata* (1919), *Lazzarina tra i coltelli* (1923) und *Una cosa di carne* (1924), die vom deutschen Expressionismus beeinflußt waren. (vgl. G. Petronio III 1993, 186) Auch Stücke von Fausto Maria Martini (1886–1931) wie *Il fiore sotto gli occhi* (1922) oder *L'altra Nanetta* (1923) und Komödien von Luigi Antonelli (1882–1942) so etwa *L'uomo che incontrò se stesso* (1922) standen unter dem Einfluß der dramatischen Grotesken Chiarellis, waren aber auch vom Werk Pirandellos inspiriert.

Was die Entwicklung der italienischen Oper im ersten Drittel des 20. Jahrhunderts betrifft, so zeichneten sich hier kaum Ansätze ab, die – vergleichbar dem Werk Giuseppe Verdis oder Giacomo Puccinis – dauerhaften Erfolg hatten. (vgl. Bd. III, Kap.: Jahrhundertwende) Puccinis letzte, unvollendet gebliebene Oper *Turandot* wurde 1926, zwei Jahre nach dem Tode des Komponisten, in Mailand uraufgeführt. Sein Werk und der Verismo der Jahrhundertwende prägten auch die Generation der jüngeren Komponisten. (vgl. A.A. Abert 1994, 139 ff) Von diesen waren lediglich zwei Werke herausragende Bühnenerfolge: Das musikalische »Schauerdrama« *Francesca da Rimini* (1914) von Riccardo Zandonai (1883–1944) nach dem gleichnamigen Bühnenstück von Gabriele D'Annunzio und *L'Amore dei tre Rè* (1913, Die Liebe der drei Könige) von Italo Montemezzi (1875–1952) nach dem Drama gleichen Titels von Sem Benelli. In beiden Werken geht es um das Problem einer verbotenen Liebe und deren fatalen Folgen. Dabei ist das Werk Montemezzis atmosphärisch, vor allem durch seinen Protagonisten, den blinden König Archibaldo, noch vom Symbolismus des Fin de Siècle beeinflußt, wodurch veristische Elemente zurückgedrängt sind. Diese Tendenz, die auch auf eine Erweiterung der musikalischen Mittel hinzielt, läßt sich auch bei einigen anderen, jüngeren Opernkomponisten dieser Jahrzehnte feststellen. So zeichnet sich ein Werk wie die Goldoni-Trilogie (1920/22: *La Bottega del Caffè, Sior Todero Brontolon, Le Baruffe Chiozzotte*) von Gianfrancesco Malipiero (1882–1973) durch eine offenere, die psychologische Stringenz vernachlässigende Dramaturgie aus und spielt musikalisch mit volkstümlichen Atmosphären und buffonesken Genrebildern. (vgl. A. A. Abert 1994, 140) Eine besondere Komponente gewann Malipieros Werk auch durch die Adaption von Elementen der Tonsprache der altitalienischen Musik und der Gregorianik.

In die Richtung einer tiefenpsychologischen Figurenanalyse weisen die in diesem Sinne beinahe schon experimentellen Kompositionen von Ildebrando Pizzetti (1880–1968). So erscheint dessen *Fedra* (1915), zu der D'Annunzio das Libretto schrieb, als eine Art »Psychodrama«, in dessen Mittelpunkt eine im Liebeswahn sich selbst zerstörende Frau steht. Das Werk bietet kaum äußere Handlung; um so reicher entfaltet es das anarchisch widersprüchliche Innenleben seiner Titelheldin. Auch Pizzettis Oper *Debora e Jaele* (1922), der ein alttestamentarischer Stoff zugrunde liegt, führt in eine Welt elementarer Leidenschaften und das Einzelschicksal ins Symbolische, Typische. Was diese Komponisten bei aller Unterschiedlichkeit ihrer inhaltlichen Vorstellungswelten und des musikalischen Stils letztlich verband, war das Bestreben, sich aus dem Schatten der großen Meister – Wagner, Verdi und Puccini – herauszuarbeiten, freilich ohne die prinzipielle Bindung an die nationalkulturelle Tradition aufzugeben.

Zugleich aber fand auch in Italien eine musikästhetische Grundsatzdiskussion statt, in der sich Traditionalisten und (moderate) Modernisten gegenüberstanden und heftig bekriegten. Durch Eingriffe der faschistischen Kulturpolitik kam eine weitere Komponente in diese Auseinandersetzungen, die den Streit um die

L. Bonelli: Dramma di sogni. *R.: A. G. Bragaglia. Teatro degli indipendenti, Rom 1925*

musikalische Moderne zu deren Ungunsten enden ließ, – vergleichbar der Entwicklung im faschistischen Deutschland und in der stalinistischen Sowjetunion.

Es war Alfredo Casella (1883–1947), der zusammen mit Ottorino Respighi (1879–1936), Pizzetti und Malipiero 1917 eine »Gesellschaft für Neue Musik« gründete, die zwar nur bis 1919 existierte, in Italien jedoch wesentliche Impulse freisetzte für die Rezeption der internationalen musikalischen Avantgarde. Was Casella anstrebte, war ein der Moderne angenäherter Klassizismus, freilich mit weit weniger Distanz zur Tradition als etwa Busonis »Junge Klassizität«. (vgl. Kap.: Deutschland) Als Dirigent und Hochschullehrer setzte sich Casella für das Werk Stravinskys und Schönbergs ein, für Alban Berg und Anton Webern. Dieses Engagement für die »Neutöner« und die auch in Italien diffamierten jüdischen Komponisten ging den Traditionalisten ohnehin, aber auch den gemäßigten Modernen vom Schlage Respighis, Pizzettis und Zandonais zu weit. (vgl. U. Schreiber 2000, 630) Diese veröffentlichten 1932 ein *Manifest italienischer Musiker für die Tradition der romantischen Kunst des 19. Jahrhunderts.* Dies war eine Kampfansage gegenüber der Moderne, die 1937 beim Kongress des faschistischen Musiksyndikats Züge einer offenen politischen Kampagne annahm, die sich vor allem auch gegen jüdische Komponisten richtete.

Die Rolle eines Außenstehenden gegenüber diesen Auseinandersetzungen fiel Ermanno Wolf-Ferrari (1876–1948) zu, der seit 1909 (bis 1943) in Deutschland lebte, künstlerisch jedoch an den Entwicklungen in Italien orientiert blieb. Wolf-Ferrari gehörte nicht zu den Unterzeichnern des Manifests von 1932. Als Opernkomponist hatte er seinen internationalen Durchbruch mit der ersten seiner fünf nach Vorlagen von Goldoni entstandenen Opern, *Le donne curiose* (Die neugierigen Frauen), deren Uraufführung 1903 in München stattfand.

S. Benelli: L'Amorosa tragedia. *Teatro Valle, Rom 1925*

Kostümentwurf von Fortunato Dépero für seine Choreographie Mimismagia, *1916*

Damit und auch mit den meisten seiner folgenden Werke war Wolf-Ferrari auf das Genre der musikalischen Komödie festgelegt. *I quattro rusteghi* (1906, Die vier Grobiane) und *Il segredo di Susanna* (1909, Susannens Geheimnis) waren weitere Erfolgsstücke dieses Komponisten, der weitgehend unbeeinflußt von den modernistischen Tendenzen seiner Zeit blieb. U. Schreiber (2000, 656) nennt ihn einen »mild-humorigen Rokoko-Veristen«, allerdings von »Weltgeltung«. Anstoß freilich erregte Wolf-Ferraris tragische Oper *I gioielli della Madonna* (1911, Der Schmuck der Madonna; Neufasssung 1933), die im gegenwärtigen neapolitanischen Alltagsleben spielt: ein tödlich endendes Eifersuchtsdrama, blasphemisch und mit reißerischen Zügen ins Milieu der Cammorra hineinspielend. Bis 1953 war die Aufführung dieser Oper in Italien verboten.

So verharrte die italienische Oper in der ersten Hälfte des 20. Jahrhunderts letztlich in einem Konservatismus, der sich nur in Ansätzen einer Reform öffnete. Die Revolte der Futuristen gegen die Oper, wie sie Francesco Balilla Pratella (1880–1955) unter anderem in *Manifesto die musicisti futuristi* (1910) oder Luigi Russolo (1885–1947) in dem Manifest *L'arte die rumori* (1913, Die Kunst der Geräusche) vorgetragen hatten, war bald verpufft. Opern, die aus einem musikästhetischen Reformimpuls heraus entstanden waren wie einige Werke von Malipiero, wurden in den zwanziger Jahren in Deutschland uraufgeführt.

Das Theater der Futuristen: »Synthetisch – also sehr kurz«

Programmatik und Verlauf der futuristischen Bewegung

»Zeit und Raum sind gestern gestorben.«

(F.T. Marinetti: *Manifest des Futurismus*, vom 20. Februar 1909)

Selten ist der Beginn einer künstlerischen Bewegung so exakt datierbar wie der des Futurismus. Es war der 20. Februar 1909, als der in Paris lebende italienische Jurist, Literat und Rezitator Filippo Tommaso Marinetti (1876–1944) in der

Bühnenbildentwurf von Fortunato Dépero: Märchenhafter Tanz, *1919*

Bühnenmodell von Luigi Veronesi für David *von L. Cortese, 1938*

Pariser Zeitung *Le Figaro*, für die er auch als Redakteur arbeitete, das erste futuristische Manifest *(Manifeste du Futurisme)* veröffentlichte. Eine erweiterte und in den Formulierungen noch provokantere italienische Version erschien unmittelbar danach in der Februar/März-Nummer der progressiven Mailänder Literaturzeitschrift *Poesia. Rassegna internazionale*, die Marinetti seit 1905 zusammen mit dem Dramatiker Sem Benelli (1874–1950) herausgab. (dazu: H. Schmidt-Bergmann 1993, 49f) Die Fassung des Manifests in der *Poesia* trug den Titel *Fondazione e Manifesto del Futurismo*. Marinetti rezitierte diesen Text im März 1909 im Teatro Alfieri in Turin. Es war dies der erste, bereits auch höchst theatral inszenierte öffentliche Auftritt der Futuristen in Italien. Die folgende Nummer der *Poesia* trug den Untertitel *Organo del Futurismo*. Marinetti zeichnete nun als deren alleiniger Herausgeber und hatte sich damit eine eigene publizistische Plattform geschaffen. In dieser April-Nummer der *Poesia* erschien Marinettis zweites Manifest des Futurismus: *Uccidiamo il chiaro di luna* (Tod dem Mondschein!). Es war eine Antwort auf seine Kritiker und zugleich ein leidenschaftlicher Aufruf an seine Anhänger, die bürgerliche Gesellschaft und ihre Ordnung aus den Angeln zu heben. »Mondschein« galt Marinetti als

Bühnenbildentwurf von Tullio Crali für Fuori del mondo, *1931*

Sinnbild eines passatistischen – an der Vergangenheit orientierten – Bewußtseins und dessen poetisch-romantischer Verklärung in der Kunst.

»Dynamismo« sollte zunächst das programmatische Schlagwort dieser in ihrem Anspruch ebenso totalen wie totalitären kulturrevolutionären Revolte sein; schließlich aber entschied sich Marinetti für »Futurismo«. Diesen Begriff hatte der katalanische Schriftsteller Gabriel Alomar bereits 1903 als Titel einer seiner Schriften (*El Futurismo,* Barcelona 1903) kreiert.

Dem Futurismus ging es von Beginn an um eine kulturelle und politische Erneuerung Italiens, die in der Anfangsphase der Bewegung ausgesprochen anarchistische Züge trug. Sowohl für die Erneuerung der Kunst und der Kultur wie von Politik und Gesellschaft formulierten die Futuristen ein Maximalprogramm, das sie mit militantem Elan vertraten, dessen destruktive Energien sich gegen alles Bürgerlich-Passatistische richteten; ein Programm der Zertrümmerung von Tradition und Geschichte, zugleich der sich überstürzenden Visionen einer neuen Gesellschaft, der Verherrlichung der »Massen« und des »mechanischen Menschen«; aber auch der Ekstasen eines trivialen »maschismo«: »Wir wollen preisen die angriffslustige Bewegung, die fiebrige Schlaflosigkeit, den Laufschritt, den Salto mortale, die Ohrfeige und den Faustschlag. Wir erklären, daß sich die Herrlichkeit der Welt um eine neue Schönheit bereichert hat: die Schönheit der Geschwindigkeit. Ein Rennwagen, dessen Karosserie große Rohre schmücken, die Schlangen mit explosivem Atem gleichen ... ein aufheulendes Auto, das auf Kartätschen zu laufen scheint, ist schöner als die ›Nike von Samothrake‹ ... Schönheit gibt es nur noch im Kampf. Ein Werk ohne aggressiven Charakter kann kein Meisterwerk sein ... Wir stehen auf dem äußersten Vorgebirge der Jahrhunderte! ... Warum sollen wir zurückblicken, wenn wir die geheimnisvollen Tore des Unmöglichen aufbrechen wollen? Zeit und Raum sind gestern gestorben. Wir leben bereits im Absoluten, denn wir haben schon die ewige, allgegenwärtige Geschwindigkeit erschaffen. Wir wollen den Krieg verherrlichen – diese einzige Hygiene der Welt – den Militarismus, den Patriotismus, die Vernichtungstat der Anarchisten, die schönen Ideen, für die man stirbt und die Verachtung des Weibes. Wir wollen die Museen, die Bibliotheken und die Akademien jeder Art zerstören und gegen den Moralismus, den Feminismus und gegen jede Feigheit kämpfen, die auf Zweckmäßigkeit und Eigennutz beruht.« (*Manifest des Futurismus.* 1909) Mit Inbrunst vorgetragen, ging es um einen vitalistisch-heroischen Lebensentwurf, letztlich gar – noch alles übertrumpfend – um die »Neukonstruktion des Universums« (F. T. Marinetti). Als Ansatzpunkt und Bewegkraft dieses universellen Umsturzes erschien den Futuristen die technische Revolution, in deren Dynamik sich zwangsläufig auch ein Sprung in der Evolution des Menschengeschlechts vollziehen müsse. So sehr sich dieser Zukunftsentwurf als Apotheose der Technik und einer Welt der Maschinen ausgab, so war dieses Programm doch auch wesentlich noch von der Ideenwelt und der kulturellen

F. T. Marinetti: Il suggeritore nudo. B. u. R.: A. G. Bragaglia. Teatro degli indipendenti, Rom 1930

Atmosphäre der Periode um 1900 geprägt, insbesondere in seinem vitalistischen Grundton. Vor allem auch die darin proklamierte Aufhebung der Differenz von Kunst und Leben, die Ästhetisierung der urbanen Lebenswelt, von Industrie und Technik trägt Züge der Utopiediskurse der Jahrhundertwende. Die Gewaltsamkeit, mit der die Befreiung von jedweder Tradition proklamiert und in den künstlerischen Projekten auch vollzogen wurde, verband den Futurismus mit dem Kreis der Pariser Kubisten um den jungen Pablo Picasso, mit deren nicht minder großspurigem Anspruch, das Bild des Menschen neu zu definieren, die Welt und die Kunst neu zu erfinden. Unstrittig aber war auch die ideologische Nähe der futuristischen Vorstellungswelt zu faschistischen und totalitären Doktrinen, die die Möglichkeit einer politischen Instrumentalisierung des Futurismus nahelegte. In der Totalität und aggressiven Radikalität des futuristischen Erneuerungsprogramms – »das sich selbst als jenseits der traditionellen Ideologien stehend verstand« – konnten sich offenbar alle antiliberalen, sozialrevolutionären, national-chauvinistischen, gegen Monarchie, Republik und Klerikalismus gerichteten Positionen wiederfinden. So bot sich der Futurismus schließlich, wie der Philosoph Benedetto Croce die geistige und politische Situation Italiens 1924 zutreffend kommentierte, »dem Faschismus als anzapfbare Quelle an«. (vgl. H. Schmidt-Bergmann 1993, 18) Hinzu kam, daß die italienische faschistische Bewegung in ihrer Anfangsphase selbst auch durchaus futuristische Züge aufwies (dazu: E. Crispolti 1976, 42 ff) So glaubte Marinetti – der als Freiwilliger am Ersten Weltkrieg teilgenommen hatte, 1919 Mussolinis faschistischen Kampfbünden beigetreten war, am Abessinien-Krieg und am Zweiten Weltkrieg teilnahm – in der faschistischen Neuordnung Italiens die Realisierung zumindest eines »Minimalprogramms« (F. T. Marinetti) der futu-

Cocktail. *Pantomime von F. T. Marinetti. B., K. u. Maske: E. Prampolini. Théâtre de la Pantomime Futuriste. Théâtre de la Madeleine, Paris 1927*

ristischen Kulturrevolution zu erkennen. Mit der Ernennung Mussolinis zum Ministerpräsidenten 1922 war jedoch »die Rolle des Futurismus als politische Bewegung ausgespielt.« (Ch. Baumgarth 1966, 109)

Waren die militanten Parolen der Futuristen, die die Modernisierung von Politik, Kultur und Gesellschaft einforderten, zwar vor allem dem geistigen Klima der Entstehungsjahre der Bewegung verhaftet, ein Reflex auch auf die sozialen und politischen Verhältnisse Italiens zu Beginn des 20. Jahrhunderts, so waren einige Grundthesen der futuristischen Ästhetik in ihrem innovativen Potential durchaus weitreichender, ja konstitutiv für wesentliche Positionen der künstlerischen Avantgarde in Europa. Es waren vor allem zwei Aspekte von dieser Bedeutung: die Erweiterung – letztlich wohl die Abschaffung – des traditionellen Kunstbegriffs und dessen Werkverständnis durch eine »Aktionskunst«; weiterhin die Ableitung neuer Konstitutionsmomente der künstlerischen Produktion und Rezeption aus den Gegebenheiten einer von Technik und Industrie bestimmten Lebenswelt, die im Entwurf eines »neuen Menschen« eine anthropologische Komponente aufwies.

In diesem Zusammenhang wurden die Kategorien »Simultaneität« und »Beschleunigung« von herausragender Bedeutung, vornehmlich für die sogenannte »futuristische Sensibilität, … einer vollständigen Erneuerung der menschlichen Sensibilität, die eine Folge der großen wissenschaftlichen Entdeckungen ist.« (F. T. Marinetti) In dem Manifest *Zerstörung der Syntax – Drahtlose Phantasie – Befreite Worte (*1913) heißt es: »Jeder Mensch kann sich mit einer vierundzwanzigstündigen Fahrt im Zug von einer kleinen, toten Stadt mit verlassenen Plätzen, auf denen sich die Sonne, der Staub und der Wind still vergnügen, in eine große Metropole versetzen, die vor Licht, Gebärden und Geschrei starrt … Der ängstliche und unbewegliche Einwohner jeder beliebigen Provinzstadt kann sich den Rausch der Gefahr leisten, wenn er im Kino einer Großwildjagd im Kongo beiwohnt … Die Welt schrumpft durch die Geschwindigkeit zusammen. Neues Weltgefühl. Will sagen: Das menschliche Gefühl nimmt gigantische Ausmaße an, es besteht die dringende Notwendigkeit, jeden Augenblick unsere Beziehung zur ganzen Menschheit zu bestimmen.« (n. Ch. Baumgarth 1966, 130 f) »Simultaneität« beschreibt in diesem Sinne eine Wahrnehmungs- und Erfahrungsstruktur, die das Prinzip der Geschichte verabschiedet, Erinnerung eliminiert, das Subjekt aus der Zeit entläßt und in eine zeit- und ortlose Universalität katapultiert, deren Voraussetzungen die moderne Technik schafft. In diesem universellen Raum vermag sich das Subjekt nur noch »intuitiv« – mit einem »Instinkt für das Komplexe« (Umberto Boccioni) – zu bewegen, »alle Logik verachtend«. Im futuristischen Kunstwerk ist ein vermeintlich zeitfreier und ebenso sinnleerer Ort geschaffen, in dem sich das Individuum allein seiner assoziativen Phantasie überlassen und seine ästhetische Produktivität frei entfalten kann.

Plakat für eine Grande serata futurista *im Teatro Costanzi, Rom 1913*

Marinetti war nicht nur der Erfinder, sondern auch der umtriebigste Propagandist und Manager der futuristischen Bewegung. Als er 1909 das *Manifest des Futurismus* veröffentlichte, hatte er bereits einen Namen als Literat und Publizist in Paris und Mailand, seinen beiden Wohnorten. Ein gewisses Aufsehen hatte 1904 sein Gedicht *Destruction* erregt, ebenso die groteske Tragödie *Le roi Bombance* (1905), die von den *Ubu*-Stücken seines Freundes Alfred Jarry (vgl. Bd. III, Kap.: Jahrhundertwende/Frankreich) beeinflußt war und 1909 am Théâtre de l'Œuvre in Paris uraufgeführt wurde. 1908 erschien eine gegen D'Annunzio gerichtete polemische Schrift mit dem Titel *Les Dieux s'en vont, D'Annunzio reste*. Mit der Veröffentlichung des ersten futuristischen Manifests im *Figaro* gelang Marinetti der internationale Durchbruch. In Mailand scharte sich eine Gruppe gleichgesinnter Intellektueller, Schriftsteller und Maler um ihn. Zudem hatten die politischen Implikationen der futuristischen Bewegung zur Folge, daß sich deren Schwerpunkt ab 1910 gänzlich nach Italien verlagerte. Triest, Mailand, Turin und Venedig waren die Orte, die in diesem Jahr zu Zentren der futuristischen Aktionen wurden. Dabei war der öffentliche Auftritt im Teatro Lirico in Mailand am 15. Februar 1910 ein Initialereignis für die gesamte Bewegung. Eine erste futuristische Soirée hatte bereits am 12. Januar im Teatro Politeama Rossetti in Triest stattgefunden. An dem Abend im Teatro Lirico traten neben Marinetti als dem »Herold der neuen Dichtung« (Ch. Baumgarth) auch Armando Mazza, Michelangelo Zimolo und Libero Altomare auf. Die Gruppe rezitierte Gedichte und trug provokante programmatische »Erklärungen« vor, die von Beifall, Gelächter und einem unbeschreiblichen Tumult, der im Publikum ausbrach, begleitet wurden. Marinetti wurde mit Gegenständen beworfen; Polizisten versuchten, das Chaos im Saal einzudämmen. Mit der Parole »Nieder mit Österreich!« endete dieser denkwürdige Abend. Zuvor schon war es zur Begegnung Marinettis mit den Malern Umberto Boccioni (1882–1916), Luigi Russolo (1885–1947), Carlo Carrà (1881–1966), Giacomo Balla (1871–1958) und Gino Severini (1883–1966) gekommen. Der Maler Enrico Prampolini (1894–1956) schloß sich 1913, Fortunato Dépero (1892–1960) 1914 der Gruppe der Futuristen an. Durch die Beteiligung dieser Maler und deren bildnerische Arbeiten erhielt der Futurismus nun auch ein schärferes Profil im Hinblick auf die Konkretisierung seiner ästhetischen Ziele. In Marinettis Aufrufen und dessen eigenen künstlerischen Erzeugnissen und Betätigungen (Prosa, Lyrik, Theatertexten und Rezitationen) ging es in erster Linie um die Begründung einer neuen Dichtung. Die »Zerstörung der Syntax« und die »Befreiung des Wortes« (*Paroliberismo*) galten als deren Voraussetzungen. Es sollte eine Literatur der »größtmöglichen Unordnung« sein, die an die Stelle des psychologischen Menschen – als ihrem Adressaten – den »mechanischen Menschen mit Ersatzteilen« setzt. So formulierte Marinetti sein Programm in dem *Technischen Manifest der futuristischen Literatur* (1912) und in dem Manifest *Zerstörung der Syntax – Drahtlose Phantasie – Befreite Worte* (1913). Die Maler nun erweiterten das futuristische Experimentieren in alle nur denkbaren Materialbereiche hinein. Dabei wurde die »Dynamik des Bildes«, die sie aus den physiologischen Gegebenheiten des Wahrnehmungsvorgangs ableiteten, ein zentrales Moment ihrer Bildkonstruktionen. Sie experimentieren damit insbesondere auch im Zusammenhang mit der futuristischen Bühnenästhetik. »Eine Figur«, so heißt es in dem Manifest *La Pittura Futurista. Manifesto tecnico* (Die futuristische Malerei – Technisches Manifest, 1910), »steht niemals unbeweglich vor uns, sondern sie erscheint und verschwindet unaufhörlich. Durch das Beharren des Bildes auf der Netzhaut vervielfältigen sich die in Bewegung befindlichen Dinge, ändern ihre Form und folgen aufeinander wie Schwingungen im Raum. So hat ein galoppierendes Pferd nicht vier, sondern zwanzig Beine, und ihre Bewegungen sind dreieckig.« Als Folge dieser Dynamisierung der Abbildung wird auch der Raum als Kontinuum der Darstellung aufgegeben.

Wir haben die ganze Nacht gewacht – meine Freunde und ich – unter den Moscheeampeln mit ihren durchbrochenen Kupferschalen, sternenübersät wie unsere Seelen und wie diese bestrahlt vom eingefangenen Glanz eines elektrischen Herzens. Lange haben wir auf weichen Orientteppichen unsere atavistische Trägheit hin und hergetragen, bis zu den äußersten Grenzen der Logik diskutiert und viel Papier mit irren Schreibereien geschwärzt. Ein ungeheurer Stolz schwellte unsere Brust, denn wir fühlten, in dieser Stunde die einzigen Wachen und Aufrechten zu sein, wie stolze Leuchttürme oder vorgeschobene Wachtposten vor dem Heer der feindlichen Sterne, die aus ihren himmlischen Feldlagern herunterblickten. Allein mit den Heizern, die vor den höllischen Kesseln der großen Schiffe arbeiten, allein mit den schwarzen Gespenstern, die in den Bäuchen der wie wild dahinrasenden Lokomotiven wühlen, allein mit den Betrunkenen, die mit unsicherem Flügelschlag an den Stadtmauern entlang torkeln.

(*F. T. Marinetti:* Manifest des Futurismus. *1909, in: Ch. Baumgarth 1966, 23f*)

Kostümentwurf von Giacomo Balla für Primavera, *1915*

Statt der nachahmenden Abbildung der Wirklichkeit geht es den futuristischen Malern um die Erzeugung von »Atmosphäre«, in der »Bewegung und Licht die Stofflichkeit der Körper zerstören«. Der Betrachter steht – auf der Höhe seiner »futuristischen Sensibilität« – nicht mehr dem Bild gegenüber, sondern nimmt teil an dessen Dynamisierung: »Wir setzen den Betrachter mitten ins Bild«, so formuliert Umberto Boccioni diese Revolutionierung der Bildidee. Mit der Autonomie des Bildes ist auch die Autonomie des Betrachters aufgegeben. An dessen Stelle (als psychologisch empfindendes Subjekt) tritt das »große mechanische Individuum«, ein emotionsfreier Wahrnehmungsapparat: »Unsere neue Anschauung von den Dingen sieht den Menschen nicht mehr als Mittelpunkt universellen Lebens. Der Schmerz eines Menschen ist für uns genauso interessant wie der einer elektrischen Birne, die leicht zuckt und die qualvollsten Schmerzensrufe ausstößt, und die Musikalität der Linie und der Falten eines modernen Kleidungsstückes hat für uns die gleiche emotionelle und symbolische Kraft, die der Akt in der Antike hatte.« (*Die futuristische Malerei – Technisches Manifest*) Diese Vorstellungen wurden nicht nur in der Malerei, der Plakatkunst und der Fotografie der Futuristen zur Geltung gebracht, sie hatten wesentliche Konsequenzen auch für die futuristischen Bühnenexperimente. Dort vor allem in dreierlei Hinsicht: Die Auffassung der Bühne als räumliches Kontinuum, in dem Handlung stattfindet, wurde ersetzt durch eine »Bühnenatmosphäre«, eine licht- und bewegungsdynamische plastische, letztlich eine polydimensionale Konstruktion. Das Bühnenereignis wurde mechanisiert, d.h. mechanische, choreographierte Bewegungen plastischer Körper (Figurinen und Bauelemente) ersetzten das Spiel menschlicher Akteure. Es war ein Theater ohne Schauspieler. Enrico Prampolini formulierte in dem Manifest *Die futu-*

ristische Bühnenatmosphäre (1924) folgendermaßen: »Das Eingreifen des Schauspielers im Theater als Element der Interpretation halte ich also für einen der absurdesten Kompromisse für die Kunst des Theaters.« Futuristisches Theater sei »eine panoramaartige Aktionssynthese, die als mystischer Ritus des spirituellen Dynamismus verstanden wird, ein Zentrum spiritueller Abstraktion für die Zukunftsreligion.« (E. Prampolini, 1924) An solchen Formulierungen wird deutlich, daß sich der Futurismus auch als ein neuer Lebensentwurf verstand, der – trotz seines Technikkults – von transzendentalem, gar mystischen Zuschnitt war, wofür vornehmlich Friedrich Nietzsche als Ideengeber beansprucht wurde. Im *Technischen Manifest der futuristischen Malerei* heißt es: »Unsere scharfe und vielfältige Sensibilität läßt uns die dunklen Manifestationen mediumistischer Phänomene spüren.« (dazu Ch. Baumgarth 1966, 132)

Die Grundprinzipien der futuristischen Bühnenatmosphäre sind die Essenz der futuristischen Geistigkeit, das heißt: des Dynamismus, Simultaneität, der Einheit der Handlung zwischen Mensch und Umwelt.

(E. Prampolini: Die futuristische Bühnenatmosphäre. *1924; in: M. Brauneck 1993, 98)*

Ein weiteres die künstlerische Programmatik des Futurismus kennzeichnendes Moment war die Kategorie des »Synthetischen«. Damit war nicht nur eine Enthierarchisierung der Kunstmittel intendiert, sondern tendenziell auch die Aufhebung der Differenz von Kunst und Leben. Für das Theater hatte dies zur Konsequenz, daß ein neuer Typus von Aktionstheater, der seit Ende der fünfziger Jahre als »Happening« bezeichnet wird, entstand. Darüber hinaus tendiert diese Kunstauffassung auch zur Aufhebung eines statischen, des traditionellen Werkbegriffs zugunsten des Performativen, des Ereignishaften, und vollzog eine Verwischung der Grenzen zwischen den einzelnen literarischen und bildnerischen Genres.

In dem Maße, wie sich die künstlerischen Experimente der Futuristen über Literatur und Malerei hinaus auch in die Bereiche Theater, Musik, Fotografie und Architektur erweiterten, wuchs die Gruppe der Aktivisten zahlenmäßig an, und es entstand eine kaum noch überschaubare Anzahl von Manifesten. Marinetti gründete eine *Futuristische Edition.* Ab 1912 veranstaltete die Malergruppe Wanderausstellungen in allen europäischen Metropolen. Die wichtigsten Manifeste wurden weltweit in Übersetzungen veröffentlicht. »Marinetti inszenierte regelrechte Werbefeldzüge für die futuristische Idee«. (vgl. H. Schmidt-Bergmann 1993, 70) Neben Mailand war Paris ein Zentrum der ersten Jahre, wo sich vor allem Guillaume Apollinaire, der Mentor aller Avantgardisten, mit eigenen futuristischen Manifesten zu Wort meldete. Mit den Kubisten wurden hitzige Abgrenzungsscharmützel ausgefochten, aber auch gemeinsame Manifeste gegen die Tradition und deren gesellschaftliche Trägerschaft verfaßt. Mit Valentine de Saint-Point stieß eine prominente Literatin zu der Gruppe. Von ihr stammte das *Futuristische Manifest der Wollust* (1913). 1909 übersetzte Ramón Gómez de la Serna (1888–1963) Marinettis *Erstes futuristisches Manifest* ins Spanische. In Deutschland verbreitete der Berliner Literat und Verleger Herwarth Walden (vgl. Kap.: Deutschland) in seiner Zeitschrift *Der Sturm* Gedichte Marinettis und die frühen Manifeste der Futuristen, die auch an Berliner Litfaßsäulen plakatiert wurden. Einen Berlin-Besuch 1912 gestaltete Marinetti zu einem spektakulären Werbeauftritt für seine Bewegung und beeindruckte damit vor allem die Gruppe der deutschen Expressionisten. Auch in Rußland fand der Futurismus Resonanz bei den »Kubo-Futuristen« um David Burljuk, Aleksej Kručonych, Vladimir Majakovskij und Velimir Chlebnikov. (vgl. Kap.: Rußland) Anfang des Jahres 1914 besuchte Marinetti Moskau, wo es zu einem typischen Künstlerstreit um die Urheberschaft bestimmter künstlerischer Innovationen kam. Vor allem aber

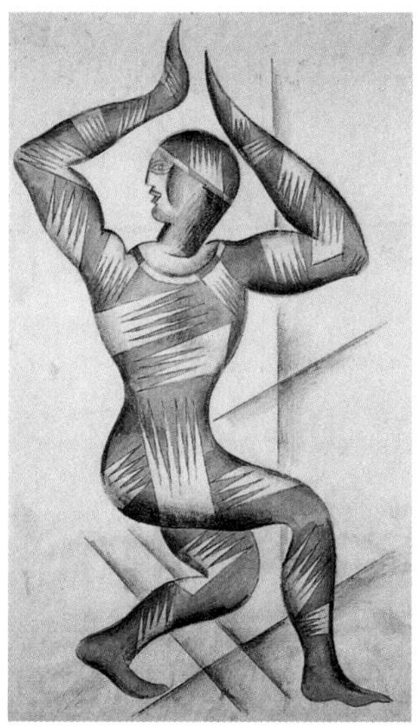

Kostümentwurf von Fortunato Dépero, 1929

U. Boccioni: Futuristenabend in Mailand, *1911. Auf der Bühne Boccioni, Pratella, Marinetti, Carrà u. Russolo*

zeichneten sich dabei auch die politischen Differenzen zwischen den Russen und Marinetti ab. 1915 kam es noch einmal zu einer großen futuristischen Kunstausstellung in St. Petersburg, die aber bereits den Übergang der russischen Avantgarde in eine neue Richtung, den russischen Suprematismus, anzeigte.

In Italien konnten die Futuristen von 1913 an, dem Jahr, das »den Höhepunkt in der Geschichte des Futurismus« markierte (Ch. Baumgarth 1966, 91), ihre Basis verbreitern, vornehmlich durch die zeitweilige Verbindung (1913/14) mit der Florentiner Literaten- und Künstlergruppe (darunter Giovanni Papini und Ardengo Soffici) um die Zeitschrift *Lacerba*, in der die meisten futuristischen Manifeste veröffentlicht wurden. (vgl. V. Guzzi in: E. Crispolti 1976, 20ff) Nach 1918 öffnete sich der Futurismus für die unterschiedlichsten Positionen auch anderer Avantgardebewegungen. Zugleich setzte ein Prozeß der Etablierung im europäischen Kunst- und Kulturbetrieb ein. Eine Art »Zweiter Futurismus« entstand zwischen den zwei Weltkriegen. (vgl. E. Crispolti 1976, 83ff) In dem 1922 veröffentlichten Manifest *Die mechanische Kunst* war die neue Grundtendenz formuliert. Die spirituellen, oftmals märchenhaften Komponenten des frühen vitalistisch-anarchischen Futurismus wurden aufgegeben zugunsten einer »mechanischen Ästhetik«. Dabei fand eine gewisse Annäherung an den Konstruktivismus statt. Es war dies eine Tendenz, die vor allem in den Theaterexperimenten Prampolinis, Déperos und Cralis ihren Niederschlag fand. Die futuristische Vision, die »moderne Metropole als Gesamtkunstwerk« zu gestalten, das Theater als »imago urbis« zu begreifen, prägte schließlich noch die Theaterexperimente der frühen dreißiger Jahre.

Der italienische Futurismus hatte – in etwa zeitgleich mit dem Kubismus in Frankreich – eine Initialfunktion für die europäischen Avantgardebewegungen. In ihrem revolutionären Impetus schufen die italienischen Futuristen ein riesiges

Experimentierfeld für die Literatur (als Wortkunst), für Malerei, Plastik, Musik, Fotografie, Film, Typographie und Architektur, vor allem aber eben auch für die darstellenden Künste. Diese wurden zum hauptsächlichen »Schauplatz der Inspiration zu neuen Kreationen«. (E. Billeter 1986, 11) Im Hinblick auf die formale und inhaltliche Erstarrung des europäischen Theaters um 1900, die auch durch die ästhetischen Konzepte der Stilbühne, des Impressionismus oder des neuromantischen Symbolismus nicht überwunden wurde, erschien der radikale Gestus, mit dem die Futuristen schlichtweg jewede Tradition über Bord warfen, als ein aus historischer Sicht verständlicher und durchaus produktiver Befreiungsschlag. So standen auch die italienischen Futuristen an vorderster Front bei jener Entwicklung des Theaters im 20. Jahrhundert, die ganz maßgeblich von den Malern geprägt wurde. Diese waren es, die für die Bühne neue Ausdrucksmöglichkeiten schufen, Räume öffneten, die dann auch die Regisseure und die Dramatiker »begehen« konnten. Die Szenographie hatte damit endgültig ihre Funktion als bloße Illustration des dramatischen Werks aufgegeben und war zu einem eigenständigen Kreativzentrum innerhalb der Bühnenkunst geworden.

Futuristische Aktionskunst und die Revolutionierung der Bühnenästhetik

Allein durch die Rituale der Selbstdarstellung seiner führenden Repräsentanten – allen voran Marinettis – war der Futurismus ein ausgesprochen theatrales Phänomen. Für die spektakulären Auftritte der Gruppe, die berüchtigten futu-

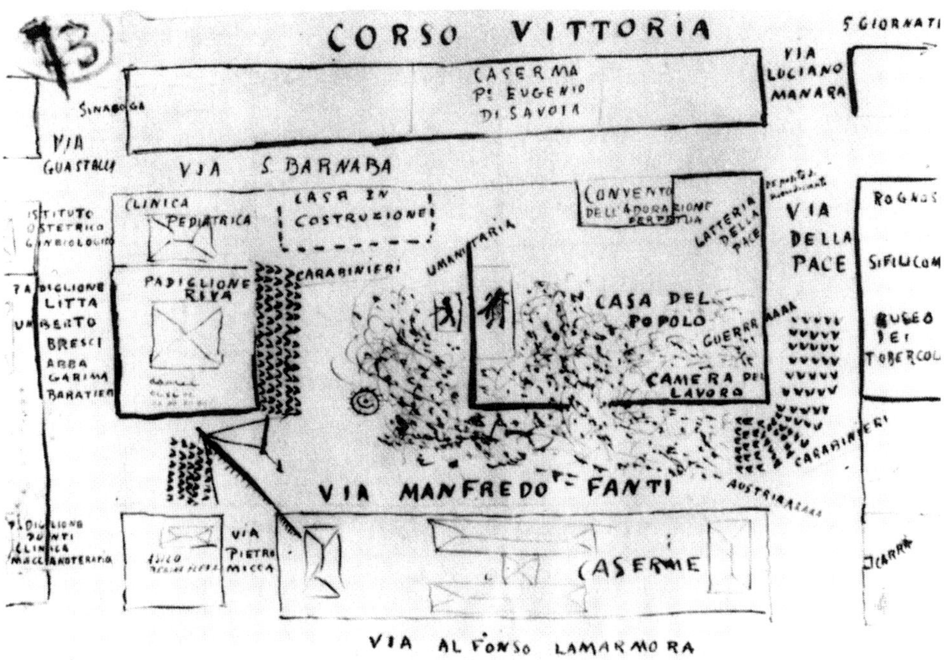

Aufmarschplan für eine öffentliche futuristische Veranstaltung (»Serate«)

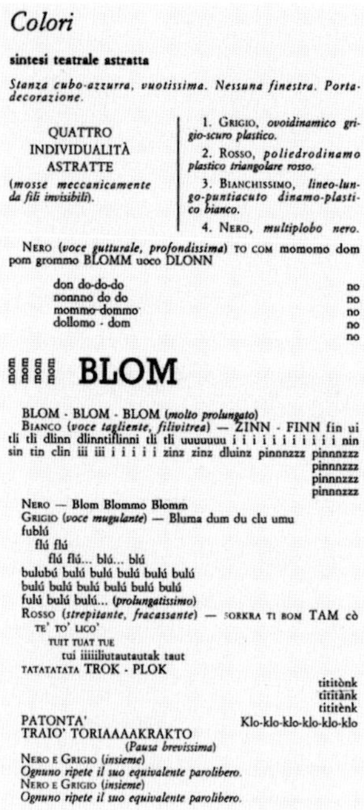
Colori

sintesi teatrale astratta

Stanza cubo-azzurra, vuotissima. Nessuna finestra. Porta-decorazione.

QUATTRO INDIVIDUALITÀ ASTRATTE (*mosse meccanicamente da fili invisibili*).

1. GRIGIO, *ovoidinamico grigio-scuro plastico.*
2. ROSSO, *poliedrodinamo plastico triangolare rosso.*
3. BIANCHISSIMO, *lineo-lungo-puntiacuto dinamo-plastico bianco.*
4. NERO, *multiplobo nero.*

NERO (*voce gutturale, profondissima*) TO COM momomo dom pom grommo BLOMM uoco DLONN

don do-do-do no
nonnno do do no
mommo-dommo no
dollomo - dom no
no

mom mom mom mom **BLOM**

BLOM - BLOM - BLOM (*molto prolungato*)
BIANCO (*voce tagliente, filivitrea*) — ZINN - FINN fin ui tli tli dlinn dlinntiflinni tli tli uuuuuu i i i i i i i i i i i nin sin tin clin iii iii i i i i i zinz zinz dluinz pinnnzzz pinnnzzz
pinnnzzz
pinnnzzz
pinnnzzz

NERO — Blom Blommo Blomm
GRIGIO (*voce mugulante*) — Bluma dum du clu umu
fublú
flú flú
flú flú... blú... blú
bulubú bulú bulú bulú bulú bulú
bulú bulú bulú bulú bulú bulú
fulú bulú bulú... (*prolungatissimo*)
ROSSO (*strepitante, fracassante*) — SORKRA TI BOM TAM cò
TE' TO' LICO'
TUIT TUAT TUE
tui iiiiiliutautautak taut
TATATATATA TROK - PLOK
tititònk
tititànk
tititènk
PATONTA' Klo-klo-klo-klo-klo-klo
TRAIO' TORIAAAAKRAKTO
(*Pausa brevissima*)
NERO E GRIGIO (*insieme*)
Ognuno ripete il suo equivalente parolibero.
NERO E GRIGIO (*insieme*)
Ognuno ripete il suo equivalente parolibero.

F. Dépero: Textpartitur für ein synthetisches Theater der Worte und der Farben, 1916

ristischen Soiréen, wurde stets ein Massenpublikum zusammengetrommelt, und es sollten diese Veranstaltungen (*serate*) durchaus als Theater verstanden werden. Dabei überbrückten diese Aktionen zumeist ganz handgreiflich die Distanz zwischen »Bühnengeschehen« und Publikum, nicht zuletzt durch Wurfgeschosse vielfältigster Art, mit denen das Publikum seinem Unmut Luft machte, im Austausch wüster Beschimpfungen, aber auch in frenetischem Jubel. Dabei waren diese Auftritte, für die in der Regel ein Theater gemietet wurde, so spontan sie schienen, in der Strategie ihrer Schockeffekte planvoll vorbereitet. Auch begünstigten die traditionellen Theater durch ihre frontale Gegenüberstellung von Bühne und Publikum den beabsichtigten Zusammenprall der futuristischen Provokateure mit ihrem Publikum: »Die Futuristen luden das Publikum nicht ein, Kunst zu machen, sondern sie provozierten es, damit eine Theatralisierung des Lebens erreicht wurde, die auf dem Unvorhersehbaren des kollektiven Vitalismus beruhte.« (G. Lista 1986, 52) Alsbald hatten sich dabei spezifische Rituale ausgebildet, die den Ablauf dieser Soiréen strukturierten: Verlesen provokanter, kulturkritischer oder politischer Manifeste, in denen sich die zugespitzten Thesen geradezu überschlugen; Aktionsstrategien, die zu chaotischen Massenkrawallen führten (Lärm, Schlägereien, Werfen von Gegenständen), Auftritte in grotesken Maskeraden, das Vorzeigen von Transparenten, virtuose Rezitationen von Nonsens-Gedichten, Aufführung kleiner Sketche. Die Akteure riskierten bei diesen Aktionen oftmals Kopf und Kragen, und immer wieder kam es zu Interventionen durch die Polizei. Durch die zeitweilige Aufhebung der Trennung von Bühne und Publikum erforderte das futuristische Aktionstheater von seinen Akteuren neben theatraler, inszenatorischer Phantasie höchste physische Präsenz und nicht zuletzt auch Mut. Immer wieder fiel das Publikum dieser Veranstaltungen aus seiner Rolle als Zuschauer und wurde zum ebenso chaotischen wie aggressiven Mitakteur.

Die Höhepunkte der futuristischen Soiréen fanden im Jahre 1910 statt. Eine unmittelbare Fortsetzung fand diese Praxis durch die Dadaisten in Zürich und in Berlin, deren aktionistische Auftritte nach einer ähnlichen Strategie der Provokation verliefen. Die Happenings und die Aktionskunst der fünfziger und sechziger Jahre, ebenso die Formen der Theatralisierung politischer Protestaktionen der Studentenbewegung der Jahre um 1968 waren weitere Stationen in der Wirkungsgeschichte des futuristischen Aktionstheaters. Gleichzeitig mit dem »Theater« der Soiréen – mitunter auch innerhalb dieser Veranstaltungen – bildete sich ein futuristisches Experimentaltheater eigener Art aus, für das Minidramen (»sintesi«) verfaßt wurden und das vor allem zum Experimentierfeld der Maler wurde.

Auch für das Theater hatte Marinetti die richtungweisenden Manifeste formuliert, unter anderem das *Manifesto di Drammaturghi futuristi* (1911, Manifest der futuristischen Bühnenautoren), *Il Teatro di varietà* (1913, Das Varieté-Theater) und *Il Teatro Sintetico Futurista* (1915, Das synthetische futuristische Theater). Alle diese Manifeste wurden europaweit in Übersetzungen verbreitet.

Die futuristischen »sintesi« waren kurze Texte in Form von Dialogen von Personen oder von Objekten: »Schlaglichter großstädtischen Lebens, Augenblicke des Schreckens oder momentane Eindrücke, es waren Sprachfetzen, Klangstückchen, Gefühlsäußerungen und Gemütszustände (stato d'animo), parallele Aktionen, Objektdramen und Lichtszenen. Die Dramatik der Synthesen war die gleiche wie in der futuristischen Malerei, die Titel sind häufig dieselben: *Compenetrazione* (Durchdringung), *Simultaneità* (Simultaneität), *Dynamismo,* (Dynamik), *Stato d'animo* (Gemütszustand).« (B. Landes 1989, 215) Diese Szenen wurden in hohem Tempo, geradezu blitzartig gespielt. Geschwindigkeit, das überraschende Nebeneinander gänzlich heterogener Sphären, die Verschachtelung der Spielebenen und die Gleichzeitigkeit der Aktionen – dies alles sollte die polyphone Vielfalt und das permanente Bewegungschaos des modernen Großstadtlebens abbilden. (vgl. G. Lista 1986, 52) In Marinettis Manifest *Das Varieté-Theater* sind diese »sintesi« ihrer Intention und ihrer Wirkungsmittel nach am eindrucksvollsten beschrieben. Es sollte ein »Theater der Schockwirkungen, des Rekords und der Körpertollheiten« sein. »Varieté« war für Marinetti die Metapher für eine Öffnung des Theaters für alle nur denkbaren Formen der Schauvergnügungen und Sensationen, für Kino, Radio und Television, Artistik und Exzentrik, Pantomime und lyrische Rezitation, den Unsinn und die Absurdität, für Wortspiele und Witz, die Karikatur, das Plagiat und die Persiflage, für Clowns, Taschenspieler, Turner, Reiter, Ballerinen und Tänzer. Die »Music Hall« preist Marinetti als ein Genre, das alles Feierliche, Erhabene und Sinnbeschwerte zerstört: »*Parsifal* in 40 Minuten«. In Francesco Cangiullos *Detonation* sah man, als sich der Vorhang hob, »eine dunkle, verlassene Straße. Es herrschte eine Minute Totenstille. Dann ertönte ein Revolverschuß. Die Synthese war beendet.« (n. Ch. Baumgarth 1966, 142) Das Varieté galt als Trainingsstätte »futuristischer Sensibilität«. Es war der Versuch, ein antibürgerliches »Theater der Zukunft« zu kreieren, das alle, auch die trivialen Sphären der Unterhaltung einschließen sollte. Marinetti hat zwei Sammlungen solcher synthetischer Minidramen herausgegeben: *Teatro futurista sintetico* (Piacenza 1921) und *Il teatro futurista. Sintetico, a sorpresa, aeroradiotelevisivo, caffè concerto, radiofonico* (Neapel 1941). Vorbereitet war das synthetische Theater in Marinettis frühen Stücken *Le Roi Bombance* und *Poupées électriques* (1909). Letzteres wurde 1920 unter dem Titel *Elettricità sessuale* (Sexuelle Elektrizität) zur futuristischen Synthese ausgearbeitet. »Das Stück verkündet das Programm des ›Maschinenmenschen‹, des ›multiplizierbaren Menschen‹, es verhöhnt Konventionen und zeigt den Begründer des Futurismus eben als Futuristen.« (B. Landes 1989, 184) Marinetti trat in dem Stück als ›Marinetti‹ auf.

Wir sind davon überzeugt, daß man fast mechanisch mit der Kraft der Kürze ein absolut neues Theater herstellen kann, das mit unseren schnellen und lakonischen Empfindungen vollkommen übereinstimmt. Unsere Akte können nur Momente sein, d.h. sie dauern nur einige Sekunden. Durch diese wesentliche und zusammenfassende Kürze wird das Theater den Wettbewerb gegen das Kino aufnehmen, wenn nicht ihn sogar gewinnen können.

(B. Corra, F. T. Marinetti, E. Settimelli: Das futuristische synthetische Theater. *1915; in: B. Landes 1989, 163)*

Nach 1919 übertrumpfte ein Theatermanifest das andere in der Exzentrik szenographischer Konstruktionen. (vgl. E. Crispolti 1976, 307 ff) Dabei verbreiterte sich zunehmend das Spektrum der Experimentierfelder: *Manifest des Aerotheaters* (1919), *Theater der Farben* (1919), *Manifest des Erschaubaren Theaters* (1920), *Visionstheater* (1920), *Manifest des Taktilen Theaters* (1921), des *Theaters der Überraschungen* (1922), des *Magnetischen Theaters* (1925), des *Radiophonischen Theaters* (1933) und *Manifest des Totalen Theaters* (1933). In diesem letzten Manifest, das von Marinetti stammte, heißt es: »Lassen wir die Zuschauer um viele runde Bühnen herumgehen, auf denen sich gleichzeitig verschiedene Handlungen abspielen, mit einer reichhaltigen Abstufung an Intensität und an einer perfekt zusammenwirkenden Organisation von Kinematographie, Radiophonie, Telefon, elektrischem Licht, Neonlicht, Aeromalerei, Aeropoesie, Taktilismus, Humor und Duft.« (n. E. Crispolti 1976, 103)

Fortunato Dépero und Giacomo Balla

Die Erfahrungen Prampolinis in Ricciardis Theater stimmen im Grunde mit seinen bühnenbildnerischen Experimenten überein, die in die Richtung einer Bühnenbildkunst gehen, die durch rhythmisch expressive Licht- und Farbelemente immer mehr dahin tendiert, eine totale Abstraktion zu erreichen. Das könnte dahin führen, daß der Darsteller durch bewegliche Lichtbündel ersetzt wird.

(S. Sinisi 1986, o.S.)

Weitaus größere Aufmerksamkeit als die auf zahlreichen Tourneen aufgeführten »sintesi« fanden die Bühnenexperimente der futuristischen Maler. Sie waren es, die die Statik der traditionellen Bühne tatsächlich auflösten durch eine dynamische Szenographie bewegter Licht-, Farb- und Materialcollagen, durch plastische Bühnenelemente, die sie in Bewegung, in Drehung und ins Gleiten brachten. Diese Bühnenentwürfe waren gänzlich frei von der Intention, literarische Vorgaben zu illustrieren. »Die Handlung mußte reine Choreographie sein, ein chromodynamisches Spiel mit abstrakten Elementen, das im Zuschauer neue Empfindungen und neue ›gefühlsmäßige Werte‹ erzeugen sollte.« (G. Lista 1986, 53) Enrico Prampolini war einer der ersten Maler, der mit diesen Experimenten an die Öffentlichkeit trat. (vgl. Kap.: Enrico Prampolini) Wirkungsgeschichtlich waren die futuristischen Bühnenexperimente von kaum zu überschätzender Bedeutung für die Entwicklung der Szenographie im 20. Jahrhundert, darüber hinaus aber auch für inszenatorische Projekte außerhalb des Theaters, für »atmosphärische« Szenarien faschistischer Machtrepräsentation, später für Großveranstaltungen der Popmusik und ähnliche Spektakel im Showbusiness.

Fortunato Dépero (1892–1960) experimentierte vor allem mit mechanischen, wie Automaten konstruierten Figurinen (»künstlichen Lebewesen«), die den Schauspieler ersetzen sollten. Typisch für seine Arbeit waren »plastische Kostüme«, mit denen eine Art »Robotisierung des Schauspielers« (G. Lista) erreicht werden sollte. Was Dépero anstrebte, war eine komplexere Form der Theatralität, als sie das konventionelle Theater bieten konnte. 1917 schrieb er in der Zeitung *In Penombra*: »Die Gestalten werden nicht mehr hölzern sein, hart und quadratisch, sondern aus Stoff, Gummi, Blech. Licht, Rundungen, Transparenz und Elastizität werden auf sie einwirken; sie werden losgehen, überraschend mit Hilfe von Federn springen, unter Einsatz aller möglicher pyrotechnischer Mittel werden sie leuchten wie ein Wunder ... der mimische Ausdruck wird der des Bühnenbildes sein – kreisende Blumen, vorbeiziehende Berge, erglühende Kirchtürme, Häuser, die sich abdecken und öffnen ... Die Figur wird auseinandergenommen und in beeindruckender Weise deformiert, bis – wenn es sein muß – zur vollkommenen Verwandlung.« (n. S. Sinisi 1981 o.S.) Dépero entwickelte diese Projekte vielfach als szenographische Entwürfe für Ballett-Choreographien, so etwa 1916 und 1917 für *Mismimagia* und *Le Chant du rossignol* für Diaghilevs Ballets Russes. (vgl. Bd. II, Kap.: Jahrhundertwende/Frankreich u. Rußland) »Für *Mismimagia* hatte Dépero Kostüme mit starren Elementen vorgesehen, die sich durch fächerförmige Bewegungen entfalten sollten; eingebaute Lampen hätten farblich abgestimmte Kontraste zu den Kleiderstoffen ergeben. Für Diaghilevs Ballett hatte er eine kaleidoskopische Bühne mit mechanischen und fluoreszierenden Elementen entworfen, und ihre plastisch voluminösen Kostüme hätten durch ihre Exzentrik die rhythmischen Dissonanzen von Stravinskys Musik hervorragend veranschaulicht. Die pflanzenähnlichen und die anthropomorphen Gestalten der Tänzer wären so mit ein und derselben Geometrisierung aufgelöst worden.« (G. Lista 1986, 53) Dieser Entwurf, der die konzeptionelle Richtung von Déperos Arbeiten in geradezu idealtypischer Weise veranschaulicht, wurde jedoch nicht realisiert, da sich

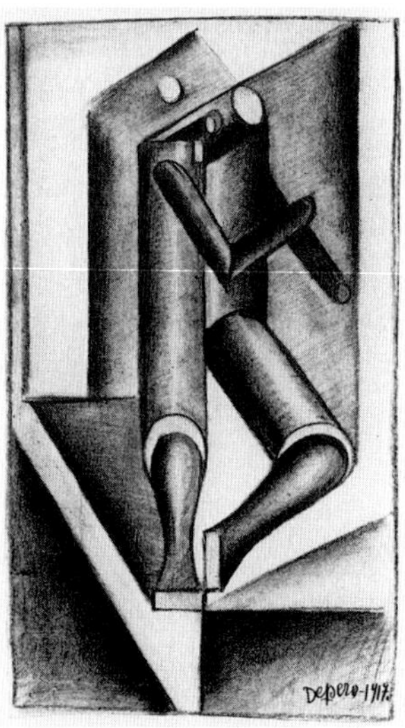

Fortunato Dépero: Automa, *Figurinenentwurf, 1917*

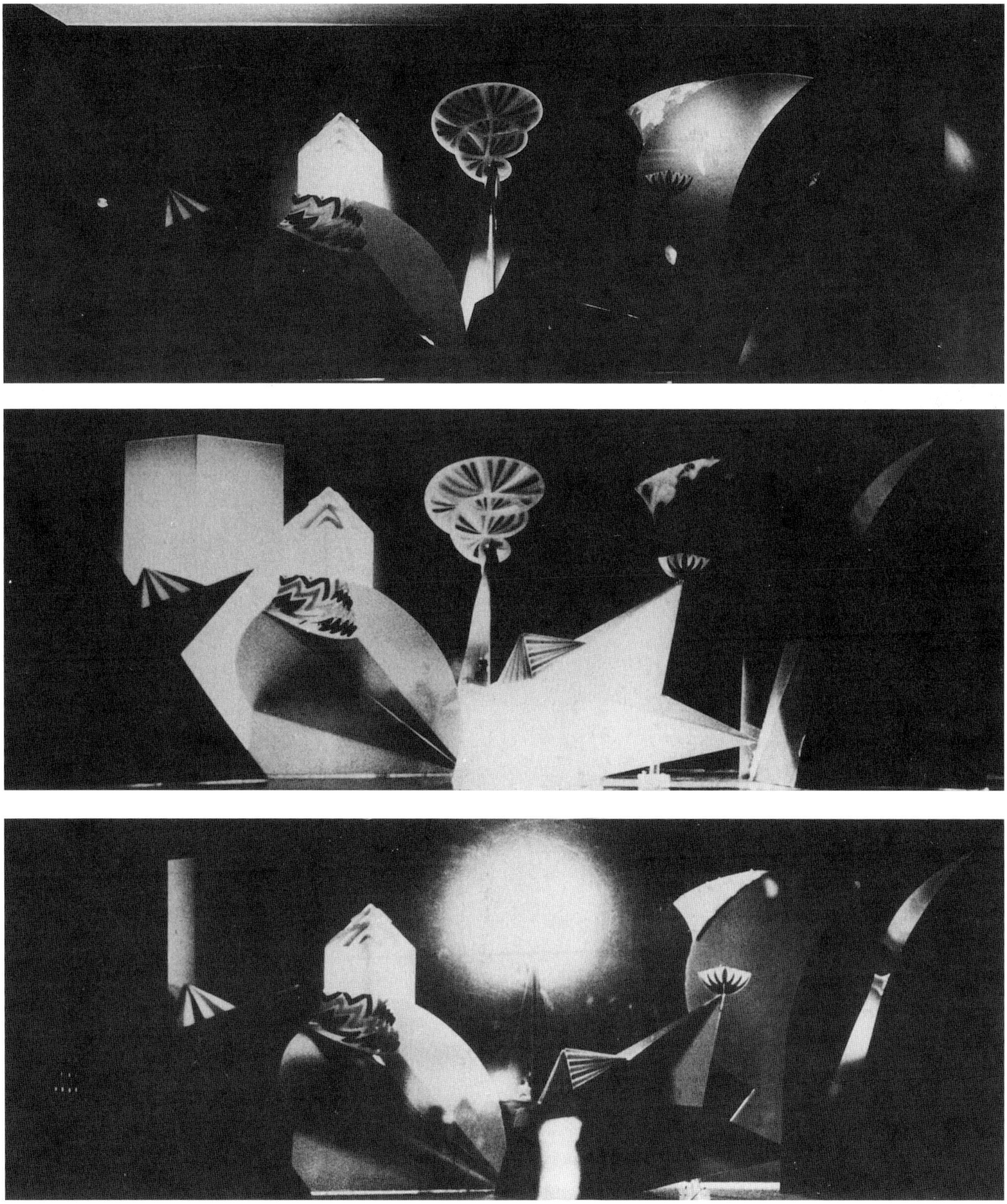

Drei Szenen in der Licht- und Bühnengestaltung von Giacomo Balla von I. Stravinskys Ballett Feuervogel, *1917. (Rekonstruktion von E. Marchegiani, 1967)*

Bühnenbildentwurf von Fortunato Dépero für das Ballett The New Babel: Grattacieli Tunnel, *New York 1930*

Diaghilev unter dem Einfluß Picassos und Cocteaus (vgl. Kap.: Frankreich) letztlich für eine andere stilistische Richtung (den Kubismus) entschied. Realisiert dagegen wurden die *Balli Plastici* (Die Plastischen Tänze) im Teatro dei Piccoli in Rom. Dieses Ballett – einer der Komponisten war Béla Bartók –, bestand aus fünf musikalischen Pantomimen. Es waren kurze Szenen mit phantastischen Figurinen, die die Titel trugen: *I Pagliacci* (Die Clowns) *L'uomo dai baffi* (Der Mann mit dem Schnurrbart) *I selvaggi* (Die Wilden), *L'orso azzuro* (Der blaue Bär) und *Ombre* (Schatten). Die streng geometrisch choreographierten Tänze erzeugten eine visionäre, traumartige Atmosphäre, spielten aber auch ausgelassen mit komischen und märchenhaften Elementen. 1924 gestaltete Dépero im Trianon Teatro in Mailand das mechanische Ballett *Anihccam dell 3000*, das von der Truppe Nuovo Teatro Futuristica realisiert wurde. Im gleichen Jahr nahm er mit Kostüm- und Bühnenentwürfen an der Internationalen Ausstellung Neuer Bühnentechnik in Wien teil; 1926 an der International Theatre Exposition in New York. Beides waren Veranstaltungen, die entscheidend waren für die Entwicklung der europäischen Theateravantgarde. Eine spätere Arbeit Déperos entstand 1930 für das Roxy Theatre in New York. Es war ein Szenenentwurf für das Ballett *The New Babel* von Leonide Massine. Dépero schuf dafür eine Bühne, die in ihrer collageartigen Verschachtelung den urbanen Lebensraum als komplexe Maschine erscheinen ließ, eine labyrinthische, polyperspektivische Kunstwelt der Subway-Tunnels und der ineinanderstürzenden Hochhäuser, die als riesenhafte, mechanisch bewegliche Elemente konstruiert waren.

Nach Musik von Igor Stravinsky entstand eine der berühmtesten Bühnenarbeiten der Futuristen, die Ausstattung von *Fuochi d'artificio* (Feuervogel) durch Giacomo Balla (1871–1958), der anfangs überwiegend mit dem Film experimentiert hatte. Ballas erstes Theaterprojekt war die Performance *Druckmaschine* im Jahre 1914. Dabei agierten zwölf »Maschinen-Menschen« vor einem Bühnenhintergrund, der aus der riesigen Inschrift TIPOGRAFIA gebildet wurde. Das Projekt *Fuochi d'artificio* entstand 1917 in Rom, wo Balla sein Atelier hatte. Er konstruierte im Teatro Costanza eine vollständig abstrahierte Bühne, in der ein auf synästhetischen Effekten beruhendes Bewegungsspiel von Licht und farbigen kristallinen Raumkörpern (Holz mit Leinwand bespannt) stattfand. Die Bühne wurde in einer Weise ausgeleuchtet, daß die raumbegrenzenden Konturen verschwanden und die Vision eines offenen, gleichsam kosmischen Raums entstand, in dem die monumental anmutenden Lichtkörper eine bizarr abstrakte Szenerie bildeten. Durch das in Farbe und Intensität gleitende, ständig wechselnde Licht und den Wechsel von Transparenz und Dichte der Körper »gelang Balla eine alchimistische Darstellung des Feuers als elementare Kraft, welche die Materie verändern kann.« (G. Lista 1986, 53) Durch die Lichtbewegung wurde der Flug der »Feuervögel« imaginiert.

Die Bühnenarbeiten der Maler-Architekten Marchi, Pannaggi und Baldessari und das Lufttheater von Fedele Azari

Virgílio Marchi (1895–1960), Ivo Pannaggi (1901–1981) und Luciano Baldessari (1896–1982) kamen von der Architektur zur Bühnengestaltung. Marchi arbeitete vor allem mit Bragaglia und Luigi Pirandello zusammen, später als Filmarchitekt mit Alessandro Blasetti, Roberto Rossellini und Vittorio de Sica. Für Pirandellos *Enrico IV.* entwarf er die Dekorationen für die Uraufführung 1925 am Teatro Argentina in Rom. Marchis Bühnenprojekte zeichneten sich durch enorme Expressivität und eine Dynamik linearer Strukturen aus. Seit Mitte der dreißiger Jahre lehrte Marchi neben seiner Tätigkeit als Bühnenbildner und Filmarchitekt ständig auch an verschiedenen italienischen Akademien. Seine Arbeiten wurden durch zahlreiche Ausstellungen weltweit bekannt.

In den plastisch-dynamischen Bühnenentwürfen von Ivo Pannaggi kamen im Kontext der italienischen Futuristen auch konstruktivistische Elemente zur Geltung, für die Pannaggi Anregungen durch seine Kontakte zu russischen Avantgardekünstlern erhalten hatte. 1932 übersiedelte er nach Deutschland und schloß sich dort dem Bauhaus an. Seine bedeutendsten Bühnenentwürfe arbeitete er für Bragaglias Teatro degli Indipendenti. 1922 veröffentlichte er zusammen mit Paladini das *Manifest der mechanischen futuristischen Kunst*, das »wegweisend für den Konstruktivismus wurde.« (vgl. S. Sinisi 1981, o.S.)

Auch für Luciano Baldessari, der von 1923 bis 1926 in Berlin lebte und dort enge Kontakte zu Persönlichkeiten des Berliner Film- und Theaterlebens (darunter Max Reinhardt und Erwin Piscator) hatte, war die »Wertigkeit des Räumlichen« (S. Sinisi) das zentrale Moment seiner Bühnenarbeiten: die Verdichtung

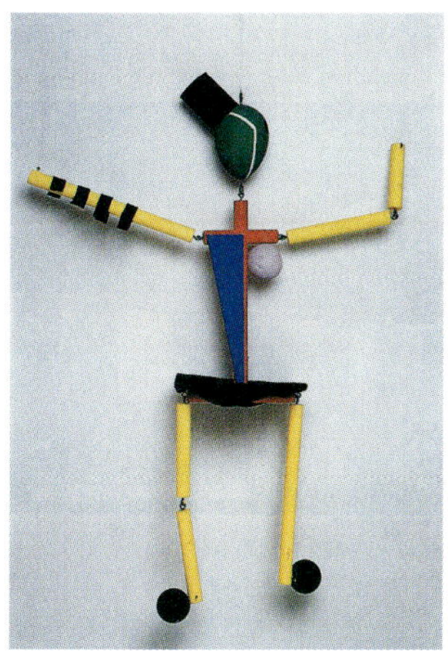

Marionette von Luigi Veronesi für I. Stravinskys Oper: Die Geschichte vom Soldaten, *1942*

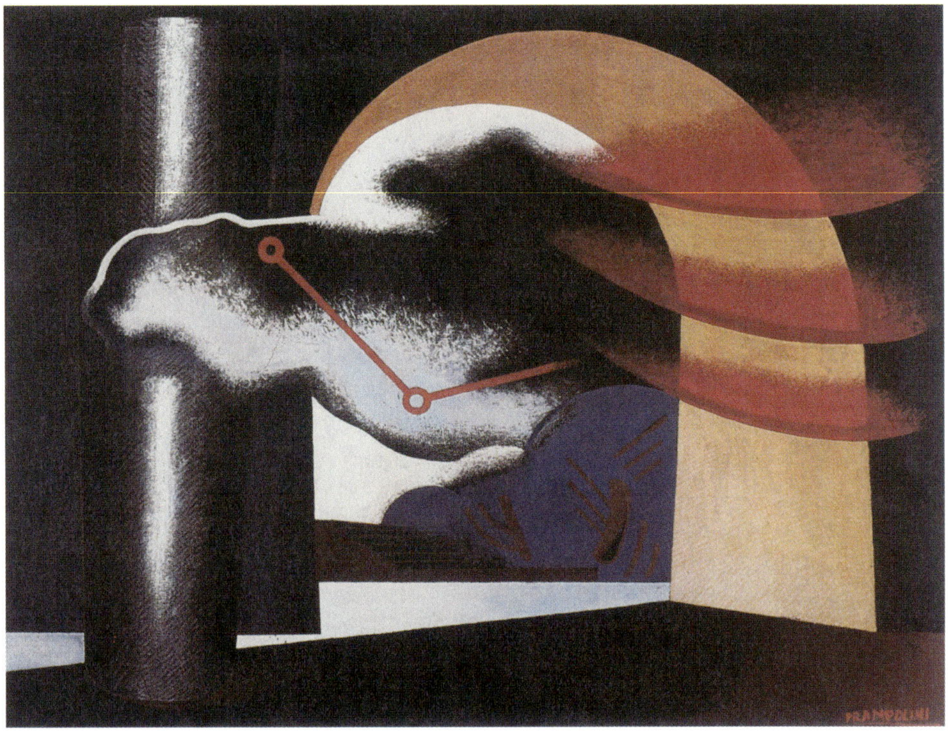

Bühnenbildentwurf von Enrico Prampolini für L'Ora del Fantaccio, *1928*

Bühnenbildentwurf von Virgílio Marchi für La nuova colonia, *1928*

Szenenstudie von Tullio Crali: Scenodinamica cinematografica, *1931*

Bühnenbildentwurf von Enrico Prampolini für Il mandarino meraviglioso, *1942*

des Raums zur szenischen Metapher. 1924 entwarf Baldessari für Max Reinhardts Berliner Bühnen mehrere Dekorationen. Wesentlich geprägt wurde er in seiner künstlerischen Entwicklung durch seinen Freund und Lehrer Fortunato Dépero.

Eine Randerscheinung des futuristischen Theaters zwar, in seinem experimentellen Impetus aber doch äußerst typisch für den Maschinenkult und die militaristische Komponente des Futurismus war das Lufttheater, das Fedele Azari im Frühjahr 1918 über der norditalienischen Ortschaft Busto Arsizio veranstaltete. Im April 1919 verfaßte er das Manifest *Il teatro aèro futurista* (Das futuristische Lufttheater). Azari, ein erfahrener Pilot der italienischen Luftwaffe, »tanzte« dabei mit einem in grellen Farben bemalten Flugzeug in »Sturzflügen«, »spiralförmigen Wirbeln«, »zwei-, drei- oder zehnmaligem Umdrehen«, »fröhlichen Schleifenflügen« und »Schaukeln in langen Stürzen – wie tote Blätter« (*Manifest des futuristischen Lufttheaters*) eine Art Ballett am Himmel über Busto Arsizio. Es sollte »Volkstheater im wahrsten Sinne« sein. Mit mehreren Flugzeugen – so heißt es in Azaris Manifest – könnten Dialoge und Pantomimen inszeniert werden: »Während des Tages werden über einer grenzenlosen Masse von Zuschauern bemalte Flugzeuge in einer durch ihre Rauchemissionen gefärbten Luft tanzen, und nachts werden sie über Mailand … mit Lichtstrahlen bekleidet phantastische Tänze ausführen … So wird dieses Theater das wahre, lohnende, ganz freie, männliche, energische und praktische Theater der großen futuristischen Nation werden, die wir anstreben.« (n. M. Brauneck 1993, 182f)

Ich halte den Schauspieler für ein unnötiges Element für die Bühnenhandlung; er ist deshalb gefährlich für die Zukunft des Theaters. Der Schauspieler ist das Element der Interpretation mit den größten Rätseln und den geringsten Garantien. Während die Bühnenauffassung einer Theateraufführung ein Absolutes in der szenischen Umsetzung darstellt, verkörpert der Schauspieler stets den relativen Teil. In der Tat ist das Unbekannte des Schauspielers das, was die Bedeutung der Aufführung verformt und festlegt, wobei die Wirksamkeit des Ergebnisses kompromittiert wird. Das Eingreifen des Schauspielers im Theater als Element der Interpretation halte ich also für einen der absurdesten Kompromisse für die Kunst des Theaters. Das Theater in seiner reinsten Ausdruckskraft ist nämlich ein Ort der Enthüllung des tragischen, dramatischen und komischen Mysteriums, jenseits der menschlichen Vorstellungswelt.

(E. Prampolini: Die futuristische Bühnenatmosphäre. *1924; in: M. Brauneck 1993, 100f)*

Enrico Prampolini

»Wir fühlen auf mechanische Weise.
Wir fühlen uns aus Stahl gebaut.
Auch wir Maschinen, auch wir,
Mechanisierte …«

(Enrico Prampolini: *Die mechanische Kunst*, 1923)

Neben Giacomo Balla und Fortunato Dépero war Enrico Prampolini (1894–1956), der aus Modena stammte, der Bühnenbildner, der durch seine vielseitigen praktischen Arbeiten wie durch eine Reihe von Manifesten die Entwicklung des futuristischen Theaters am nachhaltigsten mitgestaltete. 1912 nahm er sein Studium der Malerei in Rom auf; im Oktober 1913 schloß sich Prampolini dem Kreis der römischen Futuristen um Balla an. 1914 trat er erstmals mit einem Manifest an die Öffentlichkeit; es trug den Titel *L'atmosfera-struttura. Manifesto per un'architettura futurista* (Manifest für eine futuristische Architektur). 1915 veröffentlichte er weitere Manifeste zur Malerei und zur Bewegungsplastik. Am 12. Mai 1912 erschien in der Zeitschrift *La Balza* sein erstes Theatermanifest: *Scenografia e coreografia futurista. Manifesto technico.* (Futuristische Bühnenmalerei und Choreographie. Technisches Manifest); im Dezember folgte *La scultura dei colori e totale. Manifesto per una plastica cromatica e poliespressiva* (Die Farben- und Totalskulptur. Manifest für eine chromatische und polyexpressive Plastik). Mit diesen programmatischen Beiträgen war der theoretische Rahmen von Prampolinis Theaterarbeiten abgesteckt.

Stets integriert in eine dynamische Raum- und Bewegungsgestaltung, sprengten die Bühnenentwürfe Prampolinis alle traditionellen Vorstellungen eines Bühnenraums. Eines seiner wesentlichen Gestaltungsmittel war eine dynamische Lichtarchitektur. Das »plastisch« eingesetzte Licht als Ausdrucksträger ersetzte ihm den Schauspieler: »Farbenglühende Ausstrahlungen ..., die durch ihr tragisches Zusammenbündeln oder ihr wollüstiges Zurschaustellen im Zuschauer unvermeidlich neue Empfindungen und neue Gefühlswerte hervorrufen. Vorbeihuschende Lichtreflexe und erleuchtete Formen (die durch den elektrischen Strom zusammen mit farbigen Gasen erzeugt werden) lösen sich in dynamischen Verzerrungen los; echte Gas-Darsteller eines unbekannten Theaters sollen die lebenden Schauspieler ersetzen«. So formulierte Prampolini seine Bühnenvision in einem *Manifest* vom 12. Mai 1915.

In Rom entwarf er in den Jahren 1917 bis 1919 eine Reihe bedeutender Bühnenausstattungen, darunter für *La vita dell'uomo* von Andrejev, aufgeführt am Teatro Argentina in Rom und für *Matoum et Tévibar*, ein Marionettenstück von Albert Birot, bei dem die gemalte Bühne durch eine Lichtarchitektur ersetzt wurde. Prampolinis Arbeiten (1920/21) für Achille Ricciardis *Theater der Farben* (Teatro del Colore) stellten in diesen Jahren den Höhepunkt futuristischer Szenographie dar. Bei allen diesen Experimenten, auch bei den Arbeiten von Dépero und Balla, ging es um eine Synthese von Theater, Malerei und Architektur. »Plastisches Theater«, »mechanische Kunst«, »synthetisches Theater«, »totales Theater« – mit diesen Formeln wurde dieser komplexe Gestaltungsanspruch umschrieben. Die *Prinzipien neuester szenographischer Emotivität* (Principi di emotività scenografica novissima), die Prampolini im April 1917 in der Nr. 1 der Zeitschrift *Procellaria* veröffentlichte, führten diese Ideen auf der Ebene der Rezeptionsproblematik weiter. Im Oktober 1919 erschien das Manifest *Arte decorativa futurista* (Futuristische Dekorationskunst). Darin ging es neben dem Theater um einen weiteren wesentlichen Bereich futuristischer Gestaltungsaktivitäten, nämlich um die Ausstattung von Festen, Sälen, Stadien und ähnlichen öffentlichen Räumlichkeiten für Massenveranstaltungen.

Prampolini pflegte enge Kontakte zu Künstlergruppen in Deutschland und Prag. Offenbar waren diese Verbindungen über den Kreis der Züricher Dadaisten vermittelt worden. So nahm er im Juni 1922 an einem Internationalen Kongreß der Künstler der Avantgarde in Düsseldorf teil. Ein Text, den er für diesen Kongreß verfaßte, erschien in *De Stijl* (Nr. 8, August 1922) und in der Juni/Juli-Nummer von *Noi*. In *De Stijl* war bereits in Nr. 7 der Essay *L'estetica della macchina e l'introspezione meccanica nell'arte* (Die Ästhetik der Maschine und die mechanische Introspektion in die Kunst) erschienen. Mit Walter Gropius, Kandinsky und Paul Klee arbeitete Prampolini zeitweilig am Bauhaus in Weimar zusammen. Im Mai 1923 erschien in der Zeitschrift *Noi* (Nr. 2) das von Prampolini zusammen mit Paladini und Pannaggi (bereits im Oktober 1922) unterzeichnete *Manifesto dell'arte meccanica* (Manifest der mechanischen Kunst), eine für die Entwicklung der europäischen Avantgarde richtungweisende Schrift. Es wird darin eine Ästhetik vorgestellt, die die künstlerische Produktion unter dem Aspekt des technischen Fortschritts betrachtete, künstlerische Produktionen mit der mechanisch-technischen Produktion gleichsetzte.

Erneuern wir das Bühnenbild. Der völlig neue Charakter, den wir dem Bühnenbild geben werden, ist bedingt durch die Abschaffung der gemalten Kulisse. Das Bühnenbild wird nicht länger ein farbiger Hintergrund sein, sondern eine farblose elektromechanische Architektur, die durch die chromatischen Ausstrahlungen einer Lichtquelle kräftig belebt wird. Diese werden durch elektrische Scheinwerfer und farbige Gläser erzeugt werden, die analog zur Psyche jeder szenischen Handlung geordnet und koordiniert werden. Die leuchtenden Strahlen dieser Bündel, dieser farbigen Lichtflächen, und ihre dynamischen Kombinationen werden wunderbare Resultate der Durchdringung und der Überschneidung von Licht und Schatten ergeben. Dadurch werden ausgesparte Stellen und leuchtende Verkörperungen der Freude entstehen. Diese Hinzufügungen, diese irrealen Zusammenstöße, dieser Reichtum an Empfindungen und ferner die dynamischen Bühnenarchitekturen, die sich bewegen und Metallarme ausstrecken, die plastische Ebenen umstürzen inmitten eines ganz neuen modernen Geräusches, werden die vitale Intensität der szenischen Handlung vermehren.

(E. Prampolini: Futuristische Bühnenbildnerei. *1915; in: M. Brauneck 1993, 97)*

Figurinenentwurf von Fortunato Dépero für Techno Magico *von I. Giocolieri, 1919*

Vor allem die sowjetrussischen Konstruktivisten (Majakovskij, Mejerchol'd u.a.) nahmen diese Ideen auf: »Wir fühlen auf mechanische Weise. Wir fühlen uns aus Stahl gebaut. Auch wir Maschinen, auch wir, Mechanisierte! ... Wir Futuristen zwingen die Maschine dazu, sich ihrer praktischen Funktion zu entledigen, sich zum geistigen und selbstlosen Leben der Kunst emporzuschwingen und eine erhabene und befruchtende Wirkung auszuüben.« Prampolini entwickelte in seinen Theaterarbeiten auch experimentelle Ansätze von Adolphe Appia und Edward Gordon Craig weiter, (vgl. Bd. III, Kap.: Jahrhundertwende), insbesondere im Bereich der Licht- und Farbenregie.

Mit dem Manifest *Atmosfera scenica futurista* von 1924 leitete Prampolini eine neue Phase in der Entwicklung des futuristischen Theaters ein, nämlich dessen konsequente Abstraktion. Es heißt dort: »Das polyexpressive futuristische Theater wird ein mächtiges Zentrum der abstrakten Bewegung sein. Jede Aufführung wird ein ›mechanischer Ritus‹ der ewigen Transparenz der Materie sein, eine magische Offenbarung eines geistigen und wissenschaftlichen Mysteriums ... Ein Zentrum der geistigen Abstraktion für eine neue Religion der Zukunft.« (n. S. Sinisi 1986, o.S.) Prampolinis Entwürfe für diese abstrakte Bühne wurden in Ausstellungen in Prag, Wien, Paris und New York gezeigt. 1925 gewann er in Paris den Grand Prix Mondial pour le Théâtre mit seinem Modell eines »Teatro Magnetico«, mit dem ein mehrdimensionaler Bühnenraum simuliert werden konnte. 1927 gründete Prampolini das Teatro della Pantomima Futurista und gastierte damit auch in Paris. In alle diese Experimente wurde der Film als Medium mechanischer Bilderzeugung integriert.

In den dreißiger und vierziger Jahren arbeitete Prampolini auch für die Oper, am Teatro dell'Opera in Rom und am Teatro La Fenice in Venedig.

Anton Giulio Bragaglias Reformprojekte am Teatro sperimentale degli Indipendenti und am Teatro dell'Arti

Eine der vielseitigsten und profiliertesten Persönlichkeiten, die die Durchsetzung des modernen Theaters in Italien vorantrieben, war der Kritiker, Stückeschreiber, Theaterleiter, Regisseur, Theaterhistoriker, Archäologe, Fotograf und Filmemacher Anton Giulio Bragaglia (1890–1960). Seine Bedeutung für die künstlerische Entwicklung des italienischen Theaters ist vergleichbar mit der Jacques Copeaus in Frankreich; darüber hinaus nahm Bragaglia auch Repräsentationsfunktionen auf internationaler Ebene wahr. Den Futuristen schloß er sich zwar schon 1910 an, wahrte aber der Bewegung insgesamt gegenüber eine kritische Distanz, die sich vor allem in seiner positiven Einschätzung der Bedeutung der Tradition, die diese auch für das Kunstschaffen der Moderne habe, ausdrückte.

Zu den Futuristen ergab sich für Bragaglia eine unmittelbare Beziehung durch seine foto-experimentellen Arbeiten. Er entwickelte die sogenannte Fotodynamik. Beispiele solcher Arbeiten wurden 1912 und im März 1913 in Rom präsentiert. Marinetti schrieb eine Einführung für diese Ausstellungen. Die fotodynamischen Bilder Bragaglias zeigen – unter Einsatz von Mehrfachbelichtung oder der Ausnutzung der Bewegungsunschärfe – Objekte in Bewegung. In der im Bild fixierten »dynamischen Bewegung« als der gleichzeitigen Dar-

Bühnenmodell von A. G. Bragaglia, 1924

stellung ungleichzeitiger Momente einer Bewegungssequenz manifestierte sich das für die »futuristische Sensibilität« so zentrale Prinzip der simultanen Wahrnehmung in geradezu perfekter Anschauung. Im Juni 1913 veröffentlichte Bragaglia das Manifest *Fotodinamismo futurista* (Futuristischer Fotodynamismus), in dem er diese Experimente im Kontext allgemeiner kunsttheoretischer Aspekte erläuterte.

Mit der Gründung der Zeitschrift *Le Cronache d'Attualità* im April 1916 schuf Bragaglia ein für die Verbreitung des Futurismus bedeutsames Publikumsorgan, das bis 1922 erschien. 1916 produzierte er drei Filme, bei denen er auch Regie führte, *Perfido Incanto* (mit Dekorationen von Prampolini), *Thais* und *Il mio cadavere.* Ende 1918 gründete er in Rom die erste italienische Kunstgalerie, die Casa d'Arte Bragaglia.

Ein für die Theaterentwicklung Italiens programmatisches Ereignis war die Eröffnung des Teatro sperimentale degli Indipendenti im Jahre 1922 in Rom. Bragaglia stellte in diesem Theater das gesamte Spektrum des modernen europäischen Theaters vor: vor allem Stücke von Apollinaire, Jarry, Pirandello, O'Neill, Brecht, Sternheim, Shaw, Strindberg, Wedekind und Schnitzler. Besonders breiten Raum gewährte er jedoch den futuristischen Bühnenexperimenten. Es gelang ihm, die futuristischen Szenographen Marchi, Prampolini, Pannaggi, Paladini, Fornari und Valente zeitweilig als Mitarbeiter zu gewinnen. Bragaglia selbst führte zumeist Regie und konnte hier (im ersten – freilich noch privatwirtschaftlich betriebenen – »teatro stabile« Italiens) seine Reformideen erstmals in der Praxis verwirklichen. In seiner Schrift *Del teatro teatrale* (1927) entwickelte er seine Vorstellung von einem »theatralischen Theater«, bei dem es

Szenenfoto aus A. G. Bragaglias Film Perfido Incanto. *Ausstattung: E. Prampolini, 1916*

ihm darum ging, die Techniken des für die Theatertradition Italiens so charakteristischen Improvisationstheaters, der Commedia dell'arte, mit den szenographischen Experimenten der Futuristen zu kombinieren.

Bragaglia faßte die Theaterszene architektonisch auf. Er schaffte die gemalte Kulisse zugunsten einer – wie er es nannte – »szenoplastischen« Lösung ab. Der Spielraum wurde ausschließlich durch Raumelemente strukturiert. Bahnbrechend war Bragaglias Entwicklung einer Regie des »psychologischen Lichts«, das durch wechselnde Intensität, seine Eigenbewegung und Farbigkeit gleichsam mitspielte. Anregungen dafür fand er in Experimenten, die der Schweizer Adolphe Appia auf diesem Gebiet durchgeführt hatte. Eine besondere Rolle spielten für sein Theater die Masken; sogenannte »mobile Masken«, die aus beweglichem, sehr dünnem Kautschukmaterial hergestellt waren. Bühnentechniker zählten zu Bragaglias wichtigsten Mitarbeitern. Mit ihnen entwickelte er in seinem Theater eine »multiple Bühne«. Sie bestand aus sechs selbständigen Spielräumen, die zur gleichen Zeit spielbereit und auf Plattformen neben, in, über und unter der zentralen Bühne plaziert waren. Jedes der Plateaus konnte mit Hilfe einer elektrischen Maschinerie ins Spielzentrum gefahren werden. Der dadurch möglich gewordene sehr rasche Szenenwechsel und vor allem das Simultanspiel gehörten zu den für das »theatralische Theater« Bragaglias charakteristischen Überraschungseffekten.

1931 mußte das Teatro degli Indipendenti aus finanziellen Gründen den Spielbetrieb einstellen. Bragaglia arbeitete in den folgenden Jahren zunächst als Gastregisseur an einigen italienischen Bühnen. 1937 schließlich ergriff er die Initiative zur Gründung des Teatro dell'Arti innerhalb der 1935 eröffneten Staatlichen Akademie für Schauspielkunst in Rom. Er leitete dieses Theater bis 1943 und führte dort das künstlerische Konzept des Indipendenti weiter. 1945 wurde er in die UNESCO berufen und vertrat bis 1957 Italien auf allen internationalen Theaterkongressen. In den fünfziger Jahren standen vor allem Forschungen zur Theatergeschichte, zur Commedia dell'arte, zum Volks- und Maskentheater im Mittelpunkt von Bragaglias Arbeiten. Daneben gab er mit einer neuen Truppe Gastspiele in Italien und Nordamerika, hielt Vorträge in aller Welt und organisierte zahlreiche Ausstellungen zur neueren Bühnenbildentwicklung. 1959 wurde Bragaglia zum Präsidenten der Associazione Registi e Scenografi berufen. In Rom wurde nach seinem Tode (1960) ein Centro studi Bragaglia gegründet, das als wissenschaftliche Einrichtung die Auswertung und Weiterführung der Arbeiten von Anton Giulio Bragaglia betrieb.

Luigi Pirandello: das »Theater der nackten Masken«

»Wahr ist das Meer, gewiß;
wahr ist der Berg …
aber der Mensch? Immer maskiert,
ohne es zu wollen, ohne es zu
wissen …«

(L. Pirandello: *L'umorismo* 1908)

L'umorismo und Dramaturgie

Marta Abba als Stieftochter in L. Pirandellos Sechs Personen suchen einen Autor, *Rom 1925*

Obwohl Pirandellos legendäres Schauspiel *Sei personaggi in cerca d'autore*, das 1921 am Teatro Valle in Rom uraufgeführt wurde, eigentlich von der »Unmöglichkeit des Theaters« handelt, galt es doch langehin als der »Inbegriff des modernen Dramas« (P. Szondi 1963, 127) und wurde ein beispielloser Bühnenerfolg. Nach der Mailänder Aufführung dieses Stücks »verbreitete sich die Pirandello-Mode wie ein Fieber über fast alle Bühnen der Welt, trieb das Publikum bis in die Provinz hinein in die Theater und versetzte Zuschauer, Kritiker, Regisseure und Schauspieler in einen wahren Theatertaumel.« Das Stück wurde in fünfundzwanzig Sprachen übersetzt. »In Deutschland spielte man innerhalb von drei Jahren – nach Max Reinhardts spektakulärer Aufführung 1925 in Berlin – zwölf Pirandello-Stücke, in Frankreich bis zu Pirandellos Tod vierzehn, und in New York führte ein Theater eine ganze Pirandello-Saison ein und nannte sich seitdem ›Pirandello-Theatre‹. Pirandello wurde beinahe weltweit zum Spielplanbeherrscher, und wenn auch die Kritik gelegentlich aufbegehrte, das Publikum unterwarf sich ihm mit Enthusiasmus.« (R. Matthaei 1967, 100)

Dabei war Luigi Pirandello (1867–1936), der in Girgenti (heute Agrigento) in Sizilien als Sohn eines Schwefelgrubenbesitzers geboren wurde, in Rom und in Bonn romanische Philologie studierte, erst zu einem späteren Zeitpunkt seiner Schriftstellerkarriere zum Theater gekommen. Es entstanden zwar bereits in den Anfängen seiner Laufbahn auch Arbeiten für das Theater – *La morsa* (1892, Der Schraubstock), *La ragione degli altri* (1896, Recht haben die andern) oder *Lumie di Sicilia* (1910, Zitronen aus Sizilien) –, doch bestimmte zunächst das erzählerische Werk das Bild dieses Autors in einer breiteren Öffentlichkeit. Bekannt und berühmt wurde er durch seine großen Gesellschaftsromane: *Il fu Mattia Pascal* (1903, Die Wandlungen des Mattia Pascal), *Giustino Roncella nato Bogiòlo*, 1911 erschienen unter dem Titel *Suo marito* (Ihr Gatte), *I vecchi e i giovani* (Die Alten und die Jugend; 1909 begonnen, 1911 erschienen) und *I quaderni di Serafino Gubbio operatore* (Die Hefte des Kameramanns Serafino Gabbio, 1911 erschienen unter dem Titel *Sigira*). Zerfallsprozesse der bürgerlichen Gesellschaft, Isolation, Entfremdung und der zerstörerische Druck leerer

L. Pirandello: Heinrich IV. *R.: A. Barsacq. B. u. K.: L. Grischia. Paris 1950*

Konventionen sind zentrale Themen dieser Werke. Zwar noch ganz der veristischen Schule verhaftet, was die Dichte und Konkretheit der sozialen Milieuschilderung betrifft, schlagen diese Romane doch im Stil des Erzählens einen neuen Ton an, der die Geschehnisse oftmals einen geradezu »surrealen« Verlauf nehmen läßt und die Zeichnung der Charaktere bis ins Groteske zuspitzt. 1908 veröffentlichte der promovierte (1891) Literaturwissenschaftler und seit 1898 als Dozent am Istituto superiore di Magistero in Rom tätige Pirandello einen Essay mit dem Titel *L'umorismo* (Das Humoristische). Es war der »Versuch eines philosophischen Systems«, in dem Pirandello gewissermaßen die geistigen und weltanschaulichen Koordinaten seines literarischen Werks darlegt. Mit dem Begriff des »Humors« bezeichnet er darin die »Unentschiedenheit im Widerstreit des Gegensatzes« (F. Rauhut), die in seiner Vorstellungswelt das »Leben« ausmacht. Dieses nämlich zeichne sich durch »beständiges Fließen« aus, das die

Menschen in »Formen« zu bannen, anzuhalten versuchen, das aber aus diesen »Formen« (Ideale, Moral, Begriffe, soziale Rollen, Fiktionen) auch wieder auszubrechen vermag, wieder entgleitet. Pirandello spricht in diesem Zusammenhang vom »Abgrund« der Seele als einer permanenten Gefährdung der menschlichen Existenz: »Und das Unvorhergesehene, das es im Leben gibt? Und der Abgrund, der in der Seele ist? Fühlen wir darin nicht oft seltsame Gedanken dahinschnellen, gleich Blitzen der Narrheit, inkonsequente, sogar uns selbst nicht erkennbare Gedanken, als ob sie wirklich aus einer Seele herauskämen, die von der, die wir normalerweise als die unsrige anerkennen, verschieden ist.« (n. F. Rauhut 1964, 405) In dieser Vorstellung von einer für die Subjekte selbst nicht erfahrbaren Gewißheit (»Wahrheit«) ihrer selbst liegt der Schlüssel zum Werk dieses Dichters, – modellhaft vorgeführt in der Dramaturgie seiner Stücke. Pirandello nahm damit einen Diskurs auf, der im Werk Ibsens (mit dem Begriff der »Lebenslüge«), Strindbergs, Wedekinds oder Schnitzlers (vgl. Bd. III, Kap.: Jahrhundertwende) aufgekommen war: ein aus tiefer Verunsicherung motiviertes Fragen nach der »Wahrheit« der Existenz. In Pirandellos »philosophischem System« des *L'umorismo* wird dieses Problem auf eine existentielle Ebene verlagert: Die Menschen existieren nur als *maschere nude*, als »nackte Masken« – so lautet auch der Sammeltitel, den Pirandello für seine Bühnenwerke ausgewählt hat. Gemeint ist mit dieser eigenwilligen Wortprägung, daß der Mensch, der nur »maskiert« lebensfähig ist – mit einer Maske nach außen für die anderen, aber auch einer inneren Maske für sich selbst –, seinem Schicksal gewissermaßen »nackt« gegenübersteht. In *L'umorismo* lautet die viel zitierte Schlüsselstelle: »Jeder macht sich die Maske zurecht, wie er kann – die äußere Maske. Denn drin ist dann die andere, die oft nicht mit der draußen übereinstimmt. Und nichts ist wahr! Wahr ist das Meer, gewiß, wahr ist der Berg; wahr der Felsen; wahr ein Grashalm; aber der Mensch? Immer maskiert, ohne es zu wollen, ohne es zu wissen, mit jenem Etwas, das zu sein er sich guten Glaubens einbildet ... Das ist so lächerlich, wenn man daran denkt.« (n. F. Rauhut 1964, 406) Hatten die Dramatiker der Jahrhundertwende – Ibsen, Wedekind oder Strindberg – das Phänomen der »Lebenslüge« noch unmittelbar aus der Widersprüchlichkeit der moralischen Verfassung der Gesellschaft oder der Verstrickung der Subjekte in den Wirrnissen ihrer Psyche zu erklären versucht, so ist für Pirandello die Maskenhaftigkeit – »›einer‹ mit diesem, ›einer‹ mit jenem (zu sein) – ganz verschieden« (*Sechs Personen suchen einen Autor*) – zu einem Merkmal der existentiellen Konstitution des Menschen geworden. Pirandello leitet diesen – für ihn ontologisch zwingenden Befund – letztlich aber doch auch aus ganz persönlichen Erfahrungen ab. Dabei spielte der langjährige Umgang mit seiner geisteskranken Frau eine zentrale Rolle, der ungeliebten Partnerin in einer von den Vätern arrangierten Heirat, der ihn alle Symptome eines psychotischen Persönlichkeitsverfalls hautnah erleben ließ (»Eine Verrückte hat mir fünfzehn Jahre lang die Hand geführt«). Nicht zuletzt aber prägte ihn auch sein Leben in der »Zwangsgesellschaft« des sizilianischen Bürgertums, insbesondere seine leidvollen Jugenderfahrungen mit einem brutalen, despotischen Vater. R. Matthaei resümiert diese lebensgeschichtliche Disposition des Autors folgendermaßen: »Alle ›Verrückten‹, die seine Dramen bevölkern, entwickeln ihren Persönlichkeitszerfall unter dem Druck einer terroristischen Außenwelt, die das Spiegelbild der sizilianischen Gesellschaft ist. Sie sind Opfer eines Skandals, der nur

L. Pirandello: Heinrich IV. *R.: L. Pirandello. Teatro Manzoni, Mailand 1922. Ruggero Ruggeri in der Titelrolle*

Luciano Baldessaris Bühnenbildentwurf für Heinrich IV. *von L. Pirandello, 1930*

hier, in der stickigen Luft eines unbeweglich gewordenen Milieus, ein Ausmaß an Angst erzeugen konnte, das die Personen zerstörte und sie in eine verzweifelte Jagd nach immer neuen, immer wahnhafteren Scheinkonstruktionen trieb.« (1967, 13) Damit aber wird auch deutlich, wie sehr die Theaterarbeiten Pirandellos – die mit den traditionellen Kategorien »dramatisch« oder »episch« nicht beschreibbar sind, auch Szondis Zuordnung zum »Epischen« läuft letztlich ins Leere (vgl. P. Szondi 1963, 133) – durch eine spezifisch italienische Theaterentwicklung vorbereitet waren: das *Teatro del grottesco* von Luigi Chiarelli, das auf den italienischen Bühnen nach 1916, der Uraufführung von Chiarellis Erfolgsstück *La maschera e il volto*, eine Art Modewelle des Grotesken ausgelöst hatte. (vgl. W. Zettl 1965, 43ff) So finden sich auch bereits in Chiarellis Kommentierung seiner neuen Form des Schauspiels, das er gegen die Tradition der Tragödie, der Komödie, aber auch der Tragikomödie entschieden abgrenzte, Hinweise auf eine letzte Unbestimmbarkeit der Identität seiner Protagonisten, entgegen den fest umrissenen Figuren des veristischen oder des psychologischen Theaters. In *Rassegna italiana* (15. August 1918) schreibt Chiarelli: »Das Undefinierbare, was den eigentlichen Wert eines Kunstwerks ausmacht, fehlt (dem derzeitigen bürgerlichen Theater) zur Gänze ... Jenes Undefinierbare, welches das eigentliche Geheimnis einer authentischen Wahrheit ist ... und die Personen menschlich werden läßt, welches schließlich das Siegel der alogischen Gesetzmäßigkeit des Lebens ist.« (n. W. Zettl 1965, 49) Um überleben zu können, geben sich Chiarellis Protagonisten willig der Täuschung über sich selbst hin; unfähig zu wirklichen Konflikten, changieren sie zwischen Fiktion und Realität.

L. Pirandello: Così è (se vi pare). *R.: G. De Lullo. Compagnia De Lullo – Falk – Valli – Albani. Teatro Valle, Rom 1972*

Unmittelbar nachdem Chiarellis Stück seinen Siegeszug an den italienischen und europäischen Bühnen angetreten hatte, brachte Pirandello die Parabel (1917) *Così è (se vi pare)* heraus: »So ist es (Wenn es Euch so scheint)«. In der Radikalität freilich, mit der in diesem Stück eine »Wahrheit« der Existenz, ja Wahrheit als ontologische Gegebenheit schlechthin negiert wird, übertraf Pirandello seine Vorgänger Chiarelli oder Rosso di San Secondo bei weitem: »›Ich bin für die anderen jene Person, für welche sie mich halten, für mich bin ich niemand‹ – ist das Bekenntnis von Giulia Ponza, um deren Identität es in dem Stück geht.« (W. Zettl 1965, 51) Dieses Entdecken des »Gegenteils«, in dem sich jede Suche nach der Wahrheit verstrickt, ist das Wesen jener Lebensphilosophie, die Pirandello *L'umorismo* nennt, in der das Lachen freilich nicht vorkommt. Bei allem Pessimismus, der diese Philosophie durchdringt, bleibt allein ein Positives; es ist die Erkenntnis: das Leben bleibt »beständig im Fluß.« (dazu F. Rauhut 1964, 409 f) Als Konstruktionsprinzip einer Dramaturgie bedeutet dies, die »Wirklichkeit« der Rollen ständig so ins Fließen zu bringen, daß der Zuschauer keinen Standpunkt mehr findet, der ihm die Möglichkeit bietet, festzustellen, welcher Wirklichkeit er im Spiel soeben beiwohnt. Für diese Art der Konstruktion von »Gegenteilen« als Prinzip einer Dramaturgie hat sich der Begriff »Pirandellismus« eingebürgert.

Der lebensphilosophische Ansatz seines Denkens hatte wohl auch Pirandellos positive Einstellung zum Faschismus bestärkt. Hinzu kam eine bereits in seiner Familie vorgeprägte politische Haltung, die eine umfassende Erneuerung Italiens, ja schlichtweg Revolution, für eine historische Notwendigkeit hielt. In diesem Sinne erschien Pirandello der Faschismus als eine Politik der »Tat« und zugleich der »Erneuerung«. 1924 wurde der zu dieser Zeit schon prominente, international gefeierte Schriftsteller Mitglied der faschistischen Partei und engagierte sich öffentlich für eine antidemokratische Neuordnung der italienischen Gesellschaft unter Führung des »Duce«. Mussolini revanchierte sich für diese Parteinahme durch die staatliche Subventionierung des Ensembles des Teatro d'Arte, das Pirandello leitete – nun unter dem Namen »Teatro del Regime« (vgl.

R. Matthaei 1967, 18) –, und er machte ihn zu seinem Berater in allen kulturpolitischen Belangen, die das Theaterleben betrafen. Geplant war auch die Gründung eines ersten repräsentativen italienischen Staatstheaters, wozu es jedoch nicht kam. Eröffnen aber konnte Pirandello das Teatro d'Arte di Roma (im Teatro Odescaldi) – in Anwesenheit Mussolinis – mit dem Einakter *Sagra del Signore della Nave* (Das Fest unseres Heilands vom Schiff). Im Mittelpunkt dieses Stücks, in dessen Inszenierung Pirandello die räumliche Trennung von Bühne und Publikum zugunsten einer Akteure und Zuschauer gleichermaßen suggestiv in Bann ziehenden vitalistischen Spielatmosphäre aufhob, stand ein sizilianisches Kirchweihfest. In der Schilderung der Anarchie, in die sich dieses Fest hineinsteigert, in Rausch und Gewalt, Zerstörung jeder Ordnung und in groteske Komik zeichnet sich aber doch unmißverständlich Pirandellos Skepsis gegenüber der faschistischen Verherrlichung der Massen und deren irrationaler, blinder Dynamik ab. Daran anschließend ging Pirandello mit seiner Truppe auf Tournee durch England, Frankreich, Deutschland, Österreich und Südamerika. Im Oktober 1925 gastierte er mit mehreren Inszenierungen am Berliner Staatstheater, wobei allein die Aufführung von *Heinrich IV.* ein Erfolg war. Die uneingeschränkte Bewunderung, die dem Autor Pirandello für seine Stücke längst schon zuteil geworden war, konnten die Aufführungen seines Teatro d'Arte freilich nicht in vergleichbarem Maße auslösen. 1928 mußte er dieses Ensemble auflösen.

Pirandello ging den Weg der politischen Anpassung weiter. 1929 wurde er in die Accademia d'Italia aufgenommen, mit der sich Mussolini sein wirkungsvollstes kulturpolitisches Instrument geschaffen hatte. Nun aber setzte auch für ihn ein Prozeß der inneren Distanzierung gegenüber dem faschistischen Regime ein, enttäuscht von der realen politischen Wirklichkeit in seinem Lande. Doch noch immer trat der Dichter in aller Welt als Repräsentant des »neuen Italien« auf. 1934 wurde Pirandello mit dem Nobelpreis für Literatur geehrt.

Pirandellos Bühnenstücke

Das erste Stück, das Pirandellos Lebensthema, die Relativität und Instabilität der wahrgenommenen Wirklichkeit, behandelt, war *Il berretto a sonagli* (Die Narrenkappe), das in seiner sizilianischen Dialektfassung – *'A birritta cu'i ciancianeddi* – 1917 am Teatro Nazionale uraufgeführt wurde. Es entstand in Zusammenarbeit mit der sizilianischen Theatertruppe von Nino Martoglio. Einen durchschlagenden Erfolg hatte *Il berretto a sonagli* jedoch erst, als es von dem berühmten Volkstheaterdarsteller und Prinzipal Eduardo De Filippo 1936 ins Neapolitanische übersetzt wurde. Eine Übersetzung ins Italienische brachte Pirandello 1921 selbst heraus. Diese Sprachenproblematik beleuchtet ein spezifisches Moment des italienischen Theaters dieser Jahre, nämlich die überragende Rolle, die das neapolitanische Volkstheater im Theaterleben des Landes spielte. In dem Stück *Die Narrenkappe* geht es um eine Ehebruchsaffäre, bei der der Ehemann, der das Verhältnis seiner Frau mit seinem Dienstherrn zunächst duldet, nach dem Ritual des gesellschaftlichen Ehrverständnisses die Frau und ihren Geliebten jedoch töten müßte, als der Skandal öffentlich bekannt wird.

Seine Helden, »nackte«, in ihrer Nacktheit groteske »Masken«, sind tragisch, weil sie eine Freiheit im Fühlen und Handeln ersehnen, mit der sie ganz sie selbst sein könnten. Aus diesem Grund nimmt die Natur in Pirandellos Werk einen breiten Raum ein. Sie erscheint frisch, naiv, unschuldig, ein verlorenes, doch erträumtes und beweintes Paradies. Das gesamte Werk Pirandellos wimmelt von Menschen, die vom Leben besiegt, von Konventionen und Pflichten erstickt wurden. Die aber dennoch Bewegungs- und Handlungsfreiheit ersehnen und sich in diesem Sehnen ab und zu die Maske vom Gesicht reißen, die »Formen« aufbrechen oder es zumindest versuchen und sich gegen jeden inneren und äußeren Zwang auflehnen.

(G. Petronio III 1993, 188f)

L. Pirandello: Sei personaggi in cerca d'autore. *R.: L. Pirandello. Teatro d'Arte. Teatro Eden, Mailand 1925. Mit L. Picasso als Vater u. Marta Abba als Stieftochter*

Dadurch aber, daß sich die Frau für »verrückt« erklärt und alle dies auch so sehen wollen, die Wirklichkeit also in ihr Gegenteil verkehrt wird, wird eine friedliche Lösung möglich. Ebenfalls in die Gruppe der frühen sizilianischen Mundartstücke gehört die »Ländliche Komödie« *Liolà* mit ihrem naiv fröhlichen, optimistischen Titelhelden, der – mal da, mal dort – Kinder zeugend durchs Land vagabundiert.

1917 kam es zu Pirandellos eigentlichem Durchbruch als Bühnenautor mit den beiden Stücken *Così è (se vi pare)* (So ist es – wenn es Euch so scheint) und *Il piacere dell'onestà* (Das Vergnügen der Anständigkeit), die beide in Mailand uraufgeführt wurden. In dem ersten Stück gerät die Gesellschaft einer norditalienischen Kleinstadt in einen geradezu wahnhaften Aktionismus der Nachforschungen und des Spekulierens, um die Identität von drei neuen Mitbürgern, die aus dem Süden des Landes zugezogen sind, auszukundschaften. Groteske Versuche des Heranpirschens an die Neuankömmlinge bleiben durchweg ohne Resultat. Als am Ende schließlich die rätselhafte Signora Ponza, um die sich alles dreht, den versammelten Kleinstädtern erklärt, sie sei die, wofür die anderen sie halten, bleibt nur noch der Kommentar des zynischen Skeptikers Landisi: »Bitte meine Herrschaften, so spricht die Wahrheit!«.

Das Stück *Das Vergnügen der Anständigkeit* wurde vor allem durch den Schauspieler Ruggero Ruggeri (1871–1953) ein bahnbrechender Erfolg. Ruggieri verhalf auch anderen Dramen Pirandellos (etwa in der Titelrolle von *Heinrich IV.* 1922, und als Vater in *Sechs Personen suchen einen Autor,* 1925) zum Durchbruch. In diesem Stück werden alle Regeln gesellschaftlicher Konventionen ad absurdum geführt, indem der Protagonist in einer angenommenen Identitätskonstruktion (mit deren Hilfe eine illegitime Vaterschaft vertuscht werden soll) diese Regeln so ernst nimmt, daß er den anderen als »Verrückter« erscheint, der betroffenen Frau jedoch als der einzig »Anständige«.

Auch in den folgenden Stücken geht es um Rollenspiele, in die die Gesellschaft ihre Mitglieder zum Zwecke der Aufrechterhaltung ihrer »Moral« hineindrängt, bei denen diesen Spielern aber auch ihre eigene »Wirklichkeit« abhanden kommt. In diese Gruppe gehören die Stücke: *Il giuoco delle parti* (1918, Das Spiel der Rollen), *L'uomo, la bestia e la virtù* (1919, Der Mensch, das Tier und die Tugend), *Come prima, meglio di prima* (1920, Wie früher, besser als früher), *Tutto per bene* (1920, Alles in Ordnung) und *La Signora Morli, una e due* (1920, Frau Morli I und II); bei späteren Aufführungen unter dem Titel *Due in una* (Zwei Frauen in einer).

Die Trilogie »Theater im Theater«

Am 10. Mai 1921 schließlich fand am Teatro Valle in Rom die Uraufführung von *Sei personaggi in cerca d'autore* (Sechs Personen suchen einen Autor) statt. Dieses Stück begründete Pirandellos Weltruhm. Zusammen mit *Ciascuno a suo modo* (1924, Jeder auf seine Art) und *Questa sera si recita a soggetto* (1930, Heute abend wird aus dem Stegreif gespielt) bildete es eine Art Trilogie, die Pirandello unter das Motto *Teatro nel teatro* (Theater im Theater) stellte. Das permanente Überspielen der Grenzen zwischen Fiktion und Wirklichkeit wird in diesen Stücken in virtuoser Manier vorgeführt. In *Sechs Personen suchen einen Autor* treten sechs »Bühnenfiguren« auf (Vater, Mutter, Stieftochter, Sohn und zwei Kinder), die einen Theaterdirektor aufsuchen, der soeben mit seinen Schauspielern ein Pirandello-Stück (*Das Spiel der Rollen*) probt, und diesen bitten, »ihre Tragödie« zu spielen. Sie wollen die Geschichte – offenbar ein melodramatisches Familienstück – »zu Ende spielen«, das ein Autor angefangen, sie damit in die Welt gesetzt, dann aber abgebrochen hat: eine typisch pirandelleske, fast spiritistische Ausgangssituation, wie sie vielschichtiger nicht hätte konstruiert werden können. Im Zentrum der Geschichte, die die sechs Personen nun dem Theaterdirektor, der durchaus gewillt ist, sich auf das Fertigschreiben des Stücks einzulassen, erzählen, steht eine Familienkatastrophe: Die »Mutter« überrascht den »Vater«, als der sich in einem Bordell mit einer Dirne einläßt, von der er nicht weiß, daß es seine »Stieftochter« ist. In den anschließenden Auseinandersetzungen versucht jede Person ihre Rolle in diesem Spiel zu rechtfertigen, wobei sich ständig die Realitätsebenen verschieben. Auf dem Höhepunkt dieses Durcheinanders kommen die beiden Kinder zu Tode: das Mädchen ertrinkt in einem Brunnen, der Knabe erschießt sich, – ob Theaterfiktion oder Realität, und welche? Irritiert bricht der Theaterdirektor das Experiment ab, da seine Schauspieler die Rollen, wie sie in den sechs Personen vorgegeben sind, nicht nachspielen können, weil sie diese nicht verstehen, da sich die sechs »Bühnenfiguren« (vornehmlich der Vater, die Mutter, die Stieftochter und der Sohn) in einem unerbittlichen Kampf um ihre eigene Identität (das »schreckliche, unwiderrufliche Festgelegtsein ihrer Form« – so Pirandello im *Vorwort*) untereinander nicht einig werden: Es gibt letztlich keine Möglichkeit, den andern zu verstehen. Dies ist das Fazit des Stücks.

Die Uraufführung der Sechs Personen *war sicher eine der größten Theatersensationen dieses Jahrhunderts. Am 10. Mai 1921 fand in Rom die Premiere des Stücks statt. Sie wurde zu einem heute kaum noch vorstellbaren Skandal. Zuschauer, Schauspieler und Kritiker gerieten sich auf der Bühne in die Haare, das Publikum rottete sich nach der Vorstellung zusammen, bedrohte den Autor und diskutierte das Stück anschließend noch stundenlang auf den öffentlichen Plätzen der Stadt. Wenige Monate später, bei der Aufführung in Mailand, schlug die Empörung in Begeisterung um, und von da ab eroberten sich die* Sechs Personen *innerhalb von drei Jahren alle Bühnen der Welt: 1922 folgten Aufführungen in London und New York, 1923 die berühmte Inszenierung von Geoges Pitoëff in Paris, 1924 die von Reinhardt in Berlin.*

(R. Matthaei 1967, 48)

In *Jeder auf seine Art* spielt Pirandello bereits von Beginn an mit der Theaterrealität. Das Stück »sollte auf der Straße, auf dem Platz vor dem Theater« beginnen. Wieder steht ein Konflikt, wie er für das Melodrama oder das

L. Pirandello: Questa sera sì recita a sogetto. *R.: G. Strehler. Piccolo teatro di Milano, 1949/50*

Boulevardtheater typisch ist, im Zentrum des Geschehens: der Selbstmord eines berühmten Malers, der von seiner Verlobten, einer bekannten Schauspielerin, betrogen wurde. Nach außenhin erscheint dieser Tod »als Mord«, den man – im Spiel auf der Bühne – aufzuklären versucht. Kritiker und Publikum im Parkett (das wirkliche und ein fiktives) diskutieren den Fall. Nach dem zweiten Akt wird die Aufführung abgebrochen; die Meinungen bezüglich der Ereignisse aus dem ersten Akt sind nämlich in ihr Gegenteil umgeschlagen. Ein dritter Akt sei nicht spielbar – so der Leiter der Theatertruppe an das Publikum, unter dem auch die beiden »wirklichen« Betroffenen sitzen (die Schauspielerin und ihr Liebhaber) –, da deren Darsteller plötzlich ihre Leidenschaft füreinander »in der Wirklichkeit« entdeckt und das Theater verlassen hätten. Pirandello »treibt die Bühne diesmal noch radikaler, noch bewußter in das Endstadium ihrer Paralyse hinein. Die Spiel-im-Spiel-Technik wird zum virtuos gehandhabten Mittel, das Drama aus sich hinauszudrängen, es nicht nur seine eigenen fiktiven, sondern auch seine tatsächlichen Grenzen überschreiten zu lassen. Es verläßt die Bühne, tritt über die Rampe hinaus auf die Straße, vermengt sich mit dem Leben, dem Publikum ... Der Zuschauer wird zum Mitspieler, die Inszenierung zur totalen Improvisation, Theater zur Wirklichkeit, Wirklichkeit zum Theater.« (R. Matthaei 1967, 77)

In dem letzten Stück seiner Trilogie über das Theater, in *Heute abend wird aus dem Stegreif gespielt*, dessen Uraufführung 1930 in deutscher Sprache in Königsberg stattfand, überdreht Pirandello das Spiel mit der Theaterfiktion vollends. Spielebenen sind hier auf der Bühne, im Zuschauerraum und im Foyer eingerichtet, auf denen ein überspannter Regisseur (eine satirische Anspielung auf Max Reinhardt?) ein chaotisches Spektakel inszeniert, in dessen Verlauf die Geschichte der sizilianischen Familie La Croce, eine melodramatische Eifersuchtstragödie, in sich zerfällt und die Aufführung abgebrochen werden muß.

Die Hauptdarstellerin vermag zwischen Rolle und Realität nicht mehr zu unterscheiden. An den Erfolg, den die beiden anderen Stücke der Trilogie in den dreißiger Jahren hatten, kam dieses letzte nicht heran. Vielmehr leitete es das Ende der Pirandello-Mode auf den europäischen Bühnen ein. Heute allerdings zählt es zu den am häufigsten aufgeführten Stücken dieses Autors.

Auch zwei weitere Schauspiele eroberten sich feste Plätze im Repertoire der Theater: *Enrico IV.* und das unvollendet gebliebene Werk Pirandellos: *I giganti della montagna* (Die Riesen vom Berge). *Heinrich IV.* wurde 1922 in Mailand uraufgeführt. Die deutsche Erstaufführung fand 1925 unter dem Titel *Die lebende Maske* am Hamburger Thalia Theater statt. Im Mittelpunkt des Stücks, das in einer Villa in Umbrien spielt, steht ein reicher Adeliger, der als wahnsinnig gilt, da er sich für Kaiser Heinrich IV. hält. Eine Schauspielertruppe, die man engagiert hatte, spielt diese Rolle mit und imitiert – alle in authentischer Kostümierung – den Hofstaat an der Kaiserpfalz zu Goslar. Ursache des Wahnsinns ist eine schwere Schädelverletzung, die der Protagonist in seiner Jugend bei einem Unfall erlitten hatte. Von diesem Schädeltrauma aber längst geheilt, spielt er – allein die Schauspieler wissen Bescheid – seinen »Wahn«, die Rolle Heinrichs IV., weiter. Zur Katastrophe kommt es, als die Angehörigen den vermeintlich Kranken durch eine Schocktherapie heilen wollen: In der Verkleidung seiner früheren Geliebten Mathilde tritt ihm deren Tochter Frida entgegen, die inzwischen die Verlobte von Heinrichs Todfeind ist, des Barons Belcredi. Der nämlich hatte seinerzeit den folgenschweren Unfall verursacht. Heinrich ist tief erschüttert von der Begegnung, spielt das Spiel aber mit und umarmt die verkleidete Frida, als wäre diese – als lebendig gewordener Traum – seine frühere Geliebte Mathilde, die – zwanzig Jahre älter – freilich ebenfalls anwesend ist. Belcredi, der erkannt hat, daß Heinrich das Spiel durchschaut, geht dazwischen und hält ihm vor, daß er den Wahnsinnigen nur spiele. Daraufhin ersticht ihn Heinrich mit dem Degen. Damit versperrt er sich jedoch den Ausstieg aus der Wahnfiktion für immer. Denn täte er dies, würde er als Mörder verurteilt werden. Die so lange freiwillig – als Spiel – übernommene Rolle des irren Kaisers bleibt nun die ihm aufgezwungene »Identität«. Das in seiner Dramaturgie konventionell gearbeitete Stück ist vom Genre her ein bühnenwirksames Rachedrama. Die Rolle des Titelhelden gestalteten Schauspieler wie Ruggero Ruggeri (1920), Lamberto Picasso, Alexander Moissi (1925), Georges Pitoëff (1925), Jean Vilar, Gustaf Gründgens (1952) oder Tino Carraro (1961 am Piccolo Teatro di Milano) zu faszinierenden Studien extremer seelischer Grenzgängerschaft – zwischen Wahn, Ironie und Resignation.

Die Riesen vom Berge sind Fragment geblieben (zwei Akte und einige Skizzen), ein typisches Spätwerk, das zusammen mit *La nuova colonia* (1928, Die neue Kolonie) und *Lazzaro* (1929, Lazarus) den Zyklus der *Miti* (Mythen) bildet. *I giganti della montagna* ist davon das berühmteste Werk. K. Ley nennt es ein »rätselhaftes Traumspiel über die Geheimnisse der Kunst« (1994, 160). Die Uraufführung fand 1937 im Giardino Boboli in Florenz statt. Die deutschsprachige Erstaufführung am Züricher Schauspielhaus unter der Regie von Giorgio Strehler hatte am 1. Oktober 1949 Premiere. Es wurde eines der legendären Ereignisse in der Theatergeschichte dieses Jahrhunderts. Das Stück führt in der verwahrlosten Villa »La Scalogna« zwei ganz gegensätzliche, heruntergekommene Theatertruppen und deren Prinzipale zusammen: den »Zau-

Man muß nicht alles vernünftig erklären. Davon leben wir hier. Uns fehlt alles, aber wir haben die Zeit ganz für uns: unergründlicher Reichtum, Überfluß an Chimären. Die Dinge, die hier um uns sind, sprechen und bekommen Sinn erst dadurch, daß wir sie in unserer Verzweiflung nach Belieben verändern. Verzweiflung auf unsere eigene Weise, wohlgemerkt. Wir sind eher genügsam und faul; wir sitzen da und denken uns ungeheuerliche – wie soll ich sagen? – mythologische Dinge aus … aber sie sind ganz natürlich, in Anbetracht unserer Lebensweise. Von nichts kann man nicht leben, daher die unaufhörliche himmlische Trunkenheit. Wir atmen Märchenluft. Die Engel können mühelos zu uns heruntersteigen und alle Dinge, die in uns entstehen, setzen uns selber in Erstaunen. Wir hören Stimmen, Gelächter; wir sehen aus jedem schattigen Winkel Zaubergestalten auftauchen, Gebilde aus Farben, die gebrochen in unseren von der grellen Inselsonne geblendeten Augen zurückgeblieben sind. Den tauben Schatten können wir nicht ertragen. Wir erfinden die Gestalten nicht, unsere Augen sehen sie herbei.

(Cotrone im 1. Akt von Die Riesen vom Berge*)*

L. Pirandello: Die Riesen vom Berge. *R.: G. Strehler. B.: T. Otto. Schauspielhaus Zürich, 1949*

berer« Cotrone, einen radikalen Intellektuellen, der alle Bindungen an die Gesellschaft hinter sich gelassen hat, mit seinen Anhängern, einer Schar ebenso grotesker wie pittoresker Aussteiger, durchweg Dilettanten in ihrem Metier der Schauspielerei, – und die Profitruppe der Gräfin Ilse, bestehend freilich nur noch aus dem traurigen Rest eines einstmals großen, jedoch erfolglosen Ensembles, das besessen davon ist, eine »Botschaft« an die Menschen zu bringen. Während Cotrone und die Seinen in der Villa eine Art »Geistertheater« inszenieren, in dem sie ihre eigenen Spieler, Phantasiefiguren und zugleich Zuschauer sind, die

Trennung von Kunst und Leben überspielend; – will Gräfin Ilse ihr Stück vor einem wirklichen Publikum aufführen, strikt nach den Regeln professioneller Bühnenkunst. Dem Vorschlag von Cotrone, zusammen mit dessen Freunden, den »Scalognati« (der Begriff bedeutet »Schalottenzwiebel«, aber auch »böser Blick«, »Unheil«, »Pechvögel«), eine Art freies Theater zu inszenieren, bei dem alle Beteiligten ihre intimsten Obsessionen ausleben könnten, steht die Prinzipalin Ilse zunächst völlig verständnislos gegenüber. Im zweiten Akt arrangiert Cotrone dann ein Spiel, in dem durch die Imaginationskraft der Phantasie alle Grenzen von Wachen und Träumen aufgehoben sind. Als Ilse weiterhin auf einer Aufführung vor Publikum besteht, schlägt Cotrone vor, das Stück anläßlich einer Hochzeit der »Riesen vom Berge«, eines kunstfeindlichen, geistlosen und brutalen Volks, das sich nur noch für gigantische technische Projekte interessiert, aufzuführen. Damit ist Ilse einverstanden. Der zweite Akt endet schließlich mit einem erdbebenartigen Getöse, das die heranreitende wilde Horde der »Riesen« verursacht. »Ich habe Angst! Ich habe Angst!« – sind die letzten Worte dieser Szene. Eine Skizze für den letzten, den dritten Akt schildert das anarchische Szenarium einer Theateraufführung, deren Finale ein gräßliches Blutbad bildet, das die gewalttätige Horde unter den Schauspielern anrichtet. Die Rolle der Ilse schrieb Pirandello für die Schauspielerin Marta Abba, seine letzte große Liebe. Interpretationen des Stücks, die darin auch eine versteckte Kritik an den Greueltaten der Faschisten sehen wollen, mögen nicht ganz von der Hand zu weisen sein. Sicherlich aber sind *Die Riesen vom Berge* Pirandellos künstlerisch avanciertestes Experiment: der Entwurf eines Theaters, das in geradezu universellem Spiel mit Realität und Fiktion jedwede Grenze zwischen diesen Sphären auflöst. Wie sehr diese Idee auch in Pirandellos Lebensphilosophie ihre Entsprechung fand, formuliert Duccio Doccia, einer der »Pechvögel«, in diesem Theaterstück: »Und erst wenn du kein Haus mehr hast, wird die ganze Welt dein sein. Du gehst und gehst, dann läßt du dich ins Gras fallen zum Schweigen der Himmel; und du bist alles und bist nichts … und du bist nichts und bist alles.«

Spanien

Einleitung

»Das tragische Lebensgefühl Spaniens kann nur mit Hilfe einer systematisch verzerrten Ästhetik dargeboten werden.«

(Ramón María del Valle-Inclán: *Luces de Bohemia* 1920, 12. Szene)

Die Situation des spanischen Theaters im 20. Jahrhundert ist geprägt durch die Sonderstellung, die Spanien in Europa einnimmt; eine Gegebenheit der Geschichte dieses Landes, die Folge einer immer wieder virulenten Tendenz zur »Selbstisolierung und Abkapselung von Europa« (W. Floeck 1990, 5ff), die vor allem im geistigen und kulturellen Leben Spaniens ihre Spuren hinterließ. Eine komplementäre Auswirkung dieser Abkapselung war aber auch – so Francisco Ruiz Ramón (1978, 125) – die vornehmlich für das 20. Jahrhundert konstatierbare »Unsichtbarkeit des zeitgenössischen spanischen Theaters auf den europäischen Bühnen«. Eine Ausnahme bildet die Rezeption einiger Bühnenstücke von Federico García Lorca, seiner als typisch spanisch geltenden Bauerntragödien. Doch gerade dies gilt aus der Sicht der spanischen Lorca-Forschung eher als ein Akt der »Verzerrung«; zumindest vermittelt diese Rezeption ein sehr einseitiges Bild dieses sicherlich berühmtesten spanischen Dramatikers des 20. Jahrhunderts. W. Floeck (1990, 5) spricht gar von einem »allgemeinen europäischen Desinteresse« gegenüber der neueren spanischen Literatur – ein Problem, das sich in der nicht vorhandenen Rezeption des spanischen Theaters »in potenzierter Form« widerspiegeln würde. Um diese Isolierung aufzubrechen, initiierten spanische Künstler und Intellektuelle Ende des 19. und zu Beginn des 20. Jahrhunderts diverse Reformprojekte, die zu einer Erneuerung des kulturellen und geistigen Lebens Spaniens führen sollten. Dabei war zeitweise Barcelona mit seinem katalanischen kulturellen Umfeld gerade im Theaterleben offener für experimentelle Projekte und die Rezeption der nordeuropäischen Moderne als die Hauptstadt Madrid. (vgl. D. George u. J. London 1996, 12f) Eine erste Reformbewegung ging von der »Generation von 1898« aus (vgl. Bd. III, Kap.: Jahrhundertwende/Spanien). Ende der zwanziger Jahre war es dann eine jüngere Generation, die »Generation von 1927« – so genannt nach dem Datum der Dreihundertjahrfeier des Todes des spanischen Barockdichters Góngora –, die eine geistige Neuorientierung einleitete. Es war der Versuch einer Synthese des »modernismo« mit den Traditionswerten der spanischen Kultur. (vgl. H.-J. Neuschäfer 1997, 354f) In Katalonien war dieser Prozeß zudem geprägt durch das Bestreben, eine katalanische kulturelle Identität durchzusetzen.

Margarida Xirgu in La filla del mar *von À. Guimerà*

Daß Spanien im 20. Jahrhundert so lange von den geistigen und kulturellen Entwicklungen Europas weitgehend abgeschnitten war und sich Anschlußbe-

C. Arniches y Barrera: El señor Adrián, el primo. *Teatro María Guerrero, Madrid 1966*

strebungen an die Moderne nur als oppositionelle, von der Zensur unterdrückte Gegenkultur oder im Exil zu artikulieren vermochten, hatte vor allem Ursachen in den politischen Verhältnissen des Landes. Spanien blieb zwar im Ersten Weltkrieg (wie auch im Zweiten) offiziell neutral, konnte aber unter Alfonso XIII. (seit 1902) seine soziale, zivilisatorische und ökonomische Rückständigkeit gegenüber den europäischen Industrienationen nicht überwinden. Vielmehr kam es zu sozialen Unruhen und separatistischen Aufständen in einigen Regionen. Als Reaktion darauf errichtete General Miguel Primo de Rivera 1923 mit Einverständnis des Königs eine Militärdiktatur. 1930 erzwangen die republikanischen Kräfte den Rücktritt des Generals; 1931 ging Alfonso XIII. ins Exil. Damit waren die politischen Voraussetzungen für eine neue, die Zweite Republik gegeben. Von Beginn an blieb jedoch ein erhebliches Konfliktpotential zwischen dem konservativ-nationalen Lager und den republikanisch-sozialistischen Kräften bestehen, das zu stets heftiger werdenden gewaltsamen Auseinandersetzungen führte. Mit der Gründung (1933) der Falange Española durch José Antonio Primo de Rivera (1903–1936) schufen sich die konservativen Kräfte eine militante Organisation zur Durchsetzung ihrer Politik. 1934 gab sich die Falange ein politisches Programm, das die Errichtung einer totalitären Diktatur anstrebte und die Durchsetzung einer umfassenden Neuordnung der Gesellschaft auf der Grundlage traditionalistischer und faschistischer Ideen zu ihrem Ziel erklärte. Im Spanischen Bürgerkrieg, der im Juli 1936 ausbrach und am 1. April 1939 mit einem Sieg General Francisco Francos (1892–1975), der seit 1937 an der Spitze der Falange stand, endete, wurde dieser Machtkampf entschieden. Es war dies auch der Beginn der Franco-Diktatur in Spanien, die – beinahe 40 Jahre – bis zum Tode des »Generalissimus« Bestand hatte. Der Bürgerkrieg wurde zu einem Trauma in der neueren politischen Geschichte

Spaniens und vertiefte die ohnehin schon bestehende Spaltung der Gesellschaft in ein konservativ-nationales und ein republikanisch-sozialistisches Lager. Die Ermordung García Lorcas im August 1936 durch Falangisten war ein Ereignis, das Proteste von Schriftstellern und Intellektuellen in aller Welt auslöste. Durch den Kampf der »Internationalen Brigaden« auf der Seite der Republikaner und der deutschen »Legion Condor«, die für die Zerstörung der baskischen Stadt Guernica (1937) verantwortlich war, auf der Seite der aufständischen Truppen des Generals Franco, erhielt der Spanische Bürgerkrieg eine internationale Dimension. Dies hatte wesentliche Auswirkungen nicht zuletzt auch im Hinblick auf die Auseinandersetzungen der literarischen und künstlerischen Intelligenz mit dem Faschismus in Europa.

Mit dem Sieg Francos wurde die Falange zur einzig zugelassenen Staatspartei erklärt und in Spanien die franquistische Diktatur errichtet. Für das kulturelle Leben bedeutete dies die totale Abschottung gegenüber dem Ausland, den Abbruch auch aller Ansätze, Anschluß an die europäischen künstlerischen Avantgardebewegungen zu finden. Mit aller Macht unterdrückte das neue Regime die Freiheits- und Ausbruchssehnsüchte, die in der Zweiten Republik allenthalben virulent geworden waren: »Spanien soll der Irrtum des Liberalismus (»la falacia liberal«) ... mit diktatorischer Strenge ein für alle Mal ausgetrieben werden. An die Stelle der ›Freiheit‹ tritt jetzt (abermals) die ›Wahrheit‹. Und die nicht weiter hinterfragbare Wahrheit des Franquismus heißt: Gott, Vaterland und Familie« (H.-J. Neuschäfer 1991, 39f). Eine zunächst (bis 1941) beim Innenministerium eingerichtete Behörde hatte die Aufgabe, diese neue politische Doktrin auf allen Ebenen des Kulturbetriebs durchzusetzen. Im Theaterleben bedeutete dies praktisch das Ende aller Ansätze einer künstlerischen Reform des spanischen Theaters. Mit dem Tod von Federico García Lorca, Miguel de Unamuno und Ramón María del Valle-Inclán im Jahre 1936 hatte das spanische Theater zudem seine künstlerisch profiliertesten Autoren verloren. Viele andere, darunter so prominente Bühnenkünstler wie die Schauspielerin Margarida Xirgu, gingen ins Exil.

Für die Theatergeschichtsschreibung bedeutet dies, daß sich durch die weitgehende Unterdrückung der für die künstlerische Entwicklung wesentlichen Rezeptionsbewegungen und die Gleichschaltung des Theaterlebens durch eine diktatorische Kulturpolitik eine abweichende Periodisierung ergibt gegenüber Ländern, in denen sich das Theater frei und im Austausch mit den internationalen Entwicklungen entfalten konnte. So kommt es im spanischen Theater, nach einer kurzen Phase experimenteller Offenheit in den zwanziger und frühen dreißiger Jahren, erst gegen Ende der Franco-Diktatur, in dem Jahrzehnt von 1965 bis 1975, zu einem umfassenden künstlerischen Neuansatz, dem Nuevo Teatro Español.

Das spanische Theaterwesen vor Beginn des Bürgerkriegs: Kommerzialismus und die Versuche einer »Reforma Teatral«

Wenngleich auch die meisten größeren Orte in der spanischen Provinz eigene Theater, oftmals mit langer Tradition, besaßen, konzentrierte sich das Theaterleben doch in hohem Maße auf die Metropolen Madrid und Barcelona. Das Theater war in Spanien fast gänzlich privatwirtschaftlich organisiert, was weitreichende Konsequenzen auf die Repertoiregestaltung und den bühnenkünstlerischen Standard hatte. Daß sich der Staat oder die Kommunen als Betreiber öffentlicher Bühnen engagierten, lag nicht in der Tradition der spanischen Theaterkultur. Hier fanden grundlegende Veränderungen erst nach Ende der Ära Franco statt (vgl. W. Floeck 1991, 390), vor allem mit der Übernahme der Regierung durch die Sozialisten im Jahre 1982. Das 1909 zum Nationaltheater erklärte Teatro Español, das sich bis dahin im Besitz der Stadt Madrid befand, war zu dieser Zeit seinem Status nach eine singuläre Institution. Erst zu Beginn der zweiten Hälfte des 20. Jahrhunderts folgten weitere Einrichtungen von Nationaltheatern: 1953 das Teatro María Guerrero und 1954 das Teatro Nacional de Cámara y Ensayo (TNCE) in Madrid; Anfang der siebziger Jahre wurde in Barcelona die Compañia Adrià Gual als erstes – außerhalb der Hauptstadt gelegenes – Staatstheater-Ensemble gegründet. (vgl. M. Saalbach 1984, 48ff) Die zahlreichen Privattheater, die es in Madrid und Barcelona gab, boten ausschließlich – von der Kritik einhellig beklagt – Unterhaltungstheater, vielfach ohne nennenswerten künstlerischen Anspruch. Dabei bildete das Musiktheater – Oper, Ballett, Operette und die Zarzuela – nicht nur eine eigene institutionelle Sphäre, vielmehr machten die »espectáculos musicales« 80 bis 99 Prozent des gesamten Spielplanangebots der Theater in den beiden Metropolen aus. Diese rigide Ausrichtung des Theaters auf ein großstädtisches Unterhaltungsangebot gab letztlich kaum Anlaß für Eingriffe der Zensur und folgte ausschließlich den Erfordernissen privatwirtschaftlicher rentabilitätsorientierter Unternehmensführung. Dabei waren die Produktionsvoraussetzungen in der Regel so, daß der Leiter (Manager) eines für eine Produktion zusammengestellten Ensembles einen Theatersaal mietete und sich mit dessen Besitzer die Einnahmen teilte. Ähnlich wie dies in Italien der Fall war, gab es auch in Spanien kaum längerfristig bestehende Ensembles. Sehr häufig gaben diese Bühnen zwei Vorstellungen am Abend, eine zumeist um 19 Uhr und eine zweite um 22 Uhr. Angesichts dieser allgemeinen Rahmenbedingungen wird deutlich, wie schwierig die Situation derer war, die sich in Spanien eine künstlerische Reform des Theaters zum Ziel gesetzt hatten und das Theater als ein Forum ansahen, auf dem ernsthafte Probleme der spanischen Gesellschaft behandelt werden sollten.

Ein erster Reformversuch, der sich an vergleichbaren Entwicklungen der europäischen Theaterzentren orientierte, war die Gründung des Teatre Intim in Barcelona im Jahre 1898 durch Adrià Gual (1872–1943), das bis 1928 existierte. (vgl. Bd. III, Kap.: Jahrhundertwende/Spanien) Diese katalanische Bühne war die erste in Spanien – anfangs ein Laientheater nach dem Vorbild des Pariser

F. García Lorca: Bernarda Albas Haus. *Buenos Aires, 1945. Margarida Xirgu in der Titelrolle*

Théâtre Libre von Antoine –, die Stücke von Mallarmé, Maeterlinck, Ibsen, Hauptmann, D'Annunzio und Benavente zur Aufführung brachte. Guals Arbeit am Teatre Intim, dem er 1913 auch eine Schauspielschule, die Escola Catalana d'Arte Dramàtic (in der Zeit der Diktatur von Primo de Rivera: Instituto del Teatro Nacional), angegliedert hatte, wurde von entscheidender Bedeutung für Margarida Xirgu (1888–1969), die den Regisseur 1906 – als Schauspielerin einer Laiengruppe in der Titelrolle von Zolas *Thérèse Raquin* – auf sich aufmerksam gemacht hatte. Gual führte die junge, katalanische Schauspielerin, deren Vorbild Eleonora Duse war, an die moderne Dramatik heran und förderte auch ihre Ausbildung als Regisseurin. Dabei waren ihr die theoretischen Schriften des englischen Bühnenreformers Edward Gordon Craig (vgl. Bd. III. Kap.: Jahrhundertwende/England) eine wichtige Orientierungshilfe. Eine Verbindung mit den Reformideen Craigs blieb für Margarida Xirgu, die seit 1914 überwiegend in Madrid auftrat, auch später noch bestehen, als sie eng mit dem Regisseur und Craig-Schüler Cipriano Rivas Cherif zusammenarbeitete. Als experimentierfreudige Regisseurin profilierte sie sich 1915 durch ihre Inszenierung von Valle-Incláns Stück *El yermo de las almas*. Ein Aufsehen erregendes Ereignis wurde ihre Uraufführung von García Lorcas *Mariana Pineda* 1927 am Teatro Goya in Barcelona. Der Dichter hatte sich lange um die prominente Schauspielerin und Bühnenleiterin bemüht. Der als Maler bereits berühmte Salvador Dalí, ein enger Freund Lorcas, gestaltete das Bühnenbild für diese Uraufführung. »Die Inszenierung war ein Wendepunkt in der Bühnenarbeit Margarida Xirgus, aber auch im Leben Lorcas, der als Lyriker zwar hoch geschätzt, auf Spaniens Bühnen jedoch bis dahin recht glücklos war.« (U. Aszyk 1990, 50) Margarida Xirgu, die nun alle wesentlichen Bühnenstücke García Lorcas auf die Bühne brachte, galt auch als authentische Darstellerin der Frauenrollen im Werk dieses Dichters, mit dem sie bald auch eine enge Freundschaft verband. (vgl. I. Gibson 1991, 544)

Die Periode in der Theaterarbeit von Margarida Xirgu, die von größter Ausstrahlung auf das spanische Theaterleben war, waren die Jahre von 1928 bis 1935, in denen sie die Intendanz des Teatro Español in Madrid innehatte. Cipriano Rivas Cherif, der in Madrid zunächst die Escuela Nueva und nach 1920 das Teatro Escuela del Arte, das Madrider Konservatorium, geleitet hatte, war Margarida Xirgus wichtigster Mitarbeiter in der Leitung dieses Nationaltheaters. Rivas Cherif, der sich sehr für die Ausbildung junger Schauspieler einsetzte, gründete als Einrichtung des Teatro Español das Estudio Dramático del Teatro und wurde zum Vermittler neuer Entwicklungen in der Bühnenkunst und der Dramatik. »In Zusammenarbeit mit Kleinsttheatern wie El Mirlo Blanco, El Cántaro Roto und El Caracol, erwies er sich als sehr experimentierfreudiger Regisseur.« (U. Aszyk 1990, 51)

Im Spielplan des Teatro Español kamen unter der Intendanz von Margarida Xirgu, der es auch gelungen war, ein hervorragendes Ensemble aufzubauen, neben dem klassischen Repertoire regelmäßig Stücke junger zeitgenössischer Autoren zur Aufführung. Im September 1935 verließ die berühmte Schauspielerin Madrid und ging auf Tournee nach Kuba und Mexiko, wo sie nach Ausbruch des Bürgerkriegs auch im Exil blieb. Als Darstellerin, Regisseurin und Schauspielerin wurde sie zu einer der einflußreichsten Persönlichkeiten im Theaterleben Südamerikas, insbesondere als Interpretin der klassischen und modernen spanischen Dramatik.

Ein Ensemble, vergleichbar den vielen »teatros íntimos«, die von Literaten als Studiobühnen ins Leben gerufen worden waren, war auch die Truppe des Teatro del Arte, das der Dramatiker und Romancier Gregorio Martínez Sierra (1881–1947) im Jahre 1916 in Madrid am Teatro Eslava, einer bekannten Avantgardebühne, gegründet hatte. Was Sierra vorschwebte, war ein »künstlerisches« Theater in der Art von Lugné-Poës Pariser Théâtre de l'Œuvre. (vgl. I. Gibson 1941, 126) Entscheidenden Anteil an Sierras Projekt hatte seine Frau, die Literatin María Martínez Sierra. An seinem Teatro del Arte, dem nur die winzige Bühne des Eslava zur Verfügung stand – nur vier Meter tief und nahezu keinerlei bühnentechnische Ausstattung –, brachte Sierra neben eigenen Stücken auch Komödien von Shakespeare, Stücke von Maeterlinck, Ibsen (*Nora*) und Zorrilla (*Don Juan Tenorio*) heraus, daneben aber auch Ballette, Pantomimen und musikalische Darbietungen. Es ging ihm in seiner Arbeit vor allem auch darum, gegen den herrschenden Trend an den Madrider Bühnen ein nichtrealistisches Theater durchzusetzen und damit Anschluß an die europäische Theatermoderne zu finden. Sierra war in Spanien der erste Bühnenleiter, der prominente Maler für die Gestaltung seiner Bühnendekorationen engagierte. Es waren dies vor allem Siegfried Bürmann, ein Schüler von Max Reinhardt, außerdem der Uruguayer Rafael Pérez Barradas, der dem Futurismus und dem Kubismus nahestand, dazu der katalanische Maler Manuel Fontanals. Für diese »malerischen Dekorationen« waren für Martínez Sierra die Bühnendekorationen von Diaghilevs Ballets Russes die großen – freilich nicht erreichbaren – Vorbilder. (vgl. C. Rincón 1975, 44) Catalina Bárcena und Manuel Collado waren die führenden Schauspieler an dieser Bühne. »Berühmt« wurde das Teatro del

In den Jahren vor 1936 waren es vor allem kleine, oft sehr kurzlebige Theater, die neue Wege einschlugen. Ins Leben gerufen wurden sie meist von renommierten Künstlern und Schriftstellern, die in der Mehrzahl nicht dem professionellen Theater verbunden waren. 1926 begann im Haus der Barojas in Madrid die kurze, aber intensive und belebte Geschichte von »El Mirlo Blanco«, wo beispielsweise Prolog und Epilog von Los cuernos de don Friolera *sowie ein Akt von Ricardo Bajoras* Marinos vascos *und Pío Barojas* Adiós a la Bohemia *dargeboten wurden … Schauspieler und Schriftsteller – unter ihnen Valle-Inclán mit seiner Frau Josefina Blanco – gründeten 1927 »El Cántaro Roto«. In Madrids »Círculo de Bellas Artes« spielte diese Gruppe Valles grotesk makabren Einakter* Ligazón *sowie* El café *von Moratín. Schließlich sei »El Caracol« erwähnt, das 1928 im Rex in Madrid mit Teilen der Azorín-Trilogie* Lo invisible *eröffnete.*

(U. Aszyk 1990, 51f)

Arte jedoch vor allem durch einen eklatanten Mißerfolg, das Debüt García Lorcas als Bühnenautor. Die Uraufführung von dessen Stück *El maleficio de la mariposa* (1920, Die Hexerei des Schmetterlings), ein surrealistisches Versdrama um die Liebe der Küchenschaben, ging im Lärmen, Trampeln und Pfeifen eines aufgebrachten Publikums unter. (vgl. C. Rincón 1975, 45 f) Für den Dichter war dies eine bittere Enttäuschung. Um so beglückter war er – sieben Jahre später – über die gelungene Uraufführung von *Mariana Pineda* durch Margarida Xirgu in Barcelona.

Das Teatro Eslava – und damit auch das Teatro del Arte – gab Anfang der zwanziger Jahre seinen experimentellen Anspruch auf und bestritt, um das Theater finanziell abzusichern, das Repertoire nun nur noch mit anspruchslosen Boulevardstücken und erotischen Revuen.

Das Studententheater »La Barraca« und García Lorcas »Theater der sozialen Aktion«

Die Konstruktion des dramatischen Raumes bei Lorca entspricht der Notwendigkeit, die Dysfunktionen einer Kultur aufzudekken, in der das System der Normen, Produkt einer partikulären herrschenden Ideologie, derart verabsolutiert, institutionalisiert und internalisiert wurde, daß es sich in ein zeitloses und für jedes Individuum gültiges System verwandeln konnte, das als natürlich und organisch erlebt und gelebt und per definitionem für unersetzbar gehalten wird. Das Andalusien Lorcas ist also, wie das Galicien Valle-Incláns, ein Zeichen und keine Realität, und als solches steht es für ein System und einen Normenkodex und nicht für eine Region oder ethnische Einheit.

(F. Ruiz Ramón 1990, 29)

Sicherlich das berühmteste Ensemble im spanischen Theaterleben der dreißiger Jahre war das Studententheater »La Barraca«, dessen künstlerische Leitung – als Regisseur – Federico García Lorca übernommen hatte. Die Idee zu diesem Unternehmen stammte aus den kulturpolitischen Programmen der Provisorischen Regierung der neuen Republik, den Misiones Pedagógicas. »Ziel dieser ›Missionen‹ war es, die Botschaft des neuen demokratischen Spaniens hinaus zu den Unterprivilegierten in die einsamen, abgeschiedenen und oft erschreckend armen Dörfer des Landes zu tragen, indem man Theaterstücke spielte, Konzerte gab, die Lehrer unterstützte ... Es war eine Zeit großer demokratischer Begeisterung, und an den ›Missionen‹ entzündete sich sofort die Phantasie der besten Autoren und Künstler des Landes, zu denen auch Lorca gehörte.« (I. Gibson 1991, 431) Für das Theaterleben war dieses Projekt eine geradezu umstürzlerische Neuerung, denn die Konzentration des spanischen Theaters auf die Metropolen Madrid und Barcelona galt nicht nur für die kommerziellen Privattheater, sondern auch für die verschwindend kleine Anzahl von Reformbühnen. García Lorca war begeistert von dieser Idee und erklärte sich bereit, eine studentische Theatertruppe aufzubauen, um nach den Richtlinien der Misiones Pedagógicas auf den Marktplätzen der Dörfer klassisches spanisches Theater aufzuführen: Stücke von Lope de Vega, Tirso de Molina, Calderón de la Barca und Cervantes. Der Name der Truppe leitete sich von einem nicht verwirklichten Plan ab, auch in Madrid eine ständige Schaubude, eine »Barraca«, zu unterhalten. Als die Regierung schließlich zusicherte, das Projekt jährlich mit 100000 Peseten zu subventionieren, wurde die Ausrüstung für eine mobile Bühne angeschafft, Stücke wurden einstudiert, und im Juli 1932 konnte die erste Tournee von der »La Barraca« von Madrid aus in die Provinz unternommen werden. Caldérons Schauspiel *La vida es sueño* war das erste Stück, das das Ensemble öffentlich aufführte. Massiv gestört durch die politischen Gegner (überwiegend aus Madrid angereiste monarchistische Studenten), endete diese Aufführung in Tumult und Chaos. Nur durch das Eingreifen der Polizei konnte verhindert werden, daß die Lastwagen der Theatertruppe zerstört wurden.

Dennoch begann für »La Barraca« nun ein intensiver Tourneebetrieb, der die Truppe durch das ganze Land führte. Als im Februar 1933 Mitglieder des sozialistischen Studentenbundes die Organisation der Bühne übernahmen, erhielt das Repertoire ein klareres politisches Profil. »La Barraca« wurde als ein erster Schritt zur Gründung eines Teatro Dramático Nacional angesehen und »galt als das offizielle Theater der Republik« (C. Rincón 1975, 210). In den folgenden Jahren wurde die Arbeit des Ensembles jedoch durch drastische Kürzungen der Subventionen erschwert. Der Spielbetrieb in den Dörfern war kaum noch möglich. Zudem setzte eine programmatische Diskussion über die politische Position von »La Barraca« ein, die dazu führte, daß sich García Lorca im April 1936 von dem Unternehmen zurückzog. Die angestrebte Politisierung der Theaterarbeit widersprach seinen Vorstellungen autonomer Kunst. Dennoch blieb »La Barraca« noch bis zu deren Auflösung im August 1936 untrennbar mit dem Namen Lorcas verbunden. In den Jahren ihres Bestehens führte diese Bühne 21 Tourneen durch und zeigte insgesamt zwölf Stücke. Dramen zeitgenössischer Autoren für diese Aufführungen zu gewinnen, worum sich vor allem auch García Lorca so sehr bemüht hatte, war jedoch kaum gelungen. Eine Ausnahme bildete Antonio Machado. Neben den politischen Zielen dieser Bühne stellten deren kollektive Arbeitsweise und die Regiearbeit García Lorcas ausgesprochene Neuerungen im spanischen Theater dar. García Lorca galt geradezu als der »Erfinder des Regisseurberufs in Spanien«, – so der prominente italienische Theaterhistoriker Silvio D'Amico 1935. (n. C. Rincón 1975, 202) Vor allem war García Lorca der erste Regisseur, der die spanischen Klassiker im Original und nicht in den entstellten Adaptionen des 19. Jahrhunderts auf die Bühne brachte. Die Auseinandersetzung mit dem Barocktheater war für ihn auch eine Inspiration für die immer wieder geforderte »Retheatralisierung« des spanischen Theaters. Dabei schwebte ihm offenbar ein sehr malerisches und auch musikalisch belebtes Theater vor. Die Rhythmisierung des Spielablaufs im szenischen Raum war das oberste Prinzip seiner Regiearbeit; ein zweites war das klare Herausarbeiten des Gestischen als mimetisches und zugleich symbolisches Element. Seine Auffassung von einem ganz auf das körperliche Ausdrucksspiel des Schauspielers bezogenen Theater formulierte García Lorca einmal folgendermaßen: Es gehe darum, daß »der menschliche Körper, der auf dem Theater so sehr in Vergessenheit geraten ist, wieder sein ganzes Gewicht (erhält). Man muß das Fest des Körpers von den Fußspitzen her zeigen, im Tanz, bis zu den Haarspitzen, alles geleitet vom Blick, dem Ausdruck dessen, was im Innern des Körpers vor sich geht. Der Körper, seine Harmonie, sein Rhythmus sind vergessen worden ... Man muß den Körper auf der Bühne wieder aufwerten. Darauf bestehe ich.« (n. C. Rincón 1975, 219) Ein wesentliches Moment, das García Lorcas theaterästhetische Vorstellungen mitgeprägt hatte, war seine enge Beziehung zur Tradition des religiösen Theaters, vor allem den für Spanien so typischen Prozessionsspielen. Im Ritual des Meßopfers sah er geradezu ein Grundmodell von Theatralität, in dem das Sinnlich-Gestische, die Bindung an den liturgischen Text und der symbolische Charakter der Handlung zu einer vollkommenen inszenatorischen Einheit zusammengeführt waren. Doch spricht García Lorca in gleichem Sinne auch von der »Liturgie des Stierkampfes«, in der Schönheit und Tod in einem »authentisch religiösen Drama« als Rituale zelebriert werden. Beides, die katholische Meßfeier und der Stierkampf waren für

F. García Lorca vor einem Plakat von »La Barraca«

Im Einklang mit dem Geist des ersten Artikels der neuen Verfassung, der ausdrücklich feststellte, Spanien sei nun eine ›demokratische Republik von Arbeitern aller Art‹, war die offizielle Uniform der Männer der ›Barraca‹ ein blauer Overall, während die Frauen ein einfaches Kostüm in Blau und Weiß trugen. Ein Kritiker aus Barcelona, der Lorca während einer der Aufführungen traf, bemerkte, er sehe eher wie ein Mechaniker als wie ein Dichter aus. Natürlich quittierte die Rechte diese Uniform mit Hohngelächter, besonders im Hinblick auf die Tatsache, daß viele der studentischen Schauspieler aus wohlhabenden Familien stammten.

(J. Gibson 1991, 436)

F. García Lorca: Yerma. *Compañía Nuria Espert. R.: V. García. Théâtre de la Ville, Paris 1973*

ihn »rituelle Zelebration, die keine mimetische Darstellung beinhaltet und deren Zeichensprache einem symbolischen Kanon unterworfen ist.« (C. Rincón 1975, 221) Diese Rückführung des Theaters auf das Ritual war letztlich auch die Basis, von der aus García Lorca ein Wirkungsmodell politischen Theaters entwickelt hat, das »Theater der sozialen Aktion«. Dieses hebt tendenziell die Trennung von Bühne und Zuschauerraum auf, zieht die Zuschauer in den Bann einer überzeitlichen (»mythischen«) Erfahrungsebene, bewahrt aber zugleich den Bezug zur Realität des Alltags. Er verwandte für dieses Theatermodell auch den Begriff der »authentischen Tragödie«, ein Konzept, das er auch seinen »Bauerntragödien« zugrunde legte. In einer Rede, der *Charla sobre teatro* (Plauderei über Theater), anläßlich einer Sonderaufführung von *Yerma*, die im Februar 1935 im Teatro Español in Madrid für Schauspieler gegeben wurde, formulierte er erstmals seine theoretischen Überlegungen zum Theater und Drama im Zusammenhang einer Analyse des spanischen Theaterlebens seiner Zeit. Dabei stellte er sein Theater der »sozialen Aktion« der Realität des künstlerisch in ausgeleierten Schablonen erstarrten kommerziellen Theaters der spanischen Metropolen gegenüber. »Soziale Aktion« meint in diesem Kontext alles andere als direkte politische Agitation. García Lorca bestand auf einem Theater, das »immer, immer Kunst, … immer erhabene Kunst (ist) … Kunst über alles: … eine Schule des Weinens und des Lachens und eine freie Tribüne, auf der die Menschen alte und irrige Morallehren deutlich zeigen und durch lebendige Beispiele ewige Regeln des menschlichen Herzens und Gefühls ausdrücken können.« (n. R. Michaelis 1969, 49) Nur auf diese Weise vermag das Theater die »Sensibilität des Volks« zu verändern und seine Möglichkeiten als eines der »nützlichsten Instrumente für die Erziehung des Landes« zu entfalten. Auch seine lebenslange künstlerische Auseinandersetzung mit dem Leben der spanischen Bauern fand in der Idee eines Theaters der »sozialen Aktion« ihre Begründung. Wußte sich der Dichter dabei doch am nächsten jener Vorstellungswelt, die für die nationale spanische Theatertradition – als realistisches Volkstheater – so prägend war. Die hatte ihre Entsprechung auch in der politischen Position, die García Lorca vertrat, die nie eine parteipolitisch festgelegte war. Es war vielmehr ein »liberaler Humanismus«, der seinem antifaschistischen Engagement zugrunde lag. Vor allem aber bestimmte eine Parteinahme »für die Schwachen und die Opfer der Gesellschaft …, insbesondere Zigeuner, Neger, Frauen, Homosexuelle, Arme und Hungernde« (H. Rogmann 1981, 5) seine gesamte künstlerische Arbeit und auch seine öffentlichen Protestaktionen.

Orientierten sich García Lorca – und in gleicher Weise Alejandro Casona – in den pädagogischen Ambitionen ihrer Theaterarbeit noch ganz an den kulturpolitischen Zielen der Zweiten Republik, so kam es im Zuge der anwachsenden politischen Spannungen, vor allem nach Ausbruch des Bürgerkriegs zu einer wesentlich weitergehenden Politisierung im Theaterbereich. Hauptvertreter dieser Entwicklung war Rafael Alberti, der 1931 auch in die Kommunistische Partei eintrat und 1936 zum Sekretär der Alianza de Intelectuales Antifascistas gewählt wurde. Alberti wurde in der Theatersphäre zum »erbittertsten Gegner der franquistischen Bewegung« und zum Begründer eines politischen Agitationstheaters in Spanien. Schon vor Beginn des Bürgerkriegs entstanden seine Stücke *Bazar de la providencia* (1934) und *Farsa de los Reyes Magos* (1934). »Damit nahm er bereits das ›teatro de urgencia‹ oder ›teatro de circunstancias‹ des Bürgerkriegs vorweg, dessen Hauptvertreter er selbst wurde (*Radio Sevilla*, 1938), an dem aber auch Autoren wie Max Aub, Miguel Hernández, María Teresa León (1905–1988), Rafael Dieste (1899–1981) oder Manuel Altolaguirre (1905–1959) beteiligt waren.« (W. Floeck 1991, 381)

Betrachtet man das dramatische Gesamtwerk Lorcas, so sieht man, daß der Druck der ›opinión‹ in der Tat das fatale Grundprinzip seiner Welt ist. Erst die Angst vor der ›opinión‹ macht aus Bernarda Albas Haus eine Mischung von Gefängnis und Heilanstalt; aus seinen Bewohnern Schizophrene, die sich gezwungen sehen, die eigene Natur im Interesse einer zum Fetisch entarteten Moral zu verleugnen. Erst die ›opinión‹ macht aus Doña Rosita, die von sich aus durchaus in der Lage wäre, das Leben ›alleinstehend‹ zu meistern, die verachtete ›solterona‹, die Symbolgestalt des ›deuxième sexe‹ à la espagnol. Erst die ›opinión‹ bringt Yerma dahin, die Kinderlosigkeit als Makel und als Fluch der Unfruchtbarkeit zu empfinden und eben diesen Fluch durch eine Verzweiflungstat auch noch zu ratifizieren. In der Tat sind es vor allem die Frauen – aber auch Paare, – die von der ›opinión‹ an der freien Entfaltung ihres Lebens, ja fast am Atmen gehindert und zu Verhaltensweisen genötigt werden, die sich im Grunde gegen sie selbst richten.

(H.-J. Neuschäfer 1991, 27f)

Ansätze einer künstlerischen Erneuerungsbewegung im spanischen Theater zur Zeit der Zweiten Republik

Ich würde diese ganzen Parterres und Logen aus den Theatern herausreißen und den Olymp nach unten bringen. Wir müssen das Theater den gewöhnlichen arbeitenden Menschen öffnen. »Oh, Sie tragen ein schönes Seidenkleid, Madame? Dann raus mit Ihnen!« Ein Publikum in Hemdsärmeln, das Hamlet *ansieht, die Werke des Aischylos und alles, was groß ist!*

(F. García Lorca, n. J. Gibson 1991, 489)

Der Erneuerungsprozeß, der in den zwanziger und dreißiger Jahren im spanischen Theater in Gang kam, war vorbereitet und begleitet von einer in unterschiedlichsten weltanschaulichen Gruppierungen geführten kulturkritischen Auseinandersetzung mit der Situation Spaniens, mit dessen verspätetem Aufbruch in die Moderne. An dieser Auseinandersetzung waren noch prominente Vertreter der »Generation von 98« beteiligt. In den für das Theater relevanten Diskussionen waren dies vor allem Miguel de Unamuno und Ramón María del Valle-Inclán. Aber auch die jüngere »Generation von 27«, die den Anschluß an die europäischen Avantgardebewegungen gefunden hatte, setzte hier wesentliche Akzente. Die herausragende Persönlichkeit in diesem Kreis war unstrittig Federico García Lorca. H.-J. Neuschäfer kennzeichnet den geistigen Aufbruchsprozeß, für den ein Bewußtsein der Modernität ebenso typisch war wie das einer Modernitätskrise, als Bewegung, die durch eine »Dialektik von Beschleunigung und Verzögerung« geprägt war; von einer »Lust an Experiment und Provokation«, die vor allem die hektisch geführten Weltanschauungsdebatten in den zahlreichen literarisch-politischen Zeitschriften (*La Revista de Occidente, España, Cruz y Raya* oder der revolutionären *Octubre*) beflügelte, – wobei »doch stets auch die Abwehrgeste, das mahnende ›ma non troppo‹, ja der Ruf nach dem starken Mann, der wieder Ordnung in das ›Chaos‹ bringt, zu gewärtigen war.« (1997, 338). In dieser Modernitätsdiskussion waren die Schriften des Philosophen José Ortega y Gasset (1882–1955) von größter Bedeutung, vor allem dessen berühmter Essay *La rebelión de las masas* (1927 in der Zeitschrift *El Sol* veröffentlicht, 1930 in Buchform; Der Aufstand der Massen), ebenso Ortegas große Analyse der modernen Kunst, in dem Essay *La deshumanización del arte* (1925, Die Entmenschlichung der Kunst). (vgl. M. Franzbach 1993, 307 ff) In *La rebelión de las masas* setzt sich Ortega y Gasset mit einem der zentralen Probleme des Modernisierungsprozesses auseinander, dem Phänomen der »Masse«: mit deren Anspruch auf Zugang zu allen jenen Privilegien, die bislang nur den gesellschaftlichen Eliten vorbehalten waren, mit deren »Drängen nach Teilhabe an den Errungenschaften der Zivilisation«, letztlich auch nach politischer Gleichberechtigung. Es war dies ein Prozeß, zu dem der Philosoph ein durchaus ambivalentes Verhältnis einnahm. (H.-J. Neuschäfer 1977, 340) Mit der Kategorie der »*Deshumanización*« führte Ortega y Gasset einen Schlüsselbegriff für das Verständnis der Kunst der Moderne ein. Er ist der Kategorie der »Verfremdung« (im Sinne Brechts) verwandt und meint ein Verfahren der Deformation, das den Zweck hat, Einfühlung und Identifikation zu verhindern und eine Dimension des Dargestellten ans Licht zu bringen, die in dessen realistischer Abbildung verborgen bleibt. »*Deshumanización*« soll eine neue Wahrnehmung des dargestellten Sachverhalts ermöglichen. Dies impliziert »den Verzicht auf die ›Transzendenz‹ der Kunst« und insistiert auf deren »Selbstzweckhaftigkeit oder Autonomie ebenso wie auf ihren Spielcharakter«. Damit waren im Kontext der in Spanien geführten Diskussionen um die Ablösung des tradierten, an Abbildung und Realismus orientierten Kunstbegriffs die theoretischen Voraussetzungen für eine spanische Avantgardekunst formuliert. (dazu H.-J. Neuschäfer 1997, 348 f)

Ein weiteres für die künstlerische Erneuerung in Spanien wesentliches Phänomen war die Rezeption der Freudschen Psychoanalyse, die Mitte der zwanziger Jahre einsetzte. Mit einem Vorwort von Ortega y Gasset war 1922 Freuds *Traumdeutung* in spanischer Übersetzung erschienen. Weitere Hauptschriften folgten, die insbesondere auf den spanischen Surrealismus (Salvador Dalí, Luis Buñuel) von nachhaltigem Einfluß waren. Durch die Freud-Rezeption kam es vor allem zu einer veränderten Einstellung zur Sexualität und zu neuen Bewertungen in der »Frauen- und Geschlechterfrage«; und zwar in dem Sinne, daß der Frau das gleiche Recht auf das Ausleben ihrer Sexualität eingeräumt wurde wie dem Mann. In Spanien war dieses Thema ein offenkundiges Tabu. Damit wurde nun auch die Unterdrückung der Frau durch den Moralkodex der Gesellschaft offen darstellbar. Ebenso wurde der in der spanischen Tradition tief verwurzelte Begriff der »Ehre« in diesem Zusammenhang neu bewertet. Bemerkenswert ist, daß gegen die umstürzlerische Revision dieser überkommenen Vorstellungen konservative Autoren und die »franquistische Zensur ganz ähnliche Einwände« vorbrachten. (vgl. H.-J. Neuschäfer 1997, 345 f).

Es kann kein Zufall gewesen sein, daß Lorca das Thema des Despotismus zu einer Zeit aufgriff, als jeder, der einigermaßen bei Verstand war, wußte, daß in Spanien die Wahrscheinlichkeit eines rechtsgerichteten Putsches sehr groß war. Bernarda steht mit ihrer Scheinheiligkeit, ihrem inquisitorischen Katholizismus und ihrer Entschlossenheit, die Freiheit anderer zu unterdrücken, für eine Mentalität, die dem Dichter nur zu gut bekannt war.

(I. Gibson 1991, 581)

Ruiz Ramón (1990, 20 f) weist darauf hin, daß der Erneuerungsprozeß, der im spanischen Theater im ersten Drittel des 20. Jahrhunderts stattfand, nicht – wie in anderen europäischen Theaternationen – von Theaterpraktikern (wie Antoine, Brahm, Craig, Appia, Fort, Lugné-Poë oder Stanislavskij), also »von der Bühne« ausging, sondern von Dramatikern. Auch die Maler, die in der französischen, deutschen, russischen und italienischen Theateravantgarde eine so eigenständige, die experimentelle Bühnenästhetik vorantreibende Rolle spielten, setzten in Spanien keine nennenswerten Akzente. Wenngleich etwa García Lorca enge Kontakte zu diesen Kreisen pflegte (vgl. I. Gibson 1991, 286 ff u.a.), blieben doch Salvador Dalís Bühnenentwürfe für dessen *Mariana Pineda* ein singuläres Ereignis. Auch die Maler, die Gregorio Martínez Sierra an sein Teatro del Arte engagiert hatte, verbesserten in erster Linie die künstlerische Qualität der Dekorationen, vermittelten aber keine, die Inszenierungen konzeptionell beeinflussenden Impulse. Ruiz Ramón spricht vielmehr von »neuen Modellen«, die über neue dramatische Textstrukturen neue theatrale Räume erschlossen. Es waren also vor allem die jungen Dramatiker, die gegen den an den spanischen Bühnen herrschenden Konventionalismus ankämpften. Deren Spielpläne bestimmten noch in den zwanziger Jahren jene Bühnenautoren, deren Werke im geistigen Klima der Jahrhundertwende entstanden waren und den Repertoireerwartungen des kommerziellen Theaterbetriebs entsprachen. Es waren dies José Echegaray (1832–1916) mit seinen neuromantischen Melodramen und Gesellschaftsstücken; Pérez Galdós (1843–1920), dessen realistische Dramen erstmals auch soziale Konflikte des gegenwärtigen Spaniens auf die Bühne brachten, und vor allem Jacinto Benavente y Martínez (1866–1954), der renommierteste und wohl auch produktivste moderne Bühnenautor Spaniens (ca. 300 Bühnenstücke), dessen Werk vom sozialkritischen, naturalistischen Drama bis zur »gehobenen Salon- und Boulevardkomödie« (W. Floeck 1991, 372) reicht. Das Unterhaltungstheater im engeren Sinne belieferten Autoren wie Carlos Arniches

(1866–1943) mit Typenkomödien, die das Kleinbürgermilieu vorführten, und die Brüder Serafín (1873–1938) und Joaquín Álvarez Quintero (1873–1944) mit musikalisch-folkloristischen, mit Situationskomik gespickten »sainetes« und »entremeses«. Einer der erfolgreichsten Bühnenautoren dieser Jahrzehnte war auch Pedro Muñoz Seca (1881–1936), der das Genre des »astracán«, eine Mischung von Schwank und Melodram, in Mode gebracht hatte. (vgl. Bd. III, Kap.: Jahrhundertwende/Spanien; dazu auch W. Floeck 1991, 369ff; R. Michaelis 1969, 54ff)

Ansätze für eine künstlerische Erneuerung des spanischen Theaters boten – neben dem Werk von Unamuno, Valle-Inclán und García Lorca – auch die Dramen des katalanischen Autors Jacinto Grau (1897–1958) und von José Martínez Ruiz (1873–1967), der sich seit 1904 Azorín nannte. Beide jedoch wurden von der Bühnen ihrer Zeit kaum beachtet. Jacinto Grau stellte sich mit einer programmatischen Orientierung an der klassischen Tradition gegen den herrschenden Trend des kommerziellen Theaters. In seinen Stücken behandelte er mythologische, biblische und historische Themen und nutzte dabei alle Genres der spanischen Theatertradition. Bemerkenswert ist seine Neuinterpretation des Don-Juan-Stoffes in den Stücken *Don Juan de Carillana* (1913) und *El burlador que no se burla* (1930), die mit einem Triumph der sinnlichen Liebe und der Trauer der von Don Juan beglückten Frauen um den Toten endet. (vgl. M. Franzbach 1993, 286) In *El señor de Pigmalión* (1921) kompiliert Grau den Mythos von Pygmalion und den von Prometheus in einem »ambivalenten Spiel von Fiktion und Wirklichkeit« (W. Floeck). Von Azorín sind *Brandy, mucho brandy* (1927) und die Einaktertrilogie *Lo invisible* (1928, Das Unsichtbare) die wichtigsten Beiträge zur Erneuerung des spanischen Theaters. Azorín, der sich am Symbolismus von Maurice Maeterlinck orientierte, vertrat eine antirealistische Position. Sphären zwischen Traum, Phantasie und Wirklichkeit, in denen sich die Akteure mit ihrer Ratio nicht mehr zurechtfinden und allein ihrem Gefühl folgen müssen. *Lo invisible* ist eine Art modernes Mysterienspiel, das aus den drei Einaktern *La arañita en el espejo* (Die kleine Spinne im Spiegel), *El segador* (Der Schnitter) und *Doctor Death, de 3 a 5* (Dr. Death von 3 bis 5), und einem kurzen »Szenischen Prolog« besteht. Die drei Einakter schildern Menschen unmittelbar vor einer Todeserfahrung, der des eigenen Todes oder des Todes eines Kindes. In symbolisch düster verschichteten, das Unheil ankündigenden Situationen, die zunehmend surreale Züge annehmen, agiert jeweils ein Todesbote, der die Protagonisten mit ihrem unvermeidlichen Schicksal konfrontiert, sie aber letztlich auch aus ihrer Todesangst erlöst. Der Tod selbst tritt als Bühnenfigur nur im »Prolog« auf. Auch das Stück *Brandy, mucho brandy* führt den Zuschauer in eine »Überrealität«. So bezeichnet Azorín die »Realität des Unbewußten«. 1930 verfaßte er ein modernes »auto sacramental« mit dem Titel *Angelita*. Formal ist es dieses Werk, das am konsequentesten den Rahmen einer realistischen Dramaturgie verläßt.

In diesem dramatischen Augenblick, den die Welt zur Zeit erlebt, muß der Künstler mit seinem Volke weinen und lachen. Man muß den Lilienstrauß beiseite legen und bis zur Hüfte in den Sumpf waten, um denen zu helfen, die die Lilien suchen, und ich habe ein wirkliches Verlangen, mich allen mitzuteilen. Deshalb habe ich an die Tür des Theaters geklopft, und dem Theater widme ich meine ganze Empfindsamkeit.

(F. García Lorca, n. J. Gibson 1991, 583)

Von den katalanischen Dramatikern des frühen 20. Jahrhunderts war Àngel Guimerà (1845–1924) der populärste. Seine Stücke, die bereits um die Jahrhundertwende entstanden waren (*Terra baixa*, 1897 oder *La filla del mar*, 1900), brachten soziale Konflikte und die Lebenswelt der Kleinstädter mit kritisch-realistischem Zugriff auf die Bühne und waren ein wichtiger Entwicklungsschritt über die noch vorherrschende romantische Bühnenmode hinaus. Der

F. García Lorca: Yerma.
Teatro Eslava, Madrid 1958

prominente politische Regisseur Erwin Piscator (vgl. Kap.: Deutschland) plante anläßlich seines Besuchs in Barcelona 1937 *La filla del mar* zu inszenieren, ein Vorhaben, das in den Wirren des Bürgerkriegs jedoch nicht realisiert werden konnte. Auch in den frühen Stücken von Ignasi Iglésias (1871–1928), so etwa in *Els vells* (1903) ist die Lebenswirklichkeit der Arbeiter in der Industriemetropole Barcelona immer wieder zentrales Thema. Santiago Rusiñol (1861–1931) und Apelles Mestres (1854–1936) sind diejenigen katalanischen Dramatiker, die unter dem Einfluß des Symbolismus antirealistische Tendenzen durchsetzten. Dies gilt auch für die Stücke wie *El jardí abandonet* (1900) von Rusiñol oder *Nocturn: Andante morat* (1896) von Adrià Gual. Beide Autoren schrieben für das Theater noch bis in die zwanziger Jahre. In dieser Zeit war Josep Maria de Sagarra (1894–1961) der prominenteste katalanische Dramatiker. Seine Stücke verdanken ihre Bühnenerfolge einem folkloristischen Ton und genauen Schilderungen lokaler Eigenheiten und historischer Lebensverhältnisse.

Aus der Gruppe der jüngeren spanischen Autoren, die der »Generation von 1927« zuzurechnen sind, kamen Ansätze einer neuen Dramatik, die von den internationalen Avantgardebewegungen, vornehmlich dem französischen Surrealismus beeinflußt waren. Dies trifft zu für Stücke von Enrique Jardiel Poncela (1901–1952), Alejandro Casona (1903–1965) und Miguel Mihura (1905–1977).

Enrique Jardiel Poncela war ein Erfolgsautor, ein Theaterbesessener – ohne Vergleich im spanischen Theaterleben der dreißiger und vierziger Jahre. Neben dem Theater war für ihn der Film sein Hauptbetätigungsfeld. 1932 und 1934 wurde er nach Hollywood eingeladen; zuvor arbeitete er in verschiedenen Pariser Filmstudios. Hinzu kamen zahllose Tourneen und Vortragsreisen vor allem nach Südamerika. Der Durchbruch als Bühnenautor gelang Poncela 1927 mit der Uraufführung seines Stücks *Una noche de primavera sin sueño* am Teatro Lara in Madrid. 1933 erschien ein erster Band seiner Theaterstücke, *Tres comedias con un solo ensayo*. Grundidee von Poncelas Stücken, – überwiegend Farcen, Grotesken, Komödien und Tragikomödien – ist die Darstellung des Lebens in seiner elementaren Unberechenbarkeit, in seiner Wirrnis, ja Absurdität. Überraschung ist Poncelas hauptsächlichstes dramaturgisches Mittel, ebenso die »Multiplizität oder wenigstens die Duplizität« der Ereignisse. So lieben in *Es peligroso asomarse al exterior* (1942) drei Männer gleichzeitig eine Frau, die drei Männer sind Vater und zwei Söhne. Der Konflikt wird dadurch gelöst, daß drei Töchter einer befreundeten Familie auftreten, die sogleich das Interesse der drei Männer auf sich ziehen. Männliche Vierlinge stehen weiblichen Vierlingen in *Madre* gegenüber. (H. Antlitz 1965, 71) In einigen von Poncelas Komödien ist die Handlungsführung so grotesk verwickelt, daß der Zuschauer beinahe den Durchblick verliert. Eben dies aber ist das Prinzip dieser Komödienwelt. »Komödien ohne Herz« (comedias sin corazón) nennt er einige seiner Stücke, wobei mit dem Ausschluß des »Herzens« jene Sicherheit ausgeschlossen sein soll, die das »Herz« als letzte Instanz der Vergewisserung in aller Regel darstellt. So lebt Poncelas Werk aus einem grundsätzlichen Widerspruch zu der Vorstellung einer geordneten, gar einer vernünftigen Welt. Diesen Widerspruch wahrzunehmen, ist seine Botschaft, ist sein Bekenntnis zum Leben in all seiner Willkür und universellen Planlosigkeit. Seine erfolgreichsten Stücke in den dreißiger Jahren, von denen er zahlreiche auch seinen Drehbüchern für Filme zugrunde gelegt hat, sind: *Un adulterio decente* (1935), eine witzige Satire auf den spanischen Ehrenkodex, zugleich aber ein Plädoyer für das »Recht« auch der Frau »auf einen Seitensprung« (H.-J. Neuschäfer 1997, 352), *Las cinco advertencias de Satanás* (1935) und *Cuatro corazones con freno y marcha atrás*, eine Farce, in der wegen einer Riesenerbschaft ein unerhörtes Chaos zwischen allen Beteiligten entsteht. Diese werden durch die Einnahme eines Wundermittels nicht älter, schließlich gar mit Hilfe eines Gegengifts jünger, was zu grotesken Verhältnissen zwischen Eltern und Kindern führt. Die meisten seiner Stücke erschienen in den vierziger Jahren, darunter *Eloísa está debajo de un almendro* (1940), *El amor sólo dura 2000 metros* (1941), *Los habitantes de la casa deshabitada* (1942) und *Blanca por fuera y Rosa por dentro* (1943). Oftmals brachte Poncela in einem Jahr bis zu drei Stücke heraus. *El sexo débil ha hecho gimnasia* ist eine seiner letzten, vom Publikum begeistert aufgenommenen Arbeiten für die Bühne. In dem für das spanische Theater so charakteristischen Sujet der Groteske, die mit schwarzem Humor den Irrsinn in der Normalität aufdeckt, nimmt Poncelas Werk eine Schlüsselstellung ein.

Alejandro Casona, der mit bürgerlichem Namen Alejandro Rodríguez Álvarez hieß, zählte zu den engen Freunden von Federico García Lorca und war einer der führenden Repräsentanten der »Generation von 1927«. Nach García Lorcas Ermordung emigrierte er 1937 nach Lateinamerika und lebte vorwiegend in Buenos Aires, wo er bis 1962 blieb. (vgl. M. Franzbach 1993, 325f) Dort entstanden zehn seiner Dramen. *La dama del alba* (1944, Die Frau im Morgengrauen), wohl sein bestes Stück, ist ein allegorisches Spiel, in dem Traum und Realität ständig ineinander übergehen. Es wurde in Buenos Aires uraufgeführt; ebenso *Siete gritos en el mar* (1952). Drei Stücke, *La sirena varada* (1934), *Nuestra Natacha* (1936) und *Otra vez el Diablo* (1927 begonnen) waren noch in der Zweiten Republik entstanden, für deren kulturpolitische Ziele sich Casona – ganz ähnlich Lorca – engagiert hatte. Zusammen mit dem Teatro del

Pueblo gründete er eine Wanderbühne, mit der er die spanische Provinz bereiste und dort – auch in den kulturpolitischen Zielen vergleichbar mit García Lorcas »Barraca« – Werke der spanischen Klassiker aufführte. Als Casona 1962 aus dem Exil zurückkehrte, wurde er zunächst von den Kritikern des Franco-Regimes als »Legende« des Widerstands gefeiert, enttäuschte seine Anhängerschaft jedoch alsbald durch seine im Exil entstandenen, gänzlich unpolitischen, von der regimetreuen Kritik gelobten Stücke, die nun auf den öffentlichen Bühnen des Landes aufgeführt wurden. (vgl. K. Biermann 1988, 386) Dazu zählten neben *La dama del alba*, deren Erstaufführung 1962 in Spanien »ein wahres ›Festival Casona‹« (W. Floeck 1991, 383) ausgelöst hatte, vor allem *Prohibido suicidarse en primavera* (entstanden 1937), *La barca sin pescador* (entstanden 1945, Das Boot ohne Fischer), *Los árboles mueren de pie* (1949 entstanden, Die Bäume sterben aufrecht) und *La casa de los siete balcones* (1957). Auch diese Dramen behandelten spirituelle, märchenhafte Sujets, sind Traumstücke und Allegorien von »Urkonflikten« (M. Franzbach 1993, 326). Eine für Casonas Stücke typische Figur ist der »Teufel«, der in unterschiedlichen Figurationen und Funktionen auftritt. Bei aller Märchenhaftigkeit und archetypischen Symbolik stehen diese poetischen Fabeln unverkennbar in der spanischen Tradition der phantastischen Farce und der Parabelstücke.

Zu den bedeutendsten Schauspielern im ersten Drittel des 20. Jahrhunderts zählten: María Guerrero, Fernando Díaz de Mendoza, Rosario Pino, María Tubau, Ramona Valdivia, Enrique Borrás und Margarita Xirgu. María Guerrero war das, was man in Spanien eine große »actriz trágica« nannte. Ihre Technik war sehr vielseitig. Sie assimilierte die Rolle und verschwand unter den Charaktermerkmalen der Figur, die sie verkörperte. Sie empfand wahrhaftig, was für andere nur Verstellung war.

(M. Bernhofer 1992, 137)

Von Mihura war das beste Stück die Komödie *Tres sombreros de copa* (1932), ein Werk, das durch seinen absurden Sprachwitz fasziniert und ein großer internationaler Bühnenerfolg (Uraufführung 1952) wurde. Die Theaterstücke von Rafael Alberti (1902–1999), einem der prominentesten antifaschistischen Schriftsteller Spaniens, die seit Mitte der 30er Jahre – beeinflußt vom Surrealismus – entstanden, kamen erst nach Francos Tod auf die Bühne. (vgl. M. Franzbach 1993, 271 f) In dem frühen Drama *El hombre deshabitado* (1927) benutzt Alberti die Dramaturgie der mittelalterlichen Mysterienspiele für die Behandlung persönlicher existentieller Probleme, einer Glaubenskrise, in die der Autor geraten war. Das im Ton blasphemische Stück stellt die »christliche Heilsbotschaft ... auf den Kopf« (W. Floeck 1991, 380) und spielt den Sinnverlust des modernen Menschen als Revolte gegen den Schöpfergott aus. Die Uraufführung 1931 führte zu heftigsten Diskussionen und polarisierte das Publikum »in zwei sich unversöhnlich gegenüberstehende Lager« (W. Floeck). Schon mit seinem nächsten Stück *Fermín Galán*, das den gescheiterten Aufstand der Republikaner gegen die Monarchie Alfons XIII. zum Thema hatte, vollzog Alberti den Schritt zur unmittelbaren Politisierung seiner schriftstellerischen Arbeit. Ausdruck dieser Entwicklung ist das Stück *Noche de guerra en el Museo del Prado* (Kriegsnacht im Pradomuseum, 1956 entstanden, 1978 in Madrid uraufgeführt), dessen Handlung während des Spanischen Bürgerkriegs spielt.

Boten diese Autoren in einzelnen Stücken durchaus Ansätze experimenteller Dramaturgien, so fügten sich diese jedoch nicht zu Konzepten zusammen, deren innovative Kraft in der Lage gewesen wäre, den herrschenden Bühnenrealismus und dessen inhaltliche Verflachung abzulösen. Zudem kamen einige der Stücke dieser Autoren erst deutlich nach ihrer Entstehungszeit auf die Bühne, da die Zensur deren Aufführung verboten hatte.

Neue Dramaturgien im Werk von Unamuno, Valle-Inclán und García Lorca

Miguel de Unamuno: »Nacktes Theater«

Das tragische Lebensgefühl ist eine zeitlose Erfahrung, die den Protagonisten von Bueros historischen Dramen von Velázquez, Esquilache und Goya bis hin zu dem romantischen Dichter Larra ebenso eigen ist wie den fiktiven Helden seiner übrigen Stücke. Freilich ist sich Buero durchaus bewußt, daß der wachsende Glaubens- und Sinnverlust sowie die von Krieg und weltweiter Vernichtung geprägte geschichtliche Erfahrung des 20. Jahrhunderts zur Verschärfung der »visión trágica« beigetragen haben. Die Erfahrung der spanischen Realität des 20. Jahrhunderts durch die spanischen Intellektuellen als einer »deformación grotesca de la civilización europea«, wie Valle-Inclán den Protagonisten von Luces de Bohemia *sagen läßt, mag den »sentido trágico de la vida española« noch zusätzlich geprägt haben, doch ist diese Erfahrung keine typisch spanische, sondern prägt einen Großteil der europäischen Literatur des 20. Jahrhunderts schlechthin.*

(W. Floeck 1990, 160)

Dem Theater »neue Wege« zu eröffnen, war das erklärte Ziel von Miguel de Unamuno (1864–1936), einem der Hauptvertreter der »Generation von 1898«: Philosoph, Rektor der Universität von Salamanca und Parlamentsabgeordneter, Romancier und einer der bedeutendsten Essayisten der spanischen Literatur. (vgl. M. Franzbach 1993, 251 ff) Was das Theater betraf, verstand er »sich selbst als Barbar der spanischen Bühne, als Geißel des Theaterkonventionalismus«, ausersehen, »das Publikum, wenn nicht das ganze Volk aus den Theatersälen zu vertreiben.« (n. F. Ruiz Ramón 1990, 25) In einer Reihe seiner Essays behandelte er aus dieser kritischen Sicht heraus auch das Theater seiner Zeit; Titel dieser Schriften sind: *La regeneración del teatro español* (1896), *Teatro de teatro* (1889), *Las señoras y el teatro* (1912), *De vuelta al teatro* (1913), *Teatro y cine* (1921) und *Hablemos de teatro* (1934). Seine Vision eines künstlerisch erneuerten Theaters stellte Unamuno unter den programmatischen Begriff der »Nacktheit«. Gemeint war damit die Befreiung der Bühnenkunst von allen nur äußerlichen Effekten der Dekoration, aber auch von allen sprachlichen, rhetorischen Effekten, der psychologischen Verschnörkelung der Konflikte und von allem Episodischen. Unamunos »teatro desnudo« ist auf die Schauspieler konzentriert, deren Aufgabe es ist, den Kern des dramatischen Konflikts in aller Klarheit herauszuarbeiten. Diese Konzentration führte notwendigerweise auch zu einer Reduzierung des Ensembles auf nur wenige Akteure, die – bei Vermeidung jedweder Nebenhandlung – die konfliktrelevanten Positionen repräsentieren. Zentrales Thema, das Unamuno in seinem »Ideentheater« (W. Floeck) behandelt, ist die Identitätskrise des modernen Menschen, dessen Suche nach religiöser Sinngebung und den ontologischen (nicht den psychologischen) Konstanten der Existenz. In diesem Sinne bedeutet Unamunos »Dramaturgie der Nacktheit … die Negierung eines dramatischen Schaffensprinzips, das auf der Ästhetik der Erscheinungen gründend in sozialer Hinsicht als groß angelegtes System des Verbergens funktionierte. Dieser Dramaturgie, in der Masken als das wahre Gesicht erscheinen, setzt Unamuno die Dramaturgie der Nacktheit entgegen; dem dramatischen Raum als Spielplatz der Illusionen stellte er den dramatischen Raum als Ort der Enthüllung des gespaltenen Bewußtseins gegenüber.« (F. Ruiz Ramón 1990, 26) Die überzeugendste künstlerische Gestaltung dieser Thematik gelang Unamuno in dem Stück *El otro* (1926), dessen Protagonist, ein Zwilling, das Problem der Bewußtseinsspaltung in allen seinen Facetten durchleidet.

Konsequenterweise verbannte Unamuno auch alle Requisiten des Illusionstheaters von der Bühne. Nur eine leere Bühne schien ihm der angemessene Spielraum für sein Theater der Bewußtseinserforschung zu sein. Im Zusammenhang seiner Beschäftigung mit den antiken Mythen (so etwa in *Fedra,* 1910) stand Unamunos Versuch, den Chor für die moderne Bühne zurückzugewinnen. Alle diese Aspekte fügten sich zusammen zu einem Reformprojekt, dessen zentrale Idee die Konzentration auf ontologische Grundfragen der menschlichen Existenz war; in einem theatralen Raum, der sich jedweder Psychologisierung oder gar der illusionistischen Milieurekonstruktion verweigerte, in der Gedankenwelt eines von Kierkegaard und Nietzsche inspirierten tragischen Weltgefühls.

Valle-Inclán: Theater der satirischen und esperpentischen Deformation

Von allen spanischen Dramatikern dieser Jahrzehnte war der in Galicien geborene Ramón María del Valle-Inclán (1866–1936) der radikalste Experimentator im Schreiben für das Theater. F. Ruiz Ramón spricht gar davon, daß das Theater Valle-Incláns »in seiner Gesamtheit eines der ungewöhnlichsten Abenteuer innerhalb des zeitgenössischen europäischen Theaters sei ..., in der Geschichte des zeitgenössischen spanischen Theaters eine authentische revolutionäre Tat« darstelle. (vgl. W. Floeck 1991, 375) Der Autor stammt aus einer alten spanischen Adelsfamilie, absolvierte ein Jurastudium und führte – nach einem längeren Aufenthalt in Mexiko – seit Winter 1896/97 in Madrid das »extravagante Leben eines Bohemien« (M. Franzbach 1993, 263); ja er war dort eine »der berüchtigsten Figuren der literarischen Boheme der Jahrhundertwende«, ein »gefürchteter Bürgerschreck« (W. Floeck). 1910 ging Valle-Inclán als Leiter einer Theatertruppe erneut nach Lateinamerika. Ende der 20er Jahre brachte ihn seine Opposition gegen die Militärdiktatur Primo de Riveras ins Gefängnis. 1931 wurde er zum Direktor der Kunstakademie in Rom berufen. (vgl. M. Franzbach 1993, 263) In Valle-Incláns antibürgerlicher Grundhaltung war auch seine Fundamentalkritik am bürgerlichen Theater seiner Zeit begründet, vornehmlich an dessen realistisch-illusionistischer Ästhetik und dessen oberflächlichem Psychologismus. Dabei ging es ihm auch um »Retheatralisierung« des Theaters, um eine neue Sprache des Theaters, in der das Wort »in Verbindung mit Licht, Farbe, Geräusch, dem Körper der Schauspieler, seinen Bewegungen und Gesten, magische Kraft erlangt.« (F. Ruiz Ramón 1990, 21) Die Bühne sollte wieder als offener symbolischer Raum begriffen, Theatralität wieder in ihren elementaren Ausdrucksmitteln zurückgewonnen werden; eine Tendenz, die Valle-Inclán mit anderen europäischen Avantgardebewegungen im ersten Drittel des 20. Jahrhunderts verband.

W. Floeck (1991, 374f) sieht in den Bühnenarbeiten (etwa 25 Stücke) dieses Autors zwei Entwicklungsphasen: eine erste »modernistisch-symbolistische« und eine spätere »expressionistische«, wobei für die späteren Arbeiten die Technik der »esperpentización«, ein von Valle-Inclán entwickeltes satirisches Deformationsverfahren besonders typisch ist. Die bedeutendsten Arbeiten der frühen symbolistischen Periode sind die *Comedias bárbaras*, die »Ungeheuerlichen Komödien«, eine Trilogie, die zwischen 1907 und 1922 entstanden ist. Die drei Titel lauten: *Águila de blasón* (1907, Wappenadler), *Romance de lobos* (1908, Wolfsromanze) und *Cara de plata* (1922, Silbergesicht). Zentrale Figur der Stücke ist Don Juan Manuel, ein galicischer Aristokrat und Repräsentant einer feudalen Adelswelt, deren Verfall Thema der drei Stücke ist: Um das tyrannische, seine sexuellen Obsessionen brutal auslebende Familienoberhaupt – Figuration eines grotesk verzerrten mythischen Königs – entbrennt ein mörderischer Kampf um Macht und Frauen. Am Ende erschlagen die Söhne – wie

Doch der Esperpento ist kein neues Genre für das Theater. Er ist vielmehr die Praxis einer neuen – universalen – Ästhetik. Esperpentische Ästhetik überschreitet die Grenzen der traditionellen Genres, integriert erzählende Prosa, Poesie und Theater in gleicher Weise.

(W.B. Berg 1988, 355)

R. M. del Valle-Inclán: Divinas Palabras. *R.: N. Franke. B.: A. Heráclito u. N. Franke. Teatro Gregorio de Mattos, Salvador/Brasilien 1997*

Es steht außer Zweifel, daß es in Divinas palabras *um die Konfrontation der Seßhaften mit den Vagabunden als zweier verfeindeter gesellschaftlicher Gruppen geht ... Der Gegensatz zwischen Seßhaften und Vagabunden schlägt sich ganz konkret in der Wahl der Schauplätze nieder. Mehrfach wird der Zuschauer übergangslos von einem typisch dörflichen Szenarium – Kirche, Brunnen, Wohnhaus – in ein für die Vagabunden charakteristisches – Wegrand, Jahrmarkt, Wirtshaus – versetzt ... Sieht man den Konflikt zwischen Seßhaften und Vagabunden als durchgängige und tragende Struktur der Handlung an, so wird auch der offene Schluß verständlich. Die Tatsache, daß Maria-Gaila auch nach dem zweiten Ehebruch nicht als reuige Sünderin erscheint, zeigt an, daß Valle-Inclán für keine der beiden Lebensformen Partei ergreifen, sondern vielmehr auf eine durch den Konflikt zwischen ihnen geprägte komplexe Realität aufmerksam machen will.*

(H. Wentzlaff-Eggebert 1988, 312 f)

ihr Erzeuger moralisch verkommene Existenzen – den Vater, kurz bevor dieser, spät noch von Reue über seine Untaten erfaßt, seine selbstauferlegte Buße ausführen kann, und werden schließlich selbst von einer Schar von Bettlern umgebracht. Die Archaik dieses monströsen Geschehens, dessen endzeitlich mythischen Charakter akzentuiert Valle-Inclán durch eine Sprache, die dem Ton volkstümlicher Romanzen nachempfunden ist. Mit grotesken Gewalttaten gespickt ist auch die »Dörfliche Tragikomödie« *Divinas palabras* (1920, Göttliche Worte), die 1933 im Teatro Español in Madrid uraufgeführt wurde. Doch geht Valle-Inclán in diesem Stück im experimentellen Ansatz noch einen Schritt weiter als in den *Comedias bárbaras*. Ironische Distanz, durch exzessive Formalisierung erzeugt, und systematische, groteske Deformation der Geschehnisse und der Figuren sind hier noch weitergetrieben. Das Stück ist als Stationendrama mit symmetrischem Aufbau konstruiert, auf eine Sequenz von fünf Szenen folgen ein Mittelteil mit zehn Szenen und eine zweite Sequenz, die wieder fünf Szenen umfaßt. Die Handlungen ereignen sich in einem archaisch-ländlichen Galicien, einer gänzlich enthumanisierten Welt. Die Figuren sind in den Regieanmerkungen als Tiere, Hampelmänner und Marionetten beschrieben, deren Treiben der Autor ohne erkennbare Parteinahme darstellt. Die in ihrer Rohheit kaum überbietbaren Geschehnisse gruppieren sich um ein geistig behindertes und mißgestaltetes Kind, das von seiner alkoholsüchtigen Mutter auf Jahrmärkten zur Schau gestellt wird. Als die Mutter stirbt, streiten sich die Angehörigen, Schwester und Schwägerin der Toten, um das »Erbe«, das als Einnahmequelle dienende debile Kind. Dieses aber wird bei einem seiner nächsten »Auftritte« von der schaulustigen Menge durch das Einflößen ungeheurer Mengen von Alkohol zu Tode gebracht. Mari-Gaila, in deren Besitz Laureano war, zieht nun mit dessen Leiche auf dem Wagen in ihr Dorf zurück. Dort überschlagen sich die Ereignisse: Weil sie ihren Mann Pedro mit einem Liebhaber betrogen hat, wird sie nun zur Schande nackt auf einem Karren durchs Dorf gefahren. Das gänzlich groteske Treiben endet letztlich aber versöhnlich. Pedro, der sich vom Kirchturm zu Tode gestürzt hatte, gleich aber wieder lebendig aufsteht, bringt die wütenden Dorfbewohner durch ein lateinisches Bibelzitat (die »göttlichen Worte«) wie durch ein Wunder zur Räson und betritt mit der nackten Mari-Gaila – quasi wie ein Brautpaar – die Kirche. Vergleichbar nur mit Alfred Jarrys *Ubu Roi* (vgl. Bd. III. Kap.: Jahrhundertwende/Frankreich), sind in diesem Stück alle traditionellen Dramaturgieelemente systematisch ausgehebelt, offenbar um in der grotesken Verzerrung einen dem »tragischen Lebensgefühl Spaniens« (Valle-Inclán) angemessenen Darstellungsrahmen zu gewinnen.

R. M. del Valle-Inclán: Divinas Palabras. *Teatro Gregorio de Mattos, 1997. Fabio Vidal als Laureano*

In der Perfektionierung dieser Technik entwickelte Valle-Inclán das Genre des Esperpento. Beispielhaft dafür sind *Luces de Bohemia* (1920) und vor allem die unter dem Titel *Martes de carnaval* (1930) herausgegebenen Esperpentos. Diese Gruppe von Stücken vor allem ist es, die Valle-Incláns herausragenden Beitrag zur Entwicklung des modernen europäischen Theaters darstellen. Der Esperpento ist als Bühnengenre eine Schauerposse, verwandt der Farce, die nach dem Prinzip der »systematischen Verzerrung« konstruiert ist. Der Begriff »esperpento« bedeutet soviel wie »Vogelscheuche«: eine Mischung von »Häßlich-Abstoßendem und Komisch-Lächerlichem«, eine »spanische Sonderform des Grotesken« (W. Floeck 1990, 112). Die Figuren der esperpentischen Deformation beschreibt Valle-Inclán folgendermaßen: »Wenn die klassischen Heroen vor den Hohlspiegeln paradieren, bieten sie die Schauerposse dar ..., und diese verzerrten Gestalten sind die Helden, die dazu berufen sind, eine unverzerrte Geschichte darzustellen. Es sind Zwerge und X-Beiner, die eine Tragödie spielen.« (n. W. Floeck 1990, 113) Besonders eklatant erscheint die Verzerrung,

R. M. del Valle-Inclán: Divinas Palabras. *R.: P. Tomaszuk. B. u. Puppen: M. Malesza. Teatr Rozmaitości, Warschau 1998*

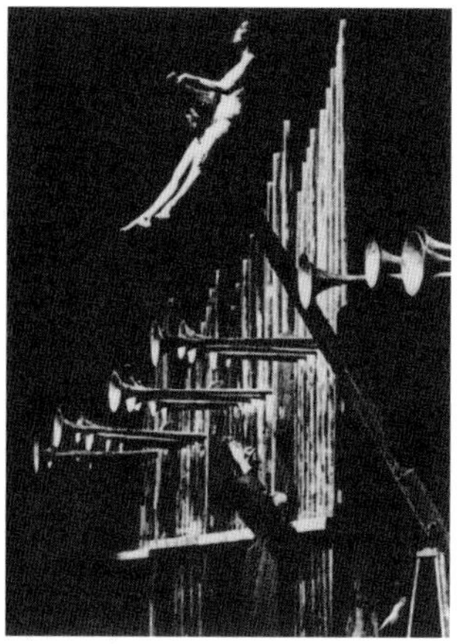

R. M. del Valle-Inclán: Divinas Palabras. *R. u. B.: V. García. Compañía Nuria Espert, Barcelona 1975. Nuria Espert als Gaila*

wenn dieses Verfahren auf bekannte Figuren oder Motive der nationalen klassischen Tradition (etwa der Werke Calderóns) oder der Dramen prominenter zeitgenössischer Autoren (etwa Echegarays) angewandt wird. Darin ist die Technik der »esperpentización« mit der Brechtschen »Verfremdung« vergleichbar, freilich ohne deren aufklärerische dialektische Tendenz. »Die esperpentische Verzerrung äußert sich vor allem in einer Degradierung des sozialen Milieus, des dramatischen Personals und der Sprache. Die dominierenden Schauplätze des Esperpento sind Bordelle, zweideutige Kneipen und Cafés, verräucherte Spielhöllen und Offizierskasinos, düstere Souterrains, kleinbürgerlich-schäbige Interieurs und Hinterhofmilieus, unsichere Straßen im nächtlichen Madrid. Die aristokratischen Heldengestalten Calderóns und ihre bürgerlichen Nachfahren bei Echegaray sind im Esperpento zu versoffenen Soldaten, zu geilen Offizieren, zu Dirnen und Kupplerinnen, zu Gaunern und Bettlern, zu verkrachten Existenzen und Bohémiens verkommen.« (W. Floeck 1990, 119) Zumeist wird die esperpentische Brechung hergestellt durch die groteske Kluft zwischen dem Pathos der Selbstdarstellung der Figuren, ihrer Motive und Emotionen und ihrer tatsächlichen Realität: »Hinter dem edlen treuen Weib verbirgt sich eine fette, kleinbürgerliche Schlampe ... Der draufgängerische Don Juan ... entpuppt sich als alter, hinkender und dicknäsiger Barbier.« (W. Floeck 1990, 119) Die kritische Funktion des Esperpento liegt in der Entmythisierung traditioneller, aber nur noch schablonenhaft vorgegebener Werte und in der Entlarvung scheinbar unantastbarer gesellschaftlicher Ordnungsvorstellungen als schiere Fassaden. Die extreme groteske Übersteigerung der Darstellung soll beim Zuschauer eine unreflektierte Rezeptionshaltung unmöglich machen. Die Monstrosität der Figuren und ihrer Untaten verhindert zudem jedwede Einfühlung oder gar Identifikation mit diesen. Der Autor betrachtet das Geschehen wie aus einer Vogelperspektive. Diesen Blickwinkel größter Distanz soll auch der Zuschauer übernehmen.

Luces de Bohemia (Lichter der Bohème) ist eine in 15 Stationen ablaufende Parodie auf das Leben im zeitgenössischen Madrid. Beinahe alle Gestalten und Ereignisse des Stücks haben erkennbare Entsprechungen in der Wirklichkeit des literarischen und politischen Lebens. Zentrale Figur ist der blinde, bettelarme Schriftsteller Máximo Estrella, ein Heros des Geistes, in der Radikalität seines Engagements verwandt gar dem »compañero Lenin«. Am Ende des Stücks aber geht Estrella in den Straßen von Madrid jämmerlich zugrunde. (vgl. M. Bernhofer 1992, 74) Er ist es auch, der – im Stück – die neue Ästhetik des »esperpento« erfindet und diese aus der historischen Situation Spaniens, die er eine »groteske Deformation der europäischen Zivilisation« nennt, erklärt. Wie in den *Comedias bárbaras* ist die Bühnenwelt bevölkert von bizarr deformierten, tragikomischen Gestalten; ein Feuerwerk auch der Anspielungen auf klassische Dichtungen, auf Zeitgenossen und den Jargon der Bohème, deren Mythos Valle-Inclán zwar desavouiert, im apokalyptischen Finale aber noch einmal feiert. Erst nach den Erfahrungen mit dem Theater des Absurden wurden für diesen sehr »filmischen« Text überzeugende szenische Lösungen gefunden.

Unter dem Titel *Martes de Carnaval* (Fastnachtsdienstag) gab Valle-Inclán 1930 die zwischen 1921 und 1926 entstandenen Esperpentos *Los cuernos de Don Friolera* (Die Hörner des Don Friolera), *Las galas del difunto* (Die Festkleider des Verblichenen) und *Esperpento de la hija del capitán* (Esperpento von

R. M. del Valle-Inclán:
Lichter der Bohème,
R.: D. Reibe

der Tochter des Hauptmanns) heraus. Auch in diesen Texten wird die Technik der »systematischen Verzerrung«, eine »Mathematik des konkaven Spiegels« (Valle-Inclán) virtuos eingesetzt. In *Los cuernos de Don Friolera* legt der Autor die Mechanik und Absurdität des spanischen Ehr-Verständnisses bloß, wie es vor allem in Calderóns klassischen »Ehrendramen«, einem für das traditionelle moralische Wertegefüge Spaniens überaus typischen Genre, Dreh- und Angelpunkt allen Handelns ist. Der Esperpento von den »Festkleidern des Verblichenen« ist eine grelle Parodie auf den Heldentod, auf Kameradschaft und Treue. Auf dem Höhepunkt der Groteske wird im Rahmen einer Wette ein Toter wieder ausgegraben. In dessen Kleidern nun erscheint der Wettende bei der Witwe des Toten. In einer chaotischen Bordellszene endet die makabre Farce in unbändigem Gelächter. Das dritte Stück spielt auf den Staatsstreich des Generals Primo de Rivera von 1923 an und schildert diesen als operettenhaft irrwitziges Intrigengespinst. In diesem dritten Esperpento ganz unverblümt, aber auch in den beiden vorangehenden Stücken kaum verschlüsselt, sind die Anachronismen und das pathetisch-martialische Gehabe des spanischen Militärs Ziel der Satire. Die Stücke sind zwar noch mit einem durchgehenden Handlungsgefüge angelegt, wenngleich ohne jede psychologisch nachvollziehbare Motivation und mit absurden Brüchen; zudem springt die Aktion immer wieder in die Pantomime über. Die sehr ausführlichen Regieanmerkungen beschreiben die Akteure gänzlich verdinglicht als Marionetten: »Haufen«, »Bündel« oder »Schatten«.

Valle-Incláns »Ästhetik der Negativität« (W. Floeck) hatte eine ambivalente Nachwirkung auf die folgende Generation der spanischen Dramatiker. Bewundert wurde die Radikalität des Gegenentwurfs seines Spanienbildes zu den herrschenden Konventionen und Selbstdarstellungsritualen der spanischen Gesellschaft. Ein eher kritisches Verhältnis nahmen diese Autoren ein zu Valle-Incláns spielerisch-zynischer Distanz, mit der er seine Themen behandelte, ohne auch nur die Spur einer Möglichkeit positiver Veränderung anzudeuten. »Das

Leben in dieser Welt ist ein Spießrutenlaufen!« Diese Einsicht des Protagonisten in der Farce *Die Hörner von Leutnant Firlefanz* ist auch der Weisheit dieses Autors letzter Schluß.

Das Theater des Federico García Lorca

H.-J. Neuschäfer (1997, 345) weist zu Recht darauf hin, daß es ein fatales Vorurteil ist, das dramatische Werk García Lorcas in erster Linie »als Ausdruck des Ewig-Spanischen, noch einseitiger: der spanischen Leidenschaftlichkeit« anzusehen, und er macht darauf aufmerksam, daß dieses Werk doch gerade so sehr gegen »die althergebrachten Spanienmythen der Ehre und der Frauentugend« verstößt. Eben dies hatte schließlich dazu geführt, daß García Lorcas Stücke jahrzehntelang in Spanien nicht aufgeführt werden durften. Ein weiteres Problem der Bühnenrezeption García Lorcas ist die Fixierung auf einige von dessen »großen Dramen«, vornehmlich auf *Bluthochzeit, Yerma, Doña Rosita bleibt ledig* und *Bernarda Albas Haus*, wodurch der Zugang zu den experimentellen Bühnenarbeiten dieses Dichters, etwa *Das Publikum* oder *Sobald fünf Jahre vergehen*, ganz offenbar erschwert wurde.

Federico García Lorca (1898–1936) stammte aus der Provinz Granada; sein Vater, der 1940 in die USA emigrierte, war ein wohlhabender liberaler Großgrundbesitzer. Nach seinem Schulabschluß begann García Lorca 1915 mit einem Studium der Literaturwissenschaft an der Juristischen und Philosophischen Fakultät in Granada; zugleich entstanden erste künstlerische Arbeiten: musikalische Kompositionen, Gedichte und Prosatexte. Er fand sehr schnell Kontakt zu Literaten- und Künstlerkreisen und betrieb auch musikwissenschaftliche Studien. 1919 wechselte er an die Universität zu Madrid, wo sich seine Freundschaft mit dem avantgardistischen Filmregisseur Luis Buñuel (1900–1983) vertiefte. Im März 1920 kam sein erstes Bühnenstück zur Uraufführung, die Märchenkomödie *El maleficio de la mariposa* (Die Hexerei des Schmetterlings). Obwohl die damals berühmteste spanische Tänzerin Antonia Mercé (ihr Künstlername war »La Argentina«) in den Tanzeinlagen auftrat, war die Aufführung am Teatro Eslava ein Mißerfolg. Wieder zurück in Granada, beschäftigte sich Lorca mit dem andalusischen Puppenspiel und schrieb auch selbst einige Stücke dieses Genres, die er in Granada – zusammen mit dem Komponisten Manuel de Falla (1873–1946) – auf der Puppenbühne »La Tarumba« zur Aufführung brachte.

F. García Lorca: Doña Rosita. *R.: J. Fehling. Bayer. Staatsschauspiel, München 1950. Elisabeth Flickenschildt (Magd), Alice Verden (Tante)*

Die Auseinandersetzung mit dem Puppentheater erschloß García Lorca eine neue Welt spontaner theatraler Phantasie und brachte ihn in Kontakt mit dem Publikum dieser Theatersphäre, dem einfachen Volk in den Dörfern Andalusiens, vor allem aber mit Kindern. *Fiesta para los niños,* ein »Fest für Kinder«, war dort auch (1923) sein erstes großes Projekt. Die Offenheit dieses Volkstheaters, das frei war von den dramaturgischen und inhaltlichen Schablonen und dem oberflächlichen Psychologismus des etablierten »Geschäftstheaters«, faszinierte ihn. Er sah in dieser Spieltradition der Puppen und der Marionetten ein Erneuerungspotential für das zeitgenössische Theater – ähnlich wie auch der englische Bühnenreformer Edward Gordon Craig (vgl. Bd. III; Kap.: Jahrhundertwende/England) bereits am Beginn des Jahrhunderts, wie Alfred Jarry in

F. García Lorca: Yerma. *R: M. Jacquemont. Studio des Champs-Elysées, Paris 1948*

Frankreich, die Dadaisten in Zürich, der belgische Theaterautor Michel de Ghelderode oder zu Beginn der zwanziger Jahre die Theaterexperimentatoren am Bauhaus in Deutschland, die ebenfalls in dieser Richtung arbeiteten. García Lorcas Stücke für die Puppenspielbühne entstanden zwischen 1922 und 1933, so etwa der Cristóbal-Zyklus: *Los títeres de Cachiporra Tragicomedia de Don Cristóbal y la señia Rosita* und *Retablillo de Don Cristóbal.* Nach dem Vorbild der Puppenspiele sind auch zwei Stücke für Schauspieler verfaßt: *La zapatera prodigiosa* (1929/30, Die wundersame Schustersfrau) und *Amor de Don Perlimplín, con Belisa en su jardín* (1929, In seinem Garten liebt Don Perlimplín Belisa). Die Farce um Don Cristóbal ist echtes »Prügeltheater«: ein »Jux, der Liebe, Ehebruch, Mord und Totschlag in wenigen Minuten erledigt und alle großen Tragödien parodiert«. (R. Michaelis 1969, 65): In Don Cristóbals und Rositas Hochzeitsnacht, die aber der Gatte verschläft, wird Rosita von fünf Liebhabern beglückt und hat am anderen Morgen fünf Kinder geboren. Daß Don Cristóbal, der schließlich erwacht und – konfrontiert mit Rositas nächtlichen amourösen

Aktivitäten – nicht ein totales Massaker anrichtet, verhindert allein das Eingreifen des Theaterdirektors, ein witziger Bruch der Theaterillusion. Auch in dem 1933 in Madrid uraufgeführten Kammerspiel um die Liebe des alten Don Perlimplín (»Geld macht schön«) zu seiner sehr jungen Nachbarin Belisa, das García Lorca ein *Aleluya erótica en cuatro cuadros* (Erotisches Halleluja in vier Bildern) nannte, verläuft die Hochzeitsnacht der beiden so, daß es offenbar fünf Liebhabern gelingt, bei der Schönen ans Ziel zu kommen. Das burleske Spiel, in dem unterschiedlichste Stil- und Genreelemente sich mischen, erhält jedoch plötzlich unerwarteten Tiefgang, als Perlimplín sich als Liebhaber seiner Frau verkleidet und diese zu dem geheimnisvollen Fremden in Liebe entbrennt. Als Ehemann muß Perlimplín nun den »Nebenbuhler«, der er selber ist, töten, was er tatsächlich auch tut – in der Erkenntnis, daß seine Liebe zu Belisa im Leben unerfüllbar bleibt, daß sie einzig im Tode sich erfüllt. Deftiges erotisches, um Balletteinlagen erweitertes Theater (eine *farsa violenta*) ist auch *La zapatera prodigiosa*, uraufgeführt 1930 am Teatro Español in Madrid (in der endgültigen Fassung 1930 am Teatro Avenida in Buenos Aires). Es ist ein grotesker Schwank um die Qualen eines älteren Mannes, verursacht durch seine schöne junge, von Freiern umschwärmte Frau.

1928 erschienen von García Lorca »Drei kurze Spiele« (*Teatro breve)*, drei Einakter mit den Titeln *El paseo de Buster Keaton* (Buster Keatons Spaziergang), *La doncella, el marinero y el estudiante* (Die Jungfer, der Matrose und der Student) und *Quimera* (Chimäre). Es sind kurze szenische Texte, in denen García Lorca mit Elementen des Stummfilms und surrealistischen Erzählstrukturen experimentierte. Diese Arbeiten entstanden im Vorfeld zu den beiden wichtigsten experimentellen Stücken: *El público. Drama en cuadros* (1930/36, Das Publikum. Drama in Bildern) und *Así que pasen cinco años* (1929/30, Sobald fünf Jahre vergehen). Von wesentlichem Einfluß auf diese »unmöglichen

F. García Lorca: Bernarda Albas Haus. *Piccolo teatro di Milano, 1954/55. R.: G. Strehler*

Stücke« (García Lorca), vor allem auf *El Público*, war der Aufenthalt des Dichters in New York (1929) und Kuba (Frühjahr 1930), wo er mit den Arbeiten an diesem Stück begann. (vgl. H. Rogmann 1981, 82ff) García Lorca hatte die Amerika-Reise unter den Eindruck einer persönlichen Krise unternommen, zu sehr sah er sich durch den überwältigenden Erfolg seiner »Zigeunerromanzen« (1928, *Romancero gitano*) auf den »Mythos von seinem Zigeunertum« festgelegt: »Man bringt mein Leben und meinen Charakter durcheinander. Ich will das keinesfalls. Die Zigeuner sind ein Thema. Nichts anderes.« (n. R. Michaelis 1969, 32) In Amerika überwältigte ihn die Atmosphäre New Yorks, das »Schauspiel des Geldes der Welt in seinem ganzen Glanz, seiner wahnwitzigen Hemmungslosigkeit und seiner Grausamkeit. Es wäre sinnlos, wollte ich versuchen, in Worten das ungeheure Durcheinander von Stimmen, Zurufen, hin und her sausenden Leuten, Aufzügen zu beschreiben, die alle vom hitzigen, dionysischen Rausch des Geldes ergriffen sind.« (n. I. Gibson 1991, 337 f) García Lorcas Gedichte, *Poeta en Nueva York*, die 1940 erschienen, hatten nach diesem Amerikaaufenthalt einen neuen Ton gefunden; vor allem verarbeitete er darin auch seine Begegnung mit Schwarzen in New York (*Los negros, Calles y sueños)*. In deren sozialer Situation und Kultur sah er eine unmittelbare Verbindung mit dem Schicksal der von einer intoleranten Gesellschaft diskriminierten Zigeuner Andalusiens. (vgl. I. Gibson 1991, 345ff)

Das Stück *El Público*, das überwiegend 1930 in Havanna geschrieben wurde, erschien 1976 in London erstmals in einer Druckfassung. Sowohl durch seine provozierende Thematik wie durch seine experimentelle Dramaturgie bewirkte es eine Korrektur des bis dahin gängigen Bildes von diesem Dichter (vgl. W. Floeck 1994, 165 f). *El Público* war ein programmatischer Versuch, das spanische Theater in eine neue Richtung zu lenken. In New York schrieb er dazu: »Wir müssen an das Theater der Zukunft denken. Alles, was augen-

F. García Lorca: Bernarda Albas Haus. *R.: A. Fácio. B. u. K.: J. Rodríguez. Teatro António Pedro, 1972*

blicklich in Spanien existiert, ist tot. Entweder das Theater ändert sich radikal, oder es verschwindet für immer. Eine andere Lösung gibt es nicht.« (n. W. Floeck 1994, 173) García Lorca war jedoch auch klar, daß sein Stück zu dieser Zeit letztlich »unaufführbar« war. So erfolgte schließlich die spanische Uraufführung erst 1986 am Piccolo Teatro in Mailand (Regie: Lluís Pasqual) und im Jahr darauf in Spanien am Teatro María Guerrero in Madrid. Die deutschsprachige Erstaufführung fand 1986 in der Regie von Augusto Boal am Stadttheater in Wuppertal statt.

Thematisch geht es in dem Stück um eine Auseinandersetzung mit den moralischen Normen der bürgerlichen Gesellschaft am Beispiel der Homosexualität, es geht auch um die Gewalttätigkeit einer Gesellschaft, die von ihren Mitgliedern ein Leben »mit der Maske« erzwingt. Dabei repräsentieren die beinahe identitätslosen, auf ihren Sexualtrieb reduzierten Figuren durchweg Funktionen, Klischeevorstellungen, mit deren Hilfe eine in ihrer Symbolhaftigkeit zwar überaus komplexe, surreale, dennoch aber gänzlich eindeutige Ereignisfolge (Bilderfolge) entwickelt wird. Nicht Handlungen werden inszeniert, sondern Gedanken, Gefühle, Traumvisionen in Szene gesetzt – mitunter in die Absurdität getrieben: grell, gewalttätig, blasphemisch. Ein verbindender Rahmen ist die Theatersituation, in deren dramatischem Höhepunkt das Publikum, ein Abbild der spanischen Gesellschaft, die Schauspieler umbringt, weil sich herausstellt, daß in einer von Studenten arrangierten Inszenierung von Shakespeares *Romeo und Julia* »Romeo ein Mann von dreißig und Julia ein fünfzehnjähriger Junge« ist. So sehr dieser thematische Aspekt beeindruckt, geht es doch wesentlich auch um die Manifestation einer neuen theatralen Form, eine Art »totalen Theaters«, in dem Sprache und große symbolische Bildertableaus als zeichenhafte theatrale Einheit zusammenwirken. W. Floeck nennt *El Público* »ein Theaterstück über das Theater, ein Stück, in dem das Verhältnis von Lebens- und Theaterwirklichkeit in allen Aspekten diskutiert und in theatralisches Spiel umgesetzt wird«. Es ist »Lorcas radikaler Bruch mit dem herkömmlichen Illusionstheater.« (1994, 181)

Sein zweites Stück, ebenfalls aus dem Impuls des Experimentierens heraus geschrieben, ist *Sobald fünf Jahre vergehen.* Eine spanische Uraufführung, die am Club Anfistora in Madrid 1936 vorbereitet wurde, zerschlug sich in der Folge des Ausbruchs eines Militärputsches. Der Club Anfistora (zunächst unter dem Namen »Club Teatral de Cultura«) war eine Amateurbühne, die sich der Förderung avantgardistischen Theaters verschrieben hatte. So kam die Uraufführung schließlich erst 1954 in San Juan in Puerto Rico zustande. Weitere Aufführungen folgten 1956 in New York, Stockholm und in Köln. Es war dies »nicht zufällig jene Zeit, in der die ersten Stücke Becketts, Ionescos und Adamovs uraufgeführt wurden und die westeuropäischen Bühnen zu erobern begannen«. (C. Rincón 1975, 185) Damit aber ist die stilistische und thematische Richtung bereits angedeutet, der dieses Stück zuzuordnen ist: dem Theater des Absurden. Das kreisförmig angelegte Werk, ein »Traumspiel gegen das Träumen« (R. Michaelis), handelt von der unerfüllten Liebe eines dreißigjährigen »Jünglings« zu seiner Braut, die er, um den Traum seiner Liebe ins Unermeßliche zu steigern, auf eine fünf Jahre dauernde Reise gehen läßt, mit der Absicht, sie erst nach ihrer Rückkehr zu heiraten. Diese aber, ganz dem Leben und nicht den Träumen zugewandt, verläßt ihn schließlich und geht eine Liebesbeziehung mit einem

F. García Lorca: Doña Rosita. *R.: A. Fernandes. Schauspielhaus Bochum, 1975. Fritz Schediwy u. Hannelore Hoger in den Hauptrollen*

Rugbyspieler ein. So hat der »Jüngling« mit seinem Experiment am Ende die Liebe und das Leben gleichermaßen verfehlt. Dies wird ihm, nachdem ihn die Braut verlassen hat, in allegorischen Szenen und in einer realen Theaterszene, in der ihm sein künftiges Leben vorgespielt wird, vergegenwärtigt. Dies läßt ihn nun sein fatales Schicksal begreifen: »Ich habe gewartet und bin gestorben.« In einer surrealen Schlußszene, zusammen mit drei »Spielern im Frack mit langen Capas aus weißem Atlas, die bis zu den Füßen reichen«, wird er beim Kartenspiel ermordet; »lautlos mit einem Pfeil aus einer Pistole«. So offen die Deutungen der einzelnen Episoden, als Allegorie, Traum oder Wirklichkeit, ebenso die darin auftretenden einundzwanzig Figuren wohl bleiben müssen, Grundthema ist ein obsessives, die »Lyrik des Traums« nutzendes Umspielen des Todesgedankens am Beispiel einer verlorenen Liebe. Dabei war die geradezu zwanghafte Auseinandersetzung mit dem Tod ein mit der Biographie des Dichters – als wohl ererbte Hypochondrie – existentiell angelegtes Motiv.

Stehen in *El Público* und *Así que pasen cinco años* jeweils männliche Protagonisten im Mittelpunkt, beides auch Stücke mit ganz offensichtlich autobiographischem Bezug, so bilden die Hauptgruppe von García Lorcas Bühnenarbeiten die »Frauentragödien«, und diese sind es, die seine weltweiten Bühnenerfolge ausmachen. Dies gilt vor allem für *Bodas de sangre* (1932, Bluthochzeit), *Yerma* (1932) und *La casa de Bernarda Alba* (1936, Bernarda Albas Haus). Eine »Volkstümliche Romanze« nannte er *Mariana Pineda*, die 1927 in Barcelona uraufgeführt wurde. Es ist dies ein mit lyrisch-musikalischen Elementen ausgestattetes Stück und erzählt die Geschichte der 1831 in Granada mit der Garotte öffentlich erwürgten populären Freiheitsheldin. Zugleich aber ist es auch die

Tragödie einer verratenen Liebe. Des Dichters poetischstes Stück, *Doña Rosita la soltera o el lenguaje de las flores* (Doña Rosita bleibt ledig oder Die Sprache der Blumen), wurde 1935 von der katalanischen Truppe der Margarida Xirgu am Teatro Principal Palace in Barcelona uraufgeführt. Hier vermeidet García Lorca zwar den tragischen Schluß, eine Bluttat, aber dennoch ist das Schicksal der Titelheldin, die über Jahre hin auf die Erfüllung eines Heiratsversprechens gewartet hat und schließlich begreifen muß, daß sie betrogen wurde, eine bittere Anklage gegen die spanische Konvention, die die Frauen in einen »Kerker der Ehre« zwingt. Doña Rosita bewahrt zwar ihre Würde; am Ende aber sind alle ihre Träume zerbrochen. In Deutschland waren Inszenierungen dieses Stücks von Jürgen Fehling mit Joana Maria Gorvin in der Titelrolle am Staatsschauspiel München 1950 und von Hans Bauer mit Hilde Mikulicz am Landestheater Darmstadt 1964 herausragende Ereignisse. In den siebziger Jahren kam es zu zahlreichen Aufführungen in Europa und Amerika, die im Kontext der Rezeption der Dramatik Čechovs einen neuen Zugang zu García Lorcas »Dramatischer Romanze« und deren eigener Mischung von Tragischem und Komischen fanden.

»Bluthochzeit«, uraufgeführt im März 1933 am Teatro Beatriz in Madrid, ist ein Stück, das seine Fabel in eine mythische Dimension überhöht und das dramatische Geschehen durch die Macht des sexuellen Begehrens antreibt: die gestörte Hochzeitsfeier, die Entführung der Braut durch den früheren, wegen seiner Armut vom Vater der Braut abgelehnten Verlobten, der zudem Vater und Bruder des neuen Bräutigams ermordet hat, schließlich der tödliche Kampf der Rivalen im Walde – umstellt und gegeneinandergetrieben von mythisch-allegorischen Gestalten. Eine Zeitungsmeldung von einem Brautraub (»Ein Mord unter mysteriösen Umständen«) war die authentische Quelle (vgl. C. Rincón 1975, 223) für diese, durch das Motiv der Blutrache noch überhitzte »Ballade von Liebe und Tod« (R. Michaelis). In *Yerma* (das Wort heißt »die Unfruchtbare«) geht es um eine Bauersfrau, die in einer vom Vater aufgezwungenen, lieblosen Ehe in eine psychosomatisch verursachte Sterilität gerät, sich aber geradezu wahnhaft die Mutterschaft, die der Gatte ihr verwehrt, herbeisehnt. Da ihr die Moral der Dorfgesellschaft die Erfüllung dieses Wunsches durch einen anderen Mann, den von ihr geliebten Hirten Victor, unmöglich macht und der Einsatz eines Fruchtbarkeitszaubers den Konflikt mit Juan, ihrem Gatten, nur eskalieren läßt, erwürgt sie diesen schließlich, als er sie zu vergewaltigen versucht. Auch dieses Stück, das im Dezember 1934 am Teatro Español in Madrid durch Margarida Xirgu uraufgeführt wurde – in der politisch äußerst aufgeheizten Atmosphäre des von General Franco niedergeschlagenen Arbeiteraufstands in Asturien – polarisierte Publikum und Öffentlichkeit extrem. Der Dichter treibt hier den dramatischen Konflikt in eine Dimension des Archaischen, des Mythischen. Dieser Deutungsrahmen entsteht durch ein komplexes Beziehungsnetz von Symbolen wie »Blut« oder »Wasser«, »Brunnen« und »Fluß«. Unter dem Gesetz des spanischen Moralkodex kommt der Mord an Juan, der allein Yerma zur Mutterschaft hätte verhelfen können, einer Selbstvernichtung Yermas gleich, die an der Lieblosigkeit des Mannes »verdorrt« ist: »Jetzt weiß ich es ganz sicher ... Ich habe mein Kind ermordet! Ich selbst habe mein Kind ermordet«. *Yerma* war das erste Stück von García Lorca, das nach der Franco-Diktatur in Madrid (im Teatro Eslava) wieder aufgeführt wurde.

F. García Lorca: Bernarda Albas Haus. *R.: G. R. Sellner. Landestheater, Darmstadt 1961. Sonja Karzau in der Titelrolle*

Erst am 8. März 1945 kam *Bernarda Albas Haus* – wenige Wochen vor der Ermordung des Dichters 1936 fertiggeschrieben – am Teatro Avenida in Buenos Aires, wieder durch Margarita Xirgu, zur Uraufführung. Dieses letzte Stück wurde sein berühmtestes. Das Geschehen spielt sich hier nur noch innerhalb einer Gruppe von Frauen ab. Eingeschlossen in einem Haus mit vernagelten Fenstern und Türen, unter der kompromißlosen Despotie der Witwe Bernarda Alba, leben dort in einer Atmosphäre des Schweigens deren fünf Töchter, Bernardas als schwachsinnig geltende, in einem eigenen Raum eingekerkerte achtzigjährige Mutter und zwei der Hausherrin ergebene Mägde. Einer längst erstarrten, obsolet gewordenen Konvention entsprechend, hat Bernarda nach dem Tode ihres zweiten Mannes acht Trauerjahre angeordnet, in denen ihre Töchter, Frauen zwischen 39 (Angustias) und 20 (Adela) Jahren, von den Männern ferngehalten werden. Dabei entsteht ein mörderischer Konflikt zwischen der häßlichen, mit einer reichen Aussteuer von ihrem Vater (aus Bernardas erster Ehe) ausgestatteten Angustias, die dem viel jüngeren Pepe verlobt worden ist, und der schönen Adela, die die grausame Unterdrückung ihrer sexuellen Bedürfnisse durch die Mutter nicht hinnimmt. Sie verliebt sich in Pepe, trifft sich mit ihm heimlich nachts im Stall und gibt sich ihm hin. Verraten von der eifersüchtigen Schwester Martirio überrascht Bernarda die beiden Liebenden, schießt mit der Flinte auf Pepe (der nie auf der Szene erscheint), verfehlt diesen jedoch. Verzweifelt erhängt sich Adela, »die revolutionärste aller Frauengestalten Lorcas« (I. Gibson), weil sie glaubt, Pepe sei tot. Bernarda gelingt es, den Vorfall nach außen hin zu vertuschen (»Meine Tochter starb unberührt!«) und somit die Familienehre zu wahren. García Lorca formuliert in diesem in der Unerbittlichkeit des Geschehens so beeindruckenden Stück die schärfste Position seiner Kritik an den Konventionen der spanischen Gesellschaft. Er macht dies vor allem deutlich am Schicksal der beiden »Ausbrecherinnen«, der Adela und der Mutter Bernardas, die sich noch als Greisin immer wieder gegen den Terror ihrer Tochter auflehnt. »Aus heutiger Sicht,« schreibt H.-J. Neuschäfer (1991, 31), »liest sich (das Stück) fast wie eine ahnungsvolle Vorwegnahme der kommenden Lebensumstände (in Spanien), während es für Lorca selbst ... mehr eine Aufarbeitung der Vergangenheit gewesen sein mag.« Dabei nahm der Dichter in *Bernarda Albas Haus* die archaisch-mythische Dimension, die für *Bluthochzeit* und *Yerma* so typisch war, gänzlich zurück zugunsten eines konkreten Realitätsbezugs. Dieser Aspekt wird zudem betont durch die konventionelle Bauform des Stücks und den weitgehenden Verzicht auf die in anderen Stücken so virtuos gehandhabte poetische Bildersprache. In einer Notiz zu *Bernarda Albas Haus* nennt der Autor das Stück eine »photographische Dokumentation«.

Mit der Ermordung von Federico García Lorca durch die Falangisten brach nicht nur die Entwicklung eines großen Dichters auf so tragische Weise ab, das Jahr 1936 setzte auch eine Zäsur im gesamten kulturellen Leben Spaniens.

F. García Lorca: Bluthochzeit. *R.: L. Steckel. Schauspielhaus, Zürich 1944. Therese Giehse in der Titelrolle*

Das Theater in der Zeit des Bürgerkriegs und in der Ära Francos

»Was bei Lorca am Beispiel des Alba-Hauses bereits vorwegphantasiert wurde, ist nach der Machtübernahme durch den Franquismus für das ganze Land zur beklemmenden Wirklichkeit geworden: die Türen nach außen gehen zu.«

(H.-J. Neuschäfer 1991, 39)

Spaniens Weg in die kulturelle Isolation

Die Entwicklung des Theaters in Spanien in den Jahren des Bürgerkriegs und während der Franco-Diktatur, den vier Jahrzehnten von 1936 bis 1975, war geprägt – ähnlich den Verhältnissen in Portugal – durch die von dem politischen Regime verordnete und erzwungene Abkapselung von den kulturellen Entwicklungen außerhalb des Landes. Zugleich aber waren die Verhältnisse im faschistischen Spanien doch so deutlich andere als etwa in Deutschland oder Italien zur Zeit der Herrschaft des Faschismus, daß sich hier nur sehr begrenzt Parallelen herstellen lassen, was die Situation der Theater betrifft. Auch läßt sich diese Periode »nicht als eine Einheit« darstellen. Dies war nicht zuletzt durch einen gewissen Wandel in der offiziellen Politik des Franco-Regimes begründet, eine zu Beginn der fünfziger Jahre – »im Rahmen der Bemühungen um internationale Anerkennung des Regimes« (H.-J. Neuschäfer 1997, 362) – einsetzende »erste Liberalisierung«, die sich etwa zehn Jahre später auch in der Theaterpolitik abzeichnete. So ist es für die Theaterverhältnisse in Spanien doch bemerkenswert, daß sich bereits Ende der vierziger Jahre – trotz der staatlichen Zensurgesetze – so herausragende Dramatiker wie Antonio Buero Vallejo und Alfonso Sastre zeitweilig auf den öffentlichen Bühnen der Hauptstadt durchsetzen konnten, daß sich – seit Ende der sechziger Jahre – an den Universitäten Theatergruppen, die Teatros Universitarios, als freie, nicht kommerzielle Ensembles und schließlich die Bewegung des Teatro Independiente bilden konnten, die eine oppositionelle Position gegenüber dem Franco-Regime offensiv vertraten.

Werke der Reformer aus den zwanziger und dreißiger Jahren freilich, von Unamuno, Valle-Inclán oder gar von García Lorca, kamen in diesen Jahrzehnten nicht mehr zur Aufführung. Die Verdrängung dieser Autoren war jedoch nicht nur ein Akt der franquistischen Zensurpolitik, sondern auch Folge einer »traditionalistischen Strömung«, die bereits in der Zeit der Zweiten Republik aufgekommen war und »die sich von deren Modernisierungstendenzen alles andere als angeregt, sondern im Gegenteil zur Rückbesinnung auf die ›ewigen Werte‹ provoziert sah.« (H.-J. Neuschäfer 1997, 362) Diese Konstellation zeichnete sich bereits vor 1936 in der Kritik an den Werken Lorcas ab. Eine eigene Sphäre bildeten die 1929 oder schon zuvor ins Exil gegangenen Theaterkünstler und Dramatiker, Autoren wie Rafael Alberti, Max Aub, Alejandro Casona, Jacinto Grau, Pedro Salinas oder der junge Fernando Arrabal. Allein im Jahre 1939 verließen etwa eine halbe Million Spanier ihr Land (dazu H.-J. Neuschäfer 1997, 367) Es waren vor allem die Künstler und Intellektuellen der »Generation von 27«, die fast vollständig ins Exil gingen.

Die institutionellen Strukturen des Theaterwesens, Theaterpolitik und Zensur

Auch in den Jahren des Bürgerkriegs und in der Ära der Franco-Diktatur war das spanische Theater ganz überwiegend privatwirtschaftlich betrieben und in den Metropolen konzentriert. Die Spielpläne waren nach den Unterhaltungsbedürfnissen eines großstädtischen Publikums und den Vorgaben der Zensur ausgerichtet. Insofern setzten sich die Vorkriegsverhältnisse weitgehend fort. W. Floeck (1990, 156) faßt diese Situation folgendermaßen zusammen: »Für das zeitgenössische avantgardistische und literarisch anspruchsvolle europäische Theater bildeten die Pyrenäen eine unüberwindbare Mauer. Das Repertoire der spanischen Hauptstadt wurde vor allem von den costumbristischen Stücken und Gesellschaftskomödien der ›viejas glorias‹ des Jahrhundertanfangs beherrscht, von den Werken eines Arniches, J. Alvarez Quintero, M. Machado, Marquina und vor allem eines Benavente … Die zeitgenössischen epigonalen Nachfolger Benaventes und Vertreter der leichten, unterhaltenden Komödie von Pemán über Luca de Tena (1897–1975) bis Calvo Sotelo (1905–1993) und López Rubio bis Ruiz Iriarte verstärkten noch den Hang zum Konsum und Evasionstheater. Die subversiven Tendenzen der Komödien Jardiel Poncelas und Mihuras waren kaum noch zu erkennen, und das politische und soziale Protesttheater begann sich erst zaghaft im Untergrund studentischer Bühnen zu formieren.« Der produktivste Bühnenautor dieses Unterhaltungstheaters war Alfonso Paso (1926–1978). Von ihm wurden einige Boulevardkomödien auch außerhalb Spaniens aufgeführt, so etwa das Erfolgsstück *Cosas de papá y mamá* (1965). Ein bemerkenswertes Ereignis des »angepaßten« Theaters in der Franco-Zeit war die Uraufführung des Stücks *La muralla* von Joaquín Calvo Sotelo am Teatro Lara in Madrid. Diese Aufführung war »der Beginn einer Serie von über 600 Vorstellungen in Folge, insgesamt etwa 2000 in Madrid und an die 5000 in ganz Spanien. Für das Stück sind Ensembles gegründet und Tourneen organisiert worden. Gemessen an der Aufführungszahl ist damit *La muralla* das erfolgreichste Stück des spanischen Nachkriegstheaters.« (J. Heymann 1988, 394) Das Stück erregte deswegen so großes Aufsehen, weil es das erste war, in dem der Bürgerkrieg in einer offenen Bewertung – freilich nicht in kritischer Hinterfragung – in den dramatischen Konflikt einbezogen wurde.

Victoria Rodríguez als María Teresa in Las Meninas *von A. Buero Vallejo. Teatro Español, Madrid 1960*

Auch in den Jahren der Franco-Ära war es die Regel, daß die meisten Ensembles die Theater, in denen sie auftraten, mieten mußten und ohne staatliche Subventionen arbeiteten. Entsprechend groß war der Produktionsdruck, dem sie ausgesetzt waren. Zumeist fanden zwei Vorstellungen pro Tag statt; hinzu kamen Tourneen in die Provinz, oftmals mit Zweitbesetzungen. Diese Aufführungen fanden vielfach auch in Kinosälen statt, da in kleineren Städten eigene Theaterbauten zumeist nicht vorhanden oder eben als Kinosäle umfunktioniert waren. Was die Schauspieler betraf, die diesen Arbeitsverhältnissen ausgesetzt waren, so beklagte die Kritik einen »eklatanten Leistungsabfall«. (vgl. M. Saalbach 1984, 41f) Eine staatliche Einheitsgewerkschaft, der Schauspieler und Theaterunternehmer zwangsweise angehören mußten, stellte keine wirksame Interessenvertretung dieser Gruppen dar. So kam es im Februar 1975 zu einem Streik der Bühnenkünstler und zur Forderung einer Neuorganisation ihres Verbandes. Kein Wunder, daß dieser Theaterbetrieb keinen Anreiz bot für junge Nachwuchsautoren. Deren Fehlen in den offiziellen Spielplänen war ein Dauerthema der Kritik; zu Änderungen kam es erst Ende der sechziger Jahre, als unter den ausländischen Dramatikern, die ohnehin weit überrepräsentiert waren, auch Werke von Brecht, Sartre oder Beckett auftauchten.

Die Nationaltheater waren bereits vor 1936 ökonomisch weitaus besser gestellt als die privaten Theaterbetriebe. Diese Situation blieb auch in der Franco-Ära unverändert weiterbestehen. Die Spielpläne dieser Theater wurden von den spanischen Klassikern beherrscht. Dabei galt Lope de Vega als »Inbegriff des spanischen Wesens«. Lopes Theater sollte zum »Modell« einer faschistischen Erneuerung des spanischen Theaters werden. (vgl. S. Wahnón 1996, 198ff) Die systematische Begründung für diese Theaterpolitik lieferte Ernesto Giménez Caballero (1899–1988) mit seiner Hauptschrift *Arte y Estado* (1935), in der er, »the Spanish Goebbels«(S. Wahnón), die Propaganda für den faschistischen Staat zur eigentlichen Aufgabe aller Künste erklärte. Mit der Formel eines »Christlichen Klassizismus« polemisierte er gegen alle Richtungen der Moderne seit der Aufklärung, vor allem aber gegen die zeitgenössische internationale Avantgarde. Gegen diese stellte Giménez Caballero seine Idee einer Erneuerung des Theaters als eines »Mysteriums«. Der Stierkampf erschien ihm als dessen reinste Verkörperung: ein rituelles Ereignis, das den »heros« in seinem Mittelpunkt und den Mythos von Blut und Opfer authentisch neu erfahren ließ und das spanische Volk als Gemeinschaft, jenseits aller Klassenunterschiede, verband. Mehr freilich als die Realität des spanischen Theaters prägte diese ideologisch so aufgeladene Programmatik die intellektuelle Atmosphäre, in der sich die faschistischen Theaterfunktionäre bewegten. So blieben auch die Theaterprojekte mit unmittelbarer politischer Propaganda wie etwa Sotero Otero del Popos *España, inmortal*! (1936) oder von José Gómez Sándiez-Reina *La Nueva España* (1936) marginale Erscheinungen, ebenso die von den Falangisten inszenierten propagandistischen Massenspektakel und Umzüge, ähnlich den Veranstaltungen der Nationalsozialisten in Deutschland oder der italienischen Faschisten. Für diese Inszenierungen galten die in der Tradition des spanischen Theaters fest verankerten »autos sacramentales« als die formalen Vorbilder. Was aber von dieser Programmatik letztlich tatsächlich prägend für den Theaterbetrieb war, vor allem für die Repertoiregestaltung der Nationaltheater, war die forcierte Pflege der klassischen Dramatik, die als »Werke von nationalem Interesse« besondere Förderung genossen. (vgl. F. Linares 1996, 210ff)

Neben den Nationaltheatern wurden seit den 50er Jahren auch Aktivitäten staatlich gefördert, die durch Tourneen in die Provinz – von ausgesuchten

E. Marquina y Ángulo: En Flandes se ha puesto el sol. *Compañía Nacional de Teatro Español, Madrid 1961*

Ensembles – eine Art »teatro popular« darstellen sollten, ebenso die »Festivales de España«, die eine vergleichbare Aufgabe hatten. Der künstlerischen Entwicklung des Theaters – bei strenger Einhaltung der Zensurbestimmungen – diente auch die Förderung der sogenannten Kammertheater (Teatros de Cámara y Ensayo), die ohne kommerzielle Zwänge vornehmlich als »schwierig« geltende Werke von Gegenwartsautoren zur Aufführung brachten und ausschließlich ein intellektuelles Publikum ansprachen. (vgl. M. Saalbach 1984, 66ff) Für die Jahre 1968 bis 1971 und 1971 bis 1975 wurden von der spanischen Regierung in Kenntnis der prekären Situation der Theater Pläne für staatliche Förderungsmaßnahmen herausgegeben, die die Einrichtung von »regionalen Theaterzentren mit eigenen Ensembles und Schauspielschulen« (M. Saalbach 1984, 58) vorsahen, die private Betreiberschaft dieser Projekte aber nicht in Frage stellten.

Ein Alternativprojekt zu dem kommerziellen Theaterbetrieb war die Gründung der Bewegung des »Teatro Independiente« Mitte der sechziger Jahre; eine entsprechende katalanische Bewegung konnte wegen der strengen Zensur erst 1976 ins Leben gerufen werden. (D. Georges, J. London 1996, 30ff) Es waren dies Theaterkollektive, die eine oppositionellen Haltung gegenüber dem Regime Francos einnahmen und das Theater als Forum zur Verbreitung ihrer politischen Vorstellungen nutzten, denen es aber auch um eine Dezentralisierung des spanischen Theaterwesens ging. Diese Theatergruppen vertraten weltanschaulich oder politisch keineswegs eine einheitliche Linie. Herausragende Ensembles waren die Gruppen »Los Goliardos« oder »Tábano«, deren politische Revue *Castañuela 70* ein ausgesprochener Publikumserfolg war. Das »Teatro Estudio Lebrijano« trat vorwiegend in andalusischen Dörfern auf; schließlich die Truppen »La Cuadra« und das »Teatro Experimental Independiente«. Typisch für den Spielbetrieb dieser Ensembles war, daß sie den unmittelbaren

Kontakt zu ihrem Publikum suchten, auf das sie sich auch durch eine unterhaltsame, leicht verständliche Spielweise einstellten. (vgl. M. Saalbach 1984, 73 ff, B.-S. Kulenkampff 1979, 160 ff) Die »Teatros Independientes« entwickelten von Beginn an ein dichtes organisatorisches Netz von Festivals und Kongressen. (1963, 1965, 1967, 1970). 1974 wurde die Federación de Grupos Independientes gegründet, 1977 die Asamblea Profesional de Teatro Independiente. Eine weitere Entwicklungsphase des »Unabhängigen Theaters« war die Zusammenarbeit dieser »freien« Ensembles mit jener Gruppe von jungen Dramatikern (etwa seit 1970), die gemeinhin unter dem Begriff des »Nuevo Teatro Español« zusammengefaßt werden (vgl.: Kap.: Protesttheater) und die ihre Arbeit als kulturellen Beitrag zum Widerstand gegen den Franquismus verstanden. Auch in dieser »Gruppe« oder »Generation« waren die ideologischen oder politischen Gemeinsamkeiten begrenzt. (dazu M. Saalbach 1984, 141 ff) Diese Autoren hatten zunächst versucht, ihre sozial- und systemkritischen Stücke bei den kommerziellen Bühnen unterzubringen. Sie suchten nun zunehmend die Zusammenarbeit mit den »Unabhängigen« und stellten sich auf deren experimentelle Ästhetik und kollektive Arbeitsweise ein.

Um die Frage, was dem spanischen Publikum und der staatlichen Zensur zugemutet werden dürfe, kommt es Anfang der 60er Jahre zu einer heftigen Diskussion zwischen Sastre und Buero. Sastre wirft seinem erfolgreichen Kollegen vor, den Grundüberzeugungen seiner republikanischen Vergangenheit und seines Anfangswerkes untreu geworden zu sein und sich mehr und mehr auf (ideologische) Kompromisse mit dem faschistischen System sowie auf dramaturgische mit dem bürgerlichen Publikum eingelassen zu haben … Wie im Grunde schon mit Historia de una escalera *plädiert Buero von Beginn dieser Auseinandersetzung an für den ›posibilismo‹, d.h. ein Theater, das die vom System zugebilligten Freiräume zwar extensiv nutzt und wo möglich erweitert, letztendlich jedoch die Regeln der Diktatur respektiert, freilich mit dem Ziel, für ein anderes Spanien einzutreten.*

(W. Asholt in: V. Roloff u. H. Wentzlaff-Eggebert 1988, 407f)

Resümierend läßt sich also feststellen, daß trotz der übermächtigen Präsenz der kommerziellen und staatlichen Bühnen im Theaterleben dieser Jahrzehnte auch unter den Bedingungen der politischen Zensur ein antifranquistisches Theater existierte, auch ein oppositionelles »Underground Drama«. (dazu G.E. Wellwarth 1972) H.-J. Neuschäfer (1997, 362) kann deswegen zu Recht feststellen, »daß der in der Zweiten Republik begonnene Mentalitätswandel doch nicht abgebrochen wurde (wie das Regime das wollte), sondern sich insgeheim weiterentwickeln konnte.«

Dabei war das Zensurwesen spätestens seit 1939 voll ausgebaut; zunächst als Abteilung des Innenministeriums, seit 1951 der staatlichen Propagandazentrale im Ministerium für Information und Tourismus zugeordnet. (vgl. H.-J. Neuschäfer 1991, 41 ff) Vor 1939 wurde die Zensur mit Hilfe der Pressegesetze ausgeübt. Die Zensurpraxis orientierte sich »an einer Art von Kanon, der sich über die Jahrzehnte der Franco-Diktatur hinweg nicht wesentlich veränderte.« Verboten wurden Projekte im Buchwesen, Theater und Kino und in der Presse, die »gegen die guten Sitten … also das Reinheitsgebot der altehrwürdigen ›opinión‹ oder gegen das katholische Dogma verstießen oder kirchliche Institutionen oder Persönlichkeiten beleidigten oder die die politischen Grundsätze des Regimes oder seine Einrichtungen und Mitarbeiter« mißachteten. (H.-J. Neuschäfer 1991, 42 f) Für den Theaterbereich waren häufig mehr als zehn Zensoren tätig. Wie die Theater wurden auch Film und Presse wegen ihrer großen Wirksamkeit in der Öffentlichkeit besonders streng überwacht. Von der Zensur als »problematisch« angesehene Theaterstücke wurden manchmal nur für eine einzige Aufführung freigegeben. Erst 1978 mit der Verabschiedung einer demokratischen Verfassung wurde in Spanien die Zensur offiziell abgeschafft; de facto aber existierte sie bereits seit 1976 nicht mehr. Im Vergleich zur Situation in Deutschland während der Herrschaft der Nationalsozialisten oder in der stalinistischen Sowjetunion funktionierte die Zensurpraxis in Spanien weit weniger perfekt. Immer wieder ließen sich die Zensoren (in der Regel nebenberuflich in dieser Funktion tätige Lehrer, Professoren oder Schriftsteller) »hinters Licht führen und merkten zu spät, welche zum Teil brisante Konterbande unter dem Tarnmantel des Sainete, des historischen Dramas oder der Klassikeradaption durchgeschmuggelt und weitergereicht wurde.« (H.-J. Neuschäfer 1991, 214) Obwohl solche Möglichkeiten existierten und auch erfolgreich genutzt wurden, das Zensursystem auch einem permanenten, oftmals durch außenpolitische Interessen motivierten Wechsel zwischen Verschärfung und Liberalisierung unterlag, war die Unterdrückung oppositioneller Aktivitäten im Kulturbereich doch die vorherrschende Grundtendenz in diesen Jahrzehnten.

Das katalanische Theater in der Zeit des Franco-Regimes

Besonderen Repressionen war das katalanische Theater ausgesetzt. Es war das erklärte Ziel der franquistischen Kulturpolitik, eine kulturelle katalanische Identität systematisch zu zerstören. Katalanische Bücher wurden verbrannt, die katalanische Presse verboten und katalanische Straßennamen umbenannt. In den ersten Jahren des Franco-Regimes war es verboten, die katalanische Sprache in der Öffentlichkeit zu benutzen. Das kastilische Spanisch galt als die offizielle Staatssprache. Bis zum Jahre 1946 waren öffentliche katalanische Theateraufführungen verboten. Das Katalanische war als Sprache in die private Sphäre zurückgedrängt. Dies führte dazu, daß das professionelle katalanische Theaterwesen, das sich in den zwanziger und dreißiger Jahren durch seine experimentelle Offenheit auszeichnete und intensive Kontakte zu den europäischen Avantgardebewegungen pflegte, nahezu gänzlich zusammenbrach. Erst nach dem Sieg der Alliierten 1945 ließ das Franco-Regime eine gewisse Liberalisierung zu. Von 1946 an gab es wieder erste öffentliche katalanische Theateraufführungen. Erlaubt waren jedoch nur Aufführungen von Stücken, die noch vor dem Bürgerkrieg entstanden waren. Die wenigen neuen Dramen wie *La fortuna de Silva* (1947) oder *Galatea* (1948) von Josep Maria de Sagarra waren im Stil der Gesellschaftsstücke der vierziger Jahre geschrieben. Einen weiteren Entwicklungsschritt vollzog das katalanische Theater 1949 mit der Einrichtung einer Art Planungskommission zur Erweiterung des Repertoires. Diese war am Teatro Romea in Barcelona angesiedelt, einem Zentrum des katalanischen Theaterlebens neben dem Gran Teatre del Liceu, dem 1847 eröffneten legendären Opernhaus. Nennenswerte Erfolge konnte diese Institution jedoch nicht vorweisen. Erst in der zweiten Hälfte der fünfziger Jahre kam es zu einer Neubelebung durch die Gründung (1955) der Agrupació Dramàtica de Barcelona (ADB) und der Escola d'Art Dramàtica Adrià Gual (EADAG) 1960. Ferran Soldevila war die führende Persönlichkeit des ADB, das in seinem Repertoire Stücke der europäischen Klassik und der Moderne aufführte, nur vereinzelt Dramen katalanischer Autoren. (vgl. D. Georges, J. London 1996, 23 f) Die eigentliche Innovationskraft ging dabei jedoch von den nicht-professionellen Theatergruppen aus. Nach 1965 erhielt das katalanische Theater neue Impulse durch die Rezeption des Brecht-Theaters. Josep Maria Benet i Jornet (geb. 1940) war der engagierteste Vertreter dieser Richtung in der jungen Generation der katalanischen Dramatiker. Benet i Jornet war auch der erste Gewinner des Josep Maria de Sagarra-Preises, der 1963 zur Förderung der katalanischen Dramatik geschaffen worden war. Weitere katalanische Dramatiker waren: Joan Oliver (1899–1986) mit einem Stück wie *La fam* (1938, Hunger), Salvador Espriu (1913–1985) mit seiner Antigone-Adaption (*Antígona*, 1939) und der Farce *Primera història d'Esther* (1948), Jordi Teixidor (geb. 1939) mit dem Erfolgsstück *El retaule del flautista* (1968), die Brüder Josep Lluís (geb. 1954) und vor allem Rudolf Sirera (geb. 1948) und der Surrealist Joan Brossa (geb. 1919), dessen frühes Werk auffallende Parallelen zu Beckett und Ionesco aufweist. Diese Autoren trugen in den Jahren nach dem Bürgerkrieg wesentlich dazu bei, daß allmählich – verstärkt dann nach 1976 – wieder eine eigenständige katalanische Theaterkultur auflebte.

Gesellschaftskritische Dramatik in der Franco-Ära

»Der Schriftsteller muß zu einem Teil des Gewissens seiner Gesellschaft werden.«

(Antonio Buero Vallejo)

»Das Drama von heute gibt Zeugnis und klagt an.«

(Alfonso Sastre)

Die Erneuerung des spanischen Nachkriegstheaters aus dem Geiste des Realismus: Antonio Buero Vallejo und Alfonso Sastre

Antonio Buero Vallejo: Historia de una escalera. *Teatró Español, Madrid 1949*

Wir »leben in einer schrecklichen Welt«, – dies ist die existentielle Grunderfahrung der Figuren in den Dramen von Antonio Buero Vallejo (1916–2000), dem wohl bedeutendsten spanischen Bühnenautor in der Zeit der Franco-Ära. W. Floeck (1990, 155 f) siedelt dessen Werk »zwischen Tradition und Avantgarde« an, was auch der Intention des von Buero Vallejo geprägten Begriffs eines »teatro posible« entspricht. Gemeint ist damit ein Theater, das seinen Anspruch nicht aufgibt, der Gesellschaft und den Herrschenden ein »wahres« Bild ihres moralischen Zustands vor Augen zu halten, dies aber im Rahmen jener Möglichkeiten versucht, die die Zensur zuläßt. Diesen Anspruch durchzusetzen, war zudem erschwert durch die eingefahrenen Gleise des spanischen Theaterlebens, für das die Beschäftigung mit ernsthaften Problemen auf der Bühne eher als Störfaktor angesehen wurde. Um so bemerkenswerter war der enorme Erfolg einzuschätzen, den die Uraufführung von Buero Vallejos Stück *Historia de una escalera* (Geschichte einer Treppe) 1949 im Teatro Español in Madrid hatte. Der in der Zweiten Republik in der sozialistischen Arbeiterbildung engagierte Autor war als ehemaliger Bürgerkriegskämpfer auf Seiten der Republikaner und bekannter Regimegegner 1936 inhaftiert und von einem Militärgericht wegen subversiver Tätigkeit zum Tode verurteilt worden. Später wurde dieses Urteil in eine Gefängnisstrafe umgewandelt; 1946 wurde Buero Vallejo freigelassen, 1947 schließlich begnadigt, – nur zwei Jahre vor dem Erfolg der *Historia de una escalera.* Buero Vallejo erhielt 1949 für dieses Stück von der Stadt Madrid den angesehenen Literaturpreis »Lope de Vega«. Sein Werk umfaßt etwa vierzig Theaterstücke, darunter *En la ardiente oscuridad* (1946), *Hoy es fiesta* (1956), *Un soñador para un pueblo* (1958), *Las Meninas* (1960, nach dem gleichnamigen Gemälde von Velázquez), *El concierto de San Ovidio* (1962), *El sueño de la razón* (1970, mit dem tauben Maler Goya als Protagonisten), *La fundación* (1974), *Caimán* (1981) und *Diálogo secreto* (1984). Das epische Theater von Bertolt Brecht, dessen *Mutter Courage* er für die spanische Bühne bearbeitet hat, war für Buero Vallejos Entwicklung als Bühnenautor von ausschlaggebender Bedeutung, vor allem Brechts gesellschaftskritisches Engagement. Er wollte den Zuschauer zum Nachdenken über die sozialen und politischen Verhältnisse bewegen, ihn letztlich zum politischen Handeln motivieren. Dennoch unterscheidet sich sein Ansatz deutlich von Brechts aufklärerischem Impetus: nämlich durch eine »tragische«, wenn auch nicht fatalistische Sicht der menschlichen Existenz. Buero Vallejo stand darin der Existenzphilosophie Unamunos nahe. Für seine Dramaturgie bedeutete dies, daß er den Zuschauer emotional packen wollte, daß dieser sich durchaus im Sinne der klassischen Tragödientradition mit den dramatischen Figuren identifizieren sollte. In der Antrittsrede bei seiner Aufnahme in die Real Academia Española 1972 sprach Buero Vallejo davon, daß das Theater »zur Einzigartigkeit und zum Leid des konkreten Menschen« (n. W. Floeck 1990, 161 f) zurückkehren müsse.

Immer war sich Buero Vallejo jedoch bewußt, daß er sein kritisches Theater unter den Bedingungen der Zensur verwirklichen mußte: »so kühn wie möglich, aber nicht tollkühn«. Dies bedeutete für ihn, eine Darstellungstechnik zu entwickeln, die diese Kritik in eine Form, oftmals verschlüsselt im historischen Modell, einkleidete, die sie dem Zugriff der Zensur entzog. Buero Vallejo nannte dies das »teatro posible« und bezog damit eine Gegenposition zu jenen politisch oppositionellen Regisseuren und Dramatikern, die ihre Kritik an der Diktatur Francos unverblümt vortrugen, dafür aber alsbald von der Zensur mundtot gemacht wurden und von den Bühnen verschwanden. In dem Stück *Geschichte einer Treppe* schildert Buero Vallejo die parallel verlaufenden Schicksale zweier Jugendfreunde in einem tristen Madrider Mietshaus: das Leben des Arbeiters Urbano, der sich in den politischen Organisationen der sozialistischen Bewegung engagiert, und das des kleinen Angestellten Fernando, der versucht, durch Anpassung an das System und eine reiche Heirat hochzukommen. Keiner der beiden, die am Ende des Stücks frustriert und zudem verfeindet sind, erreicht sein Lebensziel. »Die Treppe ist Symbol der sozialen und politischen Unbeweglichkeit und zeigt vor allem die Schwierigkeiten für die unteren Klassen, ihr Los zu verbessern.« (M. Franzbach 1993, 324) Offen bleibt freilich, ob die junge Generation, die – wie ehemals die Väter – aus der Misere dieser Lebenssituation den Ausbruch wagt, ihr Schicksal nicht doch zum Besseren zu wenden vermag. Die schärfste Kritik an der Franco-Diktatur, an Folter und Polizeiterror, übte Buero Vallejo in dem Stück *La doble historia del doctor Valmy,* das 1964 abgeschlossen, von der Zensur jedoch bis 1976 verboten wurde. Die Uraufführung im Januar 1976 im Teatro Benavente in Madrid löste einen Proteststurm im Publikum gegen die Folterpraktiken des Franco-Regimes aus. In dem Stück erschießt eine Ehefrau ihren Mann, einen Vernehmungsbeamten

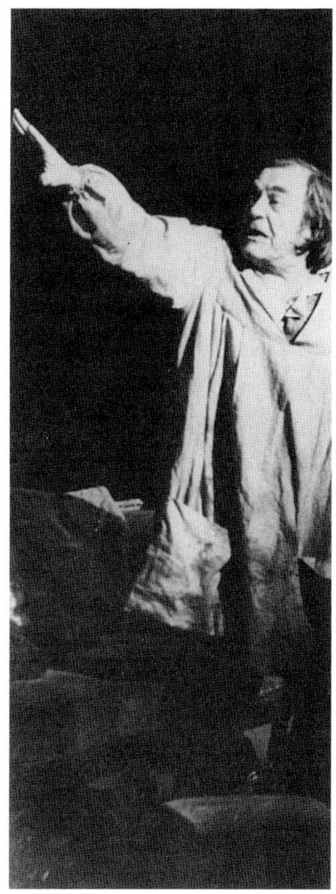

Michail Bolduman als Goya in El sueño de la razón *von A. Buero Vallejo. Künstlertheater, Moskau 1973*

Fassade des Teatro Principal in Barcelona nach dem Brand von 1915

der Geheimen Staatspolizei, als sie von dessen Folterpraktiken, der Kastration eines Häftlings, erfährt.

Antonio Buero Vallejo ist der am meisten anerkannte und erfolgreichste spanische Dramatiker der Nachkriegszeit. Aber mehr noch als García Lorca teilte er das Schicksal so vieler anderer spanischen Autoren, daß sein Werk außerhalb Spaniens kaum bekannt ist. Dies ist um so verwunderlicher, als er in der Behandlung seiner Themen stets über den Blickwinkel einer nur auf die Probleme der spanischen Gesellschaft und Geschichte gerichteten Perspektive hinausgeht. (vgl. W. Floeck 1990, 3ff u. 176f)

Neben Buero Vallejo zählt Alfonso Sastre (geb. 1926) zu den herausragenden Bühnenautoren in Spanien. Bereits mit neunzehn Jahren gründete der junge Madrider Student zusammen mit Alfonso Paso die Experimentierbühne »Arte Nuevo« (1945), ein Projekt, bei dem es um eine radikale künstlerische Erneuerung des spanischen Theaters gehen sollte. Sastre schrieb für diese Bühne einige Einakter, darunter *Uranio 235* (1946), ein Proteststück gegen die atomare Zerstörung von Hiroshima und Nagasaki und *Cargamento de sueños* (1948), ein existentialistisches Stück über die Orientierungslosigkeit des modernen Menschen. »La Vaca Flaca« und 1950 das »Teatro de Agitación Social« waren weitere universitäre Theatertruppen, die Sastre mitbegründet hatte. Alle seine Theateraktivitäten und die seines Freundeskreises waren stets auch politisch motiviert. In einem von Sastre formulierten Manifest des »Teatro de Agitación Social« heißt es: »Wir sind keine Politiker, sondern Theaterleute. Aber als Menschen – und das sind wir in erster Linie – glauben wir an die dringende Notwendigkeit der Agitation in der spanischen Gesellschaft. Und dieses Vorhaben werden wir in unserem Aktionsfeld, in der Bühnenkunst, in die Tat umsetzen. Wir werden von der sozialen Dimension der Bühnen Gebrauch machen und die Agitation in jeden Winkel der spanischen Gesellschaft tragen.« (n. M. de Paco 1990, 184) Sastre lehnte es ab, den politischen Protest gegen das Franco-Regime in seinen Stücken zu verschlüsseln. Anders also als Buero Vallejos »teatro posible« attackierte er offen das System und propagierte eine »Bühne des Klassenkampfes«. Die Folge dieser kompromißlosen Haltung war, daß nur wenige Stücke Sastres an öffentlichen Bühnen zur Aufführung kamen; allenfalls an Laienbühnen durch »unabhängige Gruppen«. Mitte der fünfziger Jahre waren nahezu alle seine Stücke von der Zensur verboten. Sastre, der eine Zeitlang der kommunistischen Partei angehörte und weltanschaulich durch die Tradition des spanischen Anarchismus geprägt war, mußte unter dem Vorwurf der Unterstützung terroristischer Vereinigungen, der GRAPO und der ETA, mehrfach ins Gefängnis. (vgl. H.-J. Neuschäfer 1991, 343) Neben seinen Aktivitäten als Initiator von Theatertruppen – so etwa auch der »Grupo de Teatro Realista« (1960), später des »Teatro Unitario de la Revolución Socialista« – und als Bühnenautor befaßte sich Sastre kontinuierlich mit Problemen der Theorie des Realismus und veröffentlichte dazu eine Vielzahl von Theaterkritiken (in der Zeitschrift *La Hora*) und umfangreiche Studien: *Drama y sociedad* (1956), *Anatomía del realismo* (1965), *La revolución y la crítica de la cultura* (1970). Eine durchgehende Linie dieser Schriften ist ein Plädoyer für das unmittelbare Engagement der Schriftsteller und der Bühnenkünstler im politischen Kampf gegen Unterdrückung und soziales Unrecht. Das Theater von Bertolt Brecht war für Sastre zwar Vorbild, doch distanziert er sich von dessen Verfremdungstechnik. An »die Stelle der V(erfremdungs)-Effekte setzt Sastre die A(nagnorisis)-Effekte, d.h. Mittel zur ›Wiedererkennung‹«. (M. Franzbach 1993, 330) Eine zentrale Stellung in seinem theatertheoretischen Diskurs nimmt die sogenannte »tragedia compleja« ein. Darunter versteht Sastre eine Theaterform, die Elemente des Brechtschen »epischen Theaters«, der Esperpentos von Valle-Inclán und der klassischen Tragödie verbindet und ein Gleichgewicht von »Verfrem-

Während die in den 30er Jahren bedeutenden Autoren gestorben, ermordet oder ins Exil gegangen waren – Buero Vallejo saß gemeinsam mit Miguel Hernández in einem Gefangenen-Konzentrationslager –, dominierte auf den Madrider Bühnen der ›teatro de evasión‹, repräsentiert durch pseudofolkloristische Stücke sowie die Komödien Benaventes und seiner Epigonen: ein Theater der Flucht aus der Wirklichkeit, das vom bürgerlichen Publikum geschätzt und von der regimehörigen Kritik propagiert wird. Hinzu kommt das repressive Klima in der von den anderen Nationen isolierten Franco-Diktatur sowie eine allgegenwärtige Zensur, die in der Tradition der ›leyenda negra‹ steht. Doch mit Historia de una escalera *findet auch das Theater Anschluß an eine Entwicklung, wie sie in der Prosa mit Celas* Pascual Duarte *(1942) und in der Lyrik mit Dámaso Alonsos* Hijos de la ira *(1944) schon früher eingesetzt hatte, und die später mit ›realismo social‹ oder ›realismo testimonial‹ bezeichnet werden sollte. Buero selbst ordnet sich 1950 mit den Essay* Neorealismo y teatro, *in Anknüpfung an die Filme Rossellinis und de Sicas, dieser Strömung zu und qualifiziert sie als ›sentido de reacción contra el teatro convencional‹.*

(W. Asholt in: V. Roloff u. H. Wentzlaff-Eggebert 1988, 406f)

dung« und »Wiedererkennung«, von Reflexion und Identifikation herstellt zum Zwecke kritischer Bewußtseinsbildung. Sastre resümiert: Mein Ziel ist »die Poetik einer Tragödie, die ihre Kraft aus dem Bewußtsein der sozialen Entrechtung bezieht. Diese Tragödie versucht nicht, das Tragische als Idealzustand in seiner Reinheit zu bewahren, sondern trachtet danach, es zu verkomplizieren, um es vor seiner Auflösung zu bewahren. Nur so wird die Tragödie zum Wahrheitskern und Ausgangspunkt einer Geschichte ohne Tragik.« Die »tragedia compleja« hat zumeist eine grotesk-komische, esperpentische Fabel; als Protagonist agiert ein typischer Antiheld. »Die Komik dient als Vehikel zur Auffindung des Lächerlichen, Ärmlichen und Schwächlichen in der menschlichen Natur … Der Zuschauer soll lachen und weinen zugleich.« (M. d. Paco 1990, 190 f) Vielfach sind Tonbandeinspielungen, Filmprojektionen und Transparente in die Bühnenhandlung integriert. Das Theater stellt sich durch das Zeigen seiner Mittel höchst spielerisch als Theater dar. Gelegentlich läßt Sastre bekannte literarische Figuren wie die populäre Kupplerin Celestina oder die Antihelden der Renaissance, Don Quijote und Sancho Pansa, auftreten, ebenso Figuren aus der Mythologie (*Medea)* oder den legendären Schweizer Freiheitshelden Wilhelm Tell *(Guillermo Tell tiene los ojos tristes*, 1955), ja auch er selbst erscheint als Bühnenfigur, so etwa in *La taberna fantástica.*

Eines der Hauptanliegen der Dramatiker des N.T.E. ist die ästhetische Erneuerung des spanischen Theaters. Diese Forderung der jungen Autoren gehorcht einer dreifachen Motivation: 1. will man den Rückstand des spanischen Theaters in seiner künstlerischen Entwicklung gegenüber der Avantgarde im europäischen und amerikanischen Ausland ausgleichen; 2. sucht man nach einer Form, welche die inhaltliche Systemkritik ermöglicht und die für den sozialkritischen Realismus fast unüberwindbare Hürde der Zensur umgehen hilft, ein Unterfangen, das allerdings weitgehend erfolglos bleibt; und 3. versucht man, ein ästhetisches Konzept zu entwickeln, das den Zugang zu einem noch zu erschließenden, neuen Massenpublikum erleichtern soll und so nicht nur der ästhetischen, sondern darüber hinaus der Erneuerung der gesellschaftlichen Relevanz des spanischen Theaters dient.

(M. Saalbach 1984, 241)

Herausragende Stücke von Sastres zahlreichen Bühnenarbeiten sind *Escuadra hacia la muerte* (1953, Todesschwadron), *La mordaza* (1953, Der Knebel), *La sangre y la ceniza* und *La taberna fantástica. Todesschwadron* wurde 1953 nach der dritten Aufführung verboten. Es ist ein Antikriegsstück, dessen Fabel einen Dritten Weltkrieg imaginiert. Zentraler Konflikt ist die Ermordung des Zugführers einer Todesschwadron (eines »Himmelfahrtskommandos«) durch die von diesem brutal schikanierten Soldaten, vor allem aber die Auseinandersetzung mit deren aus dieser Tat erwachsenen Schuldgefühlen. *La mordaza* war das erste Stück von Sastre, das 1954 von einem professionellen Ensemble in Madrid uraufgeführt wurde und der Zensur nicht sogleich zum Opfer fiel. Im Mittelpunkt der Handlung, die auf eine reale Begebenheit in Frankreich 1952 zurückgeht, steht der Bauer Isaías Krappo, der während des Bürgerkriegs zwei Frauen umgebracht hat, später dazu noch den Ehemann der einen. Eine Zeitlang gelingt es dem Mörder, bei seinen Familienangehörigen ein Schweigeverbot gegenüber dem ermittelnden Polizeikommissar durchzusetzen. Schließlich befreien diese sich jedoch von dem aufgezwungenen moralischen Druck durch ein Geständnis. Die Anspielung auf die Zensur des Franco-Regimes war offensichtlich. Sastre stellte diesen Bezug auch in einem Kommentar zu dem Stück selbst her: »Wir leben geknebelt … Dieses Schweigen krümmt uns den Rücken. Die Zukunft kann sehr blutig werden.« (n. M. d. Paco 1990, 187) In *La sangre y la ceniza*, einer »tragedia compleja«, die 1965 abgeschlossen, 1976 aber erst uraufgeführt werden durfte, ist der Protagonist ein »Held im Stile eines Don Quijote« (M. de Paco), ein Freigeist, der gegen Intoleranz und die Repressionen der Obrigkeit kämpft. Es ist ein historischer Stoff, den Sastre in der Art einer Parabel zur Gegenwart in Bezug setzt. Dagegen ist die Handlung von *La taberna fantástica* (1965) ganz in der Gegenwart angesiedelt; in einer Vorstadtkneipe in Madrid. In einem Wechselspiel von Realität und Fiktion wird dort das turbulent-pittoreske Leben eines »Landstreicherkollektivs« ausgebreitet und vermittelt dem Zuschauer ein eindrucksvolles Bild der sozialen und mentalen

Situation gesellschaftlicher Randgruppen. Die Uraufführung 1985 in Madrid unter der Regie von Gerardo Malla wurde ein aufsehenerregender Erfolg. Sastre wurde mit dem Premio Nacional de Teatro geehrt. Für die Entwicklung Sastres in den achtziger Jahren ist das Stück *Los últimos días de Emmanuel Kant contados por Ernesto Teodoro Amadeo Hoffmann* typisch. Er verbindet darin dokumentarische und esperpentische Elemente mit der »tragedia compleja«. Das Stück schildert die letzten Tage des Philosophen Kant, gesehen aus dem Blickwinkel des Romantikers E.T.A. Hoffmann. Das Sterben Kants erhält aus dieser Perspektive den Charakter eines gespenstisch grotesken Geschehens.

Es mag eine Konsequenz aus Sastres Hang zum Anarchismus sein, daß er auch nach dem Tode Francos in einer oppositionellen Haltung gegenüber Staat und Regierung verharrte und sich dem kulturellen Leben in der Hauptstadt fernhielt. Neben seinem umfangreichen dramatischen Werk (etwa 40 Stücke) gilt Sastre auch als »der bedeutendste Theoretiker des spanischen Nachkriegstheaters.« (W. Floeck 1991, 386)

»Nuevo Teatro« – systemkritisches Protesttheater

> »Um etwas niederzureißen, ist eine Implosion wirksamer als eine Explosion«
>
> (Romero Esteo, n. K. Pörtl 1990, 211)

Mit dem Begriff »Nuevo Teatro Español« wird eine Gruppe von etwa zwanzig Dramatikern bezeichnet (vgl. K. Pörtl 1990, 198), die mit ihren Arbeiten offene Kritik übten an der Politik der Franco-Diktatur und an jenen gesellschaftlichen Kräften, die dieses Regime stützten. Es war politisches, systemkritisches Protesttheater, das sich von der – durchaus kritischen – Position der prominenten Erneuerer des spanischen Theaters, Antonio Buero Vallejo, Alfonso Sastre und der »generación realista«, ebenso abgrenzte wie vom Spielbetrieb der großen Bühnen in den Metropolen. Seit etwa 1965 artikulierte sich diese Bewegung im spanischen Theaterleben. Der Weg auf die staatlichen und die großen privaten Bühnen war diesen Autoren, die López Mozo die »Bundesgenossen der Schwächsten« nannte (n. M. Saalbach 1984, 227), versperrt. Zumeist verhinderte auch die Zensur die öffentliche Aufführung ihrer Stücke. Ursache dafür waren zwar in erster Linie die systemkritischen Inhalte dieser Dramatik, ein weiterer Grund war deren experimentelle Ästhetik, die das Nuevo Teatro letztlich in den »Untergrund« drängte. So waren es vor allem Ensembles des »Unabhängigen Theaters« (Teatro Independiente), die mit diesen Autoren zusammenarbeiteten; Gruppen wie »Els Joglars, Los Goliardos, Tábano, das Teatro Experimental Independiente (T.E.I.), das Teatro Estudio Lebrijano oder das Teatro Universitario de Murcia« (W. Floeck 1981, 389).

Grundtendenz im experimentellen Ansatz des Nuevo Teatro war dessen antirealistische Dramaturgie, vor allem ein Zurückdrängen der Bedeutung der Wortsprache zugunsten anderer Darstellungsmittel, bildnerischer und körpersprachlicher Elemente. W. Floeck (1991, 389 f) weist zu Recht auch darauf hin,

Eines der Ziele der Gruppen des Teatro Independiente war der Kampf gegen die Vorherrschaft des Autors und des literarischen Textes. »Das unabhängige Theater akzeptiert nicht (...) die Diktatur des literarischen Autors (...)«, heißt es 1967 im Manifest der Gruppe Los Goliardos. »Der Autor – die Idee – geht dem theatralischen Ereignis – der Umsetzung auf der Bühne – lediglich voraus, ist aber nicht das Zentrum seiner Inspiration.« Damit waren die Prioritäten klar formuliert. An die Stelle des Autors war die Gruppe getreten, an die Stelle des Textes die Arbeit des Kollektivs. Für dieses aber bedeutete der Text nicht mehr die unantastbare und unveränderbare Basis der theatralischen Umsetzung, sondern er war lediglich Prä-Text, beliebig veränderbarer Ausgangspunkt für eine Inszenierungsarbeit, deren künstlerische Originalität und Autonomie außer Frage standen. Im besten Falle konnte die Gruppe sogar ohne jegliche literarische Textbasis auskommen und sich ihre theatralische Kreation selbst produzieren.

(W. Floeck 1997, 55)

daß diese Ästhetik gerade im Kontext der beabsichtigten Funktion dieses Theaters als kritisches, aufklärendes Volkstheater Gefahr lief, durch die Verwendung eskapistischer Symbole und Allegorien in seiner Botschaft an Eindeutigkeit und Konkretheit zu verlieren. Im Hinblick auf die eigene spanische Tradition waren die tragischen Grotesken von Arniches und die esperpentischen Deformationsstrategien von Valle-Inclán Vorbilder für die Autoren des Nuevo Teatro; im internationalen Theater waren es Brecht, Artaud, das Absurde Theater und Formen des Happenings, deren Stilmittel übernommen wurden. Die hauptsächlichen Vertreter dieser kritischen Theaterbewegung waren José María Bellido (geb. 1922), José Ruibal (geb. 1925), Luis Riaza (geb. 1925), Antonio Martínez Ballesteros (geb. 1929), Francisco Nieva (geb. 1930), Miguel Romero Esteo (geb. 1930), Domingo Miras (geb. 1938), Luis Matilla (geb. 1938), Alberto Miralles (geb. 1940), Eduardo Quiles (geb. 1940) und Jerónimo López Mozo (geb. 1942). (vgl. W. Floeck 1997, 41)

So eindeutig der Zusammenhang dieser Dramatiker in ihrer Protesthaltung gegen das Franco-Regime war, so unterschiedlich waren doch die thematischen Akzente, die die einzelnen Autoren setzten. Auch künstlerisch war diese Gruppe auf keine gemeinsame Linie – es sei denn ihre antirealistische Tendenz – festzulegen. Dies wird deutlich in einem Vergleich von Autoren wie Antonio Martínez Ballesteros und Miguel Romero Esteo (vgl. K. Pörtl 1990, 199 ff), Jerónimo López Mozo und Luis Matilla. (vgl. M. Saalbach 1984, 213 ff) Von Ballesteros, der aus Toledo stammt, die Schriftstellerei als Nebenberuf betrieb und langehin wenig direkte Kontakte zum Theater besaß, liegen mehr als

R. Vinyes: Peter's Bar. *Teatre Nou, Barcelona 1929 (Uraufführung)*

Aristophanes: Der Frieden. *R.: M. Narros. B.: F. Puigsservet. Teatro Español, Madrid 1969*

vierzig Stücke vor. Der systemkritische Protest ist dabei vielfach in Parabeln oder mit versteckten Anspielungen gespickten Satiren eingekleidet, die mehr oder weniger deutlich dechiffrierbar sind (vgl. K. Pörtl 1990, 202f): typische Beispiele für dieses Verfahren sind die *Fábulas zoológicas* oder die *Farsas contemporáneas* (1969). Ausdrucksmittel und Dramaturgie der vielfach einaktigen Stücke sind auf ein Publikum eingestellt, das keinerlei Bildungsvoraussetzungen mitbringt. Die Handlungen sind stringent und schnörkellos angelegt und konzentrieren die Problematik auf Teilaspekte, für die ein spontan einleuchtendes Bild gesucht wird. So vereinfacht Ballesteros in *Las bicicletas* »die komplizierte Abhängigkeit des Menschen vom selbst geschaffenen Konsum zu einem Leistungsstrampeln von Akkordradfahrern auf einem Übungsrad. Die Ausbeuter sind die Kontrolleure mit ihrem Überwachungssystem, die Ausgebeuteten die Radfahrer.« (K. Pörtl 1990, 205) Von Miguel Romero Esteo, einem exzentrischen Außenseiter im andalusischen Theaterleben, ist *Pontifical* (1966) das bekannteste Werk: ein Skandalstück ohnegleichen, das keinen Tabubruch ausläßt und von der Zensur sofort verboten wurde. Auch über alle bühnenpraktischen Gegebenheiten setzt sich Esteo in seiner »grotescomaquia«, so die Genrebezeichnung für *Pontifical*, hinweg. Ziel des Totaltheaters von Esteo ist es, mit grotesken Visionen »die Menschen von allen sie beherrschenden Zwängen zu befreien ... Das ist für ihn vor allem unsere heutige Zivilisation ... das sind auch die fixierten Wertvorstellungen einer Gesellschaft und ihre ideologischen Fanatismen« (n. K. Pörtl 1990, 208). In der »grotescomaquia« *Pasodoble* (1973, Uraufführung: Madrid 1974) schildert Esteo einen rituellen Existenzkampf zwischen Mann und Frau als absurdes, symbolisches Spiel. Der Kampf der Natur gegen die Zivilisation ist Thema in der Märchengroteske *Fiestas gordas del vino y el tocino* (1974).

Ein ganz anderes Profil haben die Bühnenarbeiten (seit 1963) von Jerónimo López Mozo, der – wie Matilla – einer jener Autoren war, die sich auf das Konzept eines »offenen Textes« und die Kollektivarbeit mit einer Theatergruppe eingelassen haben, insbesondere mit dem Universitätstheater von Murcia. Zusammen mit Matilla bildete er dort ein Autorenkollektiv. (vgl. M. Saalbach 1984, 217 f) Eine der besten Arbeiten, die auf diese Weise entstand, war das Projekt *El Fernando* (1972), an dem außer López Mozo und Matilla noch sechs andere Autoren mitgeschrieben haben. Das Stück behandelt in Form einer Farce ein historisches Thema: die Auseinandersetzung von Traditionalisten und Liberalen in den Jahren unmittelbar nach 1814, nach der Rückkehr König Fernando VII. aus dem französischen Exil. Die Mehrzahl der Stücke von López Mozo, ebenso wie von Matilla sind jedoch als Einzelarbeiten entstanden und stehen stilistisch in der Nähe des Absurden Theaters. Innerhalb der spanischen Tradition war es immer wieder Valle-Inclán, der die Autoren des Nuevo Teatro beeinflußt hat.

Hatten es diese Dramatiker in der Franco-Ära schwer, ihre Stücke an der Zensur vorbei auf die Bühne zu bringen, so änderte sich diese Situation nach dem Ende der Diktatur keinesfalls schlagartig. Zu sehr dominierten die großen kommerziellen Bühnen das Theaterleben und hatten mit ihrem Repertoire den Geschmack des Publikums nachhaltig geprägt. Nur allzu deutlich wurde nach der Aufhebung der Zensur auch, daß das Nuevo Teatro Español und die etwa 150 während dieser Periode existierenden unabhängigen Theatergruppen – wie engagiert ihr Protest gegen die politischen Verhältnisse im Lande auch war – letztlich doch nur ein sehr begrenztes, überwiegend auch gleichgesinntes Publikum erreicht hatten. »Der von allen erwartete Aufbruch des Theaters nach 1975 blieb zunächst aus«, so kommentiert W. Floeck (1997, 41) die theaterkulturelle Situation in Spanien unmittelbar nach dem Ende der Diktatur.

Portugal: Das Theater in der Zeit der Ersten Republik (1910–1926) und des anschließenden »Estado Novo«

Geschichtliche und institutionelle Rahmenbedingungen

»Trotz allem aber sind die Probleme des portugiesischen Theaters politische Probleme; sie können auch nur mit politischen Mitteln gelöst werden.«

(Carlos Porto, 1973)

Die Situation des Theaters in Portugal zu Beginn des 20. Jahrhunderts und noch Jahrzehnte darüber hinaus ist von zwei Gegebenheiten geradezu schicksalhaft geprägt. Das eine ist die Tatsache, daß das Theater in diesem Lande, verglichen etwa mit Spanien, ein »traditionelles Schattendasein« (Luiz Francisco Rebello) führt, das portugiesische Historiker und Theaterkritiker übereinstimmend darauf zurückführen, daß die dramatischen Genres der portugiesischen Dichtung eigentlich »wesensfremd« wären, denn diese sei ganz überwiegend von »lyrisch-individualistischem« Charakter. (vgl. K.-H. Karimi 1991, 2ff) Dramatiker wie der Renaissancedichter Gil Vicente oder der Gründer des portugiesischen Nationaltheaters, der Theaterpolitiker und Bühnenautor Almeida Garrett (vgl. Bd. III, 383 f), gelten als singuläre Größen in der Geschichte des portugiesischen Theaters. Wobei Gil Vicente bis heute noch der einzige portugiesische Dramatiker ist, der über die Landesgrenzen hinaus Beachtung gefunden hat. Daß dennoch seit Mitte des 19. Jahrhunderts zumindest in der Hauptstadt ein reges Theaterleben stattfand, war vor allem ausländischen Einflüssen zu verdanken: einem intensiven Tourneebetrieb ausländischer Ensembles und – seit Gründung (1904 und 1905) zweier »Freier Bühnen« in Lissabon (vgl. Bd. III, 844f) – der Übernahme internationaler Erfolgsstücke ins Repertoire einiger portugiesischer Theater. Zur Ausbildung einer »nationalen Schule« kam es im portugiesischen Schauspieltheater zu dieser Zeit jedoch nicht. Und ein zweiter Aspekt war ausschlaggebend für die Theaterverhältnisse in Portugal im 20. Jahrhundert. Das Land wurde ein halbes Jahrhundert lang von einer autoritären Obrigkeit beherrscht. Erst im Zusammenhang mit dem Aufkommen einer politischen Protestbewegung gegen dieses Regime im Laufe der sechziger Jahre begann sich das intellektuelle und künstlerische Leben in Portugal aus dieser Fessel zu lösen.

Insgesamt war die politische Entwicklung Portugals in diesem Zeitraum vergleichbar mit der des Nachbarlandes Spanien. Auch hier wurden die mit der

J. M. Synge: The Playboy of the Western World. *R. u. B.: A. Gomes. Teatro de Algibeira, 1957*

Ausrufung der Republik im Jahre 1910 verbundenen Hoffnungen auf eine Liberalisierung des kulturellen Lebens enttäuscht. »Die parlamentarische Republik, die vor allem vom aufgeklärten städtischen Kleinbürgertum gestützt wurde, erwies sich trotz ihrer weitreichenden Reformversuche und demokratischer Gestaltungsprinzipien gegenüber den traditionellen Mächtegruppen wie den Latifundienbesitzern und dem Klerus als eine völlig hilflose politische Ordnung.« (K.-H. Karimi 1991, 28) Zudem waren die »fortschrittlichen« politischen Parteien unter sich so zerstritten, daß während der sechzehn Jahre der Republik fünfzig Regierungen gebildet werden mußten. Die seit der Jahrhundertwende immer stärker auch in der Öffentlichkeit präsente sozialistische Arbeiterbewegung wurde von allen bürgerlichen Gruppierungen und dem Klerus als Gefahr für die Ordnung des Landes diskreditiert. Neben Mißwirtschaft und einer extremen Staatsverschuldung bewirkte die Teilnahme Portugals (seit 1916) am Ersten Weltkrieg an der Seite Großbritanniens eine weitere Schwächung der ökonomischen Stabilität und führte zu einer dramatischen Verelendung insbesondere der unteren gesellschaftlichen Schichten. So erschien der Militärputsch vom 28. Mai 1926, der zur Auflösung des Parlaments und zur Einsetzung einer autoritären Regierung führte, geradezu als »Rettung« des Landes. Republikanische Revolten, die noch bis 1931 immer wieder ausbrachen, konnten die neuen Machthaber, an der Spitze General Oscar Carmona – Staatspräsident von 1928 bis 1951 –, nicht gefährden. Grundtendenz der neuen Regierung war, eine traditionalistische Wende in der portugiesischen Politik einzuleiten, die sich im kulturellen Leben gegen alle Modernismen und jedwede Liberalisierung richtete. Hauptsächliches Ziel war es jedoch, das Land wirtschaftlich zu sanieren. Insbesondere dafür wurde António de Oliveira Salazar (1889–1970), Professor für Wirtschaftswissenschaften an der Universität von

Coimbra ins Kabinett berufen, der alsbald der uneingeschränkte Herrscher in Portugal war; von 1932 bis 1968 Ministerpräsident. 1933 führte Salazar eine neue Verfassung ein, die alle Macht im Staate ausschließlich auf seine Person konzentrierte, die das Parlament (eine Ständevertretung) und den Staatspräsidenten lediglich noch als repräsentative Organe beibehielt. »Estado Novo« nannte sich das salazaristische Regime, das als Staatsform zwar eine Republik – eine »república corporativa« – war, aufgrund seiner weltanschaulichen Doktrin jedoch eine diktatorische, allein durch den zentralistischen Staatsapparat bestimmte Politik betrieb. Alle politischen Parteien und unabhängigen Gewerkschaften waren verboten, das gesamte öffentliche Leben wurde einer rigiden Kommunikationsüberwachung (Zensur) unterworfen. Gegner dieses Systems wurden – soweit sie sich nicht ins Exil begaben – verfolgt, inhaftiert oder ermordet. Kern seiner Ideologie war eine Verankerung der geistigen Wertordnung in der Tradition und imperialen Geschichte Portugals, in den nationalen Mythen und in einem paternalistischen Herrschaftsverständnis, das – vergleichbar den absolutistischen Monarchien – auch eine theologische Legitimation für sich in Anspruch nahm, die die Kirche dem Salazarismus willig bestätigte. So sehr die Unterdrückungspraxis des Regimes gegenüber allen inneren Gegnern in vielen dem faschistischer Staaten oder des Stalinismus vergleichbar war, so waren doch auch die Unterschiede sehr deutlich. Die portugiesische Diktatur praktizierte weder eine planmäßige Massenvernichtung ihrer ideologischen Gegner, noch spielte der Rassismus in ihrer politischen Vorstellungswelt eine Rolle. Was das Theater betrifft, so ist festzustellen, daß in Portugal – ebenso wie in Spanien in der Zeit der Franco-Diktatur – auch unter den Bedingungen der Zensur ein politisches Protesttheater existieren konnte, wie dies in vergleichbarer Weise etwa unter den Machtverhältnissen des Nationalsozialismus in Deutschland, dem Faschismus in Italien oder dem Stalinismus in der Sowjetunion und in deren Einflußbereich nicht denkbar gewesen wäre. Dennoch hatte die kulturelle und geistige Abkapselung des Landes weitreichende Konsequenzen für die Entwicklung des Theaters. Über die großen Umbrüche der europäischen Avantgardebewegungen und die Neuansätze nach 1945/50 hinweg kam es in Portugal – erzwungen durch die staatliche Reglementierung – zu einer sehr verspäteten Rezeption dieser internationalen Entwicklungen. Den Anschluß daran fand das portugiesische Theater erst nach dem Ende des Salazar-Regimes. Auch hier ist die Parallele zu den Verhältnissen in Spanien offensichtlich.

Im Zweiten Weltkrieg war Portugal offiziell neutral geblieben. Mit Beginn der sechziger Jahre kam es zu permanenten kriegerischen Auseinandersetzungen mit den Befreiungsbewegungen in den portugiesischen Kolonien. Damit verbundene innenpolitische Konflikte spielten eine wesentliche Rolle bei der Auslösung eines Staatsstreiches im April 1974 durch das Militär, das »Movimento das Forças Armadas«, bei dem die Regierung abgesetzt wurde. Eine Militärjunta unter dem General Spínola schuf die Voraussetzungen für die politische Umgestaltung Portugals in eine Demokratie konservativen Zuschnitts. Letztlich aber setzten sich in der zweiten Hälfte der siebziger Jahre die sozialistischen und kommunistischen Kräfte durch.

Für die Entwicklung des Theaters in Portugal während der beinahe ein halbes Jahrhundert andauernden Diktatur, aber bereits auch in der kurzen Phase der

Republik in den Jahren davor war die Existenz einer staatlichen und vor allem auch kirchlichen Zensur von ausschlaggebender Bedeutung, zumal dies eben auch jener Zeitraum war, in dem – im europäischen Kontext gesehen – die Auseinandersetzung mit den Ideen der Moderne und der damit verbundene künstlerische Umbruch hätte stattfinden können. Dies aber waren Positionen, die dem weltanschaulichen Normenverständnis von Staat und Kirche diametral entgegenstanden.

K.-H. Karimi zeigt in seinen Studien über *Das portugiesische Gegenwartstheater* (1991), daß die Reglementierung der öffentlichen Kommunikation und vor allem des Theaters durch eine autoritäre Bürokratie gewissermaßen ein »Erbe der Geschichte« war und das kulturelle Leben in Portugal auch im 20. Jahrhundert noch entscheidend geprägt hat. So existierte dieses Kontrollsystem durchaus auch in der Zeit der Republik (1910–1926), selbst nachdem das Parlament die Zensur offiziell abgeschafft hatte. Zensur in Portugal war in dieser Zeit nicht auf das Vorhandensein einer speziellen Behörde und einer entsprechenden Gesetzgebung angewiesen. Sie vermittelte sich über ein System moralischer, religiöser und sozialer Vorurteile, die von den einschlägigen, das öffentliche Leben, insbesondere den Kulturbetrieb beherrschenden Organisationen und Institutionen zur Geltung gebracht wurden und im Sinne von Verhinderung oder Förderung regulierend in das geistige und künstlerische Leben eingriffen. Erst im »Estado Novo« kam es zum Erlaß spezieller Gesetze, die im künstlerischen Bereich die weltanschaulichen Normen des neuen Regimes durchsetzen sollten. So trat 1927 ein Gesetz »zum Schutz der nationalen Kunst« in Kraft, das auch zur Wahrung der gesellschaftlichen Moral und des Ansehens der kirchlichen und staatlichen Institutionen verpflichtete. Damit war die Aufführung der ausländischen, modernen realistischen Dramatik auf portugiesischen Bühnen praktisch unterbunden. Ebenfalls 1927 wurde auch die Theaterzensur offiziell wieder eingeführt, die sicherstellen sollte, daß die geltende Rechtsordnung, daß Moral und gute Sitten auf der Bühne nicht verletzt würden. Diese Zensur, die bis zum 25. April 1974 bestand, umfaßte alle Formen der »espectáculos e divertimentos«, also neben dem Theater in allen seinen Sparten auch Kino, Zirkus und Varieté. Jede Veranstaltung in diesen Bereichen war genehmigungspflichtig. Ausgenommen von diesen Bestimmungen waren lediglich nichtöffentliche Veranstaltungen. Dieser Spielraum freilich wurde von den in den sechziger Jahren verstärkt gegründeten oppositionellen Bühnen genutzt. Einen vergleichbaren Freiraum besaß auch das Goethe-Institut in Lissabon, eine von der Bundesrepublik Deutschland finanzierte Institution. Immer wieder auch konnten dort systemkritische Theateraufführungen gezeigt werden.

Die administrative Praxis der Theaterzensur funktionierte so, daß die Stücke bereits vor Beginn der Proben und vor einer öffentlichen Ankündigung der Zensurkommission, die der »Inspecção dos Espectáculos« unterstellt war, vorgelegt werden mußten. In einem zweiten Verfahrensschritt wurde die Generalprobe von Mitgliedern der Zensurkommission besichtigt. Dann erst wurde über eine Freigabe für die öffentliche Aufführung entschieden. Eine Verschärfung dieser Praxis bedeutete es, als durch eine zusätzliche Verordnung die Ausübung der Zensur dezentralisiert und den lokalen Behörden ein Vorentscheidungsrecht eingeräumt wurde. Diese Reglementierung des Theaterbetriebs, »die alle Konsequenzen eines entpolitisierten und konsumistischen Entertainments nach sich zog, wurde noch durch die Breitenwirkung wichtiger Revue- und Boulevardbühnen im Lissabonner Parque Mayer begünstigt, deren Repertoire neben dem des Teatro Nacional den eigentlichen Spielraum des Theaters zwischen 1929 und 1964 umriß.« (K.-H. Karimi 1991, 171) Die Selbstzensur, die angesichts dieser Verhältnisse von vielen Publizisten und Theaterleuten praktiziert wurde, war ein weiterer lähmender Faktor im geistigen Leben dieser Jahrzehnte.

Deckblatt des 2. Programms des Circulo de Cultura Teatral, 1919

Welche verheerenden Auswirkungen diese Repressalien letztlich auf die Entfaltungsmöglichkeiten des Theaters in Portugal hatten, resümieren die folgenden statistischen Zahlen (K.-H. Karimi 1991, 186): »Von den für Theaterveranstaltungen geeigneten 320 Sälen und Räumlichkeiten auf dem portugiesischen Festland wurden zwischen 1950 und 1970 im Jahresdurchschnitt weniger als ein Drittel zu Aufführungszwecken genutzt. Als Mittelwert gab es im ganzen Land acht Aufführungen am Tag, von denen sechs bis sieben in der Hauptstadt und ein bis zwei in der Provinz stattfanden. Dies entspricht einer Tagesvorstellung für eine Million Einwohner, wobei in Lissabon jeweils eine auf 143 000 und in der Provinz auf 5 385 000 Einwohner entfallen. Folgt man den Zahlen eines dem Staatssekretär für Information vorgelegten Exposés der Sociedade Portuguesa dos Autores vom 21. Dezember 1973, dann wurden aus dem jüngeren portugiesischen Repertoire 1969 zehn, 1970 fünf und 1971 vier Stücke, 1972 jedoch nur eins und 1973 keines uraufgeführt.« In keinem anderen europäischen Land war die zeitgenössische Dramatik über einen so langen Zeitraum – die Verhältnisse vor der hier zitierten Erhebung waren im Prinzip die gleichen – so wenig auf der Bühne präsent wie in Portugal in diesen fünfzig Jahren der Diktatur. Dennoch hatte der »Neue Staat« bereits 1927 erklärt, das Theater fördern zu wollen. Ziele dieser staatlichen Theaterpolitik waren eine Dezentralisierung des Theaterbetriebs, der traditioneller Weise fast ausschließlich auf die Hauptstadt und – in sehr viel geringerem Maße auch – auf Porto, die zweitgrößte Stadt im Lande, konzentriert war; weiterhin die Gründung nationaler Ensembles und die Förderung von Gastspielen der hauptstädtischen Bühnen in der Provinz und im Ausland. Neben der Zensurgesetzgebung war die Subventionsvergabe ein wirkungsvolles Mittel, in das ansonsten privatwirtschaftlich organisierte Theaterwesen regulierend einzugreifen. So waren etwa junge kritische Bühnen von dieser Subvention fast gänzlich ausgeschlossen. Immer wieder auch wurden ausländische und portugiesische Bühnenkünstler, die als Regimekritiker angesehen wurden, des Landes verwiesen. (vgl. C. Porto 1982, 35) Theaterunternehmer und Ensembles, die die Auflagen der Zensur nicht umsetzten, mußten mit dem Entzug ihrer Lizenz rechnen.

Dabei existierte bereits im 19. Jahrhundert in der portugiesischen Hauptstadt durchaus eine Vielzahl von Theatern, die sich, privatwirtschaftlich betrieben, auf spezifische Sparten oder ein besonderes Repertoireprofil spezialisiert hatten. Diese Bühnen wurden in der Regel von ihren Besitzern an Ensembles verpachtet. Einige dieser Theaterunternehmer besaßen mehrere Bühnen und hatten dadurch für manche Sparten eine Monopolstellung. Die Operetten- und Opernbühnen, vor allem das renommierte Teatro São Carlos, waren die Häuser mit dem weitaus größten Platzangebot. Die angesehensten Theater waren das Teatro Nacional de D. Maria II., das portugiesische Nationaltheater, das vom Erziehungsministerium finanziert wurde, und das Teatro de Amélia. (vgl. Bd. III.,

J. Salazar Sampaio: Os Visigodos. *R.: A. Ramos. Teatro Nacional D. Maria II, Lissabon 1969*

382 u. 844) Die meisten Theater waren jedoch Revue- oder Boulevardbühnen. Das Teatro Variedades war das bedeutendste Unterhaltungstheater in Lissabon, das ausschließlich die populären »portugiesischen Revuen« (vgl. Kap.: Repertoire) produzierte. Ensembles, die vom Sekretariat für Information und Tourismus und der Gulbenkian-Stiftung subventioniert wurden, waren das 1964 gegründete Teatro Estúdio de Lisboa, das Teatro Experimental de Cascais in dem Touristenort Cascais, in Porto das künstlerisch ambitionierte Teatro Experimental do Porto und das Klubtheater Casa da Comédia, das 1946 von dem Dramatiker Fernando Amado (1899–1968) gegründet wurde. Universitätstheater, die in Spanien während der Franco-Ära eine so bedeutende Rolle spielten, existierten auch in Portugal. Seit 1939 bestand das TEUC (Teatro dos Estudantes da Universidade de Coimbra), das ein klassisches Repertoire pflegte. 1956 wurde der CITAC (Círculo da Iniciação Teatral da Académia de Coimbra) gegründet. In Porto gab es ein Teatro Universitário und in Lissabon eine Bühne der Faculdade das Letras de Lisboa, aus der 1974 die Gruppe Cornucópia hervorging. (vgl. K.-H. Karimi 1991, 82 f) Einen wesentlichen Beitrag zum portugiesischen Theaterleben lieferten auch die zahlreichen Amateurbühnen, die es im ganzen Lande gab, die vor allem unmittelbar nach dem Militärputsch von 1974 die Landbevölkerung mit den Ideen der Revolution und der Agrarreform vertraut machten und eine Kampagne gegen den Analphabetismus unternahmen. Eine eigene Sphäre des portugiesischen Theaters in der Zeit der Diktatur bildeten freie Gruppen, die sich von dem kommerziellen Theaterbetrieb ebenso distanzierten wie von den staatlich subventionierten Bühnen, die stets auch Anpassungszwängen an die politische und kulturelle Doktrin des Regimes ausgesetzt waren. Diese unabhängigen Ensembles sprachen auch ein neues Publikum an, eines, das von den anderen Bühnen nicht erreicht wurde. Die ältesten dieser Ensembles waren »O Grupo 4« und das Theaterkollektiv »Comuna«, das mit dem Stück *Brincadeiras*, einer Montage von Texten Gil Vicentes, auch international bekannt wurde.

Zu den von den Chronisten des portugiesischen Theaters immer wieder beklagten strukturellen Mängeln gehörte auch das fast gänzliche Fehlen von Ausbildungseinrichtungen für Theaterberufe und – eine Folge der Zensur – eine das Theaterleben fördernde Theaterkritik. Reformprojekte, wie der Versuch des prominenten portugiesischen Kritikers und Dramatikers Luiz Francisco Rebello, 1971 in Lissabon ein städtisches Theater (Teatro Municipal de Lisboa) mit einem anspruchsvollen modernen literarischen Repertoire zu betreiben, scheiterten bereits im Jahr darauf – in der Folge eines Eingriffs der Zensur.

Dennoch existierten in Lissabon auch längerfristig einige Bühnen, die sich einen gewissen Freiraum für ihre künstlerische Arbeit zu sichern vermochten. Das wichtigste Forum, das dem modernen und avantgardistischen Theater in Portugal zur Verfügung stand, war das Teatro-Estúdio do Salitre. Dieses war hervorgegangen aus einer bereits seit 1939 praktizierten Förderung des modernen Theaters durch das Italienische Kulturinstitut in Lissabon unter Gino Saviotti. In der Aula dieses Instituts brachte Saviotti kontinuierlich Stücke moderner ausländischer Dramatiker zur Aufführung. Seit 1946 wurde das Salitre zum Zentrum auch einer programmatischen theoretischen Auseinandersetzung mit dem modernen Theater. Dabei waren Luiz Francisco Rebello und der Dramatiker Vasco Mendonça Alves die Vordenker, die ihre Reformideen in dem *Manifesto do essencialismo teatral* (1946) veröffentlichten. Es war eine Art »Totaltheater«, das Rebello vorschwebte, das sich gegen den an den portugiesischen Bühnen noch vorherrschenden Naturalismus richtete, ein poetisches, experimentelles Theater, das vor allem den bildnerischen Mitteln mehr Raum gab. Eine Nähe zur futuristischen Bühnenkunst der Italiener war unübersehbar. Stets fanden im Salitre auch Diskussionen mit den Zuschauern über die aufgeführten Stücke statt. Die Institution, bühnentechnisch nur dürftig ausgestattet, wurde in Portugal zum Inbegriff eines »teatro independente«. Gründungen wie die Casa da Comédia, das Pátio de Comédias in Lissabon und das TEP (Teatro Experimental do Porto) entstanden im weiteren Umfeld der Arbeit des Salitre. Davon war das TEP, 1953 von dem Regisseur António Pedro (1909–1966) gegründet, die innovativste Bühne, die auch jungen portugiesischen Dramatikern zum Durchbruch verhalf, im wesentlichen aber ein sehr breit gefächertes Repertoire von Shakespeare bis Kleist, von Synge und Arthur Miller bis Ionesco pflegte. Mit einem vergleichbaren Programm arbeitete auch Fernando Amado in der Casa da Comédia. Stücke der klassischen Moderne bildeten einen Schwerpunkt im Spielbetrieb der TML (Teatro Moderno de Lisboa), dessen Arbeit 1968 von der Companhia Portuguesa de Comediantes, später auch von der Gruppe Bonecreiros (1971–1977) fortgesetzt wurde. Für diese letztgenannten Ensembles war das politisch-didaktische Theater von Bertolt Brecht Vorbild.

So vielgestaltig und künstlerisch lebendig diese Sphäre des »unabhängigen Theaters« war, ist doch auch anzumerken, daß davon nur ein zahlenmäßig kleines Publikum erreicht wurde, zumeist jüngere Menschen aus dem Universitätsmilieu in Lissabon, Coimbra und Porto. Zudem boten die Spielstätten dieser Gruppen kaum mehr als 150 Zuschauern Plätze, oftmals waren es noch weniger. Dem standen das staatliche, hoch geförderte Nationaltheater und das prächtige Rokoko-Theater São Carlos gegenüber, dazu die staatliche Oper in Lissabon, mit allein mehr als 120 Logen und den Gastauftritten der internationalen Festival-Prominenz, die Brennpunkte der kulturellen und gesellschaftlichen Repräsentation des Landes darstellten. Die von Salazar insbesondere in den fünfziger Jahren in öffentlichen Reden immer wieder angekündigte Intensivierung und Liberalisierung der Kulturpolitik hatte ausschließlich diese Repräsentationsbühnen im Blick. Über den ganzen Zeitraum seines Bestehens war das Regime auch bestrebt, die staatlichen Bühnen offen zu halten für internationale Gastspiele und Festivals.

Tendenzen in der Entwicklung der Dramatik und im Repertoire des portugiesischen Theaters unter den Bedingungen der Zensur

»Das Theater eines Volkes müßte in erster Linie von Autoren geschrieben sein, die in diesem Volk geboren wurden. Im letzten Jahr wurde aber kaum ein einziges Stück eines portugiesischen Autors an einem professionellen Theater aufgeführt.«

(Carlos Porto, 1973)

Dieser Befund, den der Theaterkritiker Carlos Porto für das Jahr 1973 registrierte, war mehr oder weniger symptomatisch auch für die vorausgegangenen Jahrzehnte. Das traf selbst für die kommerziellen Boulevardtheater zu, die ganz überwiegend die Erfolgsstücke der Engländer, Franzosen und Spanier aufführten. Allein die »portugiesischen Revuen« (Revistas), die bereits im 19. Jahrhundert sehr populär waren, stellten eine Ausnahme dar. Porto (1973) charakterisiert dieses Genre folgendermaßen: »Musik von recht zweifelhafter Qualität, Zweideutigkeiten und ins Pornographische reichende Witze, wenig bekleidete Tanzmädchen und imposante szenographische Arrangements.« Inhaltlich häuften sich in diesen Stücken pointenreiche Anspielungen auf Tagesaktualitäten. In den ersten Jahren der Republik und gelegentlich auch in der Zeit der Salazar-Diktatur schlugen manche dieser Revuen, deren Programm für Improvisationen offen waren, gesellschaftskritische Töne an und gaben der Zensur immer wieder Anlaß, einzelne Nummern oder Pointen zu verbieten. Gelegentlich schrieben auch prominente Literaten Texte für die Revistas. Typisch für deren Aufführungen war der spontane Austausch zwischen Bühne und Publikum, das mitunter lebhaft mitagierte. Die Stars dieser Revuen zählten zu den populärsten Schauspielern des Landes. H.-K. Karimi bezeichnet dieses Genre – das einzige typisch portugiesische Bühnengenre – als eine »städtische Variante des Volkstheaters.« (1991, 189) Eine andere Genregruppe waren die »entremezes« und die »comédias«, beides populäre Spielformen aus der Tradition des Barocktheaters, die vor allem von Theatergruppen in der Provinz auch noch im 20. Jahrhundert aufgeführt wurden.

Das Nationaltheater pflegte in seinem Repertoire die portugiesischen Klassiker (Gil Vicente, Camões, António Ferreira), vor allem aber die großen klassischen Dramatiker des europäischen Auslands (Shakespeare, Molière, Calderón, Goldoni, Gogol, Schiller). Auch Werke etablierter zeitgenössischer internationaler Autoren wie O'Neill, Shaw, Hauptmann, Pirandello, García Lorca, Valle-Inclán, Buero Vallejo, Anouilh, Cocteau, Camus, De Filippo, Miller, Albee, Pinter, Dürrenmatt, Frisch und Mrożek kamen zur Aufführung, ebenso die Erfolgsstücke des französischen und spanischen Boulevardtheaters, die Komödien von Jacques Deval, Henry Bernstein, Serafín Álvarez Quintero, von Pierre Barillet und Jean-Pierre Gredy. Dramen zeitgenössischer portugiesischer Autoren fehlten im Spielplan des Teatro Nacional beinahe vollständig. Eine gewisse Korrektur dieser Repertoireausrichtung fand in den letzten Jahren des Zweiten Weltkriegs statt, als sich ein Sieg gegen den Faschismus in Deutschland und Italien abzuzeichnen begann und es in Portugal vorübergehend zu einer Lockerung der Zensur kam. In dieser Phase wurden neben den ausländischen Erfolgsautoren gelegentlich doch auch Stücke portugiesischer Dramatiker (etwa von Carlos Selvagem) aufgeführt. (vgl. L.F. Rebello 1985, 89f)

Die portugiesische Dramatik, die in den ersten Jahrzehnten des 20. Jahrhunderts entstand und in der Zeit ihrer Entstehung allenfalls auf kleineren Bühnen aufgeführt wurde, folgte den allgemeinen stilistischen Entwicklungen in dieser Periode, einem von Ibsen beeinflußten Realismus und dem Symbolismus. Dies gilt für die Stücke von Fernando António Pessoa, Raul Brandão, Júlio Dantas und João Gonçalves Zarco da Câmara. (vgl. Bd. III, 845 f) Hinzu kamen Autoren wie Vasco Mendonça Alves (1883–1962), Rui Chianca (1891–1931), Carlos Selvagem (1890–1973), João Correia de Oliveira (1881–1960) oder Francisco Laje (1888–1957), die in ihren Stücken historische Stoffe oder Motive aus der bäuerlichen Lebenswelt bearbeiteten, so etwa die 1923 von Rino Lugo auch verfilmte »ländliche Tragödie« *Os Lobos* (1920). Das Stück war eine Gemeinschaftsarbeit von Selvagem, Laje und Oliveira. Von Selvagem wurde die historische Farce *Dulcineia* 1944 am Teatro Nacional aufgeführt, ein Werk, das noch die Atmosphäre der Dekadenz der Jahrhundertwende vermittelte. Eine andere Thematik, die von Bühnenautoren in diesen Jahren mehrfach aufgegriffen wurde, waren soziale Probleme der portugiesischen Gesellschaft, subtile Milieu- und Verhaltensstudien aus der bürgerlichen Sphäre; beispielhaft dafür war ein Stück wie *Octávio* (1916) von Vitoriano Braga (1888–1940).

Einer der vielseitigsten Bühnenautoren der 20er und 30er Jahre war der Jurist Alfredo Cortês (2880–1946) mit Stücken wie *Zilda* (1921) oder *O Lôdo* (1923, von Cortês selbst inszeniert), die sich mit brisanten Themen der bürgerlichen Gesellschaft befassen. Historische Stücke von Cortês sind *A la Fe* (1924), *Lourdes* (1927), *O Ouro* (1928) und *Domus* (1931). Eine politische Satire ist *Os Gladiadores* (1934); mythische Motive klingen an in *Tá-Mar* (1936). Die Satire *Bâton* (1939), die die Moral des kapitalistischen Bürgertums anprangert, wurde erst 1946 von der Zensur freigegeben, obwohl Cortês ein Autor war, der mit dem Salazar-Regime sympathisierte. Zusammen mit Raul Brandão und Carlos Selvagem zählte er zu den führenden Dramatikern in dieser Periode.

Mit der Gründung des Teatro-Estúdio do Salitre 1946 kam es zu einer spürbaren Erweiterung des inhaltlichen und künstlerischen Spektrums im portugiesischen Theaterleben, vor allem in der Hauptstadt; freilich im begrenzten äußeren Rahmen dieser Experimentierbühne. (vgl. L.F. Rebello 1985, 91ff) Jedoch wurde nun zu dem bis dahin an den portugiesischen Bühnen vorherrschenden Naturalismus eine künstlerische Alternative geboten. Programmatisch schloß das Salitre an antinaturalistische, experimentelle Positionen der 20er Jahre an, wie sie etwa von dem 1925 von António Ferro und José Pacheco gegründeten Teatro Novo oder von Aranjo Pereiras Teatro Juvenia bereits vertreten wurden. Eine wesentliche Rolle für die theoretische Entwicklung dieser neuen Richtung spielten die 1927 gegründete Zeitschrift *Presença* und der dort versammelte Kreis von Literaten und bildenden Künstlern. Die Wortführer dieser Gruppe waren der Maler und Dichter José de Almada-Negreiros (1893–1970), Fernando Pessoa (1888–1935) und António Ferro (1895–1956). Es waren Vertreter der sogenannten »Orphischen Bewegung«, die sich leidenschaftlich für die Rezeption der europäischen Moderne einsetzten und Kontakte auch zu den Avantgardebewegungen des Futurismus, Dadaismus und Surrealismus pflegten. Inhaltlich vertraten diese Autoren einen utopisch-humanitären Sozialismus und forderten eine moralische Erneuerung der portugiesischen Gesellschaft. Dabei nahmen sie einen Standort jenseits der Ideologien und der politischen Parteien ein, ausschließlich der eigenen Individualität und Verantwortung verpflichtet.

Der führende Dramatiker dieses Kreises war José Régio (1901–1969). Zentrales Motiv seiner Stücke ist der Widerstreit des Göttlichen mit dem Irdischen und des Geistigen mit dem Materiellen in der menschlichen Existenz; christliche, spiritualistische Themen, wie sie etwa auch der katholische französische Dichter Paul Claudel aufgegriffen hatte. Beispielhaft für Régios dramatisches Werk sind das Mysterienstück *Jacob e o Anjo* (1941), *Benilde ou a Virgem-Mãe* (1947), *El-Rei Sebastião* (1949), die Tragikomödie *A Salvação do Mundo* (1954) und das einaktige Phantasiestück *Três Máscaras* (1941). Régios Spiritualismus ist besonders pointiert ausgebildet in *Benilde ou a Virgem-Mãe,* das 1960 sogar auf die Bühne des Nationaltheaters kam. Das Stück erzählt die Geschichte der achtzehnjährigen Benilde, der Tochter einer Frau, die in religiöser Umnachtung gestorben war. »Das Mädchen, das Sensibilität und Somnambulismus von der Mutter geerbt hat, glaubt in einer unerwarteten Schwangerschaft ein Zeichen des Himmels zu erkennen, von dem es zur Jungfrau auserwählt worden sei. Benilde verwirft alle natürlichen oder rationalen Erklärungen, die darauf hindeuten, daß sie im nachtwandlerischen Zustand von einem Irren vergewaltigt wurde, sondern beharrt bis zu ihrem frühen Tod auf einer mystischen Bestimmung.« (K.-H. Karimi 1991, 48) Régio verbindet in diesem Stück christliche Symbolik mit Vorstellungen der Psychoanalyse, vor allem der Traumdeutung von Sigmund Freud, einem der geistigen Väter des Kreises um die Zeitschrift *Presença.* Ein Stück, in dem in der Manier der Surrealisten die Grenze von Traum und Wirklichkeit permanent überspielt wird, das auch am Salitre aufgeführt wurde, ist *Curva do céu* (1930) von António José Branquinto da Fonseca (1905–1974).

Von den spanischen Dichtern García Lorca und Unamuno beeinflußt ist der ebenfalls zur Gruppe um die Zeitschrift *Presença* gehörige Arzt und Schriftsteller Miguel Torga (1907–1995). Seine Bühnenstücke, darunter *Terra Firme, Mar* (beide 1941), *Sinfonia* (1947) und *Paraíso* (1949), entfalten – einige in der Form der Farce oder der Groteske – eine mythisch-sinnbildliche Welt, in der christliche und heidnisch-antike Vorstellungen ineinander übergehen. In *Mar* schildert Torga die Trauer eines Mädchens, das auf die Rückkehr seines Geliebten, eines Fischers, wartet. Erzählt wird, daß diesen eine Sirene verführt habe und bei sich festhalte. »Die Wahrheit aber ist, daß die Braut und ihre Umgebung dem anarchischen Traum des Geliebten hier ebensowenig gerecht werden konnten wie einst die bürgerliche Familie des Dr. Wrangel dem Freiheitsdrang der Ellida, Ibsens *Frau vom Meere.*« (K.-H. Karimi 1991, 51)

Einer der erfolgreichsten Bühnenautoren in dieser Periode war Romeu Cor-

Zwar kann das Jahr 1945 weder für die portugiesische Literatur noch für das Theater ein ähnliches Gewicht beanspruchen, wie dies in Deutschland der Fall ist. Aber vielleicht kann dieser Zeitpunkt zumindest als Paradigmawechsel für die junge Bühne gelten, die mit dem Teatro Estúdio Salitre ihre ersten Konturen zeigt und bis 1974 der Kultur der politischen Opposition zum Estado Novo ein Forum bietet. Zwischen 1945 und 1974 legten die portugiesischen Theater der Inspecção dos Espectáculos 6.552 Stücke vor, zu denen auch Komödien des ›teatro de revista‹ gehörten. Nahezu 10 Prozent dieser Anträge wurden von der Behörde ganz zurückgewiesen, d.h. das entsprechende Stück durfte in Portugal unter legalen Bedingungen grundsätzlich nicht aufgeführt werden. Nimmt man noch die Fälle in die Berechnung desselben Zeitraums auf, bei denen eine öffentliche Aufführung nur nach Maßgabe von Streichungen möglich gewesen wäre, sofern sich der Autor überhaupt zu derartigen Kompromissen bereitgefunden hätte, dann kommt man auf einen Anteil von ca. 24 Prozent. Dabei sei noch einmal daran erinnert, daß die zur Bedingung gemachten Änderungen die Aussage eines Stükkes völlig entstellen konnten.

(K.-H. Karimi, 1991, 193)

reia (geb. 1917), dessen Stücke vor allem von Amateurensembles und unabhängigen professionellen Bühnen viel gespielt wurden. Formal zeichnet sich Correias Werk durch ein breites Spektrum theatraler Richtungen aus. Er nahm realistische Traditionen ebenso auf wie Spielformen des Puppentheaters, Elemente des Zirkus und anderer volkstümlicher Genres (Cancioneiros, Fados) antiillusionistischer Provenienz. Viele seiner Stücke entstanden in unmittelbarem Kontakt mit den Amateurbühnen seiner Heimatstadt Almada und setzen sich mit den Lebensbedingungen des dortigen Industrieproletariats auseinander, so etwa *Razão* (1940). Andere Stücke dieser Art sind *Trapo Azul* (1948, Blauer Fetzen), *Casaco de Fogo* (1953, Feuerjacke), *O céu da minha rua* und *Sol na floresta* (1957). Die dreiaktige Farce *O Vagabundo das Mãos de Ouro* (1960, Vagabund mit den goldenen Händen), die 1962 am Teatro Experimental do Porto uraufgeführt wurde, gilt als Musterbeispiel eines kritischen Volksstücks. Von den Personen dieses Stücks sind nur zwei Schauspieler (der »Meister« eines Puppenspiels und dessen Assistent), acht weitere Figuren sind Puppen aus Holz. Wer nun aber die Bewegungen und die Handlungen bestimmt, ist in diesem Spiel oft nicht eindeutig: ist es der Puppenspieler oder sind es seine Marionetten. Für den »Meister« führt die Reflexion seines Lebens in den Bewegungen der Marionetten zu einer Auseinandersetzung mit aufgezwungenen Lebensrollen, ein Prozeß, der letztlich zu seiner Selbstfindung führt. Es ist eine phantastische Figurenwelt, die Correias Dramen bevölkert – Harlekine, Spielleute, Vaganten –, die »Assoziationen an die grotesken Bilder eines Chaplin und Fellini oder an die *Caprichos* eines Goya wecken.« (H.-K. Karimi 1991, 54) Weitere Erfolgsstücke von Correia waren *Bocage* (1965), *Amor de perdição* (1966, Verderbliche Liebe, nach einem Roman von Camilo Castelo Branco) *O Cravo Espanhol* (1969, Die spanische Nelke) und die tragische Farce *Roberta* (1971). Einige dieser Stücke kamen erst nach Aufhebung der Zensur auf die Bühne.

Von den Autoren, die das künstlerische Profil des Salitre besonders prägten, waren die schon etablierten Dramatiker Vasco Mendonça Alves (1883–1962) und João Pedro de Andrade (1902–1974) die prominentesten. Wichtigster Autor am Salitre aber war Luiz Francisco Rebello (geb. 1924), von den fünfziger Jahren bis heute eine der einflußreichsten und profiliertesten Persönlichkeiten im portugiesischen Theaterleben. In seiner geistigen Haltung steht Rebello dem Existentialismus nahe, politisch vertrat er eine kompromißlos oppositionelle Haltung gegenüber dem Salazar-Regime. Auch veröffentlichte er zahlreiche Studien zur Geschichte des portugiesischen Theaters, darunter *O primitivo teatro português* (1977), *O teatro naturalista e neo-romântico* (1978), *O teatro simbolista e modernista* (1979), *O teatro romântico em Portugal* (1980), *100 anos de teatro português* (1984) und *Histoire du théâtre portugais* (1985). Eine Gesamtdarstellung der portugiesischen Theatergeschichte (*A história do teatro português*) erschien 1968. In den siebziger Jahren war Rebello Leiter des Teatro São Luiz in Lissabon, 1973 wurde er Präsident der Sociedade Portuguesa de Autores. Das Theater als ein kritisches Forum für die Auseinandersetzung mit den essentiellen Fragen der Gesellschaft zu beanspruchen, war und ist die Grundidee seines kultur- und theaterpolitischen Engagements.

Am Salitre wurde 1947 Rebellos erster Einakter *O mundo começou às 5 e 47* (Die Welt begann um 5 Uhr 47) uraufgeführt. Es war ein recht abstrakt angelegtes Agitationsstück, das den Sieg einer sozialistischen Welt über die alte,

S. Beckett: Endspiel.
R.: J. Castronuovo.
Teatro Experimental do Porto, 1970

korrupte bürgerliche Gesellschaft in greller Schwarz-Weiß-Zeichnung vorführte. Schlagartig wurde Rebello mit diesem Stück zu einer Leitfigur des politischen Widerstands gegen die salazaristische Diktatur. Auch mit dem Einakter *O dia seguinte*, dessen Aufführung am Teatro Nacional von der regierungstreuen Presse verhindert wurde, griff Rebello ein brisantes politisches Problem auf. Die portugiesische Erstaufführung dieses Stücks fand erst 1963 am Teatro Moderno de Lisboa statt. Es erörtert die Problematik des Selbstmords am Beispiel eines jungen Ehepaares, das sich durch soziale Not zu dieser Entscheidung getrieben sieht, sich aber in einem irrealen Szenarium einem Richter stellen muß, der den beiden vorführt, um welche positiven Lebensmöglichkeiten sie sich gebracht haben. Insgesamt hat das Stück einen existentialistischen Grundton. Eine ähnlich irreale Spielanordnung liegt dem Stück *Alguém terá de morrer* (1954) zugrunde, das bereits 1956 am Teatro Nacional uraufgeführt werden durfte. Rebello hatte inzwischen eine so exponierte Position im kulturellen Leben der Hauptstadt inne, daß die Zensur ihm diese Staatsbühne nicht mehr grundsätzlich verweigern konnte. Die Fabel des Stücks gleicht der von Sartres *Huis clos:* In die »geschlossene Gesellschaft« der Villa eines Lissabonner Großindustriellen tritt ein »Unbekannter« als Gesandter des Todes und verlangt, daß eine der anwesenden Personen ihr Leben opfere. Unter dem Druck dieser Forderung werden alle gesellschaftlichen Konventionen über Bord geworfen, alle Beziehungen brechen auseinander. Keiner will sein Leben anstelle eines anderen aufgeben. Erst der freiwillige Tod eines jungen Mädchens erlöst schließlich die Gruppe aus diesem existentiellen Trauma. Rebellos bekanntestes Stück ist *Condenados da vida* (1963), das zwar 1964 den staatlichen Autorenpreis erhielt, dessen Aufführung am Teatro Moderno jedoch verboten wurde. Wie in *Alguém terá de morrer* konstruiert Rebello auch hier eine existentialistische Modellsituation, ein Gedankenspiel zwischen noch Ungeborenen, die sich auf den Weg ins

Leben befinden und die, als sie dort angekommen sind, fatal scheitern. Vor *Condenados da vida* war *Pássaros de asas cortadas* (1959) erschienen und am Teatro Trindade de Lisboa aufgeführt worden; ein sozialkritisches Stück, in dem Rebello in schärfsten Tönen die Zustände in seinem Lande anprangert. Gleichermaßen politisch brisant im Portugal Salazars war das Agitationsstück *Liberdade, liberdade*, eine Textcollage quer durch die europäische Literatur zum Thema »Freiheit«.

Insgesamt sind in der portugiesischen Dramatik der vierziger, fünfziger, sechziger und der frühen siebziger Jahre, was die dramaturgischen Konzepte betrifft, zwei Rezeptionslinien festzustellen, insbesondere bei jenen Autoren, deren Stücke, wenn überhaupt, fast ausschließlich an den kleineren, unabhängigen Bühnen zur Aufführung kamen. K.-H. Karimi beschreibt in seiner Studie zum portugiesischen Gegenwartsdrama (1991, 76ff), wie diese Rezeptionen in zwei unterschiedlichen zeitlichen Perioden stattfanden, innerhalb derer sich die sozialen und politischen Verhältnisse in Portugal veränderten. So fügte sich »zwischen 1946 und 1960 ... die Rezeption Pirandellos, Wilders, Millers, Becketts und besonders Sartres zu einer Orientierung zusammen, die hauptsächlich die Konflikte des einsamen und angsterfüllten Ich oder des ›homem só em luta contra grupos podres de convenções‹ darstellte; von 1960 bis 1974 wich diese Tendenz einer neuen, die mit Brechts Werk nicht etwa ein epigonales Agitproptheater aufgriff, sondern mit ihm Brücken zu anderen Dramatikern, zu Antonin Artaud, zum ebenfalls inkriminierten Peter Weiss und zur absurden Bühne schlug.« Dabei war das geistige Klima in den Jahrzehnten zwischen 1946 und 1960 durch soziale und politische Unruhen geprägt, die zwar auch von oppositionellen Literaten und Künstlern zum Thema ihrer Arbeiten gemacht wurden, die das Regime jedoch nicht gefährden konnten, da die Gegner der Diktatur keine einheitliche Front bildeten. Dies änderte sich zu Beginn der sechziger Jahre, als in der Folge der Industrialisierungspolitik auch die sozialistische Bewegung zu einer politischen Kraft im Lande wurde. In diesem Zusammenhang wurde das Theater Bertolt Brechts, das bis zum April 1973 durch die Zensur auf den Bühnen Portugals verboten war, beispielhaft für eine Theaterarbeit, die der politischen Bewußtseinsbildung dienen und letztlich zur Umgestaltung der Gesellschaft beitragen sollte.

Autoren, die diese Position engagiert vertraten, waren vor allem José Cardoso Pires (geb. 1925), Luís de Sttau Monteiro (geb. 1926), Natália Correia (geb. 1923), aber auch Luiz Francisco Rebello, die sich auch unmittelbar an politischen Protestaktionen, etwa den Massendemonstrationen an den Universitäten, beteiligten. Die Stücke dieser Autoren behandelten »Mythen« der portugiesischen Geschichte (Inquisition, Volksaufstände, Freiheitskriege) mit einem von Brechts Theorie einer politischen Kunst inspirierten, kritisch-dialektischen Blick auf diese Geschichte. Die portugiesische Brecht-Rezeption war jedoch alles andere als orthodox im Sinne einer strengen Umsetzung von dessen episch-distanzierender Dramaturgie, vielmehr wurde das Theater Brechts als eine Position höchsten künstlerischen Ranges und politischer Autorität begriffen, die eine gesellschaftlich »eingreifende« Funktion des Theaters zu legitimieren schien. Diese auch für das portugiesische Theater gegen die Unverbindlichkeit des kommerziellen Theaters durchzusetzen, war das erklärte Ziel dieser Generation portugiesischer Theaterautoren und Regisseure in den sechziger und siebziger Jahren. Vor allem die Stücke von Luís de Sttau Monteiro thematisierten den Kampf der politischen Opposition gegen die Salazar-Diktatur. Beispielhaft dafür sind *Felizmente há luar* (1962, Zum Glück scheint der Mond), die Farcen *A Guerra Santa* (Der Heilige Krieg) und *A Estátua* (Die Statue), *Todos os Anos pela primavera* (1963, Jedes Jahr im Frühling) oder *As mãos de Abraão Zacut* (1963, Die Hände von Abraham Zacut). Erst 1974 kamen diese Dramen auf die Bühne.

Neben der Orientierung an der epischen Dramaturgie Brechts war die Rezeption des Surrealismus von beinahe gleichrangiger Bedeutung. Waren doch surreale und anarchisch-groteske Sprachspiele, Bilder und szenische Konstellationen besonders geeignet, »den obskurantistischen Ungeist der Diktatur zu zertrümmern« (K.-H. Karimi 1991, 85) Jorge de Sena (1919–1978) und auch Natália Correia, die sich an Genet gleichermaßen wie an Brecht orientierten, waren die hauptsächlichen Vertreter dieser Richtung unter den Bühnenautoren. Von Sena schockierte vor allem der Einakter *Amparo da mãe* (1951) und führte – wie bei den meisten Stücken dieses Autors – zu einem Aufführungsverbot durch die Zensur. Es war ein als höchst makaber empfundener Angriff auf den Mythos der Mutterliebe und der von der Konvention geforderten Sorgepflicht der Kinder für ihre Eltern. So schlägt in dem Stück eine Mutter noch auf den Leichnam ihrer Tochter ein, um über deren Tod hinaus deren Fürsorge für sie einzufordern.

Die Stücke von Natália Correia sind geprägt durch den radikalen, geradezu anarchischen Emanzipationsanspruch dieser Autorin, die sich jedem moralischen Diktat, vornehmlich klerikaler Provenienz, verweigert. Zwei ihrer Stücke spiegeln besonders grell die Position Correias wider: die Tragikomödie *O homúnculo* (1964) und *A pécora* (1966 entstanden, 1983 erschienen). (vgl. L.F. Rebello 1985, 100) In dem ersten Stück entwirft die Autorin ein parabelhaftes phantastisches Lusitanien: Mortugal, am Meer gelegen mit angenehmem Klima und einem unumschränkten Herrscher Salarin an der Spitze. Bevölkert ist dieses durch und durch rückständige Mortugal mit Gnomen, Debilen und Narren, wobei die Anspielungen auf existierende prominente Größen von Politik und Kirche, die »Stützen der Gesellschaft«, unverkennbar sind. *A pécora* ist eine böse Satire auf die vom Salazar-Regime so geförderte Heiligenverehrung: eine makabre Geschichte von einem jungen Mädchen, das von einem Priester vergewaltigt und in ein Bordell gebracht wird. Nach außenhin aber wird vorgegeben, daß ihr die Jungfrau Maria erschienen sei und dies dazu geführt habe, daß sie sich – um sich ganz der Verehrung der Heiligen hingeben zu können – von der Gesellschaft zurückgezogen habe. Auch in einem anderen Stück (*O Encoberto*, 1969) entmystifiziert die Autorin eine »Lichtgestalt« des portugiesischen Mythos, den wie einen Heiligen verehrten König Sebastião. Keines dieser Stücke von Natália Correia wurde von der Zensur zur öffentlichen Aufführung zugelassen. Erst die »Nelkenrevolution« von 1974 brachte für das portugiesische Theaterleben einen wirklichen Neubeginn. In dieser Phase des Aufbruchs in eine demokratische, sozialistische Gesellschaft wurde die Auseinandersetzung mit den Jahrzehnten der Diktatur zum zentralen Thema auch des Theaters. In diesem politischen Kontext war jedoch das Werk Bertolt Brechts eine größere Orientierungshilfe als der Surrealismus mit seinen verstörenden Bilderwelten.

Theater in Deutschland: von der Endphase des Kaiserreichs bis zum Ende des Zweiten Weltkriegs

Theater und Zeitgeschichte

Bewegter hätten die gesellschaftlichen und politischen Rahmenbedingungen für das Theater in Deutschland nicht sein können als in den drei Perioden, die die deutsche Geschichte in der ersten Hälfte des 20. Jahrhunderts durchlief: die Endphase des Kaiserreichs und der Untergang von dessen Weltmacht-Phantasien in Krieg und Revolution; die Republik von Weimar als ein letztlich gescheiterter Versuch einer demokratischen Gestaltung von Staat und Gesellschaft; schließlich die Zeit des Hitler-Faschismus, in der Deutschland zu einem totalitären Staat umgebildet und in die Katastrophe des Zweiten Weltkriegs geführt wurde. Mögen die Zäsuren zwischen diesen Perioden noch so offen-

Bühnenbildentwurf von Lovis Corinth zu Goethes Faust. *Lessing-Theater, Berlin 1922*

sichtlich sein – Kriegsniederlage und Revolution 1918 und Hitlers Machtübernahme 1933 –, so vollzog sich diese Geschichte doch auch in einem Wirkungskontinuum älterer Traditionen, wie dies Hans-Ulrich Wehler als Fazit seiner Studie zum Deutschen Kaiserreich 1871–1918 konstatiert: Eine »Anfälligkeit für autoritäre Politik«, das Weiterleben einer »deutschen Staatsideologie« und ein ideologisch und politisch manipulierter Antisemitismus waren davon die verhängnisvollsten Tendenzen, die nach 1918/19 auch das Aufkommen des Faschismus in Deutschland begünstigt hatten. (1975, 238f) Gegenläufig zu diesen unzeitgemäßen, auf Beharrung insistierenden Kräften vollzog sich seit Beginn des 20. Jahrhunderts eine beschleunigte Modernisierung vor allem im industriellen und technischen Bereich, die tendenziell auch die politische und die kulturelle Sphäre erfaßte und das soziale Gefüge der Gesellschaft dramatisch veränderte. Die Folge dieser Entwicklung war eine extreme Polarisierung und Partikularisierung der Gesellschaft in einzelne Interessengruppen, für die es weder einen gemeinsamen sozialen Nenner noch ein für alle verbindliches System kultureller Normen und Standards mehr gab. »Das Bürgertum«, seit Ende des 18. Jahrhunderts auch die Trägerschicht einer in der Nationaltheateridee gipfelnden deutschen Theaterkultur, existierte am Vorabend des Ersten Weltkriegs »als Stand oder Gesellschaftsschicht nicht mehr.« (K. E. Born 1970, 278)

Heinz Rühmann als Schuster Voigt in C. Zuckmayers Der Hauptmann von Köpenick, *1962*

Es war die von Wilhelm II. seit 1888 betriebene Prestigepolitik, die für Deutschland den Rang einer Weltmacht beanspruchte, die das Ende des Kaiserreichs herbeiführte. Durch diese Politik geriet Deutschland in eine Isolation gegenüber den anderen europäischen Staaten und nötigte die politischen und wirtschaftlichen Konkurrenzmächte England, Frankreich und Rußland zum Zusammenschluß. So blieb 1914 aus deutscher Sicht offenbar nur noch die »Flucht nach vorn« (H.-U. Wehler) als Strategie politischen Handelns. Dies bedeutete, daß der Ausbruch eines Kriegs von der Reichsregierung nicht nur in Kauf genommen, sondern forciert wurde. Österreich wurde ermutigt, mit schärfsten Maßnahmen gegen Serbien vorzugehen, wo am 28. Juni 1914 in Sarajevo der österreich-ungarische Thronfolger Erzherzog Franz Ferdinand von einem serbischen Nationalisten ermordet worden war. Die Kriegserklärung an Serbien aber hatte die Mobilmachung Rußlands zur Folge. Am 1. August 1914 erklärte Deutschland Rußland, am 3. August Frankreich, dem Bundesgenossen Rußlands, den Krieg. Am 4. August, nach dem Einmarsch der deutschen Armee in das neutrale Belgien, trat Großbritannien in den Krieg gegen das Deutsche Reich ein. Damit war offenbar ein Zustand eingetreten, den viele längst erwartet, ja herbeigesehnt hatten. »Jubel herrschte in Europa in den ersten Augusttagen des Jahres 1914, Jubel, Kriegswut und Kriegsfreude. Nicht überall im gleichen Maße; in Frankreich wohl etwas weniger als in Deutschland, dort noch etwas stärker als in England. Aber in England auch. Selbst durch die Straßen von London wälzten sich lustig die Volksmassen und schrien nach Krieg, indes das Kabinett noch letzte schwache Friedensgesten machte. Die Völker Europas waren jahrelang von Politikern und Journalisten gegeneinander aufgehetzt und betrogen worden. Es herrschte der Glaube, der Krieg würde kurz sein und schön; ein erregendes befreiendes Abenteuer.« (G. Mann 1958, 590) In Deutschland gab beinahe die gesamte Elite von Kunst und Wissenschaft Zustimmungserklärungen zum Kriegseintritt ab. Die Nation schien durch diesen

K. G. Vollmoeller: Das Mirakel. *R.: M. Reinhardt, Westfalenhalle, Dortmund 1927*

»großen und wunderbaren Krieg« (Max Weber) wieder geeint, über die sozialen Klassen hinweg. Zwischen den Parteien wurde »Burgfriede« vereinbart. Auch die Theater zollten diesem Kriegsenthusiasmus ihren Tribut. Max Reinhardt nahm Kleists *Prinz Friedrich von Homburg* in den Spielplan (28. August) seines Deutschen Theaters, ein Stück, das wie kein anderes geeignet war, vaterländische Gefühle zu mobilisieren und den Mythos Preußen zu feiern. Zudem veranstaltete Reinhardt in seinen Kammerspielen über fünfzehn Abende hin eine Vortragsreihe mit »vaterländischen Dichtungen«, die den Zusammenhalt der Nation beschworen. (vgl. H. Huesmann 1983, 761–775) Selbst für die Mehrheit der Sozialdemokratischen Partei, die in den Reichstagswahlen von 1912 einen überwältigenden Sieg errungen hatte, erschien im August 1914 »die Verteidigung des Landes und der eigenen Kultur«, wie es hieß, durchaus im Sinne der Sozialistischen Internationale zu sein, galt doch der »russische Despotismus« als der eigentliche Kriegsfeind. Schon nach wenigen Monaten jedoch schlug die Stimmung um; das »Rauscherlebnis vom August 1914« (G. Mann) brach sich an der Realität des modernen Krieges, dessen neuartiges Zerstörungspotential für alle Beteiligten zur schockierenden Erfahrung wurde. Spätestens seit 1916, als die Blockadestrategie der Alliierten zu wirken begann und der Mangel an Lebensmitteln und Rohstoffen große Schichten der deutschen Bevölkerung verelenden ließ – die Zahl der an Hungerkrankheiten Verstorbenen näherte sich der Million –, brach auch die Fiktion von der »Volksgemeinschaft« zusammen, die die Kriegspropaganda bis dahin so erfolgreich aufrechterhalten hatte. Die alten Klassenkonflikte brachen erneut auf, neue Haßfronten formierten sich, vor allem gegen die Kriegsgewinnler. Die im September 1917 gegründete »Vaterlandspartei« war ein letzter Versuch der Mobilisierung des deutschen Siegeswillens. In der Sozialdemokratie war es bereits im April dieses Jahres zur Spaltung gekommen. Der linke Flügel hatte sich als »Unabhängige Sozialdemokratische Partei Deutschlands« (USPD) konstituiert. Ihr schloß sich der Spartakusbund unter Führung von Rosa Luxemburg und Karl Liebknecht an. Beide Gruppierungen waren Gegner der Politik jenes »Burgfriedens«, der die Sozialdemokratie in die Einheit der »kämpfenden Nation« eingebunden hatte. Der Ausbruch der russischen Revolution und der Zusammenbruch der Zarenherrschaft im Oktober 1917 gaben der deutschen Kriegsführung noch einmal Auftrieb. Die Truppen von der Ostfront konnten für eine große Offensive im Westen eingesetzt werden, von der man hoffte, sie werde dort zum Sieg führen. Zudem konnte Deutschland im Frieden von Brest-Litowsk (3. März 1918) Rußland Bedingungen diktieren, die den deutschen Einfluß im Osten erweiterten. Indessen aber zeichnete sich an der Westfront die Niederlage des deutschen Heeres ab. Im April 1917 waren auch die USA in den Krieg eingetreten. Versuche der Reichsregierung, einen Waffenstillstand zu erreichen, blieben ohne Erfolg. Der politische Zusammenbruch des Deutschen Reichs konnte auch durch die Einführung einer äußerst kurzlebigen parlamentarischen Monarchie nicht mehr aufgehalten werden. Letzter Anstoß, der das Ende einleitete, war der Aufstand der Matrosen in Kiel – zwischen dem 28. Oktober und 3. November 1918 –, die einer »militärisch völlig sinnlosen Prestigedemonstration« (H.-U. Wehler), bei der der Untergang sämtlicher Schiffe in Kauf genommen worden wäre, den Gehorsam verweigerten. Der Aufstand der Kieler Matrosen griff auf München und am 9. November auf Berlin über, wo sich spontan Arbeiter- und Soldatenräte bildeten. Diese übernahmen schließlich die politische und militärische Gewalt in Deutschland. Kaiser, Kronprinz und alle deutschen Fürsten dankten ab. Der Mehrheitssozialist (MSPD) Philipp Scheidemann rief die Deutsche Republik aus. Am 10. November übernahm ein »Rat der Volksbeauftragten«, der aus je drei Mitgliedern der MSPD und der USPD bestand, unter der Leitung von Friedrich Ebert (1871–1925) als Reichskanzler die Regierungsgeschäfte. In der Nationalversammlung, die vom 6. bis 11. Februar 1919 in Weimar stattfand, wurde eine Verfassung verabschiedet. Der neue deutsche Staat sollte eine Demokratie auf parlamentarischer Grundlage sein, eine Erneuerung liberaler Ideale – aber doch auch ein Ordnungsstaat. Dadurch aber wurde eine wirkliche demokratische Umgestaltung von Wirtschaft, Politik und Gesellschaft verhindert. Ausgeschlossen von der Regierungspolitik blieb der Spartakusbund, der am 30. Dezember 1918 die Kommunistische Partei Deutschlands gegründet hatte und entschlossen war, in Deutschland die Revolution nach dem russischen Vorbild weiterzutreiben. Gleichzeitig formierte sich die nationale Rechte, die sich mit Kriegsniederlage und Revolution nicht abfinden mochte. Die radikalste Position in diesem Lager nahm die im Januar 1919 in München gegründete Deutsche Arbeiterpartei ein, der sich im September 1919 auch Adolf Hitler (1889–1945) anschloß und im Februar 1920 die Führung dieser Partei übernahm. Sie nannte sich seither Nationalsozialistische Deutsche Arbeiterpartei (NSDAP). Ihr politisches Programm verband radikalnationalistische Ziele mit – anfangs auch – sozialistischen Forderungen und einem militanten Antisemitismus. In der Bevölkerung fanden national-konservative und nationalistische Parteien nicht zuletzt deswegen Rückhalt, weil Deutschland durch die Erfüllung der Reparationsverpflichtungen des Vertrags

Valeska Gert in ihrem kabarettistischen Tanz Berlin Underworld, *London 1934*

M. Wigman: Hexentanz, *1914*

Anita Berber und Sebastian Droste

von Versailles, der am 28. Mai 1919 in Kraft trat, auf unabsehbare Zeit in die politische und ökonomische Bedeutungslosigkeit geraten wäre. Hinzu kam die alleinige Kriegsschuldzuweisung durch die Siegermächte an das Deutsche Reich. Diese Konstellation förderte Entwicklungen, die zum Ende der Republik von Weimar und zur Machtübernahme der Nationalsozialisten führten. Zur Diskreditierung der Demokratie trug wesentlich auch die Reichswehr bei. Nach dem Verständnis ihres »Chefs«, des Generals Hans von Seeckt, war sie das Sammelbecken einer nationalistischen Militärelite. Für die Reichswehr galten alle linken Gruppierungen und Parteien gemeinhin als Staatsfeinde. Der Demokratie und ihrer Führung traten ihre Repräsentanten mit gleichgültiger Arroganz gegenüber. So bildete die Reichswehr bald einen Staat im Staate und entzog sich jedweder demokratischen Kontrolle. Auch die Verfassung selbst ermöglichte durch das Instrumentarium der Notverordnungen die Einschränkung demokratischer Freiheitsrechte. In dem Maße, wie in den letzten Jahren der Weimarer Republik politische und wirtschaftliche Krisen, vor allem Massenarbeitslosigkeit, die Gesellschaft an den Rand von Chaos und Bürgerkrieg trieben, wuchs in weiten Kreisen die Bereitschaft, einem politischen Führer zu folgen, der die »Erneuerung« Deutschlands und zudem die Überwindung der bis dahin als unversöhnlich geltenden Gegensätze von »national« und »sozialistisch« versprach. Dies jedoch war ein Weg in einen verbrecherischen, totalitären Staat, der die physische Vernichtung aller Staatsfeinde von Beginn an plante und offen propagierte, ebenso den Eroberungskrieg im Osten. Die Einsetzung Adolf Hitlers zum Reichskanzler (30. Januar 1933), der Reichstagsbrand (27. Februar) und der Erlaß der *Verordnung zum Schutze von Volk und Staat* (28. Februar), der die verfassungsmäßigen Grundrechte außer Kraft setzte, schließlich das Er-

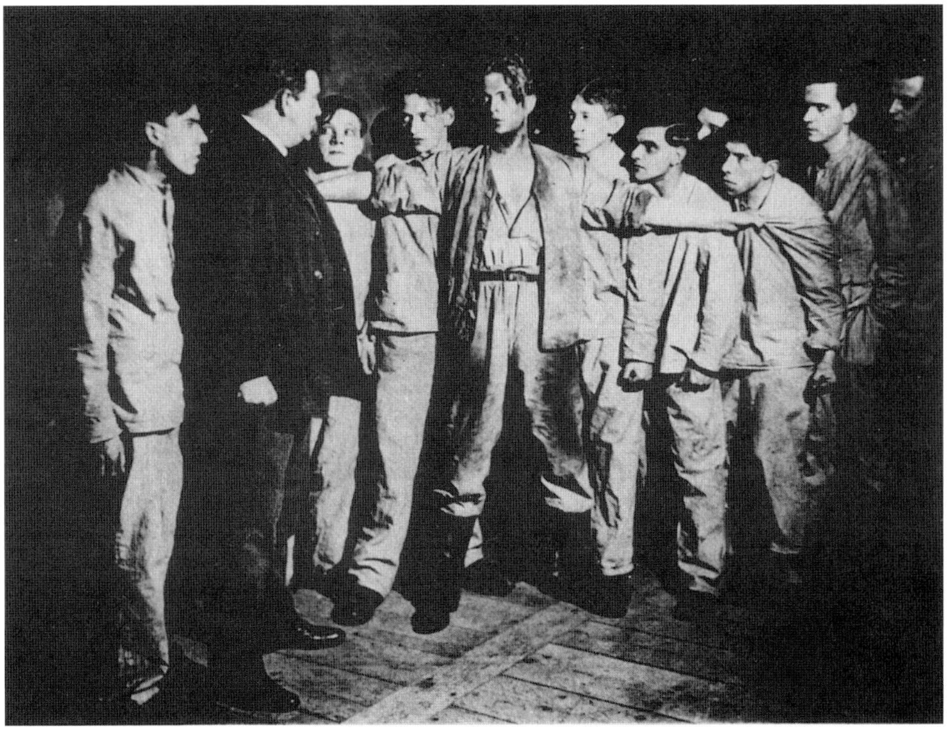

P. M. Lampel: Revolte im Erziehungshaus. *Berlin 1928*

mächtigungsgesetz vom März 1933 waren die letzten Stationen dieses Wegs und die Legitimation des politischen und rassistischen Terrors gegenüber einer stereotyp gezeichneten »Feindwelt«. In kürzester Zeit wurde innerhalb des Deutschen Reichs von der NSDAP und ihren Organisationen ein Überwachungssystem aufgebaut, das das gesamte politische, wirtschaftliche und kulturelle Leben kontrollierte, kritische Stimmen zum Schweigen brachte und alle Institutionen und Verbände des Kulturbetriebs »gleichschaltete«.

Stellte diese Liquidierung der demokratischen Freiheiten in der Konsequenz und Brutalität, mit der sie nach 1933 vollzogen wurde, in Deutschland sicherlich ein neues politisches Phänomen dar, so setzte sich darin doch auch eine Praxis der Verfolgung und Ausgrenzung kritischer Künstler und Publizisten fort, wie sie bereits in der Zeit der Weimarer Republik beinahe von deren Beginn an existiert hatte. Dabei waren Polizei oder Justiz im Reich und in den Ländern anfangs weitaus aktiver als die Anhänger der politischen Rechten. Die Zensur war zwar durch den Artikel 118 Abs.2 der Reichsverfassung abgeschafft, doch besaßen die lokalen Polizeibehörden noch wirksame Rechtsmittel, um das in der Verfassung verankerte Zensurverbot in Einzelfällen außer Kraft zu setzen. In diesem Sinne wurden immer wieder auch Theateraufführungen verboten und Autoren strafrechtlich verfolgt. Vielfach diente der sogenannte »Unzuchtsparagraph« (§ 183) des Strafgesetzbuchs zur Legitimation entsprechender Zugriffe. So fand unter den Bedingungen vermeintlicher Kunstfreiheit 1921 vor dem Berliner Landgericht einer der spektakulärsten Verbotsprozesse in der deutschen Theatergeschichte statt, der – auf der Rechtsgrundlage des Paragraphen 183 des Strafgesetzbuches – zum Verbot der Aufführung von Arthur Schnitzlers Stück *Der Reigen* an Max Reinhardts Kleinem Schauspielhaus führen sollte. Das Stück war dort gegen eine Verfügung des Preußischen Kultusministeriums am 23. Dezember 1920 in einer vollständigen Fassung uraufgeführt worden. Der Prozeß endete mit einem Freispruch der angeklagten Direktoren und Schauspieler. Verbote gegen Aufführungen von Stücken politisch links orientierter Autoren waren an der Tagesordnung. Erst in den Jahren der ökonomischen und politischen Krisen (1930–1932) häuften sich auch die Attacken der Anhänger der NSDAP gegen mißliebige Künstler und deren öffentliche Auftritte. Von Seiten der Regierung wurden Aufführungsverbote von Theaterstücken auch unter Anwendung der *Notverordnung zur Bekämpfung politischer Ausschreitungen* verfügt. Noch vor Hitlers Machtübernahme 1933 wurden Schriftsteller und Künstler, die den linken Parteien nahestanden, von der Polizei systematisch überwacht. H.-A. Walter (1976, 65) resümiert seine Untersuchung der Zensurpraxis in der Weimarer Republik mit dem Hinweis, daß es »zur Verfolgung der politischen Linken kein nennenswertes Äquivalent in der Bekämpfung der politischen Rechten« gab. Für den Theaterbereich spielte diese Differenzierung freilich keine Rolle, da sich diese politische Gruppierung mit künstlerischen Arbeiten kaum in Szene setzte.

Die Auseinandersetzung der Faschisten mit dem politischen Gegner nahm unmittelbar nach dem Reichstagsbrand am 27. Februar 1933 die Form legalisierten Terrors an. Im Oktober erklärte Deutschland seinen Austritt aus dem Völkerbund. Es kam zu Massenverhaftungen. Als »Kommunist galt jeder«, so kommentierte Ernst Toller beim PEN-Kongreß in Ragusa im Sommer 1933 die Situation in Deutschland, »der nicht in den Reihen der NSDAP stand.« Eine Fluchtwelle von bedrohten jüdischen und antifaschistischen Künstlern und Literaten aus Deutschland setzte ein. Wohl zu Recht vermerkte Klaus Mann, daß noch »nie in der Geschichte eine Nation innerhalb weniger Monate so viele ihrer literarischen Repräsentanten eingebüßt« hatte. (n. H.-A. Walter 1972, 205)

Josephine Baker in ihrem berühmten Bananenkostüm vor einem überdimensionierten Plakatentwurf für ihren Auftritt im Theater des Westens, Berlin 1928

Das Theater war in diese politischen Entwicklungen von den ersten Tagen des Kriegsausbruchs 1914 bis zur Machtübernahme der Nationalsozialisten 1933 involviert. Es war wohl zu keiner Zeit seiner Geschichte an den politischen Auseinandersetzungen und Kämpfen seiner Zeit so unmittelbar beteiligt wie in diesen zwei Jahrzehnten. Dies gilt selbst im Vergleich zur Sowjetunion, wo sich das Theater nach 1917 zwar aktiv in den Dienst revolutionärer Politik gestellt hatte, jedoch eben erst nach dem siegreichen Abschluß der Revolution, kaum in der Phase der noch offenen Kämpfe.

Für die Weimarer Republik ist das vielfach gebrauchte Klischee von den »Goldenen Zwanziger Jahren« gegenüber der realgeschichtlichen, vor allem der politischen Wirklichkeit dieser Zeit eine irreführende Idealisierung. Allerdings war dies die letzte Epoche in der deutschen Geschichte, in der sich im kulturellen und geistigen Leben eine unerhörte Vielfalt an Richtungen und Traditionen gleichzeitig artikulieren konnte, an der vor allem auch jüdische Künstler, Literaten und Komponisten einen wesentlichen Anteil hatten. Es war auch die letzte Periode einer Einheit – wie widersprüchlich und spannungsreich in sich auch immer – des geistigen und kulturellen Lebens in Deutschland vor den Verwüstungen, die die NS-Diktatur auch in diesen Bereichen angerichtet hat; aber auch im Hinblick auf die nach 1945 erfolgte und mehr als vier Jahrzehnte bestehende Teilung Deutschlands in zwei Staaten.

Den »Untergang« jener bürgerlichen Welt, wie sie die autoritätshörige wilhelminische Gesellschaft noch repräsentierte, hatte der Expressionismus in der bildenden Kunst als Vision bereits um 1910 vorweggenommen. Was die Malergemeinschaften der »Brücke« – gegründet 1905 in Dresden, seit 1911 in Berlin – und des »Blauen Reiters« – 1911 in München – aus dieser Zeiterfahrung heraus zu ihrem Ziel erklärt hatten, war ein »Totalangriff gegen die bestehende Ordnung in Kunst und Gesellschaft«. (vgl. J. Hermand 1976, 17) Gleiches hatten die Literaten um Herwarth Waldens Berliner »Sturm«-Kreis (1910) oder die »Aktivisten« um die Zeitschrift *Die Aktion* (1911) im Sinn. Später schlossen sich weitere Künstlergruppen dieser antibürgerlichen, antiautoritären Protestfront an und mischten sich als »Räte geistiger Arbeiter« oder »Arbeitsrat für Kunst« unmittelbar in die Tagespolitik ein. Die 1918 in Berlin gegründete »Novembergruppe«, der Architekten, Maler, Bildhauer, Literaten, Musiker und Theaterregisseure angehörten, war die politisch profilierteste dieser Gruppierungen. Von Architekten, die sich in der »Gläsernen Kette« (1919/20) zusammengeschlossen hatten, wurden monumentale Utopiekonzepte als Entwürfe einer neuen friedfertigen Welt in die Diskussion gebracht. Innerhalb dieser Bewegungen stellte das von Walter Gropius in Weimar gegründete Staatliche Bauhaus das – seinem Anspruch nach – umfassendste Projekt einer Erneuerung der Gesellschaft mit den Mitteln bildnerischer Gestaltung dar.

E. Barlach: Die Sündflut. *Staatstheater, Berlin 1925*

War der Expressionismus in seinem Grundton auf ein revolutionäres Pathos eingestimmt – ein Nebeneinander idealistischer, anarchistischer und auf kosmische Träumereien ausgreifender spiritualistischer Strömungen –, so setzte bald zu Beginn der zwanziger Jahre eine gegenläufige Entwicklung ein.

Doch entsprach der Zäsur in der politischen Sphäre zunächst keineswegs ein vergleichbar radikaler Bruch in der künstlerischen Entwicklung, zumal im Theater. Hier blieben wesentliche Bereiche im Repertoire der Bühnen konstant, auch wenn deren Trägerschaft sich durch ihre Kommunalisierung verändert hatte. Die Klassiker standen wieder an erster Stelle. Die Generation etablierter Bühnenkünstler und Autoren blieb weiter »im Geschäft«. Auch die soziale Struktur des Publikums veränderte sich nicht, sieht man von wenigen spezifischen Projekten ab, die gezielt für ein neues Publikum – in der Regel war dies die Arbeiterschaft – konzipiert waren.

Dennoch geriet das Theaterleben nach 1918/19 in Bewegung. Der Expressionismus, zuvor von der Zensur verboten, kam nun auf die Bühne; eine neue Schauspieler- und Autorengeneration drängte in die etablierten Theater oder schuf sich eigene Foren.

Nach den Abstraktionen und der Aufgeregtheit des Jahrzehnts zuvor kamen nach 1918/19 aber auch die alltägliche, die banale Wirklichkeit und das konkrete Zeitgeschehen in den Blick der Künstler. Und es war dies ein illusionsloser, ein nüchtern distanzierter Blick, von den Zeitverhältnissen erzwungen, inspiriert durch den Aufschwung der Fotografie, der eben in diesen Jahren stattfand. »Sachlichkeit« wurde zum Schlagwort eines neuen Zeitgefühls. »Neue Sachlichkeit«, »Magischer Realismus« oder »Verismus« waren Begriffe, mit denen etwa seit 1923/25 die neuen künstlerischen Strömungen beschrieben wurden. (vgl. U.M. Schneede 1979) Bald auch verbreiterte sich das Spektrum. Neue Themen – gegenüber dem Expressionismus – wurden aufgegriffen. Deren Behandlung war zwar zumeist aggressiv demaskierend, daneben kamen aber

Die Neue Sachlichkeit erscheint als der Versuch, in einer welthistorischen Stunde der Unsicherheit, nach den Zerstörungen eines Krieges, inmitten politischer, ökonomischer, sozialer und intellektueller Krisen, der augenscheinlichen Gestalt der Dinge aufs neue habhaft zu werden und sich an sie zu halten. Den Blick zu richten auf das Hier und Heute, darum ging es … Von dieser neuen Perspektive auf die Dinge wie von der Nüchternheit des auf sie gerichteten Blickes ausgehend, dürfen wir die Neue Sachlichkeit weniger als neuen Stil denn als neue Sehweise umschreiben.

(St. Waetzoldt, V. Haas 1977, 4/25)

O. *Schlemmer:* Das Triadische Ballett *in der Revue* Wieder Metropol, *Metropol-Theater, Berlin 1926*

auch romantisch harmonisierende, ja klassizistische Tendenzen auf. Die neuen Motive stammten aus der Welt der Technik und thematisierten die Vereinzelung des Menschen in den großen Metropolen, das exzessive Leben in deren gesellschaftlichen Randzonen, soziale Verelendung, physische Deformation und zynisch ausgestellten Luxus. Einflüsse des Surrealismus setzten sich durch. Eine experimentelle Dynamik ohnegleichen erfaßte alle Kunstbereiche. Der Austausch mit der westeuropäischen und der sowjetischen Avantgarde kam in Gang. So wurde letztlich ein Pluralismus der Stile kennzeichnend für die Kunst zwischen 1918 und 1933. Dies galt auch für das Theater – von Max Reinhardt bis Erwin Piscator, von Oskar Schlemmer bis Leopold Jeßner. Hinzu kam die in diesem Jahrzehnt unerhört lebendige Revue- und Kabarettszene. Was nahezu alle Gruppierungen verband, war die Vorstellung, daß die Kunst, Malerei und Theater, »wie kaum jemals zuvor in der Geschichte ... zur Bewältigung der politischen und sozialen Probleme der Zeit beitragen müsse und beitragen könne.« (St. Waetzoldt 1977, 26) Diese Direktheit in der Bezugnahme auf die politischen und sozialen Zeitverhältnisse unterschied die künstlerischen Richtungen in Deutschland von den Avantgardebewegungen in Frankreich und Italien und begründete eine deutsche Sonderentwicklung innerhalb des breit gefächerten europäischen Spektrums der künstlerischen Aufbruchbewegungen zwischen 1910 und 1930. Während es der künstlerischen Avantgarde in Frankreich, Italien und in der Sowjetunion um die Zerschlagung der traditionellen Kunst und ihrer Institutionen schlechthin ging, letztlich um die Herstellung einer Einheit von Kunst und Leben, ja der Überführung des einen in das andere, ging es in den neuen künstlerischen Bewegungen in Deutschland vielmehr um »Aufbruch« und »Erneuerung«, später um direkte Agitation und Parteinahme, um den Einsatz der »Kunst als Waffe« im Klassenkampf, schließlich um konstruktive Mitarbeit an der Neugestaltung der Gesellschaft. So kam es bei den meisten Expressionisten gegen Ende des Kriegs wie bei einigen Veristen der zwanziger Jahre zu einer unmittelbaren Politisierung ihrer künstlerischen Arbeit, die mit dem avantgardistischen Verständnis, Kunst als Teil des Lebens zu begreifen, nicht mehr vereinbar war. Wohl allein die deutsche Dada-Gruppe hielt noch nach ihrer Rückkehr aus dem Züricher Exil (vgl. Kap.: Schweiz) avantgardistische Positionen in diesem Sinne eine Zeitlang aufrecht, bis auch sie vollständig in der politischen Bewegung im Umfeld der KPD aufging.

Mit dem wirtschaftlichen Wiederaufstieg ab 1924 trat ein gewisses Maß an Ernüchterung ein. Die USA zeigten Interesse an der Zahlungsfähigkeit ihres Schuldners, und die Republik konnte sich mit der über den Dawes-Plan gewährten Finanzhilfe an der wirtschaftlichen Umsetzung und Auswertung des technischen Fortschritts beteiligen. Neben der Weiterentwicklung des Autos und des Flugzeugs wurden Film, Radio, Kunstseide zu den auffälligsten Merkmalen der Modernisierung. Löhne und Gehälter erreichten das Vorkriegsniveau. 1927 übertraf die Industrieproduktion die der Kaiserzeit und sank die Arbeitslosenzahl auf ihren niedrigsten Stand. Die Umstellung auf neue Produktionsmethoden erzeugte eine ideologische Begleitdebatte, die bis in philosophische und ästhetische Strukturprobleme durchschlug. Durch Reklame, Psychotechnik, Taylorisierung, Arbeitsmedizin und Arbeitersport wurden die Menschen immer stärker in den ökonomischen Prozeß einbezogen. Mit dem sprunghaften Anstieg des Anteils der Angestellten in Verwaltungen, Büros, Banken, Dienstleistungen, Medien, Verkehr begann sich eine soziale Umschichtung abzuzeichnen.

(B. Weyergraf 1995, 19f)

Das Theater nahm in diesen Jahren keine künstlerische Vorreiterrolle ein, sondern profitierte von allen Strömungen, von den neuen Ausdrucksmitteln und den programmatischen Diskursen vor allem aus dem Bereich der bildenden Kunst. Daß das Theater langsamer und zurückhaltender auf diese Entwicklungen reagierte, hatte sicherlich eine Ursache in der institutionellen Struktur des deutschen Theaterwesens und der überkommenen Bildungsfunktion des Theaters, vornehmlich der Hoftheater, die seit 1919 zumeist als Staatstheater geführt wurden. Hinzu kam, daß Max Reinhardt, der seit 1905 mit seinen Berliner Bühnen im deutschen Theater und weit darüber hinaus eine einzigartige künstlerische Leitfunktion ausübte, einen auf höchstem künstlerischen Niveau gepflegten Traditionalismus vertrat. Weder in Frankreich, Italien noch in Rußland war das traditionsorientierte Theater, mit dem sich die Vertreter der Avantgarde hätten auseinandersetzen müssen, auf einem so unangefochtenen künstlerischen Standard präsent wie in Deutschland. In Rußland etwa hatte Stanislavskij, dessen Bedeutung im zeitgeschichtlichen Kontext der von Max Reinhardt sicher entsprach, in Mejerchol'd einen gleichrangigen künstlerischen Antipoden.

Ein für das Theater folgenreiches kulturgeschichtliches Phänomen der zwanziger Jahre war das Eindringen des Kinos ins Zentrum des gehobenen Unterhaltungsbetriebs. Damit war eine Entwicklung von zunehmender Komplexität eingeleitet, die im Verlauf des 20. Jahrhunderts das kulturelle Gefüge wesentlich und letztlich wohl zuungunsten des Theaters verändern sollte. Siegfried Kracauers Essay-Reihe von 1928 *Die kleinen Ladenmädchen gehen ins Kino* beleuchtet eine wesentliche Facette dieser Entwicklung, die den Film immer mehr zur Traumfabrik werden ließ. Kracauers These, daß die »Filme einer Nation ... ihre Mentalität unvermittelter als andere künstlerische Medien« reflektieren würden (*Von Caligari zu Hitler*, 1947), deutet an, wie sehr der Film das Bild zu bestimmen vermag, das sich die Menschen von ihrer Wirklichkeit machen; eine Funktion, die bis dahin das Theater – als das vormals perfekte Illusionsmedium

Die alten Formen der Übermittlung nämlich bleiben durch neu auftauchende nicht unverändert und nicht neben ihnen bestehen. Der Filmesehende liest Erzählungen anders. Aber auch der Erzählungen schreibt, ist seinerseits ein Filmesehender. Die Technifizierung der literarischen Produktion ist nicht mehr rückgängig zu machen.

(B. Brecht: Der Dreigroschenprozeß, *Kap. III, 1931)*

– ausgeübt hatte. Aber auch ein anderer Aspekt spielte eine wesentliche Rolle in der nun aufkommenden Konkurrenz von Film und Theater. Die Jahre unmittelbar nach dem Ersten Weltkrieg ermöglichten der deutschen Filmwirtschaft einen unerhörten Aufschwung, da der deutsche Film infolge der Abwertung der Mark zu konkurrenzlos niedrigen Preisen im Ausland angeboten werden konnte. Vor allem auch war das gesellschaftliche und politische Chaos dieser ersten Nachkriegsjahre ein Klima, in dem Themen in der Luft lagen, die den deutschen Film inspirierten und sich zu einer geradezu legendär gewordenen künstlerischen Höhe entwickeln ließen. Es waren Motive und Themen wie: Identitätsspaltung, die alptraumhafte Bedrohung durch tyrannische Mächte, das Fasziniert-Sein von großen Triebtätern, von Hypnose und Traumatmosphären, von Labyrinthen und Schattenwelten. Die Mentalitätsgeschichtsschreibung interpretiert dieses Phänomen als Verinnerlichung, als Verdrängung der Leiden und Ängste in der realen Wirklichkeit, aber auch als Manifestationen von Träumen und Hoffnungen, in die die Menschen aus ihrer Alltagswirklichkeit flüchteten; eine symbolische Bilderwelt, die in ihrer oft virtuos inszenierten Banalität auch einem Massenpublikum zugänglich war. In diesen Jahren entstanden die expressionistischen Filmklassiker: *Das Cabinet des Dr. Caligari* (1920) von Robert Wiene nach einem Szenarium von Carl Mayer und Hans Janowitz, *Der müde Tod* (1921) und *Dr. Mabuse der Spieler* (1922), beide von Fritz Lang, *Nosferatu – eine Symphonie des Grauens* (1922) von Friedrich Wilhelm Murnau, *Wachsfigurenkabinett* (1924) von Paul Leni und »als Vollendung der deutschen Filmklassik« (U. Gregor, E. Patalas 1973, 63) Murnaus Film *Der letzte Mann* (1924) mit Emil Jannings in der Rolle des alternden Hotelportiers, der zum Toilettenwärter degradiert wird und, um seine Selbstachtung zu bewahren, ein tragikomisches Doppelleben treibt. Das Drehbuch zu dieser »deutschen Tragödie« stammte von Carl Mayer. Der Intensität und Suggestivität, mit der diese Filme das Zeitgefühl der frühen zwanziger Jahre reflektierten, hatte das Theater dieser Jahre kaum etwas entgegenzusetzen. Auch der Stimmungsumschwung und Stilwandel zur Sachlichkeit hin, der um 1925 einsetzte, wurde vom Film aufgenommen und ließ wieder einige jener Werke entstehen, die Marksteine in der deutschen Filmgeschichte wurden; so etwa Fritz Langs *Metropolis* (1926), ein Film des Übergangs, der zum ersten wirklichen Welterfolg des deutschen Films wurde. Der Klassiker des neusachlichen Films war Walter Ruttmanns *Berlin. Die Symphonie der Großstadt* (1927), ein sogenannter »Querschnittsfilm«, der mit einer ständig in Bewegung befindlichen Kamera den Ablauf eines Frühlingstags in Berlin registriert; ohne erkennbare Bewertung der Vorgänge und Bilder, die allein mit formalen Mitteln, mit Analogien oder Kontrasten, als Ablauf zusammengehalten werden. Das wesentliche, von Ruttmann perfekt gehandhabte Stilprinzip dieses Films aber war der Rhythmus der filmischen Bildsequenzen, der den Betrachter in die Hast des Großstadtlebens hineinzog.

Heinrich George in der Titelrolle von E. Barlachs Drama Der blaue Boll. *R.: J. Fehling. Staatstheater, Berlin 1929*

Dieser Aufschwung des Films verdrängte das Theater aus seiner Stellung als hauptsächliches Unterhaltungsmedium für ein alle Schichten der Bevölkerung einschließendes Massenpublikum. Längst auch hatten sich die Lokalitäten, in denen Filmvorführungen stattfanden, aus den Randgebieten der Städte in deren Zentren verlagert und waren zu repräsentativen Gebäuden, den »Filmpalästen«, ausgebaut worden. Sie boten den Besuchern einen den Theatern durchaus

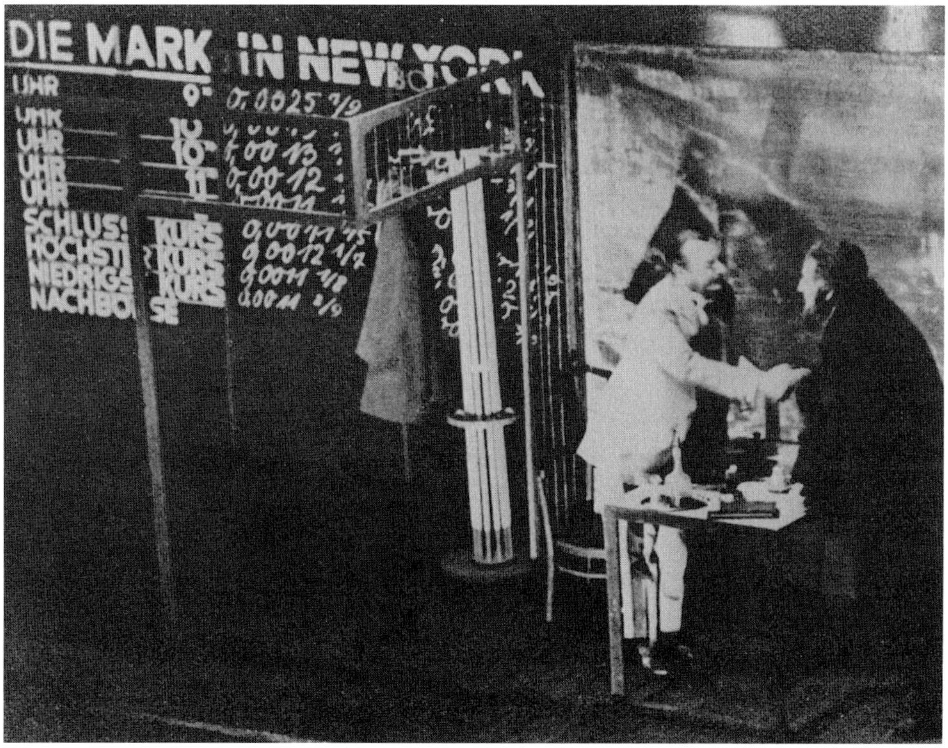

W. Mehring: Der Kaufmann von Berlin. *R.: E. Piscator, B.: L. Moholy-Nagy. Piscator-Bühne, Berlin 1929*

ebenbürtigen Komfort durch die exquisite Sachlichkeit ihrer Ausstattung, vermittelten ihnen zudem ein Gefühl von Modernität. Das neue Kinopublikum kam nun auch aus den Kreisen des Kunst- und Literaturpublikums, das neben dem Interesse an Unterhaltung durch die neue künstlerische Qualität des Films vom Kino angezogen wurde. In diesem Prozeß war der sowjetrussische Film ein wesentlicher Wegbereiter. Sergej Ejzenštejns *Panzerkreuzer Potemkin*, der 1925 in die Kinos in aller Welt kam, wurde als filmkünstlerische Sensation gefeiert, in Berlin wie in Paris oder New York. In Deutschland waren es die Expressionisten, die sich als erste Literaten- und Künstlergeneration mit dem neuen Medium befaßten. 1914 gab Kurt Pinthus sein *Kinobuch* heraus, eine Sammlung von »Kinodramen«, deren Verfasser Autoren wie Walter Hasenclever, Else Lasker-Schüler, Max Brod, Ludwig Rubiner und Paul Zech waren, durchweg auch Wortführer der jungen deutschen Literatur und Dramatik. So hatten wohl letztlich die zahlreichen Theaterschließungen um 1930 ihre Ursache nicht nur in der allgemeinen Wirtschaftskrise dieser Jahre, sondern auch in diesem Verdrängungsprozeß durch die Konkurrenz des Films. Der Versuch einiger Theaterregisseure, durch die Übernahme filmischer Ausdrucksmittel auf diese Situation zu reagieren, blieb ein Randphänomen in der zeitgenössischen Theaterästhetik. Immerhin aber gehören in diesen Zusammenhang Experimente von Erwin Piscator, den Film – als Dokumentarfilm oder Spielfilm – in die Bühneninszenierung zu integrieren, ebenso Bertolt Brechts Auseinandersetzung mit dem Medium Film. Zunehmend auch bevorzugten die zeitgenössischen Dramaturgien kleinteiligere Sequenzen, die den Handlungsablauf beschleunigten; offensichtlich eine Anpassung an den Rhythmus filmischen Erzählens. Die russi-

Die Hiller-Girls in der Revue Sonne für Dich. *Deutsches Theater, München 1941*

Das Element der Theatralisierung durchzieht fast alle Lebensbereiche der Republik. Die populären Medien Film, Rundfunk, Schallplatte, Massenpresse arbeiten auf eine Vergesellschaftung der Aufmerksamkeit hin. Der Akzent verschiebt sich von einer Lesekultur zu einer Kultur der Zuschauer. Politisierung, Information, Unterhaltung – so lauten die neuen Leitbegriffe. Die Vergnügungsindustrie wendet sich schon an großstädtische Massen und Subkulturen, die ihre freie Zeit unterhaltsam verbringen wollen. Dies entzieht den Formen der Hochkultur zunehmend den Boden.

(B. Weyergraf 1995, 23)

sche Avantgarde propagierte gar die totale »Kinofizierung« des Theaters. Aber auch Max Reinhardts Experimente mit Massenregie und zirzensischen Großrauminszenierungen zielten auf Effekte, wie sie in den Historienfilmen der zehner Jahre entwickelt worden waren.

So überstürzten sich in diesem Jahrzehnt die Beschwörungen von Theaterkrisen, die vermeintlich durch den Film verursacht wurden. Über den zerstörerischen Einfluß des Films auf die künstlerische Moral der Schauspieler, über die negativen Auswirkungen auf die Ensemblearbeit an den Theatern, aber auch über den unguten Einfluß auf den Publikumsgeschmack, den sensationsträchtige Kinospektakel ausübten, klagten Theaterleiter und Publizisten in zahllosen Statements. Andererseits aber begriffen die Propagandisten der diktatorischen Regime der dreißiger Jahre sehr bald die Eignung des Films für ideologische Indoktrination und Propaganda. Insbesondere auf diesem Gebiet übertraf der Film bei weitem die Möglichkeiten des Theaters. In Deutschland war zu diesem Zweck im Dezember 1917 die Universal-Film-AG, die Ufa, gegründet worden. Unter Beteiligung der Obersten Heeresleitung, der Reichsregierung und der Deutschen Bank war dieser Konzern als nationales Großunternehmen geschaffen worden mit dem vorrangigen Ziel der politischen Propaganda innerhalb Deutschlands und gegenüber dem Ausland. Nach dem Ende des Kriegs befand sich die Ufa ganz in der Hand der Deutschen Bank. In der zweiten Hälfte der zwanziger Jahre kaufte der Hugenberg-Konzern das Unternehmen; 1937 erwarb das Deutsche Reich die Aktienmehrheit dieses Filmkonzerns. Mit Beginn des Zweiten Weltkriegs übernahm Joseph Goebbels dessen Leitung und formte die Ufa zum schlagkräftigsten Propagandainstrument des NS-Staats um.

Es war freilich nicht nur der Film, der eine so weitreichende Umstrukturierung der Unterhaltungskultur in Gang gesetzt hatte, es waren gleichermaßen Phänomene wie der Sport, die großen Ausstattungsrevuen und der

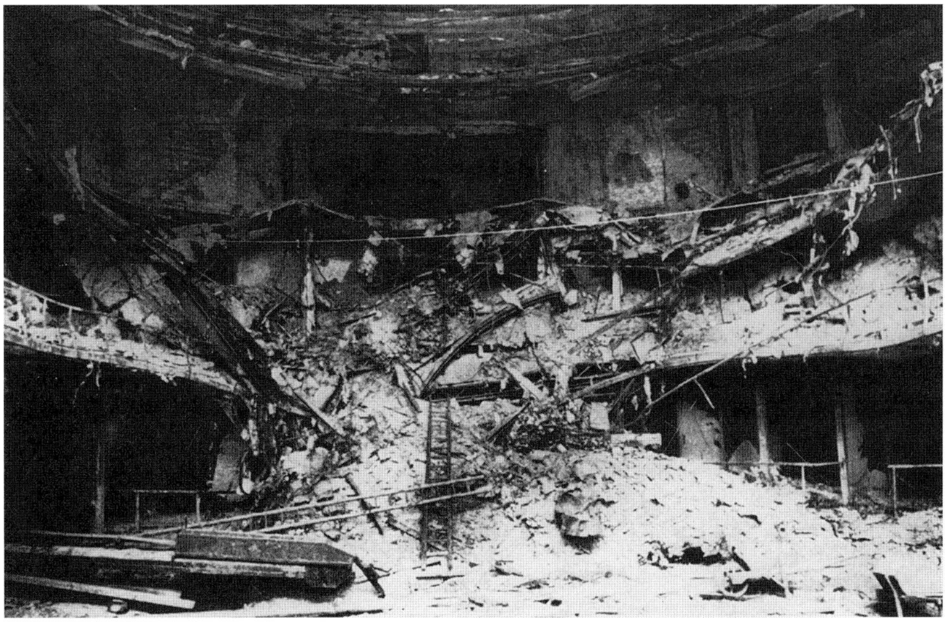

Schauspielhaus in Frankfurt nach der Zerstörung durch die Bombardierung, 1944

»Jazz«, der bald auch als Synonym für jenes neue Lebensgefühl stand, das durch die Amerikanisierungswelle aufgekommen war, die das großstädtische Leben – Arbeitswelt, Freizeit, Lebensstil, Mode – erfaßt hatte. Für die Menschen vermittelte sich darin ein Modernitätsbewußtsein, das von der literarischen und künstlerischen Intelligenz ebenso rezipiert, ja gefeiert wurde wie von einem breiten Massenpublikum. Walter Benjamin veröffentlichte 1925 in der Zeitschrift *Der Querschnitt* einen für diese Zeitstimmung typischen Essay mit dem Titel *Revue oder Theater*. Dort heißt es: »Das Theater ist ein Theater der vergangenen Epochen geblieben ... Es ist unbrauchbar geworden, als der Einzug der Massen in die großen Städte begann ... Zwischen der Revue und den Phantasiekräften der Bewohner der großen Städte steht wehrend der Kordon der Bildungstrabanten, unter ihnen der Dichter, den Blick auf die Unsterblichkeit des Pantheon gerichtet. Die Revue hat es nicht nötig, im scheuen Bogen um das von dem Dichter besetzte Gebiet herumzugehen, sie mag ganz frech eindringen!« (n. M. Brauneck 1998, 173) Benjamins ironisch pointierte Gegenüberstellung der vermeintlichen Unzeitgemäßheit des Theaters und der Modernität der Revue verweist auf einen das gesamte Kulturverständnis erfassenden Veränderungsprozeß, der auch das Theater essentiell betraf. Das belegen nicht zuletzt die seither permanent geführten Legitimationsdebatten um diese Institution. Daß die Theater in Deutschland gerade zu dieser Zeit kommunalisiert wurden, der Staat oder die Städte Trägerschaft und Subvention nahezu aller größeren öffentlichen Bühnen – den Reinhardt-Konzern ausgenommen – übernahmen, war eine auch durch diese Entwicklungen aufgezwungene kulturpolitische Entscheidung. Sicherlich war es auch ein Rettungsversuch, eine mit der Idee nationaler Identität verbundene Kulturinstitution vor ihrem Untergang in einer übermächtig werdenden amerikanisierten Massenkultur zu bewahren, die letztlich auf den universellen Kleinbürger als (Markt-)Teilnehmer – unberührt von den kulturellen Schöpfungen der Vergangenheit – ausgerichtet war. Versuche, eine »revolutionäre proletarische Kultur« zu etablieren, die – freilich von ideologisch entgegengesetztem Standpunkt aus – ein vergleichbares kulturpolitisches Ziel verfolgten und deren Antiamerikanismus offenkundig war, scheiterten mit ihren politischen Programmen.

Mit dem deutschen Angriff auf Polen am 1. September 1939 begann der Zweite Weltkrieg. Die Kriegserklärungen von Frankreich und England, Polens Bündnispartnern, folgten zwei Tage später. Im Dezember 1941 erklärten Italien und Deutschland den USA den Krieg. Die Konferenz von München am 29. September 1938, in der Hitlers Annexion der deutsch besiedelten Randgebiete der Tschechoslowakei von England und Frankreich als dem Selbstbestimmungsrecht der Völker entsprechend legalisiert worden war – wie der bereits im März 1938 erfolgte Anschluß Österreichs ans Deutsche Reich –, war ein letzter Versuch gewesen, den Frieden in Europa zu retten.

In der Endphase der Weimarer Republik hatte sich der Kulturkampf der NSDAP und ihrer akademischen Anhängerschaft vor allem gegen die modernen, avantgardistischen Richtungen in der Kunst enorm verschärft. Unter dem Schlagwort »Kulturkrise der Gegenwart« wurde ein düsteres Szenarium vom Untergang des »kulturellen Abendlands« beschworen. Symptomatisch für diese Politik waren die Äußerungen des ideologischen Vordenkers des »Kampfbunds für Deutsche Kultur«, des Wiener Staatswissenschaftlers Othmar Spann, der die vermeintliche »Wissenschafts- und Religions- und Kunstkrise« politisch der Demokratie anlastete und erklärte: »Wenn wir an den Dadaismus, den Futurismus oder den Atonalismus denken, wenn wir an das Vordringen des Kinos denken, an das Vordringen der Revue und so weiter; dann sehen Sie, daß hier … alles im argen liegt.« (n. H. Brenner 1963, 7) Dieser »Kampfbund« wurde zur Kernzelle eines systematisch betriebenen institutionellen Umbaus des gesamten kulturellen Lebens in Deutschland im Sinne der faschistischen Kunstdoktrin und ihrer rassistischen Ideologie. (vgl.: Theater von 1933 bis 1945) Die Bücherverbrennungen in einigen deutschen Städten in der Nacht zum 10. Mai 1933 hatte vor allem der »Kampfbund für Deutsche Kultur« inszeniert. Es war dies eine erste spektakuläre Demonstration kulturpolitischer »Säuberungs«-Maßnahmen, die hinsichtlich ihrer Aggressivität gegen Andersdenkende keinen Zweifel mehr aufkommen ließen. Die im November 1933 eingerichtete Reichskulturkammer, die dem Propagandaminister Goebbels unterstand, wurde zum institutionellen Zentrum der Richtlinienvergabe und Kontrolle für alle Bereiche öffentlicher Kunstausübung. Der Künstler – aufgrund seiner verordneten Mitgliedschaft in der Kulturkammer – galt seither als öffentlicher Amtsträger. Goebbels erklärte »die politische Erziehung der Nation« zur erstrangigen Aufgabe der Kunst. (n. H. Brenner 1963, 57) Die im Haus der Kunst in München am 17. Juni 1937 eröffnete und an weiteren Orten gezeigte Ausstellung »Entartete Kunst« war in den dreißiger Jahren der Höhepunkt der nationalsozialistischen Verfemung der zeitgenössischen Moderne. Die betroffenen Künstler erhielten Ausstellungs- oder Arbeitsverbot; viele emigrierten daraufhin. Im September 1935 erhielt die Diffamierung jüdischer Künstler eine gesetzliche Legitimation durch den Erlaß der »Nürnberger Gesetze«. Deutschland geriet nun auch auf allen künstlerischen Gebieten in eine vollständige Isolation gegenüber den Entwicklungen im Ausland. Die im März 1934 in Berlin gezeigte Ausstellung »Italienische futuristische Flugmalerei« blieb ein marginales, von den militanten nationalsozialistischen Kunstkritikern heftig angegriffenes Ereignis; obwohl die italienischen Futuristen zu dieser Zeit überwiegend zu Parteigängern des Faschismus geworden waren. (vgl. Kap.: Italien) Marinetti jedoch wurde anläßlich dieser Ausstellung bei einem Bankett der Union nationaler Schriftsteller als »Botschafter des italienischen Faschismus« gefeiert. Die »neue deutsche Kunst«, die sich im Einklang mit der NS-Ideologie herausbildete und der eine beachtliche staatliche Förderung zuteil wurde, stellte sich überwiegend in den Dienst jener »Traumfabrik«, zu der der Reichsminister für Volksaufklärung und Propaganda den gesamten Kulturbereich – als eine »Bewegung zur Organisation des Optimismus« – umzugestalten plante. Daß trotz aller Förderung dieses Ziel offenbar nicht umsetzbar war, mußte er alsbald feststellen. Immer wieder beklagte Goebbels das Fehlen »künstlerischer Manifestationen der nationalsozialistischen ›Bewegung‹, der politischen ›Erhebung‹, der echten Revolution. Mitreißende, erlebnisstarke Werke, die den großen Anspruch der nationalsozialistischen Politik, das ›Dritte Reich‹ im Sturm der Herzen und Hirne geboren zu haben, weitertrugen – von solcher Dynamik fehlt alles.« (n. H. Brenner 1963, 116) Für viele Theaterleiter war der Rückzug auf ein klassisches Repertoire oder ein reines Lustspiel-Programm ein Weg, sich an den kulturpolitischen Forderungen des Reichsdramaturgen vorbeizulavieren.

Für Deutschland endete der Zweite Weltkrieg mit der Besetzung des gesamten Reichsgebiets durch die Armeen der Alliierten, mit der großflächigen Zerstörung fast aller Großstädte und der bedingungslosen Kapitulation der deutschen Wehrmacht. Diese trat am 9. Mai 1945 in Kraft. Trotz Zerstörung oder Beschädigung vieler Theatergebäude, permanenter Unterbrechungen durch Luftangriffe und gravierender materieller Einschränkungen wurde das Theaterleben jedoch bis Ende August 1944 beinahe uneingeschränkt aufrechterhalten. Vielfach fanden Theateraufführungen in nur provisorisch ausgestatteten Räumlichkeiten statt. Für viele Menschen hatte das Theater – mehr noch freilich der Film – seine Kraft als »Überlebensmittel« bewahrt; und war es auch nur eine Flucht in die Welt der Illusionen, für viele sicher auch in die Erinnerung an eine andere deutsche Tradition, die dadurch für Stunden gegenwärtig war. Orte freien Geistes waren die deutschen Bühnen in den Kriegsjahren längst nicht mehr. Am Ende des Kriegs waren von »den 179 Staats-, Landes- und Stadttheatern im alten Reichsgebiet von 1937 … 98 – also über die Hälfte – zerbombt oder ausgebrannt, viele andere beschädigt und nicht bespielbar; die Ensembles seit der Schließung der Theater (1. September 1944) zerstreut.« (G. Rühle 1991, 73) Aber bereits zwanzig Tage nach der Kapitulation fand in Berlin wieder die erste Theateraufführung statt. Gegeben wurde Franz und Paul Schönthans unverwüstlicher Schwank: *Der Raub der Sabinerinnen*.

Institutionelle Rahmenbedingungen: Theatersystem und die soziale Situation der Bühnenkünstler

Die Jahre von 1910/1914 bis zum Ende des Kaiserreichs

»Das Theaterelend beruht im wesentlichen nicht auf dem Mangel eines Theatergesetzes, sondern auf dem Mangel an Geld.«

(E. Haußmann im *Berliner Abendblatt.* 1903)

Die Rede vom »Theaterelend« fehlte in den ersten beiden Jahrzehnten des 20. Jahrhunderts in kaum einer Darstellung der Situation der Theater im Deutschen Reich. Auch waren sich die Kommentatoren einig über die Ursachen dieser Misere: Es gab zu viele Theater, und die meisten der Bühnenbetriebe standen wirtschaftlich auf keinem soliden Fundament. Nach einer Statistik der Spielzeit 1913/14 gab es im deutschen Reichsgebiet 463 Theater, »davon 19 Hoftheater, 132 Stadttheater, 116 Privattheater, 112 Sommer- und Kurtheater und 84 Wanderbühnen.« (n. E. Schöndienst 1979, 229) Andere Zählungen kamen auf mehr als 600 Theaterunternehmen. Im *Theateradressbuch* von 1911 sind 500 ständige Bühnen und 100 Tourneetheater genannt. Gegenüber der Zeit unmittelbar nach der Reichsgründung 1871 bedeutete dies eine Verdoppelung der Zahl der Theater in Deutschland. Diese Entwicklung war mit der Einführung der Gewerbefreiheit im Jahre 1869 aufgekommen. (vgl. Bd. III, 625 ff) Für den gesamten Zeitraum des Kaiserreichs blieben auch die Spielplanprofile der jeweiligen Bühnentypen in etwa gleich. Die Hoftheater, die von allen Bühnen weitaus die beste finanzielle Ausstattung besaßen, konzentrierten sich überwiegend auf klassische Stücke und jene Werke aus der neueren oder zeitgenössischen Dramatik, die keinerlei »Anstößigkeiten« boten oder gar gesellschaftskritische Töne aufkommen ließen, harmlose Lustspiele also und Schwänke. Die Intendanten der Hoftheater kamen fast ausschließlich aus den Kreisen der Hofaristokratie; in der Regel waren es »theaterferne« Dilettanten, oftmals Kammerherren. Gelegentlich standen auch ehemalige höhere Verwaltungsbeamte an der Spitze eines Hoftheaters. Diese Bühnen nahmen auch eine Sonderstellung gegenüber den bestehenden Zensurgesetzen ein. Obwohl die Theaterzensur alle öffentlichen Bühnen, zu denen auch die Hoftheater zählten, betraf, kam sie bei diesen praktisch nicht zur Anwendung. (vgl. A. Brauneck 1997, 69) Spielpläne und Inszenierungspraxis der Hoftheater wurden von deren Leitungen von vornherein so gestaltet, daß es für ein ordnungspolizeiliches Einschreiten keinen Anlaß gab. Einen etwas größeren Spielraum für ihre Repertoiregestaltung hatten die Leiter von Stadttheatern. Diese Bühnen waren die hauptsächlichen Aufführungsorte für das »ernste« moderne Drama und das »Problemstück«. Aber auch diese Theater unterlagen Einschränkungen, die mitunter bereits in den Pachtverträgen festgelegt waren. Zudem waren die Stadttheater der Aufsicht von halboffiziellen Theaterkomitees unterworfen, die ein Vetorecht gegenüber den Entscheidungen der Theaterleitung besaßen. Es sind jedoch kaum Fälle bekannt geworden, daß diese Komitees einen besonders restriktiven Einfluß ausgeübt hätten. Die Direktoren der Privattheater waren in ihren Spielplanentscheidungen an sich völlig frei. Da sie jedoch als eigenverantwortliche Unternehmer das wirtschaftliche Risiko für ihren Betrieb allein zu tragen hatten, waren sie mehr als die subventionierten Bühnen vom Zuspruch des Publikums abhängig, das in erster Linie unterhalten werden wollte. Dennoch aber waren es diese Bühnen, die die besondere Aufmerksamkeit der lokalen Ordnungsbehörden, die für die Ausübung der Zensur zuständig waren, auf sich zogen.

Gertrud Eysoldt als Puck in W. Shakespeares Ein Sommernachtstraum, *1913*

Die Rechtmäßigkeit der Theaterzensur war im Zusammenhang mit den Verbotsprozessen, die um die Aufführung von Gerhart Hauptmanns Stück *Die Weber* Anfang des letzten Jahrzehnts des 19. Jahrhunderts stattgefunden hatten (vgl. Bd. III, 633f u. 669), Gegenstand ausführlicher, vor allem kontrovers geführter öffentlicher Diskussionen gewesen. Sowohl im Kaiserreich wie in den Jahren der Weimarer Republik war die staatliche Kommunikationskontrolle »Bestandteil innenpolitischer Auseinandersetzungen und Entwicklungen«. (K. Petersen 1995, 7) Nach dem Rechtsverständnis des Wilhelminischen Staats war es die Funktion der Theaterzensur, durch eine umfassende Kontrolle der Bühnenaufführungen »potentiellen Gefahren wirksam vorbeugen zu können«. Dabei ging es vor allem um die Verhinderung von »Darstellungen politischer oder sittlicher Anschauungen, die den von der staatlichen Obrigkeit vertretenen Moral- und Ordnungsvorstellungen widersprachen.« (A. Brauneck 1997, 61) Das formelle Verfahren sah vor, daß jedes zur öffentlichen Aufführung vorgesehene Stück – und zwar in der für die Inszenierung festgelegten Strichfassung – bei der lokalen Polizeibehörde zur Prüfung und Genehmigung vorgelegt werden mußte. Wurde während einer Aufführung von der genehmigten Textfassung abgewichen, konnte der bei jeder Aufführung aufsichtführende Vertreter der Ordnungsbehörde die Vorstellung abbrechen. Die Theater hatten sich mit dieser Zensurpraxis im großen und ganzen arrangiert. Zu einer verschärften Anwendung der Zensur kam es in den Kriegsjahren. »Nun, da im Felde um ›Thron und Altar‹ gerungen wurde, war die Verwundbarkeit gegenüber Strömungen, die diese und ähnliche Werte in Zweifel zu ziehen schienen, immens gewachsen.« (E. Schöndienst 1979, 216) So wurden etwa 1916 allein in Berlin 116 Stücke für eine öffentliche Aufführung nicht freigegeben. Verglichen mit der Vorkriegszeit, war dies eine völlig atypische Zahl.

Zentrale Themen der theaterpolitischen Diskussion vom Jahrhundertbeginn bis 1918/19 waren ganz eindeutig die Forderung nach einem verstärkten Engagement von Staat und Kommunen an der Finanzierung der Theater und einer Verbesserung der sozialen Lage der Bühnenkünstler. In der Frage der Kommunalisierung der Theater bezogen sich deren Befürworter vor allem auf die Mitte des 19. Jahrhunderts durch Eduard Devrient wieder verstärkt in die kulturpolitische Diskussion gebrachte Idee eines deutschen Nationaltheaters. (vgl. Bd. III, 115f) Davon war man um 1900 freilich noch weit entfernt. Die ganz überwiegende Praxis im ersten Jahrzehnt des 20. Jahrhunderts war, daß von den 113 Städten, die ein eigenes Theatergebäude besaßen, nur 10 ihr Theater in

Neue Freie Volksbühne, Berlin. Arch.: Oskar Kaufmann

Großes Schauspielhaus, Berlin. Blick auf die Bühne. Arch.: Hans Poelzig

eigener Regie betrieben. Die meisten Städte verpachteten ihre Theatergebäude samt Dekorationen und Fundus an einen privaten Einzelunternehmer oder an eine Aktiengesellschaft. Diese Betreiber mußten in der Regel das Theater in eigener wirtschaftlicher Verantwortung führen. Nur wenige Städte subventio-

Neue Freie Volksbühne, Berlin. Zuschauerraum mit Rängen. Arch.: Oskar Kaufmann.

Großes Schauspielhaus, Berlin. Zuschauerraum. Arch.: Hans Poelzig

nierten diese Bühnen etwa durch Reduzierung oder Erlaß der Pachtkosten, durch kostenlose Überlassung von Fundus und Dekorationen, Vergünstigungen bei den Heizungs- und Stromkosten oder die kostenlose Bereitstellung des städtischen Orchesters. Äußerst selten waren direkte finanzielle Subventionen

Theater am Kurfürstendamm, Berlin. Blick auf die Bühne. Arch.: Oskar Kaufmann

der Städte an »ihre« Theater. Daß diese Bühnen aufgrund ihrer schwierigen wirtschaftlichen Situation kaum in der Lage waren, dringend notwendige Reformen im Arbeits- und Vertragsrecht der Bühnenkünstler umzusetzen, lag auf der Hand. Andererseits standen eben diese Stadttheater unter der besonderen Erwartung hinsichtlich einer sozialpolitisch fortschrittlichen Gestaltung ihrer Arbeitsbedingungen. So ging es in dieser Diskussion nicht nur um ein weitergehendes finanzielles Engagement der Städte an ihren führenden Bühnen, sondern auch um Reformen in der Gewerbeordnung, im Vertrags- und Kündigungsrecht, dem Sozialversicherungsrecht und in der Besteuerung der Theaterbetriebe. Vor allem sollten deren Belange aus der Zuständigkeit der Innenminister in die der Kultusminister verlegt werden. Es ging letztlich um ein von allen Gruppen als notwendig erachtetes »Reichstheatergesetz«. Dieses wurde seit 1911 vorbereitet. Der Ausbruch des Kriegs 1914 verhinderte jedoch eine Behandlung der Gesetzesvorlage im Reichstag. Zudem führte er zu einer dramatischen Verschlechterung der wirtschaftlichen Situation aller Theater. Angesichts der politischen Gesamtsituation geriet auch die sozial- und kulturpolitische Beschäftigung mit den Problemen der Theater an den Rand des öffentlichen Interesses. Die Bühnenleitungen waren nun berechtigt, kurzfristige Kündigungen auszusprechen, weil Einberufungen von Schauspielern zum Heer vielfach Spielplanänderungen zur Folge hatten. Beinahe die Hälfte aller Bühnen im Reichsgebiet mußten schließen, als erstes jene Theater, die in frontnahen Grenzgebieten wie Elsaß-Lothringen oder West- und Ostpreußen lagen. Um ihren Beitrag zu den kriegsbedingten Erschwernissen für die Aufrechterhaltung des Spielbetriebs zu leisten, wurden den Schauspielern die Gagen erheblich (oft um mehr als die Hälfte) gekürzt. Ausgenommen davon waren nur die ohnehin

Kroll-Oper, Berlin. Zuschauerraum mit Rängen. Arch.: Oskar Kaufmann

besonders niedrigen Bezüge der unteren Chargen. Stücke von Autoren, die als »kritisch« gegenüber der wilhelminischen Gesellschaft galten wie etwa die Komödien von Carl Sternheim, waren in Preußen während der Kriegsjahre von den Spielplänen verbannt. Ein solches Verbot galt auch für Stücke ausländischer Autoren, etwa für George Bernard Shaw. 1915 wurde ein Aufführungsverbot für Stücke aller lebenden Autoren erlassen, die einem sogenannten »Feindstaat« angehörten. Zeitweise waren aus diesen Gründen auch Aufführungen der Opern von Giacomo Puccini auf deutschen Bühnen verboten, bis der Komponist schließlich erfolgreich beim Deutschen Bühnenverein intervenierte und diesem gegenüber seine Deutschfreundlichkeit beteuerte. Dem Ernst der politischen Ereignisse entsprechend verschwanden zu Kriegsbeginn auch fast alle Lustspiele und Schwänke aus den Spielplänen. Andere Theater wieder entschlossen sich für das Gegenteil und spielten vornehmlich Lustspiele. Der Kriegsausbruch hatte die Theater durchweg unvorbereitet getroffen. Massenhaft gerieten Bühnenangehörige in eine existenzbedrohende soziale Notlage, so daß vom Deutschen Bühnenverein eine »Kriegshilfskasse« für notleidende Schauspieler eingerichtet werden mußte. Auch führte die Verknappung von Materialien für die Herstellung von Dekorationen, Kostümen und für den technischen Betrieb der Bühnen zu erheblichen Einschränkungen im Spielbetrieb. Im Januar 1917 sollten alle Bühnen wegen Kohlenmangels geschlossen werden, ein Vorhaben, das jedoch nicht verwirklicht wurde. Eine Selbstverständlichkeit war es, daß die Theater Sondervorstellungen für Soldaten und Arbeiter aus der Rüstungsindustrie gaben und am »Opfertag« oder dem »Nationaltag der deutschen Bühnen« alle Einnahmen (einschließlich der Gage der Schauspieler) dem Roten Kreuz zukommen ließen. Auch richteten Bühnenverein und Bühnengenossenschaft einen gemeinsamen Fonds ein, in dem Spenden für die Kriegsanleihen gesammelt wurden.

Was die Theater, die in diesen Jahren ums Überleben kämpften, zudem schwer belastete, war die härter gewordene Konkurrenz der Bühnen untereinander, aber auch die nun aufkommende Konkurrenz durch den Film. Unter dem Stichwort »die Kinogefahr« wurde dieses Problem in Theaterkreisen leidenschaftlich diskutiert. Dabei ging es letztlich um Marktanteile im Unterhaltungsbereich, dessen Struktur sich um 1910 deutlich zu verändern begann. In den Jahren von 1900 bis etwa 1910 hatte sich die Zahl der Kinos von 30 in ganz Deutschland auf 480 erhöht. Davon gab es allein in Berlin 300 Kinobetriebe. Etwa im gleichen Zeitraum gingen die Besucherzahlen bei den Theatern um die Hälfte zurück. Eine Denkschrift des Bühnenvereins von 1912 sah in dieser Entwicklung eine die Existenz der Theater bedrohende Gefahr herannahen und forderte eine rigorose Besteuerung der Kinos, die strengste Anwendung bau- und feuerpolizeilicher Vorschriften und eine restriktive Erteilung der gewerblichen Genehmigungen für die Eröffnung von Lichtspielhäusern. Bühnenleitern, Regisseuren, Bühnenautoren und Schauspielern wurde jedwede Kooperation mit der Filmwirtschaft untersagt. Der Film sollte sich ausschließlich im Bereich der »wissenschaftlichen Volksaufklärung« betätigen, keinesfalls im Bereich der »dramatischen Kunst«, die die Domäne der Theater sei. Auf einer Tagung 1913 in Eisenach erklärte der Deutsche Bühnenverein diese Richtlinien als verbindlich für seine Mitglieder. (vgl. E. Schöndienst 1979, 235 ff)

Paul Bildt als Teufel in der Verkleidung eines Schmetterlingsfängers in Stravinskys Geschichte vom Soldaten. *R.: J. Geis. Dir.: O. Klemperer. B.: T. Müller. Kroll-Oper, Berlin 1928*

Ein besonderes Konfliktfeld war die Praxis der illegalen Abwerbung herausragender Darsteller aus einem bestehenden Vertragsverhältnis. Dies betraf die Beziehung der Theater untereinander wie auch die zwischen Theatern und Filmproduktionsgesellschaften. Für die Schauspieler war dieser Wechsel stets mit einer erheblich höheren Gage an der neuen, zumeist auch besonders prominenten Bühne (oder beim Film) verbunden. Ein Modellfall für diesen Vorgang war die Abwerbung der Schauspielerin Hermine Körner 1915 durch Max Reinhardt aus deren noch bis 1919 am Dresdener Hoftheater geltenden Engagementvertrag. Der »Fall Hermine Körner« wurde schließlich 1917 in einer Prozeßfolge in Berlin und Dresden mit einem Vergleich entschieden. Der Vorgang galt als symptomatisch für die an einigen großen Bühnen aufgekommene Tendenz, sich an dem amerikanischen Starsystem zu orientieren. In dieser Form der »Amerikanisierung« des deutschen Theaterwesens sah der Bühnenverein ohnehin eines der Übel der Zeit und erließ 1917 für seine Mitglieder – die Direktoren der Hof- und Stadttheater und der großen Privattheater – ein Verbot, ihren künstlerischen Mitarbeitern einen vertraglichen oder außervertraglichen Urlaub in die USA zu genehmigen. Ein besonders wirkungsvolles Mittel des Bühnenvereins, Vertragsbrüchen wie im Fall Körner entgegenzuwirken, war die Führung einer sogenannten Kontraktbruchliste. Wer auf dieser »schwarzen Liste« stand, durfte für einen Zeitraum von fünf Jahren von keiner Vereinsbühne engagiert werden. Dieses Verbot galt auch für Bühnenkünstler, die nach 1917 ein Engagement in den USA angenommen hatten. Bühnen, die nicht dem Deutschen Bühnenverein angehörten, waren von diesen Regelungen nicht betroffen. Max Reinhardt, weitaus der prominenteste Theaterleiter und Regisseur in Deutschland, der innerhalb seines Berliner Theaterkonzerns einen gerade auch in den USA häufig präsenten Tourneetheaterbetrieb

F. von Unruh:
Ein Geschlecht.
R.: G. Hartung.
Schauspielhaus,
Frankfurt/M. 1918

unterhielt, war aufgrund dieser Restriktionen 1917 aus dem Bühnenverein ausgetreten.

So befand sich das deutsche Theaterwesen in den letzten beiden Jahrzehnten des Kaiserreichs in einem Zustand dringender Reformbedürftigkeit in wesentlichen Aspekten seiner institutionellen und rechtlichen Verfassung. Daß in dieser Zeit Reformen nicht durchsetzbar waren, hatte seine Ursache nicht zuletzt auch darin, daß die Genossenschaft Deutscher Bühnenangehöriger und der Deutsche Bühnenverein, die beiden großen Interessenverbände des deutschen Theaters, 1909 wegen grundsätzlicher Gegensätze in der Ausgestaltung eines Bühnenvertrags als arbeitsrechtlicher Basisvereinbarung zwischen Theaterleitungen und den Schauspielern jegliche Kontakte abgebrochen hatten. Dieser Zustand hielt an bis 1916. Seit Januar 1919 traten beide Verbände wieder gemeinsam in theaterpolitischen Verhandlungen auf.

Der Blick auf die wirtschaftliche Situation der Theater und auf die sozialen Verhältnisse der Bühnenkünstler läßt für die Vorkriegs- und die Kriegsjahre ein ausgesprochen düsteres Bild entstehen. Der künstlerische und ökonomische Aufstieg des Reinhardt-Konzerns, eben in diesem Zeitraum, war ein singuläres Phänomen, allein wohl der Genialität von Max und dem unternehmerischen Talent von Edmund Reinhardt zu verdanken. (vgl. Kap.: Max Reinhardt) Dennoch wurden in den Jahren von 1900 bis 1912 in 38 Städten des Deutschen Reichs noch neue Theatergebäude errichtet, die allerdings in weitaus den meisten Fällen an private Betreiber verpachtet waren. Es war dies die Endphase jenes Theaterbau-Booms, der bereits vor der Jahrhundertwende eingesetzt hatte. (vgl. Bd. III, 645ff) Was die baukonzeptionelle Seite der Theaterbauten nach 1914 betrifft, so resümiert H. Zielske in seiner Dokumentation der *Deutschen*

Theaterbauten bis zum Zweiten Weltkrieg die Entwicklung nach 1914 folgendermaßen: »Alles, was danach noch in einer ohnehin an Theaterbauten, insbesondere Neubauten, armen Zeit an Leistungen hervorgebracht wurde, war Weiterführung oder nur unbedeutende Variation des bisherigen Formenapparates. Einen tatsächlich von Grund auf neubestimmten Ansatz zur Fortentwicklung des Theaterbaus hat es in Deutschland erst nach 1945 wieder gegeben.« (1971, 72) In den beiden Jahrzehnten zwischen den Weltkriegen setzten allein Oskar Kaufmann und Hans Poelzig mit einigen Neu- bzw. Umbauarbeiten architekturkünstlerische Akzente im Theaterbau. Von der experimentellen Dynamik, die in den zwanziger Jahren alle Kunstbereiche aufgewirbelt hatte, wurde auch dieser Architekturbereich erfaßt. (vgl. S. Koneffke 1999, 77 ff) Jedoch kam kaum einer der dabei entstandenen Raum- und Gebäudeentwürfe – »Totaltheater« war das Schlagwort dieser Zeit – über das Projektstadium hinaus.

Neuerungen im Theaterwesen der Weimarer Republik

Auf drei Gebieten kam es in der Folge der politischen und verfassungsrechtlichen Neuordnung von Staat und Gesellschaft nach 1919 zu weitreichenden Veränderungen in den institutionellen und rechtlichen Rahmenbedingungen des deutschen Theaterwesens: 1. Es setzte ein Prozeß der Umwandlung einer großen Zahl von Theaterbetrieben, darunter aller Hoftheater, in städtische oder staatliche Theater (Regiebetriebe) ein. 2. Durch die in der Verfassung von

W. Shakespeare: Richard III.
R.: L. Jeßner. B.: E. Pirchan.
Staatstheater, Berlin 1920

Weimar garantierte Zensurfreiheit entstand für die Theater ein größerer Freiraum in der Repertoiregestaltung. 3. Schließlich konnten nach 1919 seit Jahrzehnten schon eingeforderte Reformen im Arbeits- und Vertragsrecht der Bühnenangehörigen durchgesetzt werden. Doch blieben den Theatern aber auch wesentliche Probleme erhalten, die bereits vor 1918 eine permanente Diskussion um »Krisen« oder gar »Niedergang« des deutschen Theaters in Gang gehalten hatten. Dies galt insbesondere für die Anfälligkeit der Theaterbetriebe für negative Entwicklungen im Wirtschaftsbereich. Gerade in dieser Hinsicht hatten die Wirtschaftskrisen der zwanziger und frühen dreißiger Jahre schwerwiegende Auswirkungen auf die Theater. Theaterschließungen, drastische Reduzierungen des Einkommens der Bühnenangehörigen und massenhafte Arbeitslosigkeit von Schauspielern (vgl. Kap.: Schauspielerkollektive) waren Folgen dieser allgemeinen Misere, die vor allem die privatwirtschaftlich betriebenen Theater mit voller Härte trafen. Ein neues Phänomen in den zwanziger Jahren, für das die rasante Politisierung des öffentlichen Lebens und auch des Kulturbereichs die Voraussetzungen geschaffen hatte, waren Schauspielerstreiks zur Durchsetzung arbeitsrechtlicher und sozialer Forderungen, so etwa im November und Dezember 1922.

Wenn es seit 1919 zu einer schrittweisen Kommunalisierung der deutschen Hof- und Stadttheater kam (vgl. D. Ruckhaberle, u.a. 1977, 694), so war diese für das Theaterwesen in Deutschland so folgenreiche theaterpolitische Entscheidung letztlich der Abschluß einer seit 1848 geführten Reformdebatte. Vor allem aus der Sicht der Theaterverbände war dies eine überfällige Entscheidung, für die nun erstmals die politischen Voraussetzungen gegeben waren. Gleiches gilt

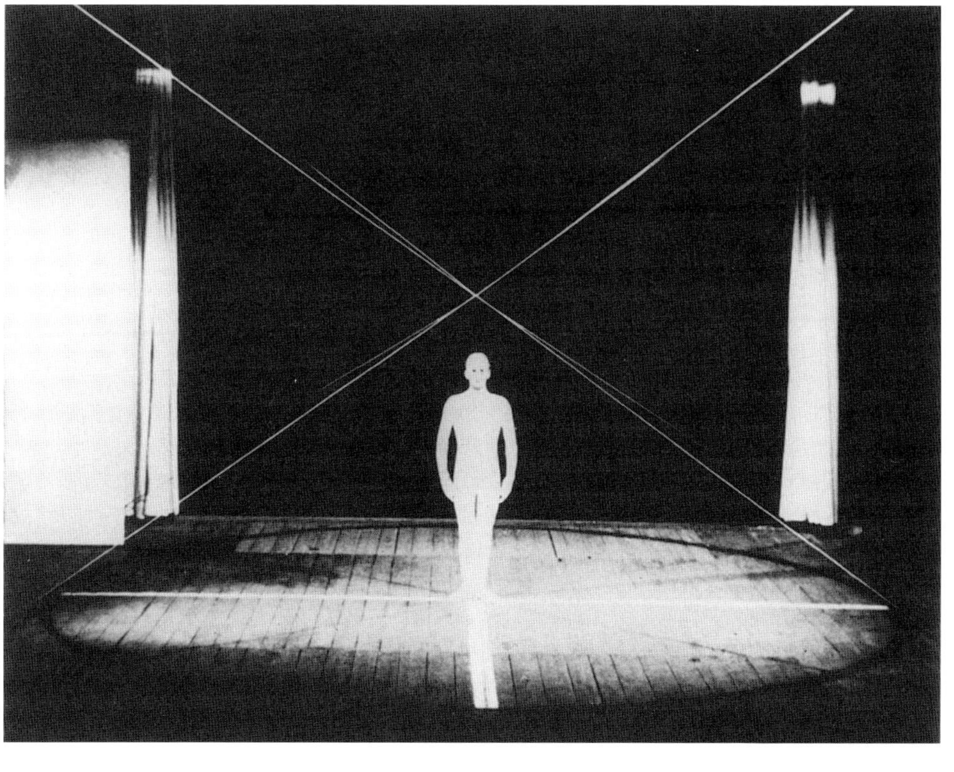

O. Schlemmer: Mensch im Raum. *Bauhaus-Bühne, Weimar 1924*

Bühnenbildentwurf von Ernst Stern für Max Reinhardts Inszenierung von Shakespeares Julius Cäsar, *Großes Schauspielhaus, Berlin 1920*

für die in diesem Zusammenhang durchgeführten vertrags- und arbeitsrechtlichen Reformen. Dabei kam dieser Kommunalisierungsprozeß zunächst nur langsam in Gang. 1919 befanden sich nur 24 Theater in kommunaler Regie, 1923 waren es erst 50 Theaterbetriebe, in der Spielzeit 1928/29 jedoch insgesamt 149 Theater, die den Status der Gemeinnützigkeit beanspruchen durften: 20 Staatstheater, 59 Stadttheater, 2 als Stiftungen geführte Bühnen, 27 gemischtwirtschaftliche Betriebe, 24 Pachttheater, die von Städten subventioniert wurden und 17 städtisch subventionierte Bühnen ohne eigenes Ensemble, die jedoch mit Gastspielen einen regelmäßigen Spielbetrieb pflegten. (vgl. Deutsches Bühnenjahrbuch 1928/29) Da sich die von den Reichsländern und Städten aus der Konkursmasse der Fürstenhäuser übernommenen Theater in sehr unterschiedlichem Zustand befanden, hatten sich im Rahmen dieser Übernahmen verschiedene betriebswirtschaftliche Formen herausgebildet. In Einzelfällen kam es auch zur Übernahme privater Bühnen in die Zuständigkeit der Kommunen. Beispielhaft für einen derartigen Vorgang war die Übernahme des Deutschen Schauspielhauses in Hamburg 1933 durch die Stadt. Dabei ging es weniger um eine in erster Linie politisch motivierte Maßnahme nach der Machtergreifung der Nationalsozialisten, sondern um die Rettung eines finanziell bankrotten privaten Theaterunternehmens, dessen Weiterbestehen im kulturpolitischen Interesse der Hansestadt lag. (vgl. M. Brauneck, M. Giesing u.a. 1999, 48)

Die Kommunalisierung der Bühnen hatte auch zur Folge, daß diese aus der Zuständigkeit der Gewerbepolizei als Aufsichtsbehörde herausgelöst und in die Zuständigkeit der Kultusministerien überführt wurden. Damit war für diese Theater ein staatliches Aufsichtsrecht entstanden, das zensurähnliche Maßnahmen durch die lokale Polizei oder Justiz, wie sie trotz Abschaffung der Zensur dennoch möglich waren, in der Regel überflüssig machte. Dieses Aufsichtsrecht räumte auch den politischen Parteien eine Einflußnahme bei der

Besetzung der Intendanzen ein; ebenso eine Einflußnahme der Kulturdezernate auf die Spielpläne. (vgl. K. Petersen 1995, 206f)

Die 65 Privattheater, die Ende der zwanziger Jahre (Spielzeit 1928/29) in Deutschland existierten (30 davon in der Hauptstadt, 35 im übrigen Reichsgebiet), blieben auch nach 1919 wirtschaftlich und in ihrer künstlerischen Ausrichtung (bis 1933) unabhängig. Für sie galt in Konzessionsbelangen und in der Betriebsführung die bereits vor 1918 gegebene Zuständigkeit der Gewerbeämter. Auch unterstanden sie weiterhin der ordnungsrechtlichen Aufsicht der lokalen Polizei. Für den Bereich der Privattheater war die Konzernbildung eine typische Erscheinung der zwanziger Jahre. Zweck dieser Konzentration von Theaterbetrieben (feste Bühnen, Tourneetheater, mitunter auch Schauspielschulen) waren eine Monopolbildung für bestimmte Sparten, vor allem aber wirtschaftliche Erwägungen, insbesondere der Austausch von Schauspielern und Produktionen zwischen den Hauptbühnen und den Spieldependancen des Konzerns. Im Berlin dieser Jahre waren der Theaterkonzern der Brüder Alfred und Fritz Rotter und der Reinhardt-Konzern (Reibaro) die mächtigsten Unternehmen der Branche. (vgl. Kap.: Max Reinhardt) Zur Gruppe der Privattheater zählten auch 25 Wanderbühnen, die ausschließlich im Tourneebetrieb arbeiteten, und aus denen die späteren »Landesbühnen« hervorgingen, ebenso die in den zwanziger Jahren gegründeten »proletarischen« Bühnen, die allerdings zumeist nur kurzlebige Unternehmungen waren.

Als Theaterunternehmer betätigten sich nach 1919 auch die beiden großen Besucherorganisationen: die Freie Volksbühne (vgl. Kap.: Politisches Theater),

Valeska Gert

A. Paquet: Sturmflut.
R.: E. Piscator. B.: E. Suhr.
Volksbühne, Berlin 1926
(Uraufführung)

Das Pachtsystem, das sich bisher als schon kaum noch tragfähige Betriebsform erwiesen hat, wird auf die Dauer dem Regietheater weichen, und die Städte werden die Verwaltung ihrer Theater auf Gedeih und Verderb wohl oder übel selbst in die Hand nehmen müssen. In Universitätsstädten und Gemeinden mit starker Beamtenschaft oder größerem Fremdenverkehr wird die Notwendigkeit später eintreten als etwa in Industriezentren mit überwiegender Arbeiterbevölkerung, aber kommen wird sie sicherlich auch dort und zwar aus dem einfachen Grunde, weil die Entwicklung unseres ganzen modernen Theaterwesens es dem Privatmanne auch bei laufender Subvention durch die Gemeinde auf die Dauer unmöglich machen muß, das Risiko eines Bühnenunternehmens auf die eigenen Schultern zu übernehmen ... So werden auch die widerstrebendsten Gemeinden den Schritt tun müssen, auf den außer jenem ökonomischen Moment nicht nur künstlerische, sondern auch soziale Rücksichten mit zwingender Gewalt hindrängen, die »Verstadtlichung« ihres Theaters.

(Bemerkung im »Preußischen Verwaltungsblatt« 1912, Nr. 5; n. W. Lenk o. J. 16f)

die nicht nur jährlich für ihre 500000 Mitglieder etwa fünf Millionen Karten von öffentlichen und privaten Bühnen übernahm und deswegen auch Einfluß auf das Repertoire dieser Bühnen ausüben konnte, und der 1919 gegründete christlich-nationale Bühnenvolksbund (400000 Mitglieder), der die kulturpolitischen Interessen der bürgerlichen Parteien vertrat. Die Volksbühne hatte in Berlin ein eigenes Theater und war an zehn weiteren festen Bühnen und fünf Wanderbühnen finanziell beteiligt. Der Bühnenvolksbund besaß ebenfalls eigene Theater und Beteiligungen an anderen Theaterunternehmen.

Die Problematik der Theaterzensur ist für die Zeit der Weimarer Republik differenziert zu betrachten. Eigentlich war mit dem Artikel 118 der Verfassung die Zensur abgeschafft, dennoch existierten eine Reihe von Bestimmungen auch nach 1919 weiter, die durchaus zu zensurähnlichen Maßnahmen führen konnten. Solche ergaben sich »erstens aus der Konzessionierung privater Unternehmen, zweitens aus Eingriffen der Polizei zur Wahrung der öffentlichen Sicherheit und Ordnung, drittens durch Maßnahmen der Bau- und Sicherheitspolizei und viertens durch die gerichtliche Ahndung unerlaubter Handlungen.« (dazu U. Petersen 1995, 210) Dabei wurde die Konzessionsvergabe besonders restriktiv eingesetzt gegenüber Varietés und Kabaretts, vor allem aber gegenüber Antragstellern aus dem linken politischen Lager. (vgl. Kap.: Erwin Piscator) Juristisch umstritten, jedoch vielfach praktiziert war das präventive Verbot von Aufführungen oder Stücken durch die Polizei allein aufgrund eines Verdachts der Gefährdung der öffentlichen Sicherheit. So war in der Weimarer Republik eine Situation entstanden, in der – obwohl durch die Verfassung eine Zensur ausgeschlossen war – die Theater dennoch einer äußerst restriktiv gehandhabten staatlichen Kontrolle ausgesetzt waren. Vor allem in der Endphase der Republik, als politische Störaktionen in den Theatern beinahe zur Tagesordnung gehörten, verschärften sich insbesondere die »präventiven« ordnungspolizeilichen Maßnahmen.

Die sozialen Reformen für die an den Theatern Beschäftigten standen – wie die Kommunalisierung der Theater – unter der kulturpolitischen Leitidee einer »Sozialisierung der Theater«. Es war in erster Linie die Genossenschaft Deutscher Bühnenangehöriger (GDBA), die im Einklang mit der Sozialdemokratie die sozialpolitischen Reformen im Theaterwesen vorantrieb. Wichtigstes Ergebnis dieser Politik war ein mit dem Deutschen Bühnenverein – der »Arbeitgeberseite« – ausgehandelter Tarifvertrag, der sogenannte »Normalvertrag Solo«, der durch Verfügung des Reichsarbeitsministeriums vom 15. Oktober 1919 rechtsgültig wurde. Dieser Dienstvertrag regelte alle arbeitsrechtlichen Beziehungen zwischen den Bühnenmitgliedern und den Theaterleitungen. Er enthielt Angaben »über die Kunstgattung, das Kunstfach bzw. das Rollengebiet, die Dauer des Dienstverhältnisses, die Höhe des festen Gehalts und des Spielgelds des Mitglieds ... Darüber hinaus wurden das Recht des Mitglieds auf Beschäftigung, auf Krankengeld, auf Kostümlieferung sowie Bestimmungen über das gegenseitige Kündigungsrecht, die Arbeits- und Urlaubszeit u.a.m. vereinbart. Ein paritätisch besetzter Tarifausschuß fungierte als oberstes Verwaltungsorgan des Tarifverhältnisses.« (D. Ruckhaberle, u.a. 1977, 691) Es wurden weiterhin verbindliche Regelungen geschaffen für die Schlichtung von Dienststreitigkeiten, ebenso eine Einrichtung der verbandseigenen Stellennachweise, durch die die privaten Agenturen verdrängt werden sollten. Als monatliche Mindestgage wurden 400 Reichsmark festgelegt. Zu ähnlichen Tarifverträgen kam es für die Chorsänger und die Tänzer. Auch wurde der Leistungsbereich der Bühnenautoren, der Bühnenkomponisten und Bühnenverleger durch entsprechende Gesetzesverfügungen geregelt. Was freilich nur zeitweise an den Bühnen durchgesetzt werden konnte, nicht aber Gegenstand einer Rechtsvorschrift wurde, war die Mitbestimmung der Bühnenmitglieder in Fragen der Theaterleitung. Lediglich in den ersten Monaten nach der Novemberrevolution kam es Anfang 1919 an manchen Bühnen zur Einrichtung von Kunstbeiräten als demokratische Selbstverwaltungsorgane. Ein Reichstheatergesetz kam in der Weimarer Republik nicht zustande, sondern erst im Zusammenhang mit der von den Nationalsozialisten erzwungenen Neuordnung des deutschen Theaterwesens. So hieß es dann in § 1 (1) des Reichstheatergesetzes vom 15. Mai 1934 (n. F. Herterich 1937, 29 ff): »Die im Reichsgebiet unterhaltenen Theater unterstehen hinsichtlich der Erfüllung ihrer Kulturaufgaben der Führung des Reichsministers für Volksaufklärung und Propaganda als zuständigem Minister«.

Max Reinhardt: Tendenz zum Welttheater

»Es gibt immer nur einen Zweck des Theaters: das Theater.«

(Max Reinhardt, 1901)

Max Reinhardt war der exponierteste Repräsentant einer bürgerlichen Theaterkultur, die in seinem Lebenswerk, als Künstler wie als Theaterunternehmer, zur glanzvollsten, mächtigsten Entfaltung kam, deren Endzeitcharakter aber auch unübersehbar war. Das Theater Bertolt Brechts, des zweiten Fixpunkts in der Geschichte des deutschen Theaters in der ersten Hälfte des 20. Jahrhunderts, wäre ohne die Provokation nicht möglich gewesen, die der kulinarische Glanz des Reinhardt-Theaters für jene Generation darstellen mußte, für die der Zusammenbruch des Wilhelminischen Staats und der politische Umsturz 1918 Signale für einen radikalen Neubeginn auch für das Theater darstellten. Für Reinhardt war Theater ein Fest der Schönheit, dem Alltag entrückt und diesem entgegengesetzt, ein Ort des Einverständnisses, nicht des Widerspruchs. In einer Gedenkrede, gehalten am 15. Dezember 1943 in Los Angeles, zeichnete Thomas Mann ein Porträt von Max Reinhardt und brachte mit dem Wort von der Vermittlerschaft »zwischen Traum und Wirklichkeit« dessen Theaterverständnis auf den Begriff. Heinrich Braulich nennt Reinhardt den »spielfreudigsten Experimentator der Theatergeschichte« (1969, 7), und es ist in der Tat kaum ein

H. von Hofmannsthal: Jedermann. *R.: M. Reinhardt. Bankett-Szene vor dem Salzburger Dom*

Superlativ zu hochgegriffen, um das Phänomen Reinhardt zu beschreiben. Reinhardt hat zwar keinen Stil kreiert, kein »System« oder eine Schule begründet, wie dies mit Namen wie Otto Brahm, Edward Gordon Craig, Stanislavskij oder später mit Brecht verbunden ist, dennoch war sein Einfluß auf das europäische Theater enorm. Wo immer das Reinhardt-Ensemble bei seinen weltweit unternommenen Gastspielen auftrat, bedeutete dies zumeist eine Zäsur in der Entwicklung der Bühnenkunst an den Orten oder in den Ländern dieser Auftritte. Wenn die Faszination von Reinhardts Theater auch wesentlich darauf beruhte, daß es ein »Theater der Schauspieler« war – Thomas Mann sprach von Reinhardts »geliebten Kindern« –, so bedeutete dies zwar, daß das Zentrum dieser Kunst eher jenes Moment des Theaters war, das sich am wenigsten festhalten läßt, doch verbinden sich mit dem Theater von Max Reinhardt auch eine Vielzahl bleibender »Erfindungen«, die die Ausdrucksmittel der Bühnenkunst erweitert haben. Reinhardt war es, der die dominante Stellung des Regisseurs innerhalb der Inszenierungsarbeit durchgesetzt und selbst beispielhaft verkörpert hat. Zu seiner zentralen Leistung zählt auch, daß er das Werk Shakespeares erstmals in seiner inhaltlichen Komplexität für das deutschsprachige Theater erschlossen hat.

Ich bin kein Phantast, jedenfalls nicht mehr, als ein Theatermann es sein soll. Ich habe bisher alle meine Träume verwirklicht. Ein Traum ohne Wirklichkeit bedeutet mir ebensowenig als eine Wirklichkeit ohne Traum. Und das Theater besteht ja nur aus verwirklichten Träumen.

(Max Reinhardt 1940, n. H. Fetting 1974, 246)

Dabei war die künstlerische Arbeit Max Reinhardts untrennbar verbunden mit dessen unternehmerischen Werk, das in der deutschen Geschichte des Theatergewerbes ohne Beispiel ist. Reinhardt war vielfacher Käufer, Gründer und Bauherr von Theatern unterschiedlichsten Formats, die auf der Höhe seiner Aktivitäten in einem Konzern zusammengefaßt waren, der unter dem Namen »Reibaro« firmierte. Es war ein Zusammenschluß der Reinhardt-, Barnowsky-

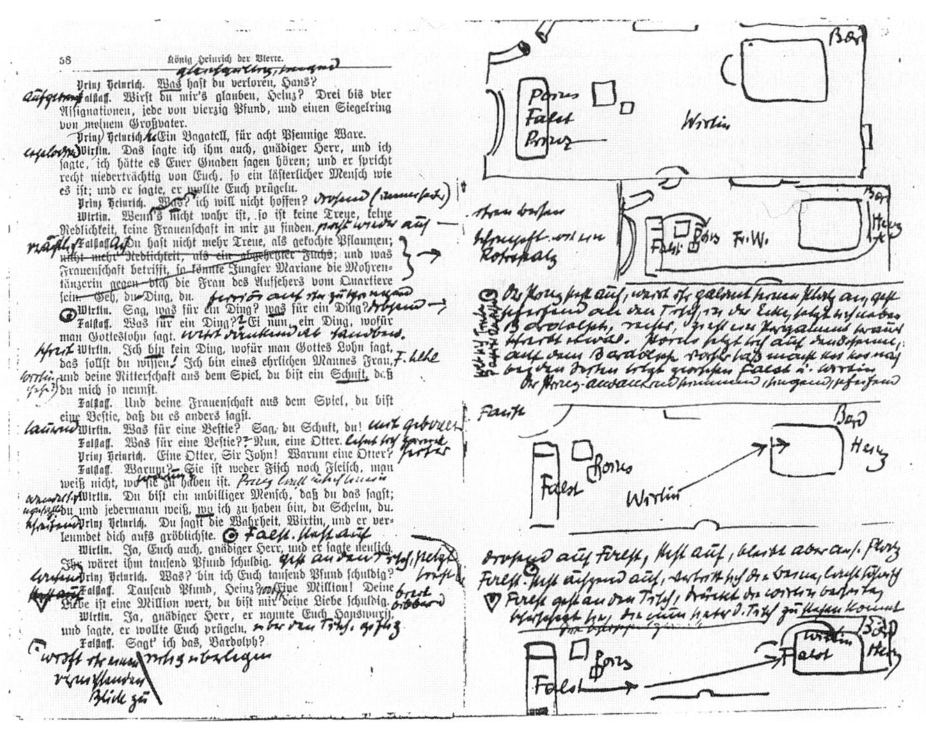

Doppelseite aus dem Regiebuch von Max Reinhardt zu Shakespeares König Heinrich IV.

und Robertbühnen (von Eugen Robert) in Berlin. 1930 sollte dieser private Konzern gar noch erweitert werden um die Staatlichen Bühnen Berlins.

Berlin, Wien und Salzburg waren die drei Zentren, in deren Zusammenspiel sich das Theater Max Reinhardts ausformte, von wo aus es in alle Welt ausstrahlte. Schloß Leopoldskron bei Salzburg war für knapp zwanzig Jahre sein Ruhepunkt in diesem Theaterleben, aber auch Ort glanzvoller Repräsentation und Bühne für die Selbstinszenierung des Hausherrn. Das amerikanische Exil war der bittere Ausklang dieser so außergewöhnlichen Biographie. Dort holte Max Reinhardt jene Wirklichkeit ein, die das Theatergenie stets wegzuträumen versucht hatte.

Leben, Kunst, Geschäft und Politik

Das Deutsche Theater ist das einzige künstlerische Privattheater in der Welt, das sowohl unter meinen Vorgängern Brahm und L'Arronge als auch unter meiner Direktion sich ohne jede Subvention und daher frei von jeder politischen und parteilichen Bindung aus eigenen Mitteln erhalten hat. Hier sind die Klassiker immer wieder erneuert worden. Hier sind Büchner und Lenz, Hauptmann, Ibsen, Strindberg, Wedekind, Bernard Shaw, Tolstoi, Maeterlinck, Georg Kaiser, Sternheim, Werfel, Bruckner, Zuckmayer, Brecht und Horváth dem lebendigen Spielplan einverleibt worden. Fast alle Schauspieler von Rang und Namen und alle weiter fortwirkenden Bewegungen sind von diesem Hause ausgegangen. Man kann sagen, es war der Spiegel und die abgekürzte Chronik seiner Zeit.

(Max Reinhardt bei der Übergabe der Direktion seiner Berliner Theater an Rudolf Beer und Karl Heinz Martin 1932, n. H. Fetting 1974, 133)

Als Max Goldmann wurde Reinhardt am 9. September 1873 in Wien geboren. Sein Vater war Kaufmann in der Textilbranche. 1875 wurde der zweite Sohn der Familie, Edmund, geboren; zwei Schwestern und zwei weitere Brüder folgten. Wirtschaftliche Schwierigkeiten zwangen die Mutter und bald auch den Sohn Max zur Erwerbstätigkeit. Aus diesem Grunde wurde eine begonnene Banklehre abgebrochen. 1888 nahm Max Goldmann Schauspielunterricht. Sein erster nachgewiesener Bühnenauftritt am Fürstlich Sulkowskyschen Eleventheater in Matzleinsdorf bei Wien im April 1890 erfolgte bereits unter dem Künstlernamen Reinhardt (nach der Hauptfigur in Theodor Storms Novelle *Immensee*). Diese Namensänderung war eine Reaktion auf den in Wien zu dieser Zeit besonders hochbrandenden Antisemitismus, von dem noch der knapp zwanzig Jahre jüngere Fritz Kortner in seiner Autobiographie *Aller Tage Abend* (1959) berichtet. Für die Saison 1892/93 erhielt Reinhardt sein erstes Engagement am Neuen Volkstheater in Rudolfsheim, einer Wiener Vorstadt. Von der nächsten Saison an spielte er am Stadttheater Salzburg, wo er als Spezialist für das Charakterfach in neunundvierzig Rollen auftrat. 1894 engagierte ihn Otto Brahm an das Deutsche Theater Berlin. Brahm wurde dort sein Lehrer und größter Förderer. Doch löste sich Reinhardt sehr bald schon aus dessen Wirkungssphäre und schlug einen eigenen Weg ein. Die Gründung eines eigenen Tourneetheater-Ensembles (1895), des legendären Kabaretts »Schall und Rauch« (1901) in Berlin und dessen Umwandlung in das Kleine Theater (1902), schließlich die Übernahme des Neuen Theaters am Schiffbauerdamm (1903) waren die frühen Stationen dieser ebenso rasant wie von Beginn an äußerst erfolgreich verlaufenden Karriere. (vgl. Bd. III, 684f)

Die Übernahme der Direktion des Deutschen Theaters zur Spielzeit 1905/06 war für den Einunddreißigjährigen der entscheidende Schritt in eine neue lebensgeschichtliche und künstlerische Phase. Adolph L'Arronge (1838–1908), der Gründer und Besitzer des 1100 Zuschauerplätze fassenden Deutschen Theaters, hatte 1904 den Pachtvertrag mit Otto Brahm nicht mehr verlängert, offenbar aus dem Gefühl heraus, daß die Zeit für Brahms so perfektionistisch ausgebildeten Bühnennaturalismus abgelaufen war. Brahm übernahm daraufhin die Direktion des Berliner Lessing-Theaters, die er bis zu seinem Tode 1912 innehatte. (vgl. Bd. III, 673ff) Reinhardt mußte mit der Übernahme der Direk-

Max Reinhardt probt H. v. Kleists Schauspiel Der Prinz von Homburg, *mit Friedrich Kayßler, Paul Wegener, Friedrich Kühne. Deutsches Theater, Berlin 1932*

tion des Deutschen Theaters seine beiden anderen Berliner Bühnen, das Neue und das Kleine Theater, aufgeben. Am Deutschen Theater fand am 19. Oktober 1905 die Eröffnungspremiere statt. Reinhardt selbst inszenierte Kleists *Käthchen von Heilbronn*. Noch im November dieses Jahres kaufte er das Deutsche Theater und die angrenzenden Grundstücke für einen Gesamtpreis von 2475000 Mark. Zur Finanzierung wurde eine Kapitalgesellschaft mit Konsortialbeteiligungen gegründet. Zu den Hauptgesellschaftern gehörte der Frankfurter Zeitungsmagnat August Huck, der »mit der journalistischen Macht seines Pressekonzerns zwangsläufig sein Investitionskapital im Deutschen Theater« zu fördern vermochte. (vgl. H. Huesmann 1998, 16) Reinhardt leitete in dem neu erworbenen Theater sofort Umbaumaßnahmen ein, die dem Gebäude nach außen hin ein neues, ein klares Profil verliehen, und verbannte im Innern allen Plüsch in der Ausstattung von Foyer und Zuschauerraum. Vor allem aber ließ er die Bühne wesentlich erweitern, eine Drehbühne von 18 m Durchmesser und einen starren Rundhorizont einbauen. In Paris und München hatte sich Reinhardt über die neuesten bühnentechnischen Entwicklungen informiert, die er nun in seinem Haus zur Anwendung brachte. Dabei dienten alle von ihm veranlaßten Neuerungen dem alleinigen Zweck einer vollkommenen Bühnenillusion. Insbesondere ging es ihm darum, eine Raumillusion zu schaffen, die »den Eindruck unendlicher Ferne ..., die Illusion der Luft und des Himmels« vermittelte. Dem diente vor allem der Einbau einer starren, nach oben offenen zylindrischen Rückwand, ein Prinzip, das sich Reinhardt patentieren ließ. Vervollständigt wurde der sich daraus ergebende Raumeffekt durch eine neue – von Paul Hoffmann entworfene – Lichttechnik, bei der durch eine Farbtrommel der gleitende Lichtwechsel außerordentlich beschleunigt werden konnte. Im Zusammenwirken aller dieser technischen Einrichtungen vermochte der Regisseur Reinhardt jenen atmosphärischen Szenenzauber zu erzeugen, der für seine Bühnenästhetik geradezu zum Markenzeichen wurde.

Mit dem Deutschen Theater hatte Reinhardt nun eine nach seinen Vorstellungen ausgestattete große Bühne. Was ihm nach der Aufgabe des Kleinen Theaters jedoch fehlte, war eine Spielstätte für jenes andere Genre, das für ihn gleichrangig neben den großen Inszenierungen stand, das intime Kammerspiel, bei dem sich Publikum und Bühnengeschehen beinahe hautnah begegnen. Dafür ließ er ein unmittelbar neben dem Deutschen Theater gelegenes Tanzlokal umbauen. Es entstanden die Kammerspiele. Bereits am 8. November eröffnete er dieses neue Theater 1906 mit einer Inszenierung von Henrik Ibsens Stück *Gespenster.* Für die Bühnenausstattung hatte er den norwegischen Maler Edvard Munch gewinnen können. Die Kammerspiele waren als äußerst exklusive Spielstätte konzipiert: von luxuriöser Einfachheit in der Ausstattung, der Einheitspreis von 20 Mark betrug weit mehr als das Doppelte des teuersten Logenplatzes im Deutschen Theater und sorgte – ebenso wie der Frackzwang – für ein elitäres Publikum. In Reinhardts Kammerspielen fand die Idee eines »intimen Theaters«, die um 1900 europaweit verbreitet war (vgl. Bd. III, 638 ff u. 780 ff), ihre perfekte Gestalt.

Mit diesen beiden Berliner Theatern hatte Reinhardt zwei Bühnen, die zwar Alternativen darstellten, im Grunde aber noch in Dimensionen verblieben, die der Konvention entsprachen: »kleines« und »großes« Theater. Was Reinhardt jedoch als Idee bereits seit 1901 vorschwebte, war: »monumentales Theater«. 1911 prägte er dafür die Formel »Theater der Fünftausend«. Die Realisierung eines solchen Projekts ließ nun nicht lange auf sich warten. Am 25. September 1910 brachte er in der 3200 Zuschauer fassenden Bühne der Münchner Musikfesthalle auf der Theresienhöhe seine erste Arena-Inszenierung heraus: die Uraufführung der Bearbeitung von Sophokles' *König Ödipus* durch Hugo von Hofmannsthal. Am 7. November desselben Jahres wurde diese Inszenierung im Zirkus Schumann in Berlin vor etwa 5000 Zuschauern gezeigt. In den »Folgejahren durchspielt dieses Stück die Zirkusarenen und Hallen der Großstädte des Deutschen Reiches und zahlreicher Hauptstädte Europas, von Stockholm bis Budapest und von Moskau bis London.« (H. Huesmann 1983, 23) Künstlerisch waren diese Großraum-Inszenierungen zwar umstritten, doch fanden sie ein begeistertes Massenpublikum und galten zudem als kulturpolitische Unternehmungen: Volkstheater sollte es sein, auf höchstem künstlerischen Niveau. So war es auch durchaus konsequent, daß Max Reinhardt 1915 die durch sinkende Besucherzahlen in Bedrängnis geratene Berliner Volksbühne übernahm. Dieses Theater – ein Prestigeprojekt sozialdemokratischer Kulturpolitik (vgl. Bd. III, 633 ff) – war im Dezember 1914 eröffnet worden und mit 2000 Plätzen ausgestattet, die zum größten Teil zu niedrigen Preisen an die Mitglieder des Vereins »Neue Freie Volksbühne« abgegeben wurden. Reinhardt behielt die Direktion dieses Theaters bis Ende der Spielzeit 1917/18. Die 1910 begonnenen Experimente mit Großraum- und Festspielinszenierungen setzte Reinhardt freilich fort. Ein unermüdlicher Helfer und Werber für diese Idee war ihm dabei der von Festspielvisionen umgetriebene Münchner Dramaturg Georg Fuchs. (vgl. Bd. III, 639) Wie dieser sah auch Reinhardt in solchen – antiken Vorbildern

Bühnenbildentwurf von Hans Poelzig für Max Reinhardts Inszenierung von Hamlet. *Deutsches Theater, Berlin 1920. Terrasse vor dem Schloß*

nachempfundenen – monumentalen Theaterprojekten einen geeigneten Weg, Theater »auch in unseren Tagen wieder zu einem sozialen Faktor werden« zu lassen (*Das Theater der Fünftausend*, 1911). So beschäftigte sich Reinhardt in diesen Jahren noch mit einer Vielzahl von Plänen für Theaterbauten mit Tausenden von Zuschauerplätzen und großdimensionierten Bühnenanlagen (vgl. H. Huesmann 1983, 24ff): 1911 mit dem Plan eines Großen Schauspielhauses in Berlin mit 6000 Plätzen. Gleichzeitig wurde der Kauf des Berliner Zirkus Schumann vorbereitet, die Übernahme des Berliner Sportpalastes erwogen und ein Festspieltheater mit 5000 Plätzen geplant. Die Übernahme der Volksbühne war letztlich nur eine Zwischenlösung auf dem Weg zu einem modernen Monumentaltheater, wie er es schließlich mit dem Großen Schauspielhaus in Berlin erhielt.

Neben den Planungen für entsprechende Gebäude brachte Reinhardt in diesen Jahren auch einige Großraum-Inszenierungen heraus, die im Ausland gezeigt, vor allem aber auch dort neu erarbeitet wurden. Eine der spektakulärsten Produktionen war sicherlich die Uraufführung der Pantomime *Das Mirakel* von Karl Gustav Vollmoeller (mit Musik von Engelbert Humperdinck), die am 23. Dezember 1911 in der Olympia Hall im Stadtteil Kensington in London stattfand. Der Bühnenbildner Ernst Stern hatte in die leere Glashalle eine gotische Kathedrale von riesigen Ausmaßen (37 Meter hoch) gebaut und diese mit einer Bühnenmaschinerie ausgestattet, wie sie in diesen Dimensionen bis dahin noch nie installiert worden war; das galt ebenso für die Beleuchtungsanlage. Allein ein Bühnenwagen, der elektrisch bewegt wurde, faßte bis zu 1400

Helene Thimig als Rosalinde in Wie es Euch gefällt. *R.: Max Reinhardt. Deutsches Theater, Berlin 1919*

Maria Fein in der Titelrolle von F. Schillers Maria Stuart. *R.: M. Reinhardt. Deutsches Theater, Berlin 1915*

Statisten. Riesige Stahlkonstruktionen waren versenkbar und stufenlos zu bewegen. 56 Elektriker und 82 Maschinisten waren zur Steuerung der gesamten Bühnenanlage erforderlich. Ein weiteres Projekt erarbeitete Reinhardt zu Beginn des Jahres 1912 im Londoner Opernhaus Covent Garden mit englischen Schauspielern, Sophokles' *König Ödipus.* »In den Jahren 1911 bis kurz vor Beginn des Ersten Weltkriegs überziehen die griechischen Klassiker in München-Berliner Arenatheater-Fassungen den europäischen Kontinent. Leipzigs Kristallpalast, die Beethovenhalle in Bonn, der Nibelungensaal in Mannheim, das Zentraltheater in Dresden, Hamburgs Zirkus Busch, Volksoper, Zirkus Busch und Rotunde in Wien, wieder Leipzig mit der Rotunde der Alberthalle, das Kölner Opernhaus, die Festhalle in Frankfurt am Main, wieder Hamburg mit dem Zirkus Busch, Karlsruhe mit dem Kleinen Hoftheater und Breslau mit der zweiten Reinhardt-Regie in der Jahrhunderthalle« waren die wichtigsten

Hermine Körner als Lady Macbeth. R.: M. Reinhardt. Deutsches Theater, Berlin 1916

Elisabeth Bergner in der Titelrolle von G. B. Shaws Die heilige Johanna. *R.: M. Reinhardt. Deutsches Theater, Berlin 1924*

Stationen im deutschsprachigen Raum, an denen Sophokles' *Ödipus,* die *Orestie* des Aischylos, Hofmannsthals *Jedermann* und das *Mirakel* von Vollmoeller und Humperdinck gezeigt wurden. (dazu H. Huesmann 1983, 25 ff) Im Ausland gab es Aufführungen – neben London – in Moskau, St. Petersburg, Riga, Kiew, Char'kov, Odessa, Warschau, Prag, Stockholm, Amsterdam, Den Haag, Zürich, Rom und Budapest. Bereits 1912 hatte Reinhardt mit der Pantomime *Sumurûn* von Friedrich Freksa sein erstes Gastspiel in den USA, in New York, gegeben.

1917 wurde die »Aktiengesellschaft Deutsches Nationaltheater« gegründet, die ein Jahr später den Zirkus Schumann übernahm und dessen Umbau in ein Großraumtheater in Auftrag gab. Der Architekt Hans Poelzig (1869–1939), der prominenteste Vertreter eines architektonischen Expressionismus, übernahm nach Reinhardts Vorstellungen die Umbauplanung. Es entstand »der weitestreichende Reformtheaterbau, der jemals in Deutschland errichtet worden ist.

Das Prinzip Volkstheater hat sich hier in einem ranglosen, von der Arena bestimmten, U-förmig ausgezogenen Halbrund des Zuschauerraums und mit der den Guckkasten überwindenden vierteilig gestaffelten Bühne durchgesetzt. Eine 20 m tiefe, 13 m breite Orchestra findet ihre Spielflächenfortsetzung in zwei unabhängig voneinander versenkbaren Vorbühnen bis hin zu der 22 m tiefen Hauptbühne zwischen Vorhang und Kuppelhorizont. Jede der Vorbühnen ist in der Mitte geteilt, jeder Teil für sich in der Höhe verstellbar.« (H. Huesmann 1983, 32) Das Bühnenportal war 30 m breit und 10 m hoch. Der Einsatz modernster Bühnentechnik machte Kulissen weitgehend überflüssig. Die Attraktion dieses Raumes war jedoch sein Stalaktitengewölbe. Dort waren mehr als tausend Kuppelzapfen mit ebenso vielen kleinen Reflektorlampen installiert, die bei abgedunkeltem Saal den griechischen Sternenhimmel mit 700 Sternen in dreißig Sternbildern aufleuchten ließen, die totale Illusion eines Nachthimmels mit dem symbolischen Verweis auf den Ursprung des Theaters. Unter dem Namen »Großes Schauspielhaus« wurde der umgebaute Zirkus Schumann am 29. November 1919 mit der *Orestie* von Aischylos in einer Bearbeitung durch Karl Gustav Vollmoeller (1878–1948) eröffnet – in einer Zeit, in der in Berlin bürgerkriegsähnliche Zustände herrschten und große Kreise der Bevölkerung in der Folge von Inflation und dem allgemeinen wirtschaftlichen Chaos verarmt waren. Kein Wunder also, daß das erste Geschäftsjahr ein finanzielles Desaster war. Hinzu kam, daß die Schauspieler protestierten, da sie in dem riesigen Raum das Publikum mit ihrer Stimme und Gestik kaum noch erreichten.

Die eigentliche künstlerische Arbeit, die ja früher an vielen Bühnen, auch in Berlin, gepflegt wurde, ist hauptsächlich durch den Film zerstört worden. Die Bedürfnisse der Schauspieler sind in diesen wirtschaftlich unsicheren Zeiten naturgemäß immer größer geworden, und das Theater konnte ihnen nicht in entsprechender Weise nachkommen. Ich kenne die Entwicklung in Wien nicht genau, glaube jedoch, daß der Film hier keine so entscheidende Rolle gespielt hat wie in Berlin. Dort allerdings war der Film der gefährlichste Feind des Theaters, und zwar nicht etwa durch seine Konkurrenz gegenüber dem Publikum, sondern weil er die Schauspieler von ihrer eigentlichen Arbeit abzog.

(Max Reinhardt 1924, n. H. Fetting 1974, 213)

Die Eskalation der politischen Auseinandersetzungen in Deutschland, zumal in Berlin, veranlaßten Max Reinhardt, im Oktober 1920 die Direktion seiner Berliner Bühnen abzugeben und die Stadt zu verlassen. Hinzu kam eine Besteuerungspraxis, die viele Privattheater an den Rand des Bankrotts trieb und auch die Reinhardt-Bühnen schwer belastete. Zudem ließen sich eine Reihe führender Schauspieler aus Reinhardts Ensemble von der Filmwirtschaft abwerben, was Reinhardts vielfältig verzahntes Produktionssystem beeinträchtigte. Für einige Jahre wurden nun Salzburg und Wien die Zentren seiner Arbeit. An den Berliner Bühnen übernahm Felix Hollaender (1867–1931) die Direktion, der bei Reinhardt zuvor als Dramaturg gearbeitet hatte. Wesentlicher Leiter des wirtschaftlichen Sektors des Konzerns blieb jedoch Reinhardts Bruder Edmund.

Im April 1918 hatte Reinhardt das Schloß Leopoldskron erworben und baute dieses als seine Residenz im großen feudalen Stil aus. Zugleich verstärkte sich damit die Beziehung zu Salzburg. Dort waren am 22. August 1920 die Festspiele mit einer am Domplatz stattfindenden Inszenierung des *Jedermann* von Hugo von Hofmannsthal unter Reinhardts Regie eröffnet worden. (vgl.: Kap.: Österreich) Bis 1937 stand diese Inszenierung im Mittelpunkt dieser Festspiele. Reinhardt hatte 1917 eine *Denkschrift zur Errichtung eines Festspielhauses in Hellbrunn* veröffentlicht, in der er das Festspiel-Unternehmen als kulturpolitisches und sozialpolitisches Großprojekt darstellte, eingebettet in eine Theaterutopie, die versprach, daß Theater die unversehrt gebliebene »Zuflucht für die Daheimgebliebenen«, »Heilstätte der Seele«, »Lebensmittel für die Bedürftigen« sei; ein wertkonservativer Gegenentwurf zur »furchtbaren Wirklichkeit dieser Tage«, der seine Kraft aus der Bewahrung von Tradition und regionaler Bindung gewinnen würde.

In Wien konnte Max Reinhardt trotz der Widerstände rechtsgerichteter

Kreise letztlich doch Fuß fassen. 1917 war er bereits ins Gespräch gebracht worden für die Nachfolge von Hugo Thimig in der Direktion des Wiener Burgtheaters; und auch in den Jahren 1920/21 wurde immer wieder um eine Verbindung Reinhardts mit dem Burgtheater unter Einbeziehung wesentlicher Ensemblemitglieder aus Berlin verhandelt, jedoch ohne Ergebnis. Auch andere Kooperationspläne zwischen Berliner und Wiener Theatern unter Reinhardts künstlerischer Leitung verliefen im Sande. 1922 gelang es Reinhardt schließlich dann doch, im Redoutensaal der Wiener Hofburg eine Reinhardt-Bühne zu gründen. Zum eigentlichen Standort in Wien wurde jedoch das Theater in der Josefstadt, dessen Direktion und Pacht Max Reinhardt im Juni 1923 übernahm. Nach größeren Umbaumaßnahmen konnte er diese Bühne am 1. April 1924 mit einer Inszenierung von Carlo Goldonis *Diener zweier Herren* eröffnen. Einer Tendenz dieser Aufbaujahre entsprechend, in der mehr Mitbestimmungsrechte für Schauspieler eingefordert wurden, aber auch um Verantwortung aufzuteilen, gründete Max Reinhardt eine Gesellschaft, die den Namen trug »Die Schauspieler im Theater der Josefstadt unter Führung von Max Reinhardt« und die eine Art Leitungskollektiv darstellte. Für den entscheidungsbefugten Kern der Gesellschaft war dies mit der Verpflichtung verbunden, sich mehrere Monate pro Spielzeit in die Ensemblearbeit des Theaters einzugliedern, was in diesen Jahren für die Stars der Reinhardt-Bühnen keineswegs selbstverständlich war. (vgl. H. Huesmann 1983, 57) Reinhardt versuchte sogleich auch in Wien, durch Kooperationen mit der Volksoper, dem Neuen Wiener Stadttheater, den Wiener Kammerspielen, dem Johann-Strauß-Theater, dem Theater an der Wien und noch weiteren Bühnen eine Art Konzern nach dem Berliner Modell aufzubauen, was in dieser Form scheiterte. Es kam jedoch zu einem vielfältigen Austausch von Reinhardt-Inszenierungen unter den Wiener Theatern, um eine höhere finanzielle Rentabilität der Produktionen zu erreichen. Auch die Berliner Reinhardt-Bühnen waren in diesen Austausch eingebunden.

In Deutschland hatte sich 1924 das politische Klima insofern beruhigt, als die gerade das öffentliche Leben in Berlin so sehr belastenden bürgerkriegsähnlichen Auseinandersetzungen abgeflaut waren. Zudem war durch die Einführung der Rentenmark (und seit 1924 der Reichsmark) das Chaos der Inflation beendet, so daß es für den Künstler und Unternehmer Max Reinhardt möglich wurde, wieder nach Berlin zurückzukehren, um dort zunächst die künstlerische Oberleitung seiner Bühnen zu übernehmen. Ein erster Akt bei dieser Rückkehr war der Erwerb eines weiteren Theaters, der Komödie am Kurfürstendamm, die innerhalb des Reinhardt-Konzerns einen neuen Bühnentypus darstellen sollte, ein Boulevardtheater. Darauf waren alle baulichen Maßnahmen ausgerichtet, die Reinhardt sofort einleitete. Es wurde ein Theater »ohne Drehbühne, ohne Hinterbühne, ohne nennenswerte Seitenbühnen und ohne auch nur den Ansatz eines Schnürbodens.« (H. Huesmann 1983, 60) Bereits am 1. November 1924 konnte das neue Theater eröffnet werden. Als der Konzern infolge drückender Steuerlasten wirtschaftlich in Gefahr geriet, übernahm Reinhardt schließlich auch wieder dessen Direktion und setzte durch, daß seinem Unternehmen der Status der Gemeinnützigkeit zuerkannt wurde.

Die wirtschaftlichen Probleme spitzten sich gegen Ende der zwanziger Jahre jedoch erneut zu, und allein dem unternehmerischen Geschick von Edmund Reinhardt war es zu verdanken, daß der Konzern bis in die frühen dreißiger

Das Josefstädter Theater, das ich mir mehr als irgendein anderes Theater gewünscht habe, ist für mein Empfinden ein geradezu unvergleichlicher Raum, um dort mit Schauspielern zu arbeiten. Seine Akustik ist wundervoll. Es erscheint mir wie eine alte Geige oder eine kostbare Schale. Man kommt dort dem Wesen einer künstlerischen Persönlichkeit so nahe wie nicht leicht in einem anderen Raum. Bei dem Umbau wurden Zuschauerraum und Bühne neu ausgestattet, aber die alte Form, die mir das Wertvollste schien, blieb gewahrt. Als das wichtigste Ziel eines künstlerischen Theaters darf wohl die Pflege des Ensemblespieles betrachtet werden, das Bestreben, Schauspieler nicht bloß vorübergehend als Gäste in ein Ensemble zu stellen, sondern ein Ensemble zu bilden und zu erhalten. Dies ist heutzutage gewiß schwieriger als früher. Ich bin ja in Wien aufgewachsen und habe die wundervollen Erinnerungen an das alte Burgtheater, auf dessen vierter Galerie ich entscheidende Eindrücke für meine gesamte spätere Arbeit empfangen habe.

(Max Reinhardt 1924, n. H. Fetting 1974, 212)

Paul Wegener in der Titelrolle von Macbeth. *R.: M. Reinhardt. Deutsches Theater, Berlin 1916*

Eugen Klöpfer in der Titelrolle von G. Büchners Woyzeck. *R.: M. Reinhardt. Deutsches Theater, Berlin 1921*

Jahre zusammengehalten werden konnte. Edmund Reinhardt aber starb im Juli 1929. Für die wirtschaftliche Stabilität der Reinhardt-Bühnen war dies ein schwerer Schlag. Durch immer neue Zusammenschlüsse und neue Formen der Produktionsverwertungen versuchten in diesen Jahren die meisten Berliner Privattheater, ihr wirtschaftliches Überleben zu sichern. Gegen diese Tendenz zur »Vertrustung« der Berliner Theater lief die Bühnengenossenschaft freilich Sturm, nicht zuletzt wegen der damit verbundenen restriktiven Gagenpolitik der Konzerne. Schließlich geriet auch das Preußische Staatstheater in eine so katastrophale wirtschaftliche Schieflage, daß der Plan erwogen wurde, auch diese Bühne unter die künstlerische Leitung des Regiestars Max Reinhardt zu stellen. Reinhardt wiederum war bereit, seinen Konzern in den subventionierten Verband der Staatstheater einzubringen, um die nicht mehr zu bewältigende finanzielle Sicherstellung seiner Bühnen auf diese Weise zu gewährleisten. Diese Pläne wurden erwogen in einer Zeit (1930), in der die nationalsozialistische Hetzkampagne gegen Reinhardt zu eskalieren begann und der politische Zusammenbruch der Republik absehbar war. Reinhardt unternahm mit der Gründung eines weiteren Theaters, des Theaters am Kurfürstendamm (eröffnet im Januar 1931), einen letzten Versuch, durch Expansion und noch weitergehende Verbreiterung des Spielplanangebots den Zusammenbruch seines Theaterkonzerns abzuwenden. Die meisten Privattheater Berlins waren zu dieser Zeit bereits geschlossen. Auch die Staatsbühnen hatten große Teile ihrer Ensembles entlassen. Anfang Januar 1932 jedoch waren auch die Reinhardt-Bühnen wirt-

Alexander Moissi als Osvald in H. Ibsens Gespenster. *R.: Max Reinhardt. Kammerspiele, Berlin 1906*

Ernst Deutsch als Arnold Kramer in G. Hauptmanns Michael Kramer. *R.: F. Hollaender. Kammerspiele, Berlin 1918*

schaftlich am Ende. Reinhardt verpachtete das Deutsche Theater und die Kammerspiele an Rudolf Beer und den Regisseur Karl Heinz Martin und trat von der Direktion des Konzerns zurück. Bei einer Aufführung von Gyula Háys Stück *Gott, Kaiser und Bauer* im Deutschen Theater kam es zu Krawallen, die von der SA ausgelöst wurden. Das Theater wurde geschlossen. Die Rotter-Brüder (Alfred und Fritz Schaie), deren Theaterkonzern ebenfalls in die Insolvenz geriet, versuchten, sich und Teile ihres Vermögens durch Flucht ins Ausland in Sicherheit zu bringen. Nun holte die nationalsozialistische Regierung, die im Januar 1933 an die Macht gekommen war, zum letzten Schlag gegen die Reinhardt-Bühnen aus. Die seit 1926 bestehende Gemeinnützigkeit wurde aufgehoben und eine Nachzahlung von Lustbarkeitssteuern in Millionenhöhe gefordert. (vgl. H. Huesmann 1983, 70) So fand am 1. März 1933 im Deutschen Theater die Premiere der letzten Inszenierung von Max Reinhardt in Deutschland statt: *Das Große Welttheater* von Calderón in der Bearbeitung von Hugo von Hofmannsthal. Acht Tage nach der Premiere verließ Reinhardt Deutschland. Die nationalsozialistische Regierung schickte den Staatsschauspieler Werner Krauß nach Leopoldskron, wohin sich Reinhardt zurückgezogen hatte, und ließ dem weltberühmten Künstler das Angebot einer »Ehrenarierschaft« überbringen, um sich seine Dienste zu sichern. Die Ablehnung dieses Ansinnens hatte die Enteignung von Reinhardts Besitz zur Folge. Auch in Österreich wurde er nun mit Hilfe fingierter Steuerschulden unter Druck gesetzt. Das Deutsche Theater in Berlin und das Josefstädter Theater in Wien wurden von der NS-Regierung der künstlerischen Leitung von Heinz Hilpert (1890–1967) unterstellt. Dieser hatte unter Max Reinhardt an diesen Bühnen seit 1923 als Regisseur gearbeitet.

Reinhardt war für eine Inszenierung von Shakespeares *Sommernachtstraum* nach Oxford eingeladen worden. Von dort aus übereignete er in einem Brief an die nationalsozialistische Regierung vom 16. Juni 1933 sein geistiges Lebenswerk und seinen materiellen Besitz – im Zentrum dieser Übergabe stand das Deutsche Theater, das künstlerische Herzstück des Reinhardt-Konzerns – dem »Nationalvermögen Deutschlands«. (vgl. H. Fetting 1974, 222f) Reinhardts berühmtes Berliner Ensemble hatte sich längst aufgelöst; einige der Mitglieder waren emigriert. Reinhardt übernahm nun Regieaufgaben in Florenz, Mailand, Venedig, Oxford, Paris und in den USA, wohin sich sein Arbeitsschwerpunkt immer mehr verlagerte. Seine *Sommernachtstraum*-Inszenierung in der riesigen Hollywood Bowl war dort eines der spektakulären Großprojekte. 1934/35 fanden Dreharbeiten in Hollywood und London für seinen *Sommernachtstraum*-Film statt. Die Inszenierung der Uraufführung von Franz Werfels Stück *In einer Nacht* am 5. Oktober 1937 am Theater in der Josefstadt war Reinhardts letzte Arbeit als Regisseur auf europäischem Boden. Unmittelbar danach übersiedelte er in die USA. Dort hoffte er an die Erfolge früherer Gastspiele anschließen zu können, vor allem an die so begeistert aufgenommene Inszenierung von *Sumurûn* im Jahre 1912 und andere seiner Broadway-Produktionen, wie etwa die *Mirakel*-Inszenierung in der prächtigen Ausstattung von Norman Bel Geddes. Diese Inszenierung war mit riesigem Erfolg in mehr als zehn weiteren amerikanischen Städten gezeigt worden. Auch die meisten seiner Berliner Erfolgsinszenierungen, so etwa *Jedermann*, *Gespenster*, *Dantons Tod* und *Diener zweier Herren*, waren in Gastspielen in den USA zu sehen gewesen. Unmittelbar nach seiner endgültigen Emigration hatte das Stück *Eternal Road* (Der Weg der Verheißung) in New York seine Uraufführung. Sie war als »Totaltheater« konzipiert, ein Projekt, das – auch in der Finanzierung – alle Maßstäbe sprengte. Die Musik dazu hatte Kurt Weill komponiert, Norman Bel Geddes die Bühnenausstattung im Manhattan Opera House übernommen. Das Stück schildert in Episoden aus dem Alten Testament das Schicksal der Juden. Es sollte eine jüdische »Antwort auf Hitler« sein, – so die zionistischen Initiatoren des seit 1934 vorbereiteten Projekts. (vgl. Kap.: Deutsches Theater im Exil)

Schon 1928 war in New York die Gründung eines »Max-Reinhardt-Theatre« geplant gewesen. Der Exilant Reinhardt, der 1940 die amerikanische Staatsbürgerschaft erhielt, um die er sich bereits 1934 bemüht hatte, ging nun sogleich auch wieder mit neuen Plänen an die Öffentlichkeit: »ein californisches Salzburg« wollte er in Hollywood aufbauen, »in welchem alljährlich während einer großen Frühjahrs-Saison … Festspiele stattfinden sollten.« Im Sommer 1938 eröffnete Reinhardt in Hollywood am Sunset Boulevard den »Max Reinhardt Workshop for Stage, Screen and Radio«, wo er die Tradition seiner Berliner und Wiener Schauspielschulen, erweitert um die Arbeitsbereiche Film und Radio, fortsetzen wollte. Zusammen mit seiner Frau, der Schauspielerin Helene Thimig (1889–1974), mit der er seit der Trennung von Else Heims (Scheidung 1935) offiziell zusammenlebte, und anderen emigrierten Reinhardt-Schauspielern bestritt er selbst den Hauptanteil des Unterrichts. Der Reinhardt-Workshop unternahm Gastspiele in amerikanische Städte, auch mit Inszenierungen von Helene Thimig. 1942 übergab Reinhardt seine Theaterschule an Jack Geller und übersiedelte nach New York.

In Kalifornien hatte sich bereits die persönliche finanzielle Misere Reinhardts abgezeichnet, in New York verschlechterte sich seine Lage zunehmend. Die von ihm mit Leidenschaft verfolgten Ideen eines Repertoiretheaters mit eigenem Ensemble ließ sich im amerikanischen Theaterbetrieb, der ganz auf das Star-System ausgerichtet war, nicht durchsetzen. Wie unterschiedlich die Theaterauffassungen und Theaterkulturen waren, wurde unter anderem auch daran deutlich, daß es am amerikanischen Theater zu dieser Zeit den Regisseur als künstlerischen Leiter im Sinne Reinhardts nicht gab. So wurde etwa in der amerikanischen Presse bei Berichten über die Reinhardt-Gastspiele der Name des Regisseurs gar nicht oder nur beiläufig erwähnt.

Eine Inszenierung von Irwin Shaws Antikriegsstück *Sons and Soldiers* im Mai 1943 war Reinhardts letzte Regiearbeit, ein Achtungserfolg bei der Kritik. Knapp zwei Monate nach seinem siebzigsten Geburtstag, bei dem ihm noch einmal zahlreiche Ehrungen erwiesen wurden, starb Max Reinhardt in einem Hotel in New York an den Folgen eines Schlaganfalls.

»Großes Schauspiel« und »intime Vorstellung«: Richtungen und Schwerpunkte der künstlerischen Arbeit von Max Reinhardt

Durch das Erlebnis klassischer Schauspielkunst, wie sie am Wiener Burgtheater von Adolf von Sonnenthal oder Hugo Thimig zelebriert wurde (vgl. Bd. III, 729 f), war dem jungen Max Reinhardt vor allem eines klar geworden: der Schauspieler steht im Zentrum aller Bühnenkunst. Es war dies eine Prägung seines Theaterverständnisses, die ein Leben lang als Maxime seiner künstlerischen Arbeit gültig blieb. Von Otto Brahm, dessen Ensemble Reinhardt von 1894 bis 1903 angehörte, lernte er die dramaturgische Präzision im Umgang mit der dramatischen Dichtung und ein kompromißloses Insistieren auf »Wahrheit«. Von Brahms »strenger Zucht der Sparsamkeit« in der Ausbreitung der künstlerischen Mittel, von dessen Fixierung des analytischen Blicks vornehmlich auf die Schattenseiten des Daseins distanzierte er sich jedoch beinahe von Beginn dieser Zusammenarbeit an. (vgl. Bd. III, 684 ff) Dabei faszinierten ihn bereits in diesen Jahren der ersten Formung einer eigenen Theatervision die beiden Möglichkeiten, die diese Kunst bereithält: die große, festliche Form und die »intime Kammermusik« des Theaters. Und ein weiterer Aspekt war Reinhardt spätestens zu dieser Zeit bewußt: Um seine künstlerischen Ideen durchzusetzen, bedarf er eines eigenen, auf ihn als Richtungweisenden eingeschworenen Ensembles und eines Theaters, das in der bühnentechnischen Ausstattung auf seine Arbeitsweise eingerichtet ist. So folgte schließlich als erster Schritt in die Eigenständigkeit die Gründung eines eigenen Tournee-Ensembles im Sommer 1895 und im Januar 1901 die Eröffnung der ersten eigenen Bühne, des »Kleinen Theaters (Schall und Rauch)«, in dem die Reinhardt-Truppe zunächst mit einem Kabarettprogramm Furore machte, das im Jahr darauf (1902) dann als Experimentierbühne für zeitgenössische Dramatik (Oscar Wilde, Maksim Gor'kij, Frank Wedekind, August Strindberg) berühmt wurde. Mit der Anmie-

Anna Feldhammer als Gertrud, Paul Conradi als Hamlets Vater und Alexander Moissi als Hamlet in Max Reinhardts Inszenierung von Shakespeares Hamlet. *Deutsches Theater, Berlin 1913*

tung des Neuen Theaters am Schiffbauerdamm ein Jahr später stand Reinhardt nun auch ein großes Theater zur Verfügung. Wie sehr die kleine Kabarett-Bühne mit den wenigen dort gezeigten Auftritten Bestandteil des »Markenzeichens« Max Reinhardt geworden war, zeigt dessen Versuch, dieses Projekt 1919 in den Räumlichkeiten des Großen Schauspielhauses – selbstverständlich auch unter dem Namen »Schall und Rauch« – wiederzubeleben. (vgl. Kap.: Kabarett und Theater)

Die Theaterarbeit von Max Reinhardt verlief von Beginn seiner Laufbahn an auf vielen Gleisen. Gleichzeitig und mit gleicher Kraft setzte er sich mit der klassischen und der zeitgenössischen Dramatik auseinander; die Konzentration auf den Schauspieler war auch nie in Frage gestellt durch die nicht minder intensive Einlassung auf die bildnerischen Elemente der Bühnenästhetik und die Zusammenarbeit mit so profilierten Malerpersönlichkeiten wie Lovis Corinth, Edvard Munch, Leo Impekoven, Max Slevogt oder Emil Orlik. In anderen Konstellationen der Zusammenarbeit von Regisseuren und bildenden Künstlern, so etwa (in diesem Fall freilich in Personalunion) bei dem englischen Bühnenreformer Edward Gordon Craig oder den Malern der verschiedenen Richtungen der Avantgarde, verdrängten die bildnerischen Entwürfe in aller Regel den Schauspieler, überformten, verfremdeten ihn in seiner körperlichen Ausdrucksfähigkeit, ja brachten ihn gänzlich zum Verschwinden. Reinhardt dagegen gelang die Balance gegenseitiger Potenzierung des Malerisch-Dekorativen der Szene und der elementaren Ausdrucksmittel des Schauspielers. So war das Theater Max Reinhardts auch nicht auf einen Stil festgelegt; vielmehr ging der Regisseur in der Auseinandersetzung mit dem jeweiligen dramatischen Werk gleichsam auf die Suche nach der diesem Werk ihm angemessen erscheinenden szenischen Form. Dieser Einstellung entspricht es auch, daß es bei

Alexander Moissi als Protassov in Der lebende Leichnam *von L. Tolstoj. R.: M. Reinhardt, Deutsches Theater, Berlin 1913.*

den vielen schriftlichen Äußerungen Reinhardts fast nie um eine Methode der schauspielerischen Arbeit oder der Regie geht. Statt dessen umschreibt Reinhardt eigentlich immer wieder nur eines, seine Vorstellung von einem Theater, wie es ihm »vorschwebt«. Gegenüber den theoretischen Äußerungen eines Stanislavskij und dessen Wirkung auf das europäische Theater seiner Zeit, die der Reinhardts vergleichbar ist, mag dies äußerst vage erscheinen, jedoch blieben dem »Magier« Reinhardt deswegen wohl auch Stanislavskijs künstlerische Krisen erspart. Ein weiterer Grund mag der gewesen sein, daß Reinhardt, als er seine eigene Richtung zu entwickeln begann, die »Befreiung« aus dem Banne des Naturalismus, der für ihn nie ein mit Überzeugung vertretener Standpunkt, sondern nur ein Arbeitsumfeld (das Brahm-Ensemble) war, bereits hinter sich hatte. Offenbar aber war der Bruch mit dem Naturalismus, der vielen Bühnenkünstlern im ersten Jahrzehnt des 20. Jahrhunderts abverlangt wurde, fast stets ein von diesen krisenhaft erfahrener Prozeß innerhalb der eigenen Entwicklung, wohl aufgrund der starken künstlerischen Prägung, die diese Richtung auf ihre Vertreter ausübte.

Von seinen ersten bühnenästhetischen Entscheidungen an war es Max Reinhardts Bestreben, Bühnengeschehen und Zuschauer in eine so enge Beziehung zu versetzen, wie dies unter den Bedingungen der jeweiligen Theatersituation nur möglich war. Dabei spielte für ihn der Gedanke der Gemeinschaft, wie er von den Festspieltheoretikern seit Richard Wagner ins Zentrum der Wirkungsintentionen des Theaters gerückt worden war, eine wesentliche Rolle. Theater sollte nicht als ein Gegenüber wahrgenommen werden, als ein Medium, in dem Bildungsinhalte vermittelt werden oder im Sinne der Naturalisten Milieustudien betrieben werden können, vielmehr sollte in der Einheit von Spielen und Zuschauen Gemeinschaft erlebt, der Alltag transzendiert werden. So ging es

Die Spielpläne der Berliner Reinhardt-Bühnen für 1905 bis 1930 … verzeichnen 23 374 Theatervorstellungen von 452 Stücken, … davon in 25 Jahren rund 170 Inszenierungen Reinhardts. Diese Zahl verdoppelt sich, und neue Bereiche kommen dazu, zählt man die Inszenierungen am Kleinen und Neuen Theater hinzu, die Berliner Inszenierungen nach 1930, die im Redoutensaal der Hofburg und im Theater in der Josefstadt in Wien, die Festspiele in Salzburg, München und Kalifornien, die Gastinszenierungen innerhalb und außerhalb Deutschlands und die Arbeit im amerikanischen Exil. Allein in Berlin bespielte Reinhardt mehr als zehn Theater. Die dortigen Reinhardt-Bühnen sind nach ›Schall und Rauch‹, dem ›Kleinen‹ und ›Neuen Theater‹ zusätzlich ab 1906 die ›Kammerspiele des Deutschen Theaters‹; zeitweilig kommen dazu der Zirkus Busch (1914) und (1910–12/13) der später zum ›Großen Schauspielhaus‹ umgebaute Zirkus Schumann, die ›Volksbühne‹ (1915–18), das ›Kleine Schauspielhaus‹ in Charlottenburg (1918/19), 1924 die für ihn von Oskar Kaufmann erbaute ›Komödie‹ am Kurfürstendamm, 1928 das ›Berliner Theater‹, eine Spielzeit (1930/31) lang das ›Theater am Kurfürstendamm‹.

(L. M. Fiedler 1981, 68)

Reinhardt in seinen Inszenierungen nicht darum, einen Grundgedanken oder die Botschaft eines Stücks herauszuarbeiten, vielmehr verdichtete sich ihm das in einem Stück festgehaltene Leben in dessen Atmosphäre und »Stimmung«. Hugo von Hofmannsthal nannte eben dies in seinem Essay *Das Reinhardtsche Theater* (1918) den sozialen Aspekt des Theaters von Max Reinhardt, der in die »Zuhörerschaft wieder Nerv und Einheit« bringt. Auf das Erfassen dieser »Stimmung« lenkte Reinhardt folglich auch alle Aufmerksamkeit des Zuschauers; deswegen nahm bei ihm auch das Schauspielerische eine so zentrale Rolle ein. Noch in einer Erklärung *Über das ideale Theater*, die Reinhardt 1928 abgab, heißt es: »Aber es kommt nicht allein darauf an, die Bühne in den Zuschauerraum vorzurücken und die Kulissen gegenständlich zu machen, sondern auch die ganze überlebte Tradition, daß Bühne und Zuschauerraum zwei voneinander streng getrennte Reiche sind, muß ausgemerzt werden. Jede Möglichkeit, den Schauspieler in innige Berührung mit seinem Auditorium zu bringen, muß wahrgenommen werden. Der Zuschauer darf nicht den Eindruck haben, daß er bloß ein unbeteiligter Außenstehender sei, sondern man muß ihm die Suggestion aufoktroyieren, daß er in innigem Zusammenhang mit dem, was auf der Bühne vorgeht, steht, und daß auch er seinen Teil an der Entwicklung der Vorgänge hat. Ebenso muß der Vorhang verschwinden. Die Schauspieler sollten, wenn immer es nur möglich ist, durch den Zuschauerraum auftreten. Auch muß der Zuschauerraum oder wenigstens ein Teil von ihm in Übereinstimmung mit der Bühne dekoriert sein.« (n. H. Fetting 1974, 341 f) Bei seinen Theaterumbauten hat Reinhardt dieses Prinzip insofern stets durchgesetzt, als er bei allen Bautypen (vom Kammerspiel bis zur Großraumbühne) die Guckkastenform vermieden hat. Vor allem die Kulissen und die mit Hilfe des Schnürbodens herabgelassenen Bühnen»bilder« waren Gegenstand seiner Kritik an der Bühnenkonvention, wie er sie vorfand. Daß die Szenerie plastisch gebaut werden müsse, war ebenfalls eine zentrale Forderung von Beginn an. Aus diesem Grunde war für ihn die erst wenige Jahre zuvor erfundene Drehbühne (vgl. Bd. III, 658) die ideale Bühnenmaschinerie. Es konnten auf diese Weise die für das Stück erforderlichen unterschiedlichen Spielorte vorher »plastisch« aufgebaut und nach den entsprechenden Akten oder Szenen ohne Umbauverzögerung eingefahren werden. Auf diese Weise kamen jene spektakulären Effekte und auch jene gleitende Dramaturgie zustande, die Reinhardts Inszenierungen so berühmt gemacht haben: so etwa die Waldszenerie, die Karl Walser 1905 im Neuen Theater für die Inszenierung von Shakespeares *Sommernachtstraum* gebaut hatte oder die Spiellandschaft von Emil Orlik für *Der Kaufmann von Venedig* im Deutschen Theater Berlin. Im Dienste einer ausgefeilten Stationentechnik war die Drehbühne eingesetzt in Reinhardts *Faust*-Inszenierungen am Deutschen Theater 1909 und 1911. Alfred Roller (1864–1935) hatte in Abstimmung mit dem Regisseur die Bühnengestaltung erarbeitet: »Das Kernstück war eine etwa 5 ½ Meter hohe Eisenkonstruktion, die dekorativ zu den einzelnen Spielorten ausgebaut war. Im ersten Teil stand oben das Stadttor, aus dem sich die Straße des Osterspaziergangs hinabwand. So war auf der Drehbühne ein Berg entstanden, in den nunmehr die einzelnen Spielorte wie Studierstube, Hexenküche, Auerbachs Keller, Gretchens Gemach, Marthes Zimmer und andere Räume eingelassen wurden, um sich drehend in das Spiel pausenlos einzuschalten. Weiterhin konnte im Osterspaziergang, in Marthes Garten und in der Walpurgisnacht sich ein bewegtes Auf und Nieder der Lustwandelnden über verschiedene Höhenlagen in freier Entwicklung entfalten. Andere Spielorte, wie der Zwinger, konnten auf engsten Raum beschränkt werden. Sieben ungleiche Kreissegmente garantierten mit ihrem Übereinander der Spielorte einen auf nur wenige Pausen angewiesenen szenischen Ablauf.« (H. Braulich 1969, 101f) Für den zweiten Teil des *Faust* hatte Roller die Spielorte auf der Drehscheibe, dem Charakter dieses Stücks entsprechend, nach einer strengen symbolischen Geometrie angeordnet.

Eine Spezialität von Reinhardts Regieführung war der Umgang mit Massen von Darstellern. Dies war offenbar eine besondere Attraktion im zeitgenössischen Theater, seit die Meininger mit ihrer modernen Form der Massenregie europaweit Erfolge feiern konnten. (vgl. Bd. III, 151ff) Reinhardt löste sich jedoch von der Meiningerschen Manier der durch Stichworte ausgelösten, das zentrale Geschehen akzentuierenden Bewegungsführung und wies den »Massen« oder Chören eine eigenständige dramatische Funktion zu. Erstmals gelang Reinhardt diese Form der Massenregie in seiner Inszenierung von Schillers Schauspiel *Die Räuber*. Die Räuberbande verkörperte ein Element der Anarchie, der Gewalttätigkeit, eine Gegenwelt zur feudalen wie zur bürgerlichen Ordnung, zerstörerisch und selbstzerstörend zugleich. Ein undurchdringlicher Wald war der Raum, in dem diese Desperados zu Hause waren, den sie in beinahe tierhaftem Bewegungsgestus ausfüllten. Eine andere Funktion erhielt die Massenregie in Reinhardts Großraumtheater-Inszenierungen. Die Aufführungen von Sophokles' *König Ödipus* im September 1910 und der *Orestie* von Aischylos 1912, jeweils in der Münchner Festhalle, waren dafür Initialereignisse. Reinhardt inszenierte dabei den antiken Chor als riesige Volksmasse, für deren expressive Bewegungsspiele ein der antiken Orchestra nachempfundenes Terrain geschaffen worden war. Künstlerisch geriet diese (zur Manier hin tendierende) Form der Regie jedoch an eine Grenze. Von Beginn an wurde kritisiert, daß durch die effektvollen Arrangements des Statistenheeres die Aktionen der Protagonisten überspielt werden. Es scheint, daß Reinhardt mit Effekten dieser Art einer Mode seiner Zeit zur totalen Visualisierung folgte, wie sie etwa der Film perfekt erfüllte. Es waren die Jahre, in denen die ersten italienischen Großproduktionen in die Kinos kamen, monumentale, historische Ausstattungsfilme wie *Gli Ultimi giorni di Pompeii* (1908 und 1913) oder *Cabiria* (1914). (vgl. U. Gregor, E. Patalas 1973, 25 f) Auf die Spitze trieb Reinhardt das Arrangement monumentaler Schaueffekte in seiner *Mirakel*-Inszenierung in der Londoner Olympia Hall. Darin ging es wohl nur noch um visuelle Eindrücke, untermalt mit Humperdincks Musik, beinahe skrupellos auf der Klaviatur der Affekte spielend: Pathos bis zur Lächerlichkeit. Um die Einzelakteure in der Riesenhalle sichtbar zu machen, waren deren Kostüme grotesk überhöht: turmhohe Gebilde als Hüte, extrem lange Schnabelschuhe. »Beteiligt waren 1800 Mitwirkende, darunter allein 150 Nonnendarstellerinnen, dazu einige Dutzend Ritter zu Pferde, lebende Hunde als Jagdmeute, Auftritte im Zentrum des Kirchenschiffs aus einer 200 Fuß tiefen Versenkung heraus, ... Sensationen über Sensationen«. (H. Braulich 1969, 133) Eine ausgeklügelte Lichttechnik unterstützte wirkungsvoll die Regie in der Führung dieses Heeres von Statisten.

Während dieses monströse Spektakel seinen Siegeszug durch die europäischen Arenen und Zirkushallen unternahm, kam am Deutschen Theater Berlin ein neuer Shakespeare-Zyklus auf die Bühne, ein künstlerisch ambitioniertes Projekt; von November 1913 bis Mai 1914: *Ein Sommernachtstraum*, *Viel Lärm um Nichts, Hamlet, Der Kaufmann von Venedig, König Lear, Romeo und Julia*, beide Teile von *König Heinrich IV.*, *Was ihr wollt* und *Othello*. Im Dezember 1914 kam *Das Wintermärchen* hinzu, im Februar 1916 *Macbeth*. Daß ein Privattheater ein Unternehmen wie diesen Zyklus wagte, war ein einzigartiger Vorgang. Vom Konzept her Vergleichbares hatte im 19. Jahrhundert lediglich an den Hofbühnen von Weimar, Wien und Meiningen stattgefunden.

Reinhardts Auseinandersetzung mit der Bühnenwelt Shakespeares war eine lebenslange Obsession. Die meisten der Stücke inszenierte er mehrfach, jeweils neu gesehen aus den Erfahrungen der wechselnden Lebensstadien heraus, durchaus aber auch dem jeweiligen Zeitgeist angepaßt. H. Kindermann (1968, 413 ff) rekonstruiert diese Aufführungsgeschichte ausführlich. Dabei erscheinen die Komödien *Ein Sommernachtstraum* und *Der Kaufmann von Venedig* offenbar als die Dreh- und Angelpunkte von Reinhardts Arbeit an diesem Werk. (dazu W. Hostmann 1998, 47 ff) Seine *Sommernachtstraum*-Inszenierungen umspannen den Zeitraum von 1905 (Berlin) bis 1934 (Hollywood). In Berlin inszenierte er das Stück 1905 erstmals im Neuen Theater in der legendären Drehbühnendekoration. 1907 folgte eine neueinstudierte Fassung am Deutschen Theater, die 1909 für die Reliefbühne des Münchner Künstlertheaters umgearbeitet wurde. 1921 brachte Reinhardt erneut eine *Sommernachtstraum*-Inszenierung am Großen Schauspielhaus heraus; 1925 am Theater in der Josefstadt in Wien, 1927 bei den Salzburger Festspielen und 1930 wieder am Deutschen Theater. Im Mai 1933 inszenierte er das Stück mit italienischen Schauspielern in italienischer Sprache in den Boboli-Gärten in Florenz; im Sommer 1933 mit englischen Studenten an der Universität von Oxford; 1934 in der Hollywood Bowl, an der Oper von San Francisco und am Greek Theatre der Universität Berkeley in Kalifornien, im November desselben Jahres noch in Chicago. Am 9. Oktober 1935 hatte sein *Sommernachtstraum*-Film in New York Premiere. 1913, 1917, 1927 und 1928 war Max Reinhardt mit seinen *Sommernachtstraum*-Inszenierungen auf Europa- und Welttournee.

Szene aus der Verfilmung von Max Reinhardts Inszenierung von W. Shakespeares Komödie Ein Sommernachtstraum, *1935*

Das faszinierende Moment dieser Komödie lag für den Regisseur sicherlich in dem darin inszenierten Verwirrspiel, das Träumen und Wachsein auf irritierende Weise ineinander übergehen läßt, ein Spiel, das offenbar das Zentrum von Reinhardts Theaterverständnis traf. Doch ließ er das verstörende Element dieser Grenzgängerei nie zu stark in den Vordergrund treten, auch ging es ihm nicht um gravierendere Verschiebungen der Deutungsschwerpunkte, wenngleich etwa über Besetzungsvarianten, wie sie bei fast allen seinen größeren Produktionen üblich waren, schauspielerische Akzente gesetzt wurden: Tilla Durieux (in einer Hosenrolle), Alexander Moissi, an dem er trotz stetiger Angriffe der Kritiker festhielt, oder Rudolf Schildkraut als Oberon; Hans Wassmann, Hermann Thimig oder Gustav Waldau als Zettel; Gertrud Eysoldt, Helene Thimig oder – in Hollywood – Mikey Rooney als Puck. Eine Herausforderung für den Regisseur war es stets, dieses Traumspiel in so ganz unterschiedlichen Bühnen- und Aufführungskontexten zu inszenieren. Die Möglichkeiten, die die Drehbühne an Reinhardts Berliner Theater bot, waren so gänzlich andere als die Bedingungen, unter denen *Ein Sommernachtstraum* 1925 am Theater in der Josefstadt in Wien inszeniert wurde, wo das Stück beinahe den Charakter eines

Sophokles/H. v. Hofmannsthal: König Ödipus. *R.: M. Reinhardt, Zirkus Schumann, Berlin 1910*

Kammerspiels erhielt und der Bühnenbildner Otto Niedermoser für die Dekoration ein »Schleiersystem« entwickelt hatte, das auf ganz eigene, intime Art die Traum- und Zaubersphäre dieser Komödie zur Wirkung brachte. Die Salzburger Festspielaufführung von 1927 dagegen war ganz auf die Wirkung prächtiger, leuchtender Kostüme, auf ein Spiel mit Musik und Tanz im großen, fast dekorationslosen Raum, den Oskar Strnad entworfen hatte, abgestimmt. Sie wurde später auch in New York und Berlin gezeigt. Eine andere, für den engagierten Schauspielpädagogen Reinhardt sicherlich reizvolle Aufgabe waren die *Sommernachtstraum*-Inszenierungen mit den Schülern seines Reinhardt-Seminars in Wien, mit italienischen Schauspielern (Laien und Berufsschauspieler) oder mit englischen Studenten in Oxford.

Weit mehr als beim *Sommernachtstraum* wurden in den Inszenierungen der doppelbödigen Komödie *Der Kaufmann von Venedig* durch die Besetzung des Protagonisten Deutungsakzente gesetzt. Dies war ein Aspekt, der auf der deutschen Bühne bereits im 19. Jahrhundert – etwa durch den Shylock, wie ihn Ludwig Devrient verkörperte (vgl. Bd. III, 86ff) – eine wesentliche Rolle für die Interpretation dieser Figur spielte. Bei Reinhardt waren es Albert Bassermann (1905, 1913), Rudolf Schildkraut (1905, 1913), Werner Krauß (1921), Eugen Klöpfer (1921) und Fritz Kortner (1924 am Theater in der Josefstadt in Wien), die dieser Rolle je eigenes Profil gaben, sie mehr an den Rand zur Tragödie rückten, die komödiantischen, gar grotesken Züge grell in den Vordergrund spielten oder die Figur dämonisierten. Auch erhielten die verschiedenen Inszenierungen dieses Stücks, das Reinhardt 1934 mit italienischen Schauspielern am Originalschauplatz, am Campo San Trovaso in Venedig aufführte (Memo Benassi als Shylock), durch die unterschiedlichen Bühnen, an denen er die jeweiligen Inszenierungen erarbeitete, ihre spezifische Prägung. Zudem war *Der*

Das Gelingen aller Theaterprogramme hängt meiner Ansicht nach in erster Linie von den Schauspielern ab. Darum betrachte ich als das Wesentliche meiner Inszenierungsarbeit die Arbeit mit den Schauspielern. Diese Arbeit muß naturgemäß bis zu einem gewissen Grade anonym bleiben, weil man sie nicht merken kann und darf, wenn sie von starken schauspielerischen Persönlichkeiten restlos aufgenommen wird. Diese Arbeit hat ja schließlich auch vor allem den Zweck, den Schauspieler zu sich selbst zu führen. Gewiß ist auch all das sehr wichtig, was sich nach außen hin als die Arbeit des Regisseurs kundgibt, also etwa szenische Reformen, Experimente mit verschiedenen Räumen. Alle diese Probleme haben mich sehr interessiert, und ich habe mancherlei darin versucht. Aber das Wesentliche sind doch die Probenarbeiten mit den Schauspielern, und ich erblicke darin auch das wertvollste Band, das mich mit den Schauspielern verknüpft. Als das Entscheidende scheint mir die Spielfreudigkeit, ohne die ich mir ein Theater nicht denken kann.

(Max Reinhardt 1924, n. H. Fetting 1974, 212)

Kaufmann von Venedig ein Paradestück für Reinhardts virtuosen Umgang mit großen Volksmassen auf der Bühne.

Was für diese beiden Komödien gilt, trifft weitgehend auch für die meisten anderen Shakespeare-Inszenierungen von Max Reinhardt zu, die Tendenz ihrer Neueinstudierungen, den Wechsel in der Besetzung der tragenden Rollen oder die Arbeit unter ganz unterschiedlichen Bühnenverhältnissen. Höhepunkte seiner Auseinandersetzung mit dem Werk des englischen Nationaldichters waren auch die Inszenierungen von *König Lear, Macbeth* und *Wie es euch gefällt*. Im September 1908 kam *König Lear* am Deutschen Theater heraus. Es war Reinhardts erste Inszenierung dieses Trauerspiels. Die von Carl Czeschka gestaltete Bühne war vom Stil der Wiener Sezession geprägt: sparsam in den symbolträchtigen Dekorationen, kaum Requisiten; alle bildnerischen Effekte betonten das Atmosphärische. Rudolf Schildkraut, der die Titelrolle übernommen hatte, spielte mehr die Tragödie des alten Vaters, »ohne Majestät«, wie der Kritiker Siegfried Jacobsohn vermerkte. In der Rolle des Narren war Moissi, als Cordelia Lucie Höflich zu sehen. In Reinhardts *Lear*-Inszenierung von 1914 traten Bassermann und Schildkraut alternierend in der Titelrolle auf; 1925 am Theater in der Josefstadt in Wien war Eugen Klöpfer der Protagonist. Klöpfer arbeitete sich geradezu verbissen in das Leiden der am Ende zerbrechenden Figur hinein. Bassermann dagegen hatte Lear 1914 als reizbaren, widerborstigen Greis gegeben, der von Beginn an auf den Wahnsinn hinlebt. (dazu H. Kindermann 1968, 442f) Im *Macbeth* (Februar 1916 am Deutschen Theater) spielte Paul Wegener die Titelrolle, Emil Jannings den Banquo und Hermine Körner die Lady Macbeth. Die Bühne hatte Ernst Stern entworfen: eine über die ersten Parkettreihen gezogene Vorbühne, eine mit Treppen und Stufen vielfach gegliederte Haupt- und eine stark überhöhte Hinterbühne, die Auftritte über eine hoch aufstrebende Treppe ermöglichte. Die Aufführung reflektierte – wohl nicht als bewußt vom Regisseur gesetzte Tendenz – die Stimmung dieses Kriegsjahres 1916, den Beginn des Zusammenbruchs der kaiserlichen Macht, zugleich den verzweifelten Versuch ihres Erhalts. Die Kämpfe um Verdun und an der Somme erforderten Blutopfer von bisher nicht gekanntem Ausmaß. Im August dieses Jahres hatte die deutsche Armee 430000 Mann verloren (dazu H. Braulich 1969, 145ff). *Wie es euch gefällt* hatte im Februar 1919 am Deutschen Theater Premiere, mit Hermann Thimig als Silvius, Helene Thimig als Rosalinde und Alexander Moissi als Jaques. Nach Einschätzung der Zeitgenossen war es eine der leichtesten, beschwingtesten Inszenierungen Reinhardts, ganz »in Mozartsche Musik getaucht« (n. H. Kindermann 1968, 432); dies freilich in einer Zeit, als in Berlin der Ausnahmezustand herrschte, Straßenkämpfe zwischen den Spartakisten, den Freikorps und der Polizei tobten. Rosa Luxemburg und Karl Liebknecht, die Führer der radikalen Linken, waren im Monat zuvor von Offizieren der Freikorps ermordet worden. Der junge Brecht reagierte auf die Januar-Ereignisse 1919 mit seinem Stück *Trommeln in der Nacht* und erhielt dafür 1922 den Kleist-Preis. Der Abstand des Theaters von Max Reinhardt zur politischen Wirklichkeit seiner Zeit hätte krasser nicht offenbar werden können. Alfred Kerr (1867–1948), die Autorität unter den Berliner Theaterkritikern, der sich leidenschaftlich für Otto Brahm eingesetzt hatte und dem Theater kompromißlose Zeitgenossenschaft (»Heutigkeit«) abverlangte, stand eben aus diesem Grund in prinzipieller Gegnerschaft zum Theater Max Reinhardts.

War Shakespeare sicherlich der Klassiker, der im Zentrum der Arbeit des Regisseurs Reinhardt stand und zu dessen Werk er wohl auch die größte innere Nähe empfand, so lassen sich doch auch mit den Werken anderer klassischer Autoren kontinuierlich betriebene Auseinandersetzungen erkennen, vornehmlich mit Werken aus der griechischen Antike und der deutschen Klassik. Hier wiederum stand für Reinhardt Goethes *Faust* im Mittelpunkt seines Interesses. Mit Inszenierungen dieses Werks setzte er vergleichbare Akzente wie mit seinen großen Shakespeare-Arbeiten. Reinhardts »Entdeckung« des griechischen Theaters reichte in die Jahre zurück, als er noch als Schauspieler dem Brahm-Ensemble angehörte. 1901 trat er in einer kleinen Nebenrolle einer *Orestie*-Inszenierung auf, in einer Übersetzung von Ulrich von Wilamowitz-Moellendorff, die ihn diesen alten Text neu erleben ließ. Es war dies eine Erfahrung, die Reinhardts Theaterverständnis wesentlich erweiterte und ihn in seiner Absicht, sich von Brahm zu trennen, nur bestärkte. So ging auch sein erster Zugriff auf einen antiken Stoff in eine Richtung, die in diesen Jahren einer forciert modernen Deutung der Antike entsprach: die Antike verstanden als psychopathologisches Kulturmodell; eine Sichtweise, die in den Antikenstudien von Erwin Rohde (*Psyche. Seelenkult und Unsterblichkeitsglaube der Griechen.* 2. Aufl. 1898) und anderen (vgl. M. Worbs 1983, 259 ff) vorbereitet und von Hermann Bahr in dem Essay *Dialog vom Tragischen* (1904) in die Theater- und Literaturkritik vermittelt worden war. In der von Hugo von Hofmannsthal umgedeuteten Sophokleischen *Elektra* fand Reinhardt das Stück, das ihm – als Theatraliker – den Weg in die antike Theaterwelt öffnete. In Gertrud Eysoldt (1870–1950) hatte er die Schauspielerin gefunden, die in der Rolle der Elektra

W. Shakespeare: Ein Sommernachtstraum. *R.: M. Reinhardt. Deutsches Theater, Berlin 1913*

A. v. Kotzebue: Die Deutschen Kleinstädter. *R.: M. Reinhardt, Deutsches Theater, Berlin 1914*

Reinhardts Vision einer neuen, die Erkenntnisse der modernen Psychologie verarbeitenden Theatralik in kongenialer Weise verkörperte. (vgl. Bd. III, 748 f) Das Stück hatte am 30. Oktober 1903 im Kleinen Theater Premiere. Rosa Bertens spielte alternierend mit Tilla Durieux die Klytämnestra. Die Aufführung wurde ein überwältigender Erfolg. Gertrud Eysoldt bot in ihrer Elektra-Verkörperung eine ebenso manische wie virtuose psychopathologische Hysterie-Studie, bei der sie als Schauspielerin an die Grenzen künstlerischer Entäußerung ging. Von vergleichbarem Erfolg, doch gänzlich anders im Ton war Reinhardts zweite eigene Antiken-Inszenierung, die *Lysistrata* des Komödienklassikers Aristophanes, die er im Februar 1908 an seinen Kammerspielen herausbrachte. Auch hier war Gertrud Eysoldt die Erstbesetzung für die Titelrolle; in der Neuaufnahme des Stücks 1920 am Großen Schauspielhaus spielte Else Heims die Anführerin der Athener Frauen, die ihren kriegslüsternen Männern den Liebesdienst verweigern. Ernst Stern war der Bühnenbildner und Ausstatter, dessen ironisch freche Dekorationen den inspirierenden Rahmen bildeten für ein Spiel, das durch Vitalität und Witz, mitunter durch seine bacchantische Energie faszinierte.

Waren die Ansätze gänzlich unterschiedlich, mit denen Reinhardt die Arbeit an *Elektra* und *Lysistrata* angegangen war, so schlug er mit den Inszenierungen von *König Ödipus* und der *Orestie* wiederum einen völlig neuen Ton an in seiner Auseinandersetzung mit dem antiken Theater. Beide Stücke inszenierte er als große Schau-Stücke, in denen er ein Riesenheer von Statisten einsetzte, alle Effekte moderner Massenregie ausspielte und die Aufführungen selbst in großdimensionierten arena-artigen Spielstätten stattfinden ließ. *König Ödipus* hatte am 25. September 1910 vor 3000 Zuschauern in der Musikhalle in München Premiere. Die Titelrolle spielte Paul Wegener (1874–1948), Tilla Durieux (1880–1971) die Jocaste, Eduard von Winterstein den Kreon, und Alexander Moissi trat in der Rolle des Teiresias auf (alternierend auch als König Ödipus). Wieder war Ernst Stern der Bühnenbildner. Hugo von Hofmannsthal hatte die Sophokleische Vorlage bearbeitet, modernisiert. Aufführungen im Zirkus Renz in Wien (16. Oktober) und im Zirkus Schumann in Berlin (7. November) folgten; 1912 ging die Produktion auf Tournee nach St. Petersburg, Moskau, Riga, Warschau, Kiew, Odessa, Stockholm und London. Reinhardt ging es darum, wie er im *Literarischen Echo* (Jg. 13, Spalte 1242) schrieb, »die Tragödie des Sophokles aus dem Geist unserer Zeit wieder aufleben zu lassen, sie den Bedingungen und Verhältnissen der heutigen Zeit anzupassen.« Er wollte also nicht in erster Linie einen neuen Zugang zur existentiellen Tragik des Protagonisten entwickeln, sondern prüfen, ob »jene Dimensionen wieder zu schaffen (seien)... mit denen die großen Wirkungen des antiken Theaters so eng verknüpft waren.« Es ging ihm letztlich um die Entwicklung einer Theatralik, in der der Schauspieler mitten im Publikum agiert, »losgelöst von den Illusionen der Dekoration«, um »ungeahnte anonyme Wirkungen«, die sich aus der Dynamik eines Spiels der Protagonisten mit der Masse des Volks – einem Chor von mehr als einhundert Akteuren – und gegen diese Masse ergaben. So entstanden jene berühmten Szenen, in denen die Gestalt des Königs als Heros aus einem Meer hochgereckter Arme und Hände herausragt, getragen von dieser Masse, aber auch über ihr stehend. Der Chor sollte Stellvertreterschaft für die Tausende von Zuschauern suggerieren. Die Sprache spielte in diesem Monumentaltheater nur eine nachgeordnete Rolle. Mehr als über die sinnhafte Bedeutung der Worte vermittelten sich anonyme, irrationale Wirkungen über die mit dem Sprechen verbundenen Klangeffekte, das Wimmern, das Stöhnen, die expressiven Gesten und die Zusammenballung der vielen Körper. Es war typisch für Reinhardts Arbeitsweise, daß er in seinen Regiebüchern die Inszenierung bis in alle Details von Bewegung, Sprechduktus und Atmosphäre festlegte, die Aufführung quasi vor seinem inneren Auge ablaufen ließ. So wurde Reinhardts *Ödipus* »trotz aller Polemik gegen dessen ›Zirkus-Inszenierungen‹ wegen ihrer völlig neuen Massenregie und Raumbewältigung zum theatralischen Ereignis von weltweiter Wirkung.« (H. Kindermann 1968, 458)

Mit einer Inszenierung der *Orestie* von Aischylos eröffnete Reinhardt am 29. November 1919 sein Großes Schauspielhaus. Die Aufführung wurde einundsiebzigmal wiederholt. Reinhardt hatte dieses Werk bereits 1911 in der Musikfesthalle in München inszeniert. Dort hatte Alfred Roller Bühne und Kostüme entworfen. Bei den Chören waren nun rund eintausend Statisten eingesetzt, ein gewaltiges Symbol für eine Schicksalsmacht, der gegenüber das Individuum beinahe (in der Szene auch optisch) verschwand. Alle Kunst der Regieführung war aufgewendet, um das dramatische Geschehen in die riesige Zuhörerschaft hineinzutragen, das Publikum mit allen Mitteln der theatralen Suggestion in die archaische Wucht dieser Tragödie hineinzuziehen. Um diesen Effekt ging es bei Reinhardts Großraum- oder Arena-Inszenierungen stets in erster Linie, bereits auch bei der ein Jahrzehnt vorher herausgebrachten Inszenierung der Märchenpantomime *Sumurûn* (erstmals im April 1909).

In diesem Berlin der Jahre 1923/24 hat Reinhardts frühes Beispiel die Entwicklung einer Konzernlandschaft bis hin zur Vertrustung des Theaters bewirkt. Die Staatsbühnen bestehen aus dem Schauspielhaus am Gendarmenmarkt, dem Opernhaus und dem Schiller-Theater. Carl Meinhard/ Rudolf Bernauer herrschen über das Berliner Theater, das Komödienhaus, das Theater in der Königgrätzer Straße und das Theater am Nollendorfplatz. Victor Barnowsky führt das Lessing-Theater und das Deutsche Künstler-Theater. Eugen Robert unterstehen Die Tribüne und das Theater am Kurfürstendamm. Die bald berüchtigten Rotter-Brüder verfügen über das Residenz-Theater, das Kleine Theater, das Trianon-Theater und das Central-Theater und dehnen diesen Bestand bis auf sechs Bühnen aus. Daneben versuchen diese Rotter-Brüder, parasitären Gewinn aus der Unterverpachtung von Sehrings Theater des Westens an die Große Volksoper zu ziehen und in einer Vertragsspanne von fünf Jahren 445 000,– Mark an Zwischenhandelswert ohne konkrete Gegenleistung einzustreichen. Nur die Intervention des Preußischen Landtags gegen Vertrustung und Kettenhandel mit Theatern verhindert einen Erfolg.

(H. Huesmann 1983, 59)

Das Spektakuläre an Reinhardts Unternehmungen war zu allen Zeiten – nicht erst im Hinblick auf die Großrauminszenierungen – auch das Hauptprojekt der Kritik an ihm. Nicht nur ein sich unterschätzt fühlender Regieschüler, Dr. Ernst Bergmann, der bereits 1906 im Selbstverlag eine Broschüre mit dem Titel Der Fall Reinhardt oder der künstlerische Bankrott des Deutschen Theaters zu Berlin *herausgab, sondern auch ernster zu nehmende Stimmen wie diejenigen von Karl Kraus und Alfred Kerr kritisierten gerade diesen Aspekt von Reinhardts Kunst. Sie argumentieren im Namen der Sprache, allerdings von verschiedenen Warten aus. Karl Kraus, der dem Burgtheater-Stil verhaftet war, argumentierte im Namen des von ihm propagierten »Theater der Dichtung«. Dienst am Wort sah er als die einzige Aufgabe des Theaters … Alfred Kerr, nicht weniger apodiktisch als Kraus, aber dennoch mehr auf den eigenen witzig-pointierten Stil als auf permanente Gegner fixiert, unterstützte Reinhardt gelegentlich; meist sah er in ihm jedoch »Reklamowitz-Klimbimski«, wie er ihn nannte, den Zerstörer von Brahms nüchternem Stil.*

(L. M. Fiedler 1981, 96)

Die Atmosphäre aller dieser Inszenierungen bildete ein Gemisch von religiös unterlegtem Mystizismus und dem Wirken unbestimmbarer dunkler Kräfte und Instanzen (Schicksal). In Hugo von Hofmannsthals *Jedermann* fand Reinhardt das Stück, das diese Linie seiner Arbeit – künstlerisch und programmatisch – zu ihrem Höhepunkt führen sollte. Am 1. Dezember 1911 hatte *Das alte Spiel von Jedermann* in Berlin im Zirkus Schumann Premiere. Es war Reinhardts erste Inszenierung dieses Mysterienspiels: Bühne und Kostüme stammten alternierend von Alfred Roller und Ernst Stern; Alexander Moissi trat in der Titelrolle auf. Zu ihrer vollendeten Form fand Reinhardts Inszenierung dieses Werks jedoch erst anläßlich der Eröffnung der Salzburger Festspiele am 22. August 1920 auf dem Platz vor dem Dom; wieder mit Alexander Moissi als Jedermann. Werner Krauß spielte den Teufel, Johanna Terwin die Buhlschaft; Heinrich George trat als Mammon auf, Helene Thimig in der Rolle Gute Werke. Reinhardt entschied sich bei dieser Inszenierung des *Jedermann* für eine strenge Form der Stilisierung, die Distanz schaffen sollte zwischen dem Zuschauer und dem Stoff. Denn das Geschehen um den Jedermann war, wie Reinhardt dies in einem Gespräch 1915 erläuterte, »unser Alltag geworden«: die Erfahrung von Verlust, Einsamkeit und Tod. Nur in der höchsten künstlerischen Stilisierung könne sich der Zuschauer dessen bewußt werden: »So stellten wir ein einfaches Brett vor dem Dom auf und spielten auf ihm, ohne alle Requisiten, im vollen Licht des Tages. Ohne die Hilfe der Dunkelheit, in der man Lichteffekte erzeugen und die Aufmerksamkeit des Zuschauers auf jeden beliebigen Punkt konzentrieren kann, spielen wir dieses Spiel, in dem Begriffe personifiziert werden, Begriffe wie Glaube, die guten Werke, das Geld. Die Zufälligkeit des Tages, der Flug der Tauben, das Gewittrige der Atmosphäre schieben sich in unser Spiel und verleihen ihm einen eigenartigen, immer wechselnden Zauber« (n. H. Fetting 1974, 196). Daß der Theatermagier dabei dennoch seine ganze Regiekunst auszuspielen wußte, davon berichten noch später jene, die diese Aufführung erlebt haben. Als der Tod plötzlich hinter Jedermann auftauchte und alle seine Freunde, die mit ihm an der riesigen Tafel saßen, panikartig flohen, schwarze Vögel eben in diesem Moment über den Platz flogen und Jedermann schlagartig nur noch allein auf dem Platz stand – dies waren für die Anwesenden bei allem Schrecken offenbar auch unvergeßliche Theatermomente. »Zauberei« – nannte es die Reinhardt-Schauspielerin Mathilde Danegger in der Erinnerung an dieses Ereignis. (n. H. Fetting 1974, 410) Diese Inszenierung blieb bis zu Reinhardts Emigration zentraler Bestandteil der Salzburger Festspiele. (vgl. Kap.: Österreich) Bis 1931 spielte Alexander Moissi die Titelrolle. Eine Übertragung der Salzburger Inszenierung ins Große Schauspielhaus in Berlin war mit erheblichen Verlusten an künstlerischer Intensität verbunden. Was dem Salzburger Spielort vor dem Dom an Atmosphäre gleichsam authentisch anhaftete, mußte in dem Berliner Großraumtheater mit spektakulären Bühneneffekten ersetzt werden.

Wie *Jedermann* stand auch – dies war Reinhardts Deutungsansatz – Goethes *Faust* als »Symbol für unser aller Leben« (n. H. Fetting 1974, 197) und sollte so auch begriffen werden. Bei der Entscheidung für die ästhetische Form seiner *Faust*-Inszenierung glaubte Reinhardt jedoch einen der *Jedermann*-Inszenierung entgegengesetzten Weg gehen zu müssen. Schien ihm die dem *Jedermann*-Stück zugrunde liegende existentielle Erfahrung jedem Zuschauer zugänglich, so

K. G. Vollmoeller: Das Mirakel. *New York Century Theatre, 1923. Werner Krauß als Lahmer und Diana Manners als Madonna*

glaubte er, daß das faustische Streben, »alles zu umfassen«, dem heutigen Menschen verlorengegangen sei. Partikularismus und Spezialistentum im Denken, Entfremdung und der Verlust von Bodenständigkeit: Vorstellungen dieser Art waren es, die den kulturkonservativen, weltanschaulichen Hintergrund dieser Hypothese bildeten; eine Position, die Reinhardt mit Hugo von Hofmannsthal verband, wie sie dieser in programmatischen Schriften und Reden – *Der Dichter und diese Zeit* (1907) oder *Das Schrifttum als geistiger Raum der Nation* (1927) – vielfach dargelegt hatte. Für seine *Faust*-Inszenierung zog Reinhardt daraus den Schluß, daß dieses Werk, daß dessen »uns fremd gewordene« Grundidee dem Zuschauer – »der Menge« – durch eine konsequent »naturalistische Aufführung« nahegebracht werden müsse. »Die Maschinerie eines Theaters, der Vorhang, Szenenwechsel und die Pausen hemmen die Illusion und entfernen das Stück vom Zuschauer. Indem wir den Schauplatz aller Geschehnisse gleichzeitig zeigen, dem Beschauer gegenüberstellen und ohne zeitliche Pause ineinanderfließen lassen, schaffen wir jene nahe Verbindung, die notwendig ist, um den *Faust* und alles Geschehen als Wirklichkeit

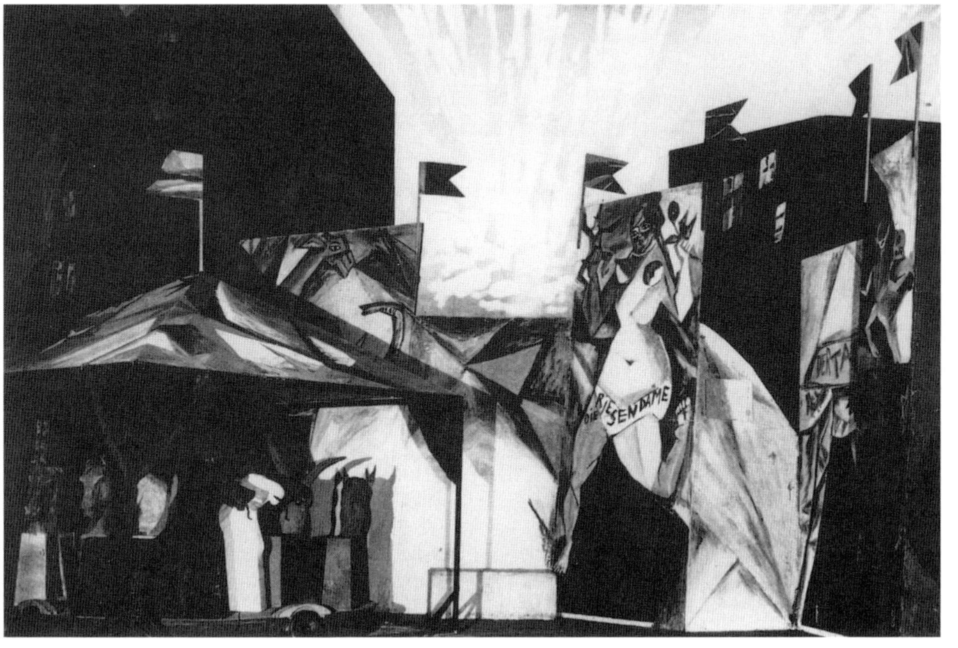

Bühnenbildentwurf von Ernst Stern für die Uraufführung von E. Lasker-Schülers Schauspiel Die Wupper, *1919*

empfinden zu lassen. Vor den Zuschauern, einmal hier, einmal dort, an allen Seiten rollen die Ereignisse ab, kein Vorhang bremst die Zuhörer von den Menschen, die bald hier, bald dort redend erscheinen, alles wird zur Wirklichkeit. Welch gewaltiger Eindruck erwächst aus dem Vorspiel im Himmel durch die Gleichzeitigkeit des Geschehens; man sieht die Engel im Himmel, gleichzeitig Mephisto unten in den Felsen, die Stimme des Herrn tönt von weither herüber, und während die ewigen Mächte über Faust beschließen, sieht man diesen selbst in seiner Studierstube hantieren, den Menschen, über dessen Schicksal gleichzeitig oben entschieden wird, ohne daß er es weiß. So sind wir alle hier auf der Erde, unvorbereitet, unwissend, während jeden Augenblick über unser Schicksal entschieden werden kann.« (n. H. Fetting 1974, 197) In dieser genial vereinfachten Fassung der Grundidee des *Faust* fügte sich dieses Werk nahtlos in Reinhardts Vorstellung von einem Festspiel-Theater »für die Menge«, zugleich aber destillierte er dabei auch jene Form von Theatralität heraus, die ihn an diesem Werk letztlich vor allem interessierte: großes barockes Welttheater, wie Hugo von Hofmannsthal es mit dem *Salzburger großen Welttheater* (uraufgeführt am 13. August 1922 in der Kollegienkirche), einer Nachdichtung von Calderóns *Großem Welttheater,* geschaffen hatte.

Erstmals inszenierte Max Reinhardt Goethes *Faust* (Erster Teil) 1909 (Premiere am 25. März) am Deutschen Theater Berlin. Die Inszenierung blieb bis Mai 1924 im Repertoire und wurde 323mal gezeigt. (vgl. H. Huesmann 1983, Nr. 411) Am 15. März 1911 kam dort auch der zweite Teil des *Faust* heraus und wurde bis April 1916 aufgeführt. (vgl. H. Huesmann 1983, Nr. 546) 1933 wurde das Stück neu einstudiert. Diese Fassung hatte Premiere bei den Salzburger Festspielen am 17. August 1933. Die Titelrolle hatte Ewald Balser übernommen; als Mephistopheles trat Max Pallenberg auf. Die Aufführung fand in der Felsenreitschule statt, die Clemens Holzmeister (1886–1983) zur »Faust-

Stadt« ausgebaut hatte. Die Idee der Simultaneität allen Geschehens, im Großen wie im Kleinen, in der jenseitigen und der diesseitigen Welt, konnte in diesem Raumkonzept optimal realisiert werden. Die an der steilen Felswand umlaufenden drei Arkadengänge und die von Holzmeister vorgesetzten Anbauten ließen eine Vielzahl miteinander verbundener Spielorte einrichten. Die Eingangssequenz, wie sie Reinhardt in seinem Regiebuch festhält, vermittelt ein sehr anschauliches Bild der geradezu filmisch konzipierten Regie-Idee. Dort heißt es: »Es wird Abend. Die Stadt geht schlafen. In den Fenstern wird es hell. Glockenläuten. Mägde am Brunnen. Lieder. Nachtwächter. Hundebellen. Menschliche Stimmen singen. Ein Horn. Studenten aus dem Keller grölend nach Hause torkelnd. Eine Frauenstimme. Fenster, Tore werden geschlossen. Ketten. Riegel. Die Lichter erlöschen allmählich.« Nun setzte das Spiel ein: »Prolog im Himmel. Unten ist es dunkel geworden. Nur Faust ist, bei seiner Lampe sitzend, im Fenster seiner Studierstube sichtbar. Oben, auf der Höhe hellt es sich allmählich auf. Ein magisches Licht, das die Landschaft auf dem Berg zu einer ganz irrealen verwandelt. Silberne Bäume auf silbernen Wolken, die himmlischen Heerscharen. Vorne die drei Erzengel …« Am Ende dieser Szene bleibt allein Mephistopheles in einem grellen Lichtkegel sichtbar. Die Geistererscheinungen in Fausts Studierstube wurden mit gewaltigem Krachen »im Rücken der Zuschauer« eingeleitet. (n. H. Fetting 1974, 282 f) Dieses vom Regisseur sorgfältig ausgeklügelte Szenarium wurde bei der Premiere freilich durch massive Regengüsse gestört. Die Aufführung mußte abgebrochen und im Festspielhaus zu Ende gespielt werden. In den folgenden Jahren wurden Spieler und Zuschauer in diesem offenen Hof durch ein Rolldach geschützt. Hatte bei Reinhardts Berliner *Faust*-Inszenierung die Gretchen-Tragödie wesentliches Gewicht erhalten – nicht zuletzt durch die beiden herausragenden, alternierend auftretenden Darstellerinnen, Lucie Höflich und Else Heims –, so lag der Schwerpunkt des Salzburger *Faust* deutlich auf der Tragödie des Gelehrten. Es ging nun um das »Faustische«. Die Lebenssphäre des Bürgermädchens Margarete war in dieser Inszenierung als äußerer und innerer Kontrastraum zu der Faust-Welt angelegt. Diese Inszenierung blieb von 1933 bis 1937 im Programm der Salzburger Festspiele. Reinhardt war bei allen Aufführungen anwesend. Als im Juli 1934 der österreichische Bundeskanzler und Außenminister Engelbert Dollfuß, der für ein selbständiges Österreich eintrat, im Zusammenhang eines von den Nationalsozialisten unternommenen Putschversuches ermordet wurde, entstand in Österreich ein so explosives politisches Klima, daß sich die Landesregierung veranlaßt sah, zum Schutz des jüdischen Künstlers Reinhardt im Festspielhaus und in der Felsenreitschule eine militärische Wache bereitzustellen. Zudem wich, wie Gusti Adler berichtet, ein dubioser Reinhardt-Verehrer, der sich mit einem Maschinengewehr bewaffnet hatte, dem Meister nicht von der Seite. (vgl. G. Adler 1980, 309) Im September 1933 reduzierte Reinhardt die Salzburger *Faust*-Inszenierung in ihrer szenischen Anlage auf eine Art Kleinformat und zeigte sie im Theater in der Josefstadt in Wien. Was erhalten blieb, jedoch auf die Gegebenheiten der Josefstädter Bühne umgearbeitet wurde, war das Prinzip der simultanen Szenenanlage. (vgl. Kap.: Österreich)

Eine erneute Überarbeitung dieser Inszenierung nahm Reinhardt 1938 vor, als er das Stück mit amerikanischen Schauspielern in Los Angeles am Pilgrimage Outdoor Theatre einstudierte (Premiere am 17. September). Weitere Aufführun-

In der phantastisch unzeitgemäßen Stille dieser Stadt bin ich für eine kurze Weile zur Ruhe und zur Sammlung der Werte gekommen, mit denen das Leben mich beschenkt hat … Die Welt dreht sich so stürmisch in dem dramatischen Aufruhr dieser Zeit, daß ihr die Bühne kaum folgen kann und daß die Spieler beinahe in die Rolle der Zuschauer gedrängt werden. Doch das Theater dreht sich zugleich um seine eigene Achse und um Lust und Leid der Schicksale, die ihm täglich auferlegt sind. Mit beiden Beinen im Alltag der Wirklichkeit zu stehen, den Kopf aber freizuhalten für das Spiel des Abends, den Zeiger des innersten Wesens unaufhörlich nach den verschiedenen Zeitläufen zu richten und vor allem in Bereitschaft sein für den hohen Augenblick, in dem das Theater wieder berufen ist, der Welt voranzugehen – es gehört heute viel Tapferkeit und Liebe zu diesem Beruf. Ich danke Ihnen für Ihre Tapferkeit, und ich liebe Sie um Ihrer Liebe willen.

(Max Reinhardt an die Schauspieler des Theaters in der Josefstadt. 1933, n. H. Fetting 1974, 226)

gen fanden am Civic Auditorium in San Francisco statt (Premiere 1. Oktober). Wieder behielt der Regisseur das Prinzip der Simultandarstellung bei. Das dafür angelegte Regiebuch skizziert für die amerikanischen Mitarbeiter die Einzelheiten des szenischen Arrangements noch weitaus detaillierter als für die Salzburger Inszenierung. (vgl. F. Hadamowsky 1963, 122ff) Reinhardt war sich im klaren darüber, daß seine Regiemethode amerikanischen Bühnenkünstlern letztlich befremdlich erscheinen mußte. So erläutert er seine Arbeitsweise am Beispiel der »kleinen, kurzen, realistischen, abendlichen Geräusche«, die als eine Art Ouvertüre die Aufführung einleiten sollten, folgendermaßen: »Es hat sich erwiesen, daß gerade diese disharmonischen Geräusche einer überlegten Disposition und einer festgelegten Komposition bedürfen. Sonst entsteht nichts als ein unbegreiflicher Lärm ohne verständlichen Sinn. Es empfiehlt sich unbedingt, die einmal festgelegte Ordnung, die ihren Anfang, ihre Steigerung und ihr Verklingen haben muß, sorgfältig zu probieren und auf einer Platte aufzunehmen.« (n. F. Hadamowsky 1963, 124) Ein Hinweis wie dieser ist generell bezeichnend für die Arbeitsweise von Max Reinhardt als Regisseur, nicht nur im Hinblick auf dessen Versuch, sich auf die amerikanischen Theaterverhältnisse einzustellen, mit denen er sich 1938 verstärkt auseinandersetzen mußte.

Aber nicht nur seine Inszenierungen des *Faust*, sondern auch andere zentrale Werke der deutschen Klassik, von Lessing, Goethe, Schiller, den Dramatikern

Szenenskizze von Ernst Stern für R. Rollands Drama Danton. *R.: M. Reinhardt. Großes Schauspielhaus, Berlin 1920*

R. Rolland: Danton.
R.: M. Reinhardt. Tribunalszene, 1920

des Sturm und Drang, von Kleist und Büchner, waren künstlerische Höhepunkte in den Spielplänen der Reinhardt-Bühnen. Lessings *Minna von Barnhelm* und Schillers *Kabale und Liebe* (Premieren im Januar und April 1904) am Neuen Theater standen am Beginn dieser Arbeit mit den deutschen Klassikern. Mit Kleists romantischem Ritterschauspiel *Das Käthchen von Heilbronn* eröffnete Reinhardt am 19. Oktober 1905 sein Deutsches Theater (Friedrich Kayßler als Graf vom Strahl, Tilla Durieux als Kunigunde und Lucie Höflich als Käthchen). *Prinz Friedrich von Homburg* inszenierte er 1907 mit Wilhelm Diegelmann in der Rolle des Kurfürsten, Paul Wegener als Oberst Kottwitz und Friedrich Kayßler als Prinz; und wieder 1914 und 1932. Dabei war die Aufführung von 1914 getragen von jener Welle nationaler Euphorie, die der Ausbruch des Ersten Weltkriegs ausgelöst hatte. 1918 inszenierte Reinhardt Kleists *Hermannsschlacht* an der Berliner Volksbühne. Alle anderen Kleist-Stücke kamen in Inszenierungen anderer Regisseure an den Reinhardt-Bühnen heraus. Die Inszenierung von Schillers *Die Räuber* (1908) zählt zu den herausragenden Arbeiten, in denen Reinhardt seinen Stil in der Führung großer Massen von Darstellern perfektionierte (mit Paul Wegener als Franz Moor, Alexander Moissi als Spiegelberg, Lucie Höflich und Else Heims alternierend als Amalie). Weitere bedeutende Inszenierungen von Dramen Friedrich Schillers waren *Don Carlos* (10. November 1909) im Deutschen Theater. Es war eine Festaufführung zum 150. Geburtstag des Dichters, deren spannungsvolles Moment die Auseinandersetzung von Alexander Moissi als Posa und Albert Bassermann als Philipp II. war. 1914 brachte Reinhardt die *Wallenstein*-Trilogie heraus (25. September, 9. Oktober und 13. November, in der Titelrolle Albert Bassermann). Zusammen mit der

Bühnenbildentwurf von Ernst Stern für M. Reinhardts Inszenierung von Shakespeares Hamlet. *Großes Schauspielhaus, Berlin 1920. Terrasse auf Helsingör*

Inszenierung des *Prinzen von Homburg*, die einen Monat zuvor herausgekommen war, zollte Reinhardt ganz offenbar auch mit diesen Aufführungen einer Zeitstimmung Tribut. *Kabale und Liebe* inszenierte er noch einmal am Josefstädter Theater in Wien (1924), bei den Salzburger (1927) und den Münchner Festspielen (1929). *Maria Stuart* 1934 am Theater in der Josefstadt (Helene Thimig in der Titelrolle) war Reinhardts letzte Schiller-Inszenierung an einer deutschsprachigen Bühne. Goethes *Clavigo* hatte er 1908 an den Kammerspielen herausgebracht (Harry Walden in der Titelrolle; Bühne von Ernst Stern), 1918 im Kleinen Schauspielhaus und 1922 im Theater im Redoutensaal der Hofburg in Wien (wie schon 1918 mit Alexander Moissi in der Titelrolle; Bühne von Alfred Roller). Der Kammerspielcharakter, den Reinhardt dieser Inszenierung (besonders herausgearbeitet durch viele Striche im Text) verlieh, konzentrierte das Stück auf die Kerngruppe der vier Personen und ließ diese als Menschen der Gegenwart erscheinen. Im Laufe der Jahre brachte Reinhardt nahezu alle anderen Stücke Goethes an seinen Bühnen heraus.

Hatte Reinhardt im März 1916 seinen Shakespeare-Zyklus mit *Romeo und Julia* abgeschlossen, so faßte er – wieder der Stimmung in der deutschen Öffentlichkeit im zweiten Kriegsjahr folgend, in der die patriotische Begeisterung von 1914 weitgehend verflogen war – im Herbst dieses Jahres eine Gruppe von Stücken zu einem »deutschen Zyklus« zusammen: *Soldaten* von Jakob Michael Reinhold Lenz (13. Oktober), *Das leidende Weib* von Friedrich Maximilian Klinger in einer Bearbeitung von Carl Sternheim (30. Oktober), Lessings *Minna von Barnhelm* (9. November), Schillers *Kabale und Liebe* (17. November) und *Dantons Tod* von Georg Büchner (15. Dezember). In diesem Revolutionsdrama wurde streckenweise, wie der Kritiker Siegfried Jacobsohn schrieb (1921, 66), »die Volksmenge zum Hauptdarsteller«. Reinhardt hatte hier verstärkt auf die suggestiven Effekte seiner Massenregieführung gesetzt und das Verhältnis des Einzelnen zur Masse des Volks zum zentralen Thema der Inszenierung gemacht. In der Titelrolle trat Alexander Moissi auf, ein »fast zartgliedriger Danton, voller Leichtigkeit, mit einem fernen Lächeln« (Jacobsohn 1921, 66). Die Inszenierung hatte er 1927/28 in das Programm seiner Tournee in die USA aufgenommen, sie wurde auch 1929 im Arkadenhof des Wiener Rathauses gezeigt. Theatralisch weitaus spektakulärer als die Inszenierung von Büchners Danton-Stück war die des *Danton* von Romain Rolland, die Reinhardt am 14. Februar 1920 im Großen Schauspielhaus herausbrachte (Paul Wegener als Danton, Werner Krauß als Robespierre und Ernst Deutsch als St. Just). Die Bühne hatte Ernst Stern entworfen. Reinhardt trieb in dieser Inszenierung die Vermengung von Akteuren und Publikum auf die Spitze. Ein Kritiker vermerkte, daß es für den Zuschauer oft nicht auszumachen war, »ob sein Nachbar einen hysterischen Anfall bekommen habe und man zum Arzt schicken solle oder ob das ein Angestellter des Theaters sei, der ordnungsgemäß seine Rolle spielt.« (n. H. Braulich 1969, 166) Reinhardt hatte vom Parkett bis in die Galerie seine Schauspieler unters Publikum gemischt. Das Chaotische einer Revolution, die aus der Hysterie einer entfesselten Volksmasse ausbricht, sollte in Szene gesetzt werden, der Zuschauer das Gefühl unmittelbarer Beteiligung haben. Bezeugt wird zwar auch die enorme Präzision und sprachliche Artikulation, mit der der Regisseur die Dynamik dieser Massenbewegung im Griff behielt. Dennoch waren es Inszenierungen wie diese, die die Reinhardt-Kritiker auf den Plan riefen. »Zirkus Reinhardt« – war noch das mildeste Etikett, das diesen Aufführungen in den Arenen angeheftet wurde. Auch zum Deutschen Zyklus gehörte die Inszenierung von Friedrich Hebbels Tragödie *Judith* (8. März 1917), die Reinhardt schon im Februar 1909 am Deutschen Theater mit Tilla Durieux in der Titelrolle und Wegener als Holofernes herausgebracht hatte. Offenbar aber war Friedrich Hebbel ein Dramatiker, mit dessen Werk Reinhardt keine herausragenden Erfolge einspielen konnte. Tilla Durieux jedoch vermochte der Judith ein ganz und gar modernes Profil zu verleihen.

Man versucht das und jenes, hält sich nie eigensinnig an das, was man aufgeschrieben hat, bleibt offen für alles, schon um dem Schauspieler den weitesten Spielraum zu geben und um ihm vor allem Lust und immer wieder Lust zu machen. Denn dann wird er am besten sein. Kritik ist eine gefährliche, oft tödliche Waffe. Brahm hatte fast immer recht. Er war der beste, fast unfehlbare Kritiker. Aber er deprimierte. »Legen Sie großen Wert auf die Nuance? Lassen Sie sie weg.« Der Schauspieler ist ein Mondwandler. Er spaziert im Traum an gefährlichen Abgründen.

(Max Reinhardt, n. H. Fetting 1974, 259)

Die Klassiker waren unstrittig die künstlerischen Innovationszentren, um die sich das Reinhardt-Theater drehte, von Aischylos bis Schiller, und doch setzte Max Reinhardt auch mit Inszenierungen von Stücken der Gegenwartsdramatik von Beginn seiner Laufbahn an als Regisseur und Theaterleiter so entscheidende Akzente, daß keine Rede davon sein kann, daß ihm dieser Bereich etwa von nachgeordneter Wichtigkeit gewesen wäre. So standen neben der legendären *Sommernachtstraum*-Aufführung vom Juni 1905 im November 1906 die Inszenierungen von Henrik Ibsens *Gespenster* (8. November) mit Agnes Sorma als Helene Alving, Alexander Moissi als Osvald, Friedrich Kayßler als Manders und Lucie Höflich in der Rolle der Regine und Frank Wedekinds »Kindertragödie« *Frühlings Erwachen* (20. November) mit Bernhard von Jacobi als Melchior, Moissi als Moritz Stiefel, Gertrud Eysoldt als Ilse und Albert Steinrück als Gabor. Bühnenbildner war Karl Walser. Beide Inszenierungen fanden in den neueröffneten Kammerspielen statt. *Frühlings Erwachen* blieb bis 1914 im Repertoire; es wurden 387 Aufführungen gezeigt (vgl. H. Huesmann, Nr. 320) Von vergleichbarer Initialkraft für die Modernisierung des deutschen Theaters war Reinhardts Inszenierung von Hugo von Hofmannsthals *Elektra* gewesen, 1903 im Kleinen Theater. (vgl. Bd. III, 686) Was Frank Wedekind betrifft, blieb

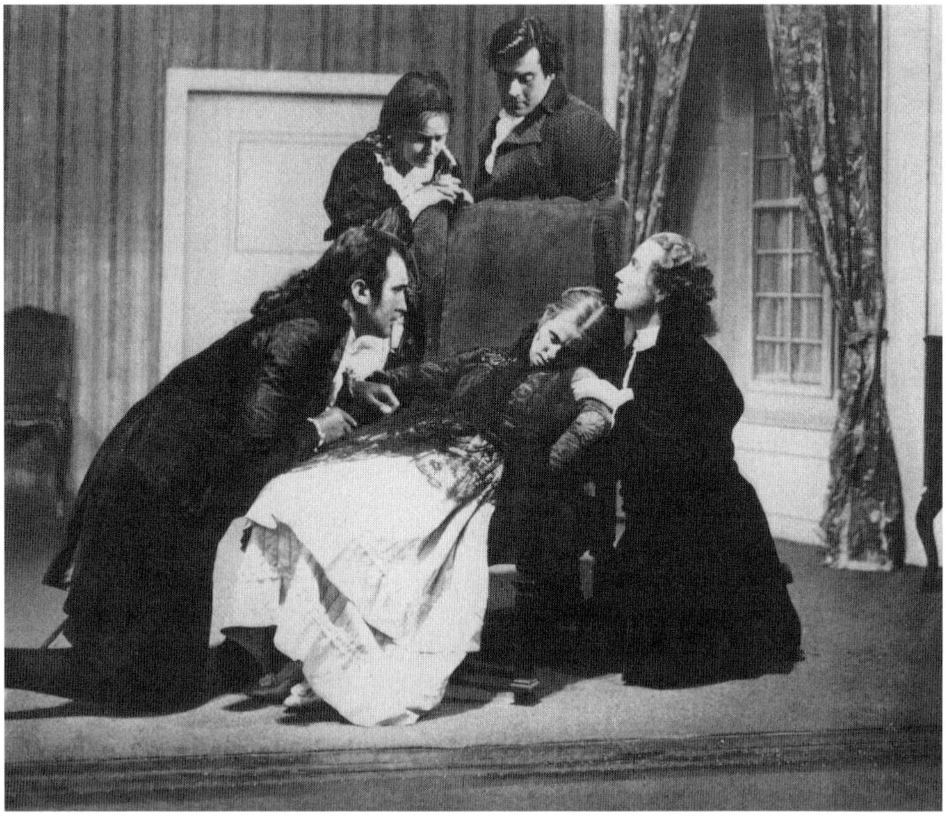

J. W. v. Goethe: Clavigo. *R.: M. Reinhardt. Redoutensaal, Wien 1922. Im Vordergrund Wilhelm Dieterle (Beaumarchais), Helene Thimig (Marie) und Hermann Thimig (Buenco)*

Reinhardt der am Werk dieses Autors engagierteste Theaterregisseur noch über die folgenden Jahrzehnte hin.

Eine Begegnung der besonderen Art war die von Max Reinhardt mit Hugo von Hofmannsthal. (vgl. Bd. III, 684ff u. 747ff) Dessen eigene dramatische Dichtungen, ebenso aber die Bearbeitungen antiker Tragödien (von Sophokles und Aischylos), die Molière-Bearbeitungen (*Die Heirat wider Willen, Bürger als Edelmann*) und die Bearbeitungen von Stücken des spanischen Barockdichters Calderón (*Dame Kobold, Großes Welttheater*) – die Auseinandersetzung mit dessen Werk und Gedankenwelt prägte ganz wesentlich Reinhardts Theaterarbeit. Hinzu kam, daß Reinhardt in Hofmannsthal den idealen Mitstreiter gefunden hatte für die Verwirklichung seiner Vision großen Festspieltheaters, wie es schließlich in Salzburg als vom Geist der europäischen Barocktradition inspiriertes Projekt realisiert werden konnte. (vgl. Kap.: Österreich) Inszenierungen von Hofmannsthals frühen Stücken – bereits 1906 *Ödipus und die Sphinx*, dann *Elektra* und 1908 in den Kammerspielen *Der Tor und der Tod* – standen am Beginn dieser Zusammenarbeit. Höhepunkte wurden Reinhardts Inszenierungen der großen Komödien Hofmannsthals: *Cristinas Heimreise* (11. Februar 1910 im Deutschen Theater) und *Der Schwierige* (16. April 1924 am Theater in der Josefstadt in Wien), vor allem aber auch die Inszenierungen der musikdramatischen Werke, die in der Zusammenarbeit von Hofmannsthal, Richard Strauss und Reinhardt entstanden waren: *Der Rosenkavalier* (1911), bei dessen Uraufführung an der Königlichen Hofoper in Dresden Reinhardt als Regisseur

E. Rey: Schöne Frauen. *R.: M. Reinhardt. Redoudensaal, Wien 1922. Mit Nora Gregor (Marthe Prévost), Hermann Thimig (François Villiers), Dagny Servas (Lucienne Moranges) u. Mady Christians (Germaine)*

»aushalf«, und *Ariadne auf Naxos* (1911). (vgl. Bd. III, 722ff) In *Cristinas Heimreise* entstanden aus dem Zusammenspiel von Alexander Moissi als Florindo und Else Heims als Cristina allein aus dem malerischen Kontrast im Erscheinungsbild dieser beiden Schauspielerpersönlichkeiten die reizvollsten Momente dieser Inszenierung, die Reinhardt ohnehin in allen Rollen auf die Faszination schauspielerischen Brillierens angelegt hatte. Auch Hofmannsthal nannte *Cristinas Heimreise* ein »ausgesprochenes Schauspielerstück«. In der Aufführung von *Der Schwierige* am Josefstädter Theater spielte Gustav Waldau den Grafen Bühl, Helene Thimig die Helene Altenwyl, Hermann Thimig dessen umtriebigen Neffen Stani und Else Eckersberg die Antoinette Hechingen. Oskar Strnad entwarf das Bühnenbild. Die Kritik feierte Reinhardts Inszenierung als Meisterwerk subtiler Schauspielerführung und einer Dialogregie, die die Zwischen- und Untertöne in virtuoser Manier einsetzte. Reinhardt hatte sich mit dieser Arbeit wieder ganz auf den Charakter des Kammerspiels eingelassen, wofür das Josefstädter Theater den optimalen Rahmen bereitstellte – und zudem ein Ensemble, das auf den Reinhardt-Ton perfekt eingestimmt war. Vier Monate zuvor hatte Reinhardt am Century Theatre in New York mit amerikanischen Schauspielern *Das Mirakel* einstudiert. Ein größeres Kontrastprogramm läßt sich kaum denken!

Daß Reinhardt dem Werk von Gerhart Hauptmann, des weitaus prominentesten deutschen Dramatikers dieser Jahrzehnte, in seinen Theatern einen festen Platz einräumen mußte, war offenbar unumgänglich. Reinhardt überließ es jedoch zumeist anderen Regisseuren, die an seinen Bühnen arbeiteten, die Stücke dieses Autors, mit dem er aus der Zeit seiner Mitgliedschaft im Brahm-Ensemble bestens vertraut war, zu inszenieren. Für ihn war die Uraufführung von Hauptmanns *Festspiel in deutschen Reimen* am 31. Mai 1913 in der Jahrhunderthalle in Breslau der erste Anlaß, sich wieder intensiver mit dem Werk dieses Dichters zu befassen. Reinhardt konnte bei diesem Projekt, auf dem ein so erheblicher politischer Erwartungsdruck lag, seine ganze Erfahrung mit Großraumbühnen und Massenregie einsetzen. Ernst Stern hatte eine mehrstöckige Bühne entworfen, auf deren Spielebenen der Regisseur monumentale Bilder von historischen Freiheitskämpfen in Szene setzte. Der politische Skandal, den die Aufführung auslöste (vgl. Bd. III, 672f), überdeckte freilich alle künstlerischen Aspekte. In den folgenden Jahren übernahm Reinhardt die Regie nur noch bei wenigen weiteren Stücken Hauptmanns. Dabei waren seine Inszenierungen von *Der Biberpelz* 1916 am Deutschen Theater, *Dorothea Angermann* 1926 am Theater in der Josefstadt, vor allem aber die Uraufführung von *Vor Sonnenuntergang*, des bedeutendsten Werks Hauptmanns in dieser Spätphase, am 16. Februar 1932 am Deutschen Theater, herausragende Erfolge. Der Dichter zeichnete darin ein facettenreiches Bild von der Zerstörung einer großbürgerlichen, freisinnigen Lebensform, verkörpert in dem Geheimrat Matthias Clausen, der »vor dem Abgrund seines siebzigjährigen Lebens« steht und von einer Philisterhorde von Kindern und Verwandten wegen seiner so ganz »unangemessenen« Liebe zu der sehr jungen Inken Peters in die Enge, schließlich in den Selbstmord getrieben wird. Werner Krauß spielte in dieser Aufführung den Geheimrat Clausen, Helene Thimig die Inken Peters. Über die fulminante schauspielerische Leistung von Krauß schrieb der Kritiker Herbert Ihering (1967, 357): »Es ist meisterhaft im höchsten Sinne des Handwerks und der Kunst, wie Werner Krauß den Geheimrat anlegt, ohne daß man hinter die Mittel seiner Charakteristik kommt ... Diese Rolle steht über allem, was jemals die größten Schauspieler in unserer Zeit gespielt haben. Über Bassermann, über Sauer, über Girardi, über Matkowsky, über Kainz. Eine historische Leistung.« Dem Regisseur bestätigte Ihering, der nicht zu den Reinhardt-Anhängern zählte, daß dieser hier »auf der Höhe seiner Fähigkeiten als Menschengestalter« stand.

Von den großen zeitgenössischen ausländischen Bühnenautoren waren es Maeterlinck, Ibsen, Strindberg, Tolstoj, Shaw und Pirandello, die mit wesentlichen Stationen von Reinhardts Theaterarbeit verbunden sind. Dabei nahm die Auseinandersetzung mit dem Werk von Henrik Ibsen eine besondere Stellung ein, wohl auch deswegen, weil es galt, das Bild dieses Autors, das durch Otto Brahms puristisch naturalistische Inszenierungen entstanden war, zu korrigieren; ein Aspekt, der sicherlich auch mit Reinhardts persönlicher Lösung aus der Einflußsphäre Brahms zu tun hatte. Beispielhaft für diesen Prozeß war seine Auseinandersetzung mit Ibsens Stück *Gespenster*, mit dem er 1906 seine Kammerspiele eröffnet hatte. Dieses »Werk schien Reinhardt so grundlegend bedeutsam, daß er immer neue Inszenierungsvarianten versuchte – teils ging es dabei um Besetzungsvarianten, teils um Varianten in Raum-Dimensionen. Bis 1930 kamen nicht weniger als 16 derartige Überarbeitungsversuche zustande. Schon 1907 erprobte Reinhardt die erste Besetzungs-Variante, in der nur Moissi und Lucie Höflich verblieben, während die ursprünglich von Agnes Sorma, Max Reinhardt selbst und Friedrich Kayßler gespielten Rollen nun Hedwig Wangel,

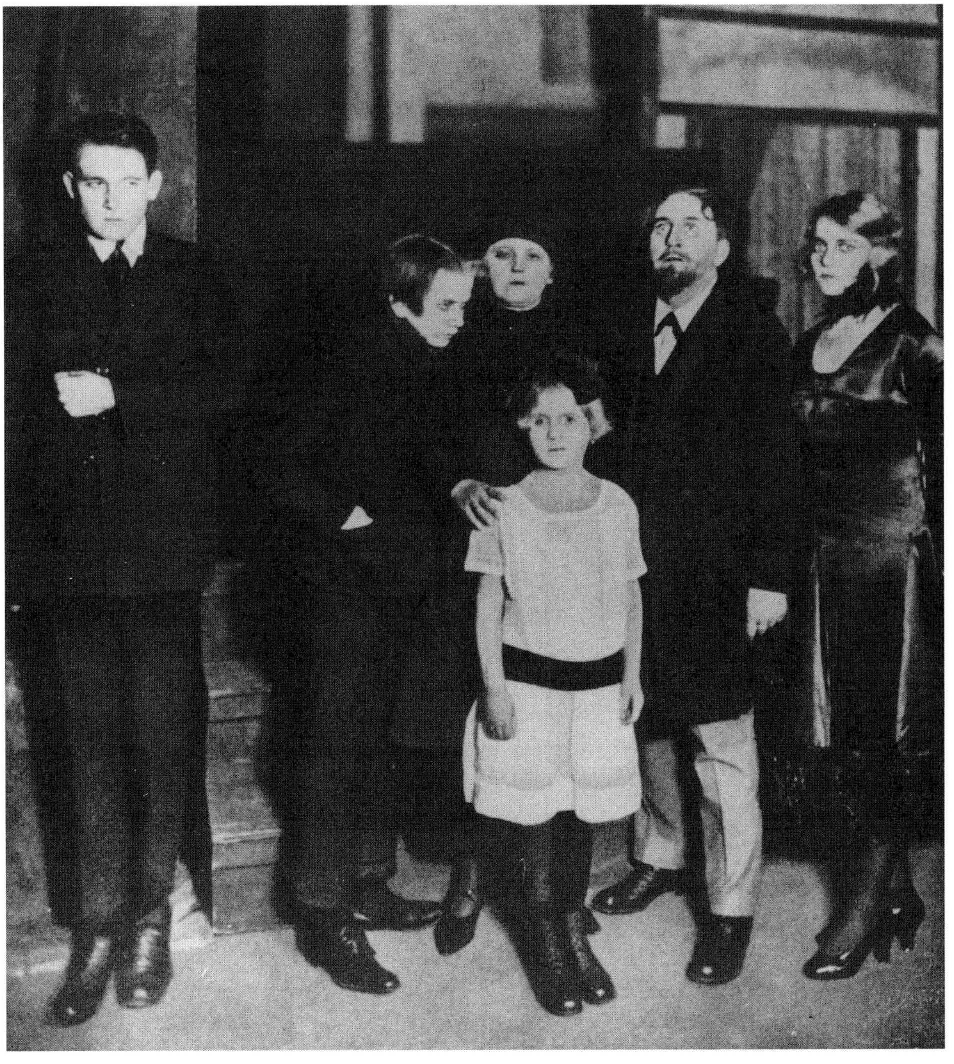

L. Pirandello: Sechs Personen suchen einen Autor. *R.: M. Reinhardt. Komödie, Berlin 1924*

Winterstein und Steinrück anvertraut waren. Allein in der Spielzeit 1918/19 kam es zu sieben Gespenster-Inszenierungsvarianten: ... zwei entfielen auf das Deutsche Theater, drei auf die Kammerspiele, je eine auf die Volksbühne und auf das Kleine Schauspielhaus.« (H. Kindermann 1968, 541f) Da Reinhardt in seinen Inszenierungen wohl mehr als andere Regisseure die wesentlichen Akzente über die Vergabe der Rollen an bestimmte Schauspielerpersönlichkeiten setzte, bedeutete dies, daß solche Besetzungsvarianten stets auch in das Deutungsgefüge der Stücke einwirkten. Bei Ibsens *Gespenstern* ging es für Reinhardt letztlich darum, dieses Stück aus dem zeitbedingten Blickwinkel naturalistischer Vererbungstheoreme und Gesellschaftskritik (vgl. Bd. III, 477ff) herauszulösen und die darin angelegte zeitübergreifende »Menschlichkeit ... ganz rein ans Licht« zu heben. (n. S. Jacobsohn 1917, 68) Auch für andere Stücke Ibsens (*Hedda Gabler, John Gabriel Borkman*) eröffneten Reinhardts Inszenierungen einen gänzlich neuen Zugang, der die Menschen dieser Dramen als Zeitgenossen empfinden ließ.

Wilhelm Dieterle als Don Manuel, Helene Thimig als Isabel und Hermann Thimig als Cosme in Dame Kobold *von P. Calderón de la Barca/ H. v. Hofmannsthal. Redoutensaal, Wien 1922*

Vergleichbares gelang Reinhardt auch mit seinen Inszenierungen von Stücken August Strindbergs. Was ihn offenbar an diesem Autor faszinierte und in seinen Inszenierungen gegenüber der bis dahin vorherrschenden Strindberg-Rezeption erstmals in aller Schärfe sichtbar wurde, war die Unterminierung der Realität durch die Verstörungen der Träume, der Angstträume, aber auch des Wunderbaren und des Märchenhaften. Stücke wie *Totentanz*, das am 27. September 1912 am Deutschen Theater mit Paul Wegener als Edgar und Gertrud Eysoldt als Alice (Bühne von Gustav Knina) herauskam, und *Ein Traumspiel* (13. Dezember 1921, Deutsches Theater) mit Helene Thimig als Indras Tochter markieren Eckpunkte von Reinhardts Annäherungen an diesen Autor. Für *Ein Traumspiel* hatte Franz Dworsky eine Bühne entworfen, die das Verfließen des Realen im Unwirklichen durch die gesamte Szenenfolge des Stücks hindurch als bildnerisches Prinzip umgesetzt hatte.

Das Spiel mit der Auflösung des Wirklichen im Märchenhaften war es auch, das Reinhardt in seinen Maeterlinck-Inszenierungen immer wieder erprobte. (vgl. Bd. III, 598 ff) Mit *Pelléas und Mélisande* hatte er 1903 (3. April) am Neuen Theater einen entscheidenden Schritt auf dem Wege zu seinem eigenen Stil vollzogen; Reinhardt selbst hatte die Rolle des König Arkel übernommen. Die Aufführung, für die Leo Impekoven die Bühne und Lovis Corinth die Kostüme geschaffen hatten, wurde 54mal gezeigt. Gleichermaßen erfolgreich war 1912 die Inszenierung des Märchenspiels *Der blaue Vogel* (23. Dezember 1912, Deutsches Theater). Es war dies eines jener Stücke, die auf vielen europäischen Bühnen dazu dienten, den Naturalismus endgültig zu verabschieden. Der engen Verbundenheit mit Stanislavskij war es zu verdanken, daß sich Reinhardt so engagiert des Werkes von Leo Tolstoj annahm. So war dann auch die Inszenierung von *Der lebende Leichnam*, die am 7. Februar 1913 am Deutschen Theater Premiere hatte, eine von Reinhardts wichtigsten und mit 128 Aufführungen auch erfolgreichsten Arbeiten. (vgl. auch Bd. III, 911 f) Der Regisseur hatte jedweden Naturalismus in dem Stück weginszeniert und ganz auf die »menschliche Seele« als den eigentlichen, den inneren »Schauplatz« des Stücks gesetzt (H. Herald 1953, 37). Die von Gustav Knina gearbeitete Bühne präsentierte sich als streng stilisierter Raum. Mit Hilfe der Drehbühne wurde eine zügig gleitende Abfolge der Episoden möglich. Schauspielerisch erhielt die Inszenierung ihr Profil vor allem durch die Gestaltung des Fedja durch Alexander Moissi. Er habe die Figur, schreibt E. Faktor in seiner Biographie dieses Schauspielers (o.J., 36), aufgefaßt als einen »Gewesenen ... eine Mischung aus halbem Irrsinn und Verklärung: Darstellung eines Daseins, das unwahrscheinlich geworden ist.«

George Bernard Shaw (vgl. Bd. III, 865 f) war der zeitgenössische ausländische Dramatiker, von dem Reinhardt wohl die meisten Stücke an seinen Bühnen herausgebracht hat. Von seinen eigenen Inszenierungen war die der »Politischen Komödie« *Der Kaiser von Amerika*, die am 19. Oktober 1929 am Deutschen Theater Premiere hatte, die erfolgreichste. Sie wurde 226mal wiederholt. Reinhardt hatte jedoch in Shaws Komödie *The Apple Cart* ohne Genehmigung des Autors in einer Weise eingegriffen, die Dialoge gestrafft (vgl. G. Adler 1980, 290), daß die politische Botschaft des Werks deutlich abgeschwächt wurde. (vgl. Bd. III, 867 f) Shaw hatte deswegen den Regisseur heftig angegriffen. Im Zentrum der Aufführung stand Werner Krauß, der den König Magnus spielte. Krauß stattete diese Figur mit einer geistigen, sprachlichen und gestischen Souveränität aus, daß Publikum und Kritik von der Leistung dieses Schauspielers gleichermaßen fasziniert waren. In seiner Inszenierung von Shaws Stück *Die heilige Johanna* (24. Oktober 1924, Deutsches Theater), ebenfalls ein herausragender Erfolg mit 168 Aufführungen (bis Dezember 1925), hatte Reinhardt einen neuen Ton gefunden, eine Annäherung an ein realistisch reflektiertes Spiel, das vor allem Elisabeth Bergners Gestaltung der Titelrolle auszeichnete: eine »Synthese von Emotion und Intellekt« (H. Braulich 1969, 204). Alfred Kerr, ansonsten kein Freund von Reinhardts Theater, lobte im *Berliner Tageblatt* das »Unweinerliche« dieser Inszenierung, die »leichte, sehr sachliche Plauderfärbung ... auch für schreckliche Dinge.« (n. H. Kindermann 1968, 557). Es war dies ein Ansatz in der Regie, der der kritisch-ironischen Intention Shaws sehr nahe kam.

Von Luigi Pirandello inszenierte Reinhardt selbst nur *Sechs Personen suchen einen Autor*; erstmals am 30. Dezember 1924 an der Komödie am Kurfürstendamm in Berlin. Im Jahr darauf ging diese Inszenierung an die Kammerspiele (13. März 1925). Es kamen insgesamt 124 Aufführungen zustande. 1934 inszenierte er das Stück am Josefstädter Theater in Wien, 1939 am Max Reinhardt-Workshop in Hollywood, 1940 am Geary Theatre in San Francisco. Im gleichen Jahr war eine Verfilmung geplant, bei der Reinhardt und Josef von Sternberg Regie führen sollten. Reinhardt fand in diesem Meisterwerk Pirandellos eine für ihn geradezu ideale dramatisch-literarische Konstruktion: eine waghalsige Grenzgängerei zwischen Fiktion und Wirklichkeit, das Verwischen der Unterscheidung von Theater und Leben, von Spiel und Ernst, das kaum mehr wahrnehmbare Wirken des einen im anderen. Es war dies letztlich auch ein Lebensmotiv des Theatralikers Reinhardt, wie dieser es sonst nur bei Shakespeare vorgefunden hatte. Zudem konnte Reinhardt bei dem zentralen Thema des Stücks, bei dem es um den Schaffensprozeß des Dichters geht, auch seine Situation als Regisseur zum Thema machen, der – wie der Dichter – die Bühnenwelt nach seiner Vorstellung entwirft. Reinhardt setzte vor allem auf das

Reinhardt hatte gewöhnlich vorher sein Regiebuch sorgfältig und bis in letzte Einzelheiten hinein verfaßt, doch nicht um an dessen Buchstaben klebend die Schauspieler anzuleiten. Gerade diese mitunter mißbilligte Haltung Reinhardts eröffnete die Möglichkeiten zu einer zielgerichteten und schöpferischen Wechselwirkung zwischen Regisseur und Schauspieler. Dennoch konnte man arbeitsorganisatorisch nicht von gleichberechtigter Kooperation sprechen. Der Regisseur besaß eine Vormachtstellung, die seine Überlegenheit den Schauspielern gegenüber sicherte. Er war in der Regel besser vorbereitet als sie. Sein Arbeitsprozeß begann lange vor dem ihren. Er dachte sich Wesen und Form der Inszenierung aus, meist sogar unbeeinflußt und fern von den bedeutenden Beratern seines Gefolges wie Kahane oder Hollaender, und hielt seine Visionen fest im Regiebuch. Aufs äußerste angefüllt mit seinen Vorstellungen, umfassend vorbereitet, traf er auf den ahnungsloseren Darsteller, der oft vor wenigen Tagen erst erfahren hatte, daß er überhaupt besetzt wurde, und sich der Führung des Regisseurs bedingungslos anzuvertrauen gezwungen war.

(Dieter Hoffmeier, n. H. Fetting 1974, 425 f)

stumme Spiel seiner Darsteller als einer genuin theatralen Ausdrucksebene, und seine Schauspieler nahmen in der Anlage ihrer Rollen dieses Konzept in geradezu virtuoser Manier auf. Max Pallenberg als Theaterdirektor, Mathias Wieman als Sohn und Lucie Höflich (alternierend Gertrud Eysoldt) als Mutter. Das Bühnenbild, das auf die Atmosphäre dieser schaurigen Geschichte der sechs tragikomischen Scheinexistenzen abgestimmt war, hatte Hermann Krehan entworfen. Im Dezember 1926 fand ein Gastspiel der Compagnia del Teatro d'Arte di Roma am Josefstädter Theater statt. Unter der Regie Pirandellos zeigte die Truppe dort *Sei personaggi in cerca d'autore* und *Cosi è – se vi pare*. Die italienische Truppe konzentrierte ihr Spiel ganz auf die Sprache und den spirituellen Gehalt des Stücks, – völlig anders als Reinhardts Betonung des stummen Spiels und der optischen Effekte.

Die junge deutsche expressionistische Dramatik stellte Fragen an die Gegenwart, deren Härte und Radikalität mit Reinhardts realitätsfernem Theater-Weltbild sicherlich nur schwer in Einklang zu bringen waren. Auch erschlossen sich diese Stücke nicht über das Schauspielerische – was Reinhardts Regiemethode entsprach –, sondern erforderten die klare Herausarbeitung ihrer zeitkritischen Thesen. (vgl. Kap.: Expressionismus) Dennoch mußte Reinhardt sich als Theaterleiter diesen neuen Stücken stellen. Er nahm sie in seine Spielpläne auf, brachte sie freilich nur in wenigen Fällen in eigener Regie heraus: *Bürger Schippel* am 5. März 1913 und *Der Snob* 1914 von Carl Sternheim an den Kammerspielen; *Der Bettler* von Reinhard Johannes Sorge am 23. Dezember 1917 am Deutschen Theater in der Matinee-Reihe des »Jungen Deutschland«; von Reinhard Goering *Seeschlacht*, ebenfalls in der Reihe des »Jungen Deutschland« am 3. März 1918 und *Kräfte* von August Stramm am 12. April 1921 an den Kammerspielen. Für alle anderen expressionistischen Dramen, die Reinhardt ins Repertoire übernahm, übertrug er die Regie seinen Mitarbeitern, vor allem Felix Hollaender (1867–1931), der von 1920 bis 1923 auch Reinhardts Berliner Theaterbetriebe leitete, und Heinz Herald. Unter deren Regie wurden nahezu sämtliche neuen expressionistischen Stücke auf den Reinhardt-Bühnen gezeigt. Ein weiterer Regisseur, den Reinhardt für Stücke dieser Richtung engagiert hatte, war Ludwig Berger (1892–1969). Auch Kokoschka inszenierte 1919 am Deutschen Theater seine beiden Dramen *Hiob* und *Der brennende Dornbusch*. Einmal auch trat der junge Brecht an einer Reinhardt-Bühne als Regisseur auf. An der Jungen Bühne des Deutschen Theaters setzte er seinen *Baal* in Szene (14. Februar 1926, Bühne: Caspar Neher) mit Oskar Homolka in der Titelrolle.

Für diese insgesamt doch sehr umfassende Präsentation der zeitgenössischen Dramatik war am Deutschen Theater ein eigenes Forum, eine Matinee-Bühne, geschaffen worden, die sich »Das junge Deutschland« nannte. In einer gleichnamigen Zeitschrift wurde deren Arbeit begleitend kommentiert. Initiator war Heinz Herald. Es ging bei dieser ambitionierten Förderung der jungen deutschen Dramatik nicht zuletzt auch darum, Reinhardts führende Stellung im Berliner und auch im deutschen Theaterleben zu behaupten. Zu deutlich hatten sich bereits Bühnen »in der Provinz«, so etwa die Kammerspiele von Erich Ziegel in Hamburg und die Münchner Kammerspiele von Otto Falckenberg, mit Aufführungen der Stücke der neuen Dramatikergeneration profiliert. Die Versuchsbühne »Das junge Deutschland« existierte bis Ende der Spielzeit

J. Strauß: Die Fledermaus. *R.: M. Reinhardt. Dir.: Z. W. Korngold. B.: L. Kainer. Deutsches Theater, Berlin 1929*

1919/20, ebenso die dieser Bühne angeschlossene Zeitschrift. Ein Anschlußunternehmen, das der Dramaturg Moriz Seeler 1922 ins Leben rief und das in seinem Anspruch, die neue zeitkritische Dramatik zu zeigen, sich weitaus radikaler gab als »Das junge Deutschland«, war die »Junge Bühne«, die zwar formell ebenfalls am Deutschen Theater angesiedelt, in ihrer Arbeitsweise jedoch völlig selbständig war. Das Unternehmen wurde als sogenanntes »Mittagstheater« betrieben, ohne eigenes Haus, das in der Regel Sonntag vormittags in verschiedenen Theatern seine Aufführungen zeigte. Alle Mitarbeiter verzichteten auf Gage oder Entlohnung. Das erste Stück, das dort herauskam, war Arnolt Bronnens *Vatermord* (14. Mai 1922) in der Regie von Berthold Viertel (1885–1955), mit Alexander Granach und Agnes Straub als Ignaz und Luise Fessel. Zunächst hatte sich der junge Brecht für diese Regie angeboten, ja aufgedrängt, mußte aber wegen des totalen Zerwürfnisses mit dem Ensemble die Arbeit sehr bald schon niederlegen. Aufgrund des großen Erfolgs wurde diese Inszenierung noch im gleichen Monat in die renommierten Kammerspiele übernommen. Herbert Ihering schrieb darüber: »Von der Vorstellung ging eine solche Bannkraft aus, daß das Publikum sich während des Spiels musterhaft ruhig verhielt und das Pfeifen am Schluß von orkanartigem Beifall niedergefegt wurde. Es war eine Mittagsaufführung. Aber vielleicht wird sie die Repertoirepolitik der Direktoren von Grund auf ändern … Daß die Junge Bühne mit dem leidenschaftlichen Willen des im Sprachlichen vortrefflichen Regisseurs Viertel, mit dem Idealismus der Schauspieler endlich einmal der Verkommenheit der

Berliner Theaterverhältnisse eine Tat entgegengestellt hat, die einem neuen Dichter galt, das ist ein Ereignis, das nicht ohne Folgen bleiben kann.« Auch anläßlich der Aufführung von *Vatermord* in den Kammerspielen sprach Ihering davon, daß über die »Verwahrlosung der Berliner Repertoirevorstellungen geklagt« werde, daß aber diese Vorstellung »die Ehre der Theaterstadt Berlin« gerettet habe. Aus Bemerkungen dieser Art wird deutlich, daß in diesen Jahren offensichtlich eine künstlerische Stagnation im Berliner Theaterleben wahrgenommen wurde, die durchaus auch die Reinhardt-Bühnen betraf. Bei aller schauspielerischen Perfektion, die dort zu bewundern war, fehlte letztlich der Zugriff des Theaters auf die Probleme der Zeit; ein Sachverhalt, der sich im Rückgang der Besucherzahlen bemerkbar machte und nicht ohne Folgen für die ökonomische Situation der Theater blieb.

An Reinhardts Wiener Bühne, dem Theater in der Josefstadt, hatte die junge zeitgenössische Dramatik einen schweren Stand. Stücke dieser Richtung kamen dort zeitlich nur sehr verzögert auf den Spielplan. Schließlich aber versuchte auch in Wien eine Gruppe jüngerer Schauspieler mit einem eigenen Spielplan aus dem Stückekanon des Josefstädter Theaters auszubrechen. So kam es 1926, initiiert von Herbert Waniek und Oskar Homolka, zur Gründung der Gruppe »Neues Theater«, vergleichbar der »Jungen Bühne« in Berlin, programmatisch freilich weit moderater als diese. Dennoch brachte die Gruppe als erstes Stück Brechts *Baal* heraus (21. März 1926). Die Titelrolle spielte – wie in der Berliner Inszenierung im Monat zuvor – Oskar Homolka. Auch in Wien kam – wie in Berlin – nur eine Aufführung zustande.

Mit dem Musiktheater beschäftigte sich Max Reinhardt – bezogen auf das künstlerische Gewicht und die Vielzahl seiner Schauspielinszenierungen – nur nebenbei. Im Abstand von nahezu zwei Jahrzehnten gab es zwei kurze Perioden, in denen Reinhardt jeweils eine relativ geschlossene Gruppe von musikdramatischen Werken inszenierte. Zwischen 1909 und 1912 waren es vor allem jene Stücke, für die die Zusammenarbeit mit Hugo von Hofmannsthal und Richard Strauss den inspirierenden, den antreibenden Arbeitshintergrund bildeten: *Elektra* (1909), *Der Rosenkavalier* (1910) und *Ariadne auf Naxos* (1912). (vgl. Bd. III, 721 ff u. 748 f) Hinzu kamen die Inszenierungen von Jacques Offenbachs *Die schöne Helena* (1911) am Künstler-Theater in München und *Orpheus in der Unterwelt* (1911) in der Münchner Musikfesthalle. Dieses Stück hatte Reinhardt schon einmal 1906 an seinem Neuen Theater in Berlin inszeniert. Die zweite Periode, in der sich Reinhardt mit dem Musiktheater auseinandersetzte, waren die Jahre um 1930. Nun konzentrierte er sich vor allem auf die Operette. Am 8. Juni 1929 hatte am Deutschen Theater *Die Fledermaus* Premiere. Offenbachs *Die schöne Helena* inszenierte er 1931 am Theater am Kurfürstendamm (15. Juni); am 27. November 1931 folgte die »Phantastische Oper« *Hoffmanns Erzählungen* am Großen Schauspielhaus. Eine eher singuläre Spielplanentscheidung war es wohl, daß Reinhardt 1922 seine Münchner Inszenierung von *Orpheus in der Unterwelt* für das Große Schauspielhaus in Berlin neu eingerichtet hatte. Seine *Fledermaus*-Inszenierung zeigte Reinhardt an verschiedenen seiner Berliner Bühnen. 1930 inszenierte er diese Operette mit dänischen Schauspielern am Kongelige Teatret in Kopenhagen, 1931 an der Nationalen Oper in Riga mit lettischen Schauspielern, 1933 am Théâtre Pigalle in Paris, 1934 am Teatro Excelsior in Mailand, 1942 unter dem Titel *Rosalinda* in New York;

jeweils mit Schauspielern dieser Länder in deren Sprache. 1936 war eine Verfilmung dieser Operette geplant, zu der es jedoch nicht kam. Bemerkenswerter Weise war es nicht gelungen, Reinhardts *Fledermaus* nach Wien zu bringen. Auch *Die schöne Helena* wurde in Reinhardts Fassung im Ausland gezeigt, so in Manchester (1931), Wien (1932), London (1932) und New York (1934).

Reinhardt verstand seine Auseinandersetzung mit dem Musiktheater als einen Versuch dieses Genre zu modernisieren, vor allem die Operette. »Die sentimentale Walzer-Operette ist knockout«, so resümierte er in einem Interview im Jahre 1932 kurz und bündig. (vgl. H. Fetting 1974, 349) Entscheidende Impulse für die Erneuerung des Musiktheaters sah er darin, durch das Herausarbeiten stringenter Handlungslinien und dramatischer Effekte dieses wieder an ein breiteres Publikum heranzuführen, das eine solche Handlungskonzentration vom Film her kannte und dort so begeistert aufnahm. Weiter heißt es in diesem Interview: »Wir Theaterleiter sind, wie Sie zugeben werden, in einer wirklich schwierigen Situation. Eine Zeit, platzend vor Lebendigkeit, Sensationen, Ereignissen, Schicksal – und die dramatische Quelle ist ein dünnes Rinnsal.« Reinhardts Musiktheater-Inszenierungen tendierten von Beginn an in diese Richtung. Es ging ihm um eine neue Qualität in der wechselseitigen Durchdringung des Musikalischen und des Schauspielerisch-Dramatischen, um eine auch dramaturgisch durchgearbeitete Regie im Musiktheater; es ging darum, auch Sängern eine schauspielerische Leistung abzuverlangen, sie in der Regie wie Schauspieler zu führen. In dieser Hinsicht setzte Reinhardt Maßstäbe bereits mit seinen Inszenierungen der frühen Opern von Richard Strauss. Daß dies durchweg handlungsstarke Stücke waren, *Elektra* und *Der Rosenkavalier*, kam ihm dabei entgegen. Bei *Ariadne auf Naxos* brachte er durch die Verkoppelung mit der Molière-Komödie *Der Bürger als Edelmann* einen verschärften satirischen, gesellschaftskritischen Ton in die Aufführung, den das Strauss'sche »Operchen« allein nicht hergab. (vgl. Bd. III, 723) Im *Rosenkavalier* arbeitete er in seiner Regie die standeskritischen Momente unmißverständlich heraus: das Gegeneinander-Stehen der Gruppen, wie Hofmannsthal in einem »ungeschriebenen Nachruf« zum *Rosenkavalier* formuliert, der Bürgerlichen und »der Vornehmen, Großen, die sich vieles erlauben dürfen.« Freilich überspielt die Musik diese Spannungen »unendlich liebevoll und verbindet alles.« Max Reinhardt führte diese Linie der Synthetisierung des Pantomimischen, Schauspielerischen mit dem Musikalischen weiter in seinen Inszenierungen von Somerset Maughams Farce *Victoria* (März 1926, mit Musik von Mischa Spoliansky) und der Komödie *Artisten* von George Watters und Arthur Hopkins (Juni 1928). Letztere inszenierte er als exzentrisches Spektakel im Deutschen Theater mit einer eigens dafür engagierten Artistentruppe. Künstlerische Höhepunkte jedoch in diesem Zusammenspiel von Theater, Pantomime und Musik waren unstrittig Reinhardts Goldoni-Inszenierungen, aber auch seine exquisite Inszenierung von Molières Komödie *Der eingebildete Kranke* (20. August 1923) im großen Marmorsaal von Schloß Leopoldskron vor einem kleinen Kreis erlesener Gäste der Salzburger Festspiele.

Zu künstlerischen Höhepunkten wurden schließlich seine Inszenierungen von *Die Fledermaus*, *Die schöne Helena* und von *Hoffmanns Erzählungen*. In allen drei Inszenierungen hatte Reinhardt dem tänzerischen Element, aber auch der Pantomime einen völlig neuen Stellenwert eingeräumt, neue zusätzliche

Meine Arbeit auf der Bühne ist mir immer die wesentlichste Aufgabe gewesen. Ich habe alle Ursache anzunehmen, daß ich mit meiner Tätigkeit dem Theater auch in schwerer Zeit hätte entscheidend helfen können. Das neue Deutschland wünscht jedoch Angehörige der jüdischen Rasse, zu der ich mich selbstverständlich uneingeschränkt bekenne, in keiner einflußreichen Stellung. Ich könnte aber auch, selbst wenn diese geduldet werden würde, in solcher Duldung niemals die Atmosphäre finden, die meiner Arbeit notwendig ist … Da es mir aber zugleich im Innersten widerstrebt, etwa irgendeine der auf Grund gewisser Protestbewegungen sich andrängenden internationalen Möglichkeiten wahrzunehmen, … bleibt mir, als bisherigem Eigentümer des Deutschen Theaters, der Kammerspiele und als Anteilhaber des Großen Schauspielhauses, nur die eine Möglichkeit, die Übernahme meines Lebenswerkes Deutschland anzutragen. Das ist der Zweck dieses Schreibens und zugleich der einzige Grund, weshalb ich mich bemüßigt fühle, darin Rechenschaft über meine Theaterführung abzulegen.

(*Max Reinhardt:* An die Nationalsozialistische Regierung Deutschlands. 16. Juni 1933, *n. H. Fetting 1974, 223)*

Luis Rainer als Der Tod, Helene Thimig als Die Weisheit und Jarmila Novotná als Die Schönheit in H. v. Hofmannsthal: Das Große Welttheater. *R.: M. Reinhardt. Deutsches Theater, Berlin 1933*

Szenen entwickelt, die dafür Spielräume boten. Hinzu kamen spektakuläre Einzeleffekte, die jedoch in die dramaturgische Linie der Aufführungen eingebunden waren. So ließ er in der *Schönen Helena* »den ganzen Chor – einen nach dem anderen – in das Bett des Menelaus springen; eine mechanische Schleudervorrichtung sorgte für den Hinauswurf. Als 1911 im Münchner Künstlertheater anläßlich der Reise des Menelaus nach Kreta die ganze Bühne Cancan zu tanzen begann, die Statuen auf ihrem Sockel eingeschlossen, handelte es sich um einen lustigen Regieeinfall ohne tiefere Bedeutung. Jetzt aber, 1931 … wurde das Bett des Menelaus zum Sinnbild des Lotterlebens einer ganzen Epoche.« (H. Braulich 1969, 208) Auch für seine Inszenierung von *Hoffmanns Erzählungen* erfand Reinhardt neue Szenen und ließ das Stück vor dem Bühneneingang des Opernhauses beginnen. Riesige Marionetten kamen zum Einsatz, und in der Barcarole-Szene bewegte sich die Gondel – unter Einsatz der Drehbühne – durch ein Venedig, dessen Todesverfallenheit offenkundig war. Oskar Strnad hatte die monumentale Bühne entworfen, die Reinhardts erfindungsreicher Bühnentechniker Franz Dworsky in Bewegung setzte. Die attraktive tschechische Sängerin Jarmila Novotná, die Reinhardt auch für die Titelrolle in *Die schöne Helena* engagiert hatte, brillierte wiederum als Antonia. 175 Aufführungen kamen von dieser Inszenierung zustande, zu der auch viele Besucher aus dem Ausland nach Berlin anreisten. Von der Kritik wurde sie als eine der bedeutendsten Regieleistungen von Max Reinhardt gefeiert.

Reinhardt stand in diesen Jahren um 1930 auf dem Höhepunkt seines öffentlichen Ansehens, obwohl seine größten künstlerischen Erfolge innerhalb einer kontinuierlichen Arbeitsphase schon mehr als ein Jahrzehnt zurücklagen. In Deutschland nahm nun die Treibjagd der Anhänger der Hitlerpartei auf jüdische Künstler militante Züge an. Zudem waren dies für die Theater in Berlin insgesamt Jahre der Krisen und Zusammenbrüche, in denen sich das Unterhaltungsgewerbe, dem letztlich auch das Theater angehörte, völlig neu zu positionieren begann. Das Kino, die großen Ausstattungsrevuen und der Operettenboom brachten die Theater wohl mehr noch in Bedrängnis als die allgemeine schwierige wirtschaftliche Situation im Lande. In seiner *Rede über den Schauspieler*, die Max Reinhardt 1928 in New York an der Columbia University hielt, anläßlich eines Gastspiels des Deutschen Theaters, beschwor er gleichsam noch einmal die Widerstandskraft, »die Unsterblichkeit«, wie er es formulierte, des Theaters gegenüber den theaterfeindlichen Tendenzen der Zeit. »Das Theater ringt heute um sein Leben«, so lautete der erste Satz dieser Rede, und er sprach auch von der Gefahr der Korruption des künstlerischen Ethos' des Schauspielers in einer Zeit der zunehmenden Verflachung des kulturellen Lebens. Im gleichen Jahr noch eröffnete er seine Schauspiel- und Regieschule, das Max-Reinhardt-Seminar, in Schönbrunn bei Wien. Im Mai 1930 feierte Max Reinhardt sein 25jähriges Direktionsjubiläum am Deutschen Theater mit einer Aufführung der *Fledermaus*. Die Universitäten Frankfurt am Main und Kiel verliehen ihm die Ehrendoktorwürde. 1931 wurde er zum Vizepräsidenten der englischen Shakespeare-Gesellschaft gewählt, eine für einen Ausländer ganz ungewöhnliche Ehrung. Im Jahr darauf zog sich Reinhardt von seinen Berliner Bühnen endgültig zurück. Auch das Ensemble, das kreative Zentrum des Reinhardt-Theaters, löste sich auf. Das Ende einer Theaterepoche stand bevor.

Ich glaube an die Unsterblichkeit des Theaters. Es ist der seligste Schlupfwinkel für diejenigen, die ihre Kindheit heimlich in die Tasche gesteckt und sich damit auf und davon gemacht haben, um bis an ihr Lebensende weiterzuspielen. Die Schauspielkunst ist aber zugleich die Befreiung von der konventionellen Schauspielerei des Lebens, denn: nicht die Verstellung ist die Aufgabe des Schauspielers, sondern Enthüllung.

(Max Reinhardt 1930, n. H. Fetting 1974, 327)

Expressionismus: neue Themen und neue Dramaturgien

Gegen den Trend der Entliterarisierung des Theaters, dem vor allem die Avantgardebewegungen vom Futurismus bis zu den Konstruktivisten folgten, setzten die Expressionisten Sprache und dramatische Dichtung wieder ins Zentrum des Bühnenkunstwerks. Das expressionistische Theater lebte vom rhetorischen Pathos seiner Protagonisten. Ansonsten waren die Stücke handlungsarm und statisch. Der Gestus der Revolte artikulierte sich in den großen Sprachgebärden. »Vatermord!!!« (W. Hasenclever: *Der Sohn*) war vor allem ein Schrei. Dem expressionistischen Protagonisten geht es um Demonstration seines Willens zur »Wandlung«, zum »Aufbruch«, ja zur »Erneuerung der Welt«; stets aber um Selbstdarstellung vor der Folie einer ihm fremden, einer feindlichen Welt. »Jung« sind diese Protagonisten durchweg, »Jünglinge«, »Söhne« oder »Dichter«. Deren Revolte gegen die Väter ließ diesen Antagonismus, der immer auch der zwischen dem »Geistigen« und einem »Ungeist« – für den alles Bürgerliche stand – war, wirkungsvoll in Szene setzen. So vor allem in der tödlichen Eskalation dieses Konflikts. Reinhard Johannes Sorges (1892–1916) Stück *Der Bettler. Eine dramatische Sendung* (1912), Walter Hasenclevers (1890–1940) Drama *Der Sohn* (1914) oder Arnolt Bronnens (1895–1959) Schauspiel *Vatermord* (entstanden um 1915) sind die berühmtesten dieser »Vatermord-Stücke«, von denen das letzte den abstrakten Rahmen der expressionistischen Konfliktkonstruktion

Bühnenbildentwurf von Max Pechstein zu H. v. Kleists Käthchen von Heilbronn. *R.: E. Klöpfer. Deutsches Theater, Berlin 1925*

bereits verläßt, Personen und Milieu konkreter ins Spiel bringt. Hier ersticht der junge Ignaz Fessel seinen dumpf tyrannischen Vater vor den Augen seiner Mutter, mit der er kurz zuvor noch – inzestuös vereinigt – im Bett lag. Die Uraufführung des Stücks am 22. April 1922 in Frankfurt, vor allem aber die Berliner Erstaufführung am 14. Mai desselben Jahres an der »Jungen Bühne« des Deutschen Theaters wurde ein unerhörter Skandal mit Schlägereien und antisemitischen Attacken gegen Max Reinhardt.

A. Bronnen: Vatermord. *R.: J. Bosse. Mannheim 1979*

Dabei war Abstraktion das zentrale ästhetische Prinzip des Expressionismus, in der Literatur, auf der Bühne wie in der bildenden Kunst. Der Kunsthistoriker Wilhelm Worringer hatte in seinem Buch *Abstraktion und Einfühlung* (1908) die Theorie für diese Ästhetik dargelegt und die Abstraktion als ein Verhältnis zur Wirklichkeit beschrieben, das diese durch »Lebensausschließung« verfügbar macht und den Dingen einen »Notwendigkeitswert« verleiht, den sie im »Leben« nicht zu besitzen scheinen. Abstraktion als Verfahren der künstlerischen Produktion stand vor allem auch im Widerspruch zu allen realistischen und impressionistischen Tendenzen der Zeit und galt gewissermaßen als der Königsweg in die »Sphäre des Geistes.« Diese Geist-Versessenheit der expressionistischen Dramatiker war Ausdruck ihres Protests gegen eine Bürgerwelt, deren Zukunftslosigkeit offenkundig schien. Es war die angespannte Atmosphäre unmittelbar vor dem Ausbruch des Ersten Weltkriegs, dann die Schrekken der ersten Kriegsjahre, die den Expressionismus als Bewegung einer jungen Generation entstehen ließen. Diese Epochen- und Generationenerfahrung bildete das Kraftfeld der eruptiven Dynamik dieser Bewegung. Entsprechend heftig und radikal waren die Gesten des Protests, fundamental schien der Erneuerungsbedarf von Gesellschaft und Welt. So war auch die »Menschheit« der einzig angemessene, der weiteste aber auch vollständig abstrakte Horizont, auf den hin die Wandlungs- und Aufbruchsparolen gerichtet waren. Es ging um den »neuen Menschen«. Dieses Gedankengefüge bestimmte auch die dramaturgische Struktur expressionistischer Bühnenstücke. H. Denkler nennt sie »einpolige Wandlungsdramen«, da dem monologisierenden Protagonisten – »Verkörperung des wegsuchenden Ichs und als Mensch schlechthin auf sich gestellt« (1967, 175) – kein wirklicher Gegenspieler gegenübersteht. Es gibt in diesen Stücken auch keine »echte dialogische Konfrontation« (P. Szondi 1972, 46). Kommt es zu dramatischen Konflikten wie etwa in Hasenclevers Drama *Der Sohn*, so dienen diese ausschließlich dem Zweck, der bekenntnishaften Selbstentäußerung des Protagonisten eine Tribüne zu bieten, die ihn seine Thesen möglichst effektvoll vortragen läßt. Das dramaturgische Modell, das diesem Konzept entspricht, ist das sogenannte »Stationendrama«. Dieser Begriff wurde von August Strindberg, einem der »Väter des Expressionismus«, erstmals in seinem Wandlungs- und Passionsdrama *Nach Damaskus*, von dem 1912 die erste deutsche Übersetzung veröffentlicht wurde, gebraucht. (vgl. Bd. III, 792) Mit dem Begriff »Station« bezeichnete Strindberg symbolisch und in Anlehnung an die Passion Christi eine in sich abgeschlossene Episode von schicksalhafter Tragweite, aber auch einen Schritt auf dem Wege des Protagonisten zu sich selbst. Im Stück ist eine Folge solcher Stationen aneinander gereiht, die keinen äußeren Handlungsbezug haben müssen und oftmals auch unterschiedliche Realitätsebenen oder Zeitstufen darstellen. P. Szondi spricht zu Recht von »szenischen Fragmenten eines Entwicklungsromans« (1972, 46f). Die expres-

Die Bühne werde Ausdruck, nicht Spiel! Die Einheit der Handlung mit dem Worte, das sich selbst auf der Bühne setzt, bei scheinbarer Auflösung in eine Welt von Tatsachen, läuft der Einheit des Dramatischen parallel. Denn auch das Drama ist nichts als die Explikation der Idee im Zerfall des komplexen Geschehens.

(W. Hasenclever: Das Theater von morgen. *1916; in: P. Pörtner I 1960, 352)*

Bühnenbildentwurf von Ludwig Sievert für R. Stephans Oper Die ersten Menschen. *Urlandschaft. R.: R. Weichert. Frankfurt/M. 1920*

sionistischen Dramatiker übernahmen von Strindberg diese dramaturgische Form, modifizierten sie jedoch in dem Sinne, daß der autobiographische Bezug, der bei Strindberg stets eine zentrale Rolle spielt, aufgegeben und die Ich-Suche zum allgemeinen Menschheitsproblem stilisiert wurde. So stellt das Stationenstück (die »Stationentechnik«) ein dramaturgisches Modell oder Verfahren dar, das der Bauform des klassischen wie der des realistischen Dramas prinzipiell entgegensteht, was die logische oder psychologische Stringenz in der Abfolge der Stationen betrifft, die Verbindlichkeit eines Zeitkontinuums oder einer einheitlichen Realitäts- oder Reflexionsebene. Sind in den expressionistischen Stücken die Stationen »zwar alle auf den Wandlungsakt des ... (Protagonisten) hingeordnet und durchaus linear aufgereiht, bilden sie jedoch in sich abgeschlossene, vertauschbare ... lediglich vom Schluß her in ihrer Bedeutung eindeutig zu erfassende Handlungsinseln, die jeweils den Neuansatz der Fabel verlangen und weder in ihrer Wahl notwendig noch in ihrer Folge gültig erscheinen.« (H. Denkler 1967, 205)

Wenn sich auch das expressionistische Drama nicht viel länger als ein Jahrzehnt auf der Bühne gehalten hat, seine Themen und vor allem sein Sprachpathos beinahe noch in der Zeit des Entstehens überlebt waren, so stellt doch die Stationentechnik ein dramaturgisches Konstruktionsprinzip dar, das eine wesentlich weiterreichende Wirkungsgeschichte hat; freilich losgelöst von den Ich- und Gottsucher-Fabeln der Expressionisten. Eine wichtige Rolle in diesem

Bühnenbildentwurf von Ludwig Sievert für F. Hölderlins Trauerspiel Der Tod des Empedokles. *R.: R. Weichert. Frankfurt/M. 1920*

Prozeß – als materialistische Adaption dieses Dramaturgieprinzips – spielen die Stücke des jungen Bertolt Brecht. So war dessen *Baal* (entstanden 1918) inhaltlich als polemische Replik (vgl. Kap.: Bertolt Brecht) auf Hanns Johsts (1890–1978) expressionistisches Wandlungsdrama *Der Einsame. Ein Menschenuntergang* (Uraufführung am 2. November 1917 am Schauspielhaus Düsseldorf) konzipiert.

Die Themen, die mit der expressionistischen Dramatik auf die Bühne kamen, trafen die Stimmung der unmittelbaren Vorkriegs- und Kriegsjahre, vor allem die der jungen, von den Vätern in den Krieg geschickten Generation. »Die Väter sind das Schicksal für die Söhne«, »die Welt der Väter ist eine Welt der Peiniger und der Gespenster« – dies sind die Thesen und die Bilder, mit denen etwa der Protagonist in Walter Hasenclevers Stück *Der Sohn* die Erfahrungen eines Zwanzigjährigen beschreibt; wild entschlossen, seine Selbstbefreiung in Gang zu setzen. Diese Befreiung sollte bedingungslos sein, und sie trug alle Züge einer Utopie. Ziel dieses Weges war die Hinwendung zum »Geistigen«. Es war eine Kampfansage gegen jedweden Relativismus, Materialismus und jedwede Autoritätshörigkeit, später auch gegen den Militarismus des Wilhelminischen Staats. Das subversive Potential dieser Stücke wurde von der Zensur offenbar hoch eingeschätzt, so daß die öffentliche Aufführung der meisten expressionistischen Stücke, von denen einige im Druck in hohen Auflagen verbreitet waren, bis 1919 in vielen Städten verboten war. In eine erneute politische Kritik geriet der

Expressionismus Anfang der dreißiger Jahre freilich von ganz anderer Seite. Eine Gruppe marxistischer Literaturkritiker und Literaten brachte – ausgehend von Georg Lukács' Essay *Größe und Verfall des Expressionismus* (1934) – die sogenannte »Expressionismusdebatte« in Gang, in der es um die politischen und ideologischen Implikationen dieser Bewegung ging, gesehen nun aus der Perspektive der Emigration und aus der Erfahrung mit dem Faschismus in Deutschland. (vgl. P. Raabe 1965, 304 ff) Das Theater spielte in dieser Diskussion jedoch keine nennenswerte Rolle.

War der zeitkritische Aufruhr der expressionistischen Bühnenstücke unüberhörbar, so blieben die Zielvorstellungen doch abstrakt. Die Revolte spielte sich im geistigen Raum von Sinnbildern ab. So war auch »Wandlung« ein abstraktes Verhaltensmodell, das die unterschiedlichsten inhaltlichen Ausgestaltungen zuließ. In Walter Hasenclevers Stück *Der Sohn* (vgl. Kap. Mannheim) und in Hanns Johsts *Der junge Mensch. Ein ekstatisches Szenarium* (1916, Uraufführung am Thalia Theater in Hamburg am 13. März 1919) geht es um den Aufbruch in ein befreites, selbstbestimmtes Leben. Ebenso in den Stücken *Der Bettler* von Reinhard Sorge und in Ernst Tollers *Die Wandlung. Das Ringen eines Menschen* (1917/19, Uraufführung: Tribüne Berlin am 30. September 1919). Während bei Hasenclever der Protagonist im Durchleiden eines Vater-Sohn-Konflikts zu sich selbst und zur »Erlösung« kommt, der Vatermord hier – obwohl nicht tatsächlich vollzogen – als Befreiungstat erscheint, ist die Tötung des Vaters durch den Sohn in Sorges *Der Bettler* eine »Erlösungstat«, die den Vater vor dem endgültigen Sturz in den Wahnsinn bewahrt und nur eine Station auf dem Pilger-Wege des Protagonisten: »aufwärts«. Für den jungen Menschen in Hanns Johsts gleichnamigem Stück bedeutet die »Wandlung« vom Jüngling zum Mann den Schritt in ein aktives Leben – symbolisch vollzogen mit einem Sprung von der Friedhofsmauer. In Johsts *Schlageter* (Uraufführung am 20. April 1933 am Staatlichen Schauspielhaus Berlin) stellt sich dieser Aktivismus in den Dienst nationalsozialistischer Ideologie, wird zum »Opfergang für das Dritte Reich« (H. Denkler 1967, 193). In Ernst Tollers mit starken autobiographischen Zügen ausgestattetem Passionsdrama *Die Wandlung* findet der Protagonist den Weg heraus aus seinem leidhaft empfundenen Außenseitertum als Jude in die »Gemeinschaft aller Menschen.« (vgl. Kap.: Ernst Toller)

Entwurf von Edward Suhr für H. Ibsens Schauspiel Kaiser und Galiläer. *R.: G. Lindemann. Schauspielhaus Düsseldorf, 1924*

Eines der auf der Bühne erfolgreichsten expressionistischen Wandlungsdramen war Paul Kornfelds (1889–1942) Tragödie *Himmel und Hölle*, dessen Uraufführung am 21. April 1920 am Deutschen Theater Berlin stattfand. Wieder vollzog sich »Wandlung« hier als »Menschwerdung«. Dabei löst die Wandlung des Protagonisten, des Grafen Umgeheuer, gar eine gleichgerichtete Kettenreaktion in dessen gesamten Umfeld aus. In *Seeschlacht* (1917) von Reinhard Goering (1897–1936) sind sieben Matrosen im Panzerturm eines Kriegsschiffs unmittelbar vor der Schlacht im Skagerrak (im Mai 1916) eingeschlossen, eine geradezu modellhafte Situation für einen existentiellen Diskurs, der auf ähnliche Konstellationen in Stücken von Jean-Paul Sartre vorausweist. In dem Antikriegsstück *Ein Geschlecht* (1917) von Fritz von Unruh ist – was in diesen Stücken selten vorkommt – eine Frau die Protagonistin: eine Mutter, deren ins Mythische stilisiertes Selbstopfer Krieg und Tod überwindet.

Das Stück *Der arme Vetter* von Ernst Barlach (1870–1938), das am 20. März 1919 an den Hamburger Kammerspielen uraufgeführt wurde, jedoch erst im

Mai 1923 mit einer Inszenierung am Staatlichen Schauspielhaus Berlin (Regie: Jürgen Fehling, Heinrich George als Siebenmark) den Durchbruch auf der Bühne schaffte, erweitert das Wandlungs-Szenarium auf eine Gruppe von Personen um Hans Iver: den wandlungsfähigen »armen Vetter« und weitere Personen, von denen die einen gänzlich unfähig zur Wandlung sind, die anderen geradezu wandlungssüchtig. Eingebettet ist das vielschichtige Handlungsgeschehen in ein phasenweise wüstes Treiben in einem Dorfgasthaus an der Elbe, wohin Iver nach einem mißglückten Selbstmordversuch (am Ostertag) tödlich verletzt gebracht wird. Mit dieser Tat wollte er den »göttlichen Funken« in ihm aus seinem »sterblichen Gehäuse« erlösen. In dem Fräulein Lena Isenbarn trifft er auf eine verwandte Seele. Deren vor Selbstgewißheit strotzender Verlobter Siebenmark verliert seine Braut an den – inzwischen freilich toten – Iver. In der Fabel dieses Stücks kann von »Abstraktion« keine Rede mehr sein. Eine Mischung aus Mystik, naturhafter Ekstatik und deftiger, in die Groteske spielende niederdeutscher Erdverbundenheit bestimmt die Atmosphäre, die Barlach auch in dem Drama *Die echten Sedemunds* (1920, Uraufführung am 23. März 1921 an den Hamburger Kammerspielen) weiterspinnt. Die Frage der »Echtheit« zielt hier auf Gottähnlichkeit. Vater und Sohn – jeder dem andern gegenüber in einem verrückten Streich als tot erklärt – begegnen sich; der nun anbrechende Streit eskaliert in einem blasphemischen Ritual vor einer »frischlackierten Christusfigur«. In dem Drama *Der blaue Boll* (1925) hat Barlach die gegenseitige Durchdringung von praller provinzieller Lebenswirklichkeit und Mystik, von äußerer Handlung im mecklenburgischen Gutsherrenmilieu und dem »inneren« Drama der Selbst-Findung, von Realem und Imaginärem als Prinzip der inhaltlichen und dramaturgischen Konstruktion geradezu auf die Spitze getrieben.

Drachentöterei, *Gruppentanzspiel von R. v. Laban für seine Kammertanzbühne, um 1924*

Carl Sternheim

Aus der Masse der im »expressionistischen Jahrzehnt« (Kurt Pinthus) entstandenen und auf die Bühne gebrachten Stücke sind es fast ausschließlich einige Komödien von Carl Sternheim (1878–1942), die über ihre Entstehungszeit hinaus bleibend ins Repertoire der Bühnen eingegangen sind. Ein Stück wie *Der Snob* zählt sicherlich zu den besten Werken dieses Genres, die das deutsche Theater aufzubieten hat. Diese Beständigkeit verdanken Sternheims bürgerliche Lustspiele offenbar der Tatsache, daß sich deren Protagonisten so ganz stimmig als »Produkt und Ausdruck einer bestimmten gesellschaftlichen Situation« (H. Karasek 1982, 110) darstellen; anders als die wandlungs- und aufbruchsbewegten Jünglinge in den Stücken von Sorge oder Hasenclever. An die Stelle von deren idealistischer Rhetorik tritt bei Sternheim die genaue Beobachtung der geistigen und ökonomischen Physiognomie der wilhelminischen Gesellschaft, der Mechanismen von Karrieren, die sie begünstigt, und der Triebkräfte, die sie bewegt. An die Stelle einer »Flucht ins Geistige« – wie Hugo Zehder in der Zeitschrift *Die neue Bühne* den Grundgestus der expressionistischen Bewegung charakterisierte (Dresden 1920, 7f) – steht bei Sternheim das Interesse an der Welt, wie sie »wirklich« ist. Allein so nämlich ist sie für ihn die »wahrhaftige Welt«. Das Ideal zu zeigen oder zu fordern, wäre Lüge oder »Entstellung«.

Der dramatische Dichter ist der Arzt am Leibe seiner Zeit. Alle Eigenschaften des idealen Menschen blank und strahlend zu erhalten, ist ihm unabweisbar Pflicht.

(C. Sternheim: Gedanken über das Wesen des Dramas. *1914; in: P. Pörtner I 1960, 348)*

Albert Bassermann als Christian Maske und Leopoldine Konstantin als Marianne Palen in Der Snob *von C. Sternheim. Uraufführung. R.: M. Reinhardt. Kammerspiele, Berlin 1914*

Solcherart ästhetischer Darstellungen »höherer Welten« sagte Sternheim den Kampf an und dies unter dem Motto »Kampf der Metapher!« Damit auch überschrieb er einen Essay im *Berliner Tageblatt* von 1917. Dort heißt es – ein Affront gegen die expressionistische wie die klassische Weltverbesserungsdichtung, die naturalistische Sozialdramatik und jedwede moralische oder politische Indienstnahme der Kunst: »Denn wie alle Kunst bricht auch Dichtung für des Menschen ›höhere Forderungen‹ nie und unter keinen Umständen eine Lanze, erzieht, erhebt, verbessert nicht. An seiner Wirklichkeit hat sie nichts auszusetzen und wahrhaftige Welt ihm nicht zu verekeln. Anstelle der uns zugewiesenen Erde soll kein Paradies sie ›dichten‹. Sichtbar Vorhandenes soll sie nur am rechten Ende packen dürfen, krüde, daß nichts Wesentliches fehlt, und es zu Formen verdichten, die der Epoche Essentielles späteren Geschlechtern festhalten. Keinem Lebendigen soll der Dichter das einzig lohnende Ziel, eigener, originaler, einmaliger Natur zu leben, damit verstellen, daß mit seit ewigen Zeiten klischierten Melodien er ›höhere Menschheit‹ vorharft, die diejenigen geringschätzen, die mit mir eine vorhandene wirklich kennen und mit Inbrunst lieben.« (*Vermischte Schriften* 1965, 17) Wenn also Sternheim seine Rolle als dramatischer Dichter darin sah, daß er »Arzt am Leibe der Zeit« sein wollte (*Gedanken über das Wesen des Dramas*, 1914), so war dies so zu verstehen, daß er vor allem Diagnostiker sein wollte, der das wieder ans Licht bringt, was durch die »Verblendung« von Ideologien, Konventionen oder eben das Pathos einer »Kunst der Metaphern« verschüttet wurde. Als Autor folgte er dabei »keiner Neigung«, stellte seinen Befunden keinen kritischen Forderungskatalog, der Veränderung einklagt, gegenüber. W. Emrich sieht wohl zu Recht gerade darin das Ärgernis, das Sternheims Werk in allen weltanschaulichen Lagern seiner Zeit erzeugte: als ein Autor, »der einerseits mit unleugbarer Präzision die geheimen Wahrheiten und Lügen der bürgerlichen Gesellschaft – und nicht nur der bürgerlichen – kritisch aufdeckt, andererseits aber kein Rezept, keine Anklage, keine Verzweiflung, kein Mitgefühl, ›kein Herz‹, überhaupt keine mitmenschliche Regung oder Aussage, geschweige irgendeine Antwort, sei sie positiv oder negativ, zu dem von ihm Kritisierten und Dargestellten liefert.« (1963, 6) So ist sicherlich auch der Begriff der Satire für Sternheims Gesellschaftskomödien zu modifizieren. Nicht um die Karikatur des »bürgerlichen Helden« vor der Folie

Theo Lingen als Oberlehrer Krull in C. Sternheims Komödie Die Kassette. *R.: R. Noelte. Theater am Kurfürstendamm, Berlin 1960*

C. Sternheim: 1913. *R.: E. Piscator. Mit Herbert Bötticher, Pamela Wedekind u. O.E. Fuhrmann. Münchner Kammerspiele, 1960*

eines gesellschaftlichen oder moralischen Ideals geht es ihm, sondern um das Aufdecken der Spielregeln, nach denen der Protagonist zum »Helden« in seiner Gesellschaft wird: indem er nämlich »besessen« jenen Regeln folgt, die er verinnerlicht hat. Der Komödienautor (als »Arzt am Leibe der Zeit«) hat ihm diese Regeln (die »morbiden Eigenschaften seines Menschtums«) implantiert. (vgl. *Gedanken über das Wesen des Dramas)* Sternheim sieht sich mit diesem Vorgehen weniger in der Tradition der Satire stehend – obwohl er deren Mittel einsetzt (vgl. H. Karasek 1965, 26) –, als vielmehr dem Werk und dem Geist Molières verwandt.

Carl Sternheim, der aus einer Leipziger Bankiersfamilie stammte, wuchs in Hannover und Berlin auf und konnte nach einem Studium der Psychologie, Philosophie und Rechtswissenschaft als reicher Erbe ein finanziell unabhängiges Leben als Schriftsteller führen. Seinen Wohnsitz änderte er häufig. In der Nähe von München, wo Frank Wedekind, Heinrich Mann und der Politiker Walther Rathenau zu seinem Freundeskreis gehörten, erbaute er sich ein Schloß als Wohnsitz; später bei Brüssel wiederum einen repräsentativen Herrensitz. Immer wieder lebte Sternheim längere Zeit im Ausland, da er – eine überaus nervöse, sensible Natur – die öffentliche Kritik, in die sein Werk in Deutschland geriet, nicht ertrug. In Max Reinhardt hatte er einen höchst prominenten Förderer gefunden. Sternheims letzte Lebensstation war das belgische Exil, wo er – geschieden von seiner dritten Frau, Pamela Wedekind – am 3. November 1942 nach einem langen Nervenleiden starb.

Stand am Beginn dieser Schriftstellerlaufbahn zunächst eine erbitterte Fehde gegen die Naturalisten (Hauptmann, Holz), so fand Sternheim um 1910 zu einem eigenen Komödienstil und war von Beginn an als Bühnenautor erfolgreich. Dieser Erfolg hielt trotz zahlreicher Skandale, die Aufführungen seiner Stücke auslösten, bis zur Machtübernahme der Nationalsozialisten an. In den Jahren 1933 bis 1945 galt Sternheim als »entarteter« Autor. Zu einer Sternheim-Renaissance kam es dann wieder zu Beginn der sechziger Jahre.

Sternheims erster Bühnenerfolg war das »bürgerliche Lustspiel« *Die Hose* (1909/10). Dessen Uraufführung fand am 15. Dezember 1911 an Max Reinhardts Berliner Kammerspielen unter dem Titel *Der Riese* statt. Der Zensor hatte eine Änderung des als anstößig geltenden Originaltitels verlangt. Daß nämlich Luise Maske »auf offener Straße, vor den Augen des Königs sozusagen« ihre Hose verliert, ist ein Eklat sondergleichen. Das pikante Ereignis bringt eine Folge hinterhältiger Machenschaften im Umfeld der Maskes in Gang. Nutznießer der Situation aber ist letztlich Luisens Mann, Theobald Maske, ein Philister von monströsem Format. Dem nämlich gelingt es, hinter einer durch Verhaltensmasken getarnten Unscheinbarkeit seine »Eigenart« als bekennender Egoist und Genußmensch skrupellos auszuleben. Er ist am Ende der Sieger, der »Riese«, der alles gewonnen, seine Lust befriedigt und zudem genügend Geld errafft hat. In Maskes Verhalten sind Lächerlichkeit und Brutalität nicht mehr zu unterscheiden. Allerdings erscheint sein Triumph keineswegs als der Sieg des Bösen über die Rechtschaffenen, vielmehr spielt sich der ganze Vorgang jenseits einer moralisierenden Bewertung ab, wie beiläufig.

Anläßlich des Erscheinens seiner Komödie *Das Fossil* im Jahre 1923 sprach Sternheim davon, daß er mit diesem Werk den »Endstein setzt auf das Gebäude vierer Stücke ›aus dem bürgerlichen Heldenleben‹, geschrieben von 1908 bis 1923.« Und er erläutert: »An den Mitgliedern der Familie Maske und ihrer Abkommen ist alles Wesentliche des Zeitabschnitts, den wir miterleben, gezeigt: Aufstieg und zynisches Verkommen einer bürgerlichen Dynastie bis zum Augenblick der Entscheidung über Europas Schicksal.« Zu diesem Zyklus, der sich im Verbund der Familie Maske abspielt, gehören neben dem Stück *Die Hose* noch *Der Snob* (1913, Uraufführung am 2. Februar 1914 an den Berliner Kammerspielen), *1913* (1914, Uraufführung am 23. Januar 1919 am Schauspielhaus Frankfurt) und *Das Fossil* (1921/23, Uraufführung am 6. November 1923 an den Hamburger Kammerspielen). Thematisch zu den Komödien *Aus dem bürgerlichen Heldenleben* gehören – obwohl darin die Protagonisten nicht mehr Mitglieder der Familie Maske sind: *Die Kassette* (1910/11, Uraufführung am 24. November 1911 am Deutschen Theater Berlin) und – Sternheims erfolgreichstes Stück *Bürger Schippel* (1911/12, Uraufführung am 5. März 1913 an den Berliner Kammerspielen). Die Komödien *Der Kandidat* (1913/14), *Tabula rasa* (1915), *Der Stänker* (1917) und *Der Nebbich* (1922) zählen zum weiteren thematischen Umfeld von Sternheims Auseinandersetzung mit dem Psychogramm des Spießers und dessen Milieu. Dabei nimmt *Tabula rasa* (Uraufführung am 25. Januar 1919) insofern eine Sonderstellung ein, als dieses Stück erklärtermaßen mit politischer Absicht geschrieben ist. (vgl. H. Karasek 1965, 73 ff) Sternheim schildert darin den Weg eines Proletariers »nach oben«, in die Welt der Bürger. Dies gelingt diesem durch geradezu virtuoses Taktieren, das ihn, den sozialdemokratischen Funktionär, nach außen hin als Kämpfer für die Sache der Arbeiter erscheinen läßt, während er in Wirklichkeit – freilich in der

Sehr geehrter Herr Polizeipräsident, zu der unter dem 11. 2. 1911 uns wegen des Lustspiels Die Hose *von Carl Sternheim zugegangenen Verfügung erlaubt sich die Direktion des Deutschen Theaters und der Dichter, Ihnen Folgendes zu unterbreiten: 1.: Beide legen den größten Wert darauf, zu betonen, daß es sich in dieser Komödie um ein Kunstwerk mit reinen künstlerischen Absichten handelt … 2.: Insbesondere ist die Deutung, die man dem Requisit »Hose« unterlegt, eine diametral andere als die vom Dichter beabsichtigte, dessen Auffassung sich die Direktion des Deutschen Theaters vom ersten Augenblick an im weitesten Umfange anschloß. Die dichterische Idee ist aber diese: Es handelt sich bei der Hose um ein Symbol des spießbürgerlichen Philistertums, das, an realen Dingen haftend, dem zum Geistigen drängenden Manneshirn den Flug hemmt. In demselben Augenblick, da der Mann durch den Gedankenaustausch mit Männern seine volle geistige Superiorität wiedergewinnt, fällt gewissermaßen die Hose (symbolisch), d. h. das Philistertum wird überwunden. 3. Im übrigen ist der Dichter, wenn die leiseste Gefahr einer Mißdeutung besteht, bereit, aus eigenem Antrieb den Titel in »Der Riese« umzuändern.*

(Max Reinhardt 1911, n. H. Fetting 1974, 103)

C. Sternheim: Die Hose.
R.: M. Missiroli. Compagnia de Teatro Opera Due. Teatro dell' Arti, Rom 1973

Maske des Bescheidenen – rücksichtslos seinen Aufstieg ins bürgerliche Lager mit allen zugehörigen Annehmlichkeiten betreibt. Am Ende bekennt er sich mit zynischer Offenheit zu dieser Lebensform. Sternheim wollte in diesem Stück, wie er in einem Kommentar dazu schreibt (*Die deutsche Revolution*, 1918), »schonungslos die kapitalistische Verbürgerlichung des Proletariats« aufzeigen.

In der Komödie *Der Snob* steht Christian Maske, Sohn und Erbe des Theobald Maske, des Protagonisten aus dem Lustspiel *Die Hose*, im Mittelpunkt des Geschehens. Er ist sechsunddreißig Jahre alt und hat sich zum Generaldirektor eines Wirtschaftskonzerns hochgearbeitet, ein typischer Parvenu. Eiskalt betreibt er den letzten Schritt in die Spitze der Gesellschaft – den Adel als Repräsentanten politischer Macht – durch seine Heirat mit der Komtesse Marianne. Er zahlt seine Geliebte aus, damit diese ihn nicht kompromittieren kann, schiebt die nicht mehr hoffähigen Eltern in die Schweiz ab und paßt sich in Sprache und Auftreten jener Schicht an, in die einzuheiraten er in aller Entschlossenheit zu seinem Ziel erklärt hat. Maskes Kalkulation geht auf, auch wenn sich das brutale Ausleben seiner »Natur« – oder wie Sternheim es auch nannte: der »eigenen Nuance» –, die ihn unaufhaltsam und behende »nach oben« treibt, letztlich als Groteske darstellt. So hat Sternheim in diesem Stück »die Inkarnation einer Welt geschaffen, die sich so rigoros veräußert hat, daß nur noch Äußerlichkeiten zählen. Nicht nach menschlichem Verhalten wird geurteilt, sondern zum Beispiel nach dem Sitz einer Krawatte.« (H. Karasek 1965, 38) Der andere Befund aus Sternheims mit dem Seziermesser der Satire freigelegten »morbiden Eigenschaften« der Gesellschaft ist der, daß sein Protagonist, je steiler sein äußerer Aufstieg, je größer sein Triumph ist, desto mehr im Innern verarmt; ein Prozeß, den der »bürgerliche Held« selbst freilich nicht mehr wahrzunehmen in der Lage ist, an dem er deswegen auch keineswegs leidet.

In der Inszenierungsgeschichte des Stücks haben sich zwei Richtungen herausgebildet. Während die eine die Figuren zu Karikaturen hochstilisiert, um damit eine gewisse Zeitlosigkeit herzustellen (beispielhaft dafür ist die Inszenierung von Fritz Wisten 1946 am Deutschen Theater Berlin mit Gustaf Gründgens als Christian Maske), betten andere Regisseure die Sternheimschen Figuren in eine gesellschaftliche Umwelt ein, die in ihrer lebendigen Realität auf der Bühne ausgebreitet und ernst genommen wird. Diese Realität wird dann zum eigentlichen Nährboden, der den »bürgerlichen Helden« entstehen läßt. Rudolf Noeltes Inszenierung des *Snob* 1964 am Staatstheater in Stuttgart mit Herbert Baumann als Protagonist gilt als vorbildlich für diese Annäherung an die Komödienwelt Carl Sternheims.

In dem Stück *1913* schickt der Autor die dritte Generation der Maske-Familie auf die Bühne. Christian, der Snob, ist nun ein siebzigjähriger Greis, als Exzellenz und Freiherr Maske von Buchow in der Spitze der Gesellschaft fest etabliert. Seine Demontage aber kommt unaufhaltsam in Gang durch die Manipulationen seiner machtbesessenen Tochter Sophie, die zwar die Skrupellosigkeit des Vaters geerbt hat, nicht aber dessen instinktsicheres Taktieren beherrscht. Sternheim führt eine dekadente Enkel-Generation vor, die aus schierer Machtgier die Selbstzerstörung der Familie in Kauf nimmt. Christian Maske überlebt den Machtkampf mit dieser Tochter nicht. Das Aufscheinen der Idee einer »besseren Welt« am Ende bleibt Groteske.

Sternheims erfolgreichstes und am meisten aufgeführtes Lustspiel ist *Bürger Schippel,* »die wohl scharfsichtigste Kleinstadt-Satire der deutschen Literatur« (H. Karasek 1965, 66f). Ursprünglich sollte das Stück nach dem Titel eines deutschen Volksliedes *O Täler weit, o Höhen* heißen, denn die Probleme, in die ein honoriges Männergesangsquartett in einem thüringischen Residenzstädtchen gerät, als diesem der Tenor wegstirbt – ein vernichtender Schlag, da nun der Erfolg bei dem anstehenden Wettsingen gefährdet ist –, bringen das Geschehen in Gang. Einspringen kann einzig Paul Schippel, der strahlendste Tenor am Ort, als handfester Prolet jedoch nicht standesgemäß, zudem unehelich geboren, vaterlos aufgewachsen; ein von den Ideen des Sozialismus infizierter Gelegenheitsmusikant. Dennoch: man holt Schippel in die Sängerrunde. Dieser haßt zwar die arrogante Bürger- und Beamtengesellschaft, ist jedoch von einem unbändigen Drang getrieben, in deren Sphäre aufzusteigen. Am Ende ist Schippel auch »oben«. »Du bist Bürger, Paul« – dies ist der letzte Satz des Stücks, den Schippel »leise und mit Glückseligkeit« (so die Regiebemerkung) zu sich selbst spricht. Der Weg dahin freilich ist verschlungen, und er verläuft über Thekla, die aus einer flüchtigen Romanze mit dem Landesfürsten nicht »unbeschädigt«

Im Auslande zur Lage in Deutschland zu sprechen – dazu legitimiert mich ein zehnjähriges dichterisch politisches Werk, das die ätzende permanente Kritik jener Zustände ist, die zum Krieg und zum Zusammenbruch führten und in denen Deutschland, nur von Amerika vielleicht noch übertroffen, voraus war. Die sich unter den Begriff zusammenfassen lassen: allgemeine bodenlose Verachtung des Geistigen.

(Carl Sternheim: Die deutsche Revolution *1919)*

Wir suchen im Theater keine Seelenwanderung mehr; wir suchen Personnagen: Neue Körper. Neue Seelen. Wir kommen uns Schauspieler ansehen, wie Sokrates zur Herodote kommt: Neugierig. Nicht auf das Stück. Sondern auf den Kerl; sondern auf das Weib oder Weibchen. Wir wollen ein neues Stück Mensch wahrnehmen, eine terra nova incognita.

(H. Ball: Wedekind als Schauspieler. *1914; n.: P. Pörtner I 1960, 339)*

herausgekommen ist. Thekla ist die Schwester des Goldschmieds Hicketier, des angesehensten der drei Sangesbrüder, und einstige Verlobte des verstorbenen Tenors. Dem Proletarierkind Schippel hatte sie einmal in arroganter Verachtung ins Gesicht gespuckt. Jetzt verlangt Schippel Thekla zur Frau, gewissermaßen als Beute. Dies ist die Bedingung für seinen Eintritt in das Quartett. Empört reagiert Hicketier auf dieses Ansinnen; stimmt dann freilich doch zu, als er von Theklas »Fehltritt« erfährt. Nun aber weist Schippel – ganz schon dem bürgerlichen Ehrenkodex angepaßt – die »Gefallene« zurück. Dies bringt ihn in die fatale Situation, sich mit einem weiteren Bewerber um Thekla duellieren zu müssen. Der Vorgang wird zur Parodie dieses Rituals, aus dem Schippel als Sieger hervorgeht, von Hicketier nun in seinem »Bezirke« aufgenommen.

Das Stück ist gespickt mit ironischen, parodistischen Anspielungen auf alles, was dem Bildungsbürger heilig ist. Alfred Polgar nannte das Spießermilieu, das Sternheim hier schildert, »ein giftzerfressenes Idyll«. Dort herrschen Sprach- und Spielregeln, die die Akteure nur Floskeln austauschen lassen. In einem von beiden Seiten behende vollzogenen Anpassungsprozeß entlarvt sich Schippels Bürgerhaß als schierer Neid und die Ehrbarkeit der Bürger als bloße Fassade. Dabei spielt sich der Konflikt zwischen den antithetischen Positionen »elementar auf der Ebene der Sprache ab«. (R. Brinkmann 1982, 146) Es war Sternheims Überzeugung, daß die Reformunfähigkeit der bürgerlichen Gesellschaft in ihrer Sprache grundgelegt ist, die durch Metaphorik die »faulen Zustände« des Juste Milieu permanent bestätigt. »Alle deutsche Revolution hat mit der Revolutionierung der deutschen Sprache zu beginnen«, heißt es in *Kampf der Metapher*. Sternheims befremdlich verknappte »kahle und dürre« (Siegfried Jacobsohn) Sprache, der »alle schonenden Hüllen, alle bequemen Übergänge und Fügungen« genommen sind (K. Brinkmann 1982, 146), sollte eben dieser Revolutionierung dienen.

Für die Inszenierung dieses Stücks hatte Max Reinhardts Uraufführung am 5. März 1913 an den Kammerspielen des Deutschen Theaters den Maßstab gesetzt. Alfred Abel spielte die Titelrolle, Lucie Höflich die Thekla und Wilhelm Diegelmann den Hicketier. Reinhardt enthielt sich aller karikierenden Überzeichnung von Milieu und Figuren, sondern gab alles »ernst und ›echt‹«. (S. Jacobsohn n. H. Karasek 1965, 88) Für den Zuschauer erhielten die Sternheimschen Figuren dadurch den Charakter wirklicher Zeitgenossen.

Georg Kaiser

Der erfolgreichste deutsche Dramatiker im zweiten und dritten Jahrzehnt des 20. Jahrhunderts war Georg Kaiser (1878–1945). Von 1915 bis 1933, von der ersten öffentlichen Aufführung eines seiner Stücke (*Der Fall des Schülers Vehgesack* an der Neuen Bühne in Wien) bis zur systematischen Diffamierung Kaisers (als »Kulturbolschewisten«) durch den »Nationalsozialistischen Kampfbund für deutsche Kultur«, waren mehr als vierzig Uraufführungen seiner Dramen herausgekommen. Auch im Ausland wurden Kaisers Stücke aufgeführt, in »Österreich und der Schweiz, Amsterdam, Budapest, Kopenhagen, London, Madrid, Moskau, New York, Paris, Prag, Rom, Sydney, Tokio und Warschau« (W.

Bühnenbildentwurf von Cesar Klein für G. Kaisers Stück Von morgens bis mitternachts. *R.: V. Barnowsky. Lessing-Theater, Berlin 1921*

Steffens 1969, 10f). Kein anderer deutscher Bühnenautor dieser Generation hat im Hinblick auf die Verbreitung seiner Stücke in diesen Jahren eine vergleichbare Rezeptionsgeschichte aufzuweisen.

Dabei war Kaisers Biographie alles andere als gradlinig, und dies bereits vor seiner Verfolgung durch die Nationalsozialisten. Das Gymnasium an seinem Geburtsort Magdeburg verließ er noch vor dem Abitur und begann eine Buchhändlerlehre. Auch diese brach Kaiser ab. 1898 schließlich heuerte er als Kohlentrimmer auf einem Frachtdampfer an und reiste nach Südamerika. Erst 1901 kehrte er nach Deutschland zurück, körperlich und psychisch schwer erkrankt. Von seiner Schulzeit an beschäftigte er sich mit Philosophie (Platon) und Literatur. Nietzsche, Schopenhauer, Wagner und Dostoevskij begeisterten ihn. Der Entschluß, Schriftsteller zu werden, war früh schon gefaßt. Von 1895/96 an schrieb Kaiser kontinuierlich für die Bühne. Eines der wichtigsten Stücke aus dieser Periode ist *Von morgens bis mitternachts*, das 1912 entstand, 1916 erschien und 1917 an den Münchner Kammerspielen uraufgeführt wurde. Kaiser wechselte nach seiner Rückkehr nach Deutschland vielfach den Wohnort und vertiefte in diesen Jahren – als Autodidakt – seine philosophischen und literaturwissenschaftlichen Studien. In dem Frankfurter Regisseur und Theaterdirektor Arthur Hellmer (vgl. Kap.: Frankfurt) fand er jemanden, der sich engagiert um sein Werk bemühte. Hellmer brachte am 29. Januar 1917 an seinem Neuen Theater die Uraufführung von Kaisers Drama *Die Bürger von*

G. Kaiser: Gas I.
R.: P. Legband. Volksbühne, Berlin 1919

Calais (entstanden bereits 1912/13) heraus. Es wurde Kaisers erster Bühnenerfolg. Der Versuch, in Berlin ein eigenes Theater zu gründen, schlug fehl. Von 1918 an verlegte Kaiser seinen Wohnort nach München. Dort begann eine Freundschaft mit Ernst Toller. Kaiser, der als freier Schriftsteller ständig in finanziellen Schwierigkeiten war, wurde 1920 in Berlin wegen Unterschlagung verhaftet und 1921 vom Münchner Landgericht zu einem Jahr Gefängnis verurteilt. Einen großen Teil dieser Strafe mußte er absitzen, obwohl viele Schriftstellerfreunde gegen das Urteil, das von der konservativen Presse bejubelt worden war, protestierten.

Als Bühnenautor war Georg Kaiser inzwischen etabliert; seine wichtigsten Stücke waren erschienen und kamen nun auf die Bühne: *Die Koralle* (1917,

Uraufführung am 27. Oktober 1917 am Neuen Theater in Frankfurt), *Der Brand im Opernhaus* (1918, Uraufführung am 16. November 1918 an den Hamburger Kammerspielen), *Der gerettete Alkibiades* (1919, Uraufführung am 28. Januar 1920 am Residenztheater in München), *Gas* (1918, Uraufführung am 28. November 1918 am Neuen Theater Frankfurt, gleichzeitig am Schauspielhaus in Düsseldorf) *Hölle Weg Erde* (1919, Uraufführung am 5. Dezember 1919 am Neuen Theater in Frankfurt, gleichzeitig an den Kammerspielen in München und am 20. Januar 1920 am Lessingtheater in Berlin), *Gas. Zweiter Teil* (1919, Uraufführung am 29. Oktober 1920 am Vereinigten Deutschen Theater in Brünn) *Kanzlist Krehler* (1922, Uraufführung am 14. Februar 1922 an den Kammerspielen des Deutschen Theaters Berlin). Von den zahlreichen Stücken, die Kaiser später, von 1923 bis 1944, schrieb, konnten lediglich das Volksstück *Nebeneinander* (1923) und die Komödie *Kolportage* einigermaßen an die Erfolge der früheren Stücke anschließen. *Kolportage* blieb nach 1945 länger als alle anderen Stücke dieses Autors in den Spielplänen der Theater. Im August 1933 ging Kaiser ins Exil in die Schweiz.

Georg Kaiser war ein Ideendramatiker und als solcher der »Klassiker des Expressionismus« (W. Steffens). Bernhard Diebold nannte ihn einen »Denkspieler«, ein Etikett, das diesem Autor seither anhaftet. Das Ringen um die dramatische Form stand im Mittelpunkt von Kaisers ästhetischen und dramaturgischen Überlegungen. Dabei erklärte er das »Drama Platons« zu seinem Vorbild. Damit bezog er sich auf die Prägnanz, mit der der griechische Philosoph »Erkenntnis« und »Erscheinung« in Beziehung setzt. In diesem Sinne ist für Kaiser das Drama die direkteste Form der Veranschaulichung einer Idee, seine Figuren begreift er als Ideenträger. In *Bericht vom Drama* heißt es: »Die Idee ist die Form. Jeder Gedanke drängt nach der Prägnanz seines Ausdrucks. Die letzte Form der Darstellung vom Denken ist seine Überleitung in die Figur. Das Drama entsteht.« (n. P. Pörtner I, 1960, 354) In dem Essay *Der Mensch im Tunnel* wird dieser Gedanke noch weitergehend pointiert: »Das Drama schreiben ist: einen Gedanken zu Ende denken«. (n. W. Steffens 1969, 34) »Ausdruck der Idee« also ist das eigentliche Ziel, auf das hin die Darstellung der »Erscheinung« auf ein Minimum reduziert werden muß. Kaisers Stil der äußersten Verknappung von Sprache und Szene, ebenso das expressionistische Darstellungsprinzip der Abstraktion finden also bei ihm eine Begründung in der Philosophie Platons, wobei diese Bezugnahme von Kaiser selbst wohl reichlich überstrapaziert wird. Das Konkrete, Realistische, Historische, schlicht die »Erscheinung« gelten demnach als »Störung«.

Dieser idealistische Denkansatz bestimmt auch Kaisers Sicht des Menschen und die Funktion der Kunst, vor allem eben des Dramas. Dieses sei »Durchgang«, »Sprungbrett direkt ins Komplette« (*Der Dichter und das Drama*, 1923), gerichtet auf den »kommenden Menschen.« In dem gleichnamigen Essay von 1922 heißt es: »Der Mensch dieser Zeit muß sich entschließen: sich als Übergang für kommende Menschheit zu sehen. Es ist feige: seine Gegenwart zu verteidigen. Die Begierde: weil ich jetzt lebe, soll das Leben in Rundung und Beschließung endgültig sein – bleibt verächtlich.« Kaiser ist der Überzeugung, daß der Mensch in seinem jetzigen Zustand als »Spezialist«, sei es als Arbeiter oder Intellektueller, von der ursprünglichen Universalität seines Wesens (eine Grundannahme der platonischen Anthropologie) abgekommen und deswegen

Das neue Theater und der neue Staat: Sie kommen aus demselben Verlangen. Sie wollen und versuchen den gleichen Weg: aus dem Chaos zurück in die Kultur, in eine neue Ordnung von Kunst und Geist. Die jungen Dichter, die auf der Bühne erscheinen, wirken wie Apostel und Propheten, wie die Verkörperung der reinen Jünglingsgestalten, für die die deutsche Seele sich ihre eigene Mystik erfunden hat. Fritz von Unruh, Walter Hasenclever, Paul Kornfeld, der endlich entdeckte frühe Georg Kaiser, selbst noch Ernst Toller sind so betrachtet worden: als »dem Chaos Entstiegene«, wie es bald heißt: Wegführer, Lichtbringer, Verkünder, die die Wandlung sichtbar machten. Für einen Augenblick schien es, als werde die Bühne zum Ort, an dem die Erneuerung der Gesellschaft aus dem Geist und aus der Liebe ihre Kanzel fände.

(G. Rühle 1967, 11f)

G. Kaiser: Kolportage. *R.: H. Jaray. Theater in der Josefstadt, Wien 1964. Mit Theo Lingen und Matthias Fuchs.*

»mißgestaltet« sei. Auch die Gegensätzlichkeiten der Geschlechter oder der sozialen Klassen, die Gegensätze von »Hirn und Herz, Trieb und Vernunft« seien widernatürliche Spaltungen einer ursprünglichen Ganzheit. In diese anthropologische, von dem platonischen Ganzheitsmythos des ursprünglich ungeteilten Menschen, der männlich und weiblich zugleich ist, geprägten Vorstellungswelt ist Kaisers Vision einer »Erneuerung des Menschen« eingebettet. Von solchem Pathos angetrieben, sind die Protagonisten in Kaisers Dramen in permanentem Aufbruch, quasi »auf der Flucht« (W. Paulsen 1960, 8).

Dieser Grundgestus findet eine erste überzeugende Gestaltung in dem Stück *Von morgens bis mitternachts*, dem Prototypus eines expressionistischen Stationendramas. In dessen Mittelpunkt steht ein Bankkassierer, den ein – von ihm mißverstandener – Blick einer »Dame von Welt« aus der spießigen Enge seiner Existenz herausreißt. Er raubt sechzigtausend Mark und flieht mit dem Geld ins »echte Leben«, in die »große Stadt«. In einer turbulenten Jagd – von morgens bis mitternachts – rast Kaisers Kassierer von Station zu Station: in einen Sportpalast mit einem Sechstagerennen, in ein Ballhaus, schließlich in das Lokal der Heilsarmee. Der Weg durch diese Stationen imaginiert seinen Lebenstraum. Was er überall sucht – Glück, Freundschaft, Liebe –, kann er freilich auch mit Geld nicht kaufen. Am Ende erschießt sich der Kassierer und bricht im Bußraum der Heilsarmee in der Pose eines Gekreuzigten – vor einem Vorhang, auf dem ein Kreuz aufgenäht ist – zusammen. Bei den Stationen wechseln vielfach die Realitätsebenen. Surreale Szenerien, in denen der Kassierer mit Todesbotschaften konfrontiert wird, kontrastieren mit klischeehaft stilisierten Orten einer miefigen Kleinbürgerwelt oder mondänen großstädtischen Nachtlebens. Entsprechend aufgeregt und von hektischem Pathos durchtönt ist die Sprache. Daß Geld letztlich »das Echte« verdeckt und »armseliger Schwindel unter allem Betrug« ist, ist die banale Botschaft dieses Stücks. Die Einsicht in die Notwendigkeit einer Erneuerung des Menschen aus seinen Verstrickungen in die materielle Welt folgt aus der Verzweiflung des Protagonisten am Ende dieses so erlebnisreichen Tages. *Von morgens bis mitternachts* war in den zwanziger und frühen dreißiger Jahren eines der am meisten aufgeführten Theaterstücke in Deutschland.

Bühnenbildentwurf von Cesar Klein zu G. Kaisers Stück Hölle Weg Erde. *Lessing-Theater, Berlin 1920*

Ich versuche mir in meinen Werken klar darüber zu werden, wer ich bin. Das ist der Grund, weshalb ich schreibe. Ich suche anderen nichts klar zu machen – ich suche mich. Nichts sonst. Ich bin in keiner Weise mitteilsam. Ich predige nicht – Ich rufe nicht auf – Ich will keine Jünger – keine Gemeinde. Nur mich.

(Georg Kaiser n. W. Huder 1980, 20)

Eine positive Vision des »neuen Menschen« gestaltet Kaiser in dem Drama *Die Bürger von Calais.* Die darin im Mittelpunkt stehende Figur ist Eustache de Saint-Pierre. Durch sein Selbstopfer bewirkt er die moralische Läuterung seiner sechs Schicksalsgenossen, letztlich aber auch die Rettung der belagerten Stadt vor der Zerstörung durch den englischen König Eduard III. Für diesen Eustache de Saint-Pierre »ist Geist ... Seinsweise des Menschen, gelebte Erkenntnis als Totalaktion, Handlung und Beweis der menschlichen Freiheit. Identität von Willen und Schicksal.« (W. Huder 1966, 780) Wie in keinem anderen Stück ist darin die expressionistische Vision des »neuen Menschen« mit zwingender Eindringlichkeit aus einem philosophischen Argumentationsgefüge heraus entwickelt. Von ähnlichem Demonstrationscharakter wie *Die Bürger von Calais* ist der Zweiteiler *Gas* und *Gas. Zweiter Teil*, der im Zeitraum eines Jahres verfaßt wurde. Mit diesen Diptychon – nimmt man *Die Koralle* hinzu, ist es ein Triptychon – wurde Kaiser international bekannt. Zahlreiche Übersetzungen kamen heraus, und auch im Ausland wurde der erste Teil *Gas* an vielen Bühnen aufgeführt. Inhaltlich setzt das Stück die in *Koralle* begonnene Familiengeschichte fort, »etwa vierzig Jahre später«. Nun übernimmt der Sohn des Milliardärs das Wirtschaftsimperium seines Vaters, in dessen Zentrum die Fabriken stehen, in denen auf modernstem technischen Standard Gas produziert wird; jene Energie, die Maschinen in aller Welt in Bewegung hält und Wohlstand garantiert. Diese Fabriken aber hat der Sohn nun sozialisiert. Alle Arbeiter sind gleichmäßig am Gewinn beteiligt, sind aber dadurch auch zu Sklaven ihrer Arbeit geworden, die sie als Menschen zu bloßen Werkzeugen reduziert hat: »Auge am Sichtglas«, »Fuß am Triebwagen«. Auch die Katastrophe einer Gasexplosion, die das Werk zerstört, vermag die Arbeiter nicht aufzurütteln. Den Vorschlag des Milliardärssohns, statt eines Wiederaufbaus der Fabrik (wissend um die unvermeidbare erneute Explosionsgefahr) als freie Siedler Land zu bebauen, um sich letztlich auf ihr Mensch-Sein zu besinnen, lehnen sie strikt ab. Der »neue Mensch«, der die Zukunftsvision des Milliardärssohns verwirklichen sollte, muß erst noch geboren werden. Die Menschen der Gegenwart erweisen sich als unbelehrbar, zu »Wandlung« zu »Erneuerung« unfähig, korrumpiert durch den Fortschritt der Technik. In *Gas. Zweiter Teil* veranschaulicht Kaiser diese pessimistische These in einem apokalyptischen Finale. Es kommt in diesem Stück, in dem der Autor in der dramaturgischen Anlage die Abstraktion noch einen Schritt weiter treibt als im ersten Teil (die Fabrik ist nun verstaatlicht), zum Kampf aller gegen alle, zum Totalkonflikt, wie er im Zeitalter einer entfesselten Technik denkbar geworden ist, zur Vernichtung der Menschheit durch den Menschen: Gas ist nun »Giftgas«. Dieser zweite Teil war auf der Bühne nicht annähernd so erfolgreich wie der erste Teil dieser *Gas*-Stücke.

Über die Zeit ihres Entstehens hinaus hat sich das dramatische Werk Georg Kaisers in den Spielplänen der Theater nicht fest etablieren können. Nach 1945 kam es zu einer kurzen Phase der »Wiederbelebung« auf deutschsprachigen Bühnen, offenbar »im Zuge eines gewissen Nachholbedürfnisses.« (W. Huder 1980, 30) Die Bühnenerfolge Kaisers in den zwanziger Jahren beruhten darauf, daß viele von dessen Stücken geradezu seismographisch Tendenzen dieser Zeit – im Übergang vom Expressionismus zur Neuen Sachlichkeit – Ausdruck verschafften. Dabei griff Kaiser nach allem, »was in der Luft lag«; Motive banaler Art aus dem Alltagsleben der Kleinbürger, Technikkult, Wirtschaft, Sport, Amerikanismus, Kino, antike Mythen. Auch in den dramatischen Genres bediente sich der Erfolgsautor Kaiser der gesamten Palette gängiger, modischer Formen, vom expressionistischen Stationendrama, dem Volksstück, dem neuklassischen Versdrama, dem romantischen Dramolett und dem naturalistischen Milieustück, vom Zeitstück bis zur Revue, dem Musical oder dem Film-Exposé. (vgl. E. Schürer 1980, 117) Wie kaum ein anderer Bühnenautor folgte Kaiser dem Zeitgeschmack, ohne jedoch seine liberale, pazifistische, vor allem aber individualistische Grundhaltung aufzugeben. Mit Stücken wie *Die Lederköpfe* (1928) und *Der Silbersee* (1933) riskierte er den Konflikt mit den Nationalsozialisten und ihren Anhängern.

Ernst Toller

In der ersten Hälfte der zwanziger Jahre war Ernst Toller (1893–1939) der bekannteste politische Dramatiker in Deutschland. Auch seine Stücke zählten zu den am meisten aufgeführten und meist übersetzten Bühnenwerken. (vgl. K. Bebendorf 1990; J.M. Spalek 1965, 252 f) Mehr als Gerhart Hauptmann oder Bertolt Brecht prägte Toller das Theater seiner Zeit. Doch waren seine Bühnenarbeiten offenbar so sehr zeitgeschichtlich gebunden, daß sie sich über ihre Entstehungszeit hinaus nicht im Repertoirebestand der Theater halten konnten.

Ernst Toller gilt als der expressionistische Dramatiker, bei dem Leben und Werk eine einzigartige Einheit bilden, beides vom gleichen ethischen Pathos beseelt, was diesem Werk eine besondere Authentizität zu verleihen schien. Toller war Dichter und Politiker, eine Kombination, wie sie in Deutschland selten ist; ein ethischer Revolutionär und radikaler Pazifist. Seine wichtigsten Dramen wurden im Gefängnis geschrieben, in den Jahren 1919 bis 1924, in denen Toller des Hochverrats angeklagt eine fünfjährige Haftstrafe im Festungsgefängnis Niederschönenfeld absitzen mußte. Als Sohn einer preußisch-jüdischen Kaufmannsfamilie hatte sich der Student der Rechtswissenschaft 1914 als Kriegsfreiwilliger gemeldet. Deutscher wollte er sein, kein »Fremder« mehr; aus der Liste der jüdischen Gemeinschaft wollte er gestrichen werden. Die Konfrontation mit der Realität des Kriegs in der Stellungsschlacht von Verdun ließ seinen naiven Patriotismus jedoch zusammenbrechen. Sein Glaube an die Möglichkeit, den Haß zwischen den Nationen und den sozialen Klassen überwinden zu können, führte Toller zum Sozialismus. Davon machte er sich freilich ein sehr persönliches, durch und durch idealistisches, aber auch anarchistisch geprägtes Bild. Beeinflußt war er dabei von Gustav Landauer und seinem Lehrer Max Weber. (dazu: K. Bebendorf 1990, 9 ff) Mit dem sozialdemokratischen Politiker Kurt Eisner (1867–1919), der 1918 den Freistaat Bayern ausrief und dessen Ministerpräsident wurde, ging Toller von Berlin nach München. Dort schloß er sich – als Pazifist – der USPD an. Nach Eisners Ermordung im Februar 1919 (die zur Ausrufung der Räterepublik führte) übernahm er dessen politisches Erbe. Toller war nun der höchste Repräsentant der Räteregierung in Bayern. Der Hochverratsprozeß, den man gegen ihn im Juni 1919 anstrengte, markierte zugleich die Niederschlagung der Rätebewegung. In dem Prozeß gegen Toller

Toller kann Gerippe tanzen, Verstümmelte rasen, Irre taumeln lassen, ohne verkrampft und gewalttätig zu werden. Er hält den Blick des Entsetzens aus, ohne sich von ihm durch Schnörkel und Bilder befreien zu müssen. Das Gewagteste ist einfach, das Grauenhafteste schlicht. Toller verschmäht die Originalität. Seine Sprache hat keine Gebärde, seine Gedanken sind kein Funkenregen. Die Suggestionskraft der abgerissenen, zerfetzten Bilder, die vom Zimmer durch Transportzüge, Schlachtwüsten, Lazarette, Gefängnisse zu Volksversammlung und Erhebung jagen, ist anonym. Wenn die Groteske die Feierlichkeit ablöst und Pathetisches gegen Skurriles gestellt ist, so bedeutet das nicht Wechsel des Stils, nur Lichtbrechung der Intensität … Die Wandlung *ist ein Volksstück, primitiv und karg auch da, wo es sich scheinbar verirrt.*

(H. Ihering am 2. Oktober 1919, n. G. Rühle 1967, 157f)

E. Toller: Masse Mensch. *R.: J. Fehling. Volksbühne, Berlin 1921*

setzten sich prominente Literaten und Intellektuelle, von Thomas Mann bis Max Weber für den Angeklagten ein. Das Gericht billigte diesem letztlich auch »ehrenhafte Motive« zu, wodurch ein Todesurteil verhindert wurde.

Die innere Entwicklung dieser Lebensphase ist das Thema von Tollers Stück *Die Wandlung. Das Ringen eines Menschen.* Mit der Arbeit daran begann er 1917 und vollendete das Stück 1919 im Gefängnis. Die Uraufführung brachte der Regisseur Karl Heinz Martin am 30. September 1919 an der »Tribüne« in Berlin heraus. (vgl. Kap.: Schauspielerkollektive) Die Rolle des Protagonisten spielte Fritz Kortner. Das Bühnenbild von Robert Neppach war äußerst reduziert. Vorder- und Hinterbühne trennten »Traum« und »Wirklichkeit«. Auf Stellwände waren grellfarbige Zeichnungen gemalt, die in expressionistischer Manier Schauplätze andeuteten. Martin hatte das Stück durch einen dramaturgischen Eingriff vereinfacht und dessen revolutionären Appell klarer formuliert. Er ließ »reales Geschehen« und die »Traumbilder« regelmäßig wechseln. Bei Toller bildeten diese beiden Spielebenen weitgehend geschlossene, aufeinander folgende Sequenzen. Der Kritiker Bernhard Diebold bezeichnete das stark autobiographische Stück als »Ich-Roman in redenden Bildern«; Herbert Ihering nannte es einen »Totentanz der Zeit ... Revolution des Menschlichen selbst«. Toller schildert darin die »Wandlung« des heimatlosen, jungen Juden Friedrich vom vaterländisch bewegten Kriegsfreiwilligen zum Pazifisten und Revolutionär, letztlich zum »neuen Menschen«. Dieses Wandlungsgeschehen vergegenwärtigt Toller in dreizehn Bildern und einem Vorspiel (»Totenkaserne«). Der Wechsel von realem Geschehen und Traumbildern stellte die Regie vor gänzlich neue Aufgaben. Martin löste sie durch eine symbolische Reduktion der Szene, vermied aber in der Anlage der Figuren jede Stilisierung. Dies sollte deutlich machen, daß es um die Probleme konkreter Menschen, um Zeitgenossen, gehe. Die Spielweise der Darsteller aber war hoch expressiv, eckig, abgehackt, extrem rhythmisiert, psychologisch und zeichenhaft überhöht. Es war vor allem Fritz

Der Expressionismus wurde erst nach Berlin gebracht, als Karl Heinz Martin Tollers ›Wandlung‹ *inszenierte.*

(G. Rühle 1967, 20)

Kortner als Friedrich, der den schauspielerischen Gestus dieser Aufführung prägte: »Seine von fanatischer Energie schneidende Stimme gab den revolutionären Ideen des Tollerschen Jünglings geistige Transparenz.« (F.W. Knellessen 1970, 41) Die einzelnen Schritte des Wandlungsgeschehens wurden in harten Kontrastbildern illustriert. So wird die Hoffnung Friedrichs (im ersten Bild), durch die Teilnahme am Krieg – die Teilhabe an dem Gemeinschaftserlebnis, das der Krieg ermöglicht – einen neuen Lebenssinn zu finden, kontrastiert durch das Traumbild »Transportzüge«, in dem Soldaten über die »wahre Wirklichkeit« des Krieges reden, der letztlich Tod bedeutet. Solche Antithesen spielt das Stück bis zum Ende mehrfach durch; bis Friedrich begreift, daß »Helden« nur »Schlachtvieh« sind. Das Stück ist literarisch und dramaturgisch kein Meisterwerk, war aber durch die Eindringlichkeit seiner Bilder und sein glaubwürdiges Pathos ein außerordentlicher Bühnenerfolg. Nach der Berliner Uraufführung in der kleinen und von den Eintrittspreisen her auch teuren »Tribüne« wurde *Die Wandlung* im Januar 1920 am Deutschen Theater in Stuttgart aufgeführt und am 1. September 1920 an den Hamburger Kammerspielen. Aufführungen in zahlreichen anderen Städten (bis 1926) folgten. Jedoch: »Mit wachsender Distanz zur Kriegs- und Revolutionszeit verlor *Die Wandlung* an Aktualität. Auch der mit der Uraufführung verknüpfte avantgardistisch-expressionistische Stil überlebte sich rasch, das Stück tauchte später kaum noch in den Spielplänen der Theater auf.« (K. Bebendorf 1990, 68)

Sein zweites Stück, *Masse Mensch*, hatte Toller von Beginn an im Gefängnis geschrieben. Er befaßte sich darin mit den moralisch-politischen Widersprüchen, in die er durch seine Erlebnisse mit der Münchner Räterepublik geraten war. Was er erfahren hatte, war der Umschlag eines ursprünglich »ideellen Kampfes« in Gewalt und Bürgerkrieg. Das Resultat war ein Ideendrama, in dessen Kern ein Prinzipienstreit ausgetragen wird zwischen »Der Frau« (Sonja Irene L.), die ihre bürgerliche Lebenswelt verlassen hat und beseelt von der Vision des »neuen Menschen« und einer humanen Gesellschaft an die Seite der Arbeiter getreten ist, und dem »Namenlosen«, einem strikt der Parteidoktrin folgenden politischen Funktionär (»Die Masse gilt, nicht der Mensch«). Dieser überredet Sonja, ihr Ziel eines gewaltlosen Streiks aufzugeben und sich – als die charismatische Führerin – an die Spitze gewalttätiger Aktionen der »Masse« zu stellen. Als »die Frau« sich dann doch gegen ein Blutvergießen entscheidet (»Masse soll Gemeinschaft sein«), brandmarkt man sie als Verräterin an der Revolution. Am Ende wird sie von den Truppen, die die Revolution niedergeschlagen haben, hingerichtet. Wieder entwickelt Toller den Fortgang von innerem und äußerem Geschehen im Kontrast von »realen Bildern« und »Traumbildern«. Am Nürnberger Stadttheater kam es am 15. November 1920 zur Uraufführung (Regie: Friedrich Neubauer), als geschlossene Vorstellung vor Gewerkschaftsmitgliedern. Der Bayerische Landtag wies daraufhin die Behörden an, das Stück zu verbieten. Vor allem die grell überzeichnete satirische Darstellung des Börsengeschehens im zweiten Bild erschien als »Aufreizung zum Klassenkampf«. (n. K. Bebendorf 1990, 91) Hatte die Nürnberger Aufführung vor allem politische Querelen in Bayern zur Folge, so wurde die Inszenierung von *Masse Mensch* an der Berliner Volksbühne durch Jürgen Fehling am 29. September 1921 zu einem herausragenden künstlerischen Ereignis. Fehling hatte das Stück durch seine Bearbeitung gestrafft, den Ideenkonflikt klarer

E. Toller: Masse Mensch. *R.: J. Fehling. Volksbühne, Berlin 1921*

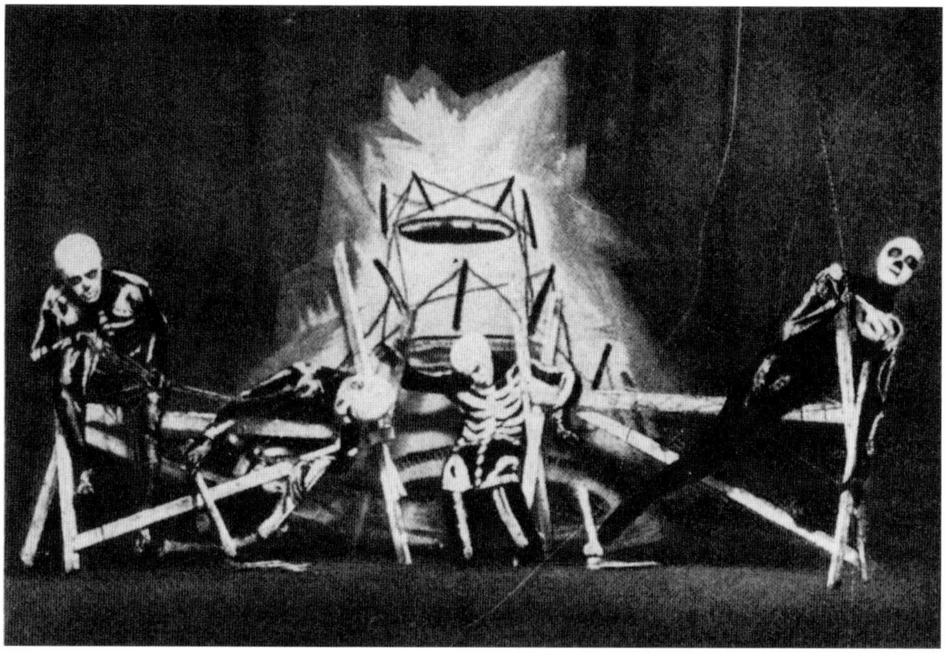

E. Toller: Die Wandlung, *4. und 7. Bild. R.: K. H. Martin. Die Tribüne, Berlin 1919*

herausgearbeitet und dafür eindringliche szenische Bilder gefunden. Den weitgehend abstrakt belassenen Bühnenraum hatte Hans Strohbach geschaffen. Vor allem durch Fehlings Lichtregie gewann diese Inszenierung ihre Faszination, durch ein gleitendes Ineinander-Spielen von Traumsphären und realen Bildern. In der Gestaltung der Bühne waren keinerlei Dekorationen eingesetzt, als zentrales Bauelement diente eine von Jeßners »Treppe« inspirierte Stufenanlage, auf der Fehling die Massenszenen überaus effektvoll inszenieren konnte. Der gesamte Bühnenraum war mit schwarzen Vorhängen verhüllt. Die Kritik berichtet von »tosendem Beifall« am Ende der Aufführung. Der Autor hatte für deren Besuch Hafturlaub beantragt, freilich ohne Erfolg. *Masse Mensch* wurde nach dieser Inszenierung zum Erfolgsstück auf den deutschen Bühnen, und auch von ausländischen Theatern wurde das Stück vielfach aufgeführt, so 1923 in Moskau (Regie: V. Mejerchol'd), Tiflis, Kiew, Petersburg, Sofia, New York (1924), Sydney (1924), Tokio (1925), London (1924, 1926), Dublin (1924), Liverpool (1925) und Wien (1926). Fast an allen diesen Orten wurde die Aufführung gegen die Zensur durchgesetzt. »Auch die von George Bernhard Shaw geleitete Stage Society mußte sich 1924 in London damit begnügen, Tollers Stück nur einem geschlossenen Mitgliederkreis vorstellen zu können.« (K. Bebendorf 1990, 106 f)

Auch die beiden folgenden expressionistischen Stücke, *Die Maschinenstürmer* (Uraufführung am 30. Juni 1922 am Großen Schauspielhaus Berlin in der Regie von Karl Heinz Martin) und *Der deutsche Hinkemann* (Uraufführung am 19. September 1923 am Alten Theater in Leipzig als geschlossene Vorstellung für den Arbeiter-Bildungsverein), gingen mit Erfolg über die deutschen Bühnen. Die Komödie *Der entfesselte Wotan* (Uraufführung 1924 in Moskau; deutschsprachige Erstaufführung 1925 in Prag) sollte eine Satire auf den aufkommenden völkischen Nationalismus und den Antisemitismus in Deutschland sein.

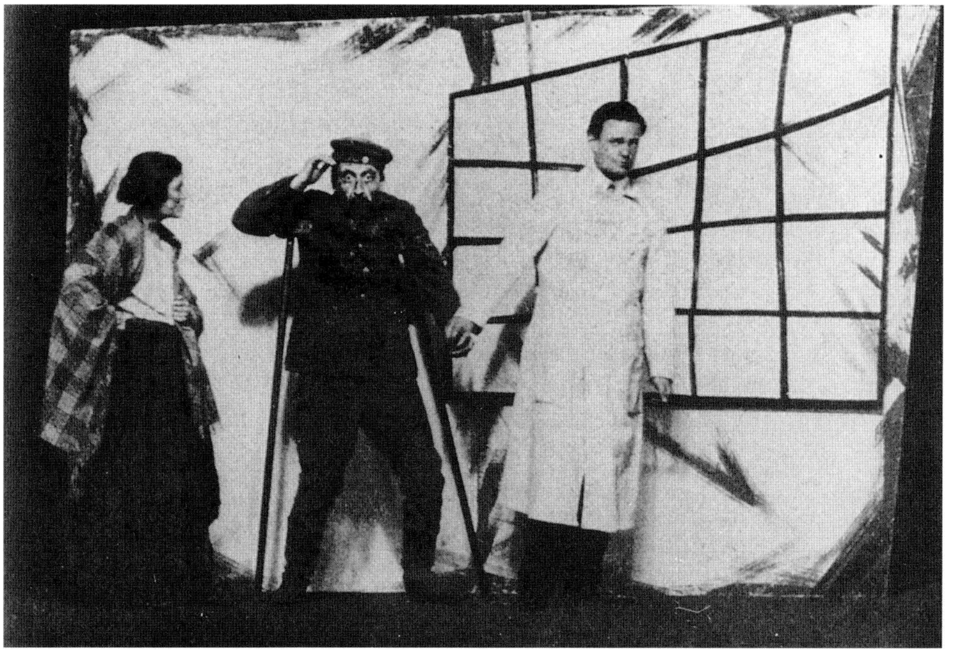

Entsprechend massiv waren die Einschüchterungsversuche nationalsozialistischer Gruppen gegen die Aufführung dieses Stücks, das in der Figur eines größenwahnsinnigen Barbiers, dem »Schaumschläger«, so offenkundig auf Adolf Hitler anspielte. Zu einem Theaterskandal größten Ausmaßes, ausgelöst durch Rechtsextremisten, führte die Aufführung von *Hinkemann* 1924 in Dresden. Toller schildert in dieser Tragödie am Schicksal eines völlig desillusionierten Kriegsheimkehrers den Zusammenbruch aller Hoffnungen auf eine soziale und moralische Erneuerung; stattdessen deutet Toller den Verfall der Gesellschaft in nationalistischen Wahn an. Die Dresdener Aufführung, die mehrfach von NS-Störtrupps unterbrochen wurde, konnte nur unter Polizeischutz bis zu Ende durchgespielt werden. Die Attacken gegen das Theater und den jüdischen Autor waren von einer Aggressivität, wie es sie bis dahin in der Weimarer Republik noch kaum gegeben hatte.

Seine letzten Arbeiten für die Bühne schrieb Toller für Erwin Piscator, mit dem er seit 1927 zusammenarbeitete. (vgl. Kap.: Erwin Piscator) Es waren die Stücke *Hoppla, wir leben!* (1927) und *Feuer aus den Kesseln* (1930). Letzteres ist in seiner komplexen dramaturgischen Struktur eines der besten Stücke von Ernst Toller. Es »gehört zu den frühesten Beispielen des Dokumentartheaters. Die Druckfassung ... enthielt einen dokumentarischen Anhang, der die Authentizität der zentralen Ereignisse des Dramas darlegen sollte.« (R. Dove 1993, 205) Von allen Stücken Tollers war es jedoch das am wenigsten erfolgreiche; ursprünglich wollte Toller den Stoff für den Film bearbeiten.

Nach seiner Entlassung aus dem Gefängnis unternahm Ernst Toller Vortragsreisen quer durch Europa, in die Sowjetunion (1926), nach Ägypten und Palästina, schließlich auch durch die USA (1929). Thema waren zumeist die *Zeitgenössischen Tendenzen im deutschen Theater*, so lautete der Titel eines vielerorts gehaltenen Vortrags.

In den letzten Jahren der Weimarer Republik kämpfte Toller als Publizist gegen die herannahende Diktatur, vor allem gegen die Verschärfung der Zensur; mehr jedoch als Einzelkämpfer, denn als Mitglied einer Partei. Zur KPD nahm Toller, der sich als radikaler Sozialist verstand, eine distanzierte Haltung ein, insbesondere, was deren dogmatischen Marxismus betraf. (R. Dove 1993, 224 ff) Mit der Entwicklung in der Sowjetunion dagegen sympathisierte er durchaus. Der Reichstagsbrand in der Nacht vom 27. Februar 1933 zwang Toller schließlich, Deutschland zu verlassen; gerade noch entging er einer Verhaftung durch die SA, die zwei Stunden nach seiner Flucht in seine Wohnung eindrang. Über die Schweiz reiste er zunächst ins Exil nach London und beteiligte sich an der juristischen Aufklärung des Berliner Reichstagsbrandes. Es entstanden dort auch zwei Stücke: Die Komödie *No More Peace!* und *Blind Man's Buff*, an dem Denis Johnston als Autor mitgearbeitet hat. (vgl. R. Dove 1993, 268 f) Beides wurden keine Erfolge. Im Oktober 1936 ging Toller in die USA. Wieder hielt er Vorträge im ganzen Land gegen den Hitler-Faschismus und nahm Kontakte zum amerikanischen Arbeitertheater auf, vor allem zur Organisation Federal Theatre Project (FTP). In Hollywood erhielt er einen

R. Neppach: Plakat zu der Uraufführung von E. Tollers Stück Die Wandlung. *Berlin 1919*

E. Toller: Masse Mensch. *3. Szene, Lang lebe die Revolution. B. u. K.: L. Simpson. The Theatre Guild (Garrick Theatre), New York 1924*

Vertrag als Drehbuchautor. 1938 entstand sein letztes Bühnenwerk: *Pastor Hall*, das den Nazi-Terror in Deutschland zum Thema hatte. Vorlage dazu war das Schicksal Pastor Niemöllers, der 1938 ins Konzentrationslager Sachsenhausen eingewiesen wurde. Sein Einsatz für die »Spanien-Hilfe« führte Toller noch einmal nach Europa. Es war sein letztes politisches Projekt. Obwohl er seit langem von Depressionen gequält wurde, kam sein Selbstmord am 22. Mai 1939 in dem New Yorker Hotel Mayflower für seine Freunde unerwartet.

Während sich Erwin Piscator überwiegend auf seine New Yorker Schauspielschule, den Dramatic Workshop, konzentrierte, Bertolt Brecht sich kaum außerhalb der Emigranten-Kreise bewegte, Max Reinhardt (seit 1937 ebenfalls in den USA) vergeblich versuchte, im amerikanischen Theaterbetrieb Fuß zu fassen, war Ernst Toller der prominenteste Repräsentant des deutschen Theaters, der vom Exil aus und auch in der amerikanischen Öffentlichkeit seine politische Aufklärungsarbeit über den Faschismus in Europa unermüdlich fortsetzte.

Aufbruch in der Provinz: neue künstlerische Entwicklungen an den Bühnen außerhalb Berlins

Wer auf der Brandstätte Europas ein Bild seiner brüchigen Kultur, die darum auch unausbleiblich den Zusammenbruch herbeiführen mußte, schauen will, der betrachte nur aufmerksamen Blickes seine Schaubühne.

(L. Dumont 1957, 41)

Zwei Richtungen lassen sich erkennen, in denen die künstlerische Entwicklung des Theaters in Deutschland in diesen Vorkriegs- und Kriegsjahren bis zu dem großen Umbruch 1918 verlief: 1. Die Weiterführung der in den Reformprogrammen der Jahrhundertwende aufgekommenen Tendenzen, vor allem der Stilbühnen-Ästhetik; und 2. der Expressionismus, die große künstlerische »Revolte« der Vorkriegs- und Kriegsjahre, der nun auch auf die Bühne drängte, wenngleich die Bedingungen für dessen breitere Rezeption erst in den frühen zwanziger Jahren gegeben waren. Für den ganzen Zeitraum nahm zwar Max Reinhardt mit seinen Berliner Theatern eine nahezu konkurrenzlose Ausnahmestellung ein, doch kam es gerade auch in der »Theaterprovinz« zu Entwicklungen, die um Profilbildung gegenüber der künstlerischen Dominanz der Reinhardt-Bühnen in der Hauptstadt bestrebt waren. Charakteristisch für diese Bühnen war eine programmatische Konzentration auf das dichterische Werk, auf ein »dichterisches Theater«, was auch zu einer Intensivierung der dramaturgischen Arbeit führte und mit dem Anspruch verbunden war, vor allem die Werke der Klassiker dichter an die zeitgenössische Wirklichkeit heranzuholen. Dies unterschied die Arbeit in Mannheim, vor allem auch in Frankfurt deutlich von dem Arbeitsansatz Max Reinhardts, für den der Schauspieler auch bei der Erschließung eines dramatischen Werks an erster Stelle stand. Zum anderen sahen diese Bühnen in der Förderung der neuen expressionistischen Dramatik eine Chance, neue Wege zu gehen. Begünstigt wurde dies zudem durch die Abneigung Max Reinhardts, sich auf einen Stil festzulegen. Eine solche Fest-

R. Goering: Seeschlacht. *Dresden 1918. (Uraufführung)*

legung aber verlangte der Expressionismus mit geradezu bekennerischem Pathos. So waren es schließlich Bühnen in Mannheim und vor allem in Frankfurt, an denen das expressionistische Theater seine erste große künstlerische Form fand.

So zählten zu den innovativen Theaterzentren außerhalb Berlins Düsseldorf, wo Louise Dumont (1862–1932) und Gustav Lindemann (1872–1960) 1904 ihr Schauspielhaus gegründet und zu einer Hochburg der Stilkunst und der Ibsen-Pflege hatten werden lassen (vgl. Bd. III, 695 f), vor allem aber Mannheim, Frankfurt und München.

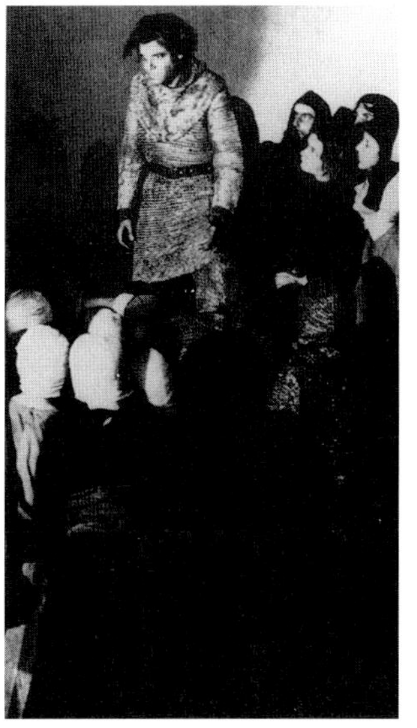

Ewald Balser in H. v. Kleists Robert Guiskard. *Schauspielhaus, Düsseldorf 1927*

Düsseldorf

Die Gründung des Düsseldorfer Schauspielhauses im Jahre 1904 (eröffnet 1905) hatte für Louise Dumont und Gustav Lindemann, die dieses Unternehmen auch finanziell mittrugen, einzig den Zweck, sich für ihre Theaterarbeit vollständige Unabhängigkeit zu sichern. (vgl. Bd. III, 695 ff) Was den beiden vorschwebte, was Louise Dumont geradezu als ihre »heilige Mission« verstand, war die Erneuerung der deutschen Bühnenkunst: für ein »Kulturtheater« – so das Schlagwort der Zeit – gegen die an vielen Orten grassierende kommerzielle Verflachung. Dumont und Lindemann hatten ihre erste künstlerische Prägung durch Otto Brahm erhalten und von diesem zwei Prinzipien übernommen und in der eigenen künstlerischen Vorstellungswelt geradezu zu Dogmen kultiviert: die Konzentration auf das »Dichterwort« und die Idee der Ensemblearbeit. Dabei sollte das Ensemble nicht nur eine Arbeitsgemeinschaft sein, die eine größtmögliche stilistische Einheitlichkeit der Inszenierung herstellen ließ, sondern auch »geistige Gemeinschaft«. (Louise Dumont) Der Kerngedanke ihres Reformprogramms war die Verwirklichung eines »dichterischen Theaters«. Für die Zeitgenossen war die Abgrenzung, die Louise Dumont damit gegenüber der Theaterauffassung von Max Reinhardt zog – aus dem Blickwinkel der Provinz heraus der Olympier der modernen Bühnenkunst schlechthin –, unverkennbar. Hier stand ein Theater der Dichter gegen ein Theater der Schauspieler und des Regisseurs. Auch standen sich hier grundlegend andere Auffassungen von der Stellung des Theaters in der Gesellschaft gegenüber. War für Max Reinhardt das Theater eine Art Fluchtburg, in die sich die Menschen von den Drangsalen ihrer Lebenswirklichkeit in eine Welt des schönen Scheins zurückziehen konnten, war für Louise Dumont das Theater eine »kultische Weihestätte«, die »Einsichten in das Wesentliche« vermittelte: eine »Pforte von der Welt in die Überwelt«, wie es in ihrem *Vermächtnis*, einer 1932 von Gustav Lindemann herausgegebenen Sammlung ihrer vielen Reden und Essays immer wieder heißt. Von diesem emphatischen, ja »kultischen« Theaterverständnis her hatte Louise Dumont auch einen unmittelbaren Zugang zu den Theatervisionen der Expressionisten. So sah sie in Felix Emmels Begriff des »ekstatischen Theaters« eine ihr verwandte Vorstellung. (vgl. *Vermächtnis*, 2. Aufl. 1957, 40) Im Repertoire ihres Düsseldorfer Schauspielhauses spielten jedoch die Stücke der jungen expressionistischen Dramatiker keine nennenswerte Rolle. Von Hanns Johst kam 1917 *Der Einsame* heraus; von Georg Kaiser jedoch wurden sechs Stücke, darunter

Nicht glücklich ist das in unserer Zeit laut verkündete Wort »Das Theater ist für den Schauspieler da«. Viel Verwirrung wurde hierdurch bewirkt. Der Schauspieler ist für das Theater da, das Theater aber für das Volk, das ein Recht hat, seine eigene Seele durch das Wort seiner Dichter kennenzulernen – ein Recht hat, seine eigene Sprache durch deren Künder, durch den Schauspieler zu vernehmen.

(L. Dumont 1957, 36)

Bühnenbildentwurf von Ludwig Sievert für A. Strindberg: Die große Landstraße. *R.: F. P. Buch. Städtische Bühnen, Frankfurt 1923*

drei Uraufführungen herausgebracht: *Großbürger Möller* (1915), *Das Frauenopfer* (März 1918) und *Gas* (28. November 1918). Mit diesem Stück, in dem es um die tödliche Gefahr einer fortschreitenden Technisierung geht, das letztlich aber auch die Ohnmacht der revoltierenden Arbeitermasse schildert, hatte sich die Leitung des Düsseldorfer Schauspielhauses unmittelbar an Stimmung und Atmosphäre der politischen Aktualität (etwa 14 Tage nach der Novemberrevolution) herangewagt und geriet – auch wegen des Engagements Louise Dumonts für den Sozialisten und Schriftsteller Gustav Landauer und ihre Freundschaft mit dem jüdischen Religionsphilosophen Martin Buber – in massive Kritik. Deutsch-nationale Kreise inszenierten eine Hetzkampagne gegen die Düsseldorfer Theaterleitung.

Die Schwerpunkte im Spielplan des Düsseldorfer Schauspielhauses bildeten während der gesamten Ära Dumont-Lindemann die Werke der Klassiker: Shakespeare, Goethe, Schiller, Lessing, Molière. Auch Ibsen blieb ein zentraler Autor. In der Auseinandersetzung mit dessen Werk hatte die künstlerische Arbeits- und die Lebensgemeinschaft von Louise Dumont – als Darstellerin der großen Frauenrollen in den Stücken von Ibsen – und Gustav Lindemann als Regiespezialist für die Dramen des Norwegers im Jahre 1903 ihren Anfang genommen. Als schließlich 1919 die Arbeiter- und Soldatenräte die beiden Theaterleiter zur Einführung einer Mitbestimmungsregel zwingen wollten, zogen sich Dumont und Lindemann für ein Jahr von ihrem Theater zurück.

Bühnenbildentwurf von Ludwig Sievert für W. Hasenclever: Der Sohn. *R.: R. Weichert. Mannheim 1916*

Entsprechend der Idee eines »dichterischen Theaters« wurde am Düsseldorfer Schauspielhaus ein Inszenierungsstil entwickelt, bei dem alle bildnerischen und schauspielerischen Effekte von der Bühne verbannt wurden, sofern sie nicht unmittelbar der »Freilegung des geistigen Kerns« (Gustav Lindemann) des dramatischen Werks dienten. Louise Dumont schreibt über die Sprachgestaltung, die sie streng ins Zentrum ihrer Arbeit stellte, daß es nicht nur darum gehe, die Sprache »in ihrer wortwörtlichen Bedeutung« einzusetzen, sondern auch als rhythmisches Klanggebilde. Das Primäre sei nicht der »verstandesmäßig sinndeutlichste Ausdruck«, sondern die »innere Musik« der Sprache. (vgl. *Vermächtnis* 2. Aufl. 1957, 46 f) So sei es letztlich auch Aufgabe der Regie, die Figuren aus ihrer »Wortgestaltung heraus ... plastisch werden zu lassen.« (n. M. Linke 1969, 182) Es ging also mehr um »Sprach-Regie« als um Schauspielerführung. Regisseure wie Richard Weichert, die von der Provinz aus begannen, sich gegen die »Berliner Kunstmühle« – so apostrophierte die Düsseldorfer Prinzipalin das Reinhardt-Theater – zu profilieren, erhielten aus dem Arbeitsumfeld von Louise Dumont wesentliche Impulse.

Mannheim

»Der Expressionismus beginnt in Mannheim.«

(Günther Rühle 2001, 30)

Aus dem unmittelbaren Wirkungsumkreis von Louise Dumont und Gustav Lindemann kam der Regisseur und Schauspieler Richard Weichert (1890–1961) 1914 an das Großherzogliche Hof- und Nationaltheater nach Mannheim. Dorthin wurde 1915 (bis 1920) auch Carl Hagemann (1871–1945) engagiert, der als Intendant diese Bühne einem umfassenden Reformkonzept unterwarf. Hagemann, der von 1906 bis 1910 schon einmal Intendant an diesem Theater gewesen war, befreite die Bühne von allen illusionistischen Tendenzen. Was er anstrebte, war eine Modernisierung der Stilbühne. Dabei sollte die in der Stilkunstbewegung der Jahrhundertwende erreichte formale Konzentration verbunden werden mit zeitgenössischen aktuellen Inhalten. Vor allem ging es Hagemann um das konsequente Durchsetzen der Regie als ein künstlerisches Arbeitsprinzip, das die Inszenierung als »durchkomponiertes Zusammenspiel von Architektur, Farbe und Licht« mit dem literarischen Bühnenwerk begriff. (vgl. L. Homering u.a. 1998, 73) Seine Vorstellungen hatte Hagemann auch als Lehrbuch zusammengefaßt; der Titel lautete: *Regie. Die Kunst der szenischen Darstellung* (1904, 4. Aufl. 1916). Zwischen den beiden Mannheimer Intendanzen hatte Carl Hagemann seine Reformideen auch in Hamburg durchzusetzen versucht, wo er von 1910 bis 1913 die Direktion des Deutschen Schauspielhauses übernommen und dort Alfred von Berger (1853–1912), den aus Wien in die Hansestadt verpflichteten Gründungsdirektor dieses Theaters, abgelöst hatte. »Gegenüber dem vom opulenten Stil des Wiener Burgtheaters geprägten Theater des »Baron« Berger erschien der nüchterne Reformer Hagemann geradezu als »Kontrastprogramm«. (vgl. M. Giesing in: Zentrum für Theaterforschung 1999, 13f)

In Mannheim konnte Hagemann mehr bewirken. Unter seiner Direktion gelang Weichert – unterstützt von dem Bühnenbildner Ludwig Sievert (1887–1966) – in Deutschland die erste, vom Autor und von der Kritik als bahnbrechend gefeierte expressionistische Bühneninszenierung: *Der Sohn* von Walter Hasenclever. Die Premiere fand am 1. Januar 1918 statt. Die Uraufführung dieses Initialstücks des expressionistischen Theaters, dessen öffentliche Aufführung während des Kriegs langehin verboten war, war am 30. September 1916 an den Kammerspielen des Deutschen Landestheaters in Prag herausgekommen. Eine nicht öffentliche Aufführung konnte man am 8. Oktober 1916 im Albert Theater in Dresden – mit Ernst Deutsch als Protagonisten – sehen. Geschrieben wurde das Stück bereits 1913. Eine Lesung durch den Dichter selbst hatte im März 1914 im Kabarett »Gnu« in Berlin stattgefunden. Von der jungen Literaten-Generation galt Walter Hasenclever (1890–1940) als derjenige, der sein Schreiben als »politisches Handeln« verstand, das »in die Parlamente, auf die Marktplätze und in die Akademien« hinein wirken sollte. (vgl. *Das Theater von morgen,* 1916) In dem Stück *Der Sohn* schildert er die Revolte eines Gymnasiasten gegen seinen Vater, einen tyrannischen Arzt und Personifikation repressiver Autorität, der den Sohn mit brutaler Gewalt in einen von ihm vorgedachten Lebensweg zwingen will. Die Auseinandersetzung der beiden wird mit geradezu ekstatischem Schwung vorangetrieben und einem Pathos, das sich vor allem in der Sprache des Sohns verwirklicht. Der abenteuerliche Ausbruch des Jungen aus dem elterlichen Haus führt diesen über mehrere Stationen in schicksalhafte Begegnungen, schließlich aber steht er erneut dem Vater gegenüber. In der äußersten Eskalation des Konflikts, der sogleich wieder ausbricht, trifft den Vater der Schlag, als dieser den Jungen mit der Reitpeitsche züchtigen will, der Sohn aber zugleich die Pistole auf ihn gerichtet hat, entschlossen zur Tat: zum Vatermord. Hasenclever kommentierte: Es sei »der Aufruhr des Geistes gegen die Wirklichkeit«, »Menschwerdung«. Dieser abstrakten Grundidee entsprach der dramaturgische Aufbau des Stücks in Stationen und die extreme Typisierung aller Figuren, als »Sohn«, »Vater«, »Freund« oder »Fräulein«. Hasenclevers erstes Drama hatte den Titel *Der Jüngling* (1913) und war nach dem gleichen dramaturgischen Konzept verfaßt. Während die Dresdner Inszenierung versucht hatte, das Stück in einen realistischen Spielrahmen zu stellen, ließ sich Weichert bei seiner Mannheimer Inszenierung konsequent auf den monologisch expressiven Ton und die modellhafte Grundidee des Werks ein. Sein Bühnenbildner Ludwig Sievert entwickelte einen Spielraum, der auf jede realistische Nachbildung verzichtete. Die einzelnen Stationen, die der Protagonist durchstürmte, waren nur äußerst sparsam mit architektonischen Mitteln markiert; vor allem waren es atmosphärisch interpre-

Bühnenbildentwurf von Ludwig Sievert für F. Hebbels Judith. *R.: R. Weichert. Mannheim 1917*

G. Kaiser: Nebeneinander. *Szene im Polizeibüro. R.: R. Weichert. B.: L. Sievert. Schauspielhaus, Frankfurt 1923/24*

tierte Räume. Ein den Rhythmus des Stücks genial aufnehmender Einfall war es, den Protagonisten mit einem Verfolgungsscheinwerfer, wie er bis dahin nur im Zirkus oder im Varieté eingesetzt wurde, durch das Stück gleichsam zu jagen. (vgl. D. Ruckhaberle u.a. 1977, 758 f) Das Mannheimer Nationaltheater hatte sich mit dieser Aufführung schlagartig in die vorderste Front jener Bühnen eingereiht, denen es auch um Emanzipation von dem Berliner Vorbild ging.

Frankfurt

»Bei uns rasen alle Philister über meine unanständigen, expressionistischen Stücke, toben, schimpfen und wüten. Laß sie!«

(Richard Weichert an Liselotte Denerc, am 22. Februar 1922)

Richard Weichert übernahm 1918 die künstlerische Leitung am Schauspielhaus Frankfurt. 1919 folgte ihm dorthin auch der Bühnenbildner Sievert. Den in Mannheim eingeschlagenen Weg konnte Weichert nun – getragen von der Aufbruchstimmung, die auch das Theaterleben 1919 erfaßt hatte – in aller Konsequenz weitergehen. Was entstand, wurde als »Frankfurter Expressionismus« wahrgenommen. Bereits im Herbst 1919 inszenierte Weichert die Uraufführung von Hasenclevers *Antigone* und ließ keinen Zweifel an der Radikalität des Neubeginns, zu dem er an diesem Ort entschlossen war. Weichert hatte »die Bühne zur Kampfstatt der Menschlichkeit gemacht, die Massen in den Protest gegen den Herrscher Kreon gejagt. Der Abend war eine Abrechnung mit den Hohenzollern, deutlich, aber ohne direkte Anspielung.« (H. Heym 1963, 37) Walter Hasenclever charakterisiert Weichert zutreffend und mit ihm die neue Generation junger Regisseure, die sich in Arbeitsweise und Auffassung von der Funktion des Theaters, wie sie Max Reinhardt vertrat, so offensichtlich unterschied, wenn er schreibt: »Einen moderneren Regisseur als diesen Weichert konnte man für die Frankfurter Bühnen kaum finden. Bei der Dumont in Düsseldorf hatte er Theater aus dem Geiste der Dichtung studiert, Reinhardtsche Einflüsse in sich aufgenommen. In Mannheim hatte ihn das sachliche Arbeitsprinzip Hagemanns und die Lust zum Neuen gebildet. Im politischen Zusammenbruch hatte er den künstlerischen Auftrag des Theaters neu entdeckt. Er ist der kommende Typ des Regisseurs: besessen, leidenschaftlich, suggestiv (wie auch Jessner und Fehling, Hartung und Karl Heinz Martin ihn verkörpern), ein dionysisches Temperament, ohne Feierlichkeit, aber nicht ohne Sinn für die Festlichkeit des Theaters.« (n. H. Heym 1963, 37) Weichert selbst hatte für die Arbeit des Regisseurs ein klares Profil entwickelt, das in wesentlichen Aspekten den Ideen Adolphe Appias, des großen Schweizer Bühnenreformers, entsprach. (vgl. Bd. III, 765 ff) In der Zeitschrift *Die Scene* (15. Jg., 1925, 151) schrieb er dazu: »Die Vision des Regisseurs muß, wie jede visionäre Eingebung, geachtet werden; auch vom Dichter! Mithin ist die ›Freiheit des Regisseurs dem Dichter gegenüber‹ etwas, was niemals eingeschränkt oder beschnitten werden darf.« Ein künstlerischer Höhepunkt in Weicherts Frankfurter Zeit war seine Inszenierung von Friedrich Hölderlins Fragment *Der Tod des Empedokles* am 26. März 1920, die – wieder in Zusammenarbeit mit Ludwig Sievert – mit den Mitteln seiner »visionären Regie« dieses Stück neu für

F. Wolf: Tamar.
R: R. Weichert. B.: L. Sievert. Schauspielhaus, Frankfurt 1922

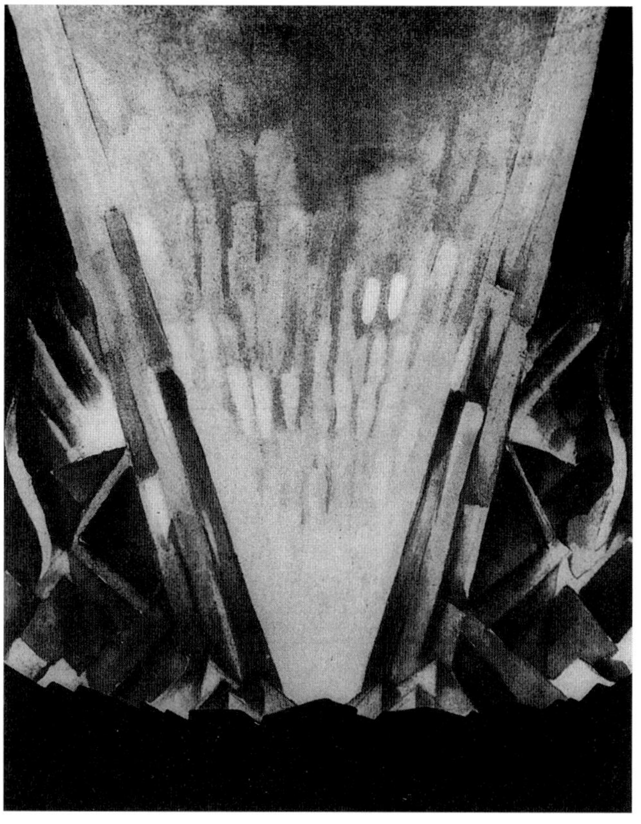

Bühnenbildentwurf von F. K. Delavilla für G. Kaisers Hölle Weg Erde. *R.: A. Hellmer. Neues Theater, Frankfurt 1919 (Uraufführung)*

Bühnenbildentwurf von L. Dahl für Strindbergs Rausch. *R.: R. Robert. Neues Theater, Frankfurt 1925*

die Bühne erschloß und für Hölderlins feierliches Pathos eine ganz und gar zeitgemäße Form fand. (vgl. Bühne und Bild des »Frankfurter Expressionismus«. 1985, 23 ff)

Weichert hatte in Frankfurt von 1920 bis 1932 auch die Intendanz der Städtischen Bühnen inne. Der Neubeginn, den er dort einleitete, war vorbereitet durch Carl Zeiss (1871–1924), der – vom Schauspielhaus Dresden kommend – von 1917 bis 1920 Generalintendant in Frankfurt war. Zeiss hatte Weichert an seine Bühne als Oberregisseur geholt. Dort war auch der Regisseur Gustav Hartung (1887–1946) engagiert, der die ersten Inszenierungen der neuen expressionistischen Dramatik herausgebracht hatte. Hartung ging 1920 nach Darmstadt, wo er als Intendant (bis 1924 und 1930–1933) wieder mit expressionistischen Inszenierungen Akzente setzte. Vor allem engagierte sich Hartung für die Stücke seines Schwagers Fritz von Unruh (1885–1970). Komplettiert hatte Zeiss seinen Mitarbeiterstab mit dem Bühnenbildner Franz Karl Delavilla (1884–1967), der in der gleichen Richtung wie Hartung und Weichert arbeitete. Über Delavilla und den neuen Ausstattungsstil am Frankfurter Schauspielhaus schrieb Paul F. Schmidt 1919 in der Zeitschrift *Dekorative Kunst*: Die neue Bühnenkunst »stellt die Aufführung völlig in den Dienst des dramatischen Lebens und schafft mit der Kunst des Regisseurs nur den Hintergrund für die Handlung und das gesprochene Wort des Dichters, das so intensiv und herrschend wie möglich herausgearbeitet wird. Es geschieht also im Dienst des Dramas, daß die Herrschergelüste der Bühnensterne ebenso weichen müssen wie das naturalistisch verzerrte Bühnenbild, das so tat, als ob es ein Stück Raum aus der Wirklichkeit schnitte ... Das beliebte Wort ›Stilisierung‹ paßt, wenn irgendwo, auf diese neue Bühnenerscheinung: es wird vom Wirklichen abstrahiert und mit farbigen Flächen, Vorhängen, Beleuchtung der Rahmen für den besonderen Klang der Szene erzeugt.« (n. H. Heym 1963, 37f) Das Bühnenbild zur Frankfurter Uraufführung von Goethes *Urfaust* (8. Mai 1918), galt als künstlerischer Höhepunkt der Arbeit von Delavilla an dieser Bühne.

Hartung hatte von Paul Kornfeld, dem Hausautor am Frankfurter Schauspielhaus, das Stück *Die Verführung* (1917) inszeniert. Es folgten die Uraufführungen von Sternheims Komödie *1913* (1919), von Fritz von Unruh die beiden Stücke *Ein Geschlecht* (1918) und *Platz* (1920). Ziel von Carl Zeiss war es, in Frankfurt – an dieser 1917 nur begrenzt von der Stadt subventionierten Bühne – ein »Kulturtheater« aufzubauen nach Immermanns Vorbild in Düsseldorf. (vgl. Bd. III, 111ff) Frankfurt sollte wie Berlin eine Theatermetropole werden, was auch den Intentionen des Magistrats der Stadt entgegenkam. So gelang es Zeiss von seiner ersten Spielzeit an, das Frankfurter Publikum mit einem engagierten Repertoire zu begeistern. Obwohl die Besucherzahlen zunahmen, hatte das Theater dennoch ständig mit finanziellen Schwierigkeiten zu kämpfen. Zeiss aber blieb konsequent bei seiner Linie und weigerte sich, die erprobten Kassenfüller des »Geschäftstheaters« in seinen Spielplan zu übernehmen. Was er zeigen wollte, war eine ausgewogene Mischung von klassischen und zeitgenössischen Werken. Bei den Klassikern ging es ihm darum, deren geistigen Gehalt mit den Problemen der Gegenwart in Beziehung zu setzen. In diesem Sinne brachte er

Carl Ebert als Empedokles in F. Hölderlins Tragödie Der Tod des Empedokles. *Schauspielhaus Frankfurt a.M., 1920*

P. Hindemith: Mörder, Hoffnung der Frauen *(n. O. Kokoschkas gleichnamigem Stück). R.: E. Lert. B.: L. Sievert. Schauspielhaus Frankfurt, 1922*

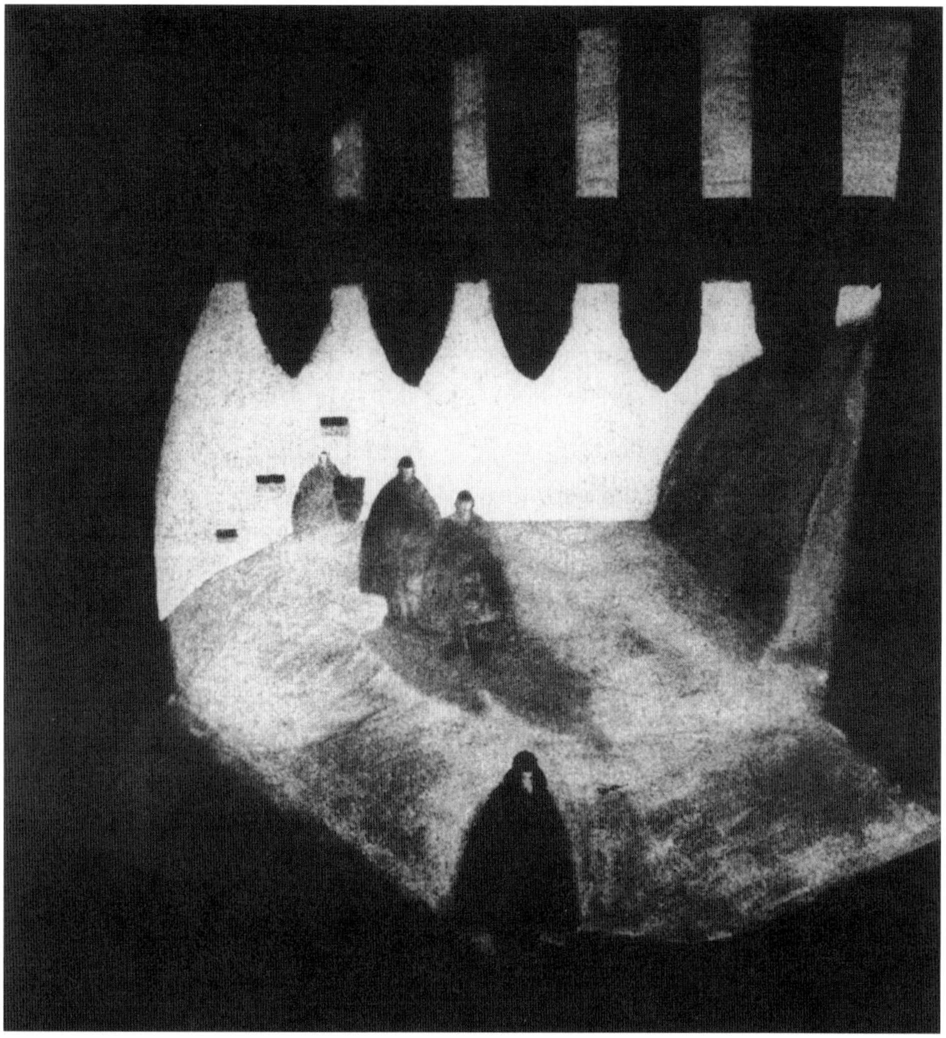

Bühnenbildentwurf von Ludwig Sievert für Shakespeares Macbeth. *R.: R. Weichert. Schauspielhaus, Frankfurt 1923*

1918 Schillers *Don Carlos, Die Räuber* und *Wilhelm Tell* in Folge heraus; danach den Zyklus »Der junge Goethe« mit *Stella, Die Geschwister, Clavigo, Urfaust, Egmont* und *Erwin und Elmire.* Die zweite Stelle in seinem Spielplan nahmen die Werke der jungen expressionistischen Dramatiker ein. Unter seiner Intendanz kam am Frankfurter Opernhaus auch die erste expressionistische Operninszenierung heraus: die Uraufführung (1. Juli 1920) von Rudi Stephans Werk *Die ersten Menschen.* In der Regie von Weichert und der Bühnengestaltung durch Ludwig Sievert wurde dies zu einer exemplarischen, stilbildenden Inszenierung des neuen Musiktheaters. Schon mit Aufführungen von Werken von Franz Schreker, *Die Gezeichneten* (Uraufführung 1918) und *Der Schatzgräber,* oder von Ferruccio Busonis *Turandot/Arlecchino* (1918) war dieser neue Stil im Musiktheater eingeleitet worden, der dem Regisseur und dessen Werkinterpretation auch im Musiktheater einen neuen Stellenwert einräumte. Bei Zeiss erfolgte dieser Einsatz für die zeitgenössischen Autoren und Komponisten aus einer programmatischen Entscheidung heraus, und es lag gerade auf diesem Feld für die Theater in der »Provinz« die Chance, gegenüber den Berliner Bühnen Profil zu gewinnen.

Was die Theater außerhalb der Hauptstadt freilich in einen kaum aufholbaren Rückstand versetzte, war der Umstand, daß keine dieser Bühnen ein Ensemble von vergleichbarem künstlerischen Potential zusammenführen oder längerfristig halten konnte, wie dies Max Reinhardt an seinen Berliner Bühnen gelungen war. Dennoch setzte auch Carl Zeiss auf die Ensemblearbeit und konnte – für einige Spielzeiten – eine Gruppe hochtalentierter Schauspieler an sein Theater binden. Carl Ebert (1887–1980), Heinrich George (1893–1946), Gerda Müller (1895–1951) und Jakob Feldhammer zählten zu den herausragenden Darstellern in diesem Frankfurter Ensemble der Ära Zeiss.

Eine weitere Möglichkeit, künstlerische Eigenständigkeit gegenüber den Reinhardt-Bühnen zu behaupten, lag auf dem Gebiet der Klassiker-Inszenierungen. Auch hier gelangen Carl Zeiss Aufführungen, in denen er – gegenüber dem auf seine großen Charakterdarsteller vertrauenden Reinhardt – die alten Werke »mit dem Geist und den Nerven unserer Zeit« interpretierte. Diese Rivalität Frankfurt – Berlin setzte sich in den zwanziger Jahren fort.

Neben dem Schauspielhaus trug aber auch das 1911 in Frankfurt eröffnete Neue Theater wesentlich zum Ruf der Stadt bei, besonders aufgeschlossen zu sein für die neuen Entwicklungen in der Bühnenkunst. Arthur Hellmer (1880–1961) leitete dieses Theater bis 1935, das er zusammen mit Max Reimann gegründet hatte. Als Jude mußte er 1935 die Direktion dieser Bühne abgeben und emigrierte 1938 nach England, wo er in London ein österreichisches Emigrantenensemble ins Leben rief. Nach seiner Rückkehr aus der Emigration war Hellmer – eingesetzt von der britischen Militärregierung – von 1946 bis 1948 Intendant des Deutschen Schauspielhauses in Hamburg.

Unter Hellmer wurde das Neue Theater in Frankfurt als »Kaiser-Bühne« apostrophiert, denn dort kamen nahezu alle Dramen von Georg Kaiser zur

G.F. Händel: Radamisto.
Dir.: R. Schulz-Dornburg.
R.: H. Niedecken-Gebhard.
Göttingen 1927

Gerda Müller als Gretchen in Goethes Urfaust. *Schauspielhaus, Frankfurt 1918*

Aufführung, so etwa *Die Bürger von Calais* (29. Januar 1917, mit Eugen Klöpfer als Eustache), *Die Koralle* (1917), *Von morgens bis mitternachts* (1918) und die Uraufführungen von *Claudius, Friedrich und Anna, Juana, Gas I* (1918), *Hölle, Weg, Erde* (1918), *Gas II* (1920), *Kolportage* (1924) und *Die Lederköpfe* (1928). Ein zweiter Schwerpunkt in Hellmers Spielplan waren Stücke von Arthur Schnitzler. Im Unterschied jedoch zur Spielplanpolitik von Carl Zeiss am Schauspielhaus hielt Hellmer durchaus auch die in diesen Jahren populären und zugkräftigen Schwänke im Repertoire. Ein Markenzeichen des Neuen Theaters war auch – neben einem vielseitigen Spielplan mit zahlreichen Uraufführungen – das besonders junge Ensemble, das Hellmer engagiert, zumeist auch neu entdeckt hatte. Dadurch wurde diese Bühne für viele Künstler zum Sprungbrett für Berlin. »1911 spielte am Neuen Theater ein gewisser Hans Albers die erste kleine Rolle seines Lebens. Heinrich George, Theo Lingen, Victor de Kowa, Otto Walburg, Käthe Dorsch, Marianne Hoppe und Dorothea Wieck gehörten ebenso zu dieser Gruppe wie die Brecht-Gattin Helene Weigel und Cläre Kaiser. Musiker wie Paul Hindemith, Erich Kleiber und Gustav Scherchen wirkten bei Hellmer und die Regisseure Mittler und Max Ophüls – um nur zwei Namen zu nennen.« (H. Heym 1963, 25) Manch anderer Name wäre hier noch zu nennen. Alexander Moissi, Paul Wegener, Gertrud Eysoldt, Albert und Else Bassermann, Fritzi Massary und Max Pallenberg traten am Neuen Theater als Gäste auf.

So besaß Frankfurt neben einer Anzahl kleinerer Bühnen, die sich zumeist auf besondere Genres spezialisiert hatten, wie etwa das »Herrnfeldttheater«, das mit seinem jüdischen Ensemble jiddische Stücke (sogenannte Schmonzetten im »Budapester Stil«) spielte, zwei große Schauspielbühnen, die auf hohem Niveau eine Vorreiterrolle übernahmen bei der Durchsetzung der expressionistischen Dramatik und für eine Bühnenkunst, die auch die klassischen Werke aus dem Lebensgefühl dieser Jahre neu erschloß. Die Frankfurter Bühnen vermieden dabei jedoch jene unmittelbare Politisierung, die in Berlin Leopold Jeßner oder Erwin Piscator wagten.

Darmstadt

Das Landestheater in Darmstadt, hervorgegangen durch Beschluß der hessischen Regierung im April 1919 aus dem ehemaligen Großherzoglichen Hoftheater, zählte für einige Jahre ebenfalls zu jenen Bühnen der »Provinz«, die sich programmatisch für die zeitgenössischen Tendenzen geöffnet hatten. Es war dies ausschließlich das Verdienst von Gustav Hartung (vgl. Kap.: Frankfurt), der im August 1920 zum Intendanten des Hessischen Landestheaters berufen wurde und bis 1924 in dieser Position blieb. Ein zweites Mal war Hartung in den Jahren 1931 bis 1933 Intendant in Darmstadt. Hartung hatte in Frankfurt als Regisseur bereits vor und neben Weichert wesentlich dazu beigetragen, daß jene Richtung, die als »Frankfurter Expressionismus« besondere Beachtung fand, sich durchsetzen konnte. In Darmstadt verfolgte Hartung diese Richtung konsequent weiter. Von den jungen expressionistischen Dramatikern war lediglich Walter Hasenclevers *Antigone* vor Hartungs Intendanz auf der Darmstädter Bühne (September 1919) aufgeführt worden. Die Berufung Hartungs nach

F. v. Unruh: Louis Ferdinand Prinz von Preußen.
R.: G. Hartung.
B.: T. C. Pilartz. Hessisches Landestheater Darmstadt, 1921 (Uraufführung)

Darmstadt war auf Betreiben sozialistischer Regierungsvertreter und des Darmstädter Expressionistenkreises um Kasimir Edschmid zustande gekommen. Hartung erfüllte deren Erwartungen. Er verlagerte den Schwerpunkt der Bühne von der Oper auf das Schauspiel und setzte in dieser Sparte die Akzente mit Inszenierungen zeitgenössischer Stücke. Um deren Verständnis beim Publikum zu fördern, gründete er die Theaterzeitschrift *Das neue Forum*, die seine Arbeit theoretisch stützen und kommentierend begleiten sollte. Mit der Verpflichtung des Bühnenbildners Theodor C. Pilartz und der Ausdruckstänzerin Nini Willenz holte er gleichgesinnte Mitarbeiter an seine Bühne.

Zwei Inszenierungen hatten für Hartungs Darmstädter Intendanz programmatischen Charakter: die Uraufführung von Fritz von Unruhs – bereits 1912 entstandenem, von der Zensur aber bis 1919 verbotenen – Stück *Louis Ferdinand, Prinz von Preußen* (22. März 1921), mit Heinrich George in der Titelrolle. Es zeigt einen sensiblen Preußenprinzen, der in seinem Zweifel an sich selbst zerbricht, als er mit dem Kraftgenie Napoleon konfrontiert wird. Die zweite herausragende Arbeit Hartungs war die Uraufführung von Kasimir Edschmids *Kean* (25. Mai 1921), einer expressionistischen Umformung des gleichnamigen Stücks von Alexandre Dumas (père). Diese Aufführung löste in Darmstadt einen beispiellosen Theaterskandal aus. Der Protest richtete sich gegen die »ganze Richtung (Sternheim-Unruh-Edschmid)«, die Hartung favorisierte (H. Kaiser 1955, 72). In der Kritik war bald auch – in Analogie zu Frankfurt – die Rede von einem »Darmstädter Expressionismus« (Bernhard Diebold).

München

In einem ganz anderen künstlerischen, und was das Theaterleben betrifft, auch atmosphärischen Umfeld kam es in München zum Durchbruch des Expressionismus auf der Bühne; einer neu gegründeten: den Münchner Kammerspielen. Diese firmierte zunächst unter dem einer Burleske von Arthur Schnitzler entlehnten Namen »Zum großen Wurstel«, hieß dann ein paar Monate wieder »Lustspielhaus«, wie das Vorgängerunternehmen im gleichen Haus. Am 11. Oktober 1912 aber wurde erstmals unter dem Namen »Kammerspiele« eine Premiere angekündigt und zwar *Das Leben des Menschen* von Leonid Andrejev. Wenn es um 1908/09 in der Presse immer wieder zu Klagen über den Niedergang Münchens als Theaterstadt kam, war stets auch die Ursache dafür ausgemacht. Es war offenbar die künstlerische Stagnation der beiden großen Schauspielbühnen, des Residenztheaters und des Schauspielhauses, des Nationaltheaters. So war der Ruf nach einem neuen Theater nur zu verständlich: »Ein Dritter, ein Konkurrent muß herbei ...«, hieß es in der Presse. (n. W. Petzet 1973, 32) Das 1908 eröffnete Münchner Künstlertheater (vgl. Bd. III, 639 u.652f) hatte zu einer solchen Konkurrenz nicht werden können, da dieses Unternehmen wohl doch zu belastet war durch stilkünstlerische Reformbestrebungen, die in die Jahre um 1900 zurückwiesen. (vgl. Bd. III, 639) Auch die Auftritte des Berliner Ensembles von Max Reinhardt, an den diese Bühne 1909 verpachtet worden war, konnte das Scheitern dieses Reformprojekts nicht verhindern. 1914 wurde das Münchner Künstlertheater, dessen Ausstrahlung auf das osteuropäische Theater nicht unbeträchtlich war, geschlossen.

So schien die Gründung des neuen Theaters im April 1911 im umgebauten Gebäude des soeben zahlungsunfähig gewordenen Münchner Lustspielhauses in Schwabing als ein geradezu zwingender Akt aus der Sicht der Münchner Theaterenthusiasten. Eugen Robert war der Gründungsdirektor (bis 1913), der im Laufe der ersten und zweiten Spielzeit nicht nur den endgültigen Namen des Theaters bestimmte, sondern dieses auch von einer aufs Komödiantische festgelegten Einakterbühne zum engagierten Literaturtheater umformte. Auch gelang es ihm, mit Erwin Kalser (1883–1958) und Ida Roland (1881–1951) herausragende Schauspielerpersönlichkeiten zu verpflichten. Vom Programm her setzte Robert Akzente, die auch das spätere Profil der Kammerspiele noch prägen sollten. Es war dies sein Engagement für die Stücke der beiden »Väter des Expressionismus«, für August Strindberg und Frank Wedekind. Zur Absetzung des an sich erfolgreichen Theaterleiters durch den Aufsichtsrat der Münchner Theatergesellschaft kam es im April 1913, weil die Aufführung einer Komödie von Ludwig Thoma (*Das Säuglingsheim*) einen handfesten Skandal ausgelöst hatte: Das Stück war eine grelle Satire – in Originalmasken von Mitgliedern der bayerischen Regierung – auf das Unwesen des konfessionellen Proporzes bei der staatlichen Ämterbesetzung. Nachfolger von Robert wurde Erich Ziegel (1876–1950), der die Kammerspiele bis Ende 1916 leitete und vor allem die Pflege des Werks von Frank Wedekind mit einer Reihe von Ur- und Erstaufführungen fortsetzte. Zum wichtigsten Mitarbeiter Ziegels neben dessen Frau, der Schauspielerin Mirjam Horwitz (1889–1967), wurde der Dramaturg Hugo Ball (1886–1927), der 1912 noch von Robert an die Kammerspiele engagiert worden war. Ball, der unmittelbar nach seiner Zeit an der Münchner

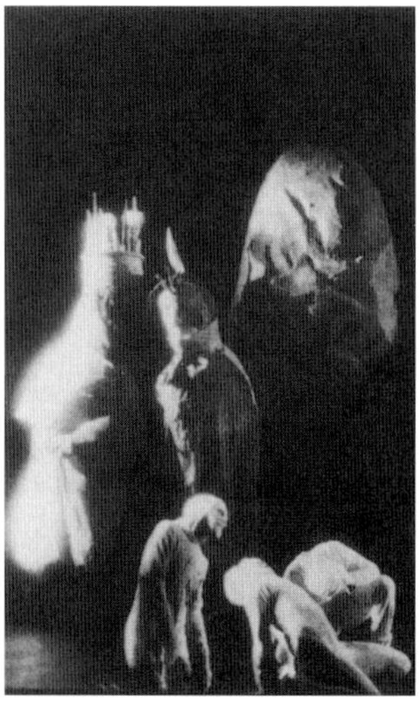

W. Kandinsky:
Der gelbe Klang *(1912).*
Rekonstruktion 1982

W. Shakespeare: Viel Lärm um nichts. *R.: O. Liebscher. B. u. K.: F. Schäffer. Münchner Kammerspiele, 1920*

F. Wedekind: Lulu. *Bearbeitung u. R.: O. Falckenberg. B.: O. Reigbert. Münchner Kammerspiele 1928. Berta Drews als Gräfin Geschwitz, Margarethe Koeppke (oben) als Lulu*

Bühne in Zürich 1916 einer der Gründer der Dadabewegung wurde (vgl. Kap.: Schweiz), war der eigentliche Wegbereiter für den Expressionismus an den Münchner Kammerspielen; zudem hatte er die besten Verbindungen zu den Malern der Gruppe »Blauer Reiter« und der Berliner Avantgarde-Szene um Herwarth Walden und Richard Huelsenbeck. (vgl. P. Jelavich 1985, 294ff) Zusammen mit dem expressionistischen Schriftsteller Kurt Pinthus plante Ball zunächst, ein eigenes Theater zu gründen. 1910 hatte er sich für ein Jahr in Max Reinhardts Schauspielschule in Berlin eingeschrieben und danach an einem Provinztheater als Dramaturg gearbeitet. Das geplante eigene Theater sollte eine Art »Volksbühne« werden, jedoch speziell der jungen zeitgenössischen Dramatik gewidmet. Der Kriegsausbruch verhinderte dieses Projekt, und Ball ging 1915 nach Zürich. In eine andere Richtung als diese »Volksbühne« gingen Balls Pläne, ein Theater des »Blauen Reiters« ins Leben zu rufen. Mit dieser Absicht nahm er Kontakt auf zu den Malern Franz Marc und Wassily Kandinsky. In der Gruppe »Blauer Reiter« hatte sich vor allem Kandinsky mit dem Theater beschäftigt und in einigen theoretischen Essays die Idee eines »synthetischen Theaters« entwickelt; erstmals in dem legendären Almanach *Der Blaue Reiter*, der 1912 erschienen war. Die experimentellen Szenarien, die Kandinsky dazu verfaßt hatte, nannte er »Bühnenkompositionen«; die Titel lauten: *Der gelbe Klang, Grüner Klang, Schwarz-Weiß* (jeweils 1909) und *Violett* (1911). Was Kandinsky vorschwebte, war ein »synthetisches Gesamtkunstwerk«, wie er dies in einer späteren Schrift (*Über die abstrakte Bühnensynthese*, 1923) ausführte, dieses aber von Richard Wagners Vorstellung eines additiv strukturierten Gesamtkunstwerks abgrenzte. (vgl. M. Brauneck 1993, 125 u. 215 ff) Kandinsky ging es nicht um eine Verstärkung der Wirkung durch »Wiederholung ein und derselben äußeren Bewegung in zwei Substanzformen« – wie eben bei Wagner ein bestimmter Stimmungs- oder Symbolwert in Musik, Sprache, Bild und Gestus gleichermaßen und sich dadurch verstärkend zum Ausdruck gebracht werden sollte –, sondern vielmehr um das »synthetische Kunstwerk« als einer autonomen Kunstrealität, ein »Komplex von Vibrationen«, der die Phantasie der Rezipienten in Bewegung bringt. Die Bühneninszenierung müsse dafür »Lükken« lassen, in die die Phantasie des Zuschauers eindringen und »weiter schaffen« kann. Voraussetzung für diese »Synthese« war Kandinskys Überzeugung von der »Übersetzbarkeit« der verschiedenen Sinneseindrücke: daß nämlich Farbempfindungen Klänge auszulösen vermögen und umgekehrt, daß das Hören von Musik sich in malerische Eindrücke transformiert. Kandinsky versuchte in Experimenten für solche synästhetischen Transformationen möglichst exakte Entsprechungen zu entdecken. Er arbeitete dabei mit dem Komponisten Thomas von Hartmann (1885–1956) zusammen, der auch die Musik für Kandinskys wichtigste Bühnenkomposition, *Der gelbe Klang*, komponierte, ebenso mit dem Ausdruckstänzer Alexander Sacharoff (1886–1963).

Wir stehen vor der Notwendigkeit der Bildung des neuen Tanzes, des Tanzes der Zukunft. Dasselbe Gesetz der unbedingten Ausnützung des inneren Sinnes der Bewegung, als des Hauptelementes des Tanzes, wird auch hier wirken und zum Ziele bringen. Auch hier muß und wird die konventionelle ›Schönheit‹ der Bewegung über Bord geworfen und der ›natürliche‹ Vorgang (Erzählung = literarisches Element) als unnötig und schließlich störend erklärt ... Dieser Tanz der Zukunft, welcher also auf die Höhe der heutigen Musik und Malerei gestellt wird, wird in demselben Augenblick die Fähigkeit bekommen, als das dritte Element die Bühnenkomposition zu verwirklichen, welche das erste Werk der monumentalen Kunst sein wird. Die Bühnenkomposition wird zunächst aus diesen drei Elementen bestehen: 1. Musikalische Bewegung, 2. Malerische Bewegung, 3. Tanzkünstlerische Bewegung. Nach dem oben von der rein malerischen Komposition Gesagten wird jeder verstehen, was ich unter der dreifachen Wirkung der inneren Bewegung (= Bühnenkomposition) verstehe.

(*W. Kandinsky:* Über das Geistige in der Kunst. *Bern 1952, 124 f*)

Eine wesentliche Rolle bei der Beschäftigung mit diesem Problem spielte für Kandinsky auch die Freundschaft (seit 1911) mit Arnold Schönberg, der in seinen Kompositionen und den bildnerischen Arbeiten ähnlichen Fragen nachging. Schönbergs *Harmonielehre* (1911) entsprach in ihren wesentlichen Voraussetzungen den theoretischen Ausgangspunkten, die Kandinsky in seinem Hauptwerk *Über das Geistige in der Kunst* (1912) entwickelt. (vgl. Kap.: Neue Musikästhetik) Kandinskys Bühnenkomposition *Der gelbe Klang* ist Schönbergs Drama mit Musik *Die glückliche Hand* (1913) an die Seite zu stellen. Vor allem im Umkreis des Münchner Künstlertheaters fand Kandinsky Gleichgesinnte, die an der Entwicklung eines vom Malerischen, dem Tanz und von der Musik her bestimmten Gesamtkunstwerks arbeiteten. 1908 beschäftigte er sich mit den Rhythmustheorien von Jaques-Dalcroze und der Eurythmie-Bewegung. Kandinsky hatte gehofft, daß seine Bühnenkomposition *Der Gelbe Klang* am Künstlertheater aufgeführt werden könne. (vgl. P. Jelavich 1985, 217 f)

1914 war (von Hugo Ball konzipiert) im Piper Verlag, bei dem schon der *Blaue Reiter* herausgekommen war, ein Buch mit dem Titel *Das neue Theater* in Vorbereitung, das programmatisch diese Münchner Theaterkonzepte zusammenfassen und der Öffentlichkeit präsentieren sollte. Auch dieses Unternehmen wurde durch den Ausbruch des Kriegs verhindert; so auch die Herausgabe eines zweiten Almanachs des *Blauen Reiters*. Ball erläuterte den Hintergrund dieses geplanten Theaterbuches in Einträgen seines Tagebuchs. Dort heißt es: »Das expressionistische Theater, so lautet meine These, ist die Festspielidee und enthält eine neue Auffassung des Gesamtkunstwerks. (...) Kandinsky stellte mir

Wassily Kandinsky: Szenenentwurf für Violett, *Bild II, um 1914*

Thomas von Hartmann vor. Der kam aus Moskau und erzählte so viel Neues von Stanislavskij: wie man dort unter dem Einfluß indischer Studien Andreev und Čechov spielte.« Auch zu Peter Behrens (vgl. M. Brauneck 1993, 46ff u. 70ff) pflegte Kandinsky Kontakte. Hinsichtlich der Theaterästhetik gab es zwischen diesen beiden vornehmlich bei der Einschätzung des Lichts (bei Kandinsky das wesentlichste Bühnenelement) Berührungspunkte.

Für alle diese Projekte, Ideen und Visionen eines neuen Theaters war Hugo Ball, der Dramaturg der Münchner Kammerspiele, eine Integrations- und Vermittlerfigur, und es gingen wesentliche Impulse davon auch in die Arbeit dieser Bühne ein. Erich Ziegel mußte bei seiner Spielplangestaltung jedoch die schwierige Balance finden zwischen literarischem und experimentellem Anspruch und dem Kassenerfolg, was nur selten in Übereinstimmung zu bringen war. So setzte er im Spielplan auf raschen Wechsel und war bestrebt, beinahe laufend Novitäten herauszubringen. »Mindestens alle vierzehn Tage gab es eine Premiere« (W. Petzet 1973, 65), wobei Ziegel vielfach auch Regie führte; selten jedoch besonders erfolgreich. Künstlerische Höhepunkte waren die Aufführungen von John Millington Synges Komödie *Der Held des Westerlandes* (20. September

1913) als deutsche Erstaufführung (unter diesem Titel!); *Die Sippe* von Ludwig Thoma (17. Dezember 1913) und ebenfalls als deutsche Erstaufführung das Revolutionsstück *Die Wölfe* von Romain Rolland. Es war eine Mischung von literarischem Theater und Boulevardstücken, die typisch war für die Jahre der Direktion von Erich Ziegel. Ein im Juli 1914 begonnener Zyklus von Dramen Frank Wedekinds – als Ehrung zum 50. Geburtstag des Autors – mußte wegen der krisenhaften Zuspitzung der politischen Lage abgebrochen werden.

Von geradezu schicksalhafter Bedeutung für die Münchner Kammerspiele sollte Ziegels Engagement des Schriftstellers und Regisseurs Otto Falckenberg (1873–1947) werden, der 1914 sein *Deutsches Weihnachtsspiel* für eine Neuinszenierung bearbeiten und dieses auch als Regisseur herausbringen sollte; ein Erfolgsstück, das in vielen deutschen Städten und im Ausland aufgeführt wurde. Mit dem Eintritt Falckenbergs in den engeren Mitarbeiterkreis von Erich Ziegel erhielt der Spielplan der Kammerspiele sehr bald ein neues Profil, insbesondere durch einen Strindberg-Zyklus, der im April 1915 eröffnet wurde. Bei allen Erst- und Uraufführungen führte Falckenberg Regie und brachte einen gänzlich neuen Inszenierungsstil auf diese Bühne. Im Rückblick (1943) schreibt er selbst über seine Arbeitsweise in diesen Jahren: »Wie wohl die meisten jungen Regisseure führte ich ›intensiv‹, ja eben geradezu ›ekstatisch‹ Regie. Diese ›ekstatische‹ Regie bestand darin, daß ich meine Besessenheit vom Stoff, von der Szene, von der Einzelfigur immer wieder zügellos walten ließ und auf jede Weise versuchte, die Schauspieler mitzureißen, in die gleiche Stimmung hineinzustoßen, hinaufzutreiben.« (n. W. Petzet 1973, 101) Besonders seine Inszenierungen von *Rausch* und *Gespenstersonate* waren von diesem expressionistischen Elan getragen. Das Münchner Publikum reagierte mit großem Zuspruch auf den neuen Stil. Für Falckenberg war es der Durchbruch als Regisseur; auch war es ihm damit schlagartig gelungen, einen Kreis gleichgesinnter Schauspieler um sich zu versammeln.

Ende der Spielzeit 1916 legte Erich Ziegel die Direktion der Kammerspiele nieder, zu deutlich hatte sich Falckenberg als der eigentliche Gestalter dieser

W. Shakespeare: Ein Sommernachtstraum. *R.: O. Falckenberg. B.: O. Reigbert. Münchner Kammerspiele, 1925*

F. Wolf: Cyankali. *Münchner Kammerspiele, 1930*

Bühne positioniert. So übernahm dieser schließlich nach einem kurzen »Interregnum« (W. Petzet) von Hermann Sinsheimer mit Beginn der Spielzeit 1917/18 die Direktion der Münchner Kammerspiele und blieb in diesem Amt bis 1944. Erich Ziegel ging nach Hamburg, zunächst als Oberspielleiter an das Thalia-Theater. 1918 gründete er dann dort ein eigenes Theater, die Hamburger Kammerspiele (vgl. Kap.: Expressiver Realismus), das sich auf zeitgenössische Dramatik spezialisierte und in den zwanziger Jahren zur künstlerisch innovativsten deutschen Bühne außerhalb Berlins wurde.

Als erste Premiere in seiner Direktion an den Münchner Kammerspielen inszenierte Otto Falckenberg Georg Kaisers Stück *Von morgens bis mitternachts* (28. April 1917). Damit begann eine neue Ära für dieses Theater. Programmatisch formulierte er nun auch sein Engagement für die junge Dramatikergeneration. »Deren Bestrebungen zu unterstützen, ihre Fremdheit zur Vertrautheit zu wandeln, ihre Kraft durch Erfolge zu stärken, ihr letztes Ziel zu erklären«, dies sei die neue Aufgabe. (n. W. Petzet 1973, 125) Mit dem »Zyklus moderne Dramatik: Das jüngste Deutschland« setzte er dieses Programm in die Tat um. Zur Aufführung kamen von Georg Kaiser *Die Koralle* als Uraufführung (27. Oktober 1917), von Hermann Essig *Die Glückskuh*, von Otto Zoff *Kerker und Erlösung*, ebenfalls als Uraufführung, von Carl Sternheim *Perleberg* und von Paul Kornfeld *Die Verführung*. Herausragende Darsteller im Ensemble, mit dem Falckenberg arbeitete, waren in diesen Jahren Erwin Kalser (1883–1958), Protagonist vorwiegend in expressionistischen Stücken, Kurt Horwitz (1897–1974), der vielseitigste Charakterdarsteller im Ensemble, und Elisabeth Bergner (1897–1986), die mit großen Shakespeare-Rollen (Titania, Rosalinde) ihre ersten Erfolge in München feiern konnte.

Ein wesentlicher Mitgestalter des neuen Stils der Münchner Kammerspiele war der 1920 als Ausstattungsleiter engagierte Bühnenbildner Otto Reigbert (1890–1957). Dieser wurde in den zwanziger Jahren zum wichtigsten Mitarbeiter Otto Falckenbergs. In Reigberts Bühnenentwürfen war der pathetische Gestus des Expressionismus zurückgenommen zugunsten subtiler Farbigkeit und beinahe skizzenhafter Leichtigkeit. Beispielhaft für diesen Stil war die Bühne, die Reigbert für die Uraufführung von Brechts *Trommeln in der Nacht* (29. September 1922) entworfen hatte: das in fahlen Farbtönen gehaltene Großstadtpanorama mit den schrägen bewegten Straßenlaternen und dem roten Mond, der sich zwischen die Häuserschluchten schiebt. Mitte der zwanziger Jahre experimentierte Reigbert mit der Projektion von Filmen, Fotos oder Zeichnungen. Vor allem bei Stücken mit starkem zeitgeschichtlichen Charakter wie etwa bei *Cyankali* von Friedrich Wolf setzte er diese Technik ein. Reigbert hatte 1919/20 zusammen mit Erwin Piscator in Königsberg viele jener bühnenästhetischen Neuerungen – so etwa auch den Umbau auf offener Szene – entwickelt, die für das Theater der zwanziger Jahre so typisch wurden.

Zu den bemerkenswertesten Ereignissen in den letzten Jahren im alten Theater der Kammerspiele in Schwabing zählte die Durchsetzung des jungen Bertolt Brecht als Autor, Dramaturg und Regisseur. (vgl. Kap.: Bertolt Brecht) Die Uraufführung von dessen *Trommeln in der Nacht* war ein Signal, das unüberhörbar war, weit über München hinaus. Brechts erste (abgeschlossene)

Bühnenbildentwurf von Otto Reigbert für die Uraufführung von B. Brechts Trommeln in der Nacht. *R.: O. Falckenberg. Münchner Kammerspiele, 1922*

B. Brecht: Trommeln in der Nacht. *Münchner Kammerspiele, 1922 (Uraufführung)*

Regiearbeit, zusammen mit dem Dramaturgen Lion Feuchtwanger (1884–1958) und dem Bühnenbildner Caspar Neher (1897–1962), war die Uraufführung seines Stücks *Leben Eduards II.* (19. März 1924). Es war eine erste Demonstration »epischen Theaters.«

1926 bezog Falckenberg mit seinen Münchner Kammerspielen das neue Schauspielhaus am heutigen Standort in der Maximilianstraße. Ihren Stil hatte diese Bühne längst gefunden. Auch war das Repertoire erweitert worden durch große Klassiker-Inszenierungen. Im Ensemble waren Heinz Rühmann (1902–1994), Therese Giehse (1898–1975), Berta Drews (1905–1987) prägende Neuzugänge. Zur ständigen Einrichtung wurde es, daß bekannte Darsteller und Regisseure an den Kammerspielen als Gäste arbeiteten, so etwa die Regisseure Erich Engel, Erwin Piscator, Jürgen Fehling und Max Reinhardt; auch die Schauspielerprominenz jener Jahre war beinahe vollzählig vertreten, von Werner Krauß, Alexander Moissi und Albert Steinrück bis Ernst Deutsch und Fritz Kortner, von Lucie Höflich, Blandine Ebinger, Elisabeth Bergner (die 1922 nach Berlin gegangen war) bis Valeska Gert, Karl Valentin und Liesl Karlstadt. (vgl. W. Petzet 1973, 158 f) So hielten Otto Falckenbergs Münchner Kammerspiele auch in den zwanziger Jahren ihr hohes künstlerisches Niveau. Die Vorreiterrolle jedoch, die diese Bühne in den zehner Jahren für die Durchsetzung der zeitgenössischen Dramatik ausgeübt hatte, übernahmen nun Erich Ziegels Hamburger Kammerspiele.

Experimentelles Theater: vom Expressionismus zum Bauhaus

»Wörter sind Klanggebärden.«

(Herwarth Walden, 1916)

»Baut die Weltarchitektur!«

(Bruno Taut, 1919)

Der radikale Bruch mit den überlieferten Formen der Dramaturgie und der Bühnenästhetik war das vorwärtstreibende Moment bereits der Reformprojekte um 1900, für die die beiden großen Experimentatoren dieser Jahre, Adolphe Appia und Edward Gordon Craig, die Richtung vorgegeben hatten. Es ging um die Erweiterung der theatralen Gestaltungsmittel und um die Erprobung neuer Sehweisen. Nach 1910 forcierten die Avantgardebewegungen diese Entwicklung vor allem durch die Integration neuer technischer Medien wie Lichtprojektionen, Film und anderer technisch-apparativer Anlagen zur Schaffung theatraler Räume; vor allem ging es nun auch darum, in einer totalen Erweiterung des Theaterverständnisses die Grenze, das Gegenüber von Kunst und Leben tendenziell aufzuheben. Aufgegeben war auch jener auf die Adaption naturwissenschaftlicher Verfahren ausgerichtete Aspekt des Experimentellen,

Figurinen-Plan von Oskar Schlemmer für Das Triadische Ballett, *1926*

der um 1880 zentraler Programmpunkt des Naturalismus gewesen war und die »lebensnahe« Rekonstruktion der Wirklichkeit auf der Bühne zum Ziel hatte.

Die Grundrichtung dieses neuen experimentellen Forschens, die von der antinaturalistischen Stilbühne ausging, nahm auch der deutsche Expressionismus auf. Dabei stellten die um 1910/12 in München von Wassily Kandinsky entwickelten »Bühnensynthesen« eine Art Zwischenglied dar. (vgl. Kap.: Neue Tendenzen/München) Die wichtigsten im Umfeld des Expressionismus entstandenen Projekte des Experimentaltheaters waren Herwarth Waldens Berliner »Sturm«-Bühne, die »Kampfbühne« von Lothar Schreyer in Hamburg, aber auch die Theaterutopien der Architektengruppe »Gläserne Kette« – als eine Art theatraler Konzeptkunst. Vornehmlich waren dies Arbeiten von Bruno Taut. Manifestierten sich diese Ideen und Raumvisionen zwar nicht in spektakulären Bühneninszenierungen, wie etwa manche Projekte der italienischen Futuristen, so trug das darin wirksame Phantasiepotential doch zur Erweiterung des Darstellungs- und Erfahrungsraums Theater wesentlich bei. Auch ergab sich von diesen Positionen aus eine unmittelbare Verbindung zur Theaterarbeit am Bauhaus, deren pädagogisch-didaktische Konzepte am nachhaltigsten über die Zeit ihrer Entstehung weitergewirkt haben.

Drei gegen Eine. *Sketsch der Jungen Gruppe der Bauhausbühne, Dessau 1929*

Eine experimentelle Theatersphäre gänzlich anderer Art war das politische Theater von Erwin Piscator und Bertolt Brecht. Beide gingen von der Vorstellung eines »soziologischen Experiments« aus.

Gründer der »Sturm«-Bühne war der Publizist und Verleger Herwarth Walden (1878–1941), in den Jahren 1910 bis 1920 einer der wichtigsten Vermittler der Entwicklungen der französischen und italienischen Avantgarderichtungen, von Kubismus und Futurismus, in die Kreise der deutschen Expressionisten. Im März 1910 gründete Walden die Zeitschrift *Der Sturm*, die zum »Zentralorgan« der programmatischen Diskurse der Avantgarde und deren Redaktion zum Treffpunkt gleichgesinnter Künstler und Intellektueller wurde. *Der Sturm* erschien bis 1932. Im Umfeld dieser Zeitschrift entstanden weitere Foren, von denen aus Walden seinen Propagandafeldzug für die internationale Avantgarde organisierte: der »Sturm«-Verlag, die »Sturm«-Abende, die Kunstschule »Der Sturm« (1916), die »Sturm-Galerie« (1917) und schließlich die »Sturm-Bühne«. Diese gründete Walden zusammen mit Lothar Schreyer (1886–1966) im September 1917 in Berlin, dem hauptsächlichen Wirkungsort Waldens.

An der »Sturm«-Bühne kam lediglich eine Aufführung zustande: August Stramms sprachexperimentelles Stück *Sancta Susanna* (1918). Wirkungsgeschichtlich weitaus bedeutender als dieses Ereignis war Waldens »Wortkunsttheorie«, die auch der Arbeit an der »Sturm«-Bühne zugrunde lag und die im Kontext des deutschen Expressionismus den komplexesten Theorieansatz darstellte für eine auch für das Theater richtungweisende Sprachgestaltung. Propagiert wird darin die vollständige Lösung der Sprache vom Logisch-Begrifflichen und die Einsetzung der klanglichen und gestisch-rhythmischen Elemente der Sprache ins Zentrum der Sprachgestaltung. Innerhalb des »Sturm«-Kreises war es vor allem Lothar Schreyer, der die Theateraktivitäten betreute. Schreyer hatte von 1912 bis 1916 am Deutschen Schauspielhaus in Hamburg als Dramaturg gearbeitet. 1918 verließ er Berlin und gründete 1919 in Hamburg die »Kampfbühne«. In seinen Theaterexperimenten ging er zwar von Waldens »Wortkunsttheorie« aus, setzte aber eigene Akzente. Die Bühnenkunst war für Schreyer in

Die zweite Möglichkeit, von der Materie unabhängig zu werden, ist für Schlemmer die Kunstfigur. Dazu heißt es in dem Aufsatz Mensch und Kunstfigur: *»Das Bestreben, den Menschen aus seiner Gebundenheit zu lösen und seine Bewegungsfreiheit über das natürliche Maß zu steigern, setzte an Stelle des Organismus die mechanische Kunstfigur: Automat und Marionette.«*

(D. Scheper 1988, 270)

O. Schlemmer: Das Triadische Ballett, *1922. Figurine: Taucher*

erster Linie ein meditatives, kultisches Ereignis: Gemeinschaftserlebnis. Geistiges Zentrum des »neuen Bühnenkunstwerks« war für ihn das Wort als Klanggestalt. In diesem Sinne schrieb er – in der Nachfolge des früh verstorbenen expressionistischen Dichters August Stramm (1874–1915) – auch eigene Stücke in einer äußerst verknappten Sprache. Sie wurden von Schauspielern in Ganzmasken im Stil eines musikalischen Rezitativs – er nannte es »Klangsprechen« – aufgeführt. Tonhöhe, Tonstärke, Rhythmus und der Bewegungsgestus der Darsteller waren in Form einer Notation festgelegt. Beispielhaft für diese Arbeitsweise war sein »Spielgang« *Kreuzigung*, der 1920 entstand. Andere Stücke, die an der »Kampfbühne« zur Aufführung kamen, waren *Der Tod des Empedokles* von Friedrich Hölderlin und experimentelle Dramen von August Stramm und Herwarth Walden. Neben Schreyer arbeiteten in dieser

Richtung auch der Vortragsvirtuose Rudolf Blümner (1873–1945) und der Maler und Regisseur William Wauer (1866–1962). Die Bühne zum visionär-ekstatischen Erfahrungsraum werden zu lassen, war der Grundtenor aller Bühnenexperimente von Lothar Schreyer und dessen Gesinnungsgenossen. 1921 erhielt Schreyer einen Ruf an das Bauhaus in Weimar, wo er die Bühnenklasse leiten sollte. Dort war er bis 1923 tätig.

Dem Berliner »Sturm«-Kreis um Herwarth Walden gehörte auch der in Königsberg geborene Architekt Bruno Taut (1880–1938) an. Zu Émile Jaques-Dalcroze und Adolphe Appia, die in Hellerau bei Dresden ihre europaweit berühmte experimentelle Tanzwerkstatt betrieben (vgl. Bd. III, 641), hatte Taut Kontakt. 1918 gründete er zusammen mit Walter Gropius den »Arbeitsrat für Kunst« und wurde Mitglied der »Novembergruppe« (vgl. Kap.: Theater und Zeitgeschichte). In die zeitgenössische Diskussion um eine »neue Architektur« als umfassende lebensgestaltende Kraft in einer sozialen und friedfertigen Welt griff Taut ein, indem er einen Briefwechsel zwischen gleichgesinnten Architekten (darunter Gropius und Hans Scharoun) initiierte. Die Gruppe nannte sich »Die gläserne Kette« und übernahm die Vordenkerschaft für eine visionäre Architekturprogrammatik. Der Architekt verstand sich darin als »Gesamtkünstler der Zukunft«, als Baumeister einer neuen Gesellschaft, die mit allen Zügen einer Utopie ausgestattet war und deren zentrales Ziel sein sollte, Kriege ein für alle Mal zu verhindern. Die von der »Gläsernen Kette« dazu entworfenen Projekte lassen an gedanklicher Waghalsigkeit nichts zu wünschen übrig, waren aber äußerst typisch für den Geist dieser Zeit, in der nach den Erfahrungen von 1918/19 nach einem radikalen Neuanfang gesucht wurde. Daß in diesem Zusammenhang dem Theater eine zentrale Rolle zukommen sollte, darüber bestand Übereinkunft bei nahezu allen Gruppierungen, die sich mit dieser

A. Weininger: Kostümentwurf, *Weimar/Dessau 1923*

G. Bohner: Das Triadische Ballett, *nach O. Schlemmer, mit C. Scott u. I. Liška. Akademie der Künste, Berlin 1977*

Programmzettel der Bauhausbühne zur Eröffnung des Bauhausgebäudes in Dessau am 4. April 1926

Problematik auseinandersetzten. Das Theater der jungen Sowjetunion (vgl. Kap.: Mejercho'ld) erschien vielen als eine Möglichkeit, diesen Weg zu gehen. Solche Vorstellungen leiteten auch Bruno Taut bei seinen Auseinandersetzungen mit dem Theater als dem energetischen Zentrum einer ästhetisch-festlichen Lebensgestaltung. In diesem Sinne entwarf Taut Architekturprojekte von höchst theatralem Charakter: Rauminstallationen, vergleichbar den Raum- und Lichttheaterprojekten der italienischen Futuristen. 1919 entstand seine interessanteste Theatervision: *Der Weltbaumeister*, ein »Architekturschauspiel für symphonische Musik«. Das Stück war Tauts Freund Paul Scheerbart (1863–1915) – einer Kultfigur der expressionistischen Berliner Bohème – gewidmet, der 1904 ebenfalls Theaterprojekte (»Kosmisches Theater«) entworfen hatte, die alle Dimensionen sprengten. »Riesenpantomime mit Fesselballons«, »Kometentanz«, »Automobiltheater«, dies waren Genrebezeichnungen von Scheerbarts Theaterphantasien, für die er gar den Weltraum als Bühne nutzte; radikal-pazifistische Szenarien und Spielanleitungen. Tauts *Weltbaumeister* liegt vor in einer Folge von 28 Schwarzweiß-Zeichnungen mit kurzen Untertexten. In der zweiteilig gegliederten Komposition steigt im ersten Teil ein riesiger Kathedralbau auf. Das Wachsen des Baus in der Vertikalen und das gleichzeitige Heranziehen seiner kristallinen Struktur, der Pfeiler und Streben, auf den Betrachter zu, setzen eine Raumwahrnehmung voraus, wie sie für filmische Bildsequenzen typisch ist. Taut verfaßte auch das Drehbuch für einen phantastischen Film, für dessen Ästhetik Sergej Ejzenštejn Vorbild war. Aufbau und Zerbersten des Kathedralbaus bestimmen den ersten Teil des *Weltbaumeisters*: symbolhafte Lebensbewegung, Werden und Verfall, die von einer Farbbewegung, einem strahlenden Gelb des Beginns zu einem »Tiefblaugrün« am Ende, begleitet wird. Die gleiche Bewegung wird musikalisch vollzogen: »Weltbau-Bewegung« als Metaphysik der Geschichte. Im zweiten Teil verläuft die Bewegung aus der Tiefe des Raums heraus auf den Betrachter zu. Die Splitter des Kathedralbaus tauchen wieder auf und lassen die Erde neu entstehen: menschliche Siedlung. Synästhesie ist das

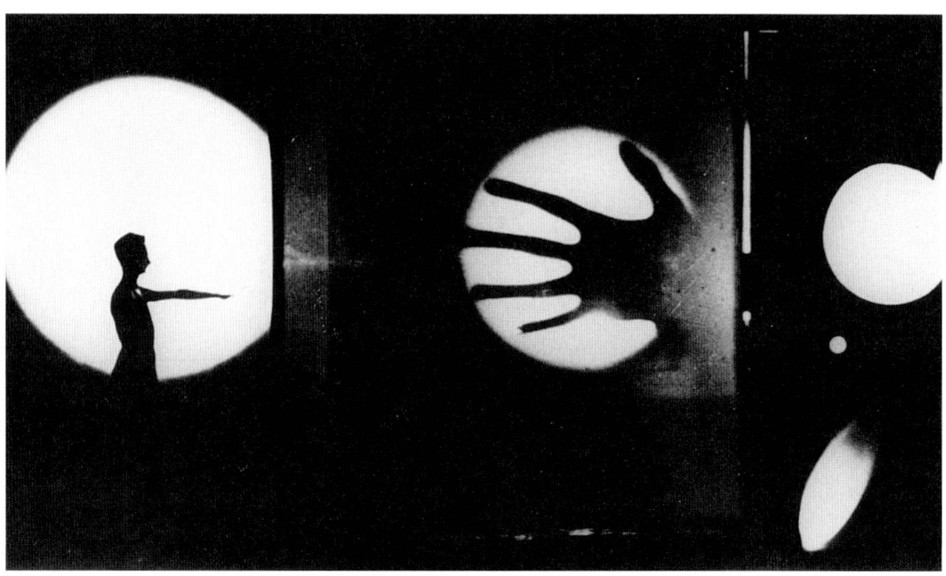

O. *Schlemmer:* Lichtspiel mit Projektion und Transparenz. *Bauhausbühne, Dessau 1926. Photographie von Lux Feininger*

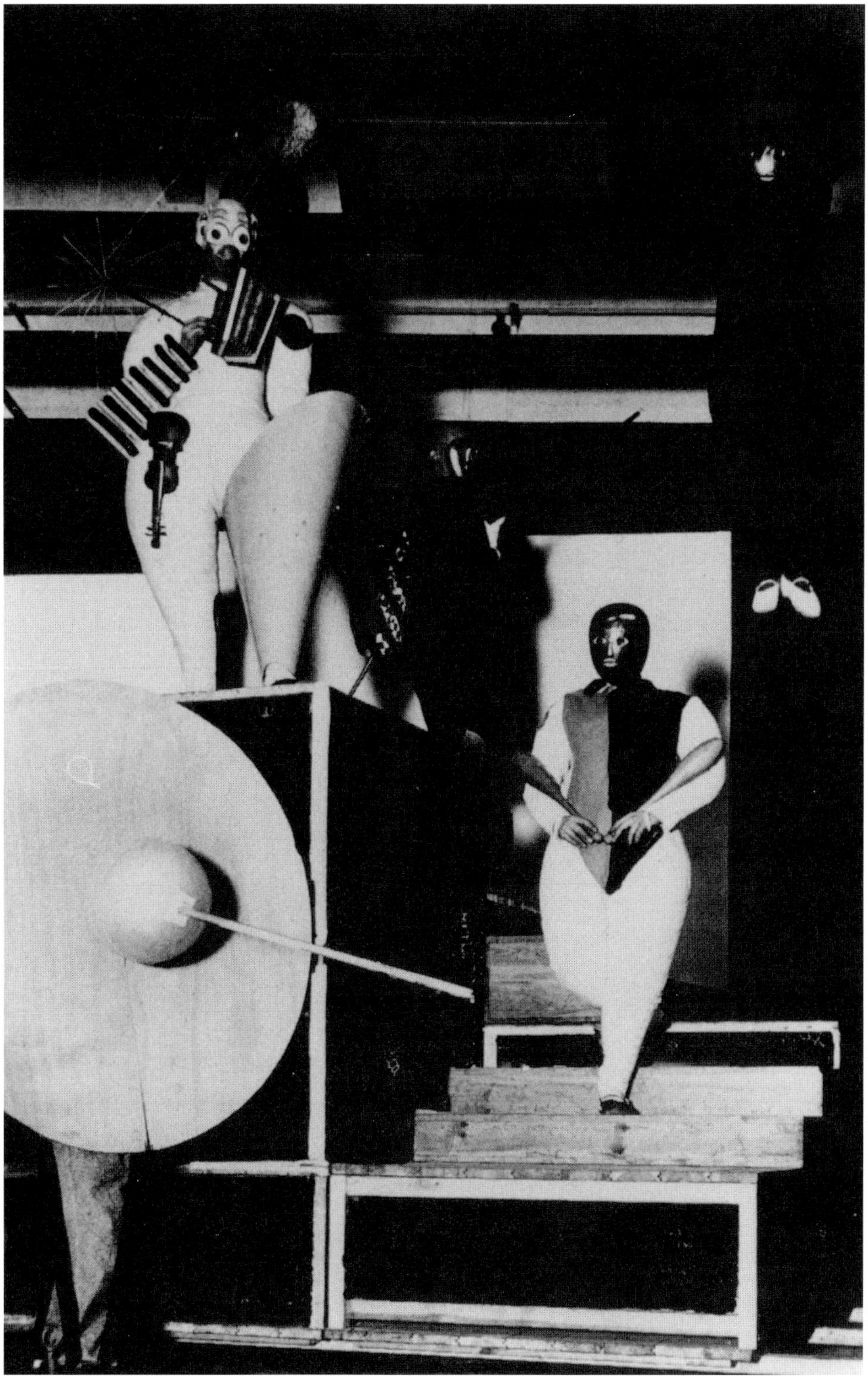

O. Schlemmer: Treppenwitz. *Bauhausbühne, Dessau 1927. Links: Andreas Weininger als Musikalischer Clown*

O. *Schlemmer:* Stäbetanz. *Bauhausbühne, Dessau 1928*

leitende Kompositionsprinzip dieses Architekturschauspiels; »synthetisches Theater«, in eine kosmische Dimension versetzt.

Bruno Taut beschäftigte sich auch mit konkreten Bühneninszenierungen. Dabei war seine wichtigste Arbeit die Ausstattung einer Inszenierung von Friedrich Schillers Schauspiel *Die Jungfrau von Orleans* in der Regie von Karl Heinz Martin am Deutschen Theater Berlin (19. Februar 1921). Taut baute dafür eine riesige Rahmenkonstruktion aus Eisen im Stil einer gotischen Kathedrale, mit farbigem Glas – Tauts wichtigstem Material-Symbol –, eine Glasarchitektur, die weit in den Zuschauerraum hineinragte. Dazu entwarf er eine Lichtanlage, die synchron zu dem dramaturgischen Spannungsbogen die Regie mit rhythmisch flutenden Lichtwellen verstärkte. Der Kritiker Herbert Ihering nannte Tauts Rauminstallation das »interessanteste Bühnenereignis dieser Saison«.

Drahtkostüm für Das Triadische Ballett *von O. Schlemmer, 1922*

Ein weiteres Arbeitsfeld von Bruno Taut und seinen Kollegen der »Gläsernen Kette« war der Theaterbau. Dieser erhielt in den Städtebauprojekten dieser Architekten stets eine zentrale Funktion, als Festspiel- und Gemeinschaftshaus. Dahinter stand ein geradezu grenzenloser Glaube an die Kraft des Theaters, Leben – und dies hieß »Gemeinschaft« – zu gestalten. In diesem Sinne wurde die Architektur dem Theater gleichgesetzt. Diese Vorstellung stand auch hinter jenen Architekturkonzepten (Tauts *Alpine Architektur*), die den Bau total theatralisierten, ihn als kinetisches Theater auffaßten, als monumentale mechanische Pantomime. Die Baukörper, die Flächen, Kuben, die Kreise und Zylinder wurden in Bewegung gesetzt, übernahmen die Rolle von Protagonisten und manifestierten in ihrem Zusammenspiel eine Harmonie des Mechanischen.

In eine durchaus vergleichbare Richtung gingen die Theaterexperimente am Bauhaus. (vgl. D. Scheper 1988) Dieses wurde im März 1919 in Weimar gegründet. Es war ein staatliches Lehrinstitut für alle Zweige des bildnerischen Gestaltens. Die programmatische Ausrichtung des Bauhauses wurde in seiner Gründungsphase durch dessen ersten Direktor, den Architekten Walter Gropius (1883–1969), geprägt und trug alle Züge einer »sozialen Utopie«. Im Rückgriff auf vorkapitalistische Produktionsideale und eine Gemeinschaftsidee, die im mittelalterlichen Kathedralbau ihr Vorbild sah, sollte am Bauhaus ein Arbeitsethos verwirklicht werden, dessen Ausstrahlung weit in die Gesellschaft hineinreichen sollte. Beizutragen, »den neuen Menschen in neuer Umgebung« zu schaffen, so formulierte Gropius dieses Ziel. Solche Vorstellungen aber waren es, die das Bauhaus von Beginn an in die Kritik der deutsch-nationalen Partei brachte. Dieser erschien es als »eindeutig kommunistisch-expressionistisch ausgestattet«. So eskalierten 1924 schließlich die politischen Kampagnen gegen das Bauhaus und führten zu dessen Auflösung in Weimar. Im März des folgenden

Für den kurzen, nur etwa anderthalb Minuten dauernden Metalltanz ist in der Tiefe der Bühne eine nicht mehr als türgroße Höhle aufgebaut, die aus vier dicht nebeneinanderstehenden metallischen Säulen als Hintergrund sowie aus einer gewellten und einer winkelig gebogenen Metallfläche als seitlicher Begrenzung gebildet ist. Dazwischen liegt auf dem Boden eine etwa 1 qm große Metallplatte. Sobald vom Bühnenhintergrund aus ein Scheinwerfer dieses abstrakte Raumgebilde beleuchtet – der Rest der Bühne bleibt abgedunkelt –, betritt eine Tänzerin im weißen Tanztrikot mit metallisch glänzender Kopfkappe und Metallkugeln um beide Hände das Bodenblech und vollzieht sparsame, kantige und schwingende Bewegungen, die mehr turnerisch als tänzerisch zu nennen sind.

(D. Scheper 1988, 193)

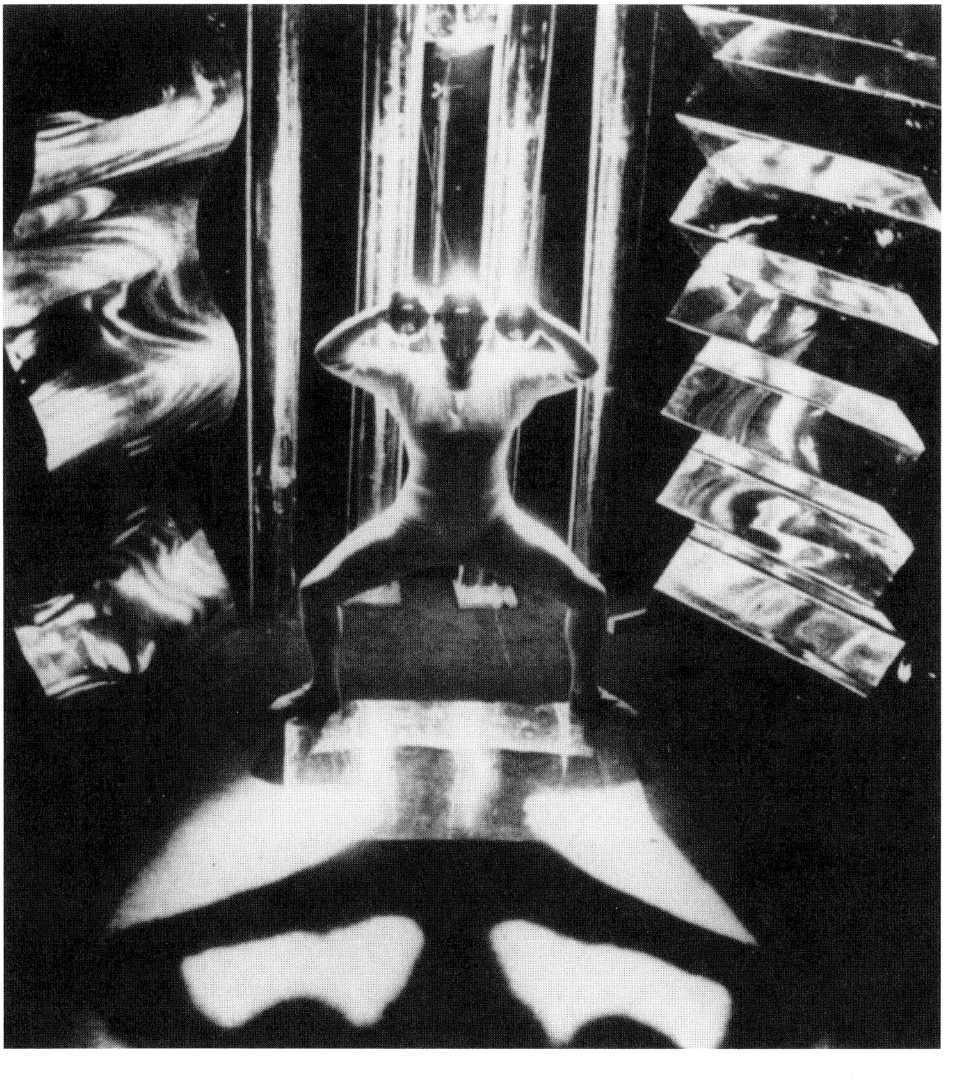

O. Schlemmer: Metalltanz. *Bauhausbühne, Dessau 1929*

Jahres übersiedelte das Institut nach Dessau, wo sich aber bereits bei dessen Ankunft eine politische Gegnerschaft von Rechts formiert hatte. Letztlich aber konnte sich das Bauhaus an seinem neuen Standort etablieren und wurde zu einem Kreativzentrum für alle Bereiche des bildnerischen Gestaltens, dessen Impulse europaweit aufgenommen wurden. Aufgrund politischer Repressionen kam es 1932 jedoch auch in Dessau zur Schließung. Ein Versuch des Architekten Ludwig Mies van der Rohe (1886–1969), das Bauhaus in Berlin als private Einrichtung weiterzuführen, scheiterte. Die Nationalsozialisten verfolgten das Institut als »Brutstätte des Kulturbolschewismus« und erzwangen im Juli 1933 dessen Selbstauflösung. In den USA, in Chicago, gründeten einige dorthin emigrierte Bauhauslehrer 1937 »The New Bauhaus«. Dessen Direktor wurde László Moholy-Nagy, der schon in Dessau als Lehrer am Bauhaus gearbeitet hatte. 1938 wurde »The New Bauhaus« geschlossen und am Illinois Institute of Technology, ebenfalls in Chicago, als School of Design weitergeführt.

Die Bühnenarbeit war Teil des Lehr- und Forschungsprogramms am Bauhaus von 1920 an, als Lothar Schreyer die Bauhausbühne, die in Weimar noch recht provisorisch ausgestattet war, übernahm. Schreyers Absicht, die Richtung der Theaterexperimente des Berliner »Sturm«-Kreises und seiner Hamburger Experimentierbühne weiterzuführen, kollidierte jedoch mit den Zielen des Bauhauses, die viel mehr auf Grundlagenforschung theatraler Gestaltung angelegt waren. Schreyer wurde deswegen 1923 abgelöst. Sein Nachfolger wurde Oskar Schlemmer (1888–1943), der zuvor bereits in Stuttgart Theaterexperimente betrieben und dort auch sein berühmt gewordenes *Triadisches Ballett,* ein »handlungsloses Kostümballett« (D. Scheper 1988, 8), entwickelt hatte. Schlemmer war es, der die Bauhausbühne zu einem Theaterlaboratorium ausbaute, das nach dem Umzug nach Dessau auch eine bühnentechnisch perfekte Ausstattung erhielt. Ein nicht unwesentlicher Bestandteil dieser Theaterarbeit war auch die Gestaltung der vielen Bauhausfeste.

Für Oskar Schlemmer war das Verhältnis von Mensch und Raum das zentrale Thema seiner künstlerischen Experimente, eine Auseinandersetzung, bei der es – ähnlich der Arbeit anderer Bühnenkünstler (Appia, Craig, Copeau, Bragaglia) – um die Erforschung der elementaren Ausdrucksmittel dieser Kunstform ging. Konsequenterweise war deswegen der Tanz das eigentliche Terrain von Schlemmers praktischer Arbeit. Bereits 1912, noch in seiner Zeit in Stuttgart, bewegte Schlemmer die Idee eines »synästhetischen Totaltheaters«, das er in Zusammenarbeit mit Tänzern und Musikern (er versuchte, Arnold Schönberg als Komponisten zu gewinnen) verwirklichen wollte. In Arbeiten des russischen Komponisten Skrjabin (*Prometheus,* 1911) und in Kandinskys »Bühnensynthesen« sah er zu dieser Zeit seine Vorbilder. So entstanden 1916 drei Tänze, die als Vorstufen zu dem *Triadischen Ballett* angesehen werden können. Ende 1919 nahm Schlemmer die Arbeit an diesem Projekt wieder auf. Am 30. September 1922 kam es zur Uraufführung des *Triadischen Balletts* im Kleinen Haus des Württembergischen Landestheaters in Stuttgart. Die Figurinen hatte er zusammen mit seinem Bruder Carl und dem Tänzerpaar Burger/Hötzel entwickelt. Albert Burger (1884–1970) und Elsa Hötzel (1886–1966) waren in ihrer Tanzauffassung stark beeinflußt von Erfahrungen, die sie in der »Bildungsanstalt Jaques-Dalcroze« in Hellerau gemacht hatten. (vgl. Bd. III, 641 f) Was Schlemmer mit diesem Projekt vorschwebte, war ein tänzerischer Konstruk-

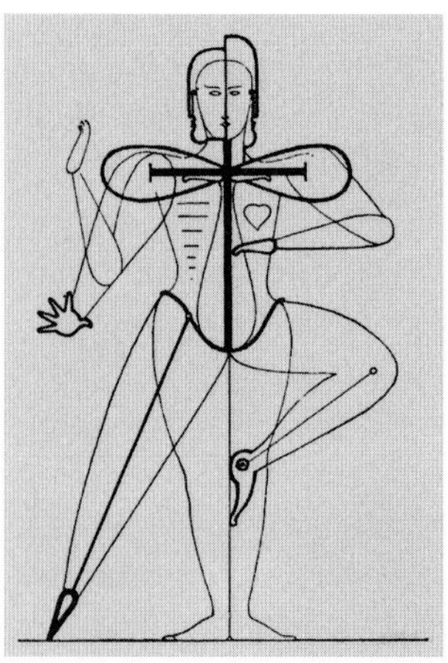

O. *Schlemmer:* Entmaterialisierung, *Bühnenkostümtyp, 1924*

J. Offenbach: Hoffmanns Erzählungen.
Dir.: A. Zemlinsky.
R.: E. Legal.
B.: L. Moholy-Nagy.
Kroll-Oper, Berlin 1929

tivismus, bei dem sich die Choreographie aus den mechanischen Bewegungsgesetzen der Figurinen ableitete, denen auch der Körper der Tänzer restlos unterworfen wurde. Diese Figurinen waren raumplastische Kostüme, Ganzmasken, die durch ihre Struktur die natürlichen Bewegungsmöglichkeiten der Tänzer wesentlich veränderten, aber auch durch ihre Mechanik und die Materialien (Gummi, Aluminium, Draht, Zelluloid, Glas und Leder) in besonderer Weise leiteten. Der Körper des Tänzers wurde zur scheinbar mechanisch funktionierenden »Kunstfigur«. Noch bevor Schlemmer seine Arbeit 1921 am Bauhaus in Weimar aufnahm (zunächst nicht als Leiter der Bühnenwerkstatt), erhielt er den Auftrag, anläßlich der Tagung des »Deutschen Werkbundes« in Stuttgart an den Uraufführungen zweier Kurzopern von Paul Hindemith, *Mörder, Hoffnung der Frauen* (nach dem gleichnamigen Einakter von Oskar Kokoschka) und *Nusch-Nuschi* (nach Texten von Franz Blei) mitzuarbeiten. Am 4. Juni 1921 fanden diese Aufführungen statt. »Zu Kokoschkas expressionistisch-ekstatischer Dichtung aus dem Jahre 1907 hatte Schlemmer aus großen abstrakten Formen eine utopische Architektur aus wandelbaren Teilstücken aufgebaut, deren Rhythmus in der monumentalen Gesamtform wie in den teils kubischen, teils kurvigen Einzelformen sinnbildhaft das Thema des Kampfes zwischen Mann und Weib, Vereinigung und Trennung, Leben und Tod andeutete« (K. v. Maur 1982, 115).

Am Bauhaus nahm Schlemmer erstmals 1922 seine Bühnenarbeiten wieder auf und brachte ein *Figurales Kabinett* (»Halb Schießbude – halb Metaphysikum abstraktum«) zur Aufführung. Bei ihrem ersten öffentlichen Auftritt zeigte die Bauhausbühne eine Folge von sechs kleinen Stücken unter dem Sammeltitel *Das Mechanische Kabarett*, die bereits die ganze Breite der Theaterexperimente am Bauhaus andeuteten. Schlemmers *Mechanisches Ballett* war dabei der weitaus erfolgreichste Beitrag. (vgl. D. Scheper 1988, 78ff) Am 16. August 1923

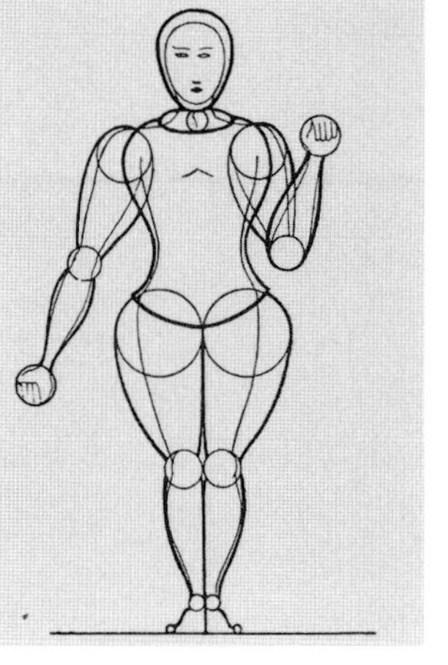

O. Schlemmer: Die Gliederpuppe. *Bühnenkostümtyp, 1924*

Wassily Kandinsky: Figurinen u. Szenenentwurf zu Bilder einer Ausstellung *von M. Musorgskij. Friedrich-Theater, Dessau 1928*

wurde sein *Triadisches Ballett* am Nationaltheater in Weimar aufgeführt. Neben dem Tänzerpaar Burger/Hötzel übernahm auch Schlemmer selbst einen Tanzpart. Die Aufführung war ein sensationeller Erfolg; man identifizierte sie weitgehend mit der ästhetischen Konzeption des Bauhauses, obwohl das Stück bereits vor Schlemmers Bauhauszeit entstanden war.

Auch von anderen Bühnen übernahm Oskar Schlemmer nun Ausstattungsaufträge: 1923/24 von der Berliner Volksbühne für die Stücke *Der abtrünnige Zar* von Carl Hauptmann, *König Hunger* von Leonid N. Andreev und *Der arme Konrad* von Friedrich Wolf (jeweils unter der Regie von Fritz Holl). Am Weimarer Nationaltheater (März 1925) entwarf er Bühne und Kostüme für Grabbes *Don Juan und Faust,* anschließend übernahm er die Ausstattung für eine *Hamlet*-Inszenierung wieder an der Berliner Volksbühne. 1925 schrieb Schlemmer den programmatischen Essay *Mensch und Kunstfigur*, den zentralen Beitrag in dem Bauhausbuch *Die Bühne im Bauhaus.* Er skizziert darin eine Theorie des Tänzermenschen als »mobile Raumplastik« in einem weit ausgreifenden Sinngefüge der Umwandlungen des menschlichen Körpers: »als wandelnde Architektur«, »Gliederpuppe«, »technischer Organismus«, schließlich »entmaterialisiert«. Nach der Übersiedlung des Bauhauses nach Dessau konnte Schlemmer im Herbst 1925 mit dem eigentlichen Aufbau der Bauhausbühne beginnen. Das Ziel der Experimente, die dort stattfinden sollten, beschrieb er folgendermaßen: »Die Gesetze der Architektur und des Raums, der Form und der Formen, der Farbe und des Lichts, der Bewegungen und des Tons (seien) zu erforschen und anzuwenden. Der ungeheuren Stilverwirrung heutigen Theaters, dem durch Augenblicksmode und Sensation bestimmten Betrieb der Geschäftstheater gegenüber sucht die Versuchsbühne eine Grammatik der Bühnenelemente aufzu-

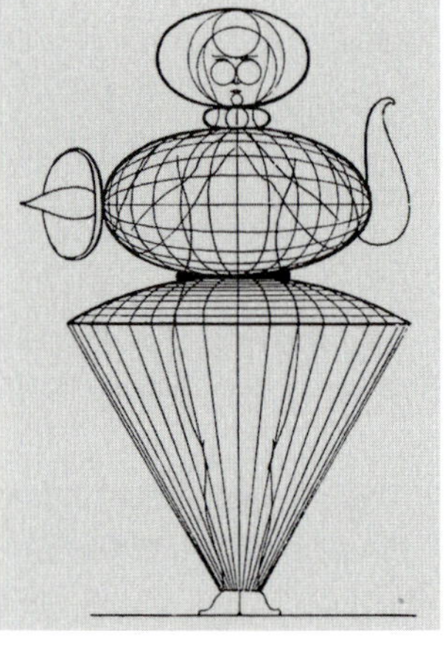

O. Schlemmer: Ein technischer Organismus. *Bühnenkostümtyp, 1924*

stellen und, sozusagen vom ABC aller dazugehörigen Gebiete ausgehend, zu sowohl Ordnung als auch Erneuerung zu gelangen.« Das Ergebnis dieser Arbeiten waren die Bauhaustänze: *Raumtanz, Formentanz, Gestentanz, Stäbetanz, Kulissentanz, Metalltanz, Baukastenspiel* und *Maskengesellschaft*. Es handelte sich dabei um Choreographien, die aus den elementaren Körperbewegungen (Gehen, Schreiben, Drehen etc.) im Wechselspiel mit einfachen Spielelementen (Würfel, Stäbe, Reifen, metallene Formelemente etc.) entwickelt wurden: ein Zusammenspiel des Tänzers mit den mechanischen Eigenbewegungen seiner Spielrequisiten. Schlemmer zeigte diese Tänze auf einer Tournee, die durch zahlreiche Städte führte. 1926 stellte er den deutschen Beitrag für die Internationale Theaterausstellung im Steinway Building in New York zusammen. Die Ausstellung hatte Friedrich Kiesler (vgl. Kap.: Österreich) eingerichtet. 1927 gastierte die Bauhausbühne bei dem Internationalen Tänzerkongreß in Magdeburg, wo Schlemmer auch als Bühnen- und Kostümbildner am Stadttheater Ausstattungsaufträge übernahm. Im gleichen Jahr widmete sich die Nr. 3 der Zeitschrift *bauhaus* ausschließlich der Bühnenarbeit. 1926 wurde Schlemmer eingeladen, das *Triadische Ballett* (in einer Neufassung) bei den Donaueschinger Musiktagen aufzuführen, diesmal mit einer von Paul Hindemith für mechanische Orgel komponierten Musik. (vgl. D. Scheper 1988, 127 ff) Schlemmer kommentierte diese Aufführung in der Zeitschrift *Vivos voco:* in dem Beitrag *Tänzerische Mathematik* »Nicht Jammer über Mechanisierung, sondern Freude über Mathematik! ... Ich für mein Teil propagiere den körpermechanischen, den mathematischen Tanz ... Der Körper selbst kann seine Mathematik demonstrieren durch Entfesselung seiner körperlichen Mechanik, die dann in die Bezirke der Gymnastik und Akrobatik weist. Hilfsmittel wie Stangen (die

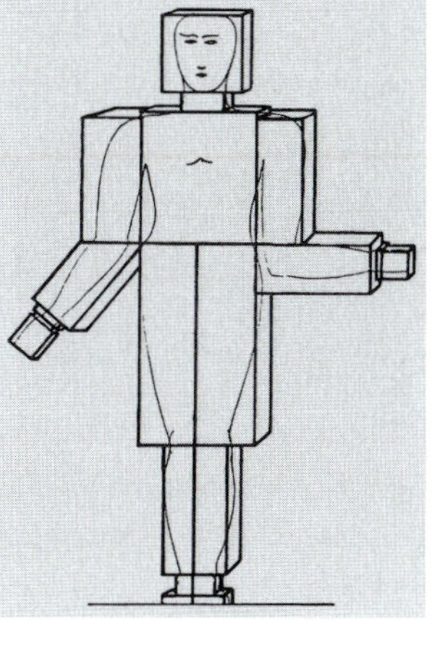

O. *Schlemmer:* Wandelnde Architektur. *Bühnenkostümtyp, 1924*

horizontale Balancierstange) oder Stelzen (vertikales Element) vermögen als die ›Verlängerungsstangen der Bewegungswerkzeuge‹ den Raum in gerüstmäßig-linearer Beziehung, Kugel-Kegel-Röhrenformen vermögen ihn in plastischer Beziehung zu verlebendigen. Es ist der Weg zum raumplastischen ›Kostüm‹, das so, von allen Stilreminiszenzen befreit, Sachlichkeit oder Gestaltung oder Stil in neuem absolutem Sinn zu nennen ist.« Schlemmer sah in der Präzision, die auf diese Weise für die theatrale Gestaltung erreichbar sei, deren vollkommene Entsprechung zum Standard der technischen Entwicklung seiner Zeit, »den Präzisionsmaschinen, den wissenschaftlichen Apparaten aus Glas und Metall, den künstlichen Gliedern der Chirurgie, den phantastischen Taucheranzügen«. Es gehe dabei nicht etwa um eine bloße Übernahme dieser modernen technischen Standards, sondern um deren Nutzbarmachung als »Form und Gefäß« für das »Geistige, das Abstrakte, das Metaphysische«, letzthin das »Religiöse«, ganz dem Erneuerungspathos entsprechend, das die Bauhaus-Idee im ganzen trug. So sah Schlemmer auch in seinem *Triadischen Ballett* letztlich eine »Metaphysische Revue«, die »in einer Zeit zerfallender Religion und zerfallender Volksgemeinschaft« größere Einheit und Harmonie wieder erfahrbar werden läßt. Dieser hochgestimmte Idealismus löste im Jahre 1926 freilich nur ein »Bühnen-Revolutiönchen« aus: »Schlemmerbühne oder Bauhausbühne!!!«, das war der »Kernpunkt« –, so Schlemmer in einem Brief an seine Frau. (n. D. Scheper 1988, 151)

Nachdem die Vorherrschaft des Inhaltlichen beendet worden ist, rückt die Auseinandersetzung mit Formproblemen in den Vordergrund künstlerischen Bemühens: Die Kunst fängt an, sich als Spiel der Form zu begreifen. Durchdringung von Raum und Zeit, Entmaterialisierung und Darstellung des Dynamischen werden zentrale bildnerische Probleme, die im französischen Kubismus, im italienischen Futurismus und im russischen Futurismus und Konstruktivismus in vielfältigen Variationen theoretisch und praktisch behandelt werden. Analog zur Abwertung des Bildinhaltes zeigt sich die Tendenz, Theater weniger als literarisches denn als optisches Phänomen anzusehen.

(Scheper 1988, 16)

Schlemmers Position am Bauhaus war nach 1926 nicht mehr unangefochten. Im April 1927 sah sich Erwin Piscator in Dessau die Bauhaustänze an und konnte mit Schlemmers Tanzkonstruktivismus wenig anfangen. Piscators Konzept eines »politischen Theaters« stand dieser Bühnenarbeit diametral entgegen. Dieser Auffassung schlossen sich auch zunehmend Mitglieder des Bauhauses an und forderten für die Bühnenwerkstatt eine stärkere Politisierung der künstlerischen Projekte. Solchen Forderungen aber verweigerte sich Schlemmer strikt. In zwei Zeitschriftenbeiträgen (*Piscator und das moderne Theater* und *Das Totaltheater der Zukunft*) setzte er sich mit der Position seiner Widersacher kritisch auseinander. Schlemmer sah – ähnlich wie Gropius in seinem zusammen mit Piscator entwickelten »Totaltheater« von 1928 – vor allem in der technischen Perfektionierung der Bühnenmaschinerie und einer veränderten Funktionsstruktur des Theaterraums die entscheidenden Voraussetzungen für eine Weiterentwicklung der Bühnenkunst. Dennoch grenzte sich Schlemmer von den Vorstellungen von Gropius und Piscator ab. Aus seiner Sicht konnte »Totaltheater« keineswegs mit »politischem Theater« identifiziert werden; vielmehr müsse sich dieses prinzipiell für das rein künstlerische Experiment offenhalten. Schlemmer gab auch dem Druck des neuen Bauhausdirektors (1928–1930) Hannes Meyer nicht nach, der sich, wie auch eine Gruppe sozialistischer Studenten, ebenfalls für eine Kursänderung im Sinne einer stärkeren politischen Ausrichtung der Bauhausbühne einsetzte. So fiel Schlemmer im Herbst 1929 der Entschluß, das Bauhaus zu verlassen, nicht allzu schwer. Er folgte einem Ruf an die Kunstakademie nach Breslau. Im dortigen Stadttheater aber auch an der Kroll-Oper in Berlin übernahm er weiterhin Ausstattungsaufträge; so etwa an der Kroll-Oper die Ausstattung von Arnold Schönbergs Oper *Die glückliche Hand* (1930). Noch im Februar 1929 aber, zu Fastnacht, hatte er am Bauhaus das *Metallische Fest* arrangiert, eine der gelungensten und schön-

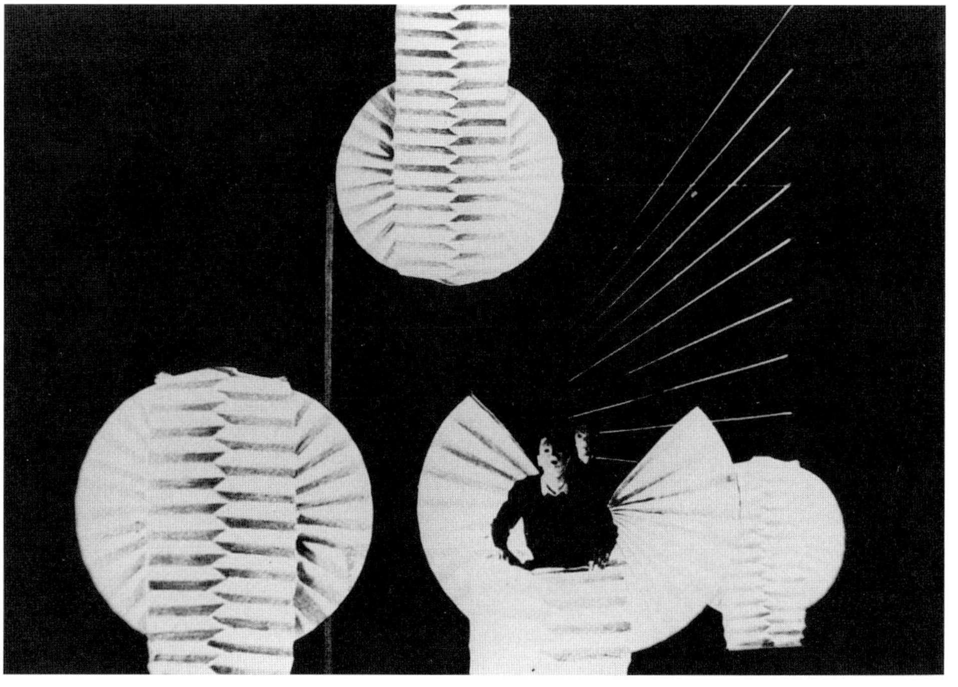

Xanti (Alexander) Schawinsky: Spectodrama. *Black Mountain College, North Carolina/USA, 1936/37*

sten Inszenierungen in der Reihe der legendären Bauhausfeste. Die Beschäftigung mit den unterhaltenden Theatergenres, mit Varieté, Kabarett und Revue, war Mitte der zwanziger Jahre für viele Künstler von besonderer Attraktivität, da sie hier die Atmosphäre der Zeit, ihr »Tempo«, ihren Hang zur Sachlichkeit, die Vorliebe für Jazz, Kino und Körperkultur, kurzum absolute Zeitgenossenschaft am unmittelbarsten ausgelebt fanden. Dieses »Revue-Fieber« hatte auch das Bauhaus erfaßt.

Von März bis Mai 1929 ging Schlemmer mit der Bauhausbühne auf Tournee nach Berlin, Breslau, Frankfurt, Stuttgart und Basel; neben den Aufführungen der Werkstatt hielt er jeweils noch einen Vortrag mit dem Titel *Bühnenelemente*, der seine theoretischen Vorstellungen und die Erfahrungen der praktischen Bühnenarbeit am Bauhaus zusammenfaßte.

Neben Schlemmers vorrangig vom Tanz her entwickelten Figurinentheater, das zweifellos den Schwerpunkt der Bühnenarbeit des Bauhauses bildete, gab es eine Vielzahl weiterer Ansätze zu Theaterexperimenten. 1923 war mit Schlemmer der Ungar László Moholy-Nagy (1895–1946) ans Bauhaus gekommen, der sich neben seinen experimentellen Arbeiten mit Film und Fotografie auch mit dem Theater beschäftigte. Für Moholy-Nagy stand die Erforschung neuer Sehgewohnheiten im Mittelpunkt seiner Experimente. Er arbeitete in diesen Jahren mit den unterschiedlichsten Materialien, untersuchte die Eigendynamik von Farben und Formen und setzte sich mit den Konstruktionsprinzipien der Montage und der Simultandarstellung auseinander. An vielen Manifesten dieser Jahre war Moholy-Nagy als Mitverfasser beteiligt. Dabei ging es ihm vornehmlich um die Propagierung eines Konstruktivismus jenseits parteipolitischer Positionen, als »reine Form«: »Im Konstruktivismus«, so schrieb er 1922 in der Zeitschrift *Ma*, »sind Form und Inhalt eins. Nicht Inhalt und Tendenz, die immer

O. Schlemmer als »Tänzer türkisch« in Das Triadische Ballett, *Stuttgart 1922/23*

Elsa Hötzel als »Rundrock« in Das Triadische Ballet, *Stuttgart 1922/23*

gleichgesetzt werden. Inhalt ist grundlegend. Tendenz jedoch ist Absicht. Konstruktivismus ist reiner Inhalt. Er ist unabhängig von Bilderrahmen und Sockel. Er erstreckt sich auf Industrie und Architektur, auf Gegenstände und Beziehungen. Konstruktivismus ist der Sozialismus des Sehens.« (n. M. Brauneck 1998, 243) Die Ästhetik des Konstruktivismus gründe sich demnach auf Gesetzmäßigkeiten und Erfahrungsdispositionen, die jedem Menschen – ohne spezifische Vorbildung – zugänglich seien. Moholy entwarf eine Reihe von Bühnenausstattungen für die Berliner Kroll-Oper (vgl. Kap.: Neue Tendenzen im Musiktheater) und die Piscator-Bühne, die viele von den im Experimentalfilm erprobten Licht-Bewegungs-Effekte für die Theaterinszenierung nutzten. Er verfolgte damit auch das von Gropius vertretene Programm eines »Theaters der Totalität«: »daß dem universalen Regisseur eine große Licht- und Raummaschinerie zur Verfügung stehen müßte, so unpersönlich und beweglich, daß sie ihn nirgendwo festlegte und allen seinen Visionen seiner Vorstellungskraft Ausdruck geben könnte … Das Theater der Totalität muß eine Mobilisierung aller räumlichen Mittel sein, um den Zuschauer aus einer intellektuellen Apathie zu reißen, ihn anzugreifen und zu überwältigen und ihn zur Teilnahme am Spielgeschehen zu zwingen« (*Theaterbau*, 1934). Berühmt wurde das von Moholy-Nagy 1922 (bis 1930) konstruierte »Lichtrequisit« (oder »Raum-Licht-

Das Triadische Ballett *und* Das Figurale Kabinett *in der* Frankfurter Brückenrevue, *1926*

Modulator«). Es war dies ein aus Lochscheiben, Gittern und Gestänge bestehender Apparat, dessen Teile sich um verschiedene Achsen gegeneinander bewegten und permanent sich verändernde Licht- und Schattenspiele erzeugten.

Experimente, bei denen es um die Erprobung abstrakter kinetischer und luminaristischer Erscheinungen ging und die auch auf die szenographische Arbeit übertragen wurden, unternahmen von 1922 bis 1925 Joseph Hartwig und Kurt Schwerdtfeger mit ihren »Reflektorischen Lichtspielen«. Ausgangspunkt dieser Arbeiten war (ähnlich wie bei Wassily Kandinskys »Farbklängen«) das Bedürfnis, »Farbformflächen, die im gemalten Bild in ihren Verhältnissen und Beziehungen zueinander Bewegungen und Spannungen illusionistisch vortäuschen, zu tatsächlichen Bewegungen zu steigern« (n. H.M. Wingler 1975, 97). Angeregt wurden diese Experimente von einfachen Schattenspielen, die man bei einem vom Bauhaus veranstalteten Laternenfest beobachtet hatte und die zunächst spielerisch variiert wurden. Schließlich wurden diese Farblichtspiele kompositorischen Regeln unterworfen, »fugenartig« gegliedert und auf bestimmte Farb-Form-Themen hin gestaltet. Auch Erfahrungen der Filmwahrnehmung wurden verarbeitet. Ludwig Hirschfeld-Mack schrieb 1925: »Wir glauben, mit den Farbenlichtspielen einer neuen Kunstgattung näher zu kom-

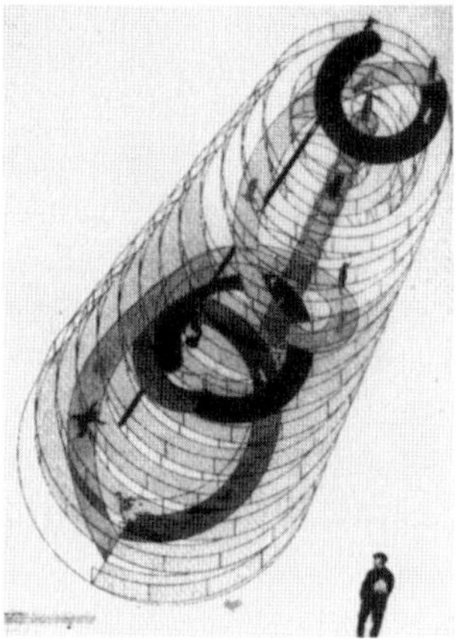

L. Moholy-Nagy: kinetisch-konstruktives System, *1922/28*

men, die in ihrer starken physisch-psychischen Wirkung farbsinnliches und musikalisches Erleben in tiefen und reinen Spannungen auszulösen vermag ... Für die Bühne können Farbenlichtspiele, als Handlungs- und Regieelement eingesetzt und in Einklang gebracht, von starker, neuartiger Wirkung sein, die dem Theater eine gleichzeitig bis zum Äußersten vereinfachte, im Wesen aber reichlich differenzierte Ausgestaltung der Bühnenwerke bedeuten würde«.

Eines der künstlerisch profiliertesten Bühnenprojekte, die vom Bauhaus ausgingen, jedoch nicht von der Bühnenwerkstatt, war die Ausstattung zu Modest Musorgskijs Komposition *Bilder einer Ausstellung* von Wassily Kandinsky am Friedrich-Theater in Dessau. Kandinsky war seit 1922 Lehrer am Bauhaus. Die Dessauer Inszenierung war seine einzige praktische Bühnenarbeit. Es war die Verwirklichung dessen, was er sich als »abstrakte Bühnensynthese« vorstellte. Kandinsky schuf für die sechzehn Bilder dieses Stücks ein Repertoire meist flächiger Formen und Figuren, die in permanenter Bewegung, einem Gleiten und Schweben waren und im Wechsel der Farben eine von der Musik inspirierte Dramatik entfalteten.

In eine andere Richtung gingen die Experimente von Schlemmers Mitarbeiter, dem Maler Alexander (Xanti) Schawinsky (1904–1979), der zwischen 1924 und 1926 als Student, 1927 bis 1929 als Assistent an der Bühnenwerkstatt am Bauhaus arbeitete. (vgl. P. Hahn 1986) Angeregt von Schwerdtfegers »Reflektorischen Lichtspielen«, entwickelte er das sogenannte »Spektodrama«: abstrakte choreographisch konzipierte Raum- und Spielanordnungen, in denen die Spieler/Tänzer mit einfachen Formelementen (farbigen Dreiecken, Kuben, Rundscheiben oder Bändern aus den verschiedensten Materialien) agierten. Schawinsky setzte diese Theaterexperimente in der amerikanischen Emigration am Black Mountain College in North Carolina fort.

Den Bauten von Science-fiction-Inszenierungen ähnelt das »U-Theater« von Farkas Molnár. Dessen »technischer Perfektionismus gipfelte in komplizierten Vorrichtungen, einem zylinderartigen Hohlkörper über den vorderen Bühnen und dem Zuschauerraum, konstruiert zum Herunterlassen von Menschen und Gegenständen, Zugbrücken zwischen den Bühnen und Rängen, Hängeböden – und Apparaturen zur Erzeugung von Spezialeffekten; ja, es war sogar an Wasserapparate und einen Duftverbreiter gedacht«. (H.M. Wingler, 1975, 359) Kurt Schmidt arbeitete vornehmlich an der Mechanisierung des Theaters und entwarf zusammen mit F.W. Bogler und Georg Teltscher Szenographien und Figurinen für ein *Mechanisches Ballett* (uraufgeführt am Stadttheater Jena 1923 während der Bauhauswoche). Heinz Loew hatte ein »mechanisches Bühnenmodell« konstruiert, das die Maschinerie des Theaters »als Theater« ausstellt. Ein geradezu utopistisch anmutender Entwurf war das »Kugeltheater« von Andreas Weininger, eine geschlossene Raumbühne, bei der sich die Zuschauer am inneren Kugelrand befanden und einer gänzlich neuartigen Wahrnehmung szenisch-mechanischer Spiele im Innern der Kugel ausgesetzt sein sollten.

Das von Walter Gropius 1927 für Erwin Piscator entworfene »Totaltheater« (vgl. Kap.: Erwin Piscator) sah eine variationsfähige Raumkonstruktion vor, die 2000 Zuschauer fassen sollte und je nach Bedarf eine Arena-, eine Proszeniums- oder eine dreiteilige Tiefenbühne einrichten ließ.

K. Schwitters: Normalbühne Merz (Raumbühne), *1925*

Die »Verschmelzung aller Materialien – einschließlich Dichterwort, Schauspieler, Musik und Geräusch – zum ›rein‹ künstlerischen Bühnengeschehen«

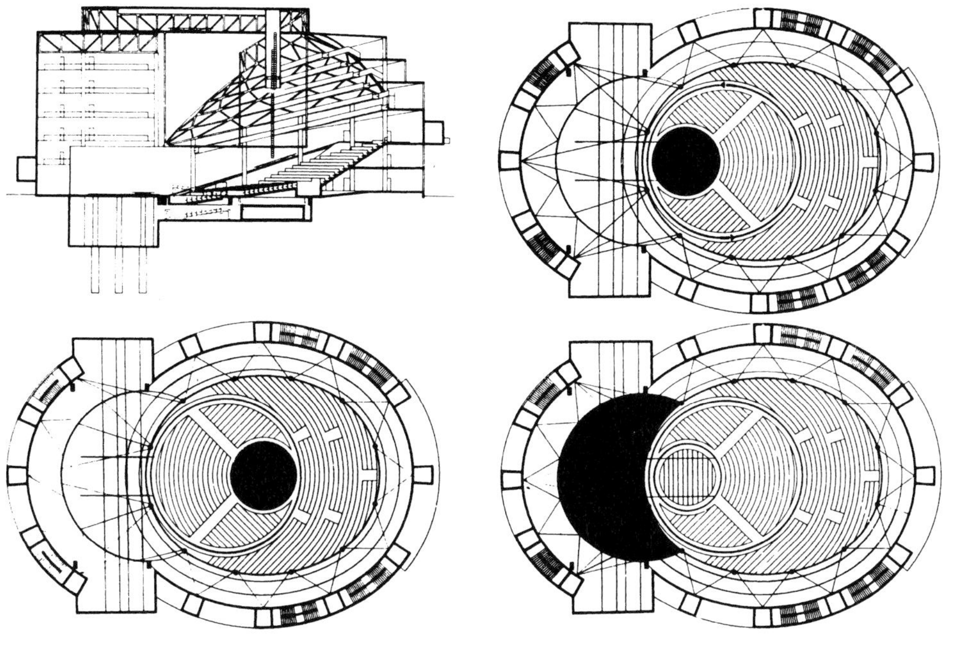

W. Gropius/E. Piscator: Längsschnitt und Grundrisse für das Projekt Totaltheater *(1927) mit drei Variationsmöglichkeiten für die Plazierung der Bühne: als Proszeniumsbühne, Zentralbühne und Guckkastenbühne*

(W. Schmalenbach 1967, 201) lag der Idee der »Merzbühne« (1920) von Kurt Schwitters (1887–1948) zugrunde. Die Vorstellung vom Gesamtkunstwerk oder einem »Totaltheater« war in diesem Konzept auf den radikalsten Nenner gebracht: eine Form von Aktionskunst, auch »Maschinenkunst«, in der dadaistische und konstruktivistische Vorstellungen eine unverwechselbar, eben eine »schwittersche« Symbiose eingehen. Schwitters hatte für seine Kunst das (Unsinns-)Wort MERZ – eine Zufallsbildung aus »Com-merz« – als Markenzeichen geprägt. Mit gewaltigem sprachlichen Furor propagierte der gänzlich unpolitische Dichter, Maler und Vortragsvirtuose seine Idee der »Merzbühne« (später abgeschwächt als »Normalbühne Merz«) in Manifesten *An alle Bühnen der Welt* (1919). (vgl. M. Brauneck 1993, 199 ff) Der »Merzer« Schwitters stand in diesen Jahren mit nahezu allen europäischen Avantgardegruppen in Verbindung, vom Bauhaus, dem Berliner Sturm-Kreis, den dortigen und den Pariser Dadaisten (Tristan Tzara) bis zum osteuropäischen Konstruktivismus (El Lissitzky, Vilmos Huszár) und der holländischen De-Stijl-Gruppe um Théo van Doesburg. (vgl. Kap.: Niederlande) Neben seinen Bühnen-Collagen, die sich wie Anleitungen zu Happenings lesen, entstanden auch eine Reihe dramatischer Skizzen, von denen die groteske Oper *Der Zusammenstoß* (1927/29) und *Oben und unten* (1929), ein Schauspiel für Bewegungschor, die interessantesten Arbeiten sind. Ihren poetischen Witz beziehen diese Texte aus ihrer anarchischen Phantastik und ihrem dynamisch-ironischen Spiel mit allen gängigen Versatzstücken weltanschaulicher und politischer Systeme. Im Ausland, besonders in den USA, wurde das Werk von Kurt Schwitters, der 1948 im Exil in England, in Kendal, starb, vor allem durch Aktivitäten des Museums of Modern Art in New York bekannt.

»Leidenschaftlich auf das Wesentliche« fixiert: Tendenzen zum Realismus

Expressiver Realismus auf der Bühne: Erich Ziegel, Erich Engel, Fritz Kortner und Jürgen Fehling

Daß das deutsche Theater wieder an die zeitgenössische Dramatik herangeführt werden, daß es sich Themen zuwenden müsse, die die Menschen dieser Zeit bewegen, – darüber waren sich alle einig, denen es darum ging, das Theater aus jener Stagnation herauszuführen, in die es in der Endphase des Kaiserreichs ganz offensichtlich geraten war – trotz der Welterfolge der Berliner Reinhardt-Bühnen. Impulse dazu kamen bereits seit den zehner Jahren aus der Provinz. (vgl. Kap.: Neue künstlerische Tendenzen außerhalb Berlins) Dieser Erneuerungsschwung wirkte auch in den Jahren nach dem Zusammenbruch des Kaiserreichs noch weiter. Es kam nun – nach Aufhebung der Zensur – auch die expressionistische Dramatik auf die Bühne, doch reflektierte deren idealistisches Aufbruchspathos, deren Revolte gegen die Macht der Väter vielmehr die Atmosphäre der unmittelbaren Vorkriegs- und der Kriegsjahre. Die politischen Entwicklungen nach 1918/19 erzwangen dagegen einen realistischen (bald hieß es »sachlichen«) Blick auf die Gesellschaft und deren Probleme. Dieser neue Realismus war »leidenschaftlich auf das Wesentliche« fixiert. So formulierte es Erich Ziegel; und es kennzeichnete dies die Richtung, die er an seinen Hamburger Kammerspielen einschlug; die aber auch in den Regiearbeiten von Erich Engel

Bühnenbildentwürfe von Johannes Schröder für E. Barlach: Die echten Sedemunds. *R.: E. Ziegel. Hamburger Kammerspiele, 1920*

und Jürgen Fehling und im expressiven Realismus der Schauspielkunst Fritz Kortners erkennbar war und diesen neuen Ton signalisierte.

Erich Ziegel (1876–1950) hatte 1894 als Schauspieler am Meininger Hoftheater debütiert, war 1903 bis 1913 an Berliner Bühnen als Schauspieler und Regisseur engagiert und hatte 1913 die künstlerische Leitung (bis 1916) der Münchner Kammerspiele übernommen. In dieser Münchner Zeit machte sich Ziegel einen Namen als Wedekind- und Strindberg-Spezialist. Als er 1916 nach Hamburg kam und es ihm dort nicht gelang, am Thalia Theater und am Deutschen Schauspielhaus angemessene Regieaufgaben zu bekommen, gründete er ein eigenes Theater: die Hamburger Kammerspiele. Er eröffnete diese im Gebäude des einstigen Neuen Theaters am Besenbinderhof untergebrachte Bühne am 30. August 1918 mit Frank Wedekinds *Hidalla oder Die Moral der Schönheit*. Diese Inszenierung war der Auftakt einer Wedekind-Woche. Als zweites Stück kam der *Marquis von Keith* (2. September 1918) heraus. 1920 wurde den Kammerspielen das Komödienhaus als zweite Spielstätte für Lustspiele, Possen und Schwänke angeschlossen, mit deren Einnahmen die »literarische Bühne« mitfinanziert werden sollte.

1926 gab Erich Ziegel die Leitung der Kammerspiele für zwei Spielzeiten an seine Frau, die Schauspielerin Mirjam Horwitz (1882–1967) ab und übernahm in Hamburg bis Mai 1928 die Intendanz des Deutschen Schauspielhauses. Dann aber ging Ziegel wieder an seine Kammerspiele zurück. Im selben Jahr erhielt diese Bühne einen neuen Standort im ehemaligen »Lustspielhaus in den Großen Bleichen«, wo sich heute das Richard-Ohnsorg-Theater befindet. Als Ziegel mit Beginn der Spielzeit 1932/33 die Direktion des Hamburger Thalia Theaters übernahm, verlegte er auch seine Kammerspiele in dieses Theater. Im Jahr darauf emigrierte er zusammen mit seiner Frau nach Wien. 1938 engagierte Gustaf Gründgens das Ehepaar Ziegel an sein Berliner Staatstheater, um Erich Ziegel Arbeitsmöglichkeiten zu verschaffen und Mirjam Horwitz, die Jüdin war, vor rassistischer Verfolgung zu schützen. (vgl. Kap.: Gustaf Gründgens)

Die Gründung der Hamburger Kammerspiele am Vorabend der Novemberrevolution war ein programmatisch konzipiertes Unternehmen, das sehr bald zu einem künstlerischen und intellektuellen Zentrum der Stadt wurde. Dazu trugen auch »Sonderveranstaltungen« bei, literarische Vorträge, Rezitationen, Tanzdarbietungen und anderes. Daß Ziegel sein Theater nicht auf den Expressionismus als künstlerische Linie festlegen wollte, machten seine Erklärungen zu dessen Gründung deutlich, wenngleich dabei der weltverbesserische, visionäre Ton expressionistischer Manifeste noch mitschwang. Gewiß sollte auch die expressionistische Bühnendichtung an der neuen Bühne ein Forum erhalten, sollten – wie Ziegel es formulierte – diese »abenteuerlichen Bezirke der dramatischen Literatur« angesteuert werden, doch war für ihn der Begriff des Zeitgenössischen weiter gefaßt. Akzente im Spielplan setzten letztlich seine Inszenierungen der Stücke von Wedekind, Strindberg, Sternheim und Shaw. In der ersten Spielzeit war Erich Ziegels Inszenierung von Wedekinds *Die Büchse der Pandora* (4. März 1919) die erfolgreichste Aufführung, an zweiter Stelle aber stand Shakespeares Komödie *Wie es euch gefällt* (14. Dezember 1918). Andererseits brachten es die verdienstvollen Uraufführungen von Ernst Barlachs Drama *Der arme Vetter* (20. März 1919) und *Die echten Sedemunds* (23. März 1921) lediglich auf jeweils vier Vorstellungen. Ziegels Inszenierung der *Räuber* von

Die Gründung einer modernen Bühne in dieser Zeit wird nur gerechtfertigt durch das reine Bestreben, gegen Trostlosigkeit und Zerstörung die erweckenden Stimmen neuer Gläubigkeit und Lebensbejahung zu führen. Tiefste Notwendigkeit muß solche Gründung jedem Einsichtsvollen erscheinen, der weiß, nirgends sei Deutschlands Zukunftsberechtigung fester verankert als in dem Geist der heranwachsenden Generation. Der neuen Kunst, den Baumeistern der Zukunft muß Stätte und Gehör bereitet werden. Das sittliche Verantwortungsgefühl, die brennende Tatbereitschaft, von denen die Besten unserer Zeit befeuert sind, müssen auf die Allgemeinheit überströmen.

(*E. Ziegel:* Aufruf zur Gründung der Hamburger Kammerspiele. *August 1918)*

G. Kaiser: Gas.
R.: E. Engel. B.: J. Schröder. Hamburger Kammerspiele, 1920

Friedrich Schiller (4. Oktober 1921) zählte zu den ersten Versuchen an einer deutschen Bühne, einen Klassiker in modernem Kostüm aufzuführen. Ziegel trat darin als Franz Moor auf, im Smoking mit Monokel und Zigarre. Die Räuber trugen Soldatenuniformen aus dem Ersten Weltkrieg. Was er mit dieser »literarischen Bühne« im Sinn hatte, war ein Theater, das sich von philologischer »Experimentiersucht« ebenso freihielt wie von modischem Psychologisieren, das sich mit größter Intensität auf das geistige Leben der Zeit einließ, aber aus dieser Haltung auch dem »Wert der Tradition« nachspürte, das zu neuer »Lebensbejahung« führen sollte. In einem Aufruf vom August 1918 heißt es: »Die Hamburger Kammerspiele wollen nach Maßgabe moderner Inszenierungsmöglichkeiten der neuen Kunst adäquaten Ausdruck schaffen. Dekorationen, die sich auf einfache Eindringlichkeit beschränken, eine Regie, die bei leidenschaftlicher Betonung des Wesentlichen, das Seelische farbiger entfaltet, eine Darstellungskunst, die nach rastloser Gestaltung drängt, kurz der Versuch, das Geistige rein auszulösen, sollen das Gepräge der Aufführungen bestimmen.« Seiner Bühnenzeitschrift gab Ziegel den programmatischen Titel *Freihafen*, was einen Standort auch für die künstlerische Arbeit signalisieren sollte: zwischen dem ungesicherten Draußen und dem gesicherten Drinnen, ein Ort der Offenheit. So läßt sich auch ein in gängigen stilistischen Kategorien faßbarer Regiestil für Ziegel nicht ausmachen. Zeitgenossen bemerkten eine Vorliebe Ziegels für das Herausarbeiten von Kontrasten und deren harmonische Auflösung am Ende; ein Akt eher der künstlerischen Ökonomie als etwa ein weltanschaulich zu interpretierender Gestus.

Erich Ziegel als Franz Moor in F. Schillers Die Räuber. *Hamburger Kammerspiele, 1921*

Als Theaterleiter gelang es Erich Ziegel, Mitarbeiter um sich zu versammeln, die entscheidend dazu beitrugen, daß die Hamburger Kammerspiele zu einer der künstlerisch innovativsten deutschen Bühnen wurden. Dies galt für den Bühnenbildner Johannes Schröder (1883–1973), der von 1919 bis 1934 für

Erich Ziegel arbeitete (gleichzeitig aber auch für Saladin Schmitt am Bochumer Schauspielhaus), es galt vor allem für Erich Engel (1891–1966), der von der ersten Spielzeit an bis 1921 als Regisseur an den Kammerspielen engagiert war; ebenso für Fritz Kortner und Gustaf Gründgens, die an dieser Bühne den Grundstock für ihre Karrieren in Berlin legten. So waren Ziegels Hamburger Kammmerspiele letztlich »Sprungbrett« für eine ganze Generation höchst erfolgreicher Schauspieler, darunter: Axel von Ambesser, Ernst Fritz Fürbringer, Werner Hinz, Paul Kemp, Victor de Kowa, Hubert von Meyerinck und Carl-Heinz Schroth. Mirjam Horwitz war nicht nur als Schauspielerin die herausragende Protagonistin dieser Bühne (brillant in Shaws *Candida*, 22. November 1925), sondern führte häufig auch Regie. Die expressionistischen Schriftsteller Hans Harbeck und Artur Sakheim, ebenso Karl Goldfeld waren als Dramaturgen verpflichtet. Gustaf Gründgens gehörte seit der Spielzeit 1923/24 dem Ensemble der Hamburger Kammerspiele an und avancierte dort sehr bald zum Star. (vgl. Kap.: Gustaf Gründgens) Mit seinem virtuosen Verwandlungsspiel brachte Gründgens einen ganz eigenen Ton an diese Bühne, der eine besondere Note erhielt durch dessen Kontakte zu dem extravaganten Geschwisterpaar Erika und Klaus Mann. Von diesem kam am 22. Oktober 1925 das Stück *Anja und Esther* an den Kammerspielen heraus, ein literarisch belangloses Werk, das sich mit Erziehungsproblemen auseinandersetzt, wegen der prominenten Besetzung mit Gründgens, Klaus und Erika Mann und Pamela Wedekind (der Tochter von Frank Wedekind) und der dekadent-privaten Atmosphäre, die durch diesen Darsteller-Kreis in die Aufführung hineingetragen wurde, aber heftig in die Diskussion geriet. Gustaf Gründgens arbeitete, bevor er 1928 nach Berlin ging, auch als Regisseur an den Hamburger Kammerspielen, so für Strindbergs *Ein Traumspiel* und Büchners *Dantons Tod*.

Ein besonderes Verdienst Ziegels als Theaterleiter war es auch, viele be-

Bühnenbildentwurf von Johannes Schröder für G. Kaisers Stück Gas. *Hamburger Kammerspiele, 1920*

K. Mann: Anja und Esther. *R.: G. Gründgens. B.: J. Schröder. Mit Erika Mann, Pamela Wedekind, Klaus Mann (2. v. rechts), Gustaf Gründgens (rechts). Hamburger Kammerspiele, 1925*

W. Shakespeare: Coriolanus. *R.: E. Engel u. B. Brecht. B.: C. Neher. Lessing-Theater, Berlin 1925*

deutende Schauspieler zu Gastauftritten an seine Bühne zu verpflichten. So gastierten dort Paul Wegener (in Strindbergs *Totentanz),* Eugen Klöpfer (in Ibsens *Baumeister Solness)*, Alexander Moissi (in Pirandellos *Heinrich IV.*) und Käthe Dorsch (in Shaws *Pygmalion*), dazu Elisabeth Bergner (in Strindbergs *Fräulein Julie*), Asta Nielsen und Albert Bassermann. Erwin Piscator inszenierte an den Hamburger Kammerspielen Paquets *Sturmflut.* Das Moskauer Künstlertheater und das Habima gaben Gastspiele. Mit ihrem eigenen Spielplan wurden die Kammerspiele auch Vorbild für die politischen Theatergruppen in Hamburg. Im Winter 1926/27 veranstaltete Gustaf Gründgens als Spielleiter dieser Bühne eine Vorstellungsreihe »Revolutionäres Theater«, an der auch Mitglieder von Hamburger Arbeiterbühnen beteiligt waren. Eröffnet wurde dieses Forum mit Ernst Tollers Revolutionsstück *Masse Mensch.*

Bühnenbildentwurf von Johannes Schröder für G. Kaisers Stück Gas. *Hamburger Kammerspiele, 1920*

Zu den künstlerischen Höhepunkten an Erich Ziegels Kammerspielen zählten unstrittig die Inszenierungen von Erich Engel. Bevor dieser 1918 als Regisseur engagiert wurde, hatte Engel noch kaum nennenswerte Regieerfolge. Nur kurze Zeit war er Oberspielleiter am Deutschen Schauspielhaus in Hamburg gewesen. An den Hamburger Kammerspielen blieb Engel bis 1921. Seine nächste Station (1922 bis 1924) war das Staatsschauspiel in München, 1923 wurde er künstlerischer Leiter der Berliner Reinhardt-Bühnen, als diese unter der Direktion von Felix Hollaender standen. (vgl.: Kap.: Max Reinhardt) In Berlin brachte er die Uraufführung von *Mann ist Mann* (Volksbühne, 4. Januar 1928) und der *Dreigroschenoper* (Theater am Schiffbauerdamm, 31. August 1928) von Bertolt Brecht heraus, mit dem er nach 1946 eine enge Arbeitsbeziehung am Berliner Ensemble einging.

An den Hamburger Kammerspielen war Engel derjenige, der am deutlichsten expressionistische Positionen vertrat. So sah er in der Bühnenästhetik in der

B. Brecht: Dickicht.
R.: E. Engel. B.: C. Neher.
Deutsches Theater, Berlin
1924

Deformation der Wirklichkeit die Voraussetzung für das Wirksamwerden »geistiger Aktivität« beim Zuschauer. Seinen Durchbruch als Regisseur schaffte er mit seiner Inszenierung von Georg Kaisers Drama *Gas* (29. Januar 1920), die auch ein enormer Publikumserfolg war. Johannes Schröder hatte ein Bühnenbild entworfen, das durch die Lichtgestaltung eindrucksvolle Raumsuggestionen schuf. Weitere Höhepunkte von Engels Regiekunst folgten: *Die Wandlung* von Ernst Toller am 1. September 1920 und von Georg Kaiser *Gas II* am 27. Oktober 1920. Die Kritik hob bei diesen Arbeiten durchweg Engels Fähigkeiten hervor, durch präzise rhythmische, dynamische Führung von relativ wenigen Akteuren auf der räumlich sehr beengten Bühne der Kammerspiele den Eindruck von Menschenmassen – dem zentralen dramatischen Element vieler expressionistischer Stücke – erzeugen zu können.

Engel inszenierte an den Hamburger Kammerspielen (bis 1921) insgesamt neunzehn Stücke von durchweg expressionistischen Autoren. Der Wechsel nach München brachte für ihn auch als Regisseur eine Neuorientierung, eine deutliche Erweiterung seines Repertoires. Bereits am 27. Februar 1922 inszenierte er am Prinzregententheater Shakespeares *Hamlet*, im gleichen Jahr noch *Julius Caesar* und *Macbeth*. Im Jahr darauf folgte eine weitere Shakespeare-Inszenierung, *Maß für Maß* am 22. August 1923 am Münchner Künstlertheater. Engels wichtigste Regiearbeit in München war jedoch die Uraufführung von Bertolt Brechts Chicago-Stück *Im Dickicht der Städte* am 9. Mai 1923 am Residenztheater (vgl. Kap.: Bertolt Brecht), sechs Monate vor Hitlers Marsch auf die Feldherrnhalle. Bei der Inszenierung dieses schwer durchsichtigen Stücks erwies sich zwar Engels Fähigkeit zur straffen dramaturgischen Organisation seines Stoffes, das Publikum reagierte dennoch mit Befremden. Zudem machte die Rezension der Aufführung im *Völkischen Beobachter* (vgl. G. Rühle 1967, 452f)

Bühnenbildentwurf von Johannes Schröder für G. Kaisers Stück Gas.
Hamburger Kammerspiele, 1920

Alle Kunst hat nur einen Sinn: sie will erlösen. Und zwar nicht für ein paar Stunden dem grauen Alltag entführen, sondern radikal und absolut. Kunst ist der vermessene, tollkühne Versuch, Weltschöpfertum mit menschlicher Schöpferkraft zu identifizieren. Wenn der Geschaffene schöpferisch wird, so ereignet sich jenes ungeheure Moment der Spiegelung, jenes katastrophenhafte Ereignis, das wir Kunst nennen. Kunst ist die Rechtfertigung unseres Daseins. Alle Kunst ist in ihrer Entstehung katastrophenhaft. Das Wesentliche einer Aufführung ist nicht die Verdinglichung einer dramatischen Textunterlage, sondern ist die Verwirklichung eines schöpferischen Vorgangs.

(Erich Engel 1971, 15)

Fritz Kortner als Richard III. R.: L. Jeßner. Staatstheater, Berlin 1920

unmißverständlich die künftige Haltung der Nationalsozialisten zum Werke Brechts deutlich. Am Deutschen Theater in Berlin brachte Engel zwar auch noch einige Stücke zeitgenössischer Autoren heraus, doch verschob sich nach 1933 der Schwerpunkt seiner Arbeit auf die Klassiker, vor allem auf Werke von Shakespeare. In seiner Arbeitsweise vollzog sich in diesen Jahren eine Abwendung von den expressionistischen Positionen der Hamburger Zeit hin zu einer »objektiveren Regie«, die von der Mobilisierung der schöpferischen Kräfte des Ensembles ausgeht. Dieses rückte für den Regisseur Engel immer mehr ins Zentrum des kreativen Prozesses; eine Haltung, die in der späteren Zusammenarbeit mit Bertolt Brecht und dessen Berliner Ensemble geradezu kultiviert wurde. Ging es dem expressionistischen Regisseur 1920 um die Herstellung einer »gesteigerten Wirklichkeit«, so sah Erich Engel 1947 (*Erfordernisse des neuen Theaters)* die Aufgabe des Regisseurs vielmehr in einer »Durchleuchtung« der Wirklichkeit. Der visionäre Gestus war nun einem analytischen, kritischen Zugriff gewichen.

Mit der Laufbahn von Erich Engel ist seit dessen Zeit an den Hamburger Kammerspielen die des Schauspielers Fritz Kortner (1892–1970) verbunden. Auch nachdem Kortner bereits Ende der ersten Spielzeit 1919 nach Berlin gegangen war, blieb – neben Leopold Jeßner – Erich Engel der Regisseur, mit dem dieser Ausnahmeschauspieler freundschaftlich verbunden war und einige seiner größten Erfolge feiern konnte. Nach 1945 kam es aus politischen Gründen zu einer gewissen Entfremdung zwischen Kortner und Erich Engel. Dieser nämlich war inzwischen zum Marxisten geworden. (vgl. K. Völker 1993, 160 ff) In Hamburg hatte es sich Erich Ziegel vorbehalten, Kortner nur in seinen Inszenierungen zu besetzen.

Seine Karriere zum Bühnenstar (beinahe gleichermaßen zum Kinostar) betrieb der aus einer jüdischen Wiener Familie stammende Fritz Kortner mit rigoroser Konsequenz. (vgl. P. Schütze 1994, 22 ff) An der Schauspielklasse der Wiener Akademie für Musik und darstellende Künste, wo Kortner einen Freiplatz bekommen hatte, war der Burgschauspieler Ferdinand Gregori sein Lehrer. Engagements am Hof- und Nationaltheater in Mannheim folgten. Max Reinhardts Deutsches Theater in Berlin war die nächste Station. Dort wurde er jedoch nur in kleineren und mittleren Rollen besetzt, was das aufstrebende Genie keineswegs befriedigen konnte. Engagements an anderen Berliner Bühnen, in Dresden und Wien schlossen sich an. Mehrfach wurde der ehrgeizige Schauspieler in diesen Jahren vertragsbrüchig und trennte sich im Streit von seinen Direktoren. Auch die Hamburger Kammerspiele dienten Fritz Kortner, der bald schon als äußerst »schwierig« galt, nur als Sprungbrett. Zusammen mit Karl Heinz Martin, zu der Zeit Regisseur am Thalia Theater in Hamburg, plante er den erneuten Einstieg in die Berliner Theaterwelt. Und es gelang ihm dies in fulminanter Manier mit der Rolle des Friedrich in der Uraufführung von Tollers Stück *Die Wandlung* am 30. September 1919. (vgl. Kap.: Ernst Toller) Dies war Kortners Durchbruch in der Hauptstadt des Theaters. Über Nacht war er zum expressionistischen Schauspieler par excellence arriviert. In seiner Biographie *Aller Tage Abend* schreibt Kornter dazu: »Was ich damals spielte, war ich selber: ein junger deutscher Jude und Rebell, im Konflikt mit der Welt um sich herum. Ernst Toller, wie aufgescheuchtes Jung-Juden-Wild, hatte schon damals die Witterung für noch ferne Jäger.« (1969, 218) Publikum und Kritik waren

G. Büchner: Dantons Tod. *R.: E. Engel. Fritz Kortner in der Titelrolle, Deutsches Theater, Berlin 1923*

fasziniert von Kortners Schauspielstil, der in ganz unverwechselbarer Manier die Sprache des Körpers und die der Worte in einem sich gegenseitig unerhört steigernden Gesamtklang zusammenzuschmelzen vermochte. Alfred Kerr sprach von Kortners »Sprachwut; verschweißt mit Gefühl«. (n. M. Brand 1981, 21) Als ihn Leopold Jeßner ans Staatstheater engagierte, war Kortner offenbar an einem weiteren Etappenziel in seiner Karriere angelangt. Sein Debüt gab er dort als Mortimer in Schillers *Maria Stuart.* Zum Ereignis wurde seine Gestaltung des Geßler in Leopold Jeßners *Tell*-Inszenierung, die einen beispiellosen Skandal auslöste. (vgl. Kap.: Leopold Jeßner) Über Kortners Verkörperung des tyrannischen Statthalters schreibt Jeßner 1928: »Die Magie, die von seinem

W. Shakespeare: Richard III. *Fritz Kortner als Richard u. Rudolf Forster als Buckingham. R.: L. Jeßner. B.: E. Pirchan. Staatstheater, Berlin 1920*

Körper und dem gesprochenen Wort ausging, war das allein Entscheidende und Überzeugungskräftige seiner Leistung. Wenn Kortner als Geßler seine Worte schneidend in die Masse der Umstehenden warf und diese Worte lediglich mit kurzen Zuckungen seiner Reitpeitsche begleitete, so machte diese Darstellung in ihrem sachlichen Fanatismus das ganze Geschehen: die Erhebung eines unterdrückten Volkes auf eine Art verständlich, die das Alpenglühn und das Kuhgeläut nur als etwas Sekundäres anerkennen konnte. Es war der Typ des ›Zeitschauspielers‹, der in Fritz Kortner seinen ersten Darsteller gefunden hatte.« Jeßner nennt ihn auch »den ersten politischen Schauspieler ... Politisch: in jenem überparteilichen Sinne des Lassalleschen Wortes: ›Aussprechen, was ist!« (n. K. Völker 1993, 57 f) *Richard III,* Wedekinds *Marquis von Keith,* Verrina in Schillers *Fiesco* (6. Mai 1921), *Othello* (11. November 1921) waren die Rollen, in denen Kortner sich zum unstrittig interessantesten Schauspieler der Hauptstadt hochspielte. Die Proben (Februar 1932) zu Schillers *Don Carlos* hatte Kortner (in der Rolle des Philipp) kurz vor der Premiere abgebrochen. (dazu M. Brand 1981, 58) Offenbar war ihm der konzeptionelle Rahmen der Jeßner-Inszenierungen zu eng geworden. Er suchte neue Regie-Partner und fand sie in Karl Heinz Martin, Berthold Viertel, Max Reinhardt, Victor Barnowsky, Paul Bildt und vor allem in Erich Engel; immer wieder aber arbeitete er auch weiter mit Leopold Jeßner. Als Protagonist in dessen *Hamlet*-Inszenierung (3. Dezember 1926), als Dr. Schön in Erich Engels Inszenierung von Frank Wedekinds *Lulu* (22. Oktober 1926), schließlich in seiner »Lebensrolle«, dem Shylock in Shakespeares *Der Kaufmann von Venedig* (1924 in der Regie von Max Reinhardt, 1925 mit Berthold Viertel, 1927 und 1929 mit Jürgen Fehling), stand Fritz Kortner auf dem Höhepunkt seiner Laufbahn als Schauspieler. Dabei zog sich ein Motiv durch die meisten seiner großen Rollengestaltungen, nämlich die Auseinandersetzung mit »heldischem Verhalten«. Auch als Kortner 1940 im amerikanischen Exil ins Regiefach überwechselte, blieb dies ein treibendes Moment. Als Schauspieler verlieh Kortner dem klassischen Helden ein neues Profil, er machte ihn als authentischen Menschen kenntlich, der nicht »ins Nebulöse, ins Unfaßbare« entrückte, sondern »sich immer wieder als realer Mitmensch legitimieren« mußte, ohne »aufgetakelten Theaternimbus«. (*Aller Tage Abend* 1959, 486) Die Bühne als ein Ort für »beschwingtes Heldentum« – gemeint war die idealistische Verklärung des Helden –, dies war für Kortner eine unerträgliche Vorstellung. An diesem Punkt jedoch setzten seine Kritiker an. Mit seinen nüchtern rückhaltlosen Heldenverkörperungen, die deren »Bluttaten ... auf ihre moralische Stichhaltigkeit, auf ihre Unausweichlichkeit« (1959, 492) überprüften, wurde Kortner in der Weimarer Republik zum Feindbild schlechthin für die national-konservative, vor allem für die nationalsozialistische Thea-

Held sein ist kein Beruf, der Held muß einen haben. Hat er keinen, so ist er arbeitslos. Arbeitslose Helden sind eine Gefahr. Held sein ist nicht abendfüllend. Denn es füllt auch keines vollsinnigen Menschen Tage aus. Der wahren Natur des Menschen mit heldischen Möglichkeiten kommt eine unverblendete mißtrauische Darstellung näher als eine idealisierende.

(F. Kortner 1969, 493)

W. Shakespeare: Hamlet. *R: L. Jeßner. B: C. Neher. Fritz Kortner als Hamlet u. Albert Florath als Totengräber. Staatstheater, Berlin 1926*

E. Barlach: Der blaue Boll. *R.: J. Fehling. Heinrich George als Boll u. Helene Fehdener als seine Frau. Staatstheater, Berlin 1930*

terkritik. Kortner ließ in seinen Menschengestaltungen keinen Zweifel daran, daß der »herrschende Begriff vom Heroischen« keine Grundlage für seine Arbeit an diesen Rollen sein konnte: »Die Sache des Helden muß untersucht werden. Fällt er nämlich für eine schlechte Sache, die er für eine gute hält, ist er ein Dummkopf. Fällt er für sie und erkennt fallend, daß sie seines Einsatzes unwürdig war, ist er eine tragische Figur. Fällt er für eine gerechte Sache, überzeugt, daß nur sein Tod ihr dient und nicht sein Weiterleben, wie im Falle Galilei, dann ist er mein Mann.« (1959, 491 f) Im Februar 1934 emigrierte Fritz Kortner nach London, 1937 in die USA.

Kortners Dämonie wächst nicht aus dem Theatralischen, noch aus der Abgründigkeit des Innern, sondern aus der provozierend entschiedenen Art der Sprechtechnik und der sparsamen aber schlagenden Geste. Er spielt nicht versunken, sondern aggressiv; nicht visionär, sondern penetrant.

(Kurt Pinthus in: P. Schütze 1994, 49)

Im Dezember 1947 kehrte Fritz Kortner aus dem Exil zurück. In Zürich traf er sich mit Brecht, in Berlin mit Erich Engel. In den fünfziger und sechziger Jahren zählten seine Auftritte als Schauspieler und seine Regiearbeiten zu den Höhepunkten des deutschen Nachkriegstheaters. Die Münchner Kammerspiele und das Berliner Schillertheater waren seine hauptsächlichen Wirkungsstätten in dieser Zeit. Eine Intendanz hat Fritz Kortner nie übernommen. Sich selbst charakterisierte er als einen Künstler – der in dem englischen Regisseur Peter Brook den »Sohn und Fortsetzer« sah – mit der Wendung: »Jude und Rebell gegen das privilegiert Konventionelle«. Jürgen Fehling (1885–1968) sah in Fritz Kortner eigentlich seinen »gottgewollten Partner« (n. K. Völker 1987, 227), zu einer anhaltenden Zusammenarbeit der beiden ist es jedoch nicht gekommen. Fehlings Inszenierung des *Kaufmann von Venedig* 1927 mit Kortner als Shylock blieb ein singuläres Ereignis. Nach 1948 kam es zudem zu einem persönlichen Zerwürfnis zwischen diesen beiden Theatergenies.

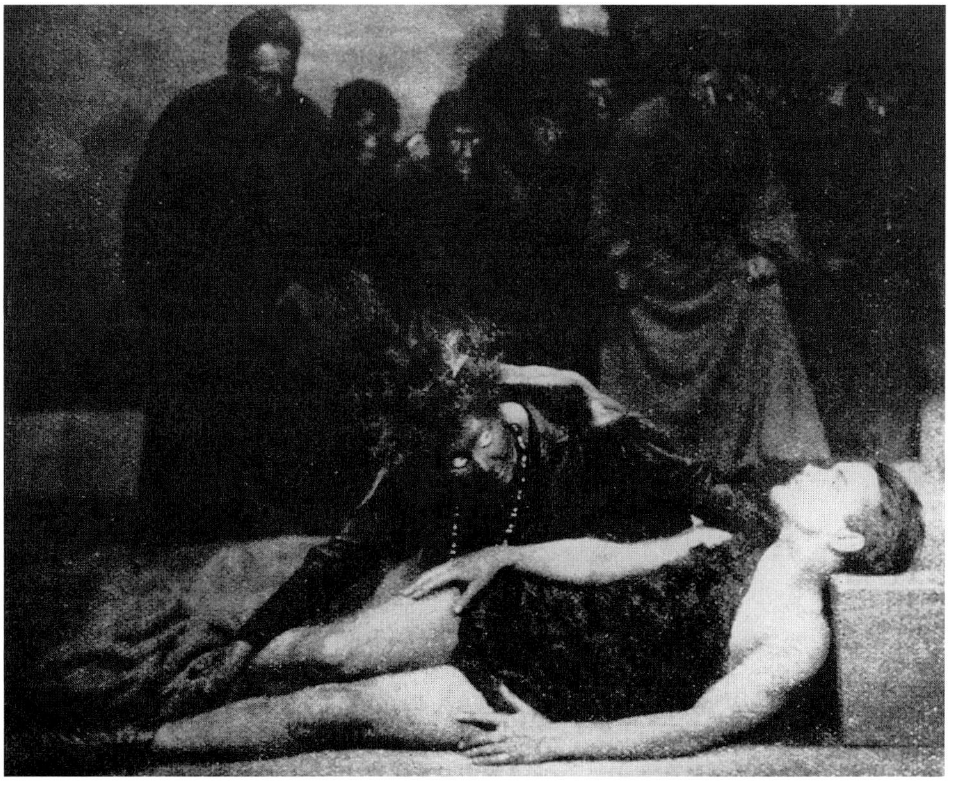

Agnes Straub als Medea u. Erwin Faber als Jason in Medea *von H. H. Jahnn. R.: J. Fehling. Staatstheater, Berlin 1926*

Auch Fehling gehörte Anfang der zwanziger Jahre zu jenen, die einen Weg aus dem Expressionismus heraus einschlugen, gleichwohl aber Expressivität in ihrer Arbeitsweise in einer ans Exzessive herangetriebenen Emotionalität bewahrten. Vom Expressionismus trennte Fehling das Spiel mit Brechungen, mit Ironie und zudem ein Moment spielerischer Heiterkeit, vor allem in Fehlings Komödieninszenierungen. Das Publikum sollte sich auf der Bühne »wie in einem Spiegel« sehen und begreifen, »daß etwas an ihm derangiert ist.« Fehlings Theater will nicht erziehen, nicht verbessern, nicht das Publikum »heiter verliebt machen in sich selbst.« Die »Wahrheit über den Menschen und die Offenbarung Gottes in ihm« soll das Publikum nicht »angruseln, nicht erschauern lassen«, doch sie soll auch erschüttern. In Berlin, wo Fehling von Paul Wegener und Friedrich Kayßler zum Schauspieler ausgebildet wurde, begann seine Theaterlaufbahn nach einem abgebrochenen Studium der Theologie und der Rechtswissenschaft. Nach kurzen Engagements in Wien folgte die erste Regiearbeit dann wieder in Berlin 1919; es war Nicolaj Gogols Komödie *Die Heirat* an der Volksbühne. Mit weiteren Komödien-Inszenierungen (Raimund, Glaßbrenner, Nestroy, Shaw, Sachs, Tieck und Shakespeare) arrivierte Fehling bald zu einem der führenden Regisseure in Berlin. Aufsehen erregte seine Aufführung von Ernst Tollers *Masse Mensch* im September 1921. Nun holte ihn Leopold Jeßner ans Staatstheater. Dessen politische Didaktik stand Fehling jedoch ebenso fern wie Max Reinhardts neuromantisches Repräsentationstheater oder gar Piscators agitatorische Theatralik. Die Verweigerung jedweder Theatermode war Fehlings Prinzip von Beginn an. »Ich suche die bequemste Wirkung«, schrieb er zu dieser Zeit. »Ich traue den Dichtern, die ich spielen möchte, den Schauspielern, die ich haben möchte, und mir die Kraft zu, das Publikum zu führen.« (n. M. Brauneck 1988, 274) Fehling war inspiriert von Stanislavskij und stand in der Tradition von Otto Brahms psychologischem Realismus, den er jedoch weiterführte zu einem »Realismus der Wahrheitssuche« (Jürgen Fehling). In der Gottsucher-Dramatik von Ernst Barlach, dessen Werk er sich als Regisseur in kongenialer Weise annahm, in den Dramen von Shakespeare, Grabbe und Kleist fand Fehling die Herausforderungen für seine oft sperrigen geistigen Kraftakte. Der Kritiker Herbert Ihering schrieb über ihn: »Fehling fängt da an, wo die meisten aufhören. Er beginnt bei Gewittern und Stürmen. Er drückt keine Wirkung weg und zieht sich nicht in eine matte Vermenschlichung zurück. Er stellt sich den Gefahren der Dichtung. Wenn ein Werk in abgerissenen Szenen gebaut ist, täuscht er keine ebenmäßige Komposition vor. Er betont das Fragmentarische und verdeckt keine ›Schwächen‹. Er erklärt nicht das Dunkle und lichtet nicht das Verhängte. Nicht durch freundliche Landschaften schreiten die leidenden und Schicksal fordernden Helden, sondern durch Schroffen und Klüfte.« (n. G. Ahrens 1985, 99) Rudolf Noelte nannte ihn den »unopportunistischsten«, den »protestantischsten Regisseur«. Sicherlich wirkte in diesem Charakterbild auch Fehlings Herkunft aus dem protestantisch geprägten Lübecker Großbürgertum nach.

Am Berliner Staatstheater war er von 1922 bis Mai 1945 engagiert, also auch unter der Intendanz von Gustaf Gründgens in der Zeit des Nationalsozialismus. Seine erste Lebensgefährtin und Hauptdarstellerin, die jüdische Schauspielerin Lucie Mannheim (1899–1976), verließ Deutschland 1932. Seit 1939 lebte Fehling mit Joana Maria Gorvin (1922–1993) zusammen, die auch die prägende Schauspielerin vieler seiner Inszenierungen war. Zu Fehlings bemerkenswertesten Arbeiten am Staatstheater gehörten seine Inszenierungen der Stücke von Barlach: *Der arme Vetter* am 23. Mai 1923 mit Heinrich George, *Die Sündflut* am 4. April 1925 mit George als Noah und Lucie Mannheim als Awah, schließlich *Der blaue Boll* am 6. Dezember 1930 mit Heinrich George in der Titelrolle. Hatte Barlach zu Jeßners Inszenierung der *Echten Sedemunds* bekümmert angemerkt, daß dieser Regisseur zur Atmosphäre seines Stücks wohl keinen Zugang gefunden hätte, so war das Gegenteil der Fall bei Fehlings Inszenierungen dieser Stücke. Ihm waren nicht nur Landschaft und Menschenschlag vertraut, Fehling fand einen Weg in diese Dramen, in denen Phantastik und Gegenständlichkeit, Spiritualität und Bodenständigkeit eine so versponnene, der Zeit entrückte und doch wieder so zeitbezogene Einheit bilden. In Heinrich George hatte Fehling einen Protagonisten, der sich wie er diese Barlach-Welt zu erschließen vermochte. Auch bei Stücken wie *Die Wupper* von Else Lasker-Schüler (15. Oktober 1927, Bühne von Cesar Klein) oder *Rauhnacht* von Richard Billinger (17. Dezember 1931 mit Werner Krauß, Bühne von Rochus Gliese) entwarf Fehling Bühnenwelten von magischer Phantastik, gleichzeitig von prallem Realismus. Einen »realistischen Gespenstertanz« nannte Herbert Ihering Fehlings Inszenierung der *Rauhnacht.* (n. G. Ahlers 1985, 103) Ein Ereignis von unerhört provokatorischem Gehalt war Fehlings Inszenierung von Shakespeares *König Richard III.* am 2. März 1937 am Preußischen Staatstheater. Werner Krauß spielte die Titelrolle, Bernhard Minetti den Buckingham; die Bühne entwarf Traugott Müller. Eine »durchdringende Analyse der Tyran-

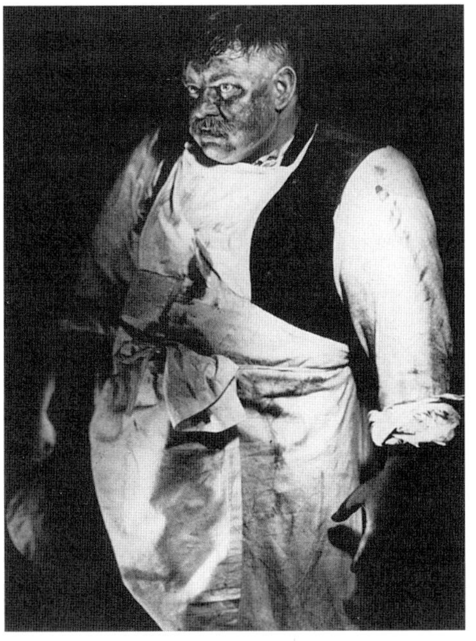

Albert Steinrück als Calan u. Heinrich George als Noah in E. Barlachs Die Sündflut. *Staatstheater, Berlin 1925*

Heinrich George als H. Biermann in Mensch aus Erde gemacht *von F. Griese. R.: J. Fehling. Staatstheater, Berlin 1933*

nei, gespielt im Jahr des Naziterrors 1937« (H.-Th. Lehmann in: G. Ahrens 1985, 172) Traugott Müller entwarf dafür einen monumental abstrakten Raum von unendlich scheinender Tiefe, leicht ansteigend, weiß ausgeschlagen, durch dunkle Soffitten gegliedert, in dem das Drama seine Symbolkraft entfalten konnte. Gloster mit einem unmäßig großen Schwert, neben dem der schmale, durch eine Behinderung gekennzeichnete Körper des Protagonisten beinahe zusammenschrumpft, und doch das Bild eines Schlächters bietet. Die Anspielung auf den hinkenden Goebbels war unverkennbar. Eine zweite nicht minder riskante Anspielung waren die Kostüme der Mörder, die den Uniformen der SA glichen. Es bestand keinerlei Zweifel, der Regisseur hatte dieses Stück als politische Provokation inszeniert, den Nazi-Terror anprangernd und den bevorstehenden Untergang dieser Welt ankündigend. Die Empörung Görings, des Dienstherrn des Staatstheaterintendanten Gründgens, war – wie Zeitgenossen berichten – maßlos. Allein Gründgens gelang es, die Verhaftung Fehlings durch die Gestapo abzuwehren.

Von den zahlreichen Gastinszenierungen, die Jürgen Fehling in den Jahren zwischen 1922 und 1945 außerhalb des Staatstheaters herausgebracht hat (auch Operninszenierungen), waren wohl die denkwürdigsten die am Staatlichen Schauspielhaus in Hamburg: Friedrich Schillers *Don Karlos* am 28. Februar 1935, Lessings *Minna von Barnhelm* am 11. Mai 1935 und *Kriemhilds Rache* von Friedrich Hebbel am 29. Februar 1936. Für die ersten beiden Stücke hatte Cesar Klein die Bühne entworfen, symbolstarke Räume. Schillers Tragödie spielte sich in einem riesigen Hallenraum ab, in einem gepanzerten, grell gelben Kerker, an dessen Decke drohend ein monumentales Kreuz schwebte: Symbol totalitärer Macht. Dieser Raum war Sinnbild auch für das eingekerkerte Deutschland; in ihm sprach Posa sein großes Plädoyer für die Freiheit, das – so auch in der Hamburger Aufführung – das Theaterpublikum zu Beifallsbekundungen hinriß. Einen anderen Akzent setzte Fehling mit der Anlage der Figur des Großinquisitors (in dieser Rolle Gustav Knuth), den er als degenerierten Sadisten vorführte.

Am Staatstheater in Berlin kam Fehlings letzte Inszenierung am 9. Mai 1944 heraus. Es war Hermann Sudermanns *Johannisfeuer*. 1945 wurde dieses Haus durch Artilleriebeschuß zerstört. Mit der politischen Epoche ging hier auch eine theatergeschichtliche Ära zu Ende, die der Regisseur Jürgen Fehling so wesentlich mitgestaltet hatte. Nach 1945 waren Berlin und München die Orte, an denen Fehling inszenierte. Den größten Erfolg in diesen Jahren, in denen er von existentieller Unsicherheit und Depressionen geplagt war, hatte seine Inszenierung von Jean-Paul Sartres Stück *Die Fliegen* am 7. Januar 1948 am Hebbel-Theater in Berlin.

»Durchbruch ins Wirkliche«: Carl Zuckmayer, Ferdinand Bruckner und Marieluise Fleißer

Mit den Zeitstücken kam wieder »Realität« auf die Bühne, wurden Mißstände der Gesellschaft ins Visier genommen, vor allem jene, die sich offenbar zwangsläufig aus deren politischer und moralischer Verfassung erklären lassen. Es waren Themen wie Abtreibung, Willkür der Justiz, Todesstrafe, Sexualität, Probleme der Jugenderziehung, Militarismus und Korruption, die im Stil des Enthüllungsjournalismus behandelt wurden, stets auch mit einem kritisch aktivistischen Impetus, der zu Reformen aufrief, der anklagte. Entsprechend dieser Intention waren es fast ausschließlich Bühnen und Ensembles, die ihre Arbeit als politische Aufklärung oder gar Agitation verstanden, die diese Stücke aufführten; so etwa die Piscator-Bühnen, Schauspielerkollektive und die Spielgruppen der revolutionären proletarischen Organisationen. (vgl. Kap.: Politisches Theater) Die in diesen Stücken behandelten Probleme waren im großstädtischen Milieu angesiedelt, wo sich Laster, Verbrechen und Korruption, wo sich soziale Verelendung und horrender Luxus grell konfrontiert am überzeugendsten darstellen ließen. Dazu lieferten auch die Filme dieser Jahre ihren Beitrag, desgleichen Maler wie Otto Dix, George Grosz und Max Beckmann.

Das Drama, das Theater, wurzelt im Volkstum. Sein Ausdruck, sein Mittel, sein Urgrund ist die Sprache. Seine Aufgabe: das menschliche Wesen in seiner stärksten, lebendigsten, wahrhaftigsten Gestalt immer aufs neue darzustellen, zu suchen, zu fordern, zu beschwören. Je volksnäher ein Werk des Theaters ist, desto näher kommt es dieser Aufgabe. Welt-Theater bedeutet: Austausch, gegenseitige Durchdringung mit solchen Werten und Wesenheiten, die über das Zeitgebundene, Einmalige ins Allgemeine, Große, Ewig-Menschliche wachsen. Welt-Gefühl: die natürliche Steigerung des Heimat-Gefühls. Welt-Kunst: das Ziel aller Kunst.

(C. Zuckmayer 1928 in: U. Ott u.a. 1996, 116)

Zu dieser Entwicklung kam wenig später eine Gegenbewegung auf, die sich bald auch in den Spielplänen der Theater abzeichnete. Es kamen Stücke zur Aufführung, deren realistischen Gesellschaftsbildern die Tendenz zum politischen Aktivismus fehlte, nicht unbedingt aber ein kritischer Ton, die deswegen aber auch auf den »bürgerlichen« Bühnen, von den Hamburger Kammerspielen bis zum Deutschen Theater in Berlin, aufgeführt wurden, ja dort zu Erfolgsstücken werden konnten. Kennzeichnend für einige dieser Stücke war, daß darin auch das Leben in der Provinz als neues Sujet auf die Bühne kam. Kennzeichnend war auch, daß es diesen Stücken bei aller Eindringlichkeit, mit der sie den Einzelfall im »wirklichen Leben« aufgriffen, letztlich um umfassendere Zeitdiagnosen ging, um »Querschnitte«, ja um Modellhaftes. Zu den Dramatikern, deren Werke für diese Richtung standen, zählen: Carl Zuckmayer, mit dessen Erfolgsstück *Der fröhliche Weinberg* sich 1925 eine Zäsur in den Spielplänen der Theater ankündigte; Ferdinand Bruckner, in dessen dem Zeitstück besonders nahestehenden Dramen komplexe Zustandsbilder der Gesellschaft oder elementarer Lebensbeziehungen entworfen wurden; schließlich Marieluise Fleißer, deren Schilderungen »unheilbarer Idyllen« Modellcharakter beanspruchten: »Ingolstadt steht für viele Städte«, vermerkte die Autorin in einem Interview im Jahre 1963. (vgl. G. Rühle 1973, 438)

Von Carl Zuckmayer (1896–1977) waren es zwei Stücke, die ihn zu einem erfolgreichen Bühnenautor in der zweiten Hälfte der Weimarer Republik werden ließen: *Der fröhliche Weinberg* (1925) und *Der Hauptmann von Köpenick* (1931). Repertoiregeschichtlich ist daran bemerkenswert, daß mit diesen Stükken ein neuer Ton auf die deutschen Bühnen kam. Es sei ein »Durchbruch ins Wirkliche«, – so begründete Paul Fechter die Verleihung des Kleist-Preises 1925 an Zuckmayer für dessen in rheinhessischem Dialekt geschriebenes alkoholseliges Volksstück *Der fröhliche Weinberg* –, und es war eine neu entdeckte Liebe für den vitalen Charme und den Witz der einfachen Leute: »Erst der Mensch, Friedrich! Und dann de Menschenordnung!« – Auf dieser Präferenz beharrt im *Hauptmann von Köpenick* der Schuster Voigt gegenüber seinem obrigkeitshörigen Schwager. Nach der Symbolträchtigkeit der abstrakten expressionistischen Szenarien brachten diese Stücke wieder pralles Milieu auf die Bühne, genau beobachtet aber auch mit leichter Ironie vorgeführt; dem Expressionismus so fern wie dem Aktivismus der Zeitstücke; freilich auch nicht von jener komisch-unheimlichen Doppelbödigkeit der Volksstücke Ödön von Horváths (vgl. Kap.: Österreich), die seit 1929 auf Berliner Bühnen zu sehen waren. Zuckmayer war es, der 1931 den österreichischen Dramatiker für den Kleist-Preis vorschlug.

Zuckmayers Weg zum Theater war eine frühe Entscheidung in dessen Biographie. In seinen Studienjahren in Frankfurt hatte er am dortigen Neuen

Zuckmayer betrachtet die Welt, er zeichnet sie. Aber ich sehe nicht den festen Punkt, von dem aus er betrachtet. Er wechselt, er ist verliebt in seine Personen. Er lenkt nicht den Geist des Zuschauers dahin, von wo aus er betrachten soll. So kann der eine den Militärschwank, der andere eine leichte soziale Anklage, der dritte die Satire sehen.

(H. Ihering über die Uraufführung des Hauptmann von Köpenick *in: Berliner Börsen-Courier vom 6. März 1931. Abend-Ausgabe)*

C. Zuckmayer: Katharina Knie. *Szenenfoto der Uraufführung. R.: K. H. Martin. B.: R. Neppach. M.: W. R. Heymann. Lessing-Theater, Berlin 1928*

Werner Krauß in der Titelrolle von C. Zuckmayers Der Hauptmann von Köpenick. *Schillertheater, Berlin 1954*

Günther Lüders in der Titelrolle von C. Zuckmayers Der Hauptmann von Köpenick. *Stuttgart 1963*

Theater die expressionistischen Inszenierungen von Richard Weichert und Gustav Hartung erlebt und war in seinen ersten eigenen Arbeiten ganz auf diese Richtung eingeschwenkt. *Kreuzweg* nannte er sein erstes Bühnenstück, das Ludwig Berger (1892–1969) an Jeßners Berliner Staatstheater zwar am 10. Dezember 1920 herausbrachte, das jedoch ein totaler Mißerfolg wurde. »Es gab drei Stunden lang nur Geharftes, Weichexpressionistisches, Zufälliges, Hingereihtes, Verschwommenes, Ballungsloses ... Fragen der Welt Bedichtendes« – so Herbert Iherings sarkastischer Kommentar zu dieser Uraufführung. (n. R. Lange 1969, 93) Vorausgegangen waren Engagements Zuckmayers als Dramaturg in Kiel und München. Zusammen mit Bertolt Brecht engagierte ihn Erich Engel 1924 als Dramaturg an Max Reinhardts Deutsches Theater in Berlin. Dort nun vollzog sich – orientiert an der Arbeitsweise von Engel – die Lösung von den expressionistischen Vorbildern. In diesem veränderten Klima entstand Zuckmayers erste Komödie *Pankraz erwacht oder Die Hinterwäldler*, die im Februar 1925 in der Regie von Heinz Hilpert an der Jungen Bühne (mit Rudolf Forster in der Titelrolle) uraufgeführt wurde. Hier bereits kündigte sich – noch vor dem Erfolg von *Der fröhliche Weinberg* – Zuckmayers Durchbruch als Bühnenautor an. *Pankraz* leitete die Kurskorrektur ein: »... an die Natur heran, ans Leben und an die Wahrheit«. (n. R. Lange 1969, 30) Dies entsprach zudem einem Mentalitäts- und Geschmackswandel, der sich um die Mitte des Jahrzehnts abzeichnete. Die Zeit der Experimente mit der Abstraktion war vorbei.

Auch mit der Komödie *Der fröhliche Weinberg*, die außerhalb aller literarischen Trends dieser Jahre lag, traf Zuckmayer offenbar ein Bedürfnis des Publikums nach unbeschwertem, keineswegs aber oberflächlichen Theater. Dabei zeigte die wütende Aufnahme dieser Komödie bei der nationalsozialistischen Presse, daß dieser Autor alles andere als ein »harmloses« Gemütsstück verfaßt hatte. Es war ganz offensichtlich, daß Zuckmayer mit der Figur des »völkisch« und antisemitisch schwadronierenden Assessor Knuzius einen Zeittypus als komische Figur auf die Bühne gebracht hatte, der für das deutsch-nationale Lager stand. In Berlin fand die Uraufführung am 22. Dezember 1925 am Theater am Schiffbauerdamm statt (Regie: Reinhard Bruch), einen Tag später wurde es am Schauspielhaus Frankfurt aufgeführt (Regie: Heinz Hilpert); Aufführungen in zahlreichen anderen Städten folgten. Dabei kam es stets zu Krawallen. In München wurde im Landtag gegen das Stück interveniert. Erst nach einer »Zensuraufführung« und entsprechenden Textstreichungen wurde es in Bayern zur öffentlichen Aufführung freigegeben. Nun aber hatte es Zuckmayer als Bühnenautor geschafft. Dabei ging es in dieser harmlosen Komödie um einen typischen Lustspielkonflikt: Klärchen, die Tochter des verwitweten Weingutbesitzers Gunderloch, entgeht gerade noch der vom Vater vorgesehenen Verheiratung mit dem ungeliebten Assessor Knuzius – als Typ die Karikatur eines Akademikers und ein Mitgiftjäger obendrein – und bekommt aber am Ende doch den Mann, den sie liebt, nämlich Jochen Most, einen unverbildeten Rheinschiffer. Der Weg zu diesem glücklichen Ausgang führt über Prügeleien und Paarungen im Heuschober, endet aber schließlich in einem turbulenten Weinfest, bei dem gleich drei Paare zusammenfinden. Das Stück wurde 1927 und nochmals 1952 verfilmt.

Zuckmayer schrieb im Genre des Volksstücks weiter, zunächst das Moritatenstück *Schinderhannes*, das am 13. Oktober 1927 am Berliner Lessing Theater

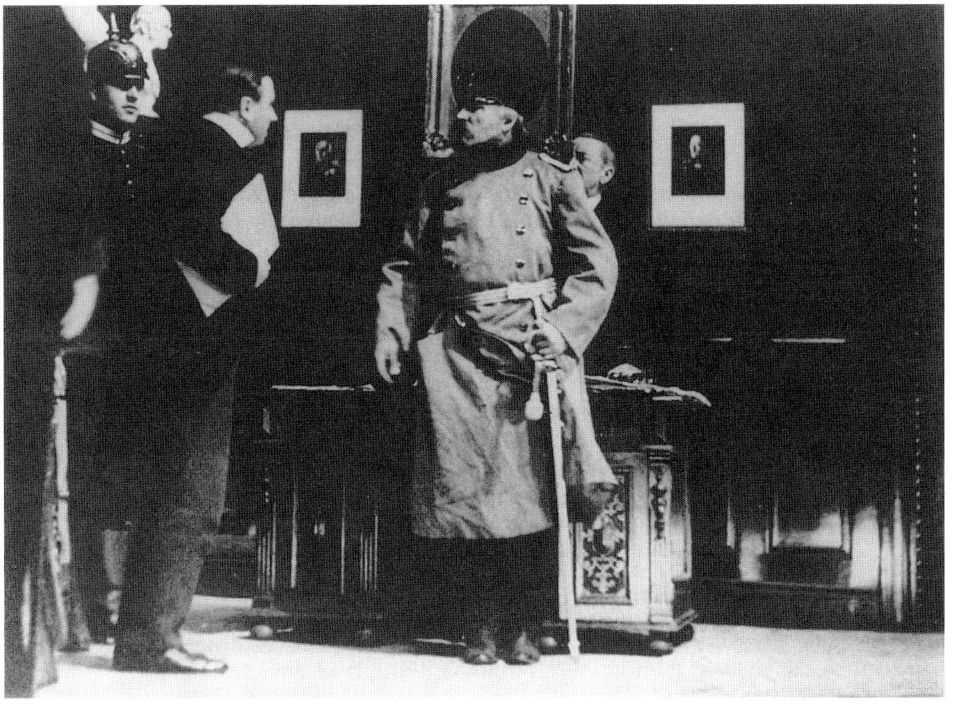

C. Zuckmayer: Der Hauptmann von Köpenick. *Szenenfoto der Uraufführung. R.: H. Hilpert. B.: E. Schütte. Deutsches Theater, Berlin 1931. Werner Krauß in der Titelrolle.*

uraufgeführt wurde und die Geschichte eines deutschen Robin Hood erzählt: Freund und Helfer der Armen und Unterdrückten, der mit seiner Bande einen Privatkrieg gegen Geschäftemacher aller Art und die napoleonische Besatzungsmacht (um 1800) im besonderen führt. Am Ende aber wird er verraten und hingerichtet. Es folgte das »Seiltänzerstück« *Katharina Knie*, dessen Uraufführung am 21. September 1928 wiederum am Lessing-Theater stattfand. Hier überwiegen die rührseligen Töne. Im Zentrum steht der alte Knie, ein Zirkusdirektor, der um die Weiterführung seines Lebenswerks durch seine Tochter kämpft. Diese fügt sich schließlich – entgegen ihrer eigenen Lebensplanung – dieser »Bestimmung«. Nach dem tragischen Tod des Vaters weiß sie, wo sie hingehört: »ma darf nit weglaufe«.

Um Zuckmayers größten Bühnenerfolg, *Der Hauptmann von Köpenick*, kam es zu einem Streit mit Fritz Kortner. Der nämlich hatte den Stoff entdeckt – eine Berliner Zeitungsmeldung vom 17. Oktober 1906 –, ein Szenarium ausgearbeitet und wollte mit diesem Stück (das zunächst Hans José Rehfisch schreiben sollte) sein Debüt als Regisseur geben. Schließlich aber schrieb Zuckmayer die Komödie von dem stellungslosen Schuster Wilhelm Voigt, der in einer beim Trödler erworbenen Hauptmannsuniform die städtische Wachmannschaft zu Köpenick, einer Kleinstadt am Rande Berlins, unter sein Kommando bringt, das Rathaus besetzt, den Bürgermeister verhaftet und – ganz gegen seinen Willen – die Gemeindekasse beschlagnahmt. Ziel des Unternehmens war es vielmehr gewesen, daß sich der soeben aus dem Zuchthaus entlassene Voigt einen Paß beschafft. Ein Paß nämlich, um den er sich in geradezu fataler Vergeblichkeit immer wieder bemüht hatte, wäre die Voraussetzung für eine Wiedereingliederung in die Gesellschaft gewesen, die sich der im Grunde rechtschaffene

Heinz Rühmann in der Titelrolle von C. Zuckmayers Der Hauptmann von Köpenick. *Münchner Kammerspiele, 1962*

Hans Albers als Gustav Tunichtgut in F. Bruckners Verbrecher. *Deutsches Theater, Berlin 1929*

und vor allem staatstreue Voigt so sehr ersehnte. Dessen riskantes Manöver im Köpenicker Rathaus konnte nur deswegen gelingen, weil in den Spielregeln dieses Systems commentmäßiges Auftreten in Uniform und zackigem Jargon – quasi als Reflex darauf – bei Amtspersonen geradezu blindes Gehorsamsverhalten auslöste. Erlernt hatte Voigt dieses Auftreten im Zuchthaus, in den Exerzierspielen, die der von allem Militärischen faszinierte Anstaltsdirektor zur Disziplinierung und patriotischen Erziehung seiner Häftlinge eingeführt hatte. Der ernsthafte Aspekt dieser Komödie ist der, daß sie das perfekte Funktionieren einer staatlichen Ordnung vorführt, die den Menschen nur noch als Verwaltungsobjekt betrachtet. Vor allem auch stellt dieser Voigt die Frage nach dem Sinn dieser Ordnung: »Unterordnen. Jewiß! Aber unter wat drunter?! Det will ick janz jenau wissen!« An einer Vertiefung der in dieser Frage angelegten Kritik, die durchaus auf Tendenzen in der politischen Entwicklung der Weimarer Republik zielte, hatte der Autor offenbar wenig Interesse und läßt sein Stück in einem grellen, aber versöhnlichen Lachen enden. In dieses Lachen bricht Voigt aus, als er sich selbst erstmals in Uniform im Spiegel erblickt.

In der Berliner Uraufführung führte Heinz Hilpert (1890–1967) Regie, Werner Krauß spielte die Titelrolle. Die Aufführung war ein sensationeller Erfolg. Mehr als hundert Theater übernahmen das Stück in ihr Repertoire. 1933 freilich wurde es verboten; zu sehr sahen sich die Nationalsozialisten darin in ihrem Uniformkult lächerlich gemacht. Zudem galt Zuckmayer, der 1933 nach Österreich übergesiedelt war, als linker Autor. 1938 ging er in die Emigration, zunächst in die Schweiz, 1939 in die USA. Dort arbeitete er zeitweilig als Dozent an Erwin Piscators New Yorker Theaterschule, später als Zivilangestellter für die amerikanische Regierung. Im Exil entstanden weitere Stücke, von denen das bemerkenswerteste *Des Teufels General* ist, das am 12. Dezember 1946 am Züricher Schauspielhaus – wieder in der Regie von Heinz Hilpert – zur Uraufführung kam. Gustav Knuth spielte die Titelrolle in diesem Stück über den deutschen Widerstand gegen Hitler, jenen Fliegergeneral Harras, einen Teufels-

F. Bruckner: Die Verbrecher. *Simultanbühne von Rochus Gliese. Szenenfoto der Uraufführung. Deutsches Theater, Berlin 1928*

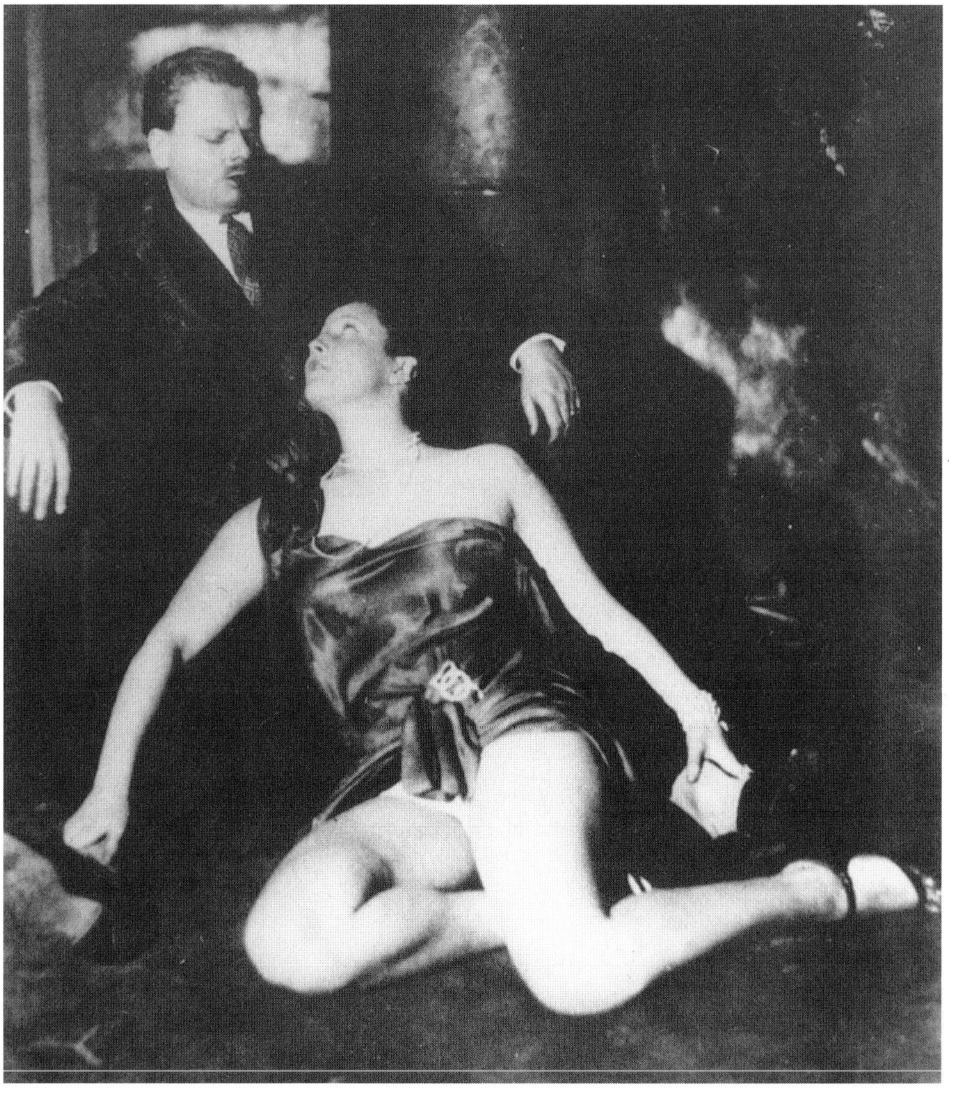

F. Bruckner: Die Verbrecher. *R.: H. Hilpert. Deutsches Theater, Berlin 1928 (Uraufführung)*

kerl, der in kernig vitaler Heldenmanier dem verbrecherischen Staatsapparat und der Gestapo Paroli bietet, am Ende jedoch hoffnungslos unterliegt. Das in seiner Sicht auf das Widerstandsverhalten des Protagonisten sicherlich nicht unproblematische Stück wurde Zuckmayers größter Nachkriegserfolg auf der Bühne und löste leidenschaftliche Diskussionen aus. In der Verfilmung 1954 durch Helmut Käutner spielte Curd Jürgens (1912–1982) die Rolle des charmant schnoddrigen Fliegergenerals.

Ferdinand Bruckner (1891–1958) hatte einen ersten Erfolg auf der Bühne mit seinem Stück *Krankheit der Jugend*, das in der Regie von Mirjam Horwitz am 16. Oktober 1926 an den Hamburger Kammerspielen unter dem Titel *Tragödie der Jugend* uraufgeführt wurde. Es war eine sozialpsychologische Studie, angesiedelt im Milieu von Wiener Medizinstudenten im Jahre 1923. Anläßlich einer Promotionsfeier bricht zwischen sechs jungen Menschen in hemmungslos aus-

E. Lasker-Schüler: Die Wupper. *R.: J. Fehling. B.: C. Klein. Staatstheater, Berlin 1927*

gelebten sexuellen Obsessionen ein Konflikt aus, der (einige Tage später) für die lesbische Intellektuelle, die Gräfin Desirée, und für die von ihrem Geliebten betrogene Marie tödlich endet. Desirée vergiftet sich, Marie provoziert bewußt ihre Ermordung. Bruckner schildert in dem Stücke eine Lebenssituation ohne jede Perspektive. Haltlosigkeit ist die »Krankheit« dieser Jugend. Verursacht ist sie durch den Verfall aller moralischen und gesellschaftlichen Werte und Schranken. Es ist eine schonungslose Zeitdiagnose, aber auch »der Notschrei einer Jugend, … die sich hoffnungslos am Ende sieht.« (O. Schabbel in: G. Rühle 1967, 734) Die offene Behandlung des Themas Sexualität, die im Zentrum aller Konflikte dieses Stücks steht, führte regelmäßig zu Skandalen bei dessen Aufführung in den zwanziger Jahren. Für die zeitgenössische Kritik war das Vorbild Wedekind (»Urvater all dieser Sexualpathetik«) erkennbar, ebenso lag der Vergleich mit dem Stück *Anja und Esther* von Klaus Mann nahe, das ein Jahr zuvor (19. Oktober 1925) ebenfalls an den Hamburger Kammerspielen uraufgeführt wurde. So provokant modern die Thematik des Stücks und ihre Behandlung war, entsprach es in seiner dramaturgischen Form dem psychologischen Realismus Schnitzlerscher Gesellschaftsstücke. Bruckner wurde in Wien geboren, lebte aber nach Studienjahren (Medizin, Jura, Philosphie) in Wien und Paris bis zu seiner Emigration 1933 in Berlin, wohin er 1951 auch zurückkehrte und von

1953 bis zu seinem Tod am Schiller-Theater als Dramaturg arbeitete. Unter seinem eigentlichen Namen, Theodor Tagger, hatte Bruckner 1922 in Berlin das Renaissance-Theater gegründet, an dem er überwiegend zeitgenössische Stücke herausbrachte. Bis 1928 leitete er diese Bühne. Im gleichen Jahr brachte er dort auch (in der Regie von Gustav Hartung und mit Hilde Körber als Lucy) *Krankheit der Jugend* heraus.

Hatte sich Bruckner in seinem frühen Erfolgsstück formaler Experimente enthalten, so war die Simultanbühne, die er für sein folgendes Stück, *Die Verbrecher*, vorgegeben hatte, dramaturgisch und bühnentechnisch ein bahnbrechendes Ereignis. Bereits 1927 hatte auch Piscator für *Hoppla, wir leben* eine Etagenbühne verwendet, jedoch nicht mit jener dramaturgischen Konsequenz eingesetzt, wie Bruckner diese Bühnenkonstruktion mit dem Kern der Fabel des Stücks verbunden hatte. Dieses sollte am Beispiel eines Berliner Mietshauses einen Querschnitt der Gesellschaft ins (Bühnen-)Bild bringen, vergleichbar Nestroys Volksstück *Zu ebener Erde und im ersten Stock*. Mit Hilfe des Etagengerüsts entstanden für Bruckners Drama drei übereinanderliegende Stockwerke mit je ein bis drei Zimmern. Im Spielverlauf war jeweils ein Raum als Schauplatz beleuchtet, in den anderen Räumen lief die Handlung als stummes Spiel weiter. Das Auf- und Abblenden dieser Räume wurde von der zeitgenössischen Kritik als Adaption filmischer Gestaltungsmittel kommentiert. Die Uraufführung fand am 23. Oktober 1928 am Deutschen Theater in Berlin statt. Regie führte Heinz Hilpert, Bühnenbildner waren Rochus Gliese und Friedrich Ulmer. Das buchstäblich vielschichtige Geschehen fand in den Jahren der Inflation statt. Es ging in den inhaltlich parallel und simultan geführten Handlungen durchweg um größere oder kleinere Verbrechen, die in unterschiedlichen sozialen Schichten stattfanden. Was dabei demonstriert werden sollte, war die Verkommenheit der Justiz, ihre Vermischung von Rechtsauffassung, sozialen Vorurteilen und einer höchst reaktionären Moralauffassung, stets zuungunsten der sozial Schwachen. Ging es in dem Stück von 1926 um die »Krankheit« der Jugend, so wird in diesem die Gesellschaft als »krank« in den Grundlagen ihrer moralischen Verfassung diagnostiziert.

Mit dem Drama *Elisabeth von England,* das die verquere Liebesbeziehung der alternden »jungfräulichen« Königin zu ihrem jugendlichen Günstling Essex zum Thema hat, lag Bruckner ganz auf der Linie des um 1930 zu registrierenden Trends – der Zeitstücke überdrüssig –, historische Stoffe auf die Bühne zu bringen. Regisseur der Uraufführung am 1. November 1930 am Deutschen Theater war wiederum Heinz Hilpert, das Bühnenbild entwarf Ernst Schütte; Agnes Straub spielte die Titelrolle, Adolf Wohlbrück den Essex. Für dieses Stück konnte Bruckner die in *Verbrecher* entwickelte Dramaturgie des Nebeneinanders wirkungsvoll einsetzen, um die Gegensätze der Schauplätze Madrid (Katholizismus) und London (Protestantismus) effektsicher in Szene zu setzen.

Unmittelbar nach der Machtübernahme der Nationalsozialisten emigrierte Bruckner in die Schweiz. Dort wurde am 31. November 1933 am Züricher Schauspielhaus (Regie: Gustav Hartung) – unter Anwesenheit vieler prominenter Emigranten – das in wenigen Tagen verfaßte Schauspiel *Die Rassen* uraufgeführt, das den unter Studenten einer deutschen Universität (im Frühjahr 1933) grassierenden Antisemitismus schildert. Es ist vor allem dieses Stück von Ferdinand Bruckner, das bis heute seine Stellung im Repertoire der Theater be-

M. Fleißer: Fegefeuer in Ingolstadt. *R.: P. Stein. Angela Winkler als Olga u. Rüdiger Hacker als Roelle. Schaubühne am Halleschen Ufer, Berlin 1972*

hauptet hat. Es tritt darin – wie bei allen späteren Arbeiten Bruckners – das Interesse am Formalen gegenüber einer ethischen Botschaft deutlich zurück.

Die Unmittelbarkeit, mit der Autobiographisches in die Erzählungen und Stücke der Marieluise Fleißer (1901–1974) eingeht, läßt eine geradezu körperlich spürbare Nähe zu deren Figuren aufkommen. Dieser auch in den Brechungen der Sprache sich vermittelnde Realismus unterscheidet die Stücke der Fleißer von denen Bruckners (*Krankheit der Jugend*), Bronnens (*Vatermord*) oder Klaus Manns (*Anja und Esther*), die ganz ähnliche Themen behandeln: die Hilflosigkeit junger Menschen, für ihr Leben einen Sinn zu finden, in einer Gesellschaft, deren moralische Ordnung längst zerbrochen, deren leere Autoritätsrituale jedoch noch funktionieren. Thema von Marieluise Fleißers Stücken dieser Jahre – *Fegefeuer in Ingolstadt* und *Pioniere in Ingolstadt* – ist die heillose Verschränkung von sexueller Erniedrigung, sozialer Unterdrückung und jenen Machtspielen, wie sie Gruppen gegenüber einzelnen ausüben und diesen dabei das Stigma des Außenseiters einbrennen; oder wie sie Frauen von den »Mannsbildern« erfahren, denen sexuelle Hörigkeit oder »Liebe« eins sind. Was den Blickwinkel, die Haltung ausmacht, mit der die Fleißer diese Thematik behandelt, so ist dies zum einen geprägt durch die eigene Erfahrung mit dem Leben in der Provinz, in dem katholisch-engen Ingolstadt, dem »höllischen Beobachtungssystem der Kleinstadt« (G. Rühle 1972, 11). Zugleich aber ist ein entschlossener Ausbruchswille aus dieser Lebenssphäre präsent; nicht in Figuren dieser Stücke, denen ein solcher Ausbruch gelingt, wohl aber vermittelt in dem ästhetischen System, mit dessen Hilfe sich die Autorin – die den Schritt aus der Provinz in die Großstadt Berlin eine Zeitlang schaffte – eine Distanz zu diesem Leben erschrieb. In einer Zeitungsumfrage im Jahre 1929 erklärte sie, in einer für sie typischen kunstvoll holprigen Formulierung, daß sie über »Sitten und Gebräuche an Hand von Anlässen« schreibe, und sprach von dem »naiven

Sehen«, das dabei erforderlich sei. Sie schob damit jeden »verkleinernden« Naturalismus, jedwedes Interesse an Milieuschilderung beiseite und machte deutlich, daß es ihr ums Typische gehe, um Verdichtung. Mit diesem Verfahren des Schreibens erzeugte Fleißer eine Komplexität, die ihren Figuren so sehr das Verständnis ihrer selbst abhanden kommen läßt, daß diese allein noch in Ritualen miteinander zu kommunizieren vermögen, eine Form der Kommunikation, die sich am Körper vollzieht. »Dramatisch wird, was dem Körper widerfährt, die Zugriffe, die Verletzungen, das System der Schmerzen. So konnte die Autorin später sagen, ohne was vom Theater zu wissen, habe sie lauter Rollen geschrieben.« (G. Rühle 1972, 14) Dieses »naive Sehen«, das alles andere als ein naives Bewußtsein hinter sich und eine Methode des – gewissermaßen naturwüchsig – distanzierenden Schreibens zur Verfügung hat, war eine Position, die unweigerlich die Aufmerksamkeit des jungen Brecht auf diese Autorin auf sich ziehen mußte. So wurde schließlich diese Beziehung für Marieluise Fleißer zum Schlüsselerlebnis ihrer Karriere. (vgl. Kap.: Bertolt Brecht) Bevor sie in Brechts Berliner Kreis geriet, hatte sie in München Theaterwissenschaft, Germanistik und Philosophie studiert, dort auch einige Hungerjahre durchlitten (1919–1922), hatte Lion Feuchtwanger kennengelernt, der sie an die neuesten literarischen Trends heranführte. Sie las Brechts frühe Stücke, schrieb selbst einige Erzählungen und das Stück *Fegefeuer in Ingolstadt* (entstanden 1924), das zu der Zeit noch *Die Fußwaschung* hieß. In dem Prosatext *Avantgarde* (1962, ursprünglich mit dem Titel *Das Trauma*) berichtet die Autorin über ihre Begegnung mit Brecht, über das »Trauma« dieser komplizierten künstlerischen und sexuellen Liaison. Brecht und Feuchtwanger waren es, die die Uraufführung von *Fegefeuer in Ingolstadt* (25. April 1926) an der Jungen Bühne am Deutschen Theater Berlin vermittelten. Es wurde eine einmalige Matineeaufführung (Regie: Paul Bildt und Bertolt Brecht), die vor allem von der Kritik wahrgenommen wurde. Die Autorin erhielt nun aber einen Vertrag mit dem Ullstein Verlag und wurde von Brecht angeregt, *Pioniere in Ingolstadt* zu schreiben. Von diesem Stück kam am 25. März 1928 eine Uraufführung an der Komödie in Dresden zustande, die jedoch wenig Beachtung fand. Eine Überarbeitung des Stücks durch die Autorin, »verschärft« durch Brechts Einfügungen provokanter antimilitaristischer und erotischer Szenen noch während der Proben, wurde am 30. März 1929 im Theater am Schiffbauerdamm in Berlin gezeigt (Regie: Jacob Geis und Bertolt Brecht, Bühnenbild: Caspar Neher). Diese Aufführung wurde zu einem der größten Theaterskandale in der Weimarer Republik, was ganz offensichtlich von Brecht so geplant war. Marieluise Fleißer trennte sich – auch wegen dieser Provokationen – nun von Brecht. Dessen künstlerischer Einfluß auf sie blieb jedoch unverändert stark. So veranlaßte er sie auch 1930, die Arbeit an dem Stück *Der Tiefseefisch* abzubrechen. Es sollte eine Satire werden, in der die Fleißer (nur wenig verschlüsselt) ihre leidvollen Erfahrungen als Frau und Schriftstellerin in der Berliner Literatenszene behandelt. Weitere Stücke entstanden – trotz partiellem Schreibverbot seit 1935 – in den dreißiger und vierziger Jahren, *Karl Stuart* (1938/45) und *Der starke Stamm* (Uraufführung am 7. November 1950 an den Münchner Kammerspielen). So hinterließ die Stückeschreiberin Fleißer trotz des Skandals um die *Pioniere* im Theater der Weimarer Republik kaum Spuren. Die eigentliche Rezeption ihres Werks setzte Anfang der siebziger Jahre ein.

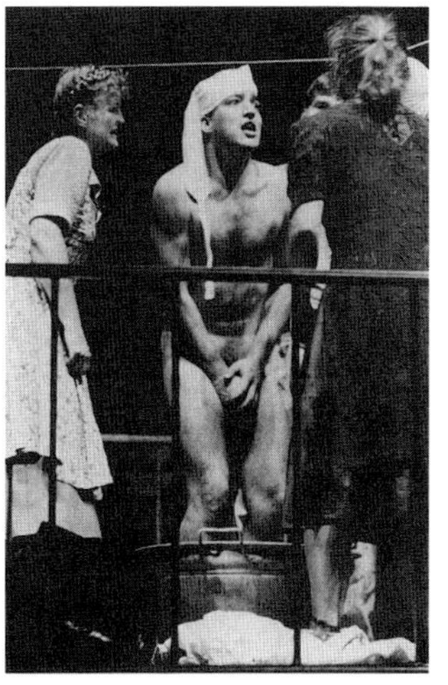

M. Fleißer: Fegefeuer in Ingolstadt. *R.: B. Korn. Mit Henriette Thimig, Matthias Scheuring, Susanne Lothar. Thalia Theater, Hamburg 1980*

»Fegefeuer in Ingolstadt« ist kein geschlossenes Werk, sondern eine offene Szenenreihe, in der weniger die Handlung als das Reden als Handlung funktioniert. Die Sprachduelle finden an der Grenze zwischen Wahrnehmung, Beobachtung, Kontrolle und der entsprechenden sprachlichen Artikulation statt, die sich an die Figuren bindet, ohne sie freizulassen. Der Dialekt als künstliche Sprachmaschine wirkt wie ein Gefängnis, das die Sprechenden auch außerhalb seiner Mauern an den Bau bindet.

(G. Schulz in: M.E. Müller u.a. 2000, 78)

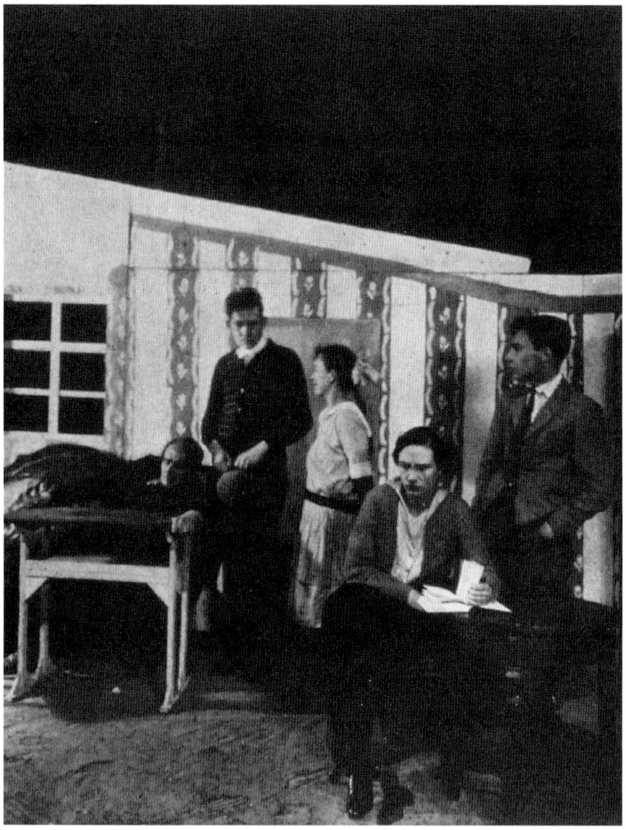

M. Fleißer: Fegefeuer in Ingolstadt. *R.: P. Bildt (unter der Mitarbeit von B. Brecht). B.: T. Müller. Uraufführung an der Jungen Bühne im Deutschen Theater, Berlin 1926*

M. Fleißer: Pioniere in Ingolstadt. *R.: J. Geis. B.: C. Neher. Theater am Schiffbauerdamm, Berlin 1929. Mit Hilde Körber (Berta), Peter Lorre (Fabian) und Lotte Lenya (Alma)*

Die Lebensgeschichte von Marieluise Fleißer, die 1933 wieder nach Ingolstadt »heimgekehrt« war, blieb geprägt von diesem Ort ihrer Herkunft und dessen konservativ-reaktionärer Atmosphäre. Die Berliner Skandale hatten ihre Arbeiten mit dem Etikett »Ingolstadt« versehen (beide Male gegen ihren Willen von Brecht durchgesetzt), was der Autorin bis in die siebziger Jahre hinein Ächtung und Ausgrenzung in ihrer Stadt einbrachte. Hinzu kamen höchst unglücklich verlaufende Partnerbeziehungen. (vgl. G. Lutz 1989) Für die jungen Autoren Martin Sperr, Rainer Werner Fassbinder und Franz Xaver Kroetz wurde sie Ende der sechziger Jahre aber zum Vorbild, als diese ganz ähnliche Themen wieder aufgriffen, wie sie die Fleißer Ende der zwanziger Jahre behandelt hatte: das »Rudelverhalten« gegenüber Außenseitern. Sie selbst entdeckte in diesen Jahren für sich den französischen Autor Jean Genet, mit dessen monströsem Leben sie sich in dem Essay *Findelkind und Rebell* (1969) auseinandersetzte.

Von den beiden »Ingolstadt«-Stücken, von denen jeweils mehrfache Überarbeitungen existieren, hielt Marieluise Fleißer – anders als Brecht – das erste, *Fegefeuer in Ingolstadt*, für das bessere. Episodenhaft schildert sie darin das Treiben einer Gruppe Jugendlicher, deren »System gesellschaftlicher Interaktion, das Reagieren aufeinander, diskontinuierliche Wechsel der Positionen, die Entfaltung eines breiten Bildes gegenseitiger Verfeindungen … Verhaltensweisen und Rollenbestimmungen innerhalb dieses Schädigungssystems bis hin zur Erfindung eigener Märtyrerspiele, die als Aktion auch Selbstdarstellung werden.« (G. Rühle 1972, I, 14) Im Zentrum aller Anfeindungen durch das »Rudel« steht der Gymnasiast Roelle, der einem perfiden Erniedrigungsritual unterworfen wird und sich am Ende selbst für »den letzten Dreck«, gar für den »Teufel« hält. Eine zweite Figur in diesen Spielen der Ausgrenzung und der Martern ist Olga, die durch eine Abtreibung erpreßbar geworden ist. Durch die von Roelle nun erpreßte Nähe zu ihr verfällt auch sie der Ächtung durch die anderen. Wie in diesem Stück »Religiosität noch in den Triebgefühlen« wie eine »heimliche Krankheit« durchschlägt (H.H. Jahnn) und sich die Gruppe durch das Opfer des Außenseiters von ihrer Gewalttätigkeit zu »reinigen« vermeint, verbindet *Fegefeuer* mit dem 1929 entstandenen Drama *Straßenecke* von Hans Henny Jahnn. (dazu: G. Schulz in: M.E. Müller u. U. Vedder 2000, 82ff) Eine zweite Fassung von *Fegefeuer in Ingolstadt*, die 1971 an den Wuppertaler Bühnen uraufgeführt wurde, gilt als Ausgangstext für die meisten der folgenden Inszenierungen dieses Stücks. (vgl. G. Rühle 1972 I, 438f)

Von *Pioniere in Ingolstadt* liegen drei Fassungen vor (1928, 1929, 1968), zudem eine Bearbeitung als Fernsehfilm (1971) durch Rainer Werner Fassbinder, einem der literarischen »Söhne« der Fleißer. Die Handlung dieses Stücks ist durchsichtiger angelegt als die von *Fegefeuer.* Erzählt wird vom Einmarsch eines Trupps von Pionieren in Ingolstadt im Jahre 1926, die dort eine Brücke bauen und danach wieder abziehen. Für die Soldaten sind zwei unbedarfte Dienstmädchen Freiwild für ihre sexuellen Spiele, die im Stück mit provokanter Offenheit dargestellt sind. Die dazu nur allzu bereite Alma glaubt, ungestraft mitmachen zu können, gerät aber ebenso unter die Räder wie Berta, die hofft, in diesem brutalen sprachlosen Treiben »Liebe« zu finden. Haß und Streit unter den Pionieren und Rivalitäten zwischen diesen und jungen Männern vom Ort sind Nebenhandlungen, die ein Gefüge von Machtverhältnissen aufzeigen, die die Erniedrigung der beiden Mädchen, aber auch die Schikanen und Unterwerfungszwänge innerhalb der militärischen Sphäre ermöglichen. Die Aufführung des Stücks rief Empörung in der Ingolstädter Öffentlichkeit hervor. In der *Deutschen Zeitung* sprach der Kritiker vom »Kulturbankrott des Theaters und seiner politischen Ausrottung.« (n. G. Rühle 1967, 934) Von den *Pionieren* kamen am Schiffbauerdamm-Theater dennoch 43 Aufführungen zustande, jedoch mit Streichungen von Szenen, die der Polizeipräsident verfügt hatte.

Politisches Theater in der Weimarer Republik

Die Unvereinbarkeit von Theater (als Kunst) und Politik – gar Tagespolitik oder »Tendenz« – schien bis in die ersten Jahrzehnte des 20. Jahrhunderts im Wesen der Kunst begründet zu sein, so zumindest im Urteil der Mehrheit der ästhetischen Diskurse. Im Laufe des 19. Jahrhunderts war in diesem Zusammenhang »Tendenz« – beinahe mehr noch als »Geschäft« – als eine Eigenschaft gebrandmarkt worden, die ein Kunstwerk seinen »Kunstwert« verlieren ließ, zumindest diesen stark minderte. Der ästhetische Streit um den Naturalismus als vermeintliche »Tendenzkunst« hatte in Deutschland die Gegensätze in dieser Frage besonders hochgespielt. (vgl. M. Brauneck 1974, 176ff) Vor diesem Hintergrund bedeutete die Durchsetzung des politischen Theaters, wie es nach 1918 in Deutschland aufkam, geradezu einen Umsturz im ästhetischen Normengefüge. Für das Theater im 20. Jahrhundert sollte dieser Vorgang von größter Bedeutung werden. Vorbereitet war diese Entwicklung durch die Revolution in Rußland 1917, die auch eine Revolution des Theaters war, da sich mit Vsevolod Mejerchol'd, Majakovskij, Tatlin oder Sergej Ejzenštejn Persönlichkeiten mit ihrem Werk in den Dienst dieser Revolution gestellt hatten, deren Rang als

Etagenbühne für E. Tollers Stück Hoppla, wir leben! *mit der Silhouette von E. Piscator. Fotomontage von S. Stone, Berlin 1927*

Proletkult Cassel: Gestern und Morgen. *Agitationsrevue, 1926*

Künstler unstrittig war. Dies galt für Mejerchol'ds Revolutionierung der Bühnenkunst ebenso wie für die Filme von Sergej Ejzenštejn, die selbst in New York Publikumserfolge waren. In Deutschland waren es Leopold Jeßner, Erwin Piscator und Bertolt Brecht, die – jeder mit anderer Akzentsetzung – dazu beitrugen, daß das Theater, diente es als Forum der politischen Auseinandersetzung, sein Ansehen als künstlerische Institution durchaus bewahrte, ja damit gar seine einstige aufklärerische Bedeutung wiedergewann. Gewiß mußte dies gegen ein Bollwerk konservativer Gegnerschaft erkämpft werden. Gefördert wurde dieser Prozeß gewiß auch durch die politischen Verhältnisse zu Beginn und gegen Ende der Weimarer Republik. Die Umsturzversuche extremistischer politischer Parteien und das explosive politische Klima in diesem Jahrzehnt ließen ein Beharren auf der Neutralität künstlerischer Arbeit, zumal des Theaters als der öffentlichsten aller Künste, unglaubwürdig werden. Bemerkenswert war aber auch, daß die Politisierung des Theaters eine enorme künstlerische Kreativität und Experimentierlust freisetzte, dies freilich ausschließlich in der politisch links orientierten Künstlerschaft. Die Politisierung des kulturellen Lebens durch rechts stehende Gruppierungen erfolgte in erster Linie über die Publikationsorgane der deutsch-nationalen und der nationalsozialistischen Partei und deren Sympathisanten, durch indirekte oder direkte Zensur durch die Ordnungsbehörden, rassistische Diffamierung von Bühnenautoren und Künstlern, schließlich durch offenen Terror, der sich gegen diese richtete. So etwa wurden 1927 eine »Großdeutsche Theatergemeinschaft«, 1928 von Alfred Rosenberg der »Kampfbund für Deutsche Kultur« und 1929 ein »Kampfbund der deutschen Bühnenkünstler und Bühnenmusiker« gegründet; Verbände, die diese Art Agitation ideologisch vorbereiteten. Daneben gab es Bestrebungen, die kulturpolitische Doktrin der NSDAP offensiv in eigenen Institutionen durchzusetzen. Das Projekt einer »Nationalsozialistischen Volksbühne« (1928) scheiterte jedoch. 1931 wurde in Berlin eine Parteibühne der NSDAP, die ein »Deutsches Nationaltheater« werden sollte, eingerichtet, die aber nur ein Jahr existierte. In einzelnen Gauen der NS-Kampfbünde gab es kurzlebige Einrichtungen solcher Parteibühnen. Der Versuch, ein der NSDAP zugehöriges Theaterwesen im Sinne eines »völkisch kämpferischen« Theaters aufzubauen (vgl. Kap.: Theater zwischen 1933–1945), blieb vor 1933 eine im deutschen Theaterleben marginale, künstlerisch unbedeutende Erscheinung. F.W. Knellessen (1970, 247) vermerkt dazu zu Recht: »Gemessen an der politisch-revolutionierenden Theaterbewegung der Linken waren die Versuche der extremen Nationalisten, durch das Medium des Theaters Einfluß auf die Umgestaltung des politischen Lebens zu nehmen, spärlich und für die Theatergeschichte völlig unergiebig. Eine Untersuchung der szenischen Ausdrucksmittel dieser vereinzelten Ansätze erübrigt sich, da sie eine stilbildende Funktion, die Tradition gepflegt oder geschaffen hätte, nie erlangen konnte.« Die hier angedeutete Problematik sollte sich, vor allem im künstlerischen Bereich, auch nach 1933 fortsetzen, selbst nachdem das deutsche Theaterwesen der nationalsozialistischen Kulturadministration unterworfen und »gleichgeschaltet« worden war.

Das neue Theater und der neue Staat: Sie kommen aus demselben Verlangen. Sie wollen und versuchen den gleichen Weg: aus dem Chaos zurück in die Kultur, in eine neue Ordnung von Kunst und Geist. Die jungen Dichter, die auf der Bühne erscheinen, wirken wie Apostel und Propheten, wie die Verkörperung der reinen Jünglingsgestalten, für die die deutsche Seele sich ihre eigene Mystik erfunden hat. Fritz von Unruh, Walter Hasenclever, Paul Kornfeld, der endlich entdeckte frühe Georg Kaiser, selbst noch Ernst Toller sind so betrachtet worden: als »dem Chaos Entstiegene«, wie es bald heißt: Wegführer, Lichtbringer, Verkünder, die die Wandlung sichtbar machten. Für einen Augenblick schien es, als werde die Bühne zum Ort, an dem die Erneuerung der Gesellschaft aus dem Geist und aus der Liebe ihre Kanzel fände.

(G. Rühle 1967, 11f)

Die Volksbühnenbewegung in den Jahren 1914 bis 1933

Es waren überwiegend kulturpolitische Differenzen in der Führung des Vereins Freie Volksbühne gewesen, die 1892 zur Spaltung der Volksbühnenbewegung und zur Gründung der Neuen Freien Volksbühne (vgl. Bd. III, 636ff) geführt hatten. Im Laufe der beiden folgenden Jahrzehnte glichen sich die beiden Vereine, von denen sich die Neue Freie Volksbühne zur größten Massenorganisation der Theaterbesucher in Deutschland entwickelt hatte, in ihrem Programm doch wieder so weitgehend an, daß 1913 einer Vereinigung im Rahmen eines Kartellvertrags nichts mehr im Wege stand. Durchgesetzt hatte sich damit die von Bruno Wille, dem Initiator der Neuen Freien Volksbühne, vertretene »volkspädagogische« Linie einer politisch neutralen Kunstpflege, die inzwischen auch für das Programm der Freien Volksbühne – trotz deren enger Bindung an die Sozialdemokratie – kursbestimmend geworden war. Beiden Vereinen ging es ausschließlich um eine »möglichst uneingeschränkte Teilnahme ihrer Arbeitermitgliedschaft am bürgerlichen Vergnügungs- und Kulturbetrieb.« (H. Braulich 1976, 79) Deutliches Zeichen für den durch die Vereinigung gewonnenen Status des Volksbühnen-Kartells als Großunternehmen im Theaterwesen war die Errichtung eines eigenen Theaterbaus am Bülowplatz in Berlin. Als Architekt war Oskar Kaufmann beauftragt worden. Das monumentale, durch die Beiträge der Mitglieder finanzierte Gebäude galt als Symbol des neuen Selbstbewußtseins der Volksbühne. In einer Vereins-Erklärung dazu heißt es: »Ein ganzes Gewimmel baufälliger, nicht malerischer, sondern nur verschmutzter und verrotteter Häuser im Herzen der Berliner Altstadt, ein ganzes Netz enger, trüber Gassen war abgetragen und ausgetilgt. In glatter Rechnung hatte man Überlebtes und Verkommenes zerstört, ausgerodet. Bis auf die Wurzeln entfernt. Mitten im Wohnbezirk arbeitender, werktätiger Bevölkerung war frische Luft geschafft, war ein freier, unberührter Raum gewonnen, in dem Neues, Jugendliches, Zukunftsträchtiges sich gestalten konnte

G. Weisenborn: U-Boot S4. *R.: L. Reuß. B.: E. Suhr. Volksbühne, Berlin 1928*

... und als erster Bau im neuen Revier erhob sich, dem Ganzen, das hier werden wollte, Mittelpunkt und Weihe gebend, ein Tempel festlicher und froher Gemeinschaft: die Volksbühne.« (n. B. Mauer u. a. 1980, o.S.) Ein Text wie dieser macht deutlich, daß sich die Volksbühne ihrem Selbstverständnis nach längst auch mit jenen verklärenden Formeln darzustellen vermochte, die in der bürgerlichen Rhetorik für die Institution Theater üblich waren. Die Volksbühne war zum »Tempel« erhoben worden. Das neue Theater, das größte in Berlin, war mit drei Rängen und 2000 Sitzplätzen ausgestattet. (vgl. H. Zielske in: E. Fischer-Lichte u.a.. 1998, 60) Die Bühne hatte eine Gesamtbreite von vierzig Metern. Die Drehbühne (einundzwanzig Meter im Durchmesser) war zu einer Hälfte

G. Büchner: Dantons Tod. *R.: K.H. Martin. Volksbühne, Berlin 1929. Mit Walter Franck als Robespierre und Peter Lorre als Saint Just.*

versenkbar, die andere mit einem Hebesystem ausgestattet. Der Kuppelhorizont war sechsundzwanzig Meter hoch, überdacht von einem zweiundvierzig Meter hohen Bühnenhaus; das Orchester versenkbar. Es war die technisch modernste Bühne ihrer Zeit. Eröffnet wurde die neue Volksbühne am Bülowplatz am 30. Dezember 1914 mit einer Aufführung von Bjørnsons Lustspiel *Wenn der junge Wein blüht,* das von Liebe und Familienglück handelt. Erster Direktor der Volksbühne wurde Emil Lessing (1857–1921), einstiger Mitarbeiter bei Otto Brahm und von dessen Bühnennaturalismus geprägt. Um die Besetzung dieser Direktion war in der Leitung des Volksbühnenverbandes ein heftiger Streit entbrannt. Als Alternative zu Lessing war von einer Gruppe innerhalb des Vorstands der Regisseur Leopold Jeßner favorisiert worden. Jeßner galt als einer der politisch engagiertesten Regisseure dieser Jahre und hatte in Hamburg bereits mit Gewerkschaftsorganisationen zusammengearbeitet. (vg. Kap.: Leopold Jeßner) Die Entscheidung für Lessing war letztlich eine Richtungsentscheidung im Sinne eines politisch neutralen Theaters. Lessing blieb jedoch nur für eine Spielzeit. 1915 bot der Vorstand des Volksbühnenverbands Max Reinhardt die Direktion an, der schließlich die Volksbühne – quasi als Dependance zu seinen beiden Hauptbühnen, dem Deutschen Theater und den Kammerspielen – bis 1918 führte. (vgl. Kap.: Max Reinhardt) Ein eigenes, für das Publikum des Volksbühnenverbands konzipiertes Repertoire bot Reinhardt an dieser Bühne nicht an. Zumeist kamen Produktionen seiner anderen Berliner Theater – kaum Neuinszenierungen – zur Aufführung. Die künstlerische Qualität der Volksbühne war unter Reinhardts Direktion zwar gesichert, doch hatte diese Institution nun endgültig jedwedes auf ein Arbeiterpublikum abgestimmtes Profil, selbst ein »volkspädagogisches« verloren. Als mit Beginn der Spielzeit 1918/19 der Reinhardt-Schauspieler Friedrich Kayßler (1874–1945) als künstlerischer Leiter der Volksbühne (bis 1923) eingesetzt und das Theater in die Regie der Vereinsleitung übernommen wurde, war dies ein vager Versuch, dieses für die sozialdemokratische Arbeiterbewegung so exponierte Theater wieder enger an die kulturpolitischen Interessen des Verbandes heranzuführen. 1920 kam es zur Auflösung des Kartellvertrages und zur offiziellen Verschmelzung der beiden Vereine unter dem neuen Namen »Volksbühne e. V.«. Die Volksbühnenorganisation wurde nun auch auf das gesamte Reichsgebiet ausgedehnt.

Von Kayßler konnte zwar keine grundsätzliche Kurskorrektur erwartet werden, wohl aber eine vorsichtige Annäherung des Spielplans an die Probleme der Gegenwart. Ein herausragendes Ereignis in diesem Sinne wurde die Inszenierung von Ernst Tollers Stück *Masse Mensch* (29. September 1921) durch den Regisseur Jürgen Fehling, der auch mit anderen Inszenierungen einen neuen Ton auf diese Bühne brachte. (vgl. Kap.: Jürgen Fehling) Erst jedoch unter Kayßlers Nachfolger Fritz Holl (1883–1942), der die künstlerische Leitung der Volksbühne bis 1928 innehatte, kam es zu einem ersten Schritt der erkennbaren Politisierung der Volksbühne durch die Verpflichtung des Regisseurs Erwin Piscator 1924 für die Uraufführung von Alfons Paquets Stück *Fahnen*. Für Piscator war mit der Übernahme dieses Regieauftrags erklärtermaßen auch ein weitergehendes Ziel verbunden. Die Volksbühne sollte zu einem Forum proletarisch-revolutionären Theaters umgestaltet werden. (dazu H. Braulich 1976, 111f) In allen seinen weiteren Arbeiten an der Volksbühne trieb Piscator diese Entwicklung voran, die schließlich mit der Inszenierung von *Gewitter über Gottland* von Ehm Welk zum offenen Konflikt mit der Verbandsleitung und zur Auflösung seines Vertrags mit der Volksbühne führte. (vgl. Kap.: Erwin Piscator) Inzwischen hatten sich jedoch innerhalb des Volksbühnenvereins Mitgliedergruppen gebildet, vor allem in den überwiegend kommunistisch orientierten Jugendabteilungen, die entschlossen waren, eine grundsätzliche Kurskorrektur zu erzwingen. Zunehmend hatte auch die KPD Einfluß innerhalb der Mitgliedschaft der Volksbühne gewonnen, so daß diese Institution, der inzwischen rund 500000 Mitglieder angehörten, in eine existenzbedrohende politische Krise geriet. Dabei waren Heinrich Neft, der Verwaltungsdirektor, Siegfried Nestriepke (1885–1963) als Geschäftsführer der Volksbühne und der ihnen eng verbundene einflußreiche Kritiker und Dramaturg Julius Bab (1880–1955) diejenigen, die die Gruppe derer anführten, die die Volksbühne um jeden Preis als

Aha: das revolutionäre Drama? Gibt es nicht ... Toller ist groß im Gefängnis, zeitungs-langweilig auf der Bühne. Das kann heute kein Drama geben! Die Menschen stehen viel zu tief dazu, sind viel zu unmoralisch, zu weich, zu verantwortungslos, zu schnell zum Kompromiß bereit. Und der Kompromiß ist Zyankali fürs Drama. Die Zeit zu merkantilistisch. Selbst fluchen und zürnen hat keinen Sinn! Was bleibt übrig? Die Zeit lächerlich machen. Die salzige, harte, böse Ironie. Die Peitsche. Die Unerbittlichkeit. Das Seziermesser bis auf die Knochen. Die Hosen runtergerissen. Die Schande offen ausgelacht. Die gesunde Rache der Kinder, die mit Steinen nachwerfen. A bas le bourgeois! Zerfetzt ihm seinen Regenschirm! Das ist bei Gott nicht dramatisch. Aber man lacht sich selbst ein bissel tot, und der Tod ist der letzte Kitzel, der unsere Langeweile noch etwas bemeistern kann.

(I. Goll: Es gibt kein Drama mehr. *1922; in: P. Pörtner I 1960, 391f)*

idealistisch ausgerichtetes, unpolitisches Bildungsinstitut erhalten wollten. Auf der Gegenseite stand die Anhängerschaft Piscators, die »Sonderabteilungen«, für die der Schriftsteller Arthur Holitscher (1869–1941) als Wortführer auftrat. Daß sich dennoch die Verbandsleitung mit ihrem Kurs durchsetzen konnte, prangerte der Kritiker Herbert Ihering in einer Stellungnahme an, die er mit *Der Volksbühnenverrat* (1929) überschrieb. Ihering kritisierte darin die Preisgabe der einstigen an den politischen Interessen der Arbeiterbewegung orientierten Ideale der Volksbühne. Die Spaltung des Verbands war nun jedoch nicht mehr aufzuhalten. 1930 trennte sich die linke Opposition und gründete die – konsequent kommunistisch geführte – »Junge Volksbühne«. An der »alten« Volksbühne sicherten die Intendanten Karl Heinz Martin (1929–1931) und Heinz Hilpert (1932–1934) mit einem hervorragenden Ensemble das künstlerische Niveau. Es kamen nun auch sehr viel mehr Zeitstücke in den Spielplan.

Der Mensch von heute glaubt nicht mehr an die sogenannte Wirklichkeit, die ihm im Theater serviert wird, dargestellt durch Pappe und Schminke. Dem, der, selbst ein Zerrissener, durch das Geschehnis der unmenschlichen letzten neun Jahre voll Blut und Tränen und verhaltenem Grimm gewandert ist, können die Bretter, die die Welt darstellen, nicht mehr als verkleinernde Photographie munden. Soll ihm die Bühne noch etwas sagen können, so muß sie ihm das Leben, das er selbst durchlebt, in den monumentalen Zeichen der Idee und der Vision zeigen.

(L. Jeßner 1923, n. H. Fetting 1979, 65f)

Wie nahezu alle anderen Berliner Theater war auch die Volksbühne in den Krisenjahren um 1930 wirtschaftlich in größte Schwierigkeiten geraten; die Zahl der Mitglieder war auf ein Zehntel zurückgegangen. Nach der Machtübernahme der Nationalsozialisten löste das Reich die Schulden ab, zugleich erfolgte zügig die Verstaatlichung und politische »Gleichschaltung« der Volksbühne. Im September 1935 wurde von der nationalsozialistischen Regierung ein neuer Vorstand eingesetzt, der Bühne und Verein auf die kulturpolitische Linie der NS-Regierung einschwor. Im Juli 1938 konnte der neue Generalintendant, Eugen Klöpfer (1886–1950) dem Reichsminister für Volksaufklärung und Propaganda Goebbels Vollzug melden: »Die Volksbühne gilt als ein vom Deutschen Reich im öffentlichen Interesse betriebenes Institut.«

So wird an der Geschichte der Volksbühnenbewegung von 1914 bis 1933 und am Schicksal ihrer exponiertesten Bühne, dem Haus am Bülowplatz in Berlin, jenes Paradox überdeutlich, das darin lag, in einem extrem politisierten gesellschaftlichen Umfeld zu versuchen, die Institution Theater aus der Dynamik dieser Verhältnisse herauszuhalten. Die Volksbühne wollte ihrem traditionellen Selbstverständnis nach politisches Theater nicht zulassen, dabei aber war sie selbst seit ihrer Gründung stets auch eine politische Institution, vor allem aus dem Blickwinkel der Ordnungsbehörden. Dieser Widerspruch prägte die Geschichte dieser größten öffentlichen Organisation im Theaterwesen der Weimarer Republik; er war zugleich symptomatisch für den schwierigen Prozeß eines Funktionswandels der Institution Theater, wie er von den realgeschichtlichen Verhältnissen dieser Zeit letztlich erzwungen wurde.

Leopold Jeßner: politisches Theater jenseits von Parteipolitik

»Das Theater hat seine Gültigkeit als exklusive Unternehmung für den Abend mehr und mehr verloren. Es ist Kampfobjekt geworden, aller Parteien und gesellschaftlichen Schichten.«

(Leopold Jeßner, 1928)

Am 12. Dezember 1919 fand am Staatlichen Schauspielhaus Berlin die Premiere von Leopold Jeßners (1878–1945) Inszenierung von Friedrich Schillers *Wilhelm Tell* statt. Albert Bassermann (1867–1952) trat in der Titelrolle auf, Fritz Kortner als Geßler und Arthur Kraußneck (1856–1941) als Attinghausen. Die Bühne hatte Emil Pirchan (1884–1957) entworfen. Diese Inszenierung war eines der legendären Bühnenereignisse in den Jahren der Weimarer Republik. Politisches Theater fand hier erstmals eine große künstlerische Form. Dies war auch dem Publikum dieser Aufführung schlagartig bewußt, und dies nicht nur wegen der Tumulte, die während der Aufführung ausbrachen, sondern aufgrund der ebenso provokanten wie künstlerisch überzeugenden Form, in der hier ein Klassiker an den Pulsschlag der Zeitgeschichte herangeführt wurde. Fritz Kortner berichtet in seinen Lebenserinnerungen *Aller Tage Abend* ausführlich über diese denkwürdige Aufführung: »Jeßners Inszenierung«, schreibt Kortner, »war unzweideutig revolutionär und antinationalistisch. Attinghausens Satz ›Ans Vaterland, ans teure, schließ dich an‹ war demzufolge gestrichen. Mir war nicht wohl bei diesem Strich. Die Masse, das Volk bäumte sich gegen den Unterdrücker auf. Tell, der Eigenbrötler, der Einschichtige, wurde im Laufe des Abends zum bejubelten politischen Attentäter. Es sah am Premierenabend so aus, als ob die Vorstellung gar nicht bis zum Tell-Schuß gedeihen würde. Im Publikum waren Links und Rechts vertreten. Höhnende Zwischenrufe von dem reaktionären Teil, der schon das Bühnenbild laut beanstandete, wurden bereits am Anfang der Vorstellung hörbar. Ein Treppenrechteck, dessen vierte, dem Publikum zugewandte Seite fehlte, nahm die Breite der Bühne ein. Die ziemlich erhöhten Treppen führten – von hinten oben, rechts und links oben – hinunter auf die so eingekesselte Spielfläche. Der jeweilige Schauplatz wurde durch nur winzige Veränderungen angedeutet. Das erregte, damals neu, gegnerische Heiterkeitsstürme.« (1959, 352) Die Vorstellung mußte mehrmals unterbrochen, der Vorhang heruntergelassen werden, da die Saalschlacht im Publikum auf die Bühne überzuschwappen drohte. Das Stück konnte letztlich nur dank des Eingreifens der Polizei zu Ende gespielt werden. Jeßners Regie hatte sich darauf konzentriert, die Freiheitsrevolte der Schweizer Bürger gegen den Terror der habsburgischen Besatzungsmacht herauszuarbeiten. Alle anderen Handlungslinien, vor allem die patriotischen Töne, um derentwillen dieses Stück so oft zum nationalen Festspiel stilisiert worden war, waren stark zurückgedrängt, zumeist gar gestrichen. Diese durch die dramaturgische Bearbeitung hergestellte Konzentration auf die eine, die politische Handlungslinie wurde unterstützt durch Pirchans provokant minimalistische Bühne. Dessen »Treppe« (Jeßner

Bühnenbildentwurf von Emil Pirchan für W. Shakespeares Richard III. *R.: L. Jeßner. Staatliches Schauspielhaus, Berlin 1920*

Was die sogenannten ewigen Kunstwerke betrifft, so besteht ja ihre ewige, das heißt zeitlose Wirkung gerade darin, daß sie für jede Zeit von Aktualitätswert sind. Es heißt ihren Ewigkeitswert verkleinern, wenn man diese Ewigkeit sozusagen in die Wolken schreibt und jeden Versuch, sie auf realem Boden zu manifestieren, als Verunglimpfung brandmarkt.

(L. Jeßner 1923, n. H. Fetting 1979, 173)

bevorzugte den Begriff »Stufenbühne«) wurde zu einem Markenzeichen von Leopold Jeßners Inszenierungen. Dadurch war eine bühnenarchitektonische Struktur von großer Abstraktion und symbolisch suggestiver Kraft vorgegeben, die als szenisches Terrain optimal geeignet war, im Wechsel von oben nach unten die Dynamik politischer Machtspiele – Aufstieg und Fall – augenfällig in Szene zu setzen. In der *Tell*-Inszenierung kam diese »Treppe« erstmals zum Einsatz. Seine Regiekonzeption erläuterte Jeßner selbst folgendermaßen: »Es geht mir um Komprimierung, Sachlichkeit, Weglassen alles Überflüssigen, stärkste Betonung des Wesentlichen, des Überzeitlichen. Die Reinigung des Wortes ist die vornehmste Aufgabe des Regisseurs.« Jeßner verstand sich als ein »Regisseur des Wortes, nicht der Dekoration«. In dieser Hinsicht unterschied sich sein Theater ganz wesentlich von dem seines künstlerischen Antipoden, dem politischen Regisseur Piscator, der durch einen geradezu exzessiven Einsatz der Bühnenmaschinerie, von Bild- und Textdokumenten neben dem gesprochenen Wort eine Zeichenebene von starker emotionaler und informativer Eigenständigkeit aufbaute.

Ein knappes Jahr nach dem *Tell* folgte – am 5. November 1920 – *Richard III.* von Shakespeare mit Fritz Kortner in der Titelrolle. Wieder hatte Emil Pirchan eine Stufenbühne gebaut. Jeßners politische Regie erreichte hier ihren künstlerischen Höhepunkt. Politische Machtgier wurde in dieser Aufführung – im Vorfeld des aufkommenden Faschismus – in Theaterbildern von bis dahin nie erlebter Eindringlichkeit und expressiver Verknappung an den Pranger gestellt. Wieder war hier die Bühnenanlage das zentrale Raumsymbol, um das eine »Atmosphäre von Mord und Hinrichtung« (Leopold Jeßner) entstand: »Die Krönung Glosters findet auf jener gestuften Bühne statt, die ganz und gar mit

Rot, der Farbe des Blutes, ausgeschlagen ist. Auf der höchsten Stufe steht der Neugekrönte. Zu seinen Füßen gruppiert sich die Hofgesellschaft, nicht mehr als historische Wiedergabe einer Kamarilla jener Zeit, sondern im Zeichen des Symbols als einförmige, im Nepotismus erstarrte Gesellschaft in blutigroter Gewandung ... Den stärksten Ausdruck ihrer inneren Gesetzmäßigkeit fand diese programmatische Darstellung in der Szene des Zusammenbruchs. Der Untergang Richards III. vollzieht sich, indem er dieselbe rotgestufte Bühne, auf der er als König im Höhepunkt seines Glanzes gestanden, halb entkleidet, zerrissen, verworren, ein Wahnsinniger bereits, von der obersten Stufe bis zur untersten torkelt, um dort von den weißen Kriegern erstochen zu werden.« So der Regisseur im Rückblick über diese Aufführung. (1979, 100)

Jeßners politisches Theater stand in der Tradition sozialdemokratischen Kunstverständnisses, wie es sich gegen Ende des 19. Jahrhunderts in der Auseinandersetzung mit der literarischen Moderne herausgebildet hatte und als kulturpolitisches Grundsatzproblem in Parteitagen diskutiert wurde. (vgl. M. Brauneck 1974, 99 ff) Stets ging es darum, Parteilichkeit in der künstlerischen Gestaltung strikt von »Tendenz«, gemeint war das offene Bekenntnis für eine Partei als direkte Agitation mit den Mitteln der Kunst – eben das, was Piscator zum Prinzip seiner Arbeit erhoben hatte –, abzugrenzen. In dieser Tradition stehend erläuterte auch Leopold Jeßner 1926 seine Vorstellung von politischem Theater: »Wir leben in einer politischen Zeit. Kaum gibt es einen Zweig des heutigen Lebens oder heutigen Wissens, der sich dieser Atmosphäre entziehen könnte. Die Kunst aber – so fordert man – bleibe unpolitisch. Mit Recht: sofern Politik gleichbedeutend ist mit Parteigesinnung. Mit Unrecht: sofern Politik allgemeine Zeiteinstellung bedeutet, die immer in menschlichen Ideen und Regungen ihren Ursprung hat. In diesem Sinne einer prinzipiellen Verbundenheit mit seiner Zeit ist auch das Theater von politischen Einflüssen nicht unberührt.« (1979, 88) Daß sich diese auch niederschlagen müsse in den Inhalten der künstlerischen Arbeit – nicht etwa nur im Involviertsein der

Fritz Kortner als Othello und Johanna Hofer als Desdemona in W. Shakespeares Othello. *R.: L. Jeßner, Berlin 1921*

W. Shakespeare: Othello, *Letzter Akt. R.: L. Jeßner. B.: E. Pirchan. Staatstheater, Berlin 1921*

F. Schiller: Wilhelm Tell. *R.: L. Jeßner. Staatstheater, Berlin 1923*

Institution Theater in die Zeitverhältnisse –, darüber ließ Jeßner in seinen Inszenierungen keinen Zweifel aufkommen. Insofern unterschied er sich doch auch grundsätzlich von jenem Postulat einer politisch neutralen Kunstpflege, das die Leitung der Volksbühne zu dieser Zeit noch durchzusetzen versuchte.

In seiner politischen Interpretation der Stücke, insbesondere der Klassiker, setzte Jeßner mit seinen Inszenierungen nicht auf plakative Aktualisierungen, sondern politisierte diese vielmehr durch interpretierende Akzentsetzungen mit spielerischen Mitteln. So etwa verfolgte er in seiner *Hamlet*-Inszenierung vom 3. Dezember 1926 – wieder Fritz Kortner in der Titelrolle, Bühne von Caspar Neher – eine Lesart dieses Klassikers, in der nicht das Interesse an der Psychologie der Hamlet-Figur im Zentrum stand (»Die Grammophonplatte von ›Sein oder Nichtsein‹ ist ausgewalzt. Die Melancholie des Dänenprinzen ist sprichwörtlich und somit zum Klischee geworden«), sondern ein »neues Stichwort«: »Der Hamlet von heute bedurfte weniger des Smokings und der Bügelfalte als eines neuen Stichwortes. Und dieses Stichwort heißt: ›Etwas ist faul im Staate Dänemark‹. Hier liegt der Angelpunkt für das Leid Hamlets. Hier der Grund seiner Einsamkeit. Hier das Martyrium, an dem er zugrunde geht. Der Rachegedanke für seinen Vater ist nur der greifbare Antrieb seines Gebarens. Denn hier wurde unter unzähligen Untaten eine – und zwar die gravierendste – offenbar, die die Morschheit jenes Königshofs entlarvte – die Morschheit der Gesinnung und des Zeremoniells, hinter dem sich der Zerfall verbarg. Deshalb mußten dieses Zeremoniell und sein Exponent Polonius besonders penetrant gezeigt werden ... Niemand kann zu Recht behaupten, diese Anschauung hätte Shakespeare ›vergewaltigt‹. Denn es ist nichts darin, was nicht im *Hamlet* enthalten wäre. Nur die Beleuchtung sozusagen hat gewechselt.« (1979, 106f) Für Jeßner waren das Politische und das Künstlerische keine Gegensätze mehr; das Politische war für ihn »ein Mittel des Künstlerischen ..., niemals Selbstzweck.« Was Jeßner wiederbeleben wollte, war jener moralische Anspruch der Theaterarbeit,

Albert Bassermann als Tell in F. Schillers Wilhelm Tell, *Berlin 1919*

G. Hauptmann: Die Weber. *R.: L. Jeßner. Staatliches Schauspielhaus, Berlin 1928*

der für Lessing und Schiller noch selbstverständlich war. Wie Jeßner allein durch die Setzung einer Pause eine Szene politisch umzudeuten vermochte, daran erinnert der Schauspieler und Regisseur Lothar Müthel (1896–1965) am Beispiel der Schlußsequenz von dessen Inszenierung von Gerhart Hauptmanns Stück *Die Weber* am 4. Februar 1928 am Preußischen Staatstheater: »Jeßner steigerte eine mehr epische Vorschrift Hauptmanns ins Dramatische, indem er, die Szene umformend, nach dem Abgang der Weber den alten Hilse trotzig zum Webstuhl gehen, sich setzen und dort lange arbeiten läßt (!), während draußen die Revoltierenden lärmen. Es entsteht eine Riesenfermate; lange Zeit wird kein Wort gesprochen. Heftiger Lärm draußen – und drinnen das große ›Trotzdem‹ der Arbeit. Danach erst (!) tritt der junge Gottlieb Hilse auf und greift zur Axt.« (n. F. Ziege 1928, 54) Durch diese Umgestaltung der Szene wird den Vorgängen die anarchische Hektik genommen, auch wird der bei Hauptmann angelegte Fatalismus gebrochen, und die Revolutionsstimmung erhält einen Zug der Besonnenheit.

Leopold Jeßner wurde in Königsberg geboren. Stationen als Schauspieler waren Graudenz, das Stadttheater in Cottbus, Berlin und Breslau. 1901/02 war er an Gustav Lindemanns Ibsen-Theater engagiert. (vgl.: Kap.: Düsseldorf) Er arbeitete dort unter der Regie von Carl Heine, den er später als seinen »Lehrer« bezeichnete. Das Deutsche Theater in Hannover war die erste Bühne, an der Jeßner auch als Regisseur tätig war; dann auch am Residenztheater in Dresden (1903/04). Ein neuer Abschnitt in seiner Laufbahn begann 1904 am Thalia Theater in Hamburg. Seit 1908 war er dort »Oberregisseur« und blieb bis 1915. In den Jahren 1911 bis 1914 hatte Jeßner auch die künstlerische Leitung der Hamburger Volksschauspiele inne, die von der Zentralkommission für das Arbeiterbildungswesen in Hamburg-Altona veranstaltet wurden. In Hamburg leitete er zudem eine Schauspielschule. Von 1926 bis 1931 arbeitete Jeßner auch mehrfach als Gastregisseur am Altonaer Stadttheater, dort fand er in dem

Fritz Kortner als Gessler in F. Schillers Wilhelm Tell, *Berlin 1919*

W. Shakespeare: Hamlet.
R.: L. Jeßner. B.: C. Neher. Staatstheater, Berlin 1926

A. Bronnen: Ostpolzug.
R.: L. Jeßner. Staatstheater, Berlin 1926.
Fritz Kortner als Alexander

Bühnenbildner Karl Gröning (1897–1971) einen gleichgesinnten künstlerischen Partner. In dieser Hamburger Zeit entwickelte Jeßner sein Profil als Regisseur und Theaterpolitiker. Der gesellschaftskritischen Dramatik der Moderne galt dabei seine größte Aufmerksamkeit. Von den einhundertfünfzig Inszenierungen, die er am Thalia Theater herausbrachte, waren die Arbeiten mit Stücken von Andreev, Gor'kij, Čechov, Tolstoj, Hauptmann und vor allem Frank Wedekind (*Erdgeist* am 27. September 1906, *Frühlings Erwachen* am 19. September 1907, *Der Marquis von Keith* am 25. Mai 1914) Schwerpunkte; immer wieder auch inszenierte er Stücke von Henrik Ibsen. Von 1915 bis 1919 übernahm Jeßner die Direktion des Neuen Schauspielhauses in seiner Vaterstadt Königsberg, wo er in der Richtung, die er in Hamburg eingeschlagen hatte, weiterarbeitete. Seine letzte Inszenierung dort war die von Georg Kaisers *Gas* am 27. Mai 1919.

Mit Beginn der Spielzeit 1919/20 befand sich Jeßner im Zentrum des deutschen Theaterlebens, in Berlin. Er war zum Intendanten des Preußischen Staatstheaters, dem einstigen Königlichen Hoftheater, dem auch das Schiller-Theater angeschlossen war, berufen worden. Von der national-konservativen Presse wurde die Berufung des Juden Jeßner mit Haßtiraden kommentiert. Bewerbungen Jeßners um die Intendanz des Neuen Volkstheaters in Berlin (1913) und Bemühungen um die Direktion der Volksbühne (1914 und 1918) waren aus politischen Gründen gescheitert. (vgl. Kap.: Volksbühnenbewegung) Seine Ausführungen bei seiner Kandidaten-Erklärung von 1913 über die Fürsorgepflicht der Theaterleitungen für ihre Schauspieler waren ein zentraler Bestandteil von Jeßners theaterpolitischen Vorstellungen, die er auch als führendes Mitglied in der Genossenschaft Deutscher Bühnenangehöriger, der Schauspieler-Gewerkschaft, immer wieder einforderte. Es gehörte zum Profil dieses sozialdemokratischen Regisseurs, daß er bei vielen seiner öffentlichen Erklärungen und Reden über Theater neben den künstlerischen Aspekten zumeist auch die standes- und die sozialpolitischen Probleme der Bühnenangehörigen ansprach. In seiner Antrittsrede als Direktor des Staatlichen Schauspielhauses stellte er freilich die künstlerische Richtung, in die er das Haus zu führen beabsichtigte, in den Mittelpunkt: Die »Darstellung der Klassiker … im neuzeitlichen Stile«, dies sollte der Schwerpunkt sein; die Werke Schillers sollten als Zyklus in jeder Spielzeit mehrmals gezeigt werden. So wurden dann auch die großen Klassikerinszenierungen die Dreh- und Angelpunkte in Jeßners Staatstheaterintendanz; neben den Dramen von Schiller vor allem das Werk Shakespeares. Jeßner wurde mit diesen Neudeutungen der Klassiker als »Zeitstücke« – neben Piscator – der umstrittenste Regisseur in den Jahren der Weimarer Republik. Daß er in seinem Spielplan aber auch mit zeitgenössischer Dramatik Akzente setzte, machte sogleich Jeßners zweite Inszenierung am Staatstheater deutlich: Frank Wedekinds *Der Marquis von Keith* am 12. März 1920 mit Fritz Kortner als Keith, Tilla Durieux (1880–1971) als Gräfin Werdenfels und Lothar Müthel als Scholz. Die Premiere fand am Abend des Kapp-Putsches statt. Die Besucher gerieten auf dem Nachhauseweg ins Gewehrfeuer. »Stück und Stunde kamen in einen fast grotesken Zusammenhang«. (G. Rühle 1967, 210) Jeßner führte hier erstmals in Berlin den von ihm in Hamburg entwickelten Wedekind-Stil vor: mit »genial

F. Schiller: Die Räuber. *R.: L. Jeßner. B.: C. Neher. Staatstheater, Berlin 1932. Veit Harlan als Spiegelberg, Alexander Granach als Roller, Walter Franck als Karl*

tobendem Tempo« (A. Kerr), als »schattenhaft gespensternde Hanswurstiade« (N. Falk). Auf das Stichwort Keiths hin »Das Leben ist eine Rutschbahn« hatte der Regisseur das Stück inszeniert und mit grellen Mitteln an die Atmosphäre der chaotischen Zeitverhältnisse – Berlin am Rande des Bürgerkriegs – herangeholt. Die Aufführung war ein Riesenerfolg.

Um das Staatstheater auf seinen Kurs zu bringen, hatte Jeßner ein hervorragendes Ensemble um sich versammelt, darunter Albert Bassermann, Fritz Kortner, Arthur Kraußneck, Eduard von Winterstein, Rudolf Forster, Albert Steinrück, Alexander Granach, Lothar Müthel, Ernst Deutsch, Eugen Klöpfer, Tilla Durieux, Johanna Hofer, Gerda Müller, Lucie Mannheim, Rosa Mertens, Agnes Straub, Helene Weigel und Maria Koppenhöfer. Einige von ihnen kamen aus der Schule von Otto Brahm, andere wie Fritz Kortner brachten einen neuen expressiven Ton in das Ensemble. Als Bühnenbildner arbeiteten unter Jeßners Intendanz Emil Pirchan, Cesar Klein (1876–1954), Caspar Neher (1897–1962) und Teo Otto (1904–1968) am Preußischen Staatstheater. Teo Otto war dort von 1928 bis 1933 Ausstattungsleiter. Mit dem Regisseur Jürgen Fehling hatte sich Jeßner eine Persönlichkeit – im Verhältnis zum ihm selbst »ein konträres Temperament« (K. Kreiler 1985, 112) – an sein Theater geholt, die das künstlerische Profil dieser Bühne ganz wesentlich mitprägen sollte. (vgl. Kap.: Expressiver Realismus)

Ich raste, übererregt, von allen nur möglichen Leidenschaften erhitzt, voll bewaffnet, ordengeschmückt, peitschenknallend »Treibt sie auseinander!« brüllend, auf die Bühne. Mir voran liefen Hellebardenträger, deren Eisenspitzen in die Volksmenge hineingestoßen wurden, um eine Gasse für den Landvogt Geßler zu erzwingen. Dabei gab es, inszenierterweise, Verwundete und Ohnmächtige, um die Grausamkeit des Fronvogts zu demonstrieren. Entrüstungsgebrüll aus dem Zuschauerraum über die, wie es dem Klüngel schien, übertrieben krasse Darstellung despotischer Gewalt. Meine damals heller Schmettertöne fähige Stimme fegte über diesen Lärm hinweg. Ich stürmte, peitschenknallend, nun bis an die Rampe vor, übersteigerte den schon höchstgesteigerten Ton und schrie, die Gegenschreie ignorierend, so lange in die Zuschauerhölle hinein, das »Treibt sie auseinander!« unzählige Male wiederholend, bis die Radaubande wie vor einem Vorgesetzten kuschte.

(F. Kortner über L. Jeßners Tell-*Inszenierung, 1969, 356)*

Die letzten Jahre der Berliner Intendanz Leopold Jeßners waren erheblich beeinträchtigt durch einen konzeptionellen Niedergang dieser Bühne, so zumindest wurde die Situation von außen wahrgenommen. Eine offenkundige Führungsschwäche des Intendanten, wirtschaftliche Probleme, die um 1930 allen Theaterbetrieben schwer zu schaffen machten, dazu aber auch eklatante Mißerfolge einiger Inszenierungen fügten sich zu einem Krisenszenarium zusammen, das mit dem Namen Jeßners – als »Jeßner-Krise« – verbunden wurde. Zudem eskalierte die Agitation der nationalsozialistischen Presse gegen den verhaßten Staatstheaterintendanten. Für diese galt Jeßner als Paradebeispiel für die »Verjudung« und »Bolschewisierung« der Berliner Theater. In seinem Spielplan vermißte man die patriotischen, nationalistischen Akzente. Vom Beginn an war Jeßner auch als Parteigänger der Sozialdemokratie gebrandmarkt. Hinzu kam, daß seine provozierend sachlichen Inszenierungen dem am Ende der zwanziger Jahre zunehmend vergnügungssüchtiger gewordenen Publikum offenbar zu unspektakulär waren. Auch hatte sich Jeßner in diesen Jahren offensiv in die Auseinandersetzungen um die immer häufiger praktizierte politische Zensur von Theateraufführungen eingemischt und ein Zensurverbot gefordert, damit aber auch seine eigene Position politisch gefährdet. Im Januar 1930 trat Jeßner, diesem Druck weichend, von der Intendanz des Preußischen Staatstheaters zurück; blieb an dieser Bühne aber noch bis 1933 als Regisseur tätig. In dieser Zeit zeigte er so erregende Inszenierungen wie Schillers *Wallenstein* (27. und 29. Oktober 1931) mit Werner Krauß (1884–1959) in der Titelrolle, Shakespeares *Othello* (19. Januar 1932) mit Heinrich George als Othello und Werner Krauß als Jago und Schillers Drama *Die Räuber* (29. April 1932) mit Bernhard Minetti als Franz Moor und Veit Harlan als Spiegelberg.

Im März 1933 verließ Jeßner Deutschland. Er gründete ein Tourneetheater-Ensemble mit deutschen Emigranten, das 1933/34 in Belgien, den Niederlanden und England Gastspiele gab. Aufgeführt wurden unter anderem *Kabale und Liebe* (1933) von Friedrich Schiller, *Heimat* (1933) von Hermann Sudermann und *Wilhelm Tell* (1934) von Schiller. 1936 inszenierte Jeßner in Tel Aviv am Theater Habima Shakespeares *Kaufmann von Venedig* und wieder den *Tell*, jedoch mit wenig Erfolg. Im gleichen Jahr übernahm er noch eine Regieaufgabe in Wien, *Kalender des Jahres 1933* von Malka Locker. Unmittelbar danach emigrierte Jeßner endgültig in die USA, wo er sich in Los Angeles niederließ. Der Versuch, im amerikanischen Theaterleben Fuß zu fassen, scheiterte. Auch Aufführungen mit den Exil-Ensembles The Continental Players und The Free French Movement blieben ohne positive Resonanz beim amerikanischen Publikum. Resigniert zog er sich vom Theaterleben zurück. Jeßner starb am 13. Dezember 1945 in Los Angeles.

Nachdem Jeßner die Intendanz des Staatstheaters niedergelegt hatte, übernahm für eine Übergangsphase der Schauspieler und Regisseur Ernst Legal (1881–1955) die Leitung, ihm folgten Albert Patry und Franz Ulbrich. Im September 1934 wurde Gustaf Gründgens Intendant des Preußischen Staatstheaters.

Erwin Piscators politisches Theater und der Entwurf einer »soziologischen Dramaturgie«

> »Wir verbannten das Wort ›Kunst‹ radikal aus unserem Programm, unsere ›Stücke‹ waren Aufrufe, mit denen wir in das aktuelle Geschehen eingreifen und ›Politik treiben‹ wollten.«
>
> (E. Piscator, 1921)
>
> »Alles flieht in den Stil, aus Feigheit, sich mit den neuen Inhalten auseinanderzusetzen«
>
> (E. Piscator, 1961)

Ein Grundgedanke zieht sich durch die gesamte Theaterarbeit von Erwin Piscator (1853–1966), von den Anfängen 1919/20 bis in seine letzte Arbeitsphase, die Jahre nach der Rückkehr aus der Emigration: Will das Theater noch eine gesellschaftliche Funktion ausüben, so das Credo dieses Regisseurs, muß es sich »neuen Inhalten« zuwenden und eine Dramaturgie entwickeln, die diese auf die Bühne bringen läßt. »Politik« und »Wirtschaft« waren diese Inhalte aus der Sicht Piscators in den Jahren der Weimarer Republik: die »Schicksalsmächte unserer Zeit,« wie er sie nannte. Diese aber waren – und daran glaubte der Aufklärer und Agitator bedingungslos – dem verändernden Handeln der Menschen zugänglich, anders als jene »alten Inhalte«, die auf einem Schicksalsglauben beruhten, der den Menschen solche Freiheit nicht einräumte. Ein Theater, das an der Neugestaltung der Gesellschaft mitarbeiten wolle, müsse also Aufklärungsarbeit leisten, müsse aufzeigen, wie die soziale Ordnung der

A. Tolstoj: Rasputin. *Szene: Die Versammlung von Soldaten und Arbeitern in Petrograd. R.: E. Piscator. B.: T. Müller. Piscator-Bühne, Berlin 1927*

Gesellschaft, wie Recht und Gesetz, in der Abhängigkeit von diesen »Mächten« stehen, wie die sozialen Kämpfe der Zeit darin ihre Ursache haben. »Neuer Inhalt« des Theaters war also letztlich die Gegenwart; ein solches Theater war »Zeittheater«, seinem Wesen nach »politisches Theater«. Erwin Piscator ließ auch keinen Zweifel daran, daß sein Blick auf die politischen Verhältnisse seiner Zeit weltanschaulich geprägt war, daß er als Künstler Partei nahm. In einem Aufruf von 1920, in dem er über Wesen und Absichten des von ihm und Hermann Schüller gegründeten »Proletarischen Theaters« informiert, formulierte er in aller Konkretheit seine Einschätzung der politischen Situation in Deutschland. Sie lautete: »Entweder Sozialismus – oder Untergang in der Barbarei«.

Für den aus einer Pastorenfamilie, deren Tradition beinahe bis in die Lutherzeit reichte, stammenden Piscator war dieser politische Standpunkt nicht aus der Erfahrung sozialer Not gewonnen. Piscators »Lehrmeister war der Krieg«. Dieser hatte dem an den Kämpfen an der Westfront am Ypernbogen beteiligten Schauspieler den Weg gewiesen: »Von der Kunst zur Politik« – so überschrieb er das erste Kapitel seines Buches *Das politische Theater*, die Aufzeichnungen seiner Theaterarbeit von 1919 bis 1929; ein großes Fragment auch einer politischen Theorie des Theaters. Eine Statistik der Millionen von Kriegstoten und Krüppeln des Ersten Weltkriegs leitet dieses Theaterbuch ein. Sein Autor hatte 1914 soeben seine Ausbildung bei dem prominenten Münchner Hofschauspieler Ernst von Possart (1841–1921) hinter sich gebracht, war Volontär am dortigen Hoftheater und studierte einige geisteswissenschaftliche Fächer an der Universität. Mit dem Ausbruch des Krieges, so heißt es einleitend in diesem Buch, begann: »meine Zeitrechnung«. Das Weltverbesserungspathos, das den Theaterregisseur Piscator lebenslang bewegte, hat hier seinen existentiellen

Ursprung. Für ihn, wie für viele deutsche Intellektuelle in den Jahren der Weimarer Republik, war die Parteinahme für den Sozialismus, letztlich auch für den Kommunismus, in erster Linie aus einer pazifistischen Grundhaltung heraus motiviert. Nun ging es 1919 also darum, die Funktion des Theaters in der Gesellschaft neu zu bestimmen. Piscator und seinen Gesinnungsgenossen schien die Voraussetzung dafür dessen radikale Herauslösung aus dem Zusammenhang bürgerlicher Kunsttradition. Dieser »Zerstörungsimpuls« (G. Rühle 1971, 4), verband Piscator mit den Berliner Dadaisten um George Grosz, Wieland Herzfelde und dessen Bruder mit dem amerikanisierten Namen John Heartfield. Es war aber wohl Piscators aufklärerische, durchaus idealistisch gestimmte Suche nach einem konstruktiven Weg in eine sozialistische Gesellschaft, die ihn zu den dadaistischen Bilderstürmern auf Distanz gehen ließ. Er übernahm 1919 ein Engagement an den Kammerspielen in Königsberg; gründete dort aber noch im selben Jahr ein eigenes Theater, das er »Das Tribunal« nannte; dessen Zweck war: über die Gegenwart sollte Gericht gehalten werden. Stücke von Carl Sternheim, Frank Wedekind, August Strindberg, Georg Kaiser und Heinrich Mann brachte er in diesem Sinne auf die Bühne. Mitten in der Vorbereitung einer Aufführung von Ernst Tollers Antikriegsdrama *Die Wandlung* eskalierten die Proteste bürgerlich-nationaler Kreise gegen »Das Tribunal«, und Piscator mußte das Theater schließen. Er ging nach Berlin zurück. Auch dort aber hatte sich das politische Klima verschärft, was ihn veranlaßte, seine Theaterarbeit nun in aller Konsequenz als politische Arbeit zu organisieren. (dazu F. Trommler 1974, 77 ff) Die Volksbühne war dafür um 1919/20 kein geeignetes Forum, ebenso wenig die im Deutschen Arbeiter-Theaterbund organisierten proletarischen Laienspielvereine. Es waren zwar 1919 und 1920

E. Welk: Gewitter über Gottland. *R.: E. Piscator. Volksbühne, Berlin 1927. Mit Alexander Granach als Asmus und Heinrich George als Störtebeker*

P. Zech: Das trunkene Schiff. *R.: E. Piscator. Bauten und Projektionen von Edward Suhr u. George Grozs. Volksbühne, Berlin 1926*

einige Berufsschaupielerensembles gegründet worden, die im Geiste der Novemberrevolution ihre Arbeit in den Dienst der proletarischen Bewegung stellten, in ihrer konzeptionellen Ausrichtung jedoch noch überwiegend der Vorstellungswelt des Expressionismus verhaftet waren. Dies galt auch für die am 20. September 1919 eröffnete »Tribüne« in Berlin, an der Karl Heinz Martin (1888–1948) die Uraufführung von Ernst Tollers Stück *Die Wandlung* (30. September 1919) herausbrachte, die richtungweisend wurde für die Bühnenrezeption dieses Stücks in den folgenden Jahren. Ein weiteres Berliner Projekt war das im Dezember 1919 vom »Bund für proletarische Kultur« gegründete (nur wenige Wochen existierende) »Proletarische Theater«. Vergleichbare Bühnen wurden in München, Köln, Stuttgart und Frankfurt gegründet. (vgl. F. W. Knellessen 1970, 46ff) Durchweg aber waren dies Unternehmungen »bürgerlicher Intellektueller«, die keinen unmittelbaren Kontakt zu den sozialistischen Parteien oder Organisationen hatten. Dementsprechend reagierten diese äußerst reserviert auf diese Form politischen Theaters.

Im Vergleich dazu lag dem im März 1920 von Piscator und Hermann Schüller gegründeten »Proletarischen Theater« ein gänzlich anderes Konzept zugrunde. Es nannte sich »Bühne der revolutionären Arbeiter Groß-Berlins«. Vertreter der USPD, KPD und der KAPD übten entscheidenden Einfluß auf Spielplan und die Organisation aus. Kartenverkauf und Werbung erfolgten durch die Büros dieser Parteien und deren Betriebsobleute. Die Aufführungen fanden in Sälen und Vereinslokalen der Berliner Arbeiterviertel statt und waren vielfach verbunden mit direkten politischen Aktionen, so etwa Demonstrationen, Wahl- oder Gedenkveranstaltungen der KPD. Die Arbeitsweise des »Proletarischen Theaters« war »kollektivistisch«, die Stücke konsequent zeitbezogen. Die programmatische Linie seiner Arbeit hatte Piscator in einem Aufruf erläutert; angestrebt seien: »Einfachheit im Ausdruck und Aufbau, klare eindeutige Wirkung auf das

Empfinden des Arbeiterpublikums, Unterordnung jeder künstlerischen Absicht dem revolutionären Ziel, bewußte Betonung und Propagierung des Klassenkampfgedankens« (Schriften 1, 9). Waren damit »Spaß« und »Vergnügen« – unverzichtbare Elemente des politischen Theaters Bertolt Brechts – aus der Theaterarbeit Piscators ausgeblendet, so spielte für ihn das Emotionale doch die zentrale Rolle. »Die Seele der Revolution, die Seele der kommenden Gesellschaft der Klassenlosigkeit und der Kultur der Gemeinschaft ist unser revolutionäres Gefühl« – heißt es in dem »Aufruf« vom März 1920. Letztlich also war es ein durchaus idealistisches Pathos, das diesen Regisseur antrieb. Aufgeführt wurden Stücke von Karl August Wittfogel, Maksim Gor'kij (*Die Feinde)* und Franz Jung (*Die Kanaker*), daneben kollektiv erarbeitete Spielvorlagen, so etwa *Rußlands Tag* (14. Oktober 1920). Künstlerisch grenzte sich Piscator entschieden vom Expressionismus ab. Dieser galt ihm als »lyrisch« und gänzlich »unkonkret«. Diese Kritik betraf auch den expressionistischen Bühnenstil, wie er etwa in den Inszenierungen der Tollerschen Stücke durch Karl Heinz Martin entwickelt worden war. Bereits am »Tribunal« in Königsberg plante Piscator eine Inszenierung von Tollers Drama *Die Wandlung*, die sich durch ihren Realismus in der Darstellung des Krieges programmatisch von der so hoch gelobten Berliner Inszenierung dieses Stücks absetzen sollte.

Die Chance, am »Proletarischen Theater«, das von den Eintrittsgeldern seines Publikums finanziert werden mußte, längerfristig arbeiten zu können, war gering. Hinzu kam die harsche Ablehnung von Piscators Theaterkonzeption durch die offiziöse Theaterkritik der KPD, die »Kunst« und nicht »Propaganda« forderte. In der Parteizeitung *Die Rote Fahne* vermerkt deren Kritiker (17. Oktober 1920): »Der Name Theater verpflichtet zu Kunst, zu künstlerischer Leistung! ... Kunst ist eine zu heilige Sache, als daß sie ihren Namen für Propagandamachwerke hergeben dürfte! Was der Arbeiter heute (1920) braucht, ist eine starke

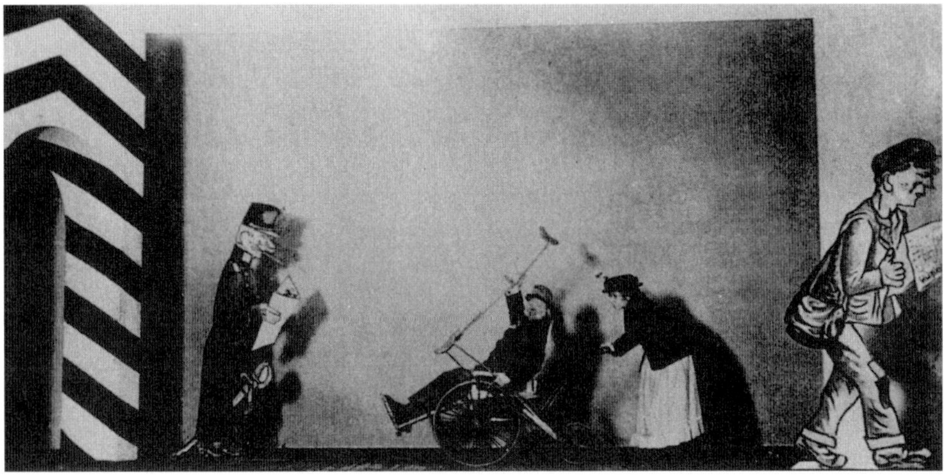

J. Hašek: Die Abenteuer des braven Soldaten Schwejk. *R.: E. Piscator. Marionetten u. Zeichnungen: G. Grosz. Piscator-Bühne, Berlin 1928*

Kunst ... solche Kunst kann auch bürgerlichen Ursprungs sein, nur sei es Kunst.« Das Schicksal von Piscators »Proletarischem Theater« war vollends besiegelt, als im November 1921 die Spielkonzession nicht mehr verlängert wurde. Es war dies ganz offensichtlich eine verdeckte Zensurmaßnahme des Berliner Polizeipräsidenten.

Piscator gelang es jedoch, seine Arbeit ohne Unterbrechung fortzusetzen. Zusammen mit Hans José Rehfisch (1891–1960) übernahm er das Berliner Central-Theater (bis Herbst 1924). Rehfisch war Soziologe und Dramatiker. Mit der gesellschaftskritischen Tragikomödie *Wer weint um Juckenack* (1924) schrieb er eines der Erfolgsstücke dieser Jahre. Am Central-Theater entwickelte Piscator mit Inszenierungen von Gor'kijs Stück *Die Kleinbürger* (29. September 1922), Romain Rollands *Die Zeit wird kommen* (17. November 1922) und Leo Tolstojs Drama *Die Macht der Finsternis* (19. Januar 1923) einen neuen Stil. Die allzu direkten Agitationsgesten waren zurückgenommen zugunsten einer stärker künstlerischen Ausarbeitung der Inszenierungen. Für Piscator bedeuteten diese Arbeiten den Durchbruch als Regisseur in der Hauptstadt. Er erhielt nun auch einen Regieauftrag von der Leitung der Volksbühne für die Uraufführung von Alfons Paquets (1881–1944) Stück *Fahnen*, das den Anarchistenprozeß 1886 in Chicago zum Thema hatte. Neu war dabei für ihn, daß er nun erstmals in einem großräumigen, modern ausgestatteten Theater und mit einem ausgezeichneten Ensemble, darunter Leonard Steckel, arbeiten konnte. Neu aber war auch die dramaturgische Form von Paquets Stück. Der Autor hatte es ein »episches Drama« genannt, und Piscator benutzte im Zusammenhang mit dieser Inszenierung erstmals den Begriff: »episches Theater«. Hatte er bis dahin den Funktionswandel der Institution Theater in erster Linie dadurch vollzogen, daß er die aktuellen politischen Auseinandersetzungen aus parteilicher Sicht zum zentralen Thema seiner Arbeit gemacht hatte, so ging es nun verstärkt auch darum, die ästhetischen Probleme zu lösen, die sich aus diesem Funktionswandel ergaben. Die »neuen Inhalte« erforderten eine neue Dramaturgie, sollte die Theaterarbeit über die spontane Agitation hinausgehen und im analytischen Zugriff diesen Inhalten angemessen sein. Was geleistet werden mußte, waren: »die Ausweitung der Handlung und die Aufhellung ihrer Hintergründe, also eine Fortführung des Stücks über den Rahmen des nur Dramatischen hinaus.« (1963, 62) Dies bedeutete, daß sich die Fabel der Stücke nicht mehr – wie im »alten Drama« – aus der Perspektive eines einzelnen Individuums erzählen ließ – ein Problem, für das bereits die Naturalisten um 1890 Lösungen gesucht hatten –, sondern daß die »großen Kollektive« und die »Apparate« (Justiz, Wirtschaft) die Rolle von Protagonisten übernehmen mußten. Mit dem Begriff »episches Theater« war ein Etikett gefunden, mit dem diese Richtung einer neuen Dramaturgie beschreibbar schien. Was die Inszenierung von *Fahnen* (Bühnenbild: Edward Suhr) zu einem so eindeutig neuen bühnenästhetischen Ereignis werden ließ, waren die szenischen Mittel, die Piscator zum Zwecke der »epischen« Erweiterung des dramatischen Darstellungsraums einsetzte. Er schrieb dazu: »Ich ließ zu beiden Seiten der Bühne breite Projektionswände aufstellen. Schon während des Prologs, der das Stück mit einer Charakterisierung der handelnden Personen einleitete, erschienen auf diesen Wänden Fotografien der genannten Personen. Im Stück benutzte ich die Wände, um die einzelnen Szenen durch projizierte Zwischentexte zu verbinden. Es war meines

Will jemand angesichts dieser ungeheuren Umwälzung, von der niemand sich auszuschließen imstande ist, im Ernst behaupten, das Bild des Menschen, seiner Emotionen, seiner Bindungen, sei ein ewiges, von der Zeit unberührtes und absolutes? Oder wird man endlich zugeben, daß die Klage Tassos ohne Widerhall gegen die Betonräume und Stahlwände unseres Jahrhunderts prallt und auch die Neurasthenie Hamlets bei einer Generation von Handgranatenwerfern und Rekordsiegern auf kein Mitleid rechnen kann? Wird man endlich einsehen, daß der »interessante« Held nur der Epoche interessant ist, die ihr Schicksal in ihm verkörpert sieht, daß die Leiden und Freuden, die gestern noch erhaben schienen, den überwachen Blicken einer kämpfenden Gegenwart als lächerliche Belanglosigkeit erscheinen?

(E. Piscator 1963, 131f)

F. Schiller: Die Räuber.
R.: E. Piscator. B.: T. Müller.
Staatstheater, Berlin 1926

Wissens das erste Mal, daß Lichtbildprojektionen in diesem Sinne im Theater verwendet wurden. Im übrigen beschränkte ich mich darauf, das Stück ... so klar und sachlich wie möglich herauszustellen.« (1962, 62) Dieses dramaturgische Verfahren, mit Hilfe von Bild-, Text- oder Filmprojektionen neben der Spielhandlung eine selbständige szenische Ebene aufzubauen, wurde zum Markenzeichen des Regisseurs Piscator. Die »Subjektbezogenheit« (G. Rühle 1971, 5) der Handlung wurde dadurch aufgebrochen; das Stück »über das Dramatische« hinausgeführt.

Am 22. November 1924 brachte Piscator ein weiteres Aufsehen erregendes Projekt heraus: die *Revue Roter Rummel*, die er im Auftrag der KPD, deren Mitglied er inzwischen geworden war, mit einem Autorenkollektiv erarbeitet hatte. Anlaß waren die Wahlen zum Reichstag. Piscator reagierte mit dem Einsatz dieses Genres bewußt auf eine Modeerscheinung dieser Jahre. Die aus Amerika und Paris importierten Revuen feierten sensationelle Erfolge an den großen Berliner Unterhaltungstheatern. Die literarische Intelligenz stilisierte dieses Phänomen in den Feuilletons zum Inbegriff eines Zeitgeist-Theaters. Für Piscator bot die Revue die Möglichkeit, ein Thema, ohne eine durchgehende Handlung aufbauen zu müssen, in einzelnen »Nummern«, gleich einem »Trommelfeuer von Beispielen« aus den unterschiedlichsten Bereichen, auf das Publikum niederprasseln zu lassen; wie er selbst es kommentierte – »unter skrupelloser Verwendung aller Möglichkeiten: Musik, Chanson, Akrobatik, Schnellzeichnung, Sport, Projektion, Film, Statistik, Schauspielszene, Ansprache.« (1963, 65) Die *Revue Roter Rummel* (*RRR*) bestand aus vierzehn solcher »Nummern«, die alle unter dem Motto standen: Abschaffung der bürgerlichen Gesellschaft! Sie wurde in verschiedenen Sälen aufgeführt und war als theatrales Ereignis ein überwältigender Erfolg. Im Jahr darauf brachte Piscator zur Eröffnung des Parteitags der KPD eine zweite Revue heraus. Sie trug den Titel *Trotz alledem!* und wurde am 12. Juli 1925 im Großen Schauspielhaus Berlin uraufgeführt. Erstmals waren hier als Spielvorlagen ausschließlich historische Dokumente verwendet. Vorbereitet war das Berliner Projekt durch einen Entwurf, den Piscator im Auftrag des Arbeiter-Kultur-Kartells für eine Freilichtaufführung entwickelt hatte. Geplant war eine »Mammutrevue« mit 2000 Mitwirkenden, die die Revolutionsgeschichte der Menschheit vom Spartakusaufstand bis zur russischen Oktoberrevolution zum Inhalt haben sollte. Für das Berliner Unternehmen wurde der Stoff verkürzt auf die Zeit vom Ausbruch des Ersten Weltkriegs bis zur Ermordung von Rosa Luxemburg und Karl Liebknecht. Diesmal waren es dreiundzwanzig Bilder. (vgl. E. Piscator 1986 I, 66 ff) Für Piscator war dieses Projekt der Versuch, ein »dokumentarisches Drama« zu schaffen. Was in *Fahnen* und der *Revue Roter Rummel* erprobt worden war, brachte der Regisseur in dieser Produktion in eine weitaus konsequentere Gesamtstruktur. Er berichtet über seine Arbeitsweise: »Als Grundform des Bühnenbildes ließ ich ein sogenanntes Praktikabel bauen, einen terrassenförmigen, unregelmäßig gegliederten Aufbau, der an einer Seite eine flache Schräge, auf der anderen Seite Treppen und Podeste besaß. Dieses Spielgerüst stand auf einer Drehscheibe. In Terrassen, Nischen und Korridore baute ich die einzelnen Spielflächen ein. Dadurch wurde eine Einheit des szenischen Aufbaus erreicht, eine pausenlose Abwicklung des Stückes, gleich einem einzigen fortreißenden Strom ... Die ganze Aufführung war eine einzige Montage von authentischen Reden, Aufsätzen, Zeitungsausschnitten, Aufrufen, Flugblättern, Fotografien und Filmen des Krieges und der Revolution, von historischen Szenen und Personen.« (1986 I, 62 f)

Kostümentwürfe von Traugott Müller für E. Piscators Inszenierung Die Räuber *von F. Schiller, 1925*

Dennoch war die Revue offenbar auch für Piscator ein Experimentierfeld mit begrenzten Entwicklungsmöglichkeiten, zu sehr orientiert auf die Mobilisierung von Emotionen, Protest und Empörung. Piscator mußte an der Entwicklung eines Modells politischen Theaters interessiert sein, das in seiner aufklärerischen Funktion differenzierter ansetzt und damit auch ein bürgerliches Theaterpublikum erreichen würde. Ein dramaturgisches Konzept galt es zu entwickeln, das

E. Piscator/F. Gasbarra: Szene aus Revue Roter Rummel. *Berlin 1924*

die experimentell erprobten bühnenästhetischen Mittel (so etwa die Integration des Films in die Spielszenen), vor allem die Herstellung eines unmittelbaren Zeitbezugs auf die Inszenierung dramatischer Werke, auch auf die klassische Dramatik anwenden ließ.

Auf dieses traditionsbelastete Feld begab sich Piscator mit seiner Inszenierung von Friedrich Schillers Drama *Die Räuber* am 11. September 1926 am Berliner Staatstheater. Zudem nahm er mit dieser Arbeit, für die ihn Leopold Jeßner als Gastregisseur eingeladen hatte, Stellung zu der leidenschaftlich entbrannten Debatte um die Bedeutung der Klassiker für das gegenwärtige Theater. Das Stichwort vom »Klassikertod« geisterte durch die Feuilletons. Herbert Ihering brachte eine Broschüre heraus, die dieses Thema an der Arbeit der drei prominentesten Regisseure dieser Jahre abhandelte, sie trug den Titel *Reinhardt, Jessner, Piscator oder Klassikertod?* Während Ihering den Versuch Piscators, das klassische Drama mit einer Substanz aufzufüllen, die es für die Gegenwart »wieder fruchtbar« macht, durchaus für legitim hielt, empfahl der Kritiker Bernhard Diebold in einer Replik auf Iherings Streitschrift: »die Klassiker auf 5 Jahre zu verbieten – dann lechzen wir nach Klassikern!« Piscator forderte er auf, »Hausgemachtes« auf die Bühne zu bringen, statt die alten Dramen »umzumontieren«. Eben darum aber ging es dem politischen Regisseur in seiner »Räuber«-Inszenierung. Piscator wollte das klassische Werk an die Gegenwart heranrücken, seinen »Zeitwert« erlebbar machen, indem er es »in dieselbe Beziehung setzt zu unserer Generation, die es einst zur eigenen Generation gehabt hat.« (1986 I, 91) Es ging ihm darum, die revolutionäre Substanz des Werks, die in dessen Rezeptionsgeschichte verlorengegangen war, wieder freizulegen. Dazu schien ihm eine radikale dramaturgische Bearbeitung der *Räuber* erforderlich. Deren Kerngedanke vermittelte sich vor allem an der gänzlich neuen Auffassung der Figur Spiegelbergs. Piscator schrieb: Dieser »Mann, der mir in den ›Räubern‹ den Film ersetzte, die Weltkugel und das laufende Rad, das war mein dramaturgischer Trick, mein Regulativ, mein Barometer. An diesem Männchen hatte ich die ›Frechheit‹ zu prüfen, ob Karl Moor nicht doch vielleicht ein romantischer Narr und die ihn umgebende Räuberbande keine Kommunisten, sondern eben nur Räuber in des Wortes wahrster Bedeutung sind, allerdings mit allen Finessen eines dichterischen Hirns ausgestattet.« (1963, 88) Diese Verlagerung des Schwerpunkts von Karl Moor weg auf die Figur des Spiegelberg – Piscator nannte dies einen »Salto mortale« – führte zu einer Neugewichtung der zentralen Motive. Abgeschwächt wurden die privaten Motive des Karl Moor, der regelrecht »entheldet« wurde, aufgewertet dagegen wurde eine revolutionäre Gesinnung (Spiegelberg), die auf den Umsturz des herrschenden Systems gerichtet war. Dieser dramaturgische Eingriff hatte umfangreiche Textbearbeitungen zur Folge, vor allem wurde dadurch das Schillersche Werk seines idealistischen Pathos nahezu gänzlich entkleidet. Piscator und sein Bühnenbildner Traugott Müller (1895–1944) verzichteten auf alles Dekorative. Die Bühnengestaltung war auf zwei Spielorte konzentriert: das »Schloß«, das düstere, mit mächtigen Kanonen ausgerüstete Machtzentrum von Franz Moor, Szenerie auch für dessen Selbstmord am Ende, und der »Wald«, das Terrain der Räuberbande. Ein ausgesprochen nüchterner Ton bestimmte die gesamte Inszenierung, die in hohem Tempo durchgespielt wurde. Gegenüber seinen früheren Arbeiten verzichtete Piscator vollständig auf Effekte, wie sie

Der Vorwurf, die Dinge einseitig darzustellen, trifft uns nicht. Wir kennen im Grunde nur eine Tendenz: nämlich die Wahrheit zu sagen, jede andere Tendenz erübrigt sich … Bewußt distanzieren wir uns von dem traditionellen Begriff der Kunst, suchen lediglich den stärksten Ausdruck und die intensivste Wirkung für unsere Sache.

(E. Piscator 1927, 1968 II, 28)

W. Mehring: Der Kaufmann von Berlin. *B.: L. Moholy-Nagy. Piscator-Bühne, Berlin 1929*

durch die Verwendung von Film oder Projektionen herstellbar sind. Das Gleiche galt für jene in diesen Jahren modisch gewordene Manier, die klassischen Protagonisten mit Smoking, Monokel, Zigarette und anderen Utensilien des modernen Lebens auszustatten. Piscator wählte für seine Figuren Kostüme, die zwar einen gewissen zeitgenössischen Zuschnitt hatten, doch die Figuren dadurch nicht festlegten. Was von der Theaterkritik einhellig – freilich mit unterschiedlicher Bewertung – wahrgenommen wurde, war, daß diese Inszenierung etwas gänzlich anderes bedeutete als eine eigenwillige Interpretation durch die Regie. Durch dramaturgische Bearbeitung war ein neues Stück entstanden. Zu Recht allerdings bemerkte Herbert Ihering, der engagierteste Förderer Piscators in der Riege der deutschen Theaterkritiker, daß diese Inszenierung keineswegs einen Weg weise für einen zeitgemäßen Umgang mit Schiller, sondern daß hier vielmehr ein Dramaturgiemodell für das politische Zeitstück vorgestellt werde.

An der Volksbühne hatte Piscator am 21. Mai 1926 die Uraufführung von Paul Zechs (1881–1946) expressionistischem Drama *Das trunkene Schiff* herausgebracht. Wieder ging es hier darum, den auf die Psychologie des Protagonisten, den Dichter Arthur Rimbaud gerichteten Blick des Autors und den lyrischen Grundton des Stücks durch die Regie zu »erweitern«. Dazu baute Piscator einen Bühnenraum aus drei riesigen Projektionswänden, auf denen die sozialen und politischen Ereignisse (in Zeichnungen von George Grosz) erschienen, als die konkrete Umwelt, in der sich die Lebensgeschichte dieses genial-anarchischen Dichters abspielte. Um eine ähnliche »Erweiterung« der

Eines von den erschütternden Filmbildern, die Piscator zeigt ... eines der unvergeßlichen Kinobilder ist: wie dort irgendein Lenin allemal wieder enthauptet wird ... und allemal in neuer Gestalt, in neuer Wirkung zurückkehrt. Ja, so schrieb ich, beim Sterben dieses Mannes für sein russisches Gedenkbuch Wort für Wort: ›dieser Tote wird immer wieder auferstehen – in hundert Formen – ‹ bis im Chaos der Erde Gerechtigkeit herrscht. Bolschewismus? In allen Bibeln heißt es anders. – Als auf der Kinowand jetzt vollends Schanghai erschien, brach ein Sturm los, von unten bis hinauf zu den Rängen, ohne Beispiel – aus dem Bewußtsein dieser Läufe, nie Gesehenes zu erleben. Wie einer politisch dazu steht, fällt kaum noch ins Gewicht. Die Gefühlstatsache redet, redet, schreit.

(A. Kerr über Gewitter über Gottland *n. B. Maurer u.a. 1980, o. S.)*

Perspektive ging es Piscator auch in seiner Inszenierung von Gor'kijs *Nachtasyl* (10. November 1926).

Nach Gastinszenierungen am Berliner Staatstheater, in Hamburg und in München wurde die Uraufführung vom Ehm Welks (1884–1966) Störtebeker-Drama *Gewitter über Gottland* (23. März 1927) an der Volksbühne zu einem Ereignis mit weitreichenden Folgen. Wieder hatte Traugott Müller das Bühnenbild geschaffen. Heinrich George spielte den Störtebeker, Alexander Granach den Asmus Ahlrichs. Die Handlung des Stücks ist im Jahre 1400 angesiedelt, es geht um den Kampf zwischen der Hanse und dem Bund der Vitalianer, um deren gescheiterten Aufstand. Die Leitung der Volksbühne sah darin ein Stück, das dem Inhalt nach zwar ein Ereignis aus der Geschichte der sozialen Revolutionen behandelt und insofern in das Programm der Volksbühne paßte, das jedoch durch den historischen Abstand zureichend abgeschirmt war gegenüber den aktuellen politischen Auseinandersetzungen. Eben diesen Abstand aber hob Piscator durch seine Regie auf. Das Historienstück wurde als »Zeitstück« inszeniert: So »hob ich die einzelnen Figuren des Dramas ins Typische, indem ich die verschiedenen Helden in ihrer sozialen Funktion deutlich machte und dem Gefühlsrevolutionär Störtebeker, der heute Nationalsozialist sein dürfte, den nüchternen Tatsachenmenschen Asmus entgegenstellte, den Typ des Verstandesrevolutionärs, wie er am reinsten durch Lenin verkörpert wird. Und so trat auch Asmus in der Maske Lenins auf. Störtebeker und seine Mitkämpfer ließ ich im Film auf die Zuschauer losschreiten, während sich gleichzeitig ihr Kostüm wandelt und so der Zuschauer die Gesetzmäßigkeiten der Revolutionen und ihrer Exponenten in wenigen Sekunden durch den Ablauf der Jahrhunderte verfolgen kann bis auf den heutigen Tag.« (1963, 101) Diese Aufführung polarisierte wie keine andere nicht nur die professionelle Kritik, sondern – in erster Linie – Leitung und Mitglieder der Volksbühne. Zwischen Piscator und dem Vorstand der Volksbühne kam es zum Bruch. Der Vertrag mit dem Regisseur wurde gelöst. Unter den Mitgliedern aber entbrannte ein »Kampf um Piscator«. Eine Gruppe von Reformern innerhalb des Vereins, deren Wortführer Arthur Holitscher war, setzte sich vehement für Piscator ein, vor allem mit dem Argument, daß die Volksbühne wieder zu einem Forum lebendigen Zeittheaters werden müsse. Dagegen beharrte der Vorstand auf der Tradition der Volksbühne als einem Ort politisch neutraler Kunstpflege. Dies war auch der Tenor der national-konservativen Kritik, die zudem forderte, daß sich die Volksbühne von der »jüdischen Umklammerung freimache«. (dazu: E. Piscator 1963, 103)

In mehreren Großveranstaltungen kam es zu überwältigenden Solidaritätsbekundungen für Erwin Piscator. Eine entsprechende Erklärung war von allen Schauspielern der Volksbühne unterzeichnet worden und von nahezu der gesamten künstlerischen und literarischen Intelligenz in Berlin, von Ernst Deutsch, Tilla Durieux, Erich Engel, Gertrud Eysoldt und Jürgen Fehling bis George Grosz, Herbert Ihering, Alfred Kerr, Fritz Kortner, Heinrich und Thomas Mann, Ernst Rowohlt, Ernst Toller und Kurt Tucholsky. Auch im Preußischen Landtag wurde der »Fall Piscator« behandelt, da der Staatstheater-Intendant Leopold Jeßner ebenfalls seine Solidarität mit Piscator erklärt hatte. Der Konflikt um dieses Theaterereignis war zum Kampf um die »Freiheit der Kunst« geworden, deren Gefährdung durch die massiven Angriffe rechtsgerichteter Kreise auf den Kulturbetrieb offenkundig war. Daß dieser Konflikt in der Heftigkeit des Zusammenpralls der gegensätzlichen Standpunkte so eskalierte, war sicherlich auch dadurch bedingt, daß 1927 ein Jahr war, in dem sich die wirtschaftlichen Verhältnisse in Deutschland in einer Phase der Konsolidierung befanden, die Zahl der Arbeitslosen zurückgegangen war und im Gefolge davon ein politisches Klima aufkam, in dem radikale revolutionäre Positionen, wie sie Piscator vertrat, außerhalb der KPD keine Anhängerschaft fanden. In den Solidaritätsadressen der Künstler und Literaten ging es freilich in erster Linie darum, »künstlerische Freiheit« für den Regisseur Piscator einzufordern.

Trotz aller Kontroversen, die vor allem im politischen Bereich ausgefochten wurden, galt Piscator in diesen Jahren als der innovativste Experimentator im deutschen Theater, und es lag nahe, daß er nun wieder eine eigene Bühne übernahm. Finanzielle Hilfestellung leistete dabei die Schauspielerin Tilla Durieux. Mit Walter Gropius plante er gar einen Theaterneubau, für den der berühmte Entwurf eines »Totaltheaters« erarbeitet wurde. (vgl. Kap.: Bauhaus) Verwirklicht wurde dieses ambitionierte Projekt freilich nicht. Statt dessen übernahm Piscator das Theater am Nollendorfplatz im Berliner Westen und eröffnete dort am 3. September 1927 mit der Uraufführung von Ernst Tollers Stück *Hoppla, wir leben!* die erste Piscator-Bühne. Das Unternehmen brach jedoch bereits Mitte 1928 wegen wirtschaftlicher Schwierigkeiten zusammen. Dennoch kamen in dieser Zeit neben der Eröffnungsproduktion noch drei weitere Inszenierungen heraus, die künstlerische Höhepunkte in Piscators experimenteller Regie-Arbeit darstellten: *Rasputin, die Romanows, der Krieg und das Volk, das gegen sie aufstand* (10. November 1927) von Aleksej Tolstoj, bearbeitet von Piscator, Felix Gasbarra, Leo Lania und Bertolt Brecht, dem Autoren-Kollektiv der Piscator-Bühne; *Die Abenteuer des braven Soldaten Schwejk* (23. Januar 1928) von Max Brod und Hans Reimann nach Motiven des Romans von Jaroslav Hašek (vgl. Kap.: Tschechoslowakei), wiederum in einer Bearbeitung des Autoren-Kollektivs, und *Konjunktur* (10. April 1928 im Lessing-Theater, der Dependance der Piscator-Bühne) von Leo Lania. Bei allen vier Inszenierungen war die Herausarbeitung des politischen Zeitbezugs verbunden mit bühnentechnischen Erfindungen, die einmal mehr die experimentelle Dynamik des Piscator-Theaters demonstrierten. Für *Hoppla, wir leben!* wurde ein dreigeschossiges, fahrbares Spielgerüst konstruiert, das insgesamt und in den einzelnen Flächen als Projektionswand für Texte und Filme diente. Auf diese Weise sollte die engste Verbindung von Film und lebendiger Spielszene erreicht werden. Die Schauspieler sollten durch Öffnungen in der Projektionswand aus dem Filmbild heraustreten und übergangslos mit der Spielszene beginnen können. In *Rasputin* war es die »Globus-Bühne«, ein riesiges halbkugelförmiges Gerüst, das auf einer Drehbühne installiert war. Mit Klappen ließen sich einzelne Segmente der Halbkugel öffnen und gaben Projektions- und Spielflächen frei. Der »Globus« insgesamt stand als Symbol dafür, daß die revolutionären Ereignisse in Rußland (von 1914 bis 1917) von weltgeschichtlicher Bedeutung waren. Die Verwendung des Films erfolgte dabei in zweierlei Funktionen: als »dramatischer Film und Szenenersatz«, wenn der Film eine Situation schneller und eindeutiger vergegenwärtigen konnte als eine Spielszene; und als »Kommentar-Film«, der die Spielszene interpretierte; so etwa wenn die Vertreter der Großindustrie leidenschaftliche Bekenntnisse für das Durchhalten des Krieges abgeben (»Es geht um die Freiheit, die Rettung der Demokratie«), gleichzeitig aber der Film

Plakat für E. Piscators »Proletarisches Theater Berlin«. Entwurf von George Grosz

den florierenden Betrieb der Rüstungsfabriken zeigt. (dazu auch G. Rühle 1971, 5) In der Inszenierung des Schwejk-Stücks wollte Piscator für den ununterbrochenen, rastlosen Ablauf des Geschehens – Schwejks ständiges Unterwegssein von einem »Abenteuer« zum anderen – eine szenische Form finden. So entstand das »laufende Band«, in dem die epische Struktur der Vorlage aufgenommen wurde, das aber auch »die ganze Rastlosigkeit des Krieges« (1986 I, 209) zum Ausdruck brachte. Zwei »laufende Bänder« kamen zum Einsatz. Die darauf montierten, von George Grosz entworfenen Figurinen wurden quer über die Bühne gefahren und in Beziehung gesetzt zu der von Max Pallenberg (1877–1934) gespielten Figur des Schwejk. Zu der gesamten Spielanlage bemerkte Piscator: »Ein besonderes Moment in dieser Bühnenapparatur erschien mir die ihr innewohnende Komik. Alles, was technisch auf dieser Bühne geschah, reizte unwillkürlich zum Lachen. Eine vollendete Übereinstimmung zwischen Stoff und Apparat schien geschaffen. Mir schwebte ja auch für das Ganze so etwas wie ein Knock-about-Stil vor, etwas, das an Varieté und Chaplin erinnerte.« (1986 I, 214) Längst hatte Piscator zu dieser Zeit die für das »Proletarische Theater« noch programmatische Eliminierung von »Kunst« und »Spaß« aufgegeben. Spätestens seit der Aufführung von *Trotz alledem!* war ihm klar, daß die stärkste politische Wirkung letztlich »auf der Linie der stärksten künstlerischen Gestaltung lag.« (1963, 75) Piscator sah 1927 auch durchaus die Begrenztheit seiner Experimentiermöglichkeiten im Bereich der Bühnengestaltung. In seinem Arbeitsbericht schildert er in zahlreichen Episoden die Schwierigkeiten dieser Arbeit, die zum einen auf der Unzulänglichkeit der technischen Ausstattung beruhten, vor allem aber am Mangel an Zeit, die oftmals extrem komplizierten szenisch-technischen Vorgänge zureichend proben zu können. (vgl. 1986 I, 216) Für *Konjunktur,* eine Wirtschaftskomödie »großen Stils«, in der es um die »Weltmacht« Petroleum ging, entwarfen Piscator und Traugott Müller eine Bühnenanlage, die erst im Laufe des Stücks »fortschreitend aufgebaut« wurde: von der leeren Bühne am Beginn (einem »nackten Feld«) bis zum Aufbau des ganzen technischen Apparats, der zur Ölgewinnung erforderlich ist. Vorgeführt wurde der »Kampf ums Öl«: die Rivalitäten, Morde, Schiebung und Korruption. Durch den simultanen Aufbau der Produktionsanlagen und der Szenerie des Ölgeschäfts sollte der Zuschauer schrittweise in das Getriebe der internationalen Ölwirtschaft und -politik »hineingerissen« werden. Die Komik ergab sich in dieser Aufführung aus dem grotesken Parallelspiel zwischen den Machenschaften der Ölspekulanten einerseits und dem »Pressekrieg« andererseits, der sich auf einer ganz anderen Interessenebene um diese – in »Albanien« angesiedelten – Vorgänge abspielt. Am Ende stehen die Zeitungen in Flammen, und die albanischen Revolutionäre brennen die Bohrtürme nieder.

Der finanzielle Mißerfolg dieser sehr kostenintensiven Inszenierungen führte dazu, daß Piscator wegen rückständiger Steuern Konkurs anmelden mußte. Ende Mai 1928 gingen das Nollendorfplatz-Theater und das Lessing-Theater in andere Pacht und anderen Besitz über. Seine Arbeit setzte der Regisseur zunächst an dem bereits im Oktober 1927 gegründeten Studio fort, das drei Ausbildungsklassen führte, für Regie, Dramaturgie und Schauspielunterricht. Dabei lag der Schwerpunkt der Arbeit im Bereich der Dramaturgie, der Erarbeitung von Spielvorlagen im Sinne einer politischen Perspektivierung vorliegender Stücke oder der Erarbeitung einer Spielvorlage auf der Grundlage dokumentarischen Materials. Bei den in dieser Studio-Arbeit entstandenen Aufführungen ging es weniger um eine Wirkung nach außen, entscheidend waren die Lernvorgänge während des Arbeitsprozesses. (vgl. F.W. Knellessen 1970, 157 ff) Piscator blieb jedoch auf der Suche nach einer großen Bühne. In dieser Situation wurde ihm erneut das Theater am Nollendorfplatz angeboten. Dort also konnte am 6. September 1929 die zweite Piscator-Bühne eröffnet werden; ihren Spielbetrieb aber mußte sie bereits nach wenigen Wochen wieder einstellen. Dennoch fand zur Eröffnung dieser Bühne eine der umstrittensten Inszenierungen Piscators statt: die Uraufführung von *Der Kaufmann von Berlin*. Der Autor des Stücks war Walter Mehring (1896–1981), Gesamtausstattung und Filmregie besorgte László Moholy-Nagy (vgl. Kap.: Bauhaus), die Musik schrieb Hanns Eisler (1898–1962). Für die rhythmische Schauspielerführung wurde die Tänzerin Claire Bauroff engagiert. Mehring hatte von Beginn an ein »Piscator-Drama« konzipiert; thematisch und in der dramaturgischen Anlage also entsprach sein Stück Piscators Regie-Intentionen. Die Inszenierung wurde eine der schärfsten zeitkritischen Arbeiten dieses Regisseurs. Thema des Stücks war die Inflation, dargestellt als großer Betrug am deutschen Mittelstand und an der Arbeiterschaft und die in dieser Wirtschaftskrise liegenden Ursprünge des Rechtsradikalismus. Titelfigur war der Ostjude Kaftan, ein Kapitalist, der am Kapitalismus zugrunde geht. Vor dem Hintergrund der Inflation wird an dessen Schicksal das Zusammenspiel von Großkapital und nationalsozialistischer Politik aufgedeckt. Das Piscator-Kollektiv betrieb einen erheblichen Aufwand an Recherchen und holte Stellungnahmen von Wirtschaftstheoretikern aus unterschiedlichen Lagern ein, um vorab die Thesen dieses Stücks überprüfen zu lassen. Um die Mechanismen zu veranschaulichen, die zwischen dem Ökonomischen und dem Sozialen vermitteln, war ein Bühnensystem mit drei Etagen auf einer Drehbühne errichtet worden, mit Fahrstühlen verbunden. Jede soziale Klasse sollte ihre Spielplattform haben, gestaffelt in »oben, Mitte, unten«. Außerdem waren zwei »laufende Bänder« installiert. Vor der Bühne war eine Gazewand gespannt – eines der typischen Merkmale der Piscator-Bühne, auf die Filme und Serien aktueller Zeitungsartikel projiziert wurden. Moholy-Nagy setzte die am Bauhaus erprobten Schattenspiele ein, um Silhouetten führender Politiker der Weimarer Republik gleichsam wie Spukerscheinungen einzuspielen. Die Szene, die bei Kritikern aller Parteien die größte Empörung hervorrief, stand am Ende der Aufführung: »Drei Straßenkehrern wird auf einem rollenden Band die Leiche eines Soldaten zugeführt. Die Leiche ist grell beleuchtet, die drei Straßenkehrer erklären in einem Song, daß der Soldat mit Recht ermordet worden sei, weil er auf Menschen geschossen habe. Dann wird die Leiche in rüdester Weise auf einen Karren geworfen.« *Leichenschändung* war diese Kritik überschrieben. (n. E. Piscator 1986 I, 249) Ein von Piscator selbst nachträglich benannter Schwachpunkt des Stücks war, daß darin ein Jude als Repräsentant des Kapitalismus auftritt und das Stück damit – gerade in diesen Jahren – zu antisemitischer Propaganda mißbraucht werden konnte.

Die Kampagne der nationalsozialistischen Presse gegen den Regisseur Piscator wurde nun zur Hetzjagd. Eine Neuinszenierung der *Räuber* von Friedrich Schiller war Piscators letzte Arbeit in dieser zweiten Piscator-Bühne. Nach deren Schließung schloß sich ein Teil des Ensembles als »Piscator-Bühne (Kollektiv)« zusammen und brachte unter der Regie Erwin Piscators zwei Stücke heraus. Das

Der Mensch auf der Bühne hat für uns die Bedeutung einer gesellschaftlichen Funktion. Nicht sein Verhältnis zu sich, nicht sein Verhältnis zu Gott, sondern sein Verhältnis zur Gesellschaft steht im Mittelpunkt. Wenn er auftritt, dann tritt mit ihm zugleich seine Klasse oder seine Schicht auf. Seine Konflikte, moralisch, seelisch oder triebhaft, sind Konflikte mit der Gesellschaft. Mochte das Altertum im Mittelpunkt seine Stellung zum Schicksal sehen, das Mittelalter seine Stellung zu Gott, der Rationalismus seine Stellung zur Natur, die Romantik seine Stellung zu den Mächten des Gefühls – eine Zeit, in der die Beziehungen der Allgemeinheit untereinander, die Revision aller menschlichen Werte, die Umschichtung aller gesellschaftlichen Verhältnisse auf die Tagesordnung gesetzt sind, kann den Menschen nicht anders sehen, als in seiner Stellung zur Gesellschaft und zu den gesellschaftlichen Problemen seiner Zeit, d.h. als politisches Wesen. Mag diese Überbetonung des Politischen, an der nicht wir schuld sind, sondern die Disharmonie der heutigen gesellschaftlichen Zustände, die jede Lebensäußerung zu einer politischen machen, in gewissem Sinne zu einer Verzerrung des menschlichen Idealbildes führen, so wird dieses Bild jedenfalls den einen Vorzug haben, der Wirklichkeit zu entsprechen.

(E. Piscator 1963, 132)

erste war *§ 218 (Frauen in Not)* von Carl Credé, ein typisches »Zeitstück«, das Stellung nahm zu der in diesen Jahren leidenschaftlich diskutierten Problematik der Abtreibung und eine Abschaffung, zumindest eine Beschränkung des § 218 des Strafgesetzbuches forderte. Dieser nämlich stellte Abtreibung ausnahmslos unter Strafe. Das Piscator-Kollektiv erarbeitete die Inszenierung auf einfachstem Ausstattungsniveau im Apollotheater in Mannheim (Ende Oktober 1929) und unternahm von dort aus ausgedehnte Tourneen durch mehr als dreißig deutsche Städte. Im April und Mai 1930 wurde *§ 218* im Wallnertheater in Berlin gezeigt. Das Gastspiel dort erhielt eine besondere Note dadurch, daß – auf Einladung Piscators – gleichzeitig (23. bis 27. April) das Moskauer Staatstheater unter Mejerchol'd am Wallnertheater gastierte und es zwischen diesen beiden prominenten Regisseuren zu einer durchaus kontrovers geführten Grundsatzdiskussion über das Verhältnis von Theater und Politik kam. Die Auseinandersetzung um *§ 218* von Credé war zudem vorbereitet durch Aufführungen anderer Stücke, die ebenfalls dieses Thema behandelten: so etwa *Cyankali* von Friedrich Wolf durch die »Gruppe junger Schauspieler« in Berlin und *Ehe* von Alfred Döblin, das am 29. November 1930 von Otto Falckenberg und Julius Gellner an den Kammerspielen in München uraufgeführt wurde. Bestätigt durch die außerordentliche Resonanz, die seine Inszenierung von *§ 218* hatte, versuchte Piscator erneut ein eigenes Theater zu übernehmen. Auch entstand in diesem Jahr (1929) sein Buch *Das politische Theater* (zusammen mit Felix Gasbarra), Resümee und Standortbestimmung seiner bisherigen Arbeit.

Zu den merkwürdigsten Begebenheiten in der Biographie Piscators zählt sicherlich das Gespräch im Oktober 1930 zwischen ihm und Joseph Goebbels, der damals Gauleiter von Berlin war, zum Thema »Nationale und Internationale Kunst«. Es war auf Vermittlung von Arnolt Bronnen zustande gekommen und wurde vom Berliner Rundfunk gesendet. (vgl. M. Brauneck, P. Stertz 1986, 427 ff) Dieses Gespräch wurde zum Austausch von Standpunkten, die in keiner Weise vereinbar waren. Daß Kunst »zeitbedingt« sei, war zwar eine Gemeinsamkeit der Auffassungen, daß sie wesentlich auch »volksbedingt« sei – eine Grundthese nationalistisch-völkischer Ideologie –, teilte Piscator keineswegs. Dennoch unternahm Goebbels später noch einmal den Versuch, Piscator aus seinem Moskauer Exil zurückzuholen und ihm in Deutschland »ein Tätigkeitsfeld zu verschaffen«. Goebbels war es gelungen, als Überbringer dieses Angebots den greisen, sicherlich aber inzwischen gänzlich weltfremd gewordenen Engländer Edward Gordon Craig, den zu dieser Zeit wohl angesehensten europäischen Theaterkünstler, zu gewinnen. (vgl. M. Brauneck, P. Stertz 1986, 431)

Eine Inszenierung der dramatisierten Fassung des Romans von Theodor Plievier (1892–1955) *Des Kaisers Kulis* brachte Piscator am 31. August 1931 am Berliner Lessing-Theater heraus. Der Roman behandelt eine Marinemeuterei von 1917 und die Erschießung der beiden Anführer. Piscator setzte hier wieder (mit seinem Bühnenbildner Traugott Müller) alle erprobten Mittel ein – Film, Projektion, Chöre, Simultanspiel –, um den Bezug zur aktuellen politischen Situation herauszuarbeiten. Diese war insofern besonders angespannt, als kurz vor dieser Aufführung der letzte Weimarer Reichstag mit republikanischer Mehrheit aufgelöst worden war und wenige Tage nach der Aufführung jene Neuwahlen stattfanden, die die Nationalsozialisten zur zweitstärksten Partei

George Grosz: Zeichnung für den Trickfilm in E. Piscators Inszenierung: Die Abenteuer des braven Soldaten Schwejk, *Berlin 1927*

werden ließen; »ein Erdrutsch wie er in der parlamentarischen Geschichte Deutschlands noch nicht vorgekommen war.« (E. Eyck 1956, 350) Dennoch gelang es Piscator, das im Berliner Arbeiterviertel gelegene Wallnertheater – mit finanzieller Hilfe kommunistischer Organisationen – zu übernehmen und er eröffnete dort am 26. Oktober 1930 die dritte Piscator-Bühne mit *§ 218*, dem Erfolgsstück des Piscator-Kollektivs. Gastspiele anderer Ensembles folgten. Darunter war die »Spielgemeinschaft Berliner Schauspieler«, die in der Regie von Fritz Staudte die Reichswehrkomödie *Krach um Leutnant Blumenthal* von Alfred Herzog zeigte. Diese Aufführung löste gerade als Gastspiel auf der Piscator-Bühne einen unerhörten Skandal aus. Es ging um die brüchig gewordene Treue der Reichswehr zur Republik. Dieses Thema war von brisanter Aktualität geworden durch einen Prozeß gegen drei Reichswehroffiziere, die sich zusammen mit der NSDAP an der Vorbereitung hochverräterischer Umtriebe beteiligt hatten. Zudem hatte Hitler wenige Monate zuvor in einer Rede in München die Reichswehr zum Treuebruch gegenüber der Republik und zum Umsturz aufgefordert. Explosiver hätte das politische Umfeld für eine Theateraufführung nicht sein können. Die Aufsehen erregendste Inszenierung der dritten Piscator-Bühne war jedoch die Uraufführung von Friedrich Wolfs Revolutionsdrama *Tai Yang erwacht* am 15. Januar 1931, das einen Aufstand chinesischer Kulis behandelt und um Verständnis für die Revolution in China wirbt. Piscator wollte in seiner Inszenierung klarer noch als Mejerchol'd in *Brülle China* (vgl. Kap.: Rußland/Mejercho'ld) die Grundidee der chinesischen Revolution herausarbeiten und einen Bezug zur Situation in Deutschland herstellen. So wurde das Drama gemeinsam von Wolf und Piscator zum Lehrstück umgeschrieben und die Inszenierung mit dokumentarischem Material ausgestattet. Von den Wänden der Ränge des Wallnertheaters hingen Transparente herab, die mit revolutionären Aufrufen beschriftet waren. Der Saal war während der Aufführung nicht abgedunkelt. Das Theater glich einem Versammlungssaal. John Heartfield hatte ein einfaches Bühnenbild entworfen, das die agitatorischen Thesen der Transparente aus dem Zuschauerraum aufnahm. Eine Brücke mit Bambusgeländer zwischen Bühne und Zuschauerraum und einige chinesische Schriftrollen waren die einzigen Dekorationselemente, die auf China als den Ort der Handlung hinwiesen. Mitten in der Aufführung trat ein Schauspieler aus der Spielszene heraus und erklärte dem Publikum, daß die Situation in Deutschland die gleiche sei wie die im Stück: »Rechts oder links. Man muß wissen, wo man hingehört!« Wenige Tage nach dieser Aufführung wurde Piscator verhaftet. Vorgegeben wurden rückständige Steuerschulden noch von 1928 und seine Weigerung, einen Offenbarungseid zu leisten. Hätte er diesen geleistet, wäre er nach dem geltenden Gewerberecht nie mehr in den Besitz einer Theaterkonzession gekommen. Vorausgegangen war, daß man das von Piscator betriebene Arbeitertheater mit einer Lustbarkeitssteuer belegt hatte, nicht aber die Berliner Reinhardt-Bühnen und auch nicht die Volksbühne am Bülowplatz. Zudem hatte Max Reinhardt Steuerschulden, deren enorme Höhe in keinem Verhältnis zu denen Piscators standen, blieb jedoch von der Berliner Finanzbehörde unbehelligt. (vgl. Kap.: Max Reinhardt) Daß die von der sozialdemokratisch geführten Berliner Stadtregierung gegen Piscator verfügten steuerrechtlichen Maßnahmen letztlich eine verdeckte Form politischer Zensur darstellten, darüber bestand in der Öffentlichkeit kein Zweifel.

Im April 1931 verließ Piscator Deutschland und reiste in die Sowjetunion zu Dreharbeiten für einen Film, dessen Drehbuch er nach Anna Seghers Roman *Der Aufstand der Fischer von St. Barbara* erarbeitet hatte. Die Uraufführung dieses Films fand 1934 als geschlossene Vorstellung in Moskau statt. Piscators Versuch, in der russischen Hauptstadt eine deutsche Bühne zu gründen und dort mit deutschen Emigranten seine Arbeit fortzusetzen, scheiterte. Er wurde zwar zum Präsidenten der Internationalen Vereinigung der Arbeitertheater (MORT) gewählt; als Regisseur freilich durfte er an Moskauer Bühnen nicht arbeiten. Eine von ihm vorbereitete Inszenierung wurde von Stalin verboten. Erfolglos blieb auch sein Versuch, in Engels, der Hauptstadt der Wolgadeutschen, ein »Staatliches Akademisches Theater« einzurichten. Nach Piscators Plänen sollte dies ein Kulturzentrum für deutsche Emigranten aus aller Welt werden. Als 1936, im Jahr der politischen Schauprozesse in Moskau, die Situation für den – trotz seines antifaschistischen Engagements – aus der Sicht der stalinistischen Administration sicherlich nicht eindeutig einzuordnenden Piscator offensichtlich bedrohlich wurde, reiste dieser als Präsident der MORT nach Paris. Von dort kehrte er nicht mehr in die Sowjetunion zurück und brach auch alle persönlichen Kontakte in diese Richtung hin ab. Die Reise nach Paris hatte Piscator über Salzburg geführt, wo er sich mit Max Reinhardt traf, obwohl dieser ihn zuvor nie als Regisseur an eine seiner Berliner Bühnen engagiert hatte. In Paris heiratete Piscator die Choreographin Maria Ley. Deren beträchtliches Vermögen ermöglichte ihm nun einen äußerst luxuriösen Lebensstil, was viele einstige Kampfgenossen sehr verwunderte. Von der Politik zog sich Piscator gänzlich zurück, mit der Kommunistischen Partei Frankreichs vermied er jeden Kontakt, auch dem spanischen Bürgerkrieg gegenüber verhielt er sich bemerkenswert teilnahmslos. Zu seinem Bekanntenkreis zählte vielmehr die gesamte Pariser Theaterelite, darunter Jouvet, Dullin, Malraux, Baty und das Ehepaar Pitoëff. Zwei neue Projekte beschäftigten Piscator in dieser Zeit: eine Verfilmung des *Schwejk* und eine Dramatisierung (zusammen mit Alfred Neumann) von Tolstojs Roman *Krieg und Frieden*. Um diesen Plan zu realisieren, reiste Piscator nach New York, wo er in den weiteren Jahren des Exils bis 1951 blieb. Für seine Arbeit schuf er sich dort ein neues Zentrum. An der New School for Social Research gründete Piscator den Dramatic Workshop (vgl. Kap.: Theater im Exil), der zu einer der profiliertesten Schauspielschulen in den USA wurde.

Nachtasyl *(von Maksim Gor'kij) wird bei Piscator zu einem Aufstand der Massen. Der Raum ist geweitet. Die Decke des Asyls wird gehoben. Das Asyl wird zum riesenhaften Slum der kapitalistischen Metropole. Die Asylbewohner verlieren ihre Individualität. Ihr privates persönliches Leben und Schicksal ist uninteressant, geschieht nebenbei. Sie sind Teil der Masse. Da liegen sie in ihren Kojen, stöhnen im Schlaf, schnarchen. Die ersten Straßenbahnen fahren. Der Slum erwacht. Der Kampf um die Existenz in der Großstadt hebt von neuem an. Asylbewohner geraten in Streit. Einer hat den Herbergswirt erschlagen. Die Polizei kommt. Da hört das inviduelle Verbrechen auf, ein privates zu sein. Der Totschlag ist das Signal zum Aufstand des Proletariats. Klassenkampf tobt.*

(H. Braulich 1976, 119f)

Im Deutschland der Weimarer Republik hatte Piscator 1931 seine Arbeit abgeschlossen. Dazu ist festzuhalten – unabhängig von der politischen Bewertung dieser Arbeit –, daß Piscator in diesen politisch aufgeregten Jahren den Anspruch des Theaters, die aktuellen Probleme der Gesellschaft parteilich zu diskutieren, durchgesetzt und damit diese Institution an die Lebenswirklichkeit der Menschen wieder herangeführt hat. Zudem wurden durch die experimentelle Dynamik seiner Projekte die theatralen Darstellungsmittel wesentlich erweitert. Beide Aspekte waren Grundlagen, von denen aus Bertolt Brecht seine Form des »epischen Theaters« entwickeln konnte. Im Nachkriegsdeutschland der fünfziger Jahre war es für den politisch links orientierten Regisseur ein von Rückschlägen und Enttäuschungen gepflasterter Weg, den er gehen mußte, um wieder Fuß zu fassen in einer gänzlich veränderten, politisch neutralisierten Theaterlandschaft. Das änderte sich erst in den sechziger Jahren, als mit den Stücken von Rolf Hochhuth, Heinar Kipphardt und Peter Weiss wieder jene

Form von »Zeittheater« möglich wurde, für das Piscator stets eingetreten war, das nun die deutsche Nachkriegsgesellschaft mit ihrer unmittelbar vorangegangenen politischen Geschichte konfrontierte. Zu Recht wies deswegen Günther Rühle anläßlich der Piscator-Konferenz 1971 in Berlin darauf hin (1971, 3), daß die Theaterarbeit Erwin Piscators – im Kontext dieser deutschen Geschichte – »etwas qualitativ anderes (war) als die Summe seiner Inszenierungen.«

Schauspielerkollektive, Agitproptruppen und proletarisches Laientheater

Eine typische Erscheinung im Theater der Weimarer Republik war das Aufkommen von Schauspielerkollektiven (seit 1930/31) und der Agitproptheaterbewegung (etwa seit 1927). Die unmittelbaren Anlässe zur Gründung und die soziologische Struktur dieser außerinstitutionellen Theaterensembles waren zwar durchaus unterschiedlich, mehr noch ihre Spielpraxis, doch verband sie die Grundrichtung ihres politischen Engagements: eine kämpferische Haltung von links gegen den offenkundigen Rechtsruck, den die Regierungspolitik dieser Jahre vor allem unter der Kanzlerschaft des Zentrum-Politikers Heinrich Brüning (1930–1932) vollzogen und der die politischen Auseinandersetzungen im Alltag der Republik erheblich verschärft hatte. Im Theaterleben drückte sich dieser forcierte Rechtskurs der staatlichen Aufsichtsorgane in einer drastischen Zunahme von Aufführungsverboten aus. Skandale und Gewalttätigkeiten während der Aufführungen von Stücken mit sozialistischer Tendenz oder von Autoren, die der KPD angehörten oder dieser politisch nahestanden, initiiert von Störtrupps der NSDAP oder deren Anhängerschaft, waren an der Tagesordnung. Die meisten Theaterdirektoren weigerten sich deswegen von vornherein, solche Stücke zur Aufführung anzunehmen, zumal die Versicherungen erklärt hatten, in diesen Fällen jegliche Schadenshaftung abzulehnen.

Und ein weiterer Aspekt kam hinzu, der vor allem zur Gründung freier, an keine Institution gebundener Schauspielerkollektive führte. Die rasante Verschlechterung der wirtschaftlichen Verhältnisse in Deutschland Ende der zwanziger Jahre hatte die gänzliche oder zeitweilige Schließung vieler Bühnen zur Folge. In den Jahren um 1930 stieg deswegen die Zahl der engagementslosen Schauspieler rasant an. Viele von denen, die in einem Engagement blieben, mußten Gagenkürzungen hinnehmen, die ihr Einkommen oftmals unter das Existenzminimum abfallen ließen. Zeitungsberichten zufolge waren in diesen Jahren zeitweise mehr als die Hälfte der Bühnenkünstler in Deutschland erwerbslos. In der Spielzeit 1930/31 waren 7363 Solomitglieder an deutschen Theatern beschäftigt, »während 2790 als arbeitslos gemeldet waren. Im Sommer 1931 stieg die Zahl der erwerbslosen Bühnenkünstler auf 4800, im Sommer 1932 auf beinahe 6000.« (n. F.W. Knellessen 1970, 233) Als Reaktion auf diese Verhältnisse schlossen sich an vielen Orten engagementslose Schauspieler und Regisseure zu Kollektiven zusammen und organisierten einen eigenen Spielbetrieb, um – wie notdürftig auch immer – ihren Lebensunterhalt zu sichern. Für die Gagen führten diese Kollektive das Gleichheitsprinzip ein. Nach

Proletarische Spielgruppe Blaue Blusen, Köln

Abzug aller Ausgaben und der notwendigen Rücklagen für neue Projekte wurden die Einnahmen ohne Rücksicht auf die künstlerische Leistung des einzelnen geteilt. Nach diesem Muster war schon 1928 eine »Notgemeinschaft der Schauspieler der Piscator-Bühnen« gegründet worden. Bedeutung im zeitgenössischen Theaterleben erhielten die Schauspielerkollektive weniger wegen auffälliger künstlerischer Leistungen oder experimentellem Wagemut, sondern weil sie sich vorwiegend jener Stücke annahmen, die wegen ihrer kritischen Tendenz auf größeren privaten oder den staatlichen Bühnen nicht aufgeführt wurden. So waren es diese Ensembles, die eine Reihe von Uraufführungen jener »Zeitstücke« herausbrachten, die den wohl charakteristischsten Beitrag in der Dramatik dieser Zeit darstellten; Stücke wie Peter Martin Lampels (1894–1965) *Revolte im Erziehungsheim* und *Giftgas über Berlin*, Friedrich Wolfs (1888–1953) *Cyankali* oder *Die Mausefalle* und *Da liegt der Hund begraben* von Gustav von Wangenheim (1898–1975). Die Aufführungen dieser Stücke fanden überwiegend in angemieteten Sälen statt, aber auch als Gastspiele in größeren Theatern. Die meisten Ensembles bereisten mit ihren Produktionen das gesamte Reichsgebiet. Den Aufführungsstil beschreibt F.W. Knellessen, der eine umfassende Dokumentation dieses Spielbetriebs erarbeitet hat, als »zügigen«, »handfesten« Realismus ohne ästhetisch-formale Ambitionen. Die Ausstattung beschränkte sich auf einfache, zeichenhafte Bühnenelemente und war dem mobilen Spielbetrieb angepaßt.

Einige dieser Theatertruppen gewannen durch die Kontinuität ihrer Arbeit dennoch besonderes Profil. So etwa die Ende 1928 erstmals auftretende »Gruppe junger Schauspieler«, die sich aus Mitgliedern des Piscator-Studios gebildet hatte und bis zur Spielzeit 1931/32 bestand. Diese Gruppe brachte die Uraufführung von Lampels *Revolte im Erziehungsheim* heraus (2. Dezember 1928); ein Stück über die katastrophalen Zustände in den Erziehungsheimen für

Fürsorgezöglinge. Im Rahmen einer Tournee durch die meisten deutschen Städte, die Tschechoslowakei und die Schweiz kam es zu mehr als 250 Aufführungen. Die enorme Resonanz, die dieses Stück in der Öffentlichkeit hatte, führte zu einer im Reichstag beschlossenen Reform der Fürsorgeerziehung. In ihrem zweiten Stück, *Giftgas über Berlin* (5. März 1929), dessen öffentliche Aufführung verboten war, ging es um die Herstellung von Giftgas und dessen Verkauf an die Reichswehr. Die Uraufführung von Friedrich Wolfs *Cyankali* (6. September 1929), das in der leidenschaftlich geführten sozialpolitischen Diskussion um den Abtreibungsparagraphen 218 (vgl. auch Kap.: Erwin Piscator) die Partei der radikalen Reformer vertrat, war weitaus der größte Erfolg der »Gruppe junger Schauspieler«. Es war sicherlich auch deren künstlerisch eindrucksvollste Arbeit. Regie führte Hans Hinrichs (1903–1974), die Rolle der Proletarierin Hete, um deren Leidensgeschichte es in dem Stück geht, spielte Renée Stobrawa (1898–1971). Im Lessing-Theater in Berlin kamen 100 Aufführungen zustande. Insgesamt zeigte die »Gruppe« auf Tourneen durch das Reichsgebiet und die Schweiz dieses Stück mehr als 300-mal. Friedrich Wolf (1888–1953) war unter den agitatorischen Realisten der produktivste und erfolgreichste Bühnenautor. Er war Truppenarzt im Ersten Weltkrieg, überzeugter Pazifist und seit 1928 Aktivist innerhalb der KPD. 1932 gründete er die Agitproptruppe »Spieltrupp Südwest«, für die er auch die Texte schrieb. Seine frühen expressionistischen Dramen, darunter *Tamar*, das in der Regie von Richard Weichert 1922 in Frankfurt uraufgeführt wurde, fanden zwar auch überwiegend den Weg auf die Bühne, sein eigentliches Profil als Bühnenautor erhielt Wolf jedoch erst durch seine politischen Zeitstücke. Von diesen brachte Piscator einige in aufsehenerregenden Inszenierungen heraus. (vgl. Kap.: Erwin Piscator). Neben *Cyankali* und *Tai Yang erwacht* (Uraufführung 1931 am Thalia Theater in Hamburg) war das im Exil 1933 entstandene Stück *Professor Mamlock* das bekannteste. Es wurde 1934 am Kaminski Theater in Warschau uraufgeführt; noch im selben Jahr fand eine Aufführung am Zürcher Schauspielhaus statt mit Alexander Granach in der Titelrolle. Es schildert den Gesinnungsterror, der gegen einen jüdischen Arzt unter dem Deckmantel einer »nationalen Erhebung« betrieben wird und zur Menschenjagd eskaliert. In späteren Stücken behandelte Wolf Themen aus der deutschen Revolutionsgeschichte. 1945 kehrte er aus dem Exil in der Sowjetunion nach Deutschland, in die DDR, zurück und wurde deren erster Botschafter in Polen. In allen seinen Stücken waren Einfühlung und die Mobilisierung emotionalen Widerstands gegen soziale Ungerechtigkeit und den Hitler-Faschismus die stärksten Wirkungsmittel, die Wolf einsetzte. So war es nur folgerichtig, daß er als einer der prominentesten kulturpolitischen Repräsentanten der DDR mit Bertolt Brecht in eine Grundsatzdebatte (1949/50) geriet über dessen Verfremdungsästhetik und die Rolle des Zuschauers. Was Wolf Brecht entgegensetzte, war die Forderung nach eindeutigen Botschaften auf der Bühne, nach klarer »Tendenz«. Dies freilich stand Brechts Vorstellung von dem aktiven, selbständig denkenden Zuschauer diametral entgegen.

Die »Truppe 1931« verdankte ihre Sonderstellung in erster Linie ihrem Leiter, dem Schauspieler, Regisseur und Autor Gustav von Wangenheim, einem Schüler von Max Reinhardt, der auch bei Erich Ziegel an den Hamburger Kammerspielen und bei Erwin Piscator gearbeitet hatte. Gustav von Wangenheim war

B. Lask: Thomas Münzer. *Proletkult Cassel, Freilichtaufführung 1925*

seit 1922 Mitglied der KPD und übernahm 1923 die Leitung von deren Zentralem Sprechchor, für den er auch sein erstes Sprechchorwerk, *Chor der Arbeit,* schrieb. Auf Tourneen durch ganz Deutschland trat Wangenheim mit diesem Chor im Auftrag der KPD auf. 1928 engagierte er sich in Berlin als Autor und Regisseur bei der Agitpropgruppe »Rote Blusen«; zugleich war er künstlerischer Leiter des Arbeitertheater-Bundes. Als geschulter Marxist »verordnete« Wangenheim der »Truppe 1931« ein klares, politisch-weltanschauliches und formalkünstlerisches Programm. Diese Art programmatischer Festlegung und die Prominenz ihres Leiters unterschied diese Theatertruppe von den meisten anderen Schauspielerkollektiven. In der Arbeitsweise orientierte sie sich an der Piscator-Bühne. Ende 1931 trat das Ensemble mit der Uraufführung von Wangenheims antifaschistischem Lehrstück *Die Mausefalle* erstmals an die Öffentlichkeit. Der Form nach war dies eine Mischung aus politischer Revue, Kabarett und Zeitstück; inhaltlich demonstrierte das Stück die Anfälligkeit des bürgerlichen Mittelstandes für Parolen faschistischer Demagogie. Mit insgesamt 314 Aufführungen war *Die Mausefalle* eine der erfolgreichsten Produktionen im Spielbetrieb der Schauspielerkollektive. Das Stück wurde nicht nur in Deutschland durch die Tourneen der »Truppe 1931« bekannt, auch in der Sowjetunion und in den USA wurde es aufgeführt. Ihr zweites Stück, die Uraufführung von *Da liegt der Hund begraben*, brachte die Truppe am 18. Oktober 1932 am Theater am Schiffbauerdamm in Berlin heraus. Sicherlich eines der mutigsten politischen Theaterprojekte dieser Zeit war die Uraufführung von Wangenheims Komödie *Wer ist der Dümmste* am 4. Februar 1933 am Kleinen Theater Unter den Linden (Bühnenbild: Teo Otto) – sechs Tage nachdem Hitler an die

Proletarische Spielgruppe »Die Trommler«, Breslau ca. 1930 mit dem Sketch Ausverkauf der Republik

Macht gekommen war. Dieses Stück, das Wangenheim nach einer Vorlage von Karl August Wittfogel verfaßt hatte, war eine äußerst aggressive Attacke gegen die NSDAP und deren »Führer«. Am 4. März 1933 fand die letzte Aufführung der »Truppe 1931« statt. Unmittelbar darauf floh Gustav von Wangenheim ins Exil in die Sowjetunion, wo er bis 1945 als Regisseur arbeitete. In Ost-Berlin übernahm er 1945 die Intendanz des Deutschen Theaters und leitete dieses bis 1947.

Neben der »Truppe 1931« und der »Gruppe junger Schauspieler« existierte eine Vielzahl weiterer Schauspielerkollektive. F.W. Knellessen (1970, 235f u. 241f) nennt in seiner Dokumentation unter anderem »Die Neue Truppe« (Berlin, 1927), das »Theater der Arbeit«, »Das Zeittheater«, die »Spielgemeinschaft Berliner Schauspieler« (1930), »Truppe im Westen« (Düsseldorf, 1930), »Kollektiv junger Schauspieler« (Leipzig, 1931) und die »Gruppe arbeitsloser Schauspieler Stuttgart«. Die »Truppe im Westen« profilierte sich durch die Uraufführung von Friedrich Wolfs Antikriegsstück *Die Matrosen von Cattaro* (7. November 1930), das eine Marinemeuterei aus dem Ersten Weltkrieg zum Thema hat und eines der am meisten aufgeführten Zeitstücke dieser Jahre war.

Eine gänzlich andere, für die letzten Jahre der Weimarer Republik jedoch nicht minder typische Theatersphäre stellten die Aktivitäten der kommunistischen Agitproptruppen dar. Deren theoretische Grundlage waren die in der Sowjetunion vor allem von Bogdanov entwickelten Vorstellungen einer »Proletarischen Kultur«. (vgl. Kap.: Rußland) In Deutschland konnte sich diese Bewegung zunächst nicht durchsetzen, da die KPD in den ersten Jahren nach der Novemberrevolution kulturpolitisch noch eine ganz andere Richtung vertrat, nämlich –

ähnlich der Sozialdemokratie – die »kritische Aneignung des bürgerlichen Kulturerbes«. So wurden auch die ersten Versuche von Erwin Piscator, ein proletarisches – und dies meinte um 1920 »kunstfreies« – Theater zu begründen, von der kommunistischen Presse zunächst strikt abgelehnt. Für den leidenschaftlichen Kriegsgegner Piscator jedoch schien das Proletariat die einzige gesellschaftliche Schicht zu sein, die durch Kriegstreiberei oder als Kriegsgewinnler nicht diskreditiert war. Insofern unterschied sich Piscators programmatische Hinwendung zum Proletariat durchaus von den gleichzeitigen sowjetrussischen Proletkulttheorien. Erst Piscators große politische Revuen der Jahre 1924 und 1925 entstanden in Kooperation mit der KPD.

Etwa zur gleichen Zeit, als Piscator in Berlin sein »Proletarisches Theater« betrieb, kam es in anderen deutschen Städten zu ähnlichen Unternehmungen, durchwegs waren dies jedoch Laienbühnen. In Leipzig wurde 1921 eine »Proletarische Tribüne« gegründet; in Nürnberg – von Rolf Gärtner – ein gleichnamiges Projekt; in Mannheim das »Volkstheater Mannheim« und in Kassel das Ensemble »Proletkult Cassel« (1921). Letzteres bestand bis 1927 und nahm innerhalb der Proletkult-Truppen dieser Jahre eine besondere Stellung ein, da der prominente Bühnenbildner Teo Otto für diese Truppe die Dekorationen entwarf.

Die theaterpolitische Kurskorrektur der KPD Mitte der zwanziger Jahre, die zu einer Neubewertung der proletarischen Laientheaterbewegung führte, schlug sich auch nieder in der Stellung dieser Partei zum Deutschen Arbeitertheater-Bund; ebenso in Versuchen, innerhalb der Volksbühne politisch radikale Positionen durchzusetzen. Den Arbeitertheater-Bund gab es seit 1906. Es war der Dachverband der vielen, oft schon seit Ende des 19. Jahrhunderts aus Laiengruppen bestehenden Arbeitertheater-Vereine, die keinerlei politische Ziele ver-

P.M. Lampel: Giftgas über Berlin. *Gruppe junger Schauspieler im Theater am Schiffbauerdamm, Berlin 1929*

G. v. Wangenheim: Die Mausefalle. *Aufführung der »Truppe 1931«. Berlin 1931*

folgten, sondern der Unterhaltung und allenfalls der Bildung des Arbeiterpublikums dienen sollten. In ihrem Programm unterschieden sich diese Theatervereine kaum von bürgerlichen Dilettantenbühnen. Erst Anfang der zwanziger Jahre setzte auch in dieser Theatersphäre eine Politisierung ein, die alsbald von der KPD organisatorisch gestützt wurde. Dies führte letztlich zu einer kommunistischen Unterwanderung des Arbeitertheater-Bundes, bis schließlich 1929 dieser Dachverband gänzlich unter die Kontrolle der Kommunisten geriet (vgl. F.W. Knellessen 1970, 273f) und in »Arbeiter-Theater-Bund Deutschland« (ATBD) umbenannt wurde. Zu dieser Zeit umfaßte diese Organisation 4000 Mitglieder und 300 Ortsgruppen, stellte also ein über das gesamte Reichsgebiet ausgedehntes Netz proletarischer Laienbühnen dar. Die Leitung des ATBD gab Richtlinien und Textmaterialien für ihre Mitglieder heraus und organisierte Wettbewerbe und Programmdiskussionen. Schriftsteller wie Friedrich Wolf, Bertolt Brecht, Gustav von Wangenheim und Johannes R. Becher arbeiteten mit dieser Organisation zusammen. 1930 wurde in Moskau ein Internationaler Arbeiter-Theater-Bund (IATB) gegründet. Aus dieser Bewegung entstanden 1927 die ersten Agitproptruppen in Deutschland. Den entscheidenden Impuls für die zu dieser Zeit einsetzende rasche Ausdehnung dieser Bewegung gaben die im Oktober 1927 in Berlin (Piscator-Bühne) und anschließend in einer Reihe größerer deutscher Städte stattfindenden Gastspiele der berühmten sowjetischen Agitproptruppe »Blaue Blusen«. (vgl. Kap.: Rußland) Nach deren Vorbild schossen in Deutschland vergleichbare Ensembles wie Pilze aus dem Boden. Sie nannten sich »Rote Blusen«, »Blaue Blusen«, »Rote Leuchtkugel«, »Kolonne Links«, »Rote Raketen« oder »Rotes Sprachrohr«. (vgl. F.W. Knellessen 1970, 277 f) Diese »fliegenden Bühnen« traten auf Straßen, in Hinterhöfen der Arbeiterviertel, in Sälen oder Fabriken, manchmal auch in Theatern auf. Sie glichen sich in den szenischen Mitteln weitgehend. Sprechchöre, »lebende Zeitung«, plakativ stilisierte Spielszenen, Tanz, Chanson und Akrobatik wechselten in rasantem Tempo, ganz am russischen Vorbild orientiert. Um 1930 traten 300 solcher Truppen im deutschen Reichsgebiet auf. Ihr Publikum waren mehr als 1 500 000 Arbeiter. »Rotes Sprachrohr Berlin«, »Die Nieter« in Hamburg, »Nord-West ran!« in Düsseldorf, »Die Trommler. 1. Deutsche Truppe von Arbeiterschauspielern« in Breslau und Friedrich Wolfs »Spieltrupp Südwest« in Stuttgart waren die profiliertesten dieser Laienensembles. Auftrittsverbote und Verhaftungen der Mitglieder behinderten deren Spielbetrieb zeitweise beträchtlich.

Zur Praxis dieser Agitproptruppen gehörte aber auch der internationale Austausch. Seit Ende der zwanziger Jahre gab es sie in den meisten europäischen Ländern. Auch in den USA, in China und Korea wurden seit etwa 1929 und in den frühen dreißiger Jahren zahlreiche Theatergruppen nach diesem sowjetischen Vorbild gegründet. In den USA waren diese Ensembles in der League of Workers' Theatres zusammengeschlossen. Zu Recht spricht F.W. Knellessen (1970, 295) deswegen von einer »weltweiten Verbreitung des proletarisch-revolutionierenden Theaters« in dieser historischen Periode.

Kabarett und Revue in Deutschland 1910 bis 1933

Die Avantgarde in Italien, Frankreich und Rußland, die Dadaisten in Zürich und Paris hatten Varieté und Kabarett als Institutionen und künstlerische Genres entdeckt, die eine bunte Mischung von Darbietungsformen zuließen, den Stilbruch und die Provokation, Witz, Satire und Parodie, ja selbst den Unsinn zum Prinzip erhoben hatten und – von aller Tradition entlastet – dem Experimentieren mit der Sprache, Schauspielerei, mit Tanz, Artistik, Musik, dem Film und den bildenden Künsten keinerlei Grenzen setzten. Kabarett und Varieté waren Orte, an denen alles Feierliche, die »hohe Kunst« und die »Großen« der Zeit respektlos verrissen werden konnten; Orte, an denen die Darsteller ihrem Publikum buchstäblich auf den Leib rückten, an der kulturellen Peripherie, mitunter im plebejischen Milieu gelegen – doch stets im Banne des Zeitgeists. In den romanischen Ländern und in Rußland (Nikolai Foregger) war das experimentelle Kabarett geradezu zum »Vehikel der Avantgarde« (L. Appignanesi 1976, 71) geworden.

In Deutschland bildeten sich im ersten Jahrzehnt des 20. Jahrhunderts in Berlin und München zwei Richtungen des Kabaretts heraus, die etwas andere Akzente setzten: das »literarische« oder das »literarisch-politische« Kabarett und das an die frühe französische Cabaret-Tradition anschließende mondäne Kabarett im Stil von Rudolf Nelsons »Roland von Berlin« oder dessen »Chat noir«.

Trude Hesterberg singt das Börsenlied *auf ihrer »Wilden Bühne«, Berlin 1921/22*

Vorbilder, die für das literarische Kabarett stilbildend wurden, waren das am 18. Januar 1901 von Ernst von Wolzogen in Berlin eröffnete »Überbrettl«. Nur wenige Tage später hatte Max Reinhardts legendäres Kabarett »Schall und Rauch« seine erste Premiere, und am 13. April desselben Jahres trat in München erstmals das satirische Kabarett »Die Elf Scharfrichter« an die Öffentlichkeit. (vgl. Bd. III, 688 u. 713 f) Mehr oder weniger an diesen Bühnen orientiert, entstand in Deutschland bald eine äußerst lebendige Kabarett-Szene, mit Schwerpunkten in der Hauptstadt Berlin und in dem als liberalste deutsche Großstadt geltenden München. Vor Beginn des Ersten Weltkriegs kam es in Berlin noch einmal zur Gründung eines literarischen Kabaretts, das diesem Typus in jeder Hinsicht entsprach. 1910 eröffneten expressionistische Literaten um Kurt Hiller das »Neopathetische Kabarett«, das sich Nietzsches Wort von der »universalen Heiterkeit, dem panischen Lachen« zum Motto gewählt hatte.

Der Ausbruch des Krieges 1914 veränderte auch die Kabarett-Szene schlagartig. Zunächst schwappte die Welle vaterländischer Begeisterung auch auf diese Bühnen über. Bald aber kamen auch hier – wie im Schauspieltheater – leisere, kritische Töne auf. Nach Kriegsende unternahm Max Reinhardt den Versuch, sein einstiges Kabarettunternehmen »Schall und Rauch« wiederzubeleben. Am 8. Dezember 1919 eröffnete er im Keller seines Großen Schauspielhauses das zweite »Schall und Rauch«, das 1100 Zuschauern Plätze bot, in dieser Hinsicht also gänzlich atypisch für diese »Kleinkunst«-Szene war. John Heartfield, George Grosz und Walter Mehring, alle drei zur Gruppe der Berliner Dadaisten gehörend, konnten als Mitarbeiter gewonnen werden, ebenso der Lyriker Klabund, Kurt Tucholsky und der Komponist Friedrich Hollaender. Paul Graetz und Gussy Holl waren die Chanson-Stars. Hans von Wolzogen, ein Neffe des Kabarett-Gründers, leitete das Unternehmen. Literarische Parodie und politische Satire waren die hauptsächlichen Genres, die den Stil dieses Kabaretts, an dem auch Schauspieler des Reinhardt-Ensembles auftraten, prägten. In dieser Form bestand dieses zweite »Schall und Rauch« bis 1921.

In dieser Zeit gab es in Berlin 38 Kabarettbühnen, etwa 140 in anderen deutschen Städten. An den meisten dieser Bühnen überbot freilich der frivole Witz die Kunst bei weitem. Ein anspruchsvolleres Programm zeigte das »Cabaret Größenwahn«, das die Chansonette Rosa Valetti betrieb, die dort nicht nur Possen und deftige Schwänke aufführte, sondern auch die kritische politische Satire wagte. Kurt Gerron war neben der Valetti der Star dieser Bühne, an der auch Gustaf Gründgens im Oktober 1922 erstmals in diesem Genre auftrat. Eines der profiliertesten Berliner Kabaretts war Trude Hesterbergs (1892–1967) »Wilde Bühne«, die 1921 in einem Kellersaal eröffnet wurde und bis 1923 existierte. Dort bestimmten eher anarchistische Töne die Atmosphäre, weniger die politische Kritik. Es war diese »Wilde Bühne«, an der Bertolt Brecht in Berlin zum ersten Mal öffentlich – »etwas linkisch und monoton schwäbelnd« (n. K. Budzinski 1982, 103) – seine Ballade *Apfelböck oder die Lilie auf dem Felde* vortrug und damit prompt einen handfesten Skandal auslöste. Da die wirtschaftliche Situation der literarischen, vor allem der »kämpferischen« Kleinkunstbühnen in diesen Jahren zunehmend schlechter wurde, änderten viele ihr Programm und mutierten zu reinen Amüsierbetrieben.

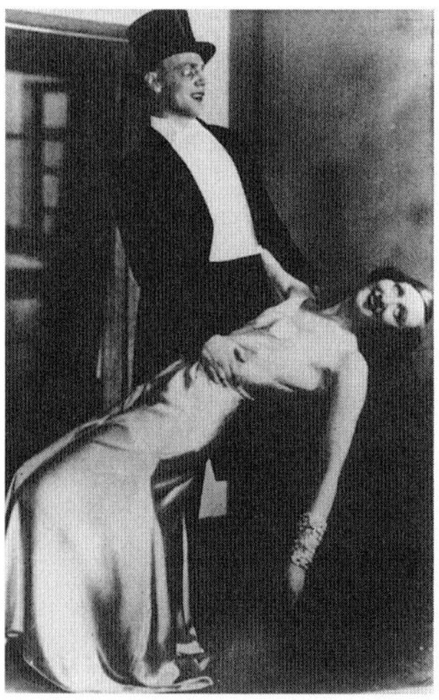

Margo Lion mit Gustaf Gründgens in der Schiffer-Spolansky-Revue Alles Schwindel, *Berlin 1931*

Auf diesem Gebiet bot Rudolf Nelson (1878–1960) in seinem »Nelson-Theater« das Beste. 1919 hatte der rührige Komponist und Entertainer »Nelsons Künstlerspiele« gegründet, die seit 1920 unter dem Namen Nelson-Theater firmierten. (vgl. M. Brauneck, G. Schneilin 1992, 662f) Als besondere Attraktion kreierte Nelson die Kabarett-Revue, die eines der Erfolgsgenre der zwanziger Jahre wurde. Gegenüber dem Nummernkabarett – der üblichen Form des Kabaretts – war die kabarettistische Revue (eine Miniaturform der großen Revue, oftmals deren Parodie) aufwendig, äußerst luxuriös ausgestattet. Das musikalische Element (Chansons und Schlager) stand im Vordergrund, weniger der Inhalt der Texte. Diese waren bei Nelson zwar stets aktuell, nie aber kritisch oder satirisch. Die gesamte Darsteller-Elite der Kabarett-Sphäre trat im Nelson-Theater auf, von Blandine Ebinger, Claire Waldorff, Anita Berber, Josephine Baker, Grethe Weiser und (erstmals) Marlene Dietrich bis Kurt Gerron und Curt Bois. 1933 übersiedelte Nelson mit seiner Revue zunächst nach Wien, von österreichischen Faschisten vertrieben, floh er 1934 in die Schweiz. Dort erhielt er ein Engagement nach Holland, wo er im Amsterdamer Kabarett-Theater »La Gaîté« bis 1940 etwa 100 Programme herausbrachte. Nach dem Einmarsch der deutschen Truppen in Holland arbeitete Nelson noch eine Zeitlang im Untergrund weiter. (vgl. Kap.: Niederlande)

Ernst Busch auf der Bühne der Katakombe, Berlin um 1929

Nelsons Berliner Konkurrent war Friedrich Hollaender (1896–1976), der 1931 das Kabarett »Tingeltangel« eröffnete. Hollaender brachte als Novität die »Revuette« ins Repertoire. Diese war im Aufbau ähnlich der kabarettistischen Revue, wie Nelson sie pflegte, doch setzten bei Hollaender nicht die glamouröse Ausstattung und der eingängige schmissige Chansonton die Akzente; in den meisten von Hollaenders Chansons herrschte ein satirischer Ton vor, mit dem er Skandale und Absurditäten aus Politik, dem Filmbetrieb, der Justiz und Bürokratie aufs Korn nahm. Als Komponist hatte Friedrich Hollaender den internationalen Durchbruch mit seinen Chansons zu dem Film *Der blaue Engel.* 1933 ging Hollaender in die USA ins Exil.

Weitere Berliner Kabarett-Bühnen der zwanziger Jahre waren das »Kabarett der Komiker«, »Larifari« und »Die Katakombe« (seit 1929), an der Ernst Busch, Rudolf Platte, Theo Lingen, Hanns Eisler und vor allem Werner Finck die herausragenden Künstlerpersönlichkeiten waren. Ernst Busch (1900–1980), der Mitglied der Kommunistischen Partei war, war als Chanson- und Song-Interpret bei dem Berliner Arbeiterpublikum so populär »wie der Operettentenor Richard Tauber bei seinem bürgerlichen Publikum.« (K. Budzinski 1982, 132) Werner Finck (1902–1978) hatte mit seinen doppelsinnigen Wortspielen eine Form der Satire perfektioniert, die ihm noch bis 1935 ermöglichte, die Politik der Nationalsozialisten und deren Repräsentanten einem subtilen Spott auszusetzen. Die Mitglieder des als politisch linksstehend geltenden »Tingeltangel«, ebenso das Ensemble der »Katakombe« wurden 1935 in »Schutzhaft« genommen, in einem anschließenden Prozeß jedoch freigesprochen. Aufführungen beider Kabarett-Bühnen wurden noch im selben Jahr verboten.

Höhepunkt der Revue ist immer das große Treppentableau ... Die Treppe ist das Requisit, mit dessen Hilfe der Schein luxuriösen Lebens und die technische Perfektion einer vermeintlich rationalisierten Welt in Szene gesetzt wird, die Demonstration von Verschwendung und Ökonomie, die diffusen Phantasien der Mode und die prägnanten Formen der Tanznummern, der Glamour des Ornamentalen und die Show der Ornamente.

(R. Kloos, Th. Reuter 1980, 36)

Der Einfluß des Kabaretts auf das Theater der zwanziger Jahre fand auf zwei Ebenen statt. Zum einen trug das literarische Kabarett wesentlich dazu bei, daß eine intellektuelle Atmosphäre aufkam, in der der respektlose, der satirische Umgang mit Zuständen, Personen und Ereignissen der Zeitgeschichte, die unter dem Deckmantel überkommener, nicht hinterfragter Legitimationen auf ihrem »Recht« beharrten, kultiviert wurde und eine künstlerische Form fand. Die kritische Befragung des Bestehenden, der Ordnung und der Moral der Gesell-

Szenenbild aus der Nelson-Revue: Glück muß man haben. *Nelson-Theater, Berlin 1930/31. In der Mitte Ernst Busch u. Kurt Gerron*

schaft und deren kulturellen Selbstverständnisses war ein elementarer Impuls jenes Aufbruchgeistes, der 1919 alle weltanschaulichen und politischen Lager beflügelt hatte. Das Kabarett nahm diesen Impuls auf, kanalisierte ihn in eine vergnüglich freche, mitunter laszive, subversive Spielart dieses Zeitgeists. Das im Schauspieltheater dieser Jahre so kontrovers diskutierte Thema vom »Klassikertod« (H. Ihering) und die Frage nach einem zeitgemäßen Umgang mit den Klassikern auf der Bühne war sicherlich nicht unbeeinflußt von dem im literarischen Kabarett so pointiert betriebenen Abbau der »Furcht vor Klassikern«, den großen gipsernen »Monumentalitäten«, wie Bertolt Brecht 1926 recht pointiert formulierte. »Nur durch Schnoddrigkeit« könne man, so Brecht, deren »Materialwert« auf die Spur kommen. Brechts in diesen Jahren entwickelte Technik der Verfremdung konnte sich nur in einem intellektuellen Klima durchsetzen, in dem die kritische Befragung vermeintlich gesicherter Wahrheiten nie auch den Spaß aus dem Spiel ließ. Wie direkt dieses Zusammenspiel von »ernsthafter« Klassikerdarstellung und Klassikerparodie funktionieren konnte, zeigt nichts deutlicher als die Programmparallele in Max Reinhardts Großem Schauspielhaus. Während auf der Hauptbühne Aischylos' *Orestie* aufgeführt wurde, zeigte – im Keller darunter – »Schall und Rauch« ein Puppenspiel von Walter Mehring mit dem Titel *Einfach klassisch! Eine Orestie mit glücklichem Ausgang* (Klytämnestra »vollbusig, gefährliches Alter«, Aegisth »deren G'spusi, Literat und Berufsethiker«, Kass Andra »rassig, mit Spitzenhöschen«, Orest ein Freikorpsoffizier). Aber auch unmittelbar in Schauspiel- und Operninszenierungen wurden kabarettistische Stilelemente übernommen, so etwa das Chanson, die Figur des Conférenciers oder die Nummernfolge als dramaturgische Struktur. Beispiele sind Ernst Tollers politische Revue *Hoppla, wir leben* oder Walter Meh-

Liesl Karlstadt u. Karl Valentin in Die Orchesterprobe. *München 1924*

Parodie des Kabaretts »Die Katakombe« auf die Militärfilme der zwanziger Jahre.

rings Inflations-Satire *Der Kaufmann von Berlin*. Piscator sah in der Revue und der kabarettistischen Nummern-Dramaturgie mit ihrer unmittelbaren Publikumsansprache in erster Linie eine Möglichkeit der »direkten Aktion«, die »Mauer zwischen Bühne und Publikum« niederzureißen. Bei Max Reinhardt war es die Regel, daß seine Schauspieler aus der »ernsten« Sphäre auch auf der Kabarett-Bühne des »Schall und Rauch« auftraten. Künstlerischer Höhepunkt dieser so zeittypischen Liaison von Theater und Kabarett war unstrittig *Die Dreigroschenoper* von Bertolt Brecht, dessen großes Vorbild Frank Wedekind war, der dieses Zusammenspiel von Theater und satirischem Kabarett in seinem Werk wie in seiner Person in einzigartiger Weise verkörpert hatte. In der *Dreigroschenoper*, die zum Welterfolg wurde, erhielten die Kabarett-Elemente durch die Musik von Kurt Weill eine neue Qualität an kompositorisch experimenteller Modernität, durch Brechts Texte einen neuen Zug an analytischer Schärfe.

Ausdruckstanz und Theater: 1920 bis 1945

Daß der Mensch nur als Tänzer – befreit von den Fesseln des Intellekts und der Worte – sich selbst und der Natur am nähesten sei, gleichsam ein »lebendig bewegtes Kunstwerk«, war eine Grundüberzeugung jener Aufbruchsbewegung um 1900. Es war Friedrich Nietzsche, der diese »Idealisierung des Tänzermenschen« (H. Müller 1993, 10) aus seiner antirationalistischen Vorstellungswelt abgeleitet und als Ruf gegen die Zeit verkündet hatte; wollte er gar Gott sich nur vorstellen, wenn dieser »tanze«. (vgl. Bd. III, 765 ff u. 855 ff) Vor dem Hintergrund dieser starken Legitimation entstand im deutschsprachigen Raum

Harald Kreutzberg in dem Tanzstück Der erste Mensch

Kurt Jooss (links) u. Sigurd Leeder in Bizarrer Zweitanz

M. Wigman: Die Abendlichen Tänze *(Drei Elegien). Dresden 1924*

jene moderne Tanzbewegung, für die der Begriff »Ausdruckstanz« geprägt wurde; eine Bewegung, die in sich durchaus heterogen war, was die tanzästhetischen Ansätze betrifft, die sich aber dennoch als »eigenständige Kunstgattung« durchsetzte und zeitweise eine Vorreiterposition »in der Hierarchie der Künste« (G. Oberzaucher-Schüller 1992, X) innehatte. Auch wirkten die Impulse dieser Tanzbewegung von Beginn an in die Theateravantgarde hinein. Oskar Schlemmers Experimente an der Bauhausbühne waren in Deutschland ein Höhepunkt in diesem Zusammenwirken von Tanz und Theater. (vgl. Kap.: Experimentelles Theater)

Vorbereitet war der Ausdruckstanz in Deutschland – wo bemerkenswerter Weise weder die Ballets Russes noch die Ballets Suédois (vgl. Kap.: Frankreich) nennenswerte Spuren hinterlassen hatten – durch die Auftritte und pädagogische Arbeit der amerikanischen Tänzerin Isadora Duncan (vgl. Bd. III, 717 f) und die Aktivitäten der Bildungsanstalt Hellerau. Diese war von Émile Jaques-Dalcroze zu einem internationalen Schulungszentrum für die von ihm entwickelte »Rhythmische Gymnastik« ausgebaut worden, wo erstmals auch die neue Bewegungskultur in die Theatersphäre übertragen wurde; so etwa in den im Sommer 1912 und 1913 in Hellerau stattfindenden Opern-Aufführungen. (vgl. Bd. III, 638 ff) Aus der Hellerauer Schule ging die Tänzerin Mary Wigman (1886–1973) hervor, die eine der bedeutendsten Vertreterinnen der Ausdruckstanzbewegung in Deutschland wurde. Als eigentlicher Beginn dieser Bewegung kann die Eröffnung der Tanzschule Rudolf von Labans (1879–1958) in der

Dore Hoyer in Sieben Gesichte*, 1935*

Gret Palucca, Mitte der Dreißiger Jahre

Reformkolonie Monte Verità bei Ascona in der Schweiz angesehen werden. (vgl. R. Landmann 1973) An diesem Ort, an dem sich ein aus allen weltanschaulichen Lagern bunt zusammengewürfelter Kreis zivilisationsmüder Intellektueller, Künstler, Anarchisten und Bohemiens traf, um neue lebensreformerische Praktiken zu diskutieren und zu erproben – von Okkultismus bis zum Vegetarismus – errichtete Laban in den Sommermonaten eine Zweigstelle seiner schon 1910 gegründeten Münchner Tanzschule. Dorthin holte er auch Mary Wigman und begann, »seine Vorstellungen von einer aus dem natürlichen Impuls und Bedürfnis des Menschen gewachsene, originäre (Bewegungs-)Kunst zu formen. Sein Ziel, das sich über die Jahre immer klarer herauskristallisierte, war, den Menschen in seiner Ganzheit künstlerisch zu bilden.« (H. Müller 1993, 14) Laban arbeitete im gleichen Maße als Tanzpädagoge und Tanztheoretiker. Für ihn wurde der Tanz zur Weltanschauung, in der Mensch, Natur und Kosmos als Ganzheit begriffen wurden: Mit dem tanzenden Menschen korrespondierten selbst die tanzenden Gestirne. In Labans Vision einer »Choreosophie« manifestierte sich »der tänzerische Weltgeist als Symbol des Kosmos« (H. Koegler 1972, 45). In seinem theoretischen Hauptwerk *Die Welt des Tänzers*, das 1920 erschien, entwarf er die Vision einer universellen Tanzkultur, die davon ausging, daß »jeder Mensch ein Tänzer« sei und durch den Tanz – in der Form der von Laban kreierten Bewegungschöre – sich jenes Gemeinschaftsideal

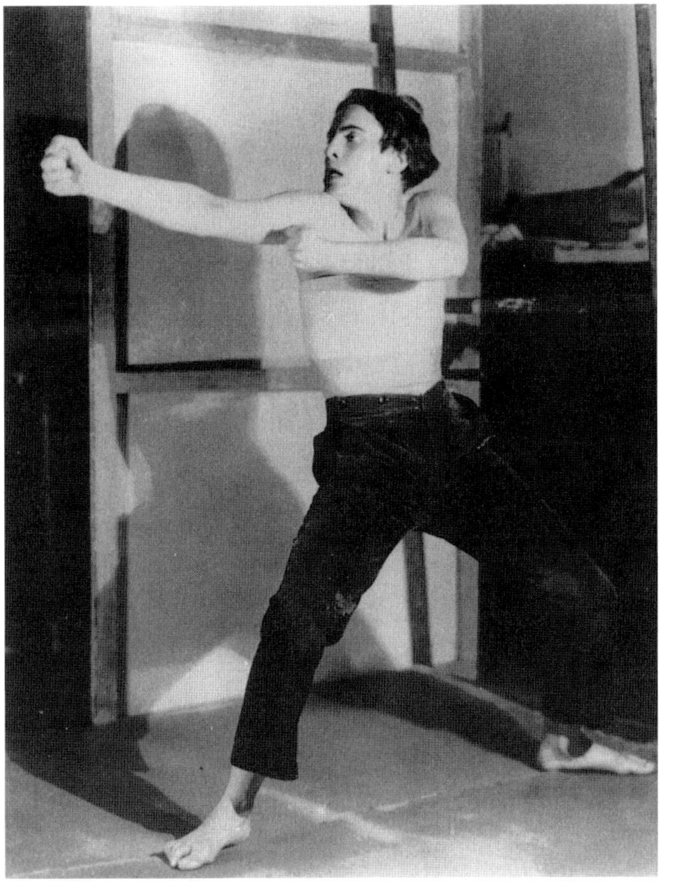

Yvonne Georgi, um 1924

Jo Mihály in ihrem Solotanz Arbeiter, *1926*

wieder verwirklichen ließe, von dem alle Reformer in dieser zerrissenen Epoche träumten. In der pädagogischen Arbeit experimentierte Laban mit dem frei improvisierenden Zusammenspiel von Tanz, Ton und Wort als Suche nach einer dem Menschen gemäßen natürlichen Ausdrucksform. Letztlich ging es darum, daß jeder Tänzer »den Rhythmus seines Lebens« finden sollte. (n. H. Müller 1993, 17). Aus dem in dieser Improvisationsarbeit gefundenen Bewegungsrepertoire entwickelte Laban seine Tanzdramen. Um die in der Improvisation entstandenen Bewegungsformen festhalten und damit auch choreographisch arbeiten zu können, entwickelte er eine Bewegungsnotation – eine »Tanzschrift« –, die an allen Labanschulen eingeführt wurde. Titel seiner Tanzdramen waren *Sieg des Opfers* (1914) oder *Sang an die Sonne* (1917), ein dreiteiliges Reigenwerk, dessen Aufführung vierundzwanzig Stunden dauerte.

Bei Ausbruch des Ersten Weltkriegs verlegte Laban auch seine Münchner Tanzschule in die Schweiz und ging zusammen mit Mary Wigman ins Exil nach Zürich, wo er in enger Verbindung mit den Dadaisten um Hugo Ball, Hans Arp, Tristan Tzara, Marcel Janco und Richard Huelsenbeck stand. (vgl. Kap.: Schweiz) 1920 übersiedelte er mit seiner Schule nach Hamburg und entwickelte dort vor allem die Arbeit mit Bewegungschören weiter. Chorischer Tanz wurde nun zu einer Form des Tanztheaters. Laban schuf dafür eigene Tanzwerke, wie *Schwingender Tempel, Lichtwende, Dämmernde Rhythmen*, deren gemeinsames

Thema »die Verkündigung eines neuen Gemeinschaftsideals« (H. Koegler) war. Aber auch klassische Dramen formte er zu chorischen Tanzwerken um, so etwa Goethes *Faust II. Teil* oder von Aischylos *Prometheus,* die in den Jahren 1923 bis 1925 aufgeführt wurden. Das Genre des Bewegungschors wurde sehr bald auch von den politischen Organisationen als Mittel der Festgestaltung genutzt. Insbesondere die KPD und proletarische Laienensembles (vgl. Kap.: Politisches Theater) setzten Sprech- und Bewegungschöre in ihren Feiern und Wahlveranstaltungen ein. Der Labanschüler Martin Gleisner choreographierte 1931 das Festspiel *Rotes Lied* mit 2000 Sängern und 1000 tanzenden Erwachsenen und Kindern, eine Massenveranstaltung, die der »expressionistischen Utopie einer Tänzergemeinschaft« glich. (vgl. H. Müller 1993, 23)

Diese Formen chorisch-theatraler Masseninszenierungen wurden nach 1933 von den Nationalsozialisten übernommen und perfektioniert. In dem dramaturgischen Grundmuster dieser Bewegungschöre, dem Gegenüber von Masse (Tanzchor) und Führer (Chorführer), und in der rituell-symbolischen Feierlichkeit dieser Veranstaltungen fanden diese ein ideales Medium für ihre propagandistische Selbstdarstellung. Die chorischen Darbietungen bei der Olympiade 1936 in Berlin stellten dabei einen ersten Höhepunkt dar. Aber auch in der Schauspielinszenierung war der chorische Einsatz großer Statistenmassen zeitweise geradezu eine Modeerscheinung, für die Max Reinhardt mit seinen Großrauminszenierungen von Sophokles/Hofmannsthals *König Ödipus* (1910), Vollmoellers *Mirakel* oder Aischylos' *Orestie* die spektakulärsten Beispiele geliefert hatte.

Von größter Bedeutung aber wurde der Ausdruckstanz, vor allem der chorische Tanz, für das Musiktheater. Dabei übte die in Göttingen stattfindende Händel-Renaissance eine Initialfunktion aus. Der von Göttinger Musikwissenschaftlern erarbeitete neue Zugang zu dem Werk dieses Barockkomponisten eröffnete auch der Musiktheaterregie neue Wege. Die Regisseure Hanns Nie-

K. Jooss: Der grüne Tisch. *Folkwang Tanzbühne Essen,* 1932

Tänzerinnen der Günther-Schule im Festspiel Triumph des Lebens, *inszeniert von Hanns Niedecken-Gebhard aus Anlaß des Tages der Deutschen Kunst im Dante-Stadion in München, 1939*

decken-Gebhard und vor allem Arthur Maria Rabenalt (zusammen mit dem Bühnenbildner Wilhelm Reinking) waren es, die mit wesentlicher Unterstützung durch die Choreographin Cläre Eckstein und den Choreographen Kurt Jooss die Ausdrucksmittel des chorischen Tanzes einsetzten und für die Musik Händels szenische Bilder von starker Dramatik und Leidenschaftlichkeit fanden. Die barocken Opernwerke – so etwa *Herakles* (1925) oder *Julius Cäsar* (1927) – rückten dadurch ins Licht einer verblüffenden Modernität. Tänzer standen hier gleichberechtigt neben den Sängern. Die für den frühen Ausdruckstanz typische Selbstbezogenheit des Tänzers war zugunsten der »Darstellung tänzerisch verdichteter Gestalten« (A.M. Rabenalt in: G. Oberzaucher-Schüller 1992, 436) in der musiktheatralen Rollengestaltung aufgegeben. In der gleichen Richtung arbeitete die Choreographin Yvonne Georgi, die aus der Schule Mary Wigmans kam, am Theater in Gera. (dazu : H. Koegler 1963, 30f)

Neben Laban war es vor allem Mary Wigman, die den Ausdruckstanz in Deutschland prägte und deren zahlreiche Schüler und Schülerinnen dazu beitrugen, daß diese Tanzbewegung geradezu Züge einer »Epidemie« (A.M. Rabenalt) annahm und bald auch im großstädtischen »Vergnügungsbetrieb als Schautanz oder Revue (so etwa in den lasziven Nackttänzen der Claire Bauroff oder der Anita Berber) ein etwas abseitiges »Anwendungsfeld« fand. Mary Wigman trieb die Mystifizierung des Tanzes noch wesentlich weiter als ihr Lehrer Rudolf von Laban. Sie begriff den Tanz als völlig abgelöst von jeder Realität außerhalb des »innersten Kerns« der Persönlichkeit des Tänzers. 1919 war Mary Wigman aus Zürich nach Deutschland zurückgekehrt und unternahm eine Tournee durch mehrere Städte. Dem Publikum erschien sie »wie ein Wesen von einem anderen Stern. Die Tänze, die sie zeigte, hatten ihren Ursprung in dem mythisch umkleideten Individualismuskult des Monte Verità und

Szene aus R. v. Labans Narrenspiegel

im Umfeld der grenzzerstörenden Formensuche des Züricher Dadaismus.« (H. Müller 1993, 34) *Hexentanz, Götzendienst, Tänze der Nacht* waren Titel ihrer Darbietungen. Ihren Tanz erlebte sie als geführt von einer metaphysischen Instanz, der sie sich – die Tanzende – als Opfer darbringt. 1920 gründete Wigman in Dresden eine Tanzschule, die bald zum Zentrum der Ausdruckstanzbewegung in Deutschland wurde und aus dem ein Heer von Tänzerinnen und Tänzern hervorging. Zu ihren prominentesten Schülern, die auch zu einer eigenen Tanzästhetik fanden, zählen Gret Palucca, Harald Kreutzberg, Vera Skoronel, Yvonne Georgi. (dazu: H. Müller 1993, 36f) Die Wigman-Schule pflegte den Solotanz und den Gruppentanz gleichermaßen. Letzterer fand auch Eingang in die Arbeit der Ballettensembles der Theater und veränderte deren klassisches Bewegungsvokabular nachhaltig. Auch gingen Tänzer der Laban- und der Wigman-Schule als Choreographen an die Stadttheater; so etwa der Laban-Schüler Kurt Jooss nach Münster, 1927 nach Essen, Max Terpis nach Hannover. Laban selbst ging 1930 ans Staatstheater in Berlin, Yvonne Georgi nach Gera, ab 1926 arbeitete sie in Hannover, wo auch Harald Kreutzberg als Solist engagiert war.

Bestand für die Bewegung des Ausdruckstanzes in deren Anfangsphase eine große Nähe zum Expressionismus – inhaltlich durch eine weitgehende Lösung von den Gegebenheiten der realen Welt, von den Problemen der Zeit, formal durch einen Hang zur Abstraktion –, so rückten in der zweiten Hälfte der zwanziger Jahre einige der prominentesten Tänzerpersönlichkeiten von dieser

Position ab und reagierten mit ihrer Arbeit auf die konkreten, auch die politischen Erscheinungen ihrer Zeit. Nicht mehr um Selbstfindung ging es in deren Choreographien, sondern um Stellungnahme. Der bedeutendste Vertreter dieser neuen Richtung war Kurt Jooss (1901–1979), sicherlich kein politischer Tänzer, doch stark beeinflußt von den pazifistischen und sozialistischen Positionen eines George Grosz und Kurt Tucholsky. Die für die Theaterbühne konzipierten Choreographien von Jooss waren Handlungsballette, gelegentlich dramatische Märchen (*Coppelia, Petruschka*), aber auch ernste, düstere Stücke wie *Großstadt 1926* (Musik von A. Tansman). Berühmt und international bekannt wurde Kurt Jooss durch sein Tanzstück *Der grüne Tisch* (Musik von F. A. Cohen), mit dem er am 3. Juli 1932 den Choreographiewettbewerb in Paris gewann. Den sechsten Preis in diesem Wettbewerb erhielt Oskar Schlemmer mit seinem *Triadischen Ballett.* (vgl. Kap.: Frankreich) *Der grüne Tisch*, ein moderner Totentanz, ist die einzige Tanzschöpfung aus der Bewegung des Ausdruckstanzes, die sich bis heute im Repertoire deutscher und internationaler Tanzkompanien gehalten hat. Es ist ein Werk gegen den Krieg, im Ansatz vergleichbar mit Stücken von Ernst Toller. Es prangert die kapitalistischen Kriegstreiber und die Kriegsgewinnler an und zeigt sie als seelenlose Masken, die auf Kosten des Volks ihren Vorteil durchsetzen.

Durchaus als politische Veranstaltungen verstand der aus der sozialistischen Arbeiterbewegung kommende Hans Weidt (1904–1988) seine Tanzschöpfungen. Nicht nur Spiegel der Gesellschaft sollten diese sein, sondern »Flammen«, die auf deren Veränderung hinwirken. Weidt, der der KPD beitrat, gründete die Truppe »Die roten Tänzer« und entwickelte seine agitatorischen Choreographien aus Themen sozialer Randbereiche. Ein Stück von Weidt hatte den Titel *Alte Leute – altes Eisen* (1929). Von einem ganz anderen Impuls bewegt waren die Tänze der Valeska Gert (1892–1978), die durch die Verweigerung der gängigen ästhetischen Bewegungsmuster provozierte und in kabarettistischen

Die Tanzgruppe Hans Weidt in dem sozialkritischen Tanzspiel Alte Leute – Altes Eisen. *Berlin 1929*

Josephine Baker, die »Schwarze Venus« verzückte mit ihrer aufreizenden Charlestonversion die Männerwelt. Ihr praller, dunkler Körper weckte Assoziationen mit der verloren geglaubten Natur, und ihr gewagtes Bananenkostüm wühlte mit seiner exotisch verblümten Phalluserotik in den ungestillten Bedürfnissen der zivilisierten Bürger: »Ihr Tanz«, verkündete eine Zeitschrift, »das ist Instinkt gegen die Zivilisation, ist Aufruhr der Sinne. Sie enthüllt uns jenes Unterbewußte, das unsere ganze Weltanschauung über den Haufen wirft.«

(G. Klein 1992, 174)

Sketchen und Grotesktänzen den Lastern und der Härte des Lebens in dieser Endphase der Republik Ausdruck verlieh.

Eine Tanzsphäre eigener Art innerhalb des großstädtischen Vergnügungsbetriebs stellten die opulenten Ausstattungsrevuen dar, die James Klein in der Komischen Oper, Hermann Haller im Berliner Admirals-Palast und Eric Charell im Großen Schauspielhaus in Berlin präsentierten. Diese Revuetänze faszinierten durch die präzise Motorik der zum Ornament arrangierten Massenkörper, wie sie etwa die Tiller-Girls in höchster Perfektion darboten. Sie wirkten weniger erotisch als dynamisch sportiv und kündeten von einer »neuen Zeit«. Hier ging es allein um Rhythmus, wie ihn der Jazz oder der Charleston in die Beine peitschte. Eine etwas randständige Spezialität dieser Revue-Szene waren die Mitte der zwanziger Jahre in Mode kommenden Nuditäten-Shows mit reißerischen Titeln wie *Die Welt ohne Schleier, Paradies der Frauen* oder schlicht *Alles nackt.* (R. Klooss, Th. Reuter 1980, 10) Diese Tanzpaläste waren Fluchtburgen, in die sich die Menschen zurückziehen konnten, wenn ihnen das Chaos ihres Alltags zu bedrohlich wurde. Die Stars dieser Glitzerwelt hießen Anita Berber, La Jana oder Josephine Baker.

Letzte Manifestation der Ausdruckstanzbewegung waren die Tanzkongresse 1927 in Magdeburg, wo auch die tanz- und bühnenexperimentellen Projekte des Dessauer Bauhauses vorgeführt wurden (vgl. Kap.: Experimentelles Theater), 1928 in Essen, wo Kurt Jooss und Mary Wigman die Standpunkte klärten im Verhältnis von Tanz (»Tanztheater«, »Theatertanz«, »neuer künstlerischer Tanz«) und Theater (dazu: H. Müller, P. Stöckemann 1993, 76ff), und schließlich 1930 in München. Dort spielte die Auseinandersetzung mit der Laientanzbewegung eine zentrale Rolle, erstmals aber wurde auch die katastrophale soziale Lage der Tänzer thematisiert, die in diesen Jahren – wie die Schauspieler – massenhaft arbeitslos wurden. Der Ruf nach dem Staat, der eine Verbesserung dieser Verhältnisse herbeiführen sollte (so in der Abschlußresolution des Münchner Kongresses), wurde zwar alsbald gehört, freilich mit anderen Folgen, als sie sich die Mitglieder dieses Kongresses hatten vorstellen können. Aus einer fatalen Gleichgültigkeit allem Politischen gegenüber ließen sich Rudolf von Laban und Mary Wigman auf eine Mitarbeit an der von den Nationalsozialisten betriebenen »Gleichschaltung« des Tanzwesens ein. Laban etwa choreographierte 1936 für die Olympiade in Berlin. »Menschenbild und Lebensverständnis (der Ausdruckstanzbewegung) konnten in das nationalsozialistische Tänzerbild reibungslos integriert (werden), indem die überpersönliche ›Idee‹ durch das ›Volk‹ ersetzt wurde … Der Tänzer im Nationalsozialismus sollte ›Instrument‹ der völkischen Idee sein.« (H. Müller 1993, 116) Kurt Jooss übersiedelte 1933 nach Holland, gefolgt von seinem Ensemble. 1934 emigrierte er nach Dartington in England, wo er eine eigene Tanzschule und die »Ballets Jooss« gründete, die Tourneen in die noch freien Länder Europas unternahmen. Nach Dartington folgte 1934 auch Jooss' wichtigster Mitarbeiter an der Folkwang-Schule in Essen, Sigurd Leeder. Hans (Jean) Weidt entging 1933 nur knapp seiner Verhaftung durch die Gestapo und emigrierte nach Paris, später nach Moskau und Algerien. Valeska Gert lebte seit 1938 im Exil in den USA. Die jüdische Ausdruckstänzerin Gertrud Kraus verließ 1935 Wien und übersiedelte nach Palästina/Israel und wurde dort zur wichtigsten Vermittlerin dieser Bewegung des »German Dance«.

Dore Hoyer: Der Schrei, *1936*

So stellte das Jahr 1933, folgenreicher als 1945, einen Bruch in der deutschen Tanzentwicklung dar. (dazu: S. Schlicher 1992, 32) Zu einer Fortsetzung der Positionen der zwanziger Jahre kam es nach 1945 nicht. Emigranten, die nach Deutschland zurückkehrten, konnten nur schwer wieder Fuß fassen. Themen und der nun als zu exzentrisch empfundene Stil des Ausdruckstanzes fanden wenig Anklang beim Publikum der deutschen Nachkriegsgesellschaft.

Anmerkungen zur »Neuen Ästhetik« des Musiktheaters, zur Kroll-Oper in Berlin und zum Werk von Kurt Weill

Im Zeitraum von 1919 bis Anfang der dreißiger Jahre kam es auch im Musiktheater zu Entwicklungen, die in ihrer revolutionierenden Dynamik denen im Schauspieltheater in nichts nachstanden, ja diese an Radikalität wohl noch übertrafen. Dies gilt zumindest für Arnold Schönbergs (1875–1951) Erfindung der kompositorischen »Reihenkonstruktion aus den zwölf Halbtönen«, mit der er »wie kein anderer Komponist vor ihm die Entwicklung der abendländischen Musik und des Denkens über sie« (U. Schreiber 2000, 475) verändert hat und die auch für die Ästhetik des Musiktheaters von erheblicher Bedeutung wurde. Die Machtübernahme der Nationalsozialisten 1933 bedeutete freilich auch für die Avantgarde des Musiktheaters den vollständigen Abbruch dieser Entwicklung, zumindest innerhalb Deutschlands. Waren die »Neutöner«, die ihr Publikum einem so heftigen »Modernitätsschock« (U. Schreiber) ausgesetzt hatten, schon während der zwanziger Jahre einer aggressiv geführten Fundamentalkritik

Bühnenentwurf von Ewald Dülberg zu L. v. Beethovens Fidelio. *R. u. musikal. Leitung: O. Klemperer. Kroll-Oper, Berlin 1927*

G.F. Händel: Julius Cäsar. *R.: A.-M. Rabenalt. B.: W. Reinking. Hessisches Landestheater, Darmstadt 1927*

ausgesetzt gewesen, so trafen sie 1933 mit dem Vorwurf des »Kulturbolschewismus« vollends Verbot und Verfolgung.

Daß sich in den zwanziger Jahren an den deutschen Opernbühnen dennoch künstlerische Innovationen von verstörender Modernität durchsetzen konnten, hatte eine Voraussetzung auch in der seit 1919 in Gang gekommenen Verstaatlichung und Kommunalisierung der Opernbühnen. Für diese bedeutete dies eine weitgehende Sicherstellung ihrer wirtschaftlichen Grundlagen durch öffentliche Subventionen und hatte zur Folge, daß die Intendanten dieser Bühnen unabhängiger vom unmittelbaren Publikumszuspruch wurden. Hinzu kam, daß aufgrund dieses strukturellen Wandels im Theaterwesen auch außerhalb der traditionellen Hochburgen, der ehemaligen Hofopern in Berlin, Dresden, München und Stuttgart, auch an Orten wie Göttingen (mit der Händel-Renaissance am dortigen Stadttheater), Hamburg, Köln, Frankfurt am Main, Leipzig oder Kassel Opernbühnen durch ihr Engagement für die »Neue Oper« Profil gewinnen konnten.

Eine Bühne, die sich in den Jahren 1927 bis 1931 in programmatischer Weise einer Reform des Musiktheaters verschrieben hatte, war die Kroll-Oper in Berlin. Diese Bühne befand sich unter dem Namen »Neues Königliches Opernhaus« seit 1896 im Besitz des Preußischen Staates und gehörte als Filiale der Hofoper Unter den Linden zum Komplex der Königlichen Bühnen, die 1918 verstaatlicht wurden. 1914 hätte das Haus, das aus dem am 15. Februar 1844 eröffneten Unternehmen »Krolls Garten«, einem am Tiergarten gelegenen, 5000 Besucher fassenden Vergnügungs-Etablissement hervorgegangen war, abgerissen werden sollen, was durch den Ausbruch des Kriegs verhindert wurde. 1924 wurde die Kroll-Oper als Filiale der Staatsoper übernommen; vom Herbst 1927 bis zum 3. Juli 1931 wurde sie als »Staatsoper am Platz der Republik« unter der Generalintendanz von Heinz Tietjen (1881–1967) geführt. Die künstlerisch leitende Persönlichkeit während dieser Jahre war der Musiker und Dirigent Otto Klemperer (1885–1973) als Operndirektor, seit 1928 als Generalmusikdirektor. Das republikanische Kultusministerium verband mit der Einrichtung dieser Bühne und der Berufung Klemperers die Vorstellung, ein Operntheater geschaffen zu haben, das die kunst- und kulturpolitischen Ziele der Weimarer Republik – wie dies auch von Leopold Jeßner am Schauspielhaus am Gendarmenmarkt erwartet wurde (vgl. Kap.: Politisches Theater) – repräsentieren würde. Entsprechend dieser Programmatik war die Kroll-Oper von Beginn an ein Ort leidenschaftlicher künstlerischer Auseinandersetzung um ein neues Musiktheater. Dabei dominierten keineswegs Werke zeitgenössischer Komponisten den Spielplan. Die Entscheidung für die Aufnahme zeitgenössischer Komponisten wurde nach »fast mit wissenschaftlichem Einschlag geführten Untersuchungen« (H. Curjel 1975, 38) getroffen. Höhepunkte waren dabei Werke Igor Stravinskys *Oedipus Rex* (1928), *Mavra* (1928), *Petruschka* (1928) und *Die Geschichte des Soldaten* (1928). Von Paul Hindemith brachte Klemperer *Cardillac* (1928), *Neues vom Tage* (1929) und *Hin und zurück* heraus, von Ernst Křenek die Einakter *Der Diktator, Das geheime Königreich* und *Schwergewicht oder Die Ehre der Nation* (1928), außerdem *Das Leben des Orest* (1930), von Janáček das nachgelassene Werk *Aus einem Totenhaus* (1931) und von Arnold Schönberg das Monodram *Erwartung* (1930) und das »Drama mit Musik« *Die glückliche Hand* (1930). Von Kurt Weill wurde an der Kroll-Oper nur die Schuloper *Der Jasager* (1930) aufgeführt, ein Gastspiel als Matinée-Aufführung. *Aufstieg und Fall der Stadt Mahagonny* von Kurt Weill und Bertolt Brecht nahm Klemperer aus ideologischen und künstlerischen Gründen nicht in seinen Spielplan. Daneben aber kamen an der Kroll-Oper auch die Werke des klassischen Repertoires zur Aufführung, in geradezu umstürzlerisch neuen Inszenierungen. Den Anfang machte Klemperers Eröffnungsinszenierung von Beethovens *Fidelio* am 19. November 1927, die dieses Werk von allem Pathos und allem Traditionellen befreite, »reinigte«. Ewald Dülberg entwarf dafür eine Bühne von beinahe dogmatisch anmutender Vereinfachung. Auch die Aufführungen von Mozarts *Figaros Hochzeit* (1931) in der Regie von Gustaf Gründgens und der Gesamtausstattung von Teo Otto und Puccinis *Madame Butterfly* (1931, Regie: Hans Curjel) in der Bühnengestaltung von László Moholy-Nagy gehörten zu den Ereignissen, denen die Kroll-Oper ihren Ruf verdankte, die fortschrittlichste deutsche Opernbühne zu sein. Neben Klemperer war der Komponist Alexander von Zemlinsky (1872–1942) ein Dirigent, der – nicht zuletzt durch seine verwandtschaftliche Beziehung zu Schönberg – wesentlich das Reformprojekt, das die Kroll-Oper darstellte, mitprägte. An dieser Bühne wurden auch Gustaf Gründgens und Jürgen Fehling als Opernregisseure entdeckt. Mit Teo Otto, Caspar Neher, Oskar Schlemmer, László Moholy-Nagy, Ewald Dülberg, Rochus Gliese und Traugott Müller arbeiteten die bedeutendsten Bühnenbildner dieser Jahre an diesem Theater. Mit der Ausstattung von Křeneks *Leben des Orest* war der italienische Surrealist Giorgio de Chirico beauftragt worden.

Der Kampf um die Schließung der Kroll-Oper, die von Beginn an als »rote Oper« galt, machte deutlich, daß in der Agitation rechtsgerichteter Kreise um 1931 die Diffamierung experimenteller Positionen in der Kunst als politisch linksstehend von der Kulturadministration der Republik nicht mehr abgewehrt werden konnte. Eine »schicksalhafte Merkwürdigkeit« (H. J. Reichhardt) war es, daß die Kroll-Oper dem Reichstag, nach dessen Brand im Februar 1933, als

Nach dem Krieg gab es eine intensiv und in allen Feuilletons geführte Diskussion um die Musik und ihre Rolle in der neuen Republik: Man verlangte von der Musik, eine staatspolitisch tragende und aufbauende Kraft zu sein; die Musik sollte – zum mindesten aus der Sicht jener, die den öffentlichen Diskurs über Musik prägten – kultureller Identitätsstifter sein. Damit war jedoch der – in der Weimarer Republik von allen Seiten immer wieder kritisierte – ›kulinarische Musikgenuß‹ als Rezeptionshaltung nahezu ausgeschlossen. Musik und auch die Oper sollten, das galt auch für ältere Werke, in irgendeiner Weise aktualitätsbezogen sein, was gerade in Bezug auf das nicht so schnell wie beim Schauspiel aktualisierbare Repertoire der Oper zu einer Verschiebung des öffentlichen Interesses auf das Inszenatorische führte … Eine wesentliche Folge war, daß sowohl auf Seiten der nichtmonarchistischen Konservativen wie der Linken jene Musik, die das Kaiserreich repräsentiert hatte, angefeindet wurde, was insbesondere für die Werke von Richard Strauss und Richard Wagner galt.

(M. Walter 1995, 140f)

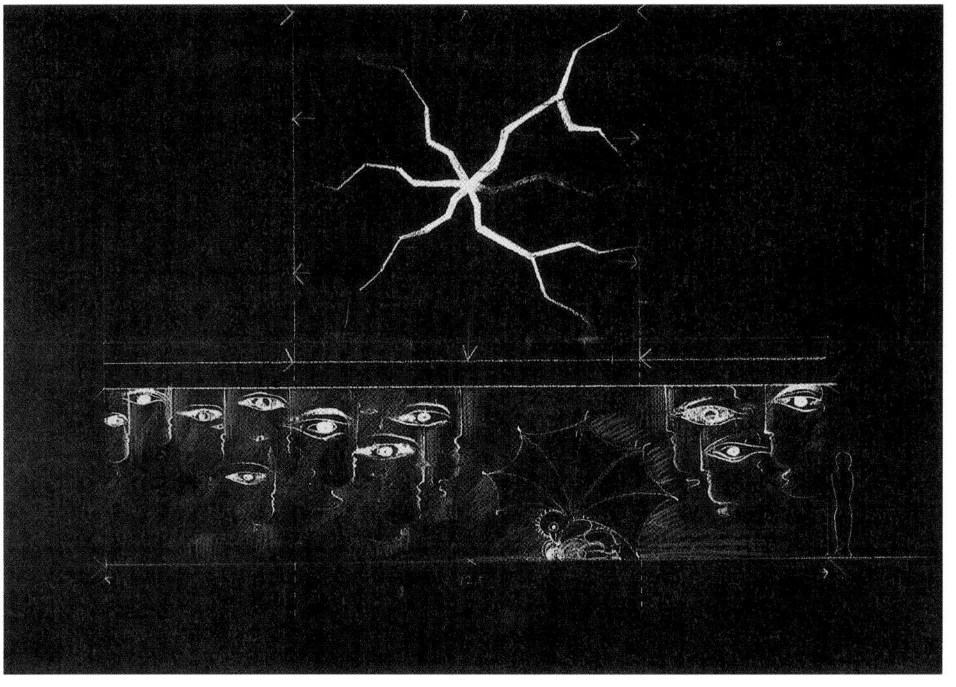

Bühnenbildentwurf von Oskar Schlemmer für A. Schönberg: Die glückliche Hand. *Erstes Bild: Chorszene Anfang und Finale. Dir.: O. Klemperer. R.: A.-M. Rabenalt. Kroll-Oper, Berlin 1930*

provisorische Unterkunft diente. Den Zweiten Weltkrieg überstand das Theater nur als Ruine, deren Abriß 1957 beschlossen wurde.

Theoretische Grundlagen für den Umbruch in der Ästhetik des Musiktheaters zu Beginn des 20. Jahrhunderts hatte Ferruccio Busoni (1866–1924) in seinem *Entwurf einer neuen Ästhetik der Tonkunst* (1907) vorgegeben. 1922 erschien in Berlin eine weitere Zusammenfassung seiner opernästhetischen Vorstellungen unter dem Titel *Von der Einheit der Musik*. Der in der Nähe von Florenz geborene Busoni lebte seit 1894 überwiegend in Berlin, wo er seit 1920 als Nachfolger von Richard Strauss die Leitung der Meisterklasse für Komposition an der Berliner Musikhochschule übernommen hatte. Seine Libretti und theoretischen Schriften verfaßte Busoni, der auch einer der überragenden Pianisten seiner Zeit war, in deutscher Sprache.

Ein leitender Impuls von Busonis Opernästhetik war der Bruch mit der von Richard Wagner vertretenen Idee eines Gesamtkunstwerks als geschlossener »plausibler Ereigniszusammenhang mit individualpsychologisch komplexen Figuren« (U. Schreiber 2000, 400), für dessen illusionistische Bühnenrealisation alle Künste zusammenwirken sollten. Dabei ging es Busoni auch um eine Neufassung des Werkbegriffs: Das Werk sollte dem Zuschauer/Zuhörer nicht als hermetisch abgeschlossenes Gebilde (Mythos) präsentiert werden, in das dieser sich einfühlend versenkt, vielmehr sollte es sich in einer offenen Form als »Work in progress« darstellen, das der Rezipient in seiner Phantasie erst vollendet und mit den Erfahrungen seiner Lebenswirklichkeit in Beziehung zu setzen vermag. Vorstellungen wie diese vom Prozeßcharakter des Kunstwerks, seiner strukturellen Offenheit für die »Weiterarbeit« des Rezipienten waren zentrale Postulate auch der theatertheoretischen Diskurse dieser Jahre, von Kandinsky bis Brecht. Dessen Forderungen, daß das Theater seine Künstlichkeit

Bühnenentwurf von Traugott Müller für P. Hindemith: Neues vom Tage. *Dir.: O. Klemperer. R.: E. Legal. Kroll-Oper, Berlin 1929*

Bühnenentwurf von Caspar Neher für D. Milhaud: Der arme Matrose. *Dir.: A. Zemlinsky. R.: G. Gründgens. Kroll-Oper, Berlin 1929*

nicht verbergen solle, daß der Darsteller seinen Part »zeigen« müsse, damit der Zuschauer nicht in bloßes »Erleben« verfalle, daß jedweder Illusionismus von der Bühne zu verbannen sei, sind Essentials auch in Busonis Entwurf eines neuen Musiktheaters. Dies gilt gleichermaßen für die ästhetische Legitimation eines »Nebeneinanders verschiedener Stil- und Ausdrucksebenen«, die ihre Einheit nicht mehr in einem geschlossenen Werk-Organismus finden, sondern in einem formalen, werkimmanenten Gefüge von »Gesetzen des Gleichgewichts,

Bühnenentwurf von Teo Otto für C. Debussy: Jeux. *Dir.: F. Zweig. R.: R. v. Laban. Kroll-Oper, Berlin 1930*

Bühnenentwurf von Emil Pirchan für F. Schrekers: Der ferne Klang. *Dir.: E. Kleiber. R.: L. Hörth. Staatsoper Berlin, 1925*

der Proportionen, der Entfaltung, der Steigerung, des Ausklangs.« (n. U. Schreiber 2000, 402)

Mit diesem umstürzlerischen Entwurf einer neuen Musikästhetik traf Busoni den Nerv der Traditionalisten. Es war vor allem der Komponist und Dirigent Hans Pfitzner (1869–1949) – zur gleichen Zeit wie Busoni Leiter einer Meisterklasse an der Berliner Musikhochschule und erklärtermaßen Wagnerianer –, der unter dem Titel *Futuristengefahr* 1917 eine höchst aggressive Polemik gegen

K. Weill: Der Zar läßt sich photographieren. *Städtische Bühnen Düsseldorf, 1928*

Busonis *Entwurf einer neuen Ästhetik* (2. Auflage 1917) veröffentlicht hatte. Pfitzner, der in seinem Hauptwerk, der Oper *Palestrina* (1917), den Mythos des romantischen Künstlerbildes feierte, warf Busoni »undeutschen Intellektualismus« vor, Traditionslosigkeit und »dubiose Technik- und Zukunftsgläubigkeit«. Vor allem sah Pfitzner seine eigene »musikästhetische Zentralkategorie«, den »Einfall«, bei Busoni marginalisiert in der Eigendynamik des formalen Kompositionsprozesses. Dieser Vorwurf des »Undeutschen«, wie Pfitzner ihn gegen Busoni in die Diskussion brachte, sollte in gleicher Weise Arnold Schönberg treffen und bereitete die faschistische Kampagne gegen die musikalische Moderne vor. Pfitzner führte in dieser Diskussion um die »Entartung der deutschen Oper« auch den Begriff der »musikalischen Impotenz« zur Kennzeichnung der gesamten Moderne ein.

Von Busonis eigenen Opernkompositionen war – neben *Die Brautwahl* (1912), *Turandot* (1917), *Arlecchino oder Die Fenster* (1917) – der unvollendet gebliebene *Doktor Faust* das Hauptwerk. Dessen Uraufführung (fertiggestellt von Philipp Jarnach) fand 1925 in Dresden statt. Zu einer dem künstlerischen Rang des Werks angemessenen Bühnenrezeption kam es jedoch erst Jahrzehnte später. Das Werk ist keine musikdramatische Umsetzung einer *Faust*-Erzählung, sondern eine eigenständige Auseinandersetzung mit disparaten Motiven (unterschiedlichster Quellen) dieses traditionsbelasteten Stoffes in einem »musikalisch autonomen Formmodell« (U. Schreiber). Dabei werden dem Zuschauer Identifikation oder emotionale Parteinahme versperrt. Auch vollzieht sich in Busonis Oper die Erlösung Fausts als ein Akt der Selbsterlösung.

Pfitzners Polemik gegen die »neue Oper«, wie er sie in der Kampfschrift *Die neue Ästhetik der musikalischen Impotenz* (1919) ausbreitete, zielte auch auf das Werk des österreichischen Komponisten Franz Schreker (1878–1934), der seit 1920 ebenfalls als Dirigent und Lehrer an der Musikhochschule in Berlin tätig

B. Brecht/K. Weill: Mahagonny. *Dir.: E. Mehlich. R.: B. Brecht. B.: C. Neher. Kammermusikfest im Kurhaus Baden-Baden, 1927*

war und 1933 von den Nationalsozialisten aus allen Ämtern verjagt wurde. Mit den drei Opern *Der ferne Klang* (1912), *Die Gezeichneten* (1918) und *Der Schatzgräber* (1920), die durchweg in Frankfurt uraufgeführt wurden, galt Schreker neben Richard Strauss als einer der erfolgreichsten jüngeren Opernkomponisten seiner Zeit. Schreker bewegte sich mit seinem Operntypus – der Einheit von Text und Musik – durchaus noch in der Wagner-Nachfolge. Der musikdramatische Kern seines Werks waren »erotische Spannungsfelder« (Paul Bekker) von stärkster Expressivität, mitunter in einer Sphäre der Märchenhaftigkeit angesiedelt. Sie manifestierten sich vor allem an Schrekers Frauenfiguren, die im Zentrum der meisten seiner Opern standen. Daran verbiß sich die konservative Kritik mit Argumenten, wie sie ähnlich gegen das expressionistische Drama und Theater vorgebracht wurden. Deren Pathos hatte sich allerdings Mitte der zwanziger Jahre von selbst überlebt. Als eine »Musik der Pubertät« aber bezeichnete Th. W. Adorno Schrekers Opern in einem Vortrag noch im Jahre 1959.

Die Aufhebung der Fiktionen, als Grundintention eines neuen Opernstils, machte die Oper zu einem besonders prägnanten Ausdruck des antagonistischen Weltbildes der Gegenwart und stellt sie gleichzeitig in Gegensatz zu den politischen Tendenzen der Gegenwart, die, gleichgültig ob von rechts oder von links, die Verdeckung der Antithesen und die Vortäuschung eines geschlossenen Weltganzen betreiben.

(E. Křenek: Ist Oper heute noch möglich? *1936, n. U. Schreiber 2000, 565)*

Auch die frühen Opern von Arnold Schönberg, Alban Berg (1885–1935) und Paul Hindemith (1895–1963) standen ganz im thematischen Einflußbereich des Expressionismus. Schönbergs Einakter *Erwartung* und *Die glückliche Hand* (1924) greifen das Motiv des Geschlechterkampfes auf, des elementaren unüberbrückbaren Gegensatzes von Mann und Frau, deutlich beeinflußt von jenen Thesen, die August Strindberg zu diesem Thema vorgegeben hatte. Auch dramaturgisch orientierte sich Schönberg an den Strukturen der frühexpressionistischen Dramatik: an deren Tendenz zur Archetypisierung der Konfliktkonstellation, dem Verzicht auf Individualisierung der Figuren und der abstrahierenden Gesamtanlage der Stücke. Befreundet mit Kandinsky, setzte sich Schönberg wie dieser auch mit den Problemen der Synästhesie auseinander, dem wirkungsästhetischen Zusammenspiel von Licht, Farbe und Klängen. Schönbergs Oper *Moses und Aron* (1928 u. 1930/32) blieb Fragment, gilt aber dennoch als »ein

Skizze (Das Weib) von Arnold Schönberg zu seinem Musikdrama Die glückliche Hand. *Stadttheater, Breslau 1928*

Skizze (Der Mann) von Arnold Schönberg zu seinem Musikdrama Die glückliche Hand. *Stadttheater, Breslau 1928*

Hauptwerk des musiktheatralischen Avantgardismus« (U. Schreiber 2000, 494). Das in der Zwölftontechnik komponierte Werk geht weit über den thematisch begrenzten Rahmen der frühen Einakter hinaus und entwirft ein monumentales Figurentableau um die zentralen Protagonisten Moses, als dem unbeugsamen Dogmatiker und dessen Bruder Aron, dem Pragmatiker, der um die Verführbarkeit des Menschen weiß. Thema des Werks ist das Problem der Vermittelbarkeit der Idee des »einzigen, ewigen, unsichtbaren und unvorstellbaren Gottes«. Schönbergs Schüler Alban Berg schuf mit *Wozzeck* (1925, nach dem Fragment *Woyzeck* von Georg Büchner) und *Lulu* (1937, nach *Erdgeist* und *Die Büchse der Pandora* von Frank Wedekind) zwei Opern, die – obwohl beide unvollendet blieben – zu Repertoirestücken wurden. Berg gelang hier, vor allem in *Wozzeck*, der überzeugende Einsatz freier Atonalität und strenger Zwölftontechnik in der dramaturgischen Stofferschließung. Der »gesellschaftliche Appellcharakter« dieses Werks, das vom Geschunden-Sein der menschlichen Kreatur handelt, wird »ästhetisch in der denkbar progressivsten Weise seiner Zeit vermittelt.« (U. Schreiber 2000, 503) Die zeitgenössische Dramatik hatte nichts Vergleichbares hervorgebracht. Wo es im Drama der zwanziger Jahre um soziale Anklage ging, kam es fast durchweg wieder zum Rückgriff auf realistische Darstellungverfahren.

Deutlich später als im Schauspieltheater setzte sich in der Oper der Stilwandel vom Expressionismus zur Neuen Sachlichkeit durch. Analog zum »Zeitstück« wurde die »Zeitoper« eine kurzfristige Modeerscheinung der Jahre um 1930. Erfolgsstücke dieses Genres waren *Jonny spielt auf* (1927) von Ernst Křenek (1900–1991) und *Maschinist Hopkins* (1929) von Max Brand (1896–1980). Auch Paul Hindemiths *Lehrstück* (1929) nach einem Text von Bertolt Brecht mit dem späteren Titel *Badener Lehrstück vom Einverständnis*, seine Schuloper *Wir bauen eine Stadt* (1930), der Sketch *Hin und zurück* (1927) und die »häusliche Alltagsoper« *Neues vom Tage* (1929) sind Werke, die aus dem Geist »musikalischer Sachlichkeit« geschaffen wurden. Dabei standen Paul Hindemiths frühe Kompositionen für die Bühne noch unter dem Einfluß des Expressionismus. Es waren drei Einakter: *Mörder, Hoffnung der Frauen* (1919, nach einem Drama von Oskar Kokoschka; Uraufführung 1921), *Das Nusch-Nuschi* (1921, nach dem *Spiel für burmanische Marionetten* von Franz Blei) und *Sancta Susanna* (1921, nach einem Drama von August Stramm). Thema in allen drei Werken war die alle Ordnungen sprengende, ekstatisch ausgelebte Kraft des Eros. Alle drei Stücke lösten bei ihren Aufführungen Skandale aus. Der Bruch mit bildungsbürgerlichen Konventionen war Programm dieser Werkgruppe. Der expressionistische Einfluß setzte sich auch in der dreiaktigen Oper *Cardillac* fort (1926, Libretto von Ferdinand Lion nach der Kriminalerzählung *Das Fräulein von Scuderi* von E.T.A. Hoffmann), die aber doch als ein Werk bereits des Übergangs angesehen werden muß. Die Figur des genialen Juweliers Cardillac, eines von seinem Werk besessenen Künstlers, der die von ihm geschaffenen Schmuckstücke zwar verkauft, sich diese aber durch nächtliche Überfälle auf die neuen Besitzer wieder zurückholt, trägt Züge der Protagonisten expressionistischer Filme vom Schlage eines Dr. Caligari. In späteren Neufassungen der Oper korrigierte Hindemith gerade diesen Aspekt seiner Titelfigur. Musikdramaturgisch ist *Cardillac* eine Nummernoper, die auf einen »musiklogisch stringenten Diskurs im Handlungsfortgang« verzichtet (U. Schreiber 2000, 553).

Bühnenentwurf von Arnold Schönberg für sein Musikdrama Die glückliche Hand. *Zweites Bild: Lichtquelle. Stadttheater, Breslau 1928*

Musikalisch setzte Hindemith dem romantischen Stoff eine distanzierende Stilisierung entgegen.

Neben der *Dreigroschenoper* von Kurt Weill und Bertolt Brecht war *Jonny spielt auf* das »erfolgreichste Bühnenwerk der Weimarer Republik«, das »innerhalb einer Saison an 42 Bühnen – darunter die Metropolitan Opera New York – herauskam und allein in Deutschland 421 Aufführungen erlebte.« (U. Schreiber 2000, 570) Das Libretto wurde bis 1929 in vierzehn Sprachen übersetzt. Dennoch wurden Aufführungen dieser Oper immer wieder von Skandalen und Störaktionen rassistischer Kreise begleitet. Anlaß dazu war das Auftreten eines farbigen Amerikaners, des Jazzgeigers Jonny als Protagonist der Oper: Repräsentant einer unverbrauchten Vitalität und Gegenspieler zweier entwurzelter europäischer Künstlertypen, des in seiner geistigen Orientierung verunsicherten Komponisten Max (der am Ende nach Amerika »zu neuen Ufern« aufbricht) und des moralisch labilen und als Künstler unproduktiven Geigenvirtuosen Daniello. Typische Indizien des Zeitgeschmacks waren die kolportagehafte Handlung, die Verwendung des Jazz und der Rhythmen – Blues, Shimmy, Foxtrott – der Tanzmusik der zwanziger Jahre und ein im modischen Design ausgestattetes Ambiente, Hotelfoyer und Bahnhofshalle. Schon mit seiner komischen Oper *Der Sprung über den Schatten* (1926) hatte Ernst Křenek auf den Geist der Neuen Sachlichkeit reagiert durch den Abbau der genregemäßen Stilhöhe: durch Verwendung von Elementen der amerikanischen Unterhaltungsmusik, von Lärmeffekten des modernen Alltags und durch die parodistische Übertreibung traditioneller Operndramaturgie. Ganz im Trend des neusachlichen Musiktheaters lag auch Max Brands dreiaktige Oper *Maschinist Hopkins*. Brand »kombiniert darin Maschinenhalle, Arbeiterviertel, Direktionsbüro, Vergnügungsstätten verschiedener Sozialmilieus sowie Theatergarderobe

Jonny spielt auf. *Staatsoper, Hamburg 1928*

Lotte Lenya in der Rolle der Anna I. in B. Brechts u. K. Weills Die sieben Todsünden der Kleinbürger. *Théâtre des Champs-Élysées, Paris 1933*

und -kulissen zu einer filmmäßig reißerischen Szenenfolge.« (U. Schreiber 2000, 534) In der Handlung vermischen sich eine Liebes- und Betrugsgeschichte mit Industriespionage, fatalen tödlichen Betriebsunfällen und plakativ vorgetragenen sozialethischem Pathos. Verherrlicht wird am Ende die totale Eingliederung des Individuums in einen von den Maschinen beherrschten Arbeitsprozeß: die Versöhnung von Technik und Humanität – eine der Utopien, die in diesen Jahren Konjunktur hatten, vergleichbar in der Tendenz mit Fritz Langs Film – und Welterfolg – *Metropolis.*

Schon vor seiner Zusammenarbeit (1927 bis 1933) mit Bertolt Brecht hatte Kurt Weill (1900–1950) für die Bühne gearbeitet. So waren zwei Einakter nach Texten von Georg Kaiser entstanden, *Der Protagonist* (1926) und *Der Zar läßt sich photographieren* (1928); einen weiteren Einakter, *Royal Palace* (1927), komponierte Weill nach einem Gedicht von Ivan Goll. Es waren Beiträge zur »Zeitoper«, wie sie Weill in einem Essay von 1928 beschrieb: Die zeitgenössische Musiktheaterbühne sei »endgültig zu technifizieren, das Theater in der

Form, im Geschehen und im Gefühl aufzulockern ... Die Musik im neuen Operntheater verzichtet darauf, die Handlung von innen her aufzupumpen, die Übergänge zu verkitten, die Vorgänge zu untermalen, die Leidenschaften hochzutreiben.« (n. U. Schreiber 2000, 591f) Ähnlich wie sein Lehrer Ferruccio Busoni plädierte Weill für ein anti-illusionistisches Theater, das zur Tradition ein prinzipiell parodistisches Verhältnis einnimmt, für Verfremdung und Sachlichkeit. Wie Busoni sah auch Weill die Notwendigkeit, »sich so weit wie möglich der Einflußsphäre Richard Wagners zu entziehen«. (n. B. Kortländer u.a. 1990, 42) So stellte auch die Entscheidung für die Nummernoper eine bewußte Opposition zum Wagnerschen Musikdrama dar. Ein zweiter Aspekt, der für Weills Opernästhetik leitend war, war der des »Gebrauchswerts«. In dem Beitrag *Die Oper* schreibt Weill 1929: »Die erste Frage für uns lautet: Ist das, was wir machen, für eine Allgemeinheit nützlich?« (n. U. Schreiber 2000, 582) Die Frage nach dem »Gebrauchswert« rückte durch die Zusammenarbeit mit Bertolt Brecht zunehmend ins Zentrum der musik- und wirkungsästhetischen Vorstellungen Weills und wurde konkretisiert durch die Anmerkungen *Über den gestischen Charakter der Musik*, die er 1929 veröffentlichte. Dort heißt es: Im Gegensatz zu einer »Oper in unserer Zeit« war das »Theater der vergangenen Epoche ... für Genießende geschrieben. Es wollte den Zuschauer kitzeln, erregen, aufpeitschen, umwerfen. Es rückte das Stoffliche in den Vordergrund und verwandte auf die Darstellung eines Stoffes alle Mittel der Bühne vom echten Gras bis zum laufenden Band ... Die andere Form des Theaters, die sich heute durchzusetzen beginnt, rechnet mit einem Zuschauer, der in der ruhigen Haltung des denkenden Menschen den Vorgängen folgt und der, da er ja denken will, eine Beanspruchung der Genußnerven als Störung empfinden muß. Dieses Theater will zeigen, was der Mensch tut. Es interessiert sich für Stoffe nur bis zu dem Punkt, wo sie den Rahmen oder den Vorwand menschlicher Beziehungen geben ... Dieses Theater ist in stärkstem Maße unromantisch.« (1975, 40f) Mit dieser Vorstellung von der Wirkung der Musik verband Weill auch die eines neuen Publikums und neuer – außerhalb des als verkrustet angesehenen Kulturbetriebs gelegener – institutioneller Strukturen.

Mit Brecht kam Kurt Weill 1927 in Kontakt. Seine erste Zusammenarbeit mit dem Stückeschreiber war das *Mahagonny-Songspiel*, das am 17. Juli 1927 bei dem Kammermusikfest in Baden-Baden uraufgeführt wurde. Das letzte gemeinsame Projekt war das Ballett *Die sieben Todsünden der Kleinbürger*, das unter den Gegebenheiten des Exils entstanden ist und am 7. Juni 1933 am Théâtre des Champs-Elysées in Paris als Uraufführung herauskam. In diesen Jahren zwischen 1927 und 1933 kam es zu folgenden gemeinsamen Projekten: Im Februar 1928 schreibt Weill die Bühnenmusik zu *Das Leben Eduards des Zweiten von England* von Brecht und Lion Feuchtwanger; am 31. August 1928 wird *Die Dreigroschenoper* am Theater am Schiffbauerdamm in Berlin uraufgeführt. Dirigent ist Theo Mackeben. Mit dieser Aufführung, die Berlin in ein »Dreigroschenfieber« versetzte, wurden Weill und Lotte Lenya, die die Jenny sang und mit der Weill seit 1926 verheiratet war, schlagartig bekannt. »Der Weillsche Songstil eroberte in Windeseile (mehr oder weniger gut nachgeahmt) die Schlager- und Filmindustrie sowie die Kabaretts; mit dem neuen Typus der ›Choräle aus dem Schlamm‹ (Stuckenschmidt) etablierte sich zugleich ein neuer Typus der kindlich-verruchten Diseuse, neben Lotte Lenya wenig später Carola

B. Brecht/K. Weill: Aufstieg und Fall der Stadt Mahagonny. *R.: W. Brügmann. B. u. Projektionen: C. Neher. Neues Theater, Leipzig 1930*

Neher und Marlene Dietrich.« (B. Kortländer u.a. 1990, 35) 1929 kommt das Radiolehrstück *Der Lindberghflug* heraus, für dessen erste Fassung Weill mit Paul Hindemith zusammenarbeitet, für die zweite Fassung (Dezember 1929) aber die Musik allein komponiert. Das Medium Rundfunk hatte seit der ersten Sendung der »Funkstunde Berlin« am 29. Oktober 1923 Weills Interesse gefunden. Er schrieb Kritiken der Spielproduktionen und Opern-Sendungen der »Funkstunde«, veröffentlichte medienästhetische Beiträge, schrieb Rundfunkkompositionen, so etwa die Rundfunkkantate *Das Berliner Requiem* (1928, Text von Bertolt Brecht), und entwickelte jenen Typus des Radiolehrstücks, wie ihn *Der Lindberghflug* repräsentiert. (vgl. auch Kap.: Bertolt Brecht) 1929 kam *Happy End*, ein »Stück mit Musik« heraus (Text überwiegend von Elisabeth Hauptmann), das jedoch nach nur fünf Aufführungen abgesetzt wurde. Am 9. März 1930 fand am Neuen Theater in Leipzig die Uraufführung der Oper *Aufstieg und Fall der Stadt Mahagonny* statt. Dirigent war Gustav Brecher, Regisseur Walther Brügmann. Im Juni desselben Jahres komponierte Weill für das Zentralinstitut für Erziehung und Unterricht in Berlin die »Schuloper für Laien« *Der Jasager*; 1931 schrieb er die Bühnenmusik für *Mann ist Mann.* Von den Bühnenwerken Weills, die nicht im Arbeitszusammenhang mit Brecht entstanden, war in diesen Jahren die dreiaktige Oper *Die Bürgschaft* (1932 nach Texten von Caspar Neher) die wichtigste. Es war ein Parabelstück über den Zusammenhang von Geld und Krieg und die damit verbundene Pervertierung der menschlichen Beziehungen. Der Zeitbezug dieser Oper war eindeutig.

Und da es sich im Theater von heute um die Darstellung des Menschen handelt, so muß auch die Musik einzig auf den Menschen bezogen sein. Nun gehen der Musik bekanntlich alle psychologischen oder charakterisierenden Fähigkeiten ab. Dafür hat die Musik eine Fähigkeit, die für die Darstellung des Menschen auf dem Theater von entscheidender Bedeutung ist: sie kann den Gestus wiedergeben, der den Vorgang der Bühne veranschaulicht, sie kann sogar eine Art von Grundgestus schaffen, durch den sie dem Darsteller eine bestimmte Haltung vorschreibt, die jeden Zweifel und jedes Mißverständnis über den betreffenden Vorgang ausschaltet, sie kann im idealen Falle diesen Gestus so stark fixieren, daß eine falsche Darstellung des betreffenden Vorgangs nicht mehr möglich ist.

(Kurt Weill 1975, 42)

Seit der *Dreigroschenoper* galt Kurt Weill für die deutsch-nationale Presse als einer der Hauptrepräsentanten »undeutscher jüdischer Asphaltkunst« und wurde zum Ziel nationalsozialistischer Hetzkampagnen. Mit *Mahagonny* und der *Bürgschaft* eskalierten diese Angriffe. Dennoch konnte Weills Oper *Der Silbersee* noch zwei Wochen nach Hitlers Machtübernahme in Leipzig uraufgeführt werden. Am 21. März floh Kurt Weill nach Paris. Seit September 1935 lebte er in den USA und wurde 1943 amerikanischer Staatsbürger. In Amerika begann Weill eine neue Karriere als Film- und Musical-Komponist.

Mit der *Dreigroschenoper* hatten Weill, Brecht und Elisabeth Hauptmann (vgl. Kap.: Bertolt Brecht) den wohl »berühmtesten und ersten schon kurz nach der Premiere massenmedial verbreiteten Beitrag zum Musiktheater im 20. Jahrhundert« geliefert (U. Schreiber 2000, 596). Hatte Brecht in seinem Bühnenvertrag zwar für sich selbst einen künstlerischen Anteil von 62,5 Prozent – gegenüber 25 Prozent für Weill und 12,5 Prozent für Elisabeth Hauptmann – durchgesetzt, so war doch der tatsächliche Anteil von Kurt Weill am Gesamtwerk wesentlich größer, als es in diesem Vertrag dargestellt ist. Was den sensationellen Erfolg der *Dreigroschenoper* ausmacht, waren in erster Linie der Songstil, den Weill hier kreierte, und der parodistische Umgang mit der klassischen Opernform durch eine virtuos eingesetzte musikalische Einfachheit, mit der die konventionelle Stilhöhe der Oper auf das Niveau einer »Bettleroper« heruntergespielt wurde. Populär wurde vor allem der typische »Weill-Ton«, der durch die Orchestrierung der Oper im Stil einer Jazz-Band entstand, mit »Saxophonen, Trompeten, Posaunen, Timpani, Banjo und Harmonium, ohne die üblichen Streicher.« (vgl. dazu: R. Sanders 1980). Die Dramaturgie der Nummernoper ließ eine freie Mischung von Solo, Duett, Terzett, Quartett, Chorälen, Chören und Rezitativen zu, durchsetzt von ausgedehnten Dialog-Passagen. Das

Schema des durchkomponierten Musikdramas war damit aufgegeben, ebenso die Einheitlichkeit der Stilebene zugunsten einer tonalen Schwebung, ja »Zweideutigkeit«. (vgl. U. Schreiber 2000, 601) Schwungvolle Marschklänge und parodistisch überzogene Feierlichkeit wechseln nummernhaft mit bittersüßlichen, opernhaften Liedparaphrasen, rassig und aggressiv vorgetragenen Balladen und typischer Tanzmusik, Blues, Tango, Foxtrott, wie sie in Nachtklubs zu hören waren. Die Sprache der Bibel, vermischt mit Halbwelt-Jargon und verkitschter Populär-Romantik, konterkarierte die musikalische Stilhöhe und erzeugte dadurch die für diese Musik typischen ironischen Brüche. Der für das Stück am meisten charakteristische Song ist der von Mackie Messer, der zwar der Funktion nach eine Art Vorspiel zur Oper darstellt, zugleich aber durch das Genre der Moritat und die Drehorgelbegleitung »so weit wie möglich von der herkömmlichen Oper« wegführt. (dazu R. Sanders 1980, 120) Weill wollte mit der *Dreigroschenoper* ein neues Genre des Musiktheaters schaffen; es ging ihm um die »Auffrischung einer bevorzugten Theatergattung« (1975, 54), nicht wie Brecht, um deren entlarvende Demontage. Dazu gehörte – so Weill – eine »weitgehende Vereinfachung der musikalischen Sprache ... Es galt eine Musik zu schreiben, die von Schauspielern, also von musikalischen Laien gesungen werden kann.« (1975, 55) Die neue ästhetische Form hatte damit auch den Ausbruch aus den herkömmlichen Produktionsstrukturen des Opernbetriebs zur Folge.

Kostümentwurf von Caspar Neher für Happy End *von K. Weill/E. Hauptmann/ B. Brecht. Theater am Schiffbauerdamm, Berlin 1929*

Gegenüber der *Dreigroschenoper* bedeutete *Aufstieg und Fall der Stadt Mahagonny* einen Schritt in die Richtung eines reformierten Musikdramas, wegführend von den kompositorischen Vereinfachungen der Populärästhetik der *Dreigroschenoper.* Die Handlung erhielt eine größere Abfolgelogik. Die einzelnen Nummern sind in sich episch ausgearbeiteter und kompositionstechnisch komplexer angelegt. Die Illusionsbrüche übernahm Weill aus dem Songspiel; dessen dramaturgische Härte jedoch ist zurückgenommen.

In seinen weiteren Bühnenarbeiten der frühen dreißiger Jahre – *Der Jasager, Die Bürgschaft, Der Silbersee* – löste sich Weill vom Stil seiner beiden Erfolgsopern, von der Parodie und der plakativen Verfremdung. U. Schreiber (2000, 613) skizziert diese Entwicklung folgendermaßen: Mit diesen Werken »hat Weill die Phase seines Songstils in der Oper überschritten und eine zukunftsweisende Urform seines Theaters der ›Jungen Klassizität‹ gefunden: in der Wirkungsästhetik so modern, daß sie auf neue Interpreten- und Publikumsschichten zielte, in der Struktur so fest geprägt, daß sie auch den Ansprüchen einer Formalästhetik genügte. Kurz vor Ende der Weimarer Republik tat sich neben dem politisierenden Agitprop als Exempel eines in die Gesellschaft hineinwirkenden progressiven Musiktheaters eine Alternativform zum hermetischen Avantgardismus im Sinne der Schönbergschen Materialrevolution auf.« Im Schauspieltheater war es allein Bertolt Brecht, dessen experimenteller Arbeitsansatz der konzeptionellen Höhe der musikästhetischen Diskurse dieser Jahre an die Seite gestellt werden kann.

Bertolt Brecht: Theater für die »Kinder des wissenschaftlichen Zeitalters«

»Es ist unmöglich, das Glücksverlangen der Menschen ganz zu töten.«

(Bertolt Brecht: *Bei Durchsicht meiner ersten Stücke.* 1954)

Leben und Werkentwicklung des Stückeschreibers bis zur Rückkehr aus dem Exil (1948)

Daß das Erkennen der Wirklichkeit, wenn es denn ihre »Gesetzlichkeiten« ans Licht bringt, ihre Beherrschbarkeit zur Folge haben würde, war eine der Grundüberzeugungen, die seit etwa Mitte der zwanziger Jahre für das Werk des Stückeschreibers Brecht zunehmend an Bedeutung gewann. Es war der Standpunkt des Soziologen, den Brecht sich zu eigen gemacht hatte, der nicht zwischen »gut« und »schlecht«, sondern zwischen »richtig« und »falsch« entscheidet: die typische Haltung des Intellektuellen gegenüber dem Kräftespiel der Geschichte, der sich im Besitz einer Theorie weiß, die vorgibt, die Welt zu erklären. Im Bilde vom »wissenschaftlichen Zeitalter«, dessen »Kinder« mit »neuen Denkmethoden« ausgerüstet die Natur des Menschen und der Gesellschaft betrachten, schuf sich der »sozialistische Aufklärer« (K.-D. Müller) einen utopischen Geschichtsraum, in dem auch das Denkspiel seines dialektischen Theaters aufzugehen schien. Der optimistische Grundton des Brechtschen Werks hat in dieser Annahme seinen Ursprung, im Vertrauen auf das beinahe mythisch überhöhte und zwangsläufig sich vollziehende Wirken der »neuen Produktion, die mehr und mehr (auch) das große epische Theater heraufführt«. (Gesammelte Werke 15, 129) Die Radikalität dieses Vertrauens hat dem Brecht-Theater gerade in jenen Zeiten, in denen sich die politischen Schrecken des zwanzigsten Jahrhunderts besonders häuften, weltweite Wirkung verschafft. Es hatte seinen Wirklichkeitsbezug zum zentralen Kriterium seiner Glaubwürdigkeit erhoben. Dies war die Stärke dieses Werks, das so gar nicht »zeitlos« sein wollte. Anders als die in diesen Jahren auf die Bühne drängenden Zeitstücke, die ohnehin offenkundige Mißstände anprangerten und ans Licht der (Theater-) Öffentlichkeit brachten, thematisierte dieses Theater weit grundsätzlicher die Fundamente dieser Gesellschaft. So ging es auch in der Brechtschen Theorie des Theaters letztlich um den Entwurf einer Theorie politischer Kunst. Hier aber lag ein Dilemma, das weitreichende Folgen für die zeitgenössische und die spätere Rezeption von Brechts Werk haben sollte. Es war dies deren grundsätzliches Einlassen auf die Theorie des dialektischen Materialismus, auf dessen Interpretation von Geschichte und Gesellschaft und auf die politischen Strategien, die der Marxismus zur Beseitigung von sozialem Elend und Unterdrückung verfolgte. Brecht vertrat diese Position mit aufklärerischem Elan und nannte sie in der

Bühnenbildentwurf (»Picadilly-Bar«) von Caspar Neher für B. Brechts Stück Trommeln in der Nacht, *um 1920*

Begrifflichkeit seiner ästhetischen Theorie »Realismus«. Das ermöglichte ihm den Kampf gegen den Faschismus auf hohem künstlerischen und intellektuellen Niveau zu führen. Für letzteres stand das Markenzeichen »Dialektik«. Mit so eingängigen Formeln wie »Verfremdung« oder »episches Theater« war das Brecht-Theater auch in seiner Ästhetik klar erkennbar und stellte ein Repertoire formaler Mittel bereit, die das Theater als Instrument von Ideologiekritik tauglich machten, die ihm – in der Terminologie des Stückeschreibers – »Gebrauchswert« verliehen.

In seiner künstlerisch weniger ergiebigen Spätphase, in den Jahren nach der Rückkehr aus der Emigration nach Ost-Berlin, trat das Brecht-Theater mit dem Anspruch auf Modellhaftigkeit auf. Es sah sich dazu legitimiert durch einen theoretischen Überbau, zu dessen Ausarbeitung im zwanzigsten Jahrhundert Vergleichbares nicht existierte. Zugleich erhielt dieses Theater nun den Status offiziöser politischer Repräsentativität. So verlief die Rezeption des Brechtschen Werks stets auch auf den beiden Ebenen, der Ebene der Theorie und deren politischen Implikationen und als Rezeption der Stücke auf der Bühne. Beides verband diese Rezeptionsgeschichte aufs engste mit den zeitgeschichtlichen politischen Verhältnissen und deren Wandel, ein Zusammenhang, der auch zum Tragen kam, als es galt, Brechts Stücke auf den westdeutschen Bühnen der ersten Nachkriegsjahre durchzusetzen. Nicht viel mehr als ein Jahrzehnt später konnte Max Frisch aber bereits von der »durchschlagenden Wirkungslosigkeit« des »Klassikers« Brecht reden. Aber auch der epochale Umbruch am Ende des zwanzigsten Jahrhunderts, der Zusammenbruch des kommunistischen Staatenverbunds samt dessen politischer Ideologie führte zu einer Neubefragung des

Brechtschen Werks. Diese hatte sich bereits in den späten siebziger Jahren angekündigt. Aus dem Blickwinkel einer Zeit, der die Utopien offenbar verlorengegangen waren und der utopische Ansatz des Brechtschen Aufklärungstheaters erst so recht deutlich wurde, verschob sich das Interesse der Bühnen auf die frühen Stücke. Der radikale Subjektivismus von deren Protagonisten schien dem Zeitgeist des zu Ende gehenden zwanzigsten Jahrhundert näherzustehen als die großen politischen Ideenstücke dieses Autors aus den Jahren des Exils. So ist wohl auch *Baal* – die Poesie der vitalistischen Anarchie dieses Titelhelden – das Stück, das sich am wenigsten in seiner geschichtlichen Beschränktheit verliert und über seine Zeit hinausreicht. Dennoch war Brecht an diesem Jahrhundertende noch der meistgespielte Autor. Seine *Dreigroschenoper* war das insgesamt am meisten aufgeführte Theaterstück.

Die literarische Karriere des jungen Brecht, der am 10. Februar 1898 in Augsburg geboren und auf den Namen Eugen Berthold getauft wurde, betrieb niemand anderer mit so ungestümer Entschlossenheit wie dieser selbst. Es läßt sich an dieser Theaterbiographie geradezu exemplarisch eine Geschichte des deutschen Theaters in der ersten Hälfte des 20. Jahrhunderts rekonstruieren, vor allem der Verstrickungen des Theaters in die turbulente politische Geschichte dieser Epoche; dies jedoch von einem Standpunkt aus, in dem artistische Distanz und Beteiligtsein in einer unverwechselbaren Manier ausbalanciert waren.

Bereits als Gymnasiast umgeben von einem Kreis bewundernder Freunde, von denen Caspar Neher (1897–1962) und Hanns Otto Münsterer (1900–1974) die wichtigsten Gesprächspartner und Zuarbeiter waren, behütet in einer gutbürgerlichen Familie und inspiriert durch die Lektüre von Wedekind, Villon, Rimbaud, Kipling und auch der Bibel, konnte Brecht seinem Talent freien Lauf lassen. Und er tat dies im Bewußtsein seiner Fähigkeiten, Autorität und Gefolgschaft einfordernd und von Beginn an mit bemerkenswert konsequenter Linie im Künstlerischen. Dies ließ ihn schon 1917 in einem Brief an den Freund Neher zu dem Urteil kommen: »Mit der Kunst ist nicht viel los. Ich bin für die Schließung der Theater – aus künstlerischen Gründen.« (n. K. Völker 1971, 10) Schon für den Brecht dieser Jahre trifft die Charakterisierung zu, die Elisabeth Hauptmann einmal notierte: »An und für sich ist alles an ihm festgelegt, neben Geerbtem Gewolltes, Wille zum Typ.« Letzteres traf auch für die Stilisierung seines äußeren Erscheinungsbildes zu. Eine gänzlich unromantische Selbstinszenierung stellte wohl schon in sehr früher Zeit eine Art Schutzschild dar. »Kälte« wird ein Begriff sein, mit dem der junge Autor bald auch sein Verhältnis zu seinen Stoffen beschreibt.

Selbstbildnis von Bertolt Brecht. Zeichnung, um 1919

Im Oktober 1917 immatrikulierte sich Brecht an der Universität München an der Philosophischen Fakultät. In die Medizinische wechselte er im Jahr darauf, um die bevorstehende Militärzeit nicht an der Front verbringen zu müssen, sondern im heimatlichen Lazarettdienst ableisten zu können. 1919 setzte er sein Studium in München fort und nahm an Seminaren des Theaterwissenschaftlers Artur Kutscher teil, dessen Hochschätzung der expressionistischen Dramatik er so gar nicht zu teilen vermochte. Sein *Baal* war die selbstbewußte Antwort des aufgebrachten Studenten auf die Parteinahme Kutschers für die junge idealistische Literatengeneration. Diese Jahre, in denen die Revolutionsereignisse in München und die Ermordung Kurt Eisners markante Erlebnisse darstellten,

Bühnenbildentwurf von Caspar Neher für B. Brechts Stück Im Dickicht. *R.: E. Engel. Residenztheater, München 1923*

waren eine Zeit geradezu hektischen Schreibens. Gedichte, Erzählungen, Bühnenstücke entstanden; manches blieb Fragment, einiges wurde zum Abschluß gebracht, zumindest in einer für diese frühen Jahre gültigen Fassung. Von Beginn an war Brecht ein konzentrierter, ungemein fleißiger Schreiber, der sich durch nichts in seiner literarischen Arbeit irritieren ließ, ja es gelang ihm, dies geradezu als Lebensform zu kultivieren. Die Gedichte, die – sehr verspätet erst – 1927 in der *Hauspostille* gesammelt erschienen, bildeten das eine thematische Zentrum, um das sich diese Arbeiten gruppierten, das andere waren die Stücke. Die Arbeit am *Baal* begann im März 1918 und wurde im Juni desselben Jahres vorläufig abgeschlossen. *Spartakus*, die erste Fassung von *Trommeln in der Nacht*, wurde im Februar 1919 fertig geschrieben. Von den Einaktern, die 1919 entstanden, ist *Die Hochzeit* (Uraufführung am 11. Dezember 1926 am Frankfurter Schauspielhaus; später unter dem Titel *Die Kleinbürgerhochzeit*) das wichtigste Stück. Im Jahr darauf reiste Brecht zum ersten Mal nach Berlin, um sich in den dortigen Literaten- und vor allem Theaterkreisen bekanntzumachen, denn das Ziel, auf das er seine Karriere ausgerichtet hatte, war nun klar: es war das Theater. In Aufführungsbesprechungen, die er für den Augsburger *Volkswillen* schrieb, formulierte er erstmals auch die eigenen Ideen von zeitgemäßem Theater. Im Mai 1920 hatte wohl auch sein Auftritt als Gast in einer Vorstellung des Münchner Volkskomikers Karl Valentin (1884–1948) stattgefunden. Ende 1921 fuhr Brecht erneut nach Berlin und blieb dort bis April 1922. Es wurden aufreibende Monate. Wichtigster literarischer Ertrag in dieser »kalten« Stadt war das Stück *Garga*, das später den Titel *Im Dickicht* (danach: *Im Dickicht der Städte*) erhielt. Als Desaster endete sein Einstieg in die Praxis des Theaters als Regisseur. Die Proben zu Arnolt Bronnens Stück *Vatermord* an Moriz Seelers »Junger Bühne« mußten abgebrochen werden, da sich der Theaterneuling, der fest entschlossen war, die abendländische Schauspielkunst vom Kopf auf die

B. Brechts u. L. Feuchtwangers Bearbeitung von Ch. Marlowes Edward II. *R.: B. Brecht. B.: C. Neher. Münchner Kammerspiele, 1924*

Füße zu stellen, mit den Schauspielern – insbesondere mit Heinrich George – heillos zerstritten hatte.

Brecht kehrte wieder nach München zurück. Dort fand am 29. September die Uraufführung von *Trommeln in der Nacht* an den Münchner Kammerspielen statt. Im November desselben Jahres erhielt er von Herbert Ihering den Kleist-Preis zugesprochen. Ihering, der unter den führenden Berliner Theaterkritikern auch in den folgenden Jahren uneingeschränkt für Brecht eintrat, schrieb im Berliner *Börsen-Courier*: »Der vierundzwanzigjährige Dichter Brecht hat über Nacht das dichterische Antlitz Deutschlands verändert. Mit Brecht ist ein neuer Ton, eine neue Melodie, eine neue Vision in der Zeit ... Das Geniezeichen Brechts ist, daß mit seinen Dramen eine neue künstlerische Totalität da ist, mit eigenen Gesetzen, mit eigener Dramaturgie. Seine Dramen – schon *Trommeln in der Nacht*, mehr noch *Baal* und *Im Dickicht* – sind neue Weltkörper.« (1967, 122) Als Bühnenautor war Brecht nun der Durchbruch gelungen. Auch *Baal* erschien 1922 im Druck. Mit den Münchner Kammerspielen schloß er einen Vertrag als Dramaturg ab. *Trommeln in der Nacht* wurde nun auch am Deutschen Theater in Berlin aufgeführt (20. Dezember 1922). Felix Hollaender hatte dem Autor allerdings nicht gestattet, selber Regie zu führen, sondern dafür Otto Falckenberg engagiert, der die Münchner Uraufführung herausgebracht hatte. Im Privaten wurde das so ereignisreiche Jahr 1922, das in Berlin mit dem physischen Zusammenbruch des umtriebigen jungen Mannes so dramatisch begonnen hatte, mit der Heirat der Sängerin Marianne Zoff abgeschlossen. Im März des Jahres darauf brachte diese die gemeinsame Tochter Hanne zur Welt. 1923 fand am Residenztheater in München die Uraufführung (9. Mai) von *Im Dickicht* statt (Regie: Erich Engel). Auch in München hatte sich Brecht inzwischen am Theater etabliert. Die Häufung von Kundgebungen der Nationalsozialisten und der Hitler-Putsch im November des Jahres rückten ihm nun allerdings auch den Ernst der politischen Situation ins Bewußtsein. Bernhard

Reich, den er in München kennenlernte, und Asja Lacis unterrichteten ihn über die neuesten Theaterentwicklungen in Sowjet-Rußland. Vertieft wurden diese Kenntnisse später noch durch die Gespräche, die er Anfang 1931 mit dem sowjetischen Schriftsteller Sergej Tretjakov (vgl. Kap.: Rußland) führte. Ende des Jahres 1923 wurde in Leipzig *Baal* uraufgeführt (8. Dezember). Von *Leben Eduards des Zweiten von England*, an dem Brecht mit Lion Feuchtwanger seit Herbst 1923 gearbeitet hatte, kam die Uraufführung am 18. März 1924 an den Münchner Kammerspielen heraus. Ein neues Projekt (Sommer 1924) war *Galgei*, ein Stück, das später den Titel *Mann ist Mann* erhielt.

Im September 1924 übersiedelte Brecht endgültig nach Berlin. Er zog dort in die Wohnung seiner neuen Lebensgefährtin, der in Österreich geborenen Schauspielerin Helene Weigel (1900–1971), die er im Herbst 1923 durch Arnolt Bronnen kennengelernt hatte und 1929 heiratete. Bis zu Brechts Lebensende wird Helene Weigel seine wichtigste künstlerische Beraterin und die Hauptdarstellerin seiner großen Frauenrollen sein. Im November 1924 begegnet Brecht Elisabeth Hauptmann (1897–1973), die eine beständige Mitarbeiterin und Mitautorin an vielen seiner Projekte wird. In Berlin kommen nun auch Brechts neueste Stücke auf die Bühne: am 29. Oktober 1924 inszeniert Erich Engel am Deutschen Theater *Im Dickicht*, am Staatlichen Schauspielhaus kommt *Leben Eduards des Zweiten von England* in der Regie von Jürgen Fehling heraus (4. Dezember 1924).

Als »Gruppe 1925« schlossen sich (1925) einige jüngere Schriftsteller zusammen, darunter auch Brecht und Alfred Döblin, um ihre Interessen im

K. Weill/E. Hauptmann/ B. Brecht: Happy End. *Schlußbild in der Ausstattung von Caspar Neher. Theater am Schiffbauerdamm, Berlin 1929*

Literaturbetrieb gegenüber der älteren Autorengeneration wirkungsvoller durchsetzen zu können. Brechts wichtigste literarische Arbeit in diesem Jahr ist die Fertigstellung des Lustspiels *Mann ist Mann.* (vgl. Kap.: Stücke) Das Stück bildet einen Abschluß in Brechts Auseinandersetzung mit der idealistischen, von ihm als »bürgerlich« deklarierten Auffassung des Individuums, um die es auch in den Stücken *Baal, Trommeln in der Nacht* und *Dickicht* ging.

Brecht geriet nun auch in den Sog der Neuen Sachlichkeit, jener Zeitgeistströmung, in der die Schwärmerei für alles Amerikanische, für den Sport, zumal für das Boxen, zur intellektuellen Attitüde wurde. Er stand diesem Trend jedoch auch kritisch gegenüber. Etwa zur gleichen Zeit begann seine Beschäftigung mit Problemen der Nationalökonomie (Juni 1926). Er fing an »Marx« zu lesen: *Das Kapital.* Damit hatte er eine Autorität entdeckt, mit deren Hilfe er schließlich aus der nihilistisch-vitalistischen Vorstellungswelt herausfand, in der er sich mit seinen frühen Arbeiten bewegt hatte. Stichworte einer Theorie des »epischen Theaters« wurden im Kontext dieser Auseinandersetzung notiert. Er arbeitet an einem Stück mit dem Titel *Joe Fleischhacker,* in dem er die Mechanismen der Börsenspekulation aufzeigen will. Der Entwurf zählt zu den Vorarbeiten für *Die heilige Johanna der Schlachthöfe.* Für Max Reinhardt will Brecht eine parodistische Revue auf den Amerikanismus schreiben. Eine komplizierte Liaison bahnt sich an zwischen Brecht und Marieluise Fleißer. Von deren *Fegefeuer in Ingolstadt* setzt er die Uraufführung an der »Jungen Bühne« durch. (vgl. Kap.: Marieluise Fleißer)

Ich habe den Don Carlos, *weiß Gott, je und je geliebt. Aber in diesen Tagen lese ich in Sinclairs* Sumpf *die Geschichte eines Arbeiters, der in den Schlachthöfen Chicagos zu Tode gehungert wird. Es handelt sich um einfachen Hunger, Kälte, Krankheit, die einen Mann unterkriegen, so sicher, als ob sie von Gott eingesetzt seien. Dieser Mann hat einmal eine kleine Vision von Freiheit, wird dann mit Gummiknüppeln niedergeschlagen. Seine Freiheit hat mit Carlos' Freiheit nicht das mindeste zu tun, ich weiß es: aber ich kann Carlos' Knechtschaft nicht mehr recht ernst nehmen.*

(B. Brecht über Schillers Don Carlos, *»Augsburger Theaterkritiken«, am 26. März 1920)*

Im Jahr 1927 kommt es zur Zusammenarbeit mit dem Komponisten Kurt Weill. Das Songspiel *Mahagonny* entsteht. (vgl. Kap.: Neues Musiktheater) Auch schließt er sich Erwin Piscators dramaturgischem Kollektiv an. (vgl. Kap.: Erwin Piscator) Die Bekanntschaft mit dem Soziologen Fritz Sternberg (1895–1963) bringt Brecht in seinen Marxismus-Studien weiter. Beide führten eine kontrovers verlaufende Diskussion um das »Drama«. Einig waren sie sich, daß sich das »zeitgenössische Drama« an der »heutigen« gesellschaftlichen Wirklichkeit zu orientieren habe, in der der Mensch als Individuum immer mehr verschwindet und Kollektive an dessen Stelle treten. Eben diese Konstellation wurde grundlegend für Brechts Verständnis des »epischen Theaters«, das er keineswegs nur als formale Kategorie verstanden wissen wollte.

Im Jahr darauf, am 31. August 1928, wurde die Uraufführung der *Dreigroschenoper* zum Höhepunkt in Brechts bisheriger Theaterkarriere. Er experimentierte nun in den verschiedensten theatralen Genres und Medien. Die Lehrstücke *Der Flug der Lindberghs* und *Das Badener Lehrstück vom Einverständnis* entstanden in Zusammenarbeit mit Kurt Weill und Paul Hindemith. Die Oper *Aufstieg und Fall der Stadt Mahagonny* wurde am 9. März 1930 in Leipzig uraufgeführt. Es entstanden das Lehrstück *Die Maßnahme* und unter dem Titel *Die Beute* das Drehbuch zur Verfilmung der *Dreigroschenoper,* an dem Slatan Dudow, Caspar Neher und Leo Lania mitarbeiteten. 1931 verfaßten Brecht, Dudow und Ernst Ottwalt das Drehbuch zu dem politischen Agitationsfilm *Kuhle Wampe oder Wem gehört die Welt.* Das Verbot dieses Films, an dessen Realisierung Brecht ebenfalls beteiligt war, löste heftige Diskussionen um die Zensurproblematik aus. Mit der Auflage, einige Passagen zu entfernen, wurde die öffentliche Aufführung des Films (30. Mai 1932) dann doch genehmigt.

Seit Beginn der zwanziger Jahre hatte sich Brecht mit Filmprojekten beschäftigt (vgl. W. Gersch 1975), Arbeiten für den Film aber denen für das Theater stets nachgeordnet. Gleiches gilt für sein Interesse am Rundfunk. Obwohl Brecht die Bedeutung dieser beiden Medien für eine Massenwirkung erkannt hatte, war ihm auch klar, daß diese »Apparate«, wie er sie nannte, »fest in der Hand des Bürgertums waren.« (K.-D. Müller 1985, 162) In einer Reihe von Texten zur Radiotheorie (1927–1932) und in dem »soziologischen Experiment« des *Dreigroschenprozesses* (1932), einem Essay, in dem Brecht die urheberrechtlichen Auseinandersetzungen (1930) im Anschluß an die Verfilmung der *Dreigroschenoper* thematisierte, skizzierte er für Radio und Film Vorstellungen für deren »aktive Rezeption« mit »revolutionären, gesellschaftsverändernden Implikationen« (K.-D. Müller 1985, 168).

1929 bezog Brecht seine literarische Arbeit noch konsequenter auf die politische Situation in der Weimarer Republik. Als Autor stand er nun im Brennpunkt des öffentlichen Interesses. Künstlerisch war er neben Piscator der exponierteste Repräsentant des linken politischen Lagers. Am 1. Mai 1929 wurde er in Berlin Augenzeuge der Auseinandersetzungen demonstrierender Arbeiter mit der Polizei; sah, wie diese auf die Arbeiter schoß, wobei fünfunddreißig Demonstranten getötet wurden. Der sozialdemokratische Polizeipräsident Zörgiebel hatte die Auflösung dieser Demonstration, die er zuvor verboten hatte, angeordnet. Für Brecht war dies ein politisches Schlüsselerlebnis. Er vertiefte sich erneut in seine Marxismus-Studien, kaufte einschlägige Bücher und besuchte Vorträge an der Marxistischen Arbeiterschule (MASCH), vor allem Vorlesungen des Philosophen Karl Korsch, der 1926 als Linksabweichler aus der KPD ausgeschlossen worden war. Brecht selbst war jedoch nie Mitglied dieser Partei. Korsch nannte er später seinen »Lehrer«. Von ihm wurde Brecht vor allem in seinem Dialektik-Verständnis geprägt. So übernahm er zeitweise auch dessen Vorstellung, daß allein das kritische Erkennen der Wirklichkeit diese bereits verändern würde, und entwickelte seine These vom »eingreifenden Denken«. (vgl. J. Knopf 1974, 51ff) Mit den Folgerungen, die er daraus für seine Theatertheorie, vor allem für seine Lehrstücke ableitete, fand er allerdings wenig Zustimmung bei seinen politischen Genossen. Dies wurde ihm deutlich bei der Aufnahme seiner beiden Schulopern, *Der Jasager* und *Der Neinsager*, ebenso in der Resonanz, die sein Lehrstück *Die Maßnahme* (Uraufführung: 10. Dezember 1930) bei den politischen Organisationen auslöste, für deren Publikum er diese Stücke geschrieben hatte. 1930 erschienen die ersten beiden Hefte der Reihe *Versuche*, in denen Brecht Texte veröffentlichte, die den experimentellen, den »wissenschaftlichen Charakter« der neuen (seiner) Literatur deutlich machen sollten. Erkennbar wurde mit diesem Projekt auch Brechts Hinwendung zur Didaktik, zum Pädagogischen. Zwei Stücke, mit denen die Arbeit in der hochpolitisierten Atmosphäre des Jahres 1931 abgeschlossen wurde, waren das Lehrstück *Die Mutter – Leben der Revolutionärin Pelagea Wlassowa* nach dem Roman *Die Mutter* von Maksim Gor'kij und *Die heilige Johanna der Schlachthöfe*. Während *Die Mutter* 1932 noch aufgeführt werden konnte, zunächst in einer geschlossenen Aufführung durch die »Gruppe junger Schauspieler«, bald darauf als öffentliche Aufführung im Komödienhaus am Schiffbauerdamm, kam es zur Uraufführung der *Heiligen Johanna* erst drei Jahrzehnte später, am 30. April 1959 durch Gustaf Gründgens am Deutschen Schauspielhaus in Hamburg. (vgl. Kap.: Stücke) Die 1933 geplante Uraufführung dieses Stücks am Landestheater in Darmstadt

B. Brecht/K. Weill: Die Dreigroschenoper. *Bühnenbildentwurf von Caspar Neher für die Uraufführung. Theater am Schiffbauerdamm, Berlin 1928*

wurde von der dortigen Stadtverwaltung abgesagt. Im April 1932 war jedoch eine gekürzte Radiofassung der *Heiligen Johanna* gesendet worden. Carola Neher sprach darin die Titelrolle, Fritz Kortner den Mauler.

Brechts größte Theatererfolge noch unmittelbar vor der Machtübernahme der Nationalsozialisten waren die Berliner Aufführung von *Mann ist Mann* und die Uraufführung der Oper *Aufstieg und Fall der Stadt Mahagonny* in Leipzig. *Mann ist Mann* inszenierte Ernst Legal im Februar 1931 am Staatstheater, in der zweiten Fassung mit Peter Lorre als Galy Gay, einer neuen Musik von Kurt Weill und in der konsequenten Umsetzung von Brechts bühnenästhetischen Vorstellungen von »epischem Theater«. Die Leipziger Uraufführung vom *Aufstieg und Fall der Stadt Mahagonny* wurde einer der größten Theaterskandale in der Weimarer Republik. (vgl. Kap.: Neues Musiktheater) Die Berliner Aufführung dieses Stücks am Theater am Kurfürstendamm (Regie: Caspar Neher) im Dezember 1931 war in der politischen Tendenz zwar verschärft, in den sexuellen Anzüglichkeiten jedoch abgeschwächt und wurde nur ein Achtungserfolg.

Brecht war sich bewußt, daß er aufgrund seines politischen Engagements für die Kommunistische Partei in Deutschland als Schriftsteller keine Zukunft hatte, ja wohl unmittelbar gefährdet sei. Die deutsche Staatsbürgerschaft wurde ihm allerdings erst Mitte 1935 aberkannt. Brecht verließ Berlin am 28. Februar 1933, am Morgen nach dem Reichstagsbrand, zusammen mit Helene Weigel und den Kindern. Er reiste zunächst nach Prag, von dort aus weiter nach Wien, Zürich und schließlich nach Paris. In der französischen Hauptstadt, die zum Treffpunkt vieler Emigranten geworden war, blieb Brecht von Mai bis Juni und schrieb zusammen mit Kurt Weill das Ballett *Die sieben Todsünden der Kleinbürger.*

B. Brecht/K. Weill: Die Dreigroschenoper. *R.: E. Engel. Theater am Schiffbauerdamm, Berlin 1928. Kurt Gerron als der Reitende Bote*

B. Brecht/K. Weill: Die Dreigroschenoper. *Theater am Schiffbauerdamm, Berlin 1928. Harald Paulsen als Mackie Messer*

Pläne für einen Film zerschlugen sich. So reiste er schließlich weiter nach Dänemark.

Ende September trifft Brecht in Skovsbostrand auf der dänischen Insel Fünen ein. Dieser Ort wird bis 1939 die erste längere Station seines Exils. In seiner Arbeit mußte sich der Stückeschreiber nun auf eine gänzlich neue Situation einstellen. Die Schwierigkeit, deutschsprachige Theater zu finden, mit denen er hätte arbeiten können, war ihm schon bei seinem Aufenthalt in Prag, Wien und Zürich bewußt geworden. Auch Paris, wo Brecht einen Kreis Gleichgesinnter um sich gehabt hätte, erwies sich für seine Theaterarbeit als ungeeigneter Ort. So mußte er nun von Skovsbostrand aus Kontakte zu dänischen Theatern aufbauen. Eine engagierte Vermittlerin fand er dabei in der Schauspielerin Ruth Berlau (1904–1974), die dem Ensemble des von Per Knutzon in Kopenhagen geleiteten »Revolutionären Teatern« angehörte (vgl. Kap.: Dänemark) und bald auch Brechts Mitarbeiterin und Geliebte wurde.

So richtete sich Brecht auf ein längeres Bleiben ein, obwohl die dänischen Behörden, um die Neutralität des Landes besorgt, von dem prominenten Emigranten politische Unauffälligkeit erwarteten. Bald gelang es Brecht aber, den Kreis an Personen, die er als Gesprächspartner und Zuarbeiter brauchte, zu komplettieren. Margarete Steffin (1908–1941), die ebenfalls seine Geliebte war und als Mitarbeiterin seit den Berliner Proben zur *Mutter* zu seinem Anhang gehörte, zog nach Skovsbostrand; zeitweise besuchten ihn Karl Korsch, Hanns Eisler und Walter Benjamin. Reisen nach Paris (1933, 1935, 1937, 1938), London (1934, 1936) und Moskau (1935) dienten dem Zweck, Verhandlungen für Aufführungen seiner Stücke zu führen oder sich an den Proben solcher Aufführungen zu beteiligen. Vor allem auch dienten diese Reisen der Kon-

B. Brecht/K. Weill: Aufstieg und Fall der Stadt Mahagonny. *Dir.: G. Brecher. R.: W. Brügmann. B.: C. Neher. Neues Theater, Leipzig 1930*

taktpflege innerhalb des Kreises der Emigranten und der Mitarbeit an publizistischen Aktivitäten gegen den Hitler-Faschismus. So nahm Brecht teil an dem »Internationalen Schriftstellerkongreß für die Verteidigung der Kultur« im Juni 1935 in Paris und an dem im Sommer 1937 wieder in der französischen Hauptstadt stattfindenden Schriftstellerkongreß, in dem es um die Stellung der Intellektuellen zum Spanischen Bürgerkrieg ging. (vgl. Kap.: Spanien) Eine Reise ins Kriegsgebiet selbst wagte Brecht freilich nicht. Sein literarischer Beitrag dazu war das Stück *Die Gewehre der Frau Carrar*, an dem Margarete Steffin wesentlich mitgearbeitet hatte und das am 16. Oktober 1937 in Paris in der Regie von Slatan Dudow (Helene Weigel in der Titelrolle) uraufgeführt wurde. Am 19. Dezember desselben Jahres brachte Ruth Berlau dieses Stück am »Theater der Arbeiter« in Kopenhagen heraus. (vgl. Kap.: Dänemark) In *Gewehre der Frau Carrar* verzichtet Brecht auf alle distanzierenden Effekte der epischen Dramaturgie und kritisiert mit den Mitteln des illusionistischen Einfühlungstheaters die Haltung der Nichteinmischung in den Kampf gegen die spanischen Faschisten. Die Fischer-Witwe Carrar steht im Mittelpunkt des Geschehens. Sie entscheidet sich erst für den Kampf und gibt die Gewehre heraus, als sie erfährt, daß ihr friedfertiger Sohn beim Fischen von Faschisten ermordet wurde. Nach der *Dreigroschenoper* wurden *Die Gewehre der Frau Carrar* für einige Jahrzehnte Brechts erfolgreichstes Stück auf den europäischen Bühnen. (vgl. J. Knopf 1980, 155 f)

Im Oktober 1935 war Brecht zusammen mit Hanns Eisler nach New York gereist. Beide wollten sich an der Einstudierung von Brechts Lehrstück *Die Mutter* durch das Ensemble der Theatre Union im Civic Repertory Theatre beteiligen, wurden jedoch von den Proben ausgeschlossen. Die Aufführung, die am 19. Dezember 1935 stattfand, beklagte Brecht als »politisch und künstlerisch übel verstümmelt.« Durch diese Erfahrung mußte ihm aber auch klar geworden sein, daß es schwer sein würde, mit seinen Stücken an amerikanischen Bühnen Fuß zu fassen, vor allem auch hinsichtlich der von Brecht als »rückständig« eingeschätzten Spielweise der amerikanischen Schauspieler. Wenn er von seinem Stück *Leben des Galilei*, dessen erste Fassung er im November 1938 abschließt, erklärt, es sei »in Wirklichkeit für New York geschrieben«, so mag damit auch zusammenhängen, daß er sich – nach den Erfahrungen seines New York-Besuchs von 1935 – in diesem Stück wieder der Form der aristotelischen Einfühlungsdramatik angenähert hat. Später nennt er diese Entscheidung »allzu opportunistisch« und bezeichnet sie vom Standpunkt des epischen Theaters aus als »großen Rückschritt«. Die Übersiedelung in die Vereinigten Staaten war zu dieser Zeit von Brecht offenbar fest geplant. So ließ er auch den *Galilei* sogleich ins Englische übersetzen (von Desmond Vesey). Unter das Verdikt formaler Rückschrittlichkeit fiel aus seiner Sicht allerdings auch sein Spanienstück, *Die Gewehre der Frau Carrar.* In beiden Stücken mußte sich Brecht unterschiedlichen ästhetischen Standards anpassen, wollte er diese unter den Bedingungen, die er in den Gastländern vorfand, zur Aufführung bringen. Stücke wie *Mutter Courage und ihre Kinder*, das Brecht Ende 1939 fertigstellte, oder *Der gute Mensch von Sezuan* (1940 abgeschlossen), die beide einen besonders entwickelten Standard seiner epischen Technik repräsentierten, konnten nur auf einer Bühne aufgeführt werden, deren Schauspieler in dieser Technik geschult waren. Mit einigen Einschränkungen traf dies allenfalls für das Zürcher Schauspielhaus zu, dessen Ensemble weitgehend von österreichischen und deutschen Emigranten besetzt war. (vgl. Kap.: Schweiz) So geriet diese Bühne in den Jahren des Exils und noch lange darüber hinaus in den Ruf, das bedeutendste deutschsprachige Theater zu sein, nicht zuletzt aufgrund der dort erarbeiteten Uraufführungen einiger der Hauptwerke Brechts.

Im dänischen Exil war neben Ruth Berlau der Regisseur Per Knutzon für Brecht Verbindungsperson zum Theaterbetrieb seines Gastlandes. Im November 1936 brachte Knutzon im Riddersalen in Kopenhagen die Uraufführung von *Die Rundköpfe und die Spitzköpfe* in dänischer Sprache heraus, ein Stück, das im Zusammenhang einer Bearbeitung von Shakespeares *Maß für Maß* schon 1932 entstanden war. Das Königliche Theater in Kopenhagen führte das Ballett *Die sieben Todsünden der Kleinbürger* auf. Doch kam es sogleich zu einem Verbot dieser Aufführung, vermutlich durch Intervention der Nationalsozialisten. Unstrittig das bedeutendste Stück von Brechts Theaterarbeiten in Dänemark war die erste Fassung von *Leben des Galilei.* (vgl. Kap.: Die Stücke)

Von praktischer Theaterarbeit auf dem entwickelten Niveau seiner Theorie war Brecht in Dänemark zwar abgeschnitten, seine Stücke konnten also nicht wirklich »getestet« werden. So konzentrierte er sich auf die Ausformulierung der Theorie des epischen Theaters, die nun Fortschritte machte. Im Juni 1938 entstand der Essay *Die Straßenszene. Grundmodell einer Szene des epischen Theaters* (abgeschlossen 1940); im Februar 1939 schreibt er die Dialoge zu *Der Messingkauf;* beides Texte, die zum Kernbestand seiner Theorie-Entwürfe zählen.

Im Sommer 1938 mußte Brecht feststellen, daß er mit seinen theatertheoretischen Vorstellungen zunehmend in Widerspruch geriet zur kunstpolitischen Entwicklung, die sich seit Anfang der dreißiger Jahre in der Sowjetunion voll-

Seit jeher ist es das Geschäft des Theaters wie aller andern Künste auch, die Leute zu unterhalten. Dieses Geschäft verleiht ihm immer seine besondere Würde; es benötigt keinen andern Ausweis als den Spaß, diesen freilich unbedingt. Keineswegs könnte man es in einen höheren Stand erheben, wenn man es etwa zum Beispiel zu einem Markt der Moral machte; es müßte dann eher zusehen, daß es nicht gerade erniedrigt würde, was sofort geschähe, wenn es nicht das Moralische vergnüglich, und zwar den Sinnen vergnüglich machte – wovon das Moralische allerdings nur gewinnen kann. Nicht einmal zu lehren wenig oder gar nicht, sofern nur die Unkorrektheit eine gewisse Konsistenz hatte und Unwahrscheinlichkeit von derselben Art blieb. Es genügte die Illusion eines zwingenden Verlaufs der jeweiligen Geschichte, welche durch allerhand poetische und theatrale Mittel geschaffen wurde. Auch wir übersehen gern derlei Unstimmigkeiten, wenn wir an den seelischen Waschungen des Sophokles oder den Opferakten des Racine oder den Amokläufen bei Shakespeare schmarotzen dürfen, indem wir versuchen, der schönen oder großen Gefühle der Hauptperson dieser Geschichten habhaft zu werden.

(B. Brecht: Kleines Organon für das Theater. *Abs. 3)*

Szenen- und Figurinenentwurf von Caspar Neher für B. Brechts Mann ist Mann. *R.: B. Brecht. Staatstheater, Berlin 1931*

zog. Dafür wurde der ungarische Literaturtheoretiker Georg Lukács, der seit 1920 in Berlin lebte und 1933 in die Sowjetunion emigrierte, ein streitbarer Verfechter. Lukács war es, der diese Auseinandersetzungen auch in die Kreise der deutschen Emigranten trug. Es ging dabei um die Definition von »Realismus« im Sinne der sowjetrussischen Doktrin des »Sozialistischen Realismus« (vgl. Kap.: Rußland), vor allem auch um die Ächtung von Positionen, die als »formalistisch« eingeschätzt wurden. Darunter fielen für Lukács auch »gewisse Dramen Brechts«. Dieser war entsetzt über den »gigantischen Stumpfsinn«, den die »Moskauer Clique« in dieser Realismusfrage publizierte (n. K. Völker 1971, 73), und reagierte mit dem Essay *Weite und Vielfalt der realistischen Schreibweise.* Darin plädiert Brecht für eine Erweiterung des Realismusbegriffs und ein Verhältnis von Kunst und Wirklichkeit im Sinne einer offenen Dialektik. Er schreibt: »Über literarische Formen muß man die Realität befragen, nicht die Ästhetik, auch nicht die des Realismus. Die Wahrheit kann auf viele Arten verschwiegen und auf viele Arten gesagt werden. Wir leiten unsere Ästhetik wie unsere Sittlichkeit von den Bedürfnissen unseres Kampfes ab.« (*Schriften zur Kunst und Literatur* II, 1966, 95) Brechts Essay war für die in Moskau erscheinende deutschsprachige Zeitschrift *Das Wort* geschrieben, die das wichtigste Publikationsforum für diese kunsttheoretischen Auseinandersetzungen innerhalb der Emigrantenkreise war, wo auch die sogenannte »Expressionismusdebatte« geführt wurde. Der Essay durfte dort jedoch nicht erscheinen. Im zeitlichen Kontext (September 1938) mit dieser Diskussion stand auch Brechts Kritik an dem Stanislavskij-Kult, der in der Sowjetunion zu dieser Zeit getrieben wurde. (vgl. Kap.: Stanislavskij) Diese Vorgänge verdeutlichen Brechts ablehnende Haltung zu kulturpolitischen Positionen, die unter dem Etikett »Sozialistischer Realismus« diskutiert und repressiv durchgesetzt wurden. Prinzipiell behielt Brecht diese Einstellung auch nach seiner Rückkehr aus dem Exil in der DDR bei.

B. Brecht: Mann ist Mann.
R.: B. Brecht. B.: C. Neher.
Staatstheater, Berlin 1931

Ostern 1939 verließ Brecht – »unbemerkt von der dänischen Fremdenpolizei« (K. Völker) – Dänemark in Richtung Stockholm. Als Gast einer Studentenbühne hielt er dort einen Vortrag *Über experimentelles Theater*. Es war dies eine Erläuterung auch seiner bisherigen Arbeit. Schweden aber sollte nur eine kurzfristige Durchgangsstation sein. Schwerpunkt seiner Arbeit dort waren die beiden großen Stücke: *Der gute Mensch von Sezuan* (Mai 1939), für das er auf Entwürfe aus dem Jahr 1926 zurückgriff, und *Mutter Courage und ihre Kinder*. Für dieses Stück erhielt er die Anregung durch die *Geschichte der nordischen Marketenderin Lotta Svärd* aus *Fähnrich Stahls Erzählungen* von Johan Ludvig Runeberg. Innerhalb von nur fünf Wochen (September/Oktober 1939) schreibt Brecht dieses Stück fertig. Die Rolle der stummen Kattrin hat er für Helene Weigel erfunden. Sie hätte damit auch in nicht deutschsprachigen Aufführungen auftreten können. Letztlich aber wurde seit der deutschen Erstaufführung am 11. Januar 1949 die Titelfigur deren eigentliche Rolle, in der die Weigel ihre größten Erfolge feierte. Erst durch diese Schauspielerin erhielt die Figur der Mutter Courage jenes Profil, das Brecht mit dieser Rolle verband.

Von Schweden aus waren die USA das angestrebte Reiseziel. Da sich die Erledigung der Einreiseformalitäten jedoch verzögerte, verließ Brecht Schweden im April 1940 fluchtartig, unmittelbar nach dem Einmarsch deutscher Truppen in Dänemark und Norwegen. In Helsinki lebte er mit Familie und Margarete Steffin zunächst in einem Hotel, eine Zeit lang auch auf einem Gut in Kausala, wohin ihn die finnische Dramatikerin Hella Wuolijoki (vgl. Kap.: Finnland) eingeladen hatte. Dort stieß auch Ruth Berlau zu der Gruppe. Fertiggestellt wurden in Finnland das Stück *Der gute Mensch von Sezuan* (Juni 1940) und *Herr Puntila und sein Knecht Matti* (September 1940). Das Puntila-Stück entstand in einem komplizierten Bearbeitungsprozeß nach einer Erzählung, einer Komödie (*Die Sägespäneprinzessin)* und einem Filmskript jeweils über denselben Stoff von Hella Wuolijoki. Die Autorin hatte ihre Texte für Brecht ins Deutsche übersetzt.

Ursprünglich sollte es eine Gemeinschaftsarbeit von Brecht mit seiner Gastgeberin werden. Sie wollten sich an einem Wettbewerb, den der finnische Dramatikerverband ausgeschrieben hatte, beteiligen. Als Beitrag dafür kam das Stück jedoch nicht zustande. (vgl. J. Knopf 1980, 213ff) Nach der Abreise aus Helsinki wurde das Stück *Der aufhaltsame Aufstieg des Arturo Ui* abgeschlossen. Es hatte die Form einer Farce, die den Aufstieg Hitlers nur wenig verschlüsselt als Gangster-Geschichte vorführt, angesiedelt im amerikanischen Milieu eines »Karfioltrusts« und dessen Führerclique. Die Uraufführung fand am 10. November 1958 am Württembergischen Staatstheater in Stuttgart in der Regie von Peter Palitzsch und Manfred Wekwerth statt. Den Arturo Ui spielte Wolfgang Kieling. Eine im amerikanischen Exil geplante Aufführung war offenbar aus politischen Gründen nicht durchzusetzen gewesen.

Sinn und Sinnlichkeit. Die demonstrative Spielweise, die das Leben so abbildet, daß es der Vernunft zum Eingriff vorgelegt wird, und die den Deutschen recht doktrinär vorkommt, machte dem Engländer Charles Laughton keine Schwierigkeit allgemeiner Art. Es ist unsere besondere Unsinnlichkeit, welche den Sinn so auffällig und penetrant macht, sobald er »hereingebracht« wird. Das Unsinnliche ist in der Kunst ohne weiteres auch unsinnig, und kein Sinn bleibt gesund, wenn er nicht sinnlich ist. Bei uns hat die Vernunft gleich etwas Kaltes, Gewaltsames, Mechanisches, und wir haben entweder das Leben oder die Idee, die Leidenschaft oder das Denken, das Nützliche oder das Vergnügliche … Laughton benötigte nicht einmal irgendwelche theoretische Information über den Stil. Er hatte genug Geschmack, um keinen Unterschied zwischen ›dem Hohen‹ und ›dem Niedrigen‹ machen zu müssen, und er haßte das Predigen.

(B. Brecht zum Galilei. *Nachträge zu: Aufbau einer Rolle. In: W. Hecht 1963, 76)*

Infolge der Truppenbewegungen an der Front war Brecht gezwungen, die Reise in die USA über die Sowjetunion zu unternehmen. Die Stationen waren Leningrad, Moskau und Wladiwostok. Brecht kam mit seiner Frau und Ruth Berlau am 21. Juli 1941 mit dem Schiff im Hafen von Los Angeles an. Die schwer lungenkranke Margarete Steffin war in Moskau verstorben. In Santa Monica, einem Ortsteil von Hollywood, bezog Brecht ein Haus. Er traf dort auf einen großen Kreis deutscher Emigranten, Literaten, Schauspieler und Komponisten, die alle hofften, in der Filmindustrie Arbeit zu finden. Auch er bemühte sich in dieser Richtung um Kontakte, wobei es zu einer auch finanziell erfreulichen Zusammenarbeit mit dem deutschen Regisseur Fritz Lang kam, der sich ebenfalls in Hollywood aufhielt. Aufführungen von Brechts Stücken waren unter den Bedingungen des kommerziellen amerikanischen Theaterbetriebs nicht zu realisieren. Die meisten der geplanten Projekte zerschlugen sich letztlich; so etwa auch eine Aufführung der *Dreigroschenoper* am Broadway mit einem »Negerensemble«, für die Kurt Weill, dem inzwischen als Musical-Komponist (*Lady in the Dark*) eine neue Karriere gelungen war, trotz Brechts Drängen seine Zustimmung nicht gab. Auch Pläne, für Max Reinhardt Szenen aus *Furcht und Elend des Dritten Reiches* zu bearbeiten, wurden nicht realisiert, ebensowenig eine Aufführung des *Guten Menschen von Sezuan* am Broadway durch die prominente chinesische Schauspielerin Anna May Wong. Auch eine Aufführung des *Schwejk*, um die sich Brecht hartnäckig bemühte, kam nicht zustande. Das Stück wäre zu »unamerikanisch«, wurde ihm mitgeteilt. Die Aufführung einiger Szenen aus *Furcht und Elend des Dritten Reiches* in der Regie von Berthold Viertel, die von der »Tribüne für Freie Deutsche Literatur und Kunst« in New York veranstaltet wurde, blieb ein Ereignis im Kreise der Emigranten. (vgl. Kap.: Theater im Exil) Die Arbeit an einem neuen Stück, *Der kaukasische Kreidekreis,* schloß Brecht im Juni 1944 ab. Pläne für eine Oper, *Die Reise des Glücksgotts*, für die Paul Dessau die Musik komponieren sollte, verliefen im Sande. Allein eine Neufassung von John Websters Tragödie *The Duchess of Malfi*, für deren Bearbeitung Brecht einen Auftrag erhalten hatte, kam im Herbst 1946 in Boston (Uraufführung) und in New York heraus. Brechts Name wurde dabei jedoch nicht genannt. Das Projekt war ausschließlich auf die Schauspielerin Elisabeth Bergner ausgerichtet, die in Boston die Titelrolle spielte.

Dennoch konnte eines von Brechts wichtigsten Theaterprojekten im amerikanischen Exil realisiert werden. Es war die Uraufführung der amerikanischen

B. Brecht: Mutter Courage und ihre Kinder.
R.: B. Brecht. Münchner Kammerspiele, 1950. Mit Therese Giehse in der Titelrolle

Fassung (vgl. Kap.: Stücke) von *Leben des Galilei* (mit dem Titel *Galileo*) mit Charles Laughton in der Titelrolle am Coronet Theatre in Beverly Hills (31. Juli 1947). Regie führte unter Mitarbeit von Brecht Joseph Losey.

Im Oktober 1947 wurde Brecht vor das Committee of Unamerican Activities nach Washington geladen. Er brachte das Verhör zwar mit einer gehörigen Portion von Schlitzohrigkeit hinter sich, wußte nun aber, daß seine Zeit in den Vereinigten Staaten abgelaufen war. Am Tag nach dem Verhör (31. Oktober) flog Brecht nach Paris. Von dort reiste er nach Zürich weiter, wo er bis Oktober 1948 blieb.

Zürich war die Stadt, in der seine Hauptwerke aus den Emigrationsjahren zur Uraufführung gekommen waren: *Mutter Courage und ihre Kinder, Leben des Galilei* und *Der gute Mensch von Sezuan*. Brecht wurde hier mit der entsprechenden Reputation als der bedeutendste Repräsentant des deutschsprachigen Theaters empfangen. In Zürich kam es auch zu einem Wiedersehen mit seinem Jugendfreund Caspar Neher, der nicht in die Emigration gegangen war. Neher hatte von 1934 bis 1944 überwiegend am Deutschen Theater in Berlin und am Schauspielhaus in Frankfurt gearbeitet. 1946 war er ans Schauspielhaus Zürich gegangen. Beiden lag daran, die Möglichkeit einer erneuten Zusammenarbeit zu überprüfen. Brecht nahm sich dafür die *Antigone* des Sophokles in der Übertragung von Friedrich Hölderlin für eine »episierende«, aktualisierende Bearbeitung vor. Sein Interesse an dem Stoff galt weniger dem Widerstandsverhalten der Titelheldin, sondern vielmehr der Frage, welche »Rolle die Gewaltanwendung bei dem Zerfall der Staatsspitze« spielt (n. J. Knopf 1980, 273). Die Uraufführung, für die Neher Bühne und Ausstattung übernommen hatte, fand am 15. Februar 1948 am Stadttheater Chur statt und wurde von Brecht als »Modell« (*Antigonemodell*, 1948) dokumentiert und eingehend kommentiert. Mit Neher diskutierte er nun auch Pläne für Berlin und Salzburg. Im Juni 1948 entstand das *Kleine Organon für das Theater* (abgeschlossen im August dieses Jahres). Es wurde eine Darstellung von Brechts Theatertheorie, die deren Grundsätze am einprägendsten darlegt, in einem Stil von geradezu klassischer Komprimiertheit. (vgl. Kap.: Theorie) Gegenüber dem *Messingkauf* sind Vorstellungen zurückgenommen, die auf eine »Überwindung« des »alten Theaters« zielten. Auch waren utopische Formulierungen zurückgenommen, wie sie Brecht zuvor stets im Zusammenhang der Wirkungsmöglichkeiten seines Theaters gebraucht hatte.

Daß Brecht am Schauspielhaus in Zürich seine Vorstellungen von einem zeitgemäßen Theater nach der Kriegskatastrophe nicht würde durchsetzen können, war ihm spätestens seit der Uraufführung seines *Puntila* deutlich geworden. Zu sehr hatte seiner Meinung nach der »Berliner Nazistaatstheaterstil« im gesamten deutschsprachigen Theater verheerende Wirkungen gezeitigt. Offizieller Regisseur der Aufführung war Kurt Hirschfeld. Brecht hatte an der Regie mitgearbeitet. Da er jedoch keine Arbeitserlaubnis besaß, durfte sein Name auf dem Programmzettel nicht genannt werden. Als Resümee dieser Erfahrungen schrieb er: »Schon bevor ich die Trümmer der Theaterhäuser sehe, bekomme ich die der Schauspielkunst zu sehen.« (n. K. Völker 1976, 361) Als in dieser Situation nun eine Einladung aus Ost-Berlin kam, dort am Deutschen Theater eines seiner Stücke selbst zu inszenieren, zeichnete sich für Brecht eine Perspektive für einen wirklichen Neuansatz ab. Die Bildung eines eigenen Ensembles schien möglich. Mit einem österreichischen Paß reiste er am 20. Oktober 1948 – Brecht hatte kein Visum für die amerikanische Zone in Deutschland erhalten – über Prag nach Berlin. *Mutter Courage und ihre Kinder* war das erste Stück, das er dort am Deutschen Theater inszenierte. Die Premiere fand am 11. Januar 1949 statt. Damit war die letzte Etappe in seinem Theaterleben eingeleitet. Die Jahre des Exils waren endgültig vorbei. Brecht kam mit mehr als zwanzig neuen Stücken und sehr gefestigten Vorstellungen von einem »Theater der Zukunft« nach Deutschland zurück. Der Stückeschreiber wußte freilich vom ersten Tag in Ost-Berlin an, daß er sich in einem Land befand, in dem der Sozialismus »verordnet« war.

Theorie: der Weg zum epischen Theater

In Brechts Theaterarbeit nimmt das theoretische Werk – seine *Schriften zum Theater* – einen beinahe gleichgewichtigen Rang ein wie die Stücke. »Verfremdungs-Effekt« oder »episches Theater« sind Begriffe, die mehr oder weniger in der Bedeutung, die sie in den Brechtschen theaterästhetischen Reflexionen erhalten haben, in das geläufige Vokabular eingegangen sind, mit dem noch bis in die frühen 80er Jahre des 20. Jahrhunderts über »modernes« Theater gesprochen wurde. Daß diesen Begriffen eine derartige Geläufigkeit zukommen konnte, hat eine Ursache sicherlich in ihrer Unschärfe, die vieles darunter subsumieren läßt, aber auch in dem konservativen Zug, der ihnen letztlich doch eigen ist. Die Begrifflichkeit, in der Brecht sein Theater beschreibt, ist ebenso wie sein Theaterverständnis weit entfernt von jener Radikalität, mit der die Vertreter der Avantgarde mit diesem Medium samt seines kulturellen Stellenwerts umgegangen waren. Um Lehren, Lernen und um Vergnügen – seit jeher die klassischen Funktionen der Poesie –, darum ging es stets auch im Theater des Bertolt Brecht. Und selbst in einem so zentral erscheinenden Aspekt wie seiner Kritik an der »Einfühlung«, in der er den »Grundpfeiler der herrschenden Ästhetik« sah, stand Brecht lediglich an der Spitze einer Bewegung, die überaus facettenreich im ersten Drittel des 20. Jahrhunderts den Naturalismus und das Illusionstheater von der Bühne zu verdrängen angetreten war. Was den Theoretiker Brecht aber dann doch von allen diesen Mitstreitern um ein »Theater der Zukunft« unterschied und seine Position so viel reicher sein ließ als die meisten Reformprogramme dieser Jahre, ist dies, daß ihn der seinem Denken stets inhärente Widerspruch vor jedem Dogmatismus bewahrte. So beschloß er dann auch sein *Kleines Organon für das Theater*, in dem er nach einer »Vorrede« in 77 Paragraphen die bündigste Zusammenfassung seiner Theatertheorie, Dramaturgie und Schauspielkunst einschließend, niederschrieb, mit einer Wendung, die das so pragmatisch ausgebreitete Regelwerk in den komplexesten und zugleich am meisten offenen Bezug stellt, den Kunst eingehen kann, den der Existenz. »Das Theater des wissenschaftlichen Zeitalters«, heißt es dort, »vermag die Dialektik zum Genuß zu machen. Die Überraschungen der logisch fortschreitenden oder springenden Entwicklung, der Unstabilität aller Zustände, der Witz der Widersprüchlichkeiten usw., das sind Vergnügungen an der Lebendigkeit der Menschen, Dinge und Prozesse, und sie steigern die Lebenskunst sowie die Lebensfreudigkeit. Alle Künste tragen bei zur größten aller Künste, der Lebenskunst.« Äußerungen wie diese sind es, die eine Theoriebefangenheit gegenüber den dichterischen Werken nicht aufkommen lassen sollten.

Brechts theoretische Reflexionen über Theater begleiteten sein Schreiben von Stücken von Beginn an. Eine erste Gruppe von Texten, in denen er sich auch über seine Vorstellungen vom Theater äußert, sind Besprechungen von Theateraufführungen, die von 1918 bis 1922 in der Augsburger Tageszeitung *Der Volkswille* erschienen sind. Zumeist sind es deftig pointierte Verrisse. In einem Fall brachte ihm dies die Beleidigungsklage einer Schauspielerin ein. Wenn er einzelne Darsteller lobte, so tat er es in einer Weise, die der gängigen Erwartung von schauspielerischer Leistung gänzlich widersprach. Ähnlich verfuhr er mit Dramatikern. Daß Brecht gerade im *Volkswillen* schrieb, einer Zeitung, die der

Das epische Theater ist hochartistisches Theater mit komplizierten Inhalten und weiter sozialer Zielsetzung.

(B. Brecht: Gesammelte Werke 16*, 558)*

Szenenskizze(Speisezimmer) von Caspar Neher für B. Brechts Baal, *um 1922*

Szenenskizze von Caspar Neher für Herr Puntila und sein Knecht Matti *von B. Brecht. R.: E. Engel u. B. Brecht. Berliner Ensemble im Deutschen Theater, 1949*

USPD, dann der KPD nahestand, war weniger ein Akt politischer Parteilichkeit als Ausdruck seiner Antipathie gegen alles Bürgerliche, die er auch durch provozierendes Benehmen als Theaterbesucher zur Schau stellte. (vgl. J. Knopf 1980, 425 f) In den Kriterien, die er seinen Besprechungen zugrunde legt, ist eine Vorliebe für den Schwank und das Volkstheater zu erkennen. Was Brecht an diesem Genre zu interessieren schien, war deren Distanz zu dem bürgerlichen Bildungs- und Literaturtheater, dem »Gips« der Klassiker wie dem »Proklamatorischen« der Expressionisten. Es war die Lebensnähe solcher Stücke, die sich im vitalen Spaß Ausdruck verschaffte. So schreibt er anläßlich der Aufführung *Die Zwangseinquartierung* am 17. November 1920: »Es gab einen

Szenenskizze (Chinesisches Hotel) von Caspar Neher für Im Dickicht *von B. Brecht, Residenztheater, München 1923*

Szenenskizze von Caspar Neher für Coriolanus *von W. Shakespeare/B. Brecht. R.: E. Engel. Gastspiel des Deutschen Theaters im Lessing-Theater, Berlin 1925*

Schwank, und das Spiel war nicht übel, man hat keinen Dichter in Schutz zu nehmen und sitzt in Hemdsärmeln da, Hoffmann sagt: ›Anton zieh die Bremse an!‹ Und da lacht man. Hoffmann, der flotte Regie führte, schmiß eine ausgezeichnete vitale Type hin. Ich freute mich, daß dieser Künstler soviel Brettersinn hat, mit Haut und Haar spielte, auf das Was pfiff und Theater machte, vitales, unliterarisches Theater.« Was Brecht zu dieser Zeit auch immer wieder hervorhebt, ist seine Vorliebe für Spielorte wie Kneipen, den Zirkus und Jahrmärkte mit dem dafür typischen Publikum; denn dieses, so meinte er, sei mit einem sicheren Instinkt für falsches Pathos ausgestattet. Eine rundum positive Verkörperung seiner Vorstellung von vitalem Theater verbindet sich in diesen

W. Shakespeares Coriolanus *in der Bearbeitung von B. Brecht. R.: M. Wekwerth u. J. Tenschert. B.: K. v. Appen. Berliner Ensemble, 1964*

Jahren mit den Auftritten von Karl Valentin. Über ihn schreibt er im Oktober 1922: »Er ist von einer ganz trockenen innerlichen Komik, bei der man rauchen und trinken kann und unaufhörlich von einem innerlichen Gelächter geschüttelt wird, das nicht besonders Gutartiges hat.«

Ein Grundgedanke aller dieser frühen Statements zum Theater ist der, daß das Publikum mit seiner Phantasie und seiner Kombinationsgabe als aktiver Partner in die Theaterhandlung einbezogen werden soll. Auch dies ist eine Vorstellung, die in diesen Jahren von unterschiedlichen Positionen aus längst schon vorgetragen wurde. So ist es auch für Brecht in erster Linie eine neue Einstellung des Zuschauers zur Institution Theater, die als entscheidende Voraussetzung für »heutiges« Theater eingefordert wird. In immer neuen Metaphern wird diese Haltung, die gleichsam mechanisch auch ein entsprechendes Verhalten der Schauspieler auslösen würde, beschrieben: wie der Zuschauer »in Hemdsärmeln dasitzt«, wie er »raucht«, »Bier trinkt«, »Wetten abschließt« oder die Rolle eines »Sportschiedsrichters« einnimmt. Denn, so schreibt er etwa 1924/26 in einer Notiz *Über das Theater der großen Städte:* »Es ist dem Schauspieler nach meiner Meinung gänzlich unmöglich, dem rauchenden Mann im Parkett ein unnatürliches, krampfhaftes und veraltetes Theater vorzumachen.« Um 1926 verwendete Brecht zunehmend Begriffe aus der Sphäre des Sports, um diese Haltung des distanzierten, expertenhaften Betrachtens zu verdeutlichen. Als »Experten« gelten die Zuschauer deswegen, weil sie sich beim Ansehen der »Kämpfe« auf der Bühne an »ihre (eigenen) Kämpfe vom Vormittag«, erinnern. Das Geschehen auf der Bühne erreichbar zu machen für die Lebenserfahrung der Zuschauer als »Menschen dieser Zeit«, darum geht es in diesen Jahren bis 1926. Erst von diesem Zeitpunkt an, im Zusammenhang mit seinen Marxismus-Studien, wird auch die inhaltliche Seite seines Theaters konkreter. Der Begriff »episches Theater« taucht nun auf. Es soll ein Theater der »neuen Stoffe« sein. Daß das Drama epische Züge annehmen müsse, war bereits eine Forderung der Naturalisten um 1890, die meinten, daß die soziale Wirklichkeit der Menschen zunehmend mehr von Kollektiven als von Individuen (handlungsmächtigen Protagonisten wie im »alten Drama«) bestimmt seien, daß sich deren Handeln oft nur aus den (erzählten) Bedingungen ihrer Lebenswelt, ihrem »Milieu« verstehen ließe. (vgl. Bd. III, 659 ff) In diesem Sinne war ein Begriff wie »epische Dramaturgie« bereits eingeführt; allerdings im Kontext eines strikt auf illusionistische Vergegenwärtigung angelegten Theaters. Für Brecht ist der Begriff des »Epischen« nicht an eine bestimmte literarische Gattung gebunden (etwa an den Roman), sondern er bezieht sich auf das Verhältnis, das der Autor zu seinem Stoff einnimmt. Es soll ein distanziertes, betrachtendes und kommentierendes Verhältnis sein. Was also in den frühen Notizen mit den Metaphern aus dem Bereich des Sports (*Mehr guten Sport* oder *Theater als sportliche Anstalt*) oder mit dem Hinweis auf das Rauchen beschrieben wurde, erhält nun eine deutlichere begriffliche Fassung, in der die distanziert betrachtende Haltung des Zuschauers auf spezifische Inhalte bezogen wird. Brecht nennt sie die »neuen Stoffe« und konkretisiert diese 1926 nun auch, wenn er davon spricht, daß »die Kämpfe um das Petroleum« und »die Kämpfe um den Weizen« auf die Bühne gebracht werden müssen. Im Zusammenhang mit seiner Arbeit an dem Stückeprojekt *Joe Fleischhacker* vermerkt er, daß sich diese »neuen Stoffe« nicht mit den herkömmlichen dramaturgischen Mitteln bearbeiten lassen. In diesem Stück sollte es darum gehen, zu zeigen, wie durch geschickte Manipulation an der Börse, kombiniert mit verbrecherischen Aktivitäten, der Preis des Weizens so in die Höhe getrieben werden kann, daß alle Konkurrenten in den Bankrott getrieben werden und Joe Fleischhacker am Ende ein Monopol auf diesem Markt besitzt. Ort dieses Geschehens ist die Weizenbörse von Chicago. Als Brecht von Börsenspezialisten die Mechanismen dieser Spekulationsgeschäfte nicht überzeugend erklärt werden konnten, war dies für ihn der Anlaß, mit der Lektüre der Schriften von Karl Marx zu beginnen. Zu den sich darauf entwickelnden dramaturgischen Problemen notierte Elisabeth Hauptmann: »Diese Dinge, sagt B., sind nicht dramatisch in unserem Sinn, und wenn man sie ›umdichtet‹, dann sind sie nicht mehr wahr, und das Drama ist überhaupt keine solche Sache mehr, und wenn man sieht, daß unsere heutige Welt nicht mehr ins Drama paßt, dann paßt das Drama eben nicht mehr in die Welt.« (n. J. Knopf 1980, 395) Brechts Marx-Lektüre leitete also eine neue Stufe auch in seiner Theorie-Entwicklung ein. In dem Maße, wie sich für ihn nun die Inhalte »zeitgenössischen Theaters« konkreter darstellten, erhielten auch die eingesetzten theatralen Mittel eine konkretere Fassung. Dies betraf vor allem den Vorgang der »Verfremdung«, den »V-Effekt«. Dienten solche Effekte in den frühen Stücken – so etwa der »rote Mond« in *Trommeln in der Nacht* – dazu, die szenische Atmosphäre zu entromantisieren und das Aufkommen emotionaler Identifikation mit dem Bühnengeschehen zu stören, wurde »Verfremdung« nach 1926 dann eingesetzt, wenn es galt, vertraute Ansichten über Personen oder Vorgänge als »veraltete« kenntlich zu machen. In dem Vortrag *Über experimentelles Theater*, den Brecht 1939 vor Mitgliedern einer Studentenbühne in Stockholm hielt, erhielt dieser Begriff schließlich seine klassische Definition. Sie lautet: »Einen Vorgang oder einen Charakter verfremden heißt zunächst

Ein weiteres wesentliches Element der Straßenszene ist, daß unser Demonstrant seine Charaktere ganz und gar aus ihren Handlungen ableitet. Er imitiert ihre Handlungen und gestattet dadurch Schlüsse auf sie. Ein Theater, das ihm hierin folgt, bricht weitgehend mit der Gewohnheit des üblichen Theaters, aus den Charakteren die Handlungen zu begründen, die Handlungen dadurch der Kritik zu entziehen, daß sie als aus den Charakteren, die sie vollziehen, unhinderbar, mit Naturgesetzlichkeit hervorgehend dargestellt werden. Für unseren Straßendemonstranten bleibt der Charakter des Demonstrierenden eine Größe, die er nicht völlig auszubestimmen hat. Innerhalb gewisser Grenzen kann er so und so sein, das macht nichts aus. Den Demonstranten interessieren seine unfallerzeugenden und unfallverhindernden Eigenschaften.

(*B. Brecht:* Gesammelte Werke 16, *551*)

B. Brecht/K. Weill: Die Dreigroschenoper. *R.: G. Strehler. Piccolo Teatro di Milano, 1956*

einfach, dem Vorgang oder dem Charakter das Selbstverständliche, Bekannte, Einleuchtende zu nehmen und über ihn Staunen und Neugierde zu erzeugen. Nehmen wir den Zorn des Lear über die Undankbarkeit seiner Töchter. Vermittels der Einfühlungstechnik kann der Schauspieler diesen Zorn so darstellen, daß der Zuschauer ihn für die natürlichste Sache der Welt ansieht, daß er sich gar nicht vorstellen kann, wie Lear nicht zornig werden könnte, daß er mit Lear völlig solidarisch ist, ganz und gar mit ihm mitfühlt, selber in Zorn verfällt. Vermittels der Verfremdungstechnik hingegen stellt der Schauspieler diesen Learschen Zorn so dar, daß der Zuschauer über ihn staunen kann, daß er sich noch andere Reaktionen des Lear vorstellen kann als gerade die des Zornes. Die Haltung des Lear wird verfremdet, das heißt, sie wird als eigentümlich, auffallend, bemerkenswert dargestellt, als gesellschaftliches Phänomen, das nicht selbstverständlich ist. Dieser Zorn ist menschlich, aber nicht allgemein menschlich, es gibt Menschen, die ihn nicht empfänden ... Verfremden heißt also Historisieren, heißt Vorgänge und Personen als historisch, also als vergänglich darzustellen. Dasselbe kann natürlich auch mit Zeitgenossen geschehen, auch ihre Haltungen können als zeitgebunden, historisch, vergänglich dargestellt werden ... Damit ist gewonnen, daß der Zuschauer die Menschen auf der Bühne nicht mehr ganz als unveränderbare, unbeeinflußbare, ihrem Schicksal hilflos ausgelieferte dargestellt sieht. Er sieht: dieser Mensch ist so und so, weil die Verhältnisse so und so sind. Und die Verhältnisse sind so und so, weil der Mensch so und so ist.« (*Gesammelte Werke* 15, 301 f) Es geht für den Theaterbesucher also darum, eine Wahrnehmung seiner sozialen Lebenswirklichkeit einzuüben, die ihn die Gestaltungsmöglichkeiten dieser Wirklichkeit entdecken läßt, insbesondere dort, wo ein vermeintlicher Schicksalsbegriff dieses Gestalten, ein Verändern auszuschließen scheint. In diesem Sinne heißt Verfremden: Verstehen. Zu diesem Zweck baut die Dramaturgie des epischen Theaters ein

B. Brecht: Leben des Galilei. *R.: G. Strehler. Piccolo Teatro di Milano, 1963*

szenisches Kommentar- und Reflexionssystem auf, innerhalb dessen die szenische Handlung mit unterschiedlichen Deutungen konfrontiert wird. Dies erfolgt durch eine entsprechende Schauspieltechnik, die auf das »Zeigen« der Rolle hinarbeitet, nicht auf deren Verkörperung; durch gesprochene oder gesungene Kommentare, die den Verlauf der Handlung unterbrechen und mit denen der Darsteller aus einer Rolle heraustritt; oder auch durch Schrifttafeln, die das Verständnis einer Szene durch eine »Überschrift« oder eine zusätzliche Information in eine bestimmte Richtung führen. Der Zuschauer ist diesem durch permanente Brechungen gekennzeichneten Darstellungssystem gegenüber nur schwer in der Lage, sich in Figuren einzufühlen, da diese innerhalb dieses Kommentarsystems kaum eine stabile Identität entwickeln. In diesem Zusammenhang ist auch der Brechtsche »Antiaristotelismus« zu verstehen, der sich nicht gegen Aristoteles richtet, sondern gegen eine Tradition, die seiner Meinung nach die »Vernunft aus der künstlerischen Arbeit« verbannt und für die Kunst in erster Linie das Gefühl für zuständig erklärt. So ist auch die dem Theater Brechts immer wieder unterstellte Tendenz zur »Auskühlung« aller Emotionen zu betrachten. In einer *Kleinen Liste der beliebtesten, landläufigsten und banalsten Irrtümer über das epische Theater* (*Gesammelte Werke* 15, 276) notiert er dazu: »Das epische Theater bekämpft nicht die Emotion, sondern untersucht sie und macht nicht halt bei ihrer Erzeugung.« Allein das Zustandekommen unkontrollierter Emotionen, die den Menschen ein falsches Selbstwertgefühl vermitteln, sollte ausgeschaltet werden. Neben »Verfremdung« (V-Effekt) ist der Begriff »Gestus« (oder »Gestik«) eine zentrale Kategorie in der Schauspieltechnik des epischen Theaters. Er bezeichnet die gesellschaftliche Komponente innerhalb des subjektiven Ausdrucks, macht diesen transparent und verständlich auf seinen gesellschaftlichen Ursprung hin. Der Begriff des »Gestischen« ist in diesem Sinne ein wesentliches Moment realistischer Gestaltung.

B. Brecht: Der Brotladen.
R.: M. Karge u. M. Langhoff.
Berliner Ensemble, 1967

Beziehen sich Begriffe wie »Verfremdung«, »Historisierung« oder das »Gestische« zwar in erster Linie auf Dramaturgie und Schauspieltechnik des epischen Theaters, so entwickelte Brecht davon ausgehend ein komplexes ästhetisches Darstellungssystem, das alle Bereiche der Bühnengestaltung einschließt, so auch den Bühnenbau und die Musik. Was den Bühnenbau betrifft, so stellte er dafür zwei Prinzipien auf: »Erstens, daß er als selbständige Kunst realisiert wird, und zweitens, daß er sich aus der Handlung des Stücks entwickelt: die Figuren dürfen nicht in das bereits fertige Bühnenbild hineingestellt werden.« (J. Knopf 1980, 398) Was restlos zu vermeiden sei, ist die Herstellung einer illusionistischen Raum- oder gar Milieurekonstruktion. Den Bühnenbau des epischen Theaters kennzeichnet vielmehr seine »Kargheit«; er begnügt sich mit Andeutungen. Damit wird dem »Beschauer die Mühe des Konkretisierens aufgebürdet. (Diese Bühne) tritt der Lähmung und Verkümmerung der Phantasie entgegen. Der Aufbau der Bühne in mobilen Elementen entspricht einer neuen Betrachtungsweise unserer Umgebung. Sie wird als veränderlich und veränderbar angesehen, als voll von Widersprüchen in labiler Einheitlichkeit.« (*Gesammelte Werke* 15, 453) Vor allem aber muß das Theater seine »Produktionsmittel« zeigen und nicht verbergen. Daß sich das Theater als Theater zeigt, diesem Zweck vor allem dient der typische »Brecht-Vorhang«, eine in halber Höhe der Bühne durchgezogene »leicht flatternde Gardine.« (*Gesammelte Werke* 16, 757) Sie stellt zwar eine Trennung von Bühne und Zuschauer her, aber doch in der Weise, daß der Zuschauer auch bei zugezogener Gardine Umbauten und Verrichtungen, die dahinter stattfinden, noch schemenhaft wahrnimmt. Sie trennt also und verbindet zugleich diese beiden Sphären. Dem pädagogischen Grundgestus des Brechtschen Theaters würde ein Überspielen der Rampe durchaus widersprechen. Die Bühnenhandlung soll als geschlossene Sphäre, quasi als Modell, mit dessen Hilfe der Zuschauer lernt, erhalten bleiben, aber eben nicht einen vom Zuschauer vollständig getrennten Status erhalten, der die Bühnenwelt als Welt für sich erscheinen lassen würde. In Caspar Neher, dem Augsburger Jugendfreund, hatte Brecht einen kongenialen Bühnenbauer gefunden. (vgl. Kap.: Leben und Werkentwicklung) Neher, den Brecht den »größten Bühnenbauer unserer Zeit« nannte, hat sich selbst immer wieder zu den praktischen Aspekten seines Metiers geäußert. Seine Ausführungen zu diesem Thema lesen sich wie Kommentare und Weiterführungen der Brechtschen Anmerkungen zur Bühne des »nichtaristotelischen Theaters«. Konzentriert finden sich Nehers Gedanken zum Bühnenbau in seinem Essay *Der Mensch auf der Scene* (vgl. G. von Einem, S. Melchinger 1966, 168 ff) Für ihn ist der aktuelle Spielraum ein »offener« Handlungsraum, der Durchsichten gewährt, der Auswege bietet. Der »Mensch auf der Scene« wird bei Neher nie überwältigt durch die Monumentalität oder eine abweisende Materialität der Bühnenelemente. Diese sind vielmehr leicht und mobil, ganz im Sinne Brechts: Elemente einer veränderbaren, einer »handhabbaren« Welt. Auf der Neherschen Bühne vollziehen sich keine Schicksale. Der Demontage dieser Schicksalsdimensionen dienten mitunter ironische Zitate von Theaterelementen vornehmlich aus der Tradition des Barock- oder des Volkstheaters. Vorhang und Spielgerüst verdoppeln spielerisch leicht die Theatersituation.

Es treffen sich aber Wissenschaft und Kunst darin, daß beide das Leben der Menschen zu erleichtern da sind, die eine beschäftigt sich mit ihrem Unterhalt, die andere mit ihrer Unterhaltung. In dem Zeitalter, das kommt, wird die Kunst die Unterhaltung aus der neuen Produktivität schöpfen, welche unsern Unterhalt so sehr verbessern kann und welche selber, wenn einmal ungehindert, die größte aller Vergnügungen sein könnte.

(B. Brecht: Kleines Organon für das Theater. *Abs. 20)*

1928 übernahm Neher die Leitung der Ausstattungsabteilung der Städtischen Bühnen in Essen. Es war eine Trennung von Berlin und auch von Brecht, dessen enthusiastisches Verhältnis zum Marxismus Neher nicht mitvollziehen konnte. Erst im November 1947 trafen sich die Freunde wieder und planten gemeinsame Projekte. Daß dies möglich war, zeugt auch von der Offenheit der Visionen Brechts von einem »Theater der Zukunft«, das für ihn nie vorstellbar war in der Bindung an ein starres Regelsystem. So bleibt auch sein Suchen nach einer Theorie dieses Theaters bis zum Ende offen. In den *Nachträgen zum Kleinen Organon* gibt er den Begriff »episches Theater« auf, da er ihm »zu ärmlich und zu vage« erscheint »für das gemeinte Theater«. Auch nimmt er die Bedingung zurück, daß das Theater »Erkenntnisse« liefern müsse. (*Gesammelte Werke* 16, 707) 1954 notiert er: »Es ist vollkommen gleichgültig, ob es der Hauptzweck des Theaters ist, Erkenntnis der Welt zu bieten, Tatsache bleibt, daß das Theater Darstellungen der Welt geben muß, und diese Darstellungen dürfen nicht irreführend sein.«

Die Stücke: Themen und Dramaturgien

Von Bertolt Brecht sind insgesamt 49 Stücke überliefert, dazu acht Fragmente, von denen zwei auch aufgeführt wurden – *Untergang des Egoisten Johann Fatzer* und *Der Brotladen* –, dazu fünfzehn mehr oder weniger ausgeführte Projektskizzen. (vgl. J. Knopf 1980) Sein erstes Stück veröffentlichte der noch nicht ganz Sechzehnjährige in der Schülerzeitschrift *Die Ernte* im Januar 1914. Es trug den Titel *Die Bibel.* Brechts letzte Arbeit für die Bühne war *Pauken und Trompeten*, eine Bearbeitung von George Farquhars *The Recruiting Officer* (1955). In beiden Stücken, dem ersten und dem letzten, schildert der Autor, wie soziale Ungerechtigkeit offenbar in einer prinzipiellen Weise mit der moralischen Verfassung des

B. Brecht: Der Untergang des Egoisten Fatzer. *R.: F.-P. Steckel. B.: K.-E. Herrmann. Schaubühne am Halleschen Ufer, Berlin 1976*

Bürgertums als gesellschaftlicher Klasse zusammenhängt. Als Folge davon läßt der Schüler am Ende seines Stücks die ganze Gesellschaft, die Reichen und die Armen, in Flammen untergehen. Die Bürger haben ihre starren religiösen Prinzipien zwar durchgesetzt, letztlich aber doch alles verloren. Dagegen stand die These des noch sehr jungen Brecht: »... besser die Unschuld geopfert und die Seele verraten, als das Leben aufzugeben.« (J. Knopf 1980, 12) In der *Dreigroschenoper* wird dieser Standpunkt im zweiten Finale in den vielzitierten Vers gebracht: »Erst kommt das Fressen, dann kommt die Moral.« Der sechzehnjährige Brecht hatte freilich noch nicht jenen dialektischen Blick, den der Stückeschreiber im Jahre 1955 besaß. Dieser schildert in *Pauken und Trompeten* zwar, wie sich die Reichen dem Kriegsdienst zu entziehen wissen und die unteren Stände als Kanonenfutter zwangsrekrutiert werden, doch er deutet eben auch die Hoffnung auf deren »Befreiung« an. Die bemerkenswerte thematische Nähe, die zwischen diesen beiden Stücken besteht, führt zu einem elementaren Problembereich, der für Brecht offenbar zu einer unerschöpflichen Inspirationsquelle wurde. Es war die Auflehnung gegen den Bürger und dessen Ideologie, wie sie sich in bürgerlicher Kultur, Moral und Ökonomie niederschlägt und gesellschaftlich durchsetzt. Diese Auflehnung, dieser Sturmlauf gegen alles Bürgerliche war ein Generationenphänomen, das den jungen Brecht in eine Front mit den Expressionisten und den Dadaisten stellt. Inhalte und Methoden dieses literarischen Aufruhrs waren jedoch grundverschieden. Nichts zeigt dies pointierter als Brechts polemische Reaktion auf Hanns Johsts Grabbe-Drama *Der Einsame. Ein Menschenuntergang.* In seinem *Baal* stellt er dem expressionistischen Erneuerungspathos – dem »Gottvatergefühl ... Ich bin der Kosmos» –, das bei Johst das Dichtergenie ergreift, die vulgäre Lebensgier seines asozialen Protagonisten entgegen: »ein Kloß, der am Himmel Fettflecken hinterläßt, ein maitoller Bursche mit unsterblichen Gedärmen.« Der Brechtsche Baal zerbricht nicht an der Gesellschaft wie der vereinsamte Held in Johsts Dichterdrama, sondern er verweigert sich ihr, er provoziert sie und bringt sie zum Verstummen. Baals monströser Individualismus sprengt jedwede Konvention. Brecht bediente sich für diese »dramatische Biographie« – es sind in der ersten Fassung 26 Szenen – der typisch expressionistischen Stationendramaturgie, die vor allem auch den starken lyrischen Ton dieses Stücks zur Geltung bringt. Auf die Bühne kam das Stück jedoch erst, nachdem sich der Autor mit *Trommeln in der Nacht*, *Leben Eduards des Zweiten von England* und *Im Dickicht* in der Theateröffentlichkeit bereits einen Namen gemacht hatte; von der konservativen Kritik freilich auch schon gebrandmarkt war. Die Uraufführung von *Baal* am Alten Theater in Leipzig am 8. Dezember 1923 war künstlerisch ein Mißerfolg, zudem ein veritabler Skandal. Das Stück mußte auf Intervention des Leipziger Oberbürgermeisters aus dem Spielplan genommen werden. Erst die Aufführung am 14. Februar 1926 an der Jungen Bühne in Berlin mit Oskar Homolka als Baal und Paul Bildt als Ekart wurde dem Stück gerecht. Regie führte Brecht selbst, der den Text neu bearbeitet und die parodistischen Bezüge zu dem Stück von Hanns Johst weitgehend herausgenommen hatte. Die Bühnengestaltung stammte von Caspar Neher. Wieder wurde die Aufführung ein Skandal, der nicht zuletzt durch den Berliner Kritikerpapst Alfred Kerr (1867–1948) mit

B. Brecht: Im Dickicht der Städte. *R.: P. Stein. B.: K.-E. Herrmann. Werkraumtheater der Münchner Kammerspiele, 1968*

vorbereitet war. Dieser hatte seine grundsätzlichen Vorbehalte gegenüber Brecht und dem Stück schon anläßlich der Uraufführung des *Baal* in Leipzig öffentlich gemacht: »Der begabte Brecht ist ein schäumender Epigone. Begabt im Lyrischen …« (n. G. Rühle 1967, 490) An diesem Statement ist zumindest dies richtig, daß die Bedeutung des Lyrikers Brecht der des Stückeschreibers in nichts nachsteht. Aus historischer Sicht mögen sich die Gewichtungen gar noch verschieben.

Auch in seinem zweiten Stück, *Trommeln in der Nacht,* bleibt Brecht beim Thema des *Baal,* der Behauptung eines gänzlich unidealistischen, provokativ trivialen Entwurfs von Glück und Individualität. Der ursprüngliche Titel *Spartakus* deutet an, daß der Autor konkreten Bezug nahm auf den Arbeiteraufstand im Januar 1919, auf die Kämpfe im Berliner Zeitungsviertel und deren Niederschlagung durch die Reichswehr. Das Stück ist Heimkehrerdrama, balladenhaftes Gespensterspiel, Liebesgeschichte und politisches Zeitstück in einem und kam damit dem Publikumsgeschmack durchaus entgegen. Es erzählt die Geschichte des Soldaten Andreas Kragler, von dem man glaubte, er sei im Krieg ums Leben gekommen, der nun aber heimgekehrt ist und zum Entsetzen aller seine Rechte auf seine Verlobte Anna, die Tochter des Fabrikanten Balicke, einfordert. Anna aber ist inzwischen von Murk, einem Mitarbeiter ihres Vaters, geschwängert worden. Eben in dem Augenblick, als diese beiden und die alten Balickes zur Verlobungsfeier in die Picadillybar aufbrechen wollen, tritt Kragler zur Tür herein, gleich einem »Gespenst«. Die Gespenster-Metapher wird aber auch auf die »Roten« bezogen, auf die politischen Revolutionäre, die die Bürger – Prototypen: die Balickes – um ihren Besitz bringen wollen. Wie es Kragler gelingt, seine Braut zurückzugewinnen, wie er sich der Revolution verweigert und letztlich ausschließlich auf sein kleines privates Glück aus ist (zu Anna: »Jetzt kommt das Bett, das große weiße, breite Bett, komm!«), davon handeln die Akte zwei bis fünf. Wenngleich sich Brecht in der Konstruktion der Fabel gängiger, publikumswirksamer Muster bediente, so beruht dieses Stück durch die Art und Weise, wie darin die Bühnenillusion aufgehoben wird, auf einer gänzlich neuen Form von Theatralik: einer ironisch verspielten Desillusionierung, die die szenische Handlung durchdringt. Nicht nur, daß Kragler im chaotischen Finale dieses Nachtstücks seine Situation als »Theater« bezeichnet (»Es ist gewöhnliches Theater. Es sind Bretter und ein Papiermond und dahinter die Fleischbank, die allein ist leibhaftig«), die Theaterhaftigkeit des ganzen Spiels ist vielmehr von Beginn an kenntlich gemacht. In einer *Glosse für die Bühne* schreibt Brecht: »Hinter den etwa zwei Meter hohen Pappschirmen, die Zimmerwände darstellten, war die große Stadt in kindlicher Weise aufgemalt. Jeweils einige Sekunden vor dem Auftauchen Kraglers glühte er Mond rot auf … Es empfiehlt sich, im Zuschauerraum einige Plakate mit Sprüchen wie ›glotzt nicht so romantisch‹ aufzuhängen.« (*Gesammelte Werke* I, 70) Die Uraufführung am 29. September 1922 an den Münchner Kammerspielen war ein großer Erfolg, ebenso die nur drei Monate später in Berlin stattfindende Aufführung am Deutschen Theater. Diese war der Anlaß, daß die Rivalität der beiden Berliner Kritiker Herbert Ihrering (für Brecht) und Alfred Kerr (gegen Brecht) nun auch »öffentlich ausbrach.« (G. Rühle 1967, 401)

Peter Lorre als Galy Gay. Berlin 1931

Die Auseinandersetzung mit dem bürgerlichen Verständnis des Individuums, die »Frage … nach den Möglichkeiten einer Selbstverwirklichung in einer Welt

B. Brecht: Die Dreigroschenoper.
R.: G. Strehler. Piccolo Teatro di Milano, 1973

verdinglichter und zur Selbstentfremdung nötigender Prozesse« ist das zentrale Thema auch der beiden nächsten Stücke des jungen Brecht: *Im Dickicht* und *Mann ist Mann.* Für das erste hatte Brecht Anregungen erhalten durch die Aufführung (1919) des englischen Kriminalstücks *Mister Wu oder Die Rache des Chinesen* an einem Augsburger Boulevardtheater. In die endgültige Ausarbeitung gingen noch eine Reihe anderer Quellen ein. (vgl. J. Knopf 1980, 34ff) Was letztlich aber für die Atmosphäre dieses Stücks prägend wurde, war die Deutung der Großstadt als Dschungel. Dafür stand Chicago, wie Brecht diese »Riesenstadt« durch seine Lektüre von Upton Sinclairs Roman *The Jungle* (Der Sumpf) kennengelernt und zum Mythos stilisiert hatte. Was neu war in der Dramaturgie dieses in seiner Handlungsführung verworrenen Stücks, war eine Strategie der permanenten »Unterkühlung«. Es geht darin um den ebenso mörderischen wie »unerklärlichen Ringkampf« des malaiischen Holzhändlers Shlink mit George Garga, dem Angestellten einer Leihbibliothek. Ihm möchte Shlink dessen »Ansicht« über ein Buch abkaufen. Die Motive dieses Kampfes sollten den Zuschauer nicht interessieren. Dieser möge vielmehr, so in dem berühmten »Vorspruch« zu dem Stück, »unparteiisch die Kampfform der Gegner« beurteilen. Hinter dieser Ablenkung von den Kampfmotiven steht die These, die das Stück durchspielt, daß in der Welt der Großstadt Entfremdung und Vereinsamung der Menschen so weit fortgeschritten sind, daß es keine individuellen Motive mehr gibt, da sich in der Anonymität der Großstadt Individualität nicht mehr auszubilden vermag, ja, daß eine solche gar eine Gefahr für das Überleben darstelle. Bemerkenswert ist, daß Brecht neben dieser recht theaterhaft und literarisiert sich darstellenden Kampfparabel dieses Stück auch anreichert mit einer dichten, konkreten Ausgestaltung der sozialen Verhältnisse der beiden Protagonisten und ihres Lebensumfeldes. Einen vergleich-

B. Brecht: Herr Puntila und sein Knecht Matti. *Ernst Jäger als Puntila. R.: P. Palitzsch. Köln 1966*

baren Realismus weist kein anderes dieser frühen Stücke auf. Die von Erich Engel am 9. Mai 1923 inszenierte Uraufführung am Residenztheater in München war kein Erfolg, wieder aber ein für Aufführungen von Stücken dieses Autors inzwischen geradezu vorprogrammierter Skandal, der sich vor allem an der zwiespältigen, von der Kritik als »pervers« erklärten Liebesbeziehung zwischen Shlink und Garga entzündete.

Mit *Mann ist Mann* schließt Brecht die Phase seiner Arbeit ab, in der die Auseinandersetzung mit dem »Vorstellungskomplex« (B. Brecht) der bürgerlichen Individualität im Mittelpunkt stand. In diesem Stück wird die Auslöschung des Individuums farcenhaft auf die Spitze getrieben. Der Protagonist des »Lustspiels«, der Packer Galy Gay, dessen Vitalität der Baals gleichkommt, wird in den Militärbaracken von Kilkoa (»im Jahre neunzehnhundertfünfundzwanzig«) in eine menschliche Kampfmaschine verwandelt. Bei diesem »Umbau«, den vier Kolonialsoldaten vornehmen, die einen Raubüberfall auf eine Pagode vertuschen müssen, wird Gal Gay – »ein Mann, der nicht nein sagen kann« – als Privatperson ausgelöscht (zum Schein erschossen), existiert aber als »neuer Typ Mensch« weiter: »gesichtslos« aber stark durch die Anonymität des Kollektivs. Das Stück ist »als Demonstration und Experiment« (K.-D. Müller 1985, 124) angelegt. Die These »Mann ist Mann« (oder »einer ist keiner«) wird im Stück »bewiesen«. Der Zuschauer soll urteilen. Diese ideologische Konstruktion, in die auch alle komödiantischen Elemente des Stücks eingebunden sind, mag eine Ursache dafür sein, daß von den frühen Stücken gerade dieses nach seiner Entstehungszeit kaum noch aufgeführt wurde.

Durch die 1926 einsetzenden Marxismus-Studien präzisierten sich nicht nur Brechts theoretische Vorstellungen vom »epischen Theater« (vgl. Kap.: Theorie), auch in den Stücken, die nun entstanden, trat die gesellschaftliche Wirklichkeit konkreter ins Zentrum, »objektiver«, wie er meinte. Es ging um die kritische Durchdringung des Kapitalismus als gesellschaftliches System, um die Aufdeckung seiner ökonomischen »Anarchie« (B. Brecht) und um die Darstellung der bürgerlichen Gesellschaft als einer ihrem Wesen nach kapitalistischen. Dieses analytische Projekt verfolgte Brecht in den drei großen Stücken, die in den Jahren um 1930 entstanden: *Die Dreigroschenoper, Aufstieg und Fall der Stadt Mahagonny* und *Die heilige Johanna der Schlachthöfe*. In allen drei Werken stand dem Autor nun die weitgehend entwickelte epische Dramaturgie zur Verfügung. In der *Dreigroschenoper* und in *Mahagonny* waren die epischen Darstellungsmittel zudem in den musikalischen Bereich hinein erweitert. Brecht hatte in Kurt Weill einen kongenialen Partner gefunden. Thema und zugleich der Witz in der *Dreigroschenoper* ist die darin parodistisch vorgeführte Ununterscheidbarkeit von Bürgern und Räubern und die Demonstration einer Ordnung, in der »Käuflichkeit« das alles bestimmende Gesetz ist, das alles Handeln innerhalb dieser Ordnung auf eine ebenso groteske wie triviale Weise berechenbar macht. Wie grundsätzlich damit die Strukturen des kapitalistischen Systems, dessen inhumanes »Gesicht« beschrieben sein sollen, formuliert Macheath, Anführer der Räuberbande und Prototyp des räuberischen Bürgers, wenn er in der Abschiedsrede vor seiner vermeintlichen Hinrichtung erklärt: »Was ist ein Dietrich gegen eine Aktie? Was ist ein Einbruch in eine Bank gegen die Gründung einer Bank? Was ist die Ermordung eines Mannes gegen die Anstellung eines Mannes?« Eine zweite Linie, die dieses Stück durchzieht, ist die Darstellung der

B. Brecht: Die heilige Johanna der Schlachthöfe. *Uraufführung am Deutschen Schauspielhaus, Hamburg 1959. R.: G. Gründgens. B.: C. Neher. Mit Hanne Hiob als Johanna Dark*

Therese Giehse in der Titelrolle von B. Brechts Mutter Courage und ihre Kinder. *Münchner Kammerspiele, 1950*

Opfer dieses Systems, der Bettler, der Krüppel und Huren. Deren sympathische Menschlichkeit macht sie frei von jedweder Stigmatisierung durch ihren asozialen Status. Der Erfolg der *Dreigroschenoper* war sensationell (vgl. Kap.: Neues Musiktheater), wenngleich die Uraufführung am 31. August 1928 »auf einer Reihe von mittleren Katastrophen basierte«. (J. Knopf 1980, 3) Wie kein anderes Theaterereignis trug dieses dazu bei, daß das Überspielen des herannahenden Zusammenbruchs der Weimarer Republik durch eine Atmosphäre fröhlicher, lasziver Dekadenz zur vermeintlichen Signatur der »Goldenen Zwanziger Jahre« werden konnte.

In der Oper *Aufstieg und Fall der Stadt Mahagonny* (1930), zu der das *Mahagonny Songspiel* von 1927 (*Das kleine Mahagonny)* ausgearbeitet worden war (vgl. Kap.: Neues Musiktheater), bringt Brecht seine Vorstellung vom Wesen und dem Funktionieren des kapitalistischen Systems in die Form einer »grotesk überzeichneten ... Nummernkomödie«. (K.-D. Müller 1985, 141) Der Begriff Mahagonny steht ursprünglich (1921) für einen imaginären Vergnügungsort und erhält um 1923 eine negative Bedeutung im Zusammenhang der Nazi-Aufmärsche, die Brecht in München erlebt. (vgl. J. Knopf 1980, 65) In der Oper ist Mahagonny eine in der Wüste gegründete Stadt, deren einziger Zweck der ist, jedwede Form des Vergnügens anzubieten und zu verkaufen. Dies führt letztlich zur Zerstörung aller zwischenmenschlichen Beziehungen, sei es der Freundschaft der vier Goldwäscher mit Paul Ackermann, die aus Alaska in diese »Netzestadt« gekommen sind, »um mit Geld Freude zu kaufen«, sei es der Liebe zwischen Paul und Jenny. Was Brecht beabsichtigt, ist eine »Fundamentalkritik kapitalistischer Wirklichkeit und Utopie« (K.-D. Müller 1985, 142); ein Bild totaler Anarchie, unter deren Bedingungen der Vitalismus des Frühwerks in pure Selbstzerstörung umschlägt. Die Oper erhielt einen festen Platz im Repertoire der Theater.

B. Brecht: Die Mutter, *Uraufführung durch die Gruppe Junger Schauspieler. R.: B. Brecht u. E. Burri. Komödienhaus, Berlin 1932*

Helene Weigel in der Titelrolle von B. Brechts Mutter Courage. *R.: B. Brecht u. E. Engel. B.: T. Otto. Deutsches Theater, Berlin 1949*

Die Vorarbeiten zur *Heiligen Johanna der Schlachthöfe* (abgeschlossen 1931) reichen bis 1926 zurück. Die Uraufführung kam aber erst 1959 zustande. (vgl. Kap.: Leben und Werkentwicklung) Das Stück folgt so konsequent wie kein anderes der Marx'schen Theorie vom Funktionieren des kapitalistischen Wirtschaftssystems. Konkreter als etwa in *Dickicht der Städte* oder *Mahagonny* ist der Schauplatz Amerika ausgestaltet, entsprechend vernichtend ist die Kritik am »Mythos Amerika«, wie er in der Entstehungszeit des Stücks propagiert wurde: als Versprechung einer neuen, alle Segnungen des Forschritts gewährenden Welt. Die Handlung spielt im Jahre 1929, im Chicago der Wirtschaftskrise. Im

Zentrum steht das »ideologische Duell« (S. Kienzle) der Johanna Dark, eines Mädchens aus der Heilsarmee, mit dem in seinen Mußestunden von philanthropischen Gefühlen heimgesuchten Chicagoer Fleischkönig Pierpont Mauler. Dessen rücksichtslose Spekulationen aber ruinieren nicht nur alle Konkurrenten, sondern letztlich auch ihn selbst; vor allem führen sie zur massenhaften Verelendung der Arbeiter. Johanna, die diese Vorgänge zunächst von außen beobachtet, wandelt sich von der blassen Idealistin zur Revolutionärin; scheitert aber letztlich, da sie im Vertrauen auf die christliche Hilfsbereitschaft den Generalstreik »verrät«. Am Ende stirbt sie an einer Lungenentzündung und wird paradoxerweise von den Ausbeutern zur Märtyrerin stilisiert. Zugleich übertönen die Choräle der von Mauler gekauften Heilsarmee die Schreckensnachrichten vom totalen Zusammenbruch der Banken, Börsen und internationalen Konzerne. Die Uraufführung einer stark gekürzten Fassung des Stücks am 11. April 1932 durch Radio Berlin blieb ohne nennenswerte Resonanz. Vorbereitete Bühnenaufführungen in Darmstadt, Berlin (Regie: Piscator) und Wien (Regie: Berthold Viertel) konnten im politischen Klima dieser Jahre nicht mehr durchgesetzt werden. Die sehr verspätete Uraufführung durch Gustaf Gründgens am Deutschen Schauspielhaus in Hamburg (Bühne: Caspar Neher, Herrmann Schomberg als Mauler, die Brecht-Tochter Hanne Hiob als Johanna) spielte die ökonomische Thematik in den Hintergrund.

Eine eigene Werkgruppe bilden Brechts Lehrstücke, die zwischen 1929 *(Lindberghflug)* und 1932 *(Die Mutter)* entstanden sind. Ihre Stellung im Gesamtwerk Brechts wird unterschiedlich bewertet: als die eigentlichen Entwürfe eines »Theaters der Zukunft« (R. Steinweg 1978) – oder »Mehr Übergang und Etappe« auf dem Weg zu einem »episch-dialektischen« Theater (K.-D. Müller

B. Brecht: Der gute Mensch von Sezuan. *R.: G. Strehler. B.: L. Damiani. Piccolo Teatro di Milano, 1958*

1985, 149). Theatergeschichtlich sind die Lehrstücke eher eine Marginalie. Interessant sind sie aufgrund ihrer experimentellen didaktischen Dramaturgie. Sind es doch Stücke, in denen die Aufführenden zugleich die Lernenden sind. Eigentlich also sind es »Lernstücke«, in denen die Spieler politisches Verhalten einüben und kritisch erproben. Die Stücke sind für Laiendarsteller konzipiert, für Aufführungen außerhalb des kommerziellen Theaterbetriebs. Das bekannteste und zugleich umstrittenste dieser Lehrstücke ist *Die Maßnahme*: ein in China während der Revolution angesiedeltes Spiel von vier Agitatoren, die mit der Entscheidung konfrontiert sind, einen der ihren, den »Jungen Genossen«, zu töten, da er durch sein offenes Mitleid mit den unterdrückten Kulis die subversive Aktion der Gruppe gefährdet hat. Im Wechsel spielt jeder der Agitatoren die Rolle des »Jungen Genossen«; um dessen »Einverständnis« zu seiner Liquidierung es geht. Der Konflikt, in den der Autonomieanspruch des Individuums mit den elementaren Interessen des Kollektivs geraten kann, wird in dieser pädagogischen Versuchsanordnung in der radikalsten Weise formuliert und zur Diskussion gestellt. Die beiden Berliner Aufführungen (1930, 1931) der *Maßnahme* (vgl. Kap.: Neues Musiktheater), zu der Hanns Eisler die Musik komponiert hatte, waren außerordentliche Erfolge. Zu Aufführungen kam es noch 1932 (so auch in Wien) und 1933. Brecht und nach seinem Tode seine Erben haben für weitere Aufführungen dieses Stücks die Erlaubnis nicht mehr erteilt. Zu sehr schien es außerhalb des Aufführungszusammenhangs, für den dieses »Lernstück« geschrieben worden war, anfällig und mißbrauchbar zu sein für falsche Interpretationen. Erst 1996 wurde dieses politisch motivierte Aufführungsverbot durch die Inhaber der Urheberrechte aufgehoben.

Sezuan ist die Welt der modernen, gespaltenen, pluralistischen Gesellschaft. ›Sezuan‹ ist ebenso ein Modellfall wie – einige Jahre vorher – ›Mahagonny‹. Brecht hätte genauso gut den Titel ›Der gute Mensch von Mahagonny‹ wählen können. Es handelt sich nicht um eine Chinoiserie, sondern um das Modell einer modernen, zerrissenen Gesellschaft.

(H. Mayer 1965, 101)

Die im Exil entstandenen großen Stücke sind nicht »für den Tag« geschrieben, aus zweierlei Gründen: Zum einen stand Brecht kein Ensemble zur Verfügung, mit dem diese Stücke im Sinne seiner episch-dialektischen Dramaturgie hätten aufgeführt werden können, zum anderen ging es Brecht zunehmend auch darum, die politischen Erfahrungen dieser Jahre für eine spätere Zeit zu bewahren. Zu diesem Zweck entschied er sich für die Form der dramatischen Parabel. »Sie ist aus dem aktuellen Bedürfnis entstanden, Erkenntnisse durch modellhafte Veranschaulichung praktikabel zu machen, … (und) die Prinzipien des entsprechenden Theaters in eine Größe und dauerhafte ästhetische Gestalt zu überführen.« (K.-D. Müller 1985, 254) *Leben des Galilei, Mutter Courage und ihre Kinder, Der gute Mensch von Sezuan, Herr Puntila und sein Knecht Matti* und *Der Kaukasische Kreidekreis* sind Dramen, die auf zeitüberdauernde Modellhaftigkeit angelegt sind. Von dem *Galilei*-Stück existieren mehrere Fassungen, die jeweils der politischen Situation ihrer Entstehung angepaßt sind. So zeigen die ersten Entwürfe bis September 1938 den berühmten Physiker als listigen Widerstandskämpfer, der zum Schein vor der kirchlichen Obrigkeit seine Entdeckungen, die das alte Weltbild umstürzen, widerruft, seine Arbeit aber illegal weiterführt und die neuen Erkenntnisse unter das Volk bringt. Aber bereits die erste Fassung (1938/39) korrigiert dieses positive Bild unter dem Eindruck der politischen Entwicklungen in Deutschland und Spanien, die diese Form von Widerstand als wenig sinnvoll erscheinen ließen. Galileis Haltung wird nun als widersprüchlich dargestellt, er ist nicht mehr Vorbild, wenngleich ihm die Überlistung der Inquisition gelingt. Dennoch vermittelt diese Fassung noch ein positives Bild vom Fortschritt der Naturwissenschaften. Die Uraufführung die-

B. Brecht: Der kaukasische Kreidekreis. *R.: H. Buckwitz. B.: T. Otto. Städtische Bühnen, Frankfurt 1955*

ser ersten Fassung am Züricher Schauspielhaus am 9. September 1943 in der Regie von Leonard Steckel, der auch die Titelfigur spielte – Bühne: Teo Otto –, betonte entgegen Brechts Intentionen noch ganz uneingeschränkt den positiven Aspekt von Galileis »List« und zeigte den Physiker als traditionellen Bühnenhelden in einem historischen Kostümstück.

Die Bewertung der Haltung Galileis änderte sich grundsätzlich in der zweiten, in Amerika entstandenen Fassung. Diese erarbeitete Brecht zusammen mit dem Schauspieler Charles Laughton. Dabei standen beide unter dem Eindruck der Atombombenabwürfe über Hiroshima und Nagasaki am 6. und 9. August 1945. Das Stück erhielt plötzlich eine enorme Aktualität. Galileis Widerruf erscheint nun als »verbrecherisch«, als der »Sündenfall« bürgerlicher Wissenschaft, die ihr Forschen von der Verpflichtung gegenüber dem Wohl der Gesellschaft abgekoppelt hat. Die dritte, 1954 bis 1956 in Ost-Berlin entstandene Fassung verschärft die Tendenz der amerikanischen, die ins Deutsche rückübersetzt wird. Die amerikanische Aufführung am 30. Juli 1947 in Beverly Hills war ein beachtlicher Erfolg, wurde aber weitgehend als historische Biographie ohne aktuellen Bezug aufgenommen. Eine zweite Aufführung mit gleicher Tendenz fand im Dezember 1947 in New York am Experimental Theatre statt. Mit der Aufführung des *Galilei* am 16. April 1955 an den Kammerspielen in Köln (Regie: Friedrich Siems) wurde der seit dem 17. Juni 1953 bestehende Aufführungs-Boykott Brechtscher Stücke an westdeutschen Bühnen durchbrochen und eine Korrektur des Bildes von diesem Dichter eingeleitet.

Das Stück *Mutter Courage und ihre Kinder* führt am Schicksal der Titelfigur, der Marketenderin Anna Fierling, vor, daß es eine Illusion sei, zu glauben, daß auch die kleinen Leute am Krieg verdienen könnten. Die Fierling, die mit ihrem Planwagen den Troß der Soldaten durch die Jahre hindurch begleitet, verliert dabei, weil sie sich zu sehr auf das Feilschen und das Geschäftemachen konzentriert, ihre Kinder. Von denen ist die stumme, von den Landsknechten geschändete Kattrin, die durch ihr Trommeln auf dem Dach die schlafende Stadt Halle vor dem anrückenden Feindesheer warnt und dabei ihr Leben verliert (11. Szene), die faszinierendste Rolle neben der unverwüstlichen Courage, aus deren Nicht-Lernen der Zuschauer lernen soll. Das Stück ist als »Chronik aus dem Dreißigjährigen Krieg« – so auch der Untertitel – angelegt. Durch Songs sind Zäsuren im Ablauf des Geschehens gesetzt. Zentrales szenisches Requisit ist der mit den Utensilien der Marketenderin behängte Planwagen. In der deutschen Erstaufführung am 11. Januar 1949 am Deutschen Theater in Ost-Berlin, die Brecht zusammen mit Erich Engel, Ruth Berlau und Helene Weigel vorbereitet hatte, wurde die »klassische« Bühnenform für dieses Stück gefunden. Es war Brechts zweite Modell-Aufführung nach dem »Antigone-Modell«. Die Bühne gestaltete Teo Otto; Paul Dessau hatte für das Stück eine neue Musik komponiert.

Stärker als in *Galilei* und *Mutter Courage* tritt die Parabelform in dem Stück *Der gute Mensch von Sezuan* und in dem Volksstück *Herr Puntila und sein Knecht Matti* in den Vordergrund. In beiden Stücken geht es um die Demonstration notwendiger Selbstentfremdung unter den Bedingungen der gegenwärtigen »Verhältnisse«. Dabei wird diese Selbstentfremdung als Spaltung der Protagonisten in einen guten und einen bösen Teil vorgeführt. Die Prostituierte Shen Te, die »gut sein« und ihren notleidenden Verwandten helfen will, kann dies nur, indem sie zeitweilig in der Maske ihres rücksichtslosen Vetters Shui Ta auftritt und sich vom »Engel der Vorstädte« in die »Geißel der Vorstädte« verwandelt. Nur so kann sie verhindern, daß sie, die einen kleinen Tabakladen besitzt, durch ihre zwar arme, aber auch ausnutzerische Verwandtschaft in den Bankrott getrieben wird. Formal wird das Spiel, das von den Göttern als Experiment arrangiert wurde, »offen« gelassen. »Etwas muß falsch sein an eurer Welt«, heißt es am Ende. Paul Dessau komponierte die Musik auch für dieses Stück. Mit einer Inszenierung des *Guten Menschen von Sezuan* (16. November 1952) leitete der Regisseur Harry Buckwitz (1904–1987) an den Städtischen Bühnen Frankfurt eine für das damalige Westdeutschland bahnbrechende Auseinandersetzung mit dem Werk Brechts ein. Buckwitz brachte in Frankfurt auch die Uraufführung von *Die Gesichte der Simone Machard* (8. März 1957) heraus. Es ist das Stück, in dem Brecht das Motiv der Jeanne d'Arc ins Milieu der französischen Widerstandsbewegung gegen die deutsche Besatzung verlegt und die Titelrolle mit einem Kind besetzt haben wollte. Auch *Schweyk im Zweiten Weltkrieg* hatte erst durch die Frankfurter Aufführung (22. Mai 1959) den eigentlichen Durchbruch und war ein enormer Publikumserfolg. Teo Otto begleitete diese bis ins Jahr 1961 (*Leben des Galilei*) reichende Aufführungsfolge als Bühnenbildner und Ausstatter. Eine gespaltene Persönlichkeit ist auch der finnische Gutsherr Puntila. Im Zustand völliger Trunkenheit, in den er quartalsmäßig fällt, verhält er sich gegenüber seinen Bediensteten fürsorglich und jovial. Ist er nüchtern, agiert er mit rücksichtsloser Härte. Vor allem seine heiratswillige Tochter und sein Knecht Matti, ein verliebtes Paar, geraten in diese burlesk und turbulent ausgespielten Widersprüche der wechselnden Konstitutionen des Puntila. Die sehr erfolgreiche Züricher Uraufführung 1948 hatte zur Folge, daß dieses Stück zum »Renner« der Saison wurde. Allein in Westdeutsch-

W. Shakespeare/B. Brecht: Coriolanus. *R.: Wekwerth u. Tenschert. Berliner Ensemble, 1964. Hilmar Thate als Aufidius u. Ekkehard Schall in der Titelrolle*

land wurde es an fünfzehn Bühnen aufgeführt. (vgl. J. Knopf 1980, 226) Eine Glanzrolle wurde der Puntila für Leonard Steckel (1901–1971). In der Aufführung durch das Berliner Ensemble (12. November 1949, Regie: Brecht und Erich Engel) wurde Puntilas Gegenspieler, sein Knecht Matti (in dieser Rolle: Erwin Geschonneck), deutlich stärker gewichtet als in den vorangegangenen Aufführungen. Von den großen epischen Stücken kam *Der Kaukasische Kreidekreis* am spätesten in einer künstlerisch adäquaten Inszenierung auf die Bühne. Eine Art Uraufführung fand zwar schon im Mai 1948 durch eine amerikanische Studententheatergruppe statt, die eigentliche Uraufführung jedoch erst am 7. Oktober 1954 durch das Berliner Ensemble am Theater am Schiffbauerdamm in Berlin. Diese Inszenierung wurde mit großem Erfolg auch in Paris am Théâtre Sarah Bernhardt (Juni 1955) gezeigt. Das Stück berichtet von einem merkwürdigen Fall von Rechtsfindung, die ein obskurer Dorfrichter namens Azdak praktiziert. Um im Streit zweier Frauen um ein Kind herauszufinden, wer die »richtige« und wer die »falsche« Mutter ist, setzt er das Kind in einem Kreidekreis buchstäblich einer Zerreißprobe aus. Am Ende erklärt Azdak die Magd Grusche, die das Kind aufgezogen und in dem brutalen Wettstreit aus Sorge, daß es sich verletzen könnte, losgelassen hat, als die »richtige« Mutter, obwohl die leibliche Mutter in dem Streit obsiegte und das Kind an sich riß. Der Fall führt eine Form von Gerechtigkeit vor, die zwar gegen das Gesetz verstößt, aber die Idee einer »neuen Ordnung« aufscheinen läßt: »Gehören soll, was da ist, denen, die für es gut ist.« Diese politische Dimension wurde freilich in den meisten Inszenierungen von dem Thema »Mütterlichkeit« überdeckt. Für den *Kaukasischen Kreidekreis* trifft zu, was auch für die anderen großen Parabelstücke gilt: Sie werden zwar an kleineren und mittleren Bühnen noch aufgeführt, finden sich aber kaum noch in den Spielplänen der großen, künstlerisch avancierten Bühnen, obwohl sie der Stückeschreiber in ihrer »Bauart« als »langdauernde Werke« angelegt hatte. Ob die Ursachen dafür in ihrer mitunter altmeisterlich wirkenden Dramaturgie und Sprache zu suchen sind oder in den allzu festgezurrten Erklärungen, die diese Parabeln von den sozialen Konflikten der Menschen untereinander nahelegen, mag offen bleiben.

Theater im NS-Staat: 1933 bis 1945

Die »Neuordnung« des deutschen Theaterwesens im Sinne der nationalsozialistischen Kulturpolitik

Unmittelbar nach der Machtergreifung der Nationalsozialisten, die mit der Ernennung Hitlers zum Reichskanzler am 30. Januar 1933 eingeleitet worden war, setzte ein »Machtergreifungs- und Gleichschaltungsprozeß« auch an den Theatern im deutschen Reichsgebiet ein. (vgl. H. Rischbieter 2000, 14) Die nationalsozialistische Führung verfolgte damit zwei Ziele: Zum einen sollte die Institution Theater den Zwecken politischer und weltanschaulicher Indoktrination und Propaganda unterworfen und dienstbar gemacht werden; zugleich aber waren diese Maßnahmen eingebunden in einen die öffentlichen Einrichtungen von Staat und Gesellschaft erfassenden ideologischen »Säuberungsprozeß«, durch den alle Regimegegner oder rassistisch gebrandmarkten Persönlichkeiten aus Ämtern und Funktionen vertrieben werden sollten. Unmittelbar betroffen waren davon die Beschäftigten an den staatlichen und städtischen Theatern. Aber auch die Privattheater konnten sich dem totalitären Zugriff dieser Maßnahmen nicht entziehen. Deren Zahl verringerte sich in den Jahren von 1933 bis 1944 zudem ganz erheblich, von 56 auf weniger als 20 Bühnen. Die wenigen Fälle, in denen Künstler jüdischer Herkunft weiterhin an deutschen Bühnen geduldet waren, protegiert von prominenten Persönlichkeiten (vgl. Kap.: Gustaf Gründgens), stellten gegenüber der Gesamtheit der Betroffenen eine verschwindend kleine Zahl dar. Die meisten der entlassenen Bühnenkünstler und Theaterautoren erhielten Berufsverbot. Für viele war der Weg ins Exil die naheliegendste Reaktion; einige hatten diese Entscheidung bereits vor dem März 1933 getroffen. Für das deutsche Theater war dies ein in seiner Geschichte einzigartiger Substanzverlust an kreativem Potential.

Die in der ersten Jahreshälfte 1933 eingetretene Situation war neu im Hinblick darauf, daß das Vorgehen der Nationalsozialisten nun eine gesetzliche Grundlage hatte, zudem überraschten das Tempo und die Rigidität ihrer Durchsetzung. Dennoch waren systematische Ausgrenzung, Diskriminierung und Verfolgung offener oder vermeintlicher Regimegegner, wie sie seit März 1933 betrieben wurde, lediglich die Fortsetzung einer Entwicklung, die seit Mitte der zwanziger Jahre im Gang und die in den Endjahren der Weimarer Republik bereits eskaliert war. So konnte etwa der »Kampfbund für deutsche Kultur« (vgl. Kap.: Theater in der Weimarer Republik), der schon in den Jahren vor 1933 durch seine pogromartigen Störaktionen zahllose Theaterskandale ausgelöst hatte, seine politischen Ziele nun im Schein der Legalität und gestützt durch das herrschende Regime fortsetzen. (vgl. H. Daiber 1995, 19 ff)

Das deutsche Theater wird sich vor allem auf sich selbst besinnen müssen und daran zu denken haben, daß es in erster Reihe deutschem Geist und Wesen zu dienen hat und daß der deutsche Autor vor dem ausländischen rangiert. Es darf nicht mehr vorkommen, daß Dreiviertel des Spielplans eines Theaters von Ausländern in Anspruch genommen werden.

(Hanns Johst 1933 in: J. Wulf 1964, 134)

Die Theatermetropole Berlin spielte bei diesen Vorgängen eine exponierte Rolle. In Berlin befanden sich die beiden künstlerisch führenden deutschen Schauspielbühnen, das Deutsche Theater und das Preußische Staatstheater. Hinzu kam die unmittelbare Nähe dieser Bühnen zum Zentrum der politischen Macht. Konkret bedeutete dies, daß sich die politische Prominenz weitaus

W. Shakespeare: Das Wintermärchen. *R.: H. Hilpert. B.: C. Neher. Deutsches Theater, Berlin 1943/44*

häufiger in diesen Theatern unter dem Publikum befanden als in anderen Orten, daß diese Bühnen aber auch mehr als andere die Aufmerksamkeit des Auslands auf sich zogen. Diese Konstellation sollte vor allem für das Preußische Staatstheater von besonderer Bedeutung werden. Mit der Durchführung der 1933 verfügten »Gleichschaltungs- und Säuberungs«-Maßnahmen war für das Land Preußen ein »Theaterausschuß« zuständig, der dem Innenminister und Ministerpräsidenten Hermann Göring, einem Theaterenthusiasten mit Ambitionen, unterstellt war. Dessen Entscheidungs- und Gestaltungsansprüche innerhalb des Theaterwesens in Preußen, zumal in der Hauptstadt Berlin, gerieten jedoch alsbald in Konflikt mit dem zentralistischen Führungsanspruch, den Joseph Goebbels mit seinem im März 1933 gegründeten Reichsministerium für Volksaufklärung und Propaganda für sämtliche kulturellen Angelegenheiten im Reichsgebiet erhob. Für die Berliner Theater bedeutete dies, daß Göring der »Oberste Chef der Preußischen Staatstheater« blieb, wozu das Schauspielhaus am Gendarmenmarkt und die Staatsoper unter den Linden (einschließlich der Kroll-Oper) gehörten. Weiterhin blieben die ehemaligen Staatstheater in Kassel, Wiesbaden und Hannover in der Zuständigkeit des Preußischen Staatsministeriums. Das Deutsche Theater, dessen Direktion nach dem Weggang Max Reinhardts seit 1934 (und bis 1945) Heinz Hilpert (1890–1967) innehatte, behielt seinen Status als Privattheater, obwohl es vom Reich vollständig subventioniert wurde. Es stand jedoch unter besonderer Aufsicht durch das Propagandaministerium. Letzteres galt auch für die zu »Reichstheatern« erklärten Bühnen, die ebenfalls gänzlich vom Haushalt dieses Ministeriums abhingen. In Berlin waren dies unter anderem die Volksbühne, das Theater des Westens und die Städtische Oper.

Die von Goebbels zielstrebig verfolgte Strategie, seinen kulturpolitischen Führungsanspruch auch institutionell abzusichern, führte innerhalb von Jahresfrist zum Erfolg. Mit der Einrichtung von einunddreißig Landesstellen, den Reichspropagandaämtern, entstand ein flächendeckendes Behördennetz, mit dessen Hilfe die Vorgaben der Berliner Zentrale umgesetzt wurden. Noch 1933 wurde eine Reichskulturkammer gegründet; als berufsständische Organisation mit einer für alle »Kulturschaffenden« verpflichtenden Mitgliedschaft, von der die Erlaubnis zur Berufsausübung abhing. In diese Organisation wurden auch die »Genossenschaft Deutscher Bühnenangehöriger« und der »Deutsche Bühnenverein« eingegliedert. Letztlich bedeutete dies deren Auflösung. Oberste Kontrollinstanz war die Theaterabteilung im Reichspropagandaministerium, die die Aufsicht über die Reichstheaterkammer ausübte und über die Institution der »Reichsdramaturgie« die gesamte Produktion im Bereich des Schauspiels, der Oper und Operette überwachte. (vgl. B. Drewniak 1983, 15f) Der Reichsdramaturg sollte eine »geistige Zentrale« der Spielplangestaltung sein, nicht unmittelbar eine Zensurbehörde. Der Leiter dieser Behörde war die einflußreichste Person im deutschen Theaterwesen. Von 1934 bis 1944 übte Rainer Schlösser (1899–1945) dieses Amt aus. Der nächste Schritt, mit dem Goebbels seinen zentralistischen Zugriff auf die Theater absicherte, war der Erlaß eines Theatergesetzes (15. Mai 1934), das in § 1 alle Theater »hinsichtlich der Erfüllung ihrer Kulturaufgaben der Führung des Reichsministeriums für Volksaufklärung und Propaganda« unterstellte. (vgl. F. Herterich 1937, 29f) Im § 5 war festgelegt, daß der Minister die »Aufführung bestimmter Stücke im allgemeinen oder im einzelnen Falle untersagen oder verlangen« konnte. In den Grundzügen ähnlich, doch den lokalen Gegebenheiten angepaßt, wurde dieses Lenkungs- und Kontrollsystem auch außerhalb der Reichsgrenzen etabliert; zunächst in Österreich und nach Kriegsausbruch in den besetzten Gebieten. Unmittelbar nach 1933 war das Verhältnis der Reichsführung zu Österreich, das seine politische Unabhängigkeit zu bewahren versuchte, gespannt. Ein Reichsgesetz führte gar zur Beschränkung privater Reisen in dieses Nachbarland. Deutschen Künstlern wurde nahegelegt, sich nicht an den Salzburger Festspielen zu beteiligen. Nach dem Anschluß Österreichs an das Deutsche Reich im März 1938 wurde auch das österreichische Theaterwesen im Sinne einer »großdeutschen Kulturpolitik« nach reichsdeutschem Vorbild »neugeordnet«. Die Wiener Staats-

Truppenbetreuung an der Ostfront, um 1943/44

G. Schumann: Gudruns Tod. *R.: E. Karchow. B.: C. Neher. Deutsches Theater, Berlin 1942/43*

theater zählten seitdem zu den Reichstheatern und unterstanden nur in örtlichen Belangen einem in Wien residierenden Reichsstatthalter. Ihre eigentliche Leitung erfolgte von Berlin aus. 1938 übernahm Goebbels auch die Salzburger Festspiele in seine Zuständigkeit. In den nach Kriegsausbruch besetzten Ländern verfolgten die dort eingerichteten Reichspropagandaämter unterschiedliche Strategien. Während etwa in Ländern wie Polen oder Rußland die einheimische Bevölkerung weitgehend aus dem kulturellen Leben ausgeschlossen werden sollte, setzte man in Ländern wie Dänemark, Norwegen, in den Niederlanden, Belgien und Luxemburg und den besetzten Gebieten Frankreichs, im Elsaß und in Lothringen auf Kooperation. (vgl. B. Drewniak 1983, 28 ff) Sonderstellungen nahmen Paris und Prag ein. In der französischen Hauptstadt standen die Theater unter Aufsicht der dortigen deutschen Botschaft. Es gelang Goebbels offenbar nicht, seinen viel rigoroseren Kontrollanspruch über die Bühnen dieser Stadt durchzusetzen. In Prag, wo eine lange Tradition deutschsprachigen Theaters bestand, konzentrierte sich die Berliner Zentralbehörde auf dessen Ausbau. So wurden drei bestehende Bühnen als »Deutsches Theater« zwangsvereint: das Neue Deutsche Theater, die Kleine Bühne und das Ständetheater, das bis dahin das Tschechische Nationaltheater war. Noch 1944 wurde eine weitere deutsche Bühne gegründet, die »Neue Prager Bühne«.

War in der Hauptstadt die Zuständigkeit des Propagandaministeriums durch die Ambitionen Görings eingeschränkt, der das unter der Intendanz von Gustaf Gründgens geführte Staatstheater am Gendarmenmarkt als künstlerisches Prestigeunternehmen behandelte, so entstand zwischen Goebbels und dem militanten NS-Ideologen Alfred Rosenberg und dessen »Dienststelle« eine weitaus gewichtigere Rivalität. Rosenberg vertrat die nationalsozialistische Ideologie mit geradezu fundamentalistischem Eifer. Neben seiner »Dienststelle« unterstand Rosenberg auch die aus dem »Kampfbund für deutsche Kultur« und der »Deutschen Bühne« – der größten nationalsozialistischen Theaterbesucherorganisation – hervorgegangene »Nationalsozialistische Kulturgemeinde«. Dieses Forum vor allem nutzte er für Attacken gegen die ideologische »Richtungslosigkeit« und vermeintliche »Liberalität« der Reichskulturkammer in allen Theaterbelangen. Der »Dienststelle Rosenberg«, deren propagandistische Wirksamkeit weitaus größer war als ihr tatsächlicher politischer Einfluß, stand die von Robert Ley geführte NS-Gemeinschaft »Kraft durch Freude« nahe, eine Organisation der »Deutschen Arbeitsfront«, der es vor allem um die kulturelle Versorgung breiter Publikumsmassen, um deren Freizeitgestaltung ging.

Eine Theatersphäre eigener Art entstand wie in anderen europäischen Ländern auch (vgl. Kap.: England) aus der kulturellen Betreuung der Wehrmachtsangehörigen während des Krieges. Ensembles von Berufsschauspielern traten als »Wehrmachttheater« im Reichsgebiet oder nach Beendigung der Kampfhandlungen in den besetzten Gebieten ausschließlich für Soldaten auf. Als »Fronttheater« wurden jene Ensembles bezeichnet, die im näheren Bereich der noch kämpfenden Truppe auftraten. Hinzu kam ein reger Reisebetrieb von Bühnen aus dem Reichsgebiet, der ebenfalls im Dienste der Truppenbetreuung stand. So sehr dieser Theaterbetrieb als »kulturelle Aufrüstung« eine »kriegswichtige« Funktion zu erfüllen hatte, bestand offenbar auch permanent Anlaß, das Absinken vieler dieser Veranstaltungen in die Bezirke aller nur denkbaren Geschmacklosigkeiten zu beklagen. Eine Parallelerscheinung zu den Wehrmachttheatern war die Einrichtung spezieller Soldatensender, zum Zwecke der Propaganda und der psychologischen Kriegsführung. Von diesen gelangte der »Soldatensender Belgrad« durch seine Erkennungsmelodie – *Lili Marlen* – zu frontübergreifender Beliebtheit.

Im Rahmen der »Neuordnung« des deutschen Theaterwesens spielte anfangs auch die Thingspielbewegung eine kulturpolitisch exponierte Rolle. In der Praxis erwies sich dieses Projekt jedoch alsbald als gescheitert. Es waren vor allem die Programmatiker um Alfred Rosenberg, die sich dieser Bewegung annahmen. In Richard Euringers Werk *Deutsche Passion 1933* lag offenbar ein gelungenes Beispiel für dieses Theater neuen Stils vor. Unter Verwendung einer

»Nie vorher, nie nachher hat es in Deutschland eine dem Theater so aufgeschlossene Regierung gegeben wie im Dritten Reich«. Diese Bilanz eines Theaterhistorikers läßt sich quantitativ untermauern. So haben sich die Reichszuschüsse zwischen 1934 und 1942 fast verfünffacht. Bei ihrer Machtübernahme 1933 fanden die Nationalsozialisten 147 Theaterunternehmungen mit rund 22 000 Beschäftigten vor, das letzte Bühnenjahrbuch im Deutschen Reich wies, ehe Propagandaminister Joseph Goebbels im August 1944 die Theaterschaffenden in den erhofften ›Endsieg‹ entließ, für die Spielzeit 1942/43 nicht weniger als 248 Theater mit über 44 000 Beschäftigten auf. Selbst unter Einbezug der Tatsache, daß dazu auch die 1938 beim sogenannten Anschluß Österreichs angefallenen Bühnen gehörten, ist der Zuwachs immens.

(U. Schreiber 2000, 667)

aus der germanischen Kulttradition stammenden Begrifflichkeit sollte ein »völkisches Kulttheater« geschaffen werden. Es war als »chorisches Theater« und monumentales Massentheater konzipiert, das auch der Laienspielbewegung offenstand. Träger dieser Theaterform war der »Reichsbund für Freilicht- und Volksschauspiele«. Gescheitert ist die Thingspielbewegung letztlich mangels geeigneter Stücke und an dem dauerhaft nicht zu leistenden organisatorischen und technischen Aufwand, der zur Durchführung dieser Massenveranstaltungen erforderlich war; nicht zuletzt aber auch am Desinteresse der Zuschauer an diesen ideologisch aufgebauschten Unternehmungen. All dies führte dazu, daß Goebbels bereits 1937 die Förderung der Thingspielbewegung einstellte. Längst hatte sich auch der Film als ein weitaus effektiveres Medium propagandistischer Massenindoktrination erwiesen, als es das Theater je hätte sein können. Zudem existierte für die Filmproduktion mit der UFA eine zentralistisch lenkbare Organisation, während die dezentrale Struktur des deutschen Theaterwesens, trotz aller »Gleichschaltung«, einer zentralen Steuerung durch eine »Reichsdramaturgie« letztlich hinderlich war.

Manifestation einer »nationalen Kulturpolitik« waren die 1934 eingeführten »Reichstheaterwochen«, wie sie 1934 in Dresden, 1935 in Hamburg, 1936 in München, 1937 in Köln und Worms, 1938 in Wien vom Propagandaministerium veranstaltet wurden. Dabei sollten Spitzenleistungen deutscher Bühnen gezeigt werden. Stets ging es bei diesen Veranstaltungen auch darum, den Theaterbesuch als »nationale Pflicht« einzufordern. Hinzu kam, daß diese Festveranstaltungen den politischen Repräsentanten des Regimes Gelegenheit zu pompösen Selbstinszenierungen boten. Hitler, Göring und Goebbels verstanden sich auch als »Darsteller« der politischen Idee, die sie vertraten, und suchten die Nähe zum Theater und zu prominenten Bühnenstars. Gerade diese Führungspersonen waren mit einem sicheren Instinkt für die Theatralität ihrer öffentlichen Auftritte ausgestattet. Ihr Erscheinen in den Führerlogen anläßlich der »Reichstheaterfestwochen« war in diesem Sinne inszeniert. Der eminenten Bedeutung, die von der nationalsozialistischen Führung dem Theater beigemessen wurde, entsprachen die gesellschaftliche Aufwertung und vor allem auch die wirtschaftliche und soziale Absicherung der Bühnenkünstler, sofern diese – und dies war die überwiegende Zahl – als »zuverlässig« galten. Zudem hatten die etwa 4000 deutschsprachigen Bühnenkünstler, die in mehr als vierzig Exilländer geflohen waren, »Platz gemacht« für viele der Gebliebenen, ein Aspekt, der bei der notorisch schwierigen Arbeitsmarktlage der Schauspieler nicht übersehen werden sollte.

Eine weitere Praxis, durch die die Bühnenkünstler an das Regime gebunden wurden, waren Auszeichnungen, Preise und Ehrungen, so etwa die Verleihung des Titels »Staatsschauspieler«.

Auch im Theaterbesuch spiegelte sich die herausragende Rolle wider, die diese Institution im Kalkül der Kulturpolitik des NS-Regimes spielte. Die Besucherzahlen erhöhten sich bereits im Laufe der dreißiger Jahre. Sehr deutlich aber nahm der Theaterbesuch in den Kriegsjahren zu. Für 1938 wird eine Gesamtzahl von etwa 30 Millionen Zuschauern geschätzt; 1942 waren es mindestens 40 Millionen. Dabei spielten die Besucherorganisationen der Deutschen Arbeitsfront »Kraft durch Freude« und organisierte Theaterbesuche von Jugendorganisationen und Schulen eine wesentliche Rolle. Hinzu kamen mas-

Dietrich-Eckart-Bühne in Berlin, 1936 (heute Waldbühne)

senhafte Theaterbesuche im militärischen Bereich; 1941 waren dies mindestens 27 Millionen. (vgl. H. Rischbieter 2000, 32f)

Ausgeschlossen aus der »deutschen Volksgemeinschaft« und damit aus dem öffentlichen kulturellen Leben war die jüdische Bevölkerung. Für diese fanden seit Mai 1933 im privaten Kreis Veranstaltungen mit erwerbslos gewordenen jüdischen Künstlern statt. (vgl. B. Müller-Wesemann 1997, 72ff) Mit der Gründung des »Kulturbundes Deutscher Juden« unter der Präsidentschaft von Kurt Singer (1885–1944) im Juli 1933 wurde eine Institution geschaffen, die den in Deutschland verbliebenen Juden einen – freilich streng überwachten – Raum für ein eigenes kulturelles Leben bot. Eine Aufführung im Berliner Theater von Lessings *Nathan der Weise* (Regie: Carl Loewenberg, Karl Kasch als Nathan) am 1. Oktober 1933 in Berlin bildete den Auftakt zu dieser Kulturarbeit. Ein »Reichsverband der jüdischen Kulturbünde Deutschlands« koordinierte die vielfältigen Aktivitäten, die vielerorts in Gang kamen. Dabei spielte das Theater eine zentrale Rolle, nicht zuletzt im Sinne der Selbstbehauptung eigener jüdischer Identität. Da den Ensembles des Kulturbunds die Aufführung von Stücken deutscher Klassiker verboten war, rückte das »europäische Bildungstheater« ins Zentrum der Spielpläne. Statt mit den Werken von Goethe oder Schiller wurde auf der Bühne nun mit Stücken Shakespeares eine humanistische Gegenwelt geschaffen. »Wo Menschen durch Menschen Leid geschehe, gebe es keine bessere Tröstung als die der dramatischen Kunst«, hieß es 1934 in den Monatsblättern des »Kulturbunds Deutscher Juden«. (n. B. Müller-Wesemann 1997, 369) Von 1939 an durften Veranstaltungen auf lokaler Ebene nur noch von der

Die Geschichte des jüdischen Kulturbundes ist ebenso die Geschichte eines Scheiterns angesichts der Übermacht der nationalsozialistischen Barbarei wie die der geistigen Resistenz angesichts rassistischer Ausgrenzungspolitik.

(B. Müller-Wesemann 1997, 407)

Die sog. Thingspiele, ab 1934 als Erneuerungsversuch des deutschen Theaters ausgegeben, sollten mit Hilfe der erprobten Massenspielformen die Deutschen in ›Bataillone der Zucht, der Ordnung und des Gehorsams‹ umformen.

(D. Bartezko 1985, 133f)

Berliner Zentrale des Kulturbunds aus organisiert werden. Im September 1941 wurden auch dessen Aktivitäten verboten und die Institution aufgelöst.

Den hochgespannten Erwartungen, die an das Theater durch das NS-Regime herangetragen wurden, entsprach keine nennenswerte Neubautätigkeit im Bereich des Theaterbaus. H. Zielske (1971, 69) weist lediglich auf zwei Projekte hin, auf das Dessauer Theater (1938) und das Gautheater Saarpfalz in Saarbrücken (1938). Beide Bauten modifizieren Architekturkonzepte der Reformtheaterbewegung. Prinzipiell aber behielten die NS-Architekten das Prinzip der Guckkastenbühne bei. In den programmatischen Äußerungen führender Architekten (etwa von Paul Baumgarten) stand lediglich die Forderung nach einer »größtmöglichen Zahl von Sitzplätzen« im Zentrum. Hitler selbst hatte erklärt: »Theater ist Volksbesitz, deshalb muß es dem Volk auch zugängig sein. Die Preise sind dementsprechend zu halten.« (n. B. Drewniak 1983, 66) Aufgrund der hohen staatlichen Subventionen, die nahezu alle Theater erhielten, konnte dieser Forderung auch entsprochen werden. Für die Zeit »nach dem Endsieg« hatte Hitler ein gewaltiges Neubauprogramm für monumentale Theatergebäude vorgesehen. Daß zwischen 1933 und 1945 kaum neue Theater gebaut wurden, entsprach aber auch der tatsächlichen Bedarfslage. 1937 standen im Reichsgebiet immerhin mehr als 180000 Plätze für Theaterbesucher zur Verfügung. Jedoch wurden nach 1933 viele der vorhandenen Theatergebäude umfassend renoviert; in der bühnentechnischen Ausstattung modernisiert. Neunundvierzig Theater wurden dabei völlig umgestaltet; vorhandene Fürstenlogen wurden als »Führerlogen« ausgebaut oder neu eingerichtet. Formal dominierte bei diesen Baumaßnahmen der »obligate archaische Klassizismus des Staatsstils.« (D. Bartetzko 1985, 93)

Eine rege Bautätigkeit für Theaterspielstätten löste allerdings die Thingspielbewegung aus. Beflügelt von der Vision des »wahren« nationalsozialistischen Theaters entstanden Freilichtbühnen nach dem Vorbild antiker griechischer Theaterbauten. Durchweg waren dies Spielstätten für ein Massentheater, die zudem den Charakter von Kultstätten haben sollten. Letzteres wurde oftmals durch eine exponierte landschaftliche Lage (vermeintliche germanische Kultorte) vermittelt. 1933 war der Bau von 400 solcher Anlagen, verteilt im ganzen Reichsgebiet, geplant; letztlich aber wurden nur 20 errichtet. Die monumentalen Theater sollten zwischen 5000 und 20000 Personen Plätze bieten. (vgl. J. Wardetzki 1983, 96) Die architektonische Grundidee war die Aufhebung der Trennung von Spielern und Zuschauern im Sinne jener Gemeinschaftsideologie, die hinter dieser Bewegung stand. Herausragende Bauten waren die Spielstätten am Annaberg in Schlesien, in Heidelberg und vor allem die von dem Architekten Werner March auf dem Berliner Olympiagelände errichtete Dietrich Eckart-Bühne (heute: Waldbühne). Diese verwirklichte in idealtypischer Weise die faschistische Idee eines »Volkstheaters«. Die Anlage hat zwei korrespondierende Fixpunkte, die auf einer »das gesamte Rund durchlaufenden Mittelachse« liegen: die Führerloge und ein altarartiger Steinblock, der die Abschlußfront der Hauptbühne bildet. Dieser ist eine »Vorbühne«, die an die Orchestra anschließt, vorgelagert. Die Verbindung stellen symmetrisch verlaufende Freitreppen her. Die gesamte Anlage ist von starkem inszenatorischen Charakter und will in der Durchdringung des Profanen mit dem Sakralen die Präsenz einer mythischen Dimension suggerieren.

Theaterpolitische Programmatik und Spielplangestaltung

Die theaterpolitischen Maßnahmen der Nationalsozialisten zielten in erster Linie auf die strikte Ausrichtung des gesamten Theaterlebens auf das politische und weltanschauliche System des NS-Staats. Deswegen galt es auch, alle Schichten der Bevölkerung an das Theater heranzuführen. Adaptiert wurden dabei Begriffe wie »Kulturtheater« (versus »Geschäftstheater«) und »Nationaltheater«, die schon in den Reformdebatten vor 1933 eine Rolle gespielt hatten, Begriffe, die nun der ideologischen Vorstellungswelt des NS-Regimes angepaßt wurden. Mit dem Begriff der »völkischen Dramaturgie« wurde ein Bezug zwischen nationalsozialistischer Kulturpolitik und der Rassenpolitik des Regimes hergestellt. Ziel war die Eliminierung alles »Undeutschen«. So war ein militanter Antisemitismus letztlich die zentrale Intention der nationalsozialistischen Theaterpolitik. Über einen Begriff wie »völkische Dramaturgie« erfolgte auch eine ideologisch getönte Interpretation der deutschen klassischen Tradition. Generell aber hatten diese Programmbegriffe für die konkrete Spielplangestaltung nur geringe Bedeutung. Nach der gesetzlichen Regelung konnten die Theaterleiter ihre Spielpläne nach »freiem Ermessen« gestalten. Eine Genehmigungspflicht durch die Reichsdramaturgie gab es nicht. Diese Einrichtung verstand sich nicht als Zensurbehörde, sondern als »geistige Führungszentrale«, was in der Praxis jedoch einer Zensur gleichkam. Offiziell wurde davon ausgegangen, daß die Bühnenleitungen, deren »Zuverlässigkeit« nach 1933 als hergestellt galt, von sich aus im Sinne der kulturpolitischen Ziele des NS-Staats entscheiden würden. (vgl.: K. Dussel 1988, 91 ff) So kann auch in der von H. Rischbieter herausgegebenen umfassenden Studie über die Spielpläne der deutschen Theater zwischen 1929 und 1944 festgestellt werden, daß die vorgesehene Selbstzensur der Theaterleitungen »in erschreckender Weise« funktionierte. »Es fanden sich kaum Hinweise darauf, daß ein Theater versuchte, das Werk eines mißliebig gewordenen Autors zu inszenieren. Vom Februar 1933 an waren die Spielpläne faktisch ›gleichgeschaltet‹; dabei spielten die NS-Presse und die lokalen und regionalen NS-Machthaber die Aufpasserrolle.« (2000, 290)

Neben den theaterpolitisch vorgegebenen Bewertungskriterien war die Spielplangestaltung auch vom aktuellen politischen Klima abhängig. So wurde bis zum Kriegsbeginn darauf geachtet, daß die sich zuspitzenden außenpolitischen Verhältnisse, besonders gegenüber Polen und Frankreich, nicht durch Aufführungen von Theaterstücken mit dafür relevanten Themen zusätzlich belastet wurden. (H. Rischbieter 2000, 291) Auch waren Stücke mit allzu plumper antisemitischer Agitation verboten. Die Reichsdramaturgie hielt solche Aufführungen für »innenpolitisch völlig überflüssig, außenpolitisch schädlich und geschmacklich ... zweifelhaft.« (n. H. Rischbieter 2000, 292) Von den klassischen ausländischen Dramatikern der Weltliteratur war Shakespeare unangefochten der am meisten aufgeführte Autor ohne jede Einschränkung. Stücke französischer Klassiker (so etwa von Molière) kamen nach Kriegsausbruch kaum noch zur Aufführung. Von den klassischen deutschen Dramatikern stand Friedrich Schiller weitaus an erster Stelle. *Kabale und Liebe* und *Maria Stuart* waren von diesem Dichter die am häufigsten aufgeführten Werke. *Wilhelm Tell* wurde 1941 verboten. Bis dahin wurde dieses Stück vielfach bei Festaufführungen gegeben.

Attila Hörbiger als Wilhelm Tell u. Heinrich George als Geßler in der Inszenierung von F. Schillers Wilhelm Tell. *R.: C. L. Achaz. Deutsches Theater, Berlin 1933*

Grund für das Verbot war die zentrale Attentatsszene in dem Stück, nachdem ein Schweizer Student mehrfach versucht hatte, ein Attentat auf Hitler zu verüben. Ebenso verschwand Schillers *Don Carlos* von den deutschen Bühnen, da – wie bereits bei Aufführungen dieses Stücks im 19. Jahrhundert – das Publikum applaudierte, wenn der Marquis Posa den Satz sprach: »Sire, geben Sie Gedankenfreiheit!« (dazu H. Rischbieter 2000, 329) Für die Stücke Goethes ist während der NS-Zeit ein stetiger Rückgang in den Spielplänen zu erkennen. Den stärksten Zuwachs an Aufführungen erhielten nach 1933 die Dramen von Kleist, Lessing und Hölderlin. Lessings *Nathan der Weise* wurde freilich nach dem März 1932 nicht mehr aufgeführt, obwohl dieses Stück offiziell nicht verboten war. »Kleists politische Bedeutung für den Nationalsozialismus und seine Vereinnahmung geht noch über die Schillers hinaus. Er wurde quasi zu einem ›Staatsdichter‹ erhoben.« (H. Rischbieter 2000, 336) Dabei stand der *Prinz von Homburg* an der Spitze aller Kleist-Aufführungen. In dieses kulturpolitische Interesse an der klassischen Dramatik fügten sich auch die von Saladin Schmitt (1883–1951) bereits seit den zwanziger Jahren am Schauspielhaus Bochum herausgebrachten Klassiker-Zyklen, so etwa die »Deutsche Schiller-Woche« 1934, die »2. Deutsche Shakespeare-Woche« 1937 oder die »Kleist-Festwoche« 1938. Schmitts Klassiker-Zyklen, für die der Bühnenbildner Johannes Schröder (1883–1973) monumentale Szenerien entwarf, waren freilich mehr dem geist-aristokratischen Pathos des George-Kreises verpflichtet als dem völkischen Heroismus der nationalsozialistischen Kulturideologie, der Schmitt ablehnend gegenüberstand.

Ausgesprochen skeptisch standen die kulturpolitischen Funktionäre der NSDAP dem Werk und der Person Gerhart Hauptmanns gegenüber. Dessen weltanschauliche Haltung schien schwer bestimmbar zu sein. Hauptmann, der 1912 den Nobelpreis für Literatur erhalten hatte, war jedoch der angesehenste lebende deutsche Dichter, insbesondere auch aus der Sicht des Auslands. Von seinen Stücken wurden die sozialkritischen, naturalistischen Dramen, durch die er als Bühnenautor berühmt geworden war, nicht mehr aufgeführt. Die frühe Komödie *Der Biberpelz* dagegen und *Rose Bernd* verzeichneten höhere Aufführungszahlen auch nach 1933. Von den wichtigsten Autoren der Jahrhundertwende waren Aufführungen der Stücke von Arthur Schnitzler, Carl Sternheim, Georg Kaiser und Hugo von Hofmannsthal verboten. Einige Stücke von Frank Wedekind wurden noch bis 1939 aufgeführt, obwohl dieser Autor das besondere Mißfallen Hitlers auf sich gezogen hatte. Verboten waren Aufführungen sämtlicher Werke von jüdischen und politisch links orientierten Dramatikern, wie etwa Ernst Toller oder Bertolt Brecht. Aber auch Ödön von Horváth (vgl. Kap.: Österreich) gelang es nicht, trotz eines persönlich vorgetragenen Rechtfertigungsversuchs bei der Reichsdramaturgie, das Verbot seiner Stücke abzuwenden. (vgl. H. Rischbieter 2000, 421 f) Von den expressionistischen Dramatikern blieben Dramen in den Spielplänen, die keinerlei pazifistische Tendenzen aufwiesen. Nicht aufgeführt wurden Stücke, die radikal zugespitzte Familienkonflikte behandelten, wie etwa Arnolt Bronnens *Vatermord*. Von Hanns Johst, der 1935 Präsident der Reichsschrifttumskammer wurde, blieben alle Stücke im Repertoire. Sein Tendenzstück *Schlageter*, das gegen die Besetzung des Ruhrgebiets durch die Franzosen agitierte, hatte er schon 1932 Adolf Hitler gewidmet.

Die von H. Rischbieter herausgegebene Spielplandokumentation belegt eindeutig, »daß bereits in den letzten Jahren der Weimarer Republik (eine) Bewegung nach ›rechts‹ in die Spielpläne kam«. (2000, 594) Was ebenfalls aus dieser Dokumentation bereits für die zwanziger und mehr noch für die dreißiger und vierziger Jahre erkennbar wird, ist der hohe »Anteil von Lustspielen, Komödien, Volksstücken und Possen in den Spielplänen der Theater«, Formen der Unterhaltung also, »die heute wesentlich das Fernsehen bedient.« Diese Tendenz verstärkte sich noch nach Ausbruch des Kriegs, offenbar um »die ›Heimatfront‹ von den ›Widrigkeiten‹ des Kriegs abzulenken.« (2000, 296) Von den durch die Reichsdramaturgie besonders geförderten Bühnenautoren, deren Werke als »völkisch-nationale Dramatik« klassifiziert wurden, war Sigmund Graff (1889–1979) der erfolgreichste. Dessen Stücke *Die endlose Straße* oder *Die vier Musketiere* verzeichneten enorme Inszenierungs- und Aufführungszahlen. An zweiter Stelle dieser Statistik stehen die Dramen von Friedrich Forster (1895–1958), der 1933 zum Direktor des Bayerischen Staatstheaters in München ernannt wurde. Am meisten aufgeführt wurde dessen »Führerdrama« *Alle gegen einen, einer für alle*. »Dieses Stück wurde in der Spielzeit 1933/34 von insgesamt sechsundsechzig, 1934/35 von vierundzwanzig Theatern inszeniert.« (H. Rischbieter 2000, 610)

Insgesamt gesehen bot das deutsche Theater in den Jahren nach der Machtergreifung der Nationalsozialisten bis zur Schließung der Theater 1944 ein Bild weitgehender, den theaterpolitischen Intentionen der NS-Führung angepaßter Konformität. Dies betraf die Spielpläne wie auch den vorherrschenden Schauspielstil und die Bühnenästhetik, in der alle experimentellen Entwicklungen, die in den zwanziger Jahren einen so fulminanten Erneuerungsprozeß im deutschen Theater eingeleitet hatten, zurückgenommen waren. Kultiviert wurde nach 1933 ein historisierender Realismus mit einem Hang zum Altdeutschen wie zum Monumentalen. Das schloß nicht aus, daß in Einzelfällen Raumgestaltun-

Heldisches Theater war es, was dem Rosenberg-Kreis vorschwebte, aber kein kultisches Theater und schon gar keine Kulthandlungen im Theater. Diesen Eindruck stützt die Musterung der unter der Rubrik Deutscher Spielplan in den Bausteinen veröffentlichten Schauspielrezensionen. Hervorgehoben wurden Werke, die ausgeprägt heroische Haltung vertraten, die einerseits »die ehernen Grundbegriffe der Ehre und Todespflicht«, die »restlose Opferbereitschaft für Volk und Nation«, die unbedingte Unterordnung des Einzelnen unter die Gemeinschaft – »Der Sinn ist Deutschland« – proklamierten; und die andererseits, gleichsam als Ergänzung, den »nationalsozialistischen Blut- und Bodengedanken«, den »Wert der Erde«, die »Treue zu Erde und Heimat« bestätigten und feierten. Ebenso zeigt der im August 1934 veröffentlichte Deutsche Theaterspielplan 1934/35 mit seiner Betonung des »großen historischen Dramas« und des »deutschen Zeitstückes«, daß der Rosenberg-Kreis das Schauspiel politischer zu gestalten dachte. Aber wenn man sich auch in manchem dramaturgischen Detail uneins war, so sollte es doch Theater bleiben.

(K. Dussel 1988, 119f)

Theodor Loos als Gunther, Friedrich Ulmer als Hagen u. Herbert Dirmoser als Siegfried in F. Hebbels Die Nibelungen. *R.: C. L. Achaz. Deutsches Theater, Berlin 1934*

F. Schiller: Don Carlos. *R.: H. Hilpert. B.: E. Schütte. Albin Skoda als Carlos u. Ewald Balser als Posa. Deutsches Theater, Berlin 1936/37*

gen von großer archaischer Kraft entstanden, wie etwa die Bühne, die Karl Gröning (1897–1971) für Jürgen Fehlings Inszenierung von *Kriemhilds Rache* (1936) am Deutschen Schauspielhaus in Hamburg schuf, oder Cesar Kleins (1876–1954) Bühne für *Don Carlos*, ebenfalls inszeniert von Fehling 1935 am selben Theater. Diese Bühne war ein monumentaler Kerker ohne Fluchtwege, ein unmißverständliches Zeichen gnadenloser autoritärer Gewalt. Als Klein dann am selben Theater für eine Inszenierung Jürgen Fehlings von Lessings *Minna von Barnhelm* (1935) ein riesiges glasiertes Negerstandbild in die Bühne setzte, war dies der letzte Anstoß für das Berufsverbot dieses Bühnenbildners.

Im Schauspielstil entsprach dem ästhetischen Ideal der NS-Kulturverwalter ein Realismus, der sentimentales Pathos wie urwüchsiges Komödiantentum zuließ. Daß ein so genialer Schauspieler wie Werner Krauß (1884–1959), der dem NS-Regime bereitwillig zu Diensten war, dennoch zu großen Rollengestaltungen kam, so etwa als *Richard III.* (1937) oder *Shylock* (1943), schien offenbar kein Widerspruch zu sein. Gleiches gilt für eine Reihe anderer Schauspielstars der zwanziger Jahre, die in Deutschland geblieben waren und es verstanden hatten, sich in diesem System einzurichten. Von diesen war Gustaf Gründgens unstrittig eine Ausnahmeerscheinung.

Für die deutsche Oper galten im Prinzip die gleichen kulturpolitischen Richtlinien wie für das Schauspieltheater, doch spielte die Oper in der nationalsozialistischen Theaterpolitik nur eine Rolle am Rande. (vgl. M. Walter 1995, 119 ff) Die Rücknahme aller progressiven Entwicklungen aus den Jahren der Weimarer Republik – für die Musikästhetik waren dies Zwölftontechnik, Atonalität und die Adaption von Elementen des Jazz – und das Verbot von Werken jüdischer Komponisten oder Librettisten waren die repertoirepolitischen Grundsätze. Für beides diente das Wort von der »Entarteten Musik« als »Totschlagformel« (U. Schreiber 2000, 668). Versuche einer positiv formulierten Musikprogrammatik kamen über die Floskel vom »Völkischen« und dem »Gesunden«, das vermeintlich auch das »Schöne« sei, nicht hinaus. Thematisch verblieb den Opernkomponisten: »Schollenverbundenheit im deutsch-nordischen Mythen- und Geschichtsbereich mit der idealtypischen Schicksalsgemeinschaft von Volk und Führer. Ausgeklammert wurden für den Bereich der ernsten Oper ausdrücklich der Alltag der Realzeit ... sowie psychisch niederdrückende Vorlagen.« (U. Schreiber 2000, 669) Damit war vor allem die in den zwanziger Jahren populär gewordene »Zeitoper« aus dem Repertoire verbannt. Diese hatte aber ohnehin einen raschen Verfallswert. Novitäten in diesem Genre hielten sich kaum länger als zwei bis drei Spielzeiten in den Spielplänen. Da diese aber bereits in der Weimarer Republik trotz Modernisierungstendenzen insgesamt einen eher traditionalistischen Zuschnitt hatten – mit einer Dominanz der italienischen Oper des 19. Jahrhunderts, – wurde das Jahr 1933 in den Opernspielplänen kaum als Bruch wahrgenommen. Die Reichsdramaturgie unter Schlösser und die Reichsmusikkammer bildeten einen straff organisierten Überwachungsapparat für das gesamte Musikleben. Daneben existierte – wie im

E. Kahn/M. Monat: Langemarck, *Karlsruhe 1934*

F. Hebbel: Kriemhilds Rache. *R.: J. Fehling. B.: K. Gröning. Deutsches Schauspielhaus in Hamburg, 1936*

Schauspieltheater – eine »Grauzone von Kompetenzen« (U. Schreiber), in der rivalisierende Gruppierungen um Goebbels, Göring, Rosenberg und lokale NS-Größen sich in den Opernbetrieb zensierend oder fördernd einmischten. Selbst Hitler schaltete sich in exponierten Einzelfällen in solche Vorgänge ein; so etwa im »Fall Hindemith«, als es (November 1934) um dessen Oper *Mathis der Maler* ging, für die sich der Dirigent Wilhelm Furtwängler öffentlich eingesetzt hatte und deswegen auf Intervention Hitlers von seinen Ämtern als musikalischer Leiter der Preußischen Staatsoper und Stellvertretender Präsident der Reichsmusikkammer zurücktreten mußte. In einen vergleichbaren Konflikt geriet Richard Strauss (1886–1954), Präsident der Reichsmusikkammer, im Juni 1935 wegen seiner Oper *Die schweigsame Frau,* für die der jüdische Schriftsteller Stefan Zweig das Libretto geschrieben hatte. Dieser Vorfall blieb jedoch eine Marginalie in der Beziehung dieses Komponisten zum NS-Regime, dem er sich von Beginn an angedient hatte; seine Werke standen in der Aufführungsstatistik dieser Jahre an erster Stelle. Wie Strauss stellte sich auch Hans Pfitzner als Galionsfigur der NS-Kulturpolitik im Musikleben zur Verfügung.

Dennoch war die Produktion zeitgenössischer deutscher Opern mit 174 Uraufführungen zwischen 1933 und 1945 beträchtlich. Zudem hatte der Reichsdramaturg alle großen Bühnen angewiesen, in jeder Spielzeit von insgesamt zehn wenigstens zwei Werke zeitgenössischer deutscher Komponisten neu herauszubringen. Aus dieser Vielzahl neuer Opernwerke waren die von Carl Orff (1895–1982) und die seines Schülers Werner Egk (1901–1983) die künstlerisch originellsten und zählten zu den erfolgreichsten. Dabei entwickelte Orff einen unverwechselbaren eigenen Stil. Geradezu zum Markenzeichen wurde seine Konzentration auf elementare musikalische Elemente bis hin zu einer gewollten »Primitivität des Klanggewands«: der Einsatz stereotyper Rhythmik, die das gesprochene Wort oftmals in Artikulationskaskaden sich auflösen läßt, vor allem auch eine neuartige, außerordentlich abwechslungsreiche Instrumentierung. Es war ein musikalischer Stil, der durch seine vitalistisch anmutende Volkstümlichkeit populär wurde und sogar in die Schulmusik Eingang fand. Mit den »Cantiones profanae«, der *Carmina Burana,* die am 8. Juni 1937 in Frankfurt in der Regie von R.O. Wälterlin (Bühne: Ludwig Sievert) uraufgeführt wurde, war Orff der Durchbruch gelungen. Dieses Werk wurde ein weltweiter Erfolg. Der Komposition lag ein lateinischer Lieder-Kodex aus der Zeit um 1300 zugrunde; weltliche Lieder für Solisten und Chöre, die in szenische Vorgänge von derb-profanem oder – dazu scharf kontrastierend – mythisch-spirituellem Charakter eingebettet waren, eine Art »szenische Kosmologie« (K.H. Ruppel). Es war wohl die ins geschichtslos Mythische abhebende Dimension der *Carmina Burana,* die dieses Stück den Kunstvorstellungen der NS-Machthaber nahebrachte. (vgl. U. Schreiber 2000, 678 f) Orffs *Carmina Burana* war als Teil einer Trilogie konzipiert. Es folgten 1943 die *Catulli Carmina* und 1953 *Trionfo di Afrodite.* Thematisch der Sphäre des Archaischen, Märchenhaften zugewandt, blieb Orff auch in seinen beiden Kurzopern *Der Mond* (1939) und *Die Kluge* (1943) nach Märchen der Brüder Grimm.

Von Werner Egk waren *Die Zaubergeige* (1935) und *Peer Gynt* (1938), ein Auftragswerk für die Preußische Staatsoper, die erfolgreichsten musikdramatischen Werke. *Peer Gynt,* eine Art »nordischer Faust«, war wegen des Einsatzes musikalischer Mittel, die nicht der verordneten Ästhetik entsprachen (Tango und Elemente des Jazz), umstritten. Daß Hitler den Komponisten bei der Uraufführung dennoch beglückwünschte, empörte Göring und die maßgebenden Vertreter der NS-Kulturbehörde.

Die eklatante Ratlosigkeit der NS-Ideologen hinsichtlich einer »deutschen Oper« führte letztlich dazu, daß an den »meisten Opernhäusern auch nach 1933 eine erprobte, werkbewußte Repertoire-Politik alter Schule« betrieben wurde. (B. Drewniak 1983, 317) Auf den ganzen Zeitraum bezogen aber nahm der Anteil der Oper in den Spielplänen der Theater ab; der Anteil der Operette dagegen vergrößerte sich vor allem in den Kriegsjahren erheblich.

W. Shakespeare: Richard II. *R.: J. Fehling. B.: T. Müller. Preußisches Staatstheater, Berlin 1939. Gustaf Gründgens in der Titelrolle*

F. Schiller: Don Carlos. *R.: J. Fehling. B.: C. Klein. Deutsches Schauspielhaus in Hamburg, 1935*

Während für die Spielpläne der deutschen Opernhäuser schon vor und auch nach 1933 ein Rückgang der Aufführungszahlen von Werken Richard Wagners festzustellen ist (vgl. F.-H. Köhler 1968, 34f u. 53f), spielten die Bayreuther Festspiele (vgl. Bd. III, 163ff), die dem Werk dieses Komponisten gewidmet sind, eine zentrale Rolle im kulturpolitischen Repräsentationsgebaren des NS-Staats. Die weltanschauliche Nähe des Wagner-Clans zu Hitler und seiner Bewegung wurde von zwei Persönlichkeiten geradezu programmatisch vertreten: durch den englischen Kulturphilosophen Houston Stewart Chamberlain (1855–1927), einen militanten Rassenideologen und Wagnerianer, der 1908 in die Wagner-Familie einheiratete und den »passiven Nationalismus und Rassismus Bayreuths in eine aggressive kämpferische Ideologie« umwandelte (F. Spotts 1994, 160), und durch Winifred Wagner (1897–1980), einer fanatischen Anhängerin Hitlers, die seit 1930, nach dem Tod ihres Mannes Siegfried Wagner (1869–1930), bis 1945 die Leitung der Festspiele innehatte. Spätestens seit 1924 war der »geistige Bund« zwischen der nationalsozialistischen Bewegung und Bayreuth geschlossen. Künstlerisch waren die Festspiele in den zwanziger Jahren unter Siegfried Wagner in eine Stagnation geraten. Wagner sah in bühnenästhetischen Experimenten, wie sie etwa an der Berliner Kroll-Oper stattfanden, ja selbst in den von Adolphe Appia vorgeschlagenen Reformen (vgl. Bd. III, 765f) einen Angriff auf das Grundverständnis der Bayreuther Tradition. Das Engagement von Arturo Toscanini, des berühmtesten Dirigenten seiner Zeit, für *Tannhäuser* und *Tristan* (1930/31) stellte die reformfreudigste Tat Siegfried

Wagners dar. Als Winifred Wagner 1930 die konzeptionelle Leitung der Festspiele übernahm, wurde der Generalintendant Heinz Tietjen (1881–1967), der 1929 in Bayreuth *Lohengrin* inszeniert und dirigiert hatte, ihr Berater und künstlerischer Leiter der Festspiele. Mit Tietjen kam auch der Bühnenbildner Emil Preetorius nach Bayreuth. Ihre enge Beziehung zu Hitler setzte Winifred Wagner ein, um die Festspiele über die wirtschaftlich schwierigen frühen dreißiger Jahre zu retten. Auch blieb Bayreuth von der 1933 einsetzenden »Gleichschaltung« verschont. Toscanini freilich löste seinen Vertrag mit den Festspielen auch aus Protest gegen die »Säuberungspolitik« des Regimes. Bayreuth wurde nun – so Thomas Mann – »Hitlers Hoftheater«. Die Festspiele von 1933 sollten in diesem Sinne ein Zeichen setzen. (vgl. F. Spotts 1994, 195 f)

Musikalisch gelang es Tietjen und Winifred Wagner, die Bayreuther Festspiele auf ein hohes Niveau zu führen. Hervorragende Sänger aus aller Welt konnten verpflichtet werden. Wilhelm Furtwängler (1886–1954) war seit 1931 der musikalische Leiter und der bedeutendste Dirigent der Festspiele. Im Inszenierungsstil freilich feierte das monumentale Arrangement von Dekorationen und Statistenheeren wahre Triumphe. Hitler verfügte, daß die Festspiele auch nach Ausbruch des Kriegs weitergeführt werden sollten. Das Publikum dieser »Kriegsfestspiele« veränderte sich allerdings grundlegend. Nicht mehr der Öffentlichkeit waren sie zugänglich, sondern allein den »Gästen des Führers.« Dies waren vor allem Soldaten und Arbeiter aus der Rüstungsindustrie. Der Bau eines neuen gigantischen Festspielhauses war geplant und sollte nach dem »Endsieg« eröffnet werden. Selbst für das Jahr 1945 wurden noch Festspiele vorbereitet.

Das Festspielhaus überlebte die Bombardierung Bayreuths im April 1945. Es

Festspiel von Carl Riem: Olympische Jugend. *1. Bild: Kinderreigen. M.: W. Egk u. C. Orff. Gesamtgestaltung: H. Niedecken-Gebhard. Olympia-Stadion, Berlin 1936*

diente in den folgenden Jahren als Flüchtlingslager. Wiedereröffnet wurden die Wagner-Festspiele erst am 30. Juli 1951 mit einer grandiosen Aufführung des *Parsifal*, mit der Wieland Wagner (1917–1966), der Sohn von Siegfried und Winifred, einen radikalen Bruch mit der bisherigen Tradition vollzog. (vgl. Bd. III, Kap.: Richard Wagner)

»Gleichgeschaltet« und den Zielen der nationalsozialistischen Kulturpolitik angepaßt wurden auch die Institutionen und die künstlerische Praxis im Bereich des Tanzes. 1932 existierte in Rosenbergs »Kampfbund für Deutsche Kultur« eine »Fachgruppe Körperbildung und Tanz«, die eine militante Vorreiterrolle spielte. 1935 wurden der Reichstheaterkammer die Tänzer eingegliedert; 1936 erhielt diese Behörde eine eigene »Fachschaft Tanz«. Diese systemkonforme Neuorganisation des Tanzwesens war verbunden mit einer großzügigen staatlichen Förderung. Für die Tänzer, die in den Jahren der Weimarer Republik mehr als andere Künstlergruppen von der Massenarbeitslosigkeit betroffen waren, bedeutete dies eine willkommene Existenzsicherung. In großen Leistungsschauen, den Tanzfestspielen und Tanzwettspielen, die von 1934 an beinahe jährlich stattfanden, sollte sich die neue deutsche Tanzkultur präsentieren. Dabei waren führende Exponenten der Ausdruckstanzbewegung wie Rudolf von Laban und Mary Wigman bereit, ihre Tanzphilosophie im Sinne der propagierten völkischen Gemeinschaftsidee neu zu interpretieren. Tanzästhetisch hatte dies zur Folge, daß alle individualistischen Ansätze, von denen die kreativsten Impulse im Tanz der Weimarer Republik ausgegangen waren, nun als dekadent diskreditiert wurden. Dagegen rückten Gemeinschaftstanz, Bewegungschöre und der Theatertanz ins Zentrum der neuen »völkischen« Tanzbewegung. Mary Wigman sah nun auch in der »Artzugehörigkeit« eine elementare Grundlage für »Gemeinschaft«: »Wir pflegen vom Mythos eines Volkes zu sprechen und meinen damit nicht irgendwelche legendären oder historischen Begebenheiten, sondern eher das allen Menschen eines Volkes, einer Masse, eines Stammes immerdar gegenwärtige Gemeinschaftsschicksal, das als großartiger Grundakkord auch noch unter dem künstlerisch gestalteten Einzelschicksal schwingt.« (n. H. Müller, P. Stöckemann 1993, 128) Damit war eine Brücke geschlagen zwischen Wigmans Vision des Tänzers als »Instrument« einer metaphysischen Macht (vgl. Kap.: Ausdruckstanz und Theater) und dem Volks-Mythos der NS-Ideologen. Wigmans Vorstellung von der Individualität des Tänzers und seinem Wesen als »Instrument« war freilich weitaus komplexer als die vereinfachende Gemeinschaftsideologie der nationalsozialistischen Kulturfunktionäre. Dieser Widerspruch wurde auch zunehmend deutlicher und führte dazu, daß Mary Wigman nach 1936 kaum noch gefördert, sondern kulturpolitisch isoliert wurde. 1942 gab sie die Leitung ihrer Dresdner Tanzschule auf.

»Volkstümlich« also sollte die zentrale Norm der neuen Tanzästhetik sein. »Das hieß, daß die Tänze für die große Masse des Publikums leicht verständlich zu sein hatten. Und da Musik als verständnisfördernd galt, wurden folglich musiklose Tänze, wie sie im ›absoluten Tanz‹ der 20er Jahre üblich waren, als intellektuelle Dekadenz abgelehnt. Die Formensprache des einzelnen Körpers durfte nichts Abstraktes, Verzerrtes oder Groteskes mehr enthalten, sondern harmonische Bewegungsfolgen, die in kraftvoll zentrierter oder geradlinig nach außen strebender Gestik gebunden waren.« (H. Müller, P. Stöckemann 1993, 128) So erfuhr vor allem der Volkstanz eine besondere Förderung. Der Theatertanz wurde wieder in die Form des traditionellen Handlungsballetts zurückgeführt, aus der er sich in den zwanziger Jahren als eigenständiges Inszenierungselement herausgelöst hatte. Im Revuetanz sollte »der sittlichen Haltlosigkeit« der Jahre vor 1933 Einhalt geboten, die »Tillerei« abgeschafft und durch ein deutsches »Hiller-Ballett« ersetzt werden. Für den in den Kriegsjahren so geförderten Unterhaltungsfilm wurde ein »Deutsches Film-Ballett« gegründet. Ballett-Darbietungen waren auch ein fester Bestandteil der Truppenbetreuung an den Wehrmachtsbühnen.

Von herausragender Bedeutung waren Bewegungschöre, Gemeinschaftstänze und vor allem die als Festspiele konzipierten Massenchoreographien für die propagandistische Selbstdarstellung des NS-Regimes. Die Grundideen des totalitären Staats die totale Eingliederung des Einzelnen in die Gemeinschaft und der vitalistische, auf Disziplinierung ausgerichtete Körperkult sollten in diesen Großprojekten zum überwältigenden Erlebnis werden. Die politische Vision des faschistischen Staats fand darin ihre adäquate Ästhetik. Höhepunkt dieses Veranstaltungstyps war das »Olympische Festspiel 1936«. Im Zentrum dieser Veranstaltung standen das von Rudolf von Laban choreographierte »Weihespiel« *Vom Tauwind und der neuen Freude*, das auf der Dietrich-Eckart-Bühne in Berlin aufgeführt wurde, ebenso das Festspiel *Olympische Jugend*. Labans »Weihespiel« wurde in etwa dreißig Städten mit mehr als eintausend Laientänzern vorbereitet. Bereits nach wenigen Aufführungen aber wurde es verboten. Es war zu offenkundig geworden, daß Labans sozial-religiöse Tanzphilosophie mit der »Blut-und Boden«-Ideologie des NS-Regimes nicht vereinbar war. (vgl. H. Müller, P. Stöckemann 1994, 166f) Das von Hanns Niedecken-Gebhard erarbeitete und geleitete Festspiel *Olympische Jugend* wurde zur Eröffnungsfeier der Olympiade aufgeführt. Carl Orff und Werner Egk hatten die Musik komponiert. Mehr als 10000 Laientänzer waren beteiligt; aber auch so prominente Tänzer wie Harald Kreutzberg, Werner Stammer, Mary Wigman und Gret Palucca. Die einzelnen »Tanzbilder« hatten folgende Titel: »Kindliches Spiel«, »Anmut der Mädchen«, »Jünglinge in Spiel und Ernst«, »Heldenkkampf und Totenklage«, »Olympischer Hymnus.« Gegenüber der Weltöffentlichkeit war es dem NS-Regime mit Hilfe dieser Festspiele anscheinend gelungen, das Bild eines liberalen, der humanistischen Tradition deutscher Kultur verpflichteten Deutschlands vorzutäuschen.

Gustaf Gründgens: der Weg zur Intendanz am Preußischen Staatstheater

»Auf dem Theater ist der Mensch das Maß aller Dinge.«

(Gustaf Gründgens, 1954)

Keine Persönlichkeit des deutschen Theaters pflegte in den Jahren der NS-Herrschaft einen so riskanten Umgang mit den politischen Machthabern wie Gustaf Gründgens (1899–1963), Generalintendant des Preußischen Staatstheaters in Berlin. Dessen Versuch, deutsche Theaterkultur noch in den finstersten Jahren deutscher Geschichte zu bewahren, wird umstritten bleiben. Unbestritten jedoch ist die Faszination, die von dem Schauspieler Gründgens ausging, der sein Metier in allen seinen Facetten in virtuoser Manier beherrschte, ein Entertainer auf höchstem Niveau. »Auf dem Theater ist der Mensch das Maß aller Dinge« – war sein künstlerisches Credo, das ihm letztlich wohl auch eine innere Distanz ermöglichte zur Sphäre außerhalb des Theaters, auch zur Politik. Es ist ein Verständnis vom Schauspieler, der letztlich nur im Gegenüber seines Publikums existiert und dessen Gefühlslagen verkörpert. Was »Gesinnung oder Maske« ist, mag dabei ununterscheidbar sein. (vgl. P. Michalzik 1999, 30 und 283) Als Regisseur war Gründgens Repräsentant eines Theaters, das im Dienst an der dramatischen Dichtung seine vornehmste Aufgabe sah, der sich auch – anders als bei Max Reinhardt – die schauspielerische Individualität zu unterwerfen hatte.

Als Theaterleiter war er ohne Vergleich, eine der letzten Persönlichkeiten in dieser Funktion im deutschen Theater, die den überhöhten Anspruch, der an diese Institution herangetragen wurde, in der eigenen Künstlerschaft, in der Führung seines Ensembles wie in der Rolle als verantwortlicher Leiter eines Bühnenbetriebs überzeugend repräsentierte.

K. Mann: Revue zu Vieren. *Leipzig 1927. v. l.: Carl Ballhausen, Pamela Wedekind, Walter Bodig, Gustaf Gründgens, Klaus u. Erika Mann*

Gustaf Gründgens und Theo Lingen auf der Probe zu Hans Sonnenstößers Höllenfahrt *von P. Apel, Berlin 1936*

Gustaf Gründgens war 1916 als Kriegsfreiwilliger an die Westfront gegangen und wurde ein Jahr später bereits Mitglied der Fronttheatertruppe Saarlouis, deren Leitung er im Jahr darauf übernahm. Nach Beendigung des Krieges ging er 1919 in seiner Geburtsstadt Düsseldorf an die von Louise Dumont und Gustav Lindemann geleitete Theaterschule, wo er 1920 seine Ausbildung als Schauspieler abschloß. Nach einigen Engagements in der Provinz, wo sich der spielbesessene Anfänger in allen Sparten, so auch im Kabarett, erprobte, erfolgte ein entscheidender Schritt in seiner Bühnenlaufbahn: Erich Ziegel engagierte ihn 1923 an die Hamburger Kammerspiele. In den fünf Jahren dort übernahm er einundsiebzig Rollen und führte auch Regie, erstmals 1924. Durch Ziegel wurde Gründgens die Auseinandersetzung mit der zeitgenössischen Dramatik nahegebracht. In diesem thematischen Umfeld spielte er die Rollen, in denen er seinen »Typ« zu finden hoffte: von Palme, der Titelfigur des Stücks *Palme oder Der Gekränkte* von Paul Kornfeld, bis Bluntschli in George Bernard Shaws *Helden*, von Christian Maske in Sternheims *Der Snob* bis Moritz Stiefel in Frank Wedekinds *Frühlings Erwachen*. An seine Lehrerin nach Düsseldorf schrieb er 1924: Er sei »ein etwas neurasthenischer Henckels mit jgdl. Bonvivanten-Einschlag.« 1925 lernte er Klaus und Erika Mann kennen, deren Lebensstil und Weltläufigkeit ihn sehr beeindruckten. *Revue zu Vieren*, eine Komödie von Klaus Mann, war ein gemeinsames Projekt, das durch die Prominenz der Beteiligten Aufsehen erregte. (vgl. Kap.: Hamburger Kammerspiele) Gründgens fand nun aber auch seine eigenen Linie. In einer Bemerkung zu seiner Inszenierung von August Strindbergs *Traumspiel* (26. März 1927) skizzierte er erstmals Grundsätzliches über seine Regie- und Schauspiel-Auffassung. Er schreibt dort: Es

Wie er war keiner. Nie wird einer wieder so sein … Sein Lieblingswort war Klarheit. Von dieser Klarheit war sein Gesicht geprägt. Er haßte das Dunkle, die Sucht, tief nicht zu sein, sondern zu scheinen, das Unkontrollierte, eben das Ungeklärte. Von Trance oder Gnade wollte er nichts wissen, um so mehr aber von Strenge und Zucht. Er sprach gern von Form, aber er war alles andere als ein Formalist. Es kam ihm niemals darauf an, einen Stil auf der Bühne zu verwirklichen. Aber er ließ es nicht zu, daß Gestalten oder Stücke auf die Bühne kamen, die nicht Stil hatten: ihren Stil nämlich, den ihnen vom Autor mitgegebenen Stil.

(H. Rischbieter über Gustaf Gründgens, 1963, 7f)

komme allein darauf an, »die Dichtung sprechen zu lassen … und hier setzt ein, was ich die Entindividualisierung des Schauspielers nennen möchte, etwas, das scheinbar ein Widerspruch ist, denn der Schauspieler ist ja im Grunde wie jeder Künstler Individualist; und gerade darin, nämlich daß er ein starkes Individuum, eine einmalige unverwechselbare Einzelerscheinung ist, besteht ja sein Talent; ja, daraus allein resultiert seine Berechtigung, allein im Hellen zu stehen, wo tausend andere im Dunkeln sitzen und ihm zusehen! Und auf diese persönliche Wirkung, seine stärkste Waffe, soll er verzichten …? Was bleibt denn noch? Ja, dann bleibt das hier allein Wichtige, das Allgemeingültige, das, was alle angeht, weil es alle erleben, dann wird aus der Schau das Erlebnis.« Aus dem »Sich-bedingungslos-der-Sache unterwerfen« ergäbe sich dann auch der »Stil«. (n. H. Riemenschneider 1980, 36) Diese Anmerkungen waren zwar auf das *Traumspiel* gerichtet, doch enthalten sie »im Kern schon die gesamte Gründgens-Ästhetik«. (P. Michalzik 1999, 52)

Als Gründgens 1928 sein Engagement in Hamburg beendete, hatte er als Schauspieler ein unverwechselbares Profil ausgebildet: brüchig, hochreflektiert, ein »kalter Abgrundstyp«, wie er in diese Zeit paßte, ein Typ, auf den er bald auch durch seine Filmarbeit (darunter *Liebelei* von Max Ophüls und *M – Eine Stadt sucht einen Mörder* von Fritz Lang) festgelegt war, wohl aber ganz gegen das eigene Bild, das er von sich als Schauspieler hatte. Max Reinhardt hatte ihn nach Berlin engagiert. Dort trat er an mehreren Bühnen auf, darunter auch an Rudolf Nelsons Revue-Theater, und übernahm Regieaufgaben für die Oper. Mit den meisten seiner Arbeiten erregte er Aufsehen. Herbert Ihering entwarf (Juni 1932) ein sehr pointiertes Porträt, das den Kern dieser Künstlerschaft bloßlegte: »Die Leichtigkeit seines Spiels ist ebenso eine künstlerische Stärke wie ein Mangel. Eine Stärke, weil Gründgens niemals spießig, niemals ›gemütvoll‹, niemals muffig sein kann. Eine Schwäche, weil diese Leichtigkeit in Oberfläch-

Gustaf Gründgens als Mephisto und Kurt Meisel als Schüler in Goethes Faust I. *Berlin 1941*

lichkeit ausarten kann. Gründgens ist nicht nur leicht, er macht es sich auch leicht. Das ist seine Stärke. Dann wird sein starkes Formgefühl, das ihn immer zur vereinfachenden, konzentrierten Geste zwingt, zum bloßen Stilbehelf. Gründgens stilisiert dann, ohne den Inhalt der Rolle zu verarbeiten. Ebenso wie seine Regie manchmal Stil an die Stelle von Inhalt setzt.« (n. D. Walach 1999, 82) Die Rolle des Mephisto, wie sie Gründgens in Lothar Müthels Inszenierung von Goethes *Faust. Der Tragödie erster Teil* am Staatstheater am Gendarmenmarkt spielte (2. Dezember 1932), schien dieses Bild zu bestätigen. Werner Krauß spielte den Faust, Käthe Gold die Margarethe. Die Inszenierung erhielt nicht ungeteilten Beifall, doch Gründgens' Mephisto wurde als Ereignis gefeiert. Alfred Kerr nannte diesen Mephisto einen »Gegenschöpfer«: »Ein, im Grunde, Rechtsuchender; ein das Weltethos Überblickender; ein witzig es Nachprüfender. Mehr als Faust.« (n. H. Riemenschneider 1980, 71) Gründgens hatte offenbar seine Lebensrolle gefunden. Erstmals war er 1922 als Anfänger in Kiel in dieser Rolle aufgetreten. Sein Aufstieg in die Intendanz des Staatstheaters schien nur noch eine Frage der Zeit. Dieser Posten war durch das Ausscheiden von Leopold Jeßner bereits 1930 frei geworden. Ernst Legal hatte nur für knapp zwei Jahre dessen Nachfolge übernommen. Dann hatte der Generalintendant des Preußischen Staatstheaters Heinz Tietjen mit Gründgens einen Vertrag geschlossen; er solle beide Teile des *Faust* inszenieren oder den Mephisto spielen. Gründgens entschied sich für die Rolle des Mephisto. Wenige Wochen nach der Premiere des ersten Teils kam der zweite Teil am 21. Januar 1933 heraus. Als Regisseur war Gustav Lindemann verpflichtet worden. Teo Otto war der Bühnenbildner und Ausstatter.

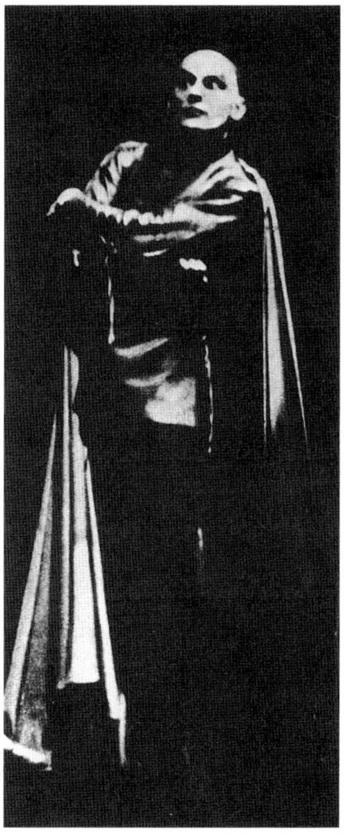

Gustaf Gründgens als Mephisto, 1933

Nach der Machtübernahme wurde Franz Ulbrich zum neuen Intendanten des Staatstheaters berufen (1. März 1933). Ihm zur Seite stand der zum Nationalsozialismus »konvertierte« Schriftsteller Hanns Johst als »Erster Dramaturg«. Die beiden brachten eine »dichte Folge von NS-genehmen zeitgenössischen Dramen« heraus, wurden aber dennoch Ende 1933 von Göring entlassen, der sich ein anderes Profil für »sein« Staatstheater wünschte. (vgl. H. Rischbieter 2000, 67) Göring verhandelte nun mit Gustaf Gründgens. Dieser übernahm zunächst kommissarisch, mit Beginn der Spielzeit 1934/35 aber offiziell die Intendanz des Preußischen Staatstheaters. Mit den politischen Machthabern teilte Gründgens den Willen zu einem »neuen Aufbruch« im deutschen Theater, »ebenso die Ablehnung des Naturalismus, den Willen zu Stil, Form und Ordnung, nicht aber deren aggressiven Nationalismus und Rassismus. Ihm ging es um die Errichtung einer Kunst-Gegenwelt; er wollte das Staatstheater zur ›führendsten‹ (sic) Bühne des Reichs machen und erreichte das mit seinem überragenden Talent für Organisation, künstlerische Ökonomie und ästhetische Perfektion.« (H. Rischbieter 2000, 67) Sein oberster Dienstherr ließ ihm dabei beachtliche Freiheiten. Diese verstand Gründgens zu nutzen und setzte mit Raffinement und Kühnheit dessen Rivalität mit Goebbels für seine Zwecke ein. So konnte er auch erreichen, daß, mit Unterstützung durch Görings Frau, der Schauspielerin Emmy Sonnemann, Mitarbeiter wie Paul Bildt, Paul Henckels oder Erich Ziegel, die mit jüdischen Frauen verheiratet waren, ihr Engagement am Staatstheater behielten. Auch schuf er für den Regisseur Jürgen Fehling einen Freiraum für dessen eruptive Klassiker-Inszenierungen. In *Richard III.* prangerte Fehling so unmißverständlich den Mißbrauch politischer Macht an, daß diese Inszenierung den

Mit dem Fanatismus der hohen Intelligenz, die das Besondere seines Künstlertums ist, legt Gustaf Gründgens seinen Hamlet auf diese – durchaus shakespearische – Linie an. Statt eines Schwermütigen agiert ein unerhört elastischer Herr. Er ist aggressiv bis zur Wildheit – großartig so die Schauspiel-Szene, großartig so die Auseinandersetzung mit der Mutter –, er ist ein schlauer, fast gerissener Inszenator seiner Verwunderlichkeit. Er ist bis zum Varietéhaften ein körperlicher Spieler.

(O.E. Hesse 1936 in: D. Walach 1999, 95)

schärfsten Protest, ja die Wut Görings provozieren mußte. Zudem schien das Hinken der Titelfigur, die Werner Krauß als abstoßenden Machtmenschen spielte, obwohl von Shakespeare vorgeschrieben, eine offenkundige Anspielung auf den hinkenden Goebbels. Angreifbar freilich war Gründgens wegen seiner Homosexualität, obwohl dies nie in der Presse gegen ihn ausgespielt wurde. Die Heirat (1936) mit der Schauspielerin Marianne Hoppe (1911–2002), die zu den führenden Darstellerinnen am Staatstheater gehörte, sollte diese Angriffsfläche ausschalten.

In der Spielplangestaltung war das Staatstheater aber durchaus der Aufsicht der Reichsdramaturgie unterworfen. Gründgens vermied es zwar, die gröbsten NS-Tendenzstücke aufzuführen. Stücke wie *Thomas Paine* von Hanns Johst (1935), Hans Rehbergs Preußendramen *Der große Kurfürst* (1934) und *Friedrich Wilhelm I* (1936) oder auch Hans Baumanns Heldendrama *Alexander* (1941) wurden jedoch gespielt. Eine Repertoire-Politik gegen die theaterpolitischen Interessen des Propagandaministeriums hätte Gründgens jedoch keineswegs durchsetzen können. So läßt sich für die Zeit seiner Intendanz eine »eindeutige, über die Tendenz zur Werktreue hinausgehende ästhetische Linie … im Spielplan und in den Inszenierungen nicht ausmachen … Gründgens' Spielplan war bunt gemischt, er vereinigte Klassiker mit modernen Stücken, die großen Dramen mit der leichten Unterhaltung.« (P. Michalzik 1999, 113) Die Bühnenwelt sollte für den Zuschauer als klar geordneter, pathosfreier Raum, vor allem als ein Gegenüber wahrgenommen werden, zu dem die Grenze eindeutig ist. Bestrebungen, diese Grenze zu überspielen, die Unterscheidung von Bühnenillusion und Wirklichkeit aufzuheben – sei es in jener Theaterverzauberung, die Max Reinhardt anstrebte, sei es in der agitatorischen Absicht des Piscator-

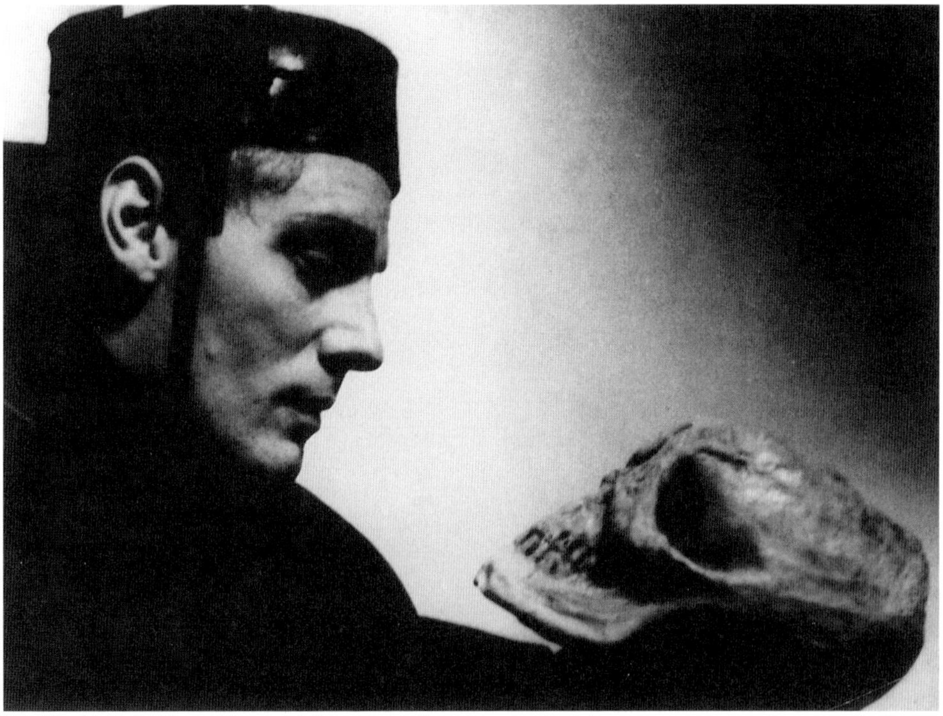

Gustaf Gründgens als Hamlet, Berlin 1936

Gustaf Gründgens als Mephisto in Goethes Faust I. *R.: G. Gründgens. Ausstattung: R. Gliese. Schauspielhaus am Gendarmenmarkt, Berlin 1941*

Theaters –, waren Gründgens fremd. Was für den Regisseur die zentrale Aufgabe sei, nannte er die »gestaltende Form«: »streng, knapp und klar«, die für die »Übermittlung einer Richtung auf der Bühne« gefunden werden müsse und die »Natürlichkeit« ausschließt. (G. Gründgens 1953, 50) In Traugott Müller und Rochus Gliese hatte Gründgens Bühnenbildner gefunden, die ihm große, klar geordnete Räume schufen, in denen sich sein Theater der strengen, mitunter der kargen Form entfalten konnte. Dennoch war auch das Berliner Staatstheater in den Repräsentationsbetrieb des NS-Staats integriert. Das galt auch für die Auslandstourneen, die Gründgens mit seinem Ensemble unternahm, so etwa 1938 nach Polen und Dänemark, 1941 nach Holland, 1942 nach Norwegen.

Gründgens hatte mit Jürgen Fehling und Lothar Müthel (1896–1965), seinen beiden Oberspielleitern, zwei Regisseure, die in der Lage waren, eigene Akzente zu setzen (Müthel auch als Schauspieler). Während Fehling in seinen rebellischen Inszenierungen die Provokationen oft bis an die Grenze der unmittelbaren Gefährdung seiner Person trieb (vgl. Kap.: Jürgen Fehling), war Müthel ein Regisseur, der insbesondere in seinen Inszenierungen von Stücken Gerhart Hauptmanns die Form des Kammerspiels mit subtileren Tönen kultivierte. Seine *Hamlet*-Inszenierung (21. Januar 1936) erregte Aufsehen vor allem durch das Profil, das Gustaf Gründgens der Titelrolle gab, und blieb über Jahre ein Erfolg im Repertoire. Gründgens spielte den Dänenprinzen ohne jede Spur von Melancholie, konzentriert und voller körperlicher Spannkraft. Ganz offenbar wollte er mit dieser Rolle »den Mephisto hinter sich lassen, ... der seriöse Künstler werden, der er tatsächlich immer zu sein wünschte, befreit von allem Ruch des Zweifelhaften.« (P. Michalzik 1999, 123) Gründgens bezeichnete

G. Hauptmann: Hamlet in Wittenberg. *R.: Robert George. B.: L. Sievert. Frankfurt 1936*

diesen Hamlet auch später noch als seine wichtigste Rolle, die er »bewußt antifaschistisch« angelegt habe. (n. D. Walach 1999, 99)

Nach dieser Premiere eskalierten die Angriffe in der nationalsozialistischen Presse auf Gründgens. Diese *Hamlet*-Auffassung erschien den NS-Ideologen (Goebbels/Rosenberg) zu »jüdisch«. Mit einer Flucht in die Schweiz entzog sich Gründgens diesen Angriffen, die eine Gefährdung auch seiner Person vorzubereiten schienen. Göring überredete ihn jedoch zur Rückkehr nach Berlin und ernannte ihn demonstrativ zum Staatsrat – ein Titel, mit dem der Status der Immunität verbunden war –, im Dezember 1936 auch zum Generalintendanten der Preußischen Staatstheater. Lothar Müthel übernahm 1939 die Direktion des Wiener Burgtheaters und leitete dieses bis 1944.

Gründgens selbst brachte 22 Inszenierungen am Staatstheater heraus, die das gesamte Spektrum der Genres umfaßten. Herausragend unter seinen frühen Inszenierungen war die von Goethes *Egmont* am 7. November 1935 mit Käthe Gold als Klärchen. In der Unterdrückung der Freiheitsbewegung in den Niederlanden waren durchaus Parallelen zur Situation in Deutschland gegeben. In Lessings *Emilia Galotti* (29. September 1937) spielte Gründgens auch den Prinzen, Marianne Hoppe die Emilia, Käthe Dorsch die Orsina, Bernhard Minetti den Marinelli, Paul Hartmann den Appiani, Friedrich Kayßler und Hermine Körner die Eltern Galotti. Es war dies eine Besetzung, wie sie im schauspielerischen Potential kaum besser vorstellbar war. Gründgens setzte in der Klarheit und Stimmigkeit dieser Inszenierung Maßstäbe für seinen Umgang

Gustaf Gründgens in der Titelrolle von Schillers Die Verschwörung des Fiesco zu Genua. *R.: K.H. Stroux. Berlin 1940*

Gustaf Gründgens als Chamberlain in dem Film Ohm Krüger. *Gesamtleitung: E. Jannings. R.: H. Steinhoff, 1941*

Gustaf Gründgens in der Rolle des Revolutionshelden Debureau in dem Film Tanz auf dem Vulkan. *R.: H. Steinhoff, 1938*

mit der klassischen Dramatik. In den ersten Kriegsjahren inszenierte er selbst beide Teile des *Faust*, am 11. Oktober 1941 kam der erste Teil heraus, am 22. Juni 1942 der zweite Teil. Wieder spielte er darin den Mephistopheles, Paul Hartmann den Faust, Käthe Gold die Margarethe und Maria Koppenhöfer die Marthe. Wieder war Formstrenge das auffallendste Merkmal dieser Inszenierung. »Wie ein Schuljunge« habe er, so schreibt Gründgens später, »seine Dichter von Zeile zu Zeile wörtlich genommen.« (n. H. Riemenschneider 1980, 94) Höhepunkte von Gründgens' Komödieninszenierungen waren: Lessings *Minna von Barnhelm* (26. September 1934), in der er selbst als Riccaut auftrat, *Ein Glas Wasser* von Eugène Scribe, darin spielte er Lord Bolingbroke, und von Pierre-Augustin de Beaumarchais *Der tolle Tag* (3. Juni 1936). Herausragend waren seine Inszenierungen von Shakespeare-Komödien: *Was ihr wollt* (1937), *Wie es Euch gefällt* (1940), *Die lustigen Weiber von Windsor* (1941).

Im Februar 1943, wenige Tage nachdem Goebbels im Berliner Sportpalast den »Totalen Krieg« ausgerufen hatte, reichte Gründgens bei Göring sein Abschiedsgesuch ein und meldete sich zur Wehrmacht. Im Juni wurde er eingezogen, behielt jedoch die Generalintendanz der Staatstheater. Seine letzte Inszenierung war dort *Die Räuber* (24. Juli 1944) von Friedrich Schiller. Er selbst spielte darin den Franz Moor, Paul Wegener den Grafen von Moor. Massive Angriffe der NS-Presse richteten sich gegen die Anlage der Figur des Spiegelberg, den Gründgens von allen Klischees eines jüdischen Intellektuellen freigehalten hatte. Die Premiere fand in einer politisch äußerst angespannten Atmosphäre statt, nur vier Tage nach dem mißlungenen Attentat auf Hitler durch den Oberst Graf Schenk von Stauffenberg. Am 1. September 1944 wurde das Staatstheater geschlossen. Unmittelbar nach der Kapitulation Deutschlands nahm Gründgens Anfang Mai 1945 die Proben zu den *Räubern* wieder auf. Während dieser Arbeit wurde er von den Russen am 5. Juni verhaftet und in einem Lager in Jamlitz bei Berlin interniert. In Theateraufführungen (vornehmlich Operetten), die dort mit primitivsten Mitteln in Szene gesetzt wurden, war Gründgens der von den Mitgefangenen wie von den russischen Bewachern gefeierte Star. Am 9. März 1946 wurde Gründgens auf Anordnung des Generaloberst Serow aus dem Internierungslager entlassen. Am 3. Mai 1946 stand er erstmals wieder auf der Bühne, am Deutschen Theater in Berlin: als Christian Maske in Carl Sternheims Komödie *Der Snob*.

Für das deutsche Nachkriegstheater wurde Gründgens zu einer Leitfigur, dessen künstlerische Prinzipien der Klarheit und der Werktreue einen Rückfall in die verhängnisvolle Indienstnahme des Theaters für die Zwecke der Politik auszuschließen schienen. Daß darin aber auch die Gefahr angelegt war, daß das Theater der Auseinandersetzung mit seiner Gegenwart und seiner jüngsten Vergangenheit aus dem Wege geht, ja die Tendenz zu deren Verdrängung, wurde spätestens seit dem Wechsel Gründgens' von Düsseldorf nach Hamburg im Jahre 1955 diskutiert. Der Vorwurf der »Restauration« kam auf, und es waren die Klassikerinszenierungen, die im Brennpunkt dieser sehr kontrovers und öffentlich geführten Auseinandersetzungen standen.

Deutsches Theater im Exil: künstlerische und politische Intentionen, institutionelle Rahmenbedingungen

Von allen Künstlern, die durch die Ausgrenzungs-Politik des NS-Regimes aus dem kulturellen Leben in Deutschland, auch aus ihren Berufen vertrieben wurden und ins Ausland geflohen waren, gerieten die Schauspieler und Regisseure in eine besonders schwierige Situation in ihren Exilländern. Diese verschärfte sich noch in den Jahren nach 1938/39, als sich der Machtbereich des NS-Staats durch die Annexion Österreichs und die Kriegsereignisse immer mehr erweiterte. (vgl. Kap.: Schweiz) Waren diese Bühnenkünstler in der Ausübung ihres Berufs doch nicht nur auf die deutsche Sprache angewiesen, sie brauchten auch ein Publikum, das diese Sprache verstand. So konnte Exiltheater ohnehin nur dort entstehen, wo sich größere Gruppen von Emigranten zusammengefunden hatten. An solchen Orten bildeten sich mitunter Clubs oder Kulturvereine, die ein »Freies Deutschland« zu repräsentieren bestrebt waren und von denen auch Initiativen zur Gründung von Theaterensembles ausgingen. Beinahe durchweg aber war die Situation die, daß die Theateraktivitäten der deutschen Emigranten letztlich nur in deren eigene Kreise hineinwirkten und von der Öffentlichkeit der jeweiligen Exilländer kaum wahrgenommen wurden. Eine Institution wie das Zürcher Schauspielhaus mit seinem »Emigranten-Ensemble« war eine solche Ausnahme. So verblieb auch der »Bekenntnischarakter« des Exiltheaters, den selbst »das reine Spiel vermittelte durch den Umstand, warum gespielt wurde und wer auf der Bühne stand« (W. Mittenzwei in: F. Trapp u.a. 1999 I, 45), mehr ein Akt zur Stabilisierung des Zusammenhalts der Emigranten in der fremden Umgebung, sicher auch ein Ringen um kulturelle Identität: ein Akt des inneren Widerstands.

Wie aus der Dokumentation *Handbuch des deutschsprachigen Exiltheaters 1933–1945* (F. Trapp u.a. 1999 I) – der auch diese Darstellung folgt –, zu erkennen ist, war nicht nur das politische und kulturelle Milieu der Exilländer, von der Schweiz bis zu den Niederlanden, von England, der Sowjetunion bis zu den USA, Südamerika und Shanghai, von sehr bestimmendem Einfluß auf die Möglichkeiten eigener Theaterarbeit von Emigranten, sehr entscheidend waren auch die persönlichen Konstellationen der einzelnen Künstler. So hatten es prominente Darsteller, die durch Gastspiele bereits vor 1933 über die Grenzen Deutschlands hinaus bekannt waren, zumindest in den Anfangsjahren leichter, auch im Ausland in ihrem Beruf tätig zu sein, als Darsteller oder Regisseure, die ein derartiges Renommee nicht hatten. Dies traf für weitaus die Mehrzahl der emigrierten Künstler zu. Der Schauspieler Alexander Moissi konnte in mehreren europäischen Sprachen seinen Beruf ausüben, war damit aber eine gänzlich singuläre Erscheinung. Versuche anderer prominenter Künstler, darunter Elisabeth Bergner, Lucie Mannheim, Fritz Kortner, Ernst Deutsch, an englischen oder amerikanischen Bühnen ein Engagement zu finden, hatten mäßigen Erfolg. Werner Mittenzwei resümiert deren Situation folgendermaßen: »Es gab Karrie-

Seit 1933 waren ca. 4000 deutschsprachige Theaterschaffende in über 40 Asylländer geflohen. Im Exil wurden ca. 500 Theaterstücke geschrieben, von denen ca. 5% nach Kriegsende gespielt wurden. Von den Emigranten kehrten ca. 60% zurück.

(U. Cofalka u. B. Schläpfer o.J. 110)

Erwin Piscators Inszenierung von W. Shakespeare: König Lear. *New York 1940*

ren, doch selten einen Durchbruch, einen Neuansatz in der schauspielerischen Entwicklung. Bassermann, Kortner, Deutsch und auch Grete Mosheim gelang es nicht, ihre frühere Leistungshöhe auf fremden Bühnen fortzuführen. Einigen eigenwilligen Talenten wurde auch ihr am Theater der Weimarer Republik geprägter Darstellungsstil weder in London noch in New York und Hollywood abgenommen. Schauspieler, in Deutschland überschwenglich gefeiert, riefen mit diesem Stil im Ausland nur Kopfschütteln hervor. Zu spüren bekam das ... vor allem Fritz Kortner. Kortner, die stärkste Begabung unter den Schauspielern des Exils, blieb fast unbeschäftigt. Vor allem am Broadway-Theater hatten die deutschen Schauspieler und Regisseure keine Chance. Die großen Regisseure der Vorhitlerzeit, Reinhardt, Jeßner, Piscator, versuchten gar nicht erst, hier anzukommen.« (F. Trapp u.a. 1999 I, 51; vgl. auch die Kap.: Max Reinhardt, Leopold Jeßner) Bertolt Brechts Versuche, seine Stücke an amerikanischen Bühnen aufführen zu können, blieben gleichermaßen ohne Erfolg. (vgl. Kap.: Bertolt Brecht) Daß Künstler wie Kurt Weill oder der österreichische Regisseur Otto Preminger in den USA neue Karrieren aufbauen konnten, waren Ausnahmen.

Eine für sie nur schwer einschätzbare politische Situation fanden Emigranten aus der politischen Theatersphäre der Weimarer Republik in der Sowjetunion vor. (vgl. P. Diezel in: F. Trapp u.a. 1999 I, 289ff) Erstaunlicherweise war die Zahl dieser Theateremigranten äußerst gering, etwa vierzig Personen. Diese betätigten sich in den Jahren von 1933 bis 1937 hauptsächlich an zwei Projekten, an der von Gustav Wangenheim und aus dessen »Truppe 1931« (die aus dem Pariser Exil in die Sowjetunion gereist waren) neu aufgebauten Theatertruppe »Kolonne Links«, die zu einem Deutschen Theater Moskau ausgebaut werden sollte, und an dem Deutschen Gebietstheater Dnjepropetrowsk. Beide Ensembles arbeiteten als Tournee-Theater und bereisten in der russischen Provinz die Gebiete mit deutschsprachiger Bevölkerung. Auch an dem Deutschen Kollektivtheater in Odessa fanden einige Emigranten Engagements. Ein von

Piscator 1936 in Engels geplantes Theaterprojekt scheiterte offenbar auch daran, daß Piscator als »politisch unzuverlässig« galt. So war es diesem auch nicht gelungen, in der Sowjetunion Regieaufgaben zu bekommen. (vgl. Kap.: Erwin Piscator) Erst in den USA konnte Piscator beruflich wieder Fuß fassen und sich dort gar eine Position erarbeiten, die nachhaltige Auswirkungen auf das amerikanische Theater hatte. Piscator gründete im Dezember 1939 an der New School for Social Research in New York eine eigene Theaterschule, den Dramatic Workshop. Dieser Ausbildungsstätte war auch eine Bühne angegliedert, das Studio Theatre. Als erste Aufführung brachte er dort mit seinen Schülern eine sehr zeitbezogene Aufführung von Shakespeares *King Lear* heraus: Lear erschien darin als Prototyp eines Diktators. Drei Spielzeiten lang fanden solche Aufführungen am Studio Theatre statt, danach mietete Piscator zwei andere New Yorker Bühnen.

Im Zentrum der Arbeit des Dramatic Workshop stand jedoch die Schauspielerausbildung. Neben Piscator unterrichteten unter anderem Lee Strasberg, Carl Zuckmayer, Hanns Eisler, Erwin Kalser, John Gassner und Brooks Atkinson. Prinzip der Ausbildung dieser »praktischen Versuchswerkstatt« war die Perfektionierung des Handwerklichen; es galt, wie Piscator es formulierte, »an den Traditionen der Vergangenheit weiterzubauen«, um den »neuen Forderungen der Zukunft begegnen zu können.« (E. Piscator 1986 II, 51) Tennessee Williams, Arthur Miller, Harry Belafonte, Tony Curtis, Rod Steiger, Marlon Brando, Judith Malina und Julian Beck, die 1951 in New York die legendäre Gruppe The Living Theatre gründeten, gingen durch diese Schule. Piscator betrieb den Dramatic Workshop zehn Jahre lang. Als er 1951 vor den berüchtig-

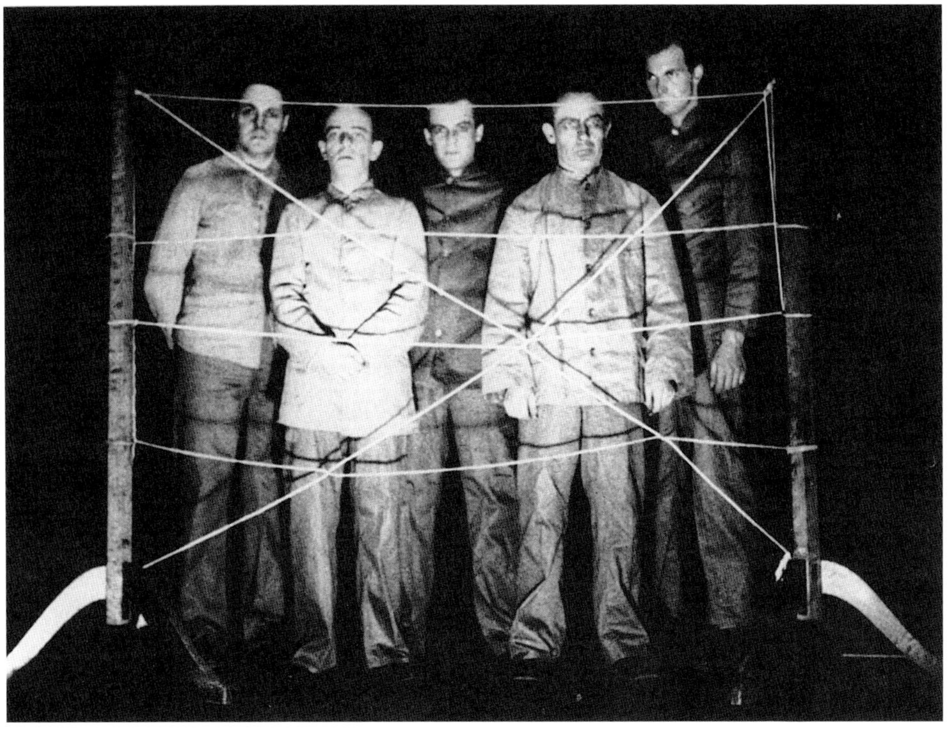

Was mancher nicht kennt. *Veranstaltung der Freien Bühne, Stockholm 1945*

Max Reinhardts Inszenierung von F. Werfels Bibeldrama Weg der Verheißung *Szene: Moses in Ägypten. R.: M. Reinhardt. B.: N. Bel Geddes. Manhattan Opera House, New York 1937*

ten McCarthy-Ausschuß geladen werden sollte (vgl. Kap.: Bertolt Brecht), verließ er die USA und ging nach Deutschland zurück.

Strukturen und Intentionen des Exiltheaters waren neben solchen Aspekten, die mit den persönlichen Gegebenheiten der einzelnen Künstler verbunden waren, letztlich auch entscheidend von der Entwicklung der politischen Situation in Europa bestimmt. Dabei waren der Einmarsch deutscher Truppen in Österreich im März 1938, die Unterwerfung Böhmens und Mährens mit dem Theaterzentrum Prag unter ein deutsches Protektorat im Jahr darauf, schließlich der Ausbruch des Zweiten Weltkriegs Ereignisse, die die Lage der deutschen Emigranten schlagartig veränderten. Viele Künstler, die 1933/34 Deutschland verlassen hatten, rechneten mit der Möglichkeit einer baldigen Rückkehr und waren zunächst nur in die unmittelbar an das Deutsche Reich angrenzenden Länder ausgereist. Prominente Bühnenkünstler hofften gar, diese Zeit durch Gastspiele und Tourneen überbrücken zu können; andere versuchten, in deutschsprachigen Ensembles in Österreich, der Schweiz oder an Bühnen der deutschsprachigen Gebiete der Tschechoslowakei Engagements zu finden. Gerade das aber erwies sich als äußerst schwierig; nicht zuletzt weil sie Pressionen ausgesetzt waren von Organisationen in diesen Ländern, die den Nationalsozialisten nahestanden und die mitunter Theaterskandale inszenierten, um die Fremdenpolizei zu mobilisieren. Vielfach führte das dazu, daß den Emigranten die Arbeitserlaubnis entzogen wurde. So hatte etwa »in Österreich so gut wie

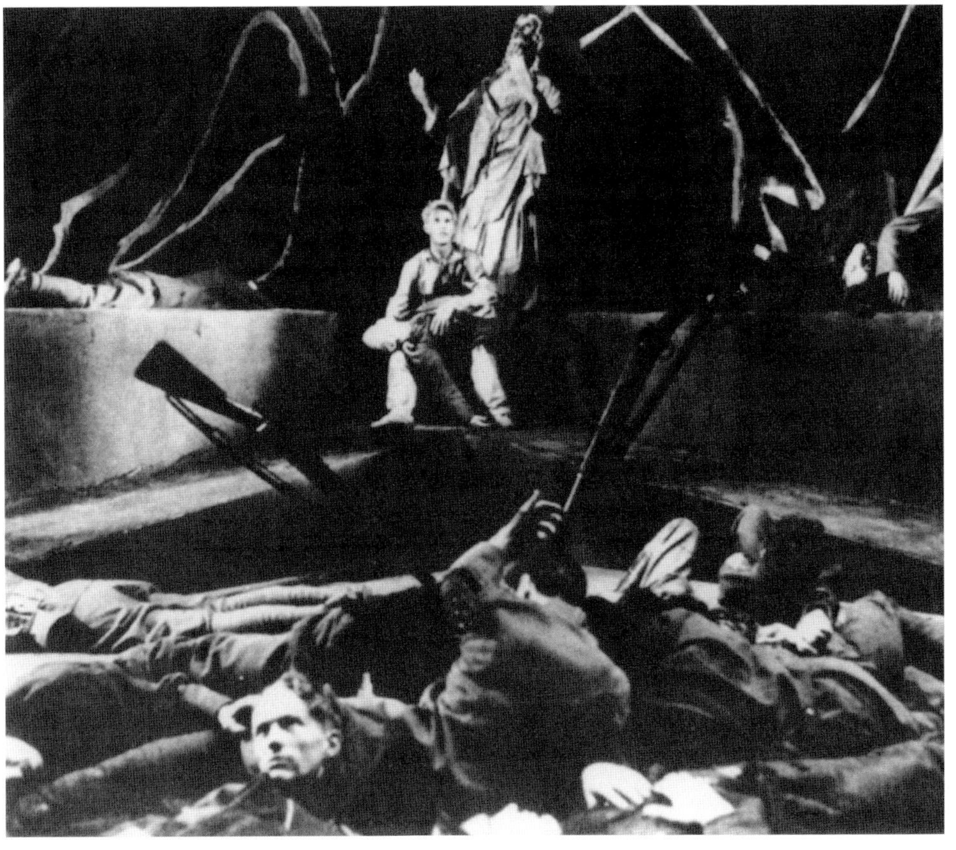

Produktion des Federal Theatre Project im Mayan Theatre von K. Weills Johnny Johnson. *Los Angeles 1937*

kein bekannter Exilierter an einer der größeren Bühnen eine Anstellung bekommen. Lediglich an Kleinkunstbühnen … sind Exilierte beschäftigt worden.« (J. Hans in: M. Brauneck, G. Schneilin 1992, 330; vgl. auch Kap.: Österreich) Wo Künstler im Exil begannen, sich selbst zu organisieren, eigene Ensembles zu bilden, waren diese Aktivitäten zumeist getragen vom politischen Willen, Widerstand zu leisten, Foren zu schaffen für die Zusammenführung antifaschistischer Kräfte im Sinne der Volksfrontpolitik. Eine wesentliche Schwächung gerade dieses politischen Impulses des Exiltheaters, bei dem links stehende Gruppen zumeist den Ton angaben, wurde hervorgerufen durch die in der Sowjetunion von Stalin veranlaßte »Säuberungs«-Politik (1936 bis 1938) und vor allem durch den Hitler-Stalin-Pakt vom Jahre 1939. (vgl. W. Mittenzwei in: H. Rischbieter 2000 I, 46)

Ein Emigranten-Ensemble, das in diesen Jahren zwei beachtliche Brecht-Inszenierungen herausbrachte, war »Die Laterne« in Paris. Zur Aufführung kamen dort *Die Gewehre der Frau Carrar* (1938) und *Furcht und Elend des Dritten Reichs* unter dem Titel 99% (1939). Helene Weigel und Ernst Busch traten darin auf, Slatan Dudow führte Regie.

Als sich bei den emigrierten Künstlern zunehmend das Bewußtsein durchsetzte, daß an eine baldige Rückkehr nach Deutschland nicht zu denken sei, entstanden nun auch professionelle Ensembles und Bühnen mit festem Standort in den freien Ländern, etwa in Großbritannien, wenige nur in den USA, wohin

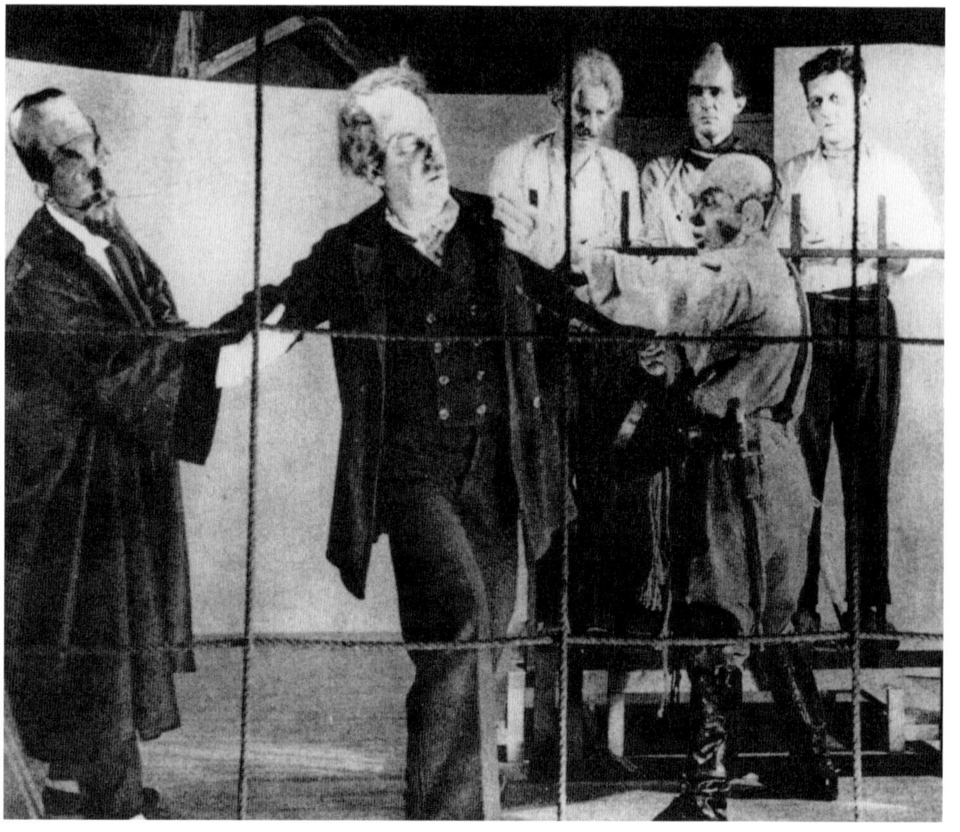

B. Brecht: Die Rundköpfe und die Spitzköpfe. *Riddersalen, Kopenhagen 1936*

weitaus die meisten deutschen und österreichischen Bühnenkünstler emigriert waren. Typisch für diese neue Entwicklungsstufe des Exiltheaters waren »Die Kleine Bühne«, die der Freie Deutsche Kulturbund 1938 in London ins Leben gerufen hatte, und »Das Laterndl« (1939), dessen Ehrenpräsident Sigmund Freud war. Es war ein Klubtheater, das im Austrian Centre in London untergebracht war und insgesamt dreiundzwanzig Programme herausgebracht hat. Ebenfalls von österreichischen Emigranten gegründet war die Kleinkunstbühne »Blue Danube Club«, die von 1939 bis 1954 bestand. (vgl. F. Kreissler in: H. Pregler u.a. 1998, 16) Ein größeres, aber nur kurzlebiges Ensemble war dort auch »Die Österreichische Bühne« (1942), die Stücke wie Lessings *Nathan der Weise* und *Professor Mamlock* von Friedrich Wolf aufführte. Neben dieser künstlerischen Arbeit diskutierten die österreichischen Emigranten in London kulturpolitische Grundsatzfragen, die sich aus dem Widerstand gegen den Faschismus ergaben und die Perspektiven aufzeigen sollten für einen Neuaufbau des geistigen und kulturellen Lebens in Österreich nach dem Zusammenbruch des NS-Regimes. Ein solches Forum existierte auch in den USA. Dessen Publikationsorgan war die »Austrian American Tribune«. Vor dem Hintergrund dieser mit Leidenschaft geführten Debatten im Exil war es für diejenigen, die unmittelbar nach 1945 in ihr Heimatland zurückkehrten, eine um so schmerzlichere Erfahrung, daß ihr Beitrag für eine Neugestaltung des kulturellen Lebens in der Zweiten Republik kaum gefragt war. Rückkehrer in die Westzonen Deutschlands mußten dort ähnliche Erfahrungen machen. Antifaschistisches Engage-

Martin Miller als Schwejk in dem gleichnamigen Stück von J. Hašek. Das Laterndl, 4. Programm, London 1940

ment war im politischen Klima des Antikommunismus als unzeitgemäßer Störfaktor unerwünscht. Eine »Stunde Null« gab es im österreichischen und westdeutschen Theater nicht. Der Hang zu Kontinuität überwog bei weitem die Bereitschaft zu einem Neubeginn. Anders erging es Rückkehrern in die sowjetische Besatzungszone Deutschlands, die selbst dem linken Lager angehörten. Diese trafen dort auf eine politische Situation, die es ihnen ermöglichte, ihre im Exil gesammelten künstlerischen und politischen Erfahrungen in den Neuaufbau des ostdeutschen Theaterlebens einzubringen.

Keine Bühne des Exils hatte so lange Bestand wie die 1940 von P. Walter Jacob (1905–1977) in der Casa del Teatro in Buenos Aires gegründete »Freie Deutsche Bühne«. Sie existierte beinahe fünfundzwanzig Jahre und war Vorbild auch für andere Exilbühnen in Südamerika. Ein Saal mit 350 Plätzen stand zur Verfügung. Gespielt wurde nur in den Wintermonaten; jede Woche kam ein neues Stück heraus. Schwänke und Konversationsstücke dominierten zwar den Spielplan, doch wurden auch klassische Dramen aufgeführt; Werke von Schiller, Goethe, Kleist, Hebbel und Grillparzer, ebenso moderne Dramatik: Wedekind, Schnitzler, Pirandello, Georg Kaiser und Carl Zuckmayer. Eine betont politische Linie verfolgte Walter Jacob mit seiner Theaterarbeit nicht. Nach der Rückkehr aus der Emigration war Jakob von 1950 bis 1962 Generalintendant des Stadttheaters Dortmund.

»Von allen Formen theatralischer Darbietung«, so resumiert W. Mittenzwei in seiner Skizze des deutschen Exiltheaters (in: F. Trapp u.a. 1999 I, 48f) »kam im

Mit seiner Theaterarbeit... ist der 1941 von exilierten Schriftstellern (u.a. Anna Seghers, Egon Erwin Kisch, Bodo Uhse) in Mexiko gegründete Heinrich-Heine-Klub eher als eine Liebhaberbühne zu bezeichnen. Seine bemerkenswertesten Inszenierungen waren Bechers Winterschlacht *(1943 u.d.T. »Hundert Kilometer vor Moskau«) und Bruckners* Denn seine Zeit ist kurz.

(J. Hans in: M. Brauneck, G. Schneilin 2001, 441)

Exil dem Kabarett die größte Bedeutung zu. Vom Anfang bis zum Ende blieb es in allen Ländern das gefragteste Genre ... Bevorzugt wurde das Kabarett nicht zuletzt von politischen Emigranten, die ihr Publikum darüber aufklären wollten, was in Deutschland unter Hitler vor sich ging ... Zudem bot die nationalsozialistische Führungsriege ein unerschöpfliches Reservoir für kabarettistische Wirkungen im Ausland.« In Deutschland hatte das Kabarett in den zwanziger und den frühen dreißiger Jahren eine außerordentliche künstlerische Höhe und Vielfalt erreicht. (vgl. Kap.: Kabarett und Revue) Da in diesem Genre besonders viele jüdische Künstler gearbeitet hatten, schlug sich dies auch im Exil nieder, und es lag nahe, daß diese Künstler ihre Arbeit, mit der sie unmittelbar und mit den Mitteln der Satire auf die Zeitverhältnisse reagieren konnten, außerhalb Deutschlands weiterführten. Zudem konnte Kabarett in nahezu jeder Lokalität stattfinden, mit einem Minimum an Ausstattung. So entstand in Prag das »Studio 1934«, das Hedda Zinner und Fritz Erpenbeck gründeten. In London zeigten sowohl das »Laterndl« wie die »Kleine Bühne« des Freien Deutschen Kulturbunds auch ein Kabarett-Programm. In Amsterdam hatte sich – nach einer Zwischenstation in der Schweiz – Rudolf Nelson mit seinem Kabarett

Erika Mann in dem Sketch Kaltes Grauen *in:* Spott auf die Deutsche Erneuerungsbewegung. *Zweites Exilprogramm der Pfeffermühle, Zürich 1934*

niedergelassen. Sein Berliner Ensemble war mit ihm in die Emigration gegangen. Nelson bot ein weitgehend unpolitisches Programm, das er bis zur Besetzung der Niederlande durch deutsche Truppen aufrechterhalten konnte. (vgl. Kap.: Niederlande)

Weitaus das berühmteste Exilkabarett war die von Erika Mann (1905–1969) noch in München gegründete »Pfeffermühle«. Den Namen hatte der Vater, Thomas Mann, erfunden. Erika Mann galt als engagierte Gegnerin des NS-Regimes und war bekannt durch ihre Auftritte bei Antikriegsveranstaltungen internationaler pazifistischer Frauenvereine. Am 1. Januar 1933 kam noch in München das erste Programm heraus. Die Münchner Schauspielerin Therese Giehse (1898–1975), als Jüdin ebenfalls eine engagierte Gegnerin des NS-Regimes, war eine der Stützen des Ensembles; Magnus Henning komponierte die Chansons. »Die Pfeffermühle« war von Beginn an als politisches Kabarett konzipiert. Im März 1933 emigrierte Erika Mann in die Schweiz. Im »Hotel Hirschen« in Zürich fand sie einen geeigneten Saal für die Wiedereröffnung ihres Kabaretts am 30. September 1933.

Therese Giehse in dem Sketch Die Dummheit *in:* Spott auf die Deutsche Erneuerungsbewegung. *Zweites Exilprogramm der Pfeffermühle, Zürich 1934*

Für die Schweiz war diese Art der Kleinkunstbühne ein Novum, dennoch nahm das Publikum die Aufführungen mit Begeisterung auf. (vgl. Kap.: Schweiz) Wieder gehörten Therese Giehse, die ab 1937 am Zürcher Schauspielhaus auftrat, und Magnus Henning zum Ensemble, hinzu kamen unter anderem der amerikanische Tänzer Caird Leslie, der Schauspieler Robert Trösch und die Grotesktänzerin Lotte Goslar. Die Attacken des Kabaretts gegen das NS-Regime waren unmißverständlich, und sie waren schärfer geworden, was den Schweizer Behörden keineswegs gefiel und schließlich zum Verbot ausländischer Kabaretts mit politischer Tendenz führte. (vgl. H. Keiser-Hayne 1995, 79 ff) Drei Programme mit mehr als tausend Aufführungen brachte Erika Mann in der Schweiz heraus. Als der Druck auf ihr Kabarett durch Störaktionen von Schweizer Nationalsozialisten im November 1934 eskalierte, ging sie Anfang 1935 mit der »Pfeffermühle« auf Tournee, zunächst nach Prag, dann nach Holland, Belgien und Luxemburg. Der Versuch im Winter 1936/37, sich in den USA zu etablieren, scheiterte. An ihre Mutter schrieb Erika Mann: »Cabaret ist dem amerikanischen Menschen nicht bekannt, – man war etwas betreten, daß keine rechten girls mitwirkten.« Dies war das Ende der »Pfeffermühle« (Januar 1937), wobei einmal mehr deutlich wurde, daß sich europäische Theatertraditionen, Genres und Schauspielstil, kaum in das theaterkulturelle Milieu der USA übertragen ließen. Gerade für die politisch engagierten Repräsentanten des deutschen Exiltheaters war dies eine bittere Erfahrung.

Eine Sonderstellung im deutschen Exiltheater nahm das Zürcher Schauspielhaus ein. (vgl. Kap.: Schweiz) Bei dieser Bühne handelte es sich nicht um eine Neugründung durch Emigranten. Vielmehr war es die Absicht des Direktors dieses Privattheaters, von Ferdinand Rieser, einen Sammelpunkt für antifaschistische emigrierte Bühnenkünstler zu schaffen. Zudem hatte Rieser dabei die Möglichkeit, prominente Bühnenstars zu für ihn äußerst günstigen Vertragsbedingungen zu engagieren.

Theater in der Schweiz

»Schweizertheater« und »Geistige Landesverteidigung«

Zwei Ereignisse, wie sie unterschiedlicher nicht sein konnten, wirkten in der Geschichte des Theaters in der Schweiz in der ersten Hälfte des 20. Jahrhunderts über den nationalen Horizont hinaus: die Dadabewegung in Zürich in den Jahren 1916 bis 1918 und die Rolle, die das Zürcher Schauspielhaus zwischen 1933 und 1945 für das deutschsprachige Exiltheater gespielt hat. Daß die Schweiz in diesem Zeitraum in Europa als klassisches Exilland prinzipiell bereitstand, war die Voraussetzung für beides. Dies hatte aber auch zur Folge, daß sowohl die Dadabewegung wie die Theaterarbeit des Zürcher Schauspielhauses mit seinem prominenten Ensemble von der Schweizer Öffentlichkeit ambivalent betrachtet, ja auch angefeindet wurden, daß beides sich in relativ abgeschlossenen Zirkeln bewegte. Letzteres traf insbesondere für die Aktivitäten der Dada-Gruppe zu, die als radikale Avantgarde ohnehin keine Ambitionen hatte, ein größeres Publikum anzusprechen. Die Beendigung der Weltkriege, 1918 und 1945, bedeutete dann auch für diese künstlerischen Projekte einen gravierenden Einschnitt. Die Emigranten verließen die Schweiz. Der Züricher Dada-Kreis löste sich auf. Vom Zürcher Schauspielhaus zog es 1945/46 die meisten Schauspieler und Regisseure wieder nach Österreich und Deutschland, vor allem nach Ostberlin zurück. Doch gingen von der Arbeit dieser Bühne auch nach 1945 noch beachtliche Impulse für das Theaterleben in der Schweiz aus. (vgl. Ch. Jauslin u. L. Naef 1989) Insofern ist das Jahr 1945 auch kein Epochendatum für die Theatergeschichte der Schweiz. Gustav Huonker resümiert diesen Übergang in die Nachkriegszeit folgendermaßen: »Kontinuität und nicht die Spur von Wende 1945 auch am Zürcher Schauspielhaus. Eine Stunde Null hat die Pfauenbühne, mindestens in den vergangenen Jahrzehnten, überhaupt nicht gekannt, auch nicht an so markanten Daten ihrer Geschichte wie 1933 und 1938. Nach Hitlers Machtübernahme baute Direktor Ferdinand Rieser zwar sein Ensemble mit hochqualifizierten verfolgten Linken und Juden entscheidend um, die er zu günstigen Bedingungen engagieren konnte. Sonst blieb es aber beim praktisch wöchentlichen Premierentermin, wie zuvor mit Reißern des Boulevard- und Unterhaltungstheaters.« (in: Ch. Jauslin u. L. Naef 1989, 13) Im Hinblick auf das interne politische und intellektuelle Klima des Landes schlägt Hans Amstutz (2000, 416ff u. 548) deshalb vor, erst im Jahre 1950 eine »Zäsur« zu setzen. Bis dahin nämlich war die »Generation der seit 1930 maßgeblichen Dramatiker ... produktiv und im Theaterdiskurs sehr präsent. Sie forderten weiterhin trotz Öffnung der Grenzen Vorrechte für ›Schweizerisches‹ auf den Bühnen des Landes. Viele Anzeichen deuten darauf hin, daß sich erst mit Beginn der fünfziger Jahre unter der Wirkung der Hochkonjunktur sowohl kulturpolitische wie auch geistige und ästhetische Neuorientierungen anbahnten; sie betrafen in gleicher Weise das Theater, die Bildende Kunst und die Musik in der Schweiz.« Im Theater wurde dieser Neuansatz wesentlich initiiert durch die beiden Schweizer Dramatiker Max Frisch (1911–1991) und Friedrich Dürrenmatt (1921–1990), deren Frühwerk nun auf die Bühnen kam und diese öffnete für gänzlich neue, langehin ausgeklammerte kritische Fragen nach den Grundlagen der bestehenden Gesellschaftsordnung. Ein Generationenwechsel wie bei den Dramatikern vollzog sich um 1950 auch in der Führung der für das kulturelle Leben in der Schweiz maßgeblichen Theaterverbände.

Im ersten Drittel des 20. Jahrhunderts bot das Schweizer Theater ein Bild der Kontinuität in der Fortsetzung einer vorsichtigen Öffnung einiger Bühnen für die Theatermoderne (Ibsen, Hauptmann, Wedekind). Aber auch die eingespielten theaterpolitischen Kontroversen wurden fortgeführt: die Diskussion um ein Schweizer »Nationaltheater«, der Gegensatz von Volks- und Berufstheater und das Problem der Überfremdung des Schweizer Theaterlebens durch Einflüsse aus dem Ausland, vor allem aus Deutschland. Es waren dies aber auch die Jahrzehnte, in denen die Theatervisionen und bühnenästhetischen Innovationen von Adolphe Appia von der Schweiz aus in das europäische Theater hineinwirkten. (vgl. Bd. III. 759 ff)

Das Thema »Nationaltheater« wurde im Zusammenhang mit der Frage nach der nationalen Identität dieses durch sprachliche und kulturelle Vielfalt so sehr geprägten Landes diskutiert. Dabei standen Argumente für eine verstärkte kulturelle Integration der unterschiedlichsten Traditionen an zweiter Stelle. Erstrangig ging es um die Forderung einer deutlichen Abgrenzung nach außen: einer »radikalen Verschweizerung der Theaterleitungen, der Ensembles und der stärkeren Berücksichtigung der Schweizer Theaterautoren bei der Gestaltung der Spielpläne.« (H. Amstutz 2000, 33 f) Es waren vor allem die »Gesellschaft Schweizerischer Dramatiker«, die 1924 gegründet wurde, ebenso die 1927 von Oskar Eberle ins Leben gerufene »Gesellschaft für Schweizerische Theaterkultur«, die solche Forderungen erhoben und in den dreißiger und vierziger Jahren entsprechende Theaterdebatten auslösten. Ein zentrales Thema war dabei immer wieder die Frage, ob nicht ein von Laien gestaltetes Volkstheater dem Schweizer Kulturideal mehr entspräche als ein Berufstheater, das für die Theaterkultur einen Verlust an Volksverbundenheit bedeuten würde und eine Abhängigkeit vom Ausland, vor allem vom reichsdeutschen Theater, geradezu zwangsläufig zur Folge hätte. Diese Tendenz – »die schweizerischen Theater den Schweizern« – fand neue Anhänger im Zusammenhang mit dem Ersten Weltkrieg, der eine »Entfremdung zwischen den kulturell eng verbundenen Ländern Deutschland und der Schweiz zur Folge hatte.« (Th. Blubacher 1995, 345) Verschärft wurde das Schweizer Abgrenzungsbedürfnis auch durch die Theaterentwicklung in Deutschland in den Jahren zwischen 1910 und 1930. Der in dieser Periode in Deutschland vollzogene Anschluß an die internationale Avantgarde, die Radikalisierung der theatralen Ausdrucksmittel etwa des expressionistischen Theaters wie die Politisierung des Theaters oder auch Entwicklungen von Revue und Kabarett, waren der Mehrheit der Schweizer Theaterpolitiker, Theaterautoren, Bühnenkünstler und dem Publikum »fremd und suspekt«. (H. Amstutz 2000, 33) Die Wirtschaftskrisen in Deutschland um 1930, in deren Folge auch viele Schweizer Schauspieler aus Engagements an deutschen Theatern entlassen wurden, beförderte ebenfalls den Willen zur

Es gehört zu den notwendigen Aufgaben einer schweizerischen Mentalitätsgeschichte im 20. Jahrhundert, daß bedacht wird, ob nicht vielleicht zwischen der ›völkischen‹ Sehnsucht in Deutschland und dem Wunsch nach Verschweizerung der Schweiz, beide unter Ausschluß alles ›Fremden‹, ein Zusammenhang bestand. Zu prüfen wäre, ob nicht beide Krisensymptome und Zeichen von Verlustangst in breiten Mittelschichten waren. Wenn dem so wäre, gehörten Fest- und Weihespiele – auch sozialistische, die die Arbeitersolidarität herbeizitierten – zur dafür typischen Semantik der Jahrzehnte zwischen 1902 und 1950, als die Defizite rascher Modernisierung – Verunsicherung und Entfremdung – besonders spürbar wurden und andere Bindungen, wie die Großfamilie, die religiösen oder die Dorf- und Quartiergemeinschaften, sich lockerten.

(H. Amstutz 2000, 159)

kulturellen Emanzipation der Schweiz gegenüber dem Nachbarland. In den Jahren von 1938/39 bis 1945 setzte sich diese Tendenz ungebrochen fort, so daß zu diesem Zeitpunkt (1945) 60% der Mitglieder der Ensembles Schweizer Berufstheater Bürger dieses Landes waren. Diese Verschweizerungsbestrebungen in der Personalpolitik hatten Konsequenzen auch für das Verhalten gegenüber den seit 1933 in der Schweiz eintreffenden deutschen Emigranten. (vgl. Kap.: Exiltheater in der Schweiz)

Trotz der Vorbehalte gegen ein Berufstheater war bereits in der zweiten Hälfte des 19. Jahrhunderts der Prozeß der Professionalisierung des Schweizer Theaters in Gang gekommen. Aber auch die großen Laienspieltraditionen wurden weitergepflegt. In deren Zuständigkeit stand vor allem die Durchführung der zahlreichen, für die Schweizer Theaterkultur so wichtigen Festspiele zu Anlässen der Kantons- und Stadtgeschichte. (vgl. Bd. III, 759 f) So existierten um 1930 in der deutschsprachigen Schweiz professionell betriebene städtische Theater in Zürich, Basel, Bern, Chur, Luzern, St. Gallen, Biel-Solothurn (ein Städtebundtheater seit 1927); in anderen Städten der Schweiz wurden Theater von privaten Betreibern, Theatervereinen oder Aktiengesellschaften unterhalten und von professionellen Ensembles bespielt. (vgl. P. Kopp u.a. 1964, 73 ff) Von diesen Theatern war neben dem privaten »Pfauentheater« in Zürich das Stadttheater in Basel die künstlerisch profilierteste Bühne, vor allem seit Oskar Wälterlin 1925 dessen Direktion übernommen hatte. Mit Adolphe Appia hatte Wälterlin 1925 ein »epochales *Ring*-Projekt« (Th. Blubacher) in Angriff genommen, das jedoch abgebrochen werden mußte. Mit diesem Projekt hätten Appias revolutionierende Ideen der Licht- und Raumgestaltung erprobt werden sollen. Der junge Walter Felsenstein (1901–1975), der einer der bedeutendsten Neuerer des Musiktheaters werden sollte, brachte zwischen 1927 bis 1929 in Basel siebenunddreißig Schauspiel- und Operninszenierungen heraus und trat dort auch als Schauspieler auf. Auch der Dirigent Felix Weingartner (1863–1942) trug in diesen Jahren wesentlich zur überregionalen Reputation des Baseler Stadttheaters bei. 1932 geriet Wälterlin in einen Skandal, der zu seiner Kündigung und einer Zurücknahme aller progressiven Spielplanprojekte führte. (vgl. Th. Blubacher 1995, 29 ff) Wälterlins Nachfolger wurde Egon Neudess, der nun das Baseler Stadttheater siebzehn Jahre lang führte. Als der 1933 aus Deutschland nach Basel emigrierte Regisseur Gustav Hartung (vgl. Kap.: Frankfurt) 1937 als Oberspielleiter engagiert wurde, kam es zu vehementen Protesten der national-konservativen Schweizer Presse. Goebbels verfügte einen Boykott reichsdeutscher Künstler gegenüber dem Baseler Stadttheater, wodurch vor allem der Opernspielbetrieb schwer beeinträchtigt wurde.

Daß in den Spielplänen der Schweizer Bühnen Stücke von Schweizer Autoren deutlich unterrepräsentiert waren, wurde vor allem in den dreißiger Jahren zum Anlaß heftiger öffentlicher Debatten. Dabei verstärkte die politische Entwicklung in Deutschland die patriotische Position in diesen Auseinandersetzungen. Der Konflikt spitzte sich besonders zu im Streit um die künstlerische Ausrichtung des Zürcher Schauspielhauses. Dessen Direktor, Ferdinand Rieser, hatte diese Bühne zusammen mit seinem Dramaturgen Kurt Hirschfeld (1902–1964) zur wichtigsten Emigrantenbühne aufgebaut, doch keineswegs nur Zeitstücke und Werke deutscher Exil-Autoren aufgeführt. Gegen deren Stücke liefen diejenigen ohnehin Sturm, die eine forcierte »Verschweizerung« der Pfau-

A. Berg: Lulu. *Dir.: R.F. Denzler. R.: K. Schmid-Bloß. Stadttheater, Zürich 1937. Uraufführung mit Nuri Hadzic (Lulu) u. Albert Emmerich (Tierbändiger)*

enbühne forderten. (vgl. Kap.: Das Zürcher Schauspielhaus 1933 bis 1945) Diese hatte auf der personellen Ebene »auch den pragmatischen Zweck der Fürsorge für die eigenen Landsleute in Zeiten ökonomischer und politischer Krisen. Innerhalb der Theaterdebatten stand aber diese Motivation nicht im Vordergrund, sondern war nur ein Teilaspekt im Hinblick auf jenes höhere und viel abstraktere Endziel: die Schaffung einer Bühne, auf der ›eine schweizerische Kunst, ein eigener, unverwechselbarer schweizerischer Theaterstil‹ sich realisieren sollte.« (H. Amstutz 2000, 70) Dramatikerwettbewerbe sollten das Erreichen dieses Ziels befördern. So kam es nach 1930 tatsächlich zu einem leichten Anstieg von Dramen Schweizer Autoren in den Spielplänen der professionellen städtischen Bühnen. Die meisten führten mindestens ein solches Stück pro Spielzeit auf. Dieser Anteil erhöhte sich noch im Laufe der dreißiger Jahre. Das Stadttheater Basel belegt diesen Trend: »Hatte man in Basel 1929 kein einziges schweizerisches Drama gespielt, so stellt das Stadttheater in der Saison 1940/41 mit elf Schweizer Stücken in insgesamt 117 Aufführungen den nationalen Rekord auf. Insgesamt zeigte man in dieser Spielzeit in der Schweiz

F. Schiller: Wilhelm Tell. *R.: E. Neudegg. B.: H. Schmidt. Stadttheater Basel, 1934*

47 Werke (Schweizer Autoren) mit 578 Aufführungen.« (Th. Blubacher 1995, 369) Dabei standen die Dramen Cäsar von Arx' an der Spitze.

Versuche, ein Schweizer Nationaltheater zu gründen, wurden Ende der dreißiger Jahre und Anfang der vierziger erneut unternommen. Dabei bestand ein Konsens darüber, daß eine solche Institution aus dem Volkstheater hervorgehen müßte, daß die Stadttheater mit ihren Berufsschauspielern dazu letztlich nichts beitragen könnten. Ebenfalls auf der Linie dieser Bestrebungen lag die Gründung der »Freien Bühne Zürich« bereits im Jahre 1917 durch den Dramatiker Jakob Bührer. Dieser leitete das Laienensemble bis 1923, scheiterte aber bei dem Versuch von dessen Professionalisierung.

Künstlerische Tendenzen im Schweizer Drama und Theater

Was die Spielpläne der professionellen Schweizer Bühnen betraf, so dominierte unstrittig die neuere ausländische Dramatik. Doch kamen auch Stücke von Schweizer Autoren zur Aufführung; auch solche, die sich in den Jahren des Ersten Weltkriegs mit Problemen der Zeit beschäftigten, mit Krieg und sozialer Not: »realistische Zeitstücke« also, deren »Harmlosigkeit« jedoch immer wieder konstatiert wurde. Aktuelle Bezüge wurden nur sehr »verkappt« (P. Lang 1944, 14) ins Spiel gebracht, gelegentlich auch bei Klassikeraufführungen. Aber selbst dieser Anflug von Zeitbezug wurde bald wieder zurückgenommen. Um 1930 setzte ein Wandel im künstlerischen und intellektuellen Klima ein mit einer ausgesprochen restaurativen Tendenz. Es kam zu einer »Remythisierung« der Schweizer Geschichte, zu einer »Wiederentdeckung katholischer Barockkultur und einer Aufwertung des Agrarsektors« als literarisches Sujet. (H. Amstutz 2000, 547) Letzteres ließ manchen der Schweizer Dramatiker in die Nähe jenes Blut-und-Boden-Kults geraten, wie er von den Nationalsozialisten propagiert wurde. Der Dramatiker Cäsar von Arx (1895–1949) war einer der führenden Repräsentanten dieser Bewegung. Sein umfangreiches Werk umfaßt Geschichtsdramen, darunter *Die Geschichte von General Suter* (1930) und *Der Verrat von Novara* (1934), Volksstücke wie *Vogel friß oder stirb* (1932), balladenhaft poetische Dramen wie *Der kleine Sündenfall* (1938), selbst Zeitstücke wie *Dreikampf* (1938) und Festspiele, so etwa das *Bundesfeierspiel* von 1941. Zum Nationalsozialismus hatte von Arx offenbar ein ambivalentes Verhältnis. Einerseits lag ihm daran, daß seine Stücke in den Spielplänen der reichsdeutschen Theater verblieben, andererseits lehnte er es ab, der Reichsschrifttumskammer beizutreten. Schließlich wurde die Aufführung seiner Dramen in Deutschland verboten. In der Schweiz war er der am meisten gespielte Schweizer Dramatiker. Der produktivste Dramatiker jedoch in den dreißiger und vierziger Jahren war Jakob Bührer (1882–1975), ein patriotischer Sozialist, der in seinen Stücken Partei nahm für die sozial Schwachen und der – wie von Arx auch – an den theaterpolitischen Diskussionen dieser Jahre führend beteiligt war. Auch das Spektrum von Bührers Arbeiten war groß. Es umfaßte Einakter, Mundartstücke, Lustspiele und Tragikomödien. Seine erfolgreichsten Bühnenarbeiten waren *Ein neues Tellenspiel* (1923), die gesellschaftskritische Komödie *Der Kaufmann von Zürich* (1928) und die politische Parabel *Die Pfahlbauer* (1932). In diesem Drama schildert Bührer archaische Formen der Tyrannei, die auf Strukturen faschistischer totalitärer Machtausübung hinzuweisen schienen.

Für die Jahre 1941 bis 1943 kommt die von Hans Amstutz und anderen erarbeitete Studie über die Spielpläne der deutschsprachigen Schweizer Berufstheater zu dem Ergebnis, daß Zeitstücke praktisch fehlten. »Diese Leerstelle ist auf die betonte Zurückhaltung der Berufsbühnen, sich im Krieg mit brisanten sozialen oder politischen Themen zu exponieren, zurückzuführen … Es galt, Rücksicht zu nehmen auf die gleichzeitig isolierte und exponierte Lage der Schweiz nach 1940 und, im Innern, auf die Wahrung und Stärkung des sozial-

Das Kriegsende und die Dramatik der Jahre bis 1950 waren dann stark von der Hoffnung auf Versöhnung und Frieden, von der Suche nach religiösem Halt und metaphysischer Orientierung bestimmt. Im Gegensatz zu den zahlreichen modernen Stücken französischer, englischer und amerikanischer Herkunft, die jetzt die Theater zeigten, blieben die Hauptautoren der Schweiz aber meist der bisher benützten traditionellen Dramaturgie weiterhin treu. Sie praktizierten eine möglichst realitätsnahe theatralische Wiedergabe konkreter Lebensverhältnisse mit klarer Aussage und zielstrebiger Durchführung; und sie zweifelten – im Unterschied zu den Avantgardisten von Strindberg bis Beckett – noch kaum an der faßbaren Identität ihrer Figuren, noch an der Möglichkeit, diese durch dialogisches Verhalten zu Entscheidungen zu führen.

(H. Amstutz 2000, 550)

politisch wichtigen eidgenössischen Burgfriedens. Das führte zu einer Entpolitisierung der Spielpläne.« (H. Amstutz 2000, 210) Das Thema Nationalsozialismus tauchte allenfalls im Genre der Komödie auf, das Thema Krieg zumeist nur in Historienstücken. Ein sozialkritisches Parabel- und Zeitstück wie Walter Leschs (1898–1958) *Jedermann 1938*, dessen Uraufführung im Dezember 1938 in der Regie von Leopold Lindtberg am Zürcher Schauspielhaus stattfand, war eine der seltenen Ausnahmen. Das gleiche gilt für Hans Wilhelm Kellers Zeitstück *Der Mann im Moor* (1936), für *Bomben für Japan* (1938) von Werner Johannes Guggenheim (1895–1946), ein Stück, das sich mit dem Waffenexport in kriegführende Länder beschäftigt, oder *Wer wirft den ersten Stein?* (1944) von Elsie Attenhofer (1909–1999), das mit viel Rücksicht auf das Schweizer Publikum das Thema Antisemitismus behandelt. War dies die allgemeine Tendenz der Schweizer Bühnen in den Kriegsjahren, so mußte sich davon die Arbeit des Zürcher Schauspielhauses um so deutlicher abheben.

Eine Sonderstellung unter den Schweizer Autoren nahm der Erfolgsautor Curt Goetz (1888–1960) ein, der freilich die meiste Zeit seines Lebens im Ausland verbrachte, jedoch Schweizer Bürger war. Goetz emigrierte 1939 nach Hollywood und kehrte 1945 in die Schweiz zurück. Er war einer der erfolgreichsten Autoren im Genre der Boulevardkomödie. Stücke wie *Die tote Tante* (Uraufführung durch Max Reinhardt 1925 an dessen Berliner Kammerspielen; bearbeitet 1926 unter dem neuen Titel: *Das Haus in Montevideo*), *Hokuspokus* (1927) und *Dr. med. Hiob Prätorius* (1932) zählten zu den am meisten aufgeführten schweizerischen Bühnenstücken der dreißiger und vierziger Jahre. Mit einem eigenen Tournee-Ensemble, in dem Curt Goetz zusammen mit seiner Frau Valerie von Martens auch als Schauspieler auftrat, reiste er durch Deutschland und die Schweiz. In Deutschland war er in der Zeit des Dritten Reichs der weitaus beliebteste Lustspielautor. Einen vergleichbaren Erfolg hatte lediglich Alfred Gehri (1895–1972) mit dem Stück *Sechste Etage* (1937), das nicht nur an deutschsprachigen Bühnen häufig aufgeführt wurde.

Eine Theatersphäre für sich war das Schweizer Volkstheater, wie es von den zahlreichen Laienbühnen, den Theatervereinen und Gelegenheitstheatertruppen gepflegt wurde. In keinem anderen europäischen Land hat das Theater der Laien einen so hohen Stellenwert, der sich auch in der kulturpolitischen Beachtung dieser Theatertradition niederschlägt. So existierten in diesen Jahren in der Schweiz etwa 2000 deutschsprachige Amateurtheatervereine. Auch die meisten Schweizer Dramatiker der dreißiger und vierziger Jahre schrieben nicht nur für die Berufsensembles, sondern auch für die Laienbühnen. In den dreißiger Jahren führten zunehmend auch Stadttheater Volksstücke auf, obwohl diese in der Mundart geschrieben waren. Die Masse an Stücken, die in diesem Zeitraum entstanden sind, ist kaum überschaubar (dazu: H. Amstutz 2000, 255). Charakteristisch für deren Grundton war eine Zurückhaltung gegenüber »problematischen Gegenwartsthemen«; in der positiven Ausrichtung waren sie patriotisch, konservativ in den Lebenswerten, die sie propagierten, modernisierungsfeindlich und verklärten die Welt der Bauern. Doch war die Vielfalt dieses Volkstheaters letztlich zu groß, um eine zu enge thematische Festlegung oder eine prinzipiell unkritische Einstellung zu Zeit und Gesellschaft feststellen zu können. Dies gilt ohnehin nicht für die Theaterarbeit der Schweizer Arbeitertheatervereine, die erklärtermaßen politische Ziele verfolgten und selbst im Festspielbe-

Szenenentwurf von René Auberjonoix zu Die Geschichte vom Soldaten *von C.F. Ramuz u. I. Stravinsky. Choreographie: G. u. L. Pitoëff. Lausanne 1918*

reich präsent waren. Innovationszentren für das Schweizer Volks- und Laientheater waren das 1915 gegründete Berner Heimatschutztheater, der Dramatische Verein Zürich, die Freie Bühne Zürich und das Baseler Ensemble »Quodlibet«.

Im Schweizer Traditionsverständnis besonders verankert waren die Festspiele, die stets die Funktion hatten, das Volk – das dabei auch als Spielgemeinschaft aktiv war – auf die Grundwerte der Schweizer Kultur und Geschichte einzuschwören. War es am Ende des Ersten Weltkriegs zwar zu einem Einbruch in dieser Spieltradition gekommen, so kam es bereits Mitte der zwanziger Jahre zu einer wahren Festspiel-Renaissance, die nicht zuletzt durch das Engagement so prominenter Autoren wie Cäsar von Arx, Jakob Bührer oder Walter Lesch sowie von Komponisten wie Rolf Liebermann, Arthur Honegger und Heinrich Sutermeister ausgelöst wurde. Hinzu kam – wie beim Projekt »Schweizertheater« insgesamt – die seit 1933 ständig zunehmende Bedrohung der Schweiz durch das nationalsozialistische Deutschland. So verlangten die Zeitumstände nach Formen der Bekundung von Solidarität und Einverständnis mit dem eigenen Land, seiner Geschichte, seinen Bewohnern und den Regierenden oder auch nur mit der Heimatstadt, der Partei und Berufsgruppe. Nichts war dafür geeigneter als diese Volksfestspiele. Anders als die von den Nationalsozialisten in Deutschland eingeführten, der Bevölkerung »verordneten« Thingspiele hatten die eidgenössischen Festspiele eine feste Verankerung im lokalen Brauchtum und fanden größten Zuspruch bei den Bürgern. »So wurde diese Spielgattung, die eigentlich besser Feierspiel genannt wurde, in den letzten Vorkriegs- und

F. Dürrenmatt: Romulus der Große. *R.: E. Ginsberg. B.: E. Gunzinger. Stadttheater Basel, 1949 (Uraufführung)*

Kriegsjahren zum akzeptierten Medium eidgenössischer Selbstdarstellung, und zwar in gleicher Weise in den städtischen wie in den ländlichen Gebieten, bei Katholiken wie bei Protestanten und praktisch in allen sozialen Schichten.« (H. Amstutz 2000, 127) Herausragende Projekte waren das Festspiel zur Schweizer Landesausstellung 1939 und das zur 650-Jahr-Feier der Eidgenossenschaft im Jahre 1941. Letzteres wurde von mehr als 100 000 Schweizer Bürgern gesehen, 980 Darsteller traten auf. Inhaltlich war es die heroisierende Schilderung wesentlicher Etappen der Schweizer Geschichte: eine Art Allegorie der stets »siegenden« Schweiz. Angesichts der realen politischen Situation – es existierten Pläne, daß bei einem deutschen Angriff auf die Schweiz, den man unmittelbar bevorstehend glaubte, die Städte evakuiert werden sollten und die Armee sich in die Alpenfestung zurückziehen würde – war dieses Festspiel freilich zu einer gänzlich realitätsfernen Veranstaltung geworden. Die ursprüngliche Idee des Autors des Spiels, »die Asyl-Pflicht der humanitären Schweiz ins Zentrum« zu stellen, schien den Verantwortlichen in der Bundesregierung zu provokativ und wurde deswegen verworfen. Die Tradition der Festspiele blieb bis zu Beginn der fünfziger Jahre lebendig.

Nach 1945 fand auf den Schweizer Bühnen eine Auseinandersetzung mit den Kriegserfahrungen, insbesondere mit internen Problemen der Schweiz – so etwa mit der Problematik der Kollaboration mit den Nationalsozialisten oder der »schweizerischen Anfälligkeit für den Faschismus« (H. Amstutz) –, nur sporadisch statt. Einige Zeitstücke von Kurt Guggenheim (*Das Friedensfest*, 1945) oder Max Hansen (*Des Teufels Widersacher*, 1949) thematisierten die Situation der Kriegsopfer. Dabei wurde aber auch deutlich, daß sich der Zeitstück-Realismus als Möglichkeit der Auseinandersetzung mit solchen Themen auf der

M. Frisch: Die Chinesische Mauer. *B.: G. Schmid. Volkstheater, Wien 1956*

Bühne überlebt hatte. »Wer als Schweizer Dramatiker auf der Höhe der Zeit bleiben wollte, mußte – auch oder gerade bei der Thematisierung von Gegenwartsproblemen – die Realistik des Inhalts und die Konventionalität der Form um jeden Preis vermeiden.« (H. Amstutz 2000, 239)

Dies war der Weg, den Max Frisch und der zehn Jahre jüngere Friedrich Dürrenmatt einschlugen und der einen Neubeginn des Schweizer Theaters um 1950 einleitete. So nutzte etwa Max Frisch in *Nun singen sie wieder* (1945), *Die Chinesische Mauer* (1946) und *Als der Krieg zu Ende war* (1948) zwar noch die Form des Zeitstücks und thematisierte unverschlüsselt moralische Grundsatzfragen, die nach den Erfahrungen mit den Greueltaten des Krieges nun zu stellen waren, doch löste er sich vom Realismus dieses Genres und entwickelte – unter dem Einfluß von Bertolt Brecht – eine Dramaturgie der Handlungs- und Illusionsbrechung, die eine kritische Reflexion dieser Inhalte ermöglichen sollte. In *Graf Öderland* (1951) erweiterte Frisch die Thematik ins Grundsätzliche, ins Modellhafte, als Frage nach dem Zusammenhang von Macht und Freiheit. Die dramatische Form näherte sich nun der Parabel. Frisch hatte bereits in den dreißiger Jahren Kontakt zum Theater. Schon zu dieser Zeit schrieb er Stücke und nahm Stellung in den theaterpolitischen Debatten: für die »Verschweizerung« des Zürcher Schauspielhauses und die Neutralität der Schweiz gegenüber dem faschistischen Deutschland; auch sprach sich Frisch anfangs gegen die Aufnahme von Emigranten ins Zürcher Ensemble aus. 1947 und 1948 kamen auch die ersten beiden Stücke von Friedrich Dürrenmatt heraus: *Es steht geschrieben*, uraufgeführt am Schauspielhaus Zürich, und *Der Blinde*, dessen Uraufführung am Stadttheater Basel stattfand. In beiden Dramen ist die Gegenwart nicht unmittelbar als Thema der dramatischen Fabel präsent, wohl aber die

Schrecken und Verwüstungen des Kriegs (des Dreißigjährigen) und ein irrwitziges apokalyptisches Katastrophenszenarium in dem Wiedertäuferdrama *Es steht geschrieben*, das bei der Uraufführung in Zürich einen Theaterskandal auslöste. Es war die Form der Groteske, in der Dürrenmatt wortgewaltig eine pessimistische Zeitdiagnose vortrug. Die Komödie *Romulus der Große*, sein drittes Stück, kam im April 1949 in der Regie von Ernst Ginsberg ebenfalls im Stadttheater Basel zur Uraufführung. Hier war die römische Geschichte die Staffage für eine weltgeschichtliche Endzeit-Farce. Um den Regierungsgeschäften zu entkommen, züchtet der römische Kaiser Hühner. In diesem Stück zeichnete sich bereits ab, was Dürrenmatt in dem Vortrag *Theaterprobleme* (Herbst 1954) als sein Verständnis – im Gegensatz zu dem Brechts – von »heutigem Theater« darlegt: Die moderne Welt sei in ihren Strukturen so komplex und abstrakt geworden, daß diese auf der Bühne, die ja »das Konkrete« erfordere, nicht mehr abbildbar sei. Allenfalls könnten ihre Repräsentanten als »Monster« erscheinen. Max Frischs Vorstellung von kritischem zeitgenössischen Theater stimmt insoweit mit der Dürrenmatts überein, als die Darstellung der modernen Welt deren »theatralische Entstellung« zur Voraussetzung habe. Dabei steht Frisch – nun aber im Gegensatz zu Dürrenmatt – Brecht nahe. Wie dieser hofft er darauf, daß das Theater durch seine Aufklärungsarbeit die Wirklichkeit zu verändern mag. In der Tradition des Schweizer Theaters markieren beide Positionen einen radikalen Bruch; zugleich schufen sie Raum für die Rezeption der europäischen Theateravantgarde.

Das Theater der Emigranten

Bereits in der zweiten Hälfte des 19. Jahrhunderts war die Schweiz zu einem Fluchtort für Verfolgte aus allen europäischen Ländern geworden. Das in der Schweizer Verfassung verankerte Asylrecht und eine strikt eingehaltene Neutralität – auch in den beiden Weltkriegen – waren dafür die Voraussetzungen. Die Motive, die Menschen in den Jahrzehnten um 1900 veranlaßten, ins Schweizer Exil zu gehen, waren durchaus unterschiedlich. Es trafen sich dort Anarchisten, Sozialisten, pazifistische Intellektuelle und Flüchtlinge, die dem Zugriff des zaristischen Regimes entgehen wollten. Richard Wagner (in den Jahren 1849 bis 1858) und Lenin (1914 bis 1917) gehörten zu den prominentesten Persönlichkeiten, die in der Schweiz Asyl suchten. Die Schweiz war auch das erste europäische Land, in dem die Pressefreiheit durchgesetzt wurde. Dies führte dazu, daß sich dort schon früh eine vielfältige politische Presse entwickeln konnte, in der Standpunkte auch von ausländischen Autoren veröffentlicht wurden, die außerhalb der Schweiz der Zensur zum Opfer gefallen wären. Zu den Gegebenheiten dieses Landes gehörte aber auch, daß in Kriegszeiten eine Intervention durch das wirtschaftlich und militärisch weitaus mächtigere Nachbarland Deutschland drohte. Das Verhalten der Schweizer Öffentlichkeit gegenüber Emigranten, vor allem die offizielle Flüchtlingspolitik der Schweiz wurden davon immer wieder beeinflußt. Ein spezielles Problem war auch die Furcht der Schweizer Gesellschaft vor Überfremdung. Dieser Aspekt wurde dadurch noch verschärft, daß sich der Anteil der Ausländer in der Schweiz von 1860 bis 1910 von fünf auf fünfzehn Prozent verdreifacht hatte; eine Entwicklung, die sich in den folgenden Jahrzehnten nur wenig abgeschwächt fortsetzte. Vor allem im Theaterbereich waren ausländische Künstler weitaus die Mehrheit, vor allem in der Oper. Die um 1930 so leidenschaftlich geforderte »Verschweizerung« des Theaters beeinflußte deswegen nachhaltig auch das Verhalten der Bühnenleitungen gegenüber Emigranten. In dieser Frage war generell eine restriktivere Haltung aufgekommen, als in der Folge der Einführung des Verhältniswahlrechts in der Schweiz (Oktober 1918) die freisinnig-demokratische Partei, die einen entschiedenen Liberalismus vertrat, ihre Mehrheit verlor.

DADA-Zürich

Der Beitrag der Dadaisten zur Theaterentwicklung mag nur eine Marginalie sein, nimmt man dafür Bühneninszenierungen zum Maßstab. Solche nämlich fanden nicht statt, entfaltete sich doch das künstlerische Innovationspotential des Dadaismus – anders als beim Kubismus, dem Futurismus oder dem Surrealismus – auf einer anderen Ebene: in der Theatralisierung einer Fundamentalkritik am herrschenden Kultur- und Kunstbetrieb. Zudem war der Dadaismus ein gesamtkünstlerisches Phänomen, dessen Merkmal gerade die Sprengung von Gattungsgrenzen war. Ihre eigentliche Wirkungsgeschichte entfaltete diese Bewegung in den fünfziger und sechziger Jahren, als mit der Happening-Bewegung, mit Fluxus und der Wiener Aktionskunst eine Art Neo-Dadaismus aufkam.

Dada-Zürich stellte die Urzelle dar, in der sich diese künstlerische Bewegung – unter den spezifischen Bedingungen des Schweizer Exils – konstituierte, ihre Programmatik formulierte und Formen einer eigenständigen Theatralik entwickelte. Daß vieles davon bereits im Kubismus und Futurismus vorgeformt war (vgl. Kap.: Frankreich, Italien), beeinträchtigt nicht die Originalität und programmatische Schlagkraft des Dadaismus. Merkmale der dadaistischen Darbietungen waren Collagen, Spiele mit »sinnlosen« Wort-Ton- und Bildelementen, Experimente mit Marionetten, Figurinen, simultanes Spiel und inszenierte Rezitationen, das Erfinden von Kommunikationssituationen, die das Publikum (zumeist durch Provokation) zum Mitspielen herausfordern sollten. So ähnlich manche dieser Aktionen denen der Futuristen waren, fehlte den Züricher Emigranten letztlich das Massenpublikum, das die italienische Avantgarde in den Städten im Norden ihres Landes mobilisieren konnte. Der Kreis der Dadaisten in Zürich trug alle Merkmale einer Caféhaus-Bohème. Einheimische Züricher Künstler waren anfangs zwar zur Beteiligung aufgefordert, doch bald verstand sich die Dadaisten-Gruppe als geschlossener Zirkel. Lenin, der vis-à-vis von dem berühmten Dadaisten-Treff, dem Cabaret Voltaire, wohnte, nahm von diesen Veranstaltungen offenbar keine Notiz.

Die Eröffnung des Cabaret Voltaire am 5. Februar 1916 in der kleinen Gaststätte »Holländische Meierei« (Spiegelstraße 1) durch den aus München nach Zürich emigrierten Dramaturgen Hugo Ball (vgl. Kap.: München) markiert den Beginn dieser Bewegung in Zürich. Richard Huelsenbeck, der aus Berlin zugereist war und dort linksradikalen und anarchistischen Kreisen nahestand, formulierte deren Zielsetzung folgendermaßen: »Dada bedeutet: Mut, Verach-

Das Wort Dada symbolisiert das primitivste Verhältnis zur umgebenden Wirklichkeit, mit dem Dadaismus tritt eine neue Realität in ihre Rechte. Das Leben erscheint als ein simultanes Gewirr von Geräuschen, Farben und geistigen Rhythmen, das in die dadaistische Kunst unbeirrt mit allen sensationellen Schreien und Fiebern seiner verwegenen Alltagspsyche und in seiner gesamten brutalen Realität übernommen wird. Hier ist der scharf markierte Scheideweg, der den Dadaismus von allen bisherigen Kunstrichtungen und vor allem dem Futurismus trennt. Der Dadaismus steht zum erstenmal dem Leben nicht mehr ästhetisch gegenüber, indem er alle Schlagworte von Ethik, Kultur und Innerlichkeit, die nur Mäntel für schwache Muskeln sind, in seine Bestandteile zerfetzt.

(*Trista Tzara u.a.:* Dadaistisches Manifest *1918, in: R. Huelsenbeck 1964, 28)*

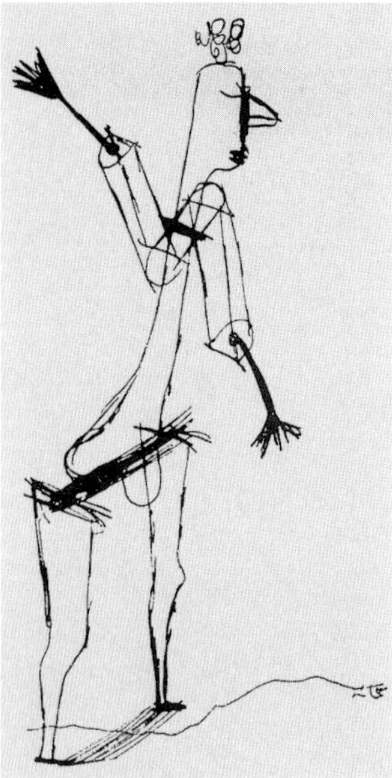

P. Klee: Spielende Marionette, *1923*

tung, Überlegenheit, revolutionärer Protest, Vernichtung der herrschenden Logik, der sozialen Hierarchie, Negation der Geschichte, totale Freiheit, Anarchie, Vernichtung des Bürgers.« Mit dem Bürgertum verbanden die Dadaisten – wie schon die Expressionisten um 1910/14 – Kriegstreiberei und Materialismus. So war auch der Pazifismus wohl die einzige weltanschaulich-politische Gemeinsamkeit dieser ansonsten recht heterogenen Gruppe.

Die Anfänge der dadaistischen Aktivitäten fallen in eine Zeit, in der in Zürich eine höchst angespannte politische Atmosphäre herrschte. Massendemonstrationen der sozialistischen Jugend und der Pazifisten im Sommer 1916 und November 1917 wurden von Polizei und Militär niedergeschlagen, wobei es auch Tote auf Seiten der Demonstranten gab. (vgl. R. Meyer u.a. 1973, 54ff) Bereits zuvor schon war es in diesem Zusammenhang zur Verhaftung und Ausweisung von Ausländern gekommen. Die Züricher Dadaisten waren in diese Auseinandersetzungen jedoch nicht involviert.

Aktiv an den Programmen des Cabaret Voltaire, die anfangs auf einer provisorischen Bühne in der »Holländischen Meierei« stattfanden, waren beteiligt: Hugo Ball (1886–1927) und dessen Lebensgefährtin Emmy Hennings (1885–1948), Tristan Tzara (1886–1927) und Marcel Janco, die beide aus Rumänien stammten, das sich 1916 der Entente angeschlossen hatte, Richard Huelsenbeck (1892–1974), der Maler Hans Arp (1887–1966) und Sophie Taeuber (1889–1943). Bestanden die ersten Programme lediglich aus lautstark und witzig dargebotenen varietéhaften Vortragsnummern (Rezitationen von Texten Voltaires, Wedekinds, Balls) Chansons und Tänzen, so brachte Huelsenbeck einen aggressiven Ton in die Veranstaltungen und schloß alles Konventionelle aus den Text-, Musik- und Tanzdarbietungen aus. Atonale Musik (Satie, Schönberg, Perottet) wurde nun aufgeführt, »Negerverse« mit Trommelbeglei-

Hans Arp, Tristan Tzara, Hans Richter. Zürich 1917/18

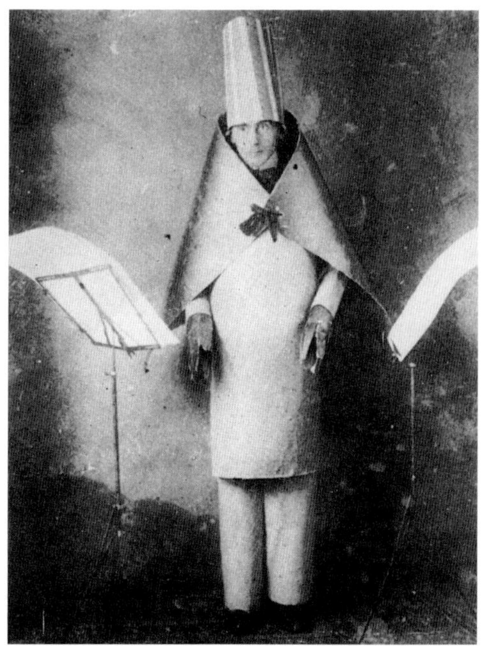

Hugo Ball in kubistischem Kostüm während einer dadaistischen Darbietung. Zürich, um 1917

Sophie Taeuber-Arp: Marionette für König Hirsch *von C. Gozzi*

tung rezitiert (darauf hatte sich Huelsenbeck spezialisiert), Simultangedichte inszeniert, Tänze in rein abstrakter Choreographie vorgeführt. Eine größere Rolle spielte jetzt auch der Vortrag provokanter Manifeste. Ball nannte diese Programme später »eine Buffonade und eine Totenmesse zugleich.« (*Die Flucht aus der Zeit*, 1946, 78) Im April 1916 erweiterte sich der Mitgliederkreis. Es kamen hinzu der Berliner Experimentalfilmer Hans Richter (1888–1978), der österreichische Literat Walter Serner (1889–1942), der Maler Christian Schad (1894–1980) und der schwedische Filmregisseur Viking Eggeling (1880–1925). Die Dada-Veranstaltungen fanden nun im Zunfthaus zur Waag vor größerem Publikum statt. Im März 1917 wurde in Zürich die Galerie DADA eröffnet, eine Zeitschrift DADA erschien bald darauf. Dies aber leitete auch schon das Ende von Dada-Zürich ein. Huelsenbeck reiste nach Berlin zurück und gründete dort eine Dada-Gruppe, die im Februar 1918 mit einem Programm nach Züricher Vorbild erstmals in der Öffentlichkeit auftrat. (vgl. M. Brauneck 1993, 196ff) Das spektakulärste Ereignis der Berliner Dada-Aktivitäten war die »Erste internationale Dada-Messe« 1920 in einer Berliner Galerie. Anläßlich dieser Ausstellung kam es zum Einschreiten der Polizei gegen die Künstler. Ausgestellt waren Arbeiten von George Grosz, John Heartfield, Hannah Hoech, Raoul Hausmann, Otto Dix und einiger russischer Avantgardisten, die aufs schärfste die staatliche Obrigkeit attackierten und diese als Verursacher des Nachkriegselends in Deutschland anprangerten. An der Decke der Galerie hing ein ausgestopfter Soldat in Offiziersuniform mit der Maske eines Schweinskopfs unter der Feldmütze. Mit Programmen dieser Art traten die Berliner Dadaisten auch in anderen deutschen Städten auf.

Die Dada-Aktivitäten, die Tristan Tzara in Paris organisierte (vgl. Kap.: Frankreich) hatten im Gegensatz zu den »Happenings« der deutschen Gruppe sehr viel mehr den Charakter experimenteller Theaterprojekte und bildeten den künstlerischen Höhepunkt der internationalen Dadabewegung in der Sphäre des Theaters.

Um 1922 löste sich diese Bewegung allerorts auf. Der französische Surrealismus führte wesentliche Impulse des Dadaismus weiter. Schienen zwar im Selbstverständnis der Dadaisten, vor allem aus der Sicht der deutschen Gruppe, politische Motive eine zentrale Rolle gespielt zu haben, so ist aber sicher auch Werner Haftmann zuzustimmen (vgl. H. Richter 1970, 221), der den »Grundimpuls von Dada« nicht in »Verzweiflung« und »Protest« sieht, sondern in dem »Gefühl einer unbändigen Freiheit«, die bis zur Euphorie von der Suche nach etwas Neuem, etwas Ganzheitlichen beflügelt war.

Exiltheater in der Schweiz: 1933 bis 1945

Die Hoffnung auf ein Engagement an den deutschsprachigen Bühnen der Schweiz war groß bei den deutschen und seit 1938 auch bei österreichischen Bühnenkünstlern, die in dieses Land vor der Verfolgung durch das NS-Regime geflohen waren. Zählten die Schweizer Bühnen doch mehr oder weniger zum »deutschen Theater«. »Als selbständiges Theaterland wurde die Schweiz – nicht nur die deutsche, auch die französische – keineswegs begriffen« (L. Naef in: Ch. Jauslin u. Naef 1989, 11). Daran hatten auch die Anfang der dreißiger Jahre geführten Theaterdebatten um eine »Verschweizerung« der Schweizer Theater in der Praxis kaum etwas geändert. In der Spielzeit 1933/34 waren lediglich fünf Prozent der Ensemblemitglieder von professionellen Bühnen des Landes Bürger der Schweiz. Was sich seit Ende der zwanziger Jahre freilich verändert hatte, war die Atmosphäre in der Schweizer Öffentlichkeit und an den Theatern. Diese waren nun weniger offen gegenüber Ausländern, zumal Reichsdeutschen. Hinzu kam, daß sich die Schweiz durch das faschistische Deutschland einerseits bedroht sah, zum andern aber auch die intensiven Wirtschaftsbeziehungen zu diesem Land nicht gefährden wollte. Die Deutsche Reichsbank wickelte während des Zweiten Weltkriegs nahezu ihren gesamten Goldtransfer ins Ausland über Schweizer Banken ab. Zudem war die Schweiz einer der hauptsächlichen Rüstungslieferanten nach Deutschland. So betrieben die Schweizer Behörden unmittelbar nach dem Eintreffen der ersten Exilanten aus Deutschland eine äußerst restriktive Flüchtlingspolitik. Es sollte die Schweiz zunächst nur Transitland sein. Arbeitserlaubnis wurde Emigranten nicht erteilt. 1938 wurde die Visumpflicht eingeführt. Jüdische Emigranten mußten auf Verlangen der Schweizer Behörden durch ein »J« in ihrem Paß gekennzeichnet sein. Eine

B. Brecht: Mutter Courage und ihre Kinder. *R.: L. Lindtberg. Uraufführung am Schauspielhaus Zürich, 1941. Mit Therese Giehse in der Titelrolle, Erika Pesch (Kattrin), Karl Paryla (Schweizerkas) und Wolfgang Langhoff (Eilif)*

weitere Verschärfung trat bei Ausbruch des Zweiten Weltkriegs ein. Die Zurückweisung von Flüchtlingen an der Grenze nahm drastisch zu. Wer ohne Visum einreiste, wurde von der Schweizer Fremdenpolizei ausgewiesen. 1940 wurden Internierungslager für Emigranten eingerichtet; 1944 gab es 80 solcher Lager. 1942 wurde die Grenze für Flüchtlinge aus »Rassegründen« geschlossen. Erst im Sommer 1944, als sich die deutsche Niederlage abzuzeichnen begann, wurden diese sehr restriktiven Maßnahmen, die sich vor allem gegen jüdische Flüchtlinge richteten, gelockert. Dennoch war die Zahl der in die Schweiz geflohenen Menschen beträchtlich; 1945 zählte man 115 000 Flüchtlinge. (vgl. Th. Blubacher 1995, 66f)

Die Bühnenkünstler unter den Emigranten konzentrierten sich ganz überwiegend auf das Zürcher Schauspielhaus, das sehr bald durch sein »Emigranten-Ensemble« künstlerisch zu einer herausragenden Bühne von europäischem Format wurde. Auch am Stadttheater Basel (vgl. Th. Blubacher 1995) fanden Emigranten Zuflucht. Vereinzelte Engagements gab es an den Stadttheatern in Bern und Luzern. (vgl. W. Mittenzwei in: F. Trapp u.a. 1999 I, 259ff) Eine Sonderstellung nahm Erika Manns Kabarett »Die Pfeffermühle« ein. (vgl. Kap.: Deutsches Theater im Exil)

Das Zürcher Schauspielhaus

Der Regisseur Gustav Hartung war einer der ersten deutschen Emigranten, die Ferdinand Rieser, der Direktor und seit 1926 Besitzer des Zürcher Schauspielhauses engagierte. Kurt Hirschfeld folgte als Dramaturg, Leopold Lindtberg als weiterer Regisseur, Teo Otto als Bühnenbildner. Ernst Ginsberg, Kurt Horwitz und Leonard Steckel zählten bereits in der Spielzeit 1933/34 zum Ensemble. Den Schauspieler Wolfgang Langhoff (1901–1965) engagierte Rieser, während dieser sich noch in einem deutschen Konzentrationslager befand. Nach seiner Freilassung wurde Langhoff eine der profiliertesten Schauspielerpersönlichkeiten an dieser Bühne. Auch Erwin Parker, Wolfgang Heinz und Karl Paryla (1905–1996) waren Mitglieder dieses Ensembles. Den ersten großen Erfolg mit einem antifaschistischen Stück hatte das Zürcher Schauspielhaus mit der Uraufführung von Ferdinand Bruckners *Die Rassen* am 30. November 1933, das sich mit dem Antisemitismus im akademischen Milieu befaßt. Im Publikum waren die prominentesten deutschen Emigranten versammelt, darunter Thomas Mann, Franz Werfel, der Dirigent Bruno Walter und die Schauspieler Alexander Moissi und Ernst Deutsch. Die Aufführung führte zu Protestaktionen von Schweizer Frontisten. Die Presse forderte von der Theaterdirektion mehr Rücksicht auf die »Befindlichkeit des befreundeten Dritten Reiches« (H. Amstutz 2000, 489). Die gleiche Situation trat ein bei der Aufführung von Friedrich Wolfs Stück *Professor Mamlock* (unter dem Titel: *Professor Mannheim*) am 8. November 1934.

Die Tendenz zur Entpolitisierung der Spielpläne trifft durchaus auch für das Zentrum des antifaschistischen Exiltheaters, das Zürcher Schauspielhaus zu, das zumindest nach 1938, also mit dem Beginn der Direktion Wälterlin, keineswegs vor allem Exildramen und Zeitstücke aufführte: 1938/39 etwa standen einem Stück Carl Zuckmayers und Thornton Wilders Kleiner Stadt *neun Stücke von Schweizer Autoren gegenüber. Zwischen 1938 und 1945 lag der Anteil der Schweizer Stücke an den gesamten Aufführungen der Pfauenbühne mit 11,5% zwar hinter den dominierenden Klassikern (37%), aber vor allen anderen Herkunftsländern; insgesamt inszenierte man in diesen Jahren 32 Schweizer Stücke. Auch die übrigen deutschsprachigen Schweizer Bühnen zeigten zahlreiche Stücke eidgenössischer Dramatiker.*

(Th. Blubacher 1945, 370)

Riesers Spielplan erhielt zwar durch die Stücke von Exilautoren ein besonderes Profil, doch innerhalb der etwa dreißig Saisonpremieren, die das Zürcher Schauspielhaus herausbrachte, stellten antifaschistische Stücke nur einen geringen Anteil dar. Es dominierten eindeutig Boulevardkomödien und Unterhaltungsstücke. Der Anteil an Klassikerinszenierungen nahm jedoch stetig zu. In der Saison 1933/34 standen acht Klassiker-Aufführungen im Programm. Die bemerkenswerteste Inszenierung davon war die von Shakespeares *Richard III.* mit Albert Bassermann in der Titelrolle. Regie führte Gustav Hartung, der 1934 dieses Theater verließ.

Die Arbeitsbedingungen am Zürcher Schauspielhaus, das unter Rieser noch als Privattheater betrieben wurde, waren keineswegs günstig. Gagen wurden nur für acht bis zehn Monate gezahlt. Die Engagement-Verträge mit den Emigranten waren stets kurzfristig, meist nur für einzelne Inszenierungen. Rieser, der politisch immer mehr unter Druck geriet, verpachtete 1938 sein Theater und ging ins Exil, zunächst nach Paris, dann in die USA. Nur durch eine Umwandlung seiner Rechtsträgerschaft konnte das Schauspielhaus vor dem finanziellen Zusammenbruch gerettet werden. Es wurde deswegen als Aktiengesellschaft weitergeführt, an der sich auch die Stadt Zürich beteiligte und dieses Theater zu »ihrer Sache« machte. Neuer Direktor wurde Oskar Wälterlin (1895–1961), der das Zürcher Schauspielhaus bis 1961 leitete.

Der Einmarsch der deutschen Wehrmacht im März 1938 in Österreich veränderte auch die Atmosphäre in der Schweiz beinahe schlagartig. Die eigene Bedrohung wurde stärker empfunden und mobilisierte ein Widerstandsverhalten im Sinne der »Geistigen Landesverteidigung«. Dies hatte Folgen auch für die Einstellung zum Theater als einer »nationalen« Institution. Es waren vor allem die Klassiker-Inszenierungen, die Wälterlin herausbrachte, an denen sich eine neue Linie abzeichnete. »Sie wurde nicht durch einen neuen Inszenierungsstil, nicht durch sensationelle theatralische Lösungen und auch nicht allein durch überragende künstlerische Leistungen bewirkt, sondern durch das intensive Bekenntnis des Publikums zu der humanistischen Sendung der klassischen Dichtung.« (W. Mittenzwei in: F. Trapp u.a. 1999 I, 279) Höhepunkte der Klassiker-Inszenierungen Wälterlins wurden Goethes *Götz von Berlichingen*

Oskar Wälterlin bei einer Probe mit Traute Carlsen am Schauspielhaus Zürich

(1938, in der Titelrolle Heinrich Gretler), Schillers *Wilhelm Tell* (1939) mit Wolfgang Langhoff als Geßler, Büchners *Dantons Tod* (1940), Regie führte Leopold Lindtberg, Wolfgang Heinz spielte die Titelrolle, Wolfgang Langhoff den Robespierre, Karl Paryla den St. Just. Diese Besetzung »war ganz offenkundig ein politisches Programm« (L. Lindtberg). 1940 brachte Lindtberg seine *Faust*-Inszenierung heraus, in einer politisch höchst angespannten Atmosphäre, in der täglich mit dem Einmarsch deutscher Truppen in die Schweiz gerechnet wurde. Basel wurde teilweise evakuiert. Zwischen der deutschen und der schweizerischen Luftwaffe kam es zu Gefechten.

Wälterlin hatte 1938 das von Ferdinand Rieser aufgebaute »Emigranten-Ensemble« übernommen. Neu hinzu kam als »einheimischer Nothelfer« (W. Mittenzwei) der Schweizer Schauspieler Heinrich Gretler (1897–1977), der zuvor an deutschen Theatern gearbeitet hatte. Die offene antifaschistische Linie,

Bühnenmodell von Teo Otto für B. Brechts Mutter Courage und ihre Kinder. *R.: L. Lindtberg. Schauspielhaus Zürich, 1941*

die Rieser am Zürcher Schauspielhaus durchgesetzt hatte, wurde von Wälterlin in dieser Weise nicht fortgesetzt. Jedoch widersetzten sich Wälterlin und Gretler mit großer Entschlossenheit allen Vereinnahmungsversuchen durch nationalsozialistische Kreise und traten solchem Ansinnen mit dem Anspruch einer uneingeschränkten Autonomie des Künstlerischen entgegen. In Wälterlins Spielplan ging zwar die Anzahl von Stücken von Exilautoren insgesamt zurück, doch wurden Uraufführungen der Stücke von Bertolt Brecht zu theatergeschichtlich herausragenden Ereignissen an dieser Bühne (vgl. Kap.: Bertolt Brecht): *Mutter Courage und ihre Kinder* am 19. April 1941 in der Regie von Leopold Lindtberg mit Therese Giehse in der Titelrolle; *Der gute Mensch von Sezuan* am 4. Februar 1943 in der Regie von Leonard Steckel und ebenfalls in dessen Regie *Galileo Galilei* am 9. September 1943. Steckel spielte darin die Titelrolle. Brecht hatte dem Zürcher Schauspielhaus dieses Stück zwar bereits 1939 zugesandt; die Uraufführung kam jedoch erst zustande, als aus der Sicht der Schweiz der Zusammenbruch des Hitler-Faschismus als sicher galt.

Diese drei Uraufführungen kamen in einer recht konventionellen Form auf die Bühne, was dem Züricher Publikum freilich entgegenkam. Die deutschsprachige Erstaufführung von Thornton Wilders Stück *Wir sind noch einmal davongekommen* am 16. März 1944 war gewissermaßen »vorweggenommenes Nachkriegstheater« (H.R. Hilty).

Unmittelbar nach 1945 setzten Wälterlin und Hirschfeld ihre Arbeit in der Kontinuität der vorangegangenen Kriegsjahre zunächst fort. Eine Anpassung an das veränderte politische Klima der Nachkriegsjahre, das stark von dem aufkommenden Anti-Kommunismus geprägt war, konnte jedoch nicht ausbleiben. Das »Emigranten-Ensemble« hatte sich im Sommer 1946 aufgelöst. Die beiden Kommunisten Langhoff und Paryla waren die ersten, die die Schweiz verlassen hatten. Mit Beginn der Spielzeit 1946/47 war jedoch Caspar Neher als Bühnenbildner an das Zürcher Schauspielhaus gekommen. Bald darauf trafen Bertolt Brecht und Fritz Kortner in Zürich ein. Von Brecht brachte Wälterlin noch das »Volksstück« *Herr Puntila und sein Knecht Matti* als Uraufführung heraus (5. Juni 1948). Brechts wichtigste Bühnenarbeit in der Schweiz nach 1945 war jedoch nicht in Zürich, sondern in Chur zu sehen. Es war seine *Antigone*-Bearbeitung. (vgl. Kap.: Bertolt Brecht) Bald formierte sich ein neues Star-Ensemble am Schauspielhaus, darunter Agnes Fink, Bernhard Wicki und der Regisseur Heinz Hilpert, der Max Frischs erstes abendfüllendes Stück als Uraufführung inszenierte: *Santa Cruz* am 7. März 1946. Klassikerinszenierungen aber blieben auch in den fünfziger Jahren Schwerpunkte in Wälterlins Spielplan. Überwiegend aber wurden gängige Unterhaltungsstücke und französische und amerikanische zeitgenössische Dramen aufgeführt. Eine aufsehenerregende Uraufführung war die von Carl Zuckmayers Schauspiel *Des Teufels General*, bei der Heinz Hilpert Regie führte, Caspar Neher das Bühnenbild schuf und Gustav Knuth die Rolle des Fliegergenerals Harras spielte.

Inzwischen hatte der »Kalte Krieg« auch in der Schweiz Folgen gezeitigt. (vgl. H. Rischbieter in: Ch. Jauslin u. L. Naef 1989, 82 f) Autoren mit linker politischer Tendenz blieben vom Spielplan ausgeschlossen. Dies galt in diesen Jahren auch für Brecht.

Nicht unmittelbar zum Exiltheater gehörig, doch durchaus unter vergleichbaren Rahmenbedingungen standen die Theaterprojekte Giorgio Strehlers in Genf, einem Zentrum französischer Emigranten, wo sich viele vertriebene französische Schauspieler, zeitweise auch Pitoëff und Jouvet aufhielten. Strehler war als Offizier der italienischen Armee in die Schweiz geflohen und wurde dort in einem Militärlager interniert. Dort nun entwickelte er den Plan, eine eigene Theatertruppe zu gründen. Er ließ sich deswegen nach Genf verlegen, wo er Theaterkurse besuchte und 1944 die »Compagnie des Masques« gründete, die er unter dem Pseudonym »Georges Firmy« leitetete. (vgl. O. Gloor in: Ch. Jauslin u. L. Naef 1989, 51) Mit dieser Truppe brachte Strehler zwei Inszenierungen heraus, darunter die Uraufführung von Albert Camus' *Caligula*. Im April 1945, nach der Befreiung von den Faschisten, kehrte Strehler nach Italien zurück. Dort begann er seine Theaterreform vorzubereiten, die 1947 zur Gründung des Piccolo Teatro di Milano führte. Das Zürcher Schauspielhaus wurde zum Vorbild für die Organisation dieses ersten Teatro stabile in Italien. (vgl. E. Cella in: Ch. Jauslin u. L. Naef 1989, 62 f)

Eine eigene Sphäre im Schweizer Theaterleben nach 1933 war das Kabarett. W. Mittenzwei nennt es die »Davidschleuder der Emigranten gegen den nationalsozialistischen Goliath« (in: F. Trapp u.a. 1999 I, 276). Das berühmteste Ensemble in diesem Genre war Erika Manns »Pfeffermühle«. (vgl. Deutsches Theater im Exil) In der gleichen Spielstätte, in der dieses Kabarett auftrat – im Theatersaal des »Hirschen«, eines volkstümlichen Lokals im Züricher Niederdorf –, trat auch das Schweizer Kabarett »Cornichon« auf. Dessen Gründer war der Autor und Regisseur Walter Lesch, der mit seinem Programm eine ausgesprochen antifaschistische Tendenz vertrat. Auch am »Cornichon«, das am 1. Mai 1934 eröffnete, traten Emigranten auf. So prominente Musiker wie Arthur Honegger und Paul Burkhard komponierten Chansons für dieses Kabarett, das bis 1951 bestand.

Österreich

Die politischen und sozialen Rahmenbedingungen des Theaters in den Jahren 1914 bis 1938

Bereits vor dem Ausbruch des Ersten Weltkriegs war der Fortbestand des österreichischen Vielvölkerstaats durch die sich verschärfenden nationalen Spannungen im Osten und Südosten dieses Staatenverbunds gefährdet. Zudem geriet Österreich-Ungarn im Laufe des Ersten Weltkriegs in eine immer stärkere militärische und wirtschaftliche Abhängigkeit vom Deutschen Reich. (vgl. Kap.: Deutschland/Einleitung) So war der politische Zusammenbruch der habsburgischen Monarchie 1918 unabwendbar, die Folge eines sich längst abzeichnenden Zerfallsprozesses, der im Regierungsverzicht Kaiser Karls am 11. November 1918 seinen offiziellen Abschluß fand. Am Tage nach diesem Verzicht rief eine provisorische Nationalversammlung die Republik Deutschösterreich aus. Die am 16. Februar 1919 gewählte Nationalversammlung, in der die Sozialdemo-

Bühnenbildentwurf von Oskar Laske für C. Goldoni: Der Diener zweier Herren. *R: M. Reinhardt. Theater in der Josefstadt, Wien 1924*

Bühnenbildentwurf von Oskar Strnad zu Wozzek *von A. Berg. R.: L. Wallerstein. Staatsoper, Wien 1930*

kratische Partei die stärkste Fraktion war und auch den Kanzler stellte, beschloß eine demokratische Bundesverfassung. Sie hob alle Herrscherrechte der Habsburger auf, enteignete diese und verwies jene Mitglieder des Hauses Habsburg, die sich auf diesen Verzicht nicht einlassen wollten, des Landes. Die Beendigung einer ehemals glanzvollen Geschichtsperiode war damit zwar vollzogen, die Aufgabe jedoch, in der neuen Republik das »Bewußtsein einer eigenen nationalen Identität« zu schaffen, stand noch bevor. (vgl. H. Haider-Pregler in F. Trapp u.a. 1999 I, 98f) Die in dieser Konstellation angelegten Konfliktpotentiale zwischen den politisch-weltanschaulichen Gruppierungen und Parteien, den Sozialisten und Liberalen auf der einen Seite und den durch die politische Gesamtentwicklung verunsicherten Christlich-Sozialen, den nationalen und den katholischen Kräften auf der anderen eskalierten in den zwei folgenden Jahrzehnten, spalteten Staat und Gesellschaft und zerstörten am Ende die Republik.

Der hohe Stellenwert, der in Österreich traditioneller Weise den Theatern – vor allem den beiden einstigen kaiserlichen Repräsentationsbühnen, dem Wiener Burgtheater und der Hofoper – für den gesellschaftlichen Wertediskurs beigemessen wurde, machte es 1918 erforderlich, daß diesen Institutionen ein neuer sozialer Sinn innerhalb der neuen, demokratischen Staats- und Gesellschaftsauffassung zugewiesen werden mußte. Zudem ging es darum, die als kaiserlicher Besitz geltenden Theater nun als Staatstheater zu führen und in den

Finanzhaushalt der Republik zu übernehmen. Angesichts der vollständig zerrütteten Staatsfinanzen war dies eines der diffizilsten kulturpolitischen Probleme, die es zu lösen galt. Für die inhaltliche und künstlerische Ausrichtung der Theater ging es darum, die Spielpläne auf die Interessen eines breiten Publikums, durchaus im Sinne volkspädagogischer Ambitionen, auszurichten und diesem durch eine entsprechende Preisgestaltung den Kartenkauf zu ermöglichen. Vor allem das Burgtheater, von seinem Selbstverständnis her eine »Schule der Schönheit, der Wahrheit, des Lebens- und Weltbildes, des guten Geschmacks und der feinen Lebensart« (n. M. Dietrich 1976 I, 487), war in diese Demokratisierungsbestrebungen einbezogen. Dabei griffen die Sozialdemokraten auf Vorstellungen zurück, die sie bereits am Beginn des Jahrhunderts mit der Volksbühnenbewegung vertreten hatten. Aus diesem Geiste war 1906 der Verein »Wiener Freie Volksbühne« gegründet worden. (vgl. Bd. III, 743) Das christlich-soziale Lager dagegen kämpfte für ein Theater der patriotischen und moralischen Aufrüstung, das vor allem von jüdischem und sozialistischem Einfluß freizuhalten sei. So wurde von Beginn der Republik an das Theater zum Schauplatz eines mit Vehemenz geführten Kulturkampfs, der bis in den Alltag der Menschen hineinwirkte. (vgl. A. Pfoser in: E. Schreiner 1989, 35f) Die nach 1918 entstandene liberalere Atmosphäre, in der eine neue Freizügigkeit im Vergnügungsbetrieb und auch in den Spielplänen der Theater aufgekommen war, bot dem konservativen Lager permanent Anlaß, die »Schamlosigkeit« der Bühnen anzuprangern und zu »christlicher Selbsthilfe« aufzurufen. Eine Theatervorzensur bestand nach 1918 – zwar auf rechtlich umstrittener Grundlage – zunächst noch weiter, es wurde davon jedoch kaum Gebrauch gemacht. 1926 wurde die Theaterzensur schließlich offiziell abgeschafft. So blieb den konservativen Kulturkämpfern allein das Mittel der Provokation und der Diffamierung von Autoren und Theaterleitern in der Presse, um unliebsame Theateraufführungen zu verhindern. Spektakulärer Höhepunkt waren dabei die Ereignisse um die Aufführung von Arthur Schnitzlers Stück *Der Reigen* (vgl. Bd. III, 754f) im Februar 1921 an den Kammerspielen des Wiener Volkstheaters, die »die neue Republik an den Rand des Bürgerkriegs« brachte. Parlament, Gemeinderat und die Kirchenführer schalteten sich in diese Debatte um die Kunstfreiheit ein. Der von den Nationalen geschürte Volkszorn »entlud sich schließlich am 16. Februar 1921 in einem organisierten Überfall auf die Kammerspiele, aus denen das Publikum mit Brachialgewalt und Gejohle, mit Schlagringen und Teereiern ausgetrieben wurde ... Die Antisemiten aller Lager hatten begriffen, daß sie sich mit dem Sturm auf den *Reigen* als Wächter des Anstands profilieren konnten.« (A. Pfoser in: E. Schreiner 1989, 36) Ein Vorgang wie dieser, dem vergleichbare Skandale vorangegangen waren, bot einen Vorgeschmack auf die Aggressivität, zu der sich diese kulturkämpferischen Auseinandersetzungen entwickeln sollten.

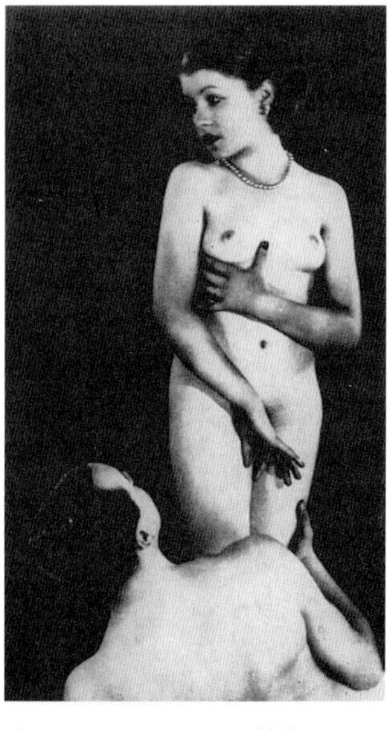

Aus einer Privataufführung von A. Schnitzlers Reigen. *Der Dichter und das Mädchen, um 1928*

Die politische Entwicklung der Zwischenkriegszeit nahm einen Verlauf, an deren Ende die Abschaffung der Demokratie stand. Stationen der Eskalation dieser Konflikte waren: die Niederschlagung der Arbeitermassendemonstrationen durch Regierungstruppen und der Brand des Wiener Justizpalastes am 15. Juli 1927, die Straßenkämpfe zwischen Arbeitern und der Polizei im April 1929, der Bürgerkrieg im Februar 1934, und die Ermordung des Kanzlers Dollfuß bei einem Putschversuch der österreichischen Nationalsozialisten im Juli 1934.

Raoul Aslan als Mephisto und Ewald Balser als Faust in Goethes Faust, *R.: F. Herterich. Burgtheater, Wien 1928*

1920 hatte Österreich seine endgültige Verfassung erhalten, die den Anschluß an das Deutsche Reich von der Zustimmung des Völkerbunds abhängig machte. Letztlich bedeutete dies die Verhinderung einer »großdeutschen Lösung«. Diese aber erschien 1920 nahezu allen Parteien als der einzige Ausweg aus der existenzbedrohenden Wirtschaftskrise, die das Land paralysierte. Auch wurde Österreich nun mit den Folgen des verlorenen Weltkriegs konfrontiert, mußte erhebliche Gebietsverluste und hohe Reparationskosten akzeptieren. Die Sozialdemokraten verloren 1920 die Mehrheit im Parlament an die Christlich-Soziale Partei, die nun mit der Großdeutschen Volkspartei und dem Landbund die Regierung bildete. Die damit gegebene Konstellation von Regierenden und linker Opposition entwickelte sich zu einer Gegnerschaft, die sich radikalisierte und eine aggressive öffentliche Atmosphäre entstehen ließ, die sich massiv auch auf die kulturelle Sphäre, vornehmlich auf die Theater auswirkte. Der sozialdemokratische Republikanische Schutzbund und die austrofaschistische Heimwehr (seit 1930 »Heimatblock«) gerieten in bürgerkriegsähnliche Auseinandersetzungen. »Wer 1933 die österreichische Grenze überschritt«, so resümiert Hilde Haider-Pregler diese Situation und ihre Auswirkungen auf die Theater, »kam in ein von Arbeitslosigkeit gezeichnetes, politisch instabiles, alsbald vom Bürgerkrieg erschüttertes Land, das die Erlangung seines temporären Friedens mit dem Verlust der parlamentarischen Demokratie bezahlte. Die Krise hatte auch die Theater nicht verschont. Die Arbeitslosenrate unter den Schauspielern war erschreckend hoch, nur wenige Theater konnten einen kontinuierlichen Spielbetrieb aufrechterhalten. Die Aussicht auf ein fixes Engagement zu kollektivvertraglichen Bedingungen war gering, sogar prominente Künstler schlugen

Zuverdienste durch Star-Auftritte im Varieté oder dergleichen nicht aus, die meisten Privattheater schlitterten von einer Direktionskrise in die andere.« (in: F. Trapp u.a. 1999 I, 98) Dies war auch die Situation, die die aus Deutschland 1933 vor dem NS-Terror nach Österreich geflohenen Bühnenkünstler vorfanden. Deren Aufnahme in die österreichischen Theaterbetriebe war unter den gegebenen Verhältnissen denkbar schwierig. Zudem entsprachen die ankommenden Emigranten den gängigen Feindbildern des konservativen Lagers; galten die meisten dieser Künstler doch als politisch links eingestellt und als »Freigeister«, oder sie waren jüdischer Herkunft.

Zu den kulturpolitischen Rahmenbedingungen des Theaterwesens gehören auch die Einrichtungen und gesetzlichen Vorgaben, die diesen Bereich unter sozialen und arbeitsrechtlichen Aspekten regeln. Als Interessenvertretung der Bühnenkünstler war bereits 1893 der Deutschösterreichische Bühnenverein gegründet worden. Zehn Jahre später konstituierte sich der Verband österreichischer Theaterdirektoren, 1909 wurde ein Pensionsinstitut für Bühnenangehörige gegründet. Ein seit Jahrzehnten verhandeltes Schauspielergesetz, das Rechte und Pflichten in dieser Arbeitssphäre festlegte, dazu die soziale Absicherung der Bühnenkünstler, wurde am 14. Juli 1922 vom Nationalrat verabschiedet. Es war dies das erste staatliche Gesetz dieser Art in Europa und galt als enormer sozialpolitischer Fortschritt. Ergänzt wurde die Theatergesetzgebung durch das Theatergesetz von 1928, das vor allem die Konzessionsbestimmungen neu definierte. Die Zensurfrage war am Anfang dieses Jahrhunderts wieder besonders in die Diskussion geraten, als es darum ging, die naturalistische Dramatik (Stücke wie Gerhart Hauptmanns *Die Weber* oder *Jugend* von Max Halbe) auf die österreichischen Bühnen zu bringen. Hier galt zunächst noch die Gesetzgebung von 1850, die 1903 nur leicht modifiziert, 1926 jedoch abgeschafft wurde. Aus der Sicht der Theaterdirektoren wurde die Abschaffung der Zensur jedoch nicht nur positiv beurteilt. Drohte ihnen doch nun strafrechtliche Verfolgung, wenn sie sich mit einzelnen Stücken zu weit in tabuisierte Themenbereiche hineingewagt hatten. Eine Vorzensur hätte diese Möglichkeit ausgeschlossen. Andere theaterpolitische Steuerungsinstitutionen waren die sogenannten »Kunststellen«, die als Publikumsorganisationen beträchtlichen Einfluß auf die Spielpläne der Theater – vor allem der Privattheater – gewannen. Einflußreichste und älteste dieser »Kunststellen« war die 1919 gegründete »Sozialdemokratische Kunststelle« mit ihren etwa 20000 Mitgliedern, die vor allem mit dem Volkstheater, der progressivsten Wiener Bühne in den zwanziger Jahren, zusammenarbeitete. Bei manchen Inszenierungsplänen versicherten sich die Theaterdirektoren, daß diese Kunststellen genügend Karten abnehmen würden, bevor die Entscheidung für die Aufnahme eines Stücks in den Spielplan getroffen wurde. (vgl. A. Pfoser in: E. Schreiner 1989, 36f) Auch andere politische und weltanschauliche Gruppierungen hatten solche »Kunststellen« eingerichtet.

Eine neue Dimension der staatlichen und halbstaatlichen Regulierung des Theaterwesens entstand nach der Abschaffung der parlamentarischen Demokratie durch die »Mai-Verfassung 1934«. Der seit 1932 amtierende, der Vaterländischen Front angehörige Bundeskanzler Engelbert Dollfuß (1892–1934) hatte die Republik nach der Selbstauflösung des Parlaments im März 1933 in ein autoritäres Regierungssystem auf christlich-ständischer Grundlage verwandelt.

R. Musil: Die Schwärmer. *R.: E. Axer. Akademietheater, Wien 1980. Mit Karlheinz Hackl (Anselm) und Gertraud Jesserer (Maria)*

Wesentliche Freiheitsrechte waren eingeschränkt, die Kommunistische Partei Österreichs, der sozialdemokratische Republikanische Schutzbund, aber auch die NSDAP wurden verboten. Letzteres führte zu einer mit wirtschaftlichen Repressionen verbundenen Verschlechterung des Verhältnisses zum Deutschen Reich, zumal Dollfuß auch allen großdeutschen Ambitionen entschieden entgegentrat und eine Politik der nationalen Souveränität vertrat. Als Einheitspartei regierte unter dem Dollfuß-Regime die Vaterländische Front. Der rigide antidemokratische und antisozialistische Kurs, den Dollfuß innenpolitisch durch-

Wildgans klärt den Begriff des deutsch-österreichischen Volks- und Nationaltheaters im Verhältnis zum Theater Deutschlands. Denn das Burgtheater ist anderen historischen Traditionen entwachsen als die Theater Deutschlands. Und das bleibt ihm als Erbe auch in der deutsch-österreichischen Republik, »denn es steht nicht bloß zufällig auf einem beliebigen Fleck Erde, sondern kraft historischer Kausalität in der Hauptstadt jener deutschen Lande, die seit Jahrhunderten das Sammelbecken für den Zusammenstrom vieler Völkerschaften sind. Hier bildete sich jener übernationale Typus des Deutschen heraus, den ich bei anderer Gelegenheit einmal den österreichischen Menschen genannt habe, und ihm entsprach schon in der Monarchie das Burgtheater, das einem vielsprachigen Völkerstaat ein maßgebendes deutsches Kulturzentrum zu sein vermochte. Solches Vermögen besteht aber auch heute noch in reichem Maße«. … »Weltmittelbarkeit« komme (dem Burgtheater) heute in diesem Sinne zu: »auf weltunmittelbarem österreichischen Boden« die bedeutenden Werke der Weltliteratur zu präsentieren.

(A. Wildgans: Die geistige Sendung des Burgtheaters in der Republik. *1926, n.: M. Dietrich 1976 I, 563)*

setzte, führte im Februar 1934 zum Bürgerkrieg, der mit der blutigen Niederschlagung der Sozialdemokratie, deren Enteignung und Verbot endete. Am 1. Mai 1934 trat schließlich eine Verfassung in Kraft, die dieses autoritäre System legitimierte.

Dollfuß wurde im Juli 1934 bei einem nationalsozialistischen Putschversuch ermordet. Seine Politik – auch die enge politische Kooperation mit dem faschistischen Italien – führte sein Nachfolger Kurt Schuschnigg (1897–1977), der der Christsozialen Partei angehörte, jedoch weiter. Schuschnigg gelang es zunächst, die Beziehungen zur Regierung Hitlers wieder zu normalisieren, konnte aber letztlich deren großdeutsche Expansionsabsichten nicht verhindern, zumal sich nun auch Mussolini für den »Anschluß« Österreichs an das Deutsche Reich ausgesprochen hatte. Für Österreich bedeutete der von der Mehrheit der Bevölkerung bejubelte Einmarsch deutscher Truppen am 12. März 1938 das Ende der staatlichen Souveränität. Eine Volksabstimmung im April bestätigte diesen »Anschluß«. Österreich erhielt von 1938 bis 1945 offiziell die Bezeichnung »Deutsche Ostmark«. Der österreichische Nationalsozialist Arthur Seyß-Inquart wurde bis 1939 als Reichsstatthalter in Wien eingesetzt. Anschließend war er in den Niederlanden und in Belgien in dieser Funktion tätig.

In diesen Jahren von 1934 bis 1938 wurden die Kultur- und Theaterpolitik in Österreich den Zielen des Austrofaschismus angepaßt. Dieser war ein ideologisches Konglomerat mit großer Affinität (jedoch nicht identisch) zum Nationalsozialismus: antiliberal, antimarxistisch, antidemokratisch, antisemitisch, Großstadt-feindlich und agrarromantisch, von einer »Österreich«-Ideologie bestimmt, die eine biologistische Idee vom »deutschen Volkskörper« propagierte und darin alle sozialen Gegensätze überwunden glaubte. (vgl. A. Staudinger in: E. Schreiner 1989, 86 f u. F. Aspetsberger 1980) Eine dieser Ideologie folgende autoritäre Ordnung wurde nun auch im Kulturbetrieb durchgesetzt. Ein »Bundeskulturamt« wurde eingerichtet. Die bestehenden Interessenvertretungsverbände in dieser Arbeitssphäre wurden aufgelöst und eine berufsständische Einheitsgewerkschaft gegründet. Neben diesen staatlichen Einrichtungen gründete die Vaterländische Front eine »Österreichische Kunststelle«, die nach Auflösung der »sozialdemokratischen Kunststelle« und der Eingliederung anderer Besucherorganisationen einen entscheidenden Einfluß auf die Spielpläne der privaten Theater gewann. Die 1936 gegründete Freizeitorganisation »Neues Leben« hatte das Ziel, das Publikum auf die austrofaschistische Staatsdoktrin einzuschwören. Deren Theaterabteilung betrieb eine eigene »Österreichische Landesbühne«, die als Wanderbühne die theaterlosen Regionen bespielte. (vgl. A. Staudinger in: E. Schreiner 1989, 84) Zwar nicht mit der gleichen Effizienz, in den Zielsetzungen aber vergleichbar war der österreichische Kulturbetrieb nun nach dem Muster der reichsdeutschen Gleichschaltungspolitik neu organisiert. Auch hier waren die Verdrängung jüdischer Künstler aus offiziellen Funktionen, die Diskriminierung linker Positionen und der gesamten Moderne als »kulturbolschewistisch« und die Propagierung völkisch getönter Blut-und-Boden-Ideale die leitenden Prinzipien der Kunstpolitik.

Die Situation der Theater 1918 bis 1938: Tendenzen in den Spielplänen und neue künstlerische Entwicklungen

Österreich hatte bereits am Beginn des 20. Jahrhunderts ein im europäischen Vergleich außerordentlich gut ausgebautes Theaterwesen. Noch um 1900 waren im Gebiet von Österreich-Ungarn allein von dem Wiener Architekturbüro Fellner & Helmer (vgl. Bd. III, 729ff) mehr als dreißig Theaterneubauten errichtet worden. Die Theatermetropole Wien dominierte zwar souverän die Theaterkultur des Landes, doch auch in der österreichischen Provinz, in Städten wie Salzburg, Linz, Graz und Klagenfurt existierten mehrspartige Theaterbetriebe, die ein an der Hauptstadt orientiertes Repertoire pflegten und nur zu oft als »Sprungbrett« für junge Talente dienten, die es letztlich an die Bühnen nach Wien zog. Dort kam es in den Jahren von 1914 bis 1918 noch einmal zu einem Boom an Theaterneugründungen; insgesamt waren es neun, darunter das Neue Wiener Stadttheater, der Redoutensaal, das Akademietheater, das Moderne Theater und das Schönbrunner Schloßtheater. Damit waren in diesen Jahren in Wien rund 3500 Zuschauerplätze zu dem ohnehin gewaltigen Platzangebot der beiden Hof- und der zahlreichen etablierten Privattheater und Vorstadtbühnen hinzugekommen. So sprach man Mitte der zwanziger Jahre zu Recht von einem »ungeheuren Überangebot« an Theater. (vgl. A. Pfoser in: E. Schreiner 1989, 34), und es konnte in dieser wirtschaftlich schwierigen und politisch unübersichtlichen Zeit nicht ausbleiben, daß die meisten dieser Bühnen von einer wirtschaftlichen Krise in die nächste schlitterten, vor allem in den Sommermonaten, in denen das Publikum wegblieb. Einige der Theater wurden in den zwanziger Jahren zu Kinos umgebaut, einem Trend dieser Zeit folgend. Nach 1918 war der Betrieb eines Theaters ein kaum noch kalkulierbares Unternehmen geworden. Im harten Konkurrenzkampf um das Publikum überboten sich die Bühnen mit reißerischen, vielfach frivolen Programmen. So wurde etwa das *Reigen*-Verbot von 1921 im Jahr darauf wieder aufgehoben, weil die Zensurbehörde den Argumenten des Direktors der Kammerspiele folgte, er brauche dieses Stück, um wirtschaftlich zu überleben. Und es wurden dann auch täglich zwei Aufführungen gegeben, um die Publikumsnachfrage zu befriedigen. Alle Theater brachten eine geradezu »atemberaubende Menge« an Premieren pro Monat heraus. »Fünf bis sechs neue Aufführungen waren nicht selten. Etwa 60 Prozent der Inszenierungen erlebten jedoch keine zehnte Aufführung, denn da waren sie schon abgesetzt. Unter ihnen traf man gerade die literarischen Stücke aus der zeitgenössischen Literatur.« Beim Volkstheater, der experimentierfreudigsten Bühne Wiens in diesen Jahren, waren dies Stücke wie Georg Kaisers *Papiermühle*, Carl Sternheims *Die lebende Maske*, Robert Musils *Vincenz oder die Freundin berühmter Männer.* (A. Pfoser in: E. Schreiner 1989, 37) Erfolgreiche Inszenierungen wurden von einem Theater an ein anderes gebracht, um das an die jeweilige Bühne gebundene Zuschauerpotential »abzuschöpfen«. Angesichts dieser Verhältnisse erhielten die großen Publikums-

R. Billinger: Rauhnacht. *R.: J. Fehling. Staatstheater, Berlin 1931. Werner Krauß als Simon Kreuzhalter*

K. Kraus: Die letzten Tage der Menschheit. *R.: H. Hollmann. Theater Basel, 1974*

organisationen und die diversen »Kunststellen« einen enormen Einfluß auf die Spielpläne, ja selbst auf die Besetzung einzelner Aufführungen. Auch das renommierte Burgtheater war in schwere wirtschaftliche Bedrängnis geraten. 1920 trat Albert Heine, der Direktor dieser Bühne, zurück, da er die finanzielle Sicherstellung seines Theaters nicht gewährleistet sah und ihm der offenbar unvermeidlich erscheinende Traditionsbruch als Folge einer neuen Publikumsstruktur, nicht vertretbar erschien. Hinzu kam die katastrophale wirtschaftliche Situation der gesamten Bevölkerung, die sich kaum noch einen Theaterbesuch leisten konnte.

Heine hatte zusammen mit dem Bühnenbildner Alfred Roller (1864–1935), einem Mitbegründer der Wiener Sezession, »dem Expressionismus die Tore des Burgtheaters geöffnet«. (M. Dietrich 1976 I, 528) Höhepunkte seiner Direktion waren aber auch Inszenierungen von Shakespeares *Macbeth* und *Hamlet* im Jahre 1920. Eine Lösung der Krise sollte die Bespielung des Burgtheaters durch das Ensemble von Max Reinhardt bringen. Dieser Plan löste heftigsten Protest bei den offiziösen Traditionshütern wie in Kreisen der Wiener Öffentlichkeit aus: Der »Berliner Effektenmann« würde »die letzten Reste der Burgtheaterkunst« verdrängen, schrieb Hugo Thimig, der prominenteste Schauspieler dieser Bühne. So trat schließlich der Dramatiker Anton Wildgans (1881–1932) die Nachfolge Heines an, der wieder »hohe Kunst« zu betreiben entschlossen war: »Das wird das Gesindel vertreiben, für die Guten wird wieder Platz.« (n. M. Dietrich 1976 I, 554) Den finanziellen Notstand konnte Wildgans dadurch freilich nicht beheben. Er beendete seine Direktionszeit bereits 1922. Sein Nachfolger als Leiter des Burgtheaters wurde für nur eine Spielzeit Max Paulsen. Nun inszenierte aber auch Max Reinhardt an den dem Burgtheater angeschlossenen Bühnen, im Redoutensaal und am Schönbrunner Schloßtheater. (vgl. Kap.: Max Reinhardt) Paulsen sanierte das Burgtheater durch einen Spielplan mit »Erfolgslustspielen der eleganten Welt« (M. Dietrich), die er im Akademietheater herausbrachte. 1923 standen die österreichischen Staatsfinanzen unter der Kontrolle des Völkerbunds, was für beide Staatstheater eine äußerst prekäre Situation darstellte. Paulsens Nachfolger, Franz Herterich, brachte in seiner Direktionszeit, die 1930 endete, durch einen breitgefächerten Spielplan und eine enge Zusammenarbeit mit den Publikumsorganisationen, den Theatergemeinden und Kunststellen, eine gewisse Stabilität in den Kurs dieses Theaters. Die zweite Direktion von Anton Wildgans (1930 bis 1931) stand wieder unter dem Motto, diese Bühne eine Stätte sein zu lassen, an der sich österreichische kulturelle Identität darstellt. Nachfolger von Wildgans wurde Hermann Röbbeling, der verstärkt auf Stücke setzte, die auch geschäftlichen Erfolg versprachen. Zudem baute er das Abonnementsystem aus. 1938 wurde Röbbeling entlassen, da er sich weder in der Spielplangestaltung noch in der Zusammensetzung seines Ensembles jenen nationalistischen Bestrebungen fügen wollte, die das Burgtheater als »lupenreines deutschblütiges Theater geführt sehen wollten.« (M. Dietrich 1976 I, 683). So sind an dem geradezu hektisch verlaufenden Wechsel der Direktionen dieses Hauses beispielhaft die ideologischen Turbulenzen, aber auch die wirtschaftliche Krisengeschichte ablesbar, in die die Theater, ja selbst dieses exponierte Staatstheater, in den Jahren der Ersten Republik gerieten.

Die Verhältnisse an der Wiener Hofoper waren durchaus vergleichbar denen am Burgtheater, was die allgemeinen Rahmenbedingungen der Hoftheaterbetriebe angeht, doch wurde die Oper nicht in dem Maße Austragungsort politischer Auseinandersetzungen wie das Schauspieltheater, das durch seinen Spielplan mehr Anlaß zur Polarisierung bot. In der wirtschaftlich schwierigen Zeit des Ersten Weltkriegs stand der Hofoper ein typischer Manager als Direktor (1911 bis 1918) vor, Hans Gregor, der dem Traditionstheater ein recht radikales Modernisierungsprogramm aufzwang. Mit dem *Rosenkavalier* von Richard Strauss, den er am 8. April 1911 als erste Premiere seiner Direktion herausbrachte, konnte er (drei Monate nach der Dresdner Uraufführung, vgl. Bd. III, 722f) einen enormen Publikumserfolg verbuchen, desgleichen mit Richard Wagners *Parsifal* (März 1914), dessen dreißigjährige Schutzfrist am 1. Januar 1914 abgelaufen war. Bis dahin durfte das Werk »legal« nur in Bayreuth aufgeführt werden. Auch gelang es Gregor, 1918 die Aufhebung des Aufführungsverbots der *Salome* von Richard Strauss durchzusetzen. Die Premiere dieses Stücks am 14. Oktober 1918 war die letzte des »K.K. Hof- und Operntheaters«, das seitdem als »Staatsoper« firmierte. In den sieben Jahren seiner Direktion hatte Gregor ein Ensemble von Weltrang aufgebaut, in dem die tschechische Sopranistin Maria Jeritza, eine Spezialistin für psychologisch vielschichtige Frauenfiguren, einen geradezu legendären Ruf genoß. Als Gregors Nachfolger wurden Richard Strauss und Franz Schalk in einer Doppeldirektion (bis 1924) berufen. Sie waren die ersten Direktoren der Staatsoper, der nun auch eine Dependance im Wiener Redoutensaal angegliedert wurde. Die Bühnenbildner Alfred Roller und Robert Kautsky hatten diesen Saal zur Spielstätte umgerüstet.

K. Kraus: Die letzten Tage der Menschheit. *R.: H. Hollmann, Basel 1974*

Es war das politisch so instabile erste Jahr der Republik, in dem für den künftigen Status der Staatstheater noch keine weiterreichenden Konzepte existierten. In dieser Situation gelang es Strauss, einen Spielplan zu realisieren, der künstlerisch keine Kompromisse zuließ. (vgl. A. Seebohm 1986 u. M. Prawy

E. Kálmán: Die Bajadere. *Operettenexotik, ironisch überdreht. Uraufführung am Carl Theater, Wien 1921*

1969, 102ff) Strauss setzte Akzente mit Werken zeitgenössischer Komponisten, darunter Schreker, Korngold und seine eigenen Kompositionen. Als nach 1924 Franz Schalk alleiniger Direktor der Staatsoper war, kamen auch die für die zweite Hälfte der zwanziger Jahre typischen Zeitopern in den Spielplan: Paul Hindemiths *Cardillac* und Ernst Křeneks Erfolgsoper *Jonny spielt auf*, die die auch andernorts üblichen, von Deutschnationalen inszenierten Skandale auslösten. (vgl. Kap.: Deutschland/Neues Musiktheater) In den Jahren um 1930 spitzten sich die wirtschaftlichen Schwierigkeiten der Theater generell erneut zu, so daß Schalks Nachfolger Clemens Krauss, Direktor der Staatsoper von 1929 bis 1934, einige zugkräftige Operetten ins Repertoire nahm, um die Schließung der Oper abzuwenden. In den letzten Jahren der Republik leiteten Felix von Weingartner (1935 bis 1936) und Erwin Kerber (1936 bis 1940) das Operntheater. Kerber hatte den Dirigenten Bruno Walter (1876–1962) als künstlerischen Berater engagieren können. Insbesondere gegen ihn richteten sich die in den Jahren vor dem »Anschluß« immer aggressiver werdenden antisemitischen Kampagnen österreichischer Nationalsozialisten. So ging Bruno Walter schließlich, wie nahezu alle führenden Ensemblemitglieder der Staatsoper, 1938 in die Emigration.

Von den Wiener Privattheatern, die vor allem unter einem dramatischen Rückgang des Theaterbesuchs – als Folge massenhafter Arbeitslosigkeit – zu leiden hatten, gelang es allein dem Deutschen Volkstheater, einen klaren künstlerischen Kurs zu halten. Unter der Direktion von Alfred Bernau (1879–1950), der das Theater von 1918 bis 1924 gepachtet hatte, wurde das Volkstheater zu einem ambitionierten Forum zeitgenössischer Dramatik. In dem Architekten und Bühnenbildner Oskar Strnad (1879–1935) fand er dabei einen engagierten Mitstreiter. Mit experimentellen Klassikerinszenierungen, vor allem aber mit

E. Křenek: Schwergewicht oder: Die Ehre der Nation. *Dir.: O. Klemperer. R.: E. Legal. Kroll-Oper, Berlin 1928*

sozialkritischen Zeitstücken, die immer wieder auch Publikumsskandale auslösten, gestaltete Bernau einen literarisch anspruchsvollen Spielplan. Auch die später vollzogene Fusion des Deutschen Volkstheaters mit dem Raimundtheater bereitete Bernau vor. Die Kooperation mit den Berliner Reinhardt-Bühnen war ein zweites Projekt, das dem Volkstheater wirtschaftliche Stabilität verschaffen sollte. Da Max Reinhardt 1924 das von ihm erworbene Theater in der Josefstadt eröffnete, zerschlugen sich diese Pläne. Unter Bernaus Nachfolger, Rudolf Beer (1889–1938), der diese Bühne von 1924 bis 1932 leitete, wurde das Deutsche Volkstheater vollends zum »lebendigsten« Theater Wiens. (vgl. U. Simek in: E. Schreiner 1989, 65 ff) Mit dem Dramaturgen Franz Theodor Csokor (1885–1969) und dem Regisseur Karl Heinz Martin forcierte Beer den von seinem Vorgänger eingeleiteten Modernisierungskurs. Bald galt das Deutsche Volkstheater als »Berliner Dependance« (U. Simek). Beer brachte Stücke wie Ernst Tollers *Hoppla, wir leben* und Brechts *Dreigroschenoper* erstmals in Wien heraus. Auch führte er nun das Deutsche Volkstheater und das Raimundtheater als gemeinschaftliches Unternehmen. 1931 wich Beer, der der Sozialdemokratie nahestand, dem politischen Druck der Rechts-Parteien und pachtete zusammen mit Karl Heinz Martin Reinhardts Deutsches Theater und dessen Kammerspiele in Berlin. Mit der Machtübernahme Hitlers 1933 endete jedoch Beers Berliner Zeit. In Wien ließ er 1933 die »Scala«, das einstige Johann-Strauß-Theater, das seit 1930 als Kino genutzt wurde, wieder zu einem Theater umbauen und führte diese Bühne bis 1938, dem Jahr, in dem Beer dem nationalsozialistischen Terror gegen seine Person nicht mehr gewachsen war und sich das Leben nahm. In den Jahren austrofaschistischer Theaterpolitik mutierte das Deutsche Volkstheater unter der Direktion von Rolf Jahn zu einer erfolgreichen Lustspielbühne, an der Auftritte auswärtiger Stars wie Max Pallenberg oder Albert Bassermann

Glanzlichter setzten. Bereits im Februar 1938 hatte Jahn sein Theater im Sinne der NS-Säuberungspolitik umorganisiert.

Die Salzburger Festspiele: Pflege des »höheren Theaterwesens der Nation«

Daß mit der Gründung der Salzburger Festspiele ein kulturpolitisches Zeichen gesetzt werden sollte im Sinne regional geprägter Traditionsbewahrung, darüber geben Denkschriften und Festreden zureichend Auskunft. Max Reinhardt sprach in diesem Zusammenhang gar von einem »ersten Friedenswerk«. Daß zugleich aber auch ein kulturtouristisches Unternehmen entstehen sollte, von dem sich die Stadt Salzburg samt Umland ökonomischen Profit versprachen, auch darüber bestand bei den Gründervätern dieser Festspiele keinerlei Zweifel. Zunächst stand der Name »Mozart« im Zentrum von Festspielplanungen in Salzburg, die bis auf das Jahr 1887 zurückgehen. Ein Mozartfestspielhaus sollte

H. v. Hofmannsthal: Jedermann. *R.: M. Reinhardt. Domplatz zu Salzburg, 1920*

Ansicht der Felsenreitschule in Salzburg mit den Aufbauten für Max Reinhardts Inszenierung von Faust. Erster Teil, *1933–37*

gebaut werden. 1904 aber schalteten sich der österreichische Schriftsteller Hermann Bahr und Max Reinhardt in diese Diskussion mit eigenen Projekten ein; ein Sommerfestival mit Shakespeare-Inszenierungen war geplant. Die Errichtung des Mozarteums 1914 schien eine Art Zwischenlösung zu sein. 1917 griff Reinhardt die Festspielidee erneut auf und veröffentlichte eine ideenschwere *Denkschrift zur Errichtung eines Festspielhauses in Hellbrunn.* (vgl. Kap.: Deutschland/Max Reinhardt) Im gleichen Jahr wurde der Verein »Salzburger Festspielhaus-Gemeinde« gegründet, der nun federführend für den weiteren Fortgang der Planungen war. (dazu: E. Fuhrich u. G. Prossnitz 1990, 9 ff) Im Jahr darauf wurde ein »Kunstrat« berufen, der ein künstlerisches Profil für diese Festspiele erarbeiten sollte. Ihm gehörten neben Max Reinhardt der Direktor der Wiener Staatsoper, Franz Schalk, und der Komponist Richard Strauss an. 1919 wurden auch Hugo von Hofmannsthal und der Architekt und Bühnenbildner Alfred Roller Mitglieder dieses Gremiums. Hofmannsthal wurde nun derjenige, der in einer Festrede (*Die Idee der Salzburger Festspiele*) und in programmatischen Essays (*Festspiele in Salzburg, Deutsche Festspiele zu Salzburg*) die kulturphilosophischen Grundlagen dieses Festspielprojekts verbindlich formulierte: »… uralt Lebendiges (sollte) aufs neue lebendig gemacht« werden. Salzburg, im Schnittpunkt aller kulturellen Strömungen des Abendlandes gelegen, schien der rechte Ort zu sein, um den »Urtrieb des bayrisch-öster-

Heinrich George als Mammon in H. v. Hofmannsthal: Jedermann. *Salzburger Festspiele, 1920*

Alexander Moissi als Jedermann. Salzburger Festspiele, 1920

reichischen Stammes« zu seinem elementaren Spiel kommen zu lassen. Dieser aber sei – so Hofmannsthal – im Gegensatz zu allen verderblichen Tendenzen der Moderne, zu deren »formloser Abstraktion«: »deutsches Volksspiel« und vor allem Mysterientheater, wie es das Mittelalter kannte. »Mozart (sei) das Zentrum«, die »Naturwahrheit«, die diese Festspiele beseelen sollte. Zur Eröffnung eines eigenen Festspielhauses kam es jedoch erst 1925.

Der politische Umbruch 1919 hatte weitreichende Konsequenzen auch für die Salzburger Festspielhaus-Gemeinde und zwar im Sinne von deren »Demokratisierung«. Nahezu alle Ministerien der Staatsregierung wurden nun an den Planungen beteiligt. Für den Bau eines Festspielhauses gab man Ideenprojekte in Auftrag. Davon war der Entwurf von Hans Poelzig der interessanteste: Es war »ein kegelförmiger Monumentalbau, dessen Außengestaltung an den babylonischen Turm erinnert« (E. Fuhrich u. G. Prossnitz 1990, 22). 2500 Zuschauer sollte dieses Theater fassen.

Schließlich wurden am 22. August 1920 die Salzburger Festspiele mit einer Inszenierung des *Jedermann* von Hugo von Hofmannsthal eröffnet. Regie führte Max Reinhardt, der bereits die Berliner Uraufführung dieses Stücks (1911) herausgebracht hatte. Alexander Moissi trat in der Titelrolle auf; Moissis Frau, Johanna Terwin, spielte die Buhlschaft, Werner Krauß zugleich Tod und Teufel und Heinrich George den Mammon. Einar Nilson hatte die Musik für diese Aufführung komponiert, Kostüme und Bühne Alfred Roller entworfen. Von wem die Idee stammte, das Stück vor dem Dom aufzuführen, wo es seither seinen festen Platz hat und zum Symbol für die Salzburger Festspiele geworden ist, läßt sich offenbar nicht mehr ermitteln. Bei diesen ersten Festspielen war die *Jedermann*-Inszenierung die einzige Veranstaltung. Voraussetzung für die Aufführungsgenehmigung vor dem Dom war, daß der Reingewinn der Veranstaltung den Salzburger Kriegsopfern zugute kam. Alle Mitarbeiter verzichteten auf Gagen und Tantiemen. (vgl. A. Müry 2001, 20)

Bereits 1921 waren die Festspiele antisemitischen Attacken ausgesetzt. Reinhardt, Moissi und Hofmannsthal waren die Opfer dieser Schmähkampagnen. Das *Jedermann*-Spiel aber wurde nun auch in einer Dialektfassung aufgeführt.

1922 fand die erste Uraufführung bei den Salzburger Festspielen statt. In der Kollegienkirche wurde *Das Salzburger Große Welttheater* gezeigt; eine freie Nachdichtung der Calderónschen Vorlage durch Hofmannsthal. (vgl. Bd. II, Kap.: Spanien/Calderón) Zur österreichischen Rezeption dieses Stücks gehörte auch die wütende Polemik, die der Satiriker und Essayist Karl Kraus (1874–1936) in der von ihm gegründeten Zeitschrift *Die Fackel* anläßlich dieser Uraufführung veröffentlichte. Diese Kritik richtete sich gegen den »Welttheaterschwindel«, den Reinhardt, Moissi und Hofmannsthal in Szene setzen würden,

Werner Krauß als Teufel. Salzburger Festspiele, 1920

Reinhardts Inszenierungen des Salzburger großen Welttheaters *in dem weiten Raum der Kirche Fischers von Erlach im August 1922 hinterließ bei den Besuchern einen starken Eindruck. Vor dem Hauptaltar hatte Alfred Roller rot verkleidete Podien aufgebaut und auf diese vor schwarzem Grund gotische Nischen für die Hauptfiguren gestellt: die Welt, den König und den Reichen, die Schönheit, die Weisheit und den Bauern, der mit Anton Meth, einem Bauernspieler aus Reichenhall besetzt war. Den Vorwitz spielte der Salzburger Volksdichter und Rezitator Otto Pflanzl, den Bettler Alexander Moissi. »Der stärkste oder, wenn man will, vehementeste Moment des Ganzen war jener Totentanz, der dem Hinwelken und Abschiednehmen der sechs allegorischen Figuren vorausging …, den Reinhardt nur mit einer Trommel begleiten ließ, aber in einem Rhythmus, der einen feierlichen Schrecken durch die Versammlung verbreitete und in dieser ein dumpfes Aufseufzen vieler Menschen hervorrief, von anderer und stärkerer Art, als je ein profanes Theater auslösen würde«.*

(J. Kaut 1965, 56)

gegen deren unangemessen naive Reflexion der sozialen und politischen Zeitverhältnisse, ein Anspruch, den Hofmannsthal durchaus mit seinem Stück verband, aber auch gegen die Bereitschaft des Salzburger Fürsterzbischofs, sich auf diesen »blasphemischen Hohn auf alle Notdurft der Menschheit« einzulassen. (n. A. Müry 2001, 30) Kraus hatte 1918/19 selbst ein Werk herausgebracht, das die Schrecken des Weltkriegs und die Triebfedern, die diese Katastrophe hervorgebracht hatten, in greller, geradezu Breughelscher Manier darstellte. Der Titel lautete: *Die letzten Tage der Menschheit. Eine Tragödie in fünf Akten mit Vorspiel und Epilog.* Es war ein Stück von gewaltigem Umfang, dessen Aufführung etwa zehn Abende erfordert hätte. Eine gekürzte Bühnenfassung kam erst am 14. Juni 1964 am Theater an der Wien zur Uraufführung.

1922 fanden erstmals Opernaufführungen bei den Salzburger Festspielen statt: Mozarts *Don Giovanni, Così fan tutte, Die Hochzeit des Figaro* und *Die Entführung aus dem Serail.* Als ökonomisches Fazit wurde von der Festspielhaus-Gemeinde mitgeteilt, daß der einheimischen Wirtschaft (1922) rund 560 Millionen Kronen durch den von den Festspielen stimulierten Fremdenverkehr zugeflossen seien. Inzwischen wurde aber bereits weltweit ein enormer Werbeaufwand betrieben.

Finanzielle Probleme und der Widerstand der Salzburger Bevölkerung gegen die Kollegienkirche als Aufführungsort für Theaterveranstaltungen waren die Hauptgründe dafür, daß die Festspiele 1923 nur im kleinsten Rahmen, nämlich mit einer Aufführung von Molières Komödie *Der eingebildete Kranke* durch Max Reinhardt auf dessen Schloß Leopoldskron, stattfanden und 1924 aus den gleichen Gründen ganz ausfielen. Allmählich eskalierte auch die nationalsozialistische Hetze gegen die Festspielveranstaltungen, und es kam zum Rücktritt von Richard Strauss als Präsident der Festspielhaus-Gemeinde. Dennoch konnte am 13. August 1925 das erste Salzburger Festspielhaus in der zum Theater umgebauten Winterreitschule (vgl. J. Kaut 1965, 287ff) eröffnet werden. Max Reinhardts *Mirakel*-Inszenierung (vgl. Kap.: Deutschland/Max Reinhardt) wurde das herausragende Ereignis dieser Festspiele. Mit der Etablierung der neuen Spielstätte war die bauliche Voraussetzung für eine kontinuierliche Weiterentwicklung gegeben. Auch erweiterte sich das Programm immer mehr. Schauspiele und die zeitgenössische Oper (erstmals *Ariadne auf Naxos* von Richard Strauss) kamen hinzu, auch Operetten. Größte Aufmerksamkeit wurde dem Ausbau der touristischen Infrastruktur gewidmet. Die Festspiele waren von Beginn an auch ein exquisites gesellschaftliches Großereignis von internationalem Format. Th. W. Adorno sprach von einer »Ideologie für das High life«, zu der die von Hugo von Hofmannsthal propagierte kulturphilosophische Vision mutiert war. Alsbald freilich gerieten auch die Salzburger Festspiele in den Strudel der Wirtschaftskrisen dieser Jahre.

Dreh- und Angelpunkt der jeweiligen Sicherstellung des Festspielprogramms war Max Reinhardt, dessen *Jedermann*-Aufführung – 1932 war es eine Neueinstudierung mit Paul Hartmann in der Titelrolle – der größte Aktivposten blieb. Durch den Tod Hugo von Hofmannsthals 1929 hatten die Festspiele ihren geistigen Mentor verloren.

Der politische Konflikt zwischen der Regierung Dollfuß und dem Deutschen Reich führte 1933 und 1934 zu Absagen deutscher Künstler, darunter Richard Strauss und Wilhelm Furtwängler, verstärkten nationalsozialistischen Störak-

H. von Hofmannsthal: Jedermann. *R.: H. Thimig. Salzburger Festspiele, 1951. Mit Attila Hörbiger in der Titelrolle u. Ernst Deutsch als Tod*

tionen, sogar zu einem Bombenanschlag auf das Festspielhaus. Zum Höhepunkt der Festspiele 1933 wurde Reinhardts *Faust*-Inszenierung in der von Clemens Holzmeister in den Logenvorbau der Felsenreitschule integrierten »Faust-Stadt«. (vgl. Kap.: Deutschland/Max Reinhardt) Aufgrund der »Tausend-Mark-Sperre«, jener Steuer, die deutsche Touristen bei der Einreise nach Österreich nun zu hinterlegen hatten, kamen 12000 deutsche Festspielbesucher weniger als im Vorjahr nach Salzburg. Ein Höhepunkt im Jahr darauf war der Auftritt von Arturo Toscanini (1934), des »Dirigentenstars der westlichen Welt« (A. Müry), bei den Festspielen. Toscanini schwebte vor, Salzburg zu einem »Gegen-Bayreuth« auszubauen. Eine der von Berlin aus gesteuerten Repressalien gegen Österreich war die von Göring nun verordnete Rückberufung von Paul Hartmann, dem *Jedermann*-Darsteller, ans Preußische Staatstheater. Dessen Nachfolger wurde der österreichische Schauspieler Attila Hörbiger (1896–1987), der in dieser Rolle von 1935 bis 1937 und wieder von 1947 bis 1951 auftrat. 1936 sang erstmals der weltberühmte italienische Tenor Benjamino Gigli in Salzburg.

Das Jahr 1938, das Ende der Ersten Republik, bedeutet auch für die Salzburger Festspiele eine tiefe Zäsur. Künftig sollten »deutsche Festspiele« veranstaltet werden, deren künstlerische und kulturpolitische Ausgestaltung vom Reichspropagandaministerium in Berlin aus erfolgte. Die geplanten Wiederaufführungen von Reinhardts *Jedermann*- und der *Faust*-Inszenierung wurden abgesagt. Max Reinhardt ging in die Emigration. (vgl. Kap.: Deutschland/Max Reinhardt) Das NS-Regime bemühte sich, die Festspiele als international beachtetes Unternehmen weiterzuführen. Mit Dirigenten wie Wilhelm Furtwängler, Hans Knappertsbusch und Karl Böhm und den Berliner Regisseuren Heinz

Hilpert und Erich Engel als Nachfolger von Max Reinhardt schien das künstlerische Renommee gesichert. Das Publikum, auch das internationale, vor allem aus den USA, strömte weiterhin nach Salzburg. Die Festspiele dort wurden wie die in Bayreuth und München systematisch von der Propagandamaschinerie des NS-Regimes vereinnahmt. Der »Deutsche Festspielsommer« 1939 wurde unter Anwesenheit der gesamten NS-Prominenz eröffnet. Der Domplatz freilich blieb von 1938 bis 1944 unbespielt. In den Kriegsjahren standen die Festspiele im Zeichen der Wehrmacht (erstmals 1941) und der Rüstungsarbeiter, die den überwiegenden Anteil des Publikums stellten. Als künstlerischer Leiter wurde 1941 der österreichische Dirigent Clemens Krauss eingesetzt, der eine Neuorganisation der Salzburger Festspiele im Sinne von Goebbels' kulturpolitischen Zielen durchführen sollte. Dabei sollte das Werk Mozarts einen zentralen Stellenwert einnehmen. Die geplante Ablösung des *Jedermann*-Spiels durch ein von Richard Billinger verfaßtes *Paracelsus*-Stück kam nicht zustande.

Während die Bayreuther Festspiele in vollem Umfang stattfanden, sagte Hitler die Salzburger Festspiele 1943 und 1944 ab. Als Ersatz sollten »Salzburger Theaterwochen« veranstaltet werden, die jedoch nur 1943 durchgeführt wurden. Unter den Bedingungen des »totalen Kriegs« kam der Aufführungsbetrieb nahezu vollständig zum Stillstand. Statt der im August 1944 geplanten Uraufführung von Richard Strauss' Oper *Die Liebe der Danae* wurde nur noch eine Generalprobe vor geladenem Publikum angesetzt. Erst 1952 wurde dieses Werk bei den Salzburger Festspielen uraufgeführt.

Innerhalb dieser bewegten Ereignisgeschichte der Salzburger Festspiele, die sich wie die noch traditionsreicheren Bayreuther Wagner-Festspiele zu einem Brennpunkt europäischer Theaterkultur entwickelt hatten, bildete sich, von den großen Inszenierungen Max Reinhardts ausgehend und programmatisch geformt von Hugo von Hofmannsthals kulturphilosophischen Sinnzuweisungen ein künstlerisches Profil aus, das Oscar Fritz Schuh 1951 die »Salzburger Dramaturgie« nannte. Gemeint war damit das gleichrangige, spielerisch leichte Zusammenwirken von Dichtung und Musik mit dem Szenischen. Dies bedeutete auch ein entsprechendes Zusammenarbeiten von Regisseur, Bühnenbildner und Dirigent in der Erarbeitung der szenischen Gestalt der Inszenierung. Insbesondere für das Musiktheater entwickelte sich dabei ein spezifisch »Salzburger Stil«, der vor allem die Festspiel-Inszenierungen der Opern Mozarts auszeichnete.

Ein Hang zur Klassizität, avantgardistisches Experiment und die »Erneuerung« des Volksstücks

Hugo von Hofmannsthal und Richard Strauss

»Die Tiefe muß man verstecken. Wo? An der Oberfläche.«

(Hugo von Hofmannsthal: *Buch der Freunde* 1922)

In einer Rede, die Hugo von Hofmannsthal im Januar 1927 an der Münchner Universität gehalten hatte und der er die Überschrift gab *Das Schrifttum als geistiger Raum der Nation,* entwarf er ein Bild europäischer Geistes- und Kulturgeschichte, das von zwei Polen aus konturiert war: von jener »Geistesumwälzung des sechzehnten Jahrhunderts aus, die wir in ihren zwei Aspekten Renaissance und Reformation zu nennen pflegen«, und einer »Gegenbewegung«, die deren fragwürdige Errungenschaften wieder zurücknimmt. Letztere sah Hofmannsthal vor allem in dem seit der Renaissance aufgekommenen neuzeitlichen Individualitätskult und einer dadurch verursachten Polarisierung des Lebens. Die »Gegenbewegung« dazu, die Hofmannsthal auch in seiner Zeit wahrzunehmen vermeinte und in deren Dienst er sich stellte, strebte auf das »Archaische«, das »Fundamentale« zurück, auf die Wiederherstellung der »Einheit des Lebens«. Diesen Rückgriff nannte Hofmannsthal »eine konservative Revolution«. Er war eine von Nietzsche inspirierte Kampfansage an die Moderne, Fundamentalkritik an deren »unsäglichem Relativismus« und hybrider Wissenschaftsgläubigkeit, die dem Leben dessen »offenbare Geheimnisse« abspricht, in deren Folge aber auch die »Nation« in »Parteiungen« gespalten wurde. Diese Kritik richtete sich gegen eine Zeit, die den Fortschritt in der maximalen »Zuspitzung des Verlangens nach Geld« sah. (n. G. Mattenklott in: U. Renner u. G.B. Schmid 1996, 23) Es waren Trauer, Klage und Verlusterfahrungen, die den Ton von Hofmannsthals Zeitdiagnose bestimmten, deren realgeschichtlichen Hintergrund der Zusammenbruch der Habsburger Monarchie darstellt. Für Hofmannsthal war dies ein von mythischen Zügen durchsetzter »geistiger Raum«, mit dem er sich in Übereinstimmung wußte, in den auch die kulturellen Wurzeln seiner Dichterexistenz »hinabreichten«. In der Auseinandersetzung mit dieser Tradition gewann der Dichter auch für seine künstlerische Arbeit die prägenden Inspirationen. Aus diesem Impuls entstanden seine Versuche, die antike Tragödie für das Theater Max Reinhardts wieder lebendig werden zu lassen (*Elektra, König Ödipus)*, sein Rückgriff auf die allegorischen Spiele des Mittelalters und des Barock, dem keinerlei historisierendes Interesse anhaftete (*Jedermann, Salzburger Großes Welttheater*), schließlich aber auch die poetische Rekonstruktion der Atmosphäre des theresianischen Rokoko (*Rosenkavalier*) oder des Konversationstons der Salons im Wien der ersten Nachkriegsjahre, in denen Figuren wie jener Hans Karl Graf Bühl nicht mehr wußten, ob sie noch »dazugehörten« (*Der Schwierige*). Diese Atmosphäre, dieser Tonfall waren so untrennbar mit der Substanz der Stücke verbunden, daß deren Übersetzung in eine andere Sprache kaum vorstellbar ist. Zu Recht vermerkt deswegen

R. Goldschmit: »Wollte ein Regisseur den *Rosenkavalier* nach Neubayreuther Weise ›entrümpeln‹ und von den Rokoko-Dekors befreien, oder versuchte man, den *Schwierigen* mit einem Ensemble zu spielen, das das Wiener Parlando nicht beherrscht – alles wäre verloren.« (1968, 23) Der positive Begriff, den Hofmannsthal im Zusammenhang seines Diktums von der »konservativen Revolution« ins Spiel brachte, lautete: »Synthese«, – die Vereinigung des Entzweiten, des Einfachen mit dem Subtilen, von Stadt und Land, des Alten mit dem Jungen, und er sieht darin gar eine »österreichische Idee«. (vgl. E. Kobel 1970, 254f) Auch in seinen Arbeiten für das Theater war Hofmannsthal bewegt von dem Ziel einer »Populärwirkung«, die dann gegeben sei, wenn ein Stück allen Bevölkerungsschichten zugänglich ist. In Werken wie dem *Rosenkavalier* oder dem *Jedermann* schien ihm dies besonders geglückt. So beruhte auch sein Interesse am Schreiben von Opernlibretti darauf, daß durch die Musik der Zugang zu dem Bühnenwerk breiten Schichten des Volkes erleichtert würde. Im *Jedermann*, so meinte er, sei gleichsam »der ewige Volksgeist fühlbar« geworden. Dabei war »Volk« für Hofmannsthal eine »kollektive Märchengestalt« (Hermann Broch), keineswegs eine gesellschaftliche Kraft von konkretem soziologischen Profil. Entsprechend realitätsfern waren alle die Bilder, die Hofmannsthal von »Volk«, »Nation« oder der Habsburger Monarchie entwarf. »Leben« war ihm in erster Linie »Symbol«.

Die meisten seiner Bühnenwerke, vor allem das Frühwerk (vgl. Bd. III, 747ff), waren in ihrer Zeit von mäßigem Erfolg. Eine Ausnahme bildete die späte Komödie *Der Schwierige*. Deren Uraufführung fand am 8. November 1921 im Residenztheater in München statt, Gustav Waldau spielte die Titelrolle, Elisabeth Bergner die Helene Altenwyl. Gänzlich außergewöhnlich ist die Rezeptionsgeschichte des *Jedermann*-Spiels durch die exponierte Rolle seiner Aufführung vor dem Dom in Salzburg, die langehin der Höhepunkt der jeweiligen Festspiele war. (vgl. Kap.: Die Salzburger Festspiele) Dieses moderne Mysterienspiel wurde Hofmannsthals erfolgreichstes Werk auf der Bühne, wenngleich seine literarische Qualität deutlich hinter der anderer Stücke dieses Autors zurückbleibt. *Jedermann* wurde ein Erfolg an deutschsprachigen Bühnen und im Ausland; Übersetzungen ins Italienische, Französische und Englische kamen heraus; *Jedermann* wurde zum »Kultstück«. Von der Uraufführung am 1. Dezember 1911 in Berlin (vgl. Kap.: Max Reinhardt) bis 1913, der österreichischen Erstaufführung am Wiener Burgtheater waren bereits 90 Inszenierungen zustande gekommen. (dazu: A. Müry 2001, 16)

Leopold Rudolf in der Titelrolle u. Aglaja Schmidt als Helene in H. v. Hofmannsthals Lustspiel Der Schwierige. *Deutsches Schauspielhaus, Hamburg 1965. R.: R. Steinboeck*

Hofmannsthals Opernlibretti, die er für Richard Strauss schrieb, werden in erster Linie als Werke des Komponisten wahrgenommen: *Elektra* (Uraufführung am 25. Januar 1909 in Dresden), *Der Rosenkavalier* (Uraufführung am 26. Januar 1911 ebenfalls in Dresden), *Ariadne auf Naxos* (Uraufführung der 1. Fassung am 25. Oktober 1912 in Stuttgart), *Die Frau ohne Schatten* (Uraufführung am 10. Oktober 1919 an der Wiener Staatsoper), *Die ägyptische Helena* (Uraufführung am 6. Juni 1928 wieder in Dresden) und *Arabella* (Uraufführung am 1. Juli 1933 auch in Dresden). (vgl. R. Hartmann 1980) Für Hofmannsthal bedeutete das Schreiben von Libretti weit mehr als nur Zuarbeit für den Komponisten. Erschien ihm doch die Oper als »vielleicht die günstigste aller dramatischen Gattungen«. Zudem war die Erneuerung der Spieloper – im Gegensatz zur Musikdramatik Richard Wagners oder Verdis – dem Dichter ein

H. von Hofmannsthal: Der Schwierige. *R.: M. Reinhardt. Theater in der Josefstadt, Wien 1924. Mit Gustav Waldau in der Titelrolle u. Helene Thimig als Helene.*

Anliegen, mit dem er sich in einem umfangreichen Briefwechsel mit Richard Strauss eingehend beschäftigte.

So war Hofmannsthal zwar der prominenteste österreichische Schriftsteller seiner Zeit, doch kein wirklicher Erfolgsautor auf der Bühne. Eine herausragende Rolle nahm er jedoch in den weltanschaulichen und theaterkulturellen Diskussionen der zwanziger Jahre ein, in denen es nach dem Zusammenbruch der Monarchie, dem Zerfall auch des Habsburger Mythos um die Neufindung deutsch-österreichischer kultureller Identität ging. Die jahrzehntelange enge Zusammenarbeit mit Max Reinhardt und Richard Strauss, den beiden führenden Persönlichkeiten im Schauspiel- und Musiktheater dieser Jahrzehnte, verschafften seinen kultur- und theaterphilosophischen Vorstellungen zusätzlich Gewicht. Dies kam besonders bei der programmatischen Ausrichtung der Salzburger Festspiele zum Tragen, deren ideeller Hüter Hofmannsthal bis zu seinem Tod 1929 blieb.

Der Festspielgedanke ist der eigentliche Kunstgedanke des bayrisch-österreichischen Stammes. Gründung eines Festspielhauses auf der Grenzscheide zwischen Bayern und Österreich ist symbolischer Ausdruck tiefster Tendenzen, die ein halbes Jahrtausend alt sind, zugleich Kundgebungen lebendigen, unverkümmerten Kulturzusammenhanges bis Basel hin, bis Ödenburg und Eisenstadt hinüber, bis Meran hinunter. Südlichdeutsches Gesamtleben tritt hier hervor; der gewaltige Unterbau ist mittelalterlich, in Gluck war der Vorgipfel, in Mozart war der wahrhaftige Gipfel und das Zentrum: dramatisches Wesen und Musikwesen ist eins – hohes Schauspiel und Oper, stets nur begrifflich geschieden, im Barocktheater des siebzehnten Jahrhunderts schon vereinigt, in der Tat untrennbar. Hier tritt Weimar an Salzburg heran; was in Goethe wahrhaft theatralisches Element war – und wie gewaltig dieses war, werden die Salzburger Festspiele zeigen – ist ein großartiges Übereinanderschichten aller theatralischen Formen, die dem süddeutschen Boden entsprossen sind: vom Mysterium und der Moralität über das Puppenspiel und das jesuitische Schuldrama zur höfischen Oper mit Chören, Maschinen und Aufzügen.

(H. v. Hofmannsthal: Deutsche Festspiele zu Salzburg. *1919)*

Erste Pläne zu seinem einzigen Erfolgsstück, dem »Spiel vom Sterben des reichen Mannes« *Jedermann*, reichen bis zum Jahre 1903 zurück. 1911 wurde die Arbeit am Text abgeschlossen. Max Reinhardt hatte dazu gedrängt, da er fürchtete, jemand könnte den beiden mit einer anderen Bearbeitung des Stoffes zuvorkommen. Die altenglische Moralität von *Everyman* (vgl. Bd. I, 395f) und *Ein Comedi von dem reichen sterbenden Menschen, der Hecastus genannt* von Hans Sachs waren Vorlagen. Die große Bankettszene, die ein opulentes theatrales Arrangement ermöglichte, entstand auf Anregung von Max Reinhardt. Dort nämlich bereitet der Protagonist, lebensfroh und großspurig, ein Fest für seine Geliebte, die »Buhlschaft« vor. Seine Mutter freilich beklagt seinen sündhaften Lebenswandel; seine Hartherzigkeit stellt er selbst unter Beweis, indem er einen bei ihm verschuldeten Familienvater in den Kerker bringen läßt. Nun hat Gott aber längst den Tod beauftragt, diesen Sünder vor sein Gericht zu holen. Und so erscheint der Tod auch mitten in dem turbulenten Festbetrieb und fordert den Gastgeber auf, mit ihm zu gehen. Da nun gerät Jedermann in panische Angst und versucht vergeblich, Begleiter für diesen letzten Gang zu finden. Er begreift jetzt, daß alle die »Freunde« nur wegen seines Geldes die Nähe zu ihm gesucht hatten. »Mammon« gar verhöhnt ihn: er sei nur seine Marionette gewesen. Der »Glaube« schließlich fordert ihn auf, sich endlich zu Christus zu bekennen. In seiner Todesangst ist Jedermann jetzt auch dazu bereit. So wird am Ende der Teufel um seine Beute gebracht, und der geläuterte Protagonist steigt, von Engeln begleitet und seines Heils gewiß, ins Grab.

Als theatrales Projekt ist *Jedermann* der Versuch, das in der spätmittelalterlichen Vorstellungswelt verankerte Erschrecken in der plötzlichen Konfrontation mit dem Tode in die Erfahrungswelt des modernen Menschen zu versetzen. Deswegen folgte der Autor der vorgegebenen Dramaturgie der Welttheater-Allegorie, forcierte aber thematisch den sozialen Aspekt, das blinde Vertrauen des Jedermann auf sein Geld. Darin nämlich sah Hofmannsthal ein fatales Merkmal seiner Zeit, die an die Käuflichkeit aller Dinge und Beziehungen, an die »uneingeschränkte Austauschbarkeit und Verrechenbarkeit von allem mit allem« (M. Mayer 1993, 67) zu glauben schien. Diese Haltung stellt das Stück der Bewältigung des Todes als einer ausschließlich individuellen Aufgabe entgegen, letztlich der »eigentlichen Lebensaufgabe« des Menschen. Die Uraufführung 1911 in Berlin wurde von der Kritik verrissen. Gerhart Hauptmann sprach von einem »sauberen antiquarischen Spaß« (n. A. Müry 2001, 15). Erst bei den Salzburger Festspielen 1920 fand das Stück seine berühmt gewordene Form in der Aufführung vor dem Dom mit allen Spezialeffekten, die dort möglich waren: die Jedermann-Rufer von den umliegenden Kirchtürmen, das Spiel der Domorgel, das aus dem geöffneten Portal drang, schließlich der eindrucksvolle dramaturgische Einsatz aller Kirchenglocken der Stadt. Ein Ereignis für sich war (und ist noch!) die jeweilige Besetzung der Rolle des Jedermann, durch die diese Figur in sehr unterschiedlichen Typen verkörpert erschien: von Alexander Moissi (1920, 1921, 1926–1931), einem Spezialisten für Sterbeszenen von südländischer, weicher Erscheinung, der von Beginn an Opfer antisemitischer Kampagnen war, dem vom Preußischen Staatstheater in Berlin engagierten Paul Hartmann (1932–1934), einen typischen Darsteller Schillerscher Heldenrollen, der 1942 Präsident der Reichstheaterkammer wurde (bis 1945), bis Attila Hörbiger (1935–1937 und 1947–1951), einem »Naturbursch voll strotzender Lebensfreude« und Mitglied der verbotenen österreichischen nationalsozialistischen Partei. (n. A. Müry 2001, 38)

Der erste Jedermann nach dem Krieg war Ewald Balser. 1946 wurde das *Jedermann*-Spiel wieder auf dem Domplatz aufgeführt. Der Regisseur Heinz Hilpert rekonstruierte »pietätvoll« die Inszenierung von Max Reinhardt, der im Exil gestorben war. Das Ensemble wurde vom Wiener Burgtheater engagiert, bis auf Helene Thimig, die Witwe Reinhardts, die aus dem Exil zurückgekehrt war und als »Glaube« auftrat. Sie wurde in den folgenden Jahren zur Verwalterin des künstlerischen Erbes ihres Mannes und zur »Hohepriesterin des Reinhardt-Kults« (A. Müry), der nun in Österreich um sich griff.

Günther Ungeheuer als Florindo und Lizzi Reisenberger als Cristina in H. v. Hofmannsthals Komödie: Cristinas Heimreise. *R.: H. Hilpert. Deutsches Theater, Göttingen 1963*

Für seine Komödie *Der Schwierige* hatte sich Hofmannsthal vorgestellt, daß die Uraufführung gleichzeitig in München, Berlin, Hamburg und Dresden stattfinden sollte. Dann aber blieb es allein bei München. Dort kam *Der Schwierige* am 8. November 1921 am Residenztheater erstmals auf die Bühne. Gustav Waldau (1871–1958) und die junge Elisabeth Bergner spielten die Hauptrollen. Zweiundzwanzig Tage später wurde die Komödie an den Kammerspielen in Berlin aufgeführt. Dort traten Anton Edthofer und Helene Thimig in den beiden zentralen Rollen auf. In diesem Brennpunkt des deutschen Theaterlebens, zudem in einer höchst angespannten politischen Situation von Straßenterror und sozialem Chaos herrschte freilich kein gutes Klima für ein Stück, das die »europäische Katastrophe ... mit einem Lustspiel in Verbindung« brachte. Ohnehin glaubte Hofmannsthal, daß die deutsche Theaterkultur am Ende sei, nachdem Max Reinhardt Berlin verlassen hatte. Haupttenor der Verrisse dieses »Milieu-Lustspiels« ... aus den Kreisen der Wiener Hocharistokratie, die »nach dem Weltkrieg (noch) immer im erblichen Herrenhaus sitzt« (Julius Bab n. E. Rösch in: U. Renner u.a. 1991, 186f) war der Vorwurf des Anachronismus. Wohlwollende Kritiker nannten das Stück ein »Museum des Charmes«. Damit aber waren im Grunde die zentralen Momente benannt, die die Atmosphäre an jenem turbulenten Abend im Wiener Stadtpalais der Altenwyls ausmachen, wo Hans Karl Graf Bühl eigentlich für seinen Neffen Stani um die umschwärmte Helene, die Tochter des Hauses, werben sollte, am Ende aber zur Überraschung aller und – seiner eigenen am meisten – sich selbst mit Helene Altenwyl verlobt. Der den Kritikern so anachronistisch erscheinende Blick des Autors auf seine Zeit, durch den diese scheinbar negiert, ja durch das charmante Weiterspielen der zu leeren Ritualen heruntergekommenen Ordnung einer vergangenen Welt als »roh« und kulturlos desavouiert wird, schuf gewissermaßen den Rahmen innerhalb dessen ein höchst kompliziertes Sprach- und Beziehungsspiel in Gang kommt. Es ist ein Spiel von Sein und Schein, mit der Eigentlichkeit und Uneigentlichkeit von Existenz und Sprache. Dabei weiß der Protagonist, Hans Karl, daß Reden nur zu den »heillosesten Konfusionen« führt, zu »chronischen Mißverständnissen«. So versteht er sich selbst und die Welt letztlich am besten, wenn er schweigt. Eben dieses Wissen läßt ihn für seine Umgebung so »schwierig«, »sprunghaft«, »entschlußlos«, so ganz »ohne Absichten« erscheinen. Andere Akteure jedoch fühlen sich in diesen Konversationsspielen, die »alles Wirkliche verflachen und im Geschwätz beruhigen«, wohl wie die Fische im Wasser. Sie demonstrieren Entschlossenheit, verfehlen aber ihre Ziele; sie behaupten, den Durchblick zu besitzen, und begreifen nichts. In dieser Konstellation zwangsläufiger Mißverständnisse liegt die Komik des Stücks. Figuren wie Hans Karls

Wo Hofmansthals Lustspiel Der Schwierige *eminent österreichisch ist – als Dokument der Umbruchzeit vor und nach Kriegsende –, da ist das Stück höchst problematisch, reaktionär, ein trügerisches Signal für den, der daran die Zeichen der Zeit zu erkennen versucht. Wo das Werk – im Kleid des enthistorisierten österreichischen Adels – Grundverhaltensweisen des Menschen gleichgültig welcher sozialen Zugehörigkeit zum Gegenstand eines komisch-ironischen Spiels macht, da ist es brillant, höchst kunstvoll und faszinierend, da zeigt es Weisheit und Humor, da versöhnt es – aber nicht im Sinne einer Sendung des Österreichertums, sondern eher aus Sympathie für den Charme und die innere Festigkeit »bizarrer« Menschen.*

(W. Mauser n.: H.-A. Koch 1989, 94)

Neffe Stani, der sich für einen Realisten und Frauenkenner hält, der aus Norddeutschland stammende Baron Neuhoff, der den großen Herrn gibt, damit aber nur recht jämmerlich »ein Genre kopiert, das eben nicht sein Genre ist«, oder gar der neue Diener Vinzenz, der glaubt, das Regiment im Hause auf Anhieb in den Griff zu bekommen und der entlassen ist, noch bevor er diese Stelle wirklich antritt: sie alle werden zu komischen Figuren durch die Selbstsicherheit, mit der sie ihre Lebenssituation mißverstehen. Aber auch Hans Karl hätte sein Lebensglück beinahe verfehlt, da er es nicht riskierte, zur rechten Zeit zu sagen, was eigentlich der Fall war, nämlich daß er Helene liebe. Diese aber wagt alles: »das Unmögliche« gegen jede Konvention. Sie verläßt die Abendgesellschaft, fest entschlossen, nur mit Hans Karl, der zuvor schon aufgebrochen war, zurückzukommen oder gar nicht mehr, was immer dies bedeutet hätte. Als sie ihm, der ohne eigentlichen Grund zurückgekommen war, im Treppenhaus begegnet, fordert sie: »Von deinem Leben, von deiner Seele, von allem – meinen Teil«. So vermag diese Komödie der Mißverständnisse doch noch mit »einem Akkord des heitersten und tiefsten Verstehens« (R. Goldschmit) und einer Heirat zu enden. Was die Berliner Kritik so geschmäht hatte, daß nämlich die Kriegskatastrophe in den Zusammenhang eines Lustspiels gebracht wurde, machte aus der Sicht Hofmannsthals durchaus Sinn. Bei Novalis hatte er den Gedanken gefunden, daß man gerade nach verlorenen Kriegen Lustspiele schreiben müsse, und er bezeichnet in diesem Zusammenhang dieses Genre als »die schwierigste aller literarischen Kunstformen, die alles in jener völligen Gleichgewichtslage aussprechen kann, das Schwerste, das Unheimlichste in jener Gleichgewichtslage höchster versammelter Kraft, die immer den Eindruck spielerischer Leichtigkeit erweckt.« (n. R. Goldschmit 1968, 59)

Die Komödie *Der Unbestechliche* wurde am 16. März 1923 am Wiener Raimundtheater uraufgeführt. Die Titelrolle, den Diener Theodor, spielte Max Pallenberg (1877–1934), der berühmteste Komiker seiner Zeit. Für ihn hatte Hofmannsthal diese Rolle geschrieben. Das Stück läßt atmosphärisch den gesellschaftlichen Umsturz, der sich um 1922/23 in Österreich vollzog, erahnen. Der Diener, mit beinahe napoleonischen Zügen ausgestattet (M. Mayer 1993, 96), übernimmt die Herrschaft im Hause des eitlen, schriftstellerisch dilettierenden Baron Jaromir. Durch ein raffiniertes Intrigenspiel verhindert Theodor, daß der Baron seine Gattin mit zwei seiner früheren Geliebten betrügt. Die nämlich hat er in sein Haus eingeladen. Theodor gelingt es, die beiden »Störerinnen des Ehefriedens« wieder zur Abreise zu bewegen. Nach bewährtem Komödienschema ist der Diener der Herr des Spiels und die gesellschaftliche Ordnung kurzfristig auf den Kopf gestellt. Doch dieser Theodor kehrt am Ende nicht auf seinen alten Platz in der Hierarchie des Hauses zurück. Er wird künftig »die Aufsicht über das Ganze in Händen« behalten. Dies freilich geht deutlich über das tradierte Schema der Komödie hinaus. Kaum merklich hat eine »Palastrevolution« stattgefunden. (R. Alewyn 1958, 104)

Fand der Bühnenerfolg dieser Komödie nach der Uraufführung zwar zunächst keine Fortsetzung, so wurde *Der Unbestechliche* seit den fünfziger Jahren zu Hofmannsthals am meisten aufgeführten Stück.

Seine »Kollaboration« mit dem bayerischen Komponisten Richard Strauss (1864–1949) verglich Hofmannsthal gern mit der Arbeitsgemeinschaft von Mozart mit seinem Librettisten Lorenzo da Ponte. (vgl. Bd. II, 625 ff) Das erste

H. v. Hofmannsthal:
Der Turm. *R.: L. Lindtberg.*
Burgtheater, Wien 1948.
Mit Ernst Pröckl (Diener), Albin Skoda (Sigismund) und Ewald Balser (Julian)

gemeinsame Werk, *Elektra*, war ursprünglich als selbständiges Schauspiel entstanden. Strauss war es, der tief beeindruckt von der Aufführung an den Berliner Kammerspielen (1903) durch Max Reinhardt, an Hofmannsthal mit dem Wunsch herantrat, aus *Elektra* eine Oper zu machen. Zu deren Uraufführung kam es dann am 25. Januar 1909 an der Königlichen Oper zu Dresden. (vgl.

Allzugenau war es Hofmannsthal sichtbar, daß er allüberall auf verlorenem Posten stand: Aussichtslos war der Weiterbestand der österreichischen Monarchie, die er geliebt hatte und nie zu lieben aufhörte; aussichtslos war die Hinneigung zu einem Adel, der nur noch ein karikaturhaftes Scheindasein führte; aussichtslos war die Einordnung in den Stil eines Theaters, dessen Größe nur mehr auf den Schultern einiger überlebender Schauspieler ruhte; aussichtslos war es, all das, diese schwindende Erbschaft aus der Fülle des maria-theresianischen 18. Jahrhunderts, nun im Wege einer barock-gefärbten großen Oper zur Wiedergeburt bringen zu wollen. Sein Leben war Symbol, edles Symbol eines verschwindenden Österreichs, eines verschwindenden Theaters –, Symbol im Vakuum, doch nicht des Vakuums.

(H. Broch: Hofmannsthal und seine Zeit. *1955)*

Bd. III, 722) Hofmannsthal aber stand zu dieser Zeit an einem Wendepunkt seiner Entwicklung, einem folgenreichen Weltbildwandel. Das impressionistische, monologische Frühwerk war abgeschlossen. Die Teilhabe am Leben, am Geselligen, am »Sozialen« erschien ihm als ein Weg zu neuer Sinnerfahrung, zu »lebendiger Tatsächlichkeit«. Begriffe wie »Wandlung« und »Bindung« traten nun ins Zentrum seiner geistigen Vorstellungswelt. Zugleich ging es Hofmannsthal darum, für die Einheit von Sinnlichem und Geistigem eine neue Kunstform zu finden, und dies schien ihm die Oper zu sein, die erneuerte Spieloper, in der sich Libretto und Musik gegenseitig »zum Leuchten bringen.« Die in dem fiktiven *Brief des Lord Chandos an Francis Bacon* (1902) vorgetragene Sprachskepsis (vgl. Bd. II, 748 f) schien in der Literaturoper überwunden, indem die Musik eben jenes »Beste« lebendig werden läßt, das »nicht in der Rede, im Mitteilbaren, nicht in den einzelnen Figuren« liegt, sondern erst im Zusammenspiel von dichterischem Wort und Musik erfahrbar wird. (vgl. E. Kobel 1970, 265 f) Für den Komponisten Strauss, der vor seiner Zusammenarbeit mit Hofmannsthal seine Libretti eher zufällig fand und die dramaturgische Ordnung seiner Werke in der Regel mit Hilfe der wagnerschen Technik der Leitmotive herstellte, für ihn hatte diese von Hofmannsthal geforderte Einheit von Musik und Text zur Folge, daß er nun einen »Typus symphonischer Szenographik« schuf, »in dem die musikalischen Themen eine szenische Leitmotivfunktion übernahmen« (U. Schreiber 2000, 240), die weit über das bloße Verknüpfen von Handlungsfolgen im Sinne einer »Nummernoper« hinausgingen. Auch den Wandel von Hofmannsthals neuer Lebens- und Wirklichkeitsauffassung vollzog der Komponist in der musikalischen Konturierung der zentralen Figuren seiner nach *Elektra* entstandenen Opern mit. »Auf die dionysische Selbstvernichtung Salomes und Elektras, die Strauss bewußt gegen das Antikenbild des Deutschen Idealismus gesetzt hatte, folgten im *Rosenkavalier* die Reifung der Marschallin zu einer Entsagenden, in *Ariadne auf Naxos* die Metamorphose der lebensmüden Titelheldin zu einer Liebenden, in der *Frau ohne Schatten* der Durchbruch der Kaiserin zu sozialer Menschlichkeit«. (U. Schreiber 2000, 240) Ein zentrales Dokument dieser geistig-moralischen Wende ist der *Ariadne*-Brief Hofmannsthals an Richard Strauss vom Jahre 1912. Dort heißt es: »Verwandlung ist Leben des Lebens, ist das eigentliche Mysterium der schöpfenden Natur; Beharren ist Erstarren und Tod. Wer leben will, der muß über sich selber hinwegkommen, muß sich verwandeln: er muß vergessen. Und dennoch ist ans Beharren, ans Nichtvergessen, an die Treue alle menschliche Würde geknüpft. Dies ist einer von den abgrundtiefen Widersprüchen, über denen das Dasein aufgebaut ist, wie der delphische Tempel über seinem bodenlosen Erdspalt.« Lebensdeutungen wie diese waren es, mit denen sich beide, Hofmannsthal und Strauss, ihrer geradezu »schicksalhaften Bestimmung zum Klassiker« – so R. Leibowitz 1957 über Strauss (n. U. Schreiber 2000, 230) – versicherten. Für den Komponisten bedeutete dies den vollständigen Bruch mit jener Form von Modernität, aus der heraus Werke wie *Salome* und *Elektra* entstanden waren.

Für beide Künstler war die Oper *Die Frau ohne Schatten* das Hauptwerk ihrer Zusammenarbeit, aber auch – wie Strauss schrieb – »das Schmerzenskind, … (das) in Kummer und Sorgen während des Krieges vollendet« wurde. 1911 hatte Hofmannsthal mit der Arbeit an diesem Märchenstoff begonnen; 1917 lag die Partitur vor. Aber erst am 10. Oktober 1919 fand am Wiener »Operntheater«

Bühnenbildentwurf (Schlafgemach der Kaiserin) von Alfred Roller für Die Frau ohne Schatten *von R. Strauss u. H. v. Hofmannsthal. Staatsoper, Wien 1919*

die Uraufführung statt. Dirigent war Franz Schalk, die Titelrolle sang Maria Jeritza, Regie führte Hans Breuer. Die außerordentlich prächtigen, orientalisch bunten Bühnenbilder hatte Alfred Roller entworfen. Ein herausragender Erfolg – wie etwa *Der Rosenkavalier* - wurde diese Uraufführung jedoch nicht. Erst nach 1945 trat diese »große Oper« ihren Siegeszug durch die Opernhäuser in aller Welt an. (vg. U. Schreiber 2000, 283f u. R. Hartmann 1980, 121ff) Hofmannsthal sah seine Vorstellung von der Einheit von Geistigem und Sinnlichem in der Zusammenführung der Musik mit dieser Märchendichtung geradezu idealtypisch verwirklicht, und es sollte *Die Frau ohne Schatten* »die schönste aller existierenden Opern werden« – so Hofmannsthal an Richard Strauss am 15. Juni 1911. Die Nähe zu Mozarts *Zauberflöte* war offensichtlich. Auch hier ging es um Schuld und Läuterung, um »Befreiung zu reinem Menschentum«. (R. Goldschmit 1968, 49) Die Oper erzählt die Geschichte der Tochter des Geisterkönigs, die sich in eine weiße Gazelle verwandelt hatte und vom Kaiser auf der Jagd mit dem Speer getroffen wird. Dabei verläßt sie die Tiergestalt und erscheint als schönes junges Weib, das der Kaiser zu seiner Frau nimmt. In einem aber blieb diese ihrer Geisterexistenz verhaftet, sie war, wie schon als weiße Gazelle, eine Frau ohne Schatten. Dies aber war das Zeichen von Unfruchtbarkeit. Hier nun setzt die Handlung der Oper ein. Neben dem »hohen« Kaiserpaar tritt ein »niederes Paar« auf: der auf Kinderreichtum hoffende primitive Färber Barak und dessen viel jüngere schöne Frau, die sich jedoch der Mutterschaft verweigert. Der Kaiser nun steht unter dem Fluch, zu »versteinern«, wenn seine Frau kein Kind bekommt. Um ihren Gatten zu retten, versucht die Kaiserin, der Färbersfrau den Schatten abzulisten. Zwischen den vier Personen entsteht ein hintergründiges Spiel von wechselseitigem Schuldigwerden, von Wandlungen und Läuterung. Am Ende verzichtet die Kaiserin auf die erlösende Mutterschaft, weil sie das Glück des Färberpaares nicht zerstören will. Geläutert erhält sie nun von ihrem Vater, dem Geisterfürsten, ihren Schatten zugeteilt. So können sich am Ende der Oper zwei Ehepaare erstmals in reiner Menschlichkeit begegnen. Das symbolisch überfrachtete Werk verstanden dessen Schöpfer als einen Hymnus auf die Wandelbarkeit des Menschen zum Besseren hin. Vor dem Hintergrund des Kriegsgeschehens 1917 mußte dieses Märchenspiel freilich gänzlich realitätsfern erscheinen.

Nach Hofmannsthals Tod (1929) konnte Strauss zu keinem seiner neuen Librettisten ein vergleichbares Verhältnis finden. Wie weit er sich von seinem eigenen kompositorischen Frühwerk wegentwickelt hatte, bezeugen seine äußerst negativen Äußerungen über das Werk von Arnold Schönberg und anderen »Atonalen«, eine Haltung, die Strauss auch als Präsident der Reichsmusikkammer zur Geltung brachte. Ohnehin schien ihm die Kulturpolitik der Nationalsozialisten die Möglichkeit zu bieten, seine persönlichen Vorstellungen von »deutscher Theater- und Musikkultur« zu verwirklichen, vor allem auch seine »Selbsteinschätzung als bedeutendster deutscher Komponist nach Wagner« (M. Walter 2000, 394) auszuleben. Strauss verstand es auch, seine musikpolitischen Vorstellungen mit durchaus eigennützigen Interessen – im Hinblick auf die Aufführung seiner eigenen Werke – zu verbinden. So war die Zeit nach 1933 eine unrühmliche Periode in der Biographie dieses großen Komponisten, der sich selbst stets als gänzlich unpolitisch verstanden hatte.

Friedrich Kieslers Theaterexperimente (1923 bis 1925)

Ähnlich wie London war auch die Theatermetropole Wien kein Ort für radikale Theaterexperimente, wie sie in den zehner und zwanziger Jahren europaweit diskutiert und in Paris, St. Petersburg oder Moskau und auch im Umfeld des Bauhauses in Deutschland von der Theateravantgarde erprobt wurden. Ein Zeitgenosse beschrieb die offenbar vorherrschende Stimmung in Wien nach 1918 folgendermaßen: Man habe das »beklemmende Gefühl, in einer ›toten Stadt‹ zu leben«; zu dominant sei die kulturelle Vergangenheit der habsburgischen Monarchie; ein Klima des Aufbruchs vermag sich in dieser Atmosphäre nicht durchzusetzen. Die in den Jahren vor 1918 aus politischen Gründen vollzogene »Abkapselung ... vom internationalen Kunstgeschehen« war offenbar kaum aufzubrechen. (B. Lesák 1988, 36) Hinzu kam, daß in diesen Umbruchjahren reformwillige Künstler Wien in Richtung Paris und Berlin verlassen hatten.

Dennoch konnte sich das Wiener Theaterpublikum von den neuesten internationalen Trends in der Bühnenkunst ein Bild machen, wie Barbara Lesák in ihrer Schilderung von »Kieslers Wien um 1924« darlegt. (1988, 37ff) 1921 gastierte dort das Moskauer Künstlertheater, 1925 Tairovs Moskauer Kammer-

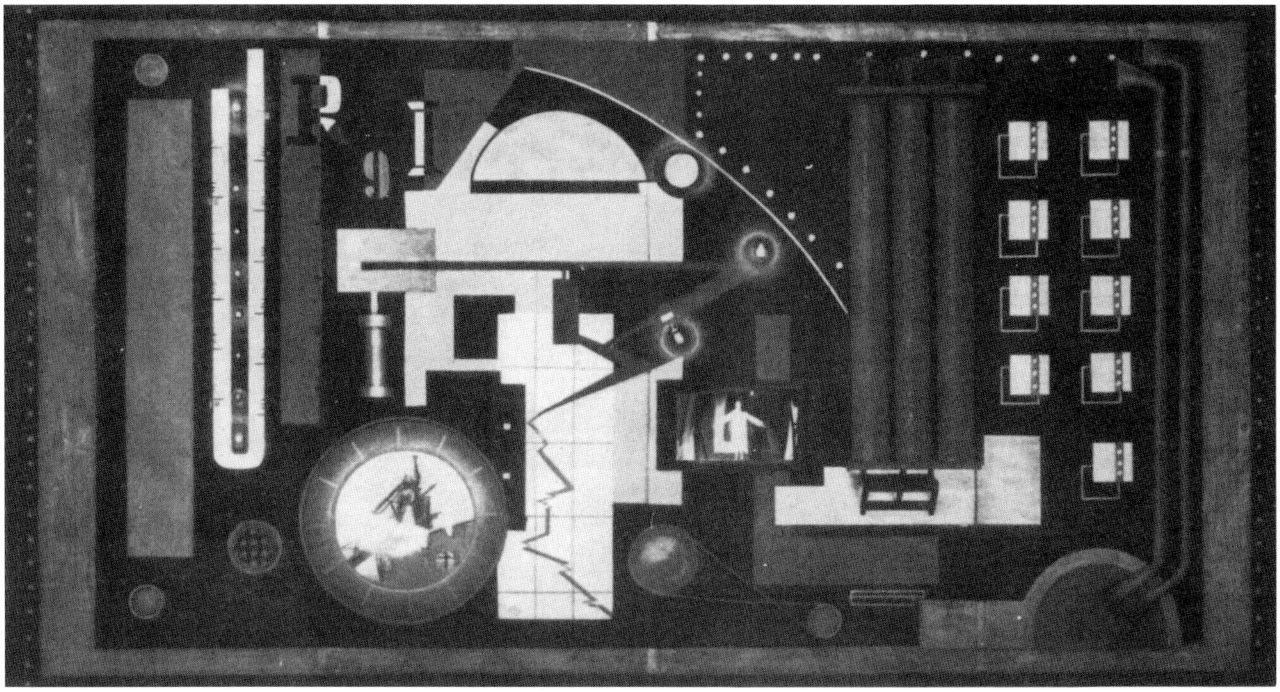

Bühnenbild von Friedrich Kiesler für W.U.R *von K.Čapek. Theater am Kurfürstendamm, Berlin 1923*

theater. 1924 wurden in einer »Russischen Woche« die hauptsächlichen Vertreter der osteuropäischen Avantgarde auch aus anderen Kunstbereichen vorgestellt. So konnte schließlich 1928 in Wien gar die erste deutschsprachige Darstellung der neuen russischen Theaterentwicklungen erscheinen: *Das russische Theater*, eine Gemeinschaftsarbeit von Joseph Gregor und René Fülöp-Miller. Regelmäßig traten in Wien auch Ensembles aus Paris und Berlin auf, die ihre avanciertesten Produktionen zeigten. Eine Gruppe für sich bildeten die 1919 aus Ungarn emigrierten Künstler und Intellektuellen, darunter Lajos Kassák, Georg Lukács und Béla Balázs (vgl. Kap.: Ungarisches Theater), die überwiegend dem politisch links stehenden Kreis um die konstruktivistische Zeitschrift *MA* angehörten. Seit 1920 erschien diese Zeitschrift auch in Wien, war dort freilich nur im »Untergrund« (B. Lesák) bekannt.

So war der Architekt und Theaterexperimentator Friedrich Kiesler (1890–1965) zwar eine singuläre Erscheinung in den in Wien dauerhaft ansässigen Künstlerkreisen, stand jedoch im Kontakt mit den Vertretern der internationalen Avantgarde, vor allem mit der holländischen Künstlergruppe De Stijl um Théo van Doesburg. Was Kiesler vom Beginn an interessierte, war eine neue Auffassung von Theater als einer konsequent zeitgemäßen Kunstform. In einem Text von 1923 schreibt er: »Die Bühne ist keine Kiste mit einem Vorhang als Deckel, in die Panoramen eingeschachtelt werden. Die Bühne ist ein elastischer Raum. Die Mauern des Theaters sind Notbehelf ... Endlich sind wir so weit, alle diese Bühnenbilder über den Haufen zu werfen und die Energien der Bühnentechnik selbst spielen zu lassen.« (n. B. Lesák 1988, 42f) Mit solchen Vorstellungen fügte sich Kiesler in die Reihe jener Experimentatoren ein, die von der Mechanisierung der Bühne die »Befreiung des Theaters aus seiner Krise« erhofften. Als Ursache dieser »Krise« galt ihnen unstrittig die Psychologisierung

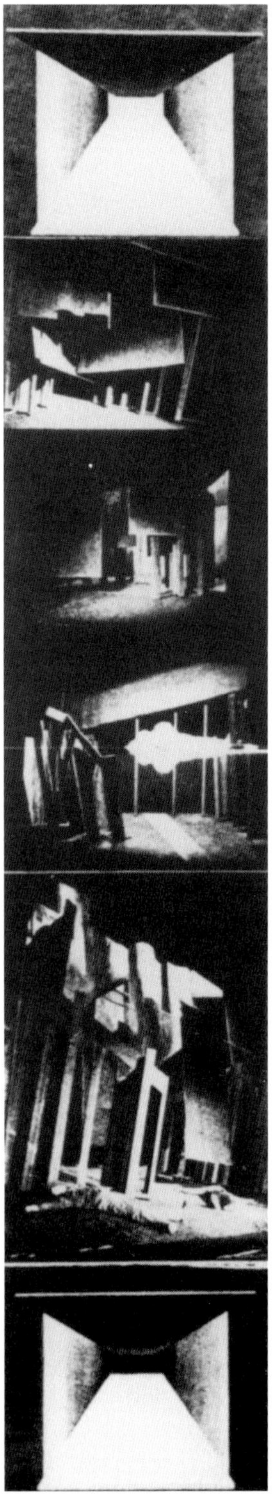

F. Kiesler: Sechs Momentaufnahmen im Ablauf einer mechanischen Szenenfolge. Berlin 1923

der Bühnenkunst, die Kultivierung eines künstlerischen Individualismus, der den Bezug zu den tatsächlichen Problemen der Zeit verloren hatte. »Objektivität« war also auch für Kiesler die erstrangige Forderung an ein zeitgemäßes Theater. Dabei war er derjenige, der wohl am konsequentesten auf das Spiel des Raumes selbst (als idealem Akteur) setzte. Das Raumerlebnis sollte sich durch Bewegung vermitteln, »die sich in Raum umsetzt« (n. M. Brauneck 1993, 136). Dieses »Raumspiel« zu organisieren, sei die Aufgabe des Regisseurs. Der Einsatz (die »Verlebendigung«) der Bühnentechnik (Licht, Projektionen, Maschinerie) als ein eigenständiges »überindividuelles dynamisches Gestaltungsmittel« dient dann nicht mehr »der Unterstützung eines illusionären Seherlebnisses ..., sondern tritt unverhüllt in seiner funktionellen Gestalt in Erscheinung.« (B. Lesák 1988, 45) In solchen Raumspielen würde sich – so Kiesler – für den Zuschauer das authentische Lebensgefühl seiner Zeit vermitteln. Um dieses zu beschreiben, benutzt er Begriffe wie »Bewegung«, »Dynamik«, »Offenheit«. Doch verlangte Kiesler keineswegs den völligen Verzicht auf das Wort, den dichterischen Text oder den Schauspieler. Dieser sollte vielmehr mit seinem emotionalen Erleben in die elektromechanischen Bewegungsspiele und die Affektionen des Materials der abstrakten Bühne integriert sein. Der Begriff »Railway-Theater« war dafür die Metapher, für ein »Theater der Zeit«. In der Form von Manifesten formulierte er diese Thesen im Katalog der *Internationalen Ausstellung neuer Theatertechnik*, die Kiesler 1924 im Auftrag der Stadt Wien im Wiener Konzerthaus konzipiert und in der Ausstellungsarchitektur gestaltet hatte. Diese Ausstellung war die bis dahin umfassendste Dokumentation der Bühnenexperimente der europäischen Theateravantgarde. Den Arbeiten der italienischen Futuristen und der russischen Kubofuturisten war eine zentrale Rolle zugewiesen, neben Kieslers eigenem Projekt der »Raumbühne«.

Was Kiesler mit seinen Manifesten *Railway-Theater* und *Die Kulisse explodiert. Die Gesetze der G.-K.-Bühne* (beide 1924) forderte, war eine grundlegend neue Vorstellung vom Raum des Theaters. Dieses sollte sich öffnen für die Theatralik von Sportveranstaltungen und die Schau- und Bewegungsstimulanzien des »Lunaparks«. Lapidar brachte er diese Vorstellungen auf den Punkt: »Railway ist Brennpunkt des Vitalismus ... Die Kulisse ist tot, der Schauspieler bewegt sich ... Wir können nicht die Theater demolieren. Sie sterben von selbst, wie das Bild, die Plastik und die Architektur.« (n. B. Lesák 1988, 60) In seiner Radikalität stand dieser Rundumschlag, mit dem alle Tradition bildnerischer Gestaltung hinweggefegt werden sollte, selbst den lautesten Statements der italienischen Futuristen in nichts nach. Zentrale Ideen von Kieslers Theatralitätskonzept standen den Ideen Fernand Légers von der Theatralisierung des öffentlichen Raums nahe. (vgl. Kap.: Frankreich)

Kieslers bekanntestes Projekt war die »Raumbühne«, die er 1924 für die Wiener Ausstellung gebaut hatte und die dort im Zentrum der Aufmerksamkeit stand. Es war ein spiralenförmig aufsteigendes Spielgerüst, das – wie der Name signalisieren sollte – den Raum in allen seinen Dimensionen zur dekorationslosen Bühne, zum Spielkörper werden ließ. Der Schauspieler war darin in ein abstraktes Milieu versetzt, gegen dessen dynamische Konstruktivität er sich mit artistisch-exzentrischem Körperspiel behaupten mußte. Varieté, Zirkus, Slapstick und die Filmgrotesken von Charly Chaplin waren Vorbilder für diese Form von Theatralik. Barbara Lesák (1988, 163) weist zu Recht darauf hin, daß sich,

F. Kiesler: Raumbühne im Wiener Konzerthaus, 1924

ausgehend von Kieslers »Raumbühne«, das »neutrale, offene, konstruktivistische Spielgerüst, auf traditionellen Bühnen plaziert«, in den zwanziger Jahren bald als neuer Ausstattungstypus durchgesetzt hatte.

Seine Entwürfe für eine elektromechanische Bühne konnte Friedrich Kiesler in zwei Inszenierungen praktisch erproben; beide fanden in Berlin statt. Es waren die deutschen Erstaufführungen von Karel Čapeks »Utopischem Kollektivdrama« *W. U. R.* (vgl. Kap.: Tschechoslowakei) am Theater am Kurfürstendamm am 29. März 1923 (Regie: Eugen Robert) und von *Kaiser Jones* von Eugene O'Neill am 8. Januar 1924 am Berliner Lustspieltheater. Letzteres war eine Inszenierung des in Berlin lebenden österreichischen Regisseurs Berthold Viertel (1885–1955) mit seinem 1923 gegründeten Ensemble »Die Truppe«. Fünf Monate nach der Berliner Aufführung kam eine Inszenierung von *W. U. R.* - in der Ausstattung von Friedrich Kiesler – in Wien an der Neuen Wiener Bühne heraus.

Kernstück der Bühne, die Kiesler für *W. U. R.* entworfen hatte, war ein riesiges Montage-Bild, das die ganze Bühnenrückwand einnahm, »zusammengefügt aus Bestandteilen einer zerlegten phantastischen Maschine und aus verschiedenen funktionstüchtigen Apparaturen ... Kolben, Räder, Rohre, Schrift- und Zahlenzeichen, zum Teil gemalt, bildeten die Fassung für primitive optische, elektro-

E. G. Klien: Figuren und Szenerie für ein kinetisches Marionettentheater (Spaziergänger), um 1924

mechanische und mechanische Geräte.« (B. Lesák 1988, 76). Über ein System gegeneinander versetzter Spiegel sah man, wie sich Schauspieler in einer kastenförmigen Öffnung in der Rückwand der Bühne wie auf einem Televisions-Bildschirm bewegten, was insofern besonders verblüffte, als diese Schauspieler beinahe gleichzeitig »live« auf der Bühne auftraten. Kiesler wurde mit dieser Arbeit in der Berliner Avantgarde schlagartig bekannt. Für die Ausstattung von *Kaiser Jones* hatte er eine bewegliche mechanische Raumszenerie entworfen (»Palast«, »Wald«), die die innere dramatische Bewegung des Stücks hätte symbolisch begleiten sollen. Mit den beschränkten technischen Möglichkeiten, die für diese Arbeit zur Verfügung standen, mußte dieser Versuch jedoch scheitern.

Zu Kieslers Theaterarbeiten zählten auch seine Entwürfe für Theaterbauten. Stets lag dabei das Prinzip einer »endlosen« Raumkontinuität als bestimmende architektonische Struktur zugrunde, wie dies bereits in der Spirale der »Raumbühne« angelegt war. Der Begriff des »Endlosen Theaters« stand für diese Vision eines Totaltheaters.

Kiesler übersiedelte 1926 in die USA und wurde amerikanischer Staatsbürger. Wieder organisierte er dort Theaterausstellungen. In New York baute er ein Kino, dessen Innenraum ausschließlich aus Projektionsflächen bestand, die ein totales Filmerlebnis ermöglichen sollten. Von 1933 bis 1942 wirkte Frederick (!) J. Kiesler als Lehrer für Bühnengestaltung und experimentelles Design an verschiedenen amerikanischen Universitäten. Der Bau der Guggenheim-Galerie in New York (1942) und die Einrichtung der Surrealisten-Ausstellung 1947 waren die Arbeiten des Wiener Architekten, die in den USA die größte öffentliche Resonanz fanden.

Etwa zur gleichen Zeit wie Friedrich Kiesler arbeitete in Wien auch Erika Giovanna Klien (1900–1957), die hervorragendste Vertreterin des »Wiener Kinetismus«. Auch sie betrieb, orientiert am italienischen Futurismus und dem russischen Suprematismus, Theaterexperimente. Klien entwarf ein »Kinetisches Marionettentheater«, das als abstraktes Bilder- und Farbentheater rhythmisch dynamische Bewegungsabfolgen unmittelbar umsetzen ließ. Sie schrieb dazu auch ein Stück *(Der Kirchenmensch)*, das den Gegensatz »alte Stadt« – »neue Stadt« thematisierte. Mit Hilfe einer Maschinerie, mit der bemalte Leinwandbänder über ein Walzensystem – ähnlich dem Film – bewegt wurden, inszenierte sie ein Spiel der Farben und Zeichen. Seit 1928 lebte die Künstlerin in New York, wo sie neben diversen Lehrtätigkeiten das Konzept des Kinetismus weiterentwickelte. Auch hier blieb die bildnerische Visualisierung von Bewegung das zentrale Thema ihrer Arbeiten.

Ödön von Horváth: die »Erneuerung« des Volksstücks

Helmut Lohner als Alfred in Ö. v. Horváths Geschichten aus dem Wiener Wald. *R.: O. Schenk. Münchner Kammerspiele, 1967*

»Nichts gibt so sehr das Gefühl der Unendlichkeit als wie die Dummheit«

(Ö. v. Horváth: *Geschichten aus dem Wiener Wald.* 1931)

Im Nachlaß Ödön von Horváths (1901–1938) fand sich die folgende Notiz, mit der dieser Autor sich selbst charakterisierte: »Ich bin«, heißt es dort, »eine typisch alt-österreichisch-ungarische Mischung, ungarisch, kroatisch, tschechisch, deutsch, nur mit semitisch kann ich leider nicht dienen.« (n. K. Kahl 1966, 7) So war auch die Jugend dieses Diplomatensohns geprägt von Umzügen und wechselnden Wohnorten (Fiume an der Adria, Belgrad, Budapest, München, Preßburg). Den Schulabschluß machte Horváth 1919 noch in Wien, folgte dann aber seinen Eltern nach München, wo er mit einem Studium der

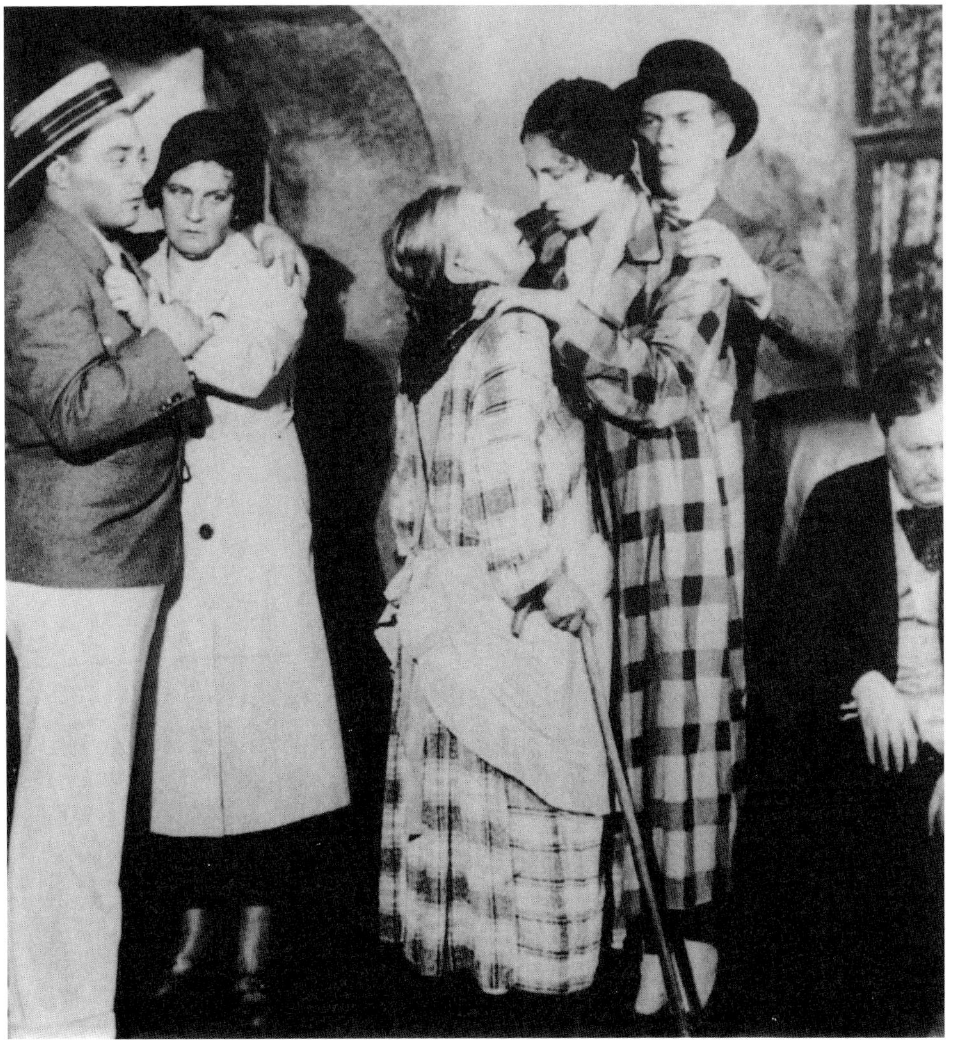

Ö. v. Horváth: Geschichten aus dem Wiener Wald. *R.: H. Hilpert. B.: E. Schütte. Deutsches Theater, Berlin 1931. Mit Peter Lorre (Alfred), Lucie Höflich (Valerie), Frida Richard (Die Großmutter), Carola Neher (Marianne), Heinrich Heilinger (Oskar) und Hans Moser (Zauberkönig)*

Ö. v. Horváth: Geschichten aus dem Wiener Wald. *Szene an der Donau. R.: H. Hilpert. B.: E. Schütte. Deutsches Theater, Berlin 1931*

Theaterwissenschaft begann und zur gleichen Zeit wie Bertolt Brecht die Seminare des ambitionierten Professors Artur Kutscher besuchte. Hier auch begann eine erste Schreibperiode: 1922 entstand die Pantomime *Das Buch der Tänze*, das 1926 vom Stadttheater in Osnabrück aufgeführt wurde. 1923 schrieb er sein erstes Schauspiel, *Der Mord in der Mohrengasse.* Im selben Jahr übersiedelte Horváth, zurückgekehrt von einem mehrwöchigen Aufenthalt in Paris, nach Berlin, wo er bis 1933 einen ständigen Wohnsitz hatte. Dort gelang ihm der Durchbruch als Bühnenautor: Die Volksbühne brachte am 4. Januar 1929 sein erstes Volksstück *Die Bergbahn* heraus, das im November 1927 unter dem Titel *Revolte auf Côte 3018* an den Hamburger Kammerspielen uraufgeführt worden war. An der »Aktuellen Bühne« des Lessingtheaters wurde die Satire *Sladek, der schwarze Reichswehrmann* (13. Oktober 1929) uraufgeführt. Weitere Uraufführungen folgten: am 20. März 1931 *Italienische Nacht* am Theater am Schiffbauerdamm und am 2. November 1931 *Geschichten aus dem Wiener Wald* an Max Reinhardts Deutschem Theater. Es war das Stück, für das ihm kurz zuvor der Kleist-Preis zugesprochen worden war. Diese Uraufführung, bei der Heinz Hilpert Regie führte, war Horváths erster wirklich großer Bühnenerfolg. Alle zentralen Rollen waren optimal besetzt: Peter Lorre spielte den Alfred, Carola Neher die Marianne, Lucie Höflich die Valerie, Hans Moser den Zauberkönig, Paul Hörbiger war der Rittmeister und Paul Dahlke spielte den Erich. Horváth galt nun, wie Alfred Kerr im *Berliner Tageblatt* schrieb, als »eine stärkste Kraft unter den Jungen.« Bei der Begründung für die Vergabe des Kleist-Preises hatte

Carl Zuckmayer die »Dichte der Atmosphäre, die Sicherheit knapper Formulierungen, die lyrische Eigenart des Dialogs« gerühmt, durchweg Qualitäten gerade dieses Stücks. (vgl. G. Rühle 1967, 1092f) Am Schauspielhaus Leipzig kam am 18. November 1932 *Kasimir und Karoline* zur Uraufführung; vier Wochen später wurde diese Inszenierung auch in Berlin gezeigt.

Mit meiner Demaskierung des Bewußtseins erreiche ich natürlich eine Störung der Mordgefühle.

(Ö. v. Horváth in: D. Hildebrandt 1975, 85)

Die Übersiedlung nach Berlin war für den dreiundzwanzigjährigen österreichischen Schriftsteller eine »Flucht aus der Stille«, wie er dies selbst kommentierte, aus einer Atmosphäre »des Stillstands«, die er in der bayerischen Provinz kennengelernt hatte. Dieser Wechsel in die Großstadt war für ihn auch verbunden mit einer Schärfung seines Blicks für die psychopathologischen Verhaltensmuster und die sozialen Mechanismen der Gesellschaft, die er – ganz ohne ideologische Ambitionen – in kleinen Prosastudien (so etwa in den *Sportmärchen)*, im Roman (*Der ewige Spießer*, 1930) und vor allem in jenen Dramen, die er »Volksstücke« nannte, modellhaft – als »geschlossene Kreisläufe« (H. Lethen) – festhielt, gleichsam ausstellte. Schreibanlässe fand er zureichend in den Tageszeitungen. Dabei scheint ihn besonders die Alltagswelt der Kleinbürger und Proletarier interessiert zu haben, jedoch nicht im Sinne einer strenger gefaßten soziologischen Definition dieser Schichten, sondern eher als die idealtypischen Repräsentanten des Durchschnittlichen, des Gewöhnlichen. Als solche waren sie die geeigneten Protagonisten für einen Autor, dem der »Kampf des sozialen Bewußtseins gegen das asoziale Triebleben und umgekehrt« (Entwurf für den Text *Gebrauchsanweisung*, etwa 1935) das »einzige dramatische Thema« war, das er in seinen Stücken durchspielte. Daß der »Kampf« zwischen diesen Elementarsphären, den die Horváthschen Menschen in ihren beengten Lebenswelten auszutragen hatten, für diese stets »tragisch« (*Gebrauchsanweisung)* enden müsse, schien für den Dramatiker offenbar eine schicksalhafte Gegebenheit zu sein. Das »Bewußtsein« der Figuren war also der Austragungs-

Ö. v. Horváth: Geschichten aus dem Wiener Wald. *R.: M. Kušej. Thalia Theater, Hamburg 1998. Mit Peter Roggisch (Zauberkönig) und Hildegard Schmahl (Valerie)*

ort des dramatischen Konflikts. Die »dramatische Handlung« nannte der Autor deswegen »eine rein sekundäre Angelegenheit.« (*Gebrauchsanweisung)* Aus diesem Ansatz resultiert die enorme Bedeutung der Sprache in Horváths Stükken, die er deswegen auch nachdrücklich zur Lektüre empfahl. Es ist eine vorgeprägte Sprache, von der die Figuren vor allem in den »Volksstücken« geradezu obsessiv Gebrauch machen; ein Sprechen in Floskeln, Schlagworten, im »Bildungsjargon«; eine Sprache, in der das Standarddeutsch in eine angespannte Stilisierung gerät, wie bei jemandem, der sein Dialektsprechen zu verbergen versucht und in eine stakkatohafte Direktheit gerät. Immer wieder flüchten die Sprecher in diesen Jargon, um sozialen Status zu demonstrieren oder auch zu verbergen. Diese Sprache bringt in ihren »Bruchstellen« Zeichen von Aggressivität und Kälte ins Spiel, die die Sprecher zu demaskieren scheinen, obwohl diese (überwiegend sind es die Männer in ihrem Reden mit Frauen) ihren Zynismus keineswegs zu verbergen suchen. In diesen vertrackten Sprachspielen sind Realismus und Ironie des Autors im Blick auf die Sprecher oftmals nicht zu unterscheiden. Die daraus entstehenden, insbesondere für die Volksstücke typischen Kommunikationssituationen – vor allem, wenn es um die Liebe geht – beschreibt Helmut Lethen folgendermaßen: »Alle Situationen der Intimität scheitern bei Horváth am Ernst der Kommunikation, zu der die Fräuleins ihre Kavaliere zwingen wollen … In Horváths Volksstücken führt der Ernst des Tonfalls immer ins Absurde. Die Dialoge führen vor, daß es gleichgültig ist, ob man den verbalen Austausch ernst nimmt oder nicht. Der andere macht sowieso daraus, was er will. Und je ernster der Ernst genommmen wird, desto unwahrscheinlicher ist, daß er überhaupt etwas anderes als Selbstzerstörung zum Ergebnis hat.« (in: K. Kastberger 2001, 13) Den Menschen, die sich in solchen Situationen gegenüberstehen, gelingt es nicht, ihre Vereinsamung aufzubrechen, vielmehr läßt sie ihr Reden immer tiefer darin versinken. Wie weit sich diese Sprache von den Personen abzuspalten vermag, wird der geschundenen Protagonistin in *Kasimir und Karoline* verzweifelt bewußt, wenn sie sagt: »Ich denke ja gar nichts, ich sage es ja nur.« Das Reden hat für diese Horváth-Menschen der Volksstücke seine Verbindlichkeit verloren. Dies aber ist der Punkt, an dem deutlich wird, wie in der Sprache dieser Menschen ihr gesellschaftlicher Status als ihr Schicksal erscheint. Dies meinte der Autor wohl, wenn er in der Vorbemerkung zu dem Stück *Revolte auf Côte 3018* schreibt, daß der »Dialekt« kein »philologisches«, sondern ein »psychologisches« Problem sei, daß sich darin eine »Charaktereigenschaft der Umwelt« vermitteln solle. So ist es letztlich die Sprache, in der sich für den Autor der Volksstücke »Gesellschaftliches« darstellt.

Horváth geht über das Demonstrieren dieses Befunds nicht hinaus. Seine Stücke bleiben ohne emanzipatorische Botschaft. Aber gerade die Klarheit und Härte, mit der er diesen Befund ins Licht rückt, ihn als Spielregel einer Lebenswelt schildert, in der bierselige Gemütlichkeit und kalter Terror einander zu bedingen scheinen, ausbalanciert sind, ließ diesen Chronisten seiner Zeit für die Nationalsozialisten so »zersetzend« erscheinen, daß seine Stücke nach 1933 von den deutschen Bühnen verbannt wurden und der Autor gezwungen war, das Land zu verlassen. Die Wut der Hitler-Anhänger hatte Horváth schon mit seinem Stück *Sladek, der schwarze Reichswehrmann* auf sich gezogen, für das er seine Beobachtungen einer von den Nationalsozialisten in Murnau, dem Wohn-

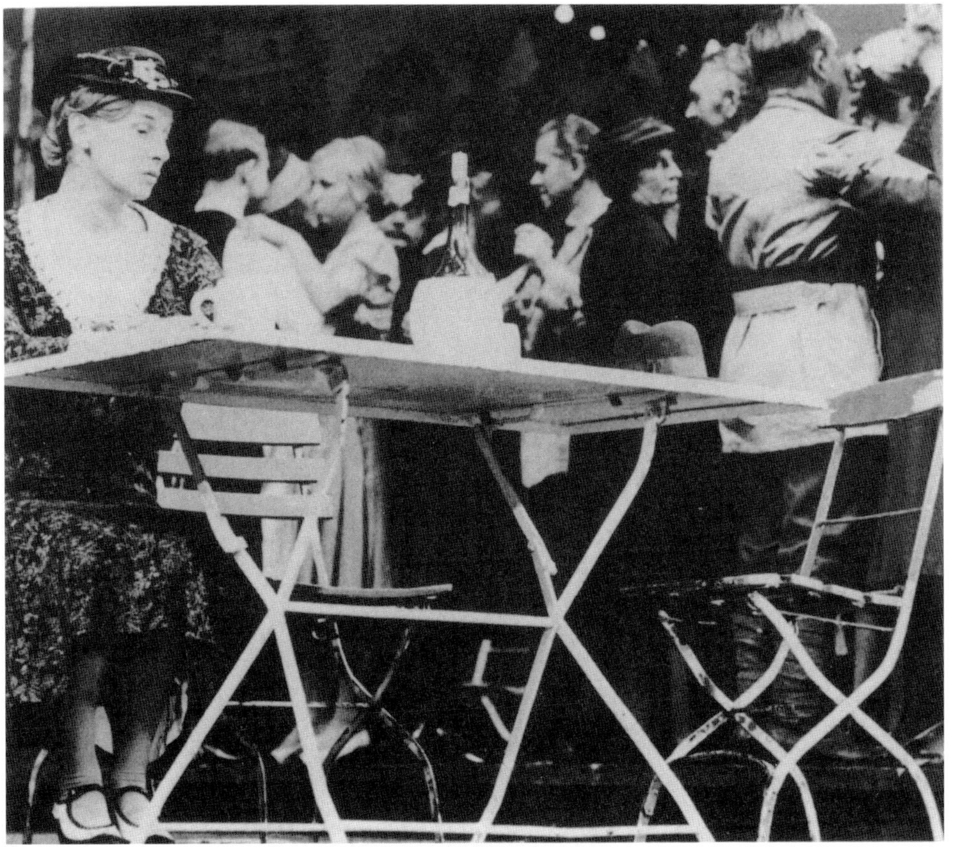

Ö. v. Horváth: Italienische Nacht. *R.: H. Hollmann. Staatstheater, Stuttgart 1967*

sitz seiner Eltern, ausgelösten Saalschlacht verarbeitet und das Problem der von der Reichswehr praktizierten Feme-Morde an einem authentischen Fall aufgegriffen hatte. (vgl. D. Hildebrandt 1975, 40 ff) Der Autor wurde seither von der rechtskonservativen Kritik als Sympathisant des kommunistischen Lagers diffamiert.

Einige seiner bekanntesten Bühnenarbeiten hat Horváth selbst als »Volksstücke« bezeichnet, so etwa *Die Bergbahn, Italienische Nacht, Geschichten aus dem Wiener Wald* und *Kasimir und Karoline. Figaro läßt sich scheiden* (uraufgeführt an der Kleinen Bühne des Deutschen Theaters in Prag am 2. April 1937) nannte er eine Komödie, ebenso *Zur schönen Aussicht* (Uraufführung am 5. Oktober 1969 am Schauspielhaus in Graz). *Glaube Liebe Hoffnung* (Uraufführung am 13. November 1936 am »Theater für 49 am Schottentor« in Wien unter dem Titel: *Liebe, Pflicht und Hoffnung*) trägt den Untertitel »Kleiner Totentanz«. *Sladek, der schwarze Reichswehrmann* – die erste Fassung von 1927/28 hatte den Titel: *Sladek oder Die schwarze Armee* – bezeichnete der Autor als »Historie«. Allein zum Volksstück, das gerade in der österreichischen Theatertradition durch Autoren wie Ferdinand Raimund oder Johann Nestroy (vgl. Bd. III, 211 ff) so sehr vorgeprägt war, sah sich Horváth veranlaßt, zu kommentieren, was er mit diesem Genre bezweckte. Ausdrücklich beabsichtigte er dessen »Erneuerung«; zugleich auch gab er Hinweise für die Regie dieser Stücke. Dabei grenzt er sich entschieden ab vom bloßen »Dialektstück« und

Ö. von Horváth: Geschichten aus dem Wiener Wald. *R.: K.M. Grüber. B.: K.-E. Herrmann. Schaubühne am Halleschen Ufer, Berlin 1972*

sucht die Verbindung zu einer Volkstheatertradition, in der »auf volkstümliche Art ... Fragen des Volkes, seine einfachen Sorgen« behandelt werden, die »an die Instinkte und nicht an den Intellekt des Volkes appelliert« (*Gebrauchsanweisung*). Dieser Definitionsversuch ist nicht sonderlich originell, doch kommt Horváth darüber auf jenen Aspekt zu sprechen, der zum Kern seines Verständnisses des Volksstücks führt: Der »Mensch wird erst lebendig durch die Sprache«. Dies ist offenbar sein Credo als Bühnenautor. Deswegen vermag er auch die »sogenannte dramatische Handlung« als »sekundäre Angelegenheit« zu betrachten. Es geht um den Horváth-Ton in diesen Stücken, der alles wirklich Wesentliche über diese Menschen mitteilt. Der Kleinbürger schien dem Autor deswegen der geeignetste Protagonist zu sein, weil seiner Meinung nach »Deutschland, wie alle europäischen Staaten, zu neunzig Prozent aus vollendeten oder verhinderten Kleinbürgern« besteht. Zudem ging es ihm um »Allgemeingültiges«, um »Bodenständiges«. Bei der Erläuterung des poetischen Verfahrens stehen zwei miteinander verkoppelte Begriffe im Zentrum: »Realismus« und »Ironie«. Das dazwischen herrschende Spannungsfeld ist die Konstruktionsfolie der Horváthschen Dialoge. »Vergessen Sie nicht«, mahnt er die Regisseure seiner Volksstücke, »daß diese Stücke mit dem Dialog stehen und fallen.« (*Gebrauchsanweisung*) Zu vermeiden seien Parodie, Satire und auch Karikatur; doch ergeben soll sich eine »Komik des Unterbewußten«; daraus nämlich, wie sich dieses in subversiver Direktheit Geltung verschafft in seinem »Kampf« gegen das »Bewußtsein«. Daß dies ein »stilisiertes« Spiel erfordere, verstand sich für den Autor von selbst, andererseits aber sollte es auch »ganz wenige Stellen« geben, die »realistisch« zu bringen seien, »wo ganz plötzlich ein Mensch sichtbar wird, wo der dasteht ohne jede Lüge.« Die 114. Szene in *Kasimir und Karoline* ist eine solche Stelle; wenn Karoline von ihrer Sehnsucht spricht, von der sie immer wieder zurückkehrt in ihren Alltag »mit gebrochenen Flügeln, und das Leben geht weiter, als wär man nie dabei gewesen.«

Geschichten aus dem Wiener Wald und *Kasimir und Karoline* sind Horváths am meisten aufgeführte Volksstücke; dabei war das erste ein beachtlicher Bühnenerfolg bereits bei seiner Uraufführung 1931 in Berlin. Das zweite Stück setzte sich erst Anfang der sechziger Jahre durch. Die Leipziger Uraufführung 1932 und die folgende Aufführung in Berlin hatten offenbar den Eindruck vermittelt, Horváth hätte eine Satire auf das Münchner Oktoberfest schreiben wollen, wogegen sich der Autor mit dem Text *Gebrauchsanweisung* entschieden zur Wehr setzte. Auch Aufführungen in den frühen fünfziger Jahren in Wien (1950) und München (1952) konnten die poetische Qualität dieses Stücks, das Horváth später eine »Ballade von stiller Trauer« nannte, nicht erschließen. Erst die Inszenierungen an der Schaubühne am Halleschen Ufer in Berlin 1964 und am Theater in der Josefstadt in Wien im selben Jahr (Regie: Otto Schenk) wurden als die »Entdeckungen« dieses »zauberischen Volksstücks« (Friedrich Luft) gefeiert. (vgl. T. Krischke 1973, 161ff) Es war dies die Einleitung einer »Horváth-Renaissance«. Der Autor befand sich »auf dem Weg zum Klassiker«, wie Friedrich Torberg schrieb. Die Erstaufführung von *Kasimir und Karoline* in der DDR, am Städtischen Theater Karl-Marx-Stadt (Chemnitz), fand 1968 statt. In der Schweiz brachte Hans Hollmann das Stück im September 1968 erstmals heraus (Baseler Theater, Komödie) und setzte dessen Erfolgsserie fort. Die Kritik ordnete diese Inszenierung ein in das von Werner Düggelin, Friedrich Dürren-

Ö. v. Horváth: Der Jüngste Tag. *R.: Andrea Breth. B.: S. Raschig. Burgtheater, Wien 2000*

Ö. v. Horváth: Kasimir und Karoline. *R.: Hans Hollmann. Theater Basel, 1969*

Am Ende der Stücke sind die Fräuleins besiegt. Tot oder in einer tödlichen Ehe begraben. Vollkommen schuldlos an ihrem Untergang sind sie gewiß nicht. »Reine Seelen« gibt es nicht, schon gar nicht in den Zeiten der Krise. Auch die Horváth-Frauen suchen zäh ihren Vorteil, stellen ihre Fallen; lügen, wenn es anders nicht geht. Aber sie alle (Karoline, Elisabeth, Marianne in den Geschichten aus dem Wienerwald, *Anna in* Der jüngste Tag*) entscheiden sich irgendwann zwischen den wahren Sehnsüchten und den falschen Tatsachen.*

(B. Henrichs: Meiner Liebe entgehst du nicht! *In: Süddeutsche Zeitung 8./9. Dez. 2001, Feuilleton-Beilage I)*

matt und Hermann Beil entwickelte Projekt einer »Baseler Dramaturgie«, die die Welt zeigen will, »wie sie sich darstellt – als Komödie« (n. T. Krischke 1973, 212). Horváth freilich hielt alle seine Volksstücke, so auch dieses, für »Tragödien«, nicht im klassischen Sinne, sondern im Hinblick auf jene Fatalität, mit der sich in diesen kleinbürgerlichen Lebensentwürfen auch der kleinste Hoffnungsschimmer auf privates Glück als Illusion erweist. Geradezu modellhaft ist diese bittere Erfahrung formuliert, wenn der Zuschneider Schürzinger auf dem Münchner Oktoberfest der Karoline, deren Verlobter Kasimir infolge der Wirtschaftskrise soeben seine Stelle als Lastwagenfahrer verloren hat, ganz beiläufig erklärt, daß die »Menschen weder gut noch böse (sind). Allerdings werden sie durch unser heutiges wirtschaftliches System gezwungen, egoistischer zu sein, als sie es eigentlich wären, da sie doch vegetieren müssen ... Nehmen wir an, Sie lieben einen Mann. Und nehmen wir weiter an, dieser Mann wird nun arbeitslos. Dann läßt die Liebe nach, und zwar automatisch.« (4. Szene). Diese Art Kleinbürgertragödien funktionieren bei Horváth wie Uhrwerke. Jeder Versuch, sich davon mit den eigenen Gefühlen abzusetzen, erweist sich letztlich als Selbsttäuschung. So hat auch Karoline nach einem alptraumhaften Gang durch das lärmende Oktoberfest am Ende ihren Bräutigam endgültig an die haltsuchende Erna verloren und gerät selbst dem Schürzinger (»Ein widerlicher Bursche. Ein Zyniker«, 50. Szene) in die Hände. Nun ist sie »abgerichtet ... auf die Realität. So weit ist das eigene Leben von ihr entfernt wie der Zeppelin (in der 2. Szene), so sehr ist sie sich entfremdet, wie am Anfang den Menschen nur die Abnormitäten (im Panoptikum der Oktoberfestwiese, 4. Szene) entfremdet erscheinen.« (H. Karasek in: T. Krischke 1973, 76) Es ist das Gefühl der Horváthschen Menschen von ihrer »Ohnmacht den Verhältnissen gegenüber« (H. Beil), das dieses Stück mit seinen 117 zumeist miniaturartigen Szenen auch ein so genaues Zeitdokument der Endphase der Weimarer Republik sein läßt. In

Ö. v. Horváth: Kasimir und Karoline. *R. u. M.: Ch. Marthaler. B. u. K.: A. Viebrock. Deutsches Schauspielhaus, Hamburg 1996. Mit Josef Bierbichler und Olivia Grigolli, in den Titelrollen*

Geschichten aus dem Wiener Wald steht am Ende der vielzitierte Horváth-Satz, den der Fleischhauer Oskar zu der Marianne spricht, als dieser – wie der Karoline – alle ihre Träume von einer »rosigen Zukunft« zerplatzt sind: »Mariann, du wirst meiner Liebe nicht entgehn –«. Dabei hatte sie alles riskiert, um – gegen die Heiratspläne ihres Vaters mit diesem Oskar, dem soliden Nachbarn im VIII. Wiener Bezirk – ihre eigenen Lebensziele zu verwirklichen: ihre Liebe zu Alfred, der freilich nur ein Abenteuer mit ihr suchte, das eigene Kind, das sie, weil sie immer mehr ins soziale Elend gerät, in die todbringende Obhut einer fürchterlichen Großmutter geben muß, und einen Beruf, der Selbständigkeit bringen sollte. Letztlich aber wurden es nur Auftritte als Nackttänzerin in einer Tingeltangel-Bar. So war das Abgleiten in die Kriminalität nur eine Frage der Zeit. Wegen eines Diebstahlversuchs kommt sie ins Untersuchungsgefängnis. Danach hat sie Alfred, den windigen Liebhaber, und ihr Kind verloren und ist »reif« für Oskar. Marianne stirbt »den grausamsten, quälendsten Tod, den es bei Horváth gibt: den langsamen Tod in der Ehe« (D. Hildebrandt 1975, 73).

Mit diesen »Geschichten«, die ein komplettes Gesellschaftspanorama entwerfen, die sich »in unseren Tagen« abspielen (so in der Vorbemerkung), traf Horváth nicht zuletzt durch ein künstlerisch mitunter gewagtes Spiel mit Klischees, dem Kitsch und falschem Pathos den Nerv kleinbürgerlicher Gemütlichkeit und entlarvt diese so heiter erscheinenden Lebenswelten als Idyllen, die in Wahrheit keine sind, »aber in denen Dummheit als solche verklärt werden kann.« (T. Krischke 1981, 18) Diese Sicht auf »das Volk« und die schonungslose Analyse einer ihnen dienstbaren Mentalität mußte die Rechtsradikalen der Jahre um 1930 so provozieren, daß die Aufführungen dieser Stücke stets Skandale auslösten.

1934 wurde Horváth Mitglied der Reichsschrifttumskammer, nicht zuletzt, um die Aufführungsmöglichkeiten seiner Stücke zu sichern. 1936 wurde ihm die Aufenthaltsgenehmigung in Deutschland entzogen. 1937 wurde er aus dem Reichsverband Deutscher Schriftsteller ausgeschlossen, obwohl er sich zuvor von seinem bisherigen Werk distanziert hatte.

Wegen Verhandlungen zur Verfilmung seines Romans *Jugend ohne Gott* reiste Ödön von Horváth 1938 nach Paris und wurde dort während eines Gewitters von dem herabstürzenden Ast eines Baumes erschlagen. Von ihm sind zweiundzwanzig Theaterstücke überliefert, deren Rezeption an den deutschsprachigen Bühnen der dreißiger Jahre höchst unterschiedlich verlief. Höhepunkt von Horváths Laufbahn als Bühnenautor war das Jahr 1931 mit den Aufführungen von *Italienische Nacht, Geschichten aus dem Wiener Wald* und der Verleihung des Kleist-Preises. Mit der Machtergreifung Hitlers 1933 entfiel die Möglichkeit, seine Stücke an deutschen Bühnen aufzuführen. Aber auch in Wien blieben ihm trotz des antinationalsozialistischen Kurses der Dollfuß-Regierung die größeren Bühnen verschlossen. Zürich und einige tschechische Bühnen dagegen boten Aufführungsmöglichkeiten. Das Jahr 1937 brachte noch einmal mehrere Bühnenerfolge. Doch waren es nicht mehr die kritischen Volksstücke aus den frühen dreißiger Jahren, sondern die versöhnlicheren Dramen des Spätwerks, die nun aufgeführt wurden, Stücke wie die Komödien *Figaro läßt sich scheiden* und *Ein Dorf ohne Männer* oder *Der jüngste Tag*. Letzteres zählt zu den meistaufgeführten Stücken Horváths und ist wohl dessen »zeitlosestes« (K. Kahl): ein Eifersuchtsdrama, in dem ein Bahnhofsvorsteher wegen eines flüchtigen Kusses ein verheerendes Zugunglück verursacht. Nach 1945 waren Horváths Stücke auf den österreichischen Bühnen wieder präsent, jedoch auch zu dieser Zeit vorwiegend jene, die nach 1933 entstanden waren. (vgl. W. Lechner in: T. Krischke 1981, 174ff) Diese österreichische Horváth-Rezeption unmittelbar nach dem Zweiten Weltkrieg stand ganz im Zeichen des restaurativen Wiederaufbaus des Theaterlebens in diesem Lande.

Die österreichischen Theaterverhältnisse in den Jahren 1938 bis 1945

Mit dem »Anschluß« Österreichs an das Deutsche Reich im März 1938 wurde sogleich eine vollständige Umgestaltung des öffentlichen kulturellen Lebens, so auch des Theaterwesens, nach reichsdeutschem Vorbild eingeleitet. Dieser Prozeß verlief aus zwei Gründen besonders rasch und effizient. Zum einen konnte das seit 1933 in Deutschland praktizierte Gesetzes-, Ämter- und Regelungswesen unmittelbar auf Österreich übertragen werden; zum andern hatte die autoritäre ständestaatliche österreichische Verfassung für die praktische Durchsetzung dieser Umgestaltung die Voraussetzungen bereits geschaffen. Hinzu kam ein politisches Klima, das in hohem Maße von der militanten kulturkämpferischen Propaganda und den Aktionen der österreichischen Nationalsozialisten geprägt war. Diese eskalierten nach dem 12. März zu einer Welle des Terrors gegen jüdische und politisch nicht genehme Personen in den Theaterbetrieben. Viele Theaterleitungen wurden »zunächst kommissarisch neu besetzt. Die Aufgabe der kommissarischen Leiter bestand in ›Säuberungen‹: Das Vermögen wurde gesichtet, das Personal nach Ariern und Juden sowie nach politischer Zuverlässigkeit selektiert. ›Volljuden‹ wurden fristlos entlassen, mißliebige Autoren und Themen vom Spielplan abgesetzt.« (E. Schreiner 1989, 106) Neue Gesetzesgrundlage war das deutsche NS-Theatergesetz; das fortschrittliche österreichische Schauspielergesetz von 1922, ebenso das Wiener Theatergesetz von 1930 wurden außer Kraft gesetzt. Die neuen obersten kulturpolitischen Instanzen waren der Reichsstatthalter – nach Arthur Seyß-Inquart und Josef Bürckel übte Baldur von Schirach dieses Amt von 1940 bis 1945 aus – und das Wiener Kulturamt, die beide »um Unabhängigkeit von der Berliner Zentralstelle kämpften, gegenüber Goebbels aber zumeist nachgeben mußten. Im Brennpunkt des vom Reichsstatthalter getragenen Streits standen die Wiener Prestigeobjekte Staatsoper, Burgtheater und Museen. Hitler wollte Wien niemals eine eigenständige kulturelle Rolle zubilligen.« (E. Schreiner 1989, 108) Baldur von Schirach gelang es schließlich, eine gewisse Autonomie in der Gestaltung des kulturellen Lebens in Wien durchzusetzen. Nach 1942 wurde dieser Freiraum jedoch wieder eingeschränkt. Dennoch: »Schirach nannte sich – in Analogie zur Berliner Titulatur Görings – ›Oberster Chef der Staatstheater in Wien‹«. (H. Rischbieter 2000, 260)

Goebbels hatte Wien innerhalb seines Propagandakonzepts eine Sonderaufgabe zugewiesen: eine »kulturelle Sendung« im europäischen Südosten. Das Wiener Kulturamt hatte deswegen kaum Gestaltungsmöglichkeiten für die Wiener Theater, die Volksoper ausgenommen. Ohnehin konnten 1938 nur noch acht Bühnen einen kontinuierlichen Spielbetrieb aufrechterhalten. Von 1939 an befanden sich beinahe alle Wiener Theater in der Trägerschaft des Staates, der Stadt oder der DAF (Deutsche Arbeitsfront). Die DAF hatte in Wien das Deutsche Volkstheater und das Raimund-Theater übernommen.

Die neue nationalsozialistische Theaterpolitik konzentrierte sich in erster Linie auf das Burgtheater und die Staatsoper. Am Burgtheater wurde Hermann

Röbbeling als Direktor abgesetzt (1938). Sein Amt übernahm der nationalsozialistische Schriftsteller Mirko Jelusich. 1939 wurde der Schauspieler und Regisseur Lothar Müthel (1896–1965), der an den Berliner Reinhardt-Bühnen und am Preußischen Staatstheater eine beachtliche Karriere gemacht hatte, zum Intendanten des Burgtheaters berufen und beauftragt, die Gesamtleitung der Wiener Staatstheater zu übernehmen. Ein von Berlin aus gesetztes theaterpolitisches Zeichen war die Verlegung der »Reichstheaterwochen« im Juni 1939 nach Wien. Sie wurden mit Müthels Berliner *Hamlet*-Inszenierung eröffnet. Gustaf Gründgens spielte die Titelrolle. Die »Arisierung« des Burgtheaters war bereits im März 1938 abgeschlossen gewesen. Einige »halbjüdische« oder »jüdisch versippte« Mitarbeiter – so die Sprachregelung in der NS-Bürokratie – konnten mit Sondergenehmigung ihr Engagement behalten. (vgl. H. Rischbieter 2000, 259) Schwerpunkte im Spielplan blieben die Klassiker, hinzu kamen einige wenige Stücke von Autoren, die dem Nationalsozialismus nahestanden, jedoch keinerlei besondere Aufmerksamkeit auf sich zogen. Ganz offensichtlich orientierte sich Müthels Spielplangestaltung und Ensemblepolitik an den Berliner Staatsbühnen. Das dem Burgtheater angeschlossene Akademietheater war 1938 von Jelusich zunächst geschlossen worden; unter Müthel diente es als Bühne für Unterhaltungsstücke. Zu den aus späterer Sicht vielfach diskutierten Inszenierungen Müthels am Burgtheater zählt die von Shakespeares *Der Kaufmann von Venedig* (1942) mit Werner Krauß in der Titelrolle, die als ausgesprochen antisemitische Darbietung angelegt war. Am 12. April 1945 brannte das Burgtheater bei einem Bombenangriff vollständig aus. Müthel legte seine Intendanz Ende April 1945 nieder. Unmittelbar nach Kriegsende trat das Ensemble des Burgtheaters unter dem neuen Intendanten Raoul Aslan im Ronacher auf. Dort inszenierte Lothar Müthel bereits am 13. Juni Hofmannsthals *Jedermann*.

Schwerer als das Burgtheater traf die »rassische Säuberung« die Wiener Staatsoper. (vgl. H. Rischbieter 2000, 259 ff) Dies betraf auch so prominente Künstler wie den Dirigenten Bruno Walter und den Tenor Richard Tauber. Im Gegenzug zu diesen Verlusten wurden langjährige Verträge mit den Dirigenten Furtwängler, Knappertsbusch, Clemens Krauß und Karl Böhm geschlossen. Was die zentralen Personalentscheidungen für die Staatsoper betraf, so war hier die Zuständigkeit Schirachs durch einen »Führervorbehalt« eingeschränkt. Dies war ebenfalls der Fall bei den Staatsopern in Berlin, München und Dresden. Wie im Reichsgebiet waren die finanziellen Zuschüsse für die Staatstheater erheblich. Die Wiener Bühnen – als »Reichstheater« – standen dabei den Berliner Staatstheatern nicht nach.

Nach Richtlinien der nationalsozialistischen Theaterpolitik wurde 1938 auch das private Theaterwesen in Wien umgestaltet. Dabei kamen die großen Traditionsbühnen – das Theater in der Josefstadt, das Deutsche Volkstheater, das Raimund-Theater, die Volksoper und das Theater an der Wien – unter öffentliche Trägerschaft. Einige Privattheater jedoch verblieben als reine Unterhaltungsbühnen weiterhin in privater Hand, so die Wiener Volksbühne, das Neue Schauspielhaus Wien, das Renaissance-Theater, das Stadttheater, das Wiener Bürgertheater und das Wiener Kammerspiel. Eine Zeitlang konnten sich auch das 1937 neueröffnete 49-Plätze-Theater »Die Insel« und das 1939 gegründete Theater »Die Komödie« als privat geführte Bühnen halten. Beides waren Projekte, die der Schauspieler und Regisseur Leon Epp zusammen mit seiner Frau, der Schauspielerin Elisabeth Epp, ins Leben gerufen hatte. Beide Bühnen versuchten, in dieser schwierigen Zeit einen literarisch ambitionierten Spielplan aufrechtzuerhalten.

Auch die Theater außerhalb Wiens wurden 1938 wie die Bühnen der Hauptstadt nach dem nationalsozialistischen Theatergesetz neu verfaßt. »Von vier Landeshauptstädten betrieb nur das steiermärkische Graz seine Städtischen Bühnen seit 1933 in eigener Regie; in Innsbruck, Linz und Salzburg wurde erst zur Spielzeit 38/39 das Pachtsystem abgeschafft und das Intendanzsystem eingeführt. Das Stadttheater Klagenfurt, seit 1932 ohne Ensemble, wurde als Kärntner Grenzlandtheater mit Intendantenverfassung wiedereröffnet, ebenso das Stadttheater Steyr nach 38jähriger Pause. Neu entstand ein Netz von Wanderbühnen in Trägerschaft der NS-Gaue. Mit Sitz in Leoben in der Steiermark wurde 1938 eine Alpengau-Wanderbühne gegründet, ebenfalls 1938 in Baden bei Wien die Gaubühne Niederdonau (seit 1940 Steierisches Landestheater mit Sitz in Graz); 1939 schließlich wurde im nur sechstausend Einwohner zählenden Braunau, dem Geburtsort Hitlers, die Landesbühne Oberdonau gegründet.« (H. Rischbieter 2000, 266) Die Salzburger Festspiele unterstanden von 1939 an der Aufsicht des Berliner Propagandaministeriums. (vgl. Kap.: Die Salzburger Festspiele)

Das Jahr 1938 beendete auch den Status von Österreich als einem »Exilland wider Willen.« (vgl. Kap.: Deutsches Theater im Exil) In der Folge der »Arisierung« der österreichischen Theater, der sofortigen Liquidierung aller Kleinkunstbühnen und der Verfolgung politischer Gegner in der Künstlerschaft – Exilanten wie Österreicher – verließen weit mehr als tausend im Theatergewerbe tätige Künstler das Land. (vgl. H. Haider-Pregler in: F. Trapp u.a. 1999 I, 152ff) Für viele war die Schweiz das Ziel der Emigration, obwohl sich dort nach

G. Hauptmann: Iphigenie in Delphi. *R.: L. Müthel. B.: C. Klein. Burgtheater, Wien 1942*

dem »Anschluß« Österreichs die Einreisemöglichkeiten erheblich verschärft hatten. (vgl. Kap.: Schweiz) Zu den prominenten Künstlern, die am Zürcher Schauspielhaus ein Engagement fanden, zählte Karl Paryla, der zusammen mit anderen österreichischen Exilanten bereits in den Jahren des Exils ein Konzept für den Neuaufbau des österreichischen Theaterwesens nach dem Ende des Krieges diskutierte. Die kulturpolitischen Vorstellungen dieser Gruppe waren zusammengefaßt in einem am 5. Mai 1945 in Zürich veröffentlichten *Rundschreiben des »Vorbereitenden Komitees«*. Es war von einundzwanzig österreichischen Schriftstellern, Malern, Musikern, Sängern und Schauspielern unterzeichnet. In diesem Text ging es nicht nur um den Aufruf zu einem umfassenden kulturellen Neubeginn nach der Befreiung von Faschismus, sondern auch um berufliche Fragen, die für die Rückkehrer nicht minder brisant waren, und um konkrete Hilfeleistungen, wie etwa die Beschaffung von Texten von Bühnenautoren, die in den Jahren des NS-Regimes verboten und zumeist nicht mehr zugänglich waren. Paryla, Wolfgang Heinz (1900–1984), Emil Stöhr und Hortense Raky waren 1945 unter den ersten Rückkehrern. In Wien trafen sie jedoch auf ein politisches Klima, das für die »Erfahrungen aus dem Leiden der vergangenen Jahre« alles andere als aufgeschlossen war. Selbst mit der Solidarität der Berufskollegen an den Wiener Bühnen konnten sie kaum rechnen. Erst 1948, mit der Eröffnung des »Neuen Theaters in der Scala« (vgl. Bd. V, Kap.: Österreich), erfüllte sich ihr Wunsch nach einem Theater, an dem sie »die Pläne der Exilzeit verwirklichen konnten.« (C.-R. Köper 1995, 35) Diese Bühne hielt sich jedoch nur bis 1956. Zu sehr widersprach das Programm der »Scala«, die von der Kommunistischen Partei finanziell unterstützt wurde, den politischen Intentionen des sozialistischen Stadtrats von Wien.

Der prominenteste Bühnenkünstler unter den österreichischen Exilanten, der Regisseur Leopold Lindtberg (1901–1984), war von Deutschland aus, wo er bis 1933 auch ausschließlich tätig war, ins Schweizer Exil gegangen. Seit 1947 arbeitete er zwar als ständiger Gastregisseur am Wiener Burgtheater, seine Arbeitsschwerpunkte jedoch blieben Deutschland und die Schweiz. Dort übernahm Lindtberg 1965 die Direktion des Zürcher Schauspielhauses. Dem 1938 in die Schweiz emigrierten österreichischen Schriftsteller Fritz Hochwälder (1922–1986) gelang mit seinem Schauspiel *Das heilige Experiment* ein Welterfolg. Das in traditioneller Dramaturgie geschriebene, bühnenwirksame Stück wurde am 24. März 1943 in Biel/Solothurn uraufgeführt. Es behandelt das Schicksal des im 18. Jahrhundert von Jesuitenpatres im Urwald von Paraguay gegründeten »Gottesstaats«. Dieser sollte für die Indios ein Reich der sozialen Gerechtigkeit und der Liebe schaffen, verstieß damit aber so grundsätzlich gegen die politischen und wirtschaftlichen Interessen der weißen Herren, daß dieses »heilige Experiment« gegen den Widerstand der Indios und der Patres gewaltsam zerschlagen wurde. Hochwälder entwickelt diesen Konflikt mit eindringlicher Stringenz und dem Verzicht auf jede Form des Exotismus. Jedoch nicht die Bieler Uraufführung, sondern erst eine französische Übersetzung des Stücks, die 1952 am Théâtre de L'Athénee in Paris zur Aufführung kam, leitete den weltweiten Erfolg ein. Hochwälder behielt auch nach 1945 seinen Wohnsitz in der Schweiz.

Letztlich also spielten die von den Emigranten ausgehenden Impulse nur eine marginale Rolle beim Wiederaufbau des österreichischen Theaterwesens nach dem Ende des Zweiten Weltkriegs. Die Zeichen der Zeit wiesen vielmehr auf Restauration als auf Neubeginn oder gar auf eine Bereitschaft zur Verarbeitung der Erfahrungen aus der jüngsten Geschichte. Das offizielle Österreich sah sich vielmehr in der Rolle des ersten »Opfers« der deutschen Okkupationspolitik.

Theater in der Tschechoslowakei 1918 bis 1948

Politische und sozialgeschichtliche Rahmenbedingungen

»Die beiden größten Theater Prags, das tschechische Nationaltheater sowie das Neue Deutsche Theater, wurden nur von den jeweiligen Volksgruppen besucht, – man ging einfach in das ›andere‹ nicht.«

(Gerhard Scholten, n. P. Tancsik 2000, 297)

Das Interesse, das führende tschechische Politiker den Fragen des Theaters entgegenbrachten, die erbitterten politischen Kämpfe, die einige Male um die Leitung des Nationaltheaters geführt wurden, und schließlich die Rolle, die dieses bei bedeutsamen politischen Ereignissen spielte, wie z.B. im Mai 1918, da die Prager Theaterfeierlichkeiten zu einer Manifestation der in Österreich unterdrückten slawischen Nationen wurden, bewiesen, ein wie lebendiger Faktor in der nationalen Entwicklung und im Freiheitskampf das Theater von der ersten tschechischen Vorstellung an bis zum Ende des Weltkrieges war, vom Wiedererwachen der Nation bis zur Wiedergeburt des tschechoslowakischen Staates.

(M. Rutte, F. Bartoš 1938, 8)

Der Zusammenbruch Österreich-Ungarns am Ende des Ersten Weltkriegs hatte zur Folge, daß sich die bis 1918 im Herrschaftsbereich der habsburgischen Monarchie eingebundenen Länder Böhmen, Mähren und die Slowakei als ein gemeinsamer selbständiger Staat, als die Tschechoslowakische Republik, konstituieren konnten. Damit hatten auch in dieser zentraleuropäischen Region die nationalstaatlichen Bestrebungen des 19. Jahrhunderts ihr politisches Ziel erreicht. Zumindest auf der verfassungsmäßigen Ebene war das angespannte Verhältnis zwischen der Mehrheit der tschechischen und slowakischen Bevölkerung gegenüber Minderheiten (Deutschen, Ungarn, Polen, Ukrainern) in diesem Lande zugunsten der Tschechen und Slowaken entschieden worden. In der zweiten Hälfte des 19. Jahrhunderts hatte die nationale tschechische Unabhängigkeitsbewegung zwar einige Reformen und Gesetzesänderungen vor allem im Sprachenstreit durchsetzen können (vgl. Bd. III, 503ff), aber auch Rückschläge mußte sie hinnehmen, so etwa 1882 die Teilung der traditionsreichen Prager Universität. Dabei war der deutschsprachige Teil zur alleinigen Universität, der tschechische lediglich zu deren Dependance erklärt worden. In der Hauptstadt existierte kaum eine Form des kulturellen Austauschs zwischen Tschechen und Deutschen, was nicht zuletzt auch durch die zwischen diesen Bevölkerungsgruppen bestehenden sozialen Unterschiede bedingt war. Die Spaltung zwischen den Volksgruppen war offenbar tief verwurzelt und zur Selbstverständlichkeit geworden. Anfang der zwanziger Jahre vermerkt der in Berlin lebende Prager Journalist Erwin Kisch: »Deutsche und Tschechen pflegten miteinander keinen außergesellschaftlichen Verkehr … kein Deutscher erschien jemals in einem tschechischen Bürgerclub, kein Tscheche im Deutschen Casino. Selbst die Instrumentalkonzerte waren einsprachig, einsprachig die Schwimmanstalten, die Hinweistafeln in Parks, Spielplätzen, in den meisten Restaurants, Kaffeehäusern und auch in den Geschäften. Korso der Tschechen war die Ferdinandstraße, Korso der Deutschen der Graben.« (n. P. Tancsik 2000, 19f)

Bühnenbildentwurf (Marktplatz in Athen) von Josef Čapek für Aristophanes' Komödie Weibervolksversammlung. *R.: K. Čapek. Städtisches Theater, Prag 1923*

Ein weiterer, vor allem das kulturelle Leben prägender Faktor in dieser gespaltenen, »überintellektualisierten« (Jiři Gruša) Stadt war die jüdische Bevölkerung, die etwa zu gleichen Anteilen Tschechisch oder Deutsch sprach. Deutschsprachige Juden bildeten den sogenannten »Prager Kreis« um Max Brod, Franz Kafka, Oskar Baum und Franz Werfel und galten als exponierte Repräsentanten deutscher Kultur in Prag. Die beiden großen Theaterhäuser der Stadt, das Tschechische Nationaltheater und das Neue Deutsche Theater, waren die markantesten kulturellen Institutionen, an denen die strikte Trennung der beiden Volksgruppen deutlich wurde: »man ging einfach in das ›andere‹ nicht« (G. Scholten).

Zur vollständigen politischen Autonomie kam es für die Tschechen schließlich mit der Bestätigung der unmittelbar nach Kriegsende ausgerufenen Republik durch die Siegermächte am 28. September 1918. In diesem Kampf um nationale Autonomie bildeten Literaten und Theaterkünstler die Phalanx der patriotischen tschechischen Bewegung. So war auch die Eröffnung des Prager Nationaltheaters (Národní divadlo) am 18. November 1883 ein Ereignis, das in seiner symbolischen Bedeutung weit über die theaterkulturelle Sphäre hinauswirkte. (vgl. Bd. III, 503 ff) Die Eröffnung des Neuen Deutschen Theaters in Prag am 5. Januar 1888, »sieben Jahre nach dem Verlust der deutschen Mehrheit

Bühnenbildentwurf (Gegend in Südböhmen) von Vlastislav Hofman für A. Dvořaks: Der weiße Berg. *R.: K. Dostal. Nationaltheater, Prag 1924*

im böhmischen Landtag, kann daher weder als Zufall noch als Selbstverständlichkeit betrachtet werden.« (P. Tancsik 2000, 24) Es war ganz offensichtlich eine politische und zugleich kulturpolitische Gegendemonstration. Finanziert wurde das Neue Deutsche Theater überwiegend von deutschen Juden, die mehrheitlich auch das Publikum dieses Hauses bildeten. Aus der Sicht der Tschechen war es das »Theater der Reichen«.

In der Slowakei vollzog sich diese Entwicklung mit einer Verspätung von nahezu vierzig Jahren. Zur Gründung eines slowakischen Nationaltheaters in Preßburg (Bratislava) kam es erst im Jahre 1920. Die Slowakei bildete damit das Schlußlicht in der europäischen Nationaltheaterbewegung. Es entsprach der tschechischen Tradition, daß für den Aufbau der neuen Tschechoslowakei 1918, für die Bestätigung ihrer nationalen Einheit, auch als Traditions- und Wertegemeinschaft, von Literatur und dem Theater ein entscheidender Beitrag erwartet wurde. Aus diesem Impuls heraus kam es zu Beginn der zwanziger Jahre zu einer künstlerischen Aufbruchsbewegung, in der ästhetische Entwürfe und Lebensgestaltung eine Einheit bildeten. Es ging um nicht weniger als um die Verwirklichung eines »historischen Ideals des Glücks.« (Karel Teige, 1921) Die Künstlergruppe, die an der Spitze dieser Bewegung stand und sich 1920 zusammengetan hatte, nannte sich »Dĕvetsil« (Neun Kräfte). Ihr weltanschaulich-ästhetisches Programm war der Poetismus. Es war dies der – freilich deutlich verspätete – spezifisch tschechische Beitrag innerhalb der europäischen Strömungen der Avantgarde. Der Architekt Karel Teige (1900–1951), der Erzähler und Dramatiker Vladislav Vančura (1891–1941) und der spätere Surrealist Vítězslav Nezval (1900–1958) waren die Hauptvertreter. Teige verfaßte die wichtigsten Manifeste des Poetismus (1924 und 1928). Mit der Gründung des »Befreiten Theaters« (Osvobozené divadlo) schuf sich der Künstlerklub »Dĕvetsil« ein Forum, das der experimentellen Erprobung und der Propagierung der Ideen des Poetismus dienen sollte.

In seiner Programmatik war der Poetismus wesentlich beeinflußt vom russischen Konstruktivismus und von dessen Vorläufern, dem Kubofuturismus und dem Suprematismus (vgl. Kap.: Rußland), aber auch von der funktionalistischen Architektur, wie sie in Frankreich etwa von Le Corbusier vertreten wurde. (vgl. H. Schmid in: E. Fischer-Lichte 1995, 436f) Dabei entwickelten die Poetisten jedoch eine durchaus eigenständige Position, die sich in zwei Punkten von den anderen Avantgarde-Strömungen unterschied: Sie lehnten die für die meisten dieser Gruppierungen so typische Verherrlichung der Technik als inhumane Attitüde strikt ab, ebenso jedwede metaphysische Begründung oder transzendentale Zwecksetzung der Kunst, wie dies etwa Malevič (vgl. Kap.: Rußland) oder Kandinsky vertraten. Stattdessen ging es ihnen um eine Art »anarchistisch gefärbte« Glückslehre. »Hinter dieser Glückslehre steht eine Sozialutopie, die sich potentiell an die marxistische Utopie, partiell aber auch an den utopischen Sozialismus der französischen Tradition und darüber hinaus an heimischen Traditionslinien bis hin zur Epoche des tschechischen Barock anlehnt.« (H. Schmid in: E. Fischer-Lichte 1995, 436) In dem von Karel Teige 1924 veröffentlichten Manifest *Poetismus* heißt es: »Der Poetismus ist vor allem ein modus vivendi. Er ist eine Funktion des Lebens und zugleich Erfüllung seines Zwecks. Er ist Urheber des allgemeinen menschlichen Glücks und des schönen Wetters, er ist anspruchslos pazifistisch ... Den Poetismus nicht begreifen heißt, das Leben nicht begreifen!« (n. W. Asholt u. W. Fähnders 1995, 318f) Mit dieser Grundhaltung, die in der Kunst ein zweckfreies Schönheitsideal verwirklichen will, eine »Welt, die lacht«, distanzierten sich die Poetisten von allen kulturpessimistischen Parolen der Avantgarde von Artaud bis Witkiewicz, gleichermaßen von den ideologischen Indoktrinationskonzepten der sowjetrussischen »Produktionskünstler« oder der Destruktionsrhetorik der Dadaisten. Die Auftritte der beiden deutschen Dadaisten Kurt Schwitters und Raoul Hausmann 1920 und 1921 in Prag wurden von den Poetisten harsch kritisiert. Außerhalb der Hauptstadt, so etwa in Brünn, war das Interesse an den neuesten Entwicklungen in Deutschland größer. (vgl. St. Waetzold u.a. 1977, 3/110)

Enge Verbindungen bestanden zwischen dem Poetismus und den tschechischen Formalisten, besonders zu dem ästhetischen Funktionalismus von Jan Mukařovský. Im Kontext dieser Schule hat Kunst ausschließlich eine ästhetische Funktion, d.h. sie befriedigt allein das menschliche Schönheitsbedürfnis: »Im Artefakt findet sich das menschliche Körperempfinden von Proportionalität, Symmetrie und Rhythmus ... transformiert wieder, der Mensch tritt sich selbst als ›Maßstab‹ des Kunstdings gegenüber.« (H. Schmid in: E. Fischer-Lichte 1995, 444) Bei der künstlerischen Umsetzung dieser Programmatik spielte die Metaphorisierung eine zentrale Rolle: Die Worte verloren ihre semantische Eindeutigkeit; die Dinge ihren im Alltagsgebrauch oder in der Alltagswahrnehmung geläufigen Zweck; Handlungen ihre kausale Stringenz. An diesem

Prag mit seinen insgesamt 15 ständigen Theatern (zwei davon deutsch) ist der Zentralnerv des tschechoslowakischen Theaterlebens ... Trotz dieser Zentralisation, die der Hauptstadt in der Entwicklung des tschechoslowakischen Theaterwesens eine analoge Stellung anweist, wie sie zum Beispiel Paris im Theaterleben Frankreichs innehat, entwikkelt sich auch in anderen Städten der Republik und auf dem Lande ein reges Theaterleben ... Außerhalb Prags gibt es ständige Theater, meistens mit Schauspiel- und Opernensembles noch in Brünn, Olmütz, Bratislava, Mährisch-Ostrau, Pilsen, Budweis, Kladno und Kaschau. Ständige deutsche Theater sind in Brünn, Reichenberg und Teplitz. Von diesen Bühnen außerhalb Prags sind künstlerisch am bedeutsamsten die Theater in Brünn und Bratislava. Das Landestheater in Brünn ist der Brennpunkt des mährischen Theaterlebens.

(M. Rutte, F. Bartoš 1938, 17)

A. Jirásek: Gero. *R.: J. Freijka. B.: V. Hofman. Nationaltheater, Prag 1936*

Aspekt der Metaphorisierung setzte vor allem die Theatertheorie und die Regiepraxis von Jindřich Honzl an. (vgl. Kap.: Neue Tendenzen in der Bühnenästhetik)

Daß die Poetisten, die überwiegend der tschechischen Kommunistischen Partei angehörten, mit dieser alsbald in Konflikt gerieten, war abzusehen. 1929 löste sich die Gruppe »Děvetsil« auf. Die Nachfolge-Organisation »Levá fronta« (Linke Front) unterwarf sich der Parteidoktrin.

Der 1918 gegründete gemeinsame Staat der Tschechen und der Slowaken, dessen erster Präsident Tomáš Garrigue Mąsaryk war (1918–1935), wurde deutlich stärker durch das tschechische als durch das slowakische Volkselement geprägt, was ganz wesentlich auch für das kulturelle Leben in diesem Land, nicht zuletzt auch für die Theater bestimmend wurde. Die von Beginn der Staatsgründung an existierenden Spannungen zwischen der Zentralregierung in Prag und den nationalen Minderheiten, vor allem den Sudetendeutschen, aber auch den Ungarn, führten 1933 zur Gründung der Sudetendeutschen Partei, die einen Anschluß des Sudetenlands an das Deutsche Reich forderte. Im Münchner Abkommen wurde die Tschechoslowakei schließlich gezwungen, diese Gebiete an das nationalsozialistische Deutschland abzutreten. Auch an Ungarn und Polen gingen Gebiete verloren. Am 14. März 1939 erklärte die Slowakei ihre staatliche Unabhängigkeit. Am 15. März 1939 wurde die Prager Regierung unter massivem militärischen Druck gezwungen, die Einrichtung eines deutschen Protektorats Böhmen und Mähren anzuerkennen. Damit hatte die Tschechische Republik, die in den zwanziger und dreißiger Jahren das Land in Europa war, dessen Wirtschaft sich am dynamischsten entwickelt hatte, ihre staatliche Existenz verloren. Die Slowakei blieb zwar ein formal selbständiger Staat, geriet jedoch vollständig unter deutsche Herrschaft.

In den Jahren der deutschen Okkupation übte die nationalsozialistische Administration eine strikte Zensur im gesamten öffentlichen kulturellen Leben aus. Stücke von neueren tschechischen Dramatikern verschwanden von den Spielplänen der Theater, ausländische Stücke waren nur aus jenen Ländern zugelassen, mit denen sich Hitler-Deutschland nicht im Krieg befand. Vor allem setzte alsbald der Terror der Judenverfolgung ein, der gerade das kulturelle Leben schwer traf. Gleicher Verfolgung waren politische Oppositionelle ausgesetzt, was zum Verbot zahlreicher Künstlervereinigungen und zur Schließung von Theatern führte. Prominentester Fall war die Schließung der von Emil František Burian 1934 in Prag gegründete Bühne »Divadlo 34« (»D 34«). Burian wurde ins Konzentrationslager verschleppt, überlebte die Haft jedoch und eröffnete 1946 seine Bühne wieder, nun unter dem Namen »D 46«. Zu den Opfern, die den Naziterror nicht überlebten, gehörten die Dramatiker Josef Čapek (der Bruder von Karel Čapek) und Vladislav Vančura, aber auch viele Schauspieler und Regisseure. Zahlreiche Künstler waren im Konzentrationslager Theresienstadt inhaftiert. Sie versuchten dort noch Formen künstlerischen Lebens aufrechtzuerhalten. Es war ein Akt geistigen Widerstands und der Selbstbehauptung. Diese kulturellen Aktivitäten wurden von der Leitung des Konzentrationslagers aus propagandistischen Gründen durchaus gefördert und einer Kommission des Internationalen Roten Kreuzes auch vorgeführt. Die SS überließ die Organisation dieser Veranstaltungen der jüdischen Selbstverwaltung des Lagers. Zuständig für den Musik- und Theaterbetrieb war der prominente Komponist Viktor Ullmann (1898–1944). Er schrieb in Theresienstadt

In Prag gab es nach dem Ersten Weltkrieg national und liberal eingestellte Deutsche, radikale und gemäßigte slawophile Tschechen, es gab dort deutsche und tschechische Sozialisten, deutsche und tschechische Kommunisten, liberale, zionistische und deutsch-national gesinnte Juden. Jede dieser Gruppen hatte nun ihre eigenen Klubs, Theater, Kaffeehäuser, Restaurants, Sportverbände, Zeitungen, Boulevards, Parteien, Kirchen und Synagogen.

(P. Tancsik 2000, 300)

A. Kornejčuk: Der Untergang des Geschwaders. *R.: B. Stejskal. B.: V. Hofman. Städtisches Theater, Prag 1937*

die Kammeroper *Der Kaiser von Atlantis oder Die Todes-Verweigerung.* Dieses Werk konnte jedoch nicht mehr aufgeführt werden, da viele Mitwirkende nach Auschwitz deportiert wurden. Ullmann und sein Librettist Peter Klein wurden dort 1944 ermordet. Dieses Schicksal erlitten auch die Komponisten Gideon Klein, Ervín Schulhoff und Hans Krasa (1899–1944), dessen gegen Hitler gemünzte Kinderoper *Bundibár* im Lager von Theresienstadt mehrfach aufgeführt worden war. Vielen verfolgten Künstlern und Intellektuellen gelang aber auch die Flucht ins Exil. In London bildete sich eine tschechoslowakische Exilregierung, die ein Bündnis mit der Sowjetunion einging.

Nach dem Zusammenbruch des Deutschen Reichs am Ende des Zweiten Weltkriegs wurde die Tschechoslowakische Republik unter dem Staatspräsidenten Eduard Beneš (1884–1948) wiederhergestellt und die Vertreibung der Sudetendeutschen eingeleitet. Im gesellschaftlichen und politischen Leben setzte unter einer von Sozialdemokraten und Kommunisten gebildeten Regierung eine Periode relativer Freiheit ein. Im Theaterbereich führte dies nach den Jahren der Knebelung durch die nationalsozialistische Zensur zu einem Neuanfang, an dem insbesondere die aus der Emigration und den Konzentrationslagern zurückgekehrten Künstler wesentlichen Anteil hatten. Diese Aufbruchsatmosphäre wurde nach nur drei Jahren jedoch abrupt beendet. Mit einem Staatsstreich am 25. Februar 1948 gelang es der Kommunistischen Partei unter dem Schutz der Sowjetunion, das Land in eine Diktatur nach sowjetischer Prägung umzuwandeln und die Tschechoslowakei in den Herrschaftsbereich der Sowjetunion einzugliedern. Für das kulturelle Leben bedeutete dies erneut Zensur und zentralistische Reglementierung, vor allem auch die Durchsetzung des Sozialistischen Realismus als Kunst- und Literaturdoktrin. Erneut kam es zur Emigration vieler tschechischer Künstler. Von den Vertretern der Theateravantgarde, die – ähnlich wie in der Sowjetunion – der stalinistischen Säuberungspolitik zum Opfer fielen, war Jindřich Honzl die prominenteste Persönlichkeit, einer der profiliertesten tschechischen Theatertheoretiker und Regisseure dieser Jahre, der Gründer des »Befreiten Theaters.«

Die Theaterverhältnisse in der Slowakei

Die politischen, kultur- und sozialgeschichtlichen Rahmenbedingungen für die Entwicklung des Theaters in der Slowakei waren zu Beginn des 20. Jahrhunderts bis zum Ende des Zweiten Weltkriegs nicht sonderlich günstig. Im Zeitraum bis 1918 war das Theater in der Slowakei, die bis dahin zu Ungarn gehörte, dreisprachig: ungarisch, deutsch und slowakisch. Dabei war das professionelle Theater überwiegend ungarisch geprägt. In Preßburg (Bratislava), wo etwa die Hälfte der Einwohnerschaft deutschsprachig war, existierte ein professionelles deutschsprachiges Theater. Deutsche und ungarische Theatergesellschaften traten abwechselnd im dortigen Stadttheater auf. Die Auseinandersetzungen um diese Bühne nahmen immer wieder Züge eines Kulturkampfes an. (vgl. M. Cesnaková-Michalcová 1997, 160f) Die slowakische Sprache wurde bis Anfang der zwanziger Jahre nur von Laienensembles gebraucht. Im gesamten Gebiet der Slowakei war das kulturelle Leben eindeutig von der ungarischen Oberschicht dominiert, die sich durch eine von Ungarn aus betriebene Politik der Magyarisierung unterstützt wußte. Diese Politik richtete sich in erster Linie gegen die slowakische Nationalbewegung, was letztlich auch die späte Professionalisierung des slowakischen Theaters zur Folge hatte.

Dennoch herrschte in Preßburg ein reges Theaterleben, denn das dortige Stadttheater wurde nicht nur von den jeweiligen deutschen oder ungarischen Theatergesellschaften, die dieses in Pacht genommen hatten, bespielt, sondern es traten dort auch zahlreiche deutsche, österreichische, italienische, russische und ungarische Tournee-Ensembles auf, die die neuesten Produktionen aus ihren Ländern zeigten. Neben Preßburg besaßen auch die Städte Kaschau, Neutra, Eperies, Tyrnau und Leutschau kleinere Theatergebäude, die von Wandertruppen bespielt wurden. In anderen Orten traten diese Ensembles in Sälen unterschiedlicher Lokalitäten auf. Dabei gab es zwischen den professionellen ungarischen und deutschen Theatern und den slowakischen Laientheatern keinerlei Berührungspunkte. Slowakisches Theater war in dieser Zeit weniger ein künstlerisch bemerkenswertes Phänomen als vielmehr ein kulturpolitisches. Es war »Ersatz der nicht existierenden Nationalinstitutionen und Schulen, namentlich auf dem Lande ... Dort bildete es für die Mehrheit seiner aktiven Teilnehmer den einzigen Kontakt mit der slowakischen Literatur und der slowakischen Schriftsprache; hauptsächlich nach der Herausgabe des Apponyigesetzes von 1907, das alle slowakischen Volksschulen in ungarische umwandelte.« (M. Cesnaková-Michalcová 1997, 173) So ist es dem slowakischen Laientheater ganz wesentlich mit zu verdanken, daß sich das slowakische Volk bis 1918 überhaupt eine nationale Identität bewahren konnte. Zentren des slowakischen Laientheaters waren die Orte Sankt Niklas und Sankt Martin. Dort gab es bereits Ende des 19. Jahrhunderts Pläne zur Gründung eines Nationaltheaters. Von den ungarischen Behörden wurde dies jedoch verhindert. Zu Beginn des 20. Jahrhunderts wurde die Pflege slowakischer Nationalkultur vornehmlich von lokalen Kulturvereinen getragen. Auch traten nun eine Reihe slowakischer Dramatiker an die Öffentlichkeit, die für diese Laienensembles schrieben. (vgl. Bd. III, 893 u. M. Cesnaková-Michalcová 1997, 176f)

Durch die Entstehung des slowakischen Berufstheaters gingen aber die deutschsprachigen und ungarischen Schauspielgesellschaften noch lange nicht unter. Durch ihre langjährige Tätigkeit blieben sie auch weiterhin ein fester Bestandteil des kulturellen Lebens der slowakischen Städte. Die Tschechoslowakische Republik hatte nicht die Absicht, den Minderheiten ihr deutsches oder ungarisches Theater zu nehmen; im Gegenteil, sie förderte deren Aktivitäten mit beträchtlichen Subventionen. So spielte in Preßburg z.B. die deutsche Gesellschaft des Theaterdirektors Dr. Rudolf Beers und Josef Jarnos, die ungarische Gesellschaft Sándor Iváns und in Kaschau Ödön Faragós. Bald stellte sich jedoch heraus, daß das ungarische Theater in den slowakischen Städten ein fremdes Element geblieben war. Trotz großzügiger Subventionen vegetierte es erfolglos dahin, weil die Publikumsbesuche nicht mehr organisiert wurden, sondern ganz und gar freiwillig erfolgten.

(M. Cesnaková-Michalcová 1997, 196f)

J. Voskovec u. J. Werich:
Die schwere Barbara.
ABC-Theater, Prag 1958

Die Gründung der Tschechoslowakischen Republik führte für das kulturelle Leben der gesamten Region zu einem enormen Aufschwung. Bereits 1919 wurde in den Schulen die slowakische Sprache wieder eingeführt. Das Stadttheater von Preßburg (seit 1920 Bratislava) wurde zum Slowakischen Nationaltheater (Dedinské divadlo) erklärt (1919). In Kaschau wurde ein Ostslowakisches Nationaltheater gegründet. Da es kaum slowakische Berufsschauspieler gab, spielten die Ensembles anfangs noch in tschechischer Sprache. Erst 1924, als der slowakische Regisseur Ján Borodáč an das Nationaltheater in Bratislava kam, wurden regelmäßig Stücke auch in slowakischer Sprache (überwiegend jedoch von tschechischen Schauspielern) gegeben. Zusammen mit dem Schauspiel entwickelte sich ein slowakisches Operntheater, das sich an den Wiener Opernbühnen orientierte. Unter der Intendanz (1928–1938) von Karel Nebdal (1888–1964) erreichte die Oper in Bratislava ein beachtliches künstlerisches Niveau; nun auch mit professionellen slowakischen Sängern. Wie im Schauspiel die Gastspiele des Wiener Burgtheaters und des Berliner Reinhardt-Ensembles waren auch in der Oper die zahlreichen Gastauftritte berühmter Stars aus den internationalen Theatermetropolen Höhepunkte im Theaterleben der slowakischen Hauptstadt.

Aber auch deutsche und ungarische Theateraktivitäten existierten weiter und wurden vom Staat subventioniert. Die deutsche Bevölkerung behielt weitgehend ihre kulturelle Autonomie und konnte sich nun auch, nach dem Ende der Magyarisierungspolitik, stärker entfalten. In Bratislava war es besonders die deutsch-jüdische Intelligenz, die dort zur Trägerschicht eines deutschen Theaterlebens wurde.

Nach der Lösung der Slowakei aus der Tschechoslowakischen Republik im März 1939 entstand ein Slowakischer Staat, dessen Souveränität allerdings durch die »Schutzfreundschaft« mit dem Deutschen Reich deutlich eingeschränkt war. Eine Folge davon war, daß das deutsche Element im Kulturbetrieb, vor allem in der Hauptstadt, propagandistisch im Sinne der nationalsozialistischen Ideologie in den Vordergrund drängte. Im Theater jedoch ging das Interesse des Publikums an deutschsprachigen Aufführungen zurück. Der deutsche Theaterverein in Bratislava, der dieses Programm organisierte, hatte dafür jeweils den Montag im Stadttheater zur Verfügung. Dieses wurde später umbenannt in Deutsches Landestheater (bis 1945). So existierten von 1939 bis 1945 slowakisches und deutsches Theater als zwei getrennte Theatersphären nebeneinander. Die vor 1918 so starke Tradition des ungarischen Theaters blieb zwar in der Periode der Republik (bis 1939) erhalten, hatte jedoch seine dominante Stellung verloren.

In der Zeit von 1939 bis 1945 war die Regierung der Slowakei Bündnispartnerin des Deutschen Reichs, setzte dessen faschistische Politik im eigenen Lande durch und beteiligte sich am Krieg gegen Polen und die Sowjetunion. Ein Aufstand der nationalen slowakischen Opposition wurde 1944 niedergeschlagen. 1945 wurde die Slowakei unter einer von der Kommunistischen Partei allein gestellten Regierung wieder Teil der Tschechoslowakischen Republik. Mit Beginn der fünfziger Jahren kam ein neuer kulturpolitischer Kurs auf, der den Minoritäten in der Slowakei wieder größere Entfaltungsmöglichkeiten einräumte. 1950 wurde ein ungarisch sprechendes Tourneetheater gegründet, ein zweites Ensemble folgte Ende der sechziger Jahre. Bereits 1945 war für die ukrainische Minderheit ein Nationaltheater in Prešov eröffnet worden. Auch hier kam es Mitte der fünfziger Jahre zur Gründung eines zweiten Ensembles. Ein deutsches Theater bestand jedoch zu dieser Zeit nicht mehr.

In den Jahren des Zweiten Weltkrieges wurde während der Existenz des Slowakischen Staates im Preßburger Nationaltheater bis 1945 ausschließlich slowakisch und deutsch gespielt. Die deutschen Vorstellungen wurden hier allwöchentlich vom deutschen Theaterverein, dem sogenannten Landestheater, gesichert, das aber über kein eigenes Schauspielensemble verfügte, sondern Ensembles aus anderen Städten einlud. Im Jahre 1945 wurde seine Tätigkeit endgültig beendet.

(M. Cesnaková-Michalcová 1997, 197)

Moderne und Avantgarde: Neue Entwicklungen in der Bühnenkunst und im Repertoire

Die Auseinandersetzung mit den modernen Strömungen der Schauspiel- und der Bühnenästhetik, dem psychologischen Impressionismus, dem Symbolismus und dem Expressionismus, stand im Zentrum der Entwicklung des tschechischen Theaters vom Beginn des 20. Jahrhunderts bis etwa 1918. Prag war das alles überragende Zentrum, dessen Bühnen – vor allem das Nationaltheater und das Stadttheater auf den Königlichen Weinbergen – sich die tschechischen Theater in Pilsen, Mährisch-Ostrau, Brünn, Kladnov und die slowakischen Theater zum Vorbild nahmen. In Prag selbst gab es fünfzehn Theater, davon zwei deutsche, Kleinbühnen und Kabaretts nicht mitgezählt. Ein gut entwickeltes Tourneetheaterwesen sorgte für Theateraufführungen außerhalb der Hauptstadt. (vgl. Bd. III, 887f) Für das Schauspielrepertoire hatten tschechische Autoren der realistischen Schule ein eigenständiges tschechisches Drama geschaffen. (vgl. F. Cerný 1995, 16) Gleiches gilt für die Oper, die im Werk von Antonín Dvořák und Leoš Janáček eine moderne, spezifisch tschechische Ausprägung gefunden hatte.

Im Schauspieltheater waren es drei Regisseure, die die Moderne eingeleitet hatten: Jaroslav Kvapil (1868–1950), Karel Hugo Hilar (1885–1935) und František Zavrel (1879–1915). Kvapil hatte im Jahre 1900 am Nationaltheater die Nachfolge von František Adolf Šubert (1848–1915) in der Leitung der Schauspiel-Abteilung angetreten und den Realismus der Šubert-Ära beendet. Er

F. Wedekind: Frühlings Erwachen. *R.: E. F. Burian. B.: M. Kouril. Prag 1936*

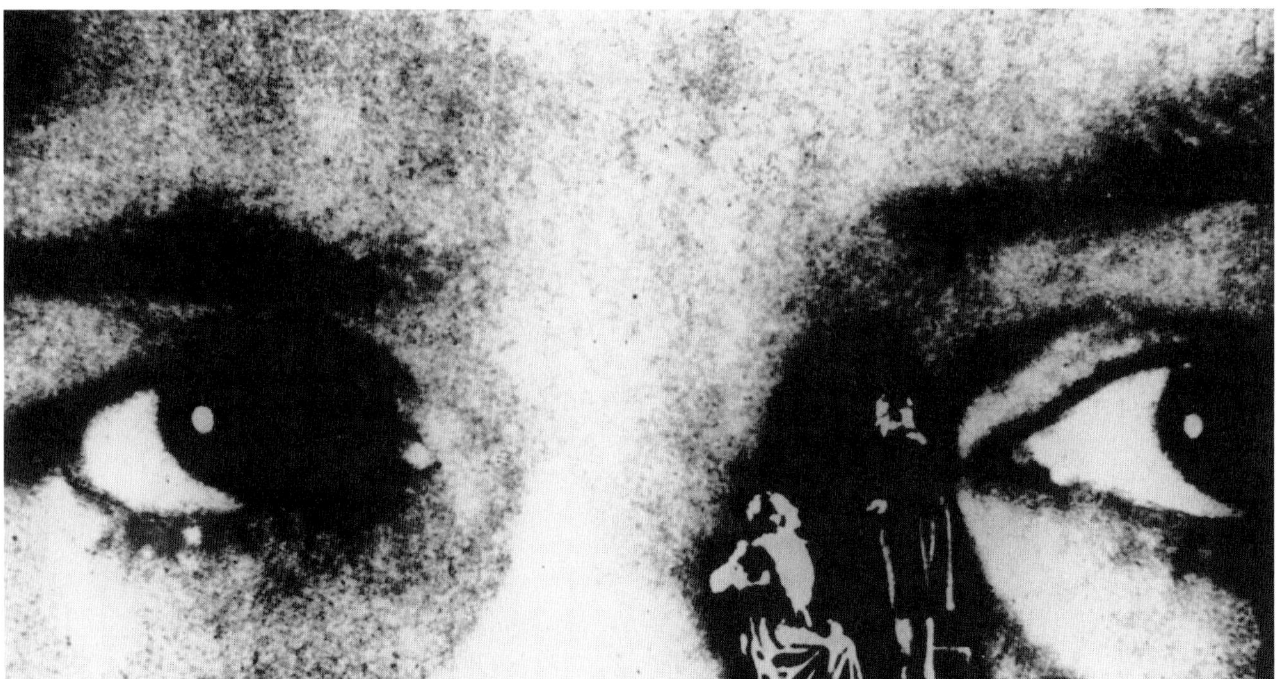

brachte den Wiener Impressionsimus ans Prager Nationaltheater, ebenso das symbolistische Spätwerk von Ibsen, die Stücke von Maeterlinck, Čechov, Oscar Wilde und Paul Claudel. Unterstützt wurde diese Tendenz durch die publizistischen Aktivitäten der beiden Kritiker František X. Šalda (1867–1937) und Jindřich Vodák (1867–1940), ebenso durch die Arbeit einer kleinen privaten Experimentiertheaterbühne, das nach dem Pariser Théâtre d'Art benannte »Künstlertheater« (1911–1914). Ein Schwerpunkt der Direktion von Kvapil am Nationaltheater war die Auseinandersetzung mit dem Werk Shakespeares, für die er die Neuerungen des Symbolismus und der Stilbühne aufgriff und den Dekorationsplunder des Historismus endgültig ins Magazin verbannte. Eine von Kvapils größten Regieleistungen am Prager Nationaltheater war seine Inszenierung von Goethes *Faust. Erster Teil* (Premiere am 18. Oktober 1906 in der Übersetzung von Jaroslav Vrchlický), an der alle großen tschechischen Bühnenstars dieser Jahre beteiligt waren; herausragend Eduard Vojan als Mephisto und Hana Kvapilová als Margarete. (vgl. F. Černý I 1995, 168 ff) Im gleichen Jahr hatte Kvapil ein Gastspiel von Stanislavskijs Moskauer Künstlertheater in Prag initiiert, dessen verfeinerte psychologische Menschengestaltung Vorbild für seine eigene Inszenierungsarbeit war. Spätestens seit diesem Gastspiel war der Blick der tschechischen Theaterkünstler vorwiegend auf die Entwicklungen in Rußland, zumal auf Moskau, gerichtet. Wohl zu Recht weist František Černý (I, 1995, 203) darauf hin, daß keine Theatermetropole sich so engagiert mit den Entwicklungen der slawischen Theaterkunst befaßt und Austausch mit anderen betrieben hat wie die Prager Bühnen im 20. Jahrhundert. 1921 übernahm Jaroslav Kvapil die Leitung des Stadttheaters auf den Königlichen Weinbergen und setzte dort seine im Grunde eher konservativ ausgerichtete Arbeit fort. Sein Nachfolger wurde 1927 der Regisseur Jan Bor (bis 1936), der einen vom russischen Theater geprägten Realismus an diese Bühne brachte.

In der Oper vollzog sich eine ähnliche Modernisierung des Repertoires unter Karel Kovařovic (1862–1920), der zusammen mit Kvapil am Nationaltheater Nachfolger von Šubert wurde, der noch beides, Oper und Schauspiel, geleitet hatte. Neben Werken tschechischer Komponisten nahm Kovařovic verstärkt Werke moderner ausländischer Komponisten in den Spielplan. Insgesamt kam es unter seiner Leitung zu einer bemerkenswerten Verbesserung des Aufführungsniveaus an der nationalen Oper. (vgl. M. Rutte, F. Bartoš 1938, 29 ff)

Nachfolger Kvapils 1921 am Nationaltheater wurde Karel Hugo Hilar, der bis dahin vorwiegend am Weinberge-Theater (seit 1914 als dessen künstlerischer Leiter) inszeniert hatte. Hilar, der auch ein vielseitiger Literat und ein engagierter Dramaturg war, hatte in Berlin den Regiestil von Max Reinhardt beobachtet und den deutschen Expressionismus kennengelernt. Diese Erfahrungen prägten seine Arbeiten an den Prager Bühnen. Er war es, der dort erstmals den expressionistischen Schauspielstil – vorwiegend in seinen Inszenierungen klassischer Dramen – erprobte. Dies war eine deutliche Kurskorrektur gegenüber dem statischen Lyrismus des impressionistischen Stimmungstheaters von Jaroslav Kvapil. Entwickelt hatte Hilar diesen Schauspielexpressionismus zunächst in Inszenierungen von Komödien, deren Witz und Komik er mitunter bis in die Groteske trieb, ja, einen »typisch tschechischen Stil« der Groteske (M. Rutte, F. Bartoš) kreierte. Mitte der zwanziger Jahre folgte Hilar dem allgemeinen Stilwandel. Seine Inszenierungen nahmen nun ausgesprochen sachliche und

Mit den neuen künstlerischen Richtungen wächst auch eine neue Schauspielergeneration freier heran, die zu Šuberts Zeiten nicht genug Verständnis und Nährboden gefunden hatte. Die Kunst des Schauspielers wird vermenschlicht und verinnerlicht, oder, wie ein zeitgenössischer Kritiker sagte, es kommt nach einer Ära der Waldhörner eine Zeit der Violen und Geigen. Damals reifte der größte tschechische Schauspieler Eduard Vojan heran, ein Analytiker der komplizierten modernen, von Sehnsucht verzehrten und von Skepsis zersetzten Seelen, der Schauspieler einer neuen Zeit und einer neuen Generation, der auf der Höhe seiner Reife Gestalten schuf, die für das Jahrhundert typisch waren oder auf dessen quälende Fragen Antwort gaben. Ihn ergänzt Hana Kvapilová, die Darstellerin empfindsamer und schmerzhafter Weiblichkeit an der Wende zweier Zeitalter, von ihrer Freiheit zugleich berauscht und verwundet. Auch darin zeigt sich Kvapils glücklicher Stern: daß er zwei Schauspieler großen Formats gefunden hat, die seinen Regiekonzeptionen weitgehend entgegenkamen und die ihn bei der Schöpfung Ibsenscher und Shakepearescher Gestalten direkt inspirierten.

(M. Rutte, F. Bartoš 1938, 11)

N. V. Gogol: Der Revisor.
R: J. Frejka. B: F. Tröster.
Nationaltheater, Prag 1936

konstruktivistische Züge an. Der Expressionismus schien überlebt. In seinem Buch *Der Kampf gegen Gestern* (1925) setzte sich Hilar mit den Erfordernissen der »neuen geistigen Ära« auseinander und schrieb: »Das Theater, wie es die neue Zeit erfordert, ist unmittelbar und geradlinig, wahr und sachlich wie ein Gewehrschuß in die Stirn. Spiele also nicht, Schauspieler, sondern schaffe! Spiele nicht, sondern lebe! Alles was du auf der Bühne tust, werde dir zum Erlebnis, damit das alles auch dem Zuschauer zum Erlebnis werde.« (n. M. Rutte, F. Bartoš 1938, 13) Es war vor allem auch die neue soziale Verpflichtung, die dem tschechischen Theater nach 1918/19 zukam, die Hilars Arbeit am Nationaltheater prägte. So nahm er in den zwanziger und frühen dreißiger Jahren verstärkt Stücke mit sozialer Thematik in den Spielplan. Unter Hilar, der auch durch seine dramaturgische Arbeit dem tschechischen Theater neue Impulse vermittelte, befreite sich dieses von seiner bis dahin vorherrschenden Orientierung an Wien und Berlin und intensivierte die Kontakte zu Theaterentwicklungen anderer Länder, vornehmlich Frankreich und England. Auch in der Führung der jungen Schauspielergeneration setzte Hilar neue Akzente im Sinne expressionistischer Pathosdarstellung. Václav Vydra war sein wichtigster Protagonist, ein Schauspieler »stürmischer Umwälzungen und innerer Finsternis« (M. Rutte, F. Bartoš).

Ein Bundesgenosse von Hugo Hilar in der Durchsetzung des Expressio-

P.-A. C. de Beaumarchais: Der Barbier von Sevilla. *R.: E. F. Burian. B.: M. Kouril. Theater D. 37, Prag 1936*

nismus war František Zavřel, der eine Zeitlang in Deutschland als Regisseur im Umfeld von Max Reinhardt und am Münchner Künstlertheater gearbeitet hatte. Seine besondere Leistung war es, die Aufwertung des Regisseurs als letztverantwortliche künstlerische Instanz in der Inszenierungsarbeit durchgesetzt zu haben. Zavřel kam erst Anfang 1914 nach Prag, wo er nur kurze Zeit, bis zu seinem Tod 1915, gearbeitet, damit aber die langjährige Tätigkeit Hilars an den Prager Bühnen ganz wesentlich vorbereitet hat.

War die künstlerische Ausrichtung von Kvapil, Hilar und Zavřel noch deutlich von den künstlerischen Entwicklungen der ersten beiden Jahrzehnte des 20. Jahrhunderts geprägt, so setzte mit Beginn der zwanziger Jahre ein zweiter Modernisierungsschub ein, der wesentliche Impulse aus der westeuropäischen wie auch der russischen Avantgardebewegung erhielt. Innenpolitisch war dieser Prozeß beflügelt durch die Ausrufung der Republik 1918 und das damit entstandene neue politische Ideenumfeld.

Wieder waren es drei Persönlichkeiten, die die führenden künstlerischen Gestalter dieses erneuten Theateraufbruchs waren: die Regisseure Jindřich Honzl (1893–1953), Emil František Burian (1904–1959) und Jiři Frejka (1904–1952). Für alle drei bildete der Poetismus das ästhetische Fundament ihrer Arbeit. (vgl. Kap.: Rahmenbedingungen) Die ersten Theaterprojekte, die Honzl in den Jahren 1918/19 als Leiter der Avantgarde-Gruppe »Dědrasbor«

Wie Mejerchol'd und Tairov faßt Honzl den Schauspieler als sinnlich wahrnehmbares Material auf, das durch die formgebende Arbeit des Schauspielers als Handwerker und Künstler in eine künstlerische Gestalt umgeformt werden muß. Das, was auf der Bühne sichtbar wird, ist eine bewußt geschaffene Kunstgestalt im Sinne eines poetischen Signifikanten (eine Zweiheit von außerkünstlerischem Material und künstlerischer Form). In den Materialbegriff gehen die Raumplastik des menschlichen Körpers wie auch die Stimme ein, die beide durch Stilisierung je eigene Formeffekte zeitigen sollen. Die Stilisierung orientiert sich an der russischen Biomechanik und an der Instrumentalisierung von Rede zu einem musikalischrhythmischen Klangkörper, so daß eine Zweiheit von bewegter räumlicher Plastik als visuellem Zeichen und einer Klanggestalt als akustischem Zeichen entsteht. Beide Gestaltfaktoren des Schauspielers sind mit den nicht-menschlichen, ebenfalls stilisierten Zeichen der Bühne und ihrer Dinge nach künstlerischen Prinzipien abzustimmen.

(H. Schmid in: E. Fischer-Lichte 1995, 442)

realisierte, waren chorische Rezitationen revolutionärer Gedichte tschechischer und russischer Autoren. Von 1920 an stand Honzl dann verstärkt unter dem Einfluß des russischen Avantgardetheaters, das er 1925 in Wien und Moskau kennengelernt hatte. Als er 1926 zusammen mit Jiři Frejka die Leitung des neugegründeten »Befreiten Theaters« übernahm, konzentrierte sich seine Arbeit auf die Inszenierung von Bühnenstücken des Poetismus. 1927 kamen auch die beiden Autoren und Clown-Darsteller Jiři Voskovec (1905–1981) und Jan Werich (1905–1980) an dieses Theater und »verwandelten es in ein modernes Revuetheater.« (M. Obst 1971, 33) Von 1929 bis 1931 war Honzl als Regisseur am Stadttheater in Brünn tätig; während des Zweiten Weltkriegs leitete er (1939–1941) in Prag die Studiobühne »D für 99«, die sich auf Dokumentartheater spezialisiert hatte, so etwa auf Dramatisierungen von Briefwechseln prominenter tschechischer Dichter. (vgl. M. Obst 1971, 33) Nach 1945 übernahm Honzl die Schauspielabteilung am Nationaltheater. Auch dort eröffnete er eine Studiobühne, in der Stücke junger Autoren aufgeführt wurden.

Als Regisseur eines Theaters, dem es im Sinne des Poetismus um die totale Entfesselung der Phantasie und die Umwandlung der Dinge in eine Welt von Metaphern ging, machte sich Honzl einen Namen durch die an seiner Bühne veranstalteten »Abende der szenischen Poesie«, an denen er dem Prager Publikum die »Klassiker« des Avantgardetheaters in kongenialen Inszenierungen nahe brachte. Es waren Stücke wie: *Der stumme Kanarienvogel* von Ribémont-Dessaignes, *Die Brüste des Tiresias* von Apollinaire, *Methusalem* von Goll, *Orfeus* von Cocteau, *König Ubu* von Jarry, *Außerhalb des Gesetzes* von Lunz, *Henker von Peru* von Ribémont-Dessaignes und *Die Gefangenen* von Marinetti. Von tschechischen Autoren waren Stücke von Nezval, Mahen, Vančura, Hoffmeister vertreten.« (M. Obst 1971, 33) Auch die Satiren von Voskovec und Werich (auch die Chiffre »V + W« ist gebräuchlich) prägten das Programm des »Befreiten Theaters« noch bis Ende der dreißiger Jahre. Diese »Westentaschenrevuen« (Vest Pocket Revue) nutzten Elemente des amerikanischen Musicals und des Jazz und waren von Chaplin und Fratinelli inspiriert. Der tschechische Jazzmusiker Jaroslav Ježek (1906–1942) arbeitete mit den beiden Autoren/Schauspielern zusammen. Was Voskovec und Werich mit diesem Genre kreiert hatten, wurde weiterentwickelt in der Vielfalt experimenteller theatraler Kleinkunst, wie sie in Prag vor allem nach 1945 einen enormen Aufschwung nahm. Für alle diese »Westentaschenrevuen« – beispielhaft etwa das Stück *Die schwere Barbara* (Těžka Barbova, 1937), eine Satire auf das Verhältnis der Tschechoslowakei zu Hitler-Deutschland – war die Modellhaftigkeit der jeweiligen Spielsituation charakeristisch. Über diese Modellhaftigkeit der szenischen Metaphorik vermittelte sich – strikt im Spielzusammenhang verbleibend, nicht in expliziter Didaktik – die satirische Botschaft. Damit entsprach dieses Genre der poetistischen Theatertheorie von Jindřich Honzl, der totalen Metaphorisierung von Raum, Aktion und Sprache des Körpers des Schauspielers. (dazu H. Schmid in: E. Fischer-Lichte 1995, 440 ff)

Das »Befreite Theater« war auch die Bühne, an der der Regisseur Emil František Burian seine Theaterlaufbahn begann, nachdem er zunächst als Komponist und Musiker tätig war. Diese Herkunft von der Musik blieb kennzeichnend auch für Burians spätere Regiearbeit. Ihm ging es um die Integration unterschiedlicher theatraler Genres (Schauspiel, Sprechchöre in der Form eines

Bühnenbildentwurf von V. Hofman für F. Schillers Wallensteins Lager. *R.: K. Dostal. Nationaltheater, Prag 1933*

»Stimmorchesters«, Tanz) und der technischen Medien (Film, Lichtprojektionen), um »synthetisches Theater«, wie er es selbst nannte, das seine dramaturgische Ordnung in erster Linie über den Rhythmus erhielt. Dieses Prinzip der Synthese war der Ästhetik des Poetismus verpflichtet. Burian erprobte seinen experimentellen Regiestil zwar überwiegend an zeitgenössischen Stücken, inszenierte in dieser Weise aber auch große klassische Dramen der Weltliteratur, deren konventionelle Lesart er provokativ konterkarierte. Vornehmlich rückte er deren sozialkritischen Kern ins Zentrum. Mehrfach brachte Burian auch Dramatisierungen von Romanen (z. B. Goethes *Die Leiden des jungen Werther*) und Collagen aus Prosatexten (z. B. aus der *Bibel*) auf die Bühne.

Nach einigen vergeblichen Versuchen, ein eigenes Theater zu gründen, eröffnete Burian 1933 schließlich in Prag das »Theater D 34«, das von Beginn an neben dem »Befreiten Theater« als führende tschechische Avantgardebühne galt. 1935 ging Burian mit dem »D 34« auf eine internationale Tournee. 1941 wurde das Theater auf Anordnung der deutschen Besatzungsmacht geschlossen und Burian in ein Konzentrationslager verschleppt. Nach seiner Befreiung aus der Haft konnte er sein Theater wiedereröffnen.

Auch Jiři Frejka war in seiner künstlerischen Arbeit durch die Ideen des Poetismus geprägt, war Mitbegründer (mit Honzl) des »Befreiten Theaters« und arbeitete dort bis 1927; auch er hatte sich an den russischen Vorbildern (Mejerchol'd, Tairov) geschult. Frejka gründete anschließend in Prag das »Theater Dada« (Dada), dann das »Moderne Studio« (Moderní studio). 1929 ging er ans Nationaltheater, übernahm 1935 die Leitung der Schauspielabteilung und war dort bis 1945 als Regisseur tätig. Das Theater hatte für Frejka eine hohe moralische Verantwortung gegenüber der Gesellschaft, und er stellte sich dieser

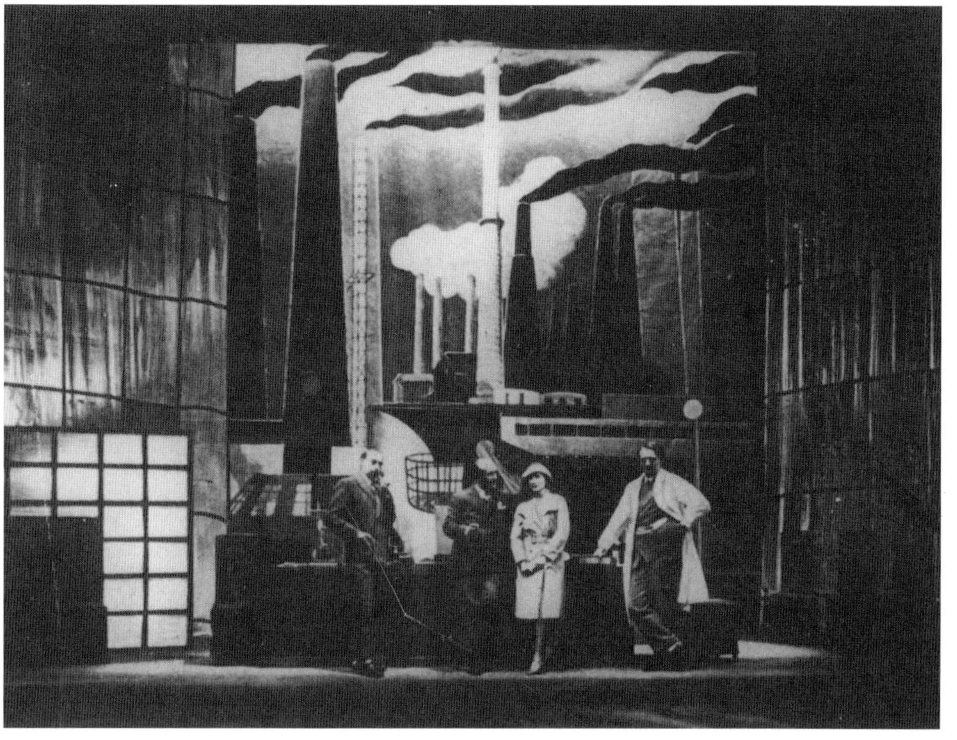

K. Čapek: R.U.R. *National-theater, Prag 1921*

Verpflichtung vor allem auch in den Jahren der deutschen Okkupation. In seiner Regiearbeit in den dreißiger Jahren, als die Strömungen des Konstruktivismus und des Poetismus ihren innovatorischen Schwung weitgehend verloren hatten, war es Frejka, der aus den Erfahrungen dieser Avantgardeperiode eine neue Qualität in der Auseinandersetzung mit klassischen Werken und deren großer historischer Form entwickelte. M. Obst (1971, 38) kennzeichnet diese Arbeitsweise folgendermaßen: »Die Regieaktivität Frejkas erkennt man an den Betonungen und Akzenten, an den Ausdrucksmitteln, durch die, obwohl sie sehr wirksam sind, die ursprüngliche Struktur des dramatischen Werks nicht gestört wird. Das poetische Prinzip besteht bei Frejka darin, daß die Vorstellung als Ganzes wie eine Metapher wirkt, deren Bedeutung und moralischer Sinn der Zuschauer zu bestimmen hat. Um diesen moralischen Sinn des Dramas zu unterstreichen, hat Frejka sehr oft das literarische Thema monumentalisiert, als eine gemeinsame und entscheidende Angelegenheit dargestellt und ein impulsives, unmittelbares Schauspieltum unterstützt.« 1945 erschien Frejkas Buch *Die eiserne Zeit des Theaters* (Železná doba divadlo), in dem er seine Position auch selbst erläuterte: Es ging ihm um die Rückgewinnung des moralischen Pathos' im Theater, um erneute Auseinandersetzung mit den großen Menschheitsthemen – nach den Formexperimenten der Avantgarde, den Erfahrungen mit dem Hitlerfaschismus und der Kriegskatastrophe.

Nach seinem Weggang vom Nationaltheater (1945) übernahm Frejka die Direktion des Stadttheaters auf den Weinbergen (Divadlo na Vinohradech), bis er 1951 von der kommunistischen Kulturadministration gezwungen wurde, dieses Theater zu verlassen. Im Jahr darauf beging Frejka Selbstmord. Burian unternahm zu dieser Zeit einige vergebliche Versuche, sich mit den Vorgaben

L. Janáček: Die Sache Makropolus. *R.: V. Kažlik. B.: F. Tröster. Dir.: R. Brock. Nationaltheater, Prag 1960*

des staatlich verordneten Sozialistischen Realismus zu arrangieren, geriet damit aber zunehmend in eine künstlerische Isolation. Andere Bühnenkünstler, so etwa die beiden Begründer des modernen tschechischen Balletts, Saša Machov (1904–1951) und Ivo Váňapsota (1906–1952), wurden Opfer des stalinistischen Terrors. Erst nach Stalins Tod, der auch in der Tschechoslowakei eine kurze Periode des »Tauwetters« aufkommen ließ, kam es zu Ansätzen einer Wiederbelebung von Avantgardekonzepten aus der Zeit des »Befreiten Theaters«. Jan Werich und Miroslav Horníček (geb. 1915) zeigten wieder Clowns-Revuen in der Manier von »V + W«, nun im 1955 gegründeten »ABC Satire Theater« (Divadlo satiry ABC), das bis 1962 seinen Spielbetrieb aufrechterhalten konnte.

Der künstlerische Aufbruch der Regisseure Anfang der zwanziger Jahre war wesentlich inspiriert durch deren Auseinandersetzung mit neuen Stücken. Am Nationaltheater war es Hilar, der nun Dramen von Shaw, Pirandello und O'Neill in den Spielplan aufnahm und mit dem Bühnenbildner Vlastislav Hofman (1884–1964) einen kongenialen puristischen Mitstreiter für das neue, das nachrealistische Theater gefunden hatte. Hofman, der auch mit dem Regisseur Karel Dostal (1884–1966), einem Schüler von Max Reinhardt, zusammenarbeitete, war von seinem Studium her Maler und Architekt, eine Doppelbegabung, die an seinen Bühnengestaltungen – oftmals waren es monumentale Raum-Metaphern für das dramatische Geschehen – ablesbar waren. Weitere Bühnenbildner, die wesentlich zu dem künstlerischen Aufbruch des tschechischen Theaters in den zwanziger Jahre beitrugen, waren der vom französischen Kubismus beeinflußte Bedřich Feuerstein (1892–1936) und Josef Čapek (1887–1945) mit seinen primitivistischen Bildentwürfen. Beide waren in erster Linie Maler und schufen ihre Bühnenbilder als freie bildnerische Arbeiten. Damit begründeten sie eine Tradition tschechischer Bühnenbildgestaltung, die in der zweiten Hälfte des 20. Jahrhunderts Künstler wie František Tröster (1904–1968) und vor allem Josef Svoboda (geb. 1920), der 1948 Ausstattungsleiter des Prager Nationaltheaters wurde, fortsetzten. (vgl. F. Černy II, 1995, 14)

Karel Dostal, der lange Zeit als Regisseur in Deutschland gearbeitet (1910–1920), das Südböhmische Nationaltheater in České Budejovice geleitet hatte und in Prag 1920 bis 1922 am Theater in den Weinbergen als Regisseur und Schauspieler engagiert war, übernahm 1945 die Direktion des Nationaltheaters (bis 1955). Auch Dostal zählte zu den Modernisierern des Repertoires des tschechischen Theaters, obwohl seine Spezialität offenbar die deutschen Klassiker waren.

War es der Trias avantgardistischer Regisseure, Honzl, Burian und Frejka, um 1920 gelungen, eine gänzlich neue Form der Inszenierungsarbeit durchzusetzen, mit weitreichenden Impulsen für die Schauspielkunst und die Bühnenästhetik, so traten gleichzeitig Dramatiker an die Öffentlichkeit, die ihrerseits nicht minder aufsehenerregende Akzente setzten. Dies gilt in erster Linie für Karel Čapek (1890–1938) und dessen Stücke *Die Sache Makropulos* (Věc Makropulos, 1922), *Die weiße Krankheit* (Bílá nemoc, 1937), *Die Mutter* (Matka, 1938), vor allem aber für sein »Utopisches Kollektivdrama« *R. U. R.* (dt. W. U. R. Werstands Universal Robots), das am 25. Januar 1921 am Nationaltheater in der Regie von Vojta Novák uraufgeführt wurde. Die Bühnengestaltung für dieses Stück, die von Bedřich Feuerstein stammte, war inspiriert von amerikanischen Architekturutopien in ultramoderner Ausstattung. Das Kürzel R. U. R. steht für »Rossum's Universal Robots.« Das Stück wurde ein Welterfolg und in den Jahren von 1922 bis 1924 in Berlin, Warschau, Belgrad, New York, London, Wien, Zürich, Budapest, Krakau, Paris, Tokio und zahlreichen anderen Städten aufgeführt. Die Fabel des Stücks ist folgende: R. U. R ist ein US-amerikanischer Konzern, der die Welt mit Robotern beliefert, die als Arbeitskräfte eingesetzt werden. Gegen das Sklavendasein dieser künstlichen Wesen protestiert eine Abgeordnete der Menschheitsliga und überredet den Leiter der psychologischen Versuchsabteilung, den seelenlosen Geschöpfen mehr menschliches Gefühl einzupflanzen. Dies gelingt, führt aber dazu, daß die Roboter nun eine revolutionäre Massenorganisation gründen, mit dem Ziel, die Menschheit auszurotten. Kurz bevor es dazu kommt, billigt die inzwischen eingesetzte Weltregierung der Roboter dem letzten Menschen, Alquist, dem Baumeister der Fabrik, zu, in Experimenten die geheime Produktionsformel der Roboter zu erforschen, ohne die die Roboter selbst dem Untergang geweiht wären. Schließlich entdeckt Alquist bei dem Roboterpaar Primus und Helena Anzeichen gegenseitiger Liebe, was letztlich zu deren vollständigen Vermenschlichung, aber auch zum Fortbestand der Menschheit führt. Primus und Helena werden zu einem neuen Schöpfungspaar und gehen als »Adam« und »Eva« in die Welt. Die Botschaft am Ende lautet: »Häuser und Maschinen werden zusammenstürzen, Systeme werden zerfallen und die Namen der Großen abblättern wie Laub, nur du, Liebe, blühest empor auf der Trümmerstätte und vertraust den Winden das Samenkörnchen des Lebens an.« Was sich in dem Stück atmosphärisch niederschlägt, ist der Schock, den die Schrecken des Weltkriegs ausgelöst hatten, aber auch die Angst vor einer Verselbständigung der Technik und in deren Folge vor

Karel Čapek übte jedoch seinen Einfluß auf das tschechische Theater auch als Regisseur aus, als er von 1921 bis 1923 als Dramaturg im Stadttheater auf den Königlichen Weinbergen tätig war. Einige seiner Inszenierungen, zum Beispiel Die Ritter *und* Die Weibervolksversammlung *von Aristophanes (1923), kann man als Prolog zu den experimentellen Kleinbühnen der tschechischen linksgerichteten Avantgarde zwischen den beiden Weltkriegen ansehen, die in Prag um 1925 ihre Tätigkeit begann. Čapek trat hier mit seinen antiillusionistischen Inszenierungen, die ihre Inspiration aus der Schauspielkunst von Charaktertypen der commedia dell'arte schöpften, gegen die realistische Inszenierungspraxis hervor.*

(F. Černý II 1995, 42f)

Bühnenbildentwurf von George Grosz für J. Hašeks Die Abenteuer des braven Soldaten Schwejk, *1928*

einer Enthumanisierung des menschlichen Zusammenlebens durch die alleinige Herrschaft technischer Intelligenz. Der Untergang der Menschheit erscheint in dem Stück programmiert durch die Hybris des schrankenlosen Experimentierens mit der Biotechnik, dem Herstellungsverfahren der Roboter. Das Stück entstand im zeitgeschichtlichen Kontext von Georg Kaisers *Gas*-Trilogie (1918/1920), Karl Kraus' monumentalem Schauspiel *Die letzten Tage der Menschheit* (1918/1922) und Fritz Langs Film *Metropolis* (1926).

In der Komödie *Die Sache Makropulos*, die 1926 von Leoš Janáček als Oper vertont und 1958 in der Tschechoslowakei verfilmt wurde, geht es um das Märchenmotiv von »ewiger Jugend«, genauer um das Martyrium, das der Zwang darstellt, immer weiter leben zu müssen. Im Mittelpunkt des Stücks steht die ebenso geniale wie mysteriöse Sängerin Emila Marty, die von Männern umschwärmt wird, in Wahrheit aber dreihundertunddreißig Jahre alt ist. Die »Sache Makropulos« ist das Rezept, das ihr Leben erneut verlängern würde, das sie letztlich aber verbrennt, um in Frieden sterben zu können. Von großer Bühnenwirksamkeit war in den dreißiger Jahren auch Čapeks Stück *Die weiße Krankheit* (gemeint ist eine Krankheit der weißen Rasse), das an zahlreichen europäischen Bühnen aufgeführt wurde. Es war eine Warnung (1937) vor der faschistischen Gewaltwelle, die über Europa hereinzubrechen drohte. In der Fabel des Stücks ist die »weiße Krankheit« eine für den Menschen tödliche Seuche, für die allein der Armenarzt Dr. Galen ein Gegenmittel besitzt. Als schließlich der Diktator des Landes von dieser Krankheit befallen wird, ist Galen nur bereit, ihn zu heilen, wenn dieser den im Gange befindlichen Angriffskrieg »zur Erweiterung des Lebensraums« stoppt. In seiner Todesangst ist der Diktator dazu zwar bereit, der Pöbel verhindert dies jedoch durch seine blinde Kriegsbegeisterung und lyncht den Arzt. *Die Mutter* war Čapeks letztes Bühnenstück, das zur Zeit des deutschen Einmarsches in Prag uraufgeführt wurde.

Kostümentwurf von George Grosz für J. Hašeks Die Abenteuer des braven Soldaten Schwejk, *1928*

Auch dieses Stück war ein moralischer Appell gegen Krieg und Aggression. Das Geschehen spielt sich auf zwei Realitätsebenen ab: eine irreale Spielsituation, in der die verstorbenen Söhne der Protagonistin über den Sinn ihres Lebens diskutieren; zugleich aber auch eine reale Spielebene, in der es um die Bereitschaft geht, das Vaterland mit der Waffe gegen einen inhumanen Angreifer zu verteidigen. Am Ende reiht sich die Mutter, die sich zunächst leidenschaftlich für Gewaltlosigkeit eingesetzt hatte, mit dem einzigen, ihr noch verbliebenen Sohn in den Kampf gegen die Faschisten ein. Die aktuellen politischen Bezüge waren unmißverständlich. Karel Čapek wurde noch im gleichen Jahr von den Nationalsozialisten in Prag ermordet.

Zusammen mit seinem Bruder Josef hatte Karel Čapek, der Anfang der zwanziger Jahre am Prager Stadttheater auch als Dramaturg gearbeitet hatte, die Komödie *Aus dem Leben der Insekten* (Ze života hmyzu, 1922) geschrieben. Das Stück war eine satirische Allegorie auf die zeitgenössische Gesellschaft. Mit skeptischem Blick wurden Bilder der Insektenwelt, deren Schwächen und Laster, banaler Alltag, Hierarchien, Aggressionen und sinnlose Betriebsamkeit vorgeführt. Ein Kommentator führt durch das Spiel und stellt die Zeitbezüge her. Auch dieses Werk war ein weltweiter Bühnenerfolg. Im tschechischen Theater war es ein Versuch, den bis dahin vorherrschenden Realismus abzulösen.

Dieser Tradition aber standen die Stücke von František Langer (1888–1965) durchaus noch nahe. Sein erfolgreichstes Bühnenwerk, *Peripherie* (Periferie), wurde 1925 an Prager Stadttheater uraufgeführt. Gegenüber der realistischen Tradition des 19. Jahrhunderts ist bei Langer der analytische Aspekt wesentlich klarer ausgearbeitet. So ist auch *Peripherie* ein moralisch-psychologisches Experiment von konstruktivem Raffinement. Es geht um einen Mord aus Versehen, den der Täter, ein Bartänzer namens Franci, zu sühnen versucht. Ein ehemaliger Richter empfiehlt ihm, einen zweiten Mord zu begehen, um – in diesem Fall dann überführt – diese Sühne zwangsläufig herbeizuführen. Da Franci es nicht fertigbringt, bewußt zu töten, erwürgt sich seine Geliebte selbst und schafft auf diese Weise den Tatbestand eines vermeintlichen Mordes, dessen Franci nun angeklagt werden kann. Das in Atmosphäre und Charakterzeichnung dichte Stück war auch an vielen ausländischen Bühnen ein beachtlicher Erfolg. Das gilt auch für Langers erste, ebenfalls sehr bühnenwirksame Komödie, die 1923 am Prager Švanda Theater zur Uraufführung kam: *Ein Kamel geht durchs Nadelöhr* (Velbloud uchem jehly). Das im Prager Milieu angesiedelte Stück reflektiert den Optimismus der ersten Nachkriegsjahre und erzählt den sozialen Aufstieg einer cleveren, vitalen jungen Frau, der es samt unehelicher Tochter gelingt, sich einen Millionärssohn zu angeln.

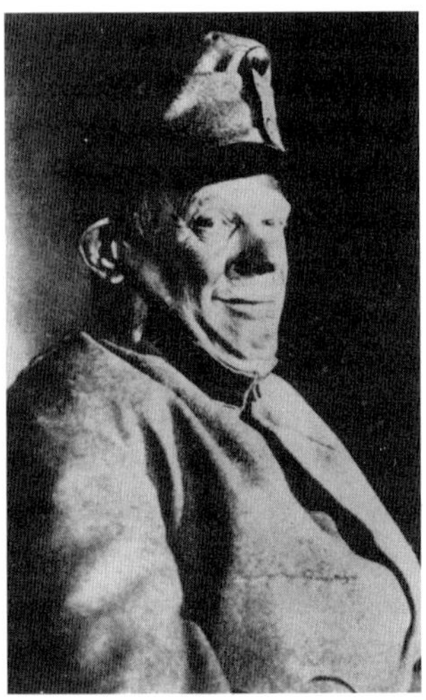

Max Pallenberg in der Titelrolle von J. Hašeks Stück: Die Abenteuer des braven Soldaten Schwejk. *Piscator-Bühne, Berlin 1928. R.: E. Piscator. B.: G. Grosz*

Ein enormer Erfolg, nicht nur als Roman, sondern eben auch in zahlreichen Bühnenfassungen und Verfilmungen wurden *Die Abenteuer des braven Soldaten Schwejk während des Weltkriegs* (Osudy dobrého vojáka Švejka za světové války) von Jaroslav Hašek (1883–1923). Der Autor desertierte im Ersten Weltkrieg von der österreichischen Landwehr und trat der tschechischen Legion bei, die auf der Seite der Entente kämpfte. 1918 schloß er sich den Bolschewiken an. 1923 starb Hašek an den Folgen seiner Trunksucht. Sein einfältig phlegmatischer Held, der Prager Hundehändler Josef Schwejk, ist der »kleine Mann« par excellence. Durch das Vorspiegeln von geistiger Zurückgebliebenheit, ja Blöd-

F. Langer: Peripherie.
B.: J. Capek

heit und durch eine Mischung von böhmischem Mutterwitz und Zynismus gelingt es ihm, sich gegenüber der Kriegsmaschinerie und deren dumpfer Bürokratie seinen persönlichen Freiraum zu bewahren. Aus Schwejks Perspektive »von unten« wird jede Form von Patriotismus und Heldentum der Lächerlichkeit preisgegeben und in ihrem mechanisch-sinnlosen, menschenverachtenden Formalismus entlarvt. Seinen schlitzohrigen Humor setzt Schwejk geradezu virtuos als Überlebenstechnik ein. Dabei hat er sich auseinanderzusetzen mit dem Kriegschaos und dem Zerfall der habsburgischen Monarchie. Hašek umgibt seinen Protagonisten mit einer Vielzahl von Figuren, Militärs und Zivilgestalten, die diesen von der einen wie von der anderen Seite – und Partei – sein Narrenspiel ums Überleben spielen lassen. In Prag wurde die erste Dramatisierung des Romans (von Emil Artur Longen) 1921 am Theater »Revolutionäre Szene« uraufgeführt; weitere Bühnenverfassungen entstanden 1935 und 1963, letztere durch Pavel Kohout. In Berlin kam eine Fassung von Max Brod und Hans Reimann in der Regie von Erwin Piscator 1928 am Theater am Nollendorfplatz zur Aufführung. Auch in Leningrad (1928), London (1954), Brünn (1962), Paris (1967) und Stockholm (1969) wurde der *Schwejk* auf die Bühne gebracht. In der Tschechoslowakei wurde der Stoff zwischen 1926 und 1927 fünfmal verfilmt; in Deutschland 1960 in der Regie von Axel von Ambesser. Bertolt Brecht übertrug den *Schwejk* in den Kontext des Zweiten Weltkriegs. Die Uraufführung dieser Fassung (*Schwejk im Zweiten Weltkrieg*) fand 1957 in Warschau am »Theater der polnischen Armee« statt. Den Durchbruch im deutschsprachigen Theater brachte die Inszenierung von Harry Buckwitz 1959 an den Städtischen Bühnen Frankfurt (Bühnenbild: Teo Otto). Diese wenigen Daten zur Rezeptionsgeschichte mögen deutlich machen, welcher Wurf Hašek mit der Erfindung dieser Figur gelungen war, in der sich so typische tschechische Prägungen mit einer allgemein gültigen Menschlichkeit am Beispiel von deren Schwächen verbinden. František Černy (II 1995, 66) weist auf einen

Es gibt Inszenierungen, die Schwejk für einen geriebenen Destrukteur halten, und es gibt andere, die ihn als einen einfältigen Kerl darstellen. Einleuchtender aber ist die Vorgehensweise solcher Interpreten, die in seinen Haltungen beides finden, wobei man nie sicher sagen kann, was für eine Einstellung die augenblickliche Haltung verbirgt. Schwejk hat einfach in sich selbst für diejenigen, denen er dienen soll, etwas Teuflisches. Keiner der Menschen, die sich auf ihn verlassen wollen und ihn manipulieren möchten, weiß sicher, wie es eigentlich mit ihm steht ... Schwejk versteht es letztendlich, alles allen zu erklären.

(F. Černý II 1995, 63 f)

K. Čapek: Die weiße Krankheit. *R.: J. Budský. B.: L. Vychodie. Slowakisches Nationaltheater, Bratislava 1958*

weiteren Aspekt dieses Welterfolgs hin: »In Hašeks *Schwejk«,* so schreibt er, »spiegeln sich jahrhundertelange Abwehrhaltungen der Tschechen gegenüber verschiedenen für sie nachteiligen Anstürmen, denen sie als Mitglieder einer kleinen Nation ihre ganze Geschichte hindurch Widerstand leisten mußten.«

In den Jahren der deutschen Okkupation wurde auf das Prager Nationaltheater zunehmend Druck ausgeübt, mehr Stücke deutscher Autoren im Spielplan zu berücksichtigen. Dieser Forderung wurde jedoch nur sehr zurückhaltend entsprochen, insofern nämlich, als nun viele Stücke österreichischer Dramatiker ins Repertoire kamen. Diese schrieben zwar deutsch, waren aber keine Deutschen. Das tschechische Publikum sah darin eine deutliche Parteinahme »zu Gunsten der Österreicher« (F. Černy II 1995, 82ff). Dabei kam es auch an anderen tschechischen Bühnen geradezu zu einer Renaissance der Dramen von Franz Grillparzer. Vor allem die Aufführung seiner Komödie *Weh' dem, der lügt!* in der Regie von Karel Dostal im November 1941 wurde – zeitgleich mit Heydrichs Auftreten in Prag und dem Beginn der Judendeportation – durch ihre humane Botschaft zu einem Ereignis von größter politischer Aktualität. (vgl. F. Černy II 1995, 85ff)

Vom Neuen Deutschen Theater in Prag erhielt das tschechische Theater künstlerische Impulse weniger durch die an dieser Bühne erarbeiteten Produktionen als vielmehr durch Gäste (Regisseure und Schauspieler) großer deutscher und österreichischer Theater, die in Prag auftraten (vgl. Bd. III, 891f), aber auch durch neue deutsche Stücke, die dort gezeigt wurden; so etwa im Mai 1923 Bertolt Brechts *Trommeln in der Nacht*. Dabei war das Neue Deutsche Theater in Prag zu keiner Zeit nur eine Kopie der »reichsdeutschen« oder österreichischen Theaterkultur, sondern hatte ein spezifisches »Prager Profil«. (vgl. F. Černy 1995 I, 196f) Dies verstärkte sich insbesondere in den dreißiger Jahren, als deutsche Emigranten in Prag Einfluß auf das dortige Theaterleben nahmen.

Was die Repertoiregestaltung der beiden großen Theater, des Nationaltheaters und des Neuen Deutschen Theaters betraf, gab es vor allem für die Oper feste Vereinbarungen seit 1888, der Zeit der Direktionen von Šubert und Angelo Neumann. (vgl. Bd. III, 891) So hatte das Nationaltheater ein Vorrecht für die Aufführung von französischen, tschechischen und slawischen Werken, das Neue Deutsche Theater von deutschen und italienischen. Bei Opern anderer Nationalität wurden jeweils Absprachen getroffen. Für das Nachspielen eines Stückes am anderen Theater war eine Wartefrist von einem Jahr (später drei Monaten) vereinbart. (vgl. P. Tancsik 2000, 62f) Die großen künstlerischen Höhepunkte am Neuen Deutschen Theater fanden in den zwanziger und dreißiger Jahren weniger im Schauspiel als vielmehr in der Oper statt, vor allem unter der Direktion von Alexander von Zemlinsky (1911 bis 1927). In den dreißiger Jahren kam es infolge des politischen Drucks auf die Tschechoslowakei zu einer Annäherung beider Theater und weiterer intellektueller Kreise von Tschechen und Deutschen. Im Jahre 1936 wurde sogar erstmals ein deutsch-tschechischer Kulturverein gegründet; ein Jahr zuvor der »Klub der tschechischen und deutschen Theaterleute«, der auch Hilfsmaßnahmen für politisch verfolgte Bühnenkünstler beider Seiten organisierte. (vgl. P. Tancsik 2000, 303) Ein bemerkenswertes Beispiel dieser Annäherung als Zeichen politischer Solidarisierung im Kampf gegen den Faschismus war die zweisprachige Uraufführung von Karel Čapeks Stück *Die weiße Krankheit* 1937, in der bis zur Pause in Deutsch, nach der Pause in Tschechisch gespielt wurde. Die sich hier anbahnende Zusammenarbeit wurde durch den Einmarsch deutscher Truppen in die Tschechoslowakei abrupt beendet. In der zweiten Hälfte der dreißiger Jahre kamen, wohl als Reaktion auf die zunehmende faschistische Bedrohung der Tschechoslowakei, mehr russische Stücke in die Spielpläne der tschechischen Theater. (vgl. O. Fencl 1963, 55)

In der Beziehung zum dramatischen Werk unterscheidet sich Frejka sichtbar sowohl von Honzl wie auch von Burian. Dieser Unterschied besteht darin, das Frejka die künstlerische Individualität des Autors und die historische Form des dramatischen Werkes gelten läßt und selbst als Mitarbeitender, nicht als alles beherrschender Künstler hervorgetreten ist. Dasselbe gilt aber auch für die Beziehung Frejkas zum Schauspieler und Bühnenbildner. In den Inszenierungen dieses Regisseurs konnten die besten Schauspieler des Nationaltheaters, also die besten Künstler der damaligen tschechischen Bühne, ihre Individualität entfalten, und in Verbindung mit Frejka hat sich auch der beste Bühnenbildner der dreißiger Jahre durchgesetzt, Franktišek Tröster, der ebenso wie sein Regisseur eine Synthese des expressionistischen und poetistischen Ausdrucks erzielte.

(M. Obst 1971, 37 f)

Nach 1945 setzte an den tschechischen Bühnen zunächst ein künstlerischer Aufschwung ein, getragen von Regisseuren wie Honzl, Frejka und Burian, die an die Entwicklungen vor 1939 anzuschließen versuchten. Auch kamen neue Dramatiker mit Stücken in die Spielpläne, die aktuelle Themen dieser Zeit des Wiederaufbaus behandelten. (vgl. O. Fencl 1963, 57) Mit dem erneuten Umsturz 1948, in dessen Folge die vollständige Verstaatlichung des Theaterwesens der Tschechoslowakei stattfand, geriet die künstlerische Arbeit an den Theatern unter die Zwänge staatlicher Kulturpolitik und Zensur. Der Widerstand, der sich dagegen in den Kreisen der Bühnenkünstler und Autoren alsbald formierte, bereitete jene Reformbewegung mit vor, die Ende der sechziger Jahre zu einer kurzen Liberalisierungsperiode führte.

Ungarn

Ungarn war das Land, dessen Theaterkultur am Beginn des 20. Jahrhunderts in der osteuropäischen Region – zusammen mit Rußland – den am höchsten entwickelten Standard aufwies, eine Folge der etwa vier Jahrhunderte lang bestehenden Zugehörigkeit zur Habsburger Monarchie, innerhalb der Ungarn 1867 einen nahezu autonomen Status als »zweite Reichshälfte« der Donaumonarchie erhalten hatte. Bereits 1840 war ein ungarisches Nationaltheater gegründet worden. (vgl. Bd. III, 545 f) Am Ende des 19. Jahrhunderts hatte dieses auch den künstlerischen Rang des Deutschen Theaters in Budapest, das in Ungarn so lange führend war, erreicht. Mit dem Tod seines erfolgreichen Direktors Ede Paulay im Jahre 1894 setzte allerdings eine Periode der künstlerischen Stagnation ein. Von 1908 bis 1917 war Imre Tóth der verantwortliche Leiter dieser nationalen Repräsentationsbühne und bot dem Hauptstadtpublikum einen zwischen Moderne und Klassik ausgewogenen, aber künstlerisch spannungslosen Spielplan, in dem allein die Pflege zeitgenössischer ungarischer Autoren gewisse Akzente setzte. Der seit 1901 am Nationaltheater engagierte Regisseur Sándor Hevesi (1873–1939), der nach 1920 einer der herausragenden Gestalter des ungarischen Theaters werden sollte, trat in den Vorkriegsjahren an dieser Bühne noch kaum in den Vordergrund. Hevesi engagierte sich in dieser Zeit vornehmlich in der Entwicklungsarbeit des 1904 von György (Georg) Lukács und einigen anderen Theaterreformern gegründeten Thalia-Gesellschaft, die der inhaltlichen Verflachung des ungarischen Theaters entgegenzuwirken versuchte. (vgl. Bd. III, 924)

Das Deutsche Theater in Budapest konnte in dieser Zeit zwar aus eigener Kraft keine künstlerischen Glanzlichter hervorbringen, jedoch fanden dort zwischen 1906 und 1916 regelmäßig mehrwöchige Gastspiele des berühmten Berliner Ensembles von Max Reinhardt statt, die das Budapester Publikum mit den neuesten Schauspielrichtungen bekannt machten. Auch war es in den beiden Jahrzehnten um 1900 in Ungarn zu einem regelrechten Boom an Theaterneubauten und -neugründungen gekommen (vgl. Bd. III, 912), vor allem in der Hauptstadt, aber auch in der ungarischen Provinz. Dort sorgte zudem ein durch die staatlichen Behörden beaufsichtigtes Wandertheaterwesen für eine Versorgung der kleineren Städte mit Theateraufführungen.

Künstlerisch hatte das ungarische Theater, vor allem das hauptstädtische, besonderes Profil gewonnen im Bereich des Lustpiels und der Operette. Auf dieses Genre hatten sich vor allem das Ungarische Theater (Magyar Szinház), das Königstheater (Király Szinház, bis 1936), das Orfeum und seit 1922 das Hauptstädtische Operettentheater spezialisiert. Die Erfolgsstücke der ungarischen Komponisten Ferenc (Franz) Lehár (1870–1948), Imre (Emmerich) Kálmán (1882–1953) und Pál (Paul) Ábrahám (1892–1960) wurden dort und am Königstheater im authentischen »Pusta-Idiom« (V. Klotz) aufgeführt. Von Pál Ábrahám, der seit 1926 am Hauptstädtischen Operettentheater Kapellmeister war, wurde an dieser Bühne seine erfolgreichste Operette, *Viktoria und ihr Husar* (1930), uraufgeführt. Lehár und Kálmán hatten allerdings ihren Wohnsitz

Budapest war in den 10er Jahren in vielem dem Berlin der 20er Jahre ähnlich. Eine schnell sich entwickelnde europäische Großstadt, ein für alles Neue offenes Kulturzentrum mit besonderer Aufnahmebereitschaft für die modernsten geistigen und kulturellen Strömungen. Träger der verschiedensten kulturellen Bewegungen war sowohl in Budapest wie später in Berlin eine dünne Schicht radikaler Intellektueller. Radikal waren sie in der Ablehnung des sie umgebenden »negativen Kosmos« der feudal-kapitalistischen Verhältnisse und modern im Ringen um eine zeitgemäße neue ungarische Moderne, wo jeder neue Gedanke, jede neue Richtung begeisterte Anhänger finden konnte, dies wurde von Georg Lukács, der mit seinem Kreis junger Kulturphilosophen, dem sog. »Sonntagskreis« zum selben Lager gehörte, folgenderweise charakterisiert: »In allem ist das so. Überall sind die Ungarn die ›Allermodernsten‹. Grotesk bis zum Beweinen schreiten sie an der Spitze jeder neuen künstlerischen und philosophischen Bewegung.«

(E. Karadi in: H. Goßner 1986, 526)

Das Theater »Pre« wird als Tanztheater konzipiert, in dem der Tänzer »Bewegungsrelationen zu erleben oder zu gestalten« hat. Die tänzerische Bewegung erst macht den scheinbar leeren Raum sichtbar und erlebbar, indem sie in ihn Koordination und Bewegungslinien einschreibt und diese miteinander in Beziehung setzt. »Die Synthese des raumbewegten Menschen im Tanz bedingt die strengste Regel«, heißt es in einem Manifest, das mit der entsprechenden Forderung endet: »Das Theater ›Pre‹ will die vollkommene Gesetzmäßigkeit und Klarheit der raumzeitlichen Bewegung in der Einheitsform von Körper, Fläche und Ton verwirklichen.«

(H. Gaßner 1986, 208 f)

schon vor 1910 nach Wien verlegt. Aus der gleichen Theatersphäre stammten auch die Lustspiele von Ferenc Molnár (vgl. Bd. III, 924); viele davon wurden Welterfolge und halten sich bis heute in den Repertoires.

Der Zusammenbruch der habsburgischen Monarchie am Ende des Ersten Weltkriegs bedeutete für Ungarn einen epochalen Einschnitt in seiner Geschichte. Die Niederlage im Krieg und die trotz wirtschaftlicher Prosperität angewachsenen sozialen Spannungen führten schließlich zu Revolution und Umsturz. Im November 1918 dankte der König ab, und Ungarn wurde zur Volksrepublik erklärt. Da das Land auf der Seite der Kriegsverlierer stand, mußte Ungarn zwei Drittel seines Territoriums an seine Nachbarstaaten abgeben. Obwohl es zu einer neuen staatlichen Ordnung gekommen war, blieben die politischen Gegensätze bestehen, radikalisierten sich, und es kam erneut zum Umsturz. Am 21. März 1919 wurde von Béla Kun die Räterepublik unter Führung der Kommunistischen Partei Ungarns ausgerufen. Es war dies freilich eine nur drei Monate (bis 1. August 1919) währende Episode in diesem stürmischen ersten Nachkriegsjahr.

Dennoch aber war dieser Abschnitt in der politischen Geschichte Ungarns, so kurz er auch war, für das Theater, vor allem auch für die öffentliche Diskussion über Kunst und Kultur von nicht unerheblicher Bedeutung; denn die führenden Vertreter der durchweg links orientierten ungarischen künstlerischen Avantgarde waren in diese politische Entwicklung, bereits auch in deren Vorbereitung, maßgeblich involviert. (vgl. H. Gaßner 1987, 12ff) Dies traf vor allem für die Gruppe der »Aktivisten« um Lajos Kassák (1887–1967) und die Zeitschrift *MA* (gegründet 1916) zu, die schon seit etwa 1915 für eine radikale antibürgerliche, antimilitaristische und antikapitalistische Politik eingetreten war und noch unter den Verhältnissen strenger Zensur die Forderung nach vollständiger Freiheit der Kunst auf ihr Banner geschrieben hatte. Es war diese Gruppe, die die Kunst der französischen, italienischen und russischen Avantgarde – Kubismus, Futurismus, Konstruktivismus –, den deutschen Expressionismus und den Dadaismus in Ungarn bekannt machten. Diese Künstler hatten die Räterepublik stürmisch begrüßt und sahen nun die Voraussetzungen gegeben, ihre Ideen zur Neugestaltung der Gesellschaft mit Hilfe ihrer Kunst zu realisieren. So waren führende Aktivisten auch an leitender Stelle beteiligt beim Aufbau einer nach sowjetischem Vorbild ausgerichteten Administration im kulturellen Bereich. In dem nun eingerichteten Kommissariat für Volksbildung waren György Lukács, Béla Reinitz und Béla Balázs für alle Angelegenheiten zuständig, die die Theater, die bis auf einige Bühnen in der Provinz verstaatlicht worden waren, betrafen. Balázs übersiedelte 1926 nach Berlin und wurde dort künstlerischer Leiter des »Arbeiter – Theater-Bundes Deutschland«. Später konzentrierte er sich jedoch auf den Film als Drehbuchautor und Theoretiker. Der kulturrevolutionäre Elan der Räterepublik ließ 1919 in Ungarn Arbeitertheatergruppen und proletarische Kindertheater wie Pilze aus dem Boden schießen. Auch hier war die Proletkultbewegung der Sowjetunion das große Vorbild.

Im Umfeld der Zeitschrift *MA* wurde 1919 eine Theaterwerkstatt eingerichtet, die János Mácza als Dramaturg und Regisseur leitete. Die künstlerischen Produktionen dieser Bühne, die auch Texte deutscher Dadaisten (Schwitters, Huelsenbeck) vorstellte, mögen von begrenzter Bedeutung gewesen sein; interessant sind diese Aktivitäten jedoch deswegen, weil hier experimentelle Konzepte entwickelt wurden, die nach der Emigration vieler ungarischer Avantgardekünstler in Deutschland, am Bauhaus in Weimar und Dessau und auch in Berlin, in dem Kreis um Hervath Walden und von den Dadaisten, aufgegriffen wurden. Dies gilt vor allem für Máczas Idee eines »Totaltheaters«, die dieser in einer Artikelserie in der Zeitschrift *MA* entwickelt hatte. (dazu: H. Gaßner 1986, 205 ff) Mácza, der in dieser Arbeit von dem Schauspieler und Maler Lászlo Péri unterstützt wurde, schwebte ein Theater als allein nach den Gesetzen von Mathematik und Geometrie (nicht der Psychologie) entworfene Raumkonstruktion in der Form eines Tanztheaters vor. Der Tänzer war dabei nicht mehr Handlungsträger, vielmehr sollte sich an seinem Bewegungsspiel für ihn und den Zuschauer eine neue Raumwahrnehmung einstellen; der Tänzer als »Raumträger und Raumbewegter, … das Nichtsichtbare, die Logik der scheinbaren Leere« gestaltend. Vor allem Péri entwickelte dieses Konzept in seiner Berliner Zeit seit 1920 mit dem deutschen Dadaisten Raoul Hausmann weiter. Es wurde dort unter dem Begriff »Theater Pré« diskutiert. Ganz unverkennbar sind die Parallelen dieses Projekts zu den Experimenten, die Oskar Schlemmer am Bauhaus zum Verhältnis von Figur, Raum und Bewegung als eine Art theatrale Grundlagenforschung betrieb. Schlemmer sprach in diesem Zusammenhang von einer »tänzerischen Mathematik«. Auch László Moholy-Nagy, Farkas Molnár und Andor Weininger konnten ihre Theaterprojekte erst während der Zeit ihrer Emigration in Deutschland realisieren. (vgl. Kap.: Theater am Bauhaus) Eine bemerkenswerte Nachwirkung hatte Máczas Konzept eines »Totalthea-

Entwurf für eine Theaterdekoration von Béla Kádár. 2. Hälfte der zwanziger Jahre

ters« noch Ende der zwanziger Jahre, als Walter Gropius zusammen mit dem ungarischen Theaterarchitekten István Sebök das berühmte »Totaltheater« für Erwin Piscator entwarf. Insgesamt gesehen war die Theaterarbeit der ungarischen Avantgardekünstler um die Zeitschrift *MA* wohl ein Versuch, expressionistische, dadaistische und konstruktivistische Elemente zu einer Form abstrakter theatraler Rauminstallationen zusammenzuführen; eine der vielen Spielarten dieser Zeit, das psychologische »Literaturtheater« endgültig ins Magazin der Geschichte zu verbannen.

Wenngleich der Künstlerkreis um Lajos Kassák zu den überzeugten Anhängern der Räterevolution zählte, so geriet diese Gruppe im linken politischen Lager unter Druck, da ihre Mitglieder wohl aus einem anarchistischen Grundgestus heraus jedwede Reglementierung der Kunst zurückwiesen, auch die durch eine »Diktatur des Proletariats«. Georg Lukács hatte 1919 die Parole für alle »Aktivisten« ausgegeben, sie lautete: »Die Politik ist nur Mittel, die Kultur ist das Ziel«. »Niemals sich mit einem herrschenden System identifizieren«, das war die geradezu fundamentalistisch vertretene Position von Kassák und den Künstlern des Aktivismus. »In dieser Hinsicht unterschieden sie sich von den russischen Avantgardekünstlern, die 1917 genauso wie die neuen Machthaber dachten und sich für eine kurze Zeit für deren Ziele einspannen ließen.« (K. Passuth in: H. Gaßner 1986, 16) Als die Räterepublik zerfiel und in Ungarn die konservativen Kräfte wieder die Politik bestimmten, emigrierten die meisten Avantgardekünstler. Die Zeitschrift *MA* erschien seit 1920 im Wiener Exil. Da diese Stadt für die europäische Avantgardebewegung keine nennenswerte Rolle spielte, blieb Wien für viele nur eine Durchgangsstation. Paris und Berlin waren die Zielorte der meisten dieser ungarischen Emigranten.

Eine Ewigkeit, deren kurzer Teil als Geschichte der Menschheit in unserem Bewußtsein gebucht ist, und ein Augenblick, den wir Gegenwart nennen: diese zusammen bestimmen die Zeit des Dramas, und weder das eine noch das andere Element kann fehlen. Das gilt für Dramen aller Art; ob andere, weniger entscheidende Merkmale sie als historische oder als Zeitstücke bestimmen, ist aus diesem wesentlichsten Gesichtspunkt gleichgültig. Das Heute auf der Bühne muß immer ein Augenblick der Menscheitsgeschichte sein; ist es das nicht, so wird das Stück, welcher Gattung es immer angehöre, nicht lebensfähig.

(J. Háy 1966 I, 8)

Zu den Literaten, die als Anhänger der Rätebewegung nach 1919 Ungarn verließen, gehörte auch der Dramatiker Gyula (Julius) Háy (1900–1975). Nach einigen Zwischenstationen (Dresden und zeitweise wieder in Ungarn) übersiedelte er 1929 nach Berlin, wo er in marxistischen Zirkeln seine politische Arbeit fortsetzte. Anfang der dreißiger Jahre begann Háy, der auch als Bühnenbildner ausgebildet war, mit dem Schreiben von Theaterstücken, durchweg mit politischer Intention. Háy schreibt rückblickend (1964) dazu: »Als meine Dramen geschrieben wurden, waren die darin geschilderten gesellschaftlichen Verhältnisse zeitgenössische Wirklichkeit. Die Stücke liefen Sturm gegen etwas Lebendes und sehr Starkes und verdankten die Anerkennung, die sie trotz aller Abwehr in einigen Ländern doch errungen haben, unter anderem auch der Attitüde dieses frontalen Angriffs.« (J. Háy 1964 I, 7) Es ist der »Kampf gegen Tyrannei«, der sich als roter Faden durch das Werk von Julius Háy zieht, getragen von der Überzeugung, daß die »angegriffenen gesellschaftlichen Übel … nicht unverletzlich sind.« Sein erstes Stück, *Das neue Paradies*, wurde 1932 an der Berliner Volksbühne uraufgeführt. Es folgten *Gott, Kaiser und Bauer*, ein Historiendrama, das den tschechischen Reformator Johann Hus im Streit mit dem Papst und dem Kaiser als engagierten Sozialreformer zeigt, der am Ende den Tod auf dem Scheiterhaufen erleidet. Die Aufführung am Deutschen Theater Berlin 1932 wurde zu einem von Joseph Goebbels initiierten Theaterskandal. Die SA stürmte den Zuschauerraum. Im Jahr darauf wurde Háy zur Emigration gezwungen. Er ging in die Sowjetunion. Dort entstanden weitere Stücke: *Der Putenhirt* (1938), *Die Begegnung* (1940), *Gerichtstag* (1943) und sein weitaus

Bühnenbildfolge zu G. d'Annunzios La figlia di Jorio. *Nationaltheater Budapest, zwanziger Jahre*

bekanntestes Werk: *Haben.* Dieses Stück hat einen Kriminalfall zur Vorlage, der sich 1926 in Ungarn ereignet hatte. In einem Dorf wurden 41 reiche Bauern von ihren Frauen vergiftet, damit diese als Witwen an das Erbe herankamen. Hay konstruierte nach diesem Muster seine Fabel. Darin ermordet die junge Mari ihren reichen alten Ehemann Dávid aus Geldgier, jedoch – und zum Entsetzen der Witwen im Dorf – gleich unmittelbar nach der Hochzeitsnacht. Schließlich vergiftet sie auch noch ihre Stieftochter, um einer Entdeckung zu entgehen. Am Ende wird Mari von ihrem einstigen Geliebten, dem Dorfpolizisten Dani, der in den beiden Mordfällen ermittelt, angezeigt. Die Qualität dieses sehr bühnenwirksamen Stücks liegt in der dichten realistischen Dorfatmosphäre, die Háy entstehen läßt, und den genau gezeichneten Charakteren. *Haben* ist eine Parabel auf den Kapitalismus, der auf die Menschen Macht ausübt, sie in ihrer Gier nach Geld moralisch verdirbt. Dieser Gesellschaft der Geldgierigen stellt Háy eine Gruppe von Landarbeitern gegenüber, einfache, arme Menschen, die sich ihre Anständigkeit bewahrt haben. Das Stück wurde 1945 am Nationaltheater in Budapest uraufgeführt. Im gleichen Jahr folgte die Erstaufführung in deutscher Sprache am Volkstheater in Wien. 1946 wurde *Haben* an zahlreichen ostdeutschen Bühnen aufgeführt. In den fünfziger Jahren geriet Háy in Konflikte mit der politischen Führung in Ungarn, wohin er aus dem russischen Exil zurückgekehrt war. Einige seiner Stücke, die in diesen Jahren entstanden sind, wurden verboten. 1957 wurde Háy, der ein Anhänger des Aufstandes von 1956 war, unter Anklage gestellt und bis 1960 inhaftiert. In den 60er Jahren kamen seine Stücke in die Spielpläne der meisten größeren europäischen Bühnen; zu den erfolgreichsten – neben *Haben* – zählten *Gáspár Varrós Recht* (entstanden 1955) und die antiautoritäre Satire *Das Pferd*, die 1964 bei den Salzburger Festspielen uraufgeführt wurde. Den Stoff dazu lieferte eine Episode aus der römischen Geschichte: Kaiser Caligula verlieh einem siegreichen Rennpferd die Konsulwürde, worauf seine Hofschranzen aus Opportunismus begannen, sich nun auch wie Pferde zu verhalten: zu wiehern, zu galoppieren, Hufe und Pferdeschwanz zu tragen. *Gáspár Varrós Recht* ist ein Proteststück gegen die Rechtsbrüche des Stalinismus. Seine Aufführung wurde in Ungarn verboten.

1919 hatte das Ende der Räterepublik die Wiederherstellung der vorherigen institutionellen Strukturen, so auch die Rückgängigmachung der Verstaatlichung der Theater zur Folge. Nun standen wieder die großen hauptstädtischen Bühnen im Zentrum, in erster Linie das wieder staatlich geführte Nationaltheater. Dort war es der Regisseur Sándor Hevesi, der 1922 bis 1932 die Direktion übernommen hatte und nun seine bereits in den zehner Jahren entwickelten Reformideen verwirklichen konnte. Hevesi war ein Regisseur, dessen Inszenierungen analytisch durchgearbeitet waren, eine Qualität, die er auch aufgrund einer umfassenden Bildung in seine künstlerische Arbeit einbringen konnte. Typisch für die Zeit von Hevesis Direktion waren die großen Shakespeare-, Molière- und Ibsen-Zyklen. Auch die Werke der ungarischen Klassiker Katona und Madách kamen in neuen Inszenierungen wieder in den Spielplan. 1924 eröffnete Hevesi am Nationaltheater eine Studiobühne, ein »Kammertheater« für moderne psychologische Stücke von intimer Atmosphäre. Offenbar waren dafür die 1906 neben dem Deutschen Theater von Max Reinhardt in Berlin eröffneten Kammerspiele das Vorbild gewesen. Größte Aufmerksamkeit widmete Hevesi dem Aufbau seines Ensembles, in dem er alle großen ungarischen Bühnenstars dieser Jahre zusammenführte. Als Hevesi wegen zunehmendem politischen Druck rechtsgerichteter Kreise 1932 das Nationaltheater verlassen mußte, ging er als Oberregisseur an das private Ungarische Theater, wo er seine Arbeit fortsetzen konnte. Einer seiner Nachfolger am Nationaltheater (seit 1935) war Antal Németh (1903–1968), unter dessen

L. Fodor: Arm wie eine Kirchenmaus. *Burgtheater, Wien 1928*

Leitung eine Verjüngung des Ensembles und eine Erweiterung des Repertoires stattfanden.

Von den Budapester Privattheatern waren in den Jahren unmittelbar vor dem Zweiten Weltkrieg das Lustspieltheater (Vígszínház) und das Innenstadt-Theater (Belvárosi Színhaz) die populärsten. Am Lustspieltheater war Dániel Jób (1880–1955) der künstlerische Leiter, der das Repertoire dieser Bühne modernisierte, vornehmlich durch eine Intensivierung der Aufführung von Stücken zeitgenössischer ausländischer Dramatiker, darunter Maugham, Galsworthy, Shaw, Pirandello, O'Neill und Brecht. Das Belvárosi wurde in diesen Jahren von Artúr Bárdos (1882–1974) geleitet, der diese Bühne vor allem auch für Regie-Experimente öffnete. Das 1922 im Gebäude des Orfeum eröffnete Hauptstädtische Operettentheater wurde zur führenden Bühne für dieses Genre, das seit dem *Zigeunerbaron* ohnehin als »typisch ungarisch« galt. Die Sopranistin Hanna Honthy war der gefeierte Star im Ensemble dieses Operettentheaters.

Die Oper wurde in Budapest an zwei Theatern gepflegt: am 1884 erbauten Ungarischen Königlichen Opernhaus (Magyar Királyi Operaház) und auf deutlich geringerem künstlerischem Niveau an der 1911 eröffneten Volksoper, die von 1917 an zunächst als Stadttheater und seit Anfang der zwanziger Jahre als zweite, kleinere Spielstätte des Opernhauses geführt wurde. Nach 1924 wurde dieses Theater unter städtischer Verwaltung eine Bühne für die Operette, später auch für das Jugendtheater. Am staatlichen Königlichen Opernhaus (Állami Operaház) war in den Jahren von 1912 bis 1914 Sándor Hevesi als Regisseur tätig, der seinen am Schauspiel entwickelten Regiestil auch auf das Musiktheater übertrug. An diese Arbeit konnte Gusztáv Oláh (1901–1956) anschließen, der von 1921 an die Staatliche Oper über einen Zeitraum von fünfunddreißig Jahren leitete und dieses Haus zu einer der führenden europäischen Opernbühnen aufsteigen ließ. Einer seiner wichtigsten Mitarbeiter war der Regisseur Kálmán Nádasdy (1904–19080). Erstmals wurde in dieser Zeit an der Budapester Staatsoper ein Inszenierungsstil eingeführt, der ein stimmiges Zusammenspiel von Musik, dramatisch-szenischer Gestaltung, Kostüm und Bühnenbild herstellte. Ermöglicht wurde dies auch dadurch, daß beide Regisseure, Oláh und Nádasdy, für ihre Inszenierungen Bühne und Ausstattung selbst entwarfen.

Politisch hatte sich Ungarn in den frühen dreißiger Jahren unter dem Ministerpräsidenten Gyula Gömbös in eine Richtung zunehmender Annäherung an Italien, Österreich und Deutschland entwickelt, was dem Land große territoriale Gewinne einbrachte. Am Zweiten Weltkrieg nahm Ungarn auf der Seite Deutschlands am Krieg gegen die Sowjetunion teil. Die Verbindung mit Deutschland hatte zur Folge, daß im kulturellen Leben nun auch in Ungarn jüdische und antifaschistisch eingestellte Künstler und Intellektuelle verfolgt, deportiert und ermordet wurden. Eines der prominenten Opfer dieser Verfolgung war der in diesen Jahren wohl bedeutendste ungarische Theaterregisseur Árpád Horvath (1900–1944). Zugleich aber bildeten sich auch Zentren des Widerstands in der Theatersphäre. Der Regisseur Ferenc Hont (1907–1979) gründete in Budapest das »Unabhängige Theater« (Független Színpad); Andor Pünkösti (1892–1944) leitete eine antifaschistische Theatergruppe am Madách-Theater.

Durch Kriegseinwirkungen waren 1944 zwar zahlreiche Theaterbauten zerstört oder schwer beschädigt worden, doch noch vor Ende des Kriegs kam in der ungarischen Provinz der Theaterbetrieb wieder in Gang. Im Laufe des Jahres 1945 nahmen auch die meisten hauptstädtischen Bühnen, einige in behelfsmäßigen Räumen, den Spielbetrieb wieder auf. (vgl. D. Rubin 1994 I, 429)

Von 1946 bis 1949 waren die ungarischen Theater mit Ausnahme des Nationaltheaters und des Opernhauses in Budapest privatwirtschaftliche Unternehmen. Als sich 1949 für die meisten dieser Bühnen ein wirtschaftliches Fiasko abzuzeichnen begann, kam es zu einer Neuorganisation des Theaterwesens. Alle Theater wurden verstaatlicht. Neugründungen in Budapest waren in diesen Jahren ein Jugendtheater, ein Puppentheater und das »Theater der Armee«.

Ungarn hatte sich 1946 nach dem militärischen Zusammenbruch am Ende des Zweiten Weltkriegs als Volksrepublik konstituiert. Die Führung hatte die kommunistische Partei unter dem Ministerpräsidenten Mátyás Rákosi – einer Führungspersönlichkeit bereits aus der Zeit der Räterepublik 1919 – übernommen. Rákosi verfolgte einen streng am sowjetischen Regime in Moskau orientierten politischen Kurs mit allen Konsequenzen des Stalinismus dieser Jahre, was vor allem Anfang der fünfziger Jahre zu berüchtigten »Säuberungsaktionen« im ungarischen Kulturbetrieb führte. Dabei hatte das Jahr 1946 zunächst einen Neubeginn ermöglicht. Emigranten kehrten nach Ungarn zurück. Die Stücke emigrierter Autoren kamen auf die Bühnen des Landes; so etwa die Dramen von Gyula Háy, Lajos Bíro, Béla Zsolt, Lajos Kassák und anderer Vertreter der ungarischen Avantgarde. Auch die Dramen der modernen französischen, englischen und amerikanischen Autoren wurden für kurze Zeit aufgeführt. Die Werke der »klassischen« russischen und sowjetischen Dramatiker von Gogol, Gor'kij bis Ostrovskij bildeten freilich die Schwerpunkte. Im Inszenierungsstil setzte sich ein psychologisch verfeinerter Realismus durch, am

Vorbild Stanislavskijs geschult. Béla Both, Tamás Major, Endre Gellert, Endre Marton und Imre Apáthi waren Regisseure, die an den Bühnen der Hauptstadt, durchaus mit eigener Handschrift, den neuen Stil dieser Nachkriegsperiode durchsetzten. Auch an der Staatsoper kam es zu einer Erneuerung des Repertoires. Musikalische Akzente setzte der 1946 als Chefdirigent an diese Bühne berufene Otto Klemperer.

Eine von der staatlichen Kulturadministration an die Theater ausgegebene Direktive war, daß diese sich in besonderer Weise für ein Publikum aus der Arbeiterklasse öffnen sollten. Es wurde ein Verband gegründet, der diese Politik umsetzte. Zunehmend verstärkte sich der Druck auf die Theater, vor allem nach deren Verstaatlichung 1949, auch im Sinne ideologischer und künstlerischer Gleichschaltung. So kam es nun zur Unterdrückung kritischer oder satirischer Auseinandersetzungen mit den Verhältnissen im Lande. 1951 wurden Richtlinien für die Repertoiregestaltung herausgegeben, die auf der inhaltlichen Ebene die Prinzipien des Sozialistischen Realismus umsetzten. Mitte der fünfziger Jahre wurde eine Kontrollbehörde eingerichtet, eine Art Staatsdramaturgie, die für alle Bühnen verbindliche thematische Planungsvorgaben herausbrachte und ideologische Bewertungen aller aufzuführenden Stücke vornahm. Es waren dies durchweg Maßnahmen, die letztlich zu einer künstlerischen Verödung des ungarischen Theaters führten.

Das englische Theater: vom Beginn des Ersten Weltkriegs bis Mitte der fünfziger Jahre

Zeitgeschichte und Theaterverhältnisse

»In Europa gehen die Lichter aus, und wir werden es nicht mehr erleben, daß sie wieder angehen.«

(Edward Grey, britischer Außenminister, am Tage, an dem England im August 1914 Deutschland den Krieg erklärte)

Von weiten Kreisen des englischen Bürgertums wurde der Ausbruch des Ersten Weltkriegs als eine Art Befreiung erlebt. Abzuzeichnen schien sich nun das Ende jenes bereits für das letzte Jahrzehnt des »Edwardian Age« symptomatischen Zustands der Stagnation, in den das Land in wesentlichen Gebieten des gesellschaftlichen und geistigen Lebens geraten war. Obwohl der Eintritt Englands in den Krieg zwischen den Parteien des Parlaments zunächst durchaus umstritten war, kam bei dessen Ausbruch doch eine Welle des Patriotismus auf – quer durch alle gesellschaftlichen Schichten –, die für kurze Zeit die politischen und sozialen Spannungen neutralisierte, die nach dem Regierungsantritt von George V. (1910) das Gefüge der britischen Gesellschaft spürbar aus dem Gleichgewicht gebracht hatten. Hatte England im Prozeß der industriellen Revolution eine Vorreiterrolle eingenommen, so traten zu Beginn des 20. Jahrhunderts die daraus resultierenden Krisenphänomene der modernen Massengesellschaft um so krasser in Erscheinung. Um 1910 kam es in den industriellen Zentren zu zahlreichen überwiegend politisch motivierten Streiks. Vielerorts eskalierten die dadurch ausgelösten Auseinandersetzungen zu Gewaltausbrüchen, die nur durch das Eingreifen der Armee niedergeschlagen werden konnten. Ein weiterer Indikator für die Brüchigkeit des gesellschaftlichen Normenkonsenses war die Radikalisierung der englischen Suffragettenbewegung, die seit 1907 eine Strategie provokanter Rechtsverletzung verfolgte. Ihre Aktivistinnen traten in Hungerstreik und durchbrachen mit spektakulären Aktionen die Regeln zivilen Verhaltens, zerfetzten Bilder in der Nationalgalerie, zertrümmerten Schaufenster, drangen in Klubs ein – die Bastionen einer exklusiven Männergesellschaft – und ketteten sich selbst an Absperrgitter vor Regierungsgebäuden an. Die Frauenrechtlerin Emily Davison warf sich beim Nationalen Derby 1913 vor das Pferd des Königs und wurde dabei tödlich verletzt. (vgl. D. Schwanitz 1996, 457f) Von der Massenpresse vermittelt, gingen die Bilder solcher Aktionen um die Welt.

Ralph Richardson als Diener in You Never Can Tell, *London 1966*

So war es nur folgerichtig, daß nach den ersten Erfahrungen mit der Realität

W. Shakespeare: Romeo und Julia. *New Theatre, London 1935. Laurence Olivier als Romeo und John Gielgud als Mercutio*

des Kriegs die Stimmung in der britischen Öffentlichkeit umschlug. Die Gesellschaft sah sich nun verschärft mit den ungelöst gebliebenen innenpolitischen Problemen konfrontiert, zudem mit den unmittelbaren Auswirkungen des Krieges, die das Alltagsleben der Menschen schwer beeinträchtigten.

Auch die Theater waren davon betroffen. Hatten sie sich zunächst dem allgemeinen Trend zu patriotischer Propaganda angepaßt mit Stücken, die gespickt waren mit chauvinistischen Tönen, die jedweden Realitätsbezug aufgegeben hatten (vgl. H. Hunt u.a. 1978, 30), so wurden sie doch alsbald kriegsbedingten Verordnungen unterworfen, die viele Bühnen in ihrer ökonomischen Substanz gefährdeten. Eine besonders belastende Maßnahme für die in England durchweg privatwirtschaftlich betriebenen Theater war die Einführung einer Vergnügungssteuer (Entertainment Tax) im Jahre 1916, die zeitweilig mehr als 20 Prozent der Einnahmen ausmachte und die bis 1958 erhoben wurde. Für viele Bühnen – vor dem Ersten Weltkrieg waren es schätzungsweise 2000 bis 3000 Unternehmen von sehr unterschiedlicher Größe (vgl. D. Rubin 1994 I, 893) – bedeutete dies das Ende ihrer Existenz. An nahezu allen Theatern, die den Spielbetrieb aufrechterhielten, wurden die Gagen der Schauspieler drastisch gekürzt. Hinzu kamen weitere Einschränkungen, die den Bühnen durch die Kriegsverhältnisse aufgezwungen wurden. Papierknappheit führte zu einem Verbot der Plakatierung der Spielpläne; der für die Finanzierung der Produktionen notwendige Tourneebetrieb in die Provinz mußte wegen der allgemeinen Verkehrsbeschränkungen erheblich reduziert werden. Hinzu kam,

W. Shakespeare: Hamlet. *Kingsway Theatre, London 1925. Barry Jackson mit dem Birmingham Repertory Theatre. Eine der ersten Inszenierungen eines klassischen Stücks in modernen Kostümen*

daß je nach der Entwicklung der Ereignisse an der Front der Theaterbesuch anstieg oder zurückging, entsprechend der Stimmungslage der britischen Öffentlichkeit. Unmittelbar nach Kriegsbeginn wurde eine Verordnung erlassen, die das Ende von Theateraufführungen auf 21 Uhr 30 (später auf 22 Uhr 30) festlegte. Besonders schwerwiegend war der Mangel an jungen Schauspielern, der unmittelbar nach Kriegsausbruch auftrat. 1915 waren etwa 1500 Schauspieler in die Armee eingezogen; 1918 waren fast alle jungen Schauspieler rekrutiert. Zudem war eine große Anzahl von männlichen und weiblichen Bühnenkünstlern für kriegsdienliche Arbeiten in Betrieben, sozialen Institutionen und Behörden eingesetzt. Die Wiedereingliederung dieser Schauspieler und Schauspielerinnen in den Theaterbetrieb nach Ende des Kriegs stellte sich als ein besonders heikles Problem dar, da sich viele Bühnen in den frühen zwanziger Jahren, dem Stimmungsumschlag in der Öffentlichkeit folgend, beinahe schlagartig auf den neuen Trend einstellten und ein reines Unterhaltungsprogramm anboten. Dafür aber waren viele der am literarischen Theater vor 1918 geschulten Bühnendarsteller nur schwer einsetzbar. Von dem gleichen Problem betroffen waren auch die Bühnenautoren. (vgl. H. Hunt u.a. 1978, 30f)

Bereits die Zäsur von 1914 hatte ein vorläufiges Ende bedeutet für alle in den beiden Jahrzehnten zuvor eingeführten Reformen, die das künstlerische Niveau der Bühnen heben und auch zum experimentellen Arbeiten ermutigen sollten. Eine Anzahl der »Independent Theatres« und der »Art Theatres«, die um 1900 gegründet worden waren (vgl. Bd. III, Kap.: Jahrhundertwende/England und Irland), wurden geschlossen. Künstlerisch anspruchsvolle Stücke verschwanden fast gänzlich von den Spielplänen. Vorwiegend griffen die Theater auf Vorkriegsproduktionen zurück. Musicals, Revuen und Lustspiele prägten das Bild des britischen Theaterlebens nach 1914. Prominente Reformer wie Edward Gordon Craig oder auch Harley Granville Barker hatten sich vom Theater zurückgezogen. Ein Indiz dieser Entwicklung war auch, daß der »actor manager« – jene für das britische Theater so typische Personalunion von Schauspieler, Dramatiker, Regisseur und Theaterleiter – an Bedeutung verlor. Nun bestimmte ausschließlich das kommerzielle Management die Führung der Bühnen.

Während der Kriegsjahre waren die »garrison theatres« eine Theatersphäre eigener Art. Sie standen unter der Aufsicht des 1916 eingerichteten Entertainment Departments der Armee. Das erste dieser Garnisonstheater wurde in der westenglischen Stadt Oswestry gegründet. Sein Leiter war der junge Theaterproduzent Basil Dean. Im Zweiten Weltkrieg wurde dieses Theater- und Kulturprogramm der britischen Armee erheblich ausgebaut und einer Behörde mit umfassenderen Kompetenzen unterstellt.

Die beiden Jahrzehnte zwischen den Weltkriegen waren von gänzlich unterschiedlichem Profil. Dies betraf insbesondere das allgemeine Lebensgefühl und die Stimmung in der britischen Gesellschaft, vornehmlich jener Kreise, die im kulturellen Leben den Ton angaben. »The Gay Twenties« – war das Schlagwort, das zur Kennzeichnung der ersten dieser beiden Dekaden aufkam. (n. H. Hunt 1978, 33) Es verweist auf eine Tendenz dieser Jahre, den allenthalben konstatierten Verlust an geistiger Orientierung in einem geradezu zynisch zur Schau gestellten Kult der Zerstreuung zu überspielen. Der auf Westeuropa überschwappende amerikanische Lebens- und Vergnügungsstil lieferte dazu die griffigen Vorbilder. Kinos wurden massenhaft eröffnet. 1911 existierten davon in London 94, 1921 waren es bereits 266. In anderen englischen Großstädten verdoppelte sich in den zwanziger Jahren die Anzahl der Lichtspielhäuser,

Jack Buchanan in dem Musical Mr. Whittington. *Hippodrom, London 1934*

C. Odets: Waiting for Lefty. *Unity Theatre, London 1936*

während sich die der Theater halbierte. Allein im Jahre 1921 wurden in England zwei Millionen Kinokarten verkauft. (vgl. H. Hunt 1978, 37) Die britische Filmindustrie jedoch vermochte sich in diesen Jahren des Kino-Booms gegen den Import aus Hollywood nicht durchzusetzen. Zur gleichen Zeit eskalierten die sozialen Auseinandersetzungen in einem Generalstreik (1926), der das öffentliche Leben des Landes paralysierte.

Für die Theater bedeutete diese Entwicklung des Films eine ihre Existenz gefährdende Konkurrenz. Eine vergleichbare Gefahr stellte auch das Radio dar, das in England eine ähnlich rasante Entwicklung nahm wie der Film und elementare Interessen der Theater tangierte. Das Radio nämlich produzierte nach ersten Experimenten mit literarischen Lesungen auch sogenannte Radio-Dramen (»radio drama«). Es waren dies hörspielartige Fassungen von Werken der dramatischen Literatur, die ein breites Publikum fanden. Ausgebaut wurde dieses Programm vor allem, als es 1926 zur Gründung der British Broadcasting Corporation (BBC) unter Sir John Reith kam, der die Radioprogramme auf ein qualitativ anspruchsvolleres Niveau hob. Die Theaterleiter sahen darin eine äußerst geschäftsschädigende Konkurrenz und setzten schließlich ein Verbot von Live-Übertragungen von Theateraufführungen durch. Kaum zu verhindern freilich war, daß viele Schauspieler von den Radiobetreibern für deren Hörspielproduktionen von den Bühnen abgeworben wurden.

Unter dem Druck dieser Veränderungen im Medienbereich kam es unter den Theaterbetrieben zu monopolartigen Zusammenschlüssen. So entstanden 1930 drei große Unternehmen (»One«, »Two«, »Three«), die unter dem Namen »The Group« firmierten und deren Management im Besitz von etwa der Hälfte aller Londoner Theater und von mehr als der Hälfte der Theater außerhalb der Hauptstadt war, zumindest diese kontrollierte. Die einflußreichste Persönlichkeit in diesem Unternehmensverbund war Hugh Beaumont (1908–1973). Ihm war es sogar gelungen, für eines seiner West End-Theater die Zensur, die in England bis 1968 bestand, und selbst die Abgabe einer Vergnügungssteuer zu umgehen, indem er dieses Theater als privaten Theater-Klub deklarierte. Aufsehen erregte eine gerichtliche Klage gegen Beaumont, die die Schauspielergewerkschaft Equity angestrengt hatte. Dabei ging es um die Führung einer »Schwarzen Liste«, mit deren Hilfe Beaumont Schauspieler, die sich den repressiven Vertragsbedingungen seines Theaterkonzerns nicht beugen wollten, abstrafte, indem er deren Engagement auch an anderen Bühnen zu verhindern versuchte. (vgl. D. Rubin 1944 I, 895) Die Equity war 1929 gegründet worden, um die Interessen der Bühnenkünstler gegenüber den Theaterleitungen zu vertreten. Sie wurde 1940 dem Dachverband der britischen Gewerkschaften (TUC) angeschlossen. Vorrangiges Ziel dieses Verbands war es, Mindestgagen durchzusetzen und die arbeitsrechtlichen Verhältnisse der Schauspieler zu verbessern, insbesondere auch gegenüber der Filmindustrie. (vgl. H.F. Plett 1982, 18)

Danny Kaye bei einem Auftritt im Palladium, London 1949

Beide Phänomene, die Konzernbildungen innerhalb der Theaterbetriebe und die Gründung der Equity, waren in den zwanziger Jahren die auffälligsten Veränderungen im englischen Theaterwesen auf institutioneller Ebene. Es waren dies Folgen der rigorosen Kommerzialisierung, aber auch Reaktionen auf Entwicklungen in den neuen Unterhaltungsbranchen Film und Radio.

Auf die »Gay Twenties« folgten die »Turbulent Thirties«. Nach dem Vergnügungsrausch der zwanziger Jahre kam in den dreißigern eine Stimmung der

Eine Menschenmenge wartet nach der letzten Vorstellung der Saison auf die Mitglieder der Old Vic Company

Depression auf, ausgelöst durch den Börsen-Crash von 1929 und die dramatische Zunahme der Arbeitslosigkeit in England – auf 2,5 Millionen Arbeitslose im Jahre 1931. Die britische Gesellschaft war nun vollends gespalten in eine Klasse der Privilegierten und die Masse jener, die sich an den Rand der Gesellschaft gedrängt fühlten. Hinzu kam, daß diese ökonomische Krise auf eine allgemeinpolitische Situation traf, die durch die Auseinandersetzung mit dem Faschismus in Italien, Spanien und Deutschland aufs höchste angespannt war und sich die Gefahr eines Krieges abzuzeichnen begann. So wurde dann auch der spanische Bürgerkrieg zum Katalysator für die Politisierung vieler Künstler

Bühnenbildentwurf von John Piper für The rape of Lucrece *von W. Shakespeare. Glyndebourne 1946*

und Intellektueller. Diese veränderte Bewußtseinslage führte dazu, daß nun auch in der Kunst, zumal im Theater, die aktuellen sozialen Probleme aufgegriffen wurden. Die Theater nahmen wieder Stellung zu politischen Themen. Auch kam es zur Gründung von Bühnen, die sich programmatisch an ein Arbeiterpublikum wandten. Die in diesen Jahren aufkommende Bewegung der »Little-Theatres« war ein deutliches Indiz dafür, daß sich eine politisch engagierte Front innerhalb der Theaterschaffenden aufzubauen begann, die sich gegen den kommerziellen, künstlerisch weitgehend verflachten Unterhaltungsbetrieb der Londoner West End-Bühnen richtete. Eine der profiliertesten Persönlichkeiten dieser Theaterbewegung war Joan Littlewood (geb. 1914), die 1945 die Truppe »Theatre of Action«, die Anfang der fünfziger Jahre in »Theatre Workshop« umbenannt wurde, ins Leben rief. Littlewood hatte bereits 1935 zusammen mit Ewan McColl und Gerald Raffles in Manchester ein mobiles Theater gegründet, das in den nordenglischen Industriezentren für ein Arbeiterpublikum spielte und später auch mit Tourneen in der englischen Provinz auftrat. 1953 übernahm dieses Theaterkollektiv das Theatre Royal im Londoner Arbeiterbezirk Stratford East.

So war die Tendenz, in der zeitgenössischen Kunst die politischen und sozialen Themen der Zeit aufzugreifen, parteilich und zumeist mit einer politisch links orientierten Einstellung, ein wesentliches Merkmal jener Trendwende von den »Gay Twenties« zu den dreißiger Jahren. Im Theaterbereich drückte sich dies auch aus in dem nun auch in England aufkommenden Interesse an den Experimenten des russischen Revolutionstheaters.

Der Zweite Weltkrieg stellte für England eine enorme wirtschaftliche und das gesamte öffentliche Leben beeinträchtigende Belastung dar. Für die Theater kam es zu ganz ähnlichen Restriktionen wie in den Jahren des Ersten Weltkriegs. Durch den im September 1940 einsetzenden Luftkrieg (Battle of Britain) war das Land unmittelbar in die Kriegsereignisse involviert. Die Bombardements durch die deutsche Luftwaffe hatten zur Folge, daß im Londoner West End ein Drittel aller Theater schwer beschädigt wurde. Vollständig zerstört wurde 1941 das traditionsreiche Old Vic (Wiedereröffnung 1950). In anderen Städten bot sich ein ähnliches Bild. Ohnehin wurden während des Kriegs zahlreiche Theater geschlossen, von denen eine nicht unerhebliche Anzahl nach 1945 – nicht zuletzt wegen der Konkurrenz mit Film und Fernsehen – den Spielbetrieb nicht mehr aufnahm.

In dem gesamten Zeitraum existierte in dem ansonsten fast gänzlich nach den Spielregeln des freien Marktes funktionierenden englischen Theaterwesen die Einrichtung der Zensur, wodurch dem Theater ausgesprochen prüde Züge aufgezwungen wurden. Hauptsächliche Angriffspunkte des Zensors waren besonders brutale Formen von Gewalttätigkeit und ordinäre Redeweisen, die »bad language«; vor allem aber die Behandlung als anstößig geltender Themen wie etwa Homosexualität und die Verunglimpfung religiöser Vorstellungen. Nacktheit auf der Bühne war nicht gänzlich verboten, doch durften unbekleidete Frauen (ein Problem »unbekleideter Männer« schien nicht zu existieren) auf der Bühne nur unbewegt, quasi als »Statuen« positioniert werden. Diese restriktiven Vorgaben der Zensur beeinträchtigten vor allem die in den »Twenties« in London so beliebten Musicals. Auch die in den vierziger Jahren neue realistische amerikanische Dramatik (Arthur Miller, Tennessee Williams) hatte es in diesen

Vesta Tilley, Star der Londoner Music-Hall in den zwanziger Jahren

Bühnenbildentwurf von Leslie Hurry für ein Ballett nach Shakespeares Hamlet. *Sadler's Wells, London 1942*

P. M. Lampel: Revolte im Erziehungsheim. *R.: P. Godfrey. B.: J. Sheley. Gate Theatre, London 1930*

Jahren schwer, sich auf den englischen Bühnen durchzusetzen. Die Aufführung von Stücken wie etwa Frank Wedekinds Pubertätstragödie *Frühlings Erwachen* war auf öffentlichen Bühnen gänzlich verboten, lediglich private Theaterklubs konnten dieses Stück aufführen. *Warten auf Godot* von Samuel Beckett wurde 1955 von der Zensur nicht zur öffentlichen Aufführung freigegeben. Gleiches galt auch noch für die Stücke der jungen Autoren der sechziger Jahre, Osborne und Bond, die Generation der »Angry young Men«, die eine neue Periode in der Geschichte des englischen Theaters einleitete. Erst am 26. Juli 1968 wurde die Zensur, die bis dahin als Vorzenzur praktiziert wurde, durch den *Theatres Act 1968* abgeschafft. Grobe Verstöße gegen Sitte und Moral, Verleumdung zeitgenössischer Persönlichkeiten und rassistische Hetze blieben auch nach der neuen Rechtslage der Strafverfolgung ausgesetzt. (vgl. H.F. Plett 1982, 19 ff)

Auch im Zweiten Weltkrieg wurde das Theater zu propagandistischen Zwekken eingesetzt, zur Hebung der patriotischen Moral der Armee und der Bevölkerung. Wie im Ersten Weltkrieg wurden spezielle Theateraufführungen für die Armee organisiert. Dabei spielte wiederum der mit dem »garrison theatre« bereits erfahrene Theaterproduzent Basil Dean eine führende Rolle. Diese Aufführungen standen nun unter der Aufsicht der Entertainments National Services Association (ENSA). Das Londoner Drury Lane Theatre war der Standort dieser Produktionen, die in provisorisch eingerichteten »Kriegstheatern« in Garnisonen und Lazaretten gezeigt wurden. Auch Tourneen mit Konzerten und Aufführungen von Shakespeare-Dramen wurden von der ENSA finanziert.

Andere Institutionen, die auf die Ausnahmesituation der Kriegsjahre mit kulturpolitischen Aktivitäten reagierten, waren der Council for the Encouragement of Music and the Arts (CEMA) – 1939 als private Institution des Pilgrim Trusts gegründet, 1942 als staatliche Einrichtung übernommen – und das Army Bureau of Current Affairs (ABCA). CEMA förderte Theateraufführungen in Werkskantinen von Fabriken, in Gemeindehäusern und selbst in Luftschutzbunkern und unterhielt zeitweise sechzehn Tournee-Ensembles. Weniger künstlerische als propagandistische Ziele verfolgte das Army Bureau of Current Affairs mit den von ihm geförderten »Play Unit« während der Kriegsjahre. J.B. Priestley schrieb zwar für das Programm der ABCA (und auch für CEMA) eigens ein Stück – *Desert Highway*, das die Auseinandersetzung einer gestrandeten Gruppe von Matrosen mit ihrem vermeintlich bevorstehenden Tod zum Thema hat. Überwiegend aber kamen collageartige Produktionen mit eindeutig propagandistischer Tendenz zur Aufführung. Die Stücke hatten Titel wie: *United We Stand, What's Wrong with the Germans* oder *The Japanese Way.* (vgl. S. Trussler 1994, 301 ff)

T. Guthrie in Shakespeares Troilus and Cressida. *B.: F. Crooke. Old Vic, London 1956*

Das Engagement des Staats im Theaterwesen setzte sich auch nach 1945 fort. 1946 wurde der Arts Council of Great Britain gegründet, der zu einer einflußreichen Förderungsinstitution auch für die Theater wurde. Der Arts Council ermöglichte es, daß künstlerische Experimente gewagt oder literarisch als schwierig geltende Werke aufgeführt werden konnten, ohne daß der Bühne dadurch der finanzielle Ruin drohte. Vor allem unter der Leitung von Lord Keynes verfolgte diese Institution eine dezidiert »erzieherische« Programmpolitik. (vgl. H. Hunt 1978, 501) Auch die für die Durchsetzung der neuen englischen Dramatik in der zweiten Hälfte der fünfziger Jahre so wichtige »alternative« Theaterszene wurde vom Arts Council gefördert, ebenso zahlreiche Repertoiretheater außerhalb Londons, insbesondere die Repertory Theatres in Birmingham, Liverpool und Sheffield. Auch wenn die finanziellen Mittel, die dabei vergeben wurden, eher bescheiden waren (vgl. D. Rubin 1994 I, 893f), war dies letztlich doch ein erfolgreicher Weg, Alternativen zu dem stereotypen Repertoire der kommerziellen Theaterbetriebe des Londoner West Ends und der »Einheitsware« von deren Tournee-Ensembles zu ermöglichen. Auch in Schottland, Wales und Nordirland waren Arts Councils eingerichtet worden, die eine regionale Theaterförderung betrieben. Zusammen mit der Bewegung der Repertory Theatres und der Independent Theatres, die noch im letzten Jahrzehnt des 19. Jahrhunderts aufgekommen war (vgl. Bd. III, Kap.: Jahrhundertwende/England) und erste Ansätze zur Dezentralisierung der Theater eingeleitet hatte, bedeuteten die Aktivitäten des Arts Councils einen weiteren Schritt in der strukturellen Erneuerung des britischen Theaterwesens. Die in allen diesen Aktivitäten des Arts Council sich manifestierende Bereitschaft des Staats, sich im Theaterwesen durch unmittelbare Subventionierung einzelner Bühnen zu engagieren, führte 1962 zur Einrichtung eines National Theatre Board, der die Gründung eines britischen Nationaltheaters betreiben sollte. Zur Eröffnung des National Theatres an der Londoner South Bank kam es jedoch erst am 16. März 1976. Seit 1963 spielte das N.T. im Old Vic.

Dem egozentrischen Regieführer hat das englische Publikum überhaupt einen starken Widerstand entgegengesetzt, leider auch oft dem echten Sucher nach neuen Formen. Ausnahmen bildeten die Gruppen, welche die oben erwähnten schöpferischen Experimentier- und Repertory-Theater trugen … Die Entwicklung der Repertory-Theater-Bewegung ist von einer Zunahme des Interesses am Amateurtheater begleitet worden. Das Beispiel des Irish Literary Theatre begann schon vor dem Ersten Weltkrieg zu wirken, aber erst nachher setzten die massenhaften Gründungen von Vereinen ein, die das Laienspiel pflegen wollten; jetzt erst zeigten auch einzelne unter ihnen die Kraft, auf ihre besondere Art vollkommene künstlerische Leistungen hervorzubringen. Die Bewegung wurde wirksam gefördert durch die 1919 von Geoffrey Whitworth gegründete British Drama League, die sich im Laufe der Jahre über 1600 Vereine anzugliedern verstand.

(R. Stamm 1951, 397)

Die bereits um 1900 in Gang gekommene Ausformung einer theaterkulturellen Eigenständigkeit in den Regionen Irland, Schottland und Wales setzte sich auch in den Jahrzehnten zwischen 1910 und den fünfziger Jahren fort. Dabei spielte Irland, das seit dem 17. Jahrhundert bereits immer wieder große Persönlichkeiten hervorgebracht hatte, die für das englische Theater insgesamt von herausragender Bedeutung waren – von William Congreve (1670–1729), Richard Brinsley Sheridan (1751–1816) bis Oscar Wilde und George Bernard Shaw, – eine besondere Rolle. Hinzu kamen nun Dramatiker wie William Butler Yeats, John Millington Synge und Sean O'Casey, die dazu beitrugen, daß das Dubliner Abbey Theatre den künstlerischen Rang eines Irischen Nationaltheaters beanspruchen konnte. (vgl. Bd. III, Kap.: Jahrhundertwende/England und Irland) Neben Dublin war auch Ulster eine Theaterregion von eigenständigem irischen Profil, insbesondere durch die Arbeit des Ulster Literary Theatre, einer Amateurbühne, die von 1904 bis 1934 existierte. In Belfast wurden nach dem Zweiten Weltkrieg zwei Repertory-Theatres gegründet, die ebenfalls ausschließlich irische Dramatik in ihre Spielpläne aufnahmen. (vgl. D. Rubin 1994 I, 891) Begleitet und gefördert wurde diese Entwicklung durch die irische Unabhängigkeitsbewegung, die – nach dem 1916 von der Irish Republican Brotherhood

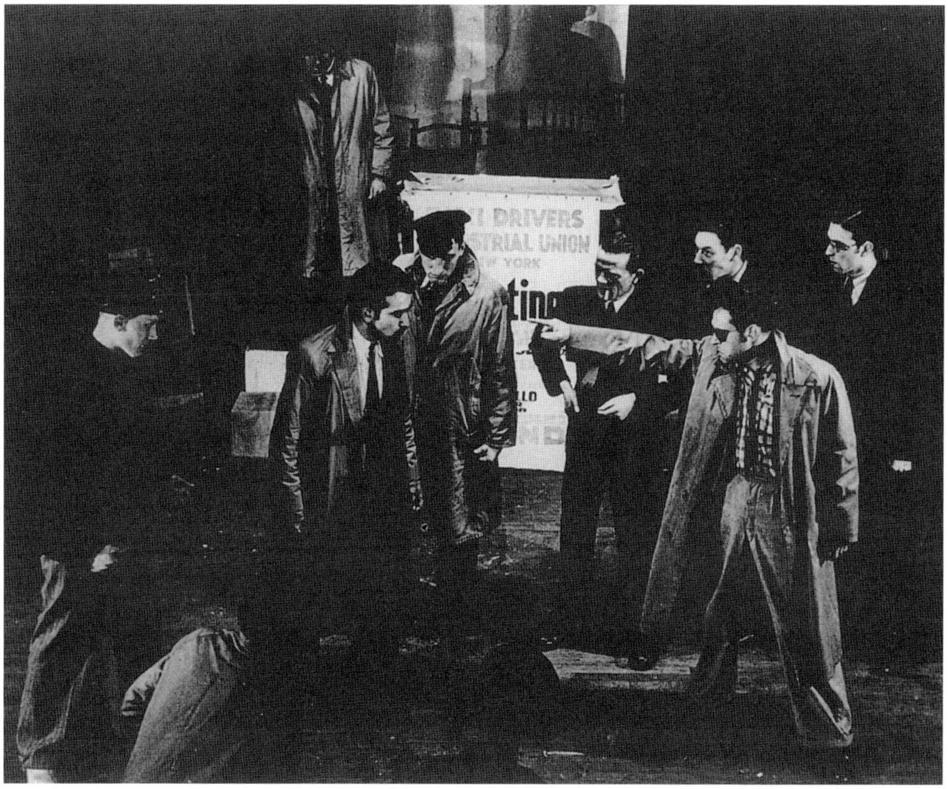

C. Odet: Waiting for Lefty. *Unity Theatre, London 1936*

initiierten Osteraufstand und Jahren des Bürgerkriegs – 1922 schließlich die Gründung eines irischen Freistaats erkämpft hatte.

In Schottland kam ebenfalls eine nationale Theaterbewegung in Gang, die sich zunächst um das bereits 1909 in Edinburgh gegründete Scottish Repertory Theatre versammelte. Von 1921 bis 1948 waren es vor allem die Scottish National Players, die diese Entwicklung vorantrieben. 1943 gründete der prominente schottische Dramatiker James Bridie (1888–1951) das Citizens' Theater in Glasgow, das die Funktion eines Nationaltheaters übernahm. Repertory Theatres gab es in den dreißiger Jahren auch in Dundee, Perth und St. Andrews. 1947 schließlich wurde in der schottischen Hauptstadt das Edinburgh International Festival gegründet, das sich zu einem weltweit bedeutenden Kunstfestival entwickeln sollte. Das im englischen Theater und in der Dramatik in den späten zwanziger und dreißiger Jahren aufkommende Engagement für die aktuellen sozialen Probleme und Ziele der Arbeiterbewegung führte in Schottland zur Gründung der Fife Miner Players, einer Truppe, die von 1926 bis 1931 auftrat, und der Glasgow Worker's Theatre Group, die von 1937 bis 1940 ebenfalls ausschließlich für ein Arbeiterpublikum spielte.

Ansätze zur Pflege einer nationalen Kultur gab es in Wales zwar bereits im 19. Jahrhundert. Doch war die kulturelle Tradition dieser Region offenbar für die Entwicklung eines eigenständigen walisischen Theaters, das dem in Irland oder Schottland vergleichbar gewesen wäre, nicht besonders förderlich. Nationale kulturelle Akzente wurden in Wales vielmehr im Bereich der Musik und der

Lyrik gesetzt. Dennoch gab es kleine Tourneetheater-Ensembles und Studentenbühnen an Universitäten, die walisisches Theater pflegten. (vgl. D. Rubin 1994 I, 892f)

Eine Theatersphäre eigener Art war die systematische Arbeit am Werk Shakespeares, wobei es vornehmlich um die »Modernisierung« dieses nationalen Klassikers ging. Richtungweisende Akzente setzte dabei Sir Barry Jackson (1879–1961), der das Shakespeare Memorial Theatre in Stratford-upon-Avon von 1946 bis 1948 leitete. Jackson engagierte an diese Bühne junge Regisseure und Schauspieler, mit denen er eine neue Phase in der Auseinandersetzung mit dem Werk Shakespeares einleitete. So brachte er etwa den Schauspieler Paul Scofield (geb. 1922) und den jungen Regisseur Peter Brook (geb. 1925), die beide am Repertory Theatre in Birmingham engagiert waren, nach Stratford. Brooks Inszenierung von *Love's Labour's Lost* (1946) war beispielhaft für diesen Neubeginn; desgleichen Michael Benthalls *Hamlet*-Inszenierung im viktorianischen Kostüm.

Das Memorial Theatre hatte einige bewegte Jahrzehnte hinter sich. Bereits 1918 war während einer Aufführung von *As You Like It* ein Feuer ausgebrochen. 1926 schließlich brannte das Festspielhaus vollständig ab. Die Produktionen der folgenden Jahre wurden auf einer provisorischen Bühne im Picture House in Stratford gezeigt. Erst 1932 konnte das neue Gebäude des Shakespeare Memorial Theatre eröffnet werden.

Während in Stratford noch bis in die zwanziger Jahre für die Aufführungen der Werke Shakespeares ein Ausstattungsstil vorherrschte, der sich mit musealem Anspruch am elisabethanischen Theater orientierte, entwickelte sich bereits in dieser Zeit am Londoner Old Vic ein neuer Inszenierungsstil. Moderne Kostüme revolutionierten das äußere Erscheinungsbild dieser Aufführungen. Zurückgedrängt wurde die traditionell festgelegte Rollentypik. Auch machte sich diese Bühne weitgehend frei von dem an den West End-Bühnen üblichen Zwang, die führenden Rollen mit prominenten Stars zu besetzen. So wurde das Old Vic für Nachwuchsschaupieler eine überaus interessante Bühne. Dieser Kurs wurde jedoch radikal korrigiert, als Tyrone Guthrie (1900–1971) 1933 als Regisseur an das Old Vic verpflichtet wurde und auch das diesem für Oper und Ballett angeschlossene Sadler's Wells Theatre übernahm. Guthrie, der nach 1945 in den USA wesentliche Reformen im Theaterwesen durchsetzte, holte nun auch die Stars aus dem West End an seine Bühnen. Einer dieser Prominenten war der junge Charakterdarsteller Charles Laughton (1899–1962), der zu dieser Zeit bereits als Filmschauspieler einen Namen hatte. Laughton war übrigens der erste englische Schauspieler, der (1936) an der Comédie Française (als Sganarelle in Molières *Médecin malgré lui*) auftrat. Seine Gestaltung des Lopachin in Čechovs *Kirschgarten* 1933 unter der Regie von Tyron Guthrie war eine der herausragenden Leistungen Laughtons am Old Vic. 1936 gelang es Guthrie, weitere berühmte Schauspieler an seine Bühne zu verpflichten, darunter Alec Guinness (1914–2000), Michael Redgrave (1908–1985) und vor allem Laurence Olivier (1907–1989). Olivier wurde als Darsteller klassischer Rollen der schärfste Rivale von John Gielgud (1904–2000), der bis dahin die führende Schauspielerpersönlichkeit in Guthries Ensemble war.

Tyron Guthries Inszenierung von Hamlet *am Old Vic, London 1938*

Nachdem das Haus des Old Vic bereits in den ersten Kriegsjahren durch Bomben schwer beschädigt worden war und das Ensemble einige Jahre in

Ausweichquartieren auftrat, konnte 1950 das wiederaufgebaute Theatergebäude in der Waterloo Road bezogen werden. Zwischen 1953 und 1958 wurde die Aufführung aller 36 Dramen Shakespeares nach der First Folio-Ausgabe in der Regie von Michael Benthall das herausragende Ereignis an dieser Bühne. Die Aufführungsfolge begann mit *Hamlet* (Richard Burton in der Titelrolle). 1946 wurde an dem inzwischen von Arts Council subventionierten Old Vic eine eigene Ausbildungsstätte gegründet, das »Old Vic Centre« mit der »Old Vic School of Acting«. Leiter der Institution (bis 1952) war der Regisseur Michel Saint-Denis (1897–1971), ein Mitarbeiter des französischen Theaterreformers Jacques Copeau. (vgl. Kap.: Frankreich) Dessen Arbeitsmethode wurde die Grundlage für den Ausbildungsbetrieb an dieser Schauspielschule. In den folgenden Jahren verstärkten sich auch Bestrebungen, das Old Vic in den Status eines National Theatre zu erheben. (vgl. H. Hunt u.a. 1978, 51) Bis in die fünfziger Jahre rivalisierten das Old Vic in London und das Shakespeare Memorial Theatre in Stratford um den Rang der besten Shakespeare-Bühne. Durch die Gründung der Royal Shakespeare Company durch Peter Hall (geb. 1930) im Jahre 1960, die in Stratford und im Londoner Aldwych Theatre auftrat, erhielt diese Traditionspflege neue künstlerische Impulse.

Laurence Olivier als Richard III. New Theatre, London 1944

Gegenüber diesen literarisch ambitionierten oder regionalen Theatertraditionen verpflichteten Bühnen blieb das kommerzielle Unterhaltungstheater, wie es sich vor allem im Londoner West End ausgebildet hatte, auch in der ersten Hälfte des 20. Jahrhunderts langehin noch der dominante Bereich im Theaterleben des Landes, auch wenn durch die Förderung des Arts Council nach 1945 der Theaterbetrieb in den Provinzen eine Art Renaissance erlebte (H. Hunt 1978, 148). An den West End-Bühnen hatten sich in der ersten Hälfte des 20. Jahrhunderts die bereits im 19. Jahrhundert entwickelten Strukturen der Serienproduktion und der künstlerischen Standardisierung noch weiter perfektioniert. Diese Unternehmen beherrschten quasi als Monopolisten auch den ökonomisch so interessanten Tourneetheaterbetrieb.

Vor allem gegenüber dieser Phalanx erhielt der um die Mitte der fünfziger Jahre stattfindende Umbruch im englischen Theater – initiiert von einer jungen Dramatikergeneration und gefördert durch eine Öffnung der englischen Bühnen für Entwicklungen in Frankreich und Deutschland – seine gesellschaftskritische Brisanz. Dieser künstlerische Neubeginn war auch getragen von einem Bewußtsein, daß England nach dem Ende des Zweiten Weltkriegs seine Stellung als imperiale Weltmacht verloren hatte.

Tendenzen in der Spielplangestaltung und in der Entwicklung der Bühnenkunst

Das englische Drama und Theater bis zur Mitte der 50er Jahre ist insgesamt gesehen durch eine doppelte Abdichtung gegenüber den Veränderungen der Zeit gekennzeichnet. Einmal bleibt es immun gegen die realhistorischen Umbrüche der Epoche. Der Wirklichkeitsbezug tritt zurück zugunsten artistischer Selbstinszenierung oder populistischer Unterhaltungskunst. Das Krisenbewußtsein der Zeit nach dem Kriege wird auf der Bühne eher kompensiert als thematisiert. Zum zweiten bleibt es immun gegen die dramenästhetische Entwicklung selbst. Denn seit den Tagen von Wilde, Shaw und O'Casey waren die entscheidenden dramenästhetischen Innovationen des Jahrhunderts praktisch am englischen Drama vorbeigelaufen.

(E. Kreutzer in: H. U. Seeber 1993, 365)

Ein Merkmal des englischen Theaterwesens im beginnenden 20. Jahrhundert war es, daß der »actor-manager« die zentrale Position in der Führung der Bühnen innehatte. Da dieser in aller Regel ein besonders prominenter Schauspieler war, erhielt die Richtung, in der sich das englische Theater entwickelte, durch eine Orientierung am Schauspieler – als dem kreativen Zentrum der Theaterinszenierung – ein unverwechselbares Profil. Als Theaterleiter war der »actor-manager« aber auch für das ökonomische Management verantwortlich, mußte also stets auch die Interessen des Publikums im Blick behalten und sich ein Gespür für aktuelle Trends und deren oft abrupte Wendungen bewahren. Für allzu riskante Experimente blieb in dieser Interessenkonstellation nur wenig Raum. Dementsprechend verlief die künstlerische Entwicklung des englischen Theaters in diesen Jahrzehnten, in denen in den Theaterhochburgen des Kontinents eine künstlerische Revolte die andere jagte, verhältnismäßig moderat; ohne spektakuläre Umbrüche, jedoch durchaus als ein Prozeß stetiger Reformen. Erst im Jahr 1956 mit der Uraufführung von John Osbornes *Look Back in Anger* kam – wie mit einem Paukenschlag – ein neuer Ton ins englische Theater und markierte einen epochalen Wendepunkt. Bis dahin jedoch gaben die großen Schauspielerpersönlichkeiten die Richtung vor: anfangs noch Herbert Beerbohm Tree; es folgten die Shakespeare-Interpreten Johnston Forbes-Robertson (1853–1937) und Frank Benson (1858–1939), ebenso Mrs. Patrick Campbell (1865–1940), die auf Rollen aus der modernen Dramatik spezialisiert war. Akzente setzten auch Charles Wyndham (1837–1919) und George Alexander (1858–1918), der in London das elegante St. James's Theatre leitete, wo er einen Inszenierungsstil entwickelt hatte, der sich durch intensive Probenarbeit, Texttreue und psychologische Genauigkeit in der Ausarbeitung der Rollencharaktere auszeichnete. Mit seinen Shakespeare-Inszenierungen setzte sich Alexander programmatisch von den historisierenden Prunkinszenierungen und dem Virtuosentum der Irving- und der Tree-Schule ab. Gerald du Maurier (1873–1933) war der letzte große typische »actor-manager«. Er kreierte einen eigenen »Maurier-style«: eine unspektakuläre Spielart des Realismus, dessen Merkmale perfektes Timing und ein zur Manier stilisiertes spielerisches »understatement« waren. Beides beeinflußte den Schauspielstil in England auf Dauer.

Von den Dramatikern war es unstrittig George Bernard Shaw, der zwar keine unmittelbaren Nachfolger hatte, dennoch aber das Theater seiner Zeit entscheidend prägte. Die Brillanz der intellektuellen Gefechte, die die Protagonisten seiner Komödien untereinander austrugen, aber auch die Irregularitäten der Dramaturgie seiner Stücke, die die Konventionen des »well-made play« so offenkundig außer Kraft setzten, initiierten einen neuen Trend im Publikumsgeschmack. Insgesamt freilich waren es in erster Linie die sozialen und politischen Ereignisse dieser so bewegten Jahrzehnte, die die Stimmung in der britischen Öffentlichkeit und damit auch den Spielbetrieb der Theater prägten: die The-

G. Daviot: Richard von Bordeaux. *R.: J. Gielgud. B. u. K.: Motley. New Theatre, London 1933*

men, die auf die Bühne kamen und die künstlerischen Richtungen und Moden, denen das Publikum applaudierte.

So hatte auch der mit dem Ausbruch des Ersten Weltkriegs in der britischen Öffentlichkeit aufgekommene Patriotismus auf die Theater ebenso unmittelbare Auswirkungen wie die alsbald folgende desillusionierende Sicht der Kriegsereignisse. (vgl. S. Trussler 1994, 278 f) In den Spielplänen der Bühnen hatte dies zur Folge, daß sich die Theater, in denen nun plötzlich junge Soldaten in Khakiuniform als auffallende Publikumsgruppe in Erscheinung traten, auf deren Geschmack einstellten. Melodramen mit soldatischen Sujets kamen zur Aufführung; kriegerische Stücke, in denen deutsche Spione die Bösewichte gaben. Simon Trussler nennt Titel wie *The Man Who Stayed at Home, The War Baby* oder *Brave Women Who Wait* (1944, 278). Ein anderer Stücketypus, der diese Stimmung aufnahm, waren historische Dramen, die Patriotismus und Opfermut verherrlichten. So etwa brachte der prominente Theaterleiter und Regisseur Harley Granville-Barker (vgl. Bd. III, 850) an seinem Court Theatre in London eine Dramatisierung von Thomas Hardys (1840–1928) berühmtem Geschichtsroman *The Dynasts* auf die Bühne, ein Stück, das um die napoleonischen Kriege ein großes Geschichtspanorama ausbreitet. Auch Greuelstücke mit mythisch überhöhten Feindbildern als negative Projektionsfolie für das verhaßte Wilhelminische Deutschland kamen in Mode. Doch erschöpfte sich dieser Trend nach den ersten beiden Kriegsjahren sehr rasch. Das Publikum favorisierte nun die leichte Unterhaltung: Revuen, Musicals, Lustspiele; Erfolgsstücke wie *Hot Lips, The Maid of the Mountains* (1917) oder *Chu Chin Chow,* ein Musical, das 1916 in Her Majesty's Theatre Premiere hatte und 2238-mal in Folge aufgeführt wurde. *A Little Bit of Fluff,* eine Farce von Walter W. Ellis, ging nach der Premiere 1915 im Criterion Theatre noch 1241-mal über die Bühne.

Sir Laurence Olivier in der Rolle des König Lear und Alec Guinness als Narr. Old Vic, London 1946

Laurence Olivier als Mercutio in W. Shakespeares Romeo und Julia. *New Theatre, London 1935*

Aufführungsfolgen dieser Art waren typisch für das an den Londoner Bühnen praktizierte »long-run-system«. (vgl. Bd. III, 849f) Bühnen, an denen diese Genres des reinen Unterhaltungstheaters den Schwerpunkt des Programms bildeten, waren in London das Palladium, das Gaiety Theatre, das Vaudeville, The Winter Garden, das Adelphi und zeitweise auch das Drury Lane. Die Produktionen dieser Theater wurden in der Regel zunächst in der Provinz »getestet«, bevor sie im Londoner West End gezeigt wurden.

Ihren Höhepunkt erreichte diese Entwicklung in den zwanziger Jahren, den »Gay Twenties«. Zwischen 1918 und 1924 kam es zu dem größten Boom, den das englische Theatergeschäft je erlebt hatte. An den Theatern hatten »non-acting managers«, die ausschließlich den Geschäftsbetrieb im Blick hatten, die »actor-managers« weitgehend verdrängt. Der strikten Kommerzialisierung des Unterhaltungsbetriebs wurden künstlerische Ambitionen nachgeordnet. Die Produktionen wurden weitgehend standardisiert, vielfach auch mit unzureichend ausgebildeten Darstellern besetzt. Die Agenturen hatten Hochkonjunktur in der Vermittlung von Künstlern, die bereit waren, zu niedrigsten Gagen zu arbeiten. André Charlot und Charles B. Cochran waren die den Markt beherrschenden Produzenten, die neben Revuen und Musicals auch Boxkämpfe veranstalteten. Dieser Theaterboom führte auch zum Bau einiger neuer Theater im Londoner Westen: 1927 wurde das Carlton Theatre eröffnet, 1928 das Fortune und das Piccadilly, 1929 das Dominion und das neue Savoy Theatre. Einige dieser Bühnen wurden – entsprechend einem Trend dieser Zeit – bereits nach wenigen Jahren zu Kinos umgebaut.

Zunehmend nahmen amerikanische Musicals in den Spielplänen der Londoner Bühnen die dominierende, den Publikumsgeschmack prägende Rolle ein, eine Entwicklung, die sich bis in die fünfziger Jahre hin fortsetzte. Es waren Erfolgsstücke wie George Gershwins *Lady Be Good* (1926) und *Funny Face* (1928), Jerome Kerns *Show Boat* (1928), Irving Berlins *Face the Music* (1932), Cole Porters *Anything Goes* (1935) oder etwas später Richard Rodgers und Oscar Hammersteins *Oklahoma* (1943) und *Carousel* (1945). In der Theatersaison 1955 waren vierzehn amerikanische Theaterstücke und Musicals auf Londoner Bühnen zu sehen. Da dieser Boom des Unterhaltungstheaters für viele West End-Bühnen zwangsläufig eine Senkung ihres Niveaus zur Folge hatte – Kritiker sprachen von einer künstlerischen »Verödung« –, rückten Bühnen außerhalb des West End durch sorgfältig gearbeitete Produktionen um so mehr in den Blickpunkt. So gelang es etwa Nigel Playfair 1920 mit seiner Inszenierung von *The Beggars Opera*, die am Lyric Theatre, einem an sich unattraktiven Theater im Londoner Stadtbezirk Hammersmith gezeigt wurde, einen sensationellen Erfolg zu verbuchen. Die Produktion lief dreieinhalb Jahre. Der Erfolg der Arbeit von Nigel Playfair beruhte im wesentlichen darauf, daß er hervorragende Künstler als Bühnenausstatter verpflichtete. Auch der Erfolg von Barry Jacksons Produktionen dieser Jahre (wie etwa das exotische Musical *The Immortal Hour)* – zunächst in Birmingham, dann in London und bei dem 1929 von ihm gegründeten Malvern Festival –, beruhten auf der Zusammenarbeit mit so hervorragenden Bühnenbildnern wie Paul Shelving. In der englischen Oper setzten sich in der ersten Hälfte des 20. Jahrhunderts zunächst die Stiltendenzen des späten 19. Jahrhunderts fort: atmosphärisch dichte, psychologisch verfeinerte Spätromantik, der Einfluß Wagners und die eigene englische Tradition der Ballad Opera. Komponisten, die diese Entwicklung repräsentierten, waren der aus Deutschland stammende Frederick Delius (1862–1934), dessen eindrucksvollste Werke seine Opern *Koanga* (1904) und *Romeo und Julia auf dem Dorfe* (1907) sind; Ralph Vaugham Williams (1872–1958) und Gustav Holst (1874–1934). (vgl. A.A. Abert 1994, 414) Von diesen beiden war Vaugham Williams am stärksten von der englischen Tradition geprägt. *Hugh the Drover* (Hugh, der Viehtreiber, London 1924) komponierte er nach einer Erzählung von Harold Child im klassischen Stil der »Romantic Ballad Opera«, so lautete der Untertitel. Für *Sir John in Love* (Der verliebte Sir John, London 1929) lieferte Shakespeare, für den Einakter *Riders to the Sea* (Reiter zur See, London 1937) John Millington Synge die Vorlage für das Libretto. Erst mit Michael Tippet (1905–1998) und Benjamin Britten (1913–1976) setzte eine neue Phase der Entwicklung der englischen Oper ein. In beider Werk dient der Einsatz moderner Kompositionsmittel und Klangeffekte der vertieften Auseinandersetzung mit den Inhalten ihrer Opern. Tippet griff dafür auf den Typus der Choroper zurück, die in ihren großen reflektierenden Partien die inhaltliche Problematik der Kompositionen entfalten ließ. Höhepunkte seiner Arbeit sind *The Midsummer Marriage* (Die Hochsommerhochzeit, London 1955) und *The Ice Break* (Der Eisbrecher, London 1977). Themen wie Friedenssehnsucht und die Auseinandersetzung mit Gewalt ziehen sich durch das Werk dieses Komponisten. Benjamin Britten gilt als der bedeutendste englische Komponist des 20. Jahrhunderts. Neben seiner kompositorischen Arbeit engagierte sich Bitten auch in der institutionellen Ausgestaltung des Opernbetriebs in England, dessen künst-

Die narzißtisch-kontemplative Lebensferne der Ästheten weicht einer aggressiven, schrillen Zuwendung zu den Energieströmen der industrialisierten Welt. Da mit der Physik und der Ökonomie zu leben als Energie und Aktivität begriffen wird, fassen Wyndham Lewis und Ezra Pound, die Begründer der angelsächsischen Moderne um 1910, die auszeichnende Eigenschaft der anzustrebenden Kunst- und Stilrichtung im Bild des »vortex«, des Strudels, der die Ideen der energievollen Bewegung und der Struktur verbindet. In Blast. Review of the Great English Vortex *1 (1914) lesen wir: »The Vortex is the point of maximum energy. It represents, in mechanics, the greatest efficiency. We use the Words' greatest efficiency in the precise sense – as they would be used in a textbook of Mechanics.« Nicht die museale Vergangenheit des Historismus und der Poetik der Erinnerungen, sondern die lebendige, nachwirkende, für Gegenwart und Zukunft aktuelle Vergangenheit findet im Klärwerk des modernen Kunstschaffens Verwendung: »All experience rushes into this vortex. All the energized past, all the past that is living and worthy to live … All the past that is vital, all the past that is capable of living into the future, is pregnant in the vortex, NOW.«*

(H. U. Seeber 1993, 332)

lerisches Zentrum die Covent-Garden Opera in London war, die 1949 den Status eines Nationaltheaters erhielt. Zusammen mit John Piper und Eric Crozier gründete Britten 1947 die English Opera Group, die das Ziel verfolgte, Aufführungen zeitgenössischen Musiktheaters zu fördern und dazu Kompositionsaufträge zu vergeben. Das Ensemble der English Opera Group produzierte nahezu alle Opernaufführungen, die an dem 1948 von Britten an seinem Heimatort Aldeburgh gegründeten Festival gezeigt wurden und unternahm europaweite Tourneen. 1961 wurde das Ensemble der Londoner Covent Garden Opera angeschlossen. Die Nachfolge trat 1976 die English Music Theatre Company an. Die meisten Opern von Benjamin Britten waren als Auftragswerke der English Opera Group entstanden. Auch für Britten stand die Auseinandersetzung mit der inhaltlichen Problematik seiner Libretti im Vordergrund. Dabei faszinierte ihn vor allem die musikdramatische Gestaltung menschlicher Schicksale. A.A. Abert (1994, 415) erläutert dies an zwei seiner Seefahrer-Opern, *Peter Grimes* (nach einem Text von George Crabbe, London 1945) und *Billy Budd* (nach einer Erzählung von Herman Melville, London 1951, zweite Fassung 1960), »in denen krasser Realismus und unheimliche Jenseitigkeit, teuflischer Haß und edelste Liebe« musikalisch überhöht nebeneinander oder einander gegenübergestellt werden. Es entsprach dem künstlerischen Rang Brittens, daß er 1953 beauftragt wurde, anläßlich der Krönung von Elisabeth II. die Krönungsoper (*Gloriana*, Libretto von William Plomer) zu komponieren. In späteren Kompositionen setzte er sich mit Dramen Shakespeares auseinander. Eine seiner letzten Arbeiten war *Death in Venice* (Tod in Venedig, Aldeburgh Festival 1973) nach der gleichnamigen Novelle von Thomas Mann.

Was die internationale Ausstrahlung des englischen Musiktheaters im 20. Jahrhundert betrifft, so stehen dabei nicht die ernste Oper im Vordergrund, sondern vielmehr Operetten von Arthur Sullivan und seinem genialen Librettisten William Schwenck Gilbert (vgl. Bd. III, 437f) und das englische Musical, die Welterfolge von Andrew Lloyd Webber.

Die Gesellschaftskomödien von Noël Coward, Ben Travers, Frederick Lonsdale und William Somerset Maugham

Im Schauspieltheater beherrschten Stücke vom Typus des »well-made play« die Spielpläne, die auf einer glatten, emotional unterkühlten Oberfläche die Modethemen dieser Jahre behandelten, die die »bright young things« in ihren Köpfen bewegten: Sexualität, Beziehungsprobleme jedweder Art, »freie Liebe«, Drogen und ähnliches. Auf der Bühne wurden diese Stücke in modischem Interieur präsentiert, in das sich auch das Bühnenkostüm der Darsteller stilsicher einfügte. Ein Erfolgsautor in diesem Genre der modernen Salonkomödie war Noël Coward (1899–1973) bereits mit seinen frühen Stücken, die seit Mitte der zwanziger Jahre auf die Bühne kamen: Stücke wie *The Vortex* (1924), in dem sich alles um eine neurotische Mutter-Sohn-Beziehung dreht, *Hey Fever* (1925) oder *Private Lives* (1930). *Hey Fever* wurde am Ambassadors' Theatre in

N. Coward: Tonight at 8:30. *Noel Coward u. Gertrude Lawrence in den Hauptrollen. Phoenix Theatre, London 1936*

London uraufgeführt. Bereits im Jahr darauf kam die deutsche Erstaufführung an den Berliner Kammerspielen heraus. Dieses Stück ist beispielhaft für Cowards Geschick, aus einer denkbar simplen Ausgangssituation ein Feuerwerk an Überraschungseffekten sprühen zu lassen. In *Hey Fever* geschieht dies auf folgende Weise: Eine Familie Bliss – der Hausherr ein erfolgreicher Schriftsteller, seine Frau eine ebenso erfolgreiche Schauspielerin, dazu Tochter und Sohn der beiden, – gerät dadurch in eine höchst prekäre Situation, daß jeder der vier zum Wochenende sein »Verhältnis« einlädt. Nach einer turbulenten Phase der Irritationen, Eifersüchteleien und wechselnder Partnerschaften verständigen sich die Familienmitglieder darauf, die Gäste wieder aus dem Haus zu komplimentieren.

»Heufieber« wird schließlich von allen als Verursacher dieser Verwirrungen akzeptiert und suspendiert die Akteure von jedweder persönlichen Verantwortung. Ein leicht frivoles Spiel mit dem Thema des Partnertauschs im Ambiente der arrivierten Gesellschaft treibt Coward auch in *Private Lives* (Intimitäten). Ort der Handlung ist ein Luxushotel an der Riviera. Die Konflikte ergeben sich in diesem Stück dadurch, daß zwei Paare, die dort ihre Flitterwochen verbringen, in zwei nebeneinander liegenden Apartments mit einer gemeinsamen Terrasse leben. Nach dem Schema von Trennung und Versöhnung ist auch dieses mit Überraschungseffekten und Situationskomik gespickte Lustspiel bühnensicher konstruiert. Die Erfindung komischer Situationen, verblüffende Variationen innerhalb von Dreier- oder Viererbeziehungen, die Herstellung zeittypischer Atmosphären, die zumeist auch mit milder Ironie vorgeführt werden, scharf pointierte, witzige Dialoge und die Erfindung großer Rollen für seine Schauspieler, dies waren die Stärken dieses Autors, der immer dicht am Zeitgeist dran war. Diesem Gespür verdankte das »Universalgenie« Coward, der sich auch als Schauspieler, Regisseur und Dirigent betätigte, seine größten Bühnenerfolge und zeitweise eine enorme Popularität. Solchen Erfolg hatte er 1931 auch mit der Szenenfolge *Calvalcade,* einem Zwitter von historischem Schauspiel und Musical. Coward traf mit diesem Stück, das in Fortsetzungsfolgen sogar in Zeitungen veröffentlicht wurde, jene Aufbruchsstimmung, die in der britischen Öffentlichkeit aufgekommen war, als eine nationale Koalitionsregierung unter Ramsay MacDonald gebildet wurde, von der erhofft wurde, daß sie das Land aus dem wirtschaftlichen Desaster, in das England durch die Wirtschaftskrise 1931 geraten war, herausführen würde. Eine Mischung von neu erwachtem Patriotismus und die nostalgische Beschwörung einstiger politischer Größe war der Grundton dieser Stimmung, die Coward in *Cavalcade* perfekt bediente.

Nach einem ähnlichen Erfolgsrezept waren die Stücke von Ben Travers (1886–1980) verfaßt. Thematisch kombinierte Travers darin vielfach Liebesbeziehungen mit sozialen Problemen, ohne die dabei aufkommenden Konflikte eskalieren zu lassen. Zu den bekanntesten seiner zahlreichen Stücke zählen *A Cuckoo in the Nest* (1925), *Rookery Nook* (1926), *Thark* (1927), *Plunder* (1927). Travers war ein Meister im Erfinden irrwitziger Situationen und deren verblüffender Verknüpfung. Da diese Stücke fast durchweg am Londoner Aldwych Theatre aufgeführt wurden, kam als Markenzeichen für deren perfekte Lustpieldramaturgie der Begriff der »Aldwych-Farce« auf. Regisseur und Produzent fast aller Stücke von Ben Travers war Tom Walls. Sein letztes Lustspiel, *The Bed before Yesterday,* schrieb Travers 1976 im Alter von neunzig Jahren und schloß damit seine ungewöhnlich konstante Erfolgskarriere als Bühnenautor ab.

Weitere Erfolgsautoren, die diesem Trend des technisch brillant gearbeiteten Gesellschaftsstücks folgten, waren Frederick Lonsdale (1881–1954) mit *Aren't We All?* (1923), *Spring Cleaning* (1923), *The Last of Mrs. Cheyney* (1925), die einen deutlich ironischen Ton anschlugen; vor allem aber auch William Somerset Maugham (1874–1965). Dessen satirische Komödien, die unverkennbar den Einfluß von Oscar Wilde und Henrik Ibsen erkennen lassen, sind im Ansatz weitaus kritischer als etwa die Stücke von Coward, Travers oder auch Lonsdale. »Den Menschen ohne Maske kennenzulernen«, dies war das Motiv, das Maugham auch als Begründung für sein Medizinstudium (in London und Heidelberg) angab. Den Beruf eines Arztes hat er jedoch nie ausgeübt. Nach Jahren des Reisens, die ihn bis nach Ostasien führten, wählte er ab 1930 seinen Wohnsitz an der französischen Riviera. 1897 erschien sein erster Roman, und bald galt Maugham als einer der erfolgreichen modernen Erzähler mit genauem Blick für psychologische Konflikte; ein ironisch-skeptischer Gesellschaftskritiker. Zwischen 1903 und 1933 schrieb er etwa dreißig Bühnenstücke, von denen *The Circle* und *The Constant Wife* (Finden Sie, daß Constanze sich richtig verhält?) die erfolgreichsten waren. *The Circle* wurde 1921 am Haymarket Theatre in London uraufgeführt. Das Stück ist von großer Bühnenwirksamkeit, Prototyp des »well-made play«, mit geschliffenen Dialogen und straffer Handlungsführung. Es erzählt von Menschen, die in einen Konflikt zwischen Konvention und Freiheit, zwischen Vernunft und Gefühl geraten, sich dabei – ganz im Sinne der Lebensphilosophie des Autors – für die Freiheit und gegen die Konvention entscheiden. *The Circle* ist die Metapher für zwei ungewöhnliche Liebesgeschichten: Es geht um zwei Paare, von denen die Frau ihren Ehepartner, der sie langweilt, mit ihrem Geliebten verläßt, Sicherheit in der Gesellschaft aufgibt und sich auf ein Abenteuer – auch das der Liebe – einläßt. Noch vor diesem Entschluß stehend, hatte das junge Paar sich Entscheidungshilfe von einem älteren Paar, von Kitty und Lord Porteons erhofft, das sich vor Jahrzehnten in der gleichen Konfliktsituation »für die Liebe« und gegen die Konvention entschieden hatte. Obwohl aber die Beziehung der beiden Alten eher abschreckend als entmutigend ist, bricht das junge Paar doch – anscheinend gegen alle Vernunft – gemeinsam nach Asien auf. Elizabeth läßt ihren Gatten, einen

N. Coward: Privat Lives. *Phoenix Theatre, London 1930*

B. Travers: Rookery Nook. *Aldwych Theatre, London 1926*

biederen Parlamentsabgeordneten, in Aston-Adey zurück, so sehr dieser auch auf den Abschreckungseffekt von Kittys und Porteons Auftritt gehofft hatte. Das keineswegs glatte Ende dieser Komödie löste beim Londoner Publikum erhebliche Irritationen aus. Um ein Ausbrechen aus ihrer Fixierung auf ein konventionelles Rollenverhalten geht es auch in *The Constant Wife.* Diese Komödie wurde 1926 am Elliot Theatre in New York uraufgeführt: Als Constanze nach fünfzehnjähriger Ehe mit einem erfolgreichen Londoner Chirurgen erfährt, daß dieser sie mit ihrer besten Freundin betrügt, reagiert sie keineswegs erregt und empört, sondern durchaus mit Verständnis für die Abkühlung der Gefühle des Gatten für sie, ja bis zur Satire hin sachlich. Sie wird berufstätig und sehr bald finanziell unabhängig. Nun kann sie ihrem Mann Unterhaltsgeld überweisen; nimmt freilich jetzt auch für sich die Freiheit in Anspruch, auf Geschäftsreisen zu gehen, wahrscheinlich auch – Maugham deutet dies als Möglichkeit an – in Begleitung ihres Jugendfreundes. Der Autor bringt mit seiner Protagonistin zwar jenen Typus der »new woman« auf die Bühne, den das Publikum aus Stücken von Ibsen und Shaw bereits kannte, doch läßt er letztlich die Frage offen, ob Constanze sich »richtig« verhält. Auch schon mit früheren Stücken wie *Our Betters* (1917, Die Oberen) und *Lady Frederick* (1907) konnte Maugham beachtliche Bühnenerfolge verbuchen. Mit dem Schauspiel *For Services Rendered* (1932, Für geleistete Dienste) griff er ein Thema auf, das in diesen Jahren vielfach auf den englischen Bühnen behandelt wurde: die Auswirkungen des Ersten Weltkrieges auf den Alltag der Familien, die Betroffenheit durch das Leid, das der Krieg den Menschen gebracht hatte, eine Auseinandersetzung aber auch mit patriotischem Pathosgehabe. In diesem Stück herrscht ein gänzlich anderer Ton vor, als in jenen witzigen, leichten Gesellschaftskomödien der zwanziger Jahre, mit denen Maugham seine Karriere als Bühnenautor begründet hatte.

B. Travers: Rookery Nook. *Aldwych Theater, London 1926*

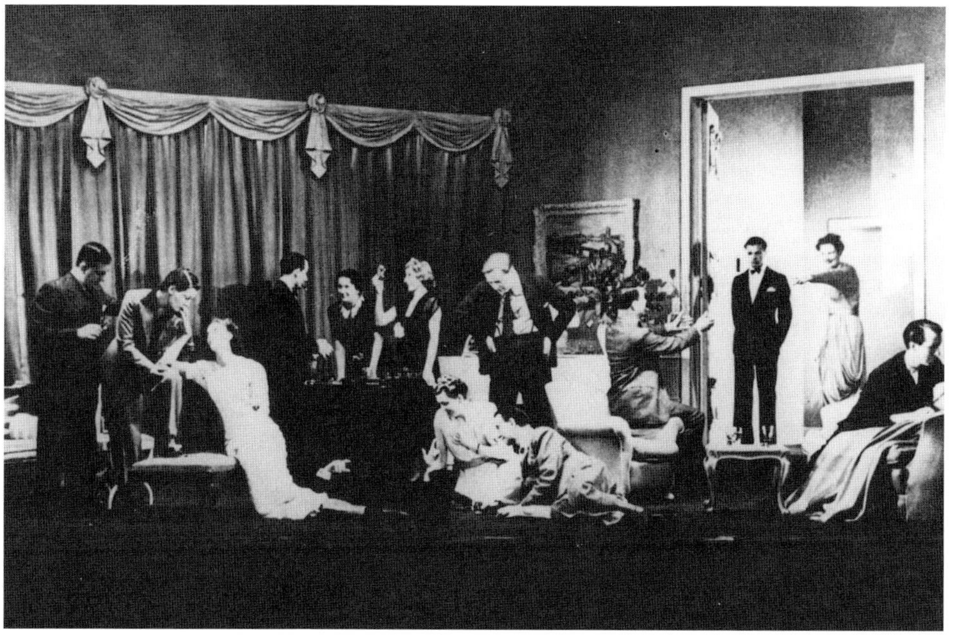

T. Rattigan: After the Dance. *St. James Theatre, London 1939*

Ein Modegenre der zwanziger und der dreißiger Jahre war das Kriminalstück. Es war eine Spezialität des englischen Theaters, wobei aus dem Blickwinkel der Jagd auf den Verbrecher ein Spiegelbild der Gesellschaft entworfen wird. Zum Erfolgsstück dieses Genres schlechthin wurde *The Mousetrap* von Agatha Christie (1890–1976). Dieses Stück wird seit seiner Uraufführung 1952 am Ambassadors' Theatre in London bis heute in Folge aufgeführt; es ist ein Dauerbrenner auch an zahlreichen Boulevardbühnen auf dem Kontinent. Die erfolgreichsten Autoren solcher Kriminalstücke waren der als Romanschreiber sehr viel berühmtere Edgar Wallace (1875–1932) mit einem Stück wie *The Ringer* (1926), ebenso aber Anthony Armstrong (*Ten Minutes Alibi,* 1933) und Emlyn Williams (*Night Must Fall,* 1935).

Realismus und Gesellschaftskritik auf der englischen Bühne: Galsworthy, Priestley, O'Casey

Daß sich neben der Sphäre des reinen Unterhaltungstheaters, das sich weitgehend den Erfordernissen des Marktes anpaßte und auf das Auf und Ab der Stimmungen und Moden mit seismographischem Gespür reagierte, doch auch das ernste Problemstück in den Spielplänen englischer Bühnen halten konnte, lag nicht zuletzt daran, daß auch dieses Genre sich in der Form des inhaltlichen Engagements wie in seiner Dramaturgie nie radikal, sondern immer in gemäßigter Modernität präsentierte. Dieser Zug des englischen Theaters wird vor allem deutlich im Vergleich mit Positionen des gesellschaftskritischen und des politischen Theaters auf dem Kontinent. Die Regeln des »well-made play« wurden auch für das ernste englische Gesellschaftsdrama nicht außer Kraft gesetzt.

George Bernard Shaw (vgl. Bd. III, 865 ff) hatte zwar wesentlich zur Modernisierung des Problemstücks beigetragen, dabei jedoch einen Weg eingeschlagen, auf dem ihm andere realistische Dramatiker nicht gefolgt sind. (vgl. P. Goetsch 1973, 415) Für Shaw war letztlich die Komödie das geeignetere Genre, in dem er seine skeptische, alle vorgefundenen Haltungen und ideologischen Positionen relativierende Weltsicht in Szene setzen konnte. Dramaturgische Konventionen, auch die des »problem play«, dienten ihm dabei eher als Spielmaterial. Daß jedoch soziale Probleme der englischen Gesellschaft auf der Bühne thematisiert werden konnten und bei aller Schärfe der Kritik Witz und Unterhaltung nicht unter die Räder kommen müssen, dafür hatte Shaw Maßstäbe gesetzt.

Von der älteren Generation jener Bühnenautoren, die sich dem kritischen Gesellschaftsstück annahmen, war John Galsworthy (1867–1933) weitaus der profilierteste. Und gerade für diesen Autor gilt, daß er sich weitgehend innerhalb der Konventionen des »well-made play« bewegte. Im selben Jahr, in dem der erste Band der Romanreihe *The Forsythe Saga* erschien, die Galsworthy als Erzähler weltberühmt gemacht hat – 1932 erhielt er den Nobelpreis für Literatur –, brachte er auch sein erstes Bühnenstück heraus. Offenbar hatten George Bernard Shaws Stücke ihn angeregt, brisante soziale Themen für die Bühne zu bearbeiten. Als Jurist hatte Galsworthy ein geschärftes Bewußtsein davon, wie durch zufällige und milieubedingte Konstellationen Menschen in das Räderwerk der Justiz geraten können. So erscheinen einige seiner Stücke geradezu als Fallstudien solcher Konfliktsituationen angelegt. Dies gilt bereits für sein erstes Stück, *The Silver Box* (Der Zigarettenkasten), das 1906 am Royal Court Theatre in London uraufgeführt wurde. Galsworthy führt in diesem »Problemstück« vor, wie innerhalb der britischen Rechtspraxis die gleiche Tat für Reich und Arm unterschiedliche Konsequenzen hat. Während der durch seine lange Arbeitslosigkeit verbitterte Jones für den Diebstahl einer Zigarettendose zu einer Gefängnisstrafe verurteilt wird und seine Familie deswegen ins soziale Chaos stürzt, gelingt es dem liberalen Parlamentsabgeordneten Barthwick, in dessen

J. Galsworthy: Escape.
Ambassador Theatre, London 1926

Haus Jones die Dose gestohlen hat, einen weitaus heikleren Diebstahl seines Sohnes Jack – dieser hatte einer Prostituierten die Geldbörse gestohlen – zu vertuschen. In straff geführten Parallelhandlungen wird für den Zuschauer schlüssig vorgeführt, wie die Zugehörigkeit zu einer sozialen Schicht die Durchsetzung des Rechts auszuhebeln vermag. Als eines der besten Stücke von Galsworthy gilt *Strife* (Streik), 1909 am Londoner Duke of York's Theatre uraufgeführt. Die Qualität dieses in seiner authentischen Milieugestaltung durchaus naturalistischen Stücks liegt in der geradezu klassisch anmutenden

Objektivität, mit der Galsworthy den Konflikt zwischen Arbeiterinteressen und Unternehmerinteressen behandelt. Beide Parteien, die Arbeiter eines Walzwerkes und deren Wortführer, der Ingenieur Roberts, auf der einen Seite und der Aufsichtsrat des Betriebs mit ihrem Sprecher Anthony auf der anderen stehen sich in ihrem Fanatismus in nichts nach. Daß am Ende des mehrmonatigen zermürbenden Arbeitskampfes Betrieb wie Arbeiterschaft schwerste Verluste hinnehmen müssen, nun aber den am Anfang bereits vorgeschlagenen Kompromiß doch akzeptieren – beide Anführer der Parteien sind inzwischen abgelöst – ist das ironische Fazit, mit dem der Autor sein Stück enden läßt. 1910 wurde im selben Theater *Justice* (gleichzeitig am Repertory Theatre in Glasgow) uraufgeführt. Dieses Stück, das die Zustände in englischen Gefängnissen anprangert, löste in der Öffentlichkeit so heftige Diskussionen aus, daß daraufhin eine Reform des Haftwesens durchgeführt wurde. Von allen sozialkritischen Stükken, die Galsworthy geschrieben hat, ist in diesem die soziale Situation am weitesten in die Nähe tragischer Schicksalhaftigkeit gerückt. Die Chancenlosigkeit eines ehemaligen Zuchthäuslers, erneut in der Gesellschaft Fuß zu fassen, wird durch einen geradezu mechanischen Ablauf fataler Verstrickungen »bewiesen«. Auch in dem Episodenstück *Escape* (1926, Flucht) geht es um die Reaktionen der Gesellschaft auf einen entflohenen Sträfling; wiederum ein Versuch des Autors, um Verständnis zu werben für Menschen, die vor dem Gesetz schuldig geworden sind. Das Stück wurde, ebenso wie *Justice*, mehrfach verfilmt. Auch in seinen späteren Dramen thematisierte Galsworthy die Abhängigkeit der Menschen von sozialen Verhältnissen, die er zu schicksalhaften Mächten stilisiert. Dabei ist sein Engagement für die Schwachen in der Gesellschaft nicht immer frei von melodramatischen Tönen. Beispielhaft für diesen Typus der »Problemstücke« sind *The Skin Game* (1920, Bis aufs Messer) und *Loyalties* (1922, Gesellschaft).

Daß es Galsworthy gelang, in seinen äußerst bühnenwirksam gearbeiteten Dramen so realitätsnahe, minutiöse Schilderungen jenes fatalen Zusammenhangs von sozialen Gegebenheiten und einer darin bedingten Straffälligkeit zu entwerfen, ermöglichten ihm seine genauen Kenntnisse des englischen Rechtswesens, aber auch eine dichterische Haltung, die eine geradezu wissenschaftliche Objektivität in der Schilderung gesellschaftlicher Verhältnisse anstrebte. In dem Essay *Some Platitudes concerning Drama* von 1912 erläutert er dieses Arbeitsprinzip in der Abgrenzung seiner Methode gegenüber der von Shaw folgendermaßen: Es gehe darum, schreibt er, »dem Publikum keine fix und fertigen Regeln vorzusetzen, sondern die Erscheinungen des Lebens und Charakters, ausgewählt und verbunden, aber nicht verzerrt durch die Auffassung des Dramatikers, dargestellt ohne Furcht, Begünstigung oder Vorurteil zu schildern... Diese Methode verlangt eine gewisse Objektivität; sie verlangt, daß die Dinge um ihrer selbst willen geliebt und erforscht werden; sie verlangt einen weiten Blick und geduldigen Fleiß, ohne ein unmittelbar praktisches Resultat zu versprechen.« (n. R. Stamm 1951, 401f)

Für John Boynton Priestley (1894–1984) steht die Schilderung sozialer Konflikte nicht im Zentrum seines Interesses. Für ihn dient sie vielmehr dazu, ein Nachdenken über Grundsätzliches der menschlichen Existenz, um den »Menschen, der sich hinter gesellschaftlichen Posen und Konventionen verbirgt«, anzuregen. Eine besondere Rolle spielte dabei für Priestley die Vorstellung, »daß der Mensch Vergangenheit, Gegenwart und Zukunft nicht als Nacheinander empfinden muß, sondern als eine Einheit erleben und so die Realität aus distanzierter Perspektive betrachten kann.« Diese Distanz sollte den Menschen auch helfen, sich von Ichbezogenheit, Lebensangst und der Befangenheit in den momentanen Zeitverhältnissen zu befreien. Es waren die zeitgenössischen philosophischen Theorien über das Phänomen der Zeit, die Priestley zu diesen Vorstellungen inspiriert hatten. Das positive Gegenbild zu der von ihm kritisierten gegenwärtigen Gesellschaft war für ihn eine »beinahe mystisch ersehnte brüderliche Gemeinschaft.« (vgl. P. Goetsch 1973, 420) Um dieser Gedankenwelt Ausdruck zu verleihen, löste er sich in einigen seiner Stücke von einer allzu strengen realistischen Dramaturgie und experimentierte auch mit anderen Stilmitteln, etwa denen des Expressionismus. Priestley war bestrebt, eine »dramatische Formel« zu finden, die seine Figuren aus ihren Zeitbezügen herauslöst, die gewissermaßen eine »vierte Dimension« eröffnet, ähnlich dem Traum. So sind auch Stücke wie *Music at Night* (1938) Traumspiele – ausgesprochen singuläre Phänomene auf der englischen Bühne jener Zeit –, in denen sich die Figuren zeitweise aus ihrer Alltagsverstricktheit befreien. Priestley war in den dreißiger Jahren einer der erfolgreichsten Autoren des englischen Theaters. Vielfach aufgeführt wurden *Dangerous Corner* (1932), ein Stück, in dem der Zeitverlauf nach einer schwerwiegenden Entscheidung noch einmal zurückgenommen wird; ebenso *Time and the Conways* (1937) mit raffinierten Rückblenden und Zeitverschiebungen. In *Have Been Here Before* (1937) verwendet Priestley das Phänomen der Reinkarnation, um in der Zeitdifferenz von früherem und gegenwärtigen Leben der Frage nach der Lernfähigkeit der Menschen nachzugehen.

Priestleys erfolgreichstes Stück ist *An Inspector Calls* (Ein Inspektor kommt), das 1945 in Moskau uraufgeführt wurde. Es ist ähnlich einem Kriminalfall konstruiert, entwickelt jedoch eine Situation, die gänzlich undurchsichtig bleibt, die den Betroffenen am Ende für einen Moment gar als »Hirngespinst« erscheint. Das Stück schildert eine Verlobungsfeier, die der Industrielle Birling für seine Tochter Sheila arrangiert hat. Die fröhliche Gesellschaft wird jedoch unvermittelt gestört durch das Auftreten eines vermeintlichen »Polizeiinspektors«, der anläßlich des Selbstmordes eines Mädchens Ermittlungen anstellt. Im Laufe der Befragung stellt sich sehr bald heraus, daß alle Anwesenden in irgendeiner Weise mit dem Opfer in einer Beziehung standen und durch ihr verantwortungsloses oder liebloses Verhalten an dem Tod des Mädchens eine Mitschuld zu tragen scheinen. Damit konfrontiert sie der »Inspektor« in aller Eindringlichkeit, bevor er die Gesellschaft, deren Fassade der Ehrsamkeit nun vollständig demontiert ist, verläßt. Bald aber kommen Zweifel an der Identität des merkwürdigen Gastes auf, und es stellt sich heraus, daß es sich keineswegs um einen Vertreter der Polizei gehandelt haben kann, auch der Selbstmord des Mädchens scheint eine Erfindung dieses »Betrügers« zu sein. Vielleicht, so wird auch vermutet, ist er ein »Sozialist« oder ein »Neider«. Erleichtert fallen alle in ihre selbstgefälligen Haltungen zurück. Da tritt plötzlich erneut ein Inspektor auf, an dessen Zugehörigkeit zur Polizei kein Zweifel besteht. Auch er ermittelt im Zusammenhang eines soeben erfolgten Selbstmords einer jungen Frau. Die Konstruktion dieser Fabel ist typisch für Priestleys Dramaturgie der Verschachtelung von Zeit- und Realitätsebenen und das Spiel mit undurchschaubaren

»Inspektor: Und denken Sie daran: Diese eine Eva Smith ist tot. – Aber es gibt Millionen und Millionen von Eva Smiths und John Smiths, die noch leben mit ihren Hoffnungen und Ängsten, mit ihren Leiden und ihren Glücksmöglichkeiten, die alle mit unserem Leben verbunden sind – mit dem, was wir denken und sagen und tun. – Wir leben nicht in einem luftleeren Raum. Wir sind Glieder eines Organismus. Wir sind füreinander verantwortlich. Und ich sage Ihnen, die Zeit wird kommen, in der die Menschen das lernen werden, es unter Feuer und Blut und Tränen lernen werden. – Gute Nacht. (Er geht und läßt sie bedrückt und erschüttert zurück.)

(aus: Ein Inspektor kommt, *3. Akt)*

J. B. Priestley: Johnson over Jordan. *J. B. Priestley Mask Theatre Company, London 1939*

Identitäten seiner Protagonisten. *Ein Inspektor kommt* war eines der erfolgreichsten Stücke auf den europäischen Bühnen der fünfziger Jahre. Offenbar traf der Autor mit dieser Kombination von experimenteller Dramaturgie, die ein breites Publikum interessant finden konnte, und einer Kritik an der zeitgenössischen Wohlstandsgesellschaft – freilich ohne konkrete politische Stellungnahme – einen Nerv dieser Zeit. Das Stück wurde nach der Moskauer Uraufführung im Jahr darauf von Basil Dean in London am Old Vic aufgeführt. In Deutschland gab es innerhalb von achtzehn Monaten etwa eintausendsechshundert Aufführungen. Vergleichbare Erfolge hatte das Stück in Moskau, Paris und New York.

Bühnenautoren, deren gesellschaftskritische Position sich eindeutig als politische darstellte, waren Stephen Harold Spender (geb. 1909), Wystan Hugh Auden (1907–1973) und vor allem der Ire Sean O'Casey. Von Spender ist das Stück *The Trial of a Judge* (1938), das den Konflikt zwischen Macht und Recht in einem totalitären Staat thematisiert, bemerkenswert aufgrund der im englischen Theater durchaus seltenen Verwendung expressionistischer Stilmittel. (vgl. P. Goetsch 1973, 423) In den Dramen von Auden – so etwa *The Dog Beneath the Skin* (1935), *The Ascent of F 60* (1936) oder *On the Frontier* (1938) –, die in Zusammenarbeit mit Christopher Isherwood (1904–1986) entstanden sind, ist die Gesellschaftskritik wesentlich radikaler formuliert, im Sinne marxistischer, pazifistischer oder existentialistischer Ideen. Ohne einen unmittelbaren Bezug zum Werk von Bertolt Brecht zu beanspruchen, verwendet Auden Stilmittel, die in ihrer didaktischen Funktion mit dessen »epischem Theater« vergleichbar sind: verfremdende Illusionsbrüche, kabarettistische Einlagen, Chöre, Lieder, Traumszenen und satirische Überzeichnungen. Auden war vor allem Lyriker (*Poems* 1930; *Look, Stranger!* 1936), schrieb aber auch einige Opernlibretti (zusammen mit Chester Kallman), so etwa für Igor Stravinskys *The Rake's Progress* (Der Wüstling, Uraufführung 1951 am Teatro La Fenice in Venedig), für die von Benjamin Britten komponierte Choral-Operette *Paul Bunjan* (1941) und für Hans Werner Henzes *Elegie für junge Leute* (1961).

Sean O'Casey: »An anti-heroic vision of life«

»Heute bin ich mehr denn je Kommunist«.

(Sean O'Casey an seinem 84. Geburtstag, n. K. Völker 1968, 15)

Neben Shaw war Sean O'Casey (1880–1964) der bedeutendste englischsprachige Dramatiker im 20. Jahrhundert. Er stammte aus Dublin und wuchs als jüngstes von dreizehn Kindern auf, fast ausschließlich in der Obhut seiner Mutter. Die Familie lebte in ärmlichen Verhältnissen. Der durch einen Unfall erwerbsunfähig gewordene Vater starb bereits 1886. Dennoch ist die Stilisierung O'Caseys, dessen Geburtsname John Casey war, zum Proletarierkind ein Mythos, an dessen Zustandekommen der Autor durch seine eigenen Lebensberichte nicht unwesentlich mitgewirkt hat. Richtig freilich ist Klaus Völkers Charakterisierung der Grundtendenz seiner Biographie als ein »Weg vom irischen Nationalisten zum Kommunisten und Sprecher des irischen Proletariats.« (1968, 17) Nicht soziale Not, sondern in erster Linie ein Augenleiden war die Ursache dafür, daß O'Casey erst spät und überwiegend im Selbstunterricht lesen und schreiben lernte. Dann aber stürzte er sich mit Feuereifer auf die Lektüre der Stücke von George Bernard Shaw, der sein literarisches Vorbild wurde. Auch mit den Schriften von Charles Darwin und John Ruskin beschäftigte er sich, soweit ihm seine Arbeit als Zeitungsträger, Hafenarbeiter und Maurergehilfe dazu Zeit ließ. Dreh- und Angelpunkt seiner geistigen Orientierung in diesen jungen Jahren war die Begeisterung für die Bewegung der irischen Nationalisten. 1903 trat er der Gälischen Liga bei und engagierte sich in der Irish Republican Brotherhood. Sehr bald jedoch erschienen ihm deren Ziele zu eng,

S. O'Casey: Red Roses for Me. *Theatre Workshop, London*

und er schloß sich der sozialistischen Arbeiterbewegung an. Nun wurde der Dubliner Gewerkschaftsführer Jim Larkin sein »großes Leitbild«. (K. Völker) Schlüsselerlebnis in der Entwicklung von O'Caseys politischem Bewußtsein wurde schließlich jener »blutige Sonntag« im August 1913, an dem Polizei und die britische Armee gegen streikende Dubliner Arbeiter vorgingen und eine Art Bürgerkrieg auslösten, der bis Anfang 1914 andauerte. O'Casey schrieb nun regelmäßig Artikel im *Irish Worker* und in *Irish Freedom* und wurde Sekretär einer Bürgerwehr, die man zum Schutze der Gewerkschaftsmitglieder vor Übergriffen antisozialistischer Gruppen aufgestellt hatte. 1916 erfolgte die endgültige Trennung von den Republikanern und der offizielle Eintritt in die sozialistische Partei.

Neben seiner Leidenschaft für die Politik und den Sozialismus zogen Literatur und Theater O'Casey schon in jungen Jahren in Bann. »In verschiedenen Dubliner Theatervereinigungen wirkte er als Schauspieler mit und schulte seine rhetorische Begabung. Bevor er zu schreiben begann, bildete sich O'Casey zum gewandten Sprecher aus. 1916 war er unter den Mitbegründern eines dramatischen Clubs, der im Olympia Theater Veranstaltungen abhielt.« (K. Völker 1968, 21) Zu diesem Zeitpunkt entschloß er sich, Schriftsteller zu werden. Dies führte ihn geradezu zwangsläufig in Kontakt mit dem Abbey Theatre und dessen künstlerischen Leitern, William Butler Yeats und Lady Gregorie. (vgl. Bd. III, 865 ff) Das Abbey Theatre war die Hochburg der irischen kulturellen Erneuerungsbewegung. Yeats bestimmte mit dem Einsatz seiner Autorität als hocharrivierter Dichter und Mitbegründer dieses irischen Nationaltheaters dessen künstlerische Richtung. So erhielt denn auch der junge O'Casey, als er 1919 am Abbey Theatre sein erstes Stück (*The Frost in the Flower*) einreichte, das Manuskript wieder zurück mit dem Hinweis: die Figuren darin seien zu kritisch gezeichnet. Auch seine nächsten Stücke wurden – jeweils zwar mit der Ermutigung, weiter zu schreiben – abgelehnt. (vgl. K. Völker 1968, 23 f) Letztlich aber wurde O'Casey doch zum wichtigsten Autor dieser Bühne. Im April 1923 fand die Uraufführung von *The Shadow of a Gunman* (Der Schatten eines Kämpfers) statt, ein Stück mit stark autobiographischem Gehalt, das sich selbstkritisch mit den Konflikten auseinandersetzt, in die Menschen geraten, wenn sie in ihrer Lebensgeschichte mit der Notwendigkeit konfrontiert werden, sich politisch entscheiden zu müssen. 1924 und 1926 folgten – nach zwei weiteren Uraufführungen (*Kathleen Listens In* und *Nannie's Night Out*) – die beiden Stücke, die zusammen mit *Shadow of a Gunman* die »Dubliner Trilogie« bilden und als seine Meisterwerke gelten: *Juno and the Paycock* (1924, Juno und der Pfau) und *The Plough and the Stars* (1926, Der Pflug und die Sterne). O'Casey hatte mit diesen Dramen schlagartig das für das englische Theater so typische Genre des Problemstücks von Grund auf verändert. Nie zuvor hatte der Realismus auf der englischen Bühne eine so präzise Form gefunden, waren die Figuren so konkret in ihren sozialen Lebensverhältnissen verankert. Vor allem war O'Casey der erste Dramatiker, der ein Figurenkollektiv mit dem gleichen realistischen Profil und der gleichen dramaturgischen Gewichtung ausstattete, die sonst nur den zentralen Einzelakteuren zukam. In der Sprachgestaltung löste sich O'Casey von dem im Problemstück dieser Jahre üblichen Ton des Understatements und ließ seine Figuren eine vor Leidenschaft, oft auch krasser Lebensfreude sprühende Sprache sprechen. O'Casey sammelte dafür Redeweisen und typische

S. O'Casey: The star turns red. *Maxim Gorki Theater, Berlin 1968. Jochen Thomas als Roter Jim*

S. O'Casey: Juno und der Pfau. *Deutsches Theater, Berlin 1972. Elsa Grube-Deister als Juno u. Dieter Franke als Käptn Boyle*

Sätze, wie sie die einfachen Leute im täglichen Leben gebrauchen. In dem Band *Die grüne Krähe* schreibt er, seine Arbeitsweise kennzeichnend: Der Platz des Künstlers ist dort, wo das Leben ist, das tätige Leben, und das findet sich weder im Elfenbeinturm noch im Betonbunker. Der Künstler muß draußen stehen und auf alles hören, muß alles sehen und »danach alles geistig verarbeiten.« (n. K. Völker 1968, 34)

War die Uraufführung (3. März 1924) von *Juno and the Paycock* noch ein glänzender Erfolg für den Autor und die Schauspieler, allen voraus für den Komiker Barry Fitzgerald in der Rolle des versponnenen Jack Boyle, so wurde die Aufführung (8. Februar 1926) von *The Plough and the Stars* zu einem jener

S. O'Casey: Der Pflug und die Sterne, *1966*

S. O'Casey: Ein Pfund abheben. *R.: A. Dresen. Deutsches Theater, Berlin 1965. Dieter Franke als Sammy u. Walter Lendrich als Jerry*

legendären Theaterskandale, wie ihn das Abbey Theatre auch im Jahre 1907 anläßlich der Aufführung von *The Playboy of the Western World* von Synge erlebt hatte. Anlaß des Protestes war O'Caseys schonungslose Abrechnung mit den Nationalisten. Yeats trat vor das wütend protestierende Publikum und verteidigte den Autor. Gegen diesen aber setzte nun die Presse eine Hetzkampagne in Gang. O'Casey verließ daraufhin Irland und lebte seitdem in England. Ein Bruch mit dem Abbey Theatre erfolgte, nachdem Yeats O'Caseys neues Stück *The Silver Tassie* (Der Preispokal) in geradezu kunstrichterlicher Manier abgelehnt hatte. Das Stück kam am 11. Oktober 1929 am Apollo Theatre in London zur Uraufführung. Am Abbey Theatre wurde *Der Preispokal* erst 1935 in den Spielplan aufgenommen. Mit den Stücken der »Dubliner Trilogie« freilich feierte diese Bühne in den folgenden Jahren mit Gastspielen in London und in den Vereinigten Staaten beachtliche Erfolge.

Das schwierige Verhältnis von O'Casey zu Irland spitzte sich noch weiter zu, als dessen Stücke *Cock – a Doodle Dandy* (1949, Gockel, der Geck) und *The Bishop's Bonfire* (1955, Des Bischofs Freudenfeuer) mit Aufführungsverboten belegt wurden und eine Aufführung von *The Drums of Father Ned* (Die Trommel des Pater Ned) 1958 beim Dubliner Theaterfestival vom Klerus

verhindert wurde. O'Casey verfügte daraufhin ein Aufführungsverbot für alle seine Stücke an irischen Bühnen.

Mit keinem der seit den dreißiger Jahren erschienenen Stücke konnte O'Casey an die Erfolge seiner realistischen Dramen aus dem Dubliner Milieu anschließen. In *Within the Gates* (Das Parktor) experimentierte er mit expressionistischen Stilmitteln und löste sich weitgehend von einer realistischen Dramaturgie. Inhaltlich überlagerte nun eine lebensphilosophische Tendenz die vormals kritischen Gesellschaftsanalysen. Erfolgreicher auf der Bühne war *Purple Dust* (1940, Purpurstaub). Die Handlung dieses Stücks kommt über ein altes Komödienmotiv in Gang: »der alte, reiche, ›böse‹ Liebhaber verliert seine Geliebte an einen jungen, vitalen, ›guten‹ Nebenbuhler« (H. Kosok 1972, 178). Dabei kommt durch den Zusammenprall zweier Lebensauffassungen ein scharfer satirischer Ton in das Stück: Zwei reiche Engländer haben in Irland ein verfallenes Schlößchen gekauft und sich dorthin mit ihren Freundinnen zurückgezogen, um sich vor den Angriffen der deutschen Luftwaffe in Sicherheit zu bringen. Sie versuchen dort ihre erprobten Geschäftspraktiken durchzusetzen und nehmen ein abenteuerliches Renovierungsprogramm ihrer Immobilie in Angriff. Das Unternehmen scheitert total wegen des gänzlich unangepaßten Auftretens

S. O'Casey: Purpurstaub. *R.: P. Palitzsch. B.: G. Richter. Staatstheater, Stuttgart 1965*

S. O'Casey: Der Schatten eines Rebellen. *Theater Rudolstadt, 1971. Wolfgang Dietrich als Shields*

»Mir reichen der sogenannte Naturalismus oder der gewöhnliche Realismus nicht aus. Sie zeigen das Leben meistens als armselig und alltäglich, als ob das Leben niemals Zeit für einen Tanz, ein Lachen oder ein Lied hätte. Ich habe immer daran geglaubt, daß das Leben viel Zeit für diese Dinge hat, von denen jedes ein Teil des Lebens selbst ist. Und so bin ich vom Realismus weggestürmt, hinein in den Gesang des zweiten Aktes von The Silver Tassie. *Aber eine Szene eines Stückes als liturgischer Gesang oder als Gebilde aus musikalischer Aktion und Dialog war zu wenig; so habe ich mich angeschickt, dies in einem ganzen Stück zu versuchen, und ich schuf* Cock-a Doodle Dandy«.

(Sean O'Casey 1958, n. M. Pauli 1977, 151)

der beiden Engländer in der neuen Umgebung. Mit einer sintflutartigen Überschwemmungskatastrophe, bei der die beiden ihr Leben verlieren, deren Freundinnen sich aber mit den irischen Arbeitern retten können, endet das Stück.

Wieder ganz unmißverständlich in ihrem politischen Profil waren Stücke wie *Red Roses for Me* (1942, Rote Rosen für mich), das den Teilnehmern am Streik von 1913 in Dublin gewidmet war, ebenso die »kommunistischen Tendenzstücke« (P. Goetsch) *The Star Turns Red* (1940, Der Stern wird rot) und *Oak Leaves and Lavender* (1948, Eichenlaub und Lavendel). Eine eigene Gruppe innerhalb von O'Caseys Bühnenarbeiten bilden acht »Kurzdramen« (H. Kosok 1972, 342ff) Dieser Typus des »short play« war in den Anfangsjahren des Abbey Theatre die vorherrschende Dramenform für die irischen Laienensembles, die dort auftraten. Die Nähe zu dieser Theatersphäre mag für O'Casey ein Motiv gewesen sein, sich mit diesem Stücketypus zu befassen. Auf der Bühne blieben diese kurzen Dramen jedoch ohne nennenswerte Resonanz. So beruht der Ruhm O'Caseys als einer der Klassiker des modernen Theaters letztlich auf seinen drei naturalistischen Stücken der »Dubliner Trilogie« und dem unmittelbar nach seiner Übersiedelung nach London entstandenen tragikomischen Stück um den durch eine Kriegsverwundung entmannten Fußballchampion Harry Heegan: *Silver Tassie.*

Als *The Shadow of a Gunman* 1923 uraufgeführt wurde, war O'Casey bereits dreiundvierzig Jahre alt. Es war dies sein Durchbruch als Bühnenautor. O'Casey entwickelte für dieses Stück eine Grundstruktur, die er auch in seinen folgenden größeren Dramen beibehielt: »eine individualisierte Vordergrundhandlung läuft vor einem umfassenderen Hintergrundsgeschehen« ab. (H. Kosok 1972, 19ff) Diesen Hintergrund bilden die aktuellen Kämpfe der IRA im Jahre 1920 gegen die britische Herrschaft in Irland. Auch »vordergründig« geht es in diesem Stück um die Aktionen der Irish Republican Army, um Razzien, Verhaftungen, um Verrat und Opfermut. Mitten in diesem Geschehen, das sich in einem Dubliner Mietshaus konzentriert, steht der Dichter Donal Davoren, der von den Mitbewohnern des Hauses und von seiner Geliebten als Freiheitskämpfer bewundert wird. Davoren aber ist alles andere als ein »Rebell« oder gar ein »Kämpfer«. Im Bewußtsein seiner eigenen Schwäche ist er als Dichter wie als Mensch ständig auf der Flucht vor dem Leben; einer der stets abseits steht und nur zusieht. *Shadow of a Gunman* ist ein Stück, in dem der Autor mit ironischem Blick die Phrasen der militanten Nationalisten ebenso entlarvt wie die Selbstgerechtigkeit jener Bürger, die die Umstände des Bürgerkriegs für private Racheaktionen an ihren Nachbarn nutzen. Einen tragischen Zug erhält das Stück durch die standrechtliche Erschießung der Minnie Powell, die sich in Davoren verliebt hatte und den vermeintlichen »Rebellen« vor einer Verhaftung schützen wollte.

Die Handlung von *Juno and the Paycock* ist zwar im Dubliner Proletariermilieu angesiedelt, doch kommen dabei so allgemeine menschliche Grundkonflikte zur Sprache, daß das Stück auch außerhalb Irlands ein Bühnenerfolg wurde. Es ist das am meisten aufgeführte Stück dieses Autors und spielt im Jahre 1922, nach dem Bürgerkrieg, ist aber noch ganz durch die spannungsgeladene Atmosphäre der im Untergrund agierenden irischen Befreiungsbewegung geprägt: In der Familie Boyle ist die tüchtige Mrs. Boyle »Juno« – anspielend auf die mythische Hüterin des Herdes und der Ehe –, ihr labiler Ehemann Kapitän Jack, ein typischer Anti-Held mit Falstaffschen Zügen, Sprücheklopfer und Taugenichts, ist der »Pfau«. Die beiden Kinder Mary und Johnny haben ihre eigenen Probleme. Die Ankündigung einer großen Erbschaft bringt die Familie nun vollends aus dem Gleichgewicht. Im Vorgriff auf den erwarteten Reichtum werden Möbel und Kleider auf Pump gekauft. Schließlich aber stellt sich heraus, daß die Erbschaft wegen eines Verfahrensfehlers nicht zustande kommt. Der dafür verantwortliche Bentham, juristischer Dilettant und zudem Engländer, setzt sich rechtzeitig nach England ab, hat aber zuvor noch die Tochter Mary geschwängert. Der Bruder Johnny wird – als Verräter entlarvt – von den Mitgliedern der Befreiungsorganisation liquidiert. »Die ganze Welt is' in einem schrecklichen Bruchzustand«, dies ist das sarkastische Fazit dieser Geschichte, das der »Pfau« seinem Saufkumpan Joxer vorlallt. Die Lichtgestalt in dieser Tragikomödie ist Mrs. Boyle – eine der großen positiven Mutter-Rollen des europäischen Theaters (vgl. H. Kosok 1972, 62f) –, die auch die schwerste schicksalhafte Prüfung annimmt und sich dabei Gottvertrauen und Menschlichkeit bewahrt. In der Art und Weise, wie O'Casey in diesem Stück härtesten milieugetreuen Realismus mit einer symbolischen Überhöhung seiner Figuren verbindet, vor allem der Mrs. Boyle, in freier Sprachgestaltung, die ebenso musikalisch-poetisch wie präzise in ihrem mundartlichen Gestus ist, sprengt das Stück alle Regeln, die bis dahin für das naturalistische Milieudrama galten. Für die Schauspieler waren die Rollen, die O'Casey hier auf die Bühne brachte, eine unerhörte Herausforderung. Es galt einen gänzlich neuen Ton in der realistischen Menschengestaltung zu finden. Mit der Johnny-Handlung traf *Juno and the Paycock* den Nerv der gegenwärtigen Probleme der irischen Befreiungsbewegung.

Von der Uraufführung der vieraktigen Tragödie *The Plough and the Stars* am 8. Februar 1926 hätte man eigentlich eine Art Nationaldrama erwarten können. Allein die Tatsache, daß die Embleme der Irish Citizen Army, jener gewerkschaftlich orientierten Kampfgruppe, die beim Osteraufstand 1916 an vorderster Front gekämpft hatte, im Titel des Stücks vorkamen, legte diese Erwartung nahe. O'Casey jedoch hatte ein Stück geschrieben, das jedwede Heldenverehrung ausschloß und – gewissermaßen aus der »Hinterhofperspektive« (H. Kosok) – den patriotischen Enthusiasmus, der auch die Blutopfer dieses Bürgerkriegs zu rechtfertigen schien, mit gnadenloser Ironie bedachte. Kein Wunder also, daß es bereits bei der Einstudierung der Inszenierung heftige Auseinandersetzungen innerhalb des Ensembles gab. Nach der Aufführung setzte eine Hetzkampagne gegen den Autor und das Abbey Theatre ein, die dieses finanziell beinahe ruiniert hätte. Inzwischen freilich ist *The Plough and the Stars* eines der meistgespielten modernen englischsprachigen Dramen und zählt zu den Meisterwerken der Dramatik im 20. Jahrhundert. Formal ging O'Casey in diesem Stück gänzlich neue Wege. Nicht eine zentrale Figur bestimmt das Geschehen, sondern eine Vielzahl sehr profilierter Gestalten agiert gleichrangig nebeneinander, und jeder setzt eine eigene Geschichte in Gang. O'Casey verleiht dem Geschehen, dem Scheitern des historischen Aufstands, dadurch eine Universalität, die durch die Konzentration der Perspektive auf einen Protagonisten so eindrucksvoll nicht hätte vermittelt werden können. Wieder auch ist das vordergründige Bühnengeschehen – sinnlose Prügeleien, Eitelkeiten, private Rivalitäten und Intrigen – mit dem dramatischen politischen Geschehen »draußen«, den Kämpfen der Rebellen gegen Polizei und Armee, in eine ironische

Gockel, der Geck *eröffnet die Reihe der bitteren Stücke O'Caseys, in denen er seine Enttäuschung über die ausgebliebene soziale Revolution in Irland zum Ausdruck bringt. Während er in* Purpurstaub *seinem Geburtsland noch eine in die Zukunft weisende Mission zusprach und es als das Land mit der menschlicheren Perspektive pries, fällt in* Gockel, der Geck *England die Rolle des liberaleren und lebensfreundlicheren Landes zu, das sich jedenfalls den Gegebenheiten der Zeit angepaßt hat, sich nicht wie Irland von der Welt isoliert und sich nicht dem Diktat der katholischen Kirche unterwirft. Der Hahn, in den sich Loreleen verwandelt und der ihre Interessen gegen die lebensfeindlichen Dorfbewohner vertritt, ist O'Caseys Symbol der Freude, des Lebensmutes und der sexuellen Entfaltung. Er ist das Symbol der Auferstehung, des Sicherhebens, nicht des Daniederliegens ... Notiz O'Caseys: »Worauf es in* Gockel, der Geck *ankommt, ist, die Güte der Hoffnung, die den Jungen natürlich ist, zu ermutigen, bevor das Alter die Lebendigkeit des Geistes und des Körpers einzuschrumpfen beginnt.«*

(K. Völker 1968, 72 f)

S. O'Casey: Der Preispokal *(unter dem Titel* Der Pott*). R.: P. Zadek. Wuppertal 1967*

Form der Wechselwirkung gebracht, die vor allem den Idealismus der Freischärler fragwürdig erscheinen läßt. Durchgängig führt O'Casey einen Blickwinkel ein, der dazu zwingt, die Haltungen der Menschen, die in diesem Geschehen agieren, zu überprüfen. Vor allem unterzieht er die Einstellung der Bevölkerung gegenüber dem Aufstand einer schonungslosen Kritik. Hier herrschen Gleichgültigkeit, mangelnde Solidarität mit den Freiheitskämpfern vor und die Bereitschaft, das Durcheinander der Straßenkämpfe zu Plünderungen auszunutzen. Am Ende mündet das Geschehen im Chaos. Der Aufstand ist niedergeschlagen.

Die britischen Truppen, die Sieger, haben eine Kanne Tee erbeutet und singen sentimentale Lieder, während Dublin in Flammen steht.

Stellte sich für die Bühneninszenierung von *The Plough and the Stars* das Problem, die vielen gleichrangigen Handlungsstränge im Finale des Stücks so zusammenzuführen, daß aus den unterschiedlichen Einzelschicksalen ein Bild entsteht, das das dramatische Geschehen als das Schicksal einer ganzen Gruppe begreifen läßt, so liegen bei *The Silver Tassie* die Schwierigkeiten für die Bühne in der Vermischung ganz unterschiedlicher Stilebenen. Dies war offensichtlich auch der Grund, weswegen Yeats diese Tragikomödie für das Abbey Theatre als bühnenuntauglich ablehnte. O'Casey verließ mit diesem Stücke seine bisherige Orientierung am naturalistischen Milieudrama und experimentierte mit surrealen und expressionistischen Stilelementen, um die Realität des Krieges in den schärfsten Kontrast zu Kriegs- und Heldenverehrung zu setzen. *The Silver Tassie* ist eines der eindrucksvollsten Antikriegsstücke des europäischen Theaters. Ausgangspunkt ist die Jubelfeier um den Fußballchampion Harry Heegan, der am letzten Tag seines Fronturlaubs mit seinem Siegestreffer für den lokalen Fußballverein den heißbegehrten Preispokal erkämpft hat. Danach aber treiben die Frauen die jungen Männer aus Geldgier sogleich wieder an, das Schiff ja nicht zu verpassen, das die Urlauber wieder an die Front bringt, denn dies sichert den Daheimgebliebenen die Rente. Für O'Casey bietet diese Situation zureichend Anlaß, in geradezu grotesker Überzeichnung die Verlogenheit patriotischer Kriegsbegeisterung vorzuführen. Der zweite Akt schildert in einer surrealen Szenerie die Angstvisionen der Soldaten an der Front, die zerstörerische Wucht der Kriegsmaschinerie, einen Gespensterreigen der Kriegskrüppel: der Krieg als Höllenvision. Der Fußballer Harry Heegan verliert bei diesen Kämpfen beide Beine, sein Freund Teddy das Augenlicht. Mit diesen Verstümmelungen kommen die »Helden« wieder in die Heimat zurück und müssen in aller Härte erleben, wie sich für sie das Leben radikal verändert hat. Beide sind nun ausgeschlossen, gleichsam »lebende Tote« (K. Völker). Die Gesellschaft ist geteilt in Krüppel und Gesunde. Harry zertrümmert den Preispokal, das Symbol seiner einstigen Vitalität und Sinnbild falschen Heldenkults. Auch sprachlich konstruiert O'Casey in diesem Stück ganz unterschiedliche Stilebenen. Er parodiert die Sprache der Bibel, ironisiert patriotische Soldatenlieder, mischt Prosa und Vers, expressionistisches Pathos, Dubliner Slang und den rüden Jargon der Soldaten. Es war George Bernard Shaw, der in London die Uraufführung dieses Stücks am 11. Oktober 1929 am Apollo Theatre durchsetzte. In Deutschland brachte das Wuppertaler Theater von 1958 an eine Folge von O'Caseys Aufführungen heraus. Dabei war die bemerkenswerteste Inszenierung dieser Folge sicherlich die von *The Silver Tassie* unter dem Titel *Der Pott* (1967) in der Regie von Peter Zadek in einer sehr weitgehenden Bearbeitung des Originals durch Tankred Dorst, die auch verfilmt wurde. Zadek trieb das Stück vor allem in der Schlußphase in grellste Kontraste, um den Jammer der beiden Kriegskrüppel, des blindgeschossenen Teddy Foran und des hilflos verzweifelten Harry Heegan, aller Härte in Szene zu setzen. Eine wesentlich größere Rolle als an den bundesdeutschen Bühnen spielte das Werk O'Caseys jedoch an den Bühnen der DDR. (vgl. M. Pauli 1977, 249 ff) Dort kamen nahezu sämtliche Stücke dieses Autors zur Aufführung. Eine exponierte Rolle spielten dabei *Rote Rosen für mich* und *Stern der Verheißung* (als Übersetzung von *The Star Turns Red*). Von beiden Stücken wurden in der DDR auch Fernsehfassungen produziert.

»Roter Jim: … Wir haben uns abgewendet von euch. Das Leben, das wir gelebt haben, kommt an ein Ende. Es war ein Leben, verrottet im Ohr, das nicht hören konnte. Ein Leben, verrottet im Auge, das nicht sehen konnte. In den Gliedern, die sich nicht regen konnten. Im Geist, der nicht denken konnte. Im Herzen, das nicht lieben konnte. Wir haben uns angebiedert an das Ohr eures Gottes, bis unsere Zungen trocken waren. Wir sind auf dem Bauch gekrochen, wohin er gesagt hatte, er sei dort zu finden. Für unsere Sanftmut hat uns die Peitsche des Hungers geschnitten. Die Zeichen der Furcht brannten auf unseren Stirnen, und wir sangen Lobgesänge auf den Pomp von Narren. Jetzt stehen wir auf, wenden uns ab und gehen unseren eigenen Weg. Der gebeugte Rücken streckt sich, zu mächtiger Größe erhebt sich die geballte Faust.«

(*aus:* The Stars Turns Red, *3. Akt*)

Poetisches Drama, Versdrama und Religiöses Festspiel: T.S. Eliot und Christopher Fry

»Trotzdem schwebt mir die Fata Morgana eines vollkommenen Versdramas vor Augen, das menschliches Handeln und menschliches Sprechen in eine solche Gestalt bringt, die den Anblick der dramatischen und der musikalischen Ordnung gewährt.«

(T.S. Eliot: *Poetry and Drama.* 1951)

Entwicklungen im Vorfeld

Eine Gegenbewegung zum realistischen Drama war bereits seit Beginn des Jahrhunderts in Gang gekommen, und es waren irische und schottische Autoren, die diese Entwicklung eingeleitet hatten. Eine zentrale Rolle spielte dabei William Butler Yeats (vgl. Bd. III, 870), der sich in seinen Bühnenarbeiten und in programmatischen Äußerungen von den Realisten und deren Fixierung auf das Problemstück distanzierte. Yeats ging es um zweierlei: um die Erweiterung des Realitätsverständnisses – über die »wirkliche Welt« hinaus – und um die Erschließung aller Möglichkeiten der poetischen Sprachgestaltung, von Rhythmus, Vers und Bild, zur Vergegenwärtigung dieser Komplexität des Lebens. Es gelte – so in *Essays* 1924 –, »sich an gewaltige Leidenschaften (zu) erinnern, an die Unbestimmtheit vergangener Zeiten, alle die Schimären, welche die Randgebiete der Trance heimsuchen.« (n. R. Stamm 1951, 405) In seinen *Plays for Dances* (1921) nahm dieses Konzept experimentelle Züge an. In diesen kurzen Stücken – einige davon sind Maskenspiele – wirken Sprache, Musik und Tanz gleichrangig zusammen. Mit seiner Verabschiedung vom Realismus auf der Bühne verband Yeats die Vorstellung eines elitären, »unpopulären Theaters«, eines hochstilisierten Kunsttheaters für ein Publikum, das sich als eine Art »Geheimgesellschaft« verstehen sollte: »Nur Begünstigte sollen Zutritt haben, niemals viele.« (*A People's Theatre. A Letter to Lady Gregory.* 1919) So waren hier mit großer Autorität die Bedingungen für ein poetisches Theater verkündet. Auch die Dramen von John Millington Synge (vgl. Bd. III, S. 872ff) gingen in der Phantastik ihrer Fabeln über jeden Realismus hinaus.

Neben Yeats und Synge, den beiden großen Leitgestalten der irischen Erneuerungsbewegung, waren aber auch andere Autoren an der Entwicklung des poetischen, nachrealistischen Theaters beteiligt. Bereits zu Beginn des 20. Jahrhunderts waren von dem schottischen Autor James Matthew Barrie (1860–1937) Stücke auf die Bühne gekommen, die ähnliche Themen aufgriffen wie die realistischen Problemdramen (Frauenemanzipation, Standesunterschiede), die sich jedoch durch einen humorvollen, auch sentimentalen Ton von diesen unterschieden. Beispielhaft dafür sind *Little Mary* (1903), *What Every Woman Knows* (1908) oder *Dear Brutus!* (1917). Barries Welterfolg war das Märchenstück *Peter Pan, Or the Boy Who Would Not Grow Up*, das 1904 am Londoner Duke of York's Theatre uraufgeführt wurde. Eine überarbeitete Version erschien 1911 unter dem Titel *Peter and Wendy*. Barrie schildert in *Peter Pan* eine Welt der Wunschträume und der Ängste, der Freiheiten und der Wunder, erlebt aus der Sicht eines Kindes. Im »Niemals-Land«, wohin der abenteuersüchtige kleine Titelheld mit Wendy, John und Michael aufbricht und zu dem Erwachsene keinen Zutritt haben, geschehen schließlich auch alle jenen wundersamen Abenteuer – um Kapitän Hook, dessen Piratenbande und ein Krokodil –, die sich die wagemutige Schar schon immer erträumt hatte.

Auch in James Bridies (Pseudonym für Osborne Henry Mavor, 1888–1951) vielfach aufgeführten Stücken – *The Anatomist* (1930), *Tobias and the Angel* (1930), *Susannah and the Elders* (1937), *Dr. Angelus* (1947) oder *Daphne Laureola* (1949) – überlagern sich Realität und Übersinnliches, Legendenhaftes und Traumsphären.

Eine typische Nuance erhält das poetische Drama durch die Verwendung des Verses. Diese Form der Sprachgestaltung war seit der Romantik aus der englischen Dramatik weitgehend verschwunden. Stephen Philips (1868–1915), John Edward Masefield (1878–1967), Gordon Bottomley (1874–1948), John Drinkwater (1882–1937) und auch Wystan H. Auden brachten Stücke heraus, die den Vers einsetzten, und waren bestrebt, die dichterische Sprache zu erneuern. Zumal für die Bühnensprache war dies eine programmatische Gegenposition zu der sprachlichen Verwilderung mancher Realisten. Es war vor allem Thomas Stearns Eliot (1888–1965), der profilierteste Repräsentant des modernen poetischen Theaters in England, der dafür die programmatischen Erklärungen abgab. In seinem Essay *A Dialogue on Dramatic Poetry* (1928) heißt es: »Ich behaupte, daß das Prosadrama nur ein unbedeutendes Nebenprodukt des Versdramas ist. In starker Erregung sucht die menschliche Seele sich in Versen mitzuteilen … Jedenfalls hat das Prosadrama die Tendenz, das Ephemäre und Oberflächliche zu betonen; wenn wir das Dauernde und Allgemeine fassen wollen, sind wir bestrebt, uns in Versen auszudrücken.« (n. R. Stamm 1951, 410) Und um das Allgemeine, das Überzeitliche ging es allen diesen Reformern. Doch schlugen diese andere Wege ein als etwa die Symbolisten der Jahrhundertwende, die mit ganz ähnlichen Argumenten den Bühnennaturalismus kritisiert hatten. Die Engländer, vor allem Eliot und Fry, erweiterten das poetische Drama um die Dimension des Religiösen. Daß diese Tendenz nicht im Umfeld des kommerziellen Theaters aufkam, mag auf der Hand liegen. Vielmehr gab es seit dem Beginn des Jahrhunderts in England eine Bewegung, die sich für eine Erneuerung des kirchlichen Dramas einsetzte. Eine Initialfunktion hatte dabei die Inszenierung (1901) des mittelalterlichen Mysterienspiels *Everyman* durch den hoch angesehenen Regisseur William Poel, den Gründer der Elizabethan Stage Society. Poel inszenierte *Everyman* mit einem Laienensemble. 1929 kam es schließlich zur Gründung einer Religious Drama Society und noch im gleichen Jahr zur Einrichtung religiöser Festspiele in Canterbury durch E. Martin Browne. Diese Bewegung erhielt eine neue Qualität, als sich T. S. Eliot an diesem Projekt beteiligte und 1934 für die Canterbury Festspiele das Werk

The Rock (Der Fels) schrieb. Damit hatte das »church drama« den Kontakt zum professionellen modernen Theater gefunden. (vgl. H. Hunt u.a. 1978, 218ff) Für das Canterbury Festival verfaßte Eliot auch sein bekanntestes Drama: *Murder in the Cathedral* (Mord im Dom), das am 10. Mai 1935 in der Canterbury Cathedral uraufgeführt wurde. Das Stück war in einigen Teilen in Versen, in anderen in Prosa geschrieben.

T.S. Eliot: Kulturkritik, Kunstauffassung und das dramatische Werk – »eine Ordnung im Leben wahrnehmen«

Eliot, der in St. Louis (Missouri/USA) geboren wurde, studierte in Washington, an der Harvard University, in Paris und in Oxford Philosophie und Literatur und führte ein bewegtes Leben als Literat und Dandy. 1915 heiratete er in England und ließ sich in London nieder. Einige Jahre arbeitete Eliot als Bankbeamter, auch als Korrespondent für englische und französische Zeitungen. 1922 gründete er eine eigene Zeitschrift (*Criterion*) und wurde zum Wortführer der jungen Dichtergeneration. 1926 trat er in das Verlagshaus Faber and Faber ein. 1927 erhielt er die englische Staatsbürgerschaft und konvertierte 1928 zur anglokatholischen Kirche. Inzwischen waren bereits Gedichte von ihm veröffentlicht worden, darunter sein berühmter fünfteiliger Zyklus *The Waste Land* (1922), eine apokalyptische Vision eines sterbenden Europas, getragen von einer Stimmung der Verzweiflung und des Pessimismus.

Nach seiner Konvertierung war Eliot ein überzeugter Konservativer. Er selbst charakterisierte sich 1928 mit dem Statement: er sei »als religiöser Mensch Anglo-Katholik, als Politiker Royalist, als Dichter Klassizist.« Diese Positionen vertrat er auch in zahlreichen gesellschaftskritischen und kulturphilosophischen Schriften, in denen er sich als Traditionalist mit geradezu missionarischem Erneuerungswillen darstellt. (*The Idea of a Christian Society* 1939; *Notes towards the Definition of Culture*, 1949). Dante, Shakespeare und die Metaphysical Poets waren für Eliot die großen Leitbilder. Romantik und Realismus betrachtete er als Perioden des Verfalls. Deren Irrtümer seien die Verwechselung von Kunst und Leben und die Vermischung von Kunst und Philosophie. (vgl. F. Kuna 1968, 14f) Der zeitgenössischen Literatur und Dramatik mangele es seiner Meinung nach an Konventionen, an künstlerischen und an moralischen. Im Zentrum von Eliots eigener geistiger und kunsttheoretischer Vorstellungswelt steht der Begriff der »Ordnung«. Diese Idee erläutert er in dem Essay *Poetry and Drama* von 1951. Dort schreibt er: »Dadurch, daß ihr eine Ordnung eingegeben wird, bekommt alle Kunst die Funktion, uns eine gewisse Ordnung im Leben wahrnehmen zu lassen. Der Maler arbeitet mit Elementen der sichtbaren Welt, er wählt daraus aus, ordnet zu, hebt hervor; der Komponist verfährt so mit der Welt des Klangs.« (n. F. Kuna 1968, 16) Folglich führt aus Eliots Sicht das Fehlen von Kriterien für solches Ordnen unweigerlich zu einem künstlerischen Wertverlust. Kriterien der Ordnung im künstlerischen Schaffen sind für ihn die Regeln der poetologischen Konvention. Sie sind für Eliot stets auch

Ausdruck einer moralischen Ordnung der Gesellschaft. Und gerade in Zeiten, in denen die Maßstäbe der Moral ins Wanken geraten sind, habe die Kunst die Aufgabe, durch ihre Formbestimmtheit dem entgegenzuwirken. Dieser Anspruch leitete Eliot auch bei seinen Erneuerungsbestrebungen in der Dramatik. Dabei ging es ihm in erster Linie um eine Erneuerung der dichterischen Sprache im Drama. Die Inhalte seiner Dramen dagegen unterschieden sich nicht so wesentlich von denen der gängigen Problemstücke. Auch in seinen Dramen geht es um »Probleme der modernen Familienstruktur und der konventionellen Ehe, um die Verlogenheit der bürgerlichen Gesellschaft, den Gegensatz von Bürger und Dandy usw.« (F. Kuna 1968, 20) Dabei vermag Eliot jedoch in diesen Konflikten, so banal sie sein mögen, immer wieder auch eine metaphysische Dimension der menschlichen Existenz zu entdecken. Sein Thema ist der Mensch in seiner gegenwärtigen Situation. Die Komplexität dieser Situation versucht er zu gestalten, erfahrbar zu machen, indem er Elemente des Gesellschaftsstücks, des Psychodramas, des Mysterienspiels, des Mythos und des Märtyrerdramas miteinander kompiliert. Zu Recht nennt ihn F. Kuna deswegen einen »traditionalistischen Experimentator« (1968, 19). Soweit das christlich-religiöse Moment den Grundton dieser Stücke bestimmt, erscheint dieses Religiöse jedoch stets in seiner Gebrochenheit, nie im Sinne apologetischen Morali-

T. S. Eliot: Murder in the Cathedral. *Piccolo Teatro di Milano, 1947/48*

T. S. Eliot: Murder in the Cathedral. *Städtische Bühnen Köln, 1948. R.: K. Pempelfort. Werner Hassenland als Thomas Becket* sierens. Eben dieses »moderne« Verhältnis zur Sphäre des Religiösen ließ Eliots Stücke durchweg auch zu großen Bühnenerfolgen werden.

Das geniale Fragment der Jazz-Operette *Sweeney Agonistes* (entstanden um 1925) war Eliots erste Arbeit für das Theater, noch vor dem religiösen Festspiel *The Rock*. Eliot spielt in den beiden Teilen von *Sweeney Agonistes* souverän mit Elementen der Aristophanischen Komödie. Die Protagonisten agieren in einer Atmosphäre völliger Entfremdung und Isolierung, allein ihren urwüchsigen Kraftimpulsen folgend. Es ist eine reißerische Mordgeschichte, auf eine symbolische, mystische Ebene gehoben. Der Rhythmus der Music Hall und der von Eliot so geschätzte Jazz prägen die dramaturgische Struktur des Stücks. Vom experimentellen Ansatz her steht *Sweeney Agonistes* für eine Richtung, die Eliot offenbar unter dem Einfluß seiner weltanschaulichen Neuorientierung Ende der zwanziger Jahre nicht weiter verfolgen wollte.

Mit *Murder in the Cathedral* gelang ihm eines seiner Meisterwerke. Das Drama, das durch permanenten Stilwechsel (Vers und Prosa) »die Zuhörer aus ihrer Selbstgefälligkeit aufschrecken« (T.S. Eliot) sollte, ist eines seiner am meisten aufgeführten Stücke. Es behandelt die Ermordung des Thomas Becket, des Erzbischofs von Canterbury, Kanzler und Berater König Heinrichs II., am 29. Dezember 1170 durch vier normannische Barone in der Kathedrale. Äußere Handlung bietet dieses moderne Mysterienspiel kaum. Die zentralen Themen, die durch das Werk führen, kreisen um die Aufhellung einer religiös existentiellen Grenzsituation, um das Paradox von Freiheit und Verzicht. Becket weiß, als er nach siebenjährigem Exil nach England zurückkommt, daß sein Tod beschlossene Sache ist. Seine vier Mörder werden ihre Tat als politische Notwendigkeit rechtfertigen. Becket selbst hat einen inneren Kampf auszufechten mit den vier Versuchern, die ihn bedrängen, ihn mit weltlicher Macht locken, einer mit der Glorie des Märtyrertums. Und es ist gerade diese Verlockung, die, wie er sich eingestehen muß, seinen geheimsten Wünschen entspricht. Aus dieser Erkenntnis gewinnt er eine Freiheit, die ihn den Tod, der nun auf ihn zukommt, als Fügung Gottes annehmen läßt, ohne sich mit seinem Eigenwillen in diese Entscheidung hineindrängen zu wollen.

Die von Eliot erstrebte Form ist einem vielkantigen Prisma vergleichbar, das alle Spektren des modernen Lebens aufzeigen soll. Eliot hat stets betont, daß das übergreifende Thema des neuen Versdramas der Mensch in der gegenwärtigen Situation zu sein habe. Aus den einander beeinflussenden Intentionen des zeitgenössischen Moralisten und des traditionalistischen Experimentators entsteht so eine neue Werkgestalt: eine Synthese von Psychodrama, Märtyrertragödie, Mysterienspiel, Lehrstück und Gesellschaftskomödie. Das Resultat ist so verschieden von allen anderen Experimenten der modernen Literatur, daß man von einem ausgesprochen Eliotschen Spielmythos sprechen kann.

(F. Kuna 1968, 18 f)

»Daß Handeln Leiden ist/Und Leiden Handeln« ... ist die entscheidende Erkenntnis, mit der Becket am Ende seine Situation kommentiert. Eine Gruppe von Frauen, drei Priester und die vier Versucher sind Zeugen dieses inneren Kampfes. Sie begleiten ihn als Chöre und vermitteln die Botschaften des Protagonisten an den Zuschauer. Den Mord vollziehen die vier Ritter wie ein Ritual. Dann treten sie an die Rampe und verteidigen – als befänden sie sich in einer Gerichtsverhandlung – ihre Tat. Schließlich ermahnen sie das Publikum, auf dem Heimweg vom Theater das Geschehen zu überdenken. Nach diesem modernistischen Bruch der Bühnenillusion endet das Stück, wieder ganz zurückgenommen in die liturgische Form, mit einer Apotheose Thomas Beckets als einem neuen Heiligen.

Murder in the Cathedral wurde von Ildebrando Pizzetti als Oper vertont, deren Uraufführung im März 1958 an der Mailänder Scala stattfand. In der Regie von G. Hoellering wurde das Werk 1952 verfilmt. Zur Bühnenrezeption in England vermerkt F. Kuna: »Es gibt kaum eine Kathedrale oder größere Pfarrkirche in England, in der nicht wenigstens einmal Eliots *Mord im Dom* zur Aufführung gelangt wäre.« Vor allem für Laienensembles ist es eines der beliebtesten Stücke, die anläßlich lokaler kirchlicher Feste aufgeführt werden. »Eine Mädchenklasse stellt den Chor der Frauen, Senioren des Kirchenvereins spielen die Priester, eine Mother's Union entwirft die Kostüme. Es wird sich dabei wohl kaum vermeiden lassen, daß die vier Ritter manchmal aus den Reihen des Rugby-Clubs kommen.« (1968, 91) Auf eine deutschsprachige Bühne kam dieses Werk erstmals 1947 am Stadttheater in Zürich.

In seinem zweiten Bühnenwerk, dem Versdrama *The Family Reunion* (Der Familientag, Uraufführung am 12. März 1939 am Westminster Theatre in London), versuchte Eliot die Auseinandersetzung mit dem englischen Alltag – wie er in der »drawing-room-comedy« so oft schon auf die Bühne gebracht worden war – in eine universelle Dimension zu transferieren. Dabei sollte Aischylos' *Orestie* als Modell eines archetypischen Familienkonflikts dienen. Es war Ezra Pound, der Eliot auf das antike attische Theater hingewiesen hatte. Im Mittelpunkt von Eliots Stück steht der fünfunddreißigjährige Harry, Lord Monchsey, der nach langer Abwesenheit in den Kreis seiner Verwandtschaft – anläßlich der Geburtstagsfeier seiner Tante Amy – zurückkehrt. Er soll das traditionsreiche Familienerbe, den Landsitz Wishwood, übernehmen. Nun wird aber sehr bald deutlich, daß Harry von tiefen Schuldgefühlen gequält ist und sich selbst des Mordes an seiner Frau bezichtigt. Noch weitere Schuld kommt zutage: ein früherer Ehebruch und Mordpläne, die von Harrys Mutter zusammen mit ihrem damaligen Liebhaber gegen deren Schwester Amy – noch vor Harrys Geburt – gehegt, jedoch nicht ausgeführt wurden. Eine Schuldverstrickung also von beinahe antikem Ausmaß, in der sich christliches Schuldbewußtsein und neurotische Obsessionen fatal vermengen. Harry nun sühnt seine Schuld, getrieben von den nur für ihn sichtbaren Erinnyen (den antiken Rachegöttinen) mit dem Verzicht auf sein Erbe und wird Missionar. Seine Mutter stirbt an den

Deutsche Erstaufführung von T. S. Eliots Stück Der Familientag. *R.: G. Gründgens. Düsseldorfer Schauspielhaus, 1950*

T.S. Eliot: Der Privatsekretär. *R.: E. Martin Browne, Edinburgh 1953. Mit Peter Jones (Colby Simkins), Isabel Jeans (Lady Mulhammer), Margaret Leighton (Lucasta)*

Folgen des seelischen Aufruhrs, den diese Erschütterungen und der endgültige Abschied ihres Sohnes über sie gebracht haben. »Es ist, als wäre ein Stück von John Galsworthy mit etwas von Sophokles zusammengestoßen«, so urteilte ein Kritiker im *Observer.* Der experimentelle synthetische Ansatz war sicherlich als Gedankenexperiment schlüssig und »von überragendem literaturgeschichtlichen Interesse« (M. Beyer 1996, 13), ein Bühnenerfolg wurde *The Family Reunion* freilich nicht. Eine der wenigen überzeugenden Inszenierungen dieses schwierigen Stücks, das inzwischen wohl auch durch den weltweiten Ruhm seines Autors, der 1948 den Nobelpreis für Literatur erhalten hatte, belastet war, gelang Gustaf Gründgens 1950 am Düsseldorfer Schauspielhaus.

Eliots nächstes Stück, wiederum einem antiken Drama nachgebildet – der *Alkestis* von Euripides –, wurde sein erfolgreichstes: *The Cocktailparty,* eine Art Komödie, deren Uraufführung am 22. August 1949 bei den Edinburgher Festspielen stattfand. Die deutsche Erstaufführung kam 1950 am Düsseldorfer Schauspielhaus heraus, wieder in der Regie von Gustaf Gründgens. In diesem Stück geht es um die Entfremdung eines Ehepaares und – indem sie beschließen, »aus einer schlimmen Lage das Beste zu machen« – um die Rückkehr der beiden in die alte Partnerschaft. Daß sowohl Lavinia wie auch Edward gleich zu Beginn der Komödie von ihren außerehelichen Liebespartnern Celia und Peter verlassen werden, zwingt die beiden zu neuen Entscheidungen und setzt letztlich jenen schmerzlichen Prozeß in Gang, durch den sie Klarheit über sich selbst und eine neue Offenheit gegenüber dem anderen gewinnen. Ein prominenter Psychotherapeut (Sir Henry) ist eine weitere Schlüsselfigur in dem Stück und zieht in dem komplizierten Selbstfindungsprozeß der beiden Protagonisten die Fäden. In der Cocktailparty, die zu Beginn stattfindet, lösen die Auftritte unbekannter Gäste Verwirrung und tiefe Verunsicherung bei Edward aus, zumal Lavinia unmittelbar vor der Party spurlos verschwunden ist. Die zweite Cocktailparty, die beginnt, wenn sich der Vorhang am Ende des Stücks senkt, steht für die Protagonisten unter einem weitaus besseren Stern. Eine Paraderolle für große Schauspieler ist die Figur des »Sir Henry«. Bei der Uraufführung in Edinburgh brillierte in dieser Rolle Alec Guinness; bei der deutschen Erstaufführung in Düsseldorf Gustaf Gründgens.

Die beiden späten Stücke, *The Confidential Clerk* (1953, Der Privatsekretär) und *The Elder Statesman* (1958, Ein verdienter Staatsmann) spielen wiederum auf antike Vorbilder an (*Ion* von Euripides bzw. *Ödipus auf Kolonos* von Sophokles), konnten jedoch an die Bühnenerfolge von *Mord im Dom* oder *Cocktailparty* nicht anschließen. Auch in diesen beiden Stücken geht es um Selbstfindungsprozesse der Protagonisten, um deren Befreiung aus Scheinwelten, in die sie sich aus Opportunismus oder Schuldverdrängung hineingelebt haben. Beide Dramen verfolgen die erprobte Tendenz, Mysterienspiel, antike Tragödie und modernes Gesellschaftsstück in einer – in ihrem moralisierenden Anspruch schwergewichtigen – Parabelform zu synthetisieren. Für alle Stücke von Eliot gilt, daß es typische Konservationsstücke sind, deren zentrale Vorgänge sich nicht in einer äußeren Handlungssphäre ereignen. Der Reiz dieser Werke liegt in der poetischen Intensität und analytischen Brillanz der Dialoge.

Wo Die Cocktail Party *ein Stück über die Hölle ist, die typische Hölle Eliotscher Dramen: eine unglückliche Ehe, ist es überzeugend.*

(H. Viebrock u. A.P. Frank 1975, 231)

Eliot hat seine Vorstellung vom Drama in einer Vielzahl von Essays dargelegt. Die wichtigsten dieser Texte sind: *Rhetoric and Poetic Drama* (1919), *The Possibility of a Poetic Drama* (1920), *Prose and Verse* (1921), *The Beating of a*

Alec Guinness als Sir Henry Reilly in T.S. Eliots: Die Cocktail-Party, *London 1949*

T. S. Eliot: Die Cocktail-Party. *Gustaf Gründgens als Sir Henry Reilly u. Marianne Hoppe als Celia. R.: G. Gründgens. Düsseldorfer Schauspielhaus, 1950*

Drum (1923), *A Dialogue on Dramatic Poetry* (1928), *The Need for Poetic Drama* (1936), *Religious Drama: Medieval and Modern* (1937), *The Music of Poetry* (1942), *The Aims of Poetic Drama* (1949) und *Poetry and Drama* (1950). Schon die Titel zeigen an, daß in allen Reflexionen Eliots über die Kunst des Dramas und des Theaters stets das Problem der poetischen Form – als Sprachform begriffen – im Zentrum steht.

Christopher Fry

»Großes Theater auf reizvolle Weise wiederholt.«

(M. Kesting über Christopher Fry, 1969, 234)

In der dichterischen Kraft zwar nicht vergleichbar mit T.S. Eliot war Christopher Fry (geb. 1907) doch in der zweiten Hälfte der vierziger bis Mitte der fünfziger Jahre ein Erfolgsautor an den Londoner West End-Bühnen und erfolgreich auch auf den Bühnen des Kontinents. Wie Eliot hatte auch er zunächst für Laienensembles geschrieben. So etwa die religiösen Festspiele *The Boy with a Cart* (1937), *Thor, With Angels* (1948) und *A Sleep of Prisoners* (1951). 1939 waren die beiden Umzugsspiele (»pageants«) *The Tower* und *Thursday's Child* er-

Fry hat den Anspruch auf Poesie als eine natürliche Funktion des Menschen, als ein Zeichen seiner Vitalität, geltend gemacht. Er hat etwas auf seine Fahne geschrieben, was so selbstverständlich ist, daß man nur über das Jahrhundert lächeln kann, das solche Fragen nötig hat.

(S. Melchinger 1956, 165)

schienen. 1948 wurde Frys biblische Tragödie *The Firstborn* uraufgeführt. Für Fry, der als Präsident der Religious Drama Society wesentliche Verdienste hatte für die Verbreitung dieser neuen religiösen Dramatik in der kirchlichen Laientheaterbewegung, waren diese Bühnenarbeiten auch als Beiträge einer grundlegenden Erneuerung der Bühnenkunst gedacht. Wie Eliot sah auch Fry im realistischen Problemstück einen beklagenswerten Verlust an Poesie. Für ihn »ist die Schaubühne der Ort, wo man der vulgären Alltags- und Massenproblematik der Moderne zu entfliehen berechtigt ist und sich dem differenziert verzweigten Empfinden gebildeter Aristokraten widmen darf.« (M. Kesting 1969, 232f) Die »innere Sicht« der Wirklichkeit war für ihn entscheidend. Wie bereits der Symbolismus eine scharfe Trennlinie zwischen dem Alltag und der Sphäre der Kunst, die ausschließlich ihren eigenen Gesetzen unterworfen sein sollte, gezogen hatte, ist auch für Fry das Theater eine reine Kunstwelt, die sich vor allem in einer preziösen sprachlichen Form – »so geladen und so biegsam wie möglich« – konstituiert: »théâtre pur«. Das »Erregende an den Worten liegt darin«, schreibt Fry einmal, »daß sie lebende und zeugende Wesen sind.« (n. M. Kesting 1969, 234) In einigen Essays – *Poetry in the Theatre* (1953) und *Why Verse* ? (1955) erläutert er seine Vorstellungen von einem »poetischen Theater«, für das ihm die Verssprache eine essentielle Voraussetzung ist. Dabei grenzt er sein Theater strikt ab von dem eines Noël Coward oder Terence Rattigan, die aus Frys Sicht nur eine Oberflächenrealität abbilden. Ihm dagegen geht es um das Erfahrbarmachen einer »höheren Realität«, um eine »vertiefte Erkenntnis dessen, was zum Leben und was zum Tode führt.« Fry weitet seine Realismuskritik nicht im Sinne Eliots zu einer umfassenden Zeit- und Kulturkritik aus,

Ch. Fry: Venus im Licht. *Düsseldorfer Schauspielhaus, 1951*

Ch. Fry: Die Dame ist nicht fürs Feuer. *Globe Theatre, London 1949*

doch hat auch seine Orientierung am Kunstideal des Klassizismus durchaus eine weltanschauliche Komponente.

In der Erfindung seiner dramatischen Fabeln bedient sich Fry des Mythos und auch biblischer Motive. Aber auch Bewußtseinszustände wie das Träumen oder das Eintauchen in ein Sich-Erinnern werden eingesetzt, um jene schönen Kunstwelten zu schaffen, die das Theater der Alltagswirklichkeit entgegengesetzt.

Seine großen Bühnenerfolge erzielte Christopher Fry mit einigen seiner »weltlichen« Verskomödien – *A Phoenix too Frequent* (Ein Phoenix zuviel), *The Lady's not for Burning* (Die Dame ist nicht fürs Feuer), *Venus Observed* (Venus im Licht) – und mit dem Schauspiel *The Dark is Light Enough* (Das Dunkel ist Licht genug). Alle diese Stücke waren aufgrund ihrer am elisabethanischen Theater und am Klassizismus geschulten sprachlichen Virtuosität offenbar von großem Reiz für die Schauspielstars ihrer Zeit. Auch mochte sich das Publikum der vierziger und fünfziger Jahre an dem unterkühlten Bühnenrealismus des Gesellschaftsstücks sattgesehen haben.

A Phoenix too Frequent wurde am 24. April 1946 am Mercury Theatre in London uraufgeführt. Fry legte dem Stück eine Episode aus dem *Satyricon*, einem erotischen Roman des römischen Schriftstellers Petronius, zugrunde. Erzählt wird die Wandlung einer tugendhaften Witwe, die in schwärmerischer Todessehnsucht dem verstorbenen Gatten in den Tod folgen will, sich dann aber, schon in der Gruft, von einem Soldaten zum Leben und zur Liebe verführen läßt. Witzige Kontraste und abrupte Umschwünge in der Handlung machen den Reiz dieses Stücks aus. Auch *The Lady's not for Burning* wurde in einem kleinen, literarisch engagierten Londoner Studiotheater, dem Arts Thea-

Fry benützt nicht Figuren aus der Shakespearewelt (wie man ihm vorgeworfen hat), weil diese poetisch sind, sondern er führt Menschen aus unserer Welt in die Tiefe ihres Wesens, indem er sie mit dem ewigen Stoff von Poesie konfrontiert und auf diese Weise durchsichtig macht, genau nach dem Verfahren der Revolutionäre von 1910, nach dem modernen Verfahren. »Wenn das Theater uns helfen kann, uns selber und die Welt neu zu sehen, als wären wir soeben um die Ecke ins Leben gekommen, dann wird das Theater das sein, was Unterhaltung sein soll: ein Feiertag, der uns aufrichtet, um das Leben mit vollen Kräften fortzuführen ... Dieser Wandel des Blickpunkts wäre keine Flucht vor der Wirklichkeit und keine Phantasie. Nichts kann so wild, so gefährlich, so unbegreiflich phantastisch sein wie die Wirklichkeit selbst, und wir können ihr darum ebensogut gleich ins Auge schauen – und sie lieben.« Wir wollen die Romantik nicht verkennen, die in solchen Sätzen liegt. Aber sie ist nicht illusionistisch gemeint, wenn sie auch so klingt.

(S. Melchinger 1956, 166 f)

tre, am 10. März 1948 uraufgeführt. Wieder siegt hier die Kraft der Liebe über den Tod. Im Mittelpunkt des Geschehens stehen der Soldat Thomas Mendip, der lebensmüde geworden ist und sich fälschlich eines Mordes bezichtigt, um gehängt zu werden, und die lebenslustige Jennet, die als Hexe angeklagt ist und auf den Scheiterhaufen verbrannt werden soll, weil sie den Lumpensammler Skipps, von dem Thomas behauptet, er habe ihn ermordet, in einen Hund verzaubert haben soll. Die Richter glauben weder dem Soldaten sein Schuldbekenntnis noch Jennets Unschuldsbeteuerungen, bis der vermeintliche Tote Skipps fröhlich beschwipst und quicklebendig wieder auftritt. Thomas und Jennet, die sich in der Zwischenzeit ineinander verliebt haben, machen sich im Morgengrauen auf und davon. Das Stück lebt vom Witz der Dialoge und dem Bilderreichtum seiner Sprache. Seiner Handlung nach ist es ein echter Schwank. Doch versäumt Fry nicht, das Spiel um Liebe und Tod mit Christlich-Tiefsinnigem zu durchsetzen. Es geht also auch um Sühne, Glaube und Gerechtigkeit. Zum Erfolg der Londoner Uraufführung trug wesentlich bei, daß John Gielgud, einer der populärsten Schauspieler dieser Zeit, die Rolle des Thomas Mendip übernommen und Regie geführt hatte.

Auch der Erfolg von *Venus Observed*, uraufgeführt am 18. Januar 1950 am St. James's Theatre, war durch das Engagement eines herausragenden Londoner Bühnenstars mitbegründet. Laurence Olivier, ein enthusiastischer Verehrer von Fry, spielte darin den weisen Herzog von Altair, eine Figur, der Fry Züge des Prospero aus Shakespeares *The Tempest* verliehen hatte. Der Kern der Fabel dieses Stücks ist zwar ein altes Komödienmotiv: der Triumph der Ansprüche der jungen Liebenden über den Versuch des alten Herzogs Altair, mit einer jungen Frau (um sie werben Vater und Sohn) für sich einen neuen Lebensfrühling zu erzwingen. Fry löst diesen Konflikt durch die weise, jedoch auch resignative Einsicht des Herzogs, daß das Gesetz der Natur die Ansprüche seines Sohnes wohl eher rechtfertigt als die seinen. Dieser Art Ordnungsdenken wollte Fry auch dadurch Gewicht und Bedeutung verleihen, daß er seine Komödien als »Jahreszeitenstücke« konzipierte, die in ihrer Grundstimmung Frühling *(A Phoenix too Frequent)*, Sommer (*A Yard in the Sun* 1970), Herbst *(Venus Observed)* und Winter *(The Dark is Light Enough)* symbolisieren sollten. In dieser »Winter Comedy« verlegte Fry die Handlung in das Revolutionsjahr 1848/49. Peter Brook inszenierte die Uraufführung am 20. April 1954 am Aldwych Theatre. Hauptfigur des Stücks ist die österreichische Gräfin Ostenberg, die sich ihre großherzige Menschlichkeit auch unter der Gefährdung der Revolutionsereignisse bewahrt und Deserteuren und Verfolgten beider Seiten in ihrem Haus Asyl gewährt. Erst 1970 erschien das diesen Jahreszeitenzyklus abschließende Stück *A Yard in the Sun* (Ein Hof voll Sonne), dessen Handlung in Italien in der Zeit unmittelbar nach dem Zweiten Weltkrieg angesiedelt ist. Fry hat hier seine sprachliche Virtuosität deutlich zurückgenommen, ein Stilwandel, der sich schon in dem für die Bühne schwer zu bewältigenden Historiendrama *Curtmantle* (König Kurzmantel) angekündigt hatte, in dem Fry das zentrale Motiv seiner Dramatik noch einmal in aller Komplexität behandelte: das Zusammenspiel göttlicher und menschlicher Ordnung.

Diese beiden letzten Stücke wurden jedoch nicht mehr an Londoner Bühnen uraufgeführt, sondern in der Stadschouwburg von Tilburg in Holland *(Curtmantle)* bzw. in Nottingham *(A Yard in the Sun)*. Dies war ein unübersehbares

Indiz dafür, daß das Theater von Christopher Fry offenbar nicht mehr jenem Zeitgeist entsprach, der das Theaterleben in der Metropole beherrschte. So sehr diese Dramatik durch ihre virtuose Sprachbehandlung und ein unerschütterliches christliches Ordnungsdenken das Publikum im ersten Nachkriegsjahrzehnt fasziniert hatte, so rasch wurden diese Stücke doch wieder von der Bühne verdrängt, als eine neue Dramatikergeneration in der zweiten Hälfte der fünfziger Jahre mit Stücken an die Öffentlichkeit trat, die hautnah an den Problemen der Gegenwart waren. Für diesen Neuanfang setzte die Uraufführung von John Osbornes *Look Back in Anger* am 8. Mai 1956 am Royal Court Theatre das Signal.

Theater in den Niederlanden, Belgien und im Großherzogtum Luxemburg

Das niederländische Theater 1914 bis 1945 in Holland und in Flandern

Einleitung

Anschluß zu finden an den künstlerischen Standard der führenden europäischen Theaterländer Frankreich, Deutschland und Rußland war die treibende Bewegkraft in der Entwicklung des Theaters in den Niederlanden in den Jahrzehnten zwischen dem Beginn des Ersten und dem Ende des Zweiten Weltkriegs. Daneben prägten freilich auch andere Faktoren das Theaterleben in diesem Sprachgebiet; so etwa die Sonderentwicklung, die das flämische Theater in Belgien nahm, das in dieser Zeit erst einen professionell entwickelteren, künstlerischen Status und eine eigenständige institutionelle Struktur voll ausbildete. Dies war ein Prozeß, der bereits im 19. Jahrhundert in Gang gekommen war. Verbunden mit der Professionalisierung des Theaterwesens war auch ein weiter-

F. v. Lensvelt: Bühnenbildentwurf für W. Shakespeares Komödie Was ihr wollt, *1917*

gehendes Ziel der flämischen Autonomiebewegung. Ihr ging es darum, die Dominanz der französischen Kultur in dieser Region abzuschwächen und das Niederländische als Kultursprache durchzusetzen. Schrieb doch noch der berühmteste in Flandern geborene Schriftsteller der Jahrhundertwende, der belgische Nobelpreisträger Maurice Maeterlinck, ausschließlich französisch. Dennoch waren in Antwerpen, Brüssel und Gent schon im 19. Jahrhundert niederländische Theater gegründet worden. So etwa 1853 das National Toneel van Antwerpen. Seit 1871 existierte in Gent ein erstes niederländisches Ensemble von Berufsschauspielern; 1875 wurde die erste professionelle niederländische Bühne in Brüssel eröffnet. Von größter Bedeutung für die Professionalisierung des Theaters in Flandern war die Gründung der Vlaamsche Vereeniging voor Toneel en Vordrachkunst im Jahre 1909 durch Jan Oskar de Gruyter. Aus dieser Einrichtung ging 1911 auch die erste flämische Schauspielschule hervor. Vorbild war die bereits 1872 in Amsterdam eröffnete Schauspielakademie. Die Gründung des Ensembles Het Vlaamsche Volkstoneel (1920) – Ende der zwanziger Jahre umbenannt in Katholiek Vlaamsche Volkstoneel – war in dem hier zu behandelnden Zeitraum das herausragende Ereignis in der Geschichte des flämischen Theaters.

Im Prozeß der Auseinandersetzung mit den neuesten künstlerischen Theaterentwicklungen war die am 21. Januar 1922 im Stedelijk Museum in Amsterdam eröffnete Internationale Theaterausstellung ein Ereignis von großer innovativer Ausstrahlung auch für das niederländische Theater. Aus zwölf Ländern wurden Arbeiten von fünfunddreißig Bühnen-, Kostümbildnern und Theaterarchitekten präsentiert, die die wichtigsten zeitgenössischen Trends in der Szenographie vorstellten. Im Mittelpunkt standen, wie schon in der Theater-Ausstellung 1914 im Kunstgewerbemuseum in Zürich, die Arbeiten des englischen Bühnenbild-

H. Th. Wijdeveld: Bühnenbildentwurf für W. Shakespeares Tragödie Hamlet, *1919*

ners Edward Gordon Craig und des Schweizers Adolph Appia, deren Ideen von unmittelbarem Einfluß auf die niederländischen Theaterreformer waren. Dies galt vor allem für Eduard Verkade, der in Craig sein großes Vorbild sah. Von den Niederländern waren es die Architekten und Szenographen Frits Lensvelt (1886–1945) und H. Th. Wijdeveld (1885–1987), deren Entwürfe auf dieser Ausstellung einen Durchbruch zu neuen Entwicklungen in der Bühnenästhetik, zu Abstraktion und Stilisierung, dokumentierten. In Belgien, wo sich ein historistischer Illusionismus noch länger als die vorherrschende Richtung in der Bühnenästhetik hatte behaupten können, war es René Moulaert (1901–1965), dessen Arbeiten ebenfalls auf der Amsterdamer Ausstellung gezeigt wurden, der eine neue Richtung in der Bühnendekoration eingeleitet hatte. 1921 entwarf Moulaert für das Théâtre du Marais in Brüssel eine feste Bühne mit unterschiedlichen Spielniveaus, in der Art der Raumanlage des Théâtre du Vieux-Colombier in Paris. (vgl. R.L. Erenstein 1996, 592 ff)

Wenngleich auch Regisseure wie Willem Royaards, Eduard Verkade oder Johan de Meester jr. diese neuen Tendenzen in der Bühnengestaltung aufnahmen und mit einigen Inszenierungen auch unübersehbare Zeichen für einen künstlerischen Neubeginn setzten, war es insgesamt jedoch schwer, innerhalb der institutionellen Verhältnisse des Theaters in den Niederlanden Unerprobtes,

Wim Schuhmachers expressionistischer Bühnenentwurf für G. Kaiser: Gas I. *R.: A. v. Dalsum. Het Vereeniged toneel, 1928*

Piet Mondrian: Bühnenentwurf für M. Seuphors Stück L'Ephémère est éternel, *1926*

gar experimentelle Projekte durchzusetzen. Mit nur wenigen Ausnahmen wurden die Theater in diesem Lande rein privatwirtschaftlich betrieben. Zumeist waren die Städte Eigentümer der Theatergebäude, die sie an private Schauspielgesellschaften vermieteten. Lediglich in Amsterdam und in Den Haag vergaben die Gemeinden minimale Subventionen an ihre lokalen Stadttheater. Ein Theaterwesen, das sich so strikt an den Grundsätzen ökonomischer Rentabilität zu orientieren hat, ist naturgemäß weniger offen gegenüber neuen künstlerischen Entwicklungen; zumeist erschienen diese den Theaterbetreibern als zu risikoreich. Eine Folge davon war, daß künstlerische Innovationen in diesen Jahrzehnten vornehmlich aus dem Spielbetrieb des in Holland und in Flandern hochentwickelten Laientheaters kamen, das insbesondere in Flandern ein fester Bestandteil des national-flämischen kulturellen Lebens war. Eine spätere Auswirkung der für die künstlerische Entwicklung so hemmenden, rein kommerziellen Ausrichtung des niederländischen Theaters war es, daß Reformprojekte stets auch an diesem Punkt ansetzten und ein Engagement des Staates bei der Subventionierung der Theater einforderten. Dies erschien im übrigen auch als eine wesentliche Voraussetzung für die ebenso insistierend geforderte Dezentralisierung des niederländischen Theaterwesens, wie sie nach 1945 auch durchgesetzt werden konnte.

Die privatwirtschaftliche Betriebsform der Theaterunternehmen hatte auch für die Masse der niederländischen Schauspieler äußerst instabile soziale Verhältnisse und ungesicherte vertragsrechtliche Arbeitsbedingungen zur Folge. Die Gründung der Nederlands Toneelkunstenaar Vereeniging, eines gewerkschaftsähnlichen Verbands, im Jahre 1911 war ein erster Versuch, auf diesen Gebieten Verbesserungen einzuführen. Als sich unmittelbar nach dem Ersten Weltkrieg in der Folge einer allgemeinen Wirtschaftskrise die sozialen Spannungen im ganzen Land verschärften – allein 1919 kam es in den Niederlanden zu 622 Arbeiterstreiks –, nahm auch unter Amsterdamer Schauspielern deren Protest gegen die sich zunehmend verschlechternden Arbeitsverhältnisse die Form eines Streiks an. Dieser legendäre Schauspielerstreik an der Amsterdamsche Schouwburg vom Januar bis Mai 1920 war ein Versuch der Bühnenkünstler, sich gegenüber der uneingeschränkten Machtbefugnis der Theaterdirektoren zu emanzipieren. Als Vertreter von deren Verband stand Eduard Verkade im Zentrum dieser konfliktreichen Auseinandersetzungen. Sie wurden mit einem Vermittlungsvorschlag des Amsterdamer Bürgermeisters beendet, der zu einer Neudefinition des gesellschaftlichen Auftrags der Schouwburg führte und auch den Schauspielern mehr Rechte einräumte. (vgl. R.L. Erenstein 1996, 588 ff)

Sicherlich das einschneidendste Ereignis in dieser Periode der Geschichte der Niederlande war der Angriff deutscher Truppen auf die Niederlande und Belgien am 10. Mai 1940 und die bis Herbst 1944 dauernde Zeit der Besatzung. Die Familie der niederländischen Königin war nach London geflohen, wo sich eine Exilregierung konstituierte. In den Niederlanden übernahm Arthur Seyß-Inquart als Reichskommissar die Regierungsbefugnisse. Ziel seiner Politik war es, den gesamten Kulturbetrieb im Sinne nationalsozialistischer Kulturpolitik neu zu ordnen. Unterstützung fand er bei der Anhängerschaft der von Anton Adriaan Mussert 1931 gegründeten Nationaal Socialistische Beweging der Nederlande (NSB) und einiger anderer niederländischer faschistischer Gruppierungen. Seit Dezember 1941 war schließlich die NSB die einzige in den Niederlanden zugelassene Partei. (vgl. M. Frey 1991, 11 ff) Nach dem Vorbild der Gleichschaltungspolitik im Deutschen Reich wurde auch in den Niederlanden ein kleinteilig verzweigtes System von Behörden eingerichtet, von dem aus die Verordnungen des Reichskommissars durchgesetzt und überwacht werden sollten. Unmittelbar nach dem Einmarsch der deutschen Truppen hatten niederländische Künstler eine Organisation gegründet, die sich dieser Politik entschieden entgegenstellte, die aber bald nach ihrer Gründung Versammlungsverbot erhielt.

Nach der Befreiung der Niederlande durch die Alliierten im Herbst 1944 kam es zu einer Neuregelung des Theaterwesens. Deren Kernpunkt war das so lange eingeforderte Engagement des Staats bei der Subvention der Theater.

Der Weg in die Moderne: Eduard Verkade und die »Haager Schule«

Im ersten Jahrzehnt des 20. Jahrhunderts existierten im niederländischen Theater zwei künstlerische Richtungen nebeneinander: ein Naturalismus, für den das Werk Herman Heijermans' (1864–1924) und das des flämischen Dramatikers Cyriel Buysse (1859–1932) Maßstäbe gesetzt hatten; und es existierte das »Reformtheater« von Eduard Verkade (1878–1961). Während jedoch die sozialkritische naturalistische Dramatik Heijermans' und Buysses eher der Endphase jener Entwicklung zuzuordnen war, die am Ende des 19. Jahrhunderts das europäische Theater revolutioniert hatte, wiesen die Impulse des Reformprojekts von Verkade in die Zukunft. So gilt auch wohl zu Recht das Sommertheaterfestival, das Verkade zusammen mit dem Schauspieler Willem Royaards (1867–1929) im Juni 1907 in dem holländischen Künstlerdorf Laren organisiert hatte, als »der Beginn des modernen Theaters« in den Niederlanden. (vgl. R.L. Erenstein 1996, 552) Epochemachend waren in Laren die Aufführungen zweier Stücke, das »Abel Spel« *Lanseloet van Denemarken* und die Moralität *Elkerlyc*,

H. Th. Wijdeveld: Bühnenbildentwurf für Ik dien *von H. Teirlinck. R.: W. Royaards, 1923 (Aquarell 1924)*

G. Holst: Plakatentwurf für J. W. v. Goethe: Faust, *1918*

die holländische Fassung des mittelalterlichen Stoffes vom Jedermann. Das bahnbrechend Neue an diesen überwiegend mit einem Laienensemble erarbeiteten Inszenierungen war deren anti-illusionistisches Bühnendekor, in dem Elemente der symbolistischen Bühnenästhetik und der Stilbühne verarbeitet, vor allem aber wesentliche Ideen der Bühnenreform von Edward Gordon Craig umgesetzt waren. (vgl. Bd. III, 855 ff) Erste Vorstöße in dieser Richtung hatte es bereits um 1900 gegeben. So hatten die Maler und Bühnenbildner Jacobus van Looy (1855–1930), Anton Molkenboer (1872–1960), André Jolles und Jan Kalff erstmals Bühnendekorationen entworfen, die bei völligem Verzicht auf

H. Th. Wijdevelds Kostümentwurf zu Ik dien, *1924*

historisierende oder illusionistische Effekte ausschließlich auf der symbolischen Wirkung von Farben und abstrakten Raumstrukturen beruhten. Und so war es auch insbesondere die bildnerische Dimension des von Verkade entworfenen Bühnendekors, die das Publikum in Laren faszinierte. Für *Elkerlyc* hatte er eine Bühne nach dem Vorbild eines Gemäldes von Giotto als Triptychon mit der Himmelspforte als Mittelstück entworfen. Entsprechend preziös waren die Kostüme der Darsteller. Verkade und Royaards wechselten sich als Darsteller der Titelrolle ab. Im Vergleich mit Heijermans' »schlichtem Stil« war diese neue Bühnenästhetik ein Fest für das Auge. Zudem versetzte der beinahe sakral zelebrierte Schönheitskult dieses Bühnenereignisses die Zuschauer in eine so andachtsvolle Gestimmtheit, daß ein Applaudieren am Ende der Aufführung als Rückfall in eine profane Theaterkonvention erschienen wäre. Es war auch ein neues Publikum, das Verkade mit diesen Aufführungen erreichte, eines, das die kommerziellen Theater offenbar mied.

Getragen von diesem Erfolg stellte Eduard Verkade 1908 ein eigenes Ensemble zusammen, das sich »De Hagespelers« nannte. Im Jahr darauf gründete auch Royaards die Schauspielgesellschaft »Het Tooneel«. Beide Unternehmen, die mit ihren Produktionen auf Tournee gingen, prägten bis in die dreißiger Jahre hinein das niederländische Theater und stellten in ihrer künstlerischen Programmatik eine Alternative zur Routine und der kommerziellen Ausrichtung der Stadt- und Privattheater dar.

Verkades Aufführung von George Bernard Shaws Komödie *Candida* 1908 an der Schouwburg in Haarlem war nach dem Festival von Laren ein weiteres Zeichen für einen Neubeginn in der Bühnenkunst der Niederlande. Erstmals wurden hier die Prinzipien der neuen Bühnengestaltung an einem für das niederländische Theater weitgehend unbekannten Bühnengenre erprobt, dem modernen Gesellschaftsstück. Verkade hatte *Candida* bereits 1906 in Delft mit einer studentischen Theatergruppe inszeniert. Für die Haarlemer Aufführung hatte er eine Bühne entwickelt, die durch formale Klarheit und die Solidität ihrer Versatzstücke – ganz im Gegensatz zu den oftmals nur provisorisch gearbeiteten Kulissenbühnen der kommerziellen Bühnen – die Darsteller für eine entsprechende Haltung der Konzentration und der Klarheit bei ihrer Rollengestaltung inspirieren, ja geradezu in diese Haltung hineinzwingen sollte. (vgl. R.L. Erenstein 1996, 561f) Im Bühnenereignis wollte Verkade eine Welt des schönen Scheins entstehen lassen, die den Zuschauer in die Lage versetzen sollte, die »gültigen Wahrheiten seiner eigenen Existenz« zu begreifen. Von seinen Darstellern, die anfangs ausschließlich Amateure waren, verlangte Verkade gänzlich ungekünsteltes Spiel. Vor allem in dem von ihm bevorzugten Genre des Gesellschaftsstücks sollten sie mit natürlicher, bereits anerzogener Gewandtheit und Eleganz auftreten. Den Mangel seiner Laiendarsteller an schauspielerischer Technik in der individuellen Charaktergestaltung – positiv gesehen als Unbefangenheit und Abwesenheit von Routine erwünscht – kompensierte Verkade durch die Geschlossenheit des Ensemblespiels. Dennoch verstärkte er später seine Truppe durch Berufsschauspieler. Herausragende Darsteller bei den Hagespelers waren Enny Vrede (1883–1919) und Albert van Dalsum (1889–1971). Neben Stücken von Shaw brachte Verkade auch Komödien von Oscar Wilde und William Somerset Maugham auf die Bühne. Klassische Dramen standen ebenfalls im Programm, bildeten jedoch keinen Schwerpunkt.

1913 konnte Verkade mit seiner Truppe in Den Haag ein eigenes Haus beziehen. Seine Inszenierungen moderner Gesellschaftsstücke wurden zur Attraktion und begeisterten die Zuschauer durch das elegante Spiel der Darsteller und eine betont modische Ausstattung. Verkade ließ die Kostüme für die Aufführungen in den prominenten Modeateliers der Stadt anfertigen.

Eine neue Phase der von Verkade initiierten Entwicklung setzte 1917 ein. Verkade übernahm zu dieser Zeit die Leitung des Ensembles »Koninklijke Vereeniging Het Nederlandsch Tooneel«, das in der Stadsschouwburg in Amsterdam auftrat. Seine Aufgabe war es nun, die von ihm entwickelte Arbeitsweise auch an der berühmten Schouwburg und mit einem Ensemble von Berufsschaupielern durchzusetzen; letztlich diese große, in ihrer Tradition erstarrte städtische Bühne an die neuen künstlerischen Reformbestrebungen heranzuführen. Einen engagierten Helfer bei dieser Aufgabe hatte er in Herman Roelvink (1883–1957) gefunden, einem Bühnenautor und dem Übersetzer der Schriften von Edward Gordon Craig. Mit wenigen Jahren Unterbrechung (1920–1924) leitete Verkade die Schauspielabteilung der Amsterdamer Schouwburg bis zum Jahre 1930. In Den Haag führten seine Schüler diese Reformarbeit weiter. Cor van der Lugt Melsert (1882–1969) gründete 1947 dort die Schauspielgesellschaft »Het Hofstad-Tooneel«. Nach Melserts Weggang 1938 setzte eine neue Gesellschaft, »Het Residentie-Tooneel«, unter Leitung von Dirk Verbeek die Tradition von Verkades »Haags stijl« fort. Regisseur dieser Schauspieltruppe war Johan de Meester jr., der die Arbeitsweise der Haager-Schule noch verfeinerte. »Underacting« wurde zum Schlüsselbegriff dieses Schauspielstils. (vgl. R.L. Erenstein 1996, 565)

Ein anderer Verkade-Schüler, Cees Laseur, arbeitete mit seinem Ensemble »De Haagse Comedie«, das sich aus Mitgliedern von »Het Residentie-Tooneel« gebildet hatte, in der gleichen Richtung. Dies galt auch für die Pflege des englischen »Salonstücks« in der Art von Noël Coward und Somerset Maugham. Hinzu kamen in den fünfziger Jahren auch Stücke von Christopher Fry und Jean Anouilh.

Willem Royaards, Weggefährte Verkades seit dem denkwürdigen Festival von Laren, leitete seine Schauspieltruppe bis 1924. Während jedoch Verkade das moderne englische Gesellschaftsstück auf der niederländischen Bühne durchsetzte, konzentrierte sich Royaards auf die klassische Dramatik von Joost van den Vondel bis Shakespeare, von Sophokles bis Büchner (*Dantons Tod*). Von Goethes *Faust I* brachte er 1918 die erste holländische Aufführung heraus, die dem Rang dieses Werks gerecht zu werden versuchte. Ein Zeichen der großen Anerkennung, die Royaards als Bühnenkünstler besaß, war, daß ihm die Reichsuniversität von Utrecht 1919 den Titel eines Ehrendoktors verlieh, ein bis heute einmaliges Ereignis in den Niederlanden. Apostrophiert als »Hollands Reinhardt« (R.L. Erenstein 1996, 585) und überzeugt davon, daß auf der Bühne vom Wort des Dichters die größte Faszination ausgehe, galt Royaards als künstlerischer Antipode zu Verkade, der den bildnerischen Elementen der Bühnenkunst die größere Bedeutung beimaß und sich im Repertoire auf das moderne Gesellschaftsstück konzentrierte. Auch entwickelte Royaards, selbst ein virtuoser Vortragskünstler, die Bühneninszenierung weniger aus einem konzeptionellen Ansatz der Regie, wie dies für Verkades Inszenierungen tpyisch war, sondern vielmehr aus einem schauspielerischen Impuls heraus, der totalen Identifikation mit den Rollenfiguren.

Flämisches Theater: ein Kampf um kulturelle Autonomie

Wie in vielen Ländern Nord- und Südeuropas (vgl. Bd. III) spielte auch in den flämischen Provinzen Belgiens das Theater eine zentrale Rolle im Kampf um die kulturelle Autonomie der Flamen. Dabei ging es um die Durchsetzung niederländischsprachigen Theaters und spezifisch flämischer Volkstheatertraditionen in einer Region, deren kulturelles Leben weitgehend unter dem Einfluß französischer Sprache und Kultur stand. (vgl. Bd. III, 884ff)

Eine Vorreiterrolle in diesem Ringen um eine eigenständige flämische Theaterkultur nahm die Stadsschouwburg in Gent ein. Im April 1918 veröffentlichte dort Herman van Overbeke ein Pamphlet, das den Titel *Siegfried* trug. Der jugendlich germanische Held symbolisierte für Overbeke eine Kampfansage gegen den französischen Einfluß im flämischen Theater. Der Todesstoß, zu dem der martialisch gezeichnete Held auf der Titelvignette von Overbekes Schrift ausholt, galt dem seichten französischen Melodrama, das zu dieser Zeit noch die Spielpläne der flämischen Bühnen beherrschte. An der Spitze dieser Aufbruchsbewegung, die für ein eigenständiges flämisches Theater kämpfte, stand der Regisseur Arie van den Heuvel (1860–1934), unterstützt von einer Generation junger flämischer Dramatiker, deren profiliertester Vertreter Gaston Martens war. Dessen Stück *Beatrix*, das am 3. April 1918 an der Stadsschouwburg uraufgeführt wurde, signalisierte den Beginn einer neuen Ära. Van den Heuvel war ein typischer »Wortregisseur«, und er war der erste, der an einer flämischen Bühne seiner Inszenierungsarbeit eine sorgfältige Textanalyse zugrunde legte. Mit großem Engagement widmete er sich auch der Ausbildung flämischer Schauspieler.

Noch drei weitere Persönlichkeiten des flämischen Theaters spielten eine wesentliche Rolle im Kampf um die kulturelle Eigenständigkeit dieser Region. Es waren dies Jan Oskar de Gruyter (1885–1929), Herman Teirlinck (1859–1967) und Johan de Meester jr.. Mit Jan Oskar de Gruyter hatte sich ein theaterbegeisterter Wissenschaftler die Pflege des flämischen Kulturerbes zu seiner Lebensaufgabe gemacht. Um seine Ideen zu verbreiten und sie auch dem einfachen Volk zu vermitteln, hatte de Gruyter eine Theatertruppe gegründet, die mit einem anspruchsvollen literarischen Programm überwiegend auf Freilichtbühnen auftrat. Neben den flämischen Klassikern führten diese Amateure auch Werke wie Goethes *Iphigenie*, Sophokles' *Philoktet* (1909) oder von Lessing *Minna von Barnhelm* auf. (vgl. R.L. Erenstein 1996, 568ff) Gegen Ende des Ersten Weltkriegs leitete de Gruyter auch ein Fronttheater, das ein ähnliches Programm pflegte.

Titelbild von H. v. Overbekes Programmschrift Siegfried. *Entwurf von Jozef Cantré, 1918*

Eine von de Gruyters Grundüberzeugungen war der Glaube an die »veredelnde Wirkung« (J.O. de Gruyter) der großen dichterischen Sprache. So war für ihn auch Theater in erster Linie die Darbietung von Sprachkunst. Bestärkt sah er sich dabei durch das Reformprojekt von Royaards und Verkade, deren Sommertheaterfestival von Laren offenbar auch in der flämischen Region eine Initialfunktion für die Erneuerung traditioneller Theaterkultur ausgeübt hatte.

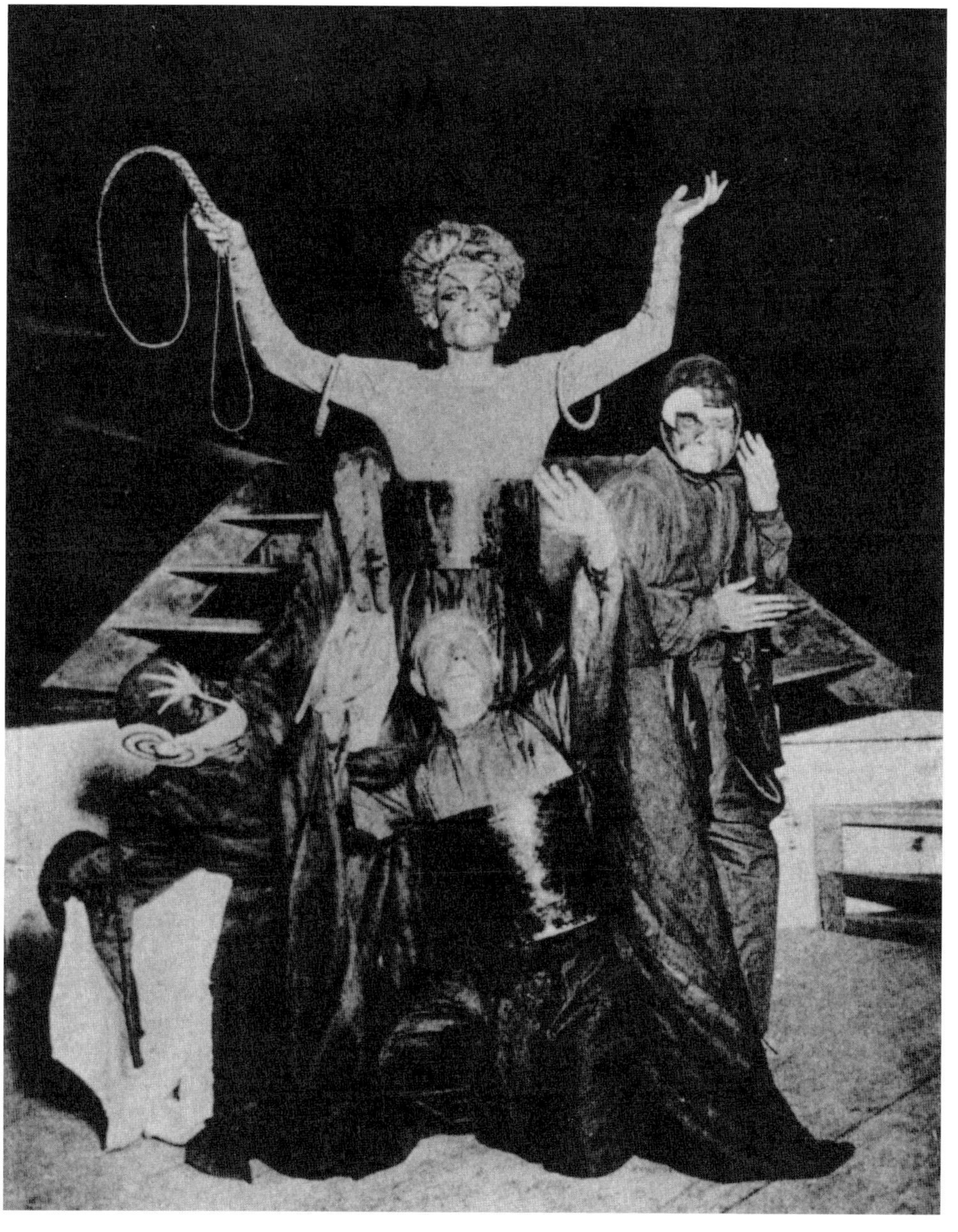

J. van den Vondel: Luzifer.
R.: J. de Meerster.
B.: R. Moulaert. Flämisches Volkstheater, Brüssel 1924

Alle diese Bestrebungen de Gruyters fanden schließlich ihren Höhepunkt in der Gründung der Vlaamschen Volkstooneel, einer Flämischen Volksbühne, im Jahr 1920. Zwei Jahre später verließ de Gruyter diese auf erzieherische Breitenwirkung und Volksverbundenheit angelegte Theatersphäre jedoch und übernahm die Direktion der Koninklijke Vlaamse Schouwburg in Antwerpen. Er stand dort vor der Aufgabe, seine Vision eines den Idealen von Schönheit und Wahrheit verpflichteten Theaters einem städtischen Publikum zu vermitteln. Gelegentlich inszenierte de Gruyter auch noch nach 1922 an der Vlaamsche Volkstooneel.

Dort aber vollzog sich vier Jahre nach der Gründung des Unternehmens und

mit der neuen Direktion von Lieven de Gruyter, dem Bruder von Jan Oskar de Gruyter, ein gravierender künstlerischer Kurswechsel. Das katholische Profil dieser Bühne blieb dabei freilich unangetastet. Lieven de Gruyter hatte Johan de Meester jr. als Spielleiter engagiert. De Meester aber war ein Regisseur, der den Anschluß an die zeitgenössischen Avantgarde-Entwicklungen suchte, an die Experimente der Futuristen, der Dadaisten und an den deutschen Expressionismus. Seine theaterästhetischen Vorstellungen unterschieden sich deutlich von Jan Oskar de Gruyters streng dem Dichterwort verpflichteter Theaterauffassung. Bei ihm stand der Schauspieler im Zentrum der Bühnenkunst, für diesen schuf er einen von allem traditionellen Dekor befreiten Aktionsraum. Die Bühne sollte nicht mehr Wirklichkeit abbilden, sondern in den Strukturen ihrer Raumgestaltung den Rhythmus und die Dynamik des gegenwärtigen Lebens erfahrbar machen. Inspiriert war de Meesters dabei von der futuristischen Maschinenästhetik und den Ideen der russischen Konstruktivisten. In den schauspielerischen Mitteln orientierte er sich an Spieltechniken des deutschen expressionistischen Theaters, aber auch an der Bewegungsästhetik der Zirkus- und Revuedarsteller, deren Unmittelbarkeit und Vitalität ihn faszinierten. Mit dem Bühnenbildner René Moulaert und Schauspielern wie Staf Bruggen (1893–1964) und dem Laban-Schüler Renaat Verheyen (1904–1930) hatte de Meesters Mitarbeiter gefunden, die wesentlich dazu beitrugen, diesen neuen Bühnenstil durchzusetzen. Die Inszenierungen von *Tijl*, einer Dramatisierung des alten Volksbuches durch den expressionistischen Autor Anton van de Velde, und von Vondels *Lucifer* (1927) waren künstlerische Höhepunkte von de Meesters Arbeit an der Flämischen Volksbühne. Mit beiden Inszenierungen feierte er auch triumphale Erfolge anläßlich zweier Gastspiele in Paris: mit *Luzifer* am 31. März 1927 an der Comédie des Champs-Elysées; Lugné-Poë hatte das flämische Ensemble dorthin eingeladen. Eine Wiederholung von

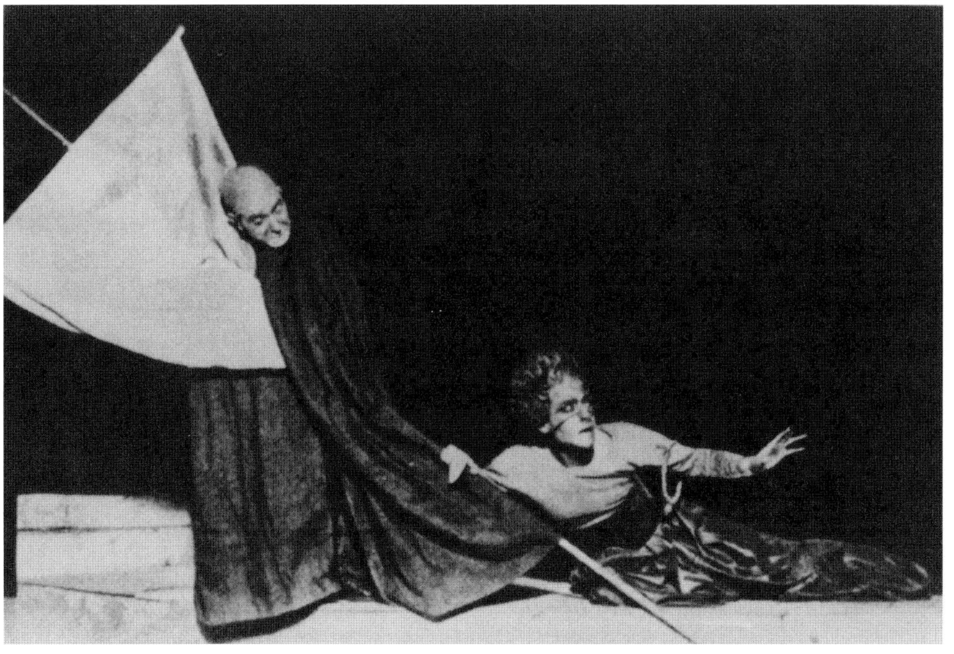

J. van den Vondel: Luzifer. *Links im Szenenbild Staf Bruggen als Beelzebub, rechts Johan de Meester als Luzifer. Flämisches Volkstheater, 1926*

Luzifer - dazu *Tijl* – fand einige Wochen später im Rahmen des von Firmin Gémier organisierten Festival International du Théâtre statt. Die Pariser Gastspiele, zu deren Aufführungen sich die gesamte französische Theaterelite eingefunden hatte, machten mit einem Schlag auf das niederländische Theater aufmerksam und reihten die Flämische Volksbühne in die Spitze des europäischen Avantgardetheaters ein. Das Aufsehenerregende dieser Produktionen war, daß es de Meester gelungen war, stilistisch eine Synthese von Expressionismus und Konstruktivismus herzustellen. Zusammen mit René Moulaert hatte er eine einfache, klar strukturierte Bühne entwickelt. In diesen Rahmen fügten sich die symbolisch stilisierten Masken der Darsteller – de Meester selbst spielte den Luzifer – perfekt ein. Bewegungsführung und Sprachgestaltung waren einem strengen Rhythmus – einem Markenzeichen von de Meesters Inszenierungen – unterworfen. Eine ebenso rhythmisch geführte Lichtgestaltung brachte Plastizität in die Szene. Die Musik stammte von Karel Albert. Weit über den unmittelbaren Wirkungskreis der Flämischen Volksbühne hinaus war der von de Meester entwickelte Inszenierungsstil ein wesentlicher Impuls auch für andere Bühnen des Landes, die sich nun den Entwicklungen der europäischen Theateravantgarde, vor allem dem Konstruktivismus, zu öffnen begannen.

1929 verließ Johan de Meester die Vlaamsche Volkstooneel, da ihm der enge finanzielle Rahmen dieses privaten Theaterunternehmens keine weiteren Entwicklungsmöglichkeiten mehr bot. Die Flämische Volksbühne spaltete sich in zwei Gesellschaften auf, die – freilich ohne bemerkenswertes künstlerisches Profil – bis Ende der dreißiger Jahre weiterarbeiteten. De Meester setzte seine Arbeit an holländischen Bühnen fort. Dabei blieb für ihn die Auseinandersetzung mit den Stoffen der großen literarischen Tradition auch weiterhin ein zentrales Thema. 1950 inszenierte er mit dem Ensemble der Nederlands Comedie für das Holland Festival erneut den *Elckerlijc.* Diese mittelalterliche Allegorie von der Todesverfallenheit des Menschen einem Publikum der fünfziger Jahre des 20. Jahrhunderts nahezubringen, war Ziel dieses ambitionierten Projekts. De Meesters hatte als Aufführungsort den Prinsenhof in Delft bestimmt und setzte effektvoll die Spielmöglichkeiten ein, die die eindrucksvolle Architektur dieses Gebäudes bot. Diese *Elckerlijc*-Inszenierung blieb – analog den Aufführungen von Hugo von Hofmannsthals *Jedermann* bei den Salzburger Festspielen – bis Ende der sechziger Jahre ein fester Bestandteil des Holland-Festivals und erreichte mehr als 100000 Zuschauer. Dann aber verlor diese Inszenierung zunehmend den Kontakt zum Publikum, dem diese Art des statuarischen Theaters mit dem expressiven Pathos seiner weltanschaulichen Botschaft fremd geworden war.

Herman Teirlinck, der dritte große Erneuerer des flämischen Theaters, hatte im gesamten kulturellen Leben der Flamen bedeutenden Einfluß: als Berater der niederländischen Königin in Angelegenheiten der Kunst und Literatur, Direktor der Hochschule für angewandte Kunst in Brüssel und Gründer des dortigen Nationaltheaters. Er wurde vielfach ausgezeichnet mit Staatspreisen und erhielt die Ehrendoktorwürde der Universität von Gent; eine Persönlichkeit also, die mit großer Autorität auch für das Theaterleben Richtungen weisen konnte. Drei Programmpunkte waren es, die Teirlinck in die Entwicklung des flämischen und darüber hinaus des gesamten niederländischen Theaters einbrachte: die Konzentration auf den Schauspieler als dem Dreh- und Angelpunkt des Theaters; dies bedeutete zugleich aber auch ein Zurückdrängen der bis dahin noch geltenden Dominanz des Dichterworts, der literarischen Vorlage. Erst im Zusammenwirken aller Künste – mit dem Schauspieler im Zentrum – entstand für Teirlinck das Kunstwerk Theater. Zum anderen zählte er zu jenen Modernisierern des niederländischen Theaters, die wesentlich dazu beitrugen, den Expressionismus auf der flämischen Bühne durchzusetzen. Die Uraufführung seines Tanzdramas *De vertraagde film* (Zeitlupe), 1922 an der Koninklijke Vlaamse Schouwburg in Brüssel unter der Regie von Arie van den Heuvel, bildete dabei den Auftakt. (vgl. R.L. Erenstein 1996, 602ff) Neu waren die Bilddramaturgie dieser Inszenierung und das perfekte Zusammenspiel von Musik, Tanz, Lichtgestaltung und dem gestischen Spiel der Darsteller. Die Handlung, der eine Zeitungsnachricht zugrunde lag, stellte symbolisch überhöht die Frage nach dem Sinn und dem Glück des Lebens: Im ersten Bild beschließt ein junges Elternpaar zusammen mit seinem Kind durch einen Sprung von einer Brücke ins Wasser Selbstmord zu begehen. Die beiden jungen Menschen verzweifeln an der Härte ihres Alltagslebens. Das zweite Bild zeigt die drei in der Tiefe des Wassers. In zeitlupenhafter Verlangsamung bewegt sich dort das Paar, das am Leben geblieben ist. Das Kind jedoch ist tot. Die beiden Erwachsenen erleben nun noch einmal Stationen ihres einstigen gemeinsamen Lebens. Dabei begegnen ihnen allegorische Figuren wie Pest, Krankheit, Not und Krieg und schrecken sie aus ihren Glücksvisionen wieder auf. Das Erlebnis vom Tod ihres Kindes läßt sie schließlich endgültig begreifen, daß sie auf ihrer Suche nach Glück gescheitert sind. Im dritten Bild sind beide wieder in den Alltag zurückgekehrt.

Dem Theater blieb in den Niederlanden versagt, was dem deutschen Theater seine hervorragende öffentliche Wirkung gegeben hat: eine in Generationen gewachsene gesellschaftliche Anerkennung. Merkmal davon und Ursache zugleich ist die seit dem 19. Jahrhundert von allen niederländischen Städten geübte Politik, ihre Bühnen an wechselnde Theatergesellschaften, -vereinigungen und -gruppen für mehr oder minder lange Spielzeiten zu verpachten. Diese Praxis der kommerziellen Ausbeutung ließ keine festen, in ihren bestimmten Häusern tätigen Ensembles entstehen. Der wirtschaftliche Erfolgszwang der konkurrierenden Theatergruppen führte vielmehr in aller Regel zu Zugeständnissen ans breite Publikum. Die durch das System bedingte extrem große Mobilität der Gruppen und Ensembles hatte aber auch sein Gutes – die Wanderbühnen sorgten für »flächendeckendes« Theater.

(M. Haerdter 1983, 109 f)

Die Voraussetzungen für diese Inszenierung, die eine Wende in der künstlerischen Ausrichtung der Vlaamse Schouwburg einleiten sollte, hatte deren Direktor Jan Poot geschaffen, ein enger Freund von Teirlinck. Beide wollten für

H. Teirlinck: De vertaagde film. *R.: A. W. Stellwagen. 1922*

diese Bühne den Anschluß an die Theatermoderne herstellen. Dabei fanden sie Anregungen und Unterstützung durch die 1922 erfolgte Gründung des Théâtre du Marais in Brüssel, durch den dort arbeitenden französischen Schriftsteller und Regisseur Jules Delacre. Das Théâtre du Marais galt als eine Art Filiale des Pariser Théâtre du Vieux-Colombier von Jacques Copeau (vgl. Kap.: Frankreich), der 1920 und 1921 in mehreren Vortragsreihen seine theaterästhetischen Ideen in Brüssel vorgestellt hatte. Damit aber war eine Atmosphäre der künstlerischen Aufbruchsbereitschaft entstanden, die sich für Poots und Teirlincks Pläne als äußerst förderlich erwies. Hinzu kamen Anregungen vom Werk Strindbergs und Maeterlincks, deren Traumspieldramaturgie Teirlincks eigene Bühnenarbeiten ganz offenkundig beeinflußt hatte. Gleiches gilt für den deutschen expressionistischen Film, insbesondere für Robert Wienes *Caligari*-Film und dessen Bilddramaturgie. So entstand dieses richtungweisende Projekt der Koninklijke Vlaamse Schouwburg aus einem Zusammenspiel eigener Innovationen des flämischen Theaters und einer Rezeption wesentlicher Entwicklungen der internationalen Theatermoderne.

Eine zentrale Rolle spielte Teirlinck auch in der für die flämische Theaterkultur so charakteristischen Freilicht- und Massentheaterbewegung. Hier waren es zwei Aufsehen erregende Produktionen, für die er als Autor und treibende Kraft verantwortlich war: Seine monumentale Pantomime *Der Turmerstürmer*, eine auf mystisches Miterleben der Zuschauer angelegte Allegorie über den ewigen Widerstreit zwischen Geist und Materie, wurde 1923 in Delft in der Regie von Johan de Meester jr. aufgeführt; 1925, wiederum in Zusammenarbeit mit de Meesters, seine große historische Revue um den Befreiungskampf der Niederlande gegen die Spanier im 16. Jahrhundert. Das großdimensionierte Schauspiel fand auf einer im Wasser des Stadtgrabens von Leiden schwimmenden riesigen Bühne statt. Die beiden Antagonisten, der spanische Herzog Alba und Wilhelm I. von Oranien, waren zwei etwa zwölf Meter hohe, durch die Farben Rot

A. Hegenscheidt: Starkadd. *Waterberg, 1920*

und Weiß als Antagonisten gekennzeichnete Figurinen, die auf beiden Seiten das Spielplateau begrenzten, zwischen denen – dazu auf mehreren der Hauptbühne vorgelagerten schwimmenden kleineren Spielflächen – ein Heer von Laiendarstellern aufgeboten war, die in der Manier von Bewegungschören agierten. Der Architekt Henri van de Pauvert hatte diese monumentale Spielanlage entworfen.

Ein eher heikles Kapitel in der Geschichte des flämischen Theaters in diesen Jahrzehnten ist mit dem Namen von Joris Diels (1903–1992) und dem Schicksal der Koninklijke Nederlandse Schouwburg in Antwerpen verbunden. Als Jan Oscar de Gruyter, der 1922 die Leitung der Schouwburg übernommen hatte, 1929 verstarb, übernahm zunächst Willem Benoy (1882–1939) dieses Amt. Benoy vermochte es jedoch nicht, eigene künstlerische Akzente zu setzen, zudem geriet die Schouwburg in eine existenzbedrohende finanzielle Krise. So übernahm schließlich Joris Diels, der künstlerisch von der Reformarbeit Jacques Copeaus, die er in Paris kennengelernt hatte, beeinflußt war, 1935 die Antwerpener Schouwburg unter erschwerten finanziellen Bedingungen, verfolgte aber unbeirrt den Reformkurs seines Lehrers de Gruyter. Bereits nach drei Jahren aber verließ Diels dieses Theater, auch wegen politischer Differenzen mit dem

J. van den Vondel:
Adam in Ballingschap.
R.: Ch. Gilhuys, 1936/37

Stadtrat, und gründete eine eigene Theatergesellschaft. Als die deutsche Armee am 10. Mai 1940 die Niederlande besetzte, floh Diels, der mit der jüdischen Schauspielerin Ida Wassermann verheiratet war, zunächst mit einem Teil seines Ensembles nach Frankreich. Als er nach neun Monaten nach Antwerpen zurückkehrte, wurde er von dem deutschen Stadtkommandanten zum Direktor der Schauspielabteilung der Schouwburg eingesetzt. 1942 übernahm er als Generaldirektor auch die Leitung der Oper an der Schouwburg. Diels mußte sich nun auf den schwierigen Balanceakt einlassen zwischen seinen eigenen künstlerischen Ambitionen und den kulturpolitischen Vorgaben der Besatzungsmacht, wobei er offenbar immer wieder zu fatalen Konzessionen gezwungen war. (vgl. R.L. Erenstein 1996, 649) Bei Kriegsende floh Diels nach Frankreich. 1948 wurde ihm schließlich in Antwerpen der Prozeß wegen Kollaboration mit den Deutschen gemacht. In Flandern war seine Theaterkarriere damit praktisch beendet. Von 1955 bis zu seinem Tode 1992 gehörte er zum Ensemble der »Haagsche Comedie«.

Expressionismus-Rezeption auf der niederländischen Bühne

Nicht der flämische Expressionist Teirlinck, sondern der Schauspieler, Regisseur und Theaterleiter Albert van Dalsum (1889–1970) gilt als der eigentliche »Vater des Expressionismus« im niederländischen Theater (n. R.L. Erenstein 1996, 617). Van Dalsum war in den Jahren zwischen den Weltkriegen einer der heftigsten Kritiker der Theaterverhältnisse seines Landes. Seine Kritik richtete sich insbesondere gegen die großen kommerziellen Bühnen, die ihr Publikum mit anspruchsloser Unterhaltungsware bedienten und jedes künstlerische Risiko vermieden. Leidenschaftlich trat er dafür ein, daß sich die Bühnen seines Landes für die internationalen modernen Theaterentwicklungen öffnen sollten. Daß van Dalsum dabei zunächst gegen eine Mauer an Konventionalität anstürmte, war ein Schicksal, das er mit anderen Reformern teilte. Um wachzurütteln aus dieser Lethargie, schien ihm die deutsche expressionistische Dramatik das geeignete Mittel zu sein. Daß die Rezeption des Expressionismus in den Niederlanden zu einer Zeit einsetzte, als diese Bewegung in ihrem Ursprungsland Deutschland längst schon von neuen Entwicklungen abgelöst war, wurde als ein allgemeines Merkmal des sehr verzögerten Aufbruchs der Niederlande in die Moderne kommentiert. (vg. R.L. Erenstein 1996, 617f) Nach Aufführungen von Stücken Walter Hasenclevers und Friedrich Wolfs durch Regisseure wie Eduard Verkade und Frits Bouwmeester bereits Anfang der zwanziger Jahre schaffte van Dalsum den Durchbruch des Expressionismus auf der niederländischen Bühne schließlich mit einer Inszenierung von Georg Kaisers Trilogie *Gas* 1928 und 1929 an der »Vereenigt Tooneel« in Arnheim. Spektakulärer Höhepunkt dieser extrem temporeichen, alle Register expressionistischer Pathosdarstellung ziehenden Aufführungen waren Massenszenen, zu denen van Dalsum 250 Statisten aus der Arbeiterjugendbewegung engagiert hatte. Verkade selbst hatte die Rolle des Milliardärssohns übernommen. Der Regisseur kommentierte dieses Projekt ganz im Sinne der expressionistischen Programmatik: es gehe um das »lebendige Theater« dieser Zeit, um »den Menschen«, nicht um den durchschnittlichen Bürger, es gehe um »Visionen, nicht um Wissen, um Offenbarung, nicht um Wahrnehmung«. (n. R.L. Erenstein 1996, 623) Das Publikum war von dieser neuen Form expressiver Theatralik schockiert. Vor allem Kritiker von katholischer und sozialistischer Seite attackierten den Inhalt des Stücks. Van Dalsum hatte jedoch zwei engagierte Mitstreiter für seinen Kampf um den Expressionismus gefunden. Es waren dies der Regisseur Wijnand Frans und vor allem der Schriftsteller und Regisseur August Defresne (1893–1961). Zusammen gründeten diese drei 1929 in Arnheim das Ensemble »Het Oost-Nederlands Tooneel«, das sich in seinem Repertoire auf diesen neuen Schauspielstil konzentrierte und mit einer Aufführung von Bertolt Brechts *Dreigroschenoper* (1929) einen ersten großen Erfolg feiern konnte.

Wenngleich ohne Verbindung zur niederländischen Theaterszene, doch in unmittelbarem Kontakt mit den Avantgardegruppen in Zürich, Deutschland und Frankreich hatten bereits Anfang und Mitte der zwanziger Jahre die hol-

Wim Schuhmacher: Bühnenentwurf für G. Kaiser: Gas*, um 1924*

ländischen Dadaisten zusammen mit der 1917 gegründeten Gruppe De Stijl um Théo van Doesburg (1883–1931) und Piet Mondrian (1872–1944) mit umstürzlerischem Elan eine umfassende Erneuerung der Kunst propagiert. Ein ganz eigener Beitrag aus diesem Kreis sind die Entwürfe für eine abstrakte Bühne von Piet Mondrian, der dazu von Michel Seuphors 1926 in Lyon uraufgeführtem Stück *L'Ephémère est éternel* (Das Vergängliche ist ewig) in-

G. Kaiser: Gas. *Szenenfoto der Inszenierung von Albert van Dalsum. Vereenigd toneel, 1928*

spiriert wurde. Es war »ein authentisches Theater-Schauspiel – nur Ton, Rhythmus, Wortmusik, Farbe, unmittelbarer Kontakt zwischen Bühne und Zuschauern.« (n. H. Rischbieter 1968, 149) Mondrians Bühnenmodell bestand aus einem Kasten mit verschiebbaren Elementen; in seiner abstrakten Anordnung rechteckiger Flächen nach der Art von Mondrians Bildern konstruiert: eine Bühne, die keinerlei Verweisungscharakter auf eine andere als die eigene Realität besaß. Im *Ersten Manifest* (1918) von De Stijl wurde das Programm der Gruppe erstmals veröffentlicht. Das *Zweite Manifest* von 1920 konkretisiert Positionen einer neuen Ästhetik, die vor allem eines sein sollte: ein Medium für eine »neue Auffassung des Lebens«, kein »Abklatsch der Natur«. (vgl. W. Asholt u. W. Fähnders 1995, 156f u. 201f) Während nun aber der deutsche Expressionismus seine Erneuerungs- und Aufbruchsprogrammatik in erster Linie auf der Ebene der Inhalte einer neuen Dramatik darstellte, konfrontierten die Dadaisten in ihren Soireen das niederländische Publikum mit einer radikal neuen Form von Theatralik. (vgl. Kap: Schweiz, DADA Zürich) Vom Herbst 1922 bis zum Frühjahr 1923 unternahm auch der deutsche MERZ-Künstler Kurt Schwitters zusammen mit Vilmos Huszár, Théo und Nelly van Doesburg einen DADA-Feldzug durch zahlreiche Städte der Niederlande, darunter Den Haag, Haarlem, Amsterdam, Rotterdam, Utrecht und Leiden. Was die Gruppe zum Vergnügen und Entsetzen der Zuschauer vorführte, war eine witzige Multimedia-Show mit Grotesktänzen, virtuosen Vortragsnummern mit Nonsens-Texten, Filmprojektionen, Pantomime, irritierenden Licht- und Geräuscheffekten und den bereits von den italienischen Futuristen praktizierten skandalträchtigen Interaktionsspielen mit dem Publikum, die die Barriere zwischen Bühne und Zuschauern niederreißen sollten. Diese nämlich galt für diese Kunstrevolutionäre als der

Inbegriff jener Schranke, die das traditionelle Theater vermeintlich vom »Leben« trennt. (vgl. M. Brauneck 1995, 200ff) Mögen die Soireen von »Dada Holland« oder Mondrians Bühnenmodell auch ohne unmittelbare Auswirkung auf das Theater dieser Jahre geblieben sein, so markieren sie doch die extremsten Positionen innerhalb eines breiten Spektrums von Projekten, denen es durchweg um die Erneuerung der Kunst und des Theaters in den Niederlanden ging und die dies mit der weitesten Perspektive einer geistigen Erneuerung der Gesellschaft verbanden.

Die Amsterdamse Stadsschouwburg: das »eerste theater des lands«

Zunächst waren es flämische Theaterleiter und Regisseure, die in den ersten Jahrzehnten des 20. Jahrhunderts die Erneuerung des niederländischen Theaters vorantrieben. Die »erste Bühne« des Landes, die Amsterdamse Stadsschouwburg, übernahm in diesem Modernisierungsprozeß jedoch keineswegs die Rolle einer Vorhut. Diese Bühne, die nach dem großen Brand vom 20. Februar 1890 mit einem neuen Gebäude am 1. September 1894 wiedereröffnet worden war, galt eher als ein Bollwerk der Tradition, das sich als kommerzielles, von der Stadt verwaltetes Großunternehmen gänzlich dem Publikumsgeschmack angepaßt hatte. Familiendramen aus dem holländischen Milieu, die eigenen Klassiker und französische Boulevard-Stücke, vornehmlich von Sardou, Scribe und Augier, aber auch gemütvolle deutsche Lustspiele wie Meyer-Försters *Alt-Heidelberg* bildeten das Repertoire. In den zwanziger Jahren kamen Dramen von Henrik Ibsen, Arthur Schnitzler, Hermann Bahr und Maksim Gor'kij hinzu; durchweg auch Stücke, die den populären Stars der Königlichen Vereinigung von »Het Nederlandsch Tooneel«, die das Theater gepachtet hatten, Gelegenheit boten, in großen Rollen zu brillieren. Unter dem Einfluß der Reformideen des Engländers Edward Gordon Craig setzte sich aber allmählich auch an dieser Bühne der Regisseur als künstlerisch leitende Persönlichkeit in der Inszenierungsarbeit durch. (vgl. B. Albach 1957, 25 ff) Nach W. P. de Leur (1884–1924), der bereits Reformen nach dem Vorbild der Meininger eingeführt hatte, war Herman Roelvink der erste Regisseur, der an der Amsterdamer Stadsschouwburg diesen neuen Arbeitsstil konsequent verwirklichte, unterstützt von seinem Bühnenbildner Cato Neeb. Deren Inszenierung von Shakespeares *Der Kaufmann von Venedig* (1914) war die erste Produktion an dieser Bühne, die in der Bühnenarchitektur den historisierenden Realismus der Jahrhundertwende durch eine moderne Bühnenarchitektur ersetzte.

Ein neuer Entwicklungsschritt in der Geschichte der »Stadsschouwburg op het Leidseplein« war eingeleitet, als Eduard Verkade 1917 die Leitung der »Nederlandsch Tooneel« übernahm. Mit ihm kamen die meisten Mitglieder seiner »Haghespelers« an diese Bühne. Höhepunkte seiner Arbeit waren hochstilisierte Shakespeare-Inszenierungen (vor allem *Hamlet* mit Van Dalsum als Claudius und Verkade in der Titelrolle), *Don Carlos* von Friedrich Schiller und Vondels *Gijsbrecht van Aemstel*. Die Bühnendekorationen für diese Inszenierungen schuf der Architekt H. Th. Wijedveld (1885–1987). Aber nur drei Jahre dauerte diese Periode, in der die Stadsschouwburg zu einem künstlerischen Höhenflug angesetzt und alsbald auch über die Grenzen der Niederlande hinaus Aufsehen erregt hatte. Ein Streit zwischen Verkade und dem Ensemble um ein Gastspiel in London beendete diese Erfolgsserie abrupt. Verschärft wurde dieser Konflikt noch durch den Streik der Schauspieler, der 1920 zum Rücktritt Verkades führte. (vgl. B. Albach 1954, 32) Dessen Nachfolger wurde Willem Royaards, der sich mit grundlegend neuen institutionellen Gegebenheiten auseinanderzusetzen hatte. Bei dem Schauspielerstreik von 1920 ging es um die

B. Brecht: Die Dreigroschenoper. *Het Oost-Nederlands Tooneel, 1929. Albert van Dalsum als Tiger Brown*

arbeitsrechtliche Situation der Bühnenkünstler. Dies führte letztlich dazu, daß diese Bühne seither nicht mehr von der Königlichen »Vereiniging Het Nederlandsch Tooneel« in Pacht betrieben, sondern von der Verwaltung der Stadt in eigene Regie übernommen wurde. Für Royaards bedeutete dies in erster Linie, daß der Spielplan verstärkt unter ökonomischen Aspekten aufgestellt werden mußte. Mit populären Lustspielen, alten und modernen Klassikern und dem Engagement berühmter ausländischer Bühnenstars versuchte er dieses Problem zu lösen, mußte dabei aber viele seiner Reformvorstellungen aufgeben.

1924 kehrte Verkade an die Stadsschouwburg zurück und übernahm zusammen mit Dirk Verbeek erneut die Direktion von »Het Verenigd Tooneel« bis zum Jahre 1930. In dieser Zeit führte er diese Bühne wieder zu glänzenden künstlerischen Erfolgen. Aufführungen von Shaws *St. Joan*, Maeterlincks Märchenstück *Der blaue Vogel* und vor allem von *Hamlet* im modernen Kostüm waren Höhepunkte. Nach 1930 arbeitete Verkade überwiegend als Gastregisseur an verschiedenen Theatern, zumeist mit Inszenierungen von Werken William Shakespeares. Von diesen war *Hamlet* das Stück – vornehmlich die Gestaltung der Titelrolle als Schauspieler –, mit dem sich Verkade sein Leben lang auseinandergesetzt hat.

Nach dem Weggang Verkades wechselten sich Van Dalsum und Defresne (1934–1938), Cor van der Lugt Melsert (1938–1941) und H. van Dellen (1941–1945) in der Leitung des Schauspielensembles an der Stadsschouwburg ab. Die Gesamtleitung dieser niederländischen Repräsentationsbühne hatte in den Jahren von 1920 bis 1932 H.M. Merkelbach inne; von 1932 bis 1941 war John Bendien in dieser Funktion; dessen Nachfolger (bis 1946) wurde H. van Dellen.

Theater in den Jahren der deutschen Besetzung (1940 bis 1944)

Als der für die Niederlande eingesetzte Reichskommissar Seyß-Inquart darangging, das von der deutschen Armee besetzte Land nun auch noch kulturell unter die Knechtschaft faschistischer Politik und Ideologie zu zwingen, vollzog sich dies nach einer vergleichbaren administrativen Strategie, mit der bereits im Deutschen Reich die Gleichschaltung aller kulturellen Einrichtungen und Verbände vollzogen worden war: durch Auflösung und Verbote vorhandener Strukturen und Institutionen und durch die Schaffung eines umfassenden zentral gesteuerten Zensur- und Kontrollsystems. Im November 1940 wurde das niederländische Kultusministerium aufgelöst, und es wurden die beiden nationalsozialistischen Behörden »Departement van Opvoeding, Wetenschap en Cultuurbescherming« und das »Departement van Volksvoorlichting en Kunsten« (DVK) gegründet. Letzteres war auch für das Theaterwesen zuständig. Aufgabe dieser beiden Behörden war es, alle kulturellen Aktivitäten im Sinne ihres Verständnisses von »Volksaufklärung« (Volksvoorlichting) zu lenken; und es ging darum, für die Durchsetzung der sogenannten »Arisierungsmaßnahmen« ein effizientes Instrumentarium zu schaffen. Wie im Deutschen Reich und in anderen okkupierten Ländern regulierte auch hier die Theaterpolitik die inhaltliche und künstlerische Ebene des Theaterbetriebs, insbesondere das Repertoire und vor allem aber auch den personellen Bereich: die Besetzung aller leitenden Funktionen durch Mitglieder der NSB, Berufsverbote für jüdische Bühnenkünstler, Aufführungsverbote von Stücken unerwünschter Autoren. Bei der Durchsetzung dieser Politik konnten die deutschen Behörden durchaus auch niederländische Gesinnungsgenossen einsetzen, in erster Linie die Anhänger von Musserts Nationaal Socialistischer Beweging. So war es etwa Frans Primo, der Cheftheoretiker und Leiter der Abteilung »Theater und Tanz« des DVK, der über das Dramaturgische Büro seiner Abteilung die Spielpläne aller niederländischen Bühnen kontrollierte. Seiner Abteilung mußte jedes zur Aufführung vorgesehene Stück zur Zensur vorgelegt werden. Primo schrieb jährliche Wettbewerbe für niederländische Dramatiker aus, um den Aufbau einer »völkischen« Dramatik zu fördern. Vier große Repertoire-Gesellschaften besaßen während der Besatzungszeit eine Spiellizenz: »Het Residentieltooneel«, »Central Tooneel«, »Gementelijk Theaterbedrijf«, das Ensemble der »Amsterdamse Schouwburg«, das bis 1941 unter dem Namen »Nederlandsch Tooneel« aufgetreten war, und das (deutschsprachige) »Deutsche Theater in den Niederlanden«. Auf den Spielplänen standen fast ausschließlich deutsche, niederländische und französische Lustspiele und in eingeschränktem Umfang auch klassische Dramen. Verboten waren Stücke englischer (mit Ausnahme von Shakespeare), amerikanischer und russischer Autoren. Auch einige französische Stücke waren nicht zur Aufführung zugelassen. (vgl. M.Frey 1991, 14f) Im November 1941 erfolgte durch die Gründung einer Kulturkammer eine noch weitergehende Zentralisierung und Verschärfung des politischen Überwachungssystems. Bereits vor dem Einmarsch der deutschen Truppen hatte es Proteste der Schauspieler gegen zensurähnliche Praktiken in den Niederlanden gegeben, die ohne gesetzliche Grundlage von Bürgermeistern und den örtlichen Polizeibehörden ausgeübt wurden. Dabei ging es um Spielverbote für Stücke, die sich – in der politisch höchst angespannten Situation Ende der dreißiger Jahre – kritisch mit den aktuellen politischen und sozialen Verhältnissen im eigenen Lande und in Deutschland auseinandersetzten.

Gleichzeitig mit der »Nederlandschen Kultuurkamer« richtete Seyß-Inquart den »Nederlandschen Kulturraad« ein als – wie es hieß – »in der niederländischen Künstlerschaft verankertes« Beratungsgremium, das die Arbeit der Kulturkammer unterstützen sollte. Gegen diese Maßnahmen protestierten wiederum zahlreiche Künstler und Intellektuelle, obwohl die meisten kulturellen Einrichtungen, an denen die neuen Machthaber aus Gründen der Propaganda und der ideologischen Indoktrination so sehr interessiert waren, nun erhebliche staatliche Subventionen erhielten. Allein die Theater, die bis dahin fast gänzlich ohne städtische oder staatliche Mittel auskommen mußten, erhielten in den vier Jahren der Besatzung etwa das sechzigfache an staatlicher finanzieller Unterstützung als in der Zeit davor. Für viele Bühnenkünstler bedeutete dies eine bis dahin nicht gekannte soziale Absicherung. (vgl. D. Rubin I, 1994, 596) Seyß-Inquart hatte auch angeordnet, daß sich alle Künstler bei ihren zuständigen »Gilden« an der Kulturkammer eintragen lassen mußten, wenn sie weiterhin ihren Beruf ausüben wollten. Für die Bühnenkünstler war die »Gilde voor Theater en Dans« zuständig. Einige Schauspieler und prominente Regisseure (vgl. R.L. Erenstein 1996, 652ff) verweigerten diese Anmeldung. Die Mehrzahl der Bühnenkünstler kam dieser Anordnung jedoch nach. Dennoch wurde dem Reichskommissar am Tag des Anmeldeschlusses, dem 19. Februar 1941 ein von 1902 Künstlern unterschriebenes Manifest übergeben, in dem diese gegen den staats-autoritären Zugriff auf die Theater protestierten. Auch einige Direktoren größerer Theatergesellschaften schlossen sich diesem Protest an. Die Folge davon war eine Zunahme der Repressalien gegenüber den Theaterleitungen und einzelnen Schauspielern, insbesondere gegen die Funktionäre der Nederlandse Organisatie van Toneelspelers. Diese Schauspielervereinigung war im Juli 1940 gegründet worden und galt als Bastion des Widerstands gegen die Indienstnahme des niederländischen Theaters für die Ziele der nationalsozialistischen Kulturpolitik. So erwies sich die Einrichtung der Kulturkammer ebenso wie des Kulturrats, die beide im September 1944 aufgelöst wurden, letztlich als politischer Fehlschlag. (vgl. R.L. Erenstein 1996, 656)

Eine Gruppe von Schauspielern und Regisseuren, die sich der politischen Widerstandsbewegung angeschlossen hatten, entwickelten zur gleichen Zeit ein kulturpolitisches Konzept zur Neuordnung des Theaters in den Niederlanden für die Zeit nach dem Ende des Kriegs. Hauptpunkt dieses *Ontwerps voor een regeling van het toneel na de oorlog* war die Forderung nach geregelter Subventionierung der Theater durch Staat und Gemeinden, die den Bühnen, befreit von der »Diktatur der Kasse«, eine Arbeit ausschließlich im Dienste der Kunst ermöglichen sollte.

Am Rande des offiziellen Theaterlebens existierte in der Anfangszeit der Besetzung der Niederlande auch ein nach dem Vorbild des »Jüdischen Kulturbundes« in Deutschland organisierter »Joodse Kulturbond«, »der in ghettoähnlicher Weise die Hollandsche Schouwburg (Holländisches Theater) bespielte.«

Plakat der Stadsschouwburg mit der Ankündigung von Vrij Volk, *1945*

A. Defresne: Vrij Volk Vandaag. *R.: A. v. Dalsum. B.: J. Snoek. Stadsschouwburg, Amsterdam 1945*

Diese Bühne wurde schließlich in »Joodsche Schouwburg« (Jüdisches Theater) umbenannt. Der Leiter des Ensembles war der Schauspieler Elias van Praag. (M. Frey 1992, 17) Der »Joodse Kulturbond« bestand bis Herbst 1942, dem Zeitpunkt, zu dem die systematische Deportation der Juden in den Niederlanden einsetzte.

Auch einige deutsche Kabarett- und Bühnenkünstler, die sich seit 1933 im niederländischen Exil aufhielten, versuchten schon vor der Besetzung des Landes, aber auch noch im ersten Jahr danach ihren Beruf weiter auszuüben. Angesichts der hohen Arbeitslosigkeit unter den holländischen Schauspielern stieß dies zunächst auf den Widerstand der Behörden. Dennoch bildete sich bald eine Anzahl kleiner deutschsprachiger Exiltheatergruppen, deren Publikum fast ausschließlich aus Exilanten bestand. Eine besondere Rolle spielten in dieser Szene die Kabarettisten. In den Jahren zwischen 1933 und 1936 war Erika Mann mit ihrem berühmten, in Zürich ansässigen Kabarett »Die Pfeffermühle« in mehreren Städten aufgetreten und hatte mit ihrem antifaschistischen Programm auch große Kreise der einheimischen Intelligenz begeistert. (vgl. Kap.: Deutsches Theater im Exil) Das prominenteste in den Niederlanden ansässige Emigrantenensemble war das eher unpolitische Kabarett von Rudolf Nelson, der in Berlin eines der elegantesten Revuetheater der zwanziger und dreißiger Jahre betrieben hatte. Nelson lebte seit März 1934 in Amsterdam und trat dort im Kabarett-Theater »La Gaîté« mit seinem ebenfalls emigrierten Ensemble auf. In vierzehntäglichem Wechsel brachte er bis 1940 nahezu 100 Programme heraus, für die er selbst die Musik komponierte. In den Sommermonaten gastierte diese Truppe im mondänen holländischen Kurbad Scheveningen. Nach der Besetzung der Niederlande durch die deutschen Truppen gelang es Nelson, zusammen mit seiner Mitarbeiterin Dora Paulson unterzutauchen. Nicht überlebt hat die Naziherrschaft der deutsche Kabarettist Willy Rosen, der seit 1938 im Exil in den Niederlanden lebte und noch bis Ende Februar 1941 mit seinem »Cabaret der Prominenten« in Amsterdamer Theatern, dann auch noch eine

Zeit lang im »Jüdischen Kulturbund« auftrat. Rosen wurde 1944 deportiert und ermordet.

Das Ende dieser Schreckenszeit feierten die niederländischen Bühnenkünstler mit der Aufführung einer Serie von Einaktern, geschrieben und inszeniert von Künstlern aus der Widerstandsbewegung, darunter August Defresne und Albert van Dalsum, und von der »Tooneelgroep 5 mei«. Dies waren überwiegend Schauspieler, die der nationalsozialistischen Kulturkammer ihre Anmeldung verweigert und deswegen Berufsverbot erhalten hatten. Der Titel dieser Stückefolge war *Vrij Volk* (Freies Volk). Die Auseinandersetzung (vgl. R.L. Erenstein 1996, 658f) jener Bühnenkünstler, die in der Zeit der Besatzung unter Annahme der Bedingungen der Kulturkammer weiter aufgetreten waren, mit jenen, die dies verweigert hatten, war ein belastender Prozeß bei der anstehenden Neuordnung des niederländischen Theaterwesens im Jahre 1945.

Die Oper in den Niederlanden

Die Oper nahm im niederländischen Theaterleben keine so zentrale Stellung ein, wie dies in anderen westeuropäischen Ländern, so etwa im benachbarten Belgien, der Fall war. (vgl. Bd. III, 883 ff) Offenbar waren die hohen Betriebskosten in diesem Genre ohne staatliche oder andere mäzenatische Subventionen allein durch privatwirtschaftliche Unternehmensführung nicht aufzubringen. Zwar gab es seit 1886 Versuche, in Amsterdam ein holländisches Opernensemble zu etablieren, das in der Stadsschouwburg auftrat, doch gelang es keinem der Leiter dieser Truppen, den Spielbetrieb längerfristig aufrechtzuerhalten. Im Abstand von zumeist nur vier oder fünf Jahren wechselten die Unternehmen. Das ambitionierteste Projekt war die 1916 von G. H. Koopman gegründete »Nationale Opera«. Koopmans Bemühungen um ein eigenes Theatergebäude für die Oper blieben jedoch erfolglos. Als dieses Ensemble 1919 nach Den Haag ging, hielt sich der Opernbetrieb unter anderer Leitung nur noch bis zum Ende der Saison 1923/24.

Allein einer italienischen Operntruppe gelang es, sich in Amsterdam dauerhaft zu etablieren. Dabei fanden die Aufführungen dieses sehr populären Ensembles jedoch vielfach außerhalb der Stadsschouwburg statt. Dennoch konnte die Italianaanse Opera schließlich 1937 ihr vierzigjähriges Bestehen feiern. Sara Scuderi war über Jahrzehnte der Star dieser Gesellschaft. Neben der Italienischen Oper waren die Aufführungen der von Henri Viotta 1884 gegründeten Wagner-Vereeniging ein fester Bestandteil des Amsterdamer Theaterlebens. Freilich konnte auch Viotta den Bau eines Opernhauses nicht durchsetzen. (vgl. Bd. III, S 83 f) Seit 1925 also, als die Nationale Oper ihren Spielbetrieb eingestellt hatte, waren es diese beiden Opernensembles – das der »Wagner-Vereeniging« und die Italienische Oper –, die in der Stadsschouwburg auftraten. Die Wagner-Vereeniging hatte seit 1911 ihr Repertoire wesentlich erweitert und brachte nicht nur Werke von Richard Wagner zur Aufführung. Eine weitere Öffnung ihres Spielplans erfolgte 1923, als unter Paul Cronheim satzungsmäßig festgelegt wurde, daß von den zwei Aufführungen, die der Verein jährlich produzierte, eine dem Werk Wagners, die zweite einem anderen Komponisten gewidmet sein sollte. Verstärkt wurden nun auch ausländische Opernensembles zu Gastspielen in die Stadsschouwburg eingeladen. Ein unübersehbares Zeichen für den neuen Kurs der Wagner-Vereeniging war ein Gastspiel (1930) der Aachener Oper mit Alban Bergs *Wozzeck*, einem für das Amsterdamer Opernpublikum in seiner expressionistischen Modernität geradezu revolutionären Werk. Gastspiele von Opernensembles aus Paris, Prag und Zürich folgten, die überwiegend Aufführungen zeitgenössischer Opernwerke zeigten. (vgl. B. Albach 1957, 69 ff) Auch der Förderung des Balletts nahm sich die Wagner-Vereeniging an. Schwerpunkt der Arbeit dieses Vereins aber blieb die Pflege der Werke deutscher Komponisten. So kam es in der zweiten Hälfte der dreißiger Jahre zu monumentalen Inszenierungen von Wagners *Götterdämmerung* (1937), *Siegfried* (1938) und *Die Walküre* (1939) in der Stadsschouwburg. Ein theaterpolitischer Erfolg für die Wagner-Vereeniging war es, als 1937 am Amsterdamer Conservatorium eine musikdramatische Abteilung als Ausbildungsstätte für niederländische

A. Berg: Wozzeck. *Wagner-vereiniging, 1930*

Nachwuchssänger eingerichtet wurde. Die Gründung (1938) der Nederlandse Operastichting, einer von mehreren kulturellen Einrichtungen mitgetragenen Stiftung, war ein erneuter Anlauf zur Schaffung einer nationalen Oper. Zu einem wirklichen Durchbruch bei diesem so lange umkämpften Projekt kam es jedoch auch hier erst wie im Schauspiel, als nach 1945 ein umfassender Reformprozeß des gesamten niederländischen Theaterwesens eingeleitet wurde. Dieser erst schuf die Voraussetzungen dafür, daß das Theater in den Niederlanden jene so innovative Bedeutung für das europäische Theater gewinnen konnte, die es im letzten Drittel des 20. Jahrhunderts eingenommen hat.

Theater in Belgien und Luxemburg

Einleitung

In den ersten Jahrzehnten des 20. Jahrhunderts war Belgien ein wirtschaftlich prosperierendes Land mit einem hohen Entwicklungsstandard in der Landwirtschaft und in der Schwerindustrie. Zudem war Belgien eine bedeutende Kolonialmacht in Afrika. Bis zur Einführung des allgemeinen Wahlrechts im Jahre 1919 besaßen die klerikalen Parteien die Mehrheit im Parlament dieses überwiegend katholischen Landes. Im Ersten Weltkrieg blieb Belgien neutral. Große Gebiete wurden jedoch von deutschen Truppen besetzt. Nach diesen Erfahrungen schloß Belgien 1919 ein Verteidigungsbündnis mit Frankreich. Zum selben Zeitpunkt wie die Niederlande wurde das Land im Mai 1940 von deutschen Truppen angegriffen und bis September 1944 besetzt. Diese Jahre der Besetzung waren im Kulturbereich von den gleichen Repressionen nationalsozialistischer Politik und Indoktrination geprägt – ebenfalls unter der Zuständigkeit des Reichskommissars Seyß-Inquart – wie dies in den Niederlanden der Fall war. Und auch in Belgien wurde nach 1945 das Theaterwesen neu geordnet, wobei die Einführung einer Zuständigkeit des Staats und der Gemeinden für den Unterhalt der Theater die wohl folgenreichste Neuerung war. Die theaterkulturellen Probleme waren also durchaus vergleichbar mit denen in den Niederlanden. Ein programmatisches Zeichen für den Neubeginn nach dem Zwei-

P. Mérimée: Le carrosse du Saint-Sacrement. *R: J. Delacre. B: R. Moulaert. Théâtre du Marais, Brüssel 1923*

Michel de Ghelderode: L'Ecole des bouffons, *1942*

ten Weltkrieg war die Gründung eines flämischen Nationaltheaters, des Nationaal Toneel in Antwerpen, im September 1945.

Das Großherzogtum Luxemburg, seit 1868 eine konstitutionelle Erbmonarchie, politisch neutral, bis 1919 in Zollunion mit Deutschland und seit 1921 in einer Währungs- und Wirtschaftsunion mit Belgien, erlitt in den Jahren 1940 bis 1945 das gleiche Schicksal der Besetzung durch deutsche Truppen wie Belgien und die Niederlande. Die Regierung amtierte in dieser Zeit im Londoner Exil. Kulturell war Luxemburg durch seine Lage zwischen dem deutschen und französischen Kultur- und Sprachraum geprägt. Dabei nahm das Französische als Amtssprache eine deutliche Vorrangstellung ein, was sich auch im Theaterleben auswirkte.

Theaterwesen und Tendenzen in der künstlerischen Entwicklung

In Belgien existierten zwei in ihrer künstlerischen Tradition und der Sprache nach unterschiedliche Theaterkulturen nebeneinander: französisches und flämisches Theater. Letzteres stellt eine Sonderentwicklung des niederländischen Theaters dar. Beide Theaterkulturen konzentrierten sich weitgehend auf die entsprechenden Sprachgebiete: auf das französisch-sprachige Wallonien bzw. auf Flandern – von der Anzahl der Bevölkerung her etwa doppelt so groß wie Wallonien –, wo Flämisch als Dialekt des Niederländischen gesprochen wird. Die Hauptstadt Brüssel, Residenzstadt der belgischen Könige, orientierte sich an Frankreich als dem kulturellen Vorbild. Dementsprechend hatte sich auch Französisch als Amtssprache und als Sprache der arrivierten Kreise der Gesellschaft durchgesetzt; eine Gegebenheit, gegen die die flämische Autonomiebewegung, die in der zweiten Hälfte des 19. Jahrhunderts aufgekommen war, Sturm lief.

Daran änderte sich auch nichts, als nach 1873 durch ein Sprachengesetz die Gleichberechtigung des Niederländischen mit dem Französischen im Amtsgebrauch verordnet worden war. Das kulturelle Leben präsentierte sich ganz überwiegend und gerade in seinen exponiertesten Ereignissen und Vertretern in französischer Sprache. Dies galt vor allem für die berühmtesten belgischen Literaten und Bühnenautoren dieser Jahrzehnte, für Maurice Maeterlinck (1862–1949) (vgl. Bd. III, 598ff), Fernand Crommelynck (1886–1970) und Michel de Ghelderode (1898–1962). Da beinahe ausschließlich französische Ensembles die größeren Bühnen des Landes bespielten, zogen auch junge belgische Schauspieler nach Paris, um dort ihre Ausbildung zu absolvieren und ihre Karriere aufzubauen. So waren auch alle von Frankreich ausgehenden neuen künstlerischen Entwicklungen an belgischen Bühnen vornehmlich in Brüssel präsent und prägten das intellektuelle Leben in der Hauptstadt.

Im Gegensatz zu dem von dem professionellen französischen Gastensembles gebotenen französisch-sprachigen Theater hatten sich der Pflege des flämischen, niederländischen Theaters vornehmlich Laienensembles angenommen. In dieser Theatersphäre ging es in der ersten Hälfte des 20. Jahrhunderts noch darum, den Spielbetrieb zu professionalisieren und eine entsprechende institutionelle Struktur aufzubauen. Gerade letzteres war besonders schwierig in einem Land, in dem wie in den Niederlanden das Theater ausschließlich privatwirtschaftlich und ohne staatliche Förderung betrieben wurde. Einzige Ausnahme war das Théâtre de la Monnaie (flämisch: De Munt) in Brüssel, die große nationale Opernbühne und Zentrum der französischen Theaterkultur des Landes. Diese nach einem Brand im Jahre 1855 neuerbaute und bereits 1856 wiedereröffnete Repräsentationsbühne erhielt staatliche Subventionen und galt zeitweise als eine Art Hoftheater nach französischem Vorbild. Dagegen war die 1884 ebenfalls in Brüssel eröffnete Vlaamse Schouwburg, deren Aufgabe die Pflege des flämischen Theaters sein sollte, ein ganz wesentlich bescheideneres Unternehmen. Direktor dieser Bühne war über viele Jahre Edmond Hendriks (1838–1918), der – etwa durch die Vergabe von Freikarten – besondere Anstrengungen unternahm, um sein Theater auch für das einfache Volk zugänglich zu machen. Auch in der Spielplangestaltung stellte sich Hendriks auf dieses Publikum ein. Besser gestellt war es um das flämische Theater in Antwerpen. 1907 erhielt dort die 1893 gegründete Flämische Oper ein eigenes Theatergebäude, das Lyrisch Vlaamsch Tooneel. Bis dahin war das flämische Ensemble im Königlich Niederländischen Theater aufgetreten. Da dieser Spielbetrieb jedoch keinerlei staatliche Subventionen erhielt und permanent in finanzielle Krisen geriet, war es schwer, längerfristig prominente Künstler an dieser Bühne zu halten. Dennoch war die Reformbewegung, die das flämische Theater in den ersten beiden Jahrzehnten des 20. Jahrhunderts erfaßte, wohl der innovativste Entwicklungsprozeß im niederländischen Theater.

Aber auch das französischsprachige Schauspieltheater hatte gegenüber der Oper, die beherrschend im Mittelpunkt des hauptstädtischen Theaterlebens stand, eine nachgeordnete Bedeutung. So existierten in Brüssel am Beginn des 20. Jahrhunderts nur vier bedeutendere Bühnen, die in ihrem Spielplan überwiegend das Schauspiel pflegten. Es waren dies das bereits 1879 gegründete Théâtre du Parc, das Théâtre d'Alcazar, das Théâtre Molière und das Nouveau Théâtre. Von diesen war das Théâtre du Parc, vornehmlich unter der langjährigen Direktion (1899–1925) von Victor Reding, die künstlerisch ambitionierteste Bühne, die auch zahlreiche Uraufführungen herausbrachte. Immer wieder traten dort berühmte Schauspieler von Pariser Bühnen auf. Das Théâtre Molière (gegründet 1867) war eine populäre Komödienbühne, die fast ausschließlich Stücke französischer Autoren aufführte, in den letzten Jahren ihres Bestehens sich jedoch auf das Genre der Operette spezialisierte. Die gleiche Entwicklung nahm, einem allgemeinen Trend dieser Zeit entsprechend, das Théâtre des Galeries, das seit 1846 bestand. Zu den großen Operetten-Theatern zählten auch L'Alhambra mit etwa 1500 Plätzen und das Théâtre Flamand. Was die Spielpläne aller dieser Bühnen betrifft, so war der überragende Einfluß des französischen Theaters bis weit ins 20. Jahrhundert hinein bestimmend.

Im Großherzogtum Luxemburg war das Theaterleben in der ersten Hälfte des 20. Jahrhunderts beinahe ausschließlich durch Gastspiele französischer und deutscher Ensembles geprägt, die vornehmlich reines Unterhaltungstheater in allen einschlägigen Genres vom Lustspiel bis zur Operette boten. Einige Laienensembles zeigten immer wieder auch Theateraufführungen in Letzeburgisch, der Umgangssprache dieses Landes. Diese spezifische Theatertradition gewann erst nach 1945 künstlerisches Profil, als auch Berufsschauspieler sich dieses Dialekttheaters annahmen und auch junge Autoren Stücke dafür schrieben. (vgl. D. Rubin I, 1994, 569) Theatersäle, in denen ausländische Berufsschauspieler und einheimische Laienensembles auftraten, gab es in Luxemburg seit dem 18. Jahrhundert. 1798, im Zusammenhang mit der Französischen Revolution, wurde gar in der Dominikanerkirche kurzfristig ein »Nationaltheater« (bis 1803) eingerichtet. (vgl. J. Hurt 1932, 10) Im Laufe des 19. Jahrhunderts wurden verschiedene städtische Säle zu Spielstätten umgerüstet. Betreiber dieser Unternehmungen waren private Theatervereine. 1858 kam es zur Gründung eines Französischen Theaters, das bis in die 20er Jahre des 20. Jahrhunderts bespielt wurde und lange Zentrum des »hauptstädtischen Gesellschaftslebens« (J. Hust) war. 1869 wurde erneut eine Kirche zum Theater (Théâtre des Capucins) umgebaut, das bis 1919 von einer Société du Théâtre de Luxembourg verwaltet

Erst um die Jahrhundertwende wechselte das Théâtre du Parc sein Genre und beschäftigte sich nunmehr mit der Inszenierung guter Komödien. Einer der verdienstvollen Direktoren, vor allem in Bezug auf die Förderung des belgischen Theaters, war der seit 1899 im Dienste des Théâtre du Parc stehende Victor Reding. Avantgardistisch ließ er belgische Autoren, die oft noch ungedruckt waren, in seinen »Matinées Littéraires« zu Worte kommen und inszenierte sie außerdem mit großer Sorgfalt. Seine lange Direktionszeit ermöglichte ihm die Bildung eines homogenen Ensembles, welches man als die erste belgische Berufsschauspieltruppe ansehen kann. Trotzdem traten auch zahlreiche ausländische Gäste auf, vor allem die Comédie française, Lugné Poë mit seinem Théâtre de l'Œuvre (1901–1912), die Duse, das Berliner Neue Schauspielhaus, das Old Vic etc. Das Théâtre du Parc unternahm auch selbst Tourneen in die Provinz und ins Ausland. Der Stil der Aufführungen war ein moralisierender, beherrschter; in Anlehnung an die Meininger wurden Dekor und Kostüm bis zum Äußersten gepflegt.

(H. Hofmann 1963, 24)

wurde, dann aber unter dem Namen »Luxemburgisches Stadttheater der Kapuzinerstraße« in Besitz und Verwaltung der Stadt überging. Das Repertoire bestand fast ausschließlich aus französischen Stücken und Opern. Für die Aufführungen deutschsprachigen Theaters hatte das Theater in der Villa Louvigny, mitten im Stadtpark gelegen, ein Monopol. Neben dem Spielbetrieb der ausländischen Berufsensembles, die in diesen Theatersälen auftraten, pflegten Studentenvereinigungen, Gesellenvereine und die Laientruppe der »Union dramatique« das Dialekttheater. Auch unterhielten die Soldaten der luxemburgischen Freiwilligenkompanie ein Theaterensemble in ihrer Kaserne in der Hauptstadt.

Die Struktur des Theaterwesens im Großherzogtum Luxemburg war typisch für die Theaterkultur kleiner europäischer Länder, deren kulturelles Leben beinahe ausschließlich durch Importe aus ihren großen Nachbarländern geprägt war. Der Entwicklung eines eigenständigen Theaterlebens in der Volks- oder der Umgangssprache nahmen sich in aller Regel Laienensembles an. Deren Arbeit war eine unerläßliche Voraussetzung für eine spätere Literarisierung und Professionalisierung des Theaters in diesen Ländern. Darin liegt die bedeutende kulturelle Leistung dieser aus der Sicht des Berufstheaters vielfach unterschätzten Amateure. In Belgien und Luxemburg kam diese Entwicklung, die in Nordost- und Südosteuropa bereits in der zweiten Hälfte des 19. Jahrhunderts stattgefunden und dort zur Gründung zahlreicher Nationaltheater geführt hatte, erst in der ersten Hälfte des 20. Jahrhunderts in Gang. Die Ursachen für diese verspätet aufkommende theaterkulturelle Autonomiebewegung sind in der politischen Konstellation dieser Region zu suchen. Nach Ende des Zweiten Weltkriegs erfolgte auch hier eine deutliche Zäsur.

Theater in den skandinavischen Ländern

Schweden

Durch seine Neutralitätspolitik vermochte sich Schweden aus den beiden Weltkriegen herauszuhalten. Im Gegensatz zu Dänemark und Norwegen blieb das Land auch im Zweiten Weltkrieg von einer Okkupation durch deutsche Truppen verschont. Die schwedische Regierung war jedoch gezwungen, der in Finnland gegen Rußland kämpfenden deutschen Armee ein Durchfahrtsrecht von Norwegen nach Finnland einzuräumen, was heftige Proteste in der Bevölkerung auslöste. Als Exilland wurde Schweden nach der Besetzung Dänemarks und Norwegens im April 1940 für deutsche Emigranten von Bedeutung, gerade auch für viele Bühnenkünstler. So kam es 1943 zur Gründung eines deutschen Exiltheaters in Stockholm, der »Freien Bühne«. (vgl. H. Müssener in: F. Trapp u.a. 1999 I, 319ff) Aber auch schwedische Ensembles nahmen nun Stellung zu den politischen Ereignissen: gegen Faschismus und die deutsche Okkupations- und Rassenpolitik, aber auch gegen politische »Fehlgriffe der schwedischen Regierung« (V. Arpe 1969, 313).

Szenenfoto aus dem Ballett Fräulein Julie *nach A. Strindberg. Ch.: B. Cullberg, 1950. Elsa Marianne von Rosen als Julie*

In dem gesamten hier zu behandelnden Zeitraum blieb Schweden jedoch der soziale Friede im Innern gewahrt, wohl dank des starken Einflusses der Sozialdemokratischen Arbeiterpartei auf die schwedische Politik seit Beginn der zwanziger Jahre. Allein die Weltwirtschaftskrise in den Jahren um 1930 stellte eine kurze Phase der Erschütterung des sozialen Lebens dieses von seiner Liberalität geprägten Landes dar. Erinnert sei daran, daß Schweden bereits 1872 als erster Staat in Europa die Zensur abgeschafft hatte. (vgl. Bd. III, 772f)

Das Theaterleben konnte sich in stabilen und differenzierten institutionellen Strukturen entfalten. Doch zeichnete sich das schwedische Theater langehin durch einen Hang zum Traditionalismus aus. Tiina Rosenberg geht in ihren *Beobachtungen zur gegenwärtigen Situation des schwedischen Theaters* gar so weit, zu fragen, ob es im schwedischen Theater überhaupt eine »Moderne« gegeben habe; schwer laste bis heute der »Schatten Strindbergs« auf dem schwedischen Theater (1993, 168).

Stockholm war mit der Königlichen Oper (Kungliga Teatern), dem Kungliga Dramatiska Theatern (Dramaten) und dem Intimen Theater (Intima Teatern), der von August Strindberg und August Falck 1907 eröffneten Kammerspielbühne, unstrittig das Theaterzentrum des Landes. (vgl. Bd. III, 780f) An der Königlichen Oper leitete der Regisseur Harald André (geb. 1879) Anfang der zwanziger Jahre einen künstlerischen Neubeginn ein. 1921 brachte er erstmals den Expressionismus auf die schwedische Opernbühne. Seine Inszenierung von *Samson und Dalila* von Camille Saint-Saëns in der Ausstattung durch den expressionistischen Maler Isaac Grünewald war seine bedeutendste Arbeit in diesen Jahren. Von 1939 bis 1949 war André auch Intendant der Königlichen Oper. Die Operette hatte in dem 1906 eröffneten Oscarteatern und zeitweise auch im

Vasateatern eigene Spielstätten, die beide, wie auch das Svenska Teatern, zu dem Theaterimperium von Albert Ranft gehörten, der sich 1926 aus dem Theatergeschäft zurückzog. (vgl. Bd. III, 777) Dessen Nachfolge in der Leitung dieser Bühnen trat der populäre Schauspieler Gösta Ekman (1890–1938) an.

Der künstlerisch bedeutendste Impuls, der aus der Königlichen Oper hervorging, war die Gründung der Ballets Suédois, eines Tournee-Ensembles, das einen eigenen Tanzstil kreierte und in Konkurrenz zu Diaghilevs Ballets Russes trat. Initiatoren waren der schwedische Mäzen Rolf de Maré und der Erste Tänzer am Ballett der Königlichen Oper, Jean Börlin. Als ihren Standort wählten die Ballets Suédois jedoch Paris, wo sie in dem dortigen Künstlerkreisen um Léger, Picasso, Milhaud und Cocteau ihre kongenialen Partner fanden und von wo aus sie weltweite Tourneen unternahmen. (vgl. Kap.: Frankreich) An der Stockholmer Oper waren in den zwanziger Jahren Lisa Steier, eine Schülerin von Michail Fokin (vgl. Bd. III, 613ff), und in den vierziger Jahren Birgit Cullberg (geb. 1908), die aus der Schule des deutschen Tanzreformers Kurt Jooss (vgl. Kap.: Deutschland) kam, die führenden Choreographen. Deren Arbeit schuf die Grundlagen für den hohen künstlerischen Standard, den das schwedische Ballett auch in der zweiten Hälfte des 20. Jahrhunderts auszeichnete.

Am Dramaten, Stockholms repräsentativer Schauspielbühne, wurde zu Beginn des Jahrhunderts ein verhältnismäßig traditionalistischer Schauspielstil gepflegt. Drei Ereignisse brachten jedoch Bewegung in das künstlerische Leben dieser Bühne: die Stockholmer Gastspiele von Max Reinhardts Deutschem Theater und von Stanislavskijs Moskauer Künstlertheater mit Inszenierungen von Stücken Čechovs und Maksim Gork'kijs und das Auftauchen (1923) des Regisseurs Per Lindberg in der Theaterszene der Hauptstadt. Bereits das Engagement des Regisseurs Gustaf Linden 1911 an das Dramaten war ein erstes Signal für eine Kurskorrektur. Linden hatte bei Max Reinhardt in Berlin, am

A. Strindberg: Nach Damaskus. *R.: P. Lindberg. Konzerthaustheater, Stockholm 1926*

Burgtheater in Wien und in Düsseldorf seine Ausbildung absolviert. (vgl. E. Leisler, G. Prossnitz 1973, 137 f) Die wirklich aufrüttelnden Ereignisse für das schwedische Theater waren jedoch die Gastspiele des Reinhardt-Ensembles 1911 (*König Ödipus*), 1917 (u.a. *Die Räuber, Faust I, Ein Sommernachtsstraum, Minna von Barnhelm, Totentanz*) und 1920 (u.a. *Der Kaufmann von Venedig* und *Der Scheiterhaufen*); ebenso Reinhardts schwedischsprachige Inszenierungen, vor allem die von August Strindbergs *Traumspiel* am 28. Oktober 1921 am Dramaten.

Nicht zuletzt durch diese Gastspiele wurden die sogenannten »Schwedischen Theaterdebatten« der Jahre 1917 und 1919 ausgelöst. Schon vor den Auftritten des Reinhardt-Ensembles war in einigen schwedischen Theaterzeitschriften (*Svenisk Konst, Svenska Scenen, Thalia*) der Inszenierungsstil des prominenten deutschen Regisseurs diskutiert worden, durchaus auch kritisch. So ging es auch in den Theaterdebatten 1917 und 1919 vor allem um die Stellung des Regisseurs. Durchgehender Tenor war – als Kritik an dem »Reinhardt-Stil« –, daß Ausstattung und Bühnenbild und durch die Maschinerie (Drehbühne, Rundhorizont) erzeugte Effekte nicht im Vordergrund der Inszenierung stehen dürften. Die Gefahr sei groß (eben bei Max Reinhardt, aber auch bei den Bühnenexperimenten des englischen Reformers Edward Gordon Craig), daß dies auf Kosten einer vertieften inhaltlichen Auseinandersetzung mit dem dramatischen Werk gehe. Durch das Auftreten der Regisseure Olof Molander in Stockholm und Per Lindberg (1890–1944) in Göteborg im Jahre 1919 wurden diese Debatten jedoch beendet. Beide Regisseure konfrontierten die schwedischen Kritiker und das Publikum in ihren Inszenierungen mit einer Modernität und offensiv vertretenen avantgardistischen Positionen, die schlagartig überzeugten.

Molander entwickelte immer konsequenter seinen eigenen Stil, er gelangte zu immer größerer monumentaler Vereinfachung ... Es waren vor allem die empfindsame und suggestive Verwendung des Lichts, der variierte Spielrhythmus und die artistische Verfeinerung im Spielton, welche den Molander-Vorstellungen die Charakteristik des modernen Theaters verliehen.

(E. Leisler, G. Prossnitz 1973, 166 f)

Szene aus Chitra *von R. Tagore am Neuen Intimen Theater, Stockholm 1921*

E. O'Neill: Seltsames Zwischenspiel. *R.: P. Lindberg. Dramatisches Theater, Stockholm 1928*

Molanders erste Inszenierung (*Der Kaufmann von Venedig*, 1919) am Dramaten ließ deutlich den Einfluß Max Reinhardts, aber auch den von Edward Gordon Craig erkennen. Typisch für Molanders Inszenierungen waren eine neue Qualität in der psychologischen Vertiefung der Rollencharaktere und ein bis ins letzte Detail festgelegtes Szenenarrangement. Strindberg und der amerikanische Dramatiker Eugene O'Neill (1888–1953) waren die Autoren, an deren Werk Molander seinen Stil zur Perfektion hin entwickelte. 1933 inszenierte er von O'Neill *Trauer muß Elektra tragen*, 1949 *Der Eismann kommt*. Damit leitete Molander eine kontinuierliche Auseinandersetzung mit dem Werk dieses amerikanischen Dramatikers am Dramaten ein. Die meisten Werke O'Neills erlebten ihre europäische Erstaufführung in Stockholm. Molanders erste Inszenierung von Strindbergs *Traumspiel* im Oktober 1935 wurde zu einem »legendären Ereignis in der schwedischen Theatergeschichte« (F.J. Marker, L.-L. Marker 1975, 232ff). Der Regisseur hatte sich in dieser Arbeit völlig von Reinhardts noch sehr expressionistischer Auffassung dieses Stücks gelöst, den melancholischen Grundton des Dramas und dessen »tief humanen Kern« (F.J. Marker) wiederentdeckt. Damit leitete Molander eine neue Phase in der Auseinandersetzung mit dem Werk dieses schwedischen Klassikers ein. Isaak Grünewald hatte die Bühnendekoration für diese Inszenierung geschaffen.

Von 1934 bis 1938 hatte Olof Molander auch die Direktion des Dramaten übernommen. Im Anschluß an seine Zeit an dieser Bühne ging er mit einer Wandertruppe auf Tournee und arbeitete als Gastregisseur an zahlreichen skandinavischen Bühnen.

Per Lindberg (vgl. F.J. Marker, L.-L. Marker 1975, 209) kam 1923 von Göteborg nach Stockholm. Zunächst arbeitete er dort mit einer Studentenbühne zusammen und inszenierte im Stockholmer Konzerthaus. Er war der radikalste Experimentator im schwedischen Theater der zwanziger Jahre. Appia,

Craig und Copeau waren seine Vorbilder. Sein künstlerisches Programm erläuterte Lindberg in zahlreichen Schriften (u.a. *Regiproblem*, 1927). Lindberg arbeitete mit extrem reduzierten Bühnendekorationen, ausschließlich mit plastischen Elementen. Die Schauspieler unterwarf er einer strengen Bewegungschoreographie; der Spielrhythmus wurde zum prägenden Stilelement. Was Lindberg vorschwebte, war der konsequente Versuch, das Theater als eigenständige Kunstform durchzusetzen; die Bühne nicht nur als Forum für die Interpretation literarischer Werke zu begreifen. (vgl. Th. H. Dickinson o.J., 432 ff)

Von 1927 bis 1929 leitete Per Lindberg einen Club für experimentelles Theater, der innerhalb des Dramaten von dessen Intendanten Tore Svennberg eigens für diesen Regisseur eingerichtet worden war. Lindberg inszenierte dort vornehmlich Stücke von Hjalmar Bergman, Per Lagerkvist und den irischen Dramatikern Yeats und Synge. Ein bemerkenswertes Ereignis in seiner Arbeit an diesem Club-Theater war die Inszenierung von Ernst Tollers mit filmischen Vor- und Zwischenspielen ausgestattetes Revolutionsdrama *Hoppla, wir leben* im Jahre 1927, die deutliche Einflüsse von Erwin Piscators Inszenierungsstil erkennen ließ.

1929 verließ Lindberg das Dramaten und begann 1931 seine Zusammenarbeit mit Gösta Ekman (1890–1938), dem großen Schauspielvirtuosen des schwedischen Theaters. Ekman hatte gerade die Direktion des Oscarteatern, die er 1926 übernommen hatte, aufgegeben und das Vasateatern in Pacht genommen (bis 1935); zusätzlich hatte er einen Saal im Stockholmer Konzerthaus gemietet, den er als Experimentierbühne ausbaute. Ein Höhepunkt in Ekmans Intendanz am Vasateatern war dessen Hamlet-Darstellung (1934) und die Gestaltung der Titelrolle in Per Lagerkvists Drama *Bödeln* (Der Henker, 1934).

In einem Artikel in »Göteborgsposten« vom 30. 3. 1918 nimmt Lindberg die deutsche Regiekunst vor der Behauptung, sie messe dem technischen Beiwerk einer Inszenierung zu viel Bedeutung bei, in Schutz. Man dürfe nicht Dekoration und dergleichen mit Regie gleichsetzen. »Regie ist in erster Linie die Liebe zur Gestaltungskraft des Wortes. Berlins erste Regisseure sind Textanalytiker, Künstler der Nuancierung, Instrukteure. Und der Beste darin, wie in allem übrigen, ist Reinhardt.« Am 5. Februar 1918 betont er in einem Brief, nun besitze er das erforderliche Rüstzeug, selbständig zu arbeiten: »Jetzt stehe ich auf einem festen Grund, jetzt hängt alles nur von mir und meiner eigenen Schaffenskraft ab.« Deshalb schlug Lindberg auch ein Angebot Reinhardts, weiterhin an seinen Theatern mitzuarbeiten, aus und folgte einem Ruf Gustaf Lindens nach Göteborg. Auf seiner Rückreise nach Schweden hatte er Knut Ström in Düsseldorf getroffen und ihn für eine Mitarbeit am Lorensbergstheater gewonnen.

(E. Leisler, G. Prossnitz 1973, 164)

Knut Ström: Bühnenbildentwurf für A. Strindbergs Folkungasagan, *1920*

A. Strindberg: Ein Traumspiel. *R.: O. Molander. B.: Martin Ahlbom. Stadsteatern Malmö, 1947*

Es ist dies ein Stück, das in der (während des ganzen Stücks bis auf einen Aufruf am Ende schweigenden) Titelfigur eine Verkörperung des Bösen auftreten läßt und unmißverständlich auf den unheilvollen Aufstieg des Faschismus hinweist. Ekmans »beste Rolle« – so urteilte er selbst (vgl. V. Arpe 1969, 306) – war Fedja in Leo Tolstojs Drama *Der lebende Leichnam*. Nach Ekmans Weggang übernahm Per Lindberg für kurze Zeit die Leitung des Vasateatern.

Von den kleineren Bühnen der Hauptstadt war das Lilla Teatern als Avantgardebühne das profilierteste. Als Per-Axel Branner (geb. 1899) 1940 die Direktion übernahm, benannte er die Bühne um in Nya Teatern (Neues Theater) und nutzte sie als politisches Forum. Krieg und Faschismus waren die Themen, die in den Stücken, die dort zur Aufführung kamen, behandelt wurden; unmißverständlich Partei nehmend gegen Nazi-Deutschland.

So war Stockholm zwar eine äußerst lebendige Theaterstadt, in der alle Richtungen und Bühnengenres auf hohem Niveau gepflegt wurden, doch auch in der schwedischen Provinz existierte eine Vielzahl interessanter Privat- und Stadttheater, die durchaus mit den Hauptstadtbühnen konkurrieren konnten. Eines dieser Theaterzentren außerhalb Stockholms war Göteborg mit fünf größeren Bühnen. Das Folkteatern war 1897 gegründet worden und wurde – als »Volksbühne« konzipiert – von Gewerkschaften und privaten Vereinen unterstützt. 1942 brannte dieses Theater ab; ein Neubau konnte jedoch alsbald eröffnet werden. Seit 1954 wird das Folkteatern auch staatlich subventioniert und unterhält seither auch ein eigenes Ensemble. Das Stora Teatern (Großes Theater) war zunächst eine Privatbühne, die neben dem klassischen Schauspiel auch Opern und Operetten aufführte. 1938 nahm die Stadt dieses Theater in eigene Regie. (vgl. V. Arpe 1969, 246f) Von 1909 bis 1925 existierte das Nya Teatern (Neues Theater), das mit einem literarisch ambitionierten Programm begann, dann aber der Konkurrenz mit dem Lorensbergtheater nicht gewachsen war. Dieses war 1916 eröffnet worden. Es war das »dritte« Lorensbergtheater und Göteborgs künstlerisch interessanteste Bühne, mit modernster Bühnentechnik ausgestattet. Zur Eröffnung am 17. Oktober 1916 wurde Strindbergs *Ett drömspel* in der Regie von Mauritz Stiller vor der gesamten schwedischen Theaterprominenz aufgeführt. Im Mai 1917 gastierte dort Max Reinhardt mit dem Ensemble seines Deutschen Theaters. Gezeigt wurden neben anderem Strindbergs *Gespenstersonate* (mit Paul Wegener als Direktor Hummel), Maksim Gor'kijs *Nachtasyl* und Lessings *Minna von Barnhelm*. Diese Gastspiele setzten Maßstäbe für den künftigen künstlerischen Anspruch dieser Bühne. Auch das Engagement des Regisseurs Gustaf Linden, der zuvor am Dramaten gearbeitet hatte, war ein Zeichen für die Absicht, den in Berlin von Otto Brahm und Max Reinhardt entwickelten modernen (d.h. in diesem Zusammenhang: nicht mehr realistischen) Inszenierungsstil an dieser Bühne einzuführen. Der eigentliche Modernisierungsschub kam jedoch erst zustande, als 1919 Per Lindberg – noch bevor er in Stockholm arbeitete – und der Bühnenbildner und Regisseur Knut Ström, der zuvor am Schauspielhaus in Düsseldorf gearbeitet hatte, an das Lorensbergtheater verpflichtet wurden. Lindberg übernahm zugleich die Leitung dieses Theaters. Beide lösten eine »Entfesselung des schwedischen Theaters« (V. Arpe) aus, ihre Arbeit spaltete jedoch von Beginn an das Publikum in zwei Lager, in enthusiastische Anhänger dieses neuen Stils und in eine Gruppe schockierter Traditionalisten. Neu und erregend für das schwedische Publikum waren an den Inszenierungen von Lindberg und Ström das Tempo und der Spielrhythmus, forcierte Lichteffekte und Projektionen, erstmalig unter Einsatz aller an dieser Bühne gegebenen bühnentechnischen Möglichkeiten. 1934 fiel das Lorensbergtheater dem Kinoboom dieser Jahre zum Opfer und wurde als »Filmpalast« umgebaut. Göteborgs Stadsteatern war die fünfte große Bühne in dieser theaterbegeisterten Stadt. Es wurde 1934 eröffnet und besteht noch heute. In der Anfangsphase arbeiteten dort zahlreiche Mitglieder des Ensembles des Lorensbergtheaters, darunter vor allem Knut Ström und der Regisseur Torsten Hammarén (1884–1962). Letzterer wurde Intendant des Stadsteatern und blieb es bis 1950. Während des Zweiten Weltkriegs galt diese Bühne mit ihrem modernen Spielplan als »öffentliche Verfechterin des Humanismus ... eine Hochburg des Freiheitsgedankens« (V. Arpe 1969, 256). Politisch brisante oder sozialkritische Stücke skandinavischer Autoren, die das Dramaten in Stockholm nicht aufzuführen wagte, wurden auf dieser Bühne gezeigt. 1946 arbeitete hier auch Ingmar Bergman als Regisseur.

Auch in anderen Städten des Landes existierten Bühnen, die ein eigenes Ensemble unterhielten, in Malmö, Hälsingborg, Norrköping (dort ein Städtebundtheater), Uppsala, Borås und auch im äußersten Norden Schwedens in Luleå. (V. Arpe 1969, 271ff) Doch war die Provinz vor allem auch Ziel der zahlreichen schwedischen Tourneetheater. Der staatlichen Kulturpolitik ging es darum, auch im Theaterleben außerhalb der Metropole einen gewissen künstlerischen Standard sicherzustellen. Schon die 1910 gegründete Volkstheaterbewegung war ein erster Schritt in diese Richtung gewesen. Um diese Idee noch effektiver umsetzen zu können, wurde 1933 die Institution des Riksteatern (Reichstheater) gegründet. Initiator war der sozialdemokratische Kultusminister Arthur Engbert. Das Riksteatern war zunächst eine alle Regionen des Landes umfassende Besucherorganisation. Ensembles der Theater in Stockholm, Göte-

Während die deutsche Exildramatik im Bereich der schwedischen Amateurtheater-Bewegung und der Emigrantenensembles eine Pflegestätte fand, wurden dagegen auf den professionellen Theatern Schwedens während der Zeit des Dritten Reiches Dramen emigrierter Autoren kaum aufgeführt. Darin wirkte sich Schwedens übervorsichtige Neutralität aus, die ihre Folgen auch im kulturellen Bereich spürbar werden ließ. Man war sich darüber im klaren, daß die deutschen diplomatischen Vertretungen bereits die Aufführung unpolitischer Werke exponierter deutscher Exildramatiker als Provokation auslegen könnten. Man wich daher Dramen zeitkritisch-antifaschistischer Thematik konsequent aus.

(H.-Ch. Waechter 1973, 99)

J. P. Sartre: Die Fliegen. *B.: Grate. Dramatisches Theater, Stockholm 1945*

H. Ibsen: Brand. *Lorensberg-Theater, 1928*

borg, Malmö und Hälsingborg bereisten mit ihren Produktionen etwa 25 Städte. Bald jedoch wurden einzelne Ortsverbände gegründet, die die Aufführungen der Riksteatern-Ensembles organisatorisch vorbereiteten. Der nächste Schritt in der Entwicklung dieses sehr erfolgreichen Projekts war, daß das Riksteatern Anfang der vierziger Jahre eigene Ensembles aufstellte und die Aufführungen auch selbst produzierte. Man berief für das Riksteatern nun auch einen eigenen Intendanten. Der erste, der diese Position übernahm, war Gösta Bergmann (geb. 1905). Nach 1945 folgten weitere Ausbaustufen dieses für das schwedische Theaterwesen so typischen kulturpolitischen Unternehmens.

Finnland

»Die Finnen haben niemals Politik in ihren Theatern geschätzt.«

(Verneri Veistäjä, 1966)

Theater in Finnland war auch zu Beginn des 20. Jahrhunderts noch geprägt durch die Zweisprachigkeit des Landes, durch das Nebeneinander schwedischsprachigen und finnischsprachigen Theaters; eine Situation, die sich bis zum Ende dieses Jahrhunderts doch deutlich zugunsten des Finnischen verändert hat. Dabei hat das schwedische Theater in Finnland eine sehr viel längere Tradition. Die Ursache dafür lag in der politischen Geschichte des Landes, das bis 1809 einen Staatsverbund mit Schweden bildete, dann aber von Rußland okkupiert wurde. (vgl. Bd. III, 496f u. 794f) Die seit 1154 bestehende Bindung an Schweden hatte zur Folge, daß im kulturellen Leben Finnlands in allen seinen Sparten schwedische Kultur und Sprache vorherrschten. Das Finnische war langehin abgedrängt in vorliterarische Volkstraditionen. Dem beharrlichen Kampf der finnischen Autonomiebewegung war es zu verdanken, daß der finnische Landtag 1863 die Gleichberechtigung der finnischen mit der schwedischen Sprache im Amtsgebrauch verfügte. Im kulturellen Leben herrschte jedoch weiterhin das Schwedische vor. Selbst so prominente Vorkämpfer für die finnische Sprache wie Kaarlo Bergbom (vgl. V. Veistäjä 1966, 261) sprachen Schwedisch als Muttersprache und publizierten in Schwedisch. Während es ein professionelles schwedisches Theater in Finnland seit Beginn des 19. Jahrhunderts gab, 1866 gar eine »Schwedische Nationalbühne in Finnland« und 1899 ein »Schwedisches Volkstheater« gegründet wurden (vgl. Bd. III, 498f), erhielt das finnischsprachige Theater sehr viel später einen professionellen Status. Erst 1872 wurde in Helsinki eine finnischsprachige Bühne (Suomalainen teatteri) gegründet, auf der Berufsschauspieler auftraten. Diese Bühne wurde 1902 zum Finnischen Nationaltheater (Suomen Kansallisteatteri) erklärt. (vgl. Bd. III, 500)

Hatte dieser Theaterbereich nun zwar eine stabilere institutionelle Grundlage erhalten, so blieben im Nebeneinander mit dem schwedischen Theater doch die traditionsbedingten Prägungen noch lange erhalten. Vor allem fehlten in den Anfangsjahren originale finnischsprachige Stücke. Während das schwedische Theater durchaus den Anschluß an die Entwicklungen der Moderne gefunden hatte, nicht zuletzt durch die Arbeit prominenter Regisseure wie Harald Molander (1858–1900), vor allem aber durch den regelmäßig stattfindenden Tourneebetrieb schwedischer Ensembles in Finnland, so prägte das nun zwar professionelle finnischsprachige Theater auch zu Beginn des 20. Jahrhunderts noch ein Hang zur Volkstümlichkeit. Im Gegensatz zum schwedischen Theater hatte das finnischsprachige nie eine höfische Tradition, was den theaterkulturellen Kontext dieser beiden Theatersphären maßgeblich beeinflußte. Doch wurde bereits um 1900 eine andere Tendenz erkennbar, die sich bis in die dreißiger Jahre des 20. Jahrhunderts zu einem außerordentlich typischen Merkmal des

In der Zeit des selbständigen Finnlands, also nach 1918, hat sich das Gesamtbild des Theaterlebens bedeutend verändert, besonders weil überall neue Bühnen entstanden sind, Theatergebäude renoviert wurden und die Theaterausbildung völlig erneuert wurde. Theaterorganisationen sind entstanden, die die praktische Theaterpolitik lenkten. Aus der Bühnenkunst war in Finnland wirklich eine Sache des ganzen Volkes geworden.

(A. Kivimaa 1965, 85)

Gösta Ekman (rechts) in R. Josephsons Stück Vielleicht ein Dichter. *Schwedisches Theater, Helsinki 1937*

finnischsprachigen Theaters entwickeln sollte, nämlich die Gründung von Arbeitertheatern. (vgl. H.-L. Helavuori 1991, 44ff) Dieses kulturpolitische Projekt wurde durch die Sozialdemokratische Partei Finnlands gefördert, die seit 1906 die führende politische Kraft in diesem Lande war, eingeschränkt freilich durch die um 1900 sich wieder verschärfenden Russifizierungstendenzen. Eine Folge der sozialdemokratischen Prägung der Kulturpolitik in Finnland war auch, daß die Förderung der Theater, vor allem der unzähligen Laienensembles, durch den Staat und die Gemeinde nie in Frage gestellt war. Als im Ersten Weltkrieg schließlich die russische Zarenherrschaft gestürzt wurde, erklärte Finnland am 6. Dezember 1917 seine Unabhängigkeit und schloß im März 1918 einen Sonderfrieden mit Deutschland. Ein bolschewistischer Umsturzversuch, der

1918 zum Bürgerkrieg führte, konnte niedergeschlagen werden. Schließlich konstituierte sich Finnland am 17. Juli 1919 als Republik. Als das Land von Rußland erneut mit der Forderung nach Abtretung strategisch wichtiger Gebiete konfrontiert und 1939 schließlich angegriffen wurde, kam es zum Krieg mit Rußland bis März 1940. 1941 beteiligte sich Finnland an der Seite des Deutschen Reichs am Krieg gegen die Sowjetunion.

Diese politische Entwicklung trug wesentlich dazu bei, daß die finnische Autonomiebewegung zu einer das kulturelle Leben mehr und mehr gestaltenden Kraft wurde. So setzte sich 1917 auch am Schwedischen Nationaltheater, dessen Ensemble bis etwa 1915 beinahe ausschließlich aus schwedisch-stämmigen Bühnenkünstlern bestand, die von den finnischen Patrioten immer wieder erhobene Forderung durch, daß dort nur noch »einheimische« schwedischsprachige Künstler engagiert werden sollten. (vgl. V. Arpe 1969, 359)

Der erste Intendant, der am Schwedischen Theater in Helsinki, wo weitaus die Mehrzahl der schwedisch sprechenden Finnen lebte, fast ausschließlich mit »einheimischen« Künstlern arbeitete, war August Arppe (1854–1924). Aber auch die finnische Arbeitertheaterbewegung erhielt durch die politischen Ereignisse um 1917/18 neue Impulse. In diesen Jahren traten etwa 300 Laientheatertruppen in den im ganzen Land existierenden »Dramatischen Clubs« der Arbeitervereine auf. Während des Zweiten Weltkriegs bildeten diese Theatertruppen eine Art politischer Subkultur. In den zwanziger Jahren hatte sich dieses Arbeitertheater fest etabliert und auch professionalisiert, so daß in vielen Städten nun neben den »bürgerlichen« Theatern auch eigene Theatergebäude für die Ensembles des Arbeitertheaters errichtet wurden. Die spätere Entwicklung ging dahin, daß in den kleineren und mittleren Städten aus Kostengründen beide Bühnen zu »Stadttheatern« vereinigt wurden. (vgl. R. Koskimies 1950, 245) Eine Industriestadt wie Tampere behielt jedoch auch weiterhin ein eigenes Arbeitertheater. Letztlich bildeten aber die vielen Amateur-Ensembles den Kernbereich des finnischen Arbeitertheaters, das auch die ländlich-bäuerliche und die vorstädtisch-proletarische Bevölkerung einschloß; vergleichbar der Volkstheaterbewegung in Schweden und Norwegen.

Das finnische Arbeitertheater war weit weniger an avantgardistischen, experimentellen Entwicklungen interessiert, als dies in Rußland oder Deutschland der Fall war, sondern pflegte eine bodenständige Volkstümlichkeit. Ausnahmen bildeten die Arbeitertheater in Tampere und Helsinki. Für die dortigen Ensembles waren Erwin Piscator mit seinem experimentellen politischen Theater und das sowjetische Avantgardetheater von Mejerchol'd die großen Vorbilder. (vgl. H.-L. Helavuori 1991, 46) Für die meisten der finnischen Arbeitertheater aber galt, daß sie in ihrem Spielbetrieb die gängigen Genres des konventionellen Unterhaltungstheaters bevorzugten, die Operette, das Singspiel, die Farce, Lustspiele und vor allem Melodramen. Dieser Sachverhalt erscheint besonders typisch für die Stellung des Theaters – auch der des Arbeitertheaters – in der finnischen Gesellschaft. Theater wurde zu keiner Zeit als ein Forum angesehen, das für politische Agitation eingesetzt werden sollte. Dies galt weitgehend auch für das finnische Arbeitertheater. Bei diesem lag eine politische Komponente vielmehr darin, daß diese Einrichtung der Arbeiterschaft die Teilhabe an der bürgerlichen Hochkultur ermöglichte und sich als eigenständige kulturelle Sphäre behauptete.

Für das Finnische Nationaltheater in Helsinki bedeutete der Abschied Kaarlo Bergboms (vgl. Bd. III, 794ff) von der Direktion dieses Hauses im Jahre 1905 eine tiefe Zäsur. Bergbom hatte es geschafft, daß das Repertoire dieser Bühne auf der Höhe der zeitgenössischen Entwicklungen stand; zugleich hatte er nachdrücklich einheimische Autoren ermutigt, Stücke für das Nationaltheater zu schreiben. (vgl. R. Koskimies 1958, 243f) Nach Bergboms Ausscheiden befand sich das Theater für mehr als zehn Jahre in einer konzeptionell eher diffusen Phase, bis schließlich 1917 Eino Kalima (1882–1972) die Leitung des Finnischen Nationaltheaters übernahm und bis 1950 auf diesem Posten blieb. Kalima führte dieses Theater nun erneut an die Spitze der Bühnen des Landes. Das Repertoire war breit angelegt, die gesamte europäische Dramatik umfassend. Neben dem russischen Realismus war der deutsche Expressionismus die Richtung, die vor allem Anfang der zwanziger Jahre größten Einfluß auf die künstlerische Linie des Finnischen Nationaltheaters gewann; in den folgenden Jahrzehnten übernahmen diese Rolle das tschechische und das französische Drama. Die Ursache für diesen Kurswechsel lag ganz offensichtlich in der Entwicklung, die das Theater in Deutschland nach 1933 nahm.

In den vierziger Jahren kam es in Finnland zu einer grundlegenden Neuordnung der Schauspielerausbildung. Kalimas enge Beziehung zum Theater Stanislavskijs gab dabei die Richtung vor. Stanislavskijs Schauspielmethodik wurde zur Grundlage dieser Ausbildung, hinzu kam jedoch eine intensive Schulung in Pantomime und Akrobatik, in Bereichen also, die eher der Schauspielästhetik Mejerchol'ds nahestanden. Aus dieser Verbindung aber entwickelte sich eine durchaus eigenständige finnische Schauspielschule. Die Kriegsjahre (1939/40 und 1941–1945) hatten keine nennenswerte Unterbrechungen des Theaterlebens zur Folge. Wie andere kriegführende Länder wurde auch in Finnland von der Heeresleitung eine Versorgung der Armee mit Theateraufführungen organisiert.

Kalimas Nachfolger wurde 1950 der Schriftsteller und Regisseur Arvi Kivimaa, der 1954 dem großen Haus des Nationaltheaters eine Studio-Bühne anschloß, auf der vornehmlich Stücke junger finnischer Autoren aufgeführt werden sollten.

Wenngleich sich das finnische Theaterleben beinahe gänzlich auf die Hauptstadt konzentrierte, traten doch auch an den Theatern in Tampere, Turku, Kuopio und Vyborg regelmäßig finnischsprachige Tournee-Ensembles auf. 1945 waren von 24 staatlich subventionierten professionellen Bühnen 21 finnisch-sprachig und nur drei schwedisch-sprachig.

Die finnische Dramatik repräsentierten im 19. Jahrhundert mit Aleksis Kivi (1834–1872) und Minna Canth (1844–1897) zwei Persönlichkeiten, deren Wirken bahnbrechend war für das Entstehen einer finnischsprachigen Bühnenliteratur, die auch international beachtet wurde. Die Dramatikerin Maria Jotuni (1880–1943) setzte diese Linie am Beginn des 20. Jahrhunderts fort. (vgl. Bd. III, 796f) In ihrem Werk geht es erstmals auch um die Probleme der Menschen in der modernen Industriegesellschaft.

Die neuen ästhetischen Entwicklungen am Jahrhundertbeginn, vor allem der Einfluß des deutschen Expressionismus wurden prägend für eine Gruppe junger finnischer Autoren, so etwa für Lauri Haarla (1890–1944), Hagar Olsson (1883–1978) und Arvi Kivimaa (1904–1984). Letzterer hatte auch als Regisseur und Bühnenleiter einen Namen. Übernommen wurden auch die Stilmittel expressionistischer Bühnengestaltung: abstrakte Szenerie, typisierende Farb- und Lichteffekte, Stilisierung und expressive Affektdarstellung. Von Lauri Haarla (1890–1944) ist *Judas*, ein Geschichtsdrama, das den Kampf der Finnen um staatliche Autonomie zur Zeit des schwedischen Königs Gustaf III. behandelt, das künstlerisch bedeutendste und zugleich populärste Werk. Eine eigene Theatertheorie entwarf Eino Leino (1878–1926). Er war es, der sich – auch als Lyriker – am konsequentesten vom Realismus gelöst hatte und zum Verfechter des Symbolismus und der Stilbühne in Finnland wurde.

Die Mehrzahl der jüngeren finnischen Dramatiker blieb durch die Lebensnähe und Aktualität ihrer Stücke – einige dieser Autoren waren Journalisten – und durch die Bevorzugung des Komödientheaters einem wesentlichen Zug der Tradition des finnischen Theaters verhaftet. Dies trifft zu auf Autoren wie Mika Waltari (1906–1979), Artturi Järviluoma, Kersti Bergroth, Hella Wuolijoki (1886–1954), Yrjö Soini oder Ensio Rislakki. Die Komödie *Sahanpuruprinssa* (Die Sägemehlprinzessin) von Hella Wuolijoki inspirierte Bertolt Brecht, der sich von April 1940 bis Mai 1941 im Exil in Finnland aufhielt, zu seinem Stück *Herr Puntila und sein Knecht Matti.* Brecht lebte einige Zeit im Hause von Hella Wuolijok, die ihn bei seiner Arbeit durch Übersetzungen unterstützte. (vgl. Kap.: Bertolt Brecht)

Deutschland war in den 1920er Jahren der weitaus bedeutungsvollste Einflußgeber, auch als Studienort, wenn schon Paris allmählich populär wurde. Die Sowjetunion war ein verschlossenes Gebiet, in das man nur ausnahmsweise kommen konnte. In der zweiten Hälfte der zwanziger Jahre fand eine bemerkenswerte Invasion des tschechischen Dramas in Finnland statt, wo Karel Čapek, František Langer und etwas später Wilem Werner als Verfasser zeitgemäßer Dramen gute Erfolge erzielten. Aus Ungarn wurden zahlreiche Salonkomödien und leichte Schauspiele importiert, deren nationales Gewicht verhältnismäßig gering war … Die amerikanische Dramatik, die im Gesamtbild des finnischen Theaters allmählich einen sehr beachtenswerten Platz erreicht hat, kam zu uns in der Mitte der zwanziger Jahre in der Form der Werke von Eugene O'Neill. Seine Stellung ist seitdem geschätzt, obgleich viele seiner Landsleute, wie Arthur Miller, Tennessee Williams usw. stärkere, aber kurzfristige Sensationsperioden um sich geschaffen haben.

(V. Veistäjä 1966, 262f)

In der Neigung der finnischen Literatur zur Lyrik und zur Erzählkunst, offenbar einer nationalen Mentalität folgend, sieht Arvi Kivimaa (1965, 83) eine Ursache für die letztlich im internationalen Vergleich »zweitrangige Stellung des finnischen Dramas«. So erfolgte dann auch die künstlerische Weiterentwicklung der finnischsprachigen Bühnenkunst in erster Linie über die Auseinandersetzung mit der dramatischen Dichtung des Auslands.

Das schwedischsprachige Theater in Finnland hatte sein Zentrum ebenfalls in Helsinki. Dort befand sich Finnlands Schwedische Nationalbühne. Als im Jahre 1915 auch an dieser Bühne eine sogenannte »einheimische« Gesamtleitung eingerichtet worden war, war der seit Jahrzehnten anhaltende Streit um ein »reichsschwedisches« und ein »einheimisch schwedisches« Theater zugunsten des letzteren entschieden. Erster Direktor der neu formierten Schwedischen Nationalbühne wurde der dänische Schauspieler Adam Poulsen. Die meisten »reichsschwedischen« Schauspieler verließen nun diese Bühne. Mit einem forcierten Operettenprogramm brachte Poulsen das Theater über die nächsten Jahre, bis die politischen Turbulenzen 1917, 1918 und 1919 – Generalstreiks und Bürgerkrieg – die zeitweise Schließung erzwangen. Stabile Verhältnisse traten wieder ein im Herbst 1919, vor allem durch die Tätigkeit von Nicken Rönngren (1880–1956) als neuem Direktor und August Arppe als Chef der Verwaltung. Nun öffnete sich diese Bühne auch wieder für »reichsschwedische« Künstler, was eine deutliche Anhebung des künstlerischen Niveaus zur Folge hatte. Dem kulturpolitischen Auftrag entsprechend, die »einheimische« Kunst zu fördern, brachte das Nationaltheater verstärkt Stücke finnischer Dramatiker zur Aufführung. In den zwanziger Jahren kam es zu einer Erweiterung des Spielplans. Mit größtem Erfolg wurden Stücke der modernen Dramatik aufgeführt. Ein künstlerischer Höhepunkt dieser neuen Richtung war die Aufführung von Luigi Pirandellos *Sechs Personen suchen einen Autor;* zu dieser Zeit sicherlich eine enorme Herausforderung für das Ensemble dieser Bühne. Publikumser-

Szene aus Daniel Hjort *von J.J. Wecksell. R.: A. Slangus. Schwedisches Theater, Helsinki 1940*

folge waren auch die Aufführungen zeitgenössischer Stücke englischer Autoren wie Noël Coward oder Somerset Maugham. Die Aufführung von Brechts *Dreigroschenoper* war ein Dauerbrenner der Spielzeit 1928/29. Für den künstlerischen Nachwuchs sorgte die bereits 1915 an der Nationalbühne eingerichtete Schauspielschule, die in den dreißiger Jahren unter der Leitung der Regisseurin Gerda Wrede (1896–1967) besonderes Profil gewann. Ein Novum in der Spielplangestaltung von Nicken Rönngren war die häufige Einladung berühmter ausländischer Ensembles zu Gastspielen. 1935 wurde das Theater von Grund auf renoviert und erweitert. Im September 1936 konnte das neue Haus, das nun auch mit moderner Bühnentechnik ausgestattet war, mit Ibsens *Peer Gynt* eröffnet werden.

Bei Ausbruch des finnisch-russischen Krieges 1939 verließ das Ensemble Helsinki und ging bis März 1940 auf Tournee. Als sich Finnland 1941 auf der Seite der Deutschen dem Krieg gegen Rußland anschloß, mußte nur kurze Zeit der Spielbetrieb eingestellt werden, dann aber erlebte dieses Theater »eine Hochkonjunktur, obwohl oft genug die Vorstellungen wegen Flieger-Alarms unterbrochen werden mußten ... das Publikum hatte sich mit der neuen

Situation abgefunden und suchte Ablenkung vom Alltag.« (V. Arpe 1969, 376) Eine Einladung an das Ensemble, mit einer *Hamlet*-Inszenierung bei den dänischen Festspielen 1947 auf Schloß Kronberg aufzutreten, wurde als Zeichen nun auch der internationalen Reputation gefeiert. 1948 erhielt dieses Theater den Titel »Finnlands Schwedische Nationalbühne« (Finlands Svenska Nationalscen).

Ursprünglich eine Gründung vom Jahre 1899 aus dem Geiste der skandinavischen Volksbühnenbewegung (vgl. Kap.: Schweden), war das »Schwedische Volkstheater« bis 1913 eine eigenständige Bühne, dann aber wurde es eine Abteilung am Schwedischen Theater in Helsinki. Auch hier wurde das Ensemble im Sinne des »einheimischen Theaters« neu zusammengestellt. Mit August Arppe erhielt die Volkstheaterabteilung am Schwedischen Theater nun einen prominenten Leiter, einen der Vorkämpfer für die Idee eines »einheimischen Theaters«. Eine dritte schwedischsprachige Bühne in Helsinki war das Lilla Teatern (Kleines Theater), das in den dreißiger und vierziger Jahren als reines Unterhaltungstheater geführt wurde.

August Arppe (1854–1924) hatte bis 1913 das »Schwedische Einheimische« Theater in Åbo geleitet. Dieses war ein Tourneeunternehmen, das die schwedischsprachige Provinz bereiste. Es war auch die Bühne in Finnland, die die »Einheimischen-Bewegung« am konsequentesten verfocht. Der »Schwedische Theaterverein in Finnland« (Svenska Teaterföreningen i Finland) stand als Institution und Mäzen hinter diesem Theater und dessen kulturpolitischen Ambitionen. (vgl. V. Arpe 1969, 358f) Seit 1917 konzentrierte sich diese Bühne vornehmlich auf Åbo; 1918 wurde sie konsequenterweise in »Schwedisches Theater Åbo« umbenannt. Unter der Leitung von Oscar Tengström (1887–1960) wurde das Repertoire, das vom Schauspiel bis Oper und Operette alle Genres berücksichtigte, modernisiert. Stücke ausländischer Autoren wurden in den Spielplan aufgenommen. Das Erfolgsstück der Jahre um 1930 war Franz Lehárs *Land des Lächelns* mit der finnischen Sängerin Ritva Aro. Auch im Krieg gegen Rußland nach 1941 konnte das Schwedische Theater in Åbo seinen Spielbetrieb aufrechterhalten.

In Vasa reichte die schwedischsprachige Theatertradition bis 1812 zurück. (vgl. Bd. III, 497) Im 20. Jahrhundert begann mit der Eröffnung des »Wasa Teater« im November 1919 ein neuer Abschnitt in der Theatergeschichte dieser Stadt. Ernst Ahlbom (1866–1934) war der erste Intendant. Lustspiele und Komödien bestimmten das Repertoire dieser Bühne, die auch als Tourneetheater die Provinz bereiste.

So läßt sich für das Theater in Finnland für die erste Hälfte des 20. Jahrhunderts bis in die fünfziger Jahre hinein resümieren, daß sich der um 1900 einsetzende Konsolidierungsprozeß für ein finnisches Theater und ein schwedischsprachiges »einheimisches« Theater fortsetzte. Die gesetzlichen Regelungen von 1917 brachten diese Entwicklung zu einem Abschluß. Im Laufe dieses Prozesses hatte schließlich auch das finnische Theater einen künstlerischen Standard erreicht, der dem des schwedischsprachigen gleichkam. Eigenständige künstlerische Akzente wurden dabei freilich noch nicht gesetzt. Zu sehr ging es in dieser Periode noch darum, dem Theater einen institutionell stabileren und im kulturellen Bewußtsein der Öffentlichkeit fest etablierten Status zu verschaffen.

Dänemark und Island

Zeitgeschichtliche und institutionelle Rahmenbedingungen der Theaterentwicklung in den Jahren 1914 bis 1945/50

»Es geschieht so wenig auf unseren Bühnen. Oder, besser gesagt: all das Bedeutungsvolle, das in der Welt draußen um uns herum vorgeht, ist von solcher Macht und Gewalt, daß das, was unsere Theater zur Zeit aufführen, uns so erbärmlich gleichgültig erscheint.«

(*Teatret*, Oktober 1918)

»Denn frei müssen wir sein, um zu leben.«

(Kaj Munk: *Niels Ebbesen* 5. Akt, 1942)

Der Erste Weltkrieg hatte keine unmittelbaren Auswirkungen auf das kulturelle Leben in Dänemark. Die Regierung (1913–1920) des Linksradikalen Carl Theodor Zahle hatte gegen den Widerstand der Liberalen und der Konservativen, die für ein Bündnis mit Frankreich und Großbritannien plädierten, eine Politik der Neutralität durchsetzen können, die das Land aus dem Kriegsgeschehen heraushielt. Der Grenzkonflikt mit Deutschland, bei dem es um Nordschleswig ging, hatte freilich bereits vor 1914 eine latente antideutsche Stimmung vor allem in nationalen Kreisen erzeugt, was beispielsweise zur Verhinderung eines Gastspiels von Max Reinhardts Deutschem Theater geführt hatte. (vgl. H. Lundgren 1973, 120) Die Wiederangliederung Nordschleswigs an Dänemark im Jahre 1920, als Folge einer im Vertrag zu Versailles festgesetzten Volksabstimmung, trug zum Abbau dieser antideutschen Ressentiments bei und ermöglichte nun auch Auftritte des berühmten Reinhardt-Ensembles 1920, 1921 und 1930 in Kopenhagen; ein Vorgang, der für die Entwicklung des dänischen Theaters nicht ohne Nachwirkungen blieb. Auch kam nun wieder Leben und Bewegung in die vielfältigen Verbindungen dänischer Literaten und Bühnenkünstler zu den entsprechenden Kreisen in Berlin.

In den zwanziger Jahren setzte sich die Sozialdemokratische Partei Dänemarks als stärkste politische Kraft durch und konnte 1924 unter dem Ministerpräsidenten Thorwald Stauning erstmals allein die Regierung bilden und ihre Politik der »sozialen Wohlfahrt« konsequent verwirklichen. Für das in Dänemark seit Ende des 19. Jahrhunderts in Literatur und Theater vorhandene starke Interesse an sozialen Problemen und der Lebenssphäre der Arbeiterschaft bedeutete dies einen weiteren Antrieb. Dabei standen inhaltliche Aspekte und parteiliche Stellungnahme jedoch weit mehr im Mittelpunkt als etwa ein Interesse an modernistischen Formexperimenten. So blieb das dänische Theater bis weit in die zwanziger Jahre im Naturalismus verhaftet, einer Art »Spätnaturalismus« (H. Lundgren). Der Erzähler Martin Andersen Nexø (1869–1954) gilt als der bedeutendste Vertreter dieser Richtung in der dänischen Literatur. Im Theater war es jene realistische gesellschaftskritische Tradition, die mit dem Werk von Ibsen und Bjørnson begründet worden war.

In den zehner Jahren und noch in den zwanziger Jahren war aus dieser Tendenz ein künstlerischer Richtungsstreit zwischen den führenden Kopenhagener Bühnen entstanden, zwischen dem vom Königlichen Theater programmatisch gepflegten »Spätnaturalismus«, wie ihn William Bloch an dieser Bühne begründet hatte und den Emil und Johannes Poulsen und vor allem Thorhild Roose in diese Richtung weitergeführt und perfektioniert hatten, und einer Öffnung in Richtung Impressionismus und Symbolismus, wie sie an Bühnen wie dem Dagmarteatret und dem Folketeatret, mit dem Regisseur Hermann Bang als Vorreiter, stattgefunden hatte. Auch die äußerst zwiespältige Aufnahme der Reinhardt-Gastspiele zeugte von der Zurückhaltung vieler dänischer Kritiker und weiter Kreise des Publikums gegenüber den nachnaturalistischen Tendenzen der Bühnenästhetik.

Nach der Machtergreifung Hitlers in Deutschland wurde Dänemark zum Exilland für viele verfolgte deutsche Schriftsteller und Intellektuelle. (vgl.

A. G. Oehlenschläger: Aladdin oder Die Wunderlampe. *Königliches Theater, Kopenhagen 1918/19*

Bühnenbildentwurf von Svend Johansen zu K. Abell: Melodien der blev væk. *Odense 1936*

H. Müssener in: F. Trapp 1999 I, 319 ff) Prominentester Exilant war sicherlich Bertolt Brecht, der nach dem Reichstagsbrand im Februar 1933 Deutschland verlassen und sich im Sommer 1933 mit Familie, der Mitarbeiterin Margarete Steffin und einer Haushälterin in Skovsbostrand bei Svendborg auf der Insel Fünen angesiedelt hatte. (dazu K. Völker 1976, 189 ff) Brecht nahm bald Kontakte auf mit gleichgesinnten Theaterleuten. Die dänische Schauspielerin Ruth Berlau hatte die Verbindung hergestellt. Das bedeutendste Werk Brechts, das im dänischen Exil (1938) entstand, war *Leben des Galilei.* (vgl. Kap.: Bertolt Brecht) Ursprünglich hatte Brecht an eine Aufführung in Dänemark gedacht, nahm davon jedoch Abstand, als nach dem Münchner Abkommen im September 1938 und dem sich in Spanien abzeichnenden Sieg Francos für die politischen Flüchtlinge die Situation in ihren Exilländern schwieriger wurde. »In einem Interview, das Anfang Januar 1939 in Kopenhagen erschien, erklärte Brecht vorsichtshalber im Hinblick auf die erneut empfindlich gegenüber politischen Aktivitäten der Emigranten reagierenden dänischen Behörden, daß er ein Stück ›für New York‹ geschrieben habe … Ferner versicherte er, daß dieses Stück keine aktuellen Spitzen gegen Deutschland und Italien enthalte.« (K. Völker 1976, 289) Brecht, der die politische Entwicklung richtig einschätzte, verließ

Ostern 1939 zusammen mit seiner Geliebten Ruth Berlau Skovbostrand in Richtung Schweden. Helene Weigel mit den Kindern und Margarete Steffin folgten eine Woche später.

Das Schicksal dieser kleinen, freilich sehr prominenten Emigrantengruppe vermag einen Eindruck zu vermitteln von der Atmosphäre der akuten politischen Bedrohung, der Dänemark in diesen Jahren ausgesetzt war. Zwar hatte die Regierung Stauning im Mai 1939 einen Nichtangriffspakt mit dem Deutschen Reich geschlossen, dennoch rückten deutsche Truppen im April 1940 in Dänemark – ebenso in Norwegen – ein und etablierten sich als Besatzungsmacht. König Christian X. und die sozialdemokratische Regierung blieben zwar im Lande, im August 1943 jedoch übernahm ein Bevollmächtigter des deutschen Reichs die Regierungsgewalt. Zu einer – etwa mit den Verhältnissen in den Niederlanden vergleichbaren – Neuorganisation des Kulturbetriebs kam es in Dänemark aber nicht. Offene Kritik an der deutschen Okkupationspolitik wurde freilich durch vielfältige Regulative der dänischen Behörden, vor allem aber der Gestapo, unterdrückt. Dennoch galt das Königliche Theater als Treffpunkt der dänischen Résistance, was mehrfach dazu führte, daß die Zerstörung dieses Hauses angedroht wurde. Ein die Theaterwelt aufschreckendes Ereignis war die Ermordung des Dramatikers Kaj Munk im Januar 1944 durch die Gestapo.

Island, das seit Ende des 14. Jahrhunderts unter dänischer Herrschaft gestanden hatte, war 1918 zum unabhängigen Königreich in Personalunion mit Dänemark deklariert worden. Nach einer Volksabstimmung wurde im Juni 1944 die Republik ausgerufen. Im Zweiten Weltkrieg war Island seit 1940 von amerikanischen und englischen Truppen besetzt.

S. Borberg: Synder og Helgen. *Kopenhagen 1939. Thorkild Roose als Don Quixote*

Svend Johansen Bühnenbild für Harald Landers Ballett zu M. Ravels Bolero-Musik, 1934

Betty Nansen als Abel und Henrik Bentzon als Axel in A. Strindbergs Freunde. *Betty Nansen Theater, 1917*

Betty Nansen in der Hauptrolle von W. Somerset Maughams Den Hellige Flamme. *Betty Nansen Theater, Kopenhagen 1941*

Schon Mitte des 19. Jahrhunderts (vgl. Bd. III, Kap.: Dänemark) existierte in Dänemark ein für die Verhältnisse dieses kleinen Landes hochentwickeltes Theaterwesen. Dabei konzentrierte sich das künstlerische Leben zwar durchaus auf die Hauptstadt, doch besaßen auch eine Reihe anderer Städte eigene Theater, einige auch mit eigenen Ensembles. So sind auch die meisten dänischen Theaterbauten, die heute noch bespielt werden, Gründungen aus dem 19. Jahrhundert.

In Kopenhagen war Det Kongelige Teater mit seinem berühmten Ensemble unstrittig der künstlerische und repräsentative Mittelpunkt des hauptstädtischen Theaterlebens. Daneben gab es eine Anzahl größerer und kleinerer Privattheater, von denen das Casino, überwiegend eine Komödienbühne, das älteste war (eröffnet 1848). Das Folketeatret (eröffnet 1887) pflegte ein populäres Unterhaltungsprogramm. In den zwanziger Jahren jedoch öffnete sich diese Bühne für neuere Entwicklungen, vornehmlich dem Impressionismus. Engagierter Verfechter dieser Richtung war der Regisseur Herman Bang, der einige Jahre in Berlin gearbeitet und dort die Theaterarbeit von Max Reinhardt kennengelernt hatte. (vgl. H. Lundgren 73, 117f) Auch das Dagmarteatret (eröffnet 1883) zählte zu den großen Privattheatern der Hauptstadt, das neben Operetten und Revuen auch das anspruchsvollere literarische Schauspiel pflegte. Mit einem ausgezeichneten Ensemble, dem zeitweise auch die berühmte Schauspielerin

Bodil Ipsen als Königin Elisabeth in F. Schillers Maria Stuart, *1928*

Johannes Poulsen als Heinrich VIII. in Kaj Munks Cant, *1931*

Bodil Ipsen angehörte, war das Dagmarteatret (bis 1937) künstlerisch das einzige Konkurrenzunternehmen für das Nationaltheater. Am Dagmarteatret und am Casino fanden im November 1911 die Gastspiele des Deutschen Theaters Berlin unter Max Reinhardt statt. (vgl. H. Lundgren 1973, 117ff u. 324) Det Ny Teater war eine Gründung aus dem Jahre 1908, eine künstlerisch ambitionierte Bühne, die überwiegend zeitgenössische Stücke aufführte, u.a. von Somerset Maugham, Noël Coward, Arthur Schnitzler, George Bernard Shaw und John Boynton Priestley. 1933/34 wurden dort Stücke von Bertolt Brecht und Kurt Weill aufgeführt. 1917 eröffnete die Schauspielerin Betty Nansen (1873–1943) ein eigenes Theater, das Betty Nansen Teatret, das bis zu ihrem Tod 1943 existierte. Auch diese Bühne pflegte ein anspruchsvolles Repertoire mit internationaler zeitgenössischer Dramatik. Höhepunkt der Spielzeit 1933/34 war das Stück *Trauer muß Elektra tragen* von Eugene O'Neill mit einem faszinierenden Zusammenspiel von Betty Nansen und Bodil Ipsen.

Zu den künstlerisch profilierten Bühnen gehörte auch das Riddersalen Teatret, vor allem während der Direktionen von Per Knutzon und Sam Beskow. (vgl. S. Kragh-Jacobsen u. K. Christensen o.J. 46ff)

Außerhalb der Hauptstadt waren die Theater von Odense (ein Neubau von 1914), Ålborg und Århus (seit 1900) Spielstätten, an denen vor allem Tournee-Ensembles auftraten. Obwohl diese Theater für die entsprechenden Regionen

Zentren des kulturellen Lebens darstellten, erreichte keine das künstlerische Niveau der größeren Hauptstadtbühnen. So waren auch in Dänemark wie in vergleichbaren kleineren Ländern in den Jahren nach 1945 Dezentralisation und vor allem die Verbesserung der Produktionsbedingungen der Provinztheater durch ein kommunales und staatliches Förderungsprogramm zentrale Programmpunkte der neuen Kulturpolitik.

Island ist heute eines der theaterfreudigsten Länder Europas, obwohl es in diesem Land Theater im Sinne der Aufführung literarischer dramatischer Werke erst seit etwa 1800 gab. (vgl. D. Rubin I, 1994, 451 ff) Im Laufe des 19. Jahrhunderts entwickelten sich, orientiert an Dänemark, Ansätze eines eigenen Theaterwesens. Mit Matthías Jochumsson (1835–1920) und Indridi Einarsson (1851–1939) traten die ersten isländischen Bühnenautoren an die Öffentlichkeit, beide Schüler von Sigurdur Gudmundsson (1833–1874), der als Begründer des isländischen Theaters gilt. Thematisch ging es diesen Autoren um die Auseinandersetzung mit der isländischen Geschichte und Motiven aus der Volkstradition. Durch den Zusammenschluß mehrerer Amateurtheatergruppen kam es 1897 in Reykjavik zur Gründung der Leikfélag Reykjavíkur, der »Reykjaviker Theater-Compagnie«. Dies war das Initialereignis für die Gründung eines ständigen Theaters in der Hauptstadt und der Beginn einer Entwicklung von bemerkenswerter Kontinuität. Diese Truppe trat jahrzehntelang in einem kleinen Theater auf, dem Idnó; 1989 schließlich übernahm sie das neugegründete Reykjaviker Stadttheater.

Von Beginn an ging es im isländischen Theater auch um die Förderung einheimischer Autoren. Zu Jochumsson und Einarsson kamen Einar H. Kvaren (1859–1938), Jóhann Sigurjónsson (1880–1919) und Gudmundur Kamban (1888–1945). Sie bildeten in den Jahren 1900 bis 1920 die erste Generation isländischer Dramatiker, von denen Einarsson und Kvaran auch als Regisseure tätig waren. Neben den eigenen Stücken führten sie mit dem Ensemble Leikfélag Reykjavíkur Dramen von Holberg, Ibsen und Bjørnson auf, aber auch Stücke von Schiller, Shaw, Dumas und Zola. (vgl. d. Rubin I. 1994, 452 f)

Mit der politischen Selbständigkeit, der Ausrufung einer isländischen Verfassung im Jahre 1920, erhielt auch das Theaterleben Impulse zu einem neuen Aufbruch. Ein Prozeß der Professionalisierung setzte ein, der für das führende Ensemble Leikfélag Reykjavíkur jedoch erst Mitte der vierziger Jahre abgeschlossen war. Daneben blieben reine Amateurtheatergruppen bis heute ein wesentlicher Bestandteil des isländischen Theaterwesens. Ein theaterpolitisch richtungweisendes Ereignis war die Verabschiedung eines Gesetzes im Jahre 1922 durch das Parlament, den Althing, das die Gründung eines Nationaltheaters beschloß. Obwohl das Gebäude dafür schon Anfang der dreißiger Jahre weitgehend fertiggestellt war, kam es aufgrund mangelnder Finanzierungsmöglichkeiten erst 1950 zur offiziellen Eröffnung dieses Isländischen Nationaltheaters.

Anfang der dreißiger Jahre wurde auch Island wie die meisten europäischen Staaten von einer wirtschaftlichen Depression heimgesucht. Auf das Theaterleben hatte dies schwerwiegende Auswirkungen. Die Reykjaviker Theater-Compagnie, aber auch viele Amateurensembles waren kaum noch überlebensfähig. In den Spielplänen dieser Jahre tauchten nun verstärkt Stücke auf, die sich mit den aktuellen sozialen Problemen auseinandersetzten. Es wurde die Idee eines »Volkstheaters« aufgegriffen, wie sie in Deutschland und Frankreich schon vor 1900 als kulturpolitisches Projekt von bürgerlichen Sozialreformern und der sozialistischen Arbeiterbewegung propagiert worden war. Erste privat betriebene Schauspielschulen wurden eröffnet. 1941 schließlich war das isländische Theaterwesen so weit konsolidiert, daß unter dem Vorsitz des Schauspielers Thorsteinn Ó. Stephensen (1904–1992) ein gewerkschaftsähnlicher Interessenverband der Bühnenkünstler gegründet werden konnte. Gefördert wurde der Ausbau des Theaterwesens auch durch die Zusammenarbeit einiger Theaterensembles mit der Hörspiel- und Drama-Abteilung des Isländischen Rundfunks.

Im Gegensatz zu anderen skandinavischen Staaten brachten der Zweite Weltkrieg, vor allem die Jahre der Besatzung durch die Alliierten, für Island einen enormen wirtschaftlichen Aufschwung. Der Bau des Nationaltheaters konnte fertiggestellt werden. Das Ensemble Leikfélag Reykjavíkur, das sich inzwischen zum offiziellen Stadttheater entwickelt hatte, aber auch die vielen Amateurgruppen im Lande erhielten nun verstärkt staatliche Subventionen. Die Theatergruppe Akureyri versorgte mit ihren Tourneen die Regionen außerhalb der Hauptstadt mit Theateraufführungen. Trotz dieses Aufschwungs in den vierziger Jahren blieb die Anzahl der Produktionen von Theaterinszenierungen noch recht bescheiden; es waren nicht viel mehr als zehn pro Spielzeit, davon etwa die Hälfte von der Reykjaviker Theater-Compagnie. Erst nach der Eröffnung des Nationaltheaters 1950 kam es hier zu Veränderungen. Die Anzahl der Theateraufführungen verdoppelte sich beinahe schlagartig. Auch wurde das Spektrum der Genres vielfältiger. Es war der Beginn einer neuen Phase in der Geschichte des isländischen Theaters.

Tendenzen in der künstlerischen Entwicklung des dänischen und des isländischen Theaters

Kennzeichnend für das dänische Theater in den Jahrzehnten zwischen 1914 und 1945 war ein Hang zum Realismus. Dieser war offenbar begründet in einem tief verankerten Interesse der skandinavischen Theatertradition an einer lebensnahen, auch komödiantisch bodenständig geprägten Menschengestaltung. Es war vor allem die Dramatik von Henrik Ibsen und August Strindberg, die dazu beigetragen hatte, daß die dänischen Schauspieler eine sehr spezifische realistische Spielweise perfektioniert hatten. In gleicher Weise aber war dieser moderne dänische Schauspielrealismus auch geschult am Werk des Komödienklassikers Ludvig Holberg. Stücke wie dessen *Politischer Kannegießer, Erasmus Montanus* oder der unverwüstliche *Jeppe vom Berge* zählten noch in der ersten Hälfte des 20. Jahrhunderts zu den am meisten aufgeführten Stücken; und gerade sie boten mit ihren prallen Typen Paraderollen für die großen Stars dieser Jahrzehnte. Diese Vorliebe für die skandinavische Dramatik, vor allem für deren so reiche volkstümliche Komödiendichtung bedeutete jedoch keineswegs eine Vernachlässigung der ausländischen klassischen und modernen Dramatik in den Spielplänen der dänischen Bühnen. Vor allem französische Autoren, von Molière über Marivaux bis Hugo und Sardou, waren bestens repräsentiert. Es war insbesondere Poul Reumert (1883–1968), wohl der bedeutendste dänische Charakterdarsteller dieser Jahre, der in allen Genres brillierte und selbst eine starke Affinität zur französischen Kultur besaß, der eine gewisse Art Vermittlerrolle zum französischen Theater ausübte. 1925 trat Reumert in Paris in der Rolle des Tartuffe auf; ein weiteres, vom französischen Publikum begeistert aufgenommenes Gastspiel am Théâtre de l'Odéon folgte 1928. (vgl. C.E. Soya 1942, 33) Reumert gehörte zwischen 1911 und 1918 zum Ensemble des Königlichen Theaters, wohin er nach Jahren wechselnder Engagements (u.a. am Folketeatret und Scala-Teatret) und zahlreichen Gastspielreisen 1929 wieder zurückkehrte. Sein Zusammenspiel mit der Schauspielerin Bodil Ipsen (1889–1964), die zeitweise ebenfalls am Königlichen Theater engagiert war, zählte zu den Glanzpunkten der dänischen Schauspielkunst dieser Jahrzehnte. Bodil Ipsen war als Charakterdarstellerin Reumert durchaus ebenbürtig. Was das Publikum an ihren Rollengestaltungen so faszinierte, war ihr Verwandlungsspiel, das sie virtuos beherrschte, und dabei die Rollencharaktere, die sie verkörperte, geradezu psychoanalytisch auslotete. Als Höhepunkt modernen psychologischen Schauspielrealismus' wurde ihre Gestaltung der Elisabeth in Schillers Tragödie *Maria Stuart* gefeiert. Auch Johannes Poulsen (1881–1938), der zunächst am Dagmarteatret engagiert war, kam 1909 an Kopenhagens große Repräsentationsbühne. Auch er war einer der Hauptvertreter des dänischen Realismus in der Schauspielkunst, der die ganze Spannbreite des klassischen und modernen Rollenrepertoires beherrschte. Eine Spezialität von Poulsons Rollengestaltung waren zwiespältige Naturen, Melancholiker, Skeptiker und die typisch modernen »Nervösen«. Eine seiner erfolgreichsten Rollengestaltungen war die Titelrolle in August Strindbergs *Erik XIV.* 1911 im Königlichen Theater.

Olivia Jacobsson u. Peter Fjelstrup in Alexander den Store *von G.F. Esman*

E. G. Craig: Bühnenentwurf für H. Ibsen: Die Kronprätendenten, *1926*

Mit Schauspielern wie Poul und Elith Reumert, Bodil Ipsen und Johannes, Emil und Olaf Poulson, hinzu kamen Thorkild Roose, Betty Nansen, Agnes Dehn, Betty Hennings oder Karl Mantzius, wurde Det Kongelige Teater zu einer Hochburg realistischer, spätnaturalistischer Schauspielkunst. Für diesen Stil war kennzeichnend, daß sich eine perfekte Technik naturalistischen Verwandlungsspiels mit einer Komplexität der Rollenauffassung verband, die weit über jene psychologischen Konzepte hinausging, die dem Naturalismus des ausgehenden 19. Jahrhunderts zur Verfügung standen. Die diese Richtung am Königlichen Theater maßgeblich bestimmenden Persönlichkeiten waren der Regisseur William Bloch und die Schauspieler Thorkild Roose und Johannes Poulsen, die ebenfalls als Regisseure im Schauspiel und in der Oper arbeiteten.

Roose war Schüler von William Bloch, der jenen für das Königliche Theater so spezifischen naturalistischen Inszenierungsstil begründet hatte. Nach einem ersten Engagement an dieser Bühne von 1919 bis 1923 hatte er das Dagmarteatret übernommen, das unter seiner Leitung eines der profiliertesten skandinavi-

G. Hauptmann: Vor Sonnenuntergang. *Mit Bodil Ipsen und Poul Reumert. Dagmarteatret, 1932*

schen Theater wurde. An Rooses Seite arbeiteten dort auch der Regisseur Henri Nathansen und die Schauspieler Poul Reumert und Bodil Ipsen. Deren Interpretation von Strindbergs *Totentanz* (Regie: Henri Nathansen) galt seither als die authentische, ja kongeniale Auffassung dieses berühmten Stücks. (vgl. F.J. Marker u. L.-L. Marker 1975, 205) 1923 kehrte Roose ans Königliche Theater zurück und arbeitete dort bis 1939 fast ausschließlich als Regisseur. In dieser Periode entwickelte er den für ihn typischen Inszenierungsstil. Minutiöse Milieuausarbeitung, die er von seinem Lehrer Bloch übernommen hatte, verband Roose nun mit einer atmosphärischen Dichte und Subtilität, wie er sie in den Kopenhagener Gastspielen des Reinhardt-Ensembles und des Moskauer Künstlertheaters kennengelernt hatte.

August Liebmann und Poul Reumert in Tovaritch *von J. Deval, Dagmateatret, 1934*

Einen ähnlichen Weg ging Johannes Poulsen als Regisseur. (vgl. Th. H. Dikkenson o.J., 435ff) Auch für ihn führte die Auseinandersetzung mit Max Reinhardts Bühnenästhetik, die er in einer Inszenierung von Hofmannsthals Mysterienspiel *Jedermann* am Königlichen Theater 1914 bis ins Detail adaptierte, zu einer Erweiterung der naturalistischen Szenenauffassung, zu einer größeren Bereitschaft, die visuellen Elemente der Inszenierung mehr zur Geltung zu bringen gegenüber der für den skandinavischen Realismus so typischen Fixierung auf das gesprochene Wort, auf den literarischen Text. Als eine besonders gelungene, eigenständige Arbeit in dieser Richtung galt Poulsens Inszenierung von Adam Oehlenschlägers orientalischem Märchenspiel *Aladdin* (1919).

Ein künstlerisch ambitioniertes Projekt am Königlichen Theater war die von Johannes Poulsen zum Anlaß seines 25-jährigen Bühnenjubiläums initiierte Einladung von Edward Gordon Craig (vgl. Bd. III, 855ff). Dieser sollte eine Inszenierung von Ibsens *Kronprätendenten* ausstatten und auch bei der Regie mitarbeiten. Die Premiere fand am 14. November 1926 statt; Regie führte Johannes Poulsen, der auch die Rolle des Bischofs Nicola übernommen hatte. Charakteristisch für Craigs Bühnenausstattung waren dreidimensionale Bauele-

K. Abell: Melodien, der blev væk. *Riddersal, Dagmarteatret, 1936/37*

mente, Treppen, Plattformen von unterschiedlichem Niveau, vor allem auch hohe Lichtsäulen, mit denen er monumentale Raumvisionen schuf. Die Aufnahme dieser von Craig selbst bestens dokumentierten Inszenierung durch die Kritik und das dänische Publikum war jedoch zwiespältig. Sie wurde einerseits als Wendepunkt in der Entwicklung des dänischen Theaters gefeiert – als endgültige Verabschiedung von der Illusionsbühne und vom Realismus –, vielen Kritikern aber schien diese Inszenierung im Hinblick auf Ibsens Dichtung keineswegs stimmig; offenbar war sie ihnen zu wenig »nordisch«. (vgl. F.J. Marker u. L.-L. Marker 1975, 230ff)

Eine herausragende Künstlerpersönlichkeit im dänischen Theater der zehner- und zwanziger Jahre war die Schauspielerin Betty Nansen, die im Alter von neunzehn Jahren am Casino Teatret in Kopenhagen debütiert hatte. Einer ihrer großen Erfolge am Beginn ihrer Karriere war die Rolle der Marguerite Gautier in *La Dame aux Camélias* von Alexandre Dumas. Sarah Bernhardt, Réjane und Eleonora Duse waren ihre Vorbilder, auf deren Pathosspiel und Virtuosentum sie in ihrer Entwicklung hinarbeitete. So apostrophierte sie die Kritik in den Jahren 1905/06 als eine Schauspielerin, die die »neue Frau« ganz »im Geiste der Zeit« verkörpere: »reich, stolz, unabhängig«, mit Leidenschaft ihre Ziele verfolgend, die zumeist außerhalb der Grenzen bürgerlicher Konvention lagen. (n. K. Kram 1988, 70) Ihr oftmals ins Monumentale gesteigerter Darstellungsstil erschien im Kontext des moderaten skandinavischen Realismus eher befremdlich. So war es nur konsequent, daß sie, ihrem großen Vorbild Sarah Bernhardt nachfolgend, 1917 ihr eigenes Theater an der Frederiksberg Allé in Kopenhagen gründete, das sie bis 1943 betrieb. Auch im Film engagierte sie sich. 1915 reiste Betty Nansen als gefeierte Diva nach Amerika und übernahm dort auch Rollen in einigen Filmen, darunter die Titelrolle in *Anna Karenina.* Doch war dieser Ausflug ins Filmgeschäft bald beendet. Noch einmal, Anfang der vierziger Jahre, versuchte sie im Filmgeschäft Fuß zu fassen. Nachdem sie das Alexandra Teatret an der Frederiksberg Allé gekauft hatte, gab sie diesem den Namen Betty

Nansen-Teatret. Sie übernahm dort selbst die meisten weiblichen Hauptrollen und führte vielfach auch Regie. Zeitweilig überschlugen sich geradezu die Produktionen, manchmal brachte sie in einer achtmonatigen Saison zehn neue Inszenierungen heraus. (vgl. K. Kram 1988, 72ff) Dennoch aber hielt das Betty Nansen-Teatret über den gesamten Zeitraum seines Bestehens ein beachtliches künstlerisches Niveau und galt als eine der führenden literarischen Bühnen in Kopenhagen. In den ersten zehn Jahren konzentrierte sich der Spielplan auf die moderne skandinavische Dramatik. Dabei kam es zu erregenden Neuinterpretationen vor allem der Frauenrollen in den Stücken von Ibsen und Strindberg. Mit der Spielzeit 1927/28 erfolgte eine deutliche Zäsur. Nun kamen auch politische Stücke auf die Bühne, darunter *Hoppla, wir leben!* von Ernst Toller. 1939 wurden erstmals Stücke pazifistischer Autoren aufgeführt. Am Tage der Besetzung Dänemarks durch die deutsche Armee wurde *Die Mutter* von Karel Čapek gegeben, eines der bekanntesten Antikriegsstücke dieser Jahre. Zum Königlichen Theater stand Betty Nansen in einem permanenten Spannungsverhältnis.

Von den anderen Privattheatern in Kopenhagen waren das Dagmarteatret, das Folketeatret und das Nya Teatret Bühnen, die zwar überwiegend ein Unterhaltungsprogramm boten, immer wieder jedoch auch literarisch anspruchsvolle Stücke aufführten. Am Folketeatret war es der Regisseur und Theaterkritiker Herman Joachim Bang (1857–1912), der programmatisch eine Gegenposition zum Stil des Königlichen Theaters vertrat. Bang war als Literat, vor allem als Novellist, der erste Vertreter des Impressionismus in Dänemark. In den neunziger Jahren des 19. Jahrhunderts hielt er sich in Paris im Umkreis von Lugné-Poë und dessen Théâtre de l'Œuvre auf, wo 1894 sein symbolistischer Einakter *Frères* aufgeführt wurde. Er selbst inszenierte dort 1905 Ibsens *Nora* mit Suzanne Deprès in der Titelrolle. Am Théâtre de l'Œuvre galt Bang als Spezialist für die Inszenierung skandinavischer Stücke. (vgl. F.J. Marker u. L.-L. Marker 1975, 171) Von 1907 bis 1909 hielt sich Bang in Berlin auf, wo er Max Reinhardts Arbeitsweise kennenlernte. Als »Sprengung und Erneuerung der Bühnenkunst« bewunderte er die Leistung des Berliner Regievirtuosen, sah aber auch eine Gefahr darin, daß sich Reinhardts »visuelle Gestaltungsphantasie« gegenüber dem dichterischen Werk allzu sehr verselbständigen könnte (dazu E. Leisler u. G. Prossnitz 1973, 118ff). So spielte Bang als Regisseur wie als Kritiker eine wesentliche Rolle bei dem ohnehin zeitlich sehr verzögert verlaufenden Versuch, dem dänischen Theater die nachrealististischen künstlerischen Strömungen, für die das Theater Max Reinhardts das große aber auch kritisierte Vorbild war, nahezubringen.

Emma Meissner mit Christian Schröder(Mitte) in der Operette Die keusche Susanne *von J. Gilbert. Oscarteatret, 1910*

Eine Art »Initiationserlebnis« (E. Leisler u. G. Prossnitz) bedeuteten Reinhardts Kopenhagener Gastspiele für den Dramatiker Kjeld Abell (1901–1961), neben Kaj Munk der bedeutendste dänische Dramatiker dieser Jahrzehnte. Abell hatte bis 1927 an der Kunstakademie in Kopenhagen studiert und arbeitete anschließend als Bühnenbildner in London und in Paris, wo er von Giraudoux und Louis Jouvet beeinflußt wurde. 1930/31 war er Bühnenbildner am Königlichen Theater in Kopenhagen. Mit dem Stück *Melodien, der blev væk* (Die Melodie, die verschwand) hatte er seinen Durchbruch als freier Dramatiker. Die Uraufführung fand im September 1935 im Riddersalen, Kopenhagens einziger Experimentierbühne, statt. Das revueartig ausgelegte Stück, zu dem Sven Møl-

W. Shakespeare: Hamlet. *R.: K. Munk. Betty Nansen Theater, Kopenhagen 1934/35. Betty Nansen als Gertrude, Johannes Meyer als Claudius und Knud Heglund als Polonius*

ler Kristensen die Musik komponiert hatte, erzählt die Geschichte des Büroangestellten Larsen, der sich den Konventionen der Gesellschaft so sehr anpassen mußte, daß er seine »Melodie« verlor – das poetische Symbol seiner Lebensfreude. Seine Frau Edith versucht nun, diese »Melodie« und damit Freiheit und Glück wiederzufinden. Auf dieser Suche geraten alle jene Institutionen der Gesellschaft, Ideologien und Programme in die Kritik, die Larsen zur Aufgabe seiner Freiheit gezwungen und den Verlust seines Glücks bewirkt haben. Am Ende findet er, ausgestoßen aus der Gesellschaft aufgrund seines Protests gegen Entfremdung und Repression, »seine Melodie« wieder in einer Welt ohne Ausbeutung. Mit dieser sozialistischen Utopie endet das Stück, das nach seiner Uraufführung im Riddersalen fünfhundertmal in Folge aufgeführt wurde. Dieser enorme Erfolg war sicherlich in erster Linie das Verdienst des Regisseurs Per Knutzon (1897–1948), der erstmals auf einer Kopenhagener Bühne die szenischen Mittel modernen Experimentiertheaters zum Einsatz gebracht hatte. Abells zweites Erfolgsstück war *Anna Sophie Hedvig*, das 1939 am Königlichen Theater zur Uraufführung kam. Regie führte Holger Gabrielsen, Clara Pontoppidan spielte die Titelrolle. Es war ein politisches Stück, mit einer eindeutigen Botschaft, das auf die Erfahrungen des Spanischen Bürgerkriegs reagierte und die Gefahr einer Okkupation Dänemarks durch Hitler-Deutschland anklingen ließ. Am Ende stand der Aufruf der Titelheldin zum kämpferischen Widerstand gegen alle inhumanen Mächte, die Freiheit und Menschenwürde bedrohen. In den Jahren der Besetzung Dänemarks gehörte Abell der Résistance an. In seinen Stücken nach 1945 (*Dage på en sky* und *Dem blå pekingeser*) vertrat er einen humanistisch interpretierten Sozialismus.

Mehr noch als Abell war Kaj Munk (1898–1944) eine Symbolfigur des Widerstands in Dänemark gegen den Hitler-Faschismus. Seinen öffentlichen

K. Munk: Cant. *Det Ny Teater, Kopenhagen 1931/32. Gunnar Lauring in der Titelrolle*

Protest gegen die deutsche Besatzungsmacht mußte er letztlich mit dem Leben bezahlen. Im Januar 1944 wurde Munk von der Gestapo ermordet. In einer ebenso mutigen wie spektakulären Aktion gab Abell den Tod Munks während einer Abendvorstellung im Königlichen Theater vor dem Publikum bekannt und rief zum Widerstand auf. (vgl. F.J. Marker u. L.-L. Marker 1975, 241) Kaj Munk war Pfarrer und setzte sich in seinen Dramen von einem existentialistisch-theologischen, von der Philosophie Kierkegaards beeinflußten Standpunkt aus mit grundsätzlichen Lebensproblemen – Verantwortung, Moral, Glauben – auseinander.

Munks erstes Drama war *En Idealist. Nogle Indtryk fra en Konges Liv* (Ein Idealist. Einige Eindrücke aus dem Leben eines Königs). Das Stück weist noch in eine heroische Geisteswelt, die durchaus eine gewisse Nähe zu faschistischem Gedankengut aufwies. Munk gestaltet in dem Protagonisten dieses Dramas, dem König Herodes, einen Willensmenschen von Nietzscheanischem Format, der um seiner Macht und der Königswürde willen jede humane Empfindung abstreift. Dramatischer Höhepunkt ist die ebenso grausame wie sinnlose Enthauptung seiner Frau Mariamne. Am Ende schließlich stirbt der König gänzlich vereinsamt. *En Idealist* kam 1928 am Königlichen Theater in Kopenhagen zur Uraufführung. Jedoch erst die Aufführung einer gekürzten Fassung im Jahre 1938 wurde ein Bühnenerfolg. Munks berühmtestes Werk ist *Ordet* (Das Wort). Die Uraufführung fand im September 1932 am Betty Nansen-Theater statt; die deutsche Erstaufführung 1935 in Schwerin. Verfilmt wurde das Stück in Schweden 1943 von Gustaf Molander und 1954 in Dänemark von Carl Theodor Dreyer. In *Ordet* erzählt Munk von religiösen Auseinandersetzungen in einer Dorfgemeinschaft, von der Zerstörung der Familienbindungen durch religiösen

K. Munk: Ordet. *Nye Scene, Kopenhagen 1948/49*

Fanatismus, aber auch durch die Abwendung von Gott. In der Wiedererweckung der »toten« Inger, die bei der Geburt ihres Kindes gestorben zu sein schien – ein »Wunder«, vermeintlich durch einen Glaubensakt bewirkt –, kommt das Stück zu seinem dramatischen Höhepunkt. Ob Inger letztlich nur scheintot war, ist für den Autor belanglos; der Zuschauer mag es ahnen. Eindeutig ist die Botschaft des Stücks: Sie lautet: »Vertraue auf die Kraft des Glaubens!«

Spätestens Ende der dreißiger Jahre hatte Munk den inhumanen Charakter der faschistischen Ideologie erkannt und wurde zu einem militanten Gegner aller dieser Regime. Eines der ersten seiner nun offenkundig politischen Stücke war *Han sidder ved smeltediglen* (Er sitzt am Schmelztiegel). Dieses Zeitstück wurde 1938 am Det Norske Teater in Oslo uraufgeführt, die dänische Erstaufführung kam vier Monate später am Folketeatret heraus. Es geht darin um den Konflikt, in den ein Wissenschaftler gerät, der sich zwischen seiner Loyalität zum nationalsozialistischen Staat, seiner Verantwortung als Wissenschaftler und der Liebe zu seiner jüdischen Assistentin entscheiden muß. (vgl. M. Klein 1964, 123 ff) Unmittelbar auf die aktuelle politische Situation bezogen war auch das Stück *Niels Ebbesen* (Uraufführung 1943 am Svenska Dramatikers in Göteborg). Es war ein offener Aufruf zum Widerstand gegen die deutsche Okkupation. Der Titelheld ist ein dänischer Freiheitskämpfer aus dem 14. Jahrhundert, der einen Usurpator ermordet und sein Land von Fremdherrschaft befreit. Das Stück war unmißverständlich auf die gegenwärtige Situation Dänemarks bezogen. Einer der Gegenspieler des Protagonisten ist als ein Typ aus der Gestapo-Szene gezeichnet. »Frei müssen wir sein, um zu leben« – so lautet Ebbesens Mahnruf im letzten Akt dieses Stücks. Alle Werke von Kaj Munk, der in den Jahren der Besatzung Schreibverbot erhalten hatte, konnten nur illegal verbreitet werden.

So hatte das moderne dänische Theater mit Munk und Abell zwei Dramatiker, die das Theater wieder zu einem Ort werden ließen, an dem die Gesellschaft sich ihrer besten Tradition vergewissern konnte. In diesen Jahren war es auch ein Treffpunkt der Résistance (vgl. F. J. Marker u. L.-L. Marker 1975, 242), vor allem das Königliche Theater, das unter der Leitung von Cai Hegermann-Lindencroneden seinen Spielbetrieb unbeeindruckt von Bombendrohungen von Nazisympathisanten und der Androhung der Zerstörung des Theaters durch die Besatzungsmacht aufrechterhielt. In der Kontinuität dieses Geistes und verpflichtet auch den künstlerischen Neuansätzen der dreißiger Jahre setzten sich die Erneuerungsimpulse des dänischen Theaters auch nach 1945 fort.

Musiktheater und Ballett waren kaum in die sozialen und politischen Entwicklungen dieser Jahrzehnte involviert. Das Königliche Theater in Kopenhagen war unstrittig das Zentrum des Opernlebens in Dänemark. (vgl. Bd. III, 804) Mehr noch verzögert als im Schauspiel wurde in der Oper der Verismus der Jahrhundertwende zurückgenommen zugunsten impressionistischer und symbolistischer Stiltendenzen. Auf hohem künstlerischen Niveau pflegte die Königliche Oper vor allem Werke skandinavischer Komponisten. Schwerpunkte des Repertoires bildeten jedoch die großen italienischen, deutschen und französischen Opernwerke.

Wesentlich profilierter in seiner künstlerischen Präsenz war das dänische Ballett, vor allem seit Beginn der dreißiger Jahre. Zu Beginn des 20. Jahrhunderts war dessen künstlerischer Standard noch ganz von jener Stil-Tradition geprägt, die August Bournonville (vgl. Bd. III, 469f) in der zweiten Hälfte des 19. Jahrhunderts für das Kongelige Ballet entwickelt hatte. Diese Richtung war auch von Bournonvilles unmittelbaren Nachfolgern Ludvig Gade und Emil Hansen fortgeführt worden, und auch Hans Beck (1861–1952), der von 1894 bis 1915 die Leitung des Königlichen Balletts innehatte, stand in dieser Tradition. Dennoch war er es, der mit einigen Choreographien die bis dahin vorherrschende Festlegung auf neuromantische Stoffe aufgab und neue motivische Bereiche für das Ballett erschloß. Dabei wurde er unterstützt von dem Tänzer und Choreographen Gustav Uhlendorff, der 1914 Becks Nachfolger wurde. Letztlich aber führte auch die Arbeit dieser beiden Choreographen und Ballettdirektoren nicht dazu, daß das dänische Ballett Anschluß an jene Entwicklungen fand, wie sie etwa die Ballets Russes oder die Ballets Suédois verkörperten. Ansätze für eine Richtungskorrektur stellten erst die Gastauftritte der Choreographen Michail Fokin 1925 und George Balanchine 1930 dar, die beide mit der Königlichen Ballett-Compagnie moderne Ballette einstudierten: Stravinskijs *Petruschka* und die *Polowetzer Tänze* von Alexander Borodin; *Dreispitz* von Manuel de Falla in der choreographischen Bearbeitung von Léonide Massine, Fokins Choreographie von Rimskij-Korsakovs *Schéhérezade* und das Ballett *La Boutique Fantasque*, ebenfalls in einer choreographischen Bearbeitung durch Massine und nach der Musik von Ottorino Respighi. (vgl. S. Kragh u. T. Kragh 1952) Beide Gastauftritte hatten für das dänische Ballett eine vergleichbare Funktion wie die Gastspiele des Ensembles von Max Reinhardt auf das Schauspieltheater. Es waren die entscheidenden Impulsgeber für einen Neubeginn. Dieser trat ein mit der Übernahme der Leitung der Königlichen Ballett-Com-

Poul Reumert als Herodes u. Bodil Ipsen als Cleopotra in S. Methling Neuinszenierung von K. Munks En Idealist, *1938*

pagnie durch Harald Lander (1905–1971) im Jahre 1932. Lander führte eine neue Trainingsmethode nach dem Vorbild des russischen Balletts ein. Erstmals wurden nun auch Choreographen fest am Königlichen Ballett engagiert, wodurch eine entscheidende Voraussetzung für den kontinuierlichen Aufbau eines neuen Tanzstils geschaffen war. Einflußreichste Lehrerin für die Königliche Ballett Compagnie wurde Vera Volkova, die eine ganze Generation dänischer Tänzer prägte. Damit hatte das dänische Ballett Anfang der dreißiger Jahre den Anschluß an die moderne europäische Ballettentwicklung gefunden.

Die künstlerische Entwicklung des Theaters in Island entsprach in ihrer Grundtendenz der des dänischen Theaters. Freilich mit der Einschränkung, daß sich das isländische Theater in der ersten Hälfte des 20. Jahrhunderts noch in einer Entwicklungsphase befand, in der seine Professionalisierung die vorrangige Aufgabe war. So war die Mehrzahl der in Island stattfindenden Theateraufführungen noch in den zwanziger und dreißiger Jahren Aufführungen von Amateurensembles. Allein das Reykjaviker Stadttheater hatte am Ende des ersten Jahrzehnts des 20. Jahrhunderts einen künstlerischen Standard erreicht, der Aufführungen anspruchsvoller klassischer Dramen ermöglichte. Die überwiegende Anzahl der aufgeführten Stücke waren jedoch Komödien, Lustspiele und einige Operetten. Die Aufführung von Opern ließ die kleine Bühne des Idnó Theaters, das dem Stadttheater-Ensemble zur Verfügung stand, nicht zu. Ein neuer Entwicklungsschub setzte um 1920 ein. Im Spielplan erschienen nun auch Stücke, die in der bis dahin ausschließlich gepflegten realistischen Spielweise nicht aufführbar waren, Dramen von Pirandello, Strindberg und Shakespeare. Der Einfluß von Max Reinhardts modernem Schauspielstil, dem das dänische wie auch das schwedische Theater wesentliche Impulse zu verdanken hatte, war nun auch an der Reykjaviker Bühne zu spüren. Vermittler dieses neuen Stils war der Regisseur Indrids Waage (1902–1963). Weitere Neuerer, die den Anschluß des isländischen Theaters an die europäische Moderne suchten und vor allem den Prozeß der Professionalisierung vorantrieben, waren Haraldur Bjørnson (1891–1967) und Lárus Pálsson (1914–1968). Beide hatten am Königlichen Theater in Kopenhagen ihre Ausbildung absolviert. Ein herausragendes künstlerisches Ereignis in den dreißiger Jahren waren die Aufführungen zweier Dramatisierungen von Novellen von Jón Thoroddsen, einem populären Erzähler, der das Leben der isländischen Landbevölkerung zu seinem Thema gemacht hatte: *Piltur og stúlka* (1933, Jüngling und Mädchen) und *Madur og kona* (1934, Mann und Frau). Die beiden Regisseure verfolgten mit diesen Produktionen die Idee eines an sozialen Fragen interessierten Volkstheaters, vergleichbar entsprechenden Tendenzen in Deutschland und Frankreich am Beginn des Jahrhunderts. Im Umfeld dieser Entwicklung wurden auch erste Versuche unternommen, ein isländisches Kindertheater zu begründen. (vgl. D. Rubin I 1994, 462f)

So existierte in Island Ende der ersten Hälfte des 20. Jahrhunderts ein vielfältiges Theaterleben, zumal in der Hauptstadt des Landes. Die Eröffnung des Nationaltheaters im Jahre 1950 (1952 wurde dort auch eine Ballettschule eröffnet, 1958 eine Opernbühne) galt als äußeres Zeichen dafür, das nun auch neben der längst schon erreichten politischen die kulturelle Unabhängigkeit erreicht zu sein schien.

Norwegen

Politische und institutionelle Rahmenbedingungen des norwegischen Theaters in der ersten Hälfte des 20. Jahrhunderts

War es Norwegen im Ersten Weltkrieg gelungen, seine Neutralität zu bewahren, so wurde das Land bald nach Beginn des Zweiten Weltkriegs Opfer der deutschen Okkupationspolitik. Zur gleichen Zeit wie Dänemark wurde Norwegen am 9. April 1940 von deutschen Truppen besetzt, die damit einer Landung der Alliierten zuvorkamen. Die von der norwegischen Arbeiterpartei geführte Regierung und König Håkon VII. flohen ins Exil nach London; ebenso Norwegens prominentester Dramatiker, Nordahl Grieg. Zunächst übte ein von der Besatzungsmacht eingesetzter Reichskommissar die Regierungsgewalt aus. 1942 wurde der Führer der Partei der »Nationalen Sammlung«, die mit der deutschen Reichsregierung kollaborierte, zum Regierungschef eingesetzt. Nach der deutschen Kapitulation 1945 stellte erneut die norwegische Arbeiterpartei die Regierung.

So bedeutete der Zweite Weltkrieg eine gravierende Zäsur in der Geschichte des Landes, die auch das kulturelle Leben, vor allem die Theater, schwer beeinträchtigte. Wenngleich eine nicht geringe Anzahl norwegischer Intellektueller und Künstler sich mit der Besatzungsmacht arrangierten, formierte sich doch auch entschiedener Widerstand gegen die Okkupation. In der Theatersphäre wurde der Direktor des Theaters in Trondheim zu einer Symbolfigur der norwegischen Résistance. Sein offener Protest gegen die faschistische Diktatur hatte seine Ermordung durch norwegische Anhänger des NS-Regimes zur Folge. Viele Bühnenkünstler flohen daraufhin nach Schweden, andere boykottierten die Theater.

Im kulturellen Leben Norwegens nahm das Theater eine exponierte Stellung ein und zog deswegen auch die besondere Aufmerksamkeit der neuen Machthaber auf sich. Seit 1935 waren alle Bühnen staatlich subventioniert und seither in ihrer Funktion als Hüter nationaler Werte in eine besondere gesellschaftliche Verantwortung gestellt. Diese Komponente der norwegischen Kulturpolitik führte eine Tradition fort, die bereits im frühen 19. Jahrhundert im politischen Leben des Landes eine nicht unwesentliche Rolle gespielt hatte. War doch in dieser Zeit das Theater ein kämpferisches Forum der patriotischen norwegischen Unabhängigkeitsbewegung. Dies hatte unter anderem auch dazu geführt, daß bereits 1827 ein norwegisches Nationaltheater gegründet worden war. (vgl. Bd. III, 462ff)

Die Struktur des norwegischen Theaterwesens war wesentlich geprägt durch die geographischen Gegebenheiten und die Geschichte des Landes. Weitaus der

B. Bjørnson: Naar den ny Vin blomster. *Nationaltheater, Oslo 1932*

größte Teil der norwegischen Bevölkerung lebte in wenig besiedelten Regionen, so daß das traditionelle kulturelle Leben durch Dezentralisierung und die Lebenswelt der Fischer und Bauern eine spezifische Prägung erhielt. Die dänische und die schwedische »Fremdherrschaft« von 1397 bis 1905 hatten nahezu keinerlei Formen höfischer Kultur ausgebildet. Um so stärker wurde die Theaterkultur dieses Landes durch das norwegische Volk und nicht – wie bei allen großen europäischen Theaternationen – durch höfische Eliten geprägt. (vgl. J. Nygaard 1991, 84ff)

So war noch bis 1945 das norwegische Theaterleben im wesentlichen auf die Hauptstadt Christiania, die 1924 den Namen Oslo erhielt, auf Bergen und Trondheim konzentriert. Nur in diesen Städten existierten feste Theaterbauten, in denen ein einigermaßen regelmäßiger Spielbetrieb stattfand. An anderen Orten traten zumeist in provisorisch dafür eingerichteten Spielstätten Amateurensembles und professionelle Wandertruppen auf. Seit 1948 unternahm ein staatliches Theaterunternehmen, das Riksteatret, Tourneen in diesen Regionen.

In Oslo war die traditionsreichste und künstlerisch profilierteste Bühne für das Schauspiel, die Oper und das Ballett das Christiania Norske Teatret, das 1899 in ein neues Haus in der Stortingsgate eingezogen war und seither als Nationalteatret i Oslo geführt wird. Während der Direktionen von Bjørn Bjørnson (1858–1942), der bereits in den 80er Jahren des 19. Jahrhunderts am Christiania-Theater als Schauspieler und Regisseur gearbeitet hatte, 1899 bis 1907 und wieder 1923 bis 1927 das Theater als dessen Direktor leitete, vollzog sich an dieser Bühne ein umfassender Modernisierungsprozeß, der Spielplan und Spielweise gleichermaßen betraf und das norwegische Nationaltheater zu einer der führenden Bühnen Skandinaviens werden ließ. Das zweite Osloer Theater war das 1913 gegründete Norske Teatret i Oslo, das aus Det Norske Spellaget (seit 1899) entstanden war. Dieses Theater, das sich konsequent auf die Förderung der nationalen Dramatik und die Pflege der norwegischen Sprache festgelegt hatte, stand im Zentrum des noch am Beginn des 20. Jahrhunderts in Norwegen höchst virulenten »Sprachenstreits«. (vgl. Bd. III, 469f u. 809) Als in der ersten Saison des Norske Teatret (1913) *Jeppe vom Berge*, das populärste Stück des dänischen Komödienklassikers Ludvig Holberg in norwegischer Bearbeitung aufgeführt wurde, kam es zu handgreiflichen Auseinandersetzungen im Publikum zwischen norwegischen Patrioten und den Verfechtern des Dänischen als »Kultursprache«. Das Norske Teatret stellte zwar keine ernsthafte Konkurrenz für das Nationaltheater dar, entwickelte sich jedoch zu einer Bühne von hohem künstlerischen Anspruch in der Pflege der nationalen Dramatik. Eine auf alle Romantizismen verzichtende Inszenierung von Ibsens *Peer Gynt* (Musik von Harald Sævernd) im Jahre 1948 durch den Regisseur Hans Jacob Nilsen (1897–1957) leitete eine grundlegend neue Auseinandersetzung mit diesem zentralen Werk der skandinavischen Dramatik ein. Zwei Bühnen hatten sich auf die breite Palette der Genres des populären Unterhaltungstheaters spezialisiert: das bereits 1902 gegründete Centralteatret – neben Zeitstücken wurden dort vor allem Operetten aufgeführt – und das 1929 eröffnete Nye Teatret, das sich nach 1945 an der deutschen Volksbühnenbewegung orientierte und eine der ersten Bühnen in Norwegen war, die sich des Puppentheaters annahm. In den dreißiger Jahren wurde das Folketeatret errichtet, eine Art »Programmtheater« der sozialdemokratischen Arbeiterpartei.

Eine Gründung aus dem Jahre 1872 war das Stadttheater Den Nationale Scene i Bergen. 1909 erhielt dieses Theater einen Neubau. Der Spielplan war programmatisch auf norwegische Dramatiker ausgerichtet. Den Nationale Scene setzte damit eine das Theaterleben in Bergen seit dem 19. Jahrhundert bereits prägende Tradition fort, die durch die Arbeit von Henrik Ibsen als dem künstlerischen Leiter des dortigen Theaters in den Jahren 1851 bis 1857 und daran anschließend von Bjørnstern Bjørnson als Direktor des Theaters in Bergen (von 1859 bis 1863) begründet worden war. In den dreißiger Jahren des 20. Jahrhunderts setzte der Regisseur Hans Jacob Nilsen mit Inszenierungen politischer Stücke von Nordahl Grieg künstlerische Akzente. In Trondheim, wo bereits seit 1816 ein Theaterbau existierte, wurde 1937 das Trøndelag Teatret eröffnet. Wie das Theater in Bergen förderte auch diese Bühne in erster Linie norwegische Dramatiker. Dies galt auch für die Faste Scene in Stavanger, die 1947 ein neues Haus eröffnen konnte, das Rogaland Teater. Mit diesen Bühnen in den vier Städten hatte Norwegen in der ersten Hälfte des 20. Jahrhunderts in ihrer Bedeutung zwar sehr ungleichgewichtige Theaterzentren, in denen sich jedoch ein weitgefächertes Theaterleben abspielte. Während die Theater in Bergen, Trondheim und das Norske Teatret in Oslo Schwerpunkte setzten in der Pflege der nationalen Tradition, war das Osloer Nationaltheater die norwegische Bühne, die sich in ihrem Repertoire und den künstlerischen Trends ganz den internationalen Entwicklungen geöffnet hatte.

Das Repertoire und die künstlerische Entwicklung des norwegischen Theaters von Beginn des 20. Jahrhunderts bis 1945

»Der Typus jenes Schauspielers, der sich proteusartig verwandelt, der unter Aufgabe seiner eigenen Persönlichkeit hurtig und selbst unkenntlich in die verschiedensten Gestalten und Masken zu schlüpfen vermag, ist wieder zurückgetreten hinter die starken Naturen, deren Glück es ist, sich selbst geben zu können, die nicht von außen her gestalten, sondern von innen heraus, die, weil sie fest in ihrem Erdreich wurzeln, dem Dichter nicht nur das Erlebnis im Stück, sondern ihr ganzes Leben mitbringen. Die Persönlichkeit ist das Höchste in aller Kunst, und nur von ihrem Umfang hängt ihre Bedeutung ab. Auch auf der Bühne hat es immer starke Persönlichkeiten gegeben, nie aber waren sie notwendiger als für die Gestalten der nordischen Dichtung … Der Schauspieler muß eine beunruhigende Undurchsichtigkeit besitzen, die erst im entscheidenden Moment transparent wird. Der Schauspieler muß sein Geheimnis haben, und er muß es bewahren können.«

(Max Reinhardt in einer Rede im Studentenverein von Christiania im November 1915. Vgl. E. Leisler, G. Prossnitz 1973, 172)

Ob das Theater in Norwegen ein »Spiegel« des tatsächlichen gesellschaftlichen Lebens sei oder daraus stets nur einige Facetten verstärkt ins Licht der Bühne treten würden, diese Frage stellt Viveka Hagnell in einer umfassenden Untersuchung des Schauspielrepertoires der norwegischen Bühnen für den Zeitraum von 1900 bis 1990. Für die erste Hälfte des 20. Jahrhunderts ergibt sich dabei das folgende Bild (vgl. V. Hagnell 1989, 116ff): Vor allem am Beginn des Jahrhunderts waren es fast ausschließlich Milieu und Lebensprobleme des gehobenen Bürgertums, die neben Stoffen aus der norwegischen Geschichte die bevorzugten Sujets der aufgeführten Stücke ausmachten. Künstlerische Experimente wurden weder im Schauspiel- noch im Musiktheater gewagt. Das Komödientheater hatte eine Vorliebe für die romantisierte Lebenssphäre der Bergbauern und der Fischer, beides national-typische, pittoreske Motivbereiche des populären Unterhaltungstheaters. Probleme des städtischen Proletariats, aus der Sphäre der Angestellten oder gar der Politik, wie sie so häufig Gegenstand der Berichterstattung in den Zeitungen waren, kamen auf den Bühnen dieser Jahre praktisch nicht vor. Private Beziehungskonflikte, die zu Mord und Totschlag führten oder am Ende doch eine glückliche Wendung nahmen, waren die häufigsten Themen. In den dreißiger Jahren häuften sich Stücke über zerrüttete Ehen und Ehebruch. Das Problem der illegitimen Abtreibung war geradezu ein Modethema geworden, aber auch einige Antikriegsstücke setzten nun Akzente in den Spielplänen. Immer wieder gab es Perioden – so etwa um 1905, 1940 und 1945 –, in denen der norwegische Patriotismus hohe Wellen schlug und die Theater dieser Stimmung dadurch entsprachen, daß fast ausschließlich Dramatiker wie Holberg, Ibsen oder Bjørnson die Spielpläne beherrschten. Dabei war freilich das Interesse an Ibsens Stück *Gespenster* weitaus geringer als an dessen nationalem Historiendrama *Kronprätendenten* oder an Bjørnsons *Sigurd Jorsalfar*. Auch hatte diese Besinnung auf die nationale Tradition zur Folge, daß sich einige der festen Bühnen als »Nationaltheater« verstanden und dies ihren Namen beifügten. So etwa Det Norske Teatret in Oslo, das sich in den Jahren zwischen 1915 und 1925 strikt an sein Programm hielt und nur Stücke von norwegischen Dramatikern aufführte. Die meisten dieser Bühnen korrigierten diesen Kurs mit Beginn der dreißiger Jahre und brachten zunehmend nun auch Stücke ausländischer Autoren zur Aufführung, offenbar einem Trend der Zeit folgend und wohl auch eine Reaktion auf die schwere wirtschaftliche Krise, in die die norwegischen Bühnen Ende der zwanziger Jahre geraten waren. Es mußte um jeden Zuschauer gekämpft werden. Die Theater in Trondheim und die Faste Scene in Stavanger mußten aus wirtschaftlicher Not zeitweise ihren Spielbetrieb einstellen. Was die Produktionsstrukturen an den norwegischen Theatern betrifft, so wurden die in den ersten Jahrzehnten des Jahrhunderts noch häufigen Matinee-Vorstellungen und die geschlossenen Vorstellungen für ein geladenes Publikum sukzessive eingestellt. Auch ging die hohe Anzahl von

N. Grieg: Nederlaget. *V. l. n. r.: Svend Fridberg, Bodil Ipsen als Lehrerin Gabrielle Langevin, Thorkild Roose als Delescluze u. Ilona Wieselmann u. Ebbe Rode als junge Revolutionäre*

Premieren, die eine Bühne in den ersten Jahrzehnten noch herausbrachte (oftmals mehr als eine Premiere pro Woche), bis Mitte der zwanziger Jahre deutlich zurück. Dafür vervielfachte sich die Anzahl der Vorstellungen insgesamt. Durch Wiederaufnahmen oder Neuinszenierungen bereits gespielter Stücke versuchte man, den enormen Verbrauch an Stücken aufzufangen.

Diese allgemeinen Trends in der Spielgestaltung zeichnen ein Bild des Theaters in Norwegen, das in erster Linie die Tendenzen der Spielplanpolitik jener Theaterleiter wiedergibt, die sich vorwiegend an den Publikumsinteressen und deren modischen Verschiebungen orientieren. Eine andere Entwicklungslinie läßt sich nachzeichnen im Blick auf die künstlerischen Akzente, die von Regisseuren und Dramatikern gesetzt wurden. Drei Persönlichkeiten spielten dabei eine führende Rolle; von ihnen gingen in diesen Jahrzehnten die wesentlichen Innovationen für das norwegische Theater aus. Es waren dies der Regisseur Bjørn Bjørnson und die Schauspielerin und Regisseurin Johanne Dybwad, die in der Rolle der Hilde Wrangel in Ibsens *Die Frau vom Meere* 1889 unter der Regie von Bjørn Bjørnson ihre Karriere begonnen hatte, dazu der Dramatiker Nordahl Grieg.

Bjørn Bjørnson (1859–1942), dessen Theaterausbildung von seinem Vater Bjørnstjerne Bjørnson (vgl. Bd. III, 470 ff) umsichtig begleitet wurde, hatte seine entscheidende künstlerische Prägung durch Studien im Ausland erfahren. In Berlin hatte er Musik studiert und das dortige Theaterleben kennengelernt. Seine nächste Station war Wien, wo er am Burgtheater durch die Inszenierungen des Freiherrn von Dingelstedt mit einer ihm gänzlich neuen Auffassung von Bühnenästhetik konfrontiert wurde. (vgl. Bd. III, 145 ff u. 170 ff) Hatte Bjørnson bereits in Wien nach Abschluß seiner Ausbildung als Schauspieler erste Rollen übernommen, so setzte er seine Schauspielerlaufbahn am Meininger Hoftheater fort. Dort wurde nun auch sein Interesse an der Regie geweckt. Er war fasziniert von dem Ensemblespiel, der neuartigen Form der Massenregie und dem perfekten Ausstattungshistorismus, der das Markenzeichen dieses international be-

Wie Reinhardt sich vom Statisch-Naturalistischen zum Dynamisch-Impressioniblen entwickelte, so hat Johanne Dybwads dynamisch impressionistischer Spielstil eine ähnliche Wandlung durchlaufen. Die Künstlerin war immer bemüht, neue Experimente zu wagen. Und wenn man die Grundelemente in ihren Inszenierungen analysiert, so zeigt sich ein klarer Einfluß von Max Reinhardts Theater. Man findet die melodramatische Lichtwirkung, und es fällt besonders auf, daß die stilisierte Massenwirkung auf das Publikum suggerierend wirkte. Musik hinter der Bühne gab es oft, ebenso die Auflösung des Bühnenraums und starke Wirkungen durch plastisch aufgestellte, stilisierte Gruppierungen, von den zeitgenössischen Kritikern »hysterische Nachkriegstendenzen« genannt.

(E. Leisler, G. Prossnitz 1973, 174)

rühmten Ensembles war. St. Gallen in der Schweiz, Paris und Hamburg waren weitere Stationen, bevor Bjørnson als Vierundzwanzigjähriger 1885 als Schauspieler und Regisseur am Christiania-Theater in Oslo engagiert wurde. Bjørnson setzte nun das in Wien, Meiningen und Paris Gesehene und Gelernte an der Osloer Bühne um, was dort geradezu einem künstlerischen Umsturz gleichkam. Dies galt vor allem für die Einführung der Regie als maßgebliche gestaltende Instanz und die neue Qualität, die er nach dem Vorbild der Meininger im Ausstattungswesen durchsetzte. Als »Goldenes Zeitalter« wird die dadurch initiierte und nun einsetzende Periode des norwegischen Theaters gern apostrophiert. 1895 verließ Bjørnson das Christiania-Theater und ging als Regisseur an das Dagmarteatret nach Kopenhagen. Daß am 1. September 1899 das Christiania-Theater schließlich in den Rang eines als Aktiengesellschaft geführten Nationaltheaters gehoben wurde, dafür hatte Bjørnson die künstlerischen Voraussetzungen geschaffen. 1899 kehrte er an diese Bühne zurück und blieb dort bis 1907.

Die folgenden Jahre arbeitete Bjørn Bjørnson als Gastregisseur an skandinavischen und deutschen Theatern. Für eine Saison leitete er das in Berlin neu gegründete Hebbel-Theater. 1923 übernahm er schließlich erneut die Direktion des norwegischen Nationaltheaters und blieb in diesem Amt bis 1927. In dieser Periode waren Neuinterpretationen der Werke seines Vaters und der Hauptwerke von Henrik Ibsen (insbesondere von *Peer Gynt* und *Gespenster*) die künstlerischen Höhepunkte. Vor allem wurde nun auch der Anschluß an die internationale zeitgenössische Dramatik gesucht. 1926 fand am Nationaltheater die erste norwegische Aufführung eines Stücks von Luigi Pirandello statt: *Sechs Personen suchen einen Autor.* Regie führte Johanne Dybwad (1867–1950), die neben ihrer Arbeit als Schauspielerin seit etwa 1907 auch als Regisseurin das künstlerische Profil des Nationaltheaters geprägt hatte. Sie war nun auch Bjørnsons wichtigste Mitarbeiterin. Dybwads Interesse galt vor allem dem Kammerspiel, für das sie mit ihren Inszenierungen von Ibsens *Gespenster* (Johanne Dybwad als Frau Alving) und Pirandellos *Sechs Personen suchen einen Autor* (Johanne Dybwad in der Rolle des Theaterdirektors) eine eigenständige Form fand. Für das norwegische Theater war sie die einflußreichste Vermittlerin impressionistischer Tendenzen in der Bühnenästhetik, was zu dem von Bjørnson perfektionierten Realismus eine künstlerische Alternative darstellte. Dybwads Regiestil inspirierte vor allem die nächste, die jüngere Generation skandinavischer Regisseure, die seit den dreißiger Jahren an die Öffentlichkeit trat, so etwa Agnes Mowinckel (1875–1963), Halfdan Christensen (1873–1950), Hans Jacob Nilsen (1897–1957), Knut Hergel (1899–1982) und Stein Bugge (1896–1961). (vgl. D. Rubin I. 1994, 618) Johanne Dybwad war es auch, die als Spielleiterin am Ende der Direktion von Bjørn Bjørnson Nordahl Griegs expressionistisches Drama *Barrabas* zur Uraufführung brachte (1927).

Grieg hatte Europa und Asien bereist und zunächst als Journalist gearbeitet. In den dreißiger und vierziger Jahren profilierte er sich als politischer Journalist. Ein Aufenthalt in Moskau (1933 bis 1935) brachte ihm die Ideen des Kommunismus nahe. 1937 nahm er als Berichterstatter am Spanischen Bürgerkrieg teil. Unmittelbar nach der deutschen Invasion in Norwegen 1940 emigrierte er nach London und trat der Royal Air Force bei. Bei einem Luftangriff auf Berlin kam Nordahl Grieg 1943 als Flieger ums Leben. Sein Engagement gegen

Kapitalismus und Faschismus prägte das dramatische Werk dieses leidenschaftlichen Patrioten, das in seiner agitatorischen Direktheit den politischen Standpunkt des Autors unverhüllt zum Ausdruck brachte. Sein bestes Bühnenwerk ist *Nederlaget* (Niederlage). Das Stück kam 1937 am Nationaltheater in Oslo zur Uraufführung. Es ist eine Art Thesenstück, bei dem es um die Gewaltfrage bei der Durchsetzung politischer Ziele – hier einer gerechten Gesellschaftsordnung – geht. Grieg behandelt dieses brisante Thema am Beispiel des Aufstands der Pariser Kommune 1871 und dessen blutiger Niederschlagung. Aktueller Hintergrund war für ihn die Niederlage der Freiheitskämpfer im Spanischen Bürgerkrieg, den er 1937 als Kriegsberichterstatter miterlebt hatte. Sein Buch *Spansk Sommer* (1937, Spanischer Sommer) ist eine authentische Dokumentation dieser Erfahrungen. Auch in Gedichten und Romanen (u.a. *Jung muß die Welt noch sein*, 1938) setzte sich Grieg mit diesen Themen, seinen politischen Lebensfragen, auseinander.

So verstand sich das norwegische Nationaltheater durchaus als eine Institution, die die politischen Probleme dieser Jahre aufgriff und dazu Stellung nahm. Im Spielplan war jedoch auch das leichte Unterhaltungstheater vertreten, vornehmlich die Operette – eigentlich die Spezialität des Centraltheaters –, und dies nicht zuletzt aus ökonomischen Gründen. Von der Oper und dem Ballett, ebenfalls Sparten des Nationaltheaters, gingen keine bemerkenswerten künstlerischen Impulse aus. Mozart, Wagner, Verdi und Puccini beherrschten das Repertoire. Norwegische Komponisten spielten kaum eine Rolle. Ein den Osloer Opernbetrieb belebendes Element war die Einrichtung (1918) einer Opéra Comique in dem dafür gemieteten Parktheater. Mit den neuesten Entwicklungen im Tanz wurde das Osloer Publikum durch Gastspiele von Mary Wigman bekannt gemacht.

War das Nationaltheater in Oslo sicherlich die künstlerisch renommierteste Bühne Norwegens in dieser Periode, so hatte doch auch das Stadttheater in Bergen, Den Nationale Scene, vor allem während der Direktion von Stein Bugge ein eigenständiges künstlerisches Profil entwickelt (vgl. D. Rubin I 1944, 622), das noch bis weit in die zweite Hälfte des 20. Jahrhunderts wirksam blieb.

Theater in Rußland in der ersten Hälfte des 20. Jahrhunderts

Einleitung

»Wir haben erlebt, was anderen höchstens in hundert Jahren zu erleben vergönnt ist; nicht umsonst haben wir gesehen, wie das neue Jahrhundert mit Donner und Blitz der irdischen und unterirdischen Elemente seine Saat in die Erde geschleudert hat; alle Jahrhunderte haben wir in diesem Gewitterleuchten durchträumt, und sie haben uns mit der 67ten Weisheit ausgestattet ... die neue Welt steht bereits vor der Tür.«

(Aleksandr Blok. *Die Goldene Horde*, 1907)

Aleksandra Exter: Kostümentwurf für Romeo und Julia *von W. Shakespeare, 1921*

Die Geschichte des russischen Theaters nahm in der ersten Hälfte des 20. Jahrhunderts einen mit der politischen Geschichte dieses Landes vergleichbar revolutionären Verlauf. Zudem kam es in den Jahren zwischen 1917 und 1924 zu einem so engen Ineinandergreifen von Politik und Theater wie in keiner Epoche zuvor in der Geschichte des europäischen Theaters; gleiches gilt für die experimentelle Dynamik, die dabei auch die Theatersphäre erfaßte. Eingeleitet wurde diese Entwicklung in beiden Bereichen, in der Politik und dem Theater, im Jahre 1905. Die zu dieser Zeit stattfindenden Volksaufstände, die das gesamte russische Staatsgebiet erfaßten, machten überdeutlich, daß das zaristische Regime, dessen diktatorischer Terror und dessen soziales Unrechtswesen diese Revolution ausgelöst hatten, seine Machtposition nicht dauerhaft würde halten können. Es war vor allem die Brutalität, mit der die Staatsmacht die demonstrierenden Arbeiter vor dem Winterpalais in St. Petersburg niederschlug, die den eingeleiteten Umsturzprozeß unumkehrbar gemacht hatte. (vgl. Bd. III., 901f) Längst hatte diese Entwicklung auch im Lager der Literaten und bildenden Künstler eine Anhängerschaft gefunden, die mit den Mitteln der Kunst auf diese Vorgänge reagierten. Maksim Gor'kij, der mit seinem Stück *Nachtasyl* (1902, Na dne) weltberühmt geworden war (vgl. Bd. III, 916ff), wurde eine Symbolfigur in diesem revolutionären Kampf der Künstler. Sein Stück *Mutter Schelesnowa* (Wassa Železnova), das 1911 zur Uraufführung kam, war das erste Bühnenwerk in Rußland, das offen und parteilich zu den politischen Ereignissen Stellung nahm, aber auch in der ersten Fassung die Zwiespältigkeit im Bewußtsein vieler Menschen gegenüber diesem radikalen Umsturz der gesellschaftlichen Ordnung aufdeckte. Gor'kij und die Führer der politischen Opposition,

Yury Annenkov: Bühnenentwurf und Szenarium für das Revolutionsschauspiel Die Erstürmung des Winterpalais, *Petersburg 1920*

Lenin und Trotzkij, gingen 1906 ins Exil. Mehr als 45 000 Menschen wurden nach Sibirien verbannt. Ein letztes Mal konnte das Regime von Zar Nikolaus II. seine Herrschaft stabilisieren und mit Hilfe einer rigorosen Zensur jede Form politischer Kritik unterdrücken. Ein kurzfristiger Wirtschaftsaufschwung, den verstärkte ausländische Investitionen bewirkt hatten, führte zu einer noch größeren Kluft zwischen den gesellschaftlichen Klassen. Dann aber wurde der Erste Weltkrieg für Rußland ein militärisches und wirtschaftliches Desaster, in dessen Folge die sozialen Spannungen so eskalierten, daß es im Februar 1917 in St. Petersburg zum Ausbruch der Revolution und zur Abdankung des Zaren kam. Eine provisorische Regierung und ein Arbeiter- und Soldatenrat übernahmen die Regierungsgeschäfte. In diesem labilen Machtgefüge setzte sich schließlich Lenins Partei der Bolschewiki durch und löste mit dem Sturm auf das Winterpalais, Sitz der Regierung unter Kerenskij, die Oktoberrevolution aus. Unter Lenins Vorsitz übernahm nun der bolschewistische Rat der Volkskommissare die Macht im Staate. Ein umfassendes Programm der Verstaatlichung aller öffentlichen Institutionen wurde eingeleitet, die Pressefreiheit aufgehoben, ebenso alle parlamentarischen Elemente im Regierungssystem, die 1905/06 eingeführt worden waren, außer Kraft gesetzt. Im Dezember 1917 wurde ein Waffenstillstand zwischen dem neuen Sowjetstaat, Deutschland und Österreich-Ungarn vereinbart. Innerhalb des russischen Territoriums kam es zum Bürgerkrieg (1918 bis 1921), in dem die Gegner der Bolschewiki von Trotzkijs Roter Armee niedergekämpft wurden. Der neue Sowjetstaat mußte in diesen Jahren zwar die staatliche Unabhängigkeit von Polen, Finnland und den baltischen

Ländern akzeptieren, unterwarf aber die Ukrainische, Transkaukasische und Weißrussische Republik dem Führungsanspruch der Russischen Sowjetrepublik. So kam es zur Gründung der Union der Sozialistischen Sowjetrepubliken (UdSSR). Weitere Republiken schlossen sich später dieser Union an. Am 11. März 1918 wurde der Regierungssitz von St. Petersburg (von 1914 bis 1924 Petrograd, dann Leningrad) nach Moskau verlegt, das auch die neue Hauptstadt wurde.

Die von dem programmatischen Elan der Revolution getragene totale Umgestaltung der gesellschaftlichen, kulturellen und sozialökonomischen Strukturen des einstigen Zarenreichs führte zwar im künstlerischen Bereich zu einer unerhörten experimentellen Kreativität, in nahezu allen anderen Bereichen, vor allem in der ökonomischen Sphäre jedoch zu einem für die russische Gesellschaft existenzgefährdenden Chaos. So war Lenin 1921 gezwungen, durch das Programm der »Neuen Ökonomischen Politik« (NEP) eine radikale Kurskorrektur einzuleiten. Es war dies der Beginn eines Prozesses der systematischen Ausweitung des Führungsanspruchs der Kommunistischen Partei auf alle Bereiche des Lebens, ein Prozeß, der nach Lenins Tod 1924 von dessen Nachfolger Stalin (1879–1953) mit brutaler Härte gegenüber politischen Gegnern in Partei, Staat und Armee durchgesetzt wurde. Stalins Ziel war der Ausbau einer gigantischen zentralistischen Staatsbürokratie. Das Jahr 1928 markierte diesen Umschlag: Mit dem ersten Fünfjahresplan wurde die »Neue Ökonomische Politik« be-

Aleksandra Exter: Entwurf einer konstruktivistischen Bühne, 1924

V. Majakovskij: Das Schwitzbad. *Mejerchol'd Theater, Moskau 1930. Zinaida Raikh als Die phosphoreszierende Frau u. Maxim Shtraukh als Pobedonosikov*

endet, die Zwangskollektivierung der Landwirtschaft eingeleitet und ein umfassendes Aufbauprogramm für die Industrialisierung des Landes verkündet. Bereits in der Verfassung von 1926 war der Führungsanspruch der KPdSU in allen Bereichen des gesellschaftlichen Lebens verankert worden. Damit hatte sich das totalitäre System des Stalinismus eine Gesetzesgrundlage geschaffen, die die anschließenden »Säuberungsaktionen«, den Terror gegenüber tatsächlichen oder vermeintlichen Gegnern des Systems, innenpolitisch zu rechtfertigen schien.

Kulturpolitisch führte dieser Kurs zur Unterdrückung aller künstlerischen Experimente der russischen Avantgarde, ja zur Liquidierung von deren exponiertesten Repräsentanten. 1932 kam es zur Auflösung aller Organisationen im Literatur- und Kunstbereich und deren Zusammenfassung in einem zentralen Verband. Der Kongreß des sowjetischen Schriftstellerverbands formulierte 1934 die künftig geltenden Normen aller kulturellen und künstlerischen Betätigung. Mit dem Beschluß des Zentralkomitees der KPdSU vom 23. April 1934 wurde der Sozialistische Realismus zur offiziellen kulturpolitischen Richtung erklärt, alle anderen Positionen, zumal die der Avantgarde als »formalistisch« diskreditiert und als staatsfeindlich verfolgt. Dies bedeutete das offizielle Ende der Freiheit der Kunst in der Sowjetunion. Nach 1945 wurde der Sozialistische Realismus, dessen Tendenz es sein sollte, den »neuen Menschen« als positiven Helden der Sowjetgesellschaft volksnah und realistisch zu schildern und diese Gesellschaftsform als konsequente Fortentwicklung humanistischer Tradition erscheinen zu lassen, auch allen jenen Staaten als offizielle kulturpolitische Doktrin aufgezwungen, die in den Herrschaftsbereich der Sowjetunion gerieten.

Der Zweite Weltkrieg, in den die Sowjetunion trotz des im August 1939 mit Deutschland geschlossenen Nichtangriffspakts durch einen Angriff der deutschen Armeen am 22. Juni 1941 hineingezogen wurde, hatte für dieses Land unerhörte Zerstörungen und den Verlust von etwa 28 Millionen Menschen zur

L. M. Leonov: Untilovsky. *R.: K. Stanislavskij u. V. Sakhonovsky. Künstlertheater, Moskau 1928*

Folge. Nach diesem »Großen Vaterländischen Krieg« jedoch befand sich die Sowjetunion unter den Siegermächten und hatte erstmals den Status einer Weltmacht errungen.

Zum Bild dieser bewegten politischen Geschichte gehört es, daß das Theater in einer Weise in diese Prozesse involviert war, wie es in dieser direkten Form der Indienstnahme dieser Institution für eine umfassende Neugestaltung aller Lebensbereiche zuvor noch nie der Fall gewesen war. Das »große Experiment«, als das sich der neue Sowjetstaat verstand, war auch ein genuin theatralisches Projekt. In der Theatralisierung zentraler Lebensbereiche sollte der Gegensatz von Kunst und Leben/Arbeit in einer Form von »Lebenskunst« aufgehoben sein, die eine »immense Gestaltungsenergie« (El Lissitzky) freisetzen würde. Ganz in diesem Sinne formulierte auch Bertolt Brecht 1948 den verblüffenden Schlußgedanken seines *Kleinen Organons*, der Summe seiner utopieträchtigen ästhetischen Theorie, daß nämlich alle Künste letztlich beitragen sollten »zur größten aller Künste, der Lebenskunst«. So wurde die Oktoberrevolution in Rußland auch zu einer Stunde des Theaters. Und wenn zur Feier von deren dritten Jahrestag die Erstürmung des Winterpalais in St. Petersburg am Originalschauplatz in einem gigantischen Massenspektakel mit vermutlich mehr als 30 000 Akteuren – Schauspielern, Tänzern, Musikern, Laiendarstellern und Artisten – nachgespielt wurde, so wurde hier Geschichte vollends zu Theater.

Ästhethische Konzepte zur Neubestimmung des Verhältnisses von Kunst/Theater und Leben

Symbolismus, Rayonismus, Futurismus, Suprematismus: Entwicklungen in der bildenden Kunst als Wegbereiter der Theateravantgarde

»In unserer Zeit ist die Inszenierung eines Theaterstücks die bühnentechnische Leistung eines Malers, der dafür seine eigenständige künstlerische Arbeit aufgibt und eine rein zweckbedingte künstlerische Praxis ausübt. Unter diesem Gesichtspunkt kann das Theater nur ein geringer Nebenzweig der Kunst sein.«

(Vladimir Majakovskij: *Das Theater, das Kino und der Futurismus.* 1913)

Das Jahr 1905 leitete in Rußland nicht nur den Prozeß einer politischen Umwälzung von weltgeschichtlicher Dimension ein, auch für die Entwicklung der Kunst setzte dieses Jahr eine epochale Zäsur. Dabei markiert es nicht nur den Beginn einer neuen künstlerischen Richtung, etwa des Symbolismus, sondern zugleich das Aufkommen dazu gänzlich gegenläufiger Tendenzen. So erschien im Jahre 1906 Maksim Gor'kijs großer sozialkritischer Roman *Die Mutter* (Mat), ein programmatisches Werk des russischen Realismus, ebenso aber fand 1906 die Uraufführung von Aleksandr Bloks lyrischem Einakter *Die Schaubude* (Balagantschik) in der verspielt ironisierenden Regie von Vsevolod Mejerchol'd statt, ein Hauptwerk des symbolistischen Theaters in Rußland. Auch Mejerchol'ds Essay *Das bedingte Theater*, eine Art Kampfschrift gegen die »naturalistische Methode« seines Lehrers Stanislavskij, erschien im Jahre 1906. Nur drei Jahre später, beinahe zeitgleich also mit dem Erscheinen von Marinettis erstem futuristischen Manifest in Paris, ist die Auseinandersetzung mit dem Futurismus (vgl. Kap.: Italien) auch in St. Petersburg und Moskau in vollem Gange. Zu Recht also spricht D. Sarabjanow davon, daß dies eine Zeit gewesen sei, deren Merkmal »ein Überreichtum an unterschiedlichen Gruppen und künstlerischen Vereinigungen war, von denen eine jede ihre eigene schöpferische Konzeption verkündete, … ein Anflug von Anarchismus, das Streben, eben noch vertretene Prinzipien zu überwinden und sie zugunsten eines neuen Verständnisses der Ziele und schöpferischen Methoden in der Kunst fallen zu lassen.« (1983, 143) Waren zwar die zentralen programmatischen Thesen in diesem Nebeneinander und Gegeneinander der Positionen in erster Linie auf das Gebiet der Malerei bezogen, so war doch das Theater in einer höchst produktiven Weise in diesen Prozeß involviert. Bereits wenige Jahre zuvor waren die wesentlichen künstlerischen Impulse für die Erneuerung des russischen Balletts, die zur Gründung

Kostümentwurf einer Bacchantin von Aleksandra Exter für Thamira Khytharedes, *1916*

Natalja Gončarova: Bühnenbildentwurf für Le Coq d'or *von N. Rimskij-Korsakov, 1914*

von Serge Diaghilevs Compagnie des Ballets Russes geführt hatten (vgl. Bd. III, 614ff u. 919ff), ebenfalls von der bildenden Kunst ausgegangen. Die von Diaghilev (1872–1929) und dem Maler Léon Bakst (1866–1924) gegründete Künstlervereinigung »Welt der Kunst« (Mir iskusstwa) war das innovatorische Zentrum der Entwicklung dieses »malerischen Theaters«, mit dem diese Tanz-Compagnie auf allen großen europäischen Bühnen Triumphe feierte.

Die Vereinigung »Welt der Kunst« spielte auch noch nach 1910 eine maßgebliche Rolle im künstlerischen Leben Rußlands, nicht zuletzt über die aus ihr hervorgegangenen Abspaltungen und Flügelbildungen. (vgl. D. Sarabjanow 1983, 144ff) In der programmatischen Arbeit von »Welt der Kunst« ging es um die Rezeption der westlichen Moderne; zugleich jedoch um den Versuch einer Synthese dieser Moderne mit der eigenen russischen Tradition. Daß sich in der Dynamik dieser Umbruchsjahre auch gänzlich extreme Positionen einander annähern konnten, läßt sich nicht besser zeigen als an dem ambivalenten Verhältnis der beiden prominentesten russischen Theaterregisseure dieser Jahre, von Konstantin Sergeevič Stanislavskij (1863–1938) und Vsevolod E. Mejerchol'd (1874–1940). Stanislavkijs Theaterarbeit war zu dieser Zeit zusammen mit der von Max Reinhardt richtungweisend für eine ganze Epoche des europäischen Theaters geworden. Stanislavskij hatte an seinem Moskauer Künstlertheater (vgl. Bd. III, 903ff) in meisterhaften Inszenierungen vor allem der Stücke von Anton Čechov und von Maksim Gor'kij, aber auch als schauspielpädagogisches ›System‹ eine Form des psychologischen Realismus entwickelt, die das realistische Theater zur höchsten künstlerischen Perfektion, zugleich aber auch an seinen Endpunkt gebracht hatte. Das Moskauer Künstlertheater war um 1905 in eine künstlerische Krise geraten, die auch Stanislavskij wahrnahm und ihn veranlaßte, nach neuen Wegen zu suchen. Vier Unternehmungen waren es, die er in dieser Situation in Angriff nahm, um aus dieser Krise herauszukommen. 1905 plante Stanislavskij, an seinem Moskauer Künstlertheater eine Versuchsbühne einzurichten, die sein bedeutendster Schüler Meyerchol'd leiten sollte, der seit seinem Weggang von Stanislavskij 1902 mit einigen antirealistischen Inszenierungen Aufsehen erregt hatte. Aus vielfachen Gründen kam dieses Projekt über die Planung der ersten Inszenierung nicht hinaus. (vgl. Kap.: Neue Institutionen) Ein erneuter Versuch, das künstlerische Spektrum seiner Moskauer Bühne zu erweitern, waren Stanislavskijs bereits 1908 einsetzende Bemühungen, den englischen Theaterreformer Edward Gordon Craig, den bedeutendsten Vertreter antirealistischer Bühnenkunst (vgl. Bd. III, 855 ff), für eine Produktion am Künstlertheater zu verpflichten. Craigs legendäre *Hamlet*-Inszenierung, die im Dezember 1912 Premiere hatte, machte freilich auch deutlich, wie weit weg die künstlerischen Vorstellungen des Engländers von denen Stanislavskijs waren. Aber auch Stanislavskij selbst setzte sich 1908 mit einem symbolistischen Bühnenwerk auseinander und inszenierte Maeterlincks Märchenstück *Der blaue Vogel.* Prägender für seine Arbeit als diese Projekte war jedoch Stanislavskijs Zusammenarbeit mit einigen Malern, die aus dem Umkreis von »Welt der Kunst« kamen, vor allem mit Aleksandre Benois (1870–1960), einem der führenden Bühnen- und Kostümbildner von Diaghilevs Ballets Russes. Bereits 1907 hatte Stanislavskij die Arbeiten dieser Maler studiert. 1913

Aleksandr Vesnin: Kostümentwurf für Die Verkündigung *von P. Claudel, 1920*

Michail Larionov Bühnenbildentwurf für S. Prokof'ev Chout, *1921*

Bühnenbild von Georgij Jakulov für Ch. Lecoq: Giroflée-Giroflá, *Moskau 1922*

schließlich betraute er Benois mit der Leitung des Ausstattungswesens an seinem Moskauer Künstlertheater. 1916 jedoch trennten sich beide wieder, da Stanislavskij befürchtete, daß es an seiner Bühne zu einer »Übermacht des Dekorativen« (O.G. Bauer) kommen würde. Zwei weitere Maler aus dem St. Petersburger Kreis, die Stanislavskij an sein Theater verpflichtet hatte, waren Nikolai Roerich (1893–1947) und Mtislaw V. Dobužinskij (1875–1957). Vor allem Dobužinskij gelang es, mit den neuen bildnerischen Mitteln einen Zug des Phantastischen und der malerischen Brillanz in die Ästhetik des Künstlertheaters zu bringen. (vgl. O.G. Bauer 1994, 29f)

Ebenfalls im Kontakt zu den Malern der Vereinigung »Welt der Kunst« stand das von dem Dramatiker, Regisseur und Theaterhistoriker Nikolai Evreinov (1879–1953) 1907 in St. Petersburg gegründete Starinny teatr (Altertümliches Theater). Es war dies eine Experimentierbühne, die in ihren Inszenierungen die Stilmittel historischer Theaterformen, vor allem der französischen Mysterienspiele des Mittelalters und der Farcen und Moralitäten der Renaissance rekonstruierte. Auch hier waren es vor allem Maler wie Benois und Dobužinskij, die das kreative Potential dieser sehr freien Rekonstruktionsversuche aufspürten. Auch hier ging es um den Versuch einer Synthese von Tradition und Moderne, eine Konzeption, die diese Künstlergruppen grundlegend unterschied von der unmittelbar folgenden Generation, den Futuristen und den Konstruktivisten, die sich den totalen Bruch mit jedweder Tradition auf die Fahnen geschrieben hatten.

Diese Vorgänge an den beiden Privattheatern in Moskau und St. Petersburg mögen veranschaulichen, welche Offenheit im Experimentieren mit alten und neuen Gestaltungsmitteln aufgekommen war. Auch an den Kaiserlichen Bühnen, dem Mariinski-Theater und dem Aleksandrinski-Theater in St. Petersburg und in Moskau am Bol'šoj-Theater und am Malyj-Theater – letzteres war die repräsentative staatliche Schauspielbühne –, war um 1900 ein Modernisierungsprozeß eingeleitet worden. Der bis dahin im Dekorationswesen noch gepflegte und zu hoher Perfektion entwickelte historistische Klassizismus war durch einen dekorativen Bühnenstil abgelöst worden, der den neuen Entwicklungen in der Malerei – Impressionismus und Jugendstil – Raum gab. Auch an diesen Bühnen arbeiteten Maler wie Aleksandr Golovin, die der Vereinigung »Welt der Kunst« angehörten. Es war generell ein Merkmal für die Situation der Theater in Rußland, daß in den Jahren nach 1905 bis zum Beginn der zwanziger Jahre neue künstlerische Impulse im wesentlichen von den Malern ausgingen, wohl auch deswegen, weil in dieser Zeit keine herausragenden zeitgenössischen Stücke erschienen, die solche Impulse hätten vermitteln können. So waren auch in den Spielplänen der staatlichen wie der privaten Bühnen kaum Unterschiede zu registrieren; sie waren beherrscht »von den Klassikern – Gogol, Puschkin, Turgenjew, Ostrovskij, von Molière und Goldoni und von Bühnenbearbeitungen nach Dostojewski.« (O.G. Bauer 1994, 50)

In den Jahren 1909 und 1910 aber kam Bewegung in das künstlerische Leben. Die Avantgarde nahm Profil an, die Gruppen positionierten sich gegen die Tradition, aber auch gegeneinander. Drei Strömungen aus den westeuropäischen Zentren hatten nun unmittelbare Auswirkungen auf die russischen Künstler: der italienische Futurismus, der französische Kubismus und die Einflüsse, die aus der Münchner »Neuen Künstlervereinigung«, der Maler um den

Kostümentwurf (Frau mit Fächern) von Michail Larionov für Histoires Naturelles, *1914*

Blauen Reiter, kamen. Aber auch innerhalb der russischen Künstlergruppen artikulierten sich 1909 und 1910 neue Richtungen. 1909 stellten Natalja Gončarova (1881–1962) und deren Mann Michail Larionov (1881–1964) in einer Ausstellung, die die Zeitschrift *Das Goldene Vlies* (Solotoje runo) veranstaltet hatte, Werke aus, die einen neuen »primitivistischen Stil« vorführten. Es waren Arbeiten von großer Freiheit im Umgang mit Farbe und einer aus der Tradition der Volkskunst inspirierten Naivität, auch einer bewußten Rohheit in der Formgebung. Beide Künstler, die 1915 nach Paris übersiedelten, arbeiteten dort für Diaghilevs Ballets Russes (vgl. H. Rischbieter 1968, 48) Zuvor noch, 1913, mischte sich Larionov mit einem eigenen theoretischen Programm in die bereits heftig entbrannte Diskussion der Richtungen und »-Ismen«. Rayonismus (Lučism) nannte er sein und der Gončarova neues Programm: eine erste Lösung von der Gegenständlichkeit, die Zerlegung der Wirklichkeit in Farbsegmente, Herausarbeiten der inneren Dynamik freigelegter Strukturen. In ihren Bühnendekorationen und Kostümentwürfen, die nach 1914 für die Ballets Russes entstanden, folgten Larionov und Gončarova dieser Tendenz zur Abstraktion und einer bis zur Plakativität getriebenen Einfachheit. Mitunter führte das zu grotesken Figurenentwürfen und volkstümlich-märchenhaften Szenerien. Der Primitivismus der Arbeiten von Gončarova und die von Larionov provokant vorgetragene Verweigerung gegenüber allen bildnerischen Regeln der Tradition waren Impulse, die auch in jene Künstlergruppen hineinwirkten, die den Futurismus als die große Revolte gegen alle Traditionen und Konventionen feierten.

Die Künstler, die sich endgültig von den Positionen der Jahrhundertwende, wie sie in den Zielen von »Welt der Kunst« noch vertreten wurden, absetzten, schlossen sich 1910 zu neuen Vereinigungen zusammen. In Moskau wurde die Gruppe »Karo-Bube« (Bubnowy Walet) gegründet, in St. Petersburg der »Bund der Jugend« (Sojus molodjoschi), die beide mit programmatischen Ausstellungen an die Öffentlichkeit traten. Deren Orientierung an den westlichen Zentren, Paris und München (dort der Gruppe um Wassily Kandinsky), führte beinahe unverzüglich zur Bildung einer weiteren Vereinigung, die sich »Der Eselsschwanz« nannte und eine vom Westen unabhängige russische Stilrichtung kreierte. Deren erste programmatische Ausstellung »vereinigte zum erstenmal die ›großen Vier‹: Larionov, Malevič, N. Gončarova und Tatlin« (C. Gray 1974, 121). Es waren dies Maler, die ihre Position in einer weitgehenden Annäherung an den italienischen Futurismus aber auch in Abgrenzung dazu entwickelten. Diese Auseinandersetzung hatte bereits 1910 begonnen. Velimir Chlebnikov (1885–1922), Mitverfasser des 1912 erschienenen Sammelbandes *Eine Ohrfeige dem öffentlichen Geschmack* (Poschtschetschina obschestwennomu wkusu), dem ersten futuristischen Manifest in Rußland, und Vladimir Majakovskij (1893–1930) standen an der Spitze dieser Bewegung. Wenn dabei auch der futuristische Impuls der italienischen Künstlergruppe aufgenommen wurde, so traten doch von Beginn an vor allem die Unterschiede in den Vordergrund. Ob übrigens Marinetti bereits 1909, 1910 oder gar erst 1914 erstmals in Rußland war, ist nicht mit Sicherheit geklärt. Die Manifeste des Italieners waren jedoch seit 1909 in St. Petersburg und Moskau bekannt; 1914 erschien eine Sammlung der Manifeste der italienischen Futuristen in russischer Übersetzung.

Kostümentwurf für einen Tänzer mit Turban von Serge Čechonin, 1930

Majakovskij war es, der 1913 die Position der russischen Futuristen, die sich als Reverenz gegenüber dem großen Vorbild Piscasso (in der Zeit von dessen kubistischer Periode) Kubo-Futuristen nannten, auch in der Abgrenzung zu den westeuropäischen Kampfgenossen deutlich machte. Majakovskij schrieb in diesem Zusammenhang: »Wir gehen mit dem neuen Wort (Futurismus) auf alle Gebiete der Kunst … Neu ist der Wechsel der Ansichten über die Beziehung

»Sportsmänner«, Figurinen von El Lissitzky für Sieg über die Sonne, *1923*

aller Dinge zueinander, die ihren Charakter schon lange unter dem Einfluß des gewaltigen und wirklich neuen Lebens der Stadt gewandelt haben.« (n. Ch. Bauermeister u.a. 1983, 20) Diese Zukunftsorientierung – Velimir Chlebnikov gab die Losung aus: »Existiere zukünftig!« (budi! budi!) – war eine Einstellung, die nahezu alle künstlerischen Gruppen teilten. So war der russische Futurismus auch eine »gesamtästhetische Bewegung« (R. W. Duganow) und nicht wie in Italien auf eine verhältnismäßig kleine Gruppe beschränkt. Dies hatte aber auch zur Folge, daß der russische Futurismus als künstlerisches Konzept eine völlig abstrakte Form annahm, reduziert auf Prinzipien wie ›Dynamik‹, ›Werden‹, ›Energie und Schönheit‹, und mit anderen Richtungen – Kubismus, Rayonismus – eine Synthese einging. Auch dafür steht der Begriff »Kubo-Futurismus«. Dieser war auch für Malevič der Ausgangspunkt für die Entwicklung des Suprematismus, der radikalsten Form der Befreiung der Kunst von aller Gegenständlichkeit und Zweckmäßigkeit. Auch für Vladimir Tatlin war der Futurismus nur eine Art Zwischenstation, die bei ihm unmittelbar zum Konstruktivismus führte. Rudolf W. Duganow nennt Tatlins legendären Turm »das letzte futuristische Energem und das erste konstruktivistische Projekt.« (1983, 245)

Daß der Futurismus in Rußland andere Akzente setzte als die italienische Ursprungsbewegung, wurde auch deutlich in dem kühlen Empfang, den die Russen Marinetti bereiteten, als dieser 1914 in Moskau auftrat. Es flogen faule Eier! Vor allem Marinettis früh schon erkennbarer Hang zum Faschismus war Ziel massiver Kritik durch die Russen.

Im Jahr 1913 kam die futuristische Bewegung in Rußland zu ihrem Höhepunkt. Im Dezember dieses Jahres fand das spektakulärste künstlerische Projekt des russischen Futurismus statt, das der »Bund der Jugend« veranstaltet hatte: die Uraufführung der futuristischen Oper *Sieg über die Sonne* (Pobeda nad solnzem) im Lunapark-Theater in St. Petersburg: (vgl. Ch. Bauermeister u.a. 1983) Der Komponist war Michail Wassiljewič Matjuschin (1861–1934), das Libretto schrieb Aleksej Jeslisejewič Kručonych (1886–1968). Kostüme und Bühnenbild entwarf Kazimir Malevič. In einem Treffen in der finnischen Stadt Usikirko im Sommer 1913 hatte die Gruppe der russischen Futuristen ihr Projekt in typisch futuristischer Manier als den »totalen Umsturz der Kunst« angekündigt: »Zu vernichten ist die Sprache der Kritiker und Literaten, welche die reine, klangvolle, klare russische Sprache bis zur Sterilität benagt haben ... Zu vernichten ist die veraltete Bewegung der Gedanken in den Gleisen der Kausalität, der zahnlose ›gesunde Sinn der Logik‹ und das Herumirren im blauen Dunst des Symbolismus. Zu beseitigen ist das künstlerische Siechtum des russischen Theaters durch seine grundlegende Umgestaltung. Für das Künstler-, Marien-, Alexander-, das Große und Kleine Theater ist kein Platz mehr in der Gegenwart.« (n. H. Rischbieter 1968, 137)

Diese erste futuristische Theaterveranstaltung in St. Petersburg brachte zwei Werke heraus: am 2. und 4. Dezember die Tragödie *Vladimir Majakovskij* (Bühnenausstattung Pawel Filonow und Jossif Školnik) und am 3. und 5. Dezember 1913 *Sieg über die Sonne*. Im ersten Teil spielte sich Majakovskij selbst und führte Regie. Er stilisierte sich als futuristisches Kunstwerk, mit dem Grundgestus der Dynamik einer Eisenbahn. Kunst und Leben sollten eins sein. Die auftretenden Personen verkörperten verschiedene Aspekte, Projektionen der Persönlichkeit Majakovskijs als sprechende Bilder. Die Autor-Projektionen waren aber auch Abbildungen der futuristischen Freunde des Dichters. Die Darsteller trugen diese auf Pappschildern vor sich her, auf denen Figuren abgebildet waren: z.B. »der Mensch ohne Kopf, der transmentale Dichter – A. Kručonych« oder »der alte Mann mit den dürren schwarzen Katzen – Chlebnikov«. Majakovskij selbst trat als »Verkörperung des energetischen Werdens« auf. (vgl. R.W. Duganow 1983, 248f) In der Öffentlichkeit war er der schrillste unter den futuristischen Selbstdarstellern. Zusammen mit den Brüdern David und Nikolai Burljuk unternahm er 1913 und 1914 eine Reise durch siebzehn russische Städte, wo die Gruppe mit spektakulären Auftritten, grell kostümiert und sich selbst ironisierend, für die futuristische Bewegung warb. (vgl. C. Grey 1974, 106) Für Majakovskij wurde seine »gelbe Jacke« zum Markenzeichen. In einem Rundumschlag, der den italienischen Gesinnungsgenossen an Radikalität in nichts nachstand, erklärte er das traditionelle Theater für tot. In der Kinematografie sah Majakovskij die Befreiung der Schauspielkunst von der »Zwangsjacke der Worte«. Das neue futuristische Theaterkunstwerk sei Sache der Maler, die die »Diktatur des Auges« verkündet hätten. (n. H. Rischbieter 1968, 138) In Majakovskijs Hymnus auf den Futurismus

Kazimir Malevič' Figurinenentwürfe für Sieg über die Sonne, *1913*

finden sich alle Schlagworte wieder, die die »Maschine mit ihren Tausenden von Pferdestärken« und die »Großstadt« als die wahren Inspirationsquellen der Poesie feiern. Dabei war ein Grundzug aller Statements Majakovskijs zur neuen Kunst die Forderung nach »Analyse der Beziehungen zwischen Kunst und Leben« – in der Art »exakter Wissenschaft.«

Die Oper *Sieg über die Sonne* – eigentlich war es ein Singspiel – sollte den Sieg über die klassische Kunst veranschaulichen: im Bild des Menschen, der sich in der technischen Welt sein eigenes Kraft- und Energiezentrum geschaffen hat und die Sonne, das alte Energiezentrum vom Himmel reißt. »Wir sperren die Sonne in ein Haus aus Beton«, so triumphiert der »Kraftmensch der Zukunft«. Ein wahrhaft prometheischer Vorgang, der in simultan verlaufenden Aktionen inszeniert wurde. Diese waren von Texten begleitet, in einer Art Sprechgesang vorgetragen, in denen das Programm des Futurismus in absurden Dialogen und Chören verkündet wurde. »Sportler« und »Kraftmenschen« traten auf; Figuren als Typen stilisiert (»Reisender«, »Der Fette«, »Der Streitsüchtige«, »Der Neue«, »Piloten«, »Irgendeiner mit schlechten Absichten« u.a.). Maschinengeräusche und Kriegslärm, Flugzeuge, Lokomotiven und Kanonen waren Elemente dieses Szenariums. Immer wieder wurden die Dialoge von Lautgedichten unterbrochen, ganz im Sinne der »befreiten Worte« der italienischen Futuristen. Kručonych nannte dies »Übersinnsprache«. Dies alles löste einen unerhörten Tumult aus. Zwischen Bühne und Publikum kam es zu einem einerseits fröhlichen, aber auch wütend aggressiven Austausch von Zwischenrufen. Immer wieder flohen die von der Dynamik der Publikumsreaktionen eingeschüchterten Akteure hinter die Kulissen. Die Inszenatoren feierten dies freilich als großartigen Erfolg. (vgl. Ch. Bauermeister u.a. 1983, 104f) Gegliedert war das Spektakel in zwei Akte und sechs Bilder. Der Prolog: »Rohschöpferische Neuigkeit« wurde von Velimir Chlebnikov gesprochen. Darin heißt es: »Die Dramen der Vergangenheit erzählen euch, wer ihr wart. Die Dramen außerhalb der Zeit erzählen, wer ihr seid, die des Gegenwärtigen, wer ihr sein könntet. Die Kinderdramen, Spiele und Dramen des Morgen erzählen, wie ihr sein werdet.« (n. Ch. Bauermeister u.a. 1983, 53) Diese ebenso umstürzlerische wie zukunftsgerichtete Dynamik war es, die zumindest als pure Energie viele Künstler und Intellektuelle auch während der politischen Revolution im Oktober 1917 beseelt hatte, in der die künstlerische Avantgarde ihren Traum vom Einswerden von Kunst und Leben verwirklicht glaubte.

Es wird wohl ein Rätsel der Historie bleiben, wie Petrograd – diese von Hunger und Kälte gebeutelte, von Judnitsch bedrohte Stadt – solch grandiose Schauspiele auf die Beine stellen konnte. Das war im Grunde nur möglich, weil diese Spektakel militärisch organisiert wurden und die Regieteams generalstabsmäßig funktionierten. Die Rote Armee rekrutierte die Agierenden wie Einberufene. Entweder waren es Soldaten oder Arbeiter aus Amateurzirkeln; manchmal kamen die Akteure auch aus der Bevölkerung – für die Mitwirkung gab es während der Proben und der Aufführung die begehrte Soldatenration: Hering, ein Achtel Brot und saure Drops. Es kam aber auch zu Zwangsengagements. Die technische Ausrüstung – Telefone, Fahrzeuge usw. – stellte ebenfalls die Armee. Eisenstein kritisierte später den militärischen Drill und archaischen Stil dieser »roten Königsprozessionen«. Drill anstelle des lebendigen Schöpfertums der Massen, wie es von den Theoretikern der Massenaktionen beschworen wurde.

(O. Bulgakowa 1996, 31)

Das herausragende künstlerische Moment der Aufführung von *Sieg über die Sonne* war der Beitrag von Kazimir Malevič, der die gesamte Ausstattung entworfen und auch die Licht-Raum-Inszenierung konzipiert hatte. Er machte das Ganze zu einem optischen, einem malerischen Ereignis. Dabei waren hier bereits alle Elemente von Malevič' Suprematismus im Ansatz vorhanden. Bereits der »Vorhang gibt über die bühnenbildnerischen Absichten des Malers klaren Aufschluß: synthetischer Kubismus mit nicht übersehbaren suprematistischen Elementen. Das berühmte schwarze Quadrat ist gleichsam in nuce vorhanden. Aber daneben befindet sich noch die ganze reiche Welt des synthetischen Kubismus mit der charakteristischen Flächenaufteilung, Achsenverschiebung, den vielen figürlichen und abstrakten Zeichen, Buchstaben und Inschriften, Darstellungen aus der Welt der Technik mit Rädern, Projektilen, Kreissegmenten, Zahlen und Gegenständen, die sowohl dem irdischen wie dem kosmischen

Bereich angehören ... Das Neue und Eigenartige des Kunstgriffs von Malevič bestand vor allem in der Anwendung des Lichts als eines formgebenden Anfangs, der das Wesen des Dinges im Raum gesetzmäßig festlegte. Die Figuren selbst (so der futuristische Literat Benedikt Lifschitz) wurden mit den Messern der Scheinwerfer zurechtgeschnitten und abwechselnd der Arme, der Beine oder des Kopfes beraubt, denn für Malevich waren sie nur geometrische Körper, die nicht nur der Zerlegung in ihre Bestandteile, sondern auch der völligen Auslöschung im malerischen Raum unterlagen.« (P. Luft in: H. Rischbierter 1968, 137) Es war, wie P. Luft wohl zu Recht anmerkt, die erste konsequent kubistische Bühnendekoration, früher und radikaler noch im Ansatz als etwa Picassos Ausstattung von *Parade* 1917 in Paris.

1920/21 entwarf El Lissitzky (1890–1941), einer der führenden russischen Konstruktivisten, der in Deutschland Architektur und Ingenieurwissenschaft studiert hatte und seit 1919 mit Malevič zusammenarbeitete, neun Figurinen für eine zweite, jedoch nicht realisierte Aufführung von *Sieg über die Sonne*. Er erläutert in einem programmatischen Text zu diesem Projekt eine gänzlich neue Auffassung des Theaterkunstwerks als »elektro-mechanische Schau«. Produziert sollte diese »Schau« werden durch ein auf einen Platz im Freien aufgestelltes Gerüst, die »Schaumaschine»: »Dies Gerüst bietet den Spielkörpern alle Möglichkeiten der Bewegung. Darum müssen seine einzelnen Teile verschiebbar, drehbar, dehnbar usw. sein ... Sie gleiten, rollen, schweben auf, in und über dem Gerüst. Alle Teile des Gerüstes und alle Spielkörper werden vermittels elektromechanischer Kräfte und Vorrichtungen in Bewegung gebracht, und diese Zentrale befindet sich in Händen eines einzigen. Dies ist der Schaugestalter. Sein Platz ist im Mittelpunkt des Gerüstes an den Schalttafeln aller Energien. Er dirigiert die Bewegungen, den Schall und das Licht. Er schaltet das Radiomegaphon ein, und über den Platz tönt das Getöse der Bahnhöfe, das Rauschen des Niagarafalles, das Gehämmer eines Walzwerkes. An Stelle der einzelnen Spielkörper spricht der Schaugestalter in ein Telephon, das mit einer Bogenlampe verbunden ist, oder in andere Apparate, die seine Stimme je nach dem Charakter der einzelnen Figuren verwandelt. Elektrische Sätze leuchten auf und erlöschen. Lichtstrahlen folgen den Bewegungen der Spielkörper, durch Prismen und Spiegelungen gebrochen. So bringt der Schaugestalter den elementarsten Vorgang zur höchsten Steigerung.« (n. H. Rischbieter 1968, 139) El Lissitzkys Entwurf einer »elektromechanischen Schaumaschine« ist der Inbegriff konstruktivistischer Theaterästhetik. Verblüffend an diesem Entwurf ist, wie nahe er in seiner Grundtendenz den Vorstellungen Edward Gordon Craigs (vgl. Bd. III, 855) kam, der 1911 in *The Art of Theatre* davon sprach, daß das Bühnenkunstwerk ein »Meisterstück von Mechanismus« werden müsse und alle Elemente, einschließlich der Akteure, frei disponibles Material in der Hand eines einzigen Spielgestalters. (dazu: M. Brauneck 1988, 87ff) Es war das analytisch-konstruktive Moment des Dekorationssystems, das Malevich für die St. Petersburger Inszenierung von *Sieg über die Sonne* entworfen hatte, das diese Aufführung auch für spätere Entwürfe konstruktivistischen Theaters zum Vorbild werden ließ.

Nach diesem Höhepunkt im Jahre 1913 ebbte der Schwung der futuristischen Bewegung in Rußland ab. 1915 fanden die beiden letzten großen futuristischen Kunstausstellungen in St. Petersburg statt. Die Ausstellung »Tramway W«

Malewitschs Bühnenbild bestand aus großflächigen Gebilden – Dreiecken, Kreisen, Maschinenteilen. Die Darsteller trugen Masken, die den heutigen Gasmasken ähnlich waren. Die ›Likari‹ (Schauspieler) wirkten wie laufende Maschinen. Die Kostüme waren – nach Malewitschs Entwürfen – kubistisch konstruiert, aus Karton und Draht. Das Lied des Verängstigten Menschen (in leichten Tönen) und das des Piloten (das nur aus Konsonanten bestand) machten im Publikum besonderen Eindruck. Der Chor der Totengräber, der auf Dissonanzen aufgebaut war und immer wieder unerwartet abbrach, wurde vom Publikum mit mächtigem, ununterbrochenem Geheul begleitet. Das war der Höhepunkt des Skandals bei unseren Vorstellungen! Den Prolog, den Welimir Chlebnikow zu der Oper geschrieben hatte, sprach ich selbst. Das Grundthema des Stückes ist die Verteidigung der Technik, und zwar insbesondere der Luftfahrt. Der Sieg der Technik über die kosmischen Kräfte und über den Biologismus. Wir sperren die Sonne in ein Haus aus Beton! Diese und ähnliche Zeilen brüllten die ›Futuristischen Kraftmenschen‹ mit ihrem fürchterlichen Baß.

(A.E. Kručonych 1932, n. Ch. Bauermeister 1983, 51)

Aleksandra Exters Bühnenentwurf für eine Sportrevue, 1924

führte noch einmal alle Avantgardisten zusammen und dokumentierte den umfassenden Ansatz des russischen Futurismus. (vgl. C. Gray 1974, 176ff) Unter den Ausstellern waren auch die Malerinnen Ljubov Popova und Aleksandra Exter, die beide wenige Jahre später vor allem als Bühnenbildnerinnen berühmt wurden. Auf dieser Ausstellung dominierte noch ganz ungebrochen der Glaube an die weltverändernde, das Leben der Menschen erleichternde Kraft der Maschinen. Deren Rhythmus erschien als der Rhythmus des Lebens schlechthin. Die zweite Ausstellung 1915 nannte sich »Letzte Futuristische Ausstellung«. Hier zeigte Malevič erstmals seine suprematistischen Bilder. 1916 erschien der letzte Sammelband futuristischer Manifeste. Die politischen Ereignisse von 1917 zwangen die Künstler, ihr Verhältnis zur Realität neu zu ordnen. Majakovskij, der in die Revolution eintrat »wie in ein Eigenheim« (V.B. Šklovskij), gab die Losung aus: »Auf die Straße Musikanten, Trommler und Poeten!« Die linke Tradition innerhalb der Futuristen solidarisierte sich von Beginn an mit der Revolution und strebte für sich gar den Status einer »Staatskunst« an, was ihnen freilich verweigert wurde. (vgl. J. Paech 1974, 296f) Noch bis 1921 jedoch existierte eine Kooperation zwischen dem Proletkult, der kulturpolitischen Speerspitze der Revolution, und den radikalen Vertretern des russischen Kubo-Futurismus.

Konstruktivismus und Proletkult

»Technik und Industrie stellen die Kunst vor die Aufgabe, das Problem der Konstruktion als einen aktiven Prozeß und nicht mehr als eine kontemplative Reflexion zu begreifen. Die ›Heiligkeit‹ des Kunstwerks als einer in sich ruhenden Wesenheit wurde zerstört.«

(Varvara Stepanova, um 1920)

Die Revolution im Oktober 1917 erschien den meisten Avantgardisten als konsequenter Schritt in jene Richtung, von der sie glaubten, daß sie sie in ihren ästhetischen Umsturzprogrammen längst vorgezeichnet hatten. Sie begrüßten den Sturz des zaristischen Systems und hofften auf eine neue Gesellschaftsordnung, die »dem Künstler einen vollwertigen Platz im gemeinschaftlichen Leben sicherte« (C. Gray 1974, 201). Und es war in den ersten Jahren nach der Revolution auch so, daß die neue Sowjetführung dem unerhörten Gestaltungswillen der Künstler im Aufbau einer neuen Gesellschaft Raum gab; war diese doch von Grund auf neu zu entwerfen. Es sollte eine Gesellschaft sein, in der Arbeit allein der Selbstverwirklichung der Menschen dienen, in der die Maschine den Menschen die Mühsal der Arbeit abnehmen und »Produktivität« das höchste Vergnügen sein sollte. Der Unterschied von »Gestern« und »Heute« sollte eine Zäsur in der Menschheitsgeschichte markieren. Der Dimension dieser geschichtlichen Utopie entsprach in der Kunst die Tendenz zum Monumentalismus, dessen konsequenteste bildnerische Manifestation Vladimir Tatlins Turm war, der Entwurf für ein *Monument der III. Internationale.* Es war ein staatliches Auftragswerk, das in den Jahren 1919/20 entstand. Das *Monument* sollte im Zentrum von Moskau aufgestellt werden und in der Vereinigung aller Künste, von Malerei, Skulptur und Architektur, als mechanisches Theater nur eines symbolisieren: himmelstürmende Dynamik! 800 Meter hoch sollte die Konstruktion aus Glas und Stahl werden: »Der aus einem gläsernen Zylinder, einem Kegel und einem Würfel bestehende Baukörper sollte von einem Metallgehäuse, einer Art schiefen Eiffelturm, getragen werden, das sich spiralenförmig um eine dynamisch schräge Achse nach oben schraubte, den Spiralrhythmus in den Luftraum hinein fortsetzend.« (C. Gray 1974, 206) Dabei würde sich der Zylinder im Laufe eines Jahres einmal um seine Achse drehen. Der Turm sollte Ort von Konferenzen und Vorträgen sein und deren Teilnehmer permanent in Bewegung halten, den Körper und deswegen – im Glauben an eine mechanische Wechselwirkung – auch den Geist. Nachts sollten auf gigantischen Leinwänden Nachrichten und revolutionäre Losungen – bei bewölktem Himmel in die Wolken – projiziert werden. Die Monumentalität dieses Projekts ist wohl nur vergleichbar mit den etwa zur gleichen Zeit in Deutschland entworfenen pazifistischen Architektur-Utopien von Bruno Taut. (vgl. Kap.: Deutschland)

Laßt das Theater, die Bühne, die Schaustücke! Geht ins Leben, um zu lernen und umzulernen. Eignet euch nicht die Methoden der Ästhetik an, sondern die Methoden der allgemeinen, sozialen Gestaltung des Lebens. Werdet zu Ingenieuren und Monteuren des Alltags.

(B. Arvatov 1924, n. H. Günther u. W. Hielscher 1972, 94)

Die Welt neu zu konstruieren, dies war der schöpferische Impuls, der in diesen Jahren die russische Avantgarde beflügelte. Dabei galt es für die künstlerische Produktion nicht nur den Begriff des Produzenten neu zu definieren, sondern auch die Materialien und Produktionsverfahren. Daß das hauptsächliche Material, das es zu formen galt, das Leben selbst sei, darüber herrschte Einvernehmen zwischen den Künstlern und der politischen Elite. Auch galt es, die neuen künstlerischen Produktionsverfahren systematisch zu erforschen. Wie die Maler auf so »nutzlose altmodische Werkzeuge« wie Tuben und Pinsel (C. Gray 1974, 202) verzichteten und stattdessen – im Bewußtsein, die Ingenieure einer neuen Gesellschaft zu sein – die Produktionsverfahren in den Fabriken, den Werften und den Werkstätten studierten, so betrieben auch die Theaterkünstler in ihrer Sphäre Grundlagenforschung. In Analogie zu der Mechanik der Maschinen wurde die Mechanik des Körpers zum Ausgangspunkt für die Entwicklung eines neuen theatralen Zeichensystems. Die Institution der »Studios« – in Analogie zum Laboratorium der naturwissenschaftlichen Forschung – wurde geschaffen, um dieser experimentellen Arbeit einen Ort zu geben. (vgl. Kap.: Studio) Kunstschulen, deren Leitung zumeist prominente Maler übernahmen, schossen wie Pilze aus dem Boden. Das 1920 gegründete Moskauer Institut für bildnerische Kultur (INCHUK) war die Denkzentrale des Konstruktivismus. Malevič übernahm 1918 die Leitung des Instituts für Neue Kunst (Unovis) in Witebsk. An den Höheren Künstlerisch-technischen Werkstätten in Moskau (WCHUTMAS) war El Lissitzky mit seinen Raum-Experimenten die profilierteste Lehrer-Persönlichkeit. Eine Vielzahl weiterer Institutionen, zwischen denen oftmals verbissene Rivalitäten hinsichtlich ihrer programmatischen Ausrichtung ausgefochten wurden, prägten das künstlerische Leben dieser Jahre in Moskau und St. Petersburg. Für manche Künstler war dies der Anlaß, in den Westen zu emigrieren, z.B. für Wassily Kandinsky, der 1920 eine Lehrtätigkeit am Bauhaus in Weimar (vgl.: Kap: Deutschland) übernahm.

Nach dem Auftreten des LEF lassen sich zwei einander direkt entgegengesetzte Ansichten umreißen. Die erste: Die Verfahren und Formen des Produzierens, die auf der Bühne erforscht werden, muß man ins Leben hineintragen, man muß das Leben theatralisieren. Das ist die Ansicht Evreinovs, die Ansicht eines Ästhetisierers des Lebens, die Sicht des ›reinen‹ Künstlers, des Theaterregisseurs, der die Wirklichkeit den Verfahren seines engen Spezialistenstandpunkts unterordnen, der ins Leben sog. ›Schönheit‹ bringen will. Die zweite: Man muß das Theater auf der Basis der allgemeinen sozialen, außerästhetischen Wissenschaft und Technik (Körperkultur, Psychotechnik u.a.) umgestalten, den ästhetischen Formalismus daraus vertreiben. Nur in diesem neuen vom Leben durchdrungenen Theater großgewordene Meister können, anstelle einer Theatralisierung des Lebens, eine streng ›taylorisierte‹ Lebensgestaltung leisten. Das Leben umgestalten, das ist es, was Evreinov will. Das Leben zweckvoll konstruieren, das ist es, was der LEF erreichen möchte. Der LEF ist gegen, nicht für eine Theatralisierung des Lebens.

(B. Arvatov 1924, n. H. Günther u. W. Hielscher 1972, 70f)

Die meisten dieser Kunstschulen, die im Zentrum der konstruktivistischen Bewegung standen, stimmten in einem überein, in ihrer Faszination an der technischen Perfektion des Produzierens. »Stil« galt als Merkmal alter Kunst, »Technik« war das Zauberwort von allem Neuen. Für die Theaterexperimente, die aus diesem Geiste konzipiert waren, bedeutete dies zweierlei: eine Tendenz zum Artistischen im Bereich der körperlichen Ausdrucksarbeit und ein Hang zur rhythmisch akzentuierten, temporeichen Choreographie und zur Geometrie, was die Ordnung der Bewegungsführung im Raum betraf. Bahnbrechend für diese Ästhetik wurde der Inszenierungsstil von Vsevolod Mejerchol'd. (vgl. Kap.: Vsevolod Mejerchol'd). Bühnenbildner wie Ljubov Popova, Varvara Stepanova, Aleksandra Exter, Georgij Jakulov oder Aleksandr Vesnin entwarfen Spielräume, die durch ein verschachteltes System von Treppen, Schrägen, Farbflächen, Gerüsten und beweglichen Elementen wie Aufzügen und Schaukeln die szenischen Aktionen in alle Dimensionen sich entfalten ließen. In diesen Szenarien manifestierte sich die Raumauffassung des Konstruktivismus als Synthese von Malerei und Architektur, ein kinetisch-dynamisches System, das durch seine räumlichen Strukturen auch rhythmische Zeichen setzt. Solche Raumkonstruktionen wurden in der »Laboratoriumskunst« des INCHUK systematisch erforscht.

Die politische Programmatik, die diese künstlerischen Entwicklungen begleitete, förderte und in deren Dienst sich die Künstler stellten, war die der proletarischen Kulturrevolution, deren unzählige Aktivitäten, vor allem im Theater, durch deren Dachverband, den Proletkult, zusammengehalten wurden.

Agitprop-Aufführung in einem Wirtshaus in der russischen Provinz, um 1920

Der Philosoph, Soziologe und Kulturtheoretiker Aleksandr Bogdanov (1873–1928) und – mit gewissen Einschränkungen – Anatolij Vasil'evič Lunačarskij (1875–1933), der in den Jahren 1917 bis 1929 für die Kulturpolitik verantwortliche Volkskommissar, waren die Vordenker dieser Bewegung. Mit der künstlerischen Avantgarde verbanden den Proletkult dessen Entschlossenheit zum vollständigen Bruch mit der Tradition und eine neue Auffassung von gesellschaftlicher und künstlerischer Kreavität. Im Kollektiv glaubten diese Theoretiker das Subjekt dieser Kreativität entdeckt zu haben. Als effektivste und einzig zeitgemäße Verfahren für die künstlerische wie für alle anderen Formen gesellschaftlicher Produktion galten Wissenschaft und Technik. Eine der Avantgarde und dem Proletkult gemeinsame Erwartung dieser Neudefinition der Kunst war, daß diese aus dem Ghetto von Spezialistentum, Kennerschaft und Esoterik heraus »den Weg ins Leben« finde. (vgl. H. Günther u. K. Hielscher 1972, 116) Boris Arvatov, einer der Theoretiker dieser neuen »Produktionskunst«, brachte den Gegensatz zwischen traditioneller und neuer Kunstauffassung auf den Nenner: *Widerspiegeln, nachahmen oder gestalten?*, so der Titel eines Essays von 1922. Darin verwirft Arvatov alle Formen auch realistischer Widerspiegelung, vor allem auf dem Theater und weist diesem die Funktion zu, zu »gestalten«. In Arvatovs Vorstellung bedeutete dies für das Theater, daß dieses in der Art eines experimentellen Laboratoriums den Menschen als »Material« zu erforschen und im Sinne der neuen gesellschaftlichen Aufgaben neu zu »organisieren«, zu konditionieren habe. Mejerchol'ds Methode der Biomechanik (vgl. Kap.: Vsevolod Mejerchol'd) galt ihm als vorbildlich in diesem Sinne. Es sei – so Arvatov – ein »Versuch, das Theaterkönnen auf dem Weg über das Studium und Konstruieren sportlicher Bewegungen und später der Arbeitsbe-

Die Tribüne des praktischen Kunsthasses, um die sich Menschen mit unterschiedlicher Denkart und Bildung und aus unterschiedlichen Beweggründen versammelten, war LEF.

(S. Ejzenštejn, 1945 in: H.-J. Schlegel 1. 1974, 190)

wegungen in der unmittelbaren industriellen Produktion anzuwenden und zu reformieren. Diese Versuche stellen die Vorstellung von Theater als einer Staffeleikunst auf den Kopf.« (n. H. Günther u. K. Hielscher 1972, 90) Unter dem Begriff »Staffeleikunst« wurden alle künstlerischen Konzepte, gleich welchen Bereichs, die nicht unmittelbar auf eine »Ästhetisierung des Lebens« gerichtet waren, zusammengefaßt und, so auch das Theater Stanislavskijs, »auf den Abfallhaufen der Geschichte geworfen« (B. Arvatov).

In der Folge dieses Programms wurden auf der Ebene der Organisation nicht nur alle privaten kulturellen Einrichtungen verstaatlicht, sondern es erfolgte auch eine radikale Dezentralisierung des Kulturbetriebs. In nur wenigen Jahren entstanden in der UdSSR mehr als 3000 Theater und Experimentierbühnen. Mehr als 250000 Menschen arbeiteten ständig aktiv an den Theatern, Studios und Theaterlaboratorien. In einem Monat des Jahres 1927, als die Proletkult-Bewegung allerdings ihren Höhepunkt längst überschritten hatte, fanden noch 33000 Theateraufführungen statt mit einem Publikum von etwa sieben Millionen Menschen. Eine Spezialität dieser Bewegung waren Massentheaterveranstaltungen zumeist anläßlich von Feiern von Ereignissen der Revolution und ihrer unmittelbaren Vorgeschichte. Ganz offensichtlich war diese Theaterbewegung inspiriert worden von vergleichbaren Projekten und Ideen, die westeuropäische Theaterreformer wie der Schweizer Adolphe Appia oder in Deutschland Georg Fuchs um 1900 und 1910 entwickelt hatten. (vgl. Bd. III, 633ff u. 765ff) Eine der legendären Aufführungen dieser Art fand am dritten Jahrestag der Oktoberrevolution in St. Petersburg statt. Zuvor schon hatte Mejerchol'd, der zur Leitfigur dieser Theaterbewegung geworden war, diesen Aufbruch zum »Theateroktober« erklärt; inszeniert und vor der historischen Kulisse in allen Einzelheiten exakt rekonstruiert wurde die Erstürmung des Winterpalais, so auch der Titel des gigantischen Projekts. (vgl. Kap.: Massentheater)

Zu den künstlerisch profiliertesten Persönlichkeiten dieser Phase des proletarisch-revolutionären Theaters zählte neben Mejerchol'd auch dessen »Regielehrling« Sergej Ejzenštejn (1898–1948). Zentraler Wirkungsbereich Ejzenštejns wurde freilich der Film. Vor allem mit *Streik* (1924) *Panzerkreuzer Potemkin* (1925) und *Oktober* (1927) wurde er weltberühmt. Als Repräsentant der neuen Sowjetkultur besuchte Ejzenštejn die meisten westeuropäischen Länder, die USA und Mexiko. Mit seinen filmtechnischen Schriften legte er Grundlagen der modernen Filmästhetik.

Seine künstlerische Laufbahn begann Ejzenštejn jedoch am Theater. (vgl. Kap.: Ejzenštejn) 1920 wurde er einer der engagiertesten Vertreter der proletarischen Kulturrevolution. In deren Dienst stellte er auch seine Theaterarbeit. Dabei ging es ihm – ganz im Sinne der Thesen von Boris Arvatov zur »Produktionskunst« – um die »Erziehung des qualifizierten Menschen«. So war auch das Massenpublikum Ejzenštejns wichtigstes »Theatermaterial«. Im Theater sollten Spieler wie Zuschauer auf das neue Produktionsethos der Sowjetgesellschaft eingeschworen werden. Die »Attraktion«, ein Schlüsselbegriff von Ejzenštejns Theatertheorie, galt als die kleinste Wirkungseinheit innerhalb dieses Prozesses. Ejzenštejn leitete aus diesem Konzept die Notwendigkeit ab, Theater möglichst unmittelbar an die alltäglichen Lebenssituationen heranzubringen, auch konkrete Arbeitssituationen in die Theateraktionen einzubeziehen. Am überzeu-

Fassadengestaltung des Kinos Metropol in Moskau für die Uraufführung von Ejzenštejns Film Panzerkreuzer Potemkin*, 1926*

gendsten mag ihm das gelungen sein bei seiner Inszenierung des Stücks *Gasmasken* von Sergej Tret'jakov. (vgl. Kap.: Ejzenštejn) Mit Arvatov arbeitete Ejzenštejn auch im Redaktionskollektiv der Zeitschrift *LEF* (»Linke Front der Künstler«) zusammen. Beide organisierten die Theaterarbeit des Proletkult in Moskau. Seit 1922 war Ejzenštejn Leiter von dessen Theaterabteilung. Neben den Massentheaterveranstaltungen setzte der Proletkult auch Eisenbahnzüge und Schiffe ein, die, bemalt und behängt mit Transparenten, mit lebenden Bildern und slapstickartigen Theateraufführungen die Botschaft der Revolution im ganzen Lande verbreiteten.

G. Kaiser: Gas. *Dramatisches Bol'šoj-Theater, 1922*

Vergleicht man diese Aktionen mit den vorrevolutionären Theaterprojekten der russischen Futuristen, etwa mit *Sieg über die Sonne* 1913 in St. Petersburg, so ist der künstlerische Gegensatz nicht größer vorstellbar. Kennzeichnend für die Massentheaterbewegung war, daß sich die Maler, von denen in der vorrevolutionären Theaterentwicklung die entscheidenden Impulse ausgegangen waren, daran kaum beteiligten. Vor allem aber traten bei den Theaterprojekten des Proletkults die Agitations- und Aufklärungszwecke so eindeutig in den Vordergrund, daß die künstlerisch-formale Dimension dieser Aktivitäten vernachlässigt wurde. Die nach wenigen Jahren einsetzende Distanzierung vieler Künstler, selbst von Sergej Ejzenštejn, von der Proletkultbewegung war vorwiegend dadurch motiviert. 1925 notierte Ejzenštejn, daß die Beschäftigung des Proletkult mit der Theaterarbeit eine »reine Zensurangelegenheit« geworden sei. (n. M. Brauneck 1995, 324) Gemeint war damit, daß die Reglementierung der Inhalte und der wirkungsstrategischen Aspekte die Theaterarbeit vorrangig bestimmten, Theater eben nur Mittel zum Zweck sei. (vgl. J. Paech 1974, 339)

Stand zwar der Begriff des »Schöpferischen« im Mittelpunkt der Kulturtheorie des Proletkult, so schloß diese Kategorie doch jedwede Form von Arbeit ein und beließ der Kunst keineswegs einen Sonderstatus. Für das Theater war Platon M. Kerěncev der radikalste Vertreter dieser Auffassung. Seine zentralen Thesen dazu entwickelte er in seinem Buch *Das schöpferische Theater* (1922). Bei Kerěncev verbindet sich die Vorstellung einer totalen Ausweitung des Theaterbegriffs auf nahezu alle Lebenserscheinungen mit der uneingeschränkten Ablehnung des sogenannten »bürgerlichen Erbes«, also auch der gesamten bürgerlichen Theatertradition. Als im Zusammenhang mit der Einführung der »Neuen Ökonomischen Politik« (vgl. Kap.: Einleitung) das Ende der Proletkult-bewegung eingeleitet wurde, war dies einer der Programmpunkte der proletarischen Kulturrevolution, der als erster revidiert wurde. Es war vor allem Lenin, der nie einen Hehl daraus gemacht hatte, daß ihm die modernen Richtungen in der Kunst – »Expressionismus, Futurismus, Kubismus und andere Ismen« – innerlich fremd geblieben waren und er daran »keine Freude hatte«. Daß Lenin bei einer Aufführung der *Kameliendame* von Alexandre Dumas fils 1904 in Genf mit Sarah Bernhardt in der Titelrolle in Tränen ausgebrochen sei, scheint authentisch überliefert. In Moskau war Stanislavskijs Künstlertheater die Bühne, die er am meisten schätzte. (dazu J. Paech 1974, 363) Bereits in den ersten Jahren der Kulturrevolution artikulierte Lenin immer wieder seine Skepsis gegenüber Lunačarskijs progressiver Theater- und Kulturpolitik.

So stand die Entwicklung des Theaters in Rußland nach 1923/24 im Zeichen der Zurücknahme aller dezentralisierten Theateraktivitäten des Proletkults. Es wurden aber auch die Spielräume für das freie avantgardistische Experiment sukzessive eingeschränkt. Das Jahr 1926 brachte noch einmal einen Höhepunkt des Avantgardetheaters: Mejerchol'ds Inszenierung von Gogols *Revisor*. Das Nichtzustandekommen seiner Inszenierung von Tret'jakovs *Ich will ein Kind* (geplant für 1929), ein doppeldeutiges Stück über das Thema proletarischer Menschenzucht, und der Verriß der Uraufführung von Majakovskijs *Schwitzbad*, einer Satire auf die Parteibürokratie, durch die offizielle Kritik waren unübersehbare Zeichen dafür, daß das Ende der Freiheit in der Kunst gekommen war. Endpunkt dieser Entwicklung war das Verbot der öffentlichen Aufführung von Mejerchol'ds Inszenierung von Nikolai Erdmans Stück *Der Selbstmörder* (1932). 1934 wurde der Sozialistische Realismus zur kulturpolitischen Doktrin des Sowjetstaats erklärt. (vgl. Kap.: Sozialistischer Realismus) Bereits 1927 mußte jedes Theater ein parteipolitisches Kontrollgremium einrichten, den sogenannten »Künstlerischen Sowjet«. 1929 trat Lunačarskij, der Parteifunktionär, der sich uneingeschränkt für avantgardistische Theaterprojekte engagiert hatte, von seinem Amt als Volkskommissar zurück. Majakovskij, Symbolfigur und Wortführer der künstlerischen Avantgarde, erschoß sich 1930, kurz nach der Premiere seines Stücks *Das Schwitzbad*.

Dieser Weg in die Unfreiheit zeichnete sich jedoch schon sehr viel früher, bereits seit 1923/24, ab. Eine Reaktion darauf war ein »großer Exodus russischer Theaterkünstler ... Korowin emigrierte 1923 nach Paris, Dobužinskij im

Ivan Moskwin in der Rolle des Tarach Chlymov in Ein heißes Herz *von Ostrovskij. Künstlertheater, Moskau 1926. R.: K. Stanislavskij*

Bühnenmodell von G. Jakulov für Ch. Lequoc: Giroflée-Girofla*, 1922*

Bühnenbildentwurf von Vladimir und Georgi Stenberg für B. Brechts Die Dreigroschenoper. *Kammertheater, Moskau 1930*

Bühnenbildentwurf von Ignati Niwinski für C. Gozzi: Prinzessin Turandot. *Drittes Studio des Künstlertheaters, Moskau 1922*

Bühnenmodell von Aleksandr Zelernin für Phädra *von J. B. Racine, 1922*

Bühnenbildentwurf von Aleksandra Exter für P. Calderón de la Barcas La dama duende. *Moskau 1919*

nächsten Jahr, zwei Jahre später Aleksandre Benois; Gončarova, Exter, Nathan Altmann folgten. Nikolai Roerich emigrierte nach New York. Das Habima-Theater kehrte von seiner Tournee nicht mehr nach Rußland zurück. Tatlin wurde als Formalist diffamiert ... Sergej Tret'jakov starb (1939) in der Haft. Mejerhol'ds Theater wurde 1938 geschlossen; er selbst wurde 1939 verhaftet und starb ein halbes Jahr später im Gefängnis«. (O.G. Bauer 1994, 73) Einen Tag vor seiner Verhaftung hatte Mejerchol'd auf dem Unionskongreß der Regisseure, zu dem er in Erwartung einer »Selbstkritik« eingeladen worden war, eine Rede gehalten, in der er mit der Entwicklung des russischen Theaters unter der stalinistischen Kulturdiktatur schonungslos abrechnete. (vgl. Kap.: Sozialistischer Realismus) Im Zusammenhang mit dem gegen ihn und die gesamte Avantgarde erhobenen Vorwurf des »Formalismus« erwiderte Mejerchol'd (n.J. Rühle 1963, 105): »Wenn das, was heute auf den besten Moskauer Bühnen geschieht, eine Großtat des neuen Sowjettheaters ist, dann ziehe ich es vor, als Formalist bezeichnet zu werden. Ich für meinen Teil finde das, was gegenwärtig in unseren Theatern geleistet wird, erbärmlich und erschreckend. Ich weiß nicht, ob es Antiformalismus oder Realismus oder Naturalismus oder irgendein anderer ›Ismus‹ ist, ich weiß nur, daß es geistlos und schlecht ist. Dieses erbärmliche und sterile Etwas, das den Namen ›Sozialistischer Realismus‹ beansprucht, hat mit Kunst nichts zu tun. Theater aber ist Kunst, und ohne Kunst gibt es kein Theater. Gehen Sie in die Moskauer Theater und sehen Sie sich die blassen, langweiligen Aufführungen an, die sich alle gleichen und nur im Grad ihrer Wertlosigkeit unterscheiden. ... War das Ihr Ziel? Wenn ja, dann haben Sie eine furchtbare Tat begangen. Dann haben Sie das Kind mit dem Bade ausgeschüttet. Dann haben Sie in Ihrem Bestreben, den Formalismus auszurotten, die Kunst zerstört!«

Mit dieser Kurskorrektur in der sowjetischen Theaterpolitik setzte der »Wiederaufstieg« Stanislavskijs ein, der in den Jahren zuvor deutlich Abstand gehalten hatte zu der politischen, aber auch zur theaterpolitischen Entwicklung in Rußland.

Der Sozialistische Realismus: die »Wirklichkeit in ihrer revolutionären Entwicklung« darstellen

»Revolutionäre Romantik ist nur ein Pseudonym für den Sozialistischen Realismus.«

(Maksim Gor'kij 1934)

Mehr als ein halbes Jahrhundert bestimmte der Sozialistische Realismus als kulturpolitische Doktrin das öffentliche künstlerische Leben in jenen Ländern, in denen sich in den Jahren nach 1917 und nach 1945 kommunistische Herrschaftssysteme etablieren konnten. Mit Hilfe zentralistischer Partei- und Kulturbürokratien, einer totalen Neustrukturierung des gesamten kulturellen Bereichs – so auch der Verstaatlichung der Theater und deren Ausbildungsinstitutionen – und der vollständigen Kontrolle aller Bereiche der öffentlichen Kommunikation wurde diese Doktrin in der Praxis umgesetzt. Dabei kam es immer wieder auch zu restriktiven Maßnahmen gegenüber einzelnen Künstlern, die sich diesem Programm verweigerten: zu Berufsverboten, Internierung oder gar zur Liquidierung dieser Personen. Die Schicksale von Vsevolod Mejerchol'd oder Sergej Tret'jakov, die beide dem stalinistischen Terror zum Opfer fielen, stehen für viele andere. Bei aller Verfestigung dieser kulturpolitischen Programmatik sind jedoch zwei Aspekte zu berücksichtigen: Was »Sozialistischer Realismus« tatsächlich sein sollte, war von Beginn der Diskussionen um diese Richtung an umstritten. Eine wesentliche Ursache dafür war, daß die Inhaltsbestimmung dieser kulturpolitischen Programmatik – wie keine andere im 20. Jahrhundert – in ein äußerst komplexes und in sich widersprüchliches Theoriekonglomerat eingebettet war: in die Gesellschafts- und Geschichtstheorie des Marxismus-Leninismus und eine davon hergeleitete Widerspiegelungstheorie. In dem Maße, wie die Marxsche Philosophie in den 30er Jahren vor allem unter dem Einfluß des Stalinismus zu einer »systemhaft geschlossenen marxistisch-leninistischen Weltanschauung« ausgestaltet wurde, wurde auch die daraus abgeleitete Widerspiegelungstheorie zur »Grundlage der Ästhetik des Sozialistischen Realismus« (H. Brüggemann 1973, 123). Dies bedeutete letztlich, daß sich die Funktion dieser Ästhetik an den konkreten politischen Gegebenheiten der nach-revolutionären Sowjetunion orientierte. Dabei aber ging es in erster Linie um den ökonomischen Aufbau und die Stabilisierung des Sowjetstaats und um die vollständige Etablierung der stalinistischen Diktatur. Im Hinblick auf diese Ziele galten alle Darstellungen der Wirklichkeit der Sowjet-Gesellschaft, die deren objektiven, tatsächlichen Zustand zum Inhalt hatten, als konterrevolutionär und staatsgefährdend. So lautete dann auch die auf dem Ersten Unionskongreß des sowjetischen Schriftstellerverbandes 1934 von Andrej A. Ždanov, dem führen-

Nur jene Arbeiter-Schauspieler werden wahre Schöpfer des neuen Theaters sein, die an ihrer Drehbank bleiben. Gewiß werden manche von ihnen sich auf dem Gebiete des Theaters weiter ausbilden und spezialisieren müssen; doch sehe ich darin nur eine Ausnahme, und zwar eine eher gefährliche als wünschenswerte.

(P.M. Kerěncev, n. R. Lorenz 1969, 110)

M. Gor'kij: Die Mutter. *Szenische Adaptation u. R: N. Okhlopkov, 1933*

den Theoretiker des Sozialistischen Realismus, ausgegebene Parole: nicht die »objektive Wirklichkeit« sei darzustellen, sondern die »Wirklichkeit in ihrer revolutionären Entwicklung«. Als konkrete Anleitung für die Künstler hieß dies: »Unsere Literatur (sei) erfüllt von Enthusiasmus und Heldentum. Sie (sei) optimistisch ihrem Wesen nach, weil sie die Literatur der aufsteigenden Klasse, des Proletariats, der einzigen fortschrittlichen und fortgeschrittenen Klasse ist.« (A.A. Ždanov 1951, 8f) Damit war für die Kunst in erster Linie Optimismus verordnet. »Ilja G. Erenburg berichtet in seinen Memoiren, daß der Maler Sterenberg in den dreißiger Jahren von einem Kritiker angegriffen wurde, weil er für ein Stilleben einen Hering gewählt hatte. Der Kritiker sah darin einen Versuch, die Gegenwart anzuschwärzen.« (n. H. Brüggemann 1973, 300) Mit einem Rundumschlag diskreditierte Ždanov alle Richtungen der Avantgardekunst als »Formalismus«; Formfragen, gar Formexperimente seien inhaltlichen Intentionen eindeutig nachzuordnen. In erster Linie habe Kunst für den werktätigen Menschen verständlich zu sein. Identifikationsfigur in der Kunst – vornehmlich auf der Bühne – sei der »positive Held«.

In der Sowjetunion wurde der Sozialistische Realismus auf dem Ersten Kongreß der Sowjetschriftsteller 1934 zwar erstmals in einer ausgeführten programmatischen Fassung (durch den Sekretär des Zentralkomitees der KPDSU Andrej Ždanov) dargelegt, vorbereitet war diese Entwicklung jedoch bereits seit Mitte der zwanziger Jahre. Zu ihrer verschärften Durchsetzung kam es seit 1928/29. Diese Jahre stellten einen Wendepunkt in der Innenpolitik der Sowjetunion dar und leitete die totale Durchdringung aller Lebensbereiche durch den Unterdrückungsapparat der stalinistischen Diktatur ein.

Auch für die Theater hatte dies weitreichende Folgen. Gab es zwar schon seit 1923 eine staatliche Kontrollbehörde, die »Glavrepertkom«, die eine ideologische Aufsicht über die Spielpläne der Theater führen sollte, so wurde nun der Ton gegenüber vermeintlicher ideologischer Uneindeutigkeit härter, ag-

A. Fedeev: Die Flucht.
Szenische Adaptation u. R.: M. Norokov.
Malyj Theater, 1932

gressiver. (vgl. R. Leach u. V. Borovsky 1999, 325 ff) Rigoros wurde die Vergabe finanzieller Mittel an die Theater eingesetzt, um diese im Sinne der neuen politischen Linie der Partei zu disziplinieren. Neu definiert wurde vor allem auch der Begriff der künstlerischen Kreativität. Deren einziges Ziel sollte sein, beizutragen zum Aufbau des Sowjetstaats. Dabei war die Verherrlichung der politischen Führung, seit 1930 konzentriert auf die Person Stalins, der wichtigste Beitrag, der von der Kunst, zumal den Theatern erwartet wurde. Der Rücktritt Lunačarskijs als kulturpolitischer Volkskommissar stand im Zusammenhang mit dieser Trendwende in der Politik. Sein Nachfolger in diesem Amt war Andrej Bubnov, der die ideologische »Säuberung« der Theater durchführte.

Erstmals 1932 kam unter Mitwirkung von Maksim Gor'kij der Begriff »Sozialistischer Realismus« als Bezeichnung einer neuen künstlerischen und kulturpolitischen Tendenz in die Diskussion. Im gleichen Jahr wurde die Vorrangstellung der Partei bei allen Entscheidungen des gesellschaftlichen Lebens erklärt. In Lenins Schrift *Parteiorganisation und Parteiliteratur* (1905) fand sich die Begründung für die Auswahl der Stoffe, denen sich die Künstler künftig annehmen sollten, ebenso eine Anleitung zu deren Bearbeitung. Vor allem fand sich dort auch der Hinweis auf die »fruchtbaren ästhetischen Traditionen der gesamten Weltkunst«, die zu nutzen seien. Als unmittelbares Vorbild für die Theater verwies Lenin auf den russischen Realismus des 19. Jahrhunderts und auf den in Stanislavskijs Moskauer Künstlertheater entwickelten Realismus in der Schauspielkunst. Auf dem Ersten Sowjetischen Schriftstellerkongreß kam es schließlich zur offiziellen Festlegung der sowjetischen Kulturpolitik auf dieses Programm. Eine wesentliche Rolle spielte dabei wiederum Maksim Gor'kij, der, von Stalin hofiert, den Begriff der »revolutionären Romantik« als Pseudonym für Sozialistischen Realismus einführte und damit den Weg vorbereitete und legitimierte für jene pathetisch-heroische Überhöhung der Revolutionsgeschichte, ihrer »Helden« und ihrer Führung, die für die Sowjet-Kunst für Jahrzehnte typisch wurde. (vgl. H. Rischbieter 1973, 31f) Es kam nun zu einer systematischen Kampagne gegen ausländische Stücke in den Spielplänen, auch gegen russische Stücke, wenn diese nur den leisesten Ton der Kritik – oder gar Satire – an der Sowjetgesellschaft aufkommen ließen. Tairovs Kammertheater wurde Ziel unmittelbarer Angriffe durch Stalin. (vgl. R. Leach u. V. Borovsky 1999, 333 u. 336) Das Zweite Künstlertheater wurde aus den gleichen spielplanpolitischen Gründen mit dem linientreuen Moskauer Unionstheater (MGSPS) zusammengelegt. Auf die zahlreichen kleineren Bühnen wurde über die Zuweisung der finanziellen Mittel entsprechend Druck ausgeübt. So entwickelte sich bald eine Art Einheitsstil, mit überbordenden Dekorationen und ausschweifenden Reden; auch ein Hang zum handwerklichen Perfektionismus kam auf. In den Spielplänen wurden Stücke mit biographischen oder historischen Themen, vorwiegend revolutionäre Ereignisse aus allen Epochen der Menschheitsgeschichte bevorzugt. Beispielhaft für ein Theater, das der Doktrin des Sozialistischen Realismus perfekt entsprach, war das Moskauer Zentraltheater der Roten Armee, dem praktisch unbegrenzte finanzielle Mittel zur Verfügung gestellt wurden. Der 1936 eingeführte Stalinpreis und ein feingliedriges System von offiziellen Auszeichnungen und Privilegien waren Mittel, mit denen der Staat Bühnenkünstler auszeichnete, die sich im Sinne seiner Kulturpolitik verdient gemacht hatten. Dramatiker, die dieser Linie folgten, auch wenn deren Arbeiten künstlerisch allenfalls mittelmäßig waren, wurden offiziell gefördert. Aleksey Surov, Andrej Popov, Antatoly Sofronor und Nikolai Virta verdankten ihre Bühnenerfolge dieser Praxis.

Eine neue Welle von Restriktionen kam 1946 auf die Theater zu, die ausgesprochen antisemitische Züge in die Kritik an Autoren und Bühnenkünstlern brachte, die dem vorgeschriebenen kulturpolitischen Kurs nicht zu folgen schienen. Zumeist wurde diesen jüdischen Künstlern unpatriotischer Kosmopolitismus vorgeworfen. (vgl. R. Leach u. V. Borovsky 1999, 352f)

Das neue proletarische Theater muß von unten, in den Bezirken, geschaffen werden, denn nur unter dieser Voraussetzung kann ein fester und enger Zusammenhang zwischen Theater und Bevölkerung hergestellt werden, jenes verwandtschaftliche Band, das das bürgerliche Theater nicht kannte. Ich würde ein solches Bezirkstheater ›Nachbarntheater‹ nennen, da es von den Bewohnern eines Arbeiterbezirks, den Arbeitern einer Fabrik, den Einwohnern einer Arbeitersiedlung oder den Mitgliedern eines Berufszweiges, die nahe beieinander wohnen, geschaffen wird.

(P.M. Kerěncev, n. R. Lorenz 1969, 108)

Überblickt man die Repertoireentwicklung der sowjetischen Theater in den nachrevolutionären Jahrzehnten bis Mitte der fünfziger Jahre, so wird vor allem für die Zeit vor 1930 durch die Konzentration der Aufmerksamkeit auf das Theater der Avantgarde leicht übersehen, daß seit 1917 durchaus auch eine realistische Spieltradition weiter existiert hatte. Vor allem die großen Staatstheater waren ihrem mit großer Perfektion gepflegten Traditionalismus treu geblieben. Allenfalls ein moderater Modernismus deutete sich daneben als Tendenz in deren künstlerischer Entwicklung an. War Stanislavskijs Künstlertheater in den frühen Revolutionsjahren an den Rand des Theaterlebens gerückt – experimentiert wurde ausschließlich in dessen Studios –, so galt dessen Ensemble nach 1930 als die Verkörperung russischer Bühnenkunst schlechthin, dessen weltweite Reputation nun wieder auch im eigenen Lande Geltung erhielt. Neben der internationalen und nationalen klassischen Dramatik nahm das Künstlertheater freilich auch neue Stücke in seinen Spielplan, die die revolutionären Ereignisse und den Bürgerkrieg behandelten. So etwa *Sturm* von Vladimir Bill-Belotserkovsky, ein dokumentarisches Stück über die Härte des Alltagslebens in den Jahren von 1918 bis 1923; *Panzerzug Nr. 14–69* und *Blockade*, beide von Vsevolod Ivanov, und *Die Tage der Turbins* von Michail Bulgakov, drei Stücke, die »Klassiker« zum Thema des Bürgerkriegs wurden; ebenso *Brot* von Vladimir Kirshon und *Eine optimistische Tragödie* von Vsevo-

M. Bulgakov: Die Tage der Geschwister Turbin. *R.: I. Sudakov. B.: N. Ulyanov. Moskauer Theater, 1926*

lod Višnevskij. Auch das Moskauer Malyj Theater nahm in diesen Jahren verstärkt Stücke mit dieser Thematik in seinen Spielplan.

Einen Versuch, realistische Spieltraditionen experimentell aufzubrechen, unternahm der Mejerchol'd-Schüler Nikolai P. Okhlopkov (1900–1967) an seinem »Realistischen Theater«, einer kleinen Moskauer Bühne, die er von 1930 bis 1936 leitete. (vgl. K. Rudnitsky 1988, 267) 1921 hatte Okhlopkov in seiner Heimatstadt Irkutsk ein für diese Zeit typisches Massentheaterprojekt veranstaltet. *Der Kampf der Arbeit gegen das Kapital* war der Titel, Arbeiter, Soldaten und Studenten waren die Akteure. Eine Spezialität von Okhlopkovs späteren Inszenierungen war es, das Spielgeschehen in den Zuschauerraum hineinzuverlegen. Studien zum mittelalterlichen, zum elisabethanischen und japanischen Theater lieferten ihm dazu Anregungen. Ein wichtiger Helfer war sein Bühnenbildner Jakov Štoffer. Okhlopkovs Theater wollte die Zuschauer emotional packen. Kritiker charakterisierten seinen Stil als »filmisch«; beispielhaft dafür waren seine Inszenierungen von *Die Mutter* nach dem gleichnamigen Roman von Maksim Gor'kij und von *Der Schwung*, eine Produktion nach einem Essay von Vladimir Stavsky. Zur Schließung des »Realistischen Theaters« kam es aufgrund einer Aufführung (1935) von Nikolai Podogins Stück *Aristokraten*, das in einem »Arbeitslager« spielt und das Okhlopkov als wilden Karneval inszenierte. Die Anklänge an die Realität der Stalin-Ära waren zu offensichtlich. Nach 1936 inszenierte Okhlopkov an Tairovs Kammertheater und am Vachtangov-Theater.

Neben diesen zeitgenössischen Stücken, die Themen aus der russischen Revolutionsgeschichte behandelten, blieben an diesen Bühnen aber auch einige der internationalen Klassiker ein fester Bestandteil der Spielpläne, vor allem die Dramen Shakespeares. Dies wiederum entsprach seit den dreißiger Jahren auch

N. Pavlova: Vagončik.
R.: K. Ginkas.
B.: E. S. Kočergin

insofern der neuen kulturpolitischen Linie, als die kulturrevolutionären Parolen des Proletkult längst der Vergangenheit angehörten. Nun ging es um die »Aneignung des bürgerlichen Erbes«. So lautet der Kerngedanke von Lenins kulturpolitischer Kurskorrektur. Damit war vor allem der Formenkanon der realistischen Tradition des 19. Jahrhunderts zum neuen Maßstab erhoben. Auf der Ebene der Schauspielästhetik war es der Realismus des Stanislavskij-Theaters, dem nun eine neue Vorbildfunktion zukam, eine Entscheidung, die der Sowjet-Regierung auch im Ausland kulturpolitisches Prestige einbrachte. Ein späterer Beleg für diese »Kanonisierung der Stanislavskij-Methode« (dazu W. Mittenzwei 1964, 172) war die im April 1953 in Berlin/DDR stattgefundene »Internationale Stanislavskij-Konferenz«. Bemerkenswert in diesem Zusammenhang sind die »Vorschläge« und Anmerkungen von Bertolt Brecht zu dieser Konferenz, der aus seiner Sympathie für den Stanislavskij-Antipoden Mejerchol'd nie ein Hehl gemacht hatte. (vgl. Gesammelte Werke 16, 854ff) Brechts Vorbehalte gegen Stanislavskijs »Methode« waren unüberhörbar.

Daß der zur Doktrin verfestigte Sozialistische Realismus bereits Ende der dreißiger Jahre in allen künstlerischen Bereichen zu Stagnation führte, wurde zwar wahrgenommen, konnte aber von der sozialistischen Kunst-, Literatur- und Theaterkritik erst einige Jahre nach Stalins Tod (1953) offen artikuliert werden. So entstand spätestens seit dem XX. Parteitag der KPdSU 1956, als N. S. Chruschtschow den stalinistischen Terror und den Personenkult dieses Systems scharf kritisierte, für wenige Jahre ein offeneres geistiges Klima. In dieser »Tauwetterperiode« kam es auch im Theaterbereich zu neuen Entwicklungen. In den zum Ostblock gehörenden Staaten setzte sich dieser Prozeß erst mit deutlichen Zeitverschiebungen durch. Polen und Ungarn dagegen waren die sozialistischen Länder, die nicht nur im politischen, sondern auch im künstlerischen Bereich diese Kurskorrektur als erste vollzogen.

Neue institutionelle Strukturen

Studios, Kammertheater und Kabarett als Laboratorien einer neuen Ästhetik

»Nicht im ›großen Theater‹ wird die schöpferische Saat gepflegt.«

(V. Mejerchol'd, 1908)

Zentren des russischen Theaterlebens waren zu Beginn des 20. Jahrhunderts die beiden Metropolen St. Petersburg und Moskau. Dort befanden sich neben zahlreichen privaten Theatern unterschiedlichster Größe, Trägerschaft und Ausrichtung im Repertoire die großen kaiserlichen Schauspiel- und Opernbühnen. Der wichtigste künstlerische Beitrag, den diese »großen Theater« im ersten Jahrzehnt des 20. Jahrhunderts erbrachten, waren Diaghilevs Ballets Russes, die eine Revolutionierung der Tanzästhetik und der malerischen Bühnendekoration eingeleitet hatten. (vgl. Bd. III, 614 ff u. 919 ff)

Als die innovativste russische Schauspielbühne galt jedoch das am 14. Oktober 1898 eröffnete Moskauer Künstlertheater (Moskovskij chudožestvennyj teatr, genauer also »Künstlerisches Theater«), das 1919 den Zusatz »akamemisches« (akadmičeskij) erhielt. Die Arbeit dieser Bühne – abgekürzt MChT, seit 1919 MChAT – war unlösbar mit dem Namen eines ihrer beiden Gründer verbunden, mit Konstantin S. Stanislavskij. (vgl. Bd. III, 903 ff) Sie reihte sich bereits mit seiner Eröffnungspremiere in die Spitze der europäischen Bühnen ein. Durch zahlreiche Tourneen wurde die Arbeit des Künstlertheaters in allen westlichen Theaterzentren bekannt und repräsentierte neben dem Ensemble von Max Reinhardt in Berlin den höchsten Standard moderner Bühnenkunst. Im russischen Kontext sollte den traditionsorientierten Staatstheatern und den kommerziellen privaten Bühnen ein »Theater der Wahrheit und der Kunst« entgegengestellt werden. Programm für das privatwirtschaftlich betriebene Unternehmen, das aus den amateurhaften Theateraktivitäten des Künstlerclubs »Moskauer Gesellschaft für Kunst und Literatur« hervorgegangen war, war der Aufbruch in die Moderne. Dies bedeutete in den Jahren um 1900: Auseinandersetzung mit dem auf den neuesten Erkenntnissen der Psychologie aufbauenden Realismus. Da diese Entwicklung in Rußland um ein Jahrzehnt verspätet einsetzte, geriet dieses Reformprojekt auch bereits um die Mitte des ersten Jahrzehnts des 20. Jahrhunderts in eine künstlerische Sackgasse. Es war eben jene Umbruchphase, in der der Realismus/Naturalismus des späten 19. Jahrhunderts, den Stanislavskij mit seinem Ensemble in wenigen Jahren zu einer geradezu legendären künstlerischen Höhe perfektioniert hatte, durch neue stilistische und inhaltliche Entwicklungen abgelöst wurde. Um diesen Zustand zu überwinden, nahm Stanislavskij 1908 Verhandlungen mit dem englischen Regisseur Edward Gordon Craig auf, der seine programmatisch antirealistische Bühnenästhetik mit einer Inszenierung am Künstlertheater vorstellen sollte. Resultat dieser Verhandlungen war Craigs berühmte *Hamlet*-Inszenierung, die schließlich am 23. Dezember 1911 in Moskau Premiere hatte. (vgl. Bd. III, 859 f)

Im Herbst 1912 begann das ›Studio in der Tversker Straße‹ zu arbeiten. Man nannte es später Studio I des Moskauer Künstlerischen Theaters. Suleřckij leitete es vier Jahre, bis zu seinem frühen Tod 1916. Stanislavskij behielt die Oberaufsicht. Beide bemühten sich, eine junge Künstlergemeinschaft zu erziehen, die sich auch für organisatorische und technische Spezialarbeiten im Theater selbst verantwortlich fühlte und sich überdies den schädlichen Einflüssen urbanisierter Zivilisation gelegentlich entzog. Suleřckij lebte dann mit den jungen Leuten für kürzere Zeit in ländlicher Abgeschiedenheit bei bäuerlichen und handwerklichen Tätigkeiten. Stanislavskij, der zu jener Zeit auf der großen Bühne des Theaters mehrere stilisierte Inszenierungen erprobt und als Schauspieler satirisch verschärfte Rollen geschaffen hatte, mußte bei der Studioarbeit die Ausmaße seiner Gestaltungslust auf Zimmerdimension, auf die intime Sphäre einer Art Kammertheater einrichten.

(D. Hoffmeier 1993, 294)

Stanislavskij selbst inszenierte nun wieder auch ein Stück des in diesen Jahren von allen Bühnenreformern gefeierten belgischen Symbolisten Maurice Maeterlinck: *Der blaue Vogel* (1909). Vorausgegangen waren 1897 die erfolglosen Inszenierungen von *Die Blinden, Aglavaine und Sélysette* und *Die Ungebetene* vom selben Autor; »seltsame, wundersame Stückchen«, wie Stanislavskij notierte, deren »Ton« er nicht wirklich finden konnte. Bereits 1905 aber hatte Stanislavskij die Einrichtung eines Studios, einer Experimentierbühne an der Povaskaya-Straße eingeleitet, die sein berühmtester Schüler, Vsevolod Mejerchol'd leiten sollte. (vgl. Kap.: Mejerchol'd) Dieser hatte sich 1902 wegen künstlerischer Differenzen von Stanislavskij getrennt. Mejerchol'd bereitete für dieses Studio einige Inszenierungen vor, von denen Maeterlincks Schauspiel *Der Tod des Tintagiles* das ambitionierteste Projekt war. Zu einer Aufführung kam es jedoch nicht, da das Studio aus finanziellen Gründen den Spielbetrieb nicht aufnehmen konnte. Zudem war es wohl auch nicht möglich, die an der Schauspielschule des Künstlertheaters ausgebildeten Darsteller auf jenes »stilisierte Theater« einzuschwören, das Mejerchol'd und seinen Mitarbeitern, deren wichtigster der Bühnenbildner Nikolai Pawlowitsch Uljanov war, vorschwebte. Mejerchol'd hielt für die Arbeit an diesem Studio einen radikalen Bruch mit der Arbeitsweise am Künstlertheater für erforderlich. Stanislavskij dagegen ging es, wie Mejerchol'd später schrieb, darum, diese Arbeit lediglich zu »evolutionieren«; er wollte sie »revolutionieren.« (vgl. W. E. Meyerhold 1979 I, 99)

Eine vergleichbare Entwicklung vollzog sich in diesen Jahren in St. Petersburg, wo sich Mejerchol'd nach dem gescheiterten Projekt in Moskau für längere Zeit niederließ. Dort hatte die Schauspielerin Vera Fjodorowna Komissarshewskaja (1864–1910), die »russische Duse«, ebenfalls eine Reformbühne, das »Dramatische Theater«, gegründet, das sich an den neuesten westeuropäischen Theaterentwicklungen orientierte. An dieser Bühne inszenierte in der Saison 1906/07 auch Mejerchol'd, verließ das »Dramatische Theater« jedoch bereits 1908 wieder, da ihm die Reformen der Komissarshewskaja nicht weit genug gingen. An deren Bühne arbeiteten auch die Regisseure Evreinov und Fjodor F. Komissarshewskij (1882–1954), der Bruder der Theatergründerin. Auch war dort Aleksandr Tairov als Schauspieler engagiert. Während in den beiden ersten Jahren nach der Gründung dieses Theaters sozialkritische Stücke von Ibsen, Gerhart Hauptmann, Strindberg und Gor'kij den Spielplan prägten, setzte Mejerchol'd mit seinen Inszenierungen von Aleksandr Bloks *Schaubude* (Balgantschik, 1906) und Leonid N. Andreevs *Leben des Menschen* (1907) neue Akzente im Sinne eines poetischen Theaters, das sich in seiner Ästhetik an der Commedia dell'arte orientierte.

Vera F. Komissarshewskaja leitete das »Dramatische Theater« noch bis 1909; danach (1910) löste sich das Ensemble auf. Mejerchol'd arbeitete seit 1908 als Regisseur an den St. Petersburger Staatstheatern (bis 1918), wo er auch Opern inszenierte. Seit 1913 betrieb er ein eigenes Studio in der Borodinskaya-Straße, dessen Produktionen er vor einer begrenzten Öffentlichkeit in Sälen von St. Petersburger Schauspielschulen zeigte. Es war eine Art künstlerisches Doppelleben, das Mejerchol'd in diesen Jahren führte. Die kaiserlichen Bühnen boten ihm offenbar nicht die erforderlichen Freiräume, die er für seine eigene künstlerische Weiterentwicklung brauchte. Auch skizzierte er nun erstmals seine Vision eines neuen Theaters als theoretischen Entwurf. Er nannte es das »bedingte Theater«. (vgl. Kap.: Mejerchol'd)

In eine andere Richtung ging die Arbeit von Nikolai Evreinov an dessen Starnny Teatr, von dem bereits die Rede war. Was Evreinovs Experimente mit historischen Theaterformen, vor allem den altfranzösischen Mysterienspielen, dennoch mit den Intentionen Mejerchol'ds verband, war der Rückgriff auf vorklassische, nicht-realistische Spieltraditionen. Am Theater der Komissarshewskaja, wohin Evreinov 1908 vom Starnny Teatr wechselte, erregte seine Inszenierung von Oscar Wildes *Salome* (1909) einen Skandal, der zu einem Verbot der Aufführung durch die zaristische Zensurbehörde führte. 1925 emigrierte Evreinov nach Frankreich und widmete sich dort überwiegend theoretischen und historischen Studien. 1946 erschien in Paris sein Buch *Le Théâtre en Russie Soviétique*, 1947 *Histoire du Théâtre Russe.*

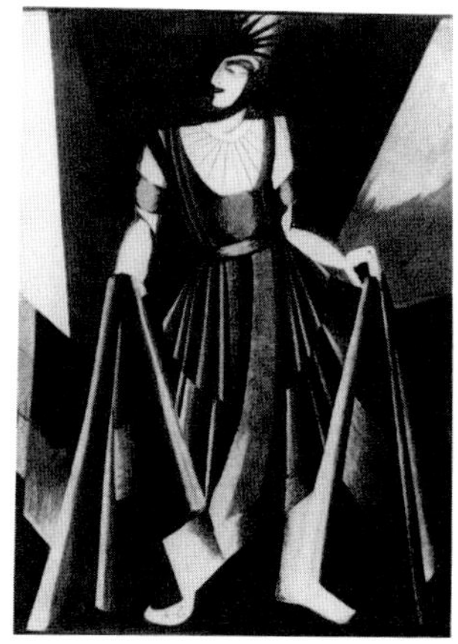

Aleksandra Exter: Kostümentwurf für Oscar Wilde: Salome, *1917*

Die bedeutendste Theatergründung dieser Jahrzehnte war Aleksandr Jakovlevič Tairovs (1885–1950) Moskauer Kammertheater (Moskowskij Kamernyj teatr). Tairov hatte als Schauspieler an Mejerchol'ds Inszenierung von Bloks Farce *Schaubude* mitgearbeitet und dabei in der Rolle der »blauen Maske« die Faszination der Spieltechniken der Commedia dell'arte, die Mejerchol'd in dieser Arbeit virtuos eingesetzt hatte, erfahren. Sein Kammertheater eröffnete er am 12. Dezember 1914 mit einer Aufführung des altindischen Mysterienspiels *Śakuntula* von Kālidāsa. In seiner künstlerischen Ausrichtung nahm Tairov eine Position ein, die sich von Stanislavskij ebenso abgrenzte wie von Mejerchol'd. Es war »ein Protest gegen das Spießbürgertum ..., gegen das stilisierte, symbolistische Theater.« (n. O. G. Bauer 1994, 38) Die Grundtendenz seiner Experimente war die Theatralisierung des Theaters. Im Gegensatz zu Mejerchol'ds forcierter Mechanisierung und der Automatisierung der Arbeit mit dem Körper seiner Darsteller ging es Tairov um das »entfesselte« Zusammenspiel aller Künste – der Musik, der Malerei und der Schauspielkunst – um »synthetisches Theater«, kein Volkstheater, auch kein proletarisch-politisches Theater. Was ihm vorschwebte, war eine im scharfen Kontrast zur Außenwelt stehende ästhetische Bühnenwelt (vgl. Kap.: Tairov); dies freilich in einer Zeit, in der die Einwohner Moskaus in Folge des totalen Zusammenbruchs aller Versorgungssysteme »halb verhungert waren« (P. Pörtner) und eine Typhusepidemie (1919) ein Massensterben verursacht hatte. Den bolschewistischen Kulturfunktionären erschien Tairovs Kammertheater als »Bollwerk der Bourgeoisie«, als »Orchideentreibhaus« und Hochburg des »Formalismus«. Daß dieses Theater in den zwanziger Jahren seinen Spielbetrieb dennoch aufrechterhalten konnte, verdankte es ausschließlich den enormen internationalen Erfolgen, die Tairovs Ensemble auf seinen Tourneen durch Westeuropa 1923 und 1925 (auch 1930) feiern konnte. Der neuen Sowjetregierung war dies ein willkommenes Propagandainstrument, um in einer Phase vollständiger politischer Isolation internationale Kontakte aufrechtzuerhalten. 1917 war auch das Kammertheater verstaatlicht worden und erhielt bis 1923 die allen Bühnen bis zur Einführung der Neuen Ökonomischen Politik großzügig gewährten staatlichen Subventionen.

Wir wollten unabhängig von diesem Durchschnittspublikum, von diesen Spießern arbeiten, die ihren festen Sitz in den Theatersälen aufgeschlagen hatten, wir wollten ein kleines Kammerauditorium von eigenen Zuschauern haben, von ebenso unbefriedigten, unruhigen und suchenden Menschen wie wir, wir wollten sofort den zahlreich gewordenen Theaterspießern sagen, daß wir nicht ihre Freundschaft suchten und keinen Wert auf ihre Abendvisiten legten. Deshalb nannten wir unser Theater Kammertheater.

(A. Tairov 1932 in: L. Hoff-*mann. D. Wardetzky 1972, 304)*

Ende der zwanziger Jahre nahm Tairov erstmals sowjetische Zeitstücke in seinen Spielplan: *Die Purpurinsel* von Michail Bulgakow und *Die Verschwörung Ebenbürtiger* (1928/29). Beide Aufführungen wurden verboten und Tairov als Trotzkist angeklagt. 1920 mußte er sich einem politischen Tribunal stellen, das gegen seine Arbeit den Vorwurf des »Formalismus« erhoben hatte, was einer

A. M. Rodčenkos Kostüme für V. Majakovskij: Die Wanze, *zweiter Teil. R.: V. Mejerchol'd. Mejerchol'd Theater, Moskau 1929*

staatsfeindlichen Agitation gleichgesetzt wurde. Tairov übte die erwartete Selbstkritik und verhielt sich auch nach 1934 kompromißbereit. Dies ermöglichte ihm, sein Theater noch bis 1949 zu retten. In diesem Jahr jedoch wurde er unter dem Vorwurf des »Kosmopolitismus« und des »Formalismus« von der Theaterleitung abgesetzt. 1950 wurde das Moskauer Staatliche Kammertheater geschlossen.

Ähnlich Mejerchol'd in St. Petersburg führte auch Stanislavskij in Moskau eine Art künstlerisches Doppelleben. Neben seinen Inszenierungen am Künstlertheater, die sich in ihrer routinierten Perfektion kaum noch von den Aufführungen der kaiserlichen Bühnen unterschieden, suchte er an seinem 1913 eröffneten Ersten Studio nach neuen Wegen. Während das Mejerchol'd-Studio in St. Petersburg seine Produktionen kaum öffentlich zeigte, war das Erste Studio des MChT eine eigenständige kleine öffentliche Bühne, gleichzeitig auch

Ausbildungsstätte, an der Stanislavskij mit seinen Mitarbeitern (Leopold Antonovič Suleržickij, Evgenij Bogrationovič Vachtangov und Michail Čechov) schauspielpädagogische Arbeit und Studien betrieb. (vgl. Kap.: Stanislavskij) Die Inszenierungen an diesem Ersten Studio fanden auf einer sehr begrenzten, engen Bühne statt, die eine realististische Szenerie von vornherein nicht herstellen ließ. Da zwischen Darstellern und Publikum, für das lediglich acht bis zehn Stuhlreihen zur Verfügung standen, kaum ein räumlicher Abstand gegeben war, war die Atmosphäre des Studios äußerst intim. Das nahezu vollständige Fehlen von Versatzstücken und Bühnendekoration zwang die Schauspieler, sich vollständig auf ihre körperliche Ausdrucksarbeit zu konzentrieren. Das von Boris Suškevič inszenierte Weihnachtsmärchen *Das Heimchen am Herd* (1914), eine Dramatisierung der Kurzgeschichte *The Cricket on the Hearth* von Charles Dickens, war die erfolgreichste Produktion des Ersten Studios. Es war ein Stück,

G. B. Shaw: Die heilige Johanna. *Ausstattung: V. u. G. Stenberg. Kammertheater, Moskau 1924*

Ch. Lecoq: Giroflée-Girofla. *Ausstattung: G. Jakulov. Kammertheater, Moskau 1922*

das durch die Harmonie und die Friedfertigkeit, die es ausstrahlte, eindrucksvoll gegen den soeben ausgebrochenen Krieg protestierte. Von anderem Charakter waren die Arbeiten, die Vachtangov herausbrachte. Er experimentierte vielmehr mit expressiven, zum Grotesken hin tendierenden Ausdrucksmitteln, die von Stanislavskij mitunter äußerst skeptisch beurteilt wurden. (vgl. K. Rudnitsky 1988, 21)

Die Studio-Arbeit hatte für Stanislavskij auch die Aufgabe, Schauspieler für das Künstlertheater auszubilden. Dies galt vor allem für das 1916 gegründete Zweite Studio, das von Vachtang Mtschedelov geleitet wurde. 1920 wurde das Dritte Studio eröffnet, das Evgenij Vachtangov leitete und aus dem später das Vachtangov-Theater hervorging. (vgl. Kap.: Vachtangov) Ein Viertes Studio wurde 1922 gegründet, das schließlich als das »Realistische Theater« ebenfalls eine vom MChAT unabhängige Bühne wurde.

Die Revolution 1917 stellte auch für das Theaterleben eine Zäsur dar, obwohl es zu diesem Zeitpunkt zu keiner so gravierenden künstlerischen Kurskorrektur kam wie gegen Ende der zwanziger Jahre. (vgl. Kap.: Sozialistischer Realismus) Letztlich waren es die Repräsentanten der linken Theateravantgarde, denen bereits im vorrevolutionären Jahrzehnt das russische Theater die großen innovativen Impulse zu verdanken hatte, die auch unmittelbar nach 1917 an der Spitze der »Theaterfront« standen. Vor allem Mejerchol'd war es, dem weitreichende Machtbefugnisse für die Gestaltung des Theaterlebens in den ersten nachrevolutionären Jahren eingeräumt wurden. Der entscheidende durch den Umsturz 1917 ausgelöste Eingriff in das bestehende Theaterwesen war die Verstaatlichung der privaten Theater. Verbunden war damit eine außerordentlich großzügige finanzielle Förderung aller Theateraktivitäten, der Arbeit der professionellen Bühnen, aber auch der zahllosen Laienensembles. Dabei hielt sich das Ausmaß an politischer Einflußnahme auf das künstlerische Leben verglichen mit den Verhältnissen unter der zaristischen Zensur insofern noch in Grenzen, als viele Regisseure und Theaterleiter (Stanislavskij und Tairov ausgenommen) die Revolution ohnehin begeistert aufgenommen hatten. Zudem war in diesen ersten nachrevolutionären Jahren die kulturpolitische Programmatik der neuen Sowjetführung offener im Sinne miteinander rivalisierender Konzepte, als dies etwa nach 1929 oder gar nach 1934 der Fall war.

Leitfigur der neuen Theaterpolitik war, neben kulturpolitischen Funktionären wie Lunačarskij, Vsevolod Mejerchol'd. Dessen St. Petersburger Studio wurde 1918 als »Erstes Theater der Russischen Sowjetrepublik« übernommen; neuer Standort des Ensembles wurde Moskau. Als Mejerchol'd 1923 die Leitung des Theaters der Revolution in Moskau übernahm, gründete er zugleich als selbständige Institution das Mejerchol'd-Theater, das 1926 den Namen »Staatliches Mejerchol'd-Theater« erhielt. 1938 wurde diese Bühne im Zuge der stalinistischen Säuberungsaktionen geschlossen. (vgl. Kap.: Mejerchol'd)

1919 übernahmen alle großen, nun verstaatlichten russischen Bühnen zusätzlich zu ihrem Namen die Bezeichnung »akademisch«. Dies betraf das Maly-Theater, das Künstlertheater, Tairovs Kammertheater und das Mariinski-Theater in Petersburg. Diese Bühnen erfuhren eine besondere finanzielle staatliche Förderung. Diesen »akademischen« Theatern nahezu gleichgestellt waren eine Reihe weiterer größerer Bühnen, so das Korsh Theater in Moskau und einige Theaterensembles, die in der russischen Provinz auftraten und von prominenten

Ch. Lecoq: Tag und Nacht. *Ausstattung: V. u. G. Stenberg. Kammertheater, Moskau 1926*

Regisseuren geleitet wurden. So etwa die Ensemble von Nikolai Sinelnikov, Nikolai Sobolshchikov-Samarin, Alexandr Kanin oder Ivan Rostovtsev; ebenso das Bolshoi-Dramatische-Theater in Petersburg, das als Schauspielbühne erst Ende 1918 von Maksim Gor'kij und Aleksandr Blok gegründet worden war. Zur Eröffnung im Februar 1919 wurde Schillers *Don Carlos* aufgeführt. Diese Bühnen pflegten – durchaus im Sinne der neuen Sowjetregierung – ein überwiegend traditionsorientiertes Repertoire mit Stücken internationaler (von

Shakespeare bis Schiller) und nationaler Klassiker (von Gogol bis Gor'kij). Als besonders traditionsverhaftet erwies sich in Petersburg das Aleksandrinski-Theater«, das 1917 in »Staatliches Dramatisches Theater umbenannt wurde. Das Ensemble dieser Bühne verweigerte anfangs jede Zusammenarbeit mit den neuen kulturpolitischen Funktionären.

Es waren jedoch diese Bühnen, die den in den Jahrzehnten vor der Revolution entwickelten Standard der russischen realistischen Bühnen- und Schauspielkunst über die Jahre der proletarischen Kulturrevolution hinweg retteten. Als bemerkenswert wurde von den Zeitgenossen registriert, daß gerade auch das »neue Publikum, das Proletariat, es war, das dieses klassische Repertoire begeistert aufnahm, offenbar aufgrund der in vielen Werken dieser Dramatik angelegten Kritik an feudalistischem Machtmißbrauch, Bürokratie und bürgerlicher Engstirnigkeit.« (vgl. K. Rudnitsky 1988, 48 ff) So zählten an diesen Bühnen Stücke wie Lope de Vegas *Fuenteovejuna* oder Gogols *Revisor* zu den am meisten aufgeführten Dramen.

Eine der herausragenden Persönlichkeiten des russischen Theaters dieser Jahre war der aus Georgien stammende Konstantin Aleksandrovič Mardshanov (georgisch: Mardzhanishvilli, 1872–1933), der 1910 bis 1913 mit Stanislavskij an dessen Künstlertheater und 1913 mit Tairov am Kammertheater zusammengearbeitet hatte. 1919 inszenierte er in Kiew und war 1920 einer der Inszenatoren der großen politischen Massentheateraufführungen in Petersburg. 1922 ging Mardshanov nach Georgien zurück und übernahm in Tiflis die Leitung des Rustavelli Theaters (bis 1928 und wieder von 1930 bis 1933). 1928 gründete er in Kutaissi das Neue Theater, das er 1930 nach Tiflis verlegte und das heute unter dem Namen Kote Mardzhanishvilli das zweite Georgische Staatstheater ist. Die Inszenierung Mardshanovs von Lope de Vegas *Fuenteovejuna* 1922 (in Kiew bereits 1919) war für die Entwicklung des Theaters in Georgien von größter innovativer Bedeutung.

B. Brecht/K. Weill: Die Dreigroschenoper. *Ausstattung: V. u. G. Stenberg. Kammertheater, Moskau 1930*

In Moskau gingen zwei bedeutende Theatergründungen aus der Studio-Arbeit des MChAT hervor, deren künstlerischer Initiator Evgenij Vachtangov war: 1926 das Vachtangov-Theater (aus dem Dritten Studio des MChAT) und das Habima. Letzteres wurde im Oktober 1918 eröffnet. Es war das einzige jüdische, hebräisch-sprachige Theater in Rußland. Unter der zaristischen Herrschaft war jede Form jüdischen oder hebräischen Theaters verboten gewesen. Die wenigen existierenden jüdischen Amateurensembles traten nur im Geheimen und im privaten Raum auf. 1917 nun war auch für diese Minderheit die Möglichkeit gegeben, ihre Theaterarbeit öffentlich zu betreiben und vor allem zu professionalisieren. Unter Vermittlung von Stanislavskij nahm sich Vachtangov dieser jüdischen Amateure an und gründete mit ihnen ein dem MChAT angeschlossenes Studio, das den Namen Habima (hebräisch: »Szene«) erhielt.

Jüdisches Theater hatte in Rußland keine Tradition und wurde von orthodoxen jüdischen Kreisen abgelehnt. Es gab in Hebräisch, der Sprache der Religion, keine Theaterstücke. Auch verstanden nur wenige unter den Gebildeten der jüdischen Bevölkerung diese Sprache. Folglich hatte das Habima anfangs auch kaum Publikum. Der künstlerische Durchbruch gelang erst 1922 mit der Aufführung von Scholem An-Skis (1863–1920) Stück *Der Dybbuk* in der Regie von Vachtangov. Das Ensemble des Habima wurde dadurch schlagartig berühmt. Mit dieser Inszenierung, die bis heute zum Repertoire der Bühne

B. Brecht/K. Weill: Die Dreigroschenoper. *Ausstattung: V. u. G. Stenberg. Kammertheater, Moskau 1926*

gehört, unternahm das Habima-Ensemble 1926 eine Tournee nach Westeuropa und in die USA. Obwohl künstlerisch gefeiert, war diese Tournee finanziell ein Fiasko und führte zur Teilung des Ensembles. Eine Gruppe der Habima-Schauspieler ließ sich für kurze Zeit in Berlin nieder, ging 1928 aber nach Palästina. (vgl. R. Ben-Ari 1957, 154f) Dort ist seit 1932 der endgültige Standort dieses Ensembles, für das 1945 in Tel Aviv ein 1100 Plätze umfassendes Theater eröffnet wurde. Seit 1958 ist das Habima das Nationaltheater des Staates Israel. Berücksichtigt man die Tatsache, daß es in der Sowjetunion in den Jahren um 1930 zu einem vollständigen Abbruch der künstlerischen Innovationen aus den ersten Revolutionsjahren kam, so ist das Habima das einzige Theaterprojekt aus der Studio-Arbeit der frühen zwanziger Jahre, das sich bis heute, auch dem Geiste seiner Gründung nach, erhalten hat.

Für die künstlerische Linie des Habima war in seiner Moskauer Anfangszeit eine große Konzentration auf die Sprachgestaltung, eine Art Sprechgesang, typisch. Hinzu kam eine äußerst expressive Gebärdensprache, mitunter bis ins Bizarre stilisiert. Mit dem frühen Tode von Vachtangov 1922 verlor das Ensemble allerdings seinen bedeutendsten Regisseur und künstlerischen Berater.

Daß Vachtangov zeitweise in Moskau an mehr als zwanzig Studios als Lehrer und Regisseur tätig war, verdeutlicht, welches unerhörte Ausmaß der Studio-Betrieb Anfang der zwanziger Jahre angenommen hatte. Der enormen Anzahl von neu gegründeten Ensembles entsprach eine ebenso exzessiv ausgebaute Organisationsstruktur des gesamten Theaterwesens, vornehmlich in den Jahren bis zur Einführung der Neuen Ökonomischen Politik, mit der eine Wende auch

F. Schiller: Kabale und Liebe. *Vachtangov-Theater, Moskau*

in der Theaterpolitik eingeleitet wurde. Vor allem wurden – außer für das Moskauer Bolschoi-Theater – für alle anderen Bühnen die staatlichen Subventionen drastisch gekürzt, ja überwiegend ganz eingestellt. Verstärkt wurde die Vergabe der finanziellen Mittel nun auch als Instrument eingesetzt, um Bühnen und Ensembles auf den verordneten politischen Kurs zu bringen.

Eine eigene Sphäre innerhalb des experimentellen Theaters bildeten die zahlreichen Künstlerkabaretts und Kleinbühnen, die bereits im Jahrzehnt vor der Revolution in Moskau und Petersburg existierten. Auch diese waren als »Laboratorien« konzipiert, in denen es darum ging, neue Theaterformen zu entwickeln. Anders als die Studio-Arbeit von Mejerchol'd, Stanislavskij oder Vachtangov lag bei diesen Kleinbühnen der Akzent auf Experimenten in einer Randzone von Zirkus, Boulevardtheater und der Music-Hall. (vgl. O. Bulgakowa 1996) Einige der Leiter dieser Unternehmen galten als die Enfants terribles in der russischen Kunstszene. Programmatisch waren diese Kabaretts mehr oder weniger von den Ideen der italienischen Futuristen beeinflußt. Hatte doch deren in Rußland auch präsenter Wortführer Marinetti Varieté und Kabarett zu den eigentlichen Produktionsstätten zeitgemäßen Theaters erklärt. Die aktivsten dieser Kleinbühnen waren das 1908 in Moskau gegründete Künstlerkabarett »Die Fledermaus«; in Petersburg, ebenfalls 1908 gegründet, »Der Zerrspiegel« und Mejerchol'ds Kabarett »Lukomorje«. 1911 wurde in Moskau »Der streunende Hund« eröffnet, mehr intimes Theater als Kabarett. In Petersburg gründete Konstantin Mardshanov das Kabarett »BiBaBo«; am gleichen Ort wurde 1920 im Keller des Kleinen Palastes die »Freie Komödie« eröffnet. In Kiew existierte ein Kabarett mit dem Namen »Jimmy«, das 1922 nach Moskau übersiedelte und aus dem das »Theater der Satire« hervorging. Parodie des Stils von Stanislavskijs Künstlertheater und politische Satire waren inhaltliche Schwerpunkte aller dieser Bühnen und Ensembles. Der experimentelle Aspekt lag vornehmlich in der Erprobung neuer Kommunikationsformen zwischen

Bühne und Publikum, des politischen Couplets, Entrees von Clowns und der politisch-satirischen Pantomime. Der subversive Ansatz der meisten dieser Kabaretts führte dazu, daß 1920 in Moskau vierzehn und in Petersburg sieben dieser Kleinbühnen verboten und damit geschlossen wurden.

Der Versuch, aus Theater und Zirkus ein neues theatrales Genre zu entwickeln, wurde am konsequentesten von Sergej E. Radlov (1892–1958) betrieben; zunächst in seiner 1918 in Petersburg gegründeten »Experimentellen Theaterkommune«, seit 1920 in seiner »Volkskomödie«. Radlovs Ensemble bestand fast ausschließlich aus Zirkusartisten. Die Stücke, die zur Aufführung kamen, waren zumeist aus der Spieltradition der Commedia dell'arte entwickelt. 1922 mußte Radlow die »Volkskomödie« aus finanziellen Gründen schließen, betrieb aber in seiner privaten Wohnung weiterhin eine »Theaterforschungswerkstatt«. Der »Zirzensisierung des Theaters« galt auch dort Radlovs zentrales Interesse.

Eine der radikalsten Posititionen in dieser Sphäre der Experimentaltheater vertrat die 1921 in Petersburg von Grigori Kosinzev (1905–1972) und Leonid Trauberg (1902–1990) ins Leben gerufene »Fabrik des Ex-zentrischen Schauspielers«. Ziel dieses Unternehmens war eine Art »totales Theater«, das gegen alle etablierten Kunstrichtungen rebellierte, ebenso aber auch gegen die »im Salon erstarrte Avantgarde.« Der sogenannte »Ex-zentrismus«, die programmatische Plattform dieser Bühne, propagierte eine »demokratische Boulevardkunst«: die »Elektrifizierung« des Theaters und dessen »Amerikanisierung«, gemeint waren Boxen, Music-Hall, Jazz und Kinematografie. In vielem entsprach dieses Programm dem Varieté-Manifest von Marinetti (vgl. Italien/ Futurismus), aber auch den Vorstellungen des Petersburger Proletkults von einer totalen Theatralisierung des Lebens. 1922 schloß sich auch Sergej Ejzenštejn dieser Gruppe an und inszenierte dort Parodien auf Mejerchol'ds und Tairovs Theaterstil. Die bemerkenswerteste Produktion der FEKS war eine Parodie auf Gogols Stück *Die Heirat*, ein Feuerwerk virtuoser Tricks und Clownerien, von Music-Hall-Effekten, Zirkusnummern und eingespielten Kinobildern, darunter die Kultfigur dieser Jahre erstmals in einem russischen Stück: Charlie Chaplin, als Figur in Gogols Komödie »montiert«. (vgl. O. Bulgakowa 1996, 83 ff) Ihrer Programmatik entsprechend gab die FEKS nach drei Projekten die Theaterarbeit auf und wechselte zum Film über.

Nikolai Foregger (1892–1939), der 1916/17 an Tairovs Kammertheater gearbeitet hatte und mit dem Choreographen Michail Fokin befreundet war, gründete 1921 das Theater »Mastfor«, ein Kürzel für Masterskaja Foreggera (Foreggers Werkstatt). Sergej Ejzenštejn arbeitete dort als Ausstatter. Auch für Foregger war die Parodie das hauptsächliche Genre, das er in seiner »musichallisierten« Form »Rev-Agit-Hall« nannte: »Music Hall im proletarischen Gewand.« Auch ihm ging es um eine Synthese aller theatralen Genres der außerliterarischen Sphäre und um die Entwicklung eines politischen Agitationstheaters mit den Mitteln des modernen amerikanischen Vergnügungsbetriebs, des Jazz und des Kinos. Große Bedeutung hatte für ihn der akrobatische, exzentrische Tanz. Er nannte dies »elektrisches Theater«, in dem eine totale Mechanisierung der Bewegungen stattfinden sollte, die er durch flimmernde Lichteffekte dem Eindruck von kinematographischen Aufführungen annäherte. »Wir wollten die Leute mit Hilfe des Lachens, eines möglicherweise noch nicht

Das Tempo der Gegenwart ist schnell, dynamisch, der Rhythmus klar, genau, geradlinig und mathematisch; Material und Zweckmäßigkeit bestimmen den Aufbau des vom modernen Künstler zu schaffenden Gegenstandes … oder jeder gegebene Gegenstand, den der moderne Künstler schafft, muß als aktive Kraft ins Leben eingehen, die das Bewußtsein des Menschen organisiert und so auf ihn psycho-physiologisch einwirkt, daß sie ihn zu energievoller Aktivität mitreißt. Es ist klar, daß Gegenstände, die der moderne Künstler schafft, reine Konstruktionen ohne Ballast in der Darstellung sein müssen, aufgebaut nach dem Prinzip der Geraden und der geometrischen Kurve und dem Prinzip der Ökonomie bei einem Maximum an Wirksamkeit. Weil die Konstruktion jedes Gegenstandes in der dauerhaften Verbindung der Grundelemente der Plastik (Material, Farbe, Linie, Fläche, Faktur …) besteht, muß der Künstler das Studium dieser Elemente in den Vordergrund rücken.

(A. Vesnin 1922 in: H. Kersting 1986, 86)

sehr reifen, ungelenken, dafür aber ehrlichen Lachens, von den Gedanken an Lebensmittelrationen und ihren Kartoffelsorgen befreien«, so kommentierte Foregger die Arbeit an seinem Studio. Hatte schließlich auch Lunačarskij 1920 die Devise ausgegeben: »Laßt uns lachen, Genossen!«

Massentheater: Volksaufklärung und »proletarische Dionysien«

»Demokratisierung des Theaters« – dies war die zentrale theaterpolitische Forderung in den ersten Jahren nach 1917. Die Aktivisten der Revolution und ihre kulturpolitischen Theoretiker verstanden darunter – neben der ihnen selbstverständlich erscheinenden Verstaatlichung aller bereits bestehenden Institutionen – die Entwicklung neuer Theaterformen, die auf die spezifischen Verhältnisse der russischen Gesellschaft im Chaos der Desorientierung der ersten nachrevolutionären Jahre zugeschnitten waren. Dabei ging es zum ersten um Aufklärung, zum zweiten um die Einstimmung der Bevölkerung auf die Vision der neuen Sowjetgesellschaft, um die Vermittlung eines Aufbruch-Elans in eine »neue Zeit« noch bis in die letzten Dörfer der russischen Provinz. Die in diesem Zusammenhang entwickelten theatralen Aktionen, Organisationsformen und Schauspielprojekte stellten theatergeschichtlich gänzlich neue Phänomene dar, kaum vergleichbar mit ähnlichen Projekten in anderen historischen oder politischen Kontexten. Um 1917/18 wurde Theater zum wichtigsten Massenmedium der Sowjetgesellschaft. Dabei spielte es eine wesentliche Rolle, daß etwa 80% der Bevölkerung Analphabeten waren, denen die veränderte Situation ihres Landes nach der Revolution, vor allem die Ziele des Aufbaus eines neuen Staats- und Gesellschaftssystems von totalitärem Zugriff auf alle Lebensbereiche erklärt und vor allem emotional nahegebracht werden mußten. Hinzu kam, daß in den Jahren des Bürgerkriegs 1918 bis 1923 die politischen Machtverhältnisse in den einzelnen Regionen ständig wechselten, so daß das Wissen um den »richtigen« politischen Standpunkt oftmals eine »Frage des Überlebens« (O.G. Bauer) war.

Angesichts der Größe des Landes und der Masse der Bevölkerung war dies nur möglich mit Hilfe Tausender von Theateraktivisten. Aus den Clubs von Arbeitern, Bauern, Soldaten und Studenten rekrutierten sich in kürzester Zeit etwa 5000 Spielgruppen mit mehr als 100000 Mitgliedern, die sich in den Dienst dieser gigantischen Aufklärungskampagne stellten. Mit Sketchen, Straßentheateraktionen, Agitationszügen- und -schiffen, die das Land durchquerten, verbreiteten sie die Parolen der Revolution, ersetzten Zeitung und Schule. (vgl. O.B. Bauer 1994, 58ff) Anfangs war dabei die »Lebende Zeitung« das effektivste Genre: die pantomimische Illustrierung von Zeitungsartikeln, mit grellen malerischen und gestischen Effekten, von diesen Spielgruppen in Fabriken, auf Straßen und in Wohnblocks, überall und jederzeit einsatzbereit vorgeführt. Eine der führenden Gruppen in dieser Bewegung, die auch eine eigenständige Bildersprache entwickelte, (vgl. O.G. Bauer 1994, 58f), war die des Staatlichen Instituts für Journalistik in Moskau. Entsprechend ihrer Arbeitskleidung (blaue Bluse und lange blaue Hose) nannte sie sich »Die Blauen Blusen«. Dieser Name wurde bald zum Oberbegriff für die ganze Bewegung. Waren anfangs Regisseure und Schauspieler nur als Helfer tätig, setzte Mitte der zwanziger Jahre ein Prozeß der Professionalisierung dieser Agitproptruppen ein. 1927 gaben die »Blauen Blusen« in Berlin ein Gastspiel, das eine Initialfunktion für die Gründung solcher Arbeitertheaterensembles auch in Deutschland ausübte. (vgl. Kap.: Deutschland/Theater in der Zeit der Weimarer Republik) In der Sowjetunion erhielt diese Theaterbewegung nach 1925/26 eine neue Organisationsform. Unter der zentralen Leitung des Komsomol, des Kommunistischen Jugendverbands, entstand das »Theater der Arbeiterjugend« (Teatr rabotschej molodjoshi, abgekürzt TRAM), eine Organisation Tausender von Laientheatergruppen im ganzen Land, nun – anders als die dezentralisierten Spielgruppen in den ersten Jahren nach 1917 – mit einheitlicher ideologischer Ausrichtung. In den dreißiger Jahren hatte dieser Verband mehr als 70000 Mitglieder. Schließlich aber kam es zu einer Eingliederung der Theateraktivitäten dieser Laiengruppen in die Berufsbühnen am jeweiligen Ort. Wo dies nicht möglich war, lösten sich die Organisationen des TRAM auf.

Weitaus spektakulärer als die Basisarbeit der Agitpropgruppen waren die großen Massentheateraufführungen, die in den Jahren zwischen 1918 und 1923 stattfanden. Diese Theaterveranstaltungen waren im Grunde als Festspiele konzipiert, in gewissem Sinne vergleichbar der bürgerlichen Festspielbewegung, wie sie in der Nachfolge Richard Wagners Georg Fuchs und Max Reinhardt in Deutschland (vgl. Bd. III, 633ff) als national-pädagogische Projekte (»Theater für das Volk«) veranstaltet hatten. Dabei existierte ein unmittelbarer Einfluß der Reformvorstellungen von Georg Fuchs auf Mejerchol'd, den einflußreichsten Propagandisten der sowjetrussischen Massentheaterbewegung. (vgl. Kap.: Mejerchol'd) Die leitenden Ideen dieser Theaterbewegung wurden jedoch von deren russischen Vordenkern entwickelt, von Vyacheslav Ivanov, Nikolai Evreinov und Anatolij Lunačarskij. Daß das Theater innerhalb der Sphäre der Kunst aufgrund seines gemeinschaftsstiftenden Charakters eine zentrale Stellung einnahm, war eine Grundüberzeugung des Philosophen Ivanov. Für ihn schien eine Erneuerung des Theaters nur möglich aus einer Rückkehr zu den Anfängen des europäischen Theaters, zu den antiken Dionysien. Deren »reinigende Kraft« galt es zurückzugewinnen durch ein Theater, das die Grenze zwischen Kunstausübung und Religion wieder aufhob. Friedrich Nietzsches Schrift von der *Geburt der Tragödie aus dem Geiste der Musik* war eine wesentliche Inspirationsquelle für Ivanovs Theaterideen. (vgl. K. Rudnitsky 1988, 9ff) Dieses neue Theater sollte jenseits aller Ästhetik durch die suggestive Kraft des »gemeinschaftlichen Handelns« (sobornost) das Leben der Menschen im Sinne »einer schöpferischen Selbsterkenntnis« von Grund auf verändern. Den Ideen Ivanovs durchaus verwandt waren die theatertheoretischen Entwürfe des Regisseurs Nikolai Evreinov. Auch ihm ging es um einen vollständigen Bruch mit der herrschenden Tradition des Theaters als einer vom Leben abgehobenen Kunstveranstaltung. Was zu einer Erneuerung der Gesellschaft führen könne, sei allein – so Evreinov – die totale Theatralisierung des Lebens: »Militär-, Staats-, Kirchen- und Justizgebaren sollten bewußt inszeniert, ihre Theatralik erlebbar betont werden, auch der intime Alltag eines jeden bedürfe des Spiels und sei durchzogen vom Geist der Verwandlung.« (O. Bulgakowa 1996, 24) An die Stelle des Theaters als eines »Kunst-Vorgangs« setzt Evreinov die Idee einer Theatralität, die eine Grundkonstante jeglicher Lebensäußerung, zumal im sozialen Verhalten, darstellt. War dieses Konzept vor 1917 noch bestimmt durch seine Herleitung von theatralen Brauchtumsformen im alten Rußland, einem emphatischen Glauben an »Ursprüngliches«, so wurde für Evreinov nach 1917 die »Theatralisierung des Lebens« zu einer »pädagogisch-agitatorischen Strategie: zur Intimisierung des Sozialismus« (O. Bulgakowa). Vergleichbar den attischen Tragödienfestspielen, deren Besuch für die Bürger von Athen zu den Bürgerpflichten gehörte und die auf diese Weise an die Grundwerte ihres Gemeinwesens erinnert und in ihrer Polis-Identität bestärkt wurden, ging es auch in den »proletarischen Dionysien« darum, daß sich die »Massen« ihrer Rolle als Subjekt der Revolutionsgeschichte vergewissern sollten. Diese Idee wurde grundlegend für die Wirkungsstrategien der großen Massentheateraufführungen, die Evreinov inszenierte, dessen spektakulärstes Projekt *Die Erstürmung des Winterpalais* war.

Vorbereitend für diese Massentheaterveranstaltungen waren auch Konzepte der Gruppe »Vorwärts« (Wperjod), die Maksim Gor'kij während seines Aufenthalts auf Capri um sich versammelt hatte, der zeitweise auch Lunačarskij angehörte. Von ihm stammte die These, daß Sozialismus als eine Religion aufzufassen sei und ein »sozialistisches Theater der Zukunft« »sich als freie Kulthandlung entfalten würde, das Tempel zu Theatern mache und Theater zu Tempeln. Dort könnten sich die Massen der Mitwirkenden und der Teilnehmenden (Zuschauer) in kollektiven Tragödienaufführungen vereinigen, welche die Seelen zu einem Ekstaseerlebnis führen würde.« (*Sozialismus und Kunst*, 1908; n. O. Bulgakowa 1936, 23 u. 237). Auch wenn sich Lunačarskij im Jahre 1917 von den Ideen des »Wperjod« bereits losgesagt hatte, waren diese doch kennzeichnend für ein intellektuelles Klima, das in den Theateraktivitäten nach 1917 noch nachgewirkt haben mag.

Von nicht zu unterschätzendem Einfluß auf diese Theaterbewegung war sicherlich auch die Aufführung von Majakovskijs Revolutionsallegorie *Mysterium buffo* am 7. November 1918 in Petersburg. (vgl. Kap.: Mejerchol'd) Freilich bezog sich dieser Einfluß wohl mehr auf die dramaturgische Struktur dieser Projekte. Majakovskij hatte die mittelalterlichen Mysterienspiele zum Vorbild genommen und ein »heroisches, episches und satirisches Abbild unseres Weltzeitalters« entworfen (n. O.G. Bauer 1994, 33), ein Szenarium, in dem die Werktätigen (die »Unreinen«) den Ausbeutern (den »Reinen«) gegenübergestellt waren. Spielgerüst war eine mehrstöckige Anlage, auf der sich die beiden entgegengesetzten Welten – eingetaucht in symbolisch farbiges Licht (Gestaltung: Kazimir Malevič) – in grellen Stereotypen präsentierten. Regisseur dieser Aufführung war Vsevolod Mejerchol'd, der dieses Schauspiel 1921 in Moskau ein zweites Mal inszenierte. Inspirierend für die späteren Massentheateraufführungen war auch der »Gesamtkunstwerk-Charakter« von *Mysterium buffo*, das Zusammenwirken von symbolisch-pathetischen Schaueffekten mit musikalischen und choreographischen Gestaltungselementen und der Wechsel von Aktionen kleiner Gruppen und mit denen von Massenchören.

Eines der ersten theatralen Großprojekte dieser Art wurde im Dezember 1918 geplant. Die Vorbereitung übernahm eine in der Roten Armee eingerichtete Sondereinheit, die sich »Theaterwerkstatt« nannte und der anfangs 180 Soldaten angehörten. Es sollte ein monumentales Revolutionsstück werden mit Motiven aus der jüngsten russischen Geschichte. Im März 1919 fand dieses

Schauspiel in Petersburg statt. Es hatte den Titel *Sturz der Selbstherrschaft* und zeigte acht Episoden der russischen Revolution, beginnend mit *Blutsonntag vom 9. Januar 1905*. Dieses Spiel wurde zu einer Trilogie *Das Rote Jahr* ausgebaut, mit der die »Werkstatt« auf Tournee ging. Am 1. Mai 1919 führte sie ebenfalls in Petersburg – nun aber unter freiem Himmel – eine Revolutionsrevue auf, die historisch weiter ausgriff und mit der Erhebung der Pariser Kommune 1871 begann und mit der Oktoberrevolution endete. Diese Aufführung trug den Titel *Die III. Internationale. Das Schwert des Friedens*, aufgeführt in einem Petersburger Zirkus in der Regie von Sergej Radlov, war das dritte Projekt der »Werkstatt«. Es feierte die Gründung der Roten Armee und setzte dieses Ereignis in Analogie zur Geburt Christi; der Weihnachtsstern wurde dem Roten Stern gleichgesetzt.

Man versuchte, das Theater aus dem geschlossenen Raum auf die Straße zu versetzen. In Petersburg und anderen Städten wurden bei grandiosen Inszenierungen von Freilichtspielen, denen Tausende und Abertausende beiwohnten, Architekturmomente der Stadt, durch speziell aufgeführte Bauwerke ergänzt, als Dekoration verwendet.

(El Lissitzky: Der Maler schreitet auf der Bühne zur Architektur. *In: H. Rischbieter 1968, 138)*

Diese Aufführungen der »Werkstatt« wurden zu Vorbildern für Massentheaterveranstaltungen, die unter Anleitung von Instrukteuren der Theatertruppe der Armee nun überall im Lande von Arbeitertheatergruppen konzipiert und durchgeführt wurden. »Ihre Sujets bildeten jene historischen Massenaktionen, die Rußland schon zu Anfang des Jahrhunderts erlebt hatte: das Massensterben bei der Krönungsfeier des Zaren auf dem Chodynka-Feld 1896, der Blutsonntag und die Streiks 1905, Exekutionen und Barrikadenkämpfe, die Niederlage der russischen Armee in den Masurischen Sümpfen, die Februarrevolution, die Julidemonstrationen und schließlich der Oktoberaufstand 1917.« (O. Bulgakowa 1996, 28) Zwei Aspekte waren typisch für diese Projekte: Den Grundtenor dieser Theateraktionen bestimmte die am Ende siegreiche Revolution, die als Apotheose einer vermeintlich mit Notwendigkeit verlaufenden Geschichte gefeiert wurde. »Helden« wie »Opfer« dieser Revolution waren stets die großen Kollektive, die »Masse«, das »Proletariat«. Individuelle Protagonisten spielten auf der Seite der Revolutionäre kaum eine Rolle. Diese politische Interpretation des Geschichtsverlaufs war Grundlage der Dramaturgie aller dieser Veranstaltungen.

Seit 1920 beteiligten sich zunehmend auch professionelle Schauspieler und Regisseure an diesen theatralen Massenaktionen. Sie ermöglichten die Realisierung monumentaler Projekte mit Tausenden von Mitwirkenden. So etwa waren 2000 Darsteller beteiligt bei dem am 1. Mai 1920 vor der Petersburger Börse vor 35 000 Zuschauern aufgeführten Politspektakel *Das Wunder von der befreiten Arbeit*. Ein zweites Projekt im gleichen Jahr mit dem Titel *Zur Weltkommune* wurde bereits von 4000 Akteuren vor 45 000 Zuschauern (darunter Lenin) aufgeführt. Ein Kollektiv von vier Regisseuren »dirigierte« diese Massenaktion. »Wieder spielte man vor der Petersburger Börse, nun wurden auch die Schiffe und die Minenträger im Fluß, der Kai der Newa mit seinen Leuchttürmen, selbst die Peter-Pauls-Festung einbezogen. Von dort beleuchteten riesige Scheinwerfer die Handlung, von dort ertönten auch Kanonenschüsse … Das Spektakel geriet um vieles grandioser als die Monate zuvor. Die Aktionen der Massen wurden über die Newa-Brücke geleitet, mit Pyrotechnik wurde nicht gespart. Die Apotheose gipfelte gegen vier Uhr morgens in einem Feuerwerk.« (n. O. Bulgakowa 1996, 29 f) Es war dies die erste Massentheaterveranstaltung, bei der so vielfältige technische Mittel, eben auch Schiffe, Kanonen und Sirenen, eingesetzt wurden. Ähnlich verlief am 20. Juli 1920 die Aktion *Die Blockade Rußlands*. Das zentrale Szenarium war auf einer Insel (Symbol für

Rußland) im Teich des kaiserlichen Palastes aufgebaut. Segeljachten und kleine Boote symbolisierten die angreifenden feindlichen Mächte.

Das spektakulärste Ereignis dieser Art jedoch war die Massenpantomime *Die Erstürmung des Winterpalais*, die am 7. November 1920 zum dritten Jahrestag der Oktoberrevolution am originalen Schauplatz der historischen Ereignisse aufgeführt wurde. Nikolai Evreinov hatte das Konzept für dieses Projekt entwickelt. Er konnte dabei Erfahrungen einbringen aus seiner Arbeit 1907 am Starinny Theater in St. Petersburg. Ging es dort um die Rekonstruktion mittelalterlicher Mysterienspiele, so nun 1920 um die Rekonstruktion politischer Geschichte. Etwa 10000 Akteure mit festen Rollen sollen bei dem Unternehmen mitgearbeitet haben. Spielort war der ganze Stadtteil um das Winterpalais. Mehr als 100000 Menschen – das »Publikum« – war mit Aufmärschen und Gesängen in die Regiekonzeption einbezogen. Petersburg hatte zu dieser Zeit etwa 800000 Einwohner. In der Teilnahme an dieser Veranstaltung sollten sich die Menschen mit dem historischen Ereignis, der siegreichen Revolution, identifizieren, sie als ihre historische Tat feiern. Die Spielanordnung, die eine Trennung von Spielern und Zuschauern tendenziell aufhob, sollte diese Identifikation erlebbar machen. Szenarium und Verlauf waren folgende: »Nach dem von Evreinov ausgearbeiteten Szenarium waren vor dem Schloß zwei große, miteinander durch eine Brücke verbundene Estraden errichtet worden, auf denen sich die theatralische Handlung abspielte. Die eine, die Weiße Estrade, versinnbildlichte die Welt der Reaktion, die andere, die Rote Estrade, hingegen die der Revolution. Je nach dem Gang der Ereignisse wurde bald die eine, bald

Szenenbilder von der Erstürmung des Winterpalais, *Petersburg 1920*

die andere beleuchtet oder verdunkelt, und auf ihnen spielten sich nun, teils in symbolischer, teils in realistischer Darstellung die politischen Geschehnisse, vom Sturz des Zaren bis zum Sieg des Bolschewismus, ab. Das Fest begann um zehn Uhr nachts mit einem Kanonenschuß und mit Fanfaren; dann flammten die Scheinwerfer auf und zeigten die auf der Weißen Bühne versammelten reaktionären Machthaber: die Provisorische Regierung mit Kerenski an der Spitze, Beamte des alten Regimes, Vertreter des Adels, Junker, Bankiers und ähnliche Gestalten aus der vorrevolutionären Welt, alle in sehr karikierter Darstellung. Zwischen diesen Leuten entwickelte sich nun ein ebenso geschäftiges wie sinnloses Treiben von gegenseitiger Liebedienerei, von Servilismus und Pathetik, bis dann auf der Roten Bühne das werktätige Proletariat sichtbar wurde, das sich bereits zum entscheidenden Kampf rüstete. Bald kam es zu einem Handgemenge auf der Verbindungsbrücke (...) Die Weiße Regierung mußte flüchten und zog sich, entsprechend den wirklichen Vorgängen des Jahres 1917, in das Winterpalais zurück. Von jetzt an wurde die Handlung vollkommen realistisch: Militär drang in Schwarmlinien vor, Automobile mit Bewaffneten rasten heran, Kanonen fuhren auf, und es kam zu einer Schießerei, an welcher sich auch der auf der Newa liegende Panzerkreuzer Aurora eifrig beteiligte. Schließlich wurde auch das Winterpalais, der letzte Zufluchtsort der Reaktion, erstürmt. An der Front des Gebäudes flammte das mächtige Transparent eines roten Sowjetsterns auf, die Musik stimmte die Internationale an, und es entwickelte sich ein großer Parademarsch der siegreichen Roten Truppen mit allgemeinem Chorgesang. Ein mächtiges Feuerwerk am nächtlichen Himmel schloß die Veranstaltung.« (n. J. Rühle 1963, 64f)

Eine weitere Massentheateraufführung hatte das Gericht über Wrangel zum Thema. An dieser Aktion nahmen 10000 Rotarmisten aktiv als Spieler teil. Mejerchol'd, in diesen Jahren die einflußreichste Persönlichkeit im gesamten sowjetischen Theaterwesen, entwarf für 1921 eine Revolutionsfeier in der Nähe von Moskau, bei der 2300 Mann Infanterie, 200 Reiter, 16 Geschütze, 5 Flugzeuge, mehrere Panzerzüge, Staffeln von Motorrädern, Tanks, Musikkapellen und Chöre eingeplant waren. 1923 waren in der Stadt Iwanowo-Wosnessensk sämtliche Einwohner bei einer Darstellung der großen Streiks von 1915 beteiligt.

Diese Massenveranstaltungen wurden jeweils von einem Regie-Kollektiv geleitet, das die Stationen des Szenariums und die Tendenz der Interpretation des historischen Vorgangs skizzenhaft festlegte. Innerhalb dieses vorgegebenen Rahmens bestimmte dann die Improvisation den Spielverlauf. Das vorausgehende Training der Laiendarsteller erfolgte nach einer vereinfachten Form der von Mejerchol'd entwickelten Biomechanik. (vergl. Kap.: Mejerchol'd) Mit deren Hilfe konnten durch exakte, zumeist über Lautsprecher mitgeteilte Anweisungen Gesten und Körperhaltungen – zwar vollständig schematisiert, jedoch in ihrem Ausdrucksgehalt eindeutig – massenhaft ausgelöst werden. Prinzip der Dramaturgie war die Entwicklung kurzer Episoden, die in raschem Tempo aufeinander folgten. Mejerchol'd sah darin seine Forderung nach einer »Kinofizierung« des Theaters verwirklicht. Für ihn war dies eine Voraussetzung für »zeitgemäßes Theater«, ebenso wie die Übernahme von Verfahren der modernen industriellen Produktion für die künstlerische Arbeit. Dafür wurde der Begriff der »Taylorisierung« geprägt, in Anspielung auf das von dem amerikanischen Ingenieur und Betriebsorganisator Frederick Winslow Taylor (1856–1915) erfundene Prinzip der Fließbandarbeit.

Mit diesen Massentheaterveranstaltungen war das Theater aber auch als Medium an seine Grenze gekommen. Bald wurden Inszenierungen von Mas-

Spielszene mit Amateurdarstellern am Theater der Arbeiter-Jugend (TRAM). Moskau

senszenen wieder in den weitaus begrenzteren Rahmen von Bühnenaufführungen zurückgenommen. So plante Vachtangov eine Theatralisierung des *Kommunistischen Manifests* und auch der *Bibel* in seinem Studio-Theater. (vgl. O. Bulganowa 1996, 31) Auch Stücke wie Lope de Vegas Bauerntragödie *Fuenteovejuna*, ein in diesen Jahren vielfach aufgeführter Revolutionsklassiker, boten hinreichend Möglichkeiten, ein großes Aufgebot revoltierender Akteure in Szene zu setzen. Es war Ejzenštejn, der auf den Widerspruch hinwies, der mit der Monumentalisierung der Theaterprojekte zunehmend deutlicher wurde, auf den Widerspruch nämlich zwischen den Forderungen der Proletkulttheoretiker, die befreite »schöpferische Kraft« der Massen zu mobilisieren, und dem militärischen Drill, mit dem diese Aufführungen mit Tausenden von Beteiligten letztlich nur realisierbar waren. So war es nur konsequent, daß die mit diesen Veranstaltungen verbundenen Intentionen schließlich im Medium des Films angemessener realisiert wurden. Dazu lieferte Ejzenštejn selbst den überzeugendsten Beitrag.

Neue Entwicklungen in der Schauspielkunst

Konstantin Sergeevič Stanislavskij: »Meine Arbeit ist nicht die des Erfinders, sondern die des Forschers«

Die Erforschung der »schöpferischen Natur des künstlerischen Menschen« war die große Konstante im Werk Stanislavskijs: als Schauspieler, Regisseur und Schauspielpädagoge, – Fähigkeiten, die für ihn einen nicht auflösbaren Verbund darstellten. (vgl. Bd. III, 907 ff) Aus heutiger Sicht ist es vor allem die schauspielpädagogische Methodik, verkürzend und vielfach mißverstanden als »System« bezeichnet, die Stanislavskijs Lebenswerk von so außerordentlicher Bedeutung für das Theater im 20. Jahrhundert werden ließ. In mehr oder weniger unmittelbarer Berufung darauf, vielfach auch »weiterentwickelt« (Michail A. Cechov, Lee Strasberg) orientieren sich Schauspielschulen in aller Welt an Stanislavskijs Arbeitsweise. Eine vergleichbare Wirkungsgeschichte hat kaum ein anderer Theaterkünstler dieses Jahrhunderts aufzuweisen. Sie ist wohl erklärbar durch die Offenheit dieses schauspielpädagogischen Ansatzes, den Stanislavskij selbst letztlich als Fragestellung begriffen hatte. So schrieb er denn auch – beinahe am Ende seines Lebens – über den eigentlichen Antrieb für seine Arbeit: »Meine ganze künstlerische Fähigkeit war nicht darauf gerichtet, eine neue, von mir erdachte Kunst zu schaffen, sondern es ging mir nur um eine sehr eingehende und sorgfältige Untersuchung der schöpferischen Natur des künstlerischen Menschen in mir selber (und) in anderen Künstlern, in Schülern, Laienspielern, Musikern und Sängern. Meine Arbeit ist nicht die eines Erfinders, sondern die eines Forschers. Sie war nicht umsonst ... Echte Kunst beruht auf den Gesetzen der schöpferischen Natur ... die menschliche Natur ist von unendlicher Vielfalt, darum läßt sich auf ihren Gesetzen eine Unzahl von Spielarten und Richtungen der Kunst aufbauen. Um so besser.« (n. D. Hoffmeier 1993, 380) Es war ein fatales Mißverständnis, Stanislavskijs künstlerische Position ausschließlich auf eine realistische – gar sozialistisch-realistische – Schauspielästhetik festzulegen. Die Gegenüberstellung seiner Arbeitsweise mit der seines künstlerischen Antipoden Mejerchol'd, zumal im Kontext der kulturpolitischen Situation der dreißiger Jahre im stalinistischen Rußland und später auch in den sozialistischen Ländern, trug nicht unerheblich zu diesem verkürzenden Blick auf das Werk Stanislavskijs bei. Ein Kapitel für sich ist die verwirrende, auch manipulierte Editionsgeschichte seiner Schriften und Briefe, die nach dem Tod ihres Verfassers die wichtigsten Quellen für die Auseinandersetzung mit seiner schauspielpädagogischen Methodik wurden.

»Dilettant aus reichem Hause« – so überschreibt D. Hoffmeier in seiner Studie *Stanislavskij. Auf der Suche nach dem Kreativen im Schauspieler* das Kapitel über dessen Anfänge (1993, 18). Prägte doch der großbürgerliche Familienhintergrund des Moskauer Fabrikantensohns, der mit bürgerlichem Namen Alekseev hieß, nachhaltig dessen Verhältnis zu Literatur, Kunst und Theater, aber auch dessen Lebensführung als Theaterleiter und Pädagoge. Im Theaterzirkel der Familie Alekseev kam es, zusammen mit seinen acht Geschwistern, zu ersten Theatererfahrungen. Auf ihrem Sommersitz besaß die Familie für diese Dilettan-

N. Gogol: Die Toten Seelen. *Adaptation von M. Bulgakov. Dramaturgie: K. Stanislavskij. R.: Sachnovskij u. Teleséva. Künstlertheater, Moskau 1932*

tenaufführungen, die zum kultivierten Lebensstil des Adels und der russischen Großbürger gehörten, ein komplettes kleines Theater. Hoffmeier vermutet, daß Stanislavskijs »dringendes Verlangen, die Gesetzmäßigkeiten schauspielerischen Schaffens gründlich zu erforschen und anderen zu vermitteln« (1993, 21), durch diese Herkunft aus der Sphäre des Amateurtheaters motiviert gewesen sei. Entscheidender aber war wohl, daß Stanislavskij in seiner intellektuellen Entwicklung durch jenen Glauben an erforschbare Gesetzmäßigkeiten der Psyche und auch des Künstlerisch-Schöpferischen geprägt war, der für das naturwissenschaftsgläubige letzte Jahrzehnt des 19. Jahrhunderts so typisch war. Folglich stand auch am Beginn seiner »Erforschung« der schauspielerischen Kreativität der Versuch, dafür die Erkenntnisse der damals neuesten experimentellen Psychologie – die Gedächtnisforschungen des französischen Psychologen Théodule Ribot – als Grundlage zu nutzen. Dementsprechend standen das »Erleben« und das Erschließen des im »emotionalen Gedächtnis« gespeicherten Erlebnismaterials für den Aufbau einer Rolle auf der Bühne im Zentrum seiner theoretischen und praktischen Arbeit. Dadurch schien ihm der Schauspieler in die Lage versetzt, dem wesentlichen Anspruch aller künstlerischen Arbeit gerecht werden zu können, dem Anspruch auf Wahrhaftigkeit. Wichtigster Partner für Stanislavskij war der Komödienautor und Regisseur Vladimir Ivanovič Nemirovič-Dančenko (1858–1943), mit dem zusammen er 1898 in Moskau das Künstlertheater gründete. (vgl. Bd. III, 907 ff) Nemirovič-Dančenko war bis zu seiner Zusammenarbeit mit Stanislavskij Dramaturg am Malij Teatr. Er war es auch, der den Kontakt Stanislavskijs zu Čechov hergestellt hatte. Mit ihm zusammen leitete Stanislavskij diese Bühne bis zu seinem Tod. Gemeinsam auch verfolgten beide in den Jahren bis etwa 1905 konsequent die Linie eines durch die Erkenntnisse der modernen Psychologie »verfeinerten« Naturalismus. Mit einigen der auf dieser Grundlage erarbeiteten Inszenierungen, vor allem von Stücken von Maksim Gork'kij und Anton Čechov (vgl. Bd. III, 910 ff), wurden Stanislavskij und sein Moskauer Künstlertheater weltberühmt.

Nemirovič-Dančenko arbeitete zumeist als Co-Regisseur an vielen Inszenierungen Stanislavskijs mit; gehörte es doch zum Arbeitsprinzip des Künstlertheaters, das die meisten Produktionen von einem Regiekollektiv (in der Regel von zwei Regisseuren) erarbeitet wurden. Neben den beiden Leitern waren A. A. Sanin und V. V. Lužskij die profiliertesten Regisseure am Künstlertheater. Nahezu alle Inszenierungen dieser Jahre wurden von dem Bühnenbildner Victor Andrejvič Simov (1858–1935) ausgestattet. Simov arbeitete von 1898–1912 und wieder von 1925–1935 an dieser Bühne. Er war ein Perfektionist der naturalistischen Bühnenausstattung. Stanislavskij trennte sich von ihm im Zusammenhang mit jener künstlerischen Richtungsänderung, die er um 1905 einzuleiten versuchte. Auch Nemirovič-Dančenko verfolgte von diesem Zeitpunkt an eigenständige Interessen. Diese waren auf das Musiktheater, vor allem auf die Operette und das musikalische Lustspiel gerichtet. So gründete er 1919 ein »Musikalisches Studio« am MChAT, das 1926 zu einem selbständigen Theater unter seinem Namen ausgebaut wurde. Vorbild für diese Gründung war das »Freie Theater« von Konstantin A. Mardshanov (vgl. Kap.: Studio) und dessen Ausbildungsprogramm für einen »synthetischen Schauspieler.« Diese Ausbildung war umfassender als die von Stanislavskij betriebene; eine Ausbildung, die neben dem Schauspiel gleichwertig auch Tanz und Gesang einbezog. (vgl. J. Gregor u. R. Fülöp-Miller 1927, 118 f) Mit der Operette *Mamsell Angot* von Charles A. Lecocq eröffnete Nemirovič-Dančenko sein »Musikalisches Studio«. Nach dem Tode von Stanislavskij (1938) war er der alleinige Leiter auch des Künstlertheaters.

Stanislavskijs Methodik, wie sie in den Jahren nach 1908, nach zehn Jahren Erfahrung als Regisseur und Schauspieler, systematisch erforscht und erprobt wurde, konzentrierte sich zunehmend auf eine Klärung des Begriffs des »Erlebens« und rückte dabei auch von Positionen aus den Anfängen seiner Arbeit ab (vgl. Bd. III, 907 ff), von einer Auffassung des »Erlebens« als eines ausschließlich individuellen psychologischen Prozesses, ähnlich der Einfühlung, der inneren Erfahrung und der Selbstbeobachtung. Es ging Stanislavskij nun darum, diese Begriffe aus der Sphäre des Subjektiven zu lösen, die »Kunst« des Erlebens als einen ganzheitlichen Prozeß zu begreifen: um »ein Bewußtwerden der für das Leben des Individuums besonders bedeutsamen oder herausgehobenen oder unwiederholbaren Tatbestände.« (D. Hoffmeier 1993, 247) Dieser Transfer des »Erlebens« in eine objektive Gestalt, eine »Aufgabe«, rückte für Stanislavskij so sehr ins Zentrum seiner pädagogischen und inszenatorischen Arbeit, daß er »seit Jahresbeginn 1912« (n. D. Hoffmeier 1993 m 249) von »Erleben« an sich nicht mehr sprach. Eine zentrale Rolle nahm seither die Auseinandersetzung mit dem »körperlichen Leben« des Darstellers und der Rollenfigur ein. Ziel war es, ein »Gefühl für die Rolle durch das physische Leben des menschlichen Körpers hervorzurufen«: vom Körper aus an die Rolle heranzugehen, damit diese sich »einleibt«. In seinem Buch-Fragment *Die Arbeit des Schauspielers an der Rolle* (1955) schreibt Stanislavskij dazu folgendes: »Wenn der Künstler sich physisch richtig eingelebt hat, muß das Gefühl in geringerem oder stärkerem Grade

Aleksandra Exter: Lichtstudie für eine Tragödie, 1927

Bühnenentwurf von Pawel Rodnjansky für B. Gorbatov: Die Jugend der Väter. *Theater des Komsomol, Moskau 1943*

darauf reagieren. Wie das Wasser die Niederungen und Gräben ausfüllt, so strömt auch Gefühl in die physische Handlung, da es darin die lebendige organische Wahrheit findet, an die man glauben kann … Demnach ruft das körperliche Leben, das aus der Rolle entnommen ist, ein analoges seelisches Leben dieser Rolle hervor.« (n. M. Brauneck 1993, 362) Stanislavskij vergleicht die »physische Handlung« mit einer »sich wie ein Schienenweg ununterbrochen hinziehenden Linie«, vermittels derer der Schauspieler sich in seiner Rolle durch das Stück bewegen kann. Das »innere Leben« der Rollenfigur stelle sich dann »todsicher«, gleichsam von selbst, ein. Damit glaubte Stanislavskij für den schöpferischen Prozeß eine objektive Grundlage geschaffen zu haben. Die »physische Handlung« war jedoch nur der eine Aspekt. Der andere war die »Analyse der Rolle«, die zur sogenannten »Überaufgabe« führt. Er schreibt: »Der Zweck der Analyse besteht darin, die Erreger der künstlerischen Begeisterung zu suchen, ohne die man sich der Rolle nicht schöpferisch nähern kann. Der Zweck der Analyse besteht außerdem darin, sich eindringlich in die Seele der Rolle zu vertiefen, um ihre einzelnen Elemente, ihre Natur, ihre ganze innere Welt und das ihr innewohnende geistige Leben zu studieren. Der Zweck der Analyse besteht ferner darin, die äußeren Lebensverhältnisse und Ereignisse des Stücks zu studieren, soweit sie auf das innere Leben der Rolle einwirken. Endlich besteht der Zweck der Analyse darin, in der eigenen Seele die gemeinsamen und der Rolle verwandten Gefühle, Empfindungen, Erlebnisse und Elemente für die Annäherung zu suchen, kurz, das für unser Schaffen erforderliche Material zu wählen.« (n. M. Brauneck 1993, 365) Damit war nun eine Position beschrieben, die keinen Zweifel mehr daran ließ, daß der schöpferische Prozeß in der Rollenarbeit auf einem ausbalancierten Verhältnis von Emotionalität und Reflexivität basieren müsse, daß es in erster Linie um Gestaltung gehe. Der

Bühnenbildentwurf von Ljubov Popova für Der Schlosser und der Kanzler, *1921. Raum des Kanzlers*

Bühnenbildentwurf von Sergej Ejzenštejn für Der Mexikaner *nach Jack London, 1921*

Schauspieler müsse dafür eine Art »Doppelleben« (dvoistvennaja žizň) führen: »indem er lacht und weint, beobachtet er sein Lachen und seine Tränen.« (n. D. Hoffmeier 1993, 248). Stanislavskij verband diese Vorstellung der schöpferischen Rollenarbeit nun auch nicht mehr mit einer bestimmten Stilrichtung in der Bühnenästhetik. Es ging ihm darum, in der künstlerischen Arbeit der Komplexität des Lebens gerecht zu werden und dem Zuschauer einen inneren Zugang zu dieser Komplexität zu ermöglichen. Die Umsetzung dieser Vorstellungen in die praktische Arbeit konkretisierte er beispielhaft in seinem Regieplan zu *Othello*. (vgl. D. Hoffmeier 1993, 368 ff) Stanislavskij erarbeitete diesen Plan, nachdem er von der hundertsten Probe an zu diesem Stück (Regie führte Il'ja Jakovlevič Sudakov) an den weiteren Proben teilnahm. Für die Schauspieler war es verwirrend, mit welcher Konsequenz er dabei von seinem einstigen psychotechnischen Verfahren abrückte und das Stück über eine kleinteilige Gliederung von »Aufgaben« für »physische Handlungen« erschloß und zusammengehörige »physische Handlungen« durch Überschriften zu Handlungssequenzen zusammenfaßte. »Mit der Überschrift sollte der Kernpunkt dessen bezeichnet werden, was das Theater dem Publikum anschaulich vermitteln, gleichsam darstellerisch zu ›erzählen‹ hatte.« (D. Hoffmeier 1993, 372) Die Erweiterung dieser Konzentration auf die äußere »physische Handlung« durch »Analyse« war eine Reaktion Stanislavskijs auf die Angriffe durch die RAPP, die Russische Assoziation Proletarischer Schriftsteller im Dezember 1931, die ihm vorwarfen, daß seine Methodik auf einer »idealistischen«, unhistorischen und undialektischen Gegenüberstellung von innerer und sozialer Erfahrung beruhe. »Analyse« bedeutete in diesem Zusammenhang nun keineswegs die Nutzung wissenschaftlicher Erkenntnisse, das »monatelange« Studieren »am Tisch«, vielmehr war es ein »Analysieren durch Handeln« (dejstvennyj analiz). Zu Recht weist D. Hoffmeier darauf hin, daß am Ende des lebenslangen Forschens nach dem Wesen der schauspielerischen Kreativität Stanislavskij die Fragestellungen, seinen Blickwinkel radikal ausweitete, wieder ganz neue Wege beschritt.

F. Ševčenko in der Rolle der Frau des Kaufmanns Kuroslepov Matrëna in Ein heißes Herz *von Ostrovskij. Künstlertheater, Moskau 1926. R.: K. Stanislavskij*

M. Bulgakovs Bühnenfassung von Die Toten Seelen *von N. Gogol. Dramaturgie: K. Stanislavskij. R.: V. Sachnovskij u. E. Teleševa. Künstlertheater Moskau, 1932*

Für Stanislavskij ergab sich die Motivation für die Weiterentwicklung seiner schauspielpädagogischen Methodik stets aus der an seinem Künstlertheater stattfindenden Inszenierungsarbeit und dem Interesse an der Ausbildung dafür geeigneter Schauspieler. So war das zehnjährige Bestehen dieser Bühne auch Anlaß für eine erste Standortbestimmung. In diesem Sinne war die Inszenierung von Maeterlincks *Blauem Vogel* 1908 gedacht als Versuch mit einem »verfeinerten, veredelten und geläuterten Realismus«, wie er an Aleksandr Blok schrieb. Durch die Gründung der Studios schuf er auch für das experimentelle Arbeiten einen festen Ort. (vgl. Kap.: Studios) Der Oktoberrevolution stand Stanislavskij innerlich äußerst reserviert gegenüber, galt schließlich das MChAT durch und durch als ein »bourgeoises Institut«. In einer längeren Gastspielreise von 1922 bis 1924, unter anderem nach Deutschland, Frankreich und in die USA, brachte sich das Ensemble des Künstlertheaters vor zerstörungswütigen Kulturrevolutionären in Sicherheit. 1924 erschien Stanislavskijs Buch *My Life in Art*, eine erste zusammenfassende Darstellung seiner Arbeit, zunächst in englischer Sprache in Boston. Erst 1926 erschien davon eine wesentlich veränderte russische Ausgabe: *Moja žizn v iskusstve.*

1924 nahm Stanislavskij seine Arbeit in Moskau wieder auf. Inzwischen war mit Mejerchol'd ein Konkurrent auf höchstem künstlerischen Niveau auf den Plan getreten. Mit Inszenierungen von Ostrovskijs *Ein heißes Herz* (1926, zusammen mit Sudakov und M.M. Tarchanov) und Beaumarchais' *Der tolle Tag oder Figaros Hochzeit* (1927, zusammen mit Elizaveta Teleševa und Boris Veršilov), hatte sich das Künstlertheater jedoch bald wieder an die Spitze der Moskauer Theater gespielt. Die insgesamt dreihundert Proben zu diesen Stükken zogen sich über zwei Jahre hin. 1926 brachte Stanislavskij an seiner Bühne erstmals ein zeitgenössisches Bühnenstück heraus, Bulgakovs *Die Tage der Turbins* in der Regie von Sudakov. 1929 wurde die Inszenierung verboten, da ein weißgardistischer Offizier in diesem Drama als Held auftrat. Eine Aufführung von Bulgakovs *Die Flucht*, die zum zwanzigjährigen Bestehen des Künstlertheaters herauskommen sollte, wurde von der Zensurbehörde von vornherein verhindert. Sicherlich mitverursacht durch die eskalierende Kritik an seiner Person erlitt Stanislavskij einen schweren gesundheitlichen Zusammenbruch und reiste für eineinhalb Jahre ins Ausland, nach Deutschland und Frankreich, zur Kur. Nach seiner Rückkehr nach Moskau wurde die Inszenierung von Nikolai Gogols Stück *Die toten Seelen* in einer Bearbeitung durch Bulgakov zu einem weiteren künstlerischen Höhepunkt seiner Arbeit. Es waren dies auch die Jahre, in denen Stanislavskij in seiner Methodik die neuen Akzente (»Analyse«) setzte. Die neue Gewichtung der »physischen Handlung« war ein Konzept, das er weitgehend während seines Auslandsaufenthalts entwickelt hatte.

Immer mehr geriet Stanislavskij in diesen Jahren in eine Isolation, selbst im Kreis seiner Mitarbeiter am Künstlertheater. Auch nahmen die politischen Schikanen gegenüber dieser von den stalinistischen Kulturfunktionären überaus kritisch beurteilten Bühne zu. Den beiden Direktoren wurde ein »roter Direktor« zur politischen Aufsicht an die Seite gestellt. (vgl. D. Hoffmeier 1993, 110) Zunehmend gab das Künstlertheater, dessen Personal beinahe vervierfacht worden war, nun auch seinen einstigen hohen künstlerischen Anspruch aus politischem Opportunismus preis. Zugleich aber nutzten die Machthaber den Ruhm Stanislavskijs und mißbrauchten dessen Namen und Methodik, nun freilich dogmatisch verfestigt, zur Legitimierung des Sozialistischen Realismus. Der schon herzkranke Regisseur konnte sich gegenüber dieser Entwicklung nicht mehr zur Wehr setzen. So war in diesen Jahren das Operntheater für ihn ein letztes Terrain, in dem künstlerische Arbeit, wie Stanislavskij sie sich vorstellte, in gewissem Rahmen noch möglich war. Bereits 1921 hatte er am Studio des Bolschoi-Theaters *Werther* von Jules Massenet und 1922 *Eugen Onegin* von Peter Tschaikovsky inszeniert. Zuvor schon, 1919, hatte er ein erstes Opern-Studio gegründet. 1926 wurde mit Rimskij-Korsakovs *Die Zarenbraut* das Stanislavskij-Operntheater, das aus diesem ersten Opern-Studio hervorgegangen war, eröffnet. 1935 schließlich richtete er in seiner Moskauer Privatwohnung sein letztes »Opern- und Schauspielstudio« ein. *Carmen* von Georges Bizet, *Don Pasquale* von Gaëtano Donizetti und *Rigoletto* von Giuseppe Verdi kamen dort zur Aufführung. Die Premiere von *Rigoletto* fand erst nach Stanislavskijs Tod statt. Was Stanislavskij bei seiner Beschäftigung mit der Oper offenbar von Beginn an interessierte, war der genuin nicht-naturalistische Charakter dieses Genres; die Erprobung von »Formelementen, die sich mit einer bloßen Psychotechnik des Gefühls allein nicht hervorbringen ließen.« (D. Hoffmeier 1993, 353)

Stanislavskij war in den letzten Jahren seines Lebens noch mit hohen Orden ausgezeichnet worden, lebte aber weitgehend abgeschirmt von den politischen Vorgängen und dem Alltagsleben in seinem Lande. Er starb am 8. Oktober 1938.

»Was braucht unser Publikum heute?« fragte uns Wachtangow unerwartet. »Das, was es heute um sich herum sieht? Das Pathos des Kampfes gegen den Verfall nach dem Bürgerkrieg? Darüber muß noch jemand schreiben. Das Publikum will aber auch seine Zukunft sehen. Es träumt von ihr. Auch darüber haben die Dramatiker noch nichts geschrieben. Aber es gibt Märchen, die davon träumen, wie die Menschen sein werden, wenn sie sich vom Häßlichen befreit und die bösen Kräfte überwältigt haben. Lassen Sie uns davon auch in Turandot *träumen. Wir wollen in unserem Märchen die Peripetien des Kampfes der Menschen für den Sieg des Guten über das Böse, für unsere Zukunft zeigen. Also her mit den Märchen! Nennen Sie sie! An welche erinnern sie sich?« Und noch eine Stunde verging mit den Märchen, den Träumen von einer herrlichen Zukunft.*

(N. Gortschakov 1922 in: L. Hoffmann. D. Wardetzky 1972, 361)

Evgenij Bogrationovič Vachtangov: »Deshalb sage ich phantastischer Realismus.«

Wenige Wochen vor seinem Tode am 31. Mai 1922 – Vachtangov starb mit 39 Jahren – nannte ihn Stanislavskij den »zukünftigen Führer des russischen Theaters.« Vor allem aber war er auch sein wichtigster pädagogischer Helfer, bester Interpret und systematischer Ordner seiner Methodik. Bereits dabei aber (um 1919) wurde erkennbar, daß Vachtangov zwar die Kerngedanken des »Systems« seines Lehrers beibehielt, jedoch durchaus eigene Akzente setzte, die ihn den Vorstellungen Mejerchol'ds von einem »bedingten Theater« (vgl. Kap.: Mejerchol'd), näher stehen ließ. Vachtangov nämlich war es, der vor allem in seiner Studio-Arbeit am Künstlertheater das »notwendig Theatralische«, das Stanislavskij seiner Meinung nach zu rigoros von der Bühne verbannt hatte, wieder in den Vordergrund rückte. Dies wurde zum entscheidenden Gedanken seiner eigenen schauspielpädagogischen Theorie und seiner Regie-Arbeit. Es ging ihm um die Wiedergewinnung spielerischer Theatralität.

Vachtangov, 1883 geboren und schon in seiner Schulzeit an Theateraufführungen beteiligt, hatte zunächst in Moskau ein naturwissenschaftliches Studium begonnen, wechselte dann an die juristische Fakultät. 1909 jedoch trat er in die Schauspielschule von Adašev ein, wo auch Leopold A. Suleržickij (1872–1916), der seit 1908 am MChAT einer der profiliertesten Regisseure war, unterrichtete. 1911 engagierte Stanislavskij den Schauspielschulabsolventen Vachtangov an sein Künstlertheater. Als Suleržickij im gleichen Jahr am Théâtre

S. An-Ski: Der Dybbuk. *R.: E. Vachtangov. B. u. K.: N. Altmann. Habima Theater, Moskau 1922*

Réjane in Paris Maeterlincks Märchenstück *Der blaue Vogel* inszenierte, assistierte ihm Vachtangov. Es sollte eine Übertragung der berühmten Inszenierung dieses Stücks vom Moskauer Künstlertheater auf diese Pariser Bühne werden. Vachtangov notierte über die Erfahrungen dieses Paris-Aufenthalts in seinem Tagebuch: »Ich bin endgültig davon überzeugt, daß das Stanislavskij-System etwas Großartiges ist. Niemand nimmt mich zur Kenntnis. Das ist aber auch nicht verwunderlich. Abends waren wir im Moulin Rouge. Grenzenlos ekelhaft!« (n. M. Brauneck 1988, 211) In der Abschlußwendung dieses Kommentars drückt sich Vachtangovs religiös getönter Moralismus aus, der von Lev Nikolai Tolstojs christlich-humanistischer Ethik-Lehre beeinflußt war und später auch die Atmosphäre in dem fast sektenhaft geführten Gemeinschaftsleben seines Studios prägte. »Wenn wir uns mit Kunst beschäftigen, müssen wir selber auch besser werden ... Das Theater ist das Fest aller guten Gefühle.« Dieses Statement umschreibt am deutlichsten Vachtangovs künstlerisches Ethos. Von Beginn seiner Arbeit am Künstlertheater an war die Einrichtung eines eigenen Studios Vachtangovs erstes Ziel. Seinem Tagebuch vertraut er diesen Traum an: »Ich möchte ein Studio gründen, wo wir alle lernen können. Das Prinzip: Alles selbst erlangen. Der Leiter ist alles. K.S. Stanislavskijs System an sich selbst überprüfen. Das System aufnehmen oder verwerfen! Verbessern! Vervollständigen! Oder die Lüge beseitigen. Alle, die dem Studio beitreten wollen, müssen die Künste und vor allem die Theaterkunst lieben. Freude am Schöpferischen! Das Publikum vergessen! Für sich schöpferisch arbeiten!« (n. M. Brauneck 1988, 211) Dieser Traum sollte bald Wirklichkeit werden. Bereits im August 1911 beauftragte Stanislavskij Vachtangov mit der Bildung einer Arbeitsgruppe, deren Zweck die Überprüfung seiner schauspielpädagogischen Methodik sein sollte. Aber auch außerhalb des MChAT arbeitete Vachtangov als Schauspiellehrer und inszenierte kleine Stücke. Ein Jahrzehnt rastloser Arbeit begann. Wenngleich die wesentlichen Grundlagen der pädagogischen und künstlerischen Auffassung der Theaterarbeit Stanislavskijs von Vachtangov in ihren Kerngedanken nie in Frage gestellt wurden, zeichneten sich doch bald Akzentverschiebungen ab, die auf eine neue ästhetische Orientierung hindeuteten. In einer Tagebuchnotiz vom 14. April 1916 heißt es: »Bei uns im Theater, im Studio und unter meinen Schülern ist die Sehnsucht nach etwas Erhabenen zu verspüren. Ein Unbefriedigtsein mit der naturalistischen ›Lebens-Darstellung‹. Auch wenn sie Gutes bezweckt. Vielleicht ist das der erste Schritt zum Romantischen. Eine Wende. Mir schwebt auch so etwas vor. Irgendein Fest oder eine Feier der Gefühle, Erhabenes abbildend. Nicht die guten alten christlichen Gefühle. Man muß sich über die Erde erheben. Wenigstens eine halbe Elle. Vorläufig.« Das Realismus-Verständnis Stanislavskijs wurde von Vachtango als beengend empfunden. Es war ein vergleichbarer innerer Protest gegen diese Position, wie ihn 1895 der junge Max Reinhardt gegen das Theater von Otto Brahm in Berlin vorgebracht hatte. (vgl. Bd. III, 685) Vachtangov schien Stanislavskijs »Theater des Lebens« vor allem auch eine Fessel für die künstlerische Phantasie zu sein. Fünf Jahre später formulierte er diese Kritik weitaus schärfer, selbstbewußter nun auch durch die Erfolge der eigenen Arbeit: »Das Theater des Lebens muß sterben! ›Charakter-Darsteller‹ werden nicht mehr gebraucht. Alle, die zur Charakterdarstellung befähigt sind, müssen die Tragik (sogar die Komik) in jeder Charakterrolle aufspüren, und sie müssen lernen, auch grotesk gestalten zu können. Der

C. Gozzi: Prinzessin Turandot. *R: E. Vachtangov. B. u. K.: J. J. Nivinski. Drittes Studio des Künstlertheaters, Moskau 1922*

Stil der Moderne ist abgeschmackt. Werden die Säle Versailles', die antiken Terrassen der griechischen und römischen Theater je als Plattheit und Abgeschmacktheit empfunden werden? ... Niemals. Der Naturalismus auf dem Theater muß sterben! Oh, wie könnte man Ostrovskij, Gogol, Čechov inszenieren! Ich möchte aufspringen und losrennen und herausrufen, was in mir entstanden ist. Ich will *Die Möwe* inszenieren. Theatergemäß. Wie es bei Čechov steht.« (n. M. Brauneck 1988, 214f)

›Theatergemäßes Theater‹, dies war Vachtangovs Ziel: ein Theater, das seine Theaterhaftigkeit nicht verbirgt – wie Stanislavskijs oftmals akribisch inszenierter Bühnenillusionismus –, sondern ausstellt; nicht »Theater des Lebens«, sondern »das Leben als Theater«, jedoch verfremdet, kritisch reflektiert im ästhetischen Medium, das die gängigen, die erwarteten, die vorgestellten Bilder von der Wirklichkeit aufbricht; ein Theater, das die Phantasie des Zuschauers aktiviert. Die Entwicklung Vachtangovs bis hin zu dieser Position vollzog sich in nur wenigen Jahren. Am 15. Januar 1913 war das 1. Studio des MChAT mit einer Inszenierung von Herman Heijermans' Stück *Hoffnung auf Segen* eröffnet worden. Vachtangov, dessen schauspielpädagogische Experimentiergruppe die wesentliche Vorarbeit geleistet hatte, wurde zusammen mit Suleržickij der Leiter des Studios. Neben seiner Lehrtätigkeit am Studio und an anderen Moskauer Theaterschulen übernahm Vachtangov ständig auch kleinere Rollen am MChAT als Schauspieler und inszenierte dort auch selbst. Am 1. Studio war seine erste Regiearbeit Gerhart Hauptmanns *Friedensfest* am 15. September 1913. Am 17. März 1914 trat Vachtangov mit seinem eigenen Studio, dem Studentischen Dramatischen Studio, mit einer Inszenierung von Boris K. Saizevs *Gut der Lanins* an die Öffentlichkeit. Die Aufführung wurde ein totaler Mißerfolg. Von der Leitung des MChAT wurde ihm daraufhin verboten, diese Arbeit weiterzuführen. Sein weiteres Engagement an diesem nicht der Aufsicht des »Übervaters« Stanislavskij unterworfenen Studios mußte geheimgehalten werden.

S. Alejchem: Zwei Hundert Tausend. *R: A. Granovskij. B.: Stepanov u. Rabitchov Jüdisches Nationaltheater, Moskau 1926*

Inszenierungen meist kleinerer Stücke folgten im Rahmen der Vorspiel-Abende der Schauspielschüler, mit denen das Studio in kleinerem Kreis die Ergebnisse seiner Arbeit vorstellte. Ab Juni 1916 wurde das Studentische Dramatische Studio in Mansurow-Studio umbenannt; seit März 1917 nannte es sich Moskauer Dramatisches Studio. Vachtangov übernahm 1918 nun auch offiziell wieder dessen Leitung. Im September 1920 schließlich wurde diese Bühne als 3. Studio dem MChAT angegliedert und seit 1926 als selbständiges Theater unter dem Namen »Vachtangov-Theater« geführt.

1918 hatte Vachtangov Ibsens *Rosmersholm* (23. April) am 1. Studio des MChAT inszeniert, am 15. September in seinem Studio Maeterlincks *Das Wunder des Heiligen Antonius.* Auf Vorschlag Stanislavskijs hatte er auch die künstlerische Leitung des 1917 in Moskau gegründeten jüdischen Theater-Studios »Habima« übernommen. Am 22. Oktober 1918 gründete er im Auftrag des Rats der Arbeiterdeputierten Moskaus das Moskauer Künstlerische Volkstheater. Dieses wurde am 17. Dezember mit drei Inszenierungen des Vachtangov-Studios eröffnet. Dieses neue Theater hatte kein eigenes Ensemble, es verfolgte ähnliche Ziele wie die Freie Volksbühnen-Bewegung in Deutschland in ihrer Gründungsphase: Theater »ausschließlich für Werktätige«, wie Vachtangov in einem Brief an Stanislavskij erläuterte, der sich wegen der Bezeichnung ›künstlerisch‹, die auch seine Bühne trug, irritiert zeigte. Vachtangovs Arbeit war in den Jahren 1918/19 immer wieder durch schwere Krankheit behindert, er litt an Magenkrebs und mußte mehrfach operiert werden. Hinzu kamen Spannungen im Rat seines Studios und der schwieriger werdende Umgang mit Stanislavskij. Trotz dieser Belastungen übernahm er weitere Funktionen im Moskauer Theaterwesen. Im Februar 1919 wurde Vachtangov Leiter der Sektion Regie der Theaterabteilung des Volkskommissariats für Bildung. In dieser Zeit vollzog sich die Annäherung Vachtangovs an Mejerchol'd, dem er anläßlich der Premiere von *Das Wunder des Heiligen Antonius* an seinem Studio erstmals be-

S. An-Ski: Der Dibbuk. *S. Prudkin als Meschulach. Habima-Theater, Moskau 1922*

L. Slavin: Intervencija. *Studio Vachtangov*

gegnet war. Im Tagebuch schrieb er: »Heute las ich Mejerchol'ds Buch *Über Theater* und ... fiel beinahe in Ohnmacht: diese Gedanken und Worte ...« Vachtangovs Schüler Boris Jewgenjewitsch Sachawa schreibt über das Verhältnis Vachtangovs zu Mejerchol'd: »Aus Vachtangovs Sicht kennt Mejerchol'd den Schauspieler nicht. Er kennt ihn nicht aus der Sicht, aus der ihn Stanislavskij kennt. Stanislavskij und Mejerchol'd! Der Beginn einer Synthese in der Theaterkunst. Für die beide Namen als Symbol stehen dürfen, das ist Vachtangovs Theater. Stanislavskij und Mejerchol'd, Inhalt und Form, die Wahrheit der Gefühle und die theatergemäße Darstellung von Vorgängen, das wollte Vachtangov in seinem Theater vereinigen. Vachtangovs Theater will die organische Einheit der ›ewigen Grundlagen der darstellenden Kunst mit der theatergemäßen Form, auf einen Nenner gebracht durch ein zeitgemäßes Gefühl‹.« (n. M. Brauneck 199, 216)

In den Jahren 1920/22 standen Regiearbeiten im Mittelpunkt. Vachtangov inszenierte an seinem Studio Čechovs *Hochzeit* (September 1920); am 29. Januar 1921 eine Bearbeitung von Maeterlincks *Das Wunder des Heiligen Antonius*; im 1. Studio des MChAT Strindbergs *Erik XIV.*; im September eine weitere Variante von Čechovs *Hochzeit*; am 31. Januar 1922 Scholem An-Skis (1863–1920) Legenden-Stück *Der Dybbuk* im Theater-Studio »Habima«. Schließlich kam am 28. Februar 1922, drei Monate vor seinem Tod, seine bedeutendste Inszenierung heraus: Carlo Gozzis (1720–1806) *Prinzessin Turandot* am 3. Studio des MChAT. Vachtangov konnte die Premiere selbst nicht mehr erleben; diese letzte Arbeit wurde sein größter künstlerischer Triumph. Stanislavskij und Nemirovič-Dančenko waren uneingeschränkt begeistert. Vachtangovs »phantastischer Realismus« hatte eine glanzvolle, überzeugende Form gefunden: Auf das Zeigen der Figur, ihres Gestus, ihrer Emotionalität, das war es, worauf Vachtangov seine Arbeit mit den Schauspielern angelegt hatte. Die Schauspieler sollten ihre Rollen nicht darstellen, »sondern wie italienische Schauspieler agieren, die diese Rolle spielen, die untereinander keine Verabredung getroffen haben und hier auf der Bühne völlig unerwartet einen Text zu improvisieren beginnen« (Boris Sachawa). Die Improvisationsästhetik der Commedia dell'arte wurde benutzt, um eine Brechung der Figuren zu erzeugen: ein analytisches Verfahren, das diese für die Empfindungen des zeitgenössischen Publikums öffnet und dieses nicht in kopflose Suggestion verfallen läßt. Das Grundmuster dieser Ästhetik war das einer poetischen Verfremdung. Das »Theater des Erlebens«, wie Stanislavskij es vertrat, hatte damit eine neue Dimension gewonnen. Die »Wahrheit der Empfindung« war nicht »lebensecht«, sondern »theatergemäß« gestaltet. Vachtangov selbst prägte dafür den Begriff des »phantastischen Realismus«. Brecht brachte die »Fortschrittlichkeit der Vachtangov-Methode« auf die lapidare Formel: »1. Theater ist Theater. 2. Das ›Wie‹ statt des ›Was‹. 3. Mehr Komposition. 4. Mehr Erfindung oder Phantasie.«

Von allen Künsten steht die Kunst der Musik der Theaterkunst am nächsten.

(A. Tairov 1964, 133)

Aleksandr Jakovlevič Tairov und die Bühnenbildner seines Moskauer Kammertheaters: Aleksandra Exter, Aleksandr Vesnin, die Brüder Stenberg und Georgij Jakulov

»Es lebe die Rampe!«

(A. Tairov: *Das entfesselte Theater*, 1923)

Die Befreiung des Theaters von der »Fessel der Literatur« hat von den Vertretern der russischen Theateravantgarde keiner so apodiktisch gefordert wie Aleksandr Tairov. Dieser Autonomieanspruch des Theaters steht folglich auch im Mittelpunkt aller Reflexionen in Tairovs theoretischem Hauptwerk, den *Aufzeichnungen eines Regisseurs* (Zapiski reshissëra), das in den Jahren zwischen 1915 und 1920 entstand und 1921 in Moskau veröffentlicht wurde. Die 1923 anläßlich eines Gastspiels des Tairov-Ensembles in Berlin erschienene deutsche Übersetzung dieses Buches trug den Titel *Das entfesselte Theater* (zweite Auflage: 1927). Tairovs Polemik gegen den Naturalismus des späten 19. Jahrhunderts und die Stilbühne rannte um 1921 freilich längst offene Türen ein. Direkter auf die gegenwärtige Theatersituation in Rußland bezogen waren jedoch seine Attacken gegen Stanislavskijs Psychotechnik, Mejerhol'ds »Mechanisierung des Schauspielers«, vor allem aber gegen die »Ideologen des sozialistischen Theaters« (1964, 173), die von einer Theatralisierung des Lebens »träumten«. Gemeint waren damit die politischen Propagandisten und Theoretiker der proletarischen Massentheaterbewegung (Kershenzev, Evreinov, Mejerchol'd), die den Zuschauer zum eigentlichen Schöpfer des Theaters erklärt hatten und damit eine »kultische Verbundenheit« aller Beteiligten, ein Zu-Sich-Selbst-kommen der Massen herstellen zu können glaubten. Das Schlagwort, das Tairov für seine Position gefunden hatte, lautete lapidar: »Theater ist Theater«. Damit löste er das Theater von jedweder Lebensnähe und begriff das Bühnenkunstwerk als eine artifizielle Welt für sich. Diese zu konstruieren, erfordere die »Theatralisierung des Theaters«. Das hieß für Tairov: die Entwicklung des

S. Treadwell: Maschinal. *Kammertheater, Moskau 1933. Ausstattung: Vadim Ryndin*

Kostümentwurf (Julia) von Aleksandra Exter zu W. Shakespeares Romeo und Julia, *1921*

Bühnenkunstwerks aus dessen eigenen Gesetzen, – dem »Dynamismus der szenischen Handlung«, der »Meisterschaft des Schauspielers« und dem »Rhythmus des szenischen Gebildes«. (1964, 169) Schöpferisches Zentrum ist für ihn die »Phantasie des Schauspielers«, die eine »Synthese von Emotionen und Form« bewirkt – in der reinen Kunstwelt der Bühne. Diese Emotionen gewinnt der Schauspieler allein aus seiner Phantasie mit Hilfe beliebigen »Materials«, etwa eines literarischen Werks, vor allem aber raumplastischer Szenarien. Letztere wurden ein ganz wesentliches Element in Tairovs Theaterarbeit. Mit Aleksandra Exter (1882–1949), einer der führenden Persönlichkeiten des russischen Konstruktivismus, den Brüdern Vladimir (1899–1982) und Georgij (1900–1933) Stenberg, Aleksandr Vesnin (1883–1953) und Georgij Jakulov (1844–1928) fand er kongeniale Partner. Um 1918 galt Tairovs Kammertheater als Sammelbecken aller führenden Avantgarde-Künstler unter den Bühnen- und Kostümbildnern, so daß Tairov in der Moskauer Presse vorgehalten wurde, sein Enthusiasmus für einen »extremen Futurismus« sei geradezu »grenzenlos«. (vgl. K. Rudnetzki 1988, 15)

Von zentraler Bedeutung für die konkretere Bestimmung des Begriffs der »Emotionen«, nicht zuletzt im Hinblick auf eine Abgrenzung gegenüber dem Realismus des Stanislavskij-Theaters, ist für Tairov die Freiheit des Schauspielers gegenüber jedwedem Zwang, in seinen Bühnenaktionen »lebensnah« sein zu müssen. Nur dessen Phantasie sollte der Ursprung seiner Emotionalität sein. Allein die Phantasie läßt das »szenische Gebilde« entstehen. Dies ist ein Prozeß, der sich weder analysieren noch in eine Methodik bringen läßt. Tairov schreibt dazu: »So muß also die echte schauspielerische Emotion durchaus nicht lebenswahr sein und darf weder aus persönlichen Erlebnissen des Schauspielers noch aus den Erlebnissen anderer Leute ihre Nahrung saugen.« Vielmehr sind etwa »klangliche Vorstellungen«, eine in der spielerischen Improvisation aufkommende »plötzliche innere Erregung« oder der Zusammenprall mit den raumplastischen Gebilden die Auslöser dieser Emotionen. »Diese werden dann nicht nach psychologischem Schweiß riechen, und ihre Wirkung auf den Zuschauer wird eine andersartige sein als die Wirkung des berühmten ›Erlebens‹. Es wird eine künstlerische Wirkung in der ästhetischen Sphäre sein, die den Zuschauer in Verzückung, in Tränen versetzen kann, aber im selben Sinne, wie ihn die

Vladimir und Georgij Stenbergs Kostümentwurf einer Frau mit erhobenem Bein für Der Rechtsgelehrte von Babylon*, 1923*

N. Gogol: Der Revisor. *Inszenierung von V. Mejerhol'd. Akt I. Moskau 1928*

W. Shakespeare: Romeo und Julia. *Ausstattung: A. Exter. Kammertheater, Moskau 1921*

Statuen des Praxiteles und das Requiem Mozarts entzücken und zu Tränen rühren.« (1964, 100)

Aus diesen Emotionen die Form der Rolle zu erarbeiten, sei dann der zweite Schritt. Indem nun der Zuschauer diesem Vorgang beiwohnt, gerät er in das Kraftfeld dieser »schöpferischen Atmosphäre«: »Und wenn er dann auf den Flügeln der durch die Theaterkunst erregten Phantasie die Wände durchbricht und in das Wunderland Urdar getragen wird, so wünsche ich ihm beseligt eine glückliche Reise.« (1964, 177) Zwar ist der Zuschauer notwendig, damit das

Theaterkunstwerk »in Erscheinung treten« kann; dessen Aktivität aber bedarf das Theater keineswegs. Der Zuschauer bleibt stets ein »empfangendes Element.« Unverkennbar auf Mejerchol'd und Evreinov gemünzt ist dann der sarkastische Kommentar zu deren Aktionstheater: »Wenn Brücken über das Orchester gebaut werden, geschminkte Schauspieler durch das Parkett stürmen oder von der Bühne sich ins Parkett begeben, so wird dadurch keine kultische Handlung, sondern nur Chaos und Unsinn geschaffen. Der Zuschauer bleibt dabei, zum Glück, immer noch Zuschauer; aber geschminkte und kostümierte Statisten, die inmitten des Publikums auftauchen, beleidigen das Theater und verwandeln es in eine widerkünstlerische Singspielhalle und deshalb: Es lebe die Rampe!« (1964, 175f)

Im wesentlichen sind es zwei Anregungen gewesen, die für diese Theaterauffassung Tairovs prägend waren: Seine Erfahrungen als Schauspieler am Theater der Kommissarshevskaja in St. Petersburg 1906; dort vor allem seine Arbeit mit Vsevolod Mejerchol'd bei dessen Inszenierung von Bloks *Balagantschik*. So sehr sich auch Tairov später von Mejerchol'ds Theaterauffassung distanzierte, war doch dessen virtuoser Umgang mit den Spieltechniken der Commedia dell'arte ein Schlüsselerlebnis für den jungen Schauspieler. Daß das »Wesen des Theaters im Schauspieler liegt« (1964, 51) war seither Tairovs künstlerisches Credo. Die zweite prägende Erfahrung, die Tairov in seinen Lehrjahren machte, war seine Begegnung 1913 mit dem georgischen Regisseur Konstantin Mardshanov. Nachdem er sich 1912 vom Theaterleben zunächst weitgehend zurückgezogen hatte, trat er dann doch spontan in Mardshanovs »Freies Theater« ein. Was ihn an dessen Arbeitsweise faszinierte, war die Idee des »synthetischen Schauspielers«. »Synthetisch« war ein Begriff, mit dem Tairov später auch seine eigene Theaterauffassung beschrieb. Mardshanov, der Tairov sogleich die Inszenierung einer Pantomime, *Der Schleier der Pierette* (nach einer Vorlage von Arthur Schnitzler), antrug, verband damit die Vorstellung eines in allen theatralen Sparten ausgebildeten Schauspielers. Dieser sollte eine Art Universalkünstler sein, ohne irgendeine Spezialisierung, denn nur dann war er für das »synthetische Theater« tauglich: für ein Gesamtkunstwerk, in dem Tanz, Musik und Sprache zusammenspielen sollten, freilich mit einem deutlichen Akzent auf den gestisch-pantomimischen und den musikalisch-tänzerischen Elementen. Als Mardshanovs »Freies Theater« 1914 aus wirtschaftlichen Gründen geschlossen werden mußte, versammelte Tairov eine Gruppe von Schauspielern aus diesem Ensemble um sich und gründete sein eigenes Theater: das Kamernyj Teatr.

Tairov eröffnete diese Bühne am 25. Dezember 1914 mit einer Inszenierung des Anfang des 5. Jahrhunderts entstandenen indischen Legendenstücks *Sakuntala* von Kālīdāsa. Es erzählt die von Märchen- und Zaubermotiven durchsetzte Liebesgeschichte der Titelheldin. Sakuntala, ein reines Naturwesen, lebt in einer Einsiedelei als Pflegetochter eines Asketen. In sie verliebt sich der König, als er ihr – verirrt auf der Jagd – begegnet. Es kommt zur heimlichen Heirat, zur Trennung, zu Fluch und Verstoßung; schließlich aber zu einem wundersam gefügten glücklichen Ende, der Heimführung der Gattin und des inzwischen geborenen gemeinsamen Sohns, des künftigen Weltherrschers, auf das Schloß des Königs. Die Atmosphäre des Stücks war von einer großen Künstlichkeit, vergleichbar der europäischen Schäferdichtung. Für Tairov war dieser Stoff die ideale Vorgabe für die Entfaltung überbordender Phantasie. Zudem ermöglichte

In der Salonkomödie Adrienne Lecouvreur *von Scribe wurde ein ungewöhnlicher Ausstattungsluxus entfaltet: Seidenkostüme, feinste Spitzengewänder, zarte farbenfunkelnde Pracht des Schmuckes, subtile Bühnenatmosphäre. Im Zuschauerraum: Rotarmisten und Arbeiter, Zivilisten in zerrissenen Kleidern, Bauern. Mitten im Massensterben dieses Jahres 1919 (in Moskau herrschte eine Typhusepidemie), wurde das Sterben einer Dame, die an Liebeskummer litt, verklärt. ›Das Spiel von Alisa Koonen erschütterte die Zuschauer. Das mag verwundern, denn es war damals nicht leicht, die Menschen zu rühren; der Tod war ein vertrauter Anblick. Adriennes Tod rührte wohl deshalb, weil er nicht im Sinne Scribes natürlich war, sondern durch die Kunst verklärt. Hier starb nicht die Patientin einer chirurgischen Klinik, sondern Eurydike oder Ophelia.‹ Der Zauber des Kammertheaters beruhte auf seinem konsequenten Eigensinn, auf dem radikalen Bruch mit der Alltäglichkeit.*

(P. Pörtner in: A. Tairov 1964, 32f)

der Exotismus des Stoffes die allergrößte Distanz zu den realen sozialen und politischen Verhältnissen der Zeit: Am 1. August 1914 hatte Deutschland Rußland den Krieg erklärt. Tairov »lockte das Mysterium« dieses Stücks, wie er schrieb. Mit der Schauspielerin Alisa Koonen (1889–1974), die später seine Frau wurde, hatte er die optimale Besetzung der Titelrolle gefunden. Pavel Kusnetsov entwarf ein bildnerisches Konzept für diese Inszenierung, das eine gänzlich neue Form der Kostümgestaltung vorstellte. Damit das gestische Spiel der Darsteller sich rein und ungestört durch die Bekleidung des Körpers entfalten konnte, waren die Körper der Darsteller entblößt und bemalt. Um die »Poesie des Körpers« zur Geltung zu bringen, orientierte sich Tairov in der Bewegungsführung am Ballett. Dabei ließ er größte Virtuosität zu. Auch die Raumgestaltung war diesem Prinzip untergeordnet. Die von ihm in seinen Inszenierungen von *Der Schleier der Pierette* und *Die Schattenseite des Lebens* von Jacinto

Aleksander Zelernins Kostümentwurf für Die Verkündigung *von P. Claudel, 1920*

Figurine von V. u. G. Stenberg für A. Tairovs Inszenierung von Tag und Nacht

Bühnenbildentwürfe von Aleksandra Exter für W. Shakespeares Romeo und Julia, *1921*

Benavente (vgl. K. Rudnitzki 1988, 15f) erprobten Improvisationstechniken im Stil der Commedia dell'arte wurden nun perfektioniert. Alisa Koonen hatte er angeleitet, die Tanztechniken der Isadora Duncan zu studieren. Dabei ging es Tairov darum, die »erdhafte Schwere« im Bewegungsduktus der Duncan in die Rolle der Sakuntala zu übertragen.

Mit Beginn der Zusammenarbeit Tairovs mit Aleksandra Exter setzte eine neue Entwicklungsstufe in der Arbeit des Kammertheaters ein. Tairov konnte nun seine Idee, das Bühnenereignis in eine reine Kunstsphäre zu versetzen, auch auf höchstem bildnerischen Niveau verwirklichen. Höhepunkte dieser Zusammenarbeit waren die Inszenierungen von *Famira Kifared* von Inokenti Annenski (1916), *Salome* (1917) von Oscar Wilde, *Romeo und Julia* (1921) und *Othello* (1927) von William Shakespeare. Aleksandra Exters Entwürfe für Tairovs Kammertheater waren deren erste Arbeiten für das Theater. Nach einem Studium an der Kunsthochschule in Kiew hatte sie ein Jahr in Paris gelebt und gehörte dort zum Freundeskreis von Pablo Picasso und Guillaume Apollinaire, lernte dort auch Marinetti kennen. In Moskau standen ihr die Konstruktivisten Tatlin und Malevič nahe. 1918 bis 1920 unterrichtete sie in ihrem Atelier in Kiew. Außer

Figurine von Vladimir und Georgij Stenberg für A. Tairovs Stück Tag und Nacht, *Moskau 1924*

den Arbeiten für Tairovs Kammertheater entstanden 1919 Bühnen- und Kostümentwürfe zu Calderóns *Dame Kobold*, die sie für Stanislavskijs Künstlertheater gearbeitet hatte (eine Aufführung erfolgte erst 1924). 1920 war sie Bühnenbildnerin am Theater des Volkes in Odessa. 1924 entwarf sie Kostüme für ein Filmprojekt nach Alexej Tolstojs utopischem Roman *Aelita*. Im Frühjahr 1924 schließlich emigrierte Aleksandra Exter nach Paris. Dort arbeitete sie für die Ballets Romantiques Russes und beteiligte sich an experimentellen Filmprojekten, unter anderem an einem Marionettenfilm von Peter Gad. Mit Marionetten beschäftigte sich Exter seit 1918, so etwa in Moskau am Theater »Lukomorie«, einer Experimentierbühne für Marionetten und Schattenfiguren. (vgl. H. Kersting u.a. 1986, 110f) Ihre aus verschiedensten Materialien collagierten Marionetten wurden in zahlreichen Ausstellungen (Berlin, Magdeburg, London, Paris, Prag) gezeigt. Die Beschäftigung mit Marionetten und dem Puppentheater war in diesen Jahren auch für andere Künstler der russischen Avantgarde von Interesse. Auch Malevič und Ljubov Popova arbeiteten für diese experimentelle Theatersphäre, die der konstruktivistischen Sicht auf den Schauspieler so sehr entsprach.

In Aleksandra Exters Kostümentwürfen für das Kammertheater waren die Körper der Schauspieler in Skulpturen verwandelt, in ein dynamisches Gefüge von parallel und gegeneinander gesetzten Farbflächen, scharfkantig, spitz zulaufend in harten Kontrasten, aber von unerhörter Pracht. Diese Kostüme waren »Gestaltmasken«, die den Körper total verwandelten, der Rollenfigur keinerlei soziale, historische oder charakterliche Merkmale mehr ließen. Mit diesen Masken ließ Tairov eine höchst artifizielle Bühnenwelt entstehen. Die Masken bewegten sich in einem Raum, der erst mit ihrer Bewegung entstand. So konnte der Rhythmus der Bewegung der Schauspieler zum alleinigen organisierenden Prinzip und zum zentralen Ausdruckselement werden: die Szene freigesetzt, »entfesselt« von allen anderen bedeutungsstiftenden Elementen, seien es Handlung, Charaktere oder symbolträchtige Dekorationen. Es gab kein Bühnenbild als Hintergrund, gar als Milieu, sondern eine in ihrer internen Zeichenhaftigkeit

E. O'Neill: Der haarige Affe. *R.: A. Tairov. Kammertheater, Moskau 1926*

Bühnenentwurf von V. u. G. Stenberg für E. O'Neills Der haarige Affe. *Kammertheater, 1926*

geschlossene Kunstwelt. Hergestellt wurden diese Kostüme, die den Schauspieler wie in einen Panzer zwängten, aus billigsten Materialien, der Notsituation dieser Hungerjahre entsprechend. »Alle Kostüme zu *Salome* bestanden aus Sackleinwand; ein anderes Material gab es am Moskauer Kammertheater nicht. Es bekam zu jener Zeit keine Unterstützung mehr von Mäzenen und mußte sogar sein eigenes Haus aufgeben. *Salome* wurde auf einer kleinen Bühne der Russischen Theater-Gesellschaft aufgeführt, wo das Kammertheater eine provisorische Unterkunft gefunden hatte. Auf der Bühne gab es weder Gerüste noch Kulissen, das technische Personal bestand aus einem Arbeiter und der Putzfrau. Die Schauspieler legten die Kostüme von Alexandra Exter in einem winzigen Zimmerchen an, das durch einen Vorhang in eine Männer- und eine Frauenhälfte geteilt war.« (D. Bablet u. E. Billeter 1986, 78)

Die Richtung der von Aleksandra Exter entwickelten Bühnenästhetik führte Aleksandr Vesnin weiter. Dessen wichtigste Arbeiten für das Kammertheater waren die Bühnen- und Kostümentwürfe für Tairovs Inszenierungen von Paul Claudels *Verkündigung Mariens* (1920), Racines *Phaedra* (1922) und das Schauspiel *Der Mann, der Donnerstag war* (1923) nach dem gleichnamigen Roman von Gilbert Chesterton. Vesnin hatte nach einem Studium an der Ingenieurs-Akademie in St. Petersburg zunächst mit Vladimir Tatlin in Moskau zusammengearbeitet (1912–1914)und hatte dort auch enge Kontakte zu Ljubov Popova. 1918 betätigte er sich als Dekorationsmaler für politische Agitationen auf Straßen und Plätzen und kam dabei mit Vsevolod Mejerchol'd in Kontakt, für dessen Theaterprojekte er ebenfalls arbeitete. 1920 bis 1923 jedoch waren die Bühnenentwürfe für Tairovs Kammertheater seine hauptsächlichen künstlerischen Projekte. In den folgenden Jahrzehnten arbeitete Vesnin nicht mehr für die Bühne, sondern betätigte sich an Entwürfen für Wohn- und Industriebauten.

Wesnin entwirft keine fließenden Gewänder, sondern gestaltet und organisiert ausgesteifte Farbflächen zu körperhaft räumlichen Volumen, die von den Schauspielern (deren Aktionsradius dadurch freilich auf ein gemessen-zeremonielles, vorführendes ›Tragen‹ eingeschränkt wird), als farbige Plastiken frei im Raum bewegt und als »wandelnde Architektur« (Schlemmer) mit diesem zu einem elementaren Theaterkunstwerk verschmolzen werden.

(B. Vogelsang in: H. Kersting 1986, 82)

Daß Vesnins Entwurfsarbeit stark vom Architektonischen her geprägt war, ist bereits von seinen ersten Arbeiten, den Kostümen für Claudels *Verkündigung Mariens*, ablesbar. Es war mehr die »Rhythmusgestaltung der kubistischen Plastik«, die diese Entwürfe inspiriert hatten, als die »flächige Malerei des Suprematismus«, der in den Entwürfen der Exter noch spürbar war. (dazu auch D. Bablet u. E. Billeter 1986, 14) So waren seine Figurinen und die Raumgliederung mehr noch als bei den Arbeiten von Aleksandra Exter entgegenständlicht. Kostüme und Raum waren durch das rhythmische Zusammenspiel analoger geometrischer Strukturen vollständig aufeinander abgestimmt. In diesem Sinne war die Inszenierung von Racines *Phaedra* der künstlerische Höhepunkt von Vesnins Zusammenarbeit mit Tairov. Die Kostüme für diese Inszenierung hatten jedoch die Brüder Stenberg entworfen. Für das Kriminalstück *Der Mann, der Donnerstag war* hatte Vesnin eine Bühne gebaut, die die totale Bespielbarkeit des Raumes ermöglichte. Für Kostüme und Masken hatte er realistische, leicht karikaturistische Lösungen gefunden. Die zentrale Spielidee vermittelte sich über eine exzessiv mechanisierte, in alle Dimensionen hin zu bewegende Bühnenkonstruktion, die die Handlung simultan und in extrem schnellem Rhythmus abspielen ließ. Scheinwerfer leuchteten schlaglichtartig die jeweilige Aktionsszene aus.

Die Zusammenarbeit Tairovs mit den Brüdern Georgij Augustovič und Vladimir Augustovič Stenberg setzte 1924 ein und hielt bis 1931 an. Die Buffonerie *Kukirol* von Pavel Antokolski war das erste gemeinsame Projekt unter Tairovs Regie. Es folgten *Gewitter* (1924) von Ostrovskij, *Die heilige Johanna* (1924) von George Bernard Shaw, die Operette *Tag und Nacht* (1926) von Charles Lecoq, *Der haarige Affe* (1926), *Gier unter Ulmen* (1926) von Eugene O'Neill und *Die Dreigroschenoper* (1930) von Bertolt Brecht.

Bühnenbildentwurf von Georgij Jakulov für E.T.A. Hoffmanns Prinzessin Brambilla. *Kammertheater, Moskau 1920*

E. T. A. Hoffmann: Prinzessin Brambilla. *B.: A. Vesnin, 1920*

Gegenüber den Arbeiten von Exter und Vesnin, die eine forcierte Dynamisierung und Rhythmisierung der Bühne vorangetrieben hatten, standen die Entwürfe der Stenbergs in einer gewissen Opposition: »Dem hektisch überdrehten Trubel der Theatermaschinerie wurde der bewußte Vorbehalt der kreativen Form, die imponierend lakonische Askese einer bodenfesten räumlichen Plastik entgegengestellt.« (H. Kersting u. a. 1986, 91) Bei Ostrovskijs *Gewitter* wurde die Bühne von einer archaisch anmutenden Brückenkonstruktion beherrscht, deren Schrägen, Bögen, Verstrebungen und Treppen ein multifunktionales Spielgerüst bildeten, das dem Regisseur eine Vielzahl von Ortsdefinitionen ermöglichte. Als Bühne für *Die heilige Johanna* entwarfen die Stenbergs eine Eisen- und Glaskonstruktion von strenger Linearität. Die vom glänzenden Spiegelboden aufstrebenden teleskopartigen Säulen und die Transparenz der variabel plazierbaren Treppenpodeste ließen ein auf das Stück bezogenes »gotisches Milieu« assoziieren. Diese Raumidee entsprach ganz dem Regiekonzept Tairovs: der Konfrontation stupider männlicher, klerikaler und feudaler Machtausübung mit der Leichtigkeit weiblicher Vernunft. 1924 war dies ein subtiles politisches Signal für den Entwurf der neuen Sowjetgesellschaft nach dem Ende des Bürgerkriegs. Tairov hatte die Figuren extrem typisiert und die Mitglieder der herrschenden Klasse als Clowns und vulgäre Karikaturen auftreten lassen. Alisa Koonen spielte die Johanna in einem Kostüm, das einen Plattenpanzer mit einem die Figur komisch verfremdenden Reitanzug kombinierte. Eine Vielzahl von Schauplätzen ließ auch die Bühnenkonstruktion für O'Neills *Der haarige Affe* zu. Es war eine mehrstöckige Simultanbühne. Deren »zellenartige Einzelschauplätze, die mit klapp- oder schiebbaren Wandteilen zu öffnen oder zu schließen waren, konnten je nach Bedarf einzeln oder in variabler Kombination herausgeleuchtet werden. Rhythmus und Technik dieser szenischen Montagen hatten ausgesprochen filmischen Charakter, ohne daß man aber auf die theatralischen Mittel szenischer Präsenz hätte verzichten müssen.« (H. Kersting u.a. 1986, 96) Auch verbildlichten die unterschiedlichen Decks die sozial ungerechte Schichtung der Gesellschaft.

Es waren vor allem die Inszenierungen mit den Brüdern Stenberg, in denen Tairov – politischem Druck ausgesetzt – wenigstens ansatzweise realistische, auch sozialkritische Dramen in den Spielplan seines Kammertheaters aufnahm. Durch die farcenhafte theatrale Überzeichnung des realistischen Milieus, die bis in die Groteske getriebene Typisierung der Repräsentanten der alten Ordnung wurden die gesellschaftskritischen Aspekte dieser Stücke und deren historische Konkretheit weitgehend unterlaufen.

Zwei Inszenierungen Tairovs, für die Georgij Jakulov die Ausstattung übernommen hatte, zählen zu den Produktionen des Kammertheaters, die die totale Rhythmisierung des Bühnenkunstwerks wohl am konsequentesten durchgesetzt war: *Prinzessin Brambilla* (1920, nach E.T.A. Hoffmann) und die Operette *Giroflée-Girofla* (1922, von Charles Lecoq). Jakulov hatte in Moskau Malerei, Bildhauerei und Architektur studiert. 1912 bereiste er Italien; 1913 lebte er eine Zeitlang in Paris im Kreis um Sonia und Robert Delaunay. (vgl. Kap.: Frankreich) Seine Zusammenarbeit mit Tairov begann 1918 mit Bühnenentwürfen für dessen Inszenierung von Claudels Stück *Der Tausch*. 1923 entwarf Jakulov Dekorationen für Richard Wagners frühe Oper *Rienzi*, die Mejerchol'd inszenieren wollte. Auch für das Habima-Theater arbeitete er. 1925 war Jakubov wieder in Paris und plante dort gemeinsame Projekte mit Serge Diaghilev für dessen Ballets Russes.

Diese Exterschen Kostüme sind nicht gemalt und genäht, sie sind wie die Dekorationen aus verschiedenen Flächen konstruiert, und die jeweilige Konstruktion eines Kostüms hängt davon ab, welchen Charakter das Stück nach der Auffassung der Malerin verlangt. Wenn sie den Körper eines Menschen bekleidet, gehorcht sie nicht bloß den organisch konstruktiven Linien der menschlichen Gestalt (z.B. den Linien von Hüften und Schultern), sondern sie deformiert oft die menschliche Figur im Sinne des Charakters und übertreibt den Stil der jeweiligen Epoche. Sie faßt das Kostüm auf als Körperschminke und Maske der Figur.

(J. Tugendhold 1922 in: H. Kersting 1986, 111)

Die Inszenierungen von *Prinzessin Brambilla* und von *Giroflée-Girofla* (Die Zwillingsschwestern) stellt Tairov in seinem Buch *Das entfesselte Theater* als beispielhaft dafür heraus, daß die »rhythmische Orchestrierung« eines Stücks zu den wesentlichsten Aufgaben des Regisseurs zählt. Es heißt dort: »Es ist schon lange an der Zeit, mit der Gewohnheit zu brechen, nach der man das Wortmaterial auf der Bühne als etwas ansieht, was keine weitere Bedeutung hat, als diese oder jene Idee, diesen oder jenen Gedanken auszudrücken. Es ist endlich an der Zeit, sich zum Wortmaterial ebenso wie zum pantomimischen Material zu verhalten, nämlich vom Standpunkt des in ihm enthaltenen Rhythmus und der ihm eigenen harmonischen und phonetischen Möglichkeiten. Den rhythmischen Herzschlag eines Stücks zu erfühlen, seinen Klang, seine Harmonie zu hören und sie dann gleichsam zu orchestrieren – das ist die dritte Aufgabe des Regisseurs.« (1923, 132) Die erste Aufgabe sei – so Tairov – »Die Form einer Aufführung zu finden« aufgrund der Gegebenheiten des Ensembles, die zweite Aufgabe: das »Auffinden und Umformen des literarischen Materials«, das für die Realisierung des »theatralen Einfalls« nötig ist. Für die Inszenierung von *Prinzessin Brambilla* hatte Jakulov eine Spielanlage entworfen, die durch starke, leuchtende Farben und eine Säulen- und Treppenkonstruktion, in der die Baukörper, gleichsam ineinander verschlungene Farbplastiken, in permanenter Drehbewegung zu sein schienen und eine Vitalität und Heiterkeit ausstrahlende szenische Atmosphäre schufen; ein ideales Spielfeld für die karnevalesken Figurinen, die in dieser Szenerie agierten. Dabei gaben die »durchgehenden Rhythmen der Tarantella und der Saltorella« (A. Tairov) die Motorik dieser Aktionen vor. Der Rhythmus der Musik schien die Handlung der Darsteller weit mehr zu bestimmen als etwa psychologische Motive. Allein im »visuell-akustischem Zusammenklang« (A. Tairov) vermittelten sich alle Emotionen, die das Stück zum Audruck bringen sollte. In *Giroflée-Girofla* ließ Tairov zugunsten der totalen Ausweitung der rhythmischen Atmosphäre sogar die Rampe überspielen; ansonsten eine von ihm strikt gezogene Grenze zwischen Kunstwelt und Alltagsrealität. Der deutsche Kritiker Herbert Ihering kommentierte diese Inszenierung anläßlich des Gastspiels des Kammertheaters in Berlin am 10. April 1923 folgendermaßen: »Wie hier die Ensembleszenen aus der Musik in Bewegung umgesetzt waren, wie bei äußerster Präzision im Einzelnen die Gelöstheit im Ganzen herrschte, das blieb meisterhaft ... Und wie fabelhaft komödiantisch und produktiv ein Schauspieler aus dem straffsten Rhythmus seines Körpers heraus spielen kann, zeigte Herr Sokoloff als Bolero. Wie Herr Sokoloff seinen Körper aus der grotesken Tanzbewegung nicht wieder in die Ruhe bringen kann, wie immer noch ein Glied seines Körpers tanzt, das er festhalten muß, wie schließlich nur ein Bein, dann der Fuß und zuletzt sogar noch der ausgezogene Schuh tanzt – das war ein überwältigendes Beispiel für eine Schauspielkunst, die gerade aus der Gebundenheit des Rhythmus die letzte Lösung und phantastische Freiheit gewinnt.« (H. Ihering 1967, 130f) Tairovs Vision war die totale Einheit von Musik und Handlung, organisiert über das »Prinzip Rhythmus.«

Figurine von Vladimir und Georgij Stenberg für A. Tairovs Stück Tag und Nacht, *Moskau 1924*

Mit diesem Theater geriet Aleksandr Tairov um 1925 zunehmend in Konflikte mit der kulturpolitischen Linie der Sowjetführung. 1930 schließlich mußte er öffentlich Selbstkritik üben. Angesetzt dazu hatte er bereits 1927, als er im Vorwort zur zweiten Auflage seiner programmatischen *Aufzeichnungen eines Regisseurs* der Abstraktion und dem Konstruktivismus eine klare Absage erteilte. Es hieß dort (1927): »Die Zeit der Abstraktionen ist vorbei. Unsere Epoche stellt konkrete Anforderungen und verlangt konkrete Rede und Antwort. ... Auf diesem Grundsatz muß die Arbeit des Regisseurs basieren: konkrete Gefühle, in konkretem Kampf aufeinanderprallend, sich in konkreten Erschütterungen, Worten und Gesten äußernd. Hier liegt einer der wichtigsten Schlüssel zu jenem neuen, konzentrierten, konkreten Realismus, der einzig und allein Anspruch erheben darf, der echte Stil unserer Zeit zu sein.« (n. P. Pörtner 1986,27) Tairov beschrieb die künstlerische Position des Kammertheaters nun mit dem Begriff »struktureller Realismus«. Den Versuch einer Annäherung an die kulturpolitische Doktrin des kommunistischen Regimes setzte Tairov auch nach 1934 noch fort. Die Schließung seines Theaters im Jahre 1949 durch die stalinistische Administration konnte er letztlich aber nicht verhindern. Allein aufgrund des außerordentlichen Ansehens, das er im Ausland genoß, blieb er jedoch – ähnlich isoliert wie Stanislavskij – vor unmittelbaren Angriffen auf Leib und Leben verschont. Aleksandr Tairov, der mit bürgerlichem Namen Kornblit hieß, starb ein Jahr nach der Schließung des Kammertheaters.

Vsevolod Emil'evič Mejerchol'd

»Die Taylorisierung des Theaters wird es möglich machen, in einer Stunde so viel zu spielen, wie wir heute in vier Stunden bieten können.«

(Vsevolod E. Mejerchol'd 1922)

»Der einzige Regisseur, den ich kenne, ist Mejerchol'd.«

(Konstantin S. Stanislavskij)

»Alles, was Piscator und Brecht ›erfunden‹ haben, hatte Mejerchol'd schon ausprobiert. Möglicherweise könnte eine wissenschaftliche Erforschung seines Wirkens den Nachweis erbringen, daß bis auf den heutigen Tag auf der Bühne nichts ›Neues‹ geschaffen worden ist, das er nicht längst entdeckt oder auch wiederentdeckt hatte.«

(Siegfried Melchinger, 1980)

Der Name Mejerchol'd steht geradezu als Synonym für die linke Theatergarde im 20. Jahrhundert und dies zu Recht. Auch läßt sich die Geschichte dieser Bewegung in Rußland in den Jahrzehnten um das Schicksalsjahr 1917 kaum eindrucksvoller veranschaulichen als an der Biographie dieses universellen Theaterkünstlers, der als Schauspieler, Regisseur, Theaterleiter und Schauspielpädagoge, Organisator und vielseitiger Experimentator diese Periode der Theatergeschichte seines Landes mitgestaltet hat wie kein anderer. Und als Mejerchol'd 1940 dem stalinistischen Terror zum Opfer fiel, war dies auch der endgültige Schlußakt für jenes »große Experiment«, das die russische Avantgarde 1917 zu wagen aufgebrochen war. Mejerchol'd war es, der am 16. September 1920, als er das Amt des Leiters der Theaterabteilung (TEO) beim Volkskommissariat für Bildung übernahm, den »Theater-Oktober« (Teatral'nyj Oktjabr') ausrief: die Losung zum Umsturz alles Bestehenden in der Sphäre dieser Kunst. Seine Inszenierung einer Bearbeitung von Emile Verhaerens Stück *Morgenröte* zur Eröffnung des Ersten Theaters der RSFSR (Teatr RSFSR I) in Moskau, dessen Leitung man Mejerchol'd ebenfalls übertragen hatte, war als sein unmittelbarer Beitrag für die revolutionäre Erneuerung des Theaters gedacht. An der Richtung der Kritik dieser Inszenierung, die schlagartig ausbrach, wurde aber auch deutlich, daß bereits zu diesem Zeitpunkt, als sich Mejerchol'd auf dem Höhepunkt seines theaterpolitischen Einflusses befand, der Konflikt des Künstlers mit den Parteifunktionären vorhersehbar war. (vgl. W.E. Mejerchol'd II. 1979, 16ff u. 500ff) Das radikal antiillusionistische Konzept der Inszenierung, die Auflösung der Trennung von Bühne und Zuschauerraum und die aktive Einbeziehung des

Publikums in das Bühnengeschehen, die konstruktivistische Bühne und nicht zuletzt die rigorose Textbearbeitung irritierten selbst einen so engagierten Fürsprecher der Avantgarde wie Lunačarskij. Öffentliche Aussprachen über diese Inszenierung, die sogenannte »*Morgenröte*-Montage«, wurden eingerichtet, Diskussionsveranstaltungen, die über zwei Monate hin jeden Montag im Theater stattfanden. Dabei sollte diese neue Bühnenästhetik dem Publikum, aber auch der Parteiführung, vor allem in ihrer politischen Dimension, vermittelt werden. Dieser Vorgang mag beispielhaft dafür sein, wie in diesen Jahren um das Verständnis und die Akzeptanz der neuen Theaterkunst gerungen wurde.

Mejerchol'd wurde am 10. Februar 1874 in Penza geboren. Er stammte aus einer deutsch-jüdischen Familie. 1895 nahm er die russische Staatsbürgerschaft an und trat der griechisch-orthodoxen Glaubensgemeinschaft bei. Sein eigentlicher Name war Karl Theodor Kasimir Meiergold. Nach Abschluß des Gymnasiums begann er 1895 mit dem Studium an der Juristischen Fakultät der Universität in Moskau, wechselte doch bald (1896) an die Dramatische Schule der Moskauer Philharmonischen Gesellschaft, wo Nemirovič-Dančenko (vgl. Kap.: Stanislavskij) sein Lehrer war. 1898 schloß er dort das Schauspielstudium ab und ging an Stanislavskijs Künstlertheater. Bis 1902 arbeitete er an dieser Bühne. Mejerchol'd hatte bereits vor seinem Schauspielstudium in einem Laienensemble als Schauspieler und Regieassistent mitgearbeitet; 1896/97 auch am Volkstheater in Penza. Im Ensemble des Künstlertheaters spielte er insgesamt 18 Rollen, freilich ohne nennenswerten Erfolg, wurde aber auch mit kleinen Regieaufgaben betraut. 1902 verließ er das MChT, da er den Naturalismus dieser Bühne als beengend empfand. Er unternahm eine Reise nach Italien, übersetzte Gerhart Hauptmanns Drama *Vor Sonnenaufgang* ins Russische und schrieb selbst einige Stücke. Ebenfalls im Jahre 1902 gründete er in Tiflis eine eigene

Spielszene aus Der großmütige Hahnrei.
R.: V. Mejerchol'd, 1928

Biomechanische Übungen

Theatertruppe, die sich seit 1903 »Gesellschaft des neuen Dramas« (Tovariščestvo novoj dramy) nannte, und mit der er Süd-Rußland bereiste. Mehr als 150 Inszenierungen brachte dieses Ensemble in der Spielzeit von 1902/03 bis 1905/06 heraus. (vgl. W.E. Meyerhold II. 1979, 604ff) In vielen Stücken übernahm Mejerchol'd auch zentrale Rollen als Schauspieler, fast in allen führte er Regie und entwickelte seinen eigenen Regiestil. Dabei ging er immer deutlicher auf Distanz zum Naturalismus von Stanislavskijs Künstlertheater. Dennoch folgte Mejerchol'd 1905 offenbar gern dem Ruf Stanislavskijs, zurück nach Moskau zu kommen, um dort eine Experimentierbühne zu leiten, die am Künstlertheater ausschließlich für ihn eingerichtet werden sollte. Als sich dieses Vorhaben zerschlug, da Stanislavskij die Richtung, die Mejerchol'ds Arbeit einschlug, nicht weiter fördern wollte (vgl. Kap.: Studios), ging Mejerchol'd nach St. Petersburg, wo er zunächst am Theater der Komissarshewskaja (1906 bis 1908) als Chefregisseur arbeitete. 1907 trennte er sich von dieser Bühne. Die Komissarshewskaja, die selbst eine berühmte Schauspielerin war, warf Mejerchol'd vor – wie schon Stanislavskij –, die Arbeit mit den Schauspielern zu vernachlässigen. Anschließend an eine Tournee mit einer eigenen Wandertruppe wurde Mejerchol'd an die Kaiserlichen Bühnen in St. Petersburg verpflichtet, wo er bis 1918 blieb. Er inszenierte dort neben dem Schauspiel auch zahlreiche Opern am Mariinski Teatr, darunter *Tristan und Isolde* von Richard Wagner, *Boris Godunov* von Mussorgski, *Orpheus und Eurydike* von Gluck, *Elektra* von Richard Strauß, *Die Stumme von Portici* von Auber und *Die Nachtigall* von Igor Stravinsky. Beide Bühnen, das Aleksandrinski und das Mariinski, pflegten ein überwiegend traditionalistisches Repertoire und ließen Mejerchol'd keinen Spielraum für eigene theaterästhetische Experimente, die er als eine Form der Grundlagenforschung verstand. Um diese zu realisieren, richtete er 1913 in St. Petersburg ein eigenes Studio (Studija Mejerchol'da) ein, das bis 1918 existierte.

Seit 1906 war Mejerchol'd auch als Theaterpädagoge tätig, denn die Erneuerung des Ausbildungswesens, deren Ziele und Methodik, schien ihm wie allen Theaterreformern dieser Jahrzehnte, eine unabdingbare Notwendigkeit zu sein, sollte ein »neues Theater« verwirklicht werden. Hauptfächer in seinem St. Petersburger Studio in der Borodinskaja Straße waren »Technik der Bühnenbewegung« – dies unterrichtete Mejerchol'd selbst –, »Studium der italienischen Commedia dell'arte« und »musikalischer Vortrag im Schauspiel«. Von 1914 bis 1916 gab Mejerchol'd auch eine Zeitschrift heraus, in der er seine Arbeitsziele kommentierte. Sie trug den Titel *Die Liebe zu den drei Orangen* (Ljubov'k trem apel'sinam); er schrieb darin unter dem Pseudonym »Doktor Dapertutto«. 1915 verfilmte Mejerchol'd die Novelle *Das Bildnis des Dorian Gray* von Oscar Wilde. 1915 bis 1917 unterrichtete er auch an der Schauspielschule der Kaiserlichen Theater.

Der menschliche Körper und alle Requisiten um ihn herum – Stühle, Tische, Betten, Schränke – haben drei Dimensionen, deshalb muß in einem Theater, in dem der Schauspieler die Hauptsache ist, die Bildhauerei und nicht die Malerei zur Grundlage werden. Die Basis für den Schauspieler muß skulpturhafter körperlicher Ausdruck sein.

(W. Meyerhold (1907) I, 1979, 130)

Den Revolutionen im Februar und Oktober 1917 schloß sich Mejerchol'd, der sich bis zu diesem Zeitpunkt politisch eher indifferent verhalten hatte, sofort an. Nach der Oktoberrevolution arbeitete er im Theaterrat beim Volkskommissariat für das Bildungswesen und wurde Leiter der Petersburger Abteilung, als diese Behörde 1918 nach Moskau übersiedelte. In Petersburg leitete er weiterhin das Theater im »Haus der Arbeit«. Im August 1918 trat er in die Kommunistische Partei ein. Zum ersten Jahrestag der Oktoberrevolution inszenierte

Mejerchol'd in Petersburg gemeinsam mit Malevič und Majakovskij dessen Stück *Mysterium buffo* (vgl. Kap.: Tendenzen im Drama) am »Musikdramatischen Theater« mit einem Ensemble, das von Mitgliedern mehrerer Bühnen zusammengestellt war. »Somit war er der erste Regisseur des ersten sowjetischen Bühnenstücks!« (A.W. Fewralski in: W.E. Meyerhold II, 1979, 594) Über die Schwierigkeiten dieser drei Theaterrevolutionäre, dieses Projekt mit der »alten Garde« der Schauspieler zu realisieren, schreibt Majakovskij in seinen *Erinnerungen:* »Der Apparat des Theaters setzte uns alle möglichen Widerstände entgegen. Zugänge verschloß man, Nägel und Werkzeug sperrte man ein. Sogar das gedruckte Exemplar des ›Mysterium buffo‹ wurde aus dem Bücherkiosk des Hauses verbannt, denn der war voll vom Ruhme der Kunst und ihrer Tradition ... Zu guter Letzt verschwanden in den Abendstunden, einer nach dem anderen, die mitwirkenden Akteure. So mußte ich mich endlich Hals über Kopf entschließen, selber den simplen Menschen, den Methusalem und einen der Teufel zu spielen.« (n. O.G. Bauer 1994, 56)

Vorgänge wie diese machen deutlich, daß Mejerchol'd seine Vorstellungen von einem neuen Theater außerhalb eines auf ihn eingeschworenen Arbeitskollektivs nur schwer durchzusetzen vermochte. Zudem standen große Kreise unter den Bühnenkünstlern Ende 1917 den kulturrevolutionären Ideen der neuen Sowjetführung noch äußerst skeptisch gegenüber, keineswegs bereit zur Mitarbeit. In den Feuilletons mokierten sich viele der einstigen Bewunderer Mejerchol'ds darüber, daß' »der ›ultramodernistische Herr Mejerchol'd‹ nun plötzlich ›unter die Bolschewiken geraten‹ sei.« (n. R. Tietze 1974, 7) So konnte *Mysterium buffo* letztlich nur unter Mithilfe zahlreicher Laien auf die Bühne gebracht werden. Und als Mejerchol'd 1919 bei einem Kuraufenthalt im Süden Rußlands in die Hände der Weißgardisten fiel, verhaftet und ins Gefängnis gesperrt wurde, war die Verunglimpfung alles Heiligen in diesem Stück einer der Gründe für diese Verhaftung.

Die theatertheoretischen Vorstellungen, die Mejerchol'd in den Jahren von 1902 bis 1917 entwickelt hatte, in Aufsätzen in seiner Zeitschrift *Die Liebe zu den drei Orangen* und in Tagebucheintragungen, faßte er zunächst mit dem Begriff des »stilisierten«, seit 1905/06 mit dem Begriff des »bedingten« Theaters zusammen: »uslovnyi teatr«. Gemeint war ein Theater, das seine Theatralität, seine Zeichenhaftigkeit, seine Konstruktivität und Künstlichkeit offen zu erkennen gibt und daraus auch seine spielerische Attraktivität entwickelt. Theoretische Voraussetzungen für seine Vorstellung eines »bedingten« Theaters fand er in der Schule des russischen Formalismus, vornehmlich der Theatertheorie von Valerij Bojusov. (vgl. H. Schmid in: E. Fischer-Lichte 1995, 418f)

Erste Ansätze in der Entwicklung dieses Konzepts sind erkennbar in Mejerchol'ds Vorliebe für Čechovs »Stimmungstheater«, für dessen Forderung, die »Quintessenz« des Lebens darzustellen und dieses nicht »abzufotografieren«. Čechov hatte sich aus diesem Grund immer wieder auch kritisch über den Inszenierungsstil Stanislavskijs geäußert. (vgl. Bd. III, 912ff) Dieser Auffassung war auch Mejerchol'd, und er begann um 1905 mit systematischen theaterhistorischen Studien, um diesen Standpunkt, seine Abrechnung mit dem Naturalismus, auch theoretisch zu begründen und in der praktischen Arbeit zu überprüfen. Dabei waren ihm vorliterarische Theatertraditionen die Vorbilder: das russische Volkstheater (Balagan), die italienische Commedia dell'arte, For-

Die nur für den Schauspieler taugliche erdachte Geste, die nur im Theater denkbare konventionelle Bewegung und die absichtliche Bühnensprechweise werden nur deshalb vom Publikum und von der Kritik verurteilt, weil der Begriff des ›Theatralischen‹ noch nicht von den fremden Zügen der Grimassenschneiderei sogenannter ›Schauspieler der Innerlichkeit‹ gereinigt ist.

(W. Meyerhold (1907) I, 1979, 206f)

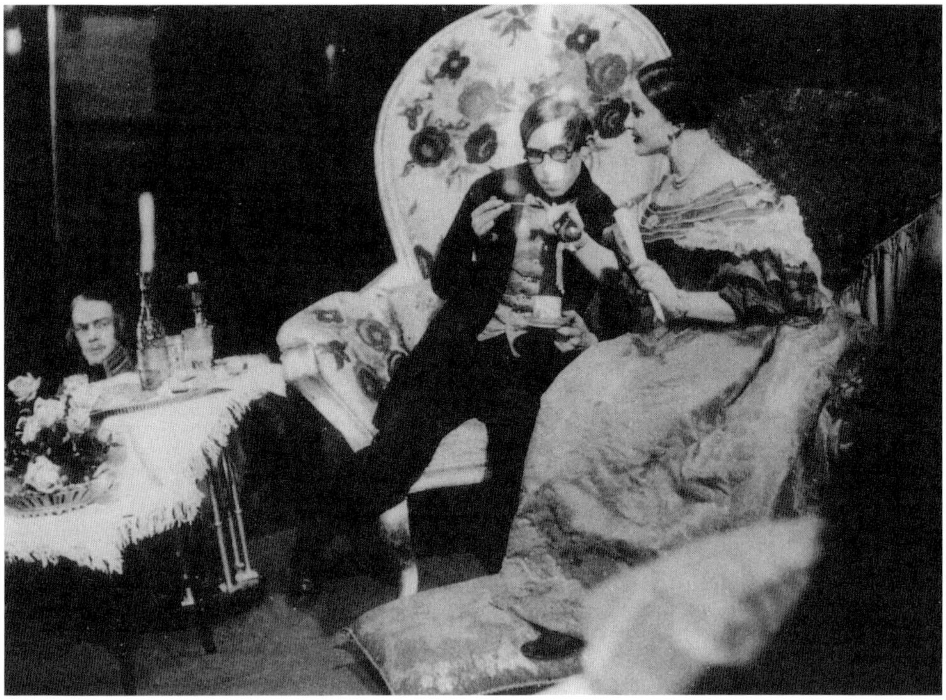

N. Gogol: Der Revisor. *R.: V. Mejerchol'd. 7. Episode: Alkohol in Strömen. Chlestakov u. die Frau Stadthauptmann auf dem großen Sofa. Mejerchol'd Theater, Moskau 1926*

men des westeuropäischen Volkstheaters, die Spieltraditionen der Pantomimen, Gaukler und Artisten, aber auch das traditionelle japanische Theater. Es war Mejerchol'ds Überzeugung, daß eine Erneuerung des Theaters allein über dessen »Entliterarisierung« erfolgen könne; daß für den Schauspieler der Körper in seiner Bewegung der entscheidende Ausdrucksträger sei; daß auch nur auf diese Weise dem Zuschauer ermöglicht wird – ähnlich wie bei der Musik –, sich mit seiner Emotionalität und seiner Phantasie schöpferisch zu beteiligen. Das »bedingte Theater« sollte ein Theater der »Andeutungen« sein.

Eine erste Zusammenfassung seiner theoretischen Vorstellungen von »bedingtem« Theater veröffentlichte Mejerchol'd 1913 unter dem Titel *Über das Theater* (O teatr). Es war eine Sammlung von Aufsätzen und Tagebuchaufzeichnungen. Darin stellt er folgende Merkmale für »bedingtes« Theater auf: 1. Es hat eine einfache gestisch-mimische Technik. Komplizierte Theatermaschinerie wird unnötig. Die Inszenierungen werden zu großer Einfachheit geführt. Der Schauspieler ist unabhängig von allem Äußerlich-Zufälligen der Dekoration. Mejerchol'd schätzte selbst die technifizierte Bühne als weit einfacher und auch natürlicher ein als aufwendig gemalte Kulissenarrangements oder die naturalistischen Nachbauten von Spielorten, wie sie für das Stanislavskij-Theater charakteristisch waren. 2. Die Rampe aufhebend, senkt das »bedingte Theater« die Spielfläche auf die Höhe des Bodens des Zuschauerraums; es werden alle räumlichen Trennungen dieser beiden Sphären aufgehoben. Dazu dienten vor allem auch Laufstege, die von der Bühne aus weit in den Zuschauerraum hineinreichten. Mejerchol'd hatte diese Einrichtung von der japanischen Bühne übernommen. Dabei war auch beabsichtigt, die Fixierung des Publikums auf einen einzigen Blickwinkel aufzuheben. 3. Rhythmus ist das entscheidende Gestaltungsprinzip für Sprache und Bewegung. 4. »Die bedingte Methode

N. Gogol: Der Revisor. *Inszenierung von V. Mejerchol'd. Finale: Stumme Szene. Mejerchol'd Theater, Moskau 1926*

verlangt schließlich noch einen vierten Schöpfer; das ist der Zuschauer.« Dieser beendet mit seiner Vorstellungskraft, was in der Szene nur angedeutet wird. 5. In der Wahl der aufzuführenden Stücke wie in den Spieltechniken sucht das »bedingte Theater« Anschluß zu finden an die Tradition des Volkstheaters. Für Mejerchol'd war das »bedingte Theater« auch das einzig realistische Theater, durch dessen »Stilisierung« das Leben übersichtlich wird. In dieser Entwicklungsphase seiner Theaterarbeit lehnte Mejerchol'd den Film als ebenso unkünstlerisch ab wie die Reproduktionsmethoden des Naturalismus.

Für seine Zeitgenossen lag das irritierende Moment dieser Theaterästhetik in der Vorrangstellung, die Mejerchol'd dem gestisch-körperlichen Ausdrucksspiel der Darsteller einräumte. Dies wurde als Affront gegen die Tradition des psychologischen Handlungstheaters verstanden, gegen die Darstellung großer Charaktere auf der Bühne, gegen literarisches Theater schlechthin. Für seinen Schauspielstil benutzte Mejerchol'd auch den Begriff »synthetisches Theater«.

Ein sehr spezifisches Moment Mejerchol'ds Theaterästhetik war auch dessen Vorliebe für die Groteske. Mejerchol'd sah darin ein Mittel, die immanenten Gegensätze und Widersprüche des Lebens zu gestalten. In dem Aufsatz *Balagan* 1912 bezeichnet er die Groteske als die »Lieblingstechnik des Balagan«: »Das ist eine Gestaltungsweise, die dem schaffenden Künstler die wunderbarsten Horizonte eröffnet. Zuvorderst steht mein Ich, mein ureigenstes Verhältnis zur Welt. Alles, was ich für meine Kunst als Material wähle, entspricht nicht der Wahrheit der Wirklichkeit, sondern der Wahrheit meiner künstlerischen Laune ...« Ist die »Stilisierung« ein künstlerisches Verfahren, um die »Fülle der Wirklichkeit« überschaubar zu machen, so reduziert sie die Wirklichkeit doch auf das Typisch-Einheitliche. Die Groteske vermeidet diese Reduzierung dadurch, daß sie nicht nur das Niedrige oder nur das Hohe kennt. Vielmehr »vermischt sie die

N. *Gogol:* Der Revisor. *Inszenierung von V. Mejerchol'd. 15. Episode: Beispiellose Konfusion. Mejerchol'd Theater, Moskau 1926*

Gegensätze, spitzt die Widersprüche bewußt zu und läßt mit ihrer Originalität spielen ... Wenn in der Kunst der Groteske, im Kampf zwischen Form und Inhalt die erstere triumphiert, dann wird die Seele der Groteske zur Seele der Bühne werden: Das Phantastische im Spiel durch die eigene Originalität; das Lebensfrohe sowohl im Komischen als auch im Tragischen; das Dämonische in der tiefsten Ironie; das Tragikomische im Alltäglichen.« (W.E. Meyerhold II 1979, 215f u. 219f) Spieltechniken, die diesen Blickwinkel auf die Wirklichkeit ermöglichen, erprobte Mejerchol'd in seinem Studio. Dabei rückte immer mehr die »Technik der szenischen Bewegung«, wie er dies nannte, ins Zentrum seiner Arbeit. Ganz offensichtlich lag darin bereits die Vorbereitung jener Arbeitsweise, die später unter dem Begriff »Biomechanik« zu seinem Markenzeichen wurde. In den Jahren vor 1917 war die Vorstellung von »bedingtem Theater« noch ausschließlich auf den schöpferischen Prozeß, auf die Konstruktivität des Kunstwerks im Sinne der formalistischen Schule bezogen. Eine Einbettung in den konkreten Lebenskontext der Menschen oder des gesellschaftlichen Ganzen blieb zu dieser Zeit noch außer Betracht. (H. Schmid in: E. Fischer-Lichte 1995, 424f) Dies sollte sich nach 1917 schlagartig ändern.

Gegen Kaution kam Mejerchol'd aus der Gefangenschaft durch die Weißgardisten frei. Nachdem die Rotgardisten die Stadt Novorossijsk eingenommen hatten, trat er als Kulturkommissar in die Rote Armee ein. Im September 1920 schließlich berief ihn Lunačarskij zum Leiter des TEO in Moskau. In den folgenden Jahren leitete Mejerchol'd verschiedene Theater in der neuen Hauptstadt (Teatr RSTSR I, Teatr aktëra, das spätere Teatr GITIS und das Teatr revoljucii), gleichzeitig auch die Staatlichen Werkstätten für Regieausbildung. 1922 gründete er ein eigenes Studio, die Masterskaja Vs. Mejerchol'da, dem das Teatr GITIS zugeteilt wurde und seither Teatr imeni Mejerchol'da (TIM, Mejerchol'd Theater) hieß. Erstmals hatte er nun ein Theater, dessen Schauspieler und alle übrigen Mitarbeiter seine eigenen Schüler waren. 1923 wurde dieses Studio umbenannt in Staatliche Experimentierstätten Mejerchol'ds. (Gosudarstveunye eksperimental'nye teatral'nye masterskie im. Vs. Mejerchol'da GEKTEMAS). Diese Einrichtung, die mit Tret'jakovs Stück *Die Erde bäumt sich* eröffnet wurde, bestand unter wechselnden Namen bis 1938. Ebenfalls 1923 erhielt Mejerchol'd den Titel »Volkskünstler«. Es war die höchste Auszeichnung für einen Künstler, den der Sowjetstaat zu vergeben hatte. 1926 wurde sein Theater in den Rang eines Staatstheaters erhoben und nannte sich nun GosTIM. (vgl. Ch. Mailand-Hansen 980, 16ff) An diesem Theater entstanden Mejerchol'ds berühmteste Inszenierungen. Mit *Der großmütige Hahnrei, Der Revisor* und *Brülle, China!* ging das GosTIM 1930 auf Tournee nach Berlin und Paris.

Nach 1936 verstärkte sich die Kritik an Mejerchol'ds Theaterarbeit. Der kulturpolitische Kurs in der Sowjet-Führung hatte sich unter Stalin grundlegend verändert. (vgl. Kap.: Sozialistischer Realismus) Es kam zunächst zu Aufführungsverboten seiner Inszenierungen; am 8. Januar 1938 schließlich zur Schließung seines Theaters. Mejerchol'd fand in dieser schwierigen Situation Unterstützung durch Stanislavskij, der ihn als Regisseur an seinem Operntheater arbeiten ließ. Nach dessen Tod im Oktober 1938 wurde Mejerchol'd zum Leiter dieser Bühne ernannt. Als »Formalist« galt er jedoch längst als potentielles Opfer der stalinistischen Säuberungsaktionen: »Am 20. Juni 1939 wurde Mejerchol'd verhaftet. Einige Wochen später wurde seine Frau, Zinaida Raich, in ihrer Wohnung ermordet aufgefunden. Am 26. November 1955 rehabilitierte ... das Militärkollegium des Obersten Gerichts der UdSSR Vsevolod Emil'evič Mejerchol'd und erklärte, er sei 1942 gestorben. 1962 wurde das Datum seines Todes offiziell berichtigt. Er starb am 2. Februar 1940. Seiner Familie wurde mitgeteilt, daß er hingerichtet worden sei.« (Ch. Mailand-Hansen 1980, 17f)

Als Mejerchol'd 1920 die Leitung der Theaterabteilung am Volkskommissariat für Aufklärung übernahm, stellten sich auch für seine theaterpädagogische Arbeit neue Aufgaben. Die in seinem Studio seit 1917 entwickelten Methoden für ein »bedingtes« Theater mußten weiterentwickelt werden für jene Form des politischen Theaters, die er selbst im »Theater-Oktober« projektiert hatte, vor allem für die Arbeit mit Laien, den Akteuren bei den großen Massentheateraufführungen. Es galt nun den konkreten »aktuellen« gesellschaftlichen Kontext in die Theaterarbeit zu integrieren. Die Arbeitsweise, die unter dieser neuen Perspektive entwickelt wurde, stellte Mejerchol'd unter den Begriff »Biomechanik«. Er selbst hat diesen Begriff offenbar nicht erfunden, dennoch wird er mit seinem Theater und Mejerchol'ds Namen verbunden. (dazu Ch. Mailand-Hansen 1980, 86) Von größtem Einfluß war dieses Konzept auch auf andere Künstler dieser Jahre, so auf den Theoretiker der »Produktionskunst« Boris Arvatov, vor allem aber auf Mejerchol'ds bedeutendsten Schüler Sergej Ejzenštejn. In Igor Il'inskij hatte Mejerchol'd einen Schauspieler, der diese Methode in höchster Virtuosität zu demonstrieren vermochte. Mejerchol'd erläuterte das Konzept der Biomechanik in einem Aufsatz (1921) mit dem Titel *Über Dramaturgie und Kunst* und in einem Vortrag, den er im Juni 1922 hielt: *Der Schauspieler der Zukunft und die Biomechanik.* Die hier entwickelte Spielmethode überträgt wesentliche Prinzipien des Konstruktivismus auf die Schauspielkunst und stellt zugleich die radikalste Gegenposition zu Stanislavskijs psychologischem Naturalismus dar. Mejerchol'd geht bei der Begründung der Bio-

Um zu kontrollieren, ob man beim Publikum auch den beabsichtigten Effekt erzielte, untersuchten und registrierten die Mitarbeiter des Mejerchol'd-Theaters von Mitte der zwanziger Jahre an laufend die Reaktionen der Zuschauer während der Vorstellungen. Man teilte die Reaktionen in folgende Kategorien ein: »Stille, Geräusche, starker Lärm, kollektives Lesen, Singen, Husten, Klopfen, Scharren, Zwischenrufe, Weinen, Lachen, Stöhnen, Aktionen, Applaus, Pfeifen, Zischen, Verlassen des Saals, Erheben von den Plätzen, Werfen von Gegenständen auf die Bühne, Sturm auf die Bühne.« Die Zeitpunkte für diese Reaktionen wurden genau im Verhältnis zur Partitur (der Bühnenhandlung, den Repliken, der Musik usw.) der Aufführung angeführt, die Daten wurden zu graphischen Darstellungen vom Verlauf der einzelnen Vorstellung verarbeitet und die verschiedenen Vorstellungen verglichen. Dadurch konnte man Schemata für die weitere Arbeit an einer Inszenierung ausarbeiten, was vor allem eine Hilfe für die Schauspieler war.

(Ch. Mailand-Hansen 1980, 201)

mechanik als künstlerisches Verfahren von den Methoden außerkünstlerischer Arbeitsprozesse aus. Beide Sphären (»Kunst und Leben«) setzt er tendenziell gleich. In dem Vortrag von 1922 heißt es: »Wenn man einen erfahrenen Arbeiter bei seiner Arbeit beobachtet, merkt man in seinen Bewegungen folgendes: 1. Das Fehlen überflüssiger, unproduktiver Bewegungen, 2. Rhythmik, 3. Das richtige Finden des Schwerpunkts seines Körpers, 4. Ausdauer. Die auf diesen Grundlagen aufgebauten Bewegungen zeichnen sich durch ›tänzerische Leichtigkeit‹ aus, der Arbeitsprozeß eines erfahrenen Arbeiters erinnert immer an Tanz, hier erreicht die Arbeit die Grenze zur Kunst. Der Anblick eines richtig arbeitenden Menschen bereitet ein gewisses Vergnügen. Das betrifft in vollem Umfang auch die Arbeit des Schauspielers im Theater der Zukunft. In der Kunst geht es immer um die Organisation von Material ... Die Kunst des Schauspielers besteht in der Organisation seines Materials, d. h. in der Fähigkeit, die Ausdrucksmittel seines Körpers richtig auszunützen. In der Person des Schauspielers kongruieren der Organisator und das, was organisiert werden soll (d. h. der Künstler und sein Material) ... Die Taylorisierung des Theaters wird es möglich machen, in einer Stunde so viel zu spielen, wie wir heute in vier Stunden bieten können.« (n. R. Tietze 1974, 73 ff)

In der Praxis bestand die Biomechanik in einer Folge von Körperübungen, bei denen es darum ging, elementare Bewegungskonstellationen in Übereinstimmung mit den physikalischen Gegebenheiten von Balance, dem ökonomisch optimalen Einsatz von Hebelwirkungen, Schwerpunktsetzung- und -verlagerung zu bringen. Es war ein Trainingsprogramm, das Schauspieler konditionieren sollte, ihre Bühnenbewegungen aus diesem Körpergefühl heraus zu entwickeln. Keineswegs sollten die biomechanischen Übungen auf die Bühne übertragen werden. Das Programm enthielt Übungen wie: »Werfen mit einem fiktiven Stein oder Diskus; schießen mit einem fiktiven Bogen; mit dem Fuß treten; mit einem Dolch zustoßen; seinen liegenden Mitspieler auf die Schulter nehmen oder ihn wie einen Sack mit den Händen tragen oder auch auf dem Rücken (Pferd und Reiter); einem anderen auf den Rücken oder die Schulter springen, der dann fortläuft; einem stehenden Mitspieler gegen die Brust springen; mehrere Personen bilden eine Pyramide.« (Ch. Mailand-Hansen 1980, 89) Dabei ging es freilich nicht nur darum, die körperlichen Fertigkeiten zu perfektionieren, vielmehr beruhte der schauspielpädagogische Zweck auch auf der Annahme, daß sich durch die genaue körperliche Bewegung eine entsprechende psychische Befindlichkeit einstellen würde. Letzlich also war die Biomechanik auch eine Form der »Psychotechnik« (Ch. Mailand-Hansen), die durchaus Ähnlichkeit aufwies mit jenem Konzept, das Stanislavskij in seiner späteren Zeit über den Begriff der »physischen Handlung« entwickelt hatte. (vgl. Kap.: Stanislavskij) Es war eine Spielweise, die die Konstruktivität der Rollengestaltung zur Schau stellte, also tendenziell auf Verfremdung angelegt war.

Biomechanik. *Zeichnung von Ilia Chlepianov*

Es waren insbesondere vier Inszenierungen, die Mejerchol'd in den Jahren 1922 bis 1924 konsequent in der Anwendung konstruktivistischer Prinzipien und der Biomechanik erarbeitet hatte (vgl. dazu: Ch. Mailand-Hansen 1980, 103 ff): *Der großmütige Hahnrei* (Velikodušnyj rogonosec, 1922) nach Fernand Crommelyncks: *Le Cocu magnifique; Tarelkins Tod* (Smert' Tarelkina, 1922) von A. Suchovo-Kobylin; *Die Erde bäumt sich* (Zemlja dybom, 1923), eine Bearbeitung Tret'jakovs von *La Nuit* von Marcel Martinet und *Her mit Europa*

F. Crommelynck: Le Cocu Magnifique. *R.: V. Mejerchol'd. B.: L. Popova, Moskau 1922*

(D.E. = Daës' Evropa, 1924), eine politische Revue nach Motiven von Il'ja Erenburgs *Die Geschichte vom Untergang Europas* und Bernhard Kellermanns Roman *Der Tunnel.* An diesen vier Inszenierungen arbeitete Sergej Ejzenštejn als Regieassistent mit.

Für *Der großmütige Hahnrei* hatte Ljubov Sergejevna Popova (1889–1924) die Bühne entworfen, ein technizistisch wirkendes Spielgerüst, an dem alle Elemente in permanenter Bewegung zu sein schienen. Drei große verschiedenfarbig angestrichene Räder wurden von den Schauspielern so bewegt, daß

Biomechanische Übung: Sprung auf die Brust, Moskau 1922

Biomechanische Übung: Faustschlag, Moskau 1922

Richtung und Tempo mit den Gemütszuständen des Protagonisten korrespondierten. Im Grunde aber wurden alle Konstruktionselemente (Türen, Fenster, Treppen) lediglich als Spielelemente genutzt. Türen waren nicht dazu da, um durch sie hindurchzugehen. Nach langem, irrwitzig komischen Spiel mit einer Drehtür ging der Schauspieler um sie herum. Prinzip des Konstruktivismus war es, jedwede Bildhaftigkeit in den Versatzstücken zu tilgen, den Schauspieler total freizusetzen von deren »natürlichem« Gebrauch. »Ljubov Popova stellte dem Schauspieler ein Modell zur Verfügung, das nur den einen Zweck hatte, ›die Handlung zu organisieren‹, die zum Hauptinhalt der Inszenierung geworden ist … (Meyerhold baute) alle seine Inszenierungen wie ein Konstruktivist als offene Struktur auf.« Der Schauspieler erschien nicht mehr als Rollenfigur in einem Stück, sondern er demonstrierte, an der Biomechanik geschult und am »Material« des Stückes sich abarbeitend, ökonomisch perfekt ausbalancierte, zielgerichtete und rhythmisch durchgestaltete Bewegungen. Dies ließ ihn als den »neuen Menschen« in einer im Entstehen begriffenen »neuen Welt« erscheinen. (vgl. D. Bablet u. E. Billeter 1986, 80) Popova hatte für diese Inszenierung konsequenterweise keine »Kostüme« vorgesehen, sondern – der Laborsituation des Aufführungsorts angepaßt – eine Art »Arbeitskleidung für Schauspieler«. Daß sie dabei den einen oder anderen Farbakzent setzte, wurde der Popova von ihren konstruktivistischen Kollegen als Rückfall in die »Willkür der Ästhetik« angekreidet. (vgl. D. Bablet u. E. Billeter 1986, 83f)

Die Aufführung des *Großmütigen Hahnrei* am 25. April 1922 wurde ein sensationeller Erfolg, obwohl die Zuschauer von dieser neuen, konstruktivistischen Theatralität der Inszenierung irritiert waren. Es ging darin um ein Eifersuchtsdrama, in dem ein Ehemann alle Männer des Dorfes einlädt, mit seiner Frau zu schlafen, weil er herausfinden möchte, wem diese besonders zugetan sei. Mejerchol'd übersteigerte das Stück zur Farce. Nicht die seltsame Psycho-

Biomechanische Gruppenübung, Moskau 1922

logie des Protagonisten interessierte ihn, vielmehr wollte er »durch seine Technik demonstrieren, wie (Gefühle) entstehen und wie man sie auf einer Bühne darstellt.« (n. Ch. Mailand-Hansen 1980, 107)

Tarelkins Tod war in erster Linie eine Demonstration der Biomechanik. Auch dieses Stück war eine Groteske, in der sich die Clownsauftritte nur so überschlugen. Mit Scheinwerfern wurden die einzelnen Nummern fixiert. Die Schrecken der Zarenzeit sollten in grellem Gelächter untergehen. Bühne und Kostüme hatte die aus Litauen stammende Malerin Varvara Stepanova (1894–1958) entworfen. Ihre Arbeiten gingen in eine ganz andere Richtung als die der Popova. Stepanova hatte an den Kunsthochschulen in Kasan und Moskau studiert. Seit 1916 verband sie eine Lebensgemeinschaft mit Aleksandr Rodčenko, einem der führenden Moskauer Konstruktivisten. 1922 setzte ihre Zusammenarbeit mit Mejerchol'd ein. Für *Tarelkins Tod* hatte sie eine Szenerie und Kostüme entwickelt, die im Sinne der »Produktionskunst« aus Standardelementen aufgebaut waren: Möbel, Sportanzüge, Uniformen. Die »Möbel« freilich waren, obwohl sie durchaus funktionstüchtig aussahen, reine »Trickmaschinen«, mit Fallen versehen, an denen die Schauspieler ihre virtuose Körperbeherrschung demonstrieren konnten. Es waren Tische, deren Beine sich spreizten; Stühle, die zusammenbrachen, wenn man sich auf sie setzte, Drehhocker, deren Sitze knallend explodierten, Schirmwände, die ständig von allein auseinanderschlugen. »Am spektakulärsten war die riesige Käfigkonstruktion, die die Verhörmethoden auf einer Polizeistation veranschaulichte: der Delinquent wurde kopfüber in eine Art Trichter gestoßen, über ein Drehkreuz wie durch einen Fleischwolf gedreht und landete dann in einem Arrestkäfig.« (B. Vogelsang in: H. Kersting 1986, 68) Die Kostüme waren aus typischen Arbeitskleidungen, aus Sport- und Kinderkleidern entwickelt und hatten die Funktion, das me-

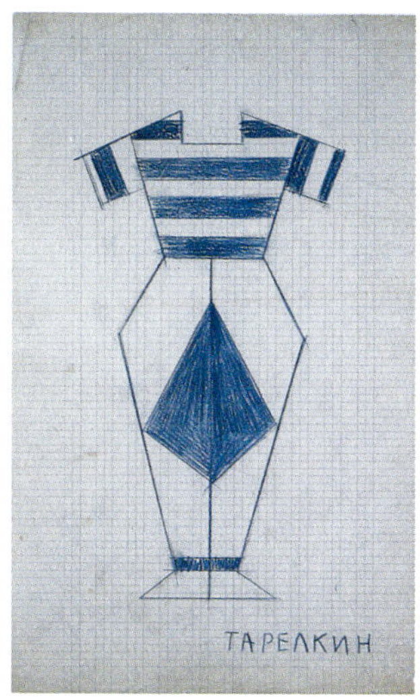

Kostümentwurf von Varvara Stepanova für Tarelkins Tod *von Suchovo-Kobylin, 1922*

V. Majakovskij: Die Wanze. *R.: V. Mejerchol'd. Moskau 1929*

chanische Moment der Bewegung zu verstärken. Jede Körperbewegung wurde durch die Verschiebung eines Versatzstückes am Kostüm betont. In *Die Erde bäumt sich* thematisierte Mejerchol'd ein revolutionäres politisches Ereignis. Im Original des Stücks war dies ein Soldatenaufstand im Ersten Weltkrieg. Wichtigste Mitarbeiterin war wieder Ljubov Popova. Die Inszenierung war nach dem Prinzip der Montage gearbeitet. Gänzlich neu in der Bühnenausstattung war die Verwendung vieler realistischer Requisiten (Motorräder, Feldtelefone, eine Feldküche, Maschinengewehre und Autos), die jeweils auch in Aktion gebracht wurden: Telefone klingelten, aus Maschinengewehren wurde geschossen, ein Lastwagen fuhr ratternd auf die Spielfläche. Die Aufführung wurde auch im Freien gezeigt; mehrfach vor Soldaten der Roten Armee.

Für *D.E.* hatte I. Šlepjanov eine Bühnendekoration entworfen, deren spektakulärster Effekt die beweglichen Wände waren, die sehr schnelle, der filmischen Schnittechnik ähnliche Szenenwechsel ermöglichten. Auf Projektionsflächen erschienen Szenenüberschriften, Kommentare, Statistiken und Zitate prominenter Revolutionsführer. Die 95 Rollen des Stücks wurden von 44 Schauspielern, die ständig ihre Masken wechselten, gespielt. Erstmals trat auf einer sowjetischen Bühne eine Jazzband auf. Zu dem inhaltlichen Geschehen, dem Versuch eines amerikanischen Trusts, die Sowjetunion wirtschaftlich und politisch zu vernichten, nahm die Inszenierung – in der Form »eines utopischen Sketches« (V. Mejerchol'd) – eine ironische Haltung ein. Vor allem die Musik sollte eine Atmosphäre der Ironisierung herstellen. Bei späteren Aufführungen (1927, 1928, 1930) wurden als Reaktion auf das veränderte politische Verhältnis zwischen der Sowjetunion und den USA andere Akzente gesetzt.

Von den Inszenierungen Mejerchol'ds am Revolutionstheater (Teatr Revoljucii) war die von Ostrovskijs Stück *Der Wald* (Les, 1924) künstlerisch weitaus die bedeutendste; zugleich auch leitete sie eine neue Richtung seiner Arbeit ein. Offenbar folgte die Entscheidung für dieses Stück auch Lunčarskijs Aufruf: »Zurück zu Ostrovskij!«, der die Hinwendung zur russischen klassischen Lite-

Sukhovo-Kobylin: Tarelkins Tod. *R.: V. Mejerchol'd. B.: V. Stepanova. 1922*

ratur des 19. Jahrhunderts empfahl, letztlich anordnete. (vgl. Bd. III, 528ff) Mit der Bühnengestaltung und den Kostümentwürfen hatte Mejerchol'd Vassily Fedorov beauftragt. Dieser entwarf eine Szenerie mit Zimmern, Treppen und Türen, die im Sinne einer traditionellen Bühnendekoration zwar auf das Stück bezogen war, ihren konstruktivistischen Grundcharakter jedoch eindeutig beibehielt. Es gab also auch Stege, die sich durch den Raum zogen und Trapeze, mit denen man quer über die Bühne schwingen konnte. Auch in den Kostümen arbeitete Fedorov mit historischen Anspielungen, freilich ins Groteske überzogen, etwa durch grellfarbige oder goldene Perücken und gewaltige Bärte aus Flachs. Wieder nutzte Mejerchol'd Projektionen für die Titel der 33 Episoden, in die er das fünfaktige Stück gegliedert hatte. Realistische Versatzstücke in der Dramaturgie waren Handlungen wie »Wäsche waschen«, »Tische decken«, »bügeln«, »Fische schuppen« und anderes. Mejerchol'd experimentierte dabei mit Techniken des Volkstheaters, des Balagan und übertrug diese auf ein klassisches Werk. Die Aufführung war ein großer Publikumserfolg, wurde aber auch als eine Absage an den puren Konstruktivismus zugunsten einer traditionelleren Form der Theatralik begriffen.

So bedeutete das Jahr 1925 offenbar eine Zäsur in Mejerchol'ds Theaterarbeit. »Neue Problemkreise« kamen auf die Bühne, die künstlerischen Mittel wurden erweitert, die Experimente »gedämpfter«. Zwar vertrat Mejerchol'd immer noch die Überzeugung, daß das Theater ein wesentlicher »Produktionsfaktor« im Aufbau der Sowjetgesellschaft sei, doch wurde nun die »Abrechnung mit den schädlichen, bürgerlichen Elementen der Sowjetgesellschaft« (Ch. Mailand-Hansen 1980, 141 u. 146) sein bevorzugtes Thema. Dem allgemeinen kulturpolitischen Trend entsprach auch sein Wunsch, mehr Stücke zeitgenössischer Autoren (vor allem von Erdman, Tret'jakov, Majakovskij) auf die Bühne zu bringen. Zudem geriet das Mejerchol'd-Theater Ende der zwanziger Jahre in finanzielle Schwierigkeiten. 1928 wurde eine staatliche Kommission gegründet, die die wirtschaftliche Situation des GosTIM überprüfen und das Theater vor der

Nach 1920 sprach Mejerchol'd nicht mehr von Dekorationen, Kulissen, Requisiten u.ä. Sein neuer Begriff hieß veščestvennoe oformlenie *(materielle Formgebung). Gleichzeitig führte er eine neue Disziplin, das ›scenovedenie‹ (Bühnenlehre) ein, d.h. die Organisation der Bewegungen der Akteure und Gegenstände auf der Bühne. Zu Beginn der zwanziger Jahre verbannte Mejerchol'd alles von der Bühne, was man normalerweise auf einer solchen antrifft, einschließlich des Vorhangs. Man verzichtete nicht nur auf die dekorativen Elemente, sondern auf authentische, realistische Gegenstände überhaupt. Die Schauspieler wurden ebenfalls ›entkleidet‹ und statt in Kostüme in gleiche Uniformen (prozodeďa) gesteckt. Zu diesen asketischen Formen wurde Mejerchol'd nicht zuletzt durch die wirtschaftliche Armut der Zeit gezwungen, aber wie dem auch war, man interpretierte sie als ästhetisches Prinzip, als eine ›tabula rasa‹, die eine radikale Abrechnung mit der traditionellen Theaterästhetik, mit dem naturalistischen und psychologischen Theater bedeutete. Man ging zum Nullpunkt zurück, um von Grund auf neue Formen aufzubauen.*

(Ch. Mailand-Hansen 1980, 185)

Schließung bewahren sollte. Künstlerische Höhepunkte in dieser schwierigen Phase waren die Inszenierungen von Nikolaj Erdmans Komödie *Das Mandat* (Mandat, 1925), von Gogols Komödienklassiker *Der Revisor* (Revizor, 1926) und der beiden Stücke von Majakovskij *Die Wanze* (Klop, 1929) und *Das Schwitzbad* (Banja, 1930). Als Experiment einer »Komödie mit Musik« verstand Mejerchol'd seine Inszenierung von A. Fajkos Stück *Lehrer Bubus* (Učitel' Bubus, 1925). Dabei war die Musik – hoch über der Bühne saß ein Pianist in einer riesigen Muschel – im Sinne der Leitmotivtechnik Richard Wagners zur Charakterisierung der Personen und der szenischen Atmosphäre eingesetzt. Eine Sonderstellung nahm die Inszenierung von Tret'jakovs Agitationsstück *Brülle, China* (Ryči, Kitay, 1926) ein, das Mejerchol'd zusammen mit seinen Regieschülern vor allem mit V. Fëdorov inszenierte. Die Aufführung der Komödie *Der Selbstmörder* (Samoubijca) von Erdman wurde verboten. Mejerchol'd zeigte das Stück jedoch ohne behördliche Genehmigung in einer geschlossenen Vorstellung in seinem Theater. Eine Gruppe für sich bildeten die Inszenierungen von einigen Stücken, die auf die aktuelle politische Situation bezogen waren, darunter von Višnevskij *Das letzte Gefecht* (Poslednig rešitel'nyj, 1931). Für Mejerchol'd waren diese Arbeiten nicht sonderlich geglückte Versuche, sich dem Realismus anzunähern.

Die Inszenierung von Gogols *Revisor,* an der Mejerchol'd eineinhalb Jahre lang gearbeitet hatte, zählt zu den legendären Erfolgen dieses Regisseurs. Die Wahl war auf dieses Stück gefallen, nicht zuletzt im Hinblick auf die prekäre finanzielle Lage des GosTIM. Daß »solche Stücke ... sehr gut Kasse machen«, damit rechnete Mejerchol'd: »Ich denke, wenn wir den *Revisor* inszenieren und nächstes Jahr *Verstand schafft Leiden,* dann haben wir eine Reserve, so daß wir uns dann den Luxus leisten können, durchzufallen.« (W.E. Meyerhold II, 1979, 112) Mejerchol'd selbst entwarf die Ausstattung, der Entwurf für die Bühne stammte von I. Šlepjanov. Grundidee von Mejerchol'ds Inszenierungskonzept war es, in Gogols Komödie (vgl. Bd. III, 530f) nicht – im Sinne der konventionellen Auffassung dieses Stücks – eine »Komik des Absurden« zuzulassen, sondern eine »Situation des Absurden« herzustellen. Ein Weg dahin war es, die Spielfläche extrem klein zu halten und »auf etwa einem Quadratmeter eine Gruppenszene von acht bis neun Personen aufzubauen.« Auf der Grundlage des biomechanischen Trainings sollten die Schauspieler zu einer neuen Form des Realismus finden, einer äußersten Zuspitzung in der Charakterisierung der Figuren. Mejerchol'd wollte die »Grundidee der Ära unter Zar Nikolaj I.« herausarbeiten: »Man schuf auf der Bühne einen Hauch von teurem, aber leerem Luxus: Mahagonimöbel, blau funkelnde Kristallvasen, schwere Seiden und Brokate, die kurze Augenblicke lang von grellem Scheinwerferlicht eingefangen wurden. Die vorherrschenden Farben waren Dunkelrot (Möbel und Wände) und Dunkelgrün (die Uniformen der Beamten). Die Kombination dieser Farben mit Kaskaden von weißem und grünem Scheinwerferlicht ließen die gesamte Bühne an ein Aquarium erinnern. Diesen Eindruck empfing man vor allem am Anfang: Die Beamten saßen im Dunkeln, die Hände auf einem Tisch und dampfende Pfeifen im Mund. Durch Scheinwerfer ließ man ihre Hände und Gesichter weiß aufleuchten. Durch den dichten Tabaksrauch der Pfeifen sahen die Zuschauer die ›verschwommenen‹ Gesichter der Beamten ... Durch solche technischen und sinnlichen ›Konstruktionen‹ entstanden unheimliche und zuweilen makabre Bilder. Mejerchol'd verlieh vielen Auftritten etwas Halluzinatorisches und Alptraumartiges.« (Ch. Mailand-Hansen 1980, 151) Von den Schauspielern des Mejerchol'd-Ensembles brillierte vor allem Garin in der Rolle des Chlestakov. Die Kritik vermerkte zu dieser Inszenierung, daß es Mejerchol'd gelungen sei, »Gogols Traum zu verwirklichen: Einen Spiegel des gesellschaftlichen Lebens in der szenischen Form eines ›vollkommen unglaublichen Ereignisses‹ zu liefern.« (n. Ch. Mailand-Hansen 1980, 153) Von den beiden Majakovskij-Stücken war nur *Die Wanze* ein Erfolg. In beiden Inszenierungen ging es Mejerchol'd um die Entlarvung des Kleinbürgers in der Gestalt des Bürokraten, wie er sich vielfach auch in der neuen Sowjetgesellschaft eingenistet hatte.

Um das gleiche Ziel, den »Kampf gegen vielerlei Relikte widerwärtigen Spießertums« (V. Mejerchol'd), ging es in den Inszenierungen von drei Einaktern Čechovs, die Mejerchol'd 1933 unter dem Titel *Dreiunddreißig Ohnmachten* (Tricat' tri obmoroka) herausbrachte: *Das Jubiläum, Der Bär* und *Der Heiratsantrag*. Mejerchol'd stellte sich mit der Wahl dieser Stücke gegen jene Čechov-Tradition, die Stanislavskij mit seinen Inszenierungen von *Drei Schwestern* oder *Der Kirschgarten* an seinem Künstlertheater eingeführt hatte. Diese Stücke – so Mejerchol'd – stünden »uns heute nicht nah«. Sehr viel näher dagegen stünden der heutigen Zeit diese Einakter, in denen Čechov seine Gesellschaftssatire aufs äußerste zuspitzt. An diesen drei Čechov-Inszenierungen wurde deutlich, was Mejerchol'd in dieser letzten Arbeitsphase mit dem Begriff »bedingter Realismus« bezeichnete. Durch groteske Überzeichnung als ein Moment von »Bedingtheit« lieferte er schärfere Bilder vom Zustand der Sowjetgesellschaft, als es irgendeine Spielart des Realismus dieser Jahre je vermocht hätte.

So konstant sich gewisse Grundlinien von Mejerchol'ds Theaterästhetik vom Beginn der zwanziger bis zur Mitte der dreißiger Jahre erhalten haben, so sind doch auch Akzentverschiebungen erkennbar. In den Inszenierungen bis etwa 1925 stand der Schauspieler als »Organisator der Szene«, permanent in Bewegung befindlich, eindeutig im Zentrum. Originelle konstruktivistische Bühnenbauten boten ihm als Spielgerüste schier unerschöpfliche Möglichkeiten, eine szenische Welt zu entwerfen, umzuordnen, vor allem zu beleben; ihn als Herrn seiner Konstruktionen sich austoben zu lassen. In den Inszenierungen nach 1925 (vgl. Ch. Mailand-Hansen 1980, 174ff) schränkte Mejerchol'd die Bewegungs-Spielräume seiner Darsteller deutlich ein, nicht nur in den Raumkonstruktionen (Beispiel: *Der Revisor)*, sondern auch dadurch, daß der Regisseur nun eine für den Schauspieler enger gefaßte Gesamtkonzeption, quasi eine Partitur vorgab, in die – und in deren Grundrhythmus – der Schauspieler sich auch mit seinen Improvisationen einzufügen hatte. Die Inszenierungen wurden im Zeitmaß langsamer, es gab mehr statische Arrangements im Sinne klarer szenischer Einheiten. Was Mejerchol'd jedoch beibehielt, war die Tendenz zu einer totalen Visualisierung des szenischen Geschehens. Insofern war sein Theater durchweg »synthetisches Theater«. Dabei verstärkte sich im Laufe der zwanziger und frühen dreißiger Jahre der Einsatz der Musik als integraler Bestandteil der Bühnenästhetik. Eine der Grundüberzeugungen Mejerchol'ds, die er auch durch reflexpsychologische Theorien untermauert glaubte, war es, daß das Theater durch seine Zeichenhaftigkeit die im Zuschauer entstehenden Assoziationen der intellektuellen und emotionalen Prozesse in hohem Maße zu

Ich bitte Sie, immer zwischen Meyerhold und Meyerholdianern zu unterscheiden. ... Ich kann Sie beruhigen, es gibt wohl keinen auf der Welt, der die Meyerholdianer so sehr haßt wie ich selbst. Ich fürchte die Meyerholdianer sehr, und ich sage Ihnen gleich, daß die Akrobatik nur ein pädagogischer Kunstgriff ist, den wir in unserem Studio benötigen, mit dem wir an der Vervollkommnung unserer Körperbewegungen arbeiten. Aber ich mußte mit ansehen, wie alle meine Übungen – und es sind nur Übungen – auf die Bühne gezerrt wurden. Wenn ich ein Zimmer betrete und sehe, ein Sänger liegt auf dem Boden und singt, um seinen Atem zu überprüfen, dann stellen Sie sich doch nicht vor, ich würde sofort eine Oper inszenieren, in der ich die Sänger zwinge, auf dem Boden liegend zu singen!

(V. Mejerchol'd 1929, in: W. Meyerhold II. 1979, 185)

steuern vermag. Dies galt ihm letztlich als Voraussetzung dafür, daß das Theater ein »Laboratorium« der Lebensgestaltung, der Organisation von Gedanken und Gefühlen, sein könne.

Die Theaterarbeit von Sergej Ejzenštejn: »Montage der Attraktionen«

»Ich muß sagen, daß ich natürlich niemals und nirgendwo jemanden so geliebt, so angebetet, so vergöttert habe wie meinen Lehrer Mejerchol'd.«

(Sergej Ejzenštejn, etwa 1942)

Die Aufführung von Carlo Gozzis Tragikomödie *Turandot* 1912, vor allem aber Mejerchol'ds Inszenierung von Michail Lermontovs Drama *Maskerade* 1917 am Aleksandrinskij Theater in St. Petersburg bewirkten »mit der Wucht zweier Donnerschläge« Ejzenštejns Entschluß, Regisseur zu werden. Sein Mathematik- und Architekturstudium hatte der aus Riga stammende Student am Polytechnischen Institut in St. Petersburg eben abgeschlossen, als er diese Entscheidung traf. Ejzenštejn stürzte sich in das Studium der Theaterhistorie, vor allem der Commedia dell'arte, entwarf Bühnendekorationen und betätigte sich als Schauspieler, Regisseur und Bühnenbildner im Theaterzirkel des »Klubs der Kommunisten« und im Theaterklub der Armee. Für die Revolution begeisterte er sich von der ersten Stunde an. Der Proletkult in Petersburg bot ihm eine Plattform für eigene Theaterexperimente, doch hielt er Distanz zur Führung dieser Institution, der es in erster Linie um ideologische Schulung und Volksaufklärung ging. Ejzenštejn schloß sich einer Wandertruppe (»Peretu«) an, die sich vom Zentralen Proletkult abgespalten hatte und unter der künstlerischen Leitung von Boris Arvatov das »Erste Arbeitertheater des Proletkult« in der Hauptstadt gründete. Die Zusammenarbeit mit Arvatov, der zum führenden Theoretiker der »Produktionskunstbewegung« und des LEF wurde, war für die Ausgestaltung von Ejzenštejns Theaterarbeit von größter Bedeutung. Bei Arvatov findet sich die für Ejzenštejn grundlegende Idee, »Theater als Produktion« und als »Montage des Lebens« aufzufassen. Von Beginn an konzipiert Ejzenštejn seine Theatertheorie auf der Grundlage reflexionspsychologischer Theorien. »Attraktion« und »Montage« werden die Schlüsselbegriffe seiner Kunst- und Theatertheorie. Erstmals entwickelt er diese Vorstellungen in einem Aufsatz von 1923 unter dem Titel *Montage der Attraktionen.* Dort heißt es: »Eine Attraktion im Theater ist jedes aggressive Moment des Theaters, d.h. jedes seiner Elemente, das den Zuschauer einer Einwirkung auf die Sinne oder Psyche aussetzt, die experimentell überprüft und mathematisch berechnet ist auf bestimmte emotionale Erschütterungen des Aufnehmenden. Diese stellen in ihrer Gesamtheit ihrerseits einzig und allein die Bedingung dafür dar, daß die ideelle Seite des Gezeigten, die eigentliche ideologische Schlußfolgerung aufgenommen wird … Die Attraktion im formalen Sinne bestimme ich als selbständiges und primäres Konstruktionselement einer Aufführung – als die molekulare (d.h. konstitutive)

S. Ejzenštejn: Kostümentwurf für das Stück Gute Beziehung zu Pferden *von Valentin Smyšlajev u. S. Ejzenštejn, 1921*

Einheit der Wirksamkeit des Theaters. An die Stelle der statischen ›Widerspiegelung‹ ... tritt ein neues künstlerisches Verfahren – die freie Montage bewußt ausgewählter, selbständiger (und außerhalb der vorliegenden Komposition und Sujet-Szene wirksamen) Einwirkungen (Attraktionen).« (n. H.-J. Schlegel 1974, 218f) Das Theater werde dadurch von jedweder Abbildhaftigkeit befreit, und es kann im Sinne der »Montage der Attraktionen« ein »real gemachtes Ding« (S. Ejzenštejn) zum Zwecke der Erzeugung einer bestimmten Wirkung in die Inszenierung integriert werden. So etwa »montierte« Ejzenštejn in seine Inszenierung von *Der Mexikaner* – bei der ein Revolutionär im Mittelpunkt steht, der, um Geld für die Revolution zu beschaffen, gegen einen Berufsboxer antritt und gewinnt – einen echten Boxkampf, den er in einem im Zuschauerraum aufgebauten Ring stattfinden ließ. In der Inszenierung von Ostrovskijs Stück *Eine Dummheit macht auch der Gescheiteste* ließ Ejzenštejn einen Artisten auf einem über die Zuschauer hinweg gespannten Seil frei von der Bühne in den dritten Rang hinauf – ohne Sicherheitsstange oder Netz – hinauflaufen. (vgl. Ch. Mailand-Hansen 1974, 121) Durch diese Art von »Attraktionen« sollte der Zuschauer emotional »elektrisiert«, in einen extremen Aufmerksamkeitsgrad versetzt werden, sollte ein »neues Sehen« bewirkt werden. »Montage der Attraktionen« war auch ein Verfahren der »Verfremdung«. Ejzenštejn bezeichnete freilich bereits in den Jahren seiner Theaterarbeit ganz eindeutig den Film als das Medium, in dem das Prinzip der »Montage« letztlich perfekt zu verwirklichen sei. Für Theaterinszenierungen ergab sich deswegen die Notwendigkeit, das Stück in viele kleine, in sich geschlossene Einheiten, analog den Einstellungen beim Film, zu zerlegen. Bei der Inszenierung von *Eine Dummheit macht selbst der Gescheiteste* waren es 25 »Nummern«; als letzte: »Eine Salve unter den Sitzen der Zuschauer als Schlußakkord.«

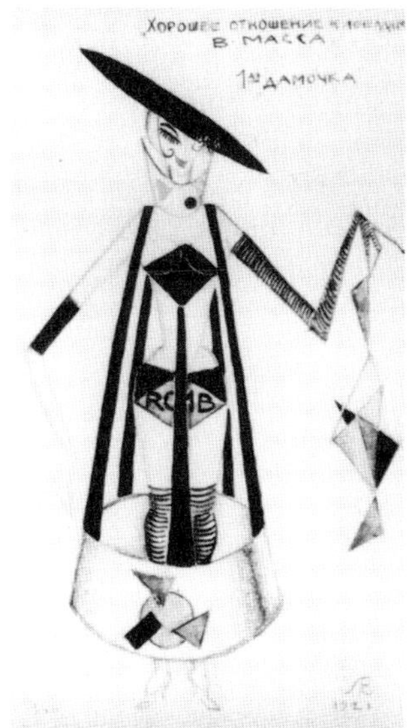

S. Ejzenštejn: Kostümentwurf für das Stück Gute Beziehung zu Pferden *von Valentin Smyšlajev u. S. Ejzenštejn, 1921*

S. Tret'jakov: Die Erde bäumt sich, *1923*

Vier Inszenierungen brachten das Theater an seine Grenzen, jenseits derer es aufhört, Theater zu sein: … Der Hahnrei *stellte die Frage nach der Organisation von Bewegungsdemonstrationen. Speziell des Schauspielers.* Der Gescheiteste *enthüllte mit seiner ›Montage von Attraktionen‹ den Mechanismus und das Wesen theatralischer Einwirkung. Die nächste Etappe: An die Stelle der intuitiv-künstlerischen Komposition von Einwirkung galt es die wissenschaftliche Organisation von sozial nützlichen Reizerregern zu setzen.* Die Erde bäumt sich auf *war eine Erfahrung hinsichtlich der Organisation von Massenauftritten. Das Theaterkollektiv als ein Teilstück der Masse. Vor uns lagen die ›Inszenierungen‹ von Feiertagen, Gerichtsverhandlungen, Sitzungen usw.* Gasmasken. *Das war die letzte dem Theater noch mögliche Überwindung des Illusorischen in einer allgemeinen Zielsetzung und Hinwendung zum Materiellen. Montage von Einwirkungen real und materiell existierender Größen und Gegenstände: Die Fabrik als Schauspielelement und nicht als ›Gefäß‹, Produktionsprozesse und -verhältnisse als Handlungsteile usw. – all das ist faktisch schon fast Film, der ja seine Einwirkung gerade durch Montagezusammenstellung auf ähnlichem Theater-Material aufbaut.*

(S. Ejzenštejn, 1945 in: H.-J. Schlegel 1. 1974, 224f)

Als Ejzenštejn 1920 aus der Armee entlassen wurde, begann er in Moskau mit dem Studium der Orientalistik und der japanischen Sprache, zugleich nahm er seine Arbeit am Moskauer Proletkult-Theater auf, für das er Bühnenentwürfe und auch Regieaufgaben übernahm. Am Foregger-Studio, das sich in seiner Arbeit am weitesten auf Tanz, Zirkus- und Musik-Hall-Effekte spezialisiert hatte (vgl. Kap.: Studios), inszenierte Ejzenštejn 1921 die Farce *Gute Beziehung zu Pferden*. Seine erste große Inszenierung am Proletkult-Theater war *Der Mexikaner* (März 1921). Es war eine Dramatisierung eines Romans von Jack London. Streitigkeiten über künstlerische Fragen mit seinem Mitregisseur Valeri S. Smyšlaev führten dazu, daß Ejzenštejn dieses Theater noch im gleichen Jahr verließ und an Mejerchol'ds Theaterschule ging. Bereits 1922 aber kehrte er an das Moskauer Proletkult-Theater zurück und übernahm dessen Leitung bis 1924. Über die Ziele seiner Arbeit schrieb er: Das Theater habe die Aufgabe der »Qualifizierung und Ausstattung der Massen für ihr Alltagsleben.« (n. Ch. Mailand-Hansen 1980, 120) In dieser Zeit begann auch Ejzenštejns Zusammenarbeit mit Mejerchol'd. In einer Reihe von dessen experimentellen Inszenierungen (vgl. Kap.: Mejerchol'd), war er als Assistent Mejerchol'ds beteiligt. Von großer Bedeutung wurde auch Ejzenštejns Verbindung zu Sergej Tret'jakov. Die wichtigste Theaterinszenierung, die in diesen Jahren entstand, war – neben *Der Mexikaner – Eine Dummheit macht auch der Gescheiteste*. Für diese hatte Tret'jakov die Spielvorlage erarbeitet, nur etwa 25 % des Textes von Ostrovskij blieben erhalten. Erstmals hatte Ejzenštejn darin auch einen kleinen Film unter Mithilfe von Dziga Vertov, des berühmtesten sowjetischen Dokumentarfilmers als »Attraktion« eingesetzt. 1923 inszenierte er Tret'jakovs Revolutionsstück *Hörst Du, Moskau?* (Slyšiš' Moskva?), das Solidarität mit den deutschen Arbeitern (vom Hamburger Aufstand von 1923) forderte. Als letzte Theaterarbeit folgte die Inszenierung von Tret'jakovs Stück *Gasmasken* (Protivogazy, 1924). Es schildert das Schicksal sowjetischer Arbeiter, die aufgrund der Nachlässigkeit des Direktors des Gaswerkes in Lebensgefahr geraten sind. (vgl. H. Boehncke 1972, 189) Neu an diesem Projekt war die Vermischung von Fiktion und Realität. Die Aufführung vor 10 000 Arbeitern fand in einem Moskauer Kesselwerk statt, in den technischen Anlagen dieses Betriebs, die als »Kulisse« und Spielgerüste genutzt wurden. Geplant waren auch Aufführungen, die während der Arbeitszeit stattfanden. Als »Attraktionen« wurden die Fabriksirene, Niethämmer, pneumatische Ratschen und riesige Eisenblätter eingesetzt. Sensationeller Schlußeffekt war das Hervorströmen rotglühender Koksmassen. Die Aufführung irritierte viele durch ihren naiven Naturalismus.

Die theaterpolitische Kurskorrektur, die der Proletkult 1924 vollzog, führte schließlich zum Bruch Ejzenštejns mit dessen Theaterabteilung. Längst vorbereitet war auch der Schritt zum Film hin. »Wenn ich nicht im Theater gearbeitet hätte, würde ich die filmische Montage nicht beherrschen. Faktisch wird das Theatermaterial genauso montiert wie im Film«, schrieb er in diesen Jahren und: »Das Kino ist die heutige Etappe des Theaters. Eine klare, folgerichtige Phase.« (1926)

1940 arbeitete Ejzenštejn noch einmal für die Bühne. Am Moskauer Bolschoj-Theater inszenierte er Richard Wagners Oper *Die Walküre*.

Mit den Schauspielern des Ersten Arbeitertheaters des Proletkult und auf dem gleichen Fabrikgelände, auf dem *Gasmasken* aufgeführt wurde, drehte Ejzenštejn seinen ersten Film: *Streik* (Stačha). Dessen Uraufführung fand am 18. April 1925 statt. Noch im gleichen Jahr entstand *Panzerkreuzer Potemkin (Das Jahr 1905)* (Bronenosec ›Potemkin‹, ›God 1905‹), mit dem Ejzenštejn seinen Weltruhm als Filmregisseur begründete. Die öffentliche Premiere dieses Films fand am 19. Januar 1926 im Filmkunsttheater auf dem Moskauer Arbat-Platz statt. In den unmittelbar folgenden Aufführungen in Westeuropa und Amerika wurde *Panzerkreuzer Potemkin* als künstlerische Sensation gefeiert. Er gilt sicherlich als das bedeutendste Dokument der sowjetrussischen Revolutionskunst.

In seinen letzten Lebensjahren konzentrierte sich Sergej Ejzenštejn hauptsächlich auf seine Lehrtätigkeit an verschiedenen Filmhochschulen. Mit hohen Orden ausgezeichnet, starb er am 11. Februar 1948.

Neue Tendenzen im Drama: Experiment und Ideologie

Mit dem Tod Čechovs 1904 hatte das russische Theater seinen bedeutendsten Dramatiker verloren. Stanislavskijs Moskauer Künstlertheater geriet in diesen Jahren nicht zuletzt auch deswegen in eine künstlerische Krise, weil es mit Čechov seinen »Hausautor« verloren hatte. Nach der niedergeschlagenen Revolution 1905 verschwand schließlich auch die unmittelbar zuvor von Maksim Gor'kij, der zweiten großen Dramatikerpersönlichkeit dieses Jahrzehnts, mit *Nachtasyl* (1902), *Die Sommergäste* (1904) und *Kinder der Sonne* (1905) geschaffene sozialkritische Dramatik von den russischen Bühnen, die nun noch strenger in den Würgegriff der zaristischen Zensur geriet. Gor'kij ging ins Exil. So ergab sich die Situation, daß im vorrevolutionären Jahrzehnt zeitgenössische Autoren in den Spielplänen der russischen Bühnen nahezu vollständig fehlten. Von den Stücken dreier Autoren jedoch gingen ganz entscheidende innovatorische Impulse aus, die das Theater der russischen Avantgarde, wie es nach 1917 mit Vehemenz an die Öffentlichkeit trat, vorbereiteten. Es waren dies die in Auseinandersetzung mit dem Symbolismus, vor allem mit dem gerade auch in Rußland zum Modeautor avancierten Maeterlinck entstandenen Stücke von Aleksandr Aleksandrovič Blok (1880–1921) und von Leonid Nikolaevič Andreev (1871–1919) und das futuristische Schauspiel *Der Sieg über die Sonne* von Aleksej Kručonych (1886–1968), dessen spektakuläre Uraufführung im Dezember 1917 in St. Petersburg eine neue Theaterära einleitete.

Aleksandr Bloks Gedichte besaßen in den Kreisen der russischen Symbolisten beinahe Kultstatus. Sie wurden verstanden als Ausdruck eines radikal individualistischen, von eschatologischen Ahnungen, Theosophie und Mystik durchtränkten Lebensgefühls, vermittelt in einer ebenso schönheitssüchtigen wie dunklen Sprachkunst. Von zentralem Einfluß auf das Werk Bloks war die religiös-mystische Philosophie von Vladimir Solov'ev (1853–1900). Als sich Blok dem Theater zuwandte, war dies für ihn, wie er in einem Brief an Mejerchol'd bekannte, der Versuch, »einen Ausweg aus der lyrischen Vereinzelung« zu finden. (n. Ch. Bauermeister 1983, 14) Auch für ihn war die blutige Niederschlagung der Revolution von 1905, an der er aktiv beteiligt war, zu einer Erschütterung geworden, die ihn in seiner bisherigen Lebensauffassung tief verunsichert hatte. In den dramatischen Arbeiten, die nun entstanden, drückte sich diese Erfahrung in einer ironisierenden Haltung gegenüber dem symbolischen Schönheitskult aus, auch gegenüber seiner eigenen mystischen Vorstellungswelt.

Waren schon Bloks Gedichte vorwiegend in Zyklen konzipiert, so nun auch die 1906 erschienenen lyrischen Versdramen: *Die Schaubude* (Balaganščik), *Der König auf dem Platze* (Karol'na ploščadi) und *Die Unbekannte* (Neznakomka). Außerhalb dieses Zyklus, doch geprägt vom Lebensgefühl der Jahre nach 1905, steht das Stück *Rose und Kreuz* (1913, Roza i krest), das 1920 zur Uraufführung kam. Keines dieser Werke war jedoch von so innovativer Kraft wie *Die Schaubude*. Mit der Uraufführung dieses Stücks am 30. Dezember 1906 am Theater der Komissarshewskaja in St. Petersburg konnte Vsevolod Mejerchol'd seine Auffassung eines »bedingten« Theaters in höchster Perfektion verwirklichen. (vgl. Kap.: Mejerchol'd) Was Mejerchol'd bis dahin vor allem in der Tradition des russischen Volkstheaters (Balagan) und in der Commedia dell'arte gesucht und bewundert hatte, dazu fand er in Bloks Stück nun die idealen dramaturgischen Vorgaben: eine permanente Durchbrechung der Illusion, die ironische Thematisierung des Theaters als Theater, eine überaus bunte Ereignisfülle, jedoch ohne stringente Handlung, einen virtuos eingesetzten Wechsel der Fiktionsebenen unter anderem durch die Auftritte eines sich einmischenden »Autors«, alle nur denkbaren sprachlichen und situativen Verfremdungstechniken, Rollenfiguren, die durch ihre Verdoppelung und durch Paarkonstellationen immer wieder in Bruchstücke zerfallen. Als Figuren treten in dem Stück ein melancholischer Pierrot auf, dessen aktiver Gegenspieler Harlekin und die marionettenhafte Columbina, Braut des Pierrot, aber wohl auch ein Todessymbol; außerdem eine geheimnisvolle Gruppe von Mystikern, drei durch Farben gekennzeichnete Liebespaare, ein Bajazzo und ein Ritter. Einer ganz anderen Spielebene gehört der »Autor« an, der mehrfach auftritt und das Geschehen ordnet. Daß es allesamt Theaterfiguren im Sinne der alten »Schaubuden«-Komödien sind, wird durch grelle, surreale Effekte kenntlich gemacht. Als Columbina vom Schlitten fällt, stellt sich heraus, daß sie nur aus Pappmaché ist, und aus dem Kopf des Bajazzo fließt nicht Blut, sondern Moosbeersaft, als ihm der Ritter mit seinem Holzschwert den Schädel spaltet. Das Geschehen selbst weist keine durchgängige Handlungsabfolge auf, jedoch eine Gliederung in drei Aktionssegmente: eine Dialogsequenz der Figuren aus der Commedia dell'arte mit den Mystikern; ein Maskenball mit dem Auftritt der drei Paare; ein Fackelzug, der in einer spektakulären Aktion endet, die die ganze Szenerie als Theaterdekoration enthüllt. Das Stück spielt ironisch auf Maeterlincks symbolistischen

Molière: Tartuffe.
R.: N. Petrov, V. Solov'ev, N. Akimov. Akademisches Theater, Petersburg 1929

V. Kirshon: Brot.
R.: I. Sudakov. Nationaltheater, Moskau 1931

Einakter *Les aveugles* an, ebenso auf Bloks einstige Neigung zum Mystizismus und ist gespickt mit verschlüsselten Hinweisen auf die Biographie des Autors und dessen literarischen Freundeskreis (vor allem auf Solov'ev und Andrej Belyj). Das Werk ist keine stringent konstruierte Parabel, signalisiert dem Zuschauer jedoch, daß er auf der Hut sein sollte, Illusionen nicht für die Wirklichkeit zu halten. Dies ist seine Botschaft.

Die Aufnahme durch das Publikum war zwar gemischt, doch wurde offenbar begriffen, daß damit eine Wende in der russischen Bühnenkunst eingeleitet war. Zu weiteren Aufführungen kam es 1915 und 1916 in Genf, 1923 in New York und in der Spielzeit 1923/24 auch in Paris.

Die Dramen von Leonid Andreev bewegten sich noch weitgehend ungebrochen in der Vorstellungswelt des Symbolismus. Das gilt auch für sein Erfolgsstück *Das Leben des Menschen.* Wieder fand die Uraufführung am Theater der Kommissarshewskaja in St. Petersburg statt (am 22. Februar 1907), wieder auch unter der Regie von Mejerchol'd. Entstanden war das Stück 1906 in Berlin, wo Andreev eine Zeitlang gelebt hatte. So kamen auch zwei seiner Stücke, die in Rußland von der Zensur verboten waren, zuerst in Berlin auf die Bühne.

Mit *Leben des Menschen* hatte Andreev ein Stück geschrieben, das keinen auch nur irgendwie aus seiner Umgebung herausragenden Protagonisten aufwies, sondern den Normalmenschen (»Jemand in Grau«) zum Helden erhob. Es war die Dramatisierung der gänzlich durchschnittlichen Biographie eines jungen begabten Architekten; eine Lebensgeschichte, die sich in fünf Stadien von der Geburt bis zum Tod vollzieht. Ein Sinn wird in diesem Menschenleben nicht erkennbar, vielmehr scheint »der Mensch«, einer Marionette ähnlich, einen vorgezeichneten Weg zu gehen. Das Stück stand unverkennbar in der Tradition von Maeterlincks »drame statique«, zeichnete sich aber durch eine wesentlich breitere Entfaltung eines Lebensentwurfs aus. Andreev hatte für diese undramatische »epische Breite« eine Technik der Dialogisierung von Berichten und eine Dramaturgie der Zeitraffung entwickelt, die die Biographie in eine mit Distanzierungseffekten (etwa durch die Figur eines Kommentators) hergestellte Form der Demonstration (Lehrstück, Exempel) brachte. Er nannte die damit gegebene Richtung »Neorealismus«, eine Kombination von symbolistischer und realistischer Dramaturgie, so in Andreevs *Brief über das Theater* (1913.)

Das Leben des Menschen war trotz seines pessimistischen Grundtons auch außerhalb Rußlands ein beachtlicher Bühnenerfolg, den Andreev mit *Anatema. Ein tragisches Spiel in sieben Bildern* (1909) oder *Die schwarzen Masken* (1909) nicht wiederholen konnte. Allein das Stück *Professor Storizyn* (1912), das wie alle Dramen dieses Autors die existentielle Verlassenheit des Menschen in einer abweisenden Welt zum Thema hat, wurde in den Spielplan vieler russischer Bühnen aufgenommen. Das fünfaktige Schauspiel *König Hunger* (Car' golod) wurde für die Bühne wegen vermeintlicher Gotteslästerung von der Zensur verboten, als Lesestück aber war es ein enormer Erfolg. *König Hunger* wurde als kritische Auseinandersetzung mit der Revolution von 1905 verstanden. Mehr noch als in anderen Stücken perfektionierte Andreev hier eine Richtung der Dramaturgie – Massenszenen mit typisierender, rhythmisch-formelhafter Sprachgestaltung –, wie sie auch im deutschen Expressionismus, etwa in den Dramen von Georg Kaiser eingesetzt wurde. Die deutsche Erstaufführung von *König Hunger* fand 1908 in Düsseldorf statt.

So gingen von den Dramen von Blok und Andreev wesentliche Impulse für die nachrealistische Periode des russischen Theaters aus, eine Entwicklung, die auf den russischen Bühnen in der Auseinandersetzung mit dem Werk Maeterlincks bereits vor 1900 eingesetzt hatte. Stücke anderer russischer Symbolisten, etwa von S. Gippius (*Heiliges Blut*, 1901), von A. Belyj (*Der gekommen ist*, 1903), W. Brjussov (*Die Erde*, 1904) oder W. Ivanov (*Tantal*, 1905) drangen kaum in die Spielpläne. Eine Initialfunktion für diese Entwicklung hatte allerdings ein Essay von Brjussov mit dem Titel *Unnötige Wahrheit* (1902), in dem er im Zusammenhang einer Zurückweisung des Anspruchs auf »Lebenswahrheit« im Naturalismus den Begriff der theatralen »Bedingtheit« (uslovnost) prägt. Diesen Begriff übernahm Mejerchol'd für seine Theorie des »bedingten« Theaters.

Der zweite Innovationsschub für das russische Theater, der von neuen Stükken ausging, erfolgte aus dem Umfeld der Futuristen. Es waren dies das futuristische Schauspiel *Sieg über die Sonne* (Pobeda nad solncem) von Aleksej Jeslisejevič Kručonych (1886–1968) und die Stücke von Vladimir Majakovskij (1893–1930), vor allem dessen *Mysterium buffo* (Misterija-buff).

Kručonychs Schauspiel ist in erster Linie experimentelles Worttheater, [redacted]piel, szenische Dokumentation futuristischer Ästhetik und »Atmo-[redacted]. *Sieg über die Sonne* hat keine Handlung, schon gar keine dramatische [redacted]ng; die auftretenden Figuren sind ohne jede Entwicklung, abstrakte [redacted]onen von Sinnbildern, personifizierte Gegenstände (Maschinengewehr, [redacted]g), die bekenntnishafte Monologe sprechen. Die Atmosphäre des Gan-[redacted]gekennzeichnet durch eine geradezu kultische Feier der Welt der Ma-[redacted] Es war aber auch eine Atmosphäre entspannter Heiterkeit, die sich aufgrund totaler Sinnentlastung einstellte. Eine »neue Wahrnehmung der Welt« (A. Kručonych) sollte geschaffen, der Standort des Menschen darin neu definiert werden. *Sieg über die Sonne* erhielt seine künstlerische Sprengkraft in erster Linie durch die Inszenierung von Vsevolod Mejerchol'd und die Mitarbeit von Malevič und Chlebnikov. Der Text erreichte keineswegs die Qualität poetischer Anarchie, die die Stücke Majakovskijs auszeichnet. Von diesem wurde – zusammen mit *Sieg über die Sonne* – im Luna-Park-Theater in St. Petersburg die Tragödie *Vladimir Majakovskij*, eine monomanische Selbstinszenierung des Dichters, zur Aufführung gebracht. (vgl. Kap.: Neue Ästhetik)

Majakovskijs *Mysterium buffo* dagegen entstand aus dem Elan und dem Pathos der siegreich beendeten Oktoberrevolution im Sommer 1918. Die Uraufführung am 7. November 1918, dem ersten Jahrestag der Revolution, durch Mejerchol'd war das erste große nachrevolutionäre Theaterereignis. (vgl. Kap.: Neue Ästhetik) Das Stück wurde bis zum 7. Juni 1919 täglich aufgeführt. In deutscher Übersetzung wurde es für die Delegierten des III. Kominternkongresses im Juni 1921 im Moskauer Staatszirkus gegeben.

Mysterium buffo war die »heroische, epische und satirische Darstellung unseres Zeitalters ... gespielt von dreihundertfünfzig Schauspielern«, so hieß es im Vorwort zum Libretto für die Aufführung von 1921. (vgl. R.-D. Kluge in: B. Zelinsky 1986, 252) und weiter: »Das *Mysterium buffo* ist unsere große Revolution, verdichtet durch den Vers und die Bühnenhandlung. ›Mysterium‹ deutet auf das Große in der Revolution, ›buffo‹ auf das Lächerliche in ihr. Der Vers des *Mysterium buffo*: das sind die Losungen der Massenkundgebungen, die Sprüche der Straße, die Sprache der Zeitungen. Die Handlung des *Mysterium buffo* – das ist die Bewegung der Massen, der Zusammenstoß der Klassen, das Ringen der Ideen, ein Kleinbild der Welt in den Wänden eines Zirkus. Die Revolution hat alles eingeschmolzen, es gibt keine fertigen Muster mehr, folglich kann es auch kein vollständiges Theaterstück mehr geben. *Mysterium buffo* ist das Gerippe eines Stücks, es ist Bewegung, die täglich von neuen Ereignissen und Tatsachen gelenkt wird.« Das Schauspiel ist in sechs Aufzügen angelegt: Der erste Aufzug zeigt den von Revolutionen überfluteten Erdball. Allein der Nordpol ist ein von der Sintflut verschonter Ort, auf den sich sieben Menschenpaare »reine Wesen«, Repräsentanten der Bourgeoisie, und sieben »unreine« Paare als Vertreter des Proletariats, dazu ein »Versöhnler« geflüchtet haben. Als auch dort das Feuer der Revolution ausbricht, bauen die »Unreinen« eine Arche. Der zweite Aufzug bringt die Fahrt der Arche. Ein Ordnungssystem löst das andere ab. Schließlich werden die »Reinen« über Bord geworfen. Ein »Zukunftsmensch« propagiert die Schaffung einer Kommune. Von ihm angefeuert, machen sich die »Unreinen« über die Masten des Schiffs auf den Weg in die Wolken. Im dritten Akt stürmen die »Unreinen« die von den Popen errichtete »Hölle« und zerstören sie. »Das Paradies« ist die Szenerie des vierten Akts. Auch dieses wird zerstört. Im fünften Akt schließlich wird die Aufbauarbeit geleistet. Im sechsten Akt ist die »Kommune« gegründet, und die »große Zukunft« hat begonnen. Mit der *Internationale* endet diese Revolutionsallegorie, in der die Menschheitsgeschichte als zwangsläufiger Weg in eine kommunistische Gesellschaft imaginiert und die Oktoberrevolution als menschheitsgeschichtliche Zeitenwende dargestellt wird. Das Stück ist voller Anspielungen auf Literarisches und auf Zeitgenossen. (vgl. R.-D. Kluge in: B. Zelinsky 1986, 254f) Das dramaturgische Modell fand Majakovskij in den französischen Mirakelspielen des späten Mittelalters vor, mit denen sich Aleksandr Blok und auch einige Theaterregisseure, so etwa Nikolai Evreinov an seinem Starinny Theater in St. Petersburg, in diesen Jahren beschäftigten. Der Text ist im Grunde nur ein Libretto und läßt viel Spielraum für Improvisation. In der Stalin-Ära verschwand das Stück von den russischen Bühnen und wurde erst 1957 wieder aufgeführt.

Nicht gleich die ganze Weltgeschichte, vielmehr nur die Zustände in Sowjetrußland, gesehen durch das Brennglas der Satire, sind Thema in den Stücken *Die Wanze* (1929 Klop) und *Das Schwitzbad* (Banja). *Die Wanze* wurde im Februar 1929 am Mejerchol'd Theater in Moskau uraufgeführt; *Das Schwitzbad* im März 1930 ebenfalls an diesem Theater.

Über sein Stück *Die Wanze* schreibt Majakovskij, daß es sich darin um »das Ringen mit dem Spießbürger« handelt. Er bezeichnet damit jenen offenbar unausrottbaren Menschentypus, der sich nur auf sein privates Glück konzentriert; ein Typus, der noch massenweise auch in der neuen Sowjetgesellschaft zu existieren schien. Ein Paradebeispiel für diese Spezies ist Ivan Prisypkin, ein Proletarier, der in einen kleinbürgerlichen Privatbetrieb einheiraten will. Als im Chaos der Hochzeitsfeier ein Brand ausbricht, wird der Bräutigam von den Wassermassen der Feuerwehr überschüttet, gefriert sofort ein und wird erst fünfzig Jahre später wieder aufgetaut. Dabei infiziert er die inzwischen entstandene, höchst sterile Zukunftswelt mit den alten Viren, den »Lastern« der Liebedienerei, des Träumens, des Alkoholgenusses und des Zigarettenrauchens, des Gitarrenspiels und des Verliebtseins. Wieder eingefangen, wird der Störenfried zusammen mit einer ebenfalls im Eis »überwinterten« Wanze als »Spießerus vulgaris« im Zoo ausgestellt. Das Stück ist als Zeitmaschine konstruiert. In der Konfrontation von Vergangenheit und Gegenwart entlarvt es die Fragwürdigkeit einer unter dem Terror der Bürokratie vermeintlich perfekt funktionierenden »neuen« Gesellschaft.

Einen ähnlichen Kunstgriff verwendet Majakovskij in *Das Schwitzbad.* Auch hier ist die Bürokratie das Ziel der Satire. Als eine »phosphorisierende Frau«, eine Parteigenossin aus dem Jahre 2030 erscheint und den »besten Kommunisten« auf die Reise »zurück in die Zukunft« mitnehmen will, scheitert dies. Denn der Auserwählte »Chefvorstand der Hauptverwaltung für Koordinierung und Kompromißprojektierung« hat zuviel persönliches Gepäck und vermag sich nicht über Spesen und Umzugsgelder zu einigen. In der Mitte des Stücks findet eine Publikumsdiskussion statt, in der die satirischen Attacken auf die von Spießbürgern durchsetzte Sowjetgesellschaft – freilich in einer erneuten theatralen Fiktionsebene – diskutiert werden.

Die Premiere des Stücks wurde von der Kritik im Vorgriff auf den sich ankündigenden neuen kulturpolitischen Kurs total verrissen. Majakovskij, der sich der Ausweglosigkeit seiner Situation als Künstler bewußt war, beging [redacted] es möglich ge- [redacted] werden durfte. [redacted] Regisseure [redacted] (1863–1920) [redacted] Übersetzt [redacted] von 1894 bis

1904 in der Emigration in Paris und in der Schweiz gelebt und dort mit dem jüdisch-sozialistischen »Bund« sympathisiert. 1905 kehrte er nach Rußland zurück und schrieb vorwiegend Romane und Gedichte. Er war russischer Offizier im Ersten Weltkrieg. 1917 emigrierte er nach Polen, wo er auch starb. In *Der Dybbuk* dramatisierte An-Ski eine chassidische Legende. Es geht dabei um die Vorstellung, daß die Seele eines Verstorbenen wegen der ihr noch anhaftenden Unvollkommenheit zu ewiger Wanderschaft verurteilt wird, dabei aber versucht, in einen lebenden Menschen einzudringen, um dort geläutert zu werden und zur Ruhe zu kommen. Eine solche Seele nennt die Legende »Dybbuk«. Erzählt wird die Geschichte der schönen und tugendhaften Lea, die Chanan als Braut versprochen war. Dieser tut alles, um seine Seele für diese Verbindung rein zu halten. Als Lea schließlich einem anderen zur Frau gegeben werden soll, stirbt Chanan vor Gram. Seine Seele aber fährt in Leas Körper, die seither als Besessene gilt. In einem gewaltigen magischen Ritual wird nun der »böse Geist« in Lea von dem Rabbi beschworen und weicht nur widerwillig aus deren Körper. Lea überlebt diese dramatische Prozedur zwar nicht, ist jetzt aber im Tode mit Chanan vereint. Die Aufführung des Stücks durch das Wilna-Ensemble am Habima-Theater wurde ein Welterfolg. (vgl. Kap.: Studios) Mit An-Skis *Dybbuk* konnte das jiddische Theater schlagartig seine Position im russischen und im internationalen Theater behaupten. Der dauerhafte Erfolg dieser Aufführung beruhte auf der einzigartigen Verbindung einer mystisch-religiösen Atmosphäre mit Elementen drastischer Volkstümlichkeit des jüdischen Alltagslebens. Neben dem Habima war das 1919 gegründete »Moskauer Jiddische Staatliche Künstlertheater« (GOSET) unter der Leitung von Aleksander Granovskij (1890–1936) die bedeutendste Einrichtung im jüdischen Theaterleben in Rußland. 1952 wurde diese Bühne unter dem Vorwurf des Kosmopolitismus geschlossen, ein Vorgang, der typisch war für den Antisemitismus der späten Stalin-Ära.

Die Stücke von Sergej Michajlovič Tret'jakov (1892–1939) sind geschrieben aus der Aufbruchstimmung der ersten nachrevolutionären Jahre, als es noch um die totale Revolutionierung der Bühnenkunst ging. Es sind »operative« Texte im Sinne der Kunsttheorie des LEF; nach Ansicht des Autors aber durchaus nicht nur Agitationstheater. »Wir brauchen nicht auf Tolstoj zu warten ... unsere Epen sind die Zeitungen«: Dies war die Losung, mit der Tret'jakov nach seinem Jurastudium und einer Tätigkeit als Anwalt antrat und in dem Regisseur Mejerchol'd einen Kampfgenossen für den kulturrevolutionären Umsturz des Theaters fand.

1913 hatte Tret'jakov noch dem Kreis der Moskauer Futuristen angehört. In dieser Zeit waren Gedichte entstanden über die Poesie der Großstadt. 1921 bis 1924 lebte er in Moskau und arbeitete dort auch als Journalist. Zusammen mit Ejzenštein leitete Tret'jakov die Theater- und Literaturgruppen des Proletkult. 1923 entstand sein erstes Theaterstück *Hörst Du, Moskau?* (Slyšiš' Moskva?!), das im November 1923 am Proletkult-Theater uraufgeführt wurde; 1924 folgte *Gasmasken* (vgl.: Kap. Ejzenštejn). In den Jahren 1924 und 1925 war Tret'jakov Professor für russische Sprache und Literatur an der Universität in Peking und Auslandskorrespondent der *Prawda* für China. (vgl. H. Boehncke 1972, 190f) Unter dem Eindruck dieser China-Erfahrungen veränderte er seine literarische Arbeitsweise grundlegend. Dazu schrieb er: »Um durch meine Werke einen

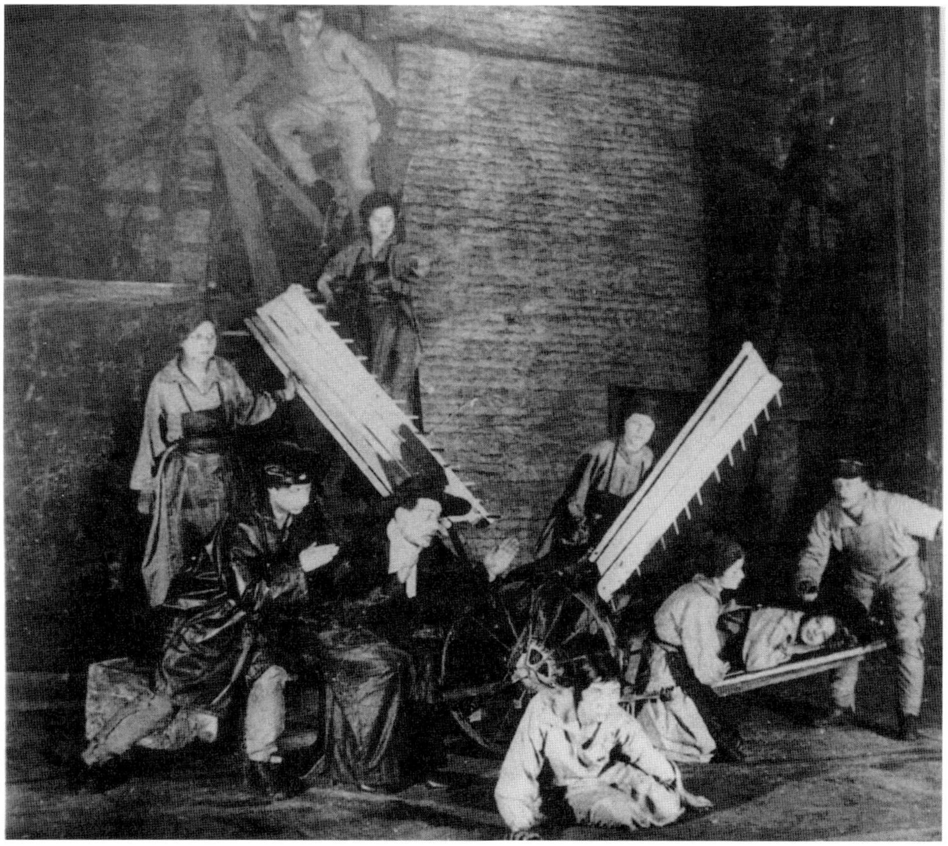

S. M. Tret'jakov: Die Erde bäumt sich. *Adaptation von Marcel Martinets Stück* Nacht, *1923*

agitatorischen Einfluß auszuüben, denke ich mir nicht mehr x-beliebige Schemen aus, wie es z.B. noch bei meinem Drama *Hörst Du, Moskau?* geschah, das von Anfang bis zum Ende erdichtet wurde, sondern ich nehme eine Tatsache, so, wie sie wirklich geschehen ist, und in ihrer sozialen Struktur, in ihrem klassenkämpferischen Inhalt suche und finde ich die Basis für den agitatorischen Einfluß meiner Stücke. So entstand mein Drama *Brülle, China.*« (n. H. Boehncke 1972, 191) In den folgenden Jahren arbeitete Tret'jakov diese »faktografische Methode« des Schreibens noch weiter aus, geriet damit und mit seiner Kritik an der »Widerspiegelungstheorie« aber Anfang der dreißiger Jahre heftig in die Kritik durch die kulturpolitischen Funktionäre der Partei, denen es um die Durchsetzung des Sozialistischen Realismus ging. Mit Brecht verband Tret'jakov eine enge Freundschaft. Über ihn schrieb er 1934 in einem großen Essay in der Zeitschrift *Internationales Theater* und übersetzte einige von Brechts Stücken ins Russische.

[redacted]

M. Bulgakov: Die Tage der Geschwister Turbin. *R: I. Sudakov. B: N. Ulyanov. Moskauer Theater, 1926*

nommen; Regie führte R. Fjodorov. Am Mejerchol'd-Theater waren 1923 auch Tret'jakovs Bearbeitungen zweier Stücke anderer Autoren zur Aufführung gekommen (unter Mejerchol'ds Regie): *Die Erde bäumt sich* und *Eine Dummheit macht auch der Gescheiteste.* (vgl. Kap.: Mejerchol'd)

In *Brülle, China!* hatte Tret'jakov erstmals eine neue Arbeitsweise erprobt. Als Stoff lag dem Stück ein Aufstand chinesischer Kulis im Hafen von Wan Süan im Sommer 1924 zugrunde: Ein amerikanischer Geschäftsmann ertrinkt im Hafen von Wan Süan. Der Vertreter der Kolonialmacht vermutet, daß dies kein Unfall, sondern ein Mord war, und fordert die Stadt auf, den Täter oder, wenn dieser nicht gefunden werde, an dessen Stelle zwei andere Hafenarbeiter hinzurichten. Würde dies nicht ausgeführt, so drohe der Stadt die Beschießung von einem Kanonenboot aus. Als die Drohung verwirklicht werden soll, bricht in Wan Süan die Revolution aus. (vgl. H. Boehncke 1972, 192) Tret'jakov gelang es in diesem Stück, eine überaus packende Handlung zu entwickeln, vor allem auch die explosive Atmosphäre in der chinesischen Hafenstadt zu vermitteln. In Deutschland wurde *Brülle, China!* in der Übersetzung von Leo Lania von Erwin Piscator 1929 in Berlin am Wallner-Theater aufgeführt. In China kam das Stück 1930 auf die Bühne.

Tret'jakovs letztes Theaterstück, *Ich will ein Kind haben*, war ein »Diskussionsstück«. Mejerchol'd wollte es 1927/28 an seinem Theater aufführen. Dies wurde jedoch von der Moskauer Repertoirekommission verhindert. Es ging in dem Stück um eine allein lebende, selbstbewußte Parteifunktionärin, die sich schwängern lassen will, um der Partei ein perfektes Proletarierkind schenken zu können. Solcher Art Rationalität in der Organisation des eigenen Lebens war selbst für die Parteiführung offenbar unerträglich. (vgl. R. Leach n. V. Borovky

1999, 320) Dieser Vorgang machte aber auch vollends deutlich, daß Tret'jakov Ende der zwanziger Jahre längst in eine politische Isolation geraten war.

Als Stanislavskij Mitte der zwanziger Jahre aufgefordert wurde, auch Stücke zeitgenössischer russischer Autoren in seinen Spielplan aufzunehmen, veranlaßte er Michail Afanos'evič Bulgakov (1891–1940), für ihn ein Stück zu schreiben. Es sollte eine Bühnenfassung von dessen Roman *Die Weiße Garde* (1924, Belaja gvardija) sein. Daraus entstand das Stück *Die Tage der Geschwister Turbin* (Dni Turbinych). Stanislavskij brachte im Oktober 1926 an seinem Künstlertheater die Uraufführung heraus.

Bulgakov hatte zunächst Medizin studiert, sich seit 1923 aber ausschließlich als Literat betätigt. *Die Tage der Geschwister Turbin* (auch unter dem Titel: *Die Tage der Turbins*) war sein erstes Theaterstück. Es behandelt konkrete Ereignisse aus dem Bürgerkrieg, die sich in der Ukraine zur Jahreswende 1918/19 zugetragen hatten. So konnte es nicht ausbleiben, daß spätestens bei der Generalprobe heftige politische Auseinandersetzungen um diesen Stoff in Gang kamen. Bulgakov wurde vorgeworfen, er hätte die Vertreter der zaristischen Weißen Garde zu positiv, die Rote Sowjetarmee zu negativ gezeichnet. Die Uraufführung kam dennoch heraus. »Trotz zeitweiligen Verbots gab es von dieser ersten Inszenierung fast tausend Vorstellungen, bis in den ersten Kriegstagen 1941, bei einem Gastspiel in Minsk, die Bühnenbilder zerstört wurden.« (H. Riggenbach in: B. Zelinsky 1986, 265) Im Mittelpunkt des Stücks steht der dreißigjährige Artillerieoberst Aleksey Turbin, der den Befehl hat, die Stadt Kiew gegen die Banden Petljuras und die Bolschewisten zu verteidigen. Von seinen Bundesgenossen im Stich gelassen, geht er heldenhaft in den Tod, rettet zuvor aber die ihm anvertrauten Soldaten und vermag auch seine Familienangehörigen in Sicherheit zu bringen. Am Ende kommen die Weißgardisten jedoch zu der Einsicht, daß ihre Zeit und die des Zaren vorbei ist und die Zukunft Rußlands bei den Bolschewisten liegt. In seiner antiheroischen Grundtendenz schwankt Bulgakovs figurenreiches Stück zwischen desillusionierender Parodie und Melodrama, eine Kombination, die aufgrund ihrer inhaltlichen Offenheit den enormen Bühnenerfolg bewirkt hat.

Als Bulgakovs Stücke einen mehr satirischen Ton annahmen, der auch die Sowjetgesellschaft nicht ausnahm, verschwanden sie von der Bühne. 1928 noch hatte Tairov *Die Purpurinsel* aufgeführt; die Farce *Die Flucht* (1928) wurde bereits von der offiziellen Kritik massiv angegriffen. (vgl. R. Leach u. V. Borovsky 1999, 326f) Bulgakov ging schließlich den Weg in die innere Emigration. Es entstanden nun seine Erzählungen, vor allem sein Hauptwerk, der Roman *Der Meister und Margarita*, der 1968 posthum in Paris erschien. Mit seinen Arbeiten für die Bühne wandte er sich historischen Stoffen zu, so etwa mit der Dramatisierung von Gogols Roman *Die toten Seelen* und einem Stück über Molière, *Die Kabale der Scheinheiligen oder Molière* (1936, Kabala svjatoš. Mol'er), die Stanislavskij beide in seiner Privatwohnung aufführte. 1940 erschien *Don Quichotte* (1941, Uraufführung am Vachtangov-Theater in Moskau). 1943 wurde an derselben Bühne das Drama *Die letzten Tage* (Poslednie dni) uraufgeführt. Es handelt vom Tod des Dichters Aleksandr Puškin (1837); vom »Untergang«, wie es im Text heißt, »eines großen Bürgers, der geschehen konnte, weil die unumschränkte Macht im Lande von Unwürdigen ausgeübt wurde, die das Volk wie Sklaven behandelten.« Im Druck erscheinen durfte dieses Stück erst 1955. Es war eines der ersten Werke, das im literarischen Leben der Sowjetunion die »Tauwetter»-Periode Mitte der fünfziger Jahre einleitete. Durch die Dramatisierung von *Der Meister und Margarita*, die Juri Ljubimov (geb. 1917) 1977 am Taganka Theater in Moskau herausbrachte und die mit großem Erfolg jahrelang im Spielplan dieser Bühne blieb, geriet Bulgakovs Werk noch einmal in die Aufmerksamkeit der internationalen Theateröffentlichkeit.

Nicht durchsetzen konnte sich mit seinen Stücken Isaak Ëmmanuilovič Babel, der 1894 in Odessa geboren wurde, 1941 in der Haft starb und erst 1954 rehabilitiert wurde. Seine Freundschaft mit Maksim Gor'kij war ein prägendes Moment in seiner Biographie. Babels erstes Stück *Sonnenuntergang* (Zahat) wurde 1927 in Baku uraufgeführt. 1928 übernahm es Stanislavskij an sein Künstlertheater. Es ist eine Auseinandersetzung mit dem altjüdischen Patriarchatsverständnis, dessen Repräsentanten sich nicht mehr gegen den Untergang ihrer Welt zur Wehr setzen können. Babels Stück *Maria* (Marija, entstanden 1933) kam erst 1964 durch Giorgio Strehler am Piccolo teatro in Mailand zu einer bemerkenswerten Uraufführung. Danach wurde es von zahlreichen europäischen Bühnen ins Repertoire übernommen. *Maria* sollte Teil einer Trilogie werden, die die Entwicklung der Sowjetunion von 1920 bis 1935 schildert. Zentrales Thema ist der Zerfall der alten aristokratischen Gesellschaft, einer funktionslos gewordenen Außenseitergruppe, beispielhaft vorgeführt am Schicksal der Familie des zaristischen Generals Mukovnin. Allein dessen Tochter Maria, die nie im Stück auftritt, findet Anschluß an die »neue Zeit«.

Gänzlich gegen die vorherrschende kulturpolitische Tendenz, die auf den sozialistischen Realismus hinstrebte, konstituierte sich 1927 in Petersburg noch einmal eine Literatengruppe, die die Position eines radikalen Avantgardismus

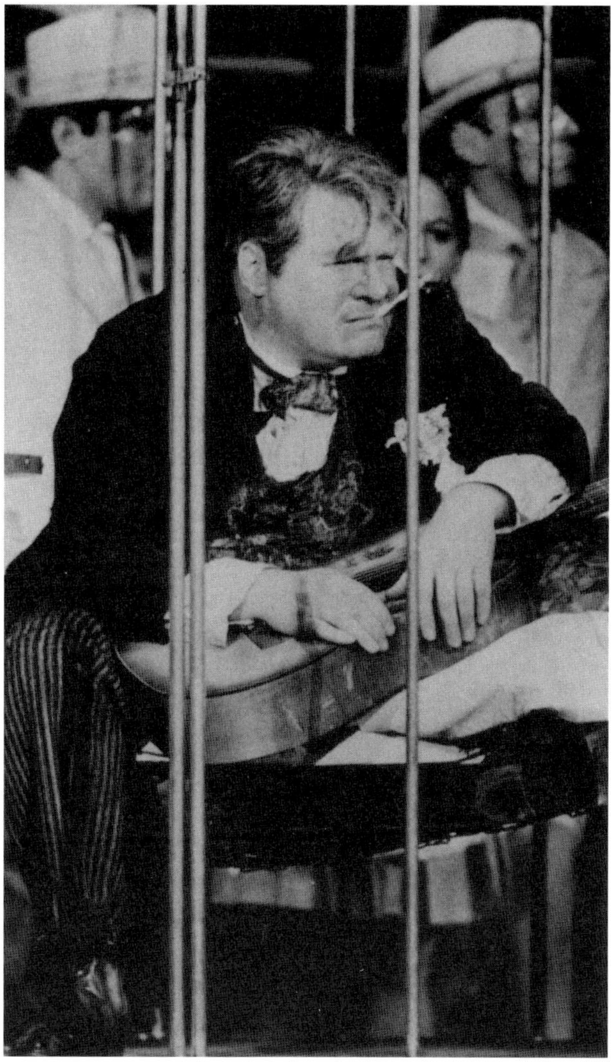

vertrat. Diese Gruppe um den Lyriker und Dramatiker Danîil Ivanovič Charms (1906–1941) nannte sich »Oberiu« (Vereinigung der realen Kunst) und veranstaltete provokative Happenings, ähnlich den Aktionen der Dadaisten. »Oberiu« propagierte das Gesamtkunstwerk, in dem sich alle Stile und Gattungen mischten, Kunst und Leben eins sein sollten. Mit ihrer Theatralisierung von Gegenständen, die gleichrangig mit Schauspielern »auftraten«, ihrer bizarren Bilderwelt und der Thematisierung von Tod und Entfremdung zählte »Oberiu« zu den Wegbereitern des Theaters des Absurden. Im künstlerischen Leben der Sowjetunion galt die Gruppe als Versammlung »literarischer Rowdies« und wurde der Zersetzung der politischen Moral bezichtigt. (vgl. Ch. Müller-Scholle in: B. Zelinsky 1986, 281 f) Charms' »Schauspiel in 29 Stücken« *Jelisaweta Bam* (Elizaveta Bam), das 1927 in einem kleinen Kreis uraufgeführt wurde, ist ein Paradebeispiel dieses späten Avantgardetheaters im Sinne von »Oberiu«. Fluchtphantasien und Hoffnungslosigkeit sind atmosphärische Konstanten, die sich durch diese szenische Collage ziehen.

V. Majakovskij: Die Wanze. *R.: K. Swinarski. Schiller Theater, Berlin 1964. Ernst Schröder als der Prolet Prisypkin*

N. R. *Erdman:* Der Selbstmörder. *R.: O. Schenk. Thalia Theater, Hamburg 1971. Helmut Lohner in der Titelrolle*

Mit zwei Dramen, wie sie gegensätzlicher nicht sein könnten, läßt sich wohl am besten die Tendenz in der Entwicklung der russischen Dramatik (und des Theaters) von der Mitte der zwanziger bis zur Mitte der dreißiger Jahre aufzeigen. Es sind dies die Komödie *Der Selbstmörder* (Samoubijca) von Nikolaj Robertovič Erdman (1902–1970) und die *Optimistische Tragödie* (Optimističeskaja tragedija) von Vsevolod Vital'evič Višnevskij (1900–1951). Erdman stand in der Tradition der Gesellschaftssatire, wie sie in Rußland vor allem in Gogol ihren klassischen Vertreter gefunden hatte. Als »unseren neuen Gogol« apostrophierte Maksim Gor'kij gar den jungen Dramatiker. Erdman war begeisterter Anhänger der Revolution von 1917, und so waren Anfang der zwanziger Jahre die zunehmende Bürokratisierung des gesellschaftlichen Lebens und die Zersetzung der Ideale der Revolution durch das Auswuchern kleinbürgerlicher Gesinnung die hauptsächlichen Ziele seiner Satiren. Der durch die Neue Ökonomische Politik 1921 ausgelöste gesellschaftliche Umbruch lieferte gerade in diesem Sinne zureichend Anlaß und Stoff. 1925 erschien Erdmans Erstlingswerk *Das Mandat* (Mandat), das Mejerchol'd im gleichen Jahr noch herausbrachte. Die turbulente Komödie gipfelt in einer grotesk arrangierten Hochzeitszeremonie, durch die der kleinbürgerliche, opportunistische Protagonist an das Ziel seiner Wünsche gelangt zu sein glaubt, nämlich in die Zarenfamilie eingeheiratet zu haben. Die in dem Stück vorgegebene Handlungsdynamik, die sich geradezu überschlagenden Täuschungsmanöver und grotesken Verwicklungen, boten Mejerchol'd Gelegenheit, seine biomechanisch geschulten Darsteller brillieren zu lassen. *Das Mandat* war eine der erfolgreichsten Aufführungen am Mejerchol'd Theater. Von Erdmans zweitem Stück *Der Selbstmörder*

V. Višnevskij:
Optimistische Tragödie.
B.: V. Ryndin, 1933

V. Višnevskij:
Optimistische Tragödie.
R.: Peter Stein. Schaubühne am Halleschen Ufer, Berlin 1972

dagegen kam eine Aufführung am TIM nicht zustande. Es galt als politisch reaktionär und wurde von der Zensur verboten. Hinzu kam, daß Mejerchol'd Erdmans Satire dem antifaschistischen Lehrstück *Im Westen ist Kampf* vorzog. Dessen Autor aber war der Parteifunktionär Vsevolod Višnevskij, der den Vorgang als Affront gegen die offizielle Kulturpolitik bewertete und in die Diskussion brachte. Mejerchol'd setzte zwar die Proben an Erdmanns Stück fort, eine Aufführung durfte letztlich jedoch nicht stattfinden. Erst 1987 im offeneren Klima der Perestrojka wurde *Der Selbstmörder* in Rußland erstaufgeführt. Der Protagonist in diesem Stück ist ein typischer Antiheld, »ein arbeitsloser Invalide ohne Zukunftsperspektive«, (E. Reissner in: B. Zelinsky 1986, 295), der sich freilich als Familientyrann aufspielt. Als eines Tages der Streit in der Familie, der wegen nicht bezahlter Stromrechnung im Dunkeln stattfindet, eskaliert und Semën Semënovič Podsekal'nikov sich in die Toilette zurückzieht, um dort Selbstmord zu begehen, nimmt das Geschehen eine verblüffende Wende. Podsekal'nikov gerät plötzlich ins Zentrum des allgemeinen Interesses. Von allen Seiten bietet man ihm Beistand an, um seinem Selbstmord einen Sinn zu geben. Ein typischer Vertreter der Intelligencija will ihn »für die Wahrheit« sterben lassen, ein Literat »für die heilige Kunst«, der Pope schließlich »für die Religion«. Dies alles fasziniert Podsekal'nikov so sehr, daß er seinen Selbstmord nun – bombastisch inszeniert – am Ende eines großen Festbanketts vollziehen will. Dieses wird auch arrangiert. Als er dort aber von einem Gefühl der Macht übermannt wird (»Ich bin ein Diktator. Ich bin der Zar, liebe Genossen!«), bricht seine Motivation zu sterben immer mehr ein. Höchst lebendig springt er in den Sarg und läßt sich auf den Friedhof tragen. Dort angekommen, stürzt er sich gierig auf die vorbereiteten rituellen Speisen: »Bloß leben, Genossen, bloß nicht sterben, nicht für Euch, nicht für die übrige Menschheit!« In den entstehenden Tumult, der in der empörten Trauergemeinde ausbricht, platzt die Nachricht, daß sich ein junger Mann nach dem Vorbild des Podsekal'nikov erschossen hat. Damit endet das Stück. Das »zersetzende« Moment dieser Satire war ganz offensichtlich dies, daß Erdman seinen »Helden« nicht ohne Sympathie gezeichnet hat, vor allem aber die Entlarvung jener Phrasen, mit denen im Sowjetstaat den Bürgern permanent Heldenhaftigkeit noch in der Misere ihres Alltagslebens abverlangt wurde.

Von Erdmans nächstem Stück ist nur der Titel bekannt: *Eine Sitzung über das Lachen*. Vermutlich wurde das Manuskript beschlagnahmt. 1933 wurde der Autor verhaftet und verbrachte mehr als zwanzig Jahre (bis 1956) in einem Lager. Dort schrieb er noch einige Operettenlibrettos. 1968 kam der Text von *Der Selbstmörder* in den Westen und wurde noch im März desselben Jahres in Göteborg uraufgeführt. Aufführungen in Zürich (1970) und München (1971) folgten. Bis heute hat sich dieses Stück im Repertoire europäischer Bühnen gehalten.

Die Bühnenstücke von Vsevolod Višnevskij zählten zur Masse jener Arbeiten, die der kulturpolitischen Linie der Sowjetführung angepaßt waren und sich systemtreu auf die jeweils aktuellen Inhalte einstellten. Innerhalb dieser Gruppe aber zählen sie zu den besten. Dies gilt vor allem für sein wichtigstes Stück, die *Optimistische Tragödie*. (vgl. Kap.: Sozialistischer Realismus) Višnevskij trat als Vierzehnjähriger in die zaristische Armee ein. Nahm dann aber leidenschaftlich Partei für die Revolution. In deren Dienst und in den Dienst der kommunistischen Partei stellte er auch nach 1917 sein Leben und seine Arbeit als Schriftsteller, mit der er 1920 begann. Von Beginn an verstand er dies im Sinne jenes Programms, das erst sehr viel später als Sozialistischer Realismus verbindlich wurde: als Beitrag zur Erziehung zu einem kommunistischen Menschenbild. Višnevskij gehörte der Assoziation Proletarischer Schriftsteller an und war Stellvertretender Generalsekretär des Sowjetischen Schriftstellerverbandes. In allen Arbeiten für die Bühne behandelte er Themen aus der Zeitgeschichte, aus den Jahren der Revolution und des Bürgerkriegs, und dies im Sinne unmißverständlicher Parteilichkeit; Zeitgeschichte, interpretiert aus dem Blickwinkel der kommunistischen Partei: *Gericht über die Meuterer von Kronstadt* (1921), *Die Erste Reiterarmee* (1929, Pervaja Konnaja), *Das letzte Gefecht* (1931), ein Stück über das Aufkommen des Faschismus in Deutschland.

Višnevskij *Optimistische Tragödie* entstand 1921 (erste Fassung); zur Uraufführung kam eine zweite Fassung 1933 in Kiew. 1921 hatte sich in Moskau keiner der prominenten Regisseure des Stückes angenommen. Erst nach der Kiewer Uraufführung brachte es Tairov in Moskau an seinem Kammertheater mit verändertem Schluß heraus. Die *Optimistische Tragödie* war als Beitrag des Autors zum fünfzehnten Jahrestag der Oktoberrevolution gedacht, auch als Huldigung an Stalin zur Zeit der beginnenden politischen Säuberungsaktionen.

Erzählt wird ein exemplarisches Ereignis aus dem Bürgerkrieg: die Disziplinierung einer Gruppe von Anarchisten durch eine entschlossen auftretende, von der kommunistischen Partei an den Ort des Geschehens (auf ein Schiff der Baltischen Flotte) geschickte junge Kommissarin; schließlich die Bekehrung der Anarchisten zu Ordnung und patriotischem Pflichtbewußtsein und deren Eingliederung in die Rote Flotte als kampfstarkes Regiment. Durch und durch also ein Lehrstück. Der Autor konnte bei diesem Stoff auf eigene Erfahrungen zurückgreifen. Er hatte 1918 selbst als Offizier aktiv an der Liquidierung einiger Anarchisten teilgenommen. Vom Ende des Stücks existieren zwei Varianten: In der Kiewer Uraufführung wird eine Gruppe von der Weißen Garde gefangen genommener Matrosen am Ende hingerichtet. Deren ungebrochener Glaube an den Sieg der Revolution sollte den optimistischen Schlußpunkt setzen. In der Moskauer Aufführung endet das Stück mit dem Tod der gefolterten Kommissarin im Augenblick ihres Triumphes, als nämlich das Regiment sich geschlossen für den revolutionären Kampf entscheidet. Diese Botschaft wird in großen Kontrasten in der Figurenzeichnung, in plakativen Parolen und »Lehrgesprächen« vorgetragen, hinzu kommen unmittelbare Ansprachen an das Publikum durch »Sprecher« und einen »Chor«. Das in seiner szenischen Anlage monumentale Stück ist ein typisches Beispiel »epischen Theaters«. Trotz aller doktrinärer Vergröberungen und sozialistisch-realistischer Klischees hat die spannungsgeladene dichte Handlung bewirkt, daß das Stück als eines der wenigen aus dieser Periode bis heute auch an westeuropäischen Bühnen aufgeführt wird. Anfang der vierziger Jahre schrieb Višnevskij noch zwei Stücke, während er als Soldat an der Verteidigung Leningrads gegen die deutsche Armee teilnahm: die Komödie *Weit wogt das Meer* (1942, zusammen mit Asarov und Aleksandr Kron) und *Vor den Mauern Leningrads* (1942).

Wenn es auch nur wenige Werke sind, die aus der Masse der seit Ende des ersten Jahrzehnts des 20. Jahrhunderts bis in die vierziger und fünfziger Jahre entstandenen Dramen herausragen, so wird doch deutlich, daß von diesen auch wesentliche Impulse für die Entwicklung der Bühnenkunst ausgingen. Dieser Beitrag der Dramatiker sollte nicht unterschätzt werden, auch wenn in dieser Periode die Regisseure und anfangs auch die bildenden Künstler als die großen innovativen Gestalter des Theaters in Rußland, später in der Sowjetunion so sehr im Vordergrund stehen.

Anmerkungen zur Entwicklung der Oper und des Balletts

Die russische Oper und das Ballett waren in der ersten Hälfte des 20. Jahrhunderts, vor allem im Zeitraum von 1917 bis Mitte der fünfziger Jahre, keineswegs von einer mit dem Schauspieltheater vergleichbaren experimentellen Dynamik erfaßt; sie waren auch nicht im gleichen Maße wie dieses in die so überhitzt geführten kultur- und theaterpolitischen Diskurse involviert. Gewiß wurden auch im Opern- und Ballettrepertoire die dem Geist und der Politik in dieser Periode angepaßten ideologischen Akzente gesetzt; künstlerisch jedoch blieben Oper und Ballett eher traditionell orientiert. In den Spielplänen der Opernhäuser bildeten die Werke der russischen Großmeister des 19. Jahrhunderts die Schwerpunkte: die Opern von Glinka, Dargomyzshski, Borodin, Musorgskij, Rimskij-Korsakov (die Gruppe des »Mächtigen Häufleins«) und von Tchaikovsky. Auch die Werke klassischer ausländischer Opernkomponisten wie Mozart, Wagner, Verdi und Puccini behielten ihren festen Platz im Repertoire der russischen Opernhäuser auch nach 1917.

Sergej Prokof'ev (1891–1953) und Dmitrij Šostakovič (1906–1975) setzten die Tradition der klassischen russischen Oper im 20. Jahrhundert fort. Prokof'ev, ein Schüler von Rimskij-Korsakov, lebte seit 1918 in Westeuropa, vornehmlich in Paris, und in den USA. 1933 kehrte er in die Sowjetunion zurück und

S. Prokof'ev: Die Liebe zu den drei Orangen. *Interlude im zweiten Akt: Masken. B. u. K: I. Rabinovič. Bol'šoj-Theater, Moskau 1927*

S. Prokof'ev: Die Geschichte des wahren Menschen. *B.: Zolotariev. Bol'šoj-Theater, Moskau 1960*

übernahm dort (1939 bis 1941) die Funktion des Vorsitzenden des Komponisten-Verbandes. Er zählte damit zu den einflußreichsten Persönlichkeiten im russischen Musiktheaterleben.

Aufgrund seines Reise-Daseins in den zwanziger Jahren wurden drei seiner Opern an amerikanischen und westeuropäischen Bühnen in französischer Sprache uraufgeführt: *Die Liebe zu den drei Orangen* (L'Amour des trois Oranges) 1921 in Chicago, *Der Spieler* (Le Joueur) 1929 in Brüssel und *Der Feurige Engel* (L'Ange de Feu) 1928 in einer Radiofassung in Paris, die szenische Aufführung 1955 in Venedig. Seit den vierziger Jahren kamen seine Werke auch auf russischen Bühnen zur Uraufführung, so etwa *Semion Kotko* 1940 in Moskau, *Krieg und Frieden* (Woina i Mir) 1944 konzertant in Moskau, (in der szenischen Fassung 1955 in Leningrad) und *Ein wahrer Mensch* (Povest o Nastoyaschem Cheloveke) in einer nicht öffentlichen Aufführung 1948 in Leningrad. Die öffentliche Aufführung fand erst 1960 in Moskau statt. Diese drei Werke, die nach 1940 entstanden sind, behandeln ihre Sujets durchweg im Sinne des Sozialistischen Realismus. Musikalisch treten Anklänge an die russische Folklore in den Vordergrund, ein für die kulturpolitische Tendenz im Musikleben dieser Zeit besonders typischer Zug.

Die Liebe zu den drei Orangen ist die am meisten aufgeführte Oper von Prokof'ev. In Rußland kam dieses Werk, dessen Libretto eine Fabel von Carlo Gozzi zugrunde liegt, erst 1926 in Leningrad und 1927 in Moskau auf die Bühne. Ihre Beliebtheit verdankt diese Oper ihrer bis an die Grenzen der Absurdität getriebenen Märchenhaftigkeit, die zugleich aber auch ironisch parodistisch behandelt wird. Dies war bei Gozzi weitgehend vorgegeben, der im verspielten Milieu der Commedia dell'arte einen hypochondrischen Prinzen seine Pomeranzen-Prinzessin befreien und für sich erobern ließ. Prokofiev folgt

S. Prokof'ev: Krieg und Frieden. *R.: B. Pokrovski. B.: W. Ryndin. Dir.: A. Melik-Peschajev. Moskau in Flammen. Bol'šoj-Theater, Moskau*

dieser Vorlage auch in der Atmosphäre weitgehend. Von der musikalischen Leichtigkeit, der Heiterkeit und Ironie dieses frühen Werks sind die Stücke nach 1940 – dem Ernst der politischen Situation in der Sowjetunion entsprechend – weit entfernt.

Dmitrij Šostakovič, der als Komponist in erster Linie Sinfoniker war und seit Ende der dreißiger Jahre als Dozent am Konservatorium in Leningrad und Moskau unterrichtete, schuf zwei Opern: *Die Nase* (1930, Nos) und *Lady Macbeth des Mzensker Bezirks* (Ledi Makbet Mzenskogo Ujesda). Dieses Werk, dessen Libretto auf einer Erzählung Nikolaj Leskovs beruhte, wurde 1934 in Leningrad uraufgeführt und gab Anlaß zu einer heftigen Kritik in der *Prawda.* Shostakovich wurde als »Formalist« angegriffen. Daraufhin zog der Komponist das Werk zurück und erarbeitete eine Neu-Fassung unter dem Titel *Katarina Ismailova.* Diese wurde 1962 in Moskau uraufgeführt. Gegenüber der Erstfassung findet darin eine deutliche moralische Aufwertung der – vom Shakespeare'schem Format – verbrecherischen Titelheldin statt.

Ganz im zeitgeschichtlichen Kontext blieben eine Reihe von Opernwerken, die unmittelbar auf die aktuelle politische Situation bezogen waren, so etwa *Trilbi* (1924) von A. Jurasovski, *Der stille Don* und *Neuland unterm Pflug* von Ivan Dseršinski, *Panzerkreuzer Potemkin* von O. Čiško; vor allem auch die Opern von Dmitri Kabalevski (1904–1986): *Cola Breugnon* (1938) *Im*

Feuer/Vor Moskau (1943), *Die Familie des Taras* (1950). Besonders gefördert wurden auch Werke, die von Komponisten aus den entlegeneren Sowjetrepubliken stammten. (vgl. B. Pokrowski, J. Grigorowitsch 1979, 20f) Das kulturpolitische »Tauwetter«, das in der zweiten Hälfte der fünfziger Jahre einsetzte, ließ auch im Operntheater neue Impulse aufkommen. (vgl. D. Rubin 1994 I, 721)

Im institutionellen Bereich galten für die Opernhäuser die gleichen Regelungen wie für die Schauspielbühnen. Alle Theater waren verstaatlicht worden und unterstanden dem Volkskommissariat für Kultur. Gegenüber den kulturrevolutionären Bestrebungen der LEF-Gruppe und des Proletkult wurden die großen Traditionsbühnen systematisch abgeschirmt. In Moskau erhielt das Bolshoj-Theater 1924 einen zweiten Spielort im Haus des ehemaligen privaten Operntheaters Simin. 1941 wurden das Operntheater von Stanislavskij und das von Nemirovič-Dančenko zusammengelegt und unter dem Namen Muzikalny Teatr imeni Stanislavskogo i Nemiroviča-Dančenko weitergeführt. Diese Bühne orientierte sich am Stil des Künstlertheaters und stand mit ihrer Betonung der dramaturgischen und schauspielerischen Momente in einem gewissen Gegensatz zur Opernpflege des Bol'šoj-Theaters, an dem die Darsteller vor allem als Sänger im Mittelpunkt standen.

In Leningrad wurde das Staatliche Operntheater (vormals »Bol'šoj-Teatr«) 1935 in Kirov-Theater umbenannt. Daneben existierte das private Mariinski-Teatr, das ebenfalls verstaatlicht wurde. 1918 wurde das Malyi Teatr Opery i Baleta gegründet, das dem Mariinskij-Teatr angeschlossen war. Diese Bühne war im Gebäude des einstigen privaten Mikhailovski-Theater untergebracht und erhielt 1920 den Namen »Kleines Theater für Oper und Ballett«. Auch bei diesem Theater kam 1926 der Zusatz »Akademisch« hinzu. Dieses Operntheater hatte eine experimentelle Ausrichtung und widmete sich besonders zeitgenössischen Werken. Auch in einigen anderen Städten existierten ständige Opernensembles, so in Nizhni-Novgorod, Perm, Samara, Novosibirsk und Sverdlovsk. Zudem unterhielten die großen Moskauer und Leningrader Bühnen einen ausgedehnten Tourneebetrieb in die Provinzen. Regelmäßig fanden auch Sondervorstellungen dieser Theater für Arbeiter und Soldaten statt. Während der Angriffe der deutschen Armee auf Leningrad und Moskau wurden die Ensembles dieser Bühnen aus ihren Städten evakuiert. Ähnlich Stanislavskijs Moskauer Künstlertheater wurden die staatlichen Opernbühnen von der politischen Führung dem Ausland gegenüber als kulturelle »Botschafter« des Sowjetstaats präsentiert.

Das russische Ballett bot in diesem Zeitraum ein ganz ähnliches Bild wie die Oper, waren doch die Ballett-Compagnien durchweg den Opernbühnen angegliedert. Auch im Ballett war die künstlerische Ausrichtung auf die Perfektionierung der klassischen russischen Tanztradition hin angelegt, wie sie von Persönlichkeiten wie der Tänzerin Galina Ulanova (geb. 1909) verkörpert wurde. Eine Fortsetzung der von Diaghilevs Ballets Russes eingeleiteten Entwicklung fand in Rußland nicht statt. Die Diaghilev-Compagnie hatte ihren Standort schon 1914 endgültig nach Paris verlegt. (vgl. Bd. III, 919ff) Das Jahr 1917 bedeutete jedoch insofern eine Wendemarke im russischen Ballett, als nach der Revolution auch diese Theateratmosphäre in die propagandistische Maschinerie des neuen Sowjetstaats geriet. Es kam zwar noch 1921 die Urauf-

Shurale. *Bol'šoj-Theater, Moskau 1955*

R. Glière: Krasnyi Mak. *B.: Kourilko. Bol'šoj-Theater, Moskau 1949*

führung von Igor Stravinskijs (1882–1971) *Petruschka* in Moskau heraus. Arbeits- und Lebensschwerpunkte dieses russischen Komponisten waren jedoch seit 1920 in Paris und die USA. 1934 nahm Stravinsky die französische, 1945 die US-amerikanische Staatsbürgerschaft an. In der Sowjetunion bildeten nach 1917 Neueinstudierungen der klassischen Ballette – *Schwanensee, Dornröschen, Raimonda, Giselle, Don Quichotte* – die Schwerpunkte im Repertoire der Theater.

Ganz aus dem Geiste der Revolution geschaffen waren Ballette, die 1927 zum 10. Jahrestag der Oktoberrevolution auf die Bühne kamen. In Leningrad war es *Die leibeigene Ballerina* in der Choreographie von Fjodor Lopuchov (1886–1973). Die Musik stammte von Klimenti Kočmarjov; in der Titelrolle trat Marina Semjonova auf. Das Werk hatte die Tragödie einer leibeigenen Künstlerin am Hofe von Katharina II. zum Thema. In Moskau wurde am Bol'šoj-Teatr *Roter Mohn* von Rheingold Glière (1905–1967) in der Choreographie von Vasili Titzkomirov (1876–1956) und Lev Lašilin (1988–1955) uraufgeführt. In der Form einer politischen Allegorie waren darin die Sowjetunion und die kapitalistischen Länder gegenübergestellt: »Die Sowjetunion wird vom Kapitän eines Schiffes und seiner Mannschaft, die kapitalistische Welt von Kaufleuten, Bankiers, besonders von dem Privatunternehmer Li Schan-fu repräsentiert.« Das Ballett endet mit dem Tod der Revolutionärin Tai Choa. Getroffen von den Kugeln des Li Schan-fu, übergibt sie ihren Genossen eine rote Blume als Freiheitssymbol. (M. Frangopulo 1969, 16) Es war dies das erste »revolutionäre Ballett« und gilt – aus der Sicht der linientreuen Geschichtsschreibung – als »Markstein in der neuen sowjetischen Ballettgeschichte«. Am Kirov-Theater in

Leningrad brachte Vasili Vayonen (1910–1964) das Revolutionsballett *Partisanentage* (1937) von Boris Assafjev (1884–1949) heraus, das Episoden aus dem russischen Bürgerkrieg zum Thema hatte. Anderen Balletten der dreißiger Jahre lagen Motive aus der internationalen Revolutionsgeschichte zugrunde. Für das Ballett *Die Flamme von Paris* (Leningrad, 1932) von Assafjev und Vayonen waren die Revolutionsereignisse in Paris in den Jahren 1789 bis 1793 die stoffliche Vorlage. Erstmals arbeitete bei diesem Ballett neben dem Choreographen ein Regisseur (Sergej Radlov) mit, dessen Aufgabe es war, die Figuren als individuelle Charaktere auszuarbeiten. Das Zusammenspiel von Choreographie und Handlungsdramaturgie stellte eine Erweiterung der klassischen Ballettauffassung dar, an deren Entwicklung vor allem der Choreograph Rostilav Sacharov arbeitete. Dessen Choreographie zu *Der Springbrunnen von Bachtschissarai*, ein Ballett nach einem Gedicht von Aleksandr Puškin, übersetzte die Bildhaftigkeit des poetischen Werks in eine Tanzsprache, die ausschließlich um die Vermittlung des Ausdrucksgehalts der Vorlage bemüht war und auf alle konventionellen Formelemente des Balletts verzichtete. Es war ein Stil, der um Realismus bemüht war und das Ballett in vielen Sequenzen der Pantomime annäherte; eine Tendenz hin zum Literaturballett. Dieses kam 1940 in einer Choreographie nach Shakespeares *Romeo und Julia* zu einem ersten künstlerischen Höhepunkt. Die Tragödie der Liebenden wurde in dieser Choreographie von Leonid Lavonski als ein Konflikt interpretiert, dessen Ursachen im Umbruch der Epochen angelegt waren. Die beiden klassischen Protagonisten erschienen dabei als Repräsentanten einer neuen Zeit, der Renaissance, deren Eltern als noch ganz im Denken des Mittelalters verhaftete Menschen. Nach 1945 brachte das russische Ballett immer wieder auch Gegenwartsthemen auf die Bühne. Dabei war der Grundtenor stets ein optimistischer. Ging es doch um den Wiederaufbau des Landes nach dem Großen Vaterländischen Krieg.

Polen

Einleitung

»Sprengt die Fesseln !!!«

(Stanisław Wyspiański: *Wyzwolenie III*, 790)

Das Ende des Ersten Weltkriegs führte zu einer epochalen Wende in der Geschichte Polens. Nach 120 Jahren der nationalen Unfreiheit kam es 1918 zur Konstitution eines geeinten, unabhängigen polnischen Staats. Seit 1795 war Polen in die Staatsgebiete von Preußen, Österreich und Rußland einverleibt gewesen. Im März 1921 erhielt das Land eine Verfassung als parlamentarische Demokratie. Das 19. Jahrhundert war eine Periode der Unterdrückung und der erneuten Teilung gewesen, die vierte in der Geschichte Polens, es war aber auch die große Zeit der polnischen Unabhängigkeitsbewegung und der nationalen Aufstände, die den nationalen Gedanken im Bewußtsein des polnischen Volkes lebendig gehalten hatten. (vgl. Bd. III, 512 ff u. 895 ff) Trotz aller Versuche der Besatzungsmächte, vor allem Rußlands, eine Politik der »nationalen Entwurzelung« (A. Ajmenkiel) durchzusetzen, kam es deswegen nie zu einem Bruch in der nationalen kulturellen Tradition. Daran hatte das Theater als Institution wesentlichen Anteil. Vor allem aber wirkten Künstler und Intellektuelle von der Emigration aus auf diesen Prozeß ein. Leitfiguren im Kampf um nationale Selbständigkeit waren die Dramatiker Mickiewicz, Słowacki und Krasiński, insbesondere auch der bedeutendste Dramatiker aus dem Kreis der »Jungpolen«, Stanisław Wyspiański. (vgl. Bd. III, 898 ff) Im Kontext der internationalen Politik hatten diese Aktivitäten zur Folge, daß zu Beginn des Ersten Weltkriegs die »polnische Frage« als ungelöst galt und sich die Siegermächte 1918 in der Pflicht sahen, die Bildung eines polnischen Nationalstaats zu unterstützen.

Die zwanziger und dreißiger Jahre waren lange noch bestimmt durch das politische Ringen um die Grenzen des neuen polnischen Staats, weswegen es 1920 mit Rußland zu kriegerischen Auseinandersetzungen kam.

Nach dem Überfall auf Polen durch die deutsche Armee am 1. September 1939, der zum Ausbruch des Zweiten Weltkriegs führte, wurde der polnische Staat erneut zerschlagen. Wenige Wochen nach der deutschen Armee drang die Rote Armee in Polen ein und besetzte die östlichen Gebiete des Landes. Wieder war Polen geteilt und wurde im Laufe des Fortgangs dieses Krieges und der deutschen Besatzungspolitik, deren Terror in der Massenvernichtung der polnischen Juden und der fast vollständigen Zerstörung Warschaus ihren Höhepunkt fand, zum zentralen Kriegsschauplatz. Der militärische Zusammenbruch des Deutschen Reichs 1945 eröffnete schließlich die Möglichkeit, daß sich im Juni 1945 eine nationale polnische Regierung bilden konnte. Dabei gelang es den Kommunisten, die polnischen Exilpolitiker weitgehend auszuschalten und eine enge Bindung Polens an die Sowjetunion zu etablieren. Nachdem der Versuch, einen »polnischen Weg« zum Sozialismus durchzusetzen, gescheitert war, kam

W. Shakespeare: Julius Cäsar. *R.: L. Schiller. B.: K. Frycz. Polnisches Theater, Warschau 1928*

es Anfang der fünfziger Jahre zu einer weitgehenden Angleichung des polnischen Staatssystems an das sowjetische. Für das kulturelle Leben bedeutete dies das Ende freier Entfaltung von Kunst und Literatur, die Kontrolle durch staatliche Zensur und Reglementierung im Sinne einer verordneten Kulturpolitik. Aber auch unter den Bedingungen dieses Systems konnten sich in Polen – anders als in den meisten anderen Staaten, die sich in der Einflußsphäre der Sowjetunion befanden – gerade im Theaterbereich Enklaven freier experimenteller Arbeit bilden, deren Ausstrahlung in den westeuropäischen Bereich beträchtlich war. Beispielhaft dafür war die Arbeit von Tadeusz Kantor (1915–1990), der im Jahre 1956 in Krakau die Bühne »Cricot 2« gründete, in deren Umfeld alle wesentlichen zeitgenössischen Entwicklungen westlicher Avantgardekunst – Tachismus, Happening und Pop-art – präsent waren. Gleiches gilt für die Theaterarbeit von Jerzy Grotowski (1933–1999), der 1959 in Opole das »Theater der 13 Reihen« (seit 1965 in Wrocław/Breslau) gründete, und dessen künstlerische Projekte weltweit Aufsehen erregten. (vgl. Bd. 5) Für die polnischen Staatstheater dagegen, vornehmlich die in der Hauptstadt, existierten kaum Freiräume gegenüber der staatlichen Zensur. Eine Situation, die sich erst in der zweiten Hälfte der fünfziger Jahre zu lockern begann.

Das polnische Theaterwesen in den Jahren von 1914 bis 1945

Bereits um 1900 war das Theaterleben in Polen geprägt durch einen doppelten Gegensatz: das Nebeneinander von staatlich subventionierten Bühnen in der Hauptstadt und von Privattheatern, die keine Subventionen erhielten; und durch prägnante künstlerische Akzentsetzungen, durch die sich die Theater der Hauptstadt von denen anderer Theaterzentren, Lemberg, Łodź, Wilna und vor allem Krakau unterschieden. (vgl. Bd. III, 896) Die staatlich subventionierten Warschauer Theater, die »Warszawski Teatry Rządowe«, pflegten einen künstlerischen Traditionalismus und mieden sowohl im klassischen Repertoire wie bei ihren Unterhaltungsstücken jedwedes Experiment. Diese Bühnen waren einer verstärkten Aufsicht durch die Zensurbehörden ausgesetzt, vor allem in Zeiten politischer Spannungen, was längerfristig zu künstlerischer Stagnation führte. Beispielhaft für die Situation der hauptstädtischen Theater war das Teatr Rozmaitości (Theater der Vielfalt), das 1924 erneut zum polnischen Nationaltheater (Teatr Narodowy) erklärt wurde. (vgl. E. Csató 1974, 15f) Daß sich in Krakau in den beiden Jahrzehnten um 1900 das dortige Stadttheater zur künstlerisch führenden Bühne Polens entwickeln konnte, war sicherlich dem Umstand zu verdanken, daß in dieser Region, die zwar unter habsburgischer Oberherrschaft stand, doch auch eine eigenständige polnische Verwaltung existierte, so daß für die nationale polnische Kultur ein künstlerisches und wissenschaftliches Zentrum entstehen konnte. (vgl. E. Trzeciak 1983, 121f) Hinzu kam, daß Persönlichkeiten wie Tadeusz Pawlikowski (1862–1915), Józef Ko-

Krieg dem Kriege *(nach Aristophanes' Komödie* Frieden*). Polnisches Theater, Warschau*

tarbiński (1849–1928) und dessen Nachfolger in der Direktion des Krakauer Stadttheaters, Ludwik Solski (1855–1954), eine Modernisierung des polnischen Theaters – vorbereitet bereits von Stanisław Koźmian (1837–1922) – durchsetzten, in der Anregungen aus allen zeitgenössischen Reformprojekten der westeuropäischen Theaterzentren aufgenommen wurden. Zudem besaß das Krakauer Theater mit dem Universalkünstler Stanisław Wyspiański den künstlerisch innovativsten Experimentator des polnischen Theaters dieser Jahrzehnte. (vgl. Bd. II, 896ff u. E. Csató 1974, 12ff)

Zu Beginn des zweiten Jahrzehnts des 20. Jahrhunderts verschob sich jedoch das Zentrum der modernen polnischen Bühnenkunst von Krakau nach Warschau. Diese Entwicklung wäre freilich nicht möglich gewesen ohne den vorbereitenden Beitrag, den Krakau geleistet hatte. Zwei Theatergründungen standen am Anfang dieser Entwicklung: die Gründung des Teatr Polski (Polnisches Theater) 1913 und die der ebenfalls in Warschau 1919 eröffneten Bühne »Reduta«. Eine dritte Neugründung war das Teatr im. Bogusławskiego (Bogusławski-Theater) 1924 durch Leon Schiller (1887 – 1954), den bedeutendsten polnischen Theaterregisseur in dieser Periode. Diese drei Warschauer Theater wurden nun zu den Zentren der modernen Bühnenkunst in Polen. Vor 1913 waren es zwei kleine Warschauer Studiobühnen, die nach dem Vorbild der Theaterarbeit von Max Reinhardt neue Wege beschritten hatten: die 1910 eröffnete »Freie Bühne« (Wolna Scena) am Teatr Maly, an der Ryszard Ordyński maßgeblich mitarbeitete, und das 1911 gegründete »Künstlerische Theater« (Teatr Artystyczny). Gründer des Teatr Polski war der aus Krakau stammende Literat Arnold Szyfman (1882–1967). Zur Finanzierung dieses privaten Unternehmens hatte Szyfman eine Aktiengesellschaft ins Leben gerufen. Karol Frycz und Wincenty Drabik, zwei Bühnenbildner, die ebenfalls aus Krakau kamen, waren Szyfmans wichtigste künstlerische Mitarbeiter. Sie setzten an dem neuen Theater von Beginn an eine zentrale Forderung durch, die der Krakauer Bühnenreformer, Maler und Dramatiker Wyspiański bereits um 1900 aufgestellt hatte, daß nämlich für jede Inszenierung eine spezifische Dekoration als in sich stimmige Gesamtausstattung entworfen werden müsse, anstelle der bis dahin an den polnischen Theatern, zumal den staatlich subventionierten, üblichen standardisierten Ausstattungssysteme. Eine programmatische Neuerung war auch, daß Szyfman an seinem Theater den Regisseur als leitende Instanz bei der konzeptionellen Erarbeitung einer Inszenierung einsetzte. Auch hier bestand ein Gegensatz zur Arbeitspraxis an den etablierten Bühnen. Dort bestimmten noch immer die Stars unter den Schauspielern die Richtung, die eine Inszenierung letztlich nahm. Schwerpunkt im Spielplan des Teatr Polski waren anfangs die Stücke der polnischen Romantiker. Mit Zygmunt Krasińkis Geschichtsdrama *Irydion* wurde dieses Theater 1913 eröffnet. Das Warschauer Publikum nahm den neuen Stil, der deutlich von der künstlerischen Atmosphäre Krakaus geprägt war, überaus positiv auf. (vg. E. Csató 1974, 16) Neben literarisch anspruchsvollen Stücken, darunter Werke von Shakespeare, Molière und Shaw, hatte das Teatr Polski zur Sicherstellung seines finanziellen Überlebens überwiegend doch auch die gängigen Unterhaltungsstücke im Spielplan.

Das Theater »Reduta« war von dem Schauspieler und Regisseur Juliusz Osterwa (1885–1947) gegründet worden. Stanislavskijs Moskauer Künstlertheater, das Osterwa während seiner Emigration in Rußland kennengelernt

In dem programmatischen Beitrag Ziele und Aufgaben des Teatr Polski, *der im ersten Band des Tagebuchs des Teatr Polski zu Beginn des Jahres 1914 erschienen ist, bezeichnete Szyfman die Theater Stanislawskis und Reinhardts als die besten Theater der Welt. Im weiteren Text unterschied er jedoch in der modernen europäischen Regiekunst zwei Richtungen: die eine, welche danach strebt, daß die Individualität des Regisseurs auf der Interpretation des Werkes sein Zeichen hinterläßt (Reinhardt, Stanislawski, Beerbohm-Tree), und die andere, welche sich darum bemüht, auf die in theatralischer Hinsicht perfekteste Art und Weise den Charakter des Autors und seines Werkes plastisch zu gestalten (Antoine, Brahm) – und stellte fest, daß das Teatr Polski diese zweite, also Reinhardt entgegengesetzte Richtung eingeschlagen hat.*

(R. Taborski 1997, 19f)

hatte, war das Vorbild dieser Bühne. Das Ensemble reiste zu Gastspielen durch ganz Polen. Die kollektive Erarbeitung einer Produktion war ein besonderes Merkmal der Arbeitsweise an der »Reduta«, die mit ihrem Repertoire ein neues Publikum gewinnen wollte. Auch in der Förderung von Amateurbühnen engagierte sich Osterwa und gründete für diese Theatergruppen eine Schauspielschule. Als Regisseur vertrat er einen an Stanislavskij geschulten psychologischen Realismus, der sich mehr durch atmosphärische Genauigkeit als durch Texttreue oder illusionistische Milieuschilderung auszeichnete. (vgl. E. Csató 1974, 18) Das Ensemble »Reduta« blieb bis 1924 in Warschau. Von 1925 bis 1929 trat diese Truppe, die aus zwei Ensembles (eines ausschließlich für Tourneen) bestand, ständig in Wilna auf.

Mit Leon Schiller hatte das Bogusławski-Theater den »größten Visionär unter den polnischen Regisseuren« (E. Csató) als dessen Leiter. Seine künstlerische Orientierung suchte Schiller bei den großen westeuropäischen Bühnenreformern, insbesondere bei dem Engländer Edward Gordon Craig, in dessen Zeitschrift *The Mask* er auch seine ersten Essays veröffentlichte. Nach längeren Auslandsaufenthalten arbeitete Schiller in Warschau als Journalist, Theaterkritiker und Kabarettist. Von 1916 bis 1917 absolvierte er ein Kunststudium in Wien. Wieder zurück in Warschau, wurde er Chefdramaturg am Teatr Polski. 1921 arbeitete er eine Zeitlang mit dem Regisseur Ryszard Ordyński, einem Schüler von Max Reinhardt, zusammen. Schließlich ging Schiller als Regisseur an Osterwas Theater »Reduta«. Mit Inszenierungen von altpolnischen Mysterienspielen setzte er dort neue Akzente. 1924 schließlich gründete Schiller zusammen mit dem Schriftsteller Wilam Horzyca (1889–1959) und dem Bühnenbildner Andrzej Pronaszko (1888–1961) das Teatr im. Bogusławskiego. Ein Jahr später schloß sich der Schauspieler und Regisseur Aleksander Zelwerowicz (1877–1955) der Leitung dieser Bühne an. Auf den Spielplan kamen Stücke, die ein breites Publikum ansprechen sollten, Komödien von Shakespeare (*Wie es euch gefällt, Ein Wintermärchen*) Krasińskis *Ungöttliche Komödie* und Wyspiańskis *Achilleis*, aber auch Melodramen und Spielvorlagen von folkloristischem Charakter. Alle diese Stücke wurden jedoch in einer Manier inszeniert, die in Polen gänzlich neu war: in kubistischen und »formistischen« Dekorationen. »Formisten« nannte sich eine von 1917 bis 1922 bestehende Gruppe polnischer Avantgardekünstler, »die einen polnischen Nationalstil schaffen wollten. Sie verbanden Elemente aus kubistischen, futuristischen und expressionistischen Stilrichtungen mit polnischer mittelalterlicher Kunst und Volkskunst und verkündeten das Primat der Form und Konstruktion gegenüber dem Inhalt.« (E. Csató 1974, 20) Der radikale Bruch mit der ästhetischen Tradition des polnischen Theaters, der die Inszenierungen an dieser Bühne kennzeichnete, wurde vom Publikum und von der Kritik als revolutionär empfunden. 1930 verfügte die Warschauer Stadtverwaltung die Schließung des Bogusławski-Theaters, das von Beginn an heftigen Angriffen konservativer Kritiker ausgesetzt war. Schillers letzte Inszenierung an dieser Bühne verursachte einen unerhörten Skandal. Es war Brechts *Dreigroschenoper*.

Die Reduta hatte etwas von einem Orden an sich; zumindest ging die Absicht Osterwas dahin. Und wie das Paradox Leon Schillers die Tatsache war, daß dieser entschiedene Linke, mit der kommunistischen Partei sympathisierende, in seinem Schaffen den poetischen Mysterien nahestand, so beruhte das Paradox Osterwas wiederum darauf, daß er in seiner künstlerischen Arbeit entschiedener Realist, in seinen religiösen Absichten jedoch ein Mystiker und in seinem literarischen Geschmack der größte Enthusiast der polnischen romantischen Dichtung war. Und wenn heute der Weg von Leon Schiller zu den Inszenierungen Kazimierz Dejmeks und Adam Hanuszkiewicz' oder anderer Vertreter des polnischen Monumentaltheaters führt, dann führt der Weg von Osterwa und seiner Reduta zu den Experimenten Jerzy Grotowskis und seines Teatr Laboratorium.

(R. Szydowski 1972, 32f)

1930 übernahm Leon Schiller für eine Spielzeit die Leitung des Stadttheaters in Lemberg. Von 1932 an arbeitete er dort als Regisseur und schuf dabei zwei seiner bedeutendsten Inszenierungen (vgl. Kap.: Künstlerische Entwicklung des polnischen Theaters): *Ahnenfeier* von Mickiewicz und das sowjetische Agita-

S. Żeromski: Die Geschichte einer Verwechselung. *R. u. Bühnenfassung: L. Schiller. B.: Łivinski. Polnisches Theater, Warschau 1928*

tionsstück *Brülle, China!* von Sergej Tret'jakov. Beide Inszenierungen lösten Skandale aus und führten zur Verhaftung des Regisseurs. 1931 kehrte Schiller nach Warschau zurück und wurde Leiter des Theaters »Ateneum«, das neben dem Kamernalny-Theater eine der künstlerisch führenden Bühnen der Hauptstadt war. Gleichzeitig war er Direktor und Leiter der Regieklasse des staatlichen Theaterinstituts (Państwowa Wyższa Szkoła Teatralna) in Warschau. Auch im Ausland übernahm Schiller nun zahlreiche Regieaufträge. Die vierziger Jahre in der Biographie dieses Künstlers waren von den Kriegsereignissen bestimmt. 1941 wurde Leon Schiller von der Gestapo verhaftet und verbrachte einige Monate im Konzentrationslager Auschwitz. Dort gründeten er und Stefan Jaracz zusammen mit anderen Künstlern ein Schauspiel-Ensemble (Teatr Jaracz), dessen Arbeit ein verzweifelter Versuch war, dem täglichen Terror mit der Kraft des Geistes zu trotzen. Nach seiner Befreiung baute Schiller eine

Ende der zwanziger, Anfang der dreißiger Jahre interessierte sich Schiller sehr lebhaft für das politische Theater und das Tatsachentheater von Erwin Piscator. Nahe stand ihm auch das Suchen Brechts; daher solche Aufführungen wie Der Streit um den Sergeanten Grischa *von Zweig,* Cyankali *von Friedrich Wolf oder* Die Abenteuer des braven Soldaten Schwejk *von Hašek. Ein halbes Jahr nach der Uraufführung der* Dreigroschenoper *von Brecht in Berlin inszenierte Leon Schiller sie am Teatr Polski in Warszawa. Im Schaffen Leon Schillers können drei grundsätzliche Strömungen unterschieden werden: auf alten polnischen Liedern basierende Singspiele, die so etwas wie die ersten polnischen Musicals waren; die Aufführung moderner Stücke mit eindeutig politischer Aussage und die Inszenierung der großen Dramen der polnischen Romantiker und Neoromantiker im Geiste der Vision eines Monumentaltheaters. Letztere brachten ihm den größten Ruhm ein und sind eine bleibende Position in der Geschichte des polnischen Theaters.*

(R. Szydowski 1972, 29f)

Fronttheatertruppe auf. 1946 übernahm er die Leitung des Theaters in Lódź (Teatr Wojska Polskiego), 1950 schließlich kehrte er an das Teatr Polski nach Warschau zurück.

In den Jahren 1939 bis 1944 war das polnische Theaterleben beinahe vollständig zusammengebrochen. Unter der deutschen Besatzungsmacht war jede Form anspruchsvoller Theaterarbeit unterbunden. Nur wenige Bühnen erhielten eine Spielerlaubnis, jedoch nur für leichtes Unterhaltungstheater. Weitaus die meisten polnischen Künstler boykottierten diese Bühnen. Schauspieler und Regisseure wie Schiller oder Stefan Jaracz, die sich zum offenen Widerstand gegen das faschistische Regime bekannten, wurden ins Konzentrationslager verschleppt oder hingerichtet. Allein in der russisch verwalteten Region um Lwow, Białystok und Wilna existierten zwischen 1939 und 1941 noch einige polnische Theater, die ihren Spielbetrieb aufrechterhalten konnten.

Doch selbst unter den Bedingungen härtester Repression konnte der Widerstandswille der polnischen Bühnenkünstler nicht vollständig gebrochen werden. Im Untergrund bildeten sich illegale Theatergruppen, die in privaten Räumen vor geladenem Publikum auftraten. Auch ein konspirativer Theaterrat war gebildet worden, eine Gruppe um Leon Schiller, die Pläne entwarf für den Wiederaufbau des polnischen Theaters nach dem Ende des Krieges. Das Zentrum dieser illegalen Theaterarbeit war Krakau. Zu den profiliertesten Ensembles zählten dort das »Rhapsodische Theater« (Teatr Rapsodyczny), das permanent Zeit und Ort seiner Aufführungen veränderte, um einer Entdeckung zu entgehen. (vgl. K. Hartmann 1964, 4f)

Am Ende des Krieges waren 28 Theaterbauten in Polen zerstört. In Warschau waren es nahezu alle Theater, darunter auch die historischen Bauten des Teatr Wielki mit der Oper und dem Teatr Narodowy. So kam es erneut zu einer Verschiebung der künstlerischen Zentren, und das wiedererwachte Theaterleben konzentrierte sich nach 1945 zunächst in Krakau und in Lódź. Dort hatten das »Theater des Polnischen Heeres« (Teatr Wojska Polskiego), das »Theater der Gesellschaft für Arbeiteruniversitäten« (Teatr TUR) und das »Kammertheater« (Teatr Kameralny) den Krieg heil überstanden. Leon Schiller und Aleksander Zelwerowicz, der 1945 in Lódź das Staatliche Institut für Theaterkunst gründete, leiteten den künstlerischen Neubeginn in dieser Stadt ein. In Krakau waren das Słowacki Teatr und das Stary Teatr erhalten geblieben. Hier übernahm in den ersten Jahren nach dem Krieg Juliusz Osterwa die Direktion und arbeitete in jener Richtung weiter, die er Anfang der zwanziger Jahre am »Reduta« in Warschau eingeleitet hatte.

So kam es trotz der enormen Verluste, die das polnische Theater an Menschen, Theaterbauten und Ausstattung im Zweiten Weltkrieg zu erleiden hatte, bereits noch vor Beendigung der letzten Kämpfe zu ersten Theateraufführungen. Schon im August 1944 führte das Theater in Lublin eine Gesellschaftssatire von Gabriela Zapolska auf. Auch in Warschau begann im Herbst 1945 die neue Theatersaison. Im Januar 1946 konnte auch das Teatr Polski seinen Spielbetrieb wieder aufnehmen.

Künstlerische Tendenzen im polnischen Theater in der ersten Hälfte des 20. Jahrhunderts

Daß es Bedingung für einen Neubeginn in der Bühnenkunst sei, den Regisseur als den maßgeblichen konzeptionellen Gestalter der Bühneninszenierung zu inthronisieren, war am Beginn des 20. Jahrhunderts offenbar eine Vorstellung, über die von London bis Moskau, von Berlin bis Warschau Übereinstimmung herrschte. Prominentester Propagandist dieser Idee war Edward Gordon Craig, der große englische Bühnenreformer. Max Reinhardt war es, der diese neue Regieauffassung in seinen Inszenierungen zu künstlerischer Perfektion gebracht hatte und in ganz Europa durch seine Gastspiele bekannt machte. Beide, Craig und Reinhardt, waren es auch, die im polnischen Theater einen Prozeß der künstlerischen Erneuerung auslösten. Dabei spielte die in der Geschichte des polnischen Theaters fest etablierte enge Verbindung der Warschauer mit den Berliner Theatern und den dortigen Ausbildungsstätten eine wesentliche Rolle. So hatten denn polnische Regisseure, die die Modernisierung des Theaters in Polen übernehmen sollten, ihre künstlerischen Lehrjahre in Berlin bei Max Reinhardt verbracht, Arnold Szyfman, der Gründer des Teatr Polski, ebenso Ryszard Ordyński, der 1921 mit Leon Schiller zusammenarbeitete und der aus der Emigration in die USA nach Polen zurückgekehrt war. Ordyński war seit

S. I.: Witkiewicz: Nadobnisie I koczkodahy, czyli zielond pigulka. *R.: J. Parker. Virginia Common Wealth University, Richmond 1978*

In Witkacys Theater sind lebensweltliche Inhaltskomplexe, Gefühle usw. notwendige, jedoch nicht zentrale Komponenten. Gewisse Realitätsreste sind ein Zeichen für den authentischen, ganzheitlichen Schaffensprozeß. Entscheidend ist, daß diesem Theater der Reinen Form alles verfügbar gemacht werden kann: sprachliches Material unterschiedlicher Kulturkreise, der Wissensfundus aller nur denkbaren Forschungsrichtungen, die Texte und Texttraditionen vieler Länder und Kulturen. Alles wird Zeichen im Dienste dieses Mediums und seiner besonderen Aufgabe. So liegt denn auch die Distribution der Zeicheninventare, der ästhetischen Mittel, nicht bei dem dargestellten Vorgang oder einzelnen Rollenfiguren. Die entscheidende Steuerung geht vielmehr von den philosophisch-ästhetischen Leitorientierungen aus. Rollenfiguren, Situationen, intertextuelles Material, alle nichtverbalen Zeichen usw. sind prinzipiell dehierarchisiertes, gleichwertiges Material. Destruktion ist die Vorbedingung für jede Konstruktion im Zeichen der Reinen Form.

(B. Schultze 1994, 31f)

1910 ein enger Mitarbeiter Reinhardts und von diesem 1930 als künstlerischer Leiter der Berliner Reinhardt-Bühnen vorgesehen. (vgl. R. Taborski 1997, 10) Leon Schiller stand der Ästhetik des Reinhardt-Theaters reservierter gegenüber und kritisierte sie als zu »eklektizistisch«. Schiller sah vielmehr in dem »kompromißlosen Reformer Craig« sein eigentliches Vorbild. Das einzige Gastspiel von Reinhardts Deutschem Theater in Warschau fand 1912 statt. Gezeigt wurde Reinhardts Inszenierung vom *König Ödipus* in der Arena eines Warschauer Zirkus'. Es war freilich eine ungünstige Zeit für dieses Gastspiel, denn es herrschte in diesen Jahren aufgrund rigoros durchgeführter Germanisierungsmaßnahmen in dem von Preußen besetzen Gebieten Polens auch in Warschau eine ausgesprochen antideutsche Stimmung. Dennoch wurde der Einfluß von Reinhardts Arbeit auf das polnische Theater in allen zeitgenössischen Kommentaren hervorgehoben. Es kam gar zu Rekonstruktionen Reinhardtscher Inszenierungen durch polnische Regisseure. Vor allem die Aufführungen in den Anfangsjahren des Teatr Polski waren offenkundig geprägt durch den »Reinhardt-Stil«: eine »Dynamik in den Inszenierungen, den Aufwand an plastischer Ausstattung und die Benützung moderner technischer Einrichtungen.« (R. Taborski 1997, 20) Der Einfluß Reinhardts auf das polnische Theater lag – bei aller Kritik an den »Auswüchsen des Dekorationswesens«, die auch in Polen immer wieder gegen das Reinhardt-Theater vorgebracht wurde – darin, daß er wesentlich dazu beitrug, die Theatralisierung des polnischen Theaters voranzutreiben und dem Einsatz der bildnerischen Mittel einen neuen Stellenwert zu verschaffen. Dieser Einfluß war auch hilfreich für alle jene jungen polnischen Bühnenreformer, die gegen die Schablonenhaftigkeit und Routine der großen subventionierten Warschauer Theater einen neuen Stil durchsetzen wollten.

Neben diesen von Reinhardts und Stanislavskijs Theaterarbeit inspirierten Reformen formierte sich in den zwanziger und dreißiger Jahren eine polnische Theateravantgarde, die in der Auseinandersetzung mit den westeuropäischen Avantgardebewegungen ein durchaus eigenständiges Profil entwickelte. Zu diesem Kreis gehörten der Theoretiker, Bühnenautor und Maler Stanisław Ignacy Witkiewicz, die Gruppe der polnischen Formisten, die mit szenographischen Arbeiten auch in den Theaterbereich hineinwirkte, Futuristen und Expressionisten, schließlich Leon Schiller mit seiner Vision eines »monumentalen Theaters«. Damit war eine Vielfalt programmatischer Positionen aufgekommen – durchweg antirealistisch in ihrer Grundtendenz –, von denen für das polnische Theater vielfältigste innovative Impulse ausgingen. Diese Entwicklung brach nahezu abrupt ab, als Ende 1949 der Sozialistische Realismus als staatlich verordnete Kunstdoktrin auch in Polen eingeführt wurde. Erst in den sechziger Jahren fand das polnische Theater wieder Anschluß an die eigene Avantgarde der dreißiger Jahre.

Stanisław Ignacy Witkiewicz, (1885–1939), der sich kontaminiert aus den Namensbruchstücken »Witk« und »acy« Witkacy nannte, war eine der originellsten Persönlichkeiten des polnischen Theaters im 20. Jahrhundert; zu seinen Lebzeiten zwar weniger beachtet, seit Mitte der sechziger Jahre jedoch eine Kultfigur. (vgl. Kap. II: Polen/Tadeusz Kantor) Witkiewicz wurde als Sohn des Kritikers und Malers Stanisław Witkiewicz in Warschau geboren und wuchs in einer großbürgerlichen Künstlerfamilie auf, deren Lebensalltag durch den Umgang mit Philosophie, Kunst und Literatur geprägt war. Auch einige seiner nächsten Verwandten waren bekannte Bühnenautoren. Seine Kindheit verbrachte er in Zakopane. Von 1904 bis 1905 studierte Witkiewicz an der Kunstakademie in Krakau und stellte 1907 erstmals eigene Bilder aus. Mit acht Jahren schrieb er bereits erste Stücke. Sehr früh auch war ein Interesse an philosophischen Studien wach. Bis 1935 veröffentlichte er neben seinem literarischen Werk ständig auch philosophische und kunsthistorische Schriften, von denen die *Theorie der reinen Form im Theater* (1920, Wstêp do teorii czystej formy w teatrze) als sein wichtigstes Werk gilt.

S. I.: Witkiewicz: Die Mutter. *R.: J. Jarocki. Münchner Kammerspiele, 1975. Marie Nicklisch als Mutter u. Knut Koch als Sohn*

Der weltanschauliche Grundzug aller Arbeiten von Witkiewicz war die Überzeugung vom bevorstehenden Untergang der europäischen Kultur. Anfangs war dies noch eine »Ahnung«, nach dem Erlebnis des Ersten Weltkriegs und den Eindrücken, die er als Offizier des Petersburger Leibgarderegiments von der Dekadenz der russischen Aristokratie, aber auch von den Revolutionsgreueln der Bolschewiki gewonnen hatte, dann aber schien es ihm unabwendbar, »daß die Herrschaft der ›mechanisierten‹ Gesellschaft, einer Gesellschaft der Immanenz im Sartreschen Sinne, nicht aufzuhalten und der Untergang der gesamten Kultur nicht abzuwenden sei.« (H. Kunstmann 1965, 48f) Witkiewicz entwickelte für diese apokalyptische Vision, für die Pessimismustheorien des 19. Jahrhunderts, neuromantischer Kulturpessimismus und die geschichtsphilosophischen Hypothesen Oswald Spenglers (*Der Untergang des Abendlands*, 1918–1922) Pate standen, ein in sich ebenso widersprüchliches wie verblüffend hellsichtiges Argumentationsgefüge. Der ungehemmte zivilisatorische Fortschritt und die Vergötzung des kritischen Denkens waren seiner Meinung nach die Ursachen, die zu einem Verlust an metaphysischer Erfahrung geführt hätten, von Erfahrungen, wie sie einst durch Religion, Philosophie und Kunst ermöglicht wurden. Diese Entwicklung führe letztlich zu einem »geistigen Ersticken der Menschheit in der Immanenz«. Diesen Prozeß bezeichnete Witkiewicz mit dem Begriff »Mechanisierung«; gemeint waren damit eine »Vertierung« und die »Vermassung« der Gesellschaft. Dieser Entwicklung stehe die Sehnsucht des Menschen nach Transzendenz entgegen, nach der Behauptung von Individualität. Triebkraft dieser Sehnsucht sei eine existentielle »Unersättlichkeit« und ein »Heißhunger«, dieses Leben zu »übersteigern.« Die Begriffe, die Witkiewicz dafür benutzt, entsprechen zum Teil denen der Heideggerschen Existenzphilosophie (dazu H. Kunstmann 1965, 50ff) Allein die Kunst bietet für ihn noch Ansätze, diesen Erfahrungsverlust auszugleichen, indem sie dem Menschen zu gesteigerter, intensivierten Seinserfahrung verhilft; als Befreiung von der Logik und von Realitäts- und Identitätskonstrukten, wie sie eine »mechanisierte Gesellschaft« den Menschen aufzwingt. Es ist insbesondere dieser Aspekt, der Witkiewiczs Gedankenwelt und auch seine Bühnenstücke in einen unmittelbaren Zusammenhang mit den weltanschaulichen und ästhetischen Konzepten des Theaters des Absurden bringen läßt.

Diese philosophischen Vorstellungen, die hier nur in ihrer Grundtendenz skizziert wurden, liegen Witkiewicz' Kunsttheorie zugrunde und finden auch in seinen mehr als 30 Bühnenstücken einen unmittelbaren künstlerischen Niederschlag. Gleiches gilt für seine Malerei, die Romane und die Novellen.

Der Begriff – das Postulat – der »reinen Form« steht im Zentrum von Witkiewicz' Kunsttheorie, die er in zahlreichen Essays und Buchpublikationen dargelegt hat. »Leben« so wenig wie »Erleben« erscheinen ihm geeignet als

Bühnenentwurf von Andrzej Pronaszko für Z. Krasińsky: Die ungöttliche Komödie. *Teatro Wielki, 1935*

Ausgangspunkte für das Schaffen von Kunst. Diese sei ausschließlich »Konstruktion«, »reine Form«, die erst, wenn sie sich von allen thematischen oder gar realistischen Bezügen und von allen Sinnkonstruktionen befreit, den verborgenen, irrealen Sinn des Daseins aufscheinen läßt. Konkret bedeutet dies, daß »Deformation« und das Spiel mit dem »Unsinn« notwendige künstlerische Verfahren sind, um eine »Vision von Welt« zu schaffen, die die »Geheimnisse des Seins« erfahren läßt und der »normalen Sicht der Dinge« radikal entgegensteht. (vgl. *Theorie der reinen Form der Poesie*, n. A. Lam 1990, 206) Witkiewicz sieht diesen Ansatz, Kunst als reine Konstruktion einer eigenen, sinnfreien Realität zu begreifen, zum Beispiel im Kubismus verwirklicht. Eine Vermittlerrolle zur Realität soll die Kunst keineswegs einnehmen, sondern vielmehr »die Fähigkeit wiedergewinnen, Fragestellungen aufzudecken, die zwar weit von der praktischen Sphäre entfernt sind, die aber aufgrund ihres ontologischen Geheimnisses zutiefst beunruhigen.« (A. Lam 1990, 45) Für das Theater bedeutet dies die radikale Lösung von Illusionismus und Realismus. An deren Stelle tritt bei Witkiewicz die Groteske. Deklamation und Rhetorik spielen dabei eine weitaus zentralere Rolle als etwa Handlung – bei aller Turbulenz des oft bizarren Geschehens in Witkiewicz' Stücken. H. Kunstmann (1965, 711) weist zu Recht auf den Diskussionscharakter hin, der diesen Stücken durchweg anhaftet. Dies unterscheidet Witkiewicz von den antiliterarischen und antipsychologischen Positionen der westeuropäischen Theateravantgarde, so groß die Nähe zu einzelnen von deren Repräsentanten, etwa zu Antonin Artaud, zu den Surrealisten oder zum Theater des Absurden auch sein mag. Mit dem deutschen Expressionismus verbindet Witkiewicz die Neigung zum Typisieren. »Vampir«, »Matrone«, »Tyrann«, Spießer« – dies sind typische Rollenfiguren in seinen Stücken. Parodie, Satire und Karikatur sind Stilmittel, die er zum Zwecke der Deformation einsetzt und die manchen Stücken einen kabarettistischen Zug verleihen. Die intendierte Wirkung auf den Zuschauer beschreibt Witkiewicz folgendermaßen: »Beim Verlassen des Theaters muß man den Eindruck haben, man sei aus irgendeinem seltsamen Traum erwacht, habe unerforschliche Anmut gehabt, wie sie charakteristisch ist für (Wunsch)träume, welche sich mit nichts vergleichen lassen.« (n. H. Kunstmann 1965, 55f) Staunen und der Schock sind ebenfalls Affekte, auf die Witkiewicz in diesem Zusammenhang setzt. In Tadeusz Kantor fand er den kongenialen Regisseur für seine Stücke.

Witkiewicz wird immer wieder in die Tradition des europäischen Dandyismus eingeordnet. Dafür wird sowohl der Einfluß der Lektüre von Das Bildnis des Dorian Gray *auf den jungen Witkiewicz als auch seine Herkunft aus einer Familie der Krakauer Künstlerelite als Beleg angeführt. Festzuhalten bleibt, daß für Witkiewicz von der Forderung nach einer Theatralisierung und Mystifizierung der alltäglichen Lebenswelt, wie sie Baudelaire und Wilde formuliert hatten, ein großer Reiz ausging. Der junge Künstler wußte zwar zunächst nicht, ob er Maler oder Dichter werden sollte, folgte aber entschlossen dem Postulat des Dandyismus, sich selbst in einem Kreationsakt auszudrücken und sein eigenes Leben in ein Kunstwerk zu verwandeln.*

(M. Sugiera 1995, 380)

Es war die Nähe zum deutschen Expressionismus, die Witkiewicz mit der Krakauer Künstlergruppe der Formisten verband, die sich 1917 zunächst unter dem Namen »Polnische Expressionisten« (Ekspresioniści Polscy) zusammengeschlossen hatten. Es waren dies überwiegend Maler, später traten aber auch die Dichter mehr in den Vordergrund. Witkiewicz nahm aktiv an deren Auseinandersetzungen um eine »neue Kunst« teil und war bis 1926 einer der führenden Theoretiker dieser Gruppe. Seine Theorie der »reinen Form« entwickelte Witkiewicz in der geistigen Atmosphäre dieses Krakauer Kreises.

Für den Formismus (Formizm) war der Formbegriff die zentrale Kategorie: »Form« als abstraktes Prinzip, ohne jede Nähe zu einer abbildhaften »Gestalt« der Dinge. Futurismus, Kubismus und Expressionismus boten Orientierungen, doch setzten die Formisten eigene Akzente: »Unsere Formen sind streng und einfach, wodurch sie eine gewisse Analogie zum Kubismus aufweisen. Das Streben, die Leinwand mit Gegenständen zu füllen, die einen einheitlichen Charakter haben, nähert uns an den Futurismus an, und die Tendenz, die Bewegung synthetisch zu erfassen, verbindet uns zweifellos mit dem Expressionismus.« (n. A. Lam 1990, 48) Die beiden Maler und Szenographen, die Brüder Andrzej und Zbigniew Pronaszko, die 1924 an Leon Schillers Bogusławski-Theater arbeiteten, gehörten der Gruppe der Formisten an und entwarfen Bühnenausstattungen, die eine Nähe dieser Richtung zum Kubismus deutlich erkennen ließen.

Zu den vielen Künstlergruppen, die sich um 1920 in Polen bildeten, zählten auch die polnischen Futuristen und Expressionisten. Von den Futuristen war es lediglich Tytus Czyżewski (1885–1945), ein Maler und Dichter, der auch für die Bühne schrieb. In manchen seiner Stücke steht er Wyspiański nahe. Die meisten seiner zwischen 1918 und 1922 entstandenen Theatertexte leben von typisch futuristischen Schockeffekten. Es sind provokante Spiele mit bizarren Arrangements: waagerecht stehende Bäumen und angelnde Frösche. Titel dieser Stücke lauten *Esel und Sonne in Metamorphose* (1918, Osioł i słońce w metamorfozie), *Einbrecher aus besserer Gesellschaft* (1921 Włamywacz z lepszego towarzystwa) oder *Schlange, Orpheus und Euridike* (1922, Wąż, Orfeusz i Eurydyka). »Liebt elektrische Maschinen, verheiratet euch mit ihnen und zeugt Dynamo-Kinder, magnetisiert und formt sie, damit sie zu mechanistischen Bürgern heranwachsen« – dieses Prinzip einer »dynamo-psychischen Erotik« propagiert Czyżewski in *Schlange, Orpheus und Euridike.* Die futuristische Kunstrevolte der Italiener hatte also auch in Polen ihre Anhänger gefunden.

Strikt abgelehnt werden die futuristischen Destruktionskonzepte von den polnischen Expressionisten, die wie ihre deutschen Vorbilder zehn Jahre zuvor, ein idealistisches, auch religiös getöntes Erneuerungsprogramm vertraten, die unter allem Zivilisationsschutt wieder »den Menschen« neu entdecken wollten. Emil Zegadłowicz (1888–1941) ist der produktivste und vielseitigste Dramatiker und Theoretiker dieser Richtung. Von ihm stammt auch eine polnische Übersetzung von Goethes *Faust* (1926/27). Mit einigen seiner Mysterienspiele nahm er die Spiritualität dieser Dichtung auf. Beispielhaft dafür sind Stücke wie *Die Nacht des heiligen Johannes des Evangelisten* (1923/24, Noc świetêgo Jana Ewangelisty) oder *Weihnacht* (1927 Wigilia). Kennzeichnend für den polnischen Expressionismus ist eine aus einem religiösen Grundverständnis heraus vorgetragene Gesellschaftskritik; so etwa in Zegadłowicz' Tragödien *Öllämpchen* (1924, Lampka oliwna) oder *Der Grenzstein* (1924, Głaz graniczny), schärfer und pointierter noch in seinen Grotesken, etwa in *Löffel und Mond* (1924, Łyżki i księżyc). Vielgestaltig wie die Stoffbereiche und Themen dieser Stücke ist auch deren Dramaturgie. Dabei spielt die Verarbeitung von Traumspiel-Elementen Strindbergscher Provenienz eine besondere Rolle. Auch die Spiel-im-Spiel-Dramaturgie und die Auseinandersetzung mit dem Problem der Zeiterfahrung, wie sie in Dramen von Luigi Pirandello vorgefunden wurde, nahmen die polnischen Avantgardisten auf. Beispielhaft dafür sind die experimentellen Arbeiten von Tadeusz Peiper, so etwa *Sechs Uhr! Sechs Uhr!* (1925, Szósta! Szósta!)

S. I. Wyspiański: Legione. *Teatro Wielki, 1930*

A. Słominski: Der Turm zu Babel. *R.: L. Schiller. B. u. K.: Ludwik Śliwiński. Polnisches Theater, Warschau 1928*

oder *Da es ihn nicht gibt* (1933, Skoro go nie ma). (vgl. H. Kunstmann 1965, 34ff)

Der bedeutendste Theaterpraktiker in diesem weitgefächerten Feld der polnische Theateravantgarde war jedoch Leon Schiller (eigentl. Leon Jerzy de Schildenfeld Schiller). Im Begriff des »monumentalen Theaters« hatte Schiller eine Formel gefunden, in der alle seine Reformvorstellungen zusammengefaßt waren: die von Edward Gordon Craig übernommene Autonomie der einzelnen Theatermittel, der antiillusionistische Grundzug und das Herausarbeiten klarer, den Leitgedanken veranschaulichender szenischer Strukturen, anfangs noch im Sinne der Formisten. Dabei ging es Schiller stets auch um die Herstellung starker suggestiver Effekte, die er später im Sinne politischer Botschaften einsetzte. Zu seinen bedeutendsten, vor dem Zweiten Weltkrieg herausgebrachten Inszenierungen zählen *Ahnenfeier* von Adam Mickiewicz und *Brülle, China!* von Sergej Tret'jakov, beide 1930 in Lemberg. Bereits in diesen Arbeiten zeichnete sich eine Rücknahme formistischer Stilelemente zugunsten realistischer Einschübe ab, eine Entwicklung, die mit der zunehmenden Politisierung der Theaterarbeit Schillers – unter dem Einfluß von Erwin Piscator und Bertolt Brecht – im Zusammenhang stand. Als 1949 in Polen der Sozialistische Realismus als offizielle kulturpolitische Richtung eingeführt wurde, solidarisierte sich Schiller im Grundsatz mit dieser Politik, trat aber ein für »umfassenderes Selbstverständnis sozialistischer Kunst« (vgl. E. Csató 1974, 23), ähnlich der Position Brechts nach 1945. Der Zusammenhang mit der nationalen Tradition der polnischen Dramatik, vor allem mit den Werken von Mickiewicz, Krasiński und Wyspiański, sollte bewahrt werden. Leon Schiller war auch nach 1945 die führende Persönlichkeit beim Wiederaufbau des polnischen Theaters.

Im gleichen Zeitraum, in dem die polnischen Theateravantgardisten neue künstlerische Konzepte erprobten, vollzog sich auch eine Modernisierung der

Schauspielerausbildung. In diesem Bereich engagierten sich vor allem der Regisseur und Theaterpädagoge Aleksander Zelwerowicz (1877–1955) und der Schauspieler und Regisseur Edmund Wierciński (1899–1955), ein enger Mitarbeiter von Leon Schiller. Zelwerowicz war bestrebt, die schauspielpädagogische Methode Stanislavskijs im Sinne der Ziele der künstlerischen Reformbewegung weiterzuentwickeln. Wierciński setzte die Bestrebungen Osterwas und Schillers fort, das Ensemblespiel zu fördern. Als Dozent der Regie- und Schauspielabteilung der Theaterakademie in Warschau vertrat er eine Position, die die Rolle des Regisseurs in den Vordergrund rückte und für dessen Arbeit er eine wissenschaftlich fundierte Werkanalyse zur erstrangigen Aufgabe erklärte.

Das polnische Drama in der Zeit der Reformbewegung

Der so facettenreichen theaterästhetischen Reformbewegung der zwanziger und dreißiger Jahre entsprach auch ein breites Spektrum neuer dramatischer Werke. Dabei stellten die Stücke von Witkacy sicherlich das künstlerisch innovativste und experimentell explosivste Potential dar. Die an den polnischen Bühnen dieser Jahre tatsächlich aufgeführten Stücke folgten jedoch einer eher traditionellen Richtung, in der die polnische Neuromantik nachwirkte.

W. Gombrowicz: Operetka. *R.: J. Grzegorzewski. B.: B. Hanicka. M.: S. Radwan. Teatr Narodowy, Warschau 2000*

Stanisław Ignacy Witkiewicz

»Ist nicht die wesentlichste Form, um das Leben zu erleben, das Gespräch? Reden wir irgendetwas …«

(*Pragmatyści*, 1919)

Das von Witkiewicz im Alter von knapp acht Jahren geschriebene Stück *Die Schaben* (1893, Karaluchy) schlägt einen Ton an, der in der bizarren Absurdität der Spielsituation bereits Züge späterer Entwicklungen ahnen läßt: Eine Stadt wird von einem Heer von Küchenschaben überfallen. Sein gesamtes dramatisches Werk umfaßt mehr als 35 Stücke, überwiegend entstanden sie in den Jahren von 1918 bis 1927. (vgl. H. Kunstmann 1965, 58ff) In einer Gruppe früher Grotesken spielt Witkiewicz das Motiv der »mechanisierten Gesellschaft« durch; so in *Metaphysik eines zweiköpfigen Kalbes* (1921 Metafizyka dwugłowego cielęcia), *Die Unabhängigkeit der Dreiecke* 1921, Niepodległość trójkątów) oder *Anmutige und Vogelscheuchen oder Die grüne Pille* (1922, Nadobnisie i koczkodany, czyli Zielona pigułka). Die vollständig abstrakt-absurde Spielanordnung dieser Stücke ist typisch für die konsequente Umsetzung dessen, was Witkiewicz das »Prinzip der reinen Form« nennt: »Ein anderer zu sein oder zu

S. I. Witkiewicz: Kurka Wodna. *R.: T. Kantor. Teatr Crievicz, 1968*

St. I. Witkiewicz: Figurenstudie. *Zeichnung, 1933*

werden als der, welcher man ist« (H. Kunstmann) – das Prinzip der »Transformation« also – verbindet eine weitere Gruppe von Stücken, die in dieser Zeit entstanden. In *Maciej Korbowa und Bellatrix* (1918, Maciej Korbowa: Bellatrix) ist es die hermaphroditische Protagonistin, an deren permanenter Verwandlung sich dieses Prinzip manifestiert. Dabei erscheint der Verlust an Identität als ein Weg zu einer gesteigerten, vervielfältigten Erfahrung vitalen Lebens vornehmlich in der erotischen Sphäre. »Das Nichts muß unser Ideal sein«, heißt es, »gleichzeitig aber müssen wir in diesem Nichts ›sein‹, das wir nur gemeinsam schaffen können, indem wir zusammen alle Symptome realer Beziehungen nivellieren.« (n. H. Kunstmann 1965, 59f) Mit der Rolle des Künstlers in der Gesellschaft setzt sich Witkacy in *Die Belzebub-Sonate oder ein wirkliches Ereignis in Mordowar* (1925, Sonata Belzebuba czyli Prawdziwe zdarzenie Mordowarze) auseinander (vgl. D. Gerould n. J. Kosicka 1980), ein Thema bereits in *Tintenfisch oder Die Hyrkanische Weltanschauung* (1922, Matwa czyli Hyrkaniczny światopogląd).

Zu den auf der Bühne erfolgreichsten Werken von Witkiewicz gehören *Das Wasserhuhn* (1921, Kurka wodna), *Narr und Nonne* (1923, Wariat i zakonnica) und *Die Schuster, ein wissenschaftliches Stück mit Liedchen* (entstanden 1931 bis 1934, im Druck erschienen 1948: Szewcy, naukowa sztuka ze śpiewkami). *Das Wasserhuhn* wurde 1922 am Teatr im. J. Słowackiego in Krakau uraufgeführt. Witkiewicz nannte dieses Stück eine »Sphärische Tragödie«. Die Titelfigur ist eine junge blonde Frau, die sich gleich zu Beginn des Stücks von ihrem Geliebten Edgar Walpor erschießen lassen will, um diesem zu ermöglichen, durch eine unerhörte Tat auf seinem Weg zur Vollkommenheit etwas voranzukommen. Dies geschieht dann auch wie geplant. Als die Erschossene – das »Wasserhuhn« – im zweiten Akt wieder unter den Lebenden auftaucht, muß sie feststellen, daß Walpor mit der Fürstin Alice of Nevermore, einer Wedekinds Lulu nachempfundenen »femme fatale« und deren Sohn Tadzio zusammenlebt und sich an einer obskuren Kapitalgesellschaft, der »Theosophical Jam Com-

Der Kunstgriff der Deformierung soll sich allerdings nicht allein auf Psychologie und Handlung beschränken, sondern ebenfalls auf Aussage, Mimik und Gestik ausgedehnt werden. Zwar meint Witkiewicz, daß es den Aussagen gut und gern an Sinn fehlen dürfe, doch solle der Zweck dieser Übung nicht der programmatische Nonsens, sondern vielmehr eine Erweiterung der kompositorischen Möglichkeiten durch die Nichteinhaltung der Lebenskonsequenzen in der Kunst sein.

(H. Kunstmann 1965, 56)

Zwischen vehementer Deformation und psychologisch-naturalistischer Biederkeit war der Witkiewicz-Stil nur schwer zu treffen. ›Richtete man sich nach den Vorgaben der Reinen Form, wurde der Fabelaufbau zerstört, ging der Sinn verloren oder flüchtete ins Absurde. Wollte man die Gedanken des Autors vermitteln, indem man sie ernst nahm, die Logik der Ereignisse wahrte und Deformationen sowohl im Bühnenbild als in der Darstellungsweise vermied, sank der Grad der dramaturgischen Innovation, und die Stücke erhielten eine traditionelle Dramenform.‹ Die Auseinandersetzung mit diesem Widerspruch führt das polnische Theater, das seit 1971 pro Jahr zwischen 10 und 20 Witkiewicz-Premieren aufweist, intensiv weiter.

(D. Scholze 1989, 109f)

pany« beteiligt hat. Erneut ermahnt sie ihren ehemaligen Geliebten, für seine Vervollkommnung etwas Unerhörtes zu tun, was dieser auch befolgt. Walpor setzt sich den Peinigungen einer grausamen Foltermaschine aus, merkt jedoch bald, daß ihn auch diese Prozedur nicht weiterbringt. Schließlich erschießt er erneut das »Wasserhuhn«, dann aber auch sich selbst. Zur gleichen Zeit bricht die Revolution aus, ein Aufstand des Pöbels. Die Fürstin und ihr steckbrieflich gesuchter Kumpan landen im Gefängnis. Die Gründer der Kapitalgesellschaft werden enteignet. Der Untergang der Welt ist also eingeleitet; insgesamt ein Katastrophenszenario, dessen absurde Struktur ganz Witkiewicz' Idee der »reinen Form« entspricht. Anklänge an Jarrys Groteske *Ubu roi* und den schwarzen Humor von Frank Wedekinds Kabarett *Die elf Scharfrichter*, das Witkiewicz in München besucht hatte, sind offensichtlich. Entsprechend einem dramaturgischen Grundzug aller seiner Stücke reden die ihrer Individualität systematisch beraubten Figuren permanent über die Absurdität ihrer Situation.

Narr und Nonne entstand 1923 und nahm das Künstler-Motiv wieder auf. Ort des Geschehens ist die Irrenanstalt »Zum krepierenden Kaninchen«. Dort »behandeln« zwei Ärzte – einer vertritt die alte Psychologie, einer die Freudsche Psychoanalyse – den schreibwütigen Dichterfürsten Walpurg. Dieser ermordet den Vertreter der alten Psychologie, verführt eine Krankenschwester und erhängt sich schließlich am Fensterkreuz. Hier fällt der Vorhang. Die Farce scheint beendet, geht jedoch sogleich weiter mit einem kurzen Auftritt der beiden »Leichen«. Es folgt ein katastrophisches Finale, in dem die Irrenanstalt und mit ihr die Psychiatrie als therapeutisches System untergeht. Der Künstler aber ist der Welt der Verrückten entflohen.

Die Schuster ist ein Revolutionsstück, das recht konkret auf die politischen Verhältnisse in Polen zu Anfang der dreißiger Jahre anspielt. Zur Uraufführung kam es erst 1957 in Zoppot am Teatr Wybrzeże. A. Wirth (1967 II, 246) nennt es ein »Identitätsdrama der sozialen Klassen.« Die Figuren des Stücks sind Typen, puppenhaft angelegt, die gesellschaftliche und politische Gruppen repräsentieren. Das Stück selbst schildert eine Reihe surrealer Aktionen: den Wandel einer individualistisch-elitären, feudalen, kapitalistischen Gesellschaft über eine faschistische Zwischenstufe in eine proletarische Massengesellschaft: die schaurige Endzeitvision einer »mechanischen Gesellschaft«. Eine »Fürstin« und ein »Staatsanwalt« sind am Ende buchstäblich »vertiert«. Ganz offenbar schildert Witkiewicz' in diesem Drama seine Sicht der politischen Entwicklungen im bolschewistischen Rußland und im faschistischen Deutschland. Mehr noch als in anderen Stücken finden in diesem große weltanschauliche Diskussionen statt. Witkiewicz nennnt *Die Schuster* ein »Lehrstück« oder »wissenschaftliches Stück« (Naukowa sztuka). Es ist von allen seinen Bühnenarbeiten dasjenige, das den Untergang der Menschheit, deren »Vertierung« in den schwärzesten Bildern zeichnet.

Witold Gombrowicz

»Tritt ein in die Sphäre des Traums.
Danach fang an, die erste beste
Geschichte zu schreiben.«

(W. Gombrowicz: *Tagebücher* I 1970, 134)

Witold Gombrowicz (1904–1969), der seit 1939 im Ausland (Argentinien und Frankreich) lebte und in Polen als Exilant betrachtet wird (A. Wirth 1967 II, 235), wird zu Recht in die unmittelbare Einflußsphäre von Witkiewicz gestellt. Die Titelheldin seines bekanntesten Bühnenstücks *Yvonne, die Burgunderprinzessin* (Iwona księżniczka Burgunda) ist vom gleichen Typus wie Witkiewicz' »Wasserhuhn«: ein marionettenhaftes, schüchternes, aber eben auch nicht umzubringendes Wesen. Beide Autoren entwickeln ihr Kunstverständnis aus einem programmatisch vertretenen Formbegriff. Hatte Witkiewicz mit seiner Kategorie der »reinen Form« eine Position beschrieben, die das Kunstwerk von jedwedem Wirklichkeitsbezug löste und zum autonomen Zeichensystem erklärte, so ist für Gombrowicz »Form« das Medium, das – so etwa als Konvention – sozialen Kontakt herzustellen vermag. Eine andere, dazu gegenläufige Dimension seines Formbegriffs ist jene, die das Subjekt mit seinem gestalterischen Zugriff auf die Wirklichkeit ganz bei sich sein läßt. Diese Spannung zwischen Form als sozialer Konvention und einem radikal subjektiven Formbegriff ist der produktive Ausgangspunkt für Gombrowicz' Dichtung. Sie ermöglicht soziale Interaktion als eine »Bedingung menschlicher Existenz«. (vgl. D. Scholze 1989, 152) Diesen Aspekt bringt Gombrowicz in seinem Schreiben dadurch zur Geltung, daß er im Zerbrechen äußerer Formen (etwa bürgerlicher oder aristokratischer Konventionen) für seine Figuren Freiräume schafft für eine radikal subjektiv definierte »Form« (Auffassung) ihrer Existenz. Wie sie diese ausleben, ist das Thema der meisten seiner Bühnentexte. Thematisch bietet sich dabei eine Konfliktstruktur an, die Menschen vorführt, die »ins Prokrustesbett der (Kultur-)Form« (W. Gombrowicz) eingespannt sind, gleichzeitig aber aus dieser die individuelle Formgebung der Existenz hemmenden oder verhindernden Fessel ausbrechen. Dies gelingt – so Gombrowicz – im Rollenspiel, genauer im ständigen Wechsel von Masken und Rollen, das die Akteure zu ihrer authentischen Existenz finden läßt.

Es ist jeweils die Wirklichkeit von unten, die der Form von oben das Spiel verdirbt. Mit der Funktion der Peinlichkeit hat Gombrowicz sich mehr identifiziert als mit anderen Motiven seines Werkes, und zwar wird auf der Bühne die Peinlichkeit zur treibenden Kraft der Handlung, das, was wieder überdeckt und beseitigt werden soll, das, wodurch neue Wirklichkeit in alte Fiktion einbricht. Peinlichkeit ist nicht ein Moment des Stils, es ist die Dialektik dieses Theaters. Yvonne *ist das Ancien régime des Volkspolens, es ist die Macht als Zeremonie, die noch einmal die Kräfte von unten wegschafft, noch einmal Herrschaft spielt. Die* Trauung, *das ist der Sturz aller Ordnungen und Majestäten in Kriegen und Revolutionen und die Schaffung der neuen, wiederum majestätischen Form, die trachtet, vergessen zu machen, daß Menschen ›von unten‹ sie erst gemacht haben, das Prestige und fraglosen Gehorsam fordert, als käme sie vom Übermenschlichen herab, sei immer dagewesen.*

(H. Rischbieter u. J. Berg 1985, 389)

Gombrowicz spielt dieses genuin theatrale Konzept nicht nur in den Figuren seiner Romane durch, in *Ferdydurke* (1938), *Trans-Atlantyk* (1953) oder in *Pornografia* (1960), sondern benutzt es auch als Konstruktionsprinzip für die Protagonisten seiner drei Bühnenarbeiten, von denen *Yvonne, die Burgunderprinzessin* 1934/35 geschrieben wurde, die beiden anderen Stücke erst nach 1945: *Trauung* (Ślub) 1945 in Argentinien und *Operette* (Operetka) 1965/66 in Frankreich. Gilt *Trauung* (uraufgeführt 1963 in französischer Übersetzung am Théâtre Récamier in Paris) als sein vielschichtigstes Werk – ein ambitioniertes Projekt, das nach der Vorstellung des Autors dem Rang von *Faust* und *Hamlet* gleichkommen sollte –, so ist *Yvonne, die Burgunderprinzessin* sicherlich sein am

W. Gombrowicz: Operetka. *R.: Z. M. Hass. B.: B. Cichocki. Teatr im. Jaracza, Olsztyn 1997*

meisten aufgeführtes Stück. Dessen Uraufführung fand jedoch auch erst sehr verspätet statt, 1957 am Teatr Dramatyczny in Warschau. Es ist ein »psychologisches Experiment« (J. Kott), ein absurdes komisches Spiel, in dem es um das Brechen und Wiederherstellen von »Form« geht: Ein Prinz Filip beschließt, zum Entsetzen aller, sich mit Iwona zu verloben, mit einem häßlichen Mädchen aus dem Volke, dem er zufällig begegnet ist, mit dem ihn eigentlich nichts, schon gar nicht Liebe, verbindet. Eine verspielt-makabre Ausgangssituation! Um den Skandal abzumildern, wird diese Verlobung als »demokratischer« Akt hingestellt, als »edelmütige Tat.« Iwona, die ins Schloß gebracht wird, schockiert die elegante Hofgesellschaft durch eine »infernalische Kombination« von Häßlichkeit und einer hintergründigen Trägheit. Zudem spricht sie kaum ein Wort. So wirkt sie durch ihre Existenz und ihr bizarres Verhalten unerhört verstörend auf alle Anwesenden; als eine Art Katalysator, der deren eigene Mängel und verdrängte Abirrungen ans Licht bringt. Iwonas gänzlich unkonventionelles Verhalten führt sehr schnell zur Zersetzung aller Konventionen auch im Verhalten der Hofgesellschaft unter sich. Im Schloß brechen Chaos und Barbarei aus. Zudem verliebt sich Iwona nun gar auch in den Prinzen, was dieser mit Entsetzen registriert. Um sie loszuwerden, erklärt er – nun wieder ganz der Konvention entsprechend – eine attraktive Hofdame zu seiner neuen Braut. Der Prozeß der immer weiter eskalierenden Unordnung wird schließlich dadurch beendet, daß Iwona ermordet wird. Man arrangiert es, daß sie bei einem festlichen Bankett, bei dem sie offiziell zur Prinzessin von Burgund erhoben werden soll, an einer Fischgräte qualvoll erstickt. Damit aber sind die Konventionen wiederhergestellt. Die Gefahr, daß die Ordnung »von Unten« her – so beschreibt es der König – zerstört wird, ist gebannt.

Das im argentinischen Exil entstandene Stück *Trauung* ist ein Traumspiel. Es geht darin um den Entwurf einer »neuen«, einer idealen Welt, die den Entwerfer dieser Welt, dem in einem gespenstischen Traum seine »alte« Welt verlorenge-

W. Gombrowicz: Yvonne, Prinzessin von Burgund. *R.: L. Bondy. B.: R. Glittenberg. Schauspiel Köln, 1981*

gangen ist, den Träumer Henryk, durch ihre Eigendynamik schließlich überwältigt, vernichtet. Das Stück ist in seiner Konstruktion äußerst abstrakt, auch wenn sich die Geschichte in einem verkommenen Wirtshaus abgespielt, in dem ein versoffener Wirt den »König«, eine Dirne die »Königin« und die debilen Knechte den »Hofstaat« in dieser »neuen« Ordnung bilden und der Sturz des »Königs« durch dessen ehrgeizigen Sohn als große Staatsaktion arrangiert ist. *Operette* ist eine groteske Parodie auf die »göttliche Idiotie« dieses klassischen, für Gombrowicz »vollkommen theatralischen Genres« (n. D. Scholze 1989, 167). Dieses Stück wurde ein beachtlicher Bühnenerfolg, vor allem in Polen.

H. Rischbieter weist zu Recht darauf hin, daß die Chancen des Theaters von Witold Gombrowicz darin liegen, daß er – ähnlich Pirandello – das Theater selber zum Thema macht: »Die Funktion der Zurschaustellung der Erschaffung von Figuren aus Situationen und Konflikten, das Bewußtsein und Sichtbarmachen der Logik des Spielens.« (H. Rischbieter u. J. Berg 1985, 38f)

Obwohl Gombrowicz und vor allem auch Witkiewicz mit ihren Bühnenstücken keineswegs die Absicht verbanden, das polnische Theater zu »reformieren«, ihre Arbeiten auch nicht im näheren Kontakt zur polnischen Theaterszene entstanden sind, so waren sie doch für dieses von erheblicher Bedeutung. Die den Stücken dieser beiden Avantgardisten bei allen Unterschieden der weltanschaulichen Standpunkte eigene Verbindung virtuoser Konstruktivität und der Ausbreitung absurder, die Grenzen zum Makabren hin immer wieder ansteuernder Geschichten und Szenarien, das Zusammenspiel des Poetischen mit dem Phantastischen und vor allem ein radikal antinaturalistischer und antiillusionistischer Zug (vgl. D. Scholze 1989, 36) prägten deutlich die ästhetische Entwicklung des modernen polnischen Theaters. Dabei setzte sich im Werk von Witkiewicz und Gombrowicz aber auch eine Tradition fort, die auf die »jungpolnischen« Bühnenautoren des 19. Jahrhunderts zurückweist, insbesondere auf das Werk von Stanisław Wyspiański.

Traditionelle Dramatik in den Spielplänen der Theater in Polen (1914–1945)

Wie in anderen Ländern beherrschten auch in Polen nicht die Stücke der avantgardistischen Autoren die Spielpläne der Theater, sondern sehr viel mehr die Werke der nationalen klassischen Tradition und deren moderne Nachfolger. H. Kunstmann zeichnet ein umfassendes Bild dieser »traditionellen polnischen Dramatik«. Dabei konstatiert er einen Zusammenhang zwischen der Gewinnung staatlicher Selbständigkeit und dem »geradezu lawinenartigen Anschwellen der Produktion ›leichter‹ dramatischer Formen.« Kunstmann sieht darin »nicht etwa nur Ausdruck reiner Unterhaltungstendenz«, sondern verweist auf die Rolle, »die dieser vornehmlich von den Gesetzen der Aktualität geleiteten Dramatik als Katalysator gesellschaftlicher Bedürfnisse oder sozialer Reformbestrebungen oftmals zufällt.« Hauptsächliches Genre dieser Richtung war die Sittenkomödie. »Neben der Dominanz meist naturalistischer Stilmittel ist bei den Vertretern dieses Komödientypus das Vorbild des französischen Boulevardstücks am häufigsten, auch wenn nur selten sein Charme erreicht wird.« (1965, 83f) Autoren wie Kazimierz Wroczyński (1883–1957) mit Komödien wie *Geschichte eines Salons* (1921, Dzieje salonu), Stefan Kiedrzyński (1886–1943) mit *Ein sauberes Geschäft* (1921, Czysty interes) oder *Liebe ohne Groschen* (1929, Miłość bez grosza) oder Stefan Krzywoszewski (1886–1950) mit seinen historisierenden Boulevardstücken waren typische Vertreter dieser Richtung.

Verdankten diese Autoren ihre Bühnenerfolge überwiegend dem Aufgreifen aktueller modischer Trends und Themen, so waren die nicht minder erfolgreichen Dramen von Karol Hubert Rostworowski (1877–1938), Adolf Nowaczyński (1896–1944) und Jerzy Szaniawski im thematischen Ansatz weitaus komplexer, künstlerisch weniger schablonenhaft. Bereits in Rostworowskis erstem Stück, *Judas Ischarioth* (1913, Judasz z Kariothu), verbinden sich Tendenzen einer komplexeren, an der Dramaturgie Strindbergs und Ibsens geschulten psychologischen Figurenerfassung (am Beispiel der Titelfigur) mit der Auseinandersetzung mit politischen Problemen der Jahre 1905 und 1908 in Polen. In dem Stück *Der rote Marsch* (1930, Czerwony marsz) behandelt Rostworowski Motive aus der französischen Revolution und exemplifiziert daran sein eigenes pessimistisches Geschichtsbild. Adolf Nowaczyński galt als virtuoser Typengestalter vor allem in seinen Gesellschaftssatiren, von denen *Von bösen und guten Frauen* (1931, O żona złych i dobrych) die erfolgreichste war. In diesem Stück hält er der Warschauer Aristokratie den Spiegel vor und schildert in greller Überziehung deren »Dolcefarniente … (wie sie) in Szenen à la Grand Guignol Orgien feiern, Opium und Haschisch rauchen oder in Trance Bilder malen, natürlich, ohne sich im geringsten Gedanken über ihr Land zu machen.« (H. Kunstmann 1965, 95f) Eine Tendenz zur grotesken Überzeichnung ist auch typisch für eine Gruppe der auf den polnischen Bühnen sehr erfolgreichen Gesellschaftskomödien von Jerzy Szaniawski. Davon gilt *Der Vogel* (1923, Ptak) als die beste: Das Vorhaben eines Studenten, einen Vogel in die Freiheit fliegen zu lassen, erscheint den Bürgern einer verträumten Kleinstadt als hintergründiges gefährliches Projekt. Sie vermuten Umsturz.

So ergibt sich als Resümee dieses Überblicks über die Entwicklung des polnischen Theaters von Beginn des Ersten Weltkriegs bis zu Beginn der fünfziger Jahre ein Bild großer Vielfalt, nationaler Eigenständigkeit und künstlerischer Vitalität. Und es hat sich das Theater in Polen auch in jenen Jahrzehnten, in denen der Sozialistische Realismus in allen anderen sozialistischen Ländern zu künstlerischer Stagnation und Abschottung nach außen geführt hat, eine beachtliche Offenheit und Experimentierfreudigkeit bewahrt. Ein vollständiger Bruch mit den Positionen der Avantgarde der zwanziger und dreißiger Jahre, die in dieser Periode als »formalistisch« diskreditiert wurden, hat nicht wirklich stattgefunden. Dies war auch die Voraussetzung dafür, daß in der zweiten Hälfte des 20. Jahrhunderts, einsetzend mit Stalins Tod 1953, von Polen aus, von Regisseuren wie Jerzy Grotowski, Tadeusz Kantor oder von Dramatikern wie Slavomir Mrożek oder Tadeusz Różewicz weitreichende Impulse auch für das westeuropäische Theater ausgehen konnten.

Das Theater in den baltischen Ländern: Lettland, Litauen und Estland

Die baltischen Länder als Durchgangs- und Grenzregion im Norden Europas, so oft schon in ihrer Geschichte involviert in die politischen Konflikte zwischen Deutschland, Polen und Rußland (vgl. Bd. III, 538ff und 810ff), waren auch in der ersten Hälfte des 20. Jahrhunderts mehrfach einem aufgezwungenen Wechsel der politischen Machtverhältnisse ausgesetzt. Lettland stand am Beginn des Jahrhunderts unter zaristischer Herrschaft. Im Ersten Weltkrieg war das Land teilweise von deutschen Truppen besetzt. 1918 schließlich konnte die Republik ausgerufen werden. Erstmals in seiner Geschichte war Lettland ein selbständiger freier Staat bis 1940, dann wurde das Land von der Roten Armee besetzt und in die Sowjetunion eingegliedert. Erst im Jahre 1991 wurde Lettland wieder eine souveräne Republik. Ähnlich verlief das politische Schicksal Litauens. Das zwischen Preußen, Polen und Rußland aufgeteilte Gebiet konnte sich ebenfalls erst 1917 als selbständiger Staat konstituieren. Im Zweiten Weltkrieg von deutschen und russischen Truppen gleichermaßen besetzt, verlor Litauen 1944 schließlich offiziell seine Unabhängigkeit und wurde wie Lettland und auch Estland von der Sowjetunion annektiert. Seit 1990 existiert jedoch wieder eine unabhängige Republik Litauen. Estland war nur in den Jahren zwischen 1918 und 1940 ein freies Land. Dann geriet es erneut unter russische Herrschaft und wurde 1941 zum Kriegsschauplatz. Von 1944 bis 1991 war Estland der Sowjetunion angeschlossen.

Die Theatergeschichte dieser Region war unmittelbar geprägt von diesem Wechsel der politischen Machtverhältnisse. Das gilt vor allem für die Perioden der russischen, später der sowjetischen Herrschaft, in denen das gesamte kulturelle Leben einer staatlichen Zensur unterworfen war. In der Zeit der Sowjetherrschaft kam es zudem zur Durchsetzung des Sozialistischen Realismus als kulturpolitische Doktrin. Dies führte wie in anderen Ländern innerhalb dieses Herrschaftsbereichs zu einer weitgehenden Vereinheitlichung der künstlerischen Arbeit und zwang im Theater zu einer einseitigen Orientierung an den Verhältnissen in der Sowjetunion. Dadurch wurden diese Länder, die in den zwanziger und dreißiger Jahren auf dem Wege waren, den Anschluß an die westeuropäischen Theaterentwicklungen, aber auch zur russischen Avantgardekunst zu finden, von diesen Entwicklungen erneut abgekoppelt.

In Lettland war Riga das kulturelle Zentrum des Landes. Mehr als ein Drittel der dortigen Bevölkerung um 1900 waren jedoch Russen, und das bereits 1883 gegründete Russische Theater (Krievu drāmas teātris) war eines der beiden großen Theater der Stadt. Diese Bühne war aber auch eine der ersten des Landes, an der original lettische Dramen in professionell gearbeiteten Aufführungen zu sehen waren. (vgl. D. Rubin I 1994, 546) Das Deutsche Theater hatte als professionell geführte Bühne die längste Geschichte. (vgl. Bd. III, 538f) Deren Spielplan war breit angelegt und brachte Werke von Shakespeare, Molière, Schiller und Gerhart Hauptmann. Mit Ausbruch des Ersten Weltkriegs wurde das Deutsche Theater in Riga geschlossen. Damit war eine lange, für das Theaterleben in Lettland höchst förderliche Tradition abgebrochen, die am 15. September 1782 mit der Eröffnung des »Rigaer Deutschen Stadt-Theaters« ihren Anfang genommen hatte. (vgl. L.P.A. Kitching 1997, 131f)

Lettisches Theater wurde von professionellen Schauspielern seit Mitte des 19. Jahrhunderts auf einer Bühne im Lettischen Kulturverein in Riga aufgeführt. Als dieses Gebäude 1908 abgebrannt war, nutzte das Ensemble eine Spielstätte, die in einem ehemaligen Zirkusgebäude eingerichtet worden war. Dort setzte die Truppe ihren Spielbetrieb bis 1918 fort. Ein künstlerischer Höhepunkt in der kurzen Geschichte dieses »Interimstheaters« war das Gastspiel des Ensembles von Max Reinhardt mit dessen legendärer Inszenierung von Sophokles' *König Ödipus.* Bereits 1902 aber war in Riga ein zweites lettisches Theater gegründet worden für Schauspiel, Oper und Ballett, das Neue Lettische Theater (Jaunais Latviešu teatris). Von Beginn an nahm diese Bühne Stücke in ihren Spielplan, die sich mit sozialen Problemen der zeitgenössischen Gesellschaft befaßten. Angestrebt war ein realistisches Theater im Sinne der deutschen Volksbühnenbewegung. Dieses Theater mußte 1905 in der Folge der Revolutionsereignisse geschlossen werden. Als es 1908 wiedereröffnet wurde, erhielt es den Namen Neues Rigaer Theater (Jaunais Rīgas teātris). Diese Bühne entwickelte nun sehr rasch einen hervorragenden künstlerischen Standard. Forciert wurde vor allem die Beschäftigung mit politischen, gesellschaftskritischen Themen und die Öffnung des Theaters für ein Publikum aus der Arbeiterschaft. Die Werke von zwei lettischen Dramatikern trugen wesentlich zur Entwicklung dieses Profils bei. Es waren dies die Stücke von Jānis Rainis (1865–1929), des bedeutendsten lettischen Dramatikers, und die von Andrejs Upīts (1877–1970), der später einer der führenden kommunistischen Kulturfunktionäre in Lettland wurde. Von Rainis, der von 1905 bis 1920 im Schweizer Exil lebte, war der größte Bühnenerfolg das Historiendrama *Feuer und Nacht* (1911, Uguns un nakts). Das Stück war ein leidenschaftlicher Aufruf zur Befreiung des Landes von Fremdherrschaft und sozialer Ausbeutung, ein Werk von großer sprachlicher Kraft im Stil eines romantischen Symbolismus. (vgl. Bd. III, 812) Rainis übernahm 1920 bei seiner Rückkehr nach Lettland die Direktion des Lettischen Nationaltheaters. Auf diesen Status war das Neue Rigaer Theater inzwischen erhoben worden.

Von Andrejs Upīts war das soziale Drama *Stimme und Widerhall* (Balss un atbalss), das 1911 uraufgeführt wurde, richtungweisend für den realistischen Schauspielstil, der am Neuen Rigaer Theater – auch unter Einfluß der Schauspielpädagogik Stanislavskijs – gepflegt wurde. 1915 stellte diese Bühne den Spielbetrieb ein. Während des Ersten Weltkriegs emigrierten zahlreiche Bühnenkünstler nach Rußland und gründeten dort eigene lettische Ensembles. Unmittelbar nach der Oktoberrevolution bildete sich in St. Petersburg ein lettisches kommunistisches Theaterkollektiv, das in den Räumen des Malyj-Theaters auftrat. In Moskau existierte ein lettisches Arbeitertheater. Diese Parteinahme des Theaters im Sinne der neuen Sowjetpolitik spielte auch eine Rolle im Zusammenhang mit den innenpolitischen Auseinandersetzungen, als es 1918 darum ging, eine neue Staatsform für das Land zu schaffen. In diesen Jahren kam es zu einer Vielzahl politisch motivierter Neuerungen im Theaterwesen; so etwa 1919 zur Einrichtung einer Schauspiel- und einer Opernbühne im Gelände des Rigaer Stadttheaters, die sich beide in ihrem Spielplan für die Ideen der

Revolution einsetzten. In den zwanziger Jahren wurden weitere neue Theater eröffnet: 1920 das Daile, ein nach dem Moskauer Vorbild konzipiertes »Künstlertheater«, dessen Gründer und erster Direktor Eduards Smiļģis (1886–1966) war. Smiļģis orientierte sich künstlerisch an der Arbeit von Aleksandr Tairov und Vsevolod Mejerchol'd. Seine Bühne experimentierte auch mit neuen Formen des Musiktheaters. Produktivster Komponist für die Daile-Produktionen war Burhards Sosārs (1890–1953). Auch für Tanzexperimente stand das Daile bereit. Für dieses Genre fand man die Vorbilder im deutschen Ausdruckstanz, bei Rudolf von Laban und Mary Wigman. In den Jahren von 1926 bis 1934 existierte in Riga auch ein Lettisches Arbeitertheater, ein Amateur-Ensemble, dessen prominenteste Regisseurin Asja Lācis (1891–1979) war, die zeitweise auch in der Proletarischen Theaterbewegung in Deutschland eine führende Rolle spielte. Das Latvu drāmas ansamblis, das zwischen 1935 und 1949 bestand, war ein Experimentiertheater-Ensemble, das nach der Schauspielmethodik von Michail Čechov (1891–1955) arbeitete.

Trotz der Besetzung Lettlands 1940 durch die russische und 1941 bis 1944 durch die deutsche Armee setzten die Rigaer Bühnen ihren Spielbetrieb fort, soweit dieser nicht durch unmittelbare kriegerische Einwirkungen zum Erliegen kam. In der Zeit der deutschen Besatzung war das Repertoire vorwiegend auf Werke der internationalen Klassiker (Shakespeare, Molière, Schiller) ausgerichtet. Aber bereits in dieser Zeit verließen viele Bühnenkünstler das Land und gingen in die Emigration, ein Prozeß, der vor allem 1945 zu einem »Massen-Exodus« (D. Rubin) lettischer Künstler in Richtung Westen führte. Dort entstanden zahlreiche lettische Exiltheater-Ensembles, vor allem in den USA und in Schweden. Unter den Exilanten befanden sich auch die neben Rainis bedeutendsten lettischen Dramatiker Mārtiņs Zīverts (1903–1990) und Anšlavs Eglīts (1906–1993).

Mit der Eingliederung Lettlands in die Sowjetunion 1945 kamen sämtliche Theater unter staatliche Leitung. Das Nationaltheater wurde umbenannt in »Schauspiel-Theater«, ebenso wurde verfahren mit der Nationalen Oper und deren Ballett-Compagnie. Neuer Direktor des einstigen Nationaltheaters wurde Alfrēds Amtmanis-Briedītis (1885–1966). Die Spielpläne aller Bühnen wurden einer Zensur durch das Kulturministerium unterworfen, das auch alle Personalentscheidungen traf. In der Schauspielkunst wurde das der Doktrin des Sozialistischen Realismus angepaßte »System« Stanislavskijs als einzig zulässige Lehrmethode kanonisiert. Dies hatte das Ende aller Richtungen experimenteller Theaterarbeit zur Folge. Vor allem bedeutete diese ideologische Strangulierung des Theaterlebens auch das Ende der für das lettische Theater in den Jahrzehnten zuvor so kreativen Auseinandersetzung mit den Werken der eigenen nationalen Dramatik. Eine neue Phase in der Entwicklung des Theaters in Lettland setzte erst wieder Mitte der fünfziger Jahre ein. Nach dem Tod Stalins 1953 folgte eine kurze Periode der Liberalisierung, in der dem künstlerischen Leben größere Freiräume gewährt wurden. Auch trat zu diesem Zeitpunkt eine neue Generation von Regisseuren, Dramatikern und Bühnenleitern an die Öffentlichkeit und setzte neue künstlerische Akzente.

In Litauen waren die Jahre 1909 und 1910 die eigentliche Gründungsphase eines eigenständigen litauischen Theaters. Zeichen dafür waren die Eröffnung der ersten ständigen nationalen Bühne in Wilna und die Gründung eines

»Verbandes litauischer Schauspieler«. Beides waren Ereignisse, die den langwierigen Prozeß der Professionalisierung des litauischen Theaters zum Abschluß brachten. (vgl. Bd. III, 815f) Im Ersten Weltkrieg wurde Litauen von deutschen Truppen besetzt. In diesen Jahren waren alle litauischen kulturellen Aktivitäten verboten. Die auch im Theaterleben so rührigen litauischen Kulturvereine wurden aufgelöst. Wieder kam es zu einer massenhaften Emigration von Intellektuellen und Künstlern. Einer der führenden litauischen Regisseure, Juozas Vaičkus (1885–1935), der sich durch die Gründung eines Wandertheaterensembles vor allem um das Theaterleben in der litauischen Provinz verdient gemacht hatte, emigrierte nach St. Petersburg und gründete dort eine litauische Exilbühne.

Bei der Staatsgründung 1917 konnte nicht vermieden werden, daß das Gebiet um Wilna von Polen annektiert wurde. Das Ensemble des dort seit 1909 bestehenden Litauischen Theaters, das die Sparten Schauspiel, Oper und Ballett unterhielt, übersiedelte daraufhin nach Kaunas, der neuen Hauptstadt. In der Republik wurde diese Bühne als Nationaltheater geführt (1920) und behielt diesen Status, bis 1940 das Land in die Sowjetunion einverleibt wurde. Seither verlief die Entwicklung des Theaters in Litauen ähnlich wie die des lettischen Theaters. Nach dem Zweiten Weltkrieg wurde das offizielle Staatstheater erneut in Kaunas eröffnet, nun unter dem Namen Kaunas valstybinis dramos teatras (Kaunas Staatliches Schauspieltheater). Diesem wurde nun auch ein staatliches Operntheater angegliedert.

1940 und 1948 waren in Wilna zwei Theater gegründet worden: für das Schauspiel das Lietuvos valstybinis akademinis dramos teatras und das Lietuvos valstybinis akademinis operos ir baleto teatras. In ihrer künstlerischen Ausrichtung herrschte bei allen litauischen Bühnen eine traditionalistische Tendenz vor, die deutlich von den Moskauer Theatern beeinflußt war. Auch nachdem seit den vierziger Jahren das stationäre Theaterwesen in den größeren Städten den Verhältnissen dieses Landes entsprechend ausgebaut war, blieben doch auch einige halbprofessionelle Theatertruppen, die mit ihren Aufführungen die Provinz bereisten, für das litauische Theaterleben von beträchtlicher Bedeutung. (vgl. D. Rubin I 1994, 559) Wie in Lettland auch kontrollierte die staatliche Zensur den öffentlichen Kulturbetrieb und zwang den Theatern ein der jeweils beherrschenden kulturpolitischen Linie angepaßtes Programm auf. Dennoch blieben auch unter diesen Verhältnissen Ansätze erhalten, die die nationale litauische Theatertradition, wie sie in den Jahren der Republik Profil gewonnen hatte, fortsetzten. Seit Mitte der fünfziger Jahre bestimmte ein weniger repressiver kulturpolitischer Kurs das Theaterleben des Landes.

Estland, das kleinste und nördlichste der baltischen Länder, hatte am Beginn des 20. Jahrhunderts im Vergleich zu Litauen und Lettland zunächst das am wenigsten ausgebaute Theaterwesen. Schon am Ende des ersten Jahrzehnts jedoch existierten in Tartu (seit 1906), in Tallinn (ebenfalls seit 1906) und in Pärnu (seit 1911) professionelle Bühnen, initiiert und finanziert von privaten Theatervereinen. Der Regisseur und Theaterleiter Karl Menning (1878–1941) war in diesen Jahren die führende Persönlichkeit in der künstlerischen Ausrichtung des estnischen Theaters. (vgl. Bd. III, 815f) Bis 1918 bestimmte dabei der Blick auf die Theatermetropolen Paris und vor allem Berlin die Richtung.

Nach der Gründung der Republik im Jahre 1920 entstanden für die Theater

Im Herbst 1940 übernahm Kaarel Ird (1909–1986) die Leitung von Vanemuine in Tartu und hatte dieses Amt mehr als 40 Jahre inne. Irds Bestrebungen waren darauf gerichtet, das Theater auf ein solches Niveau zu bringen, mit dem es sogar außerhalb seiner Heimat Aufsehen erregen könnte. Im Laufe der Jahre wurde dieses Ziel tatsächlich verwirklicht. Ausgehend von den Prinzipien eines Ensembletheaters schuf K. Ird in Zusammenarbeit mit allen Schauspielern eine künstlerische Wirkungsstätte zur Fortsetzung der vor langem entstandenen nationalen Traditionen und zur Pflege von verschiedenen Genres (Oper, Ballett, Operette, Schauspiel). Das Grundprinzip von K. Menning, daß das estnische Theater vor allem die nationale Lebens- und Denkweise widerspiegeln muß, machte sich K. Ird zur Herzenssache. So gebührte estnischen Werken, ganz gleich ob Wort- oder Musikinszenierung, der Hauptteil im Repertoire des Theaters. Es kam zur Uraufführung von Stücken, die aus der Feder von August Jakobson, Juhan Smuul, Egon Rannet, Ardi Liives, Paul-Eerik Rummo u.a. stammten. An gleicher Stelle erklangen Opern von Gustav Ernesaks und Eugen Kapp, erlebten nationale Ballette und Operetten ihre Premiere.

(L. Kirepe o. J. 28)

denkbar günstige Voraussetzungen. Estland hatte im Frieden von Dorpat den Krieg mit Sowjetrußland beendet und eine demokratische Verfassung erhalten. Der deutschen Minderheit wurde 1925 kulturelle Autonomie zugesichert. Es kam nun auch zu einer programmatischen Förderung des nationalen estnischen Theaters. Ein Kulturfonds, der 1925 eingerichtet wurde, diente der Subventionierung öffentlicher Einrichtungen, so auch der staatlichen und privaten Theater. Neue Bühnen wurden gegründet, durch die das Theaterleben facettenreicher wurde. In Tallinn wurde 1921 das Hommik-Theater eröffnet, eine Amateurbühne, die bis 1924 als Experimentiertheater bestand und die sich in ihrem künstlerischen Programm den deutschen Expressionismus zum Vorbild genommen hatte. Anregungen des russischen Avantgardetheaters prägten die künstlerische Linie der Studiobühne (1916 bis 1924) des Tallinner Stadttheaters. 1926 wurde dort auch ein semi-professionelles Arbeitertheater, das Tööliteater, gegründet. Im gleichen Jahr erhielt in Viljandi das Ugala-Theater den Status einer professionellen Bühne. In Narva nahm 1931 ein neu errichtetes Stadttheater den Spielbetrieb auf. Die Ausbildung junger Bühnenkünstler übernahm in Tallinn ein Schauspielstudio, dessen Leitung in den Händen von Paul Sepp (1885–1945) und Hilda Gleser (1893–1932) lag. Finanziert wurde diese Schauspielschule von einer privaten Fördergruppe. 1924 wurde dieser Einrichtung ein eigenes Studiotheater angeschlossen, das Draamastudio Teater. Dessen Leiter waren Priit Põldroos und Leo Kalmet (1900–1975). Eine Staatliche Schauspielschule wurde erst 1938 eröffnet und existierte bis 1950. Alle estnischen Schauspielschulen orientierten sich in ihrem Lehrbetrieb an dem pädagogischen »System« Stanislavskijs. Auch die estnischen Amateurtheaterensembles, die wie in allen baltischen Ländern eine wichtige Rolle für das Theaterleben in den Provinzen spielten, profitierten von diesem Aufschwung, der nach 1920 das gesamte kulturelle Leben erfaßt hatte. Dieser Prozeß erfuhr auch keinen grundsätzlichen Einbruch, nachdem sich 1934 im Zuge eines Staatsstreichs ein autoritäres Präsidialsystem etabliert hatte. Brachten die estnischen Bühnen in der Saison 1920/21 77 Neuproduktionen heraus, so war diese Zahl bis zur Saison 1937/38 auf 114 gestiegen. (vgl. D. Rubin I 1994, 237) Die Zahl der Theaterbesucher stieg im gleichen Zeitraum von etwa 300000 pro Spielzeit auf 700000.

Ein neues Kapitel des russischen Theaters in Estland begann 1948 mit der Gründung des Staatlichen Russischen Schauspielhauses der Estnischen SSR. Vorher hat es eine kurze Zeit bei der Staatlichen Philharmonie die Russische Schauspielertruppe und das Theater der Baltischen Flotte gegeben. Den Kern der Schauspielertruppe des neugegründeten Theaters bildeten Absolventen des Staatlichen Theaterinstituts A. W. Lunatscharski. Wenn in der ersten Spielzeit noch sog. Kulturimport vorherrschend war, so ging man ab 1949 dazu über, zwei verschiedene Aufgaben sinnvoll zu lösen: einerseits die russische Dramatik in Estland zu propagieren und andererseits die estnische Dramatik dem russischsprachigen Zuschauerkreis in Estland und auch außerhalb vorzustellen. So sind bisher praktisch alle Schauspiele von Eduard Vilde, aber auch die von August Jakobson, August Kitzberg und bedeutende Stücke anderer Klassiker der estnischen Dramatik auf die Bühne gekommen.

(L. Kirepe o. J. 114f)

Während sich die Anfang der zwanziger Jahre neu gegründeten Theater überwiegend auch neuen künstlerischen Richtungen geöffnet hatten, konzentrierten sich die repräsentativen Bühnen des Landes, allen voran das seit 1916 bestehende Tallinner Estonia-Theater, auf die Perfektionierung eines eher traditionalistisch ausgerichteten künstlerischen Standards. Der Regisseur Ants Lauder (1894–1973) trieb am Estonia diese Entwicklung voran und baute dort ein erstklassiges Ensemble auf. (vgl. L. Kirepe o.J., 24)

Mitte der zwanziger Jahre reagierten nahezu alle Tallinner Theater mit ihren Spielplänen auf die angespannte politische Situation im eigenen Lande und im europäischen Ausland, die das Aufkommen des Faschismus zunehmend wahrscheinlicher erscheinen ließ. Werke linker sozialkritischer Autoren kamen verstärkt auf die Bühnen, vor allem Stücke von Bertolt Brecht und von sowjetrussischen Autoren. Von 1949 bis 1965 war das Estonia die einzige Bühne in Tallinn, die Stücke in estnischer Sprache aufführte.

Neben dem Schauspiel hatten einige der größeren Theater auch Opern- und

Ballettensembles eingerichtet. Auch dabei nahm das Estonia in Tallinn die führende Position ein. 1922 fand dort die erste an diesem Theater selbst erarbeitete Premiere eines Balletts statt. Aber auch in Tartu existierte am dortigen Stadttheater, dem Vanemuine, seit 1935 eine Ballettabteilung. Künstlerisch war das Ballett in Estland von der russischen Ballettradition geprägt. Von dort stammten nahezu alle Choreographen und Solotänzer. Russische Tanzpädagogen leiteten die Ausbildung. Doch auch Tanzentwicklungen, wie sie von Isadora Duncan, Rudolf von Laban und Mary Wigman vertreten wurden, fanden Eingang in die künstlerische Arbeit des estnischen Balletts.

Der Zweite Weltkrieg führte zum vollständigen Zusammenbruch des estnischen Theaters. Die meisten Theatergebäude wurden zerstört, so auch das traditionsreiche Estonia-Theater in Tallinn, das jedoch bereits 1947 wiederaufgebaut wurde. In anderen Städten dagegen kam es erst in den sechziger Jahren zur Errichtung neuer Theaterbauten.

Überblickt man die Entwicklung des Theaters in den drei baltischen Ländern, so setzte mit deren Eingliederung in die Sowjetunion eine neue Phase ein. Sämtliche Theater wurden verstaatlicht. Dies bedeutete zum einen die kulturpolitische Gleichschaltung, zum andern aber auch die finanzielle Sicherstellung aller Bühnen durch staatliche Subventionen. Mit der Auflösung der Sowjetunion in den neunziger Jahren und der Rückgewinnung staatlicher Souveränität wurde dann auch für das Theater in diesen Länder ein neuer Entwicklungsschritt möglich, zumindest im künstlerischen Bereich. Dessen hauptsächliches Merkmal war das Bestreben, den 1940 abgebrochenen Kontakt zum westeuropäischen Theater wieder aufzubauen.

Theodor Alterman – der erste Hamlet auf der estnischen Bühne, 1913

Das Theater in den südosteuropäischen Ländern

In der ersten Hälfte des 20. Jahrhunderts haben sich Grenzen, staatliche Ordnungen und gesellschaftliche Systeme in den mittel- und südosteuropäischen Ländern durch Kriege und Revolutionen immer wieder verändert, mehr als in jeder anderen Region Europas. In der zweiten Hälfte des 19. Jahrhunderts hatten sich dort – getragen von den politischen Autonomiebewegungen – nationalkulturelle Profile herausgebildet, für die die Gründungen von Nationaltheatern jeweils zu markanten und von der Bevölkerung gefeierten Manifestationen wurden. (vgl. Bd. III, 541 ff u. 922 ff) Eben dies aber war die Voraussetzung dafür, daß in den politischen und gesellschaftlichen Umbrüchen des frühen 20. Jahrhunderts das Theater als eine Institution bereitstand, die in dieser Epoche der Orientierungssuche, der Revolutionen und des gesellschaftlichen Neuaufbaus einen wesentlichen Beitrag zur nationalen Selbstfindung zu leisten vermochte. Dies war die Situation unmittelbar nach dem Ende des Ersten und auch des Zweiten Weltkriegs. In dem Maße jedoch, wie diese Länder nach 1945 schrittweise in den Herrschaftsbereich der Sowjetunion einverleibt und überwiegend in sozialistische Volksrepubliken umgewandelt wurden, geriet auch das Theater in die Maschinerie einer diktatorischen Kulturadministration. So war dies für viele Autoren und Bühnenkünstler letztlich auch eine Zeit der Verfolgungen und der Emigration.

W. Shakespeare: Was ihr wollt. *B. u. K.: L. Babic. Kroatisches Nationaltheater, Zagreb 1925*

Bulgarien

1908 war Bulgarien zum unabhängigen Königreich erklärt worden. In den Jahren 1912 und 1913 war das Land an den beiden Balkankriegen beteiligt, in denen es um die Beendigung der osmanischen Herrschaft auf dem Balkan und um die Festlegung der Grenzen in dieser Region zwischen Bulgarien, der Türkei, Serbien, Rumänien und Griechenland ging. Bulgarien mußte am Ende dieser Auseinandersetzungen größere Gebiete, die es zuvor gewonnen hatte, wieder an Rumänien, Serbien und Griechenland abgeben. Innenpolitisch bestimmten große soziale Spannungen das Klima des wirtschaftlich ausgebrannten Landes, die – beeinflußt von den Revolutionen 1905 und 1907 in Rußland – zum Ausbruch von Massenstreiks und Demonstrationen gegen die Regierung führten. Im Ersten Weltkrieg kämpfte Bulgarien auf der Seite von Deutschland und Österreich-Ungarn gegen Rumänien und Serbien und mußte 1918 als Verliererstaat erneut größere Gebietsverluste hinnehmen. Zugleich aber kam es zu revolutionären Erhebungen von Arbeitern und Soldaten, angeführt von der neu gegründeten Kommunistischen Partei Bulgariens. Ein faschistischer Militärputsch löste 1923 die reformwillige erste Nachkriegsregierung von Aleksandar Stambolijski ab und leitete eine Periode instabiler innenpolitischer Verhältnisse ein, eine Zeit, in der alle oppositionellen Kräfte, vornehmlich die sozialistische Arbeiterbewegung gewaltsam unterdrückt wurden. 1935 schließlich übernahm Zar (so der Titel des bulgarischen Königs) Boris III. die Alleinherrschaft und betrieb die Annäherung an die faschistischen Staaten Italien und Deutschland.

François A. Carpentier: Être père n'est pas facile. *Nationaloper, Sofia*

So schloß sich Bulgarien 1941 dem Dreimächtepakt an, beteiligte sich am Krieg gegen Griechenland und Jugoslawien und erklärte Großbritannien und den USA den Krieg, nicht aber der Sowjetunion. Diese aber erklärte im September 1944 Bulgarien den Krieg, besetzte das Land und verhalf einer kommunistisch gelenkten Regierung an die Macht. 1946 wurde die »Volksrepublik Bulgarien« ausgerufen; ein Jahr später trat eine nach sowjetischem Vorbild entworfene Verfassung in Kraft.

Für das kulturelle Leben in Bulgarien bedeutete diese Entwicklung, daß nach wenig mehr als einem Jahrzehnt relativer Offenheit von 1923 an autoritäre, tendenziell faschistische Regierungen und seit 1946 eine kommunistische Parteidiktatur unter Georgi Dimitrow (1882–1949), anschließend unter dem Stalinisten Walko Tscherwênkow (1900–1980) die Rahmenbedingungen bestimmten. 1946 wurden alle kulturellen Institutionen, so auch die Theater, verstaatlicht, dadurch aber auch finanziell sichergestellt. Verbunden damit war jedoch die Reglementierung der inhaltlichen und künstlerischen Ausrichtung von Literatur, Kunst und Theater im Sinne des Sozialistischen Realismus. Wie in anderen Ländern im sowjetischen Herrschaftsbereich kam es nun auch in Bulgarien zu einer weitgehenden Abschottung von den künstlerischen Entwicklungen in den westlichen Ländern und zu einem verstärkten Austausch mit der Sowjetunion und den anderen sozialistischen Staaten.

Krastjo Sarafov (1876–1952) war das hervorragendste Verwandlungstalent des bulgarischen Theaters, welches sich in Tragischem wie in Komischem gleich bedeutsam äußerte. ... Die Verwandlungskunst Sarafovs bestand in dem äußeren und inneren Einswerden mit der Rolle, so wie dies von Stanislavskij gefordert wurde; für jede neue Rolle fand der Schauspieler neue psychophysische Ausdrucksmittel, wodurch die »künstlerische Akustik«, die Kommunikation mit dem Zuschauer nie verfehlt wurde. Wie kein anderer vermochte dabei Sarafov synthetisch vorzugehen, die naturalistischen Details zu abstrahieren und das Wesentliche durch die Typisierung wiederzugeben. In diesem Sinne nannte ihn der Dichter und Theaterkritiker Geo Milev den »eigentlich modernen Schauspieler des bulgarischen Theaters«, weil er immer »stilisierte Gestalten« schaffe durch Synthese der typischen Grundzüge, durch ein Minimum an Gestik und Mimik, weil er durch die mannigfaltigsten Stimm-Modulationen als Hauptmittel der szenischen Darstellung eine »musikalische Rolleninterpretation« anstrebe.

(A.B. Despotowa 1974, 295f)

Für das bulgarische Theater war mit dem Beginn des 20. Jahrhunderts eine neue Periode in seiner Entwicklung angebrochen. Am 3. Januar 1904 wurde in Sofia ein bulgarisches Nationaltheater (Băldgarski Naroden Teatăr) eröffnet. Damit war ein im 19. Jahrhundert von patriotischen Kreisen mit Leidenschaft vorangetriebenes Projekt zum Abschluß gekommen. (vgl. Bd. III, 555ff u. 926f) Unmittelbar vorausgegangen war diesem Gründungsvorgang in der Hauptstadt eine Entscheidung der Stadt Plovdiv, die dortige Theatergruppe des Regisseurs Stephen Popov (1854–1920) zu subventionieren. Nach einem erfolgreichen Auftritt dieses Ensembles in Sofia blieb Popov in der Hauptstadt, wo ihm eine feste Spielstätte, die »Osnova«, zur Verfügung gestellt wurde. Nun war ein Zentrum geschaffen, das auch Darsteller aus anderen Laienensembles anzog. Die Theatertruppe in der »Osnova« vergrößerte sich und nannte sich nun »Salza i Smyah« (Tränen und Lachen). Einige Mitglieder dieses inzwischen professionell arbeitenden Ensembles hatten in den russischen und westeuropäischen Theatermetropolen ihre Ausbildung absolviert. Die Orientierung am russischen Theater, vor allem am Werk von Ostrovskij, prägte die künstlerische Arbeit von »Salza i Smyah«. Es war eine Entscheidung für einen gesellschaftskritischen Realismus. Aber auch die Werke der europäischen Klassik wurden fester Bestandteil des Spielplans. Eine weitere Facette in der Arbeit dieses Ensembles war das Engagement für bulgarische Dramatiker, so etwa für die Stücke von Ivan Vazov (1850–1921), Anton Strashimirov (1872–1937) und Peyo Javorov (1878–1914). (vgl. D. Rubin 1994 I, 158f) Dabei stand das Werk von Ivan Vazov deutlich im Mittelpunkt. Mit seiner optimistischen, für Freiheit und soziale Gerechtigkeit kämpfenden Grundeinstellung gewann es großen Einfluß auf das bulgarische Theater.

1904 erhielt die Gruppe »Salza i Smyah« ein neues Gebäude und den Status eines Nationaltheaters. Von Beginn an waren die Erwartungen an diese Institution hoch. Das Nationaltheater rückte ins Zentrum des kulturellen Lebens des

Landes, galt es doch eine aufklärerische Mission zu erfüllen. Dieser moralische, volkspädagogische Aspekt prägte noch lange hin die Erwartungen, die Staat und Öffentlichkeit in Bulgarien generell dem Theater als Institution entgegenbrachten. Rein künstlerische Intentionen waren dieser Aufgabe nachgeordnet. Aus dieser Vorstellung von der sozialen Aufgabe des Theaters resultierte letztlich aber auch eine gewisse künstlerische Konventionalität in der Entwicklung des Nationaltheaters. Als künstlerische Alternativen dazu verstanden sich zwei Ensembles: das 1902 gegründete »Theater der Gegenwart« unter der Leitung von Matej Ikonomov und das 1905 von Atanas Kirčev gegründete »Freie Theater« (Svoboden Teatăr). Beide Theatergruppen, die ohne staatliche Subventionen auskommen mußten, brachten ganz überwiegend zeitgenössische Stücke auf die Bühne. Der verfeinerte psychologische Naturalismus von Stanislavskijs Moskauer Künstlertheater war Vorbild für beide. Für alle bulgarischen Bühnen war noch bis ins zweite Jahrzehnt des 20. Jahrhunderts hinein typisch, daß die Inszenierungen im wesentlichen von den führenden Schauspielern ausgerichtet wurden. Erst in den frühen zwanziger Jahren begann sich der Regisseur als bestimmende Instanz der Inszenierungsarbeit durchzusetzen.

Durch die russische Oktoberrevolution erhielt das bulgarische Theater starke Impulse im Sinne seiner Politisierung. Verstärkt kamen nun Stücke in die Spielpläne, die sich kritisch, zumeist mit antikapitalistischer, klassenkämpferischer Tendenz mit den sozialen Zuständen im Lande befaßten. Im politischen Klima dieser Jahre kam es 1919 zur Gründung einer bulgarischen Schauspieler-Gewerkschaft, die sich für die Rechte der Bühnenkünstler einsetzte. Auch subventionierte nun der Staat drei weitere Theater und förderte Aktivitäten, durch die ein breiteres Publikum vornehmlich aus der Arbeiterschaft an die Theater herangeführt werden sollte.

Anfang der zwanziger Jahre setzte eine künstlerische Erneuerungsbewegung ein. Unter dem Einfluß des deutschen Expressionismus und auch des Theaters von Max Reinhardt, das durch seine Tourneen in Osteuropa bekannt geworden war, löste sich das bulgarische Theater zunehmend von dem bis dahin vorherrschenden Realismus und einer illusionistischen Bühnenästhetik. Vor allem der Regisseur Geo Milev (1895–1925) trieb diese Entwicklung voran. Seine Inszenierung von Ernst Tollers Drama *Masse Mensch* 1923 war ein Markstein auf diesem Weg. Auch Hrissan Tsankov (1890–1971), der von 1924 bis 1944 als Regisseur am Nationaltheater arbeitete, schlug eine neue künstlerische Richtung ein. Er faßte die Bühneninszenierung als »Gesamtkunstwerk« auf, in dem alle theatralen Genres gleichermaßen zur Wirkung gebracht werden sollten. Bei der sich nun vollziehenden Abkehr von der Illusionsbühne leisteten zwei Bühnenbildner einen wesentlichen Beitrag: Ivan Penkov (1897–1957) und Penčo Georgiev. Deren Bühnenbildentwürfe waren keine realistischen Milieurekonstruktionen mehr, sondern vielmehr als stilisierte Räume konzipiert, die mehr auf die innere als auf die äußere Handlung Bezug nahmen und dazu oftmals auch expressionistische oder märchenhaft-phantastische Stilelemente einsetzten.

Zur führenden Persönlichkeit im Sofioter Theaterleben wurde der russische Regisseur Nikolai Ossipovič Massalitinov, der von 1925 bis 1977 die künstlerische Linie am Nationaltheater bestimmte, diese Bühne auf ein am Moskauer Künstlertheater orientiertes Niveau brachte und das Repertoire für neue thema-

Adriana Budevska (1878–1955) wurde die »bulgarische Jermolova« genannt; sie war in Moskau zusammen mit Olga Knipper, I.M. Moskwin u.a. und in Petersburg bei Lenskij ausgebildet und wurde die bis heute unübertroffene bulgarische Tragödin, die in ihren Rollen einen modernen Intellektualismus mit tiefer Emotionalität und echter Natürlichkeit vereinigte. Budevska machte das klassische Repertoire auf der bulgarischen Bühne erst möglich; bei ihr war aber auch die Kluft zwischen der Komödie einer bulgarischen Schwiegermutter und der Tragödie einer modernen Nora … überwunden; und dies erreichte die Schauspielerin nicht nur durch ihr überaus feines Einfühlungsvermögen, sondern in erster Linie durch eine betont analytische Rollenbehandlung, durch das Herauskristallisieren des Subjektiv-Psychologischen aus dem objektiven sozialen Gehalt der dramatischen Gestalten.

(A.B. Despotowa 1974, 293)

1923 entstand unter der Leitung der symbolistisch orientierten Dichter Teodor Trajanov und Ljudmil Stojanov das avantgardistische Theater-Studio, in dem der Regisseur Isaak Daniel mit jungen Schauspielern (Konstantin Kissimov, Stefan Savov, Sorka Jordanova, Olga Kirtscheva u. a.) Hauptmanns Hannele *und Molières* Der Liebhaber als Arzt *mit einem neuartigen »künstlerischen Lakonismus« und einer gewissen »Tendenz zum Kubismus« inszenierte. In dem Maler Ivan Milev hatte Daniel den ersten modernen Bühnenbildner gefunden, der erst die Übereinstimmung von Dekoration, Kostüm, Intonation und Bewegung möglich machte und in der visionären Expressivität von* Hannele *wie in der puppenartigen Verspieltheit der Molièreschen Komödie einen einheitlichen Ton sicherte.*

(A.B. Despotowa 1974, 299)

tische Bereiche öffnete. (vgl. D. Rubin 1991 I, 156f) Zuvor schon waren drei russische Regisseure am Nationaltheater tätig gewesen, Duvan Torzov, Ivan Osipor und Jurij Jakovlew, was deutlich machte, wie sehr sich diese Bühne künstlerisch am russischen Theater orientierte.

In den späten zwanziger und in den dreißiger Jahren traten einige neue Ensembles an die Öffentlichkeit; so auch die »Blauen Blusen«, jene Form des linken politischen Agitationstheaters, die nach sowjetischem Vorbild arbeitete, in Bulgarien aber auch vom Theater Erwin Piscators und von Bertolt Brecht beeinflußt war. Boyan Danovsky (1899–1976) galt in dieser Theatersphäre als der Vordenker. Auch zwei Experimentierbühnen wurden in Sofia eröffnet: das »Studio-Theater« (Teatăr Studia) von Isaac Daniel (1894–1942) und das Experimentaltheater (Opiten Teatăr) von Stephen Sarchadjiev (1912–1965). (vgl. D. Rubin 1994 I, 157) Die Arbeit dieser beiden Bühnen konzentrierte sich vorwiegend auf schauspielpädagogische Projekte. Bemerkenswert ist, daß im bulgarischen Theater dieser Jahre Richtungen wie Konstruktivismus, Dadaismus oder Surrealismus offenbar kaum Resonanz gefunden haben. Die starke Hinwendung des bulgarischen Theaters zu Auseinandersetzungen mit gesellschaftlichen Problemen, die zudem aus einer optimistisch-konstruktiven Haltung heraus erfolgte, mag eine Ursache dafür gewesen sein, daß diese Avantgardebewegungen nicht rezipiert wurden.

Nach 1944 wurden die Spielpläne der Bühnen im Sinne der kommunistischen Kulturpolitik ausgerichtet. Zwei der wichtigsten Theaterneugründungen der vierziger und fünfziger Jahre waren die des Staatlichen Jugendtheaters (1945) und des Satirischen Theaters (1957). Mit der Gründung einer Theaterakademie in Sofia (1946) war auch ein Ausbildungszentrum für alle Theaterberufe geschaffen worden.

Mit der Verstaatlichung der Theater 1944 kam es auch zu einer Konsolidierung der Oper und des Balletts. Beide Theaterbereiche waren bis zu dieser Zeit immer wieder in finanzielle Krisen geraten, die zur Einstellung des Spielbetriebs geführt hatten. Bereits 1908 war die Bulgarische Staatliche Opern-Gesellschaft gegründet worden, die seit 1922 subventioniert wurde. Auch hatte die bulgarische Oper mit Georgi Atanasov (1881–1931) einen Komponisten gefunden, der unter Verwendung folkloristischer Elemente ein erkennbar bulgarisches Musiktheater (Oper und Operette) schuf. In den fünfziger Jahren wurden fünf weitere Staatliche Theater für die Sparten Oper und Ballett gegründet. (vgl. D. Rubin 1994 I, 160f) Dabei war das Ballett stets der Oper angeschlossen. Wie im Schauspiel war auch hier der Austausch mit der Sowjetunion prägend für die künstlerische Entwicklung. Als erstes eigenständiges bulgarisches Ballett gilt *Yana und der Drache* (1933) in einer Choreographie von Anastas Petrov nach der Musik von Hristo Manolov.

Wie in einigen anderen osteuropäischen Ländern stand auch in Bulgarien das Puppentheater in hohem Ansehen. (vgl. D. Rubin 1994 I, 163ff) Schon 1904 war in Sofia von tschechischen Auswanderern ein Puppentheater gegründet worden; in den zwanziger und dreißiger Jahren kamen in diesem Genre bulgarische Bühnen hinzu. 1946 schließlich wurde ein Staatliches Nationales Puppentheater unter der Leitung von Mara Penkova eröffnet. Künstlerisch kamen auch in dieser Theatersphäre die wesentlichen Impulse aus der Sowjetunion.

Rumänien

Das rumänische Theater hatte am Beginn des 20. Jahrhunderts den Anschluß an die westeuropäischen Theaterrichtungen weitgehend gefunden. (vgl. Bd. III, 557ff u. 927f) 1881 war Rumänien, das erst wenige Jahre zuvor seine staatliche Unabhängigkeit erlangt hatte, zum Königreich unter der Dynastie der Fürsten von Hohenzollern-Sigmaringen erklärt worden. Diese Monarchie hatte über die Periode der beiden Weltkriege hinweg bis 1947 Bestand. Für die Theaterkultur des Landes war dies durchaus förderlich. Das 1852 in Bukarest eröffnete rumänische Nationaltheater wurde gestärkt in seiner Funktion als eine der zentralen repräsentativen kulturellen Institutionen des Landes. Die Tatsache, daß Rumänien im Ersten Weltkrieg auf der Seite der Entente gegen Österreich-Ungarn und Deutschland gekämpft hatte, bescherte dem Land 1918 beträchtliche territoriale Gewinne, die 1940 jedoch zum größten Teil wieder an die Sowjetunion abgegeben werden mußten. Rumänien trat deswegen 1941 auf der Seite Deutschlands in den Krieg gegen die UdSSR ein. Innenpolitisch wechselten in den Jahren zwischen 1918 bis 1938/40 die Machtverhältnisse in der Nationalversammlung mehrfach zwischen den monarchistischen und den liberalen Parteien und Gruppierungen; vor allem auch kam es zur Entwicklung einer starken sozialistischen – seit 1921 auch kommunistischen – Bewegung, die wesentliche Reformen durchsetzte, so etwa eine große Bodenreform 1921 und die Bildung von Gewerkschaften. Ein revolutionärer Umsturz, wie er in den Jahren 1917/18 in mehreren Ländern dieser Region erfolgte, fand in Rumänien nicht statt. Für die Theaterentwicklung hatte dies offenbar die Auswirkung, daß

L. Blaga: Meşterul Manole.
R.: S. Z. Soare.
B.: V. Feodorov. Nationaltheater, Bukarest 1927

H. Ibsen: Raţă Sălvatică.
R.: P. Gusty. B.: V. Feodorov.
Nationaltheater, Bukarest
1927/28

sich das rumänische Theater weit mehr an den Entwicklungen in Paris und Berlin orientierte als an denen in St. Petersburg oder Moskau, wie dies etwa im tschechischen, bulgarischen oder dem ungarischen Theater der Fall war. Erst als 1945 mit Unterstützung der sowjetischen Armee die Partei der rumänischen Kommunisten zur führenden politischen Kraft, der König 1947 zur Abdankung gezwungen wurde und das Land 1948 eine neue Verfassung als sozialistische Volksrepublik erhielt, kam es zu einem tiefgreifenden Einschnitt auch im kulturellen Leben. Die Theater wurden – wie in dieser Herrschaftssphäre üblich – einer zentralen Kulturadministration unterworfen. Zugleich aber wurde das Theaterwesen erheblich ausgebaut, institutionell und ökonomisch stabilisiert. 1945 hatte es vier Nationaltheaterensembles gegeben, neben Bukarest auch in Jaşi (Jassy), Cluj (Klausenburg) und Craiova, und zahlreiche Privattheater vor allem in der Hauptstadt. Alle diese Institutionen wurden 1948 verstaatlicht. Neue Nationaltheater entstanden in Timişoara und in Tîrgu-Mureş, an anderen Orten wurden kleinere Stadttheater eröffnet. Auch für die ethnischen Minderheiten, so etwa für die in Rumänien lebenden Deutschen, Ungarn und Juden wurden staatlich subventionierte Theater geschaffen. In Sibiu (Hermannstadt) existierte seit 1933 ein deutsches Landestheater. (vgl. D. Rubin 1994 I, 684) So wurde dem Theater eine wesentliche Aufgabe bei der ideologischen Neuorientierung der Gesellschaft zugewiesen, eine Funktion, die dieser Institution in Mittel- und Osteuropa beim Umbau »bürgerlicher« in »sozialistische« Gesellschaften durchweg zukam.

Aber nicht nur von seinen institutionellen Voraussetzungen her, sondern auch künstlerisch hatte das rumänische Theater zum Beginn des 20. Jahrhunderts eigenständiges Profil gewonnen. Es war ein Glücksfall, daß zwei herausragende Künstlerpersönlichkeiten dem rumänischen Theater für eine längere Periode die

Richtung vorgeben konnten: Alexandru Davila (1862–1929), der von 1905 bis 1908 das Nationaltheater leitete und das erste professionelle Privattheater gründete, die »Compania Davila«, und der Bühnenautor Ion Luca Caragiale (1852–1912), der ebenfalls zwei Jahre das Nationaltheater geleitet hatte und dem bulgarischen Theater eine theoretische Orientierung vorgab. Caragiale setzte mit seinen Stücken jene Komödientradition fort, die das rumänische Theater bereits im 19. Jahrhundert entwickelt hatte. Es war dies die »Schule der Moldauer Komödie«, wie sie besonders am Theater in Jassy gepflegt wurde, eine Kombination aus bodenständigen Ausdrucksmitteln und französischen Einflüssen. »Die Grundelemente dieser Schule der Komödie, welche vor allem durch die Menschendarstellung des großen Charakterdarstellers und Bühnenautors Vasile Alecsandri entstand, nahmen ihren Ausgang von der Beobachtung einer Welt, die schnell, dynamisch, hektisch lebte, in den grundlegenden Umwandlungen der gesellschaftlichen Verhältnisse, der Mentalität, der Sitten, Kultur, Sprache. In wenigen Jahrzehnten vollzog sich der Übergang von einer feudal-patriarchischen Gesellschaftsordnung mit stark orientalischem Einschlag zu einer bürgerlichen Gesellschaftsordnung europäischen Typs«. (I. Berlogen 1974, 334) Zwei Stücke von Caragiale, in denen er diesen Komödientypus auch dramaturgisch perfektionierte, gelten bis heute als »Klassiker« des rumänischen Theaters: *Eine stürmische Nacht*, (1879, O noapte furtunoasa) und *Ein verlorener Brief* (1884, O scrisoare pierdută). Beide Stücke wurden am Nationatheater in Bukarest uraufgeführt. Das erste behandelt das alte Komödienmotiv vom betrogenen Ehemann: hier der leichtgläubige Hauptmann der Zivilgarde Dumitrache, der den Geliebten seiner Frau zum Hüter seiner Ehre ernennt. Der *Verlorene Brief* ist – wie in einer Komödie nicht anders zu erwarten – ein kompromittierender Liebesbrief, der in die falschen Hände gelangt und zur Erpressung des Verfassers eingesetzt wird. Es ist eine politische Satire, die im Milieu der Parlamentsabgeordneten spielt. Caragiale gelingt es, mit den meisten seiner Stücke ein lebensnahes Bild der gehobenen Kreise der rumänischen Gesellschaft zu zeichnen und die Machenschaften und Intrigen seiner Protagonisten aus dem Gegensatz überkommener Konventionen und moderner Lebensauffassung zu entwickeln. Stets sind seine Figuren fest in einem sozialen Umfeld, in dessen Geisteshaltung und Moral eingebunden. (vgl. I. Berlogen 1974, 335 ff) Es waren vor allem Stücke von Luca Caragiale, aber auch die Historiendramen von Barbu Stefănescu-Delavrancea (1858–1918) und B.P. Haşdeu (1838–1907), die den rumänischen Schauspielern Gelegenheit boten, ihre Kunst der realistischen Menschengestaltung so zu entwickeln, daß sie letztlich die tonangebenden Persönlichkeiten an den Theatern wurden. Seit der Übernahme der Leitung des Nationaltheaters durch Alexandru Davila jedoch wurde gegenüber der Phalanx dieser Schauspieler die Rolle des Regisseurs als des verantwortlichen Spielleiters eingeführt. Einen engagierten Helfer hatte Davila bei dieser Reformarbeit in dem Regisseur Paul Gusty (1859–1944). Dieser trug mit einigen äußerst erfolgreichen Inszenierungen (Gogols *Revisor*, Gor'kijs *Nachtasyl*, Tolstojs *Macht der Finsternis*) wesentlich dazu bei, daß sich diese neue Arbeitsweise durchzusetzen vermochte. Als Davila das Nationaltheater verlassen hatte, schlug er mit einer eigenen Truppe eine neue künstlerische Richtung ein. Weniger die sozialen Aspekte waren es, die ihn nun bei der Ausarbeitung der Rollenfiguren interessierten, sondern deren Psychologie.

Als der Erste Weltkrieg ausbrach, stand das rumänische Theater, ohne die erneuernden Strömungen des europäischen Theaters zu ignorieren, vorwiegend auf dem Boden des Naturalismus und der Traditionstreue; es fand sich bei Kriegsende eben dort wieder. Kaum aber war der Krieg vorbei, begannen die zeitweilig unterbrochenen Diskussionen über das Theater, über seine Physiognomie und seine Aufgaben von neuem. Die kulturellen Zeitschriften aller Nuancen – darunter selbstverständlich auch die avantgardistischen wie Contimporanul, Integral, Unu – *widmeten diesen Themen breiten Raum. Immer wieder tauchen Namen auf wie Gémier, Copeau, Gordon Craig, Reinhardt, Piscator, Karl Heinz Martin, Jessner, Tairow, Meyerhold u. a. Der Ton ist stets leidenschaftlich polemisch, besonders wenn die Leistungen inländischer Bühnen der einen oder der anderen Inszenierung ausländischer Theater gegenübergestellt werden. Insbesondere die ersten zehn, fünfzehn Jahre der Zwischenkriegszeit waren durch eine intensive Bewegung von der Theorie zur beabsichtigten konkreten Revolutionierung des Theaters gekennzeichnet.*

(M. Andreescu 1973, 192)

Judecata lui Mr. Solomon san Cui îi va apartine Mandusco. *G. T. M., Bukarest 1932*

Auch ging es ihm darum, schärfer zu unterscheiden zwischen einer »Natürlichkeit des Lebens« und dem, was auf der Bühne als »natürlich« erscheint. Es ging ihm letztlich um eine Verfeinerung und Erweiterung jener Realismusauffassung, wie sie bislang am Nationaltheater gepflegt wurde.

Die Jahre zwischen den Weltkriegen wurden zur großen Zeit der Regisseure. Persönlichkeiten wie Soare Z. Soare (1894–1944), Victor Ion Popa (1895–1946), George Mihail Zamfirescu (1898–1939) und Ion Sava (1900–1947), eine junge Regisseursgeneration also, bestimmte nun die künstlerische Linie und bewirkte auch grundsätzliche Neuerungen im Bühnenbild. Dieses wurde nicht mehr als malerische illusionistische Rekonstruktion eines realen Handlungsortes aufgefaßt, sondern als »Atmosphäre«, als Raum, der durch eigenständige Zeichensetzungen die Handlung interpretierend begleitet. Dabei spielte die Rezeption des deutschen Expressionismus eine zentrale Rolle, ebenso die Auseinandersetzung mit der Bühnenästhetik der russischen Avantgarde, vornehmlich von Mejerchol'd und Tairov. Auch trug der rumänische Dichter und Philosoph Lucian Blaga (1895–1961) mit seinen expressionistischen, gedankenschweren Dramen dazu bei, daß diese Neuorientierung des rumänischen Theaters um 1920/25 sehr bald auch inhaltlich Profil gewinnen konnte. Blagas Stücke erlebten in den sechziger Jahren eine Renaissance auf der Bühne, so etwa *Zamolxe* (1921), *Meşterul Manole* (1927) oder *Kinderkreuzzug* (1930, Cruciada copiilor). Diese Entwicklung fand in einem äußerst lebendigen, intellektuellen Klima statt, mit Beiträgen aus vielen künstlerischen Lagern. Persönlichkeiten wie der Bildhauer Constantin Brâncuşi, der Komponist George Enescu oder der Philosoph Mircea Eliade waren an diesen Diskursen beteiligt, ebenso der Zirkel der Avantgardisten um die Zeitschriften *75 H.P.* oder *Contimporanul*, zu denen auch Marcel Janco und Tristan Tzara gehörten, die Wortführer der Züricher Dadagruppe. Unmittelbare Impulse für das Theater kamen aus diesem Kreis der rumänischen Avantgardisten, die sich »Aktivisten« nannten, freilich nicht, offenbar fand deren anti-literarische Attitüde wenig Interesse in der Theatersphäre. Die rumänischen Bühnenkünstler wie die Literaten entwickelten um 1918/20

P. Claudel: Verkündigung. *R.: I. Sava. B.: T. Cornecu. Nationaltheater, Bukarest 1938/39*

ihrem patriotischen Selbstverständnis entsprechend eine Vorstellung von Modernismus, bei der ein »gewisses Gleichgewicht innerhalb der Erneuerungsvorgänge« (I. Pop) gewahrt wurde. Offenbar hätten zu radikale Parolen ihre Rolle als Mitwirkende bei der Verwirklichung der nationalen Einheit gefährdet. (dazu I. Pop in: St. Waetzoldt u.a. 1974, 3/112)

Nach 1945 setzten sich im rumänischen Theater zunächst die Trends der Vorkriegsjahre fort. Der Komödienautor Tudor Mușatescu (1905–1970) be-

A. Luca: Pe urma soarelui. *Mit Eliza Petrăchescu und V. Valentineanu. Nationaltheater, Bukarest 1942/43*

herrschte mit witzigen, äußerst bühnenwirksamen Satiren die Spielpläne. Andere Erfolgsautoren der ersten Nachkriegsjahre waren Mircea Stefánescu (1898–1982), Alexandru Kirițescu (1888–1961) und Gheorghe Ciprian (1893–1968), der mit einigen seiner Stücke das Absurde Theater vorbereitete, das in den fünfziger Jahren im Werk des 1912 in Rumänien geborenen, seit 1938 jedoch ständig in Frankreich lebenden Eugène Ionesco einen seiner bedeutendsten Vertreter fand. Mit Beginn der Propagierung des Sozialistischen Realismus Ende der vierziger Jahre traten neue Autoren mit ihren Stücken an die Öffentlichkeit (vgl. D. Rubin 1994 I, 688f), so etwa Mihail Davidoglu (1910–1988) oder Lucia Demetrius (1910–1992), die sich nun auch mit Problemen befaßten, die sich aus der Umgestaltung der rumänischen Gesellschaft in eine sozialistische Volksrepublik ergaben.

Jugoslawien

Nach dem politischen Zusammenbruch der habsburgischen Monarchie kam es 1918 zur Bildung eines südslawischen Nationalstaats als »Königreich der Serben, Kroaten und Slowenen«. Es war dies der erste politische Einigungsversuch in der konfliktreichen Geschichte dieses südosteuropäischen Raumes, der von so unterschiedlichen ethnischen und kulturellen Traditionen geprägt ist. (vgl. Bd. III, 550ff) Im Ersten Weltkrieg, der durch die Ermordung des österreichisch-ungarischen Thronfolgers Franz Ferdinand am 28. Juni 1914 in Sarajevo durch ein Mitglied des serbischen Geheimbunds »Schwarze Hand« ausgelöst wurde, war das Land von den Mittelmächten besetzt worden. Der Einigungsversuch von 1918 war eine politische Reaktion auch auf diese Erfahrung. Zugleich sollte es der Abschluß eines jahrhundertelangen Kampfes um die Befreiung dieser südslawischen Länder von wechselnder politischer Fremdherrschaft und kultureller Überfremdung sein. Das neue Staatsgebilde erhielt 1929 den Namen »Königreich Jugoslawien«. Obgleich Alexander I., der 1934 ermordet wurde, ein autoritäres Regime etabliert hatte, blieben Staat und Gesellschaft im Innern gespalten. Kroatien und Slowenien standen in permanenter Gegnerschaft zu den großserbischen Bestrebungen der Zentralregierung in Belgrad. Alexanders Nachfolger Peter II. wurde im März 1941, zwei Tage nach seinem Beitritt zum Dreimächtepakt (Deutschland, Italien, Japan), samt seiner Regierung gestürzt. Im April 1941 griffen deutsche und italienische Truppen Jugoslawien an und besetzten das Land. In Kroatien kam es zur Bildung einer faschistischen Regierung. 1943 konnte Tito (1892–1980), der Führer der kommunistischen nationalen Volksbefreiungsarmee, eine provisorische Regierung bilden. 1946 wurde Jugoslawien zusammen mit Bosnien-Herzegowina zur Föderativen Volksrepu-

W. Shakespeare: Hamlet. *Zagreb 1929*

blik Jugoslawien erklärt; 1947 eine kommunistische Gesellschaftsordnung eingeführt. Da Tito als jugoslawischer Ministerpräsident den ideologischen Führungsanspruch Moskaus nicht anerkannte, sondern einen eigenen Weg zum Sozialismus verfolgte, geriet in Jugoslawien auch das kulturelle Leben nach 1945 nicht in gleicher Weise in die Zwänge einer doktrinären zentralistischen Kulturpolitik, wie dies in anderen sozialistischen Volksrepubliken der Fall war.

Obwohl also Slowenien, Kroatien und Serbien seit 1918 ein einheitliches Staatsgebilde darstellten, blieben diese Länder in der kulturellen Sphäre langehin noch durch unterschiedliche Traditionen geprägt. Dies galt vor allem für das Theater, das im 19. Jahrhundert zur wichtigsten kulturellen Institution geworden war und zur Ausbildung eines slowenischen, kroatischen und serbischen Nationalbewußtseins entscheidend beigetragen hatte. (vgl. Bd. III, 550 ff)

In Slowenien war das Theaterleben bis 1918/19 noch durch das Nebeneinander und die Rivalität von slowenischem und deutschsprachigem Theater geprägt. Zentrum dieses Theaterlebens war das 1892 eröffnete Landestheater (Dezelno gledališče) in Ljubljana (Laibach), in dem slowenische und deutsche Ensembles auftraten mit je einem Schauspiel- und einem Opernrepertoire. Weitere slowenische Theater kamen in den ersten Jahrzehnten des neuen Jahrhunderts hinzu, so in Triest (1902), Maribor (1909, seit 1919 mit eigenem Ensemble), Celje (1911) und Kranj (1945). Eine wichtige Rolle spielte für die ganze Region der Tourneebetrieb von slowenischen und deutschsprachigen Theatergruppen. Dabei befand sich das slowenische Theater 1918 noch in einer Entwicklungsphase, in der seine Professionalisierung das vorrangige Problem war; dennoch war das Landestheater bestrebt, seinem Spielplan ein deutlich

B. Sirolas Ballett Die Schatten. *Ch.: M. Froman. B. u. K.: L. Babic. Kroatisches Nationaltheater, Zagreb 1923*

nationales Profil zu verleihen. Dramen von Ivan Cankar (1876–1918), Etbin Kristan und Franc Fingar (1871–1962) kamen bevorzugt zur Aufführung durch das aus Berufsschauspielern und (überwiegend) Laiendarstellern gemischte Ensemble, das bis 1894 unter der Leitung von Ignacij Borštnitz (1858–1919) stand. Insgesamt hatte das slowenische Theater eine Vorliebe für populäre Unterhaltungsstücke, vor allem für das Volksstück. In der Opernabteilung waren die Verhältnisse ähnlich, doch erreichte die slowenische Oper früher als das Schauspiel ein dem internationalen Standard angenähertes Niveau. 1913 wurden der Oper jedoch die staatlichen Subventionen gestrichen, was die Schließung dieser Abteilung bis 1918 zur Folge hatte. (vgl. F.K. Kumbatovič 1974, 220ff)

A. Ould: Der Pfeifer lacht. *Ljubljana 1929*

Wesentlich verbessert hatten sich die Bedingungen des Deutschen Theaters in Ljubljana, als dieses 1911 ein eigenes Haus eröffnen konnte, das »Kaiser-Franz-Joseph-Gedächtnistheater«. Dieses deutschsprachige Theater, das von patriotischen Kreisen des slowenischen Publikums boykottiert wurde, stand künstlerisch auf einem deutlich höher entwickelten Niveau als das Landestheater, kamen die Mitglieder dieses Ensembles doch überwiegend von den Bühnen in Wien und München. Zudem gastierten am Deutschen Theater in Ljubljana häufig berühmte Ensembles aus den deutschen und österreichischen Theatermetropolen. 1918 wurde der deutschsprachige Spielbetrieb an dieser Bühne eingestellt und das Haus zum Slowenischen Nationaltheater erklärt. Das einstige Landestheater wurde seither nur noch als Opernhaus genutzt. Zu einer Übernahme des Deutschen Theaters durch ein slowenisches Ensemble kam es 1919 auch in Maribor.

Die zwanziger und dreißiger Jahren waren für das slowenische Theater die bis dahin künstlerisch beste Periode. Das Repertoire war modernisiert und erweitert worden um Werke der internationalen Klassik und der Moderne; der Schauspielrealismus hatte zur psychologischen Vertiefung in der Rollengestaltung gefunden, eine Entwicklung, die durch die Gründung einer Theaterakademie im Jahre 1945 weiter gefördert wurde. Hinko Nučič (1883–1971) und Milan Skrbinšek (1886–1963) waren Regisseure und Schauspielpädagogen, die diese Richtung wesentlich förderten. Auch von Gastspielen des Moskauer Künstlertheaters gingen Impulse für dieses erweiterte Realismusverständnis aus. Mehrfach gaben auch die Pariser Opéra Comique, die Comédie Française, die Mailänder Scala, das Wiener Burgtheater und andere deutsche und italienische Ensembles Gastspiele am Nationaltheater in Ljubljana. Vor allem das französische Theater war es, das den stärksten Einfluß auf die Entwicklung der slowenischen Bühnenkunst ausübte. (vgl. S. Batušič 1955, 55) Die beiden Maler Ivan Vavpotič (1877–1943) und August Černigoj (1898–1985) und die Architekten Ernest Franz (1906–1981) und Bojan Stupica (1910–1970) leiteten eine Reform der Bühnenbildgestaltung ein. Zurückgedrängt wurde nun auch der Realismus der Illusionsbühne zugunsten stilisierter raum-bildnerischer Lösungen.

W. Shakespeare: Romeo und Julia. *Narodno Gledalisce, Ljubljana 1940*

In Kroatien war das Theater am Beginn des 20. Jahrhunderts künstlerisch deutlich weiterentwickelt als in Slowenien und Serbien. Der Anschluß an den internationalen Durchbruch war weitgehend gefunden; der in dieser südeuropäischen Region insgesamt verzögerte Prozeß der Professionalisierung war abgeschlossen. Auch war das Theaterwesen institutionell gut ausgebaut. Die meisten Theatergebäude waren bereits im 19. Jahrhundert errichtet worden. Es

D. Jakšić: Stanoje Glavas. *Belgrad 1950*

war dies eine Folge der engen kulturellen Bindungen an Österreich-Ungarn und Italien. Es gab drei Nationaltheater, eines in der Hauptstadt Zagreb (ein 1895 eröffneter Neubau der Wiener Architekten Fellner und Helmer, vgl. Bd. III, 925), eines in Osijek (seit 1907) und eines in Split (seit 1920). Ein weiteres Theater von vergleichbarer Struktur (mit drei Sparten) wurde 1945 in Rijeka eröffnet. (vgl. D. Rubin 1994 I, 174) Neben diesen großen Staatstheatern existierte in Kroatien eine Vielzahl größerer und kleinerer Privattheater, von denen viele auf spezifische Genres, überwiegend auf das Lustspiel und die Operette, spezialisiert waren. Nach 1945 kamen zu diesen Theatern noch zwei Neugründungen in Zagreb hinzu, ein Jugendtheater (1948) und ein Marionettentheater (1945).

In ihrem Repertoire konnten sich die kroatischen Bühnen auf die Werke mehrerer kroatischer Dramatiker stützen, von denen Milan Begovič (1876–1948), der von 1927 bis 1932 Dramaturg am Zagreber Nationaltheater war, und Josip Kosor (1979–1961), dessen Stücke auch an Bühnen in London, Prag und München aufgeführt wurden, die erfolgreichsten waren. Beide Autoren stehen für den Durchbruch der Moderne, für Realismus und soziale Thematik, im kroatischen Drama. Miroslav Krleă brachte mit seinen Stücken zunächst den Symbolismus, später den Expressionismus (*Kraljevo*, 1915) auf die kroatische Bühne. Eine Auseinandersetzung mit den Richtungen des Avantgardetheaters (Futurismus, Surrealismus, Konstruktivismus) fand im kroatischen Theater dieser Jahrzehnte nicht statt.

Seit 1909 waren am Nationaltheater in Zagreb auch die Voraussetzungen gegeben, daß die Opernabteilung ihren Spielbetrieb wieder aufnehmen konnte. Dies war verbunden mit einer künstlerischen Reform der kroatischen Oper. Verantwortlich dafür war der neue Direktor dieser Sparte, Vladimir Trescec. (vgl. R. Horvat 1955, 48)

Am Beginn des Jahrhunderts hatte der künstlerische Leiter des Zagreber Nationaltheaters, Stjepan Miletić (1868–1908, vgl. Bd. III, 925), die Grundlagen für eine moderne Bühnenkunst geschaffen. Diese Arbeit wurde fortgesetzt von dem Regisseur Branko Gavella (1885–1962), der allerdings von 1930 bis 1947 im Ausland arbeitete. Gavella war eine der führenden Persönlichkeiten beim Neuaufbau des kroatischen Theaters nach 1949.

Während des Zweiten Weltkriegs war das Theaterleben in Kroatien offenbar weniger beeinträchtigt als in anderen jugoslawischen Gebieten (vg. R.N. Horvat 1955, 49 u. D. Rubin 1994 I, 171), was wohl eine Auswirkung davon war, daß Kroatien 1941 bis 1945 unter dem Diktator Ante Pavelić ein »unabhängiger Staat« geworden war, der sowohl mit den italienischen Faschisten wie auch mit dem nationalsozialistischen Deutschland paktierte. So konnten die öffentlichen kroatischen Theater ihren Spielbetrieb fortsetzen, wenngleich unter dem Verbot jedweder Kritik an dem Regime von Pavelić. Auch ordnete dieser die Vertreibung von Serben und Juden aus den kulturellen Institutionen an. Zugleich aber betrieben politische Widerstandsgruppen einen intensiven Theaterbetrieb im Untergrund. Dieses »Partisanentheater«, dem sich Bühnenkünstler auch aus den Nationaltheatern anschlossen, führte neben politischen Revuen auch zeitgenössische patriotische Stücke und Werke der nationalen und der internationalen Klassiker auf.

Da die meisten Theatergebäude in Kroatien von Zerstörungen durch den

Spielszene des jugoslawischen Partisanen-Theaters (Theater der Nationalen Befreiung), 1942

Krieg verschont geblieben waren, konnte 1945 die Neuorganisation des Theaterwesens im Sinne der sozialistischen Gesellschaftsordnung Jugoslawiens sogleich beginnen, und es kam zu einem rasanten Entwicklungsschub im gesamten Theaterleben. Gegenüber 1940 hatten sich die professionellen Theaterensembles im Jahre 1950 vervierfacht. In vielen strukturellen Aspekten orientierte sich der Theaterbetrieb nun jedoch strikt am sowjetisch-russischen Vorbild.

Sowohl im Ersten wie im Zweiten Weltkrieg war Serbien die am meisten in das Kriegsgeschehen involvierte Region innerhalb Jugoslawiens. Dies führte zeitweilig zum vollständigen Erliegen des offiziellen Theaterlebens. Zentren des serbischen Theaters waren die beiden Nationaltheater in Novi Sad (seit 1861) und in Belgrad (seit 1868), wobei das Theater in Novi Sad nach 1919 an Bedeutung verlor. (vgl. Bd. III, 925 f) Außerdem existierten Theater in Niš und Skopje und in zahlreichen kleineren Städten, die von Wanderbühnen bespielt wurden, eine Einrichtung, die in Serbien bis in die dreißiger Jahre ein wesentlicher Faktor des Theaterwesens blieb. Auch in Serbien gab es während der

M. Gor'kij: Nachtasyl. *Belgrad 1953*

beiden Weltkriege Theateraufführungen, die vom Militär oder von Partisanentruppen organisiert wurden und im Dienst des nationalen Befreiungskampfes standen.

In den beiden Jahrzehnten bis zur Gründung des Staates Jugoslawien im Jahre 1919 machte das Theater in Serbien einen Prozeß der Europäisierung durch im Sinne einer Rezeption der Moderne. Dabei gab es »Vorbilder, die von Zeit zu Zeit abwechselten. Das waren Wien, Paris, Moskau, Budapest bis zum Ersten Weltkrieg, dann kamen neue Zentren hinzu, von denen Einflüsse ausgingen, das waren London, Italien, Sowjetrußland und später die Vereinigten Staaten.« (A. Ujes 1974, 266) Wesentliche Impulse erhielt das serbische Theater auch von den zahlreichen russischen Emigranten, die sich in den zwanziger Jahren in Belgrad aufhielten. Insgesamt gesehen lebte das serbische Theater mehr von künstlerischen Impulsen, die von außen, von Paris und Moskau kamen, als durch eigene Innovationen. Hinzu kam, daß das kulturelle Leben unter der Diktatur von Alexander I. einer strengen Zensur unterworfen war, die jede Form der Kritik an dessen autoritärem Regime unterdrückte. Dennoch wurde das Theater »zum wichtigsten Schauplatz der Konfrontation von politischen Parteien und Gruppen, was am deutlichsten … am raschen Wechsel der Theaterdirektoren und –leitungen zum Ausdruck kam.« (A. Ujes 1974, 275) Ein weiteres Hemmnis für die Weiterentwicklung des serbischen Theaters waren die bürokratischen Strukturen der großen Theaterbetriebe und des staatlichen Finanzierungssystems. (Čekič Milutin: *Die Theaterfrage*, 1926; nach: A. Ujes 1974, 268)

Einer der wichtigsten Vermittler der neuesten Entwicklungen aus den euro-

M. Krleža: Die Glembays. *Zagreb 1946*

päischen Theatermetropolen war der Regisseur Mata Milošević (geb. 1910), der von 1922 bis 1947 am Nationaltheater, anschließend bis 1974 am Jugoslawischen Dramatischen Theater (Jugoslovensko dramsko pozorište) in Belgrad gearbeitet hat. Milošević perfektionierte in seiner Arbeit einen an Stanislavskij geschulten realistischen Schauspielstil, der am Belgrader Nationaltheater bereits um 1912 eingeführt war. In diesem Jahr auch war der erste professionelle Regisseur an diese Bühne verpflichtet worden. Es war der aus Rußland stammende Stanislavskij-Schüler Ivanovič Andrejev. Ebenfalls 1912 kam der erste serbische Berufsregisseur Čekić Milutin (1882–1964) an das Nationaltheater. (vgl. A. Ujes 1974, 280) Nahezu alle Regisseure und die meisten Schauspieler, die in den zehner Jahren an den serbischen Bühnen engagiert waren, hatten im Ausland, vorwiegend in Deutschland und in Rußland, ihre Ausbildung erhalten.

Von den serbischen Dramatikern war Branislav Nušić (1864–1938) der erfolgreichste. Nušič hatte 1913 das Theater in Skopje gegründet und leitete von 1923 bis 1928 das Stadttheater in Sarajewo. Er galt als »Meister des Lustspiels« und behandelte vorwiegend Stoffe aus dem hauptstädtischen Gesellschaftsleben. Einige seiner Stücke finden sich noch heute in den Spielplänen der jugoslawischen Theater.

Die Theatersaison 1944/45 war die erste nach dem Ende des Krieges und der Besatzungszeit. Es mußten vor allem in Serbien und Slowenien die Theatergebäude, die durch Kriegseinwirkungen beschädigt oder ganz zerstört waren, instandgesetzt oder wieder aufgebaut werden. Vor allem Belgrad lag weitgehend in Trümmern. Vielerorts wurden auch neue Theater eröffnet. (vgl. D. Ru-

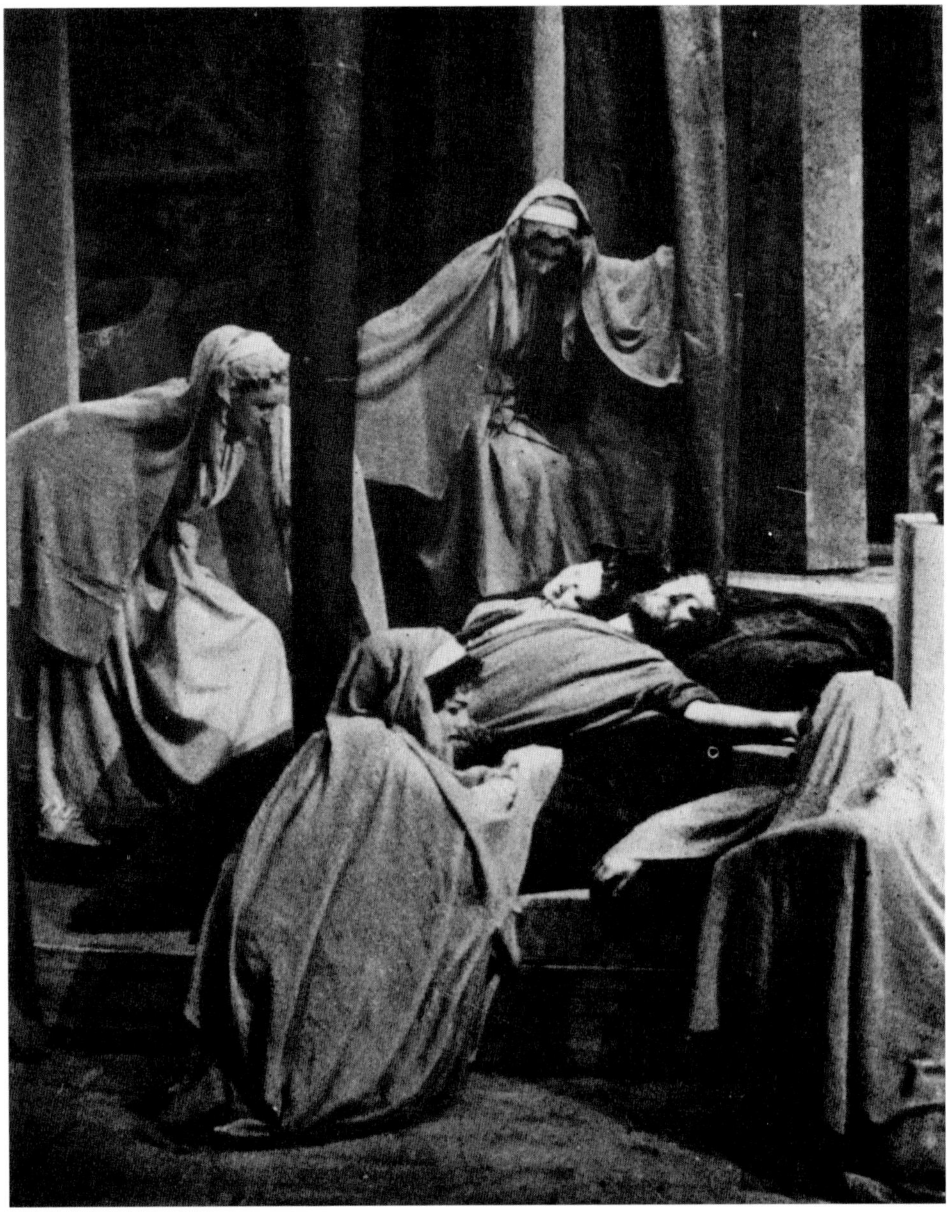

Aischylos: Agamemnon. *Zagreb 1952*

bin 1994 I, 741) Insgesamt hatte sich 1949 die Zahl der festen Theaterbauten in Jugoslawien gegenüber 1914 mehr als vervierfacht. Alle Bühnen und die meisten neu gegründeten halbprofessionellen Ensembles wurden nun staatlich subventioniert. Die Bühnenkünstler erhielten 1946 den Status von Staatsbeamten. Mit den Theaterneugründungen verfolgte die Regierung auch eine Politik der Integration der unterschiedlichen ethnischen Bevölkerungsgruppen. So entstanden in Mazedonien erstmals Theater, die Aufführungen in der mazedonischen Landessprache zeigten, ebenso wurde erstmals ein Theater in Prizren für die im Kosovo lebenden Albaner errichtet. Auch die ungarischen, rumänischen und türkischen Minderheiten erhielten eigene Stadttheater. In Montenegro wurden vier Nationaltheater eröffnet.

Zentrum der künstlerischen Entwicklung des jugoslawischen Theaters war das 1948 gegründete Jugoslawische Dramatische Theater, dessen Ensemble aus den besten Künstlern aller jugoslawischen Theater zusammengestellt wurde. (vgl. R.H. Horvat 1955, 65) Die zeitweise eingeführte zentralistische Lenkung der Theater wurde 1949 weitgehend wieder abgebaut und eine kollektive Selbstverwaltung (eine Art Rätemodell) eingeführt. Für die Spielpläne allerdings gab das Ministerium für Erziehung und Kultur Listen heraus, in denen die Stücke aufgeführt waren, die zur Aufführung kommen sollten. Für die Schauspielpraxis galt die Methode Stanislavskijs, dessen Realismusauffassung, als vorbildlich. Eine in der Verfassung verankerte staatliche Zensur gab es zwar nicht, wohl aber eine Praxis der Selbstzensur, die die Theaterleitungen ausübten. Diese Regelungen bestanden von 1947 bis 1951. Mitte der fünfziger Jahre schließlich kam es im Zuge eines allgemeinen politischen »Tauwetters« in den osteuropäischen Staaten zu einer Öffnung gegenüber anderen künstlerischen Richtungen. In die Spielpläne konnten nun auch verstärkt Stücke westlicher Autoren aufgenommen werden. Für das jugoslawische Theater war dies ein Akt der Befreiung, und es konnten bald auch beachtliche internationale Erfolge verbucht werden, so etwa anläßlich des Auftritts des Ensembles des Belgrader Dramatischen Theaters beim Internationalen Theaterfestival im Juli 1954 in Paris.

Griechenland

Euripides: Hippolytos. *Altes Theater. Epidauros. Chorszene, um 1930*

Das griechische Theater hatte in der ersten Hälfte des 20. Jahrhunderts ungünstige Voraussetzungen für eine Konsolidierung. Ursache dafür waren die allgemeinen gesellschaftlichen und die politischen Verhältnisse in diesem Lande. Im Ersten Weltkrieg blieb Griechenland zwar neutral, war zuvor aber an den Balkankriegen beteiligt. In den frühen zwanziger Jahren führte es Krieg mit der Türkei und unterlag. Im Zweiten Weltkrieg war Griechenland von deutschen Truppen besetzt und geriet in den folgenden Jahren in einen ruinösen Bürgerkrieg, der die innere Einheit der Nation schwer erschütterte. Erst 1950 setzte eine Periode des Wiederaufbaus und der inneren Stabilität ein. Das Theater war von diesen außen- und innenpolitischen Konflikten insofern betroffen, als es in dieser Periode der vielfach wechselnden Regierungen keinerlei Interesse an einer Förderung der Theater gab. Bis zum Beginn der siebziger Jahre wurde in Griechenland keine Kulturpolitik betrieben, auch ein dafür zuständiges Ministerium fehlte. (vgl. D. Rubin 1994 I, 403) Sehr wohl aber wurde Zensur ausgeübt, und es wurden kritische Aktivitäten im Kulturbetrieb verfolgt und unterbunden. Dies galt vor allem für die Zeit der deutschen Okkupation und die Bürgerkriegsjahre (1947 bis 1949). Während der Besatzungszeit hatte die linksorientierte Résistance Theatergruppen gegründet, die im Untergrund agierten, um Aufklärungs- und Propagandaarbeit zu leisten. Viele prominente Bühnenkünstler verließen während dieser Jahre das Nationaltheater und demonstrierten damit gegen das herrschende Regime.

Dabei war es erst in der zweiten Hälfte des 19. Jahrhunderts – im gesamteuropäischen Zusammenhang also sehr verspätet – zu einem festeren institutionellen Ausbau und zur Professionalisierung des griechischen Theaters gekommen. (vgl. Bd. III, 562 u. 928) Im Jahre 1901 wurde in Athen das Königliche Theater (seit 1930 Griechisches Nationaltheater) eröffnet; im gleichen Jahr auch die Neue Bühne. Mit diesen beiden Ereignissen hatte das Theater in Griechenland seinen Aufbruch in die Moderne eingeleitet, der sich allerdings nur wenige Jahre entfalten konnte. Thomas Ökonomou (1864–1917), der erste professionelle griechische Regisseur – in Wien ausgebildet –, war der künstlerische Leiter des Königlichen Theaters. Konstantinos Christomanos (1867–1911), der Gründer und Regisseur der Neuen Bühne, verstand seine Arbeit geradezu als Mission zur Erneuerung des Theaters, die er quasi zum Kult erhoben hatte, den Idealen der Schönheit und der Natürlichkeit geweiht. (vgl. Bd. III, 928) Wenngleich das Projekt der Neuen Bühne nur fünf Jahre von Christomanos selbst (bis 1906) und danach nur noch kurze Zeit von zwei seiner Mitarbeiter weitergeführt wurde, hatte sich dadurch das Theaterverständnis in Griechenland grundlegend verändert. Es war ein Bewußtsein dafür aufgekommen, daß Theater weitaus mehr sein könne als Unterhaltung. Auch Ökonomou zog sich bereits 1905 vom Königlichen Theater zurück. Er arbeitete bis zu seinem Tode 1917 als freier Regisseur mit eigenen Ensembles, mit denen er seine künstlerischen Vorstellungen konsequenter umsetzen konnte als an den großen Bühnen. Ziel seiner Arbeit war die Perfektionierung eines naturalistischen Schauspielstils, für den letztlich das Meininger-Ensemble (vgl. Bd. III, 151 ff) Vorbild war.

Bereits 1908, sieben Jahre nach seiner Eröffnung, mußte das Königliche Theater wieder geschlossen werden, da es als privatwirtschaftlich betriebene Bühne nicht überlebensfähig war. Damit waren bereits am Ende des ersten Jahrzehnts des 20. Jahrhunderts die beiden großen Neugründungen des griechischen Theaters wieder von der Bildfläche verschwunden. Erst 1930 wurde das Königliche Theater – nun als Griechisches Nationaltheater und vom Staat subventioniert – neu eröffnet. Sein erster künstlerischer Leiter wurde der Kritiker und Regisseur Photos Polites (1890–1934), der nach zweiundzwanzigjähriger Unterbrechung des Spielbetriebs an dieser Bühne Aufbauarbeit leisten mußte. Künstlerisch war sein Ziel die Überwindung jenes Naturalismus', wie ihn Christonomos und auch Ökonomou kultiviert hatten. Ein programmatischer Aspekt seiner Direktion am Nationaltheater war auch der Versuch, das antike griechische Theater für die moderne Bühne zu erschließen. Konsequenterweise eröffnete er 1930 das Nationaltheater mit einer Inszenierung von Aischylos' Tragödie *Agamemnon.* Auch der Regisseur Dimitris Rondiris spezialisierte sich in diesen Jahren auf Aufführungen antiker griechischer Tragödien. Rondiris spielte eine wesentliche Rolle bei der Gründung der Festspiele von Epidauros (1954), die in Griechenland zum Ausgangspunkt und Zentrum der in den fünfziger und sechziger Jahren einsetzenden Festival-Bewegung zur Pflege des antiken Theaters wurden. Einen wesentlichen Beitrag für die künstlerische Aneignung des antiken Dramas leistete auch Alexis Minotis (1904–1990), der als einer der bedeutendsten griechischen Schauspieler des 20. Jahrhunderts gilt. Minotis brachte realistische und expressionistische Elemente in den Darstellungsstil dieser Antiken-Inszenierungen und beendete damit die bis dahin in diesem Genre gepflegte Deklamationsmanier. Auch die Tragödin Katina Paxinou (1900–1978) brachte einen modernen psychologischen Zug in die Gestaltung der Figuren in den antiken Dramen. (vgl. D. Rubin 1994, 409) Für die Organisation und die künstlerische Durchführung dieser Festspiele war das Nationaltheater zuständig. Seit Ende der dreißiger Jahre wurden an diese Bühne Regisseure verpflichtet, die sich ausschließlich mit der künstlerischen Adaption des antiken Theaters, auch mit dessen wissenschaftlicher Aufarbeitung beschäftigten, so etwa Takis Mouzenides (1911–1981) oder Alexis Solomos (geb. 1925).

Aischylos: Die Eumeniden. *Altes Theater. Epidauros, um 1930*

Aber auch die moderne griechische Dramatik hatte ihren festen Platz im Repertoire der Bühnen, vor allem des Nationaltheaters. Einer der erfolgreichsten Bühnenautoren der zwanziger und dreißiger Jahre war Spyros Melas (1882–1966), der sich in seinen Stücken mit der zeitgenössischen Gesellschaft seines Landes auseinandersetzte, mit sozialen Problemen und Familienzwisten in der Sphäre der Kleinbürger. Die Leidenschaftlichkeit, mit der Melas seine Theaterarbeit betrieb, vermittelte sich auch im Temperament seiner Protagonisten auf der Bühne. Stilistisch kennzeichnet seine Dramen ein an Ibsen, Zola und Gerhart Hauptmann geschulter Naturalismus, oftmals auch mit dem pessimistischen Grundton dieser Vorbilder.

Durch die lange Schließung des Nationaltheaters und das Fehlen anderer künstlerisch ambitionierter Bühnen oder Ensembles war der Standard der griechischen Schauspielkunst Anfang der zwanziger Jahre letztlich von der Spielpraxis der sieben privaten Unterhaltungstheater der Hauptstadt bestimmt worden. In den Spielplänen dieser Bühnen waren Lustspiele, das Vaudeville und die Operette die beherrschenden Genres. (vgl. W. Puchner 1984, 78) So war es nur konsequent, daß ein Dramatiker wie Melos, der sein Leben so bedingungslos dem Theater gewidmet hatte, auch im Sinne einer Reform der Schauspielkunst aktiv werden mußte. Zusammen mit zwei Schauspielern gründete er 1925 das »Theater der Kunst« und 1929 die »Freie Bühne«. Beide Theater existierten nur bis 1930, brachten in dieser Zeit jedoch eine Anzahl bemerkenswerter Produktionen heraus, die sich durch die Geschlossenheit der Ensemblearbeit und den Abbau naturalistischer Plattheiten deutlich vom Niveau der meisten anderen Bühnen abhoben. 1930 wurde diese Reformarbeit am wiedereröffneten Nationaltheater fortgesetzt.

Die weitaus bedeutendste Neugründung der vierziger Jahre (1941) war die des »Teatron Technis Athen«, eines »Kunst-Theaters«, durch den Regisseur Karolos Koun (1908–1987). Seine Inszenierung von Ibsens Drama *Die Wildente* (1942) war das Initialereignis, mit dem Koun, der nach einem Studium in Paris und Istanbul von 1934 bis 1940 zunächst als Schauspieler gearbeitet hatte, seine Laufbahn als einer der herausragenden Regisseure des 20. Jahrhunderts begann. Für das griechische Theater schuf Koun eine neue Form des literarischen Theaters, das eine Verbindung anstrebte zwischen der avanciertesten Form der Regiemethode Stanislavskijs und den bühnenästhetischen Entwicklungen der französischen Avantgarde. Neben Inszenierungen von alten und modernen Klassikern, von Shakespeare bis Čechov, und der internationalen zeitgenössischen Dramatik war die Auseinandersetzung mit dem antiken griechischen Drama ein Schwerpunkt seiner Arbeit. Diese hatte Auswirkungen für das Theater in Griechenland insgesamt, für das Nationaltheater wie für viele freie experimentelle Theatergruppen, die in den sechziger und siebziger Jahren entstanden. In den Jahren von 1949 bis 1954 freilich konnte das Teatron Technis aus finanziellen Gründen seinen Spielbetrieb nicht aufrechterhalten. Koun hatte in dieser Zeit in Griechendland keine Arbeitsmöglichkeit und inszenierte deswegen überwiegend im Ausland.

Die Jahre der Okkupation durch die Deutschen und die folgende Bürgerkriegszeit hatten in der Entwicklung des zeitgenössischen griechischen Dramas eine Wende eingeleitet, die sich nach 1950, dem Ende des Bürgerkriegs, auch auf die Bedeutung des Theaters für die griechische Gesellschaft auswirkte. Die Erfahrungen aus den Jahren der Unfreiheit wurden nun auf der Bühne diskutiert. Vor allem wandten sich die Autoren jetzt auch der Frage der nationalen Identität ihres Landes zu.

Bibliographie

Aarseth, A.: Den nationale Scene 1901–31. Oslo 1969
Abert, A.: Geschichte der Oper. Stuttgart u. Weimar 1994
Adler, G.: »... aber vergessen Sie nicht die chinesischen Nachtigallen«. Erinnerungen an Max Reinhardt. München u. Wien 1980
Adson, Artur: Das estnische Theater. Tartu 1933
Albach, B.: Het huis op het Plein. Amsterdam 1957
ders.: Duizend jaar toneel in Nederland. Bussum 1965
Albérès, R.M.: Esthétique et morale chez Jean Giraudoux. Paris 1957
Alberti, A.C.: Il teatro nel fascismo: Pirandello e Bragaglia. Documenti inediti negli archivi italiani. Rom 1974
Alewyn, R.: Über Hugo von Hofmannsthal. Göttingen 1958
Alonge, R.: Teatro e società nel novecento. Mailand 1974
Alteresen, S. (Hg.): An Abridged History of Romanian Theatre. Bukarest 1983
Amstutz, H. u.a.: Schweizertheater. Drama und Bühne der Deutschschweiz bis Frisch und Dürrenmatt 1930 – 1950. Zürich 2000 (Theatrum Helveticum 6)
Anders, F.: Jacques Copeau et le Cartel des quatre. Paris 1959
Andersen, J.: The One and Only: the Ballet Russe de Monte Carlo. New York 1981
Anderson, F.: Alfonso Sastre. New York 1971
Ansteinsson, E.: Teater i Norge. Oslo 1968
Antlitz, H.: Enrique Jardiel Poncela und das moderne spanische Theater. In: Maske u. Kothurn 11 (1965), 55–77
Apolloni, M.: Storia del teatro italiano. 2 Bde. Fiorenze 1981
Apollonio, U. Der Futurismus. Manifeste und Dokumente einer künstlerischen Revolution 1909–1918. Köln 1972
Appignanesi, L.: Das Kabarett. Stuttgart 1976
Arnaud, L.: Charles Dullin. Paris 1952
Arnold, A. (Hg.): Georg Kaiser. Stuttgart 1980
ders. (Hg.): Interpretationen zu Georg Kaiser. Stuttgart 1980
Arpe, V.: Das schwedische Theater. Von den Gauklern bis zum Happening. Göteborg 1969
Arntzen, K.O. u.a. (Hg.): Dramaturgische und politische Strategien im Drama und Theater des 20. Jahrhunderts. St. Ingbert 2000
Artaud, A.: Das Theater und sein Double. Frankfurt 1969
ders.: Die Tarakumaras. Revolutionäre Botschaften. München 1975
ders.: Schluß mit dem Gottesgericht. Das Theater der Grausamkeit. Letzte Schriften zum Theater. München 1980
Asholt, W., W. Fähnders (Hg.): Manifeste und Proklamationen der europäischen Avantgarde (1909–1938). Stuttgart u. Weimar 1995
Aspects du théâtre roumain contemporain. 2 Bde. Bukarest 1967–71
Aspetsberger, F.: Literarisches Leben im Austrofaschismus. Graz 1980
Aszyk, U.: Das spanische Theater und die Avantgardebewegungen im 20. Jahrhundert. In: W. Floeck 1990, 41–67
August, W.-E.: Die Stellung der Schauspieler im Dritten Reich: Versuch einer Darstellung der Kunst- und Gesellschaftspolitik in einem totalitären Staat am Beispiel des »Berufsschauspielers«. Diss. Phil. München 1973
Austin, G.: Sternheim und die deutschsprachige Bühne der Gegenwart. In: A. Rogal, D. Sturges 1995, 133–150
Ayck, Th.: Carl Zuckmayer. 8. Aufl. Reinbek 2002
Bablet, D.: Esthétique générale de décor de théâtre de 1870 à 1930. Paris 1965
Bablet, D.: Les révolutions scéniques du XXe siècle. Paris 1975
ders.: Copeau et le théâtre théâtrale. In: Maske u. Kothurn 15 (1969), 74–81
Bablet, D., E. Billeter (Konzeption): Die Maler und das Theater im 20. Jahrhundert. Ausstellungskatalog. Schirn Kunsthalle Frankfurt. Frankfurt 1986
Bablet, D., J. Jacquot (Red.): L'Expressionisme dans le théâtre européen. 2. Aufl. Paris 1989
Bachmann, D., R. Schreiber (Hg.): Das verschonte Haus. Das Zürcher Schauspielhaus im Zweiten Weltkrieg. Zürich 1987
Barsotti, A.: Futurisomo e avanguardia. Nel teatro italiano tra la 2 guerre. Roma 1990
Bartetzko, D.: Illusionen in Stein. Stimmungsarchitektur im deutschen Faschismus. Ihre Vorgeschichte in Theater- und Film-Bauten. Reinbek 1985
Basmett, S., J. Lorch: Luigi Pirandello in the Theatre. A Documentary Record. Harwood 1993
Batušic, N.: Hrvatsko narodno kazalište u Zagrebu 1840–1860–1992. Zagreb 1992
Batušić S: Hrvatska pozornica. Zagreb 1978
Baty, G.: Le Masque et l'encensoir. Paris 1926
Bauer, O.G. (Hg.): Die russische Bühne 1900–1930. München 1994

Bauer, S. (Hg.): Hugo von Hofmannsthal. Darmstadt 1968

Bauermeister, Ch., N. Hertling (Red.): Sieg über die Sonne. Aspekte russischer Kunst zu Beginn des 20. Jahrhunderts. Berlin 1983

Baumgarth, Ch.: Geschichte des Futurismus. Reinbek 1966

Baur, P.: Les théâtres de Paris. Bern [1970]

Bebendorf, K.: Tollers expressionistische Revolution. Frankfurt u.a. 1990

Beck, W.: Kabarett (Cabaret). In: M. Brauneck, G. Schneilin 1992, 476–480

Becker, U. de u.a.: Herman Teirlinck. Dworp 1979

Begot, J.-P. (Hg.): Georges Ribemont-Dessaignes. Dada – 2. Nouvelles articles, théâtre, chroniques littéraires 1919–1929. Paris 1978

Behar, H.: Roger Vitrac. Un réprouvé du surréalisme. Paris 1966

Ben-Ari, R.: Habima. New York u. London 1957

Berg, W.B.: Ramón del Valle-Inclán. »Esperpento de los cuernos de Don Friolera«. In: V. Roloff, H. Wentzlaff-Eggebert 1988, 325–339

Berghaus, G. (Hg.): Fascism and Theatre. Comparative Studies on the Aesthetics and Politics of Performance in Europe 1925–1945. Oxford 1996

Bergmann, G.M.: Den modernen Teaterns genombrott 1890–1925. Stockholm 1966

Bernhofer, M.: Valle-Inclán und die spanische Kultur im Silbernen Zeitalter. Darmstadt 1991

Bertrand, A.: Les Ballets Russes. Paris 1990

Beyer, M.: Das englische Drama des 20. Jahrhunderts. Eine motiv- und bildgeschichtliche Untersuchung. Tübingen u. Basel 1996

Bezdek, Z.: Českolovenská loutková divadla 1949–1969. Prag 1973

Biermann, K.: Alejandro Casona. »Otra vez el diablo«. In: V. Roloff, H. Wentzlaff-Eggebert 1988, 385–393

Blanchart, P.: Firmin Gémier. Paris 1954

ders.: Gaston Baty. Paris 1939

Blubacher, Th.: Befreiung von der Wirklichkeit? Das Schauspiel am Stadttheater Basel 1933 – 1945. Basel 1995

Blüher, K.A.: Antonin Artaud und das »Nouveau Théâtre« in Frankreich. Tübingen 1991

Blum, J.: Teaterliv i København. Kopenhagen 1989

Boehncke, H. (Hg.): Sergej Tretjakov. Die Arbeit des Schriftstellers. Reinbek 1972

Boeser, K., R. Vatková (Hg.): Erwin Piscator. Eine Arbeitsbiographie in 2 Bänden. Berlin 1986

Bogner, D. (Hg.): Friedrich Kiesler. Architekt, Maler, Bildhauer 1890 – 1965. Wien 1988

Boissel, J. (Hg.): Wassily Kandinsky. Über das Theater. Köln 1998

Borberg, S.: Bodil Ipsen. Kopenhagen 1942

Borgal, C.: Jacques Copeau. Paris 1960

ders.: Metteurs en scène. Paris 1963

Bowlt, J.: Russian Stage Design. Scenic Innovation 1900–1910. Jackson 1982

Bradbrook, M.C.: English Dramatic Form. London 1965

Brand, M.: Fritz Kortner in der Weimarer Republik. Rheinfelden 1981

Brandt, S.: BRAVO! & BUM BUM!: Neue Produktions- und Rezeptionsformen im Theater der historischen Avantgarde. Frankfurt/M. u.a. 1995

Braulich, H.: Max Reinhardt. Theater zwischen Traum und Wirklichkeit. Berlin 1969

Braun, E.: The Director and the Stage: From Naturalism to Grotowski. London 1982

Braun, K.: A History of Polish Theatre, 1939–1989: Spheres of Captivity and Freedom. Westport, Conn. 1996

Brauneck, M.: Theater im 20. Jahrhundert. Programmschriften. Stilperioden, Reformmodelle. Reinbek 1982 (2001)

ders.: Klassiker der Schauspielregie. Positionen und Kommentare zum Theater im 20. Jahrhundert. Reinbek 1988

Brauneck, M., Ch. Müller, B. Müller-Wesemann: Theaterstadt Hamburg. Reinbek 1989

Brauneck, M., G. Schneilin (Hg.): Theaterlexikon. Reinbek (1. Aufl. 1986) 2001

Brauneck, M., P. Stertz (Hg.) Erwin Piscator. Zeittheater. »Das politische Theater« und weitere Schriften von 1915 bis 1966. Nachwort: Hansgünther Heyme. Reinbek 1986

Bravo, I.: L'escenografia catalana. Barcelona 1986

Brenner, H.: Die Kunstpolitik des Nationalsozialismus. Reinbek 1963

Breton, A.: Die Manifeste des Surrealismus. Reinbek 1977

Brinkmann, R.: Carl Sternheims »Bürger Schippel.« In: M. Durzak 1982, 132–147

Broch, H.: Hofmannsthal und seine Zeit. Tübingen 1964

Brüggemann, H.: Literarische Technik und soziale Revolution. Reinbek 1973

Brustein, R.: The Theatre of Revolt. Studies in Modern Drama von Ibsen to Genet. Chicago 1991

Buck, Th.: Brecht und Diderot. Tübingen 1971

Budzinski, K.: Pfeffer ins Getriebe. München 1982

Bühne und Bild des »Frankfurter Expressionismus«. Hg. v.d. Stadt- und Universitätsbibliothek Frankfurt. Frankfurt 1985

Bulgakowa, O.: FEKS. Die Fabrik des Exzentrischen Schauspielers. Berlin 1996

Bürger, P.: Der französische Surrealismus. Studien zum Problem der avantgardistischen Literatur. Frankfurt 1971
ders.: Theorie der Avantgarde. Frankfurt 1974
Busoni, F.: Entwurf einer neuen Ästhetik der Tonkunst (1916). Nachwort: W. Dömling. Hamburg 1973
Camilleri, A.: I teatri stabili in Italia (1898–1918). Bologna 1959
Campos, J.: Teatro y sociedad en España. Madrid 1969
Canaris, V.: Anouilh. Velber 1968
Carter, H.: The New Spirit in the Russian Theatre 1917–1928. New York, London, Paris 1929
Cesnaková-Michalcová, M.: Geschichte des deutschsprachigen Theaters in der Slowakei. Köln, Weimar, Wien 1997
Charles Dullin et le Théâtre de L'Atelier. 1885–1949. In.: Revue de la Société d'Histoire du Théâtre 10 (1950), 161–183
Chevalley, S.: Die Comédie Française. Paris 1961
Chiari, J.: T.S. Eliot. Poet and Dramatist. London 1972
Christout, M.-F. u.a.: Théâtre du Vieux Colombier, 1913–1993. Paris 1993
Cindric, P.: Hrvatski i srpski teatar. Zagreb 1960
Cofalka, U., B. Schläpfer: Fluchtpunkt Zürich. Zu einer Stadt und ihrem Theater. (Ausstellungskatalog) Nürnberg 1987
Cogniat, R.: Gaston Baty, Paris 1953
Corsi, M.: Il teatro all'aperto in Italien. Mailand 1939
Cramsie, H.F.: Teatro y censura en la España franquista. New York 1984
Crispolti, E. (Red.): Futurismo. Rom 1976
Crugten, A. van: S.J. Witkiewicz aux sources d'un Théâtre Nouveau. Lausanne 1971
Cruz, D.I.: Introdução ao Teatro Portuguesa do Século XX. Lisboa 1969
Csató, E.: Polnisches Theater unserer Zeit. Lampertheim 1974
Curjel, H.: Experiment Krolloper 1927–1931. München 1975
D'Amico, S.: Il teatro die fantocci. Florenz 1920
Daiber, H.: Schaufenster Diktatur. Theater im Machtbereich Hitlers. Stuttgart 1995
De Pirro, N.: Il teatro per il popolo. Rom 1938
Delcamp, A.R. Hainaux: Belgien. In: H. Kindermann 1974, 48–72
Deppesch, W.: Richard Strauss. Reinbek 1968
Derrida, J.: Die Schrift und die Differenz. Frankfurt 1976
Diebold, B.: Anarchie im Drama. Frankfurt 1921
Dimter, W.: Die ausgestellte Gesellschaft: zum Volksstück Horváths, der Fleißer und ihrer Nachfolger. In: J. Hein 1973, 219 – 245
Dinova-Russeva, V.: Bulgarian Set Design. Sofia 1975
Doll, J.: Theater im Roten Wien. Vom sozialdemokratischen Agitprop zum dialektischen Theater Jura Soyfers. Wien u.a. 1997
Doménech, R.: El teatro de Buero Vallejo. Una meditación española. Madrid 1973
Donoghue, D.: The Third Voice. Modern British and American Verse Drama. Princeton 1959
Dove, R.: Ernst Toller. Göttingen 1995
Drewniak, B.: Das Theater im NS-Staat: Szenarium deutscher Zeitgeschichte: 1933–1945. Düsseldorf 1983
Dries, L. van den: Kerben bis zum Kratzen der Knochen. Neue Tendenzen im flämischen Theater. In: E. Fischer-Lichte, H. Xander 1993, 21–38
Duganow, R. W.: Die Ästhetik des russischen Futurismus. In: Ch. Bauermeister u.a. 1983, 233–249
Dullin, Ch.: Ce sont les dieux qu'il nous faut. Paris 1969
ders.: Souvenirs et notes de travail. Paris 1946
Dumont, H.: Das Zürcher Schauspielhaus von 1921–38. Lausanne 1973
Dumont, L.: Vermächtnis. Reden und Schriften. 2. Aufl. Köln u. Berlin 1957
Durozoi, G.: Artaud, l'aliénation et la folie. Paris 1972
Durzak, M. (Hg.): Interpretationen zu Carl Sternheim. Stuttgart 1982
Dusigne, J.-F.: Le Théâtre d'Art. Paris 1997
Dussel, K.: Ein neues heroisches Theater? Nationalsozialistische Theaterpolitik und ihre Auswirkungen. Bonn 1988
Dux, P.: La Comédie Française. Trois Siècles de Gloire. Paris 1980
Edwards, G.: El teatro de Federico García Lorca. Madrid 1983
ders.: Dramatists in Perspective: Spanish Theatre in the 20th Century. Cardiff 1985
Eicher, Th.: Theater im »Dritten Reich«. Eine Spielplananalyse des deutschsprachigen Schauspieltheaters 1929–1944. Berlin 1992
Einarsson, S.: Frú Stefanía – The First Icelandic Actress. In: Nordic Theatre Studies (1988), 41–48
Eine grosse Zeit. Das Schauspielhaus Zürich in der Ära Wälterlin 1938/39–1960/61. Hg. F. Lendenmann. Zürich 1995
Ek, S.R.: Dramatic Art: Its Legitimacy and Possibilities to Exist. In: Nordic Theatre Studies 4 (1991), 22–43
Eliot, T.S.: Essays. 2 Bde. Frankfurt 1960
Emrich, W.: Vorwort in: C. Sternheim 1963, 5 – 19
Encyklopedia dramatických umení Slovenska. Hg. R. Blech. Bratislava 1989
Erenstein, R.L., D. Coigneau (Red.): Een Theatergeschiedenis der Nederlanden. Tien eeuwen drama en theater in Nederland en Vlaanderen. Amsterdam 1996

Erken, G.: Hofmannsthals dramatischer Stil. Tübingen 1967
Esslin, M.: Das Theater des Absurden. 17. Aufl. Reinbek 1996
Evrard, F.: Le théâtre française du XXe siècle. Paris 1995
Eyck, E.: Geschichte der Weimarer Republik. 2 Bde. Zürich u. Stuttgart 1954 u. 1956
Eyre, R., N. Wright: Changing stages: a view of British theatre in the twentieth century. London 2000
Faktor, E.: Alexander Moissi. Berlin [1920]
Falckenberg, O.: Mein Leben – Mein Theater. München 1949
Falkenhausen, S. v.: Der Zweite Futurismus und die Kunstpolitik des Faschismus in Italien von 1922–1943. Frankfurt 1979
Farneth, D. u.a.: Kurt Weill. Ein Leben in Bildern und Dokumenten. Berlin 2000
Felten, U.: Traum und Körper bei Federico García Lorca. Intermediale Inszenierungen. Tübingen 1998
Fencl, O.: Das Theater in der Tschechoslowakei. Prag 1963
ders.: The Czechoslovak Theatre Today. Prag 1963
Fetting, H. (Hg.): Max Reinhardt. Schriften. Berlin 1974
Fiebach, J.: Von Craig bis Brecht. Studien zu Künstlertheorien in der 1. Hälfte des 20. Jahrhunderts. Berlin 1975
Fiedler, L. M.: »Frankfurter Expressionismus«. In: Bühne und Bild des »Frankfurter Expressionismus« 1985, 6–10
ders.: Max Reinhardt. Reinbek 1975
Fioccho, A.: Teatro Universale dal Naturalismo ai giorni nostri. Bologna 1963
Fischer-Lichte, E. (Hg.): Theateravantgarde. Wahrnehmung-Körper-Sprache. Tübingen u. Basel 1995
Fischer-Lichte, E., H. Xander (Hg.): Welttheater – Nationaltheater – Lokaltheater? Europäische Theater am Ende des 20. Jahrhunderts. Tübingen u.a. 1993
Fischer-Lichte, E. u.a. (Hg.): Berliner Theater im 20. Jahrhundert. Berlin 1998
Fitz-Simon, Ch.: The Irish Theatre. London 1982
Fleischer, M.: Eine Theorie des Kabaretts. Bochum 1989
Floeck, W. (Hg.): Spanisches Theater im 20. Jahrhundert. Tendenzen und Gestalten. Tübingen 1990
ders. (Hg.): Tendenzen des Gegenwartstheaters. Tübingen 1988
ders.: Das Drama. 20. Jahrhundert. In: Ch. Strosetzki 1991, 368–392
ders.: Parodie und Gattungsbildung. Bemerkungen zu Valle-Incláns Esperpentos. In: W. Floeck 1990, 111–133
ders.: Spanisches Gegenwartstheater I. Eine Einführung. Tübingen 1997
François, J.-C.: Le théâtre allemand contre le nazisme de l'exil à l'après-guerre. Nantes 1992
Frangopulo, M.: Leningrader Ballett. Berlin 1969
Frank, W.: The art of the Vieux-Colombier: a contribution of France to the contemporary stage. New York 1918
Franzbach, M.: Geschichte der spanischen Literatur im Überblick. Stuttgart 1993
Frey, I.: Proletarisches, agitprop- und antifaschistisches Theater. Diss. Bern 1983
Frey, M.: Creative Magie. Die Entwicklung des Niederländischen Off-Theaters. Wien u. Köln 1991
Frey, P.: Spanien und Europa. Die spanischen Intellektuellen und die europäische Integration. Bonn 1988
Fricker, R.: Das moderne englische Drama. Göttingen 1974
Frizen, W.: Carl Zuckmayer. Der Hauptmann von Köpenick. München 1986
Fry, E.: Der Kubismus. Köln 1966
Fuegi, J.: Brecht & Co. Biographie. Hamburg 1997
Fuente Ballesteros, R. de la: Introducción al teatro del siglo XX (1900–1936). Valladolid 1988
Füglister, R. (Red.): Léger. Mensch, Maschine, Malerei. Bern 1971
Fuhrich, E., G. Prossnitz: Die Salzburger Festspiele. Band I: 1920 – 1945. Ihre Geschichte in Daten, Zeitzeugnissen und Bildern. Salzburg 1990
Fuhrmann, M. v. (Hg.): Terror und Spiel. Probleme der Mythenrezeption. München 1971
García Lorenzo, L. (Hg.): Documentos sobre el teatro español contemporéneo. Madrid 1981
Gaßner, H. (Hg.): Wechselwirkungen. Ungarische Avantgarde in der Weimarer Republik. Marburg 1986
Gémier, F.: Le Théâtre. Paris 1925
Genot, G.: Pirandellismus. In: M. Brauneck, G. Schneilin 1992, 742–744
Gerould, G.: Witkacy. StanisÚAaw Ignacy Witkiewicz as an Imaginative Writer. London 1981
Gerould, D.J. Kosicka (Hg.): StanisÚAaw Ignacy Witkiewicz. Belzebub Sonata. Plays, Essays and Documents. New York 1980
Gersch, W.: Film bei Brecht. München 1975
Giacopuzzi, M.: Symptome eines Rückzugs: Theater der deutschen Schweiz während des Nationalsozialismus im Spiegel schweizerischer Identität. Köln 2001
Gibson, I.: Federico García Lorca. Eine Biographie. Frankfurt u. Leipzig 1991
Gieling, L.: Toneelbeeld. Vanal 1945 in Nederland. Amsterdam u. Den Haag 1990
Glauert, B. (Red.): Carl Zuckmayer '78. Ein Jahrbuch. Frankfurt 1978
Goertz, H.: Erwin Piscator. Reinbek 1974

Gojan, S.: Spielstätten in der Schweiz. Zürich 1998 (Theatrum Helveticum 4)

Goldschmit, R: Hugo von Hofmannsthal. Velber 1968

Golsan, R.J. (Hg.): Fascism, Aesthetics and Culture. Hanover/NH 1992

Gorchakow, N. A.: The Theatre in Soviet Russia. New York u. London 1957

Gordon, M.: Meyerhold's Biomechanics. In: The Drama Review. 1974 Nr. 3, 72–88

Gori, G.: Il grottesco nell'arte e nella letteratura comico, tragico, lirico, Rom 1926

Grammatas, Th.: Modern Greek Theatre and Society. Athen 1990

Gramsci, A.: Letteratura e vita nationale. Turin 1950

Gray, C.: Das große Experiment. Die russische Kunst 1863 – 1922. Köln 1974

Gregor, U, E. Patalas: Geschichte des Films, München 1973

Grimm, J. (Hg.): Das avantgardistische Theater Frankreichs 1895 – 1930. München 1982

Grimm, R., J. Hermand (Hg.): Faschismus und Avantgarde. Königstein 1980

Grimm, R., V. Žmegač (Hg.): Iwan Goll. Methusalem oder Der ewige Bürger. Ein satirisches Drama. Berlin 1966

Guerrero Zamora, J.: Historia del teatro contemporáneo. 4 Bde. Barcelona 1961–1967

Guiorova, S.: Le Théâtre dramatique Bulgare. Sofia 1979, 120ff

Günther, H., K. Hielscher: Boris Arvatov. Kunst und Produktion. München 1972

Guthrie, T.: A Life in the Theatre. London 1960

Hadamowsky, F. (Hg.): Max Reinhardt. Ausgewählte Briefe, Reden, Schriften und Szenen aus Regiebüchern. Wien 1963

Haerdter, M.: Theater in den Niederlanden. Nachricht von einer geglückten Erneuerung. In: TheaterZeitSchrift 1983, Heft 6, 107–120

Hagen, F. (Hg.): Leben und Werk des Jean Cocteau. Wien, München u. Basel 1961

Häger, B: Ballets Suédois. London 1990

Hagnell, V.: The Theatre – a Mirror? Norwegian Theatre 1900–1990. In: Nordic Theatre Studies 2/3 (1989), 106–125

Hahl-Koch, J. (Hg.): Arnold Schönberg, Wassily Kandinsky. Briefe, Bilder und Dokumente einer außergewöhnlichen Begegnung. Salzburg 1980

Hájek, J., Janáčková, O., Just, V.: Divadlo nové doby 1945–1948. Prag 1990

Hamburger, M.: Hugo von Hofmannsthal. Zwei Studien. Göttingen 1964

Hartmann, K.: Das polnische Theater nach dem Zweiten Weltkrieg. Marburg 1964

Hartmann, R.: Richard Strauss. Die Bühnenwerke von der Uraufführung bis heute. München u. Zürich 1980

Hay, J.: Dramen. 2 Bd. Reinbek 1964

Hecht, W. (Hg.): Materialien zu Brechts *Leben des Galilei*. Frankfurt 1963

Heidsieck, A.: Das Groteskte und Absurde im modernen Drama. 2. Aufl. Stuttgart 1971

Hein, J. (Hg.): Theater und Gesellschaft. Das Volksstück im 19. und 20. Jahrhundert. Düsseldorf 1973

Helavuori, H.-L.: The Popular Element and Politics: The Workers‹ Theatre in Finland. In: Nordic Theatre Studies 4 (1991), 44–54

Helmich, B.: Händel-Fest und »Spiel der 10.000«, Der Regisseur Niedecken-Gebhard. Frankfurt, New York, Paris 1989

Herald, H.: Max Reinhardt. Berlin 1953

Hermans, M., J. van de Schoor (Hg.): Dramaturgie in Vlaanderen. Antwerpen 1974

Hewitt, A.: Fascist Modernism: Aesthetics, Politics, and the Avant-garde. Stanford 1993

Heymann, J.: Joaquín Calvo-Sotelo. »La maralla«. In: V. Roloff u. H. Wentzlaff-Eggebert 1988, 394–405

Hiebel, I. (Red.): Literatur der Arbeiterklasse. Berlin u. Weimar 1974

Hildebrandt, D.: Ödön von Horváth. Reinbek 1975

Hilty, H.R. (Hg.): Regiearbeit. Leopold Lindtberg. Stuttgart 1962

Hinck, W.: Die Dramaturgie des späten Brecht. Göttingen 1966

ders.: Das moderne Drama in Deutschland. Solingen 1973

Hinterhäuser, H. (Hg.): Spanien und Europa. Stimmen zu ihrem Verhältnis von der Aufklärung bis zur Gegenwart. München 1979

Hippen, R. (Red.): »Sich fügen – heißt lügen«. 80 Jahre deutsches Kabarett. Mainz 1981

ders.: Kabarettgeschichte-n. Bd 1ff. Zürich 1986ff

Hobson, H.: The French Theatre of To-day. An English View. London, Toronto 1953

ders.: Theatre in Britain. A Personal View. Oxford 1984

Hoffmann, L., D. Wardetzky (Hg.): Wsewolod E. Meyerhold, Alexander J. Tairow, Jewgeni B. Wachtangow. Theateroktober. Beiträge zur Entwicklung des sowjetischen Theaters. Leipzig 1967

Hoffmeier, D., K. Völker (Hg.): Werkraum Meyerhold. Berlin 1995

Hofmann, H.: Das französischsprachige Theater in Belgien. In: Maske u. Kothurn 9 (1963), 13–26

Hoover, M. L.: Meyerhold. The Art of Conscious Theatre. Amherst 1974

Hort, J.: Les Théâtres du Cartel et leurs animateurs. Pitoëff, Baty, Jouvet, Dullin. Genf 1944
Hortmann, W.: Shakespeare und das deutsche Theater im XX. Jahrhundert. Mit einem Kapitel über Shakespeare auf den Bühnen der DDR von Maik Hamburger. Berlin 2001
Horvat, R.N. (Red.): The theatre in Yugoslavia. Belgrad 1955
Hossner, U.: Erschaffen und sichtbar machen. Das theaterästhetische Wissen der historischen Avantgarde von Jarry bis Artaud. Bern u.a. 1983
Hoz, E. de la (Hg.): Panorámica del teatro en España. Madrid 1973
Huder, W. (Hg.): Georg Kaiser. Stücke, Erzählungen, Aufsätze, Geschichte. Köln 1966
ders. (Hg.): Theater im Exil 1933–1945. Berlin 1973
Huder, W.: Georg Kaiser – Dramatik und Dramaturgie. In: H.A. Pausch u.a. 1980, 17–39
Huelsenbeck, R. (Hg.): Dada. Eine literarische Dokumentation. Reinbek 1964
Huesmann, H.: Welttheater Reinhardt. Bauten, Spielstätten, Inszenierungen. Mit einem Beitrag »Max Reinhardts amerikanische Spielpläne« von Leonhard M. Fiedler. München 1983
Hunningher, B.: Een eeuw Nederlands Toneel. Amsterdam 1969
Hunt, H. u.a. (Hg.): History of Drama in English. Vol VII. 1880 to the Present Day. London u. New York 1978
Hurt, J.: Ein Theaterrundgang durch Luxemburg. Esch 1932
Ihering, H.: Von Reinhardt bis Brecht. Eine Auswahl der Theaterkritiken von 1909–1932, hg. v. R. Badenhausen. Reinbek 1964
Innes, Ch.: Avant-Garde Theatre, 1982–1992. London 1993
Inskip, D.: Jean Giraudoux. The Making of a Dramatist. London 1958
Irmscher, H.D., W. Keller (Hg.): Drama und Theater im 20. Jahrhundert. Festschrift für Walter Hinck. Göttingen 1983
Itschert, H.: Studien zur Dramaturgie des »Religious Festival Play« bei Christopher Fry. Tübingen 1963
Jauslin, Ch. L. Naef (Hg.): Ausgangspunkt Schweiz – Nachwirkungen des Exiltheaters. Willisau 1989
Jelavich, P.: Munich and Theatrical Modernism. Politics, Playwriting and Performance 1890–1914. Cambridge Mass. 1985
ders.: Berlin Cabaret. Cambridge 1993
Jensen, S., K. Kvam, U. Stroemberg: Dansk teater i 60'erne og 70'erne. Kopenhagen 1983
Jeschke, C., U. Berger, B. Zeidler (Hg.): Spiegelungen. Die Ballets Russes und die Künste. Berlin 1997
Jomaron, J. d.: Le théâtre en France. 2: de la Révolution à nos jours. Paris 1989
Jones, D.E.: The Plays of T.S. Eliot. Toronto 1960
Jotterand, F.: Georges Ribemont-Dessaignes. Paris 1966
Kahl, K.: Ödön von Horváth. Velber 1966
Kapralik, E.: Antonin Artaud. leben und werk des schauspielers, dichters und regisseurs. München 1977
Karasek, H.: Carl Sternheim. Velber 1965
Karimi, K.-H.: Auf der Suche nach dem verlorenen Theater. Das portugiesische Gegenwartsdrama unter der politischen Zensur (1960–1974). Frankfurt a.M. 1991
Kask, K.: Teatritegijad, alustajad. Eesti teatrilugu – 1917. Tallinn 1981
Kässens, W., M. Töteberg: Marieluise Fleißer. München 1979
Kastberger, K. (Hg.): Ödön von Horváth. Wien 2001
Kaszyński, St.: Polen. In: H. Kindermann 1974, 104–140
Kaut, J.: Festspiele in Salzburg. Salzburg 1965
Keiser-Hayne, H. (Hg.): Erika Mann und ihr politisches Kabarett »Die Pfeffermühle« 1933–1937. Reinbek 1995
Keller, W. (Hg.): Beiträge zur Poetik des Dramas. Darmstadt 1976
Kenner, H.: The Invisible Poet. London 1960
Kieser, H.: Carl Zuckmayer. Materialien zu Leben und Werk. Frankfurt 1986
Kindermann, H. (Hg.): Theatergeschichte Europas X. Band. Naturalismus und Impressionismus III. Teil. Salzburg 1974
Kirepe, L. (Red.): Das Estnische Theater. Tallinn 1988
Kitching, L.P.A. (Hg.): Das deutschsprachige Theater im baltischen Raum 1630–1918. Frankfurt u.a. 1997
Kivimaa, A.: Wie steht es mit der finnischen Dramatik? In: Maske u. Kothurn 11 (1965), 78–88
Kleberg, L.: Theatre As Action. Soviet Russian Avant-Garde Aesthetics. New York 1993
Klein, G.: Frauen Körper Tanz. Eine Zivilisationsgeschichte des Tanzes. München 1992
Klein, M.: Zeitaktuelle dänische Dramatik des 20. Jahrhunderts und ihre Inszenierung. Diss. Wien 1964
Kleinstück, J.: T.S. Eliot. Reinbek 1966
Klenke, D. u.a.: Arbeitersänger und Volksbühnen in der Weimarer Republik. Bonn 1992
Kloos, R., Th. Reuter: Körperbilder. Menschenornamente in Revuetheater und Revuefilm. Frankfurt 1980
Knapp, B.-L.: Louis Jouvet. Man of the Theatre. Columbia Univ. Press. New York 1957
Knopf, J.: Brecht-Handbuch Theater. Stuttgart 1980
Kobel, E.: Hugo von Hofmannsthal. Berlin 1970
Koch, H.-A.: Hugo von Hofmannsthal. Darmstadt 1989
Koebner, Th.: Überlegungen zur Dramaturgie des rituellen Theaters. In: Diskurs 1 (1971), 26–64

Koebner, Th.: Das Drama der Neuen Sachlichkeit und die Krise des Liberalismus. In: W. Rothe (Hg.): Die deutsche Literarur in der Weimarer Republik. Stuttgart 1974, 19–46

Koegler, H.: Tanz in den Dreißiger Jahren. In: Jahrbuch Ballett 1972, 38–44

Köhler, F.-H.: Die Struktur der Spielpläne deutschsprachiger Opernbühnen von 1896 bis 1966. Koblenz 1968

Köper, C.-R.: Ein unheiliges Experiment. Das Neue Theater in der Scala (1948 – 1956). Wien 1995

Koneffke, S.: Theater-Raum. Visionen und Projekte von Theaterleuten und Architekten zum anderen Aufführungsort; 1900 – 1980. Berlin 1999

Kortländer, B. u.a. (Hg.): Vom Kurfürstendamm zum Broadway. Kurt Weill (1900–1950). Düsseldorf 1990

Kortner, F.: Aller Tage Abend. München 1959

Koskimies, R.: Grundzüge der finnischen Bühnenkunst. In: Maske u. Kothurn 4 (1958), 241–248

Kosok, H.: Sean O'Casey. Das dramatische Werk. Berlin 1972

Kracauer, S.: Schriften Bd. 2. Frankfurt 1979

Kragh, S., T. Krogh: Den kongelige danske Ballet. Kopenhagen 1952

Krause, D.: Sean O'Casey. The Man and His work. London 1960

Krauss, W. (Hg.): Spanien 1900–1965. München 1972

Krischke, T. (Hg.): Ödön von Horváth. Frankfurt 1981

Kröger, U., P. Exinger: In welchen Zeiten leben wir! Das Schauspielhaus Zürich 1939–1998. Zürich 1998

Kruse, M.: Giraudoux. *Judith*. In: J. Stackelberg II, 1968, 206–228

Kuhns, D.F.: German Expressionist Theatre. The Actor and the Stage. Cambridge 1997

Kulenkampff, B.-S.: Theater in der Diktatur. Spanisches Experimentiertheater unter Franco. München 1979

Kuna, F.: T.S. Eliot. Velber 1968

Kundziņš, K.: Latviešu teatra vesture. 2 Bde. Riga 1968–72

Kurzenberger, H.: Horváths Volksstücke. München 1974

Kurtz, J.: Jacques Copeau, biographie d'un théâtre. Paris 1950

Kvam, K., Risum, J., Wiingaard, J. (Hg.): Dansk teaterhistorie. 2 Bde. Kopenhagen 1992

Kvam, K.: Betty Nansen. A Unique Figure in Danish Theatre. In: Nordic Theatre Studies (1988), 69–78

Lach, F.: Der MERZ-Künstler Kurt Schwitters. Köln 1971

Landa, J.: Bürgerliches Schocktheater: Entwicklungen im österreichischen Drama der sechziger und siebziger Jahre. Frankfurt/M. 1988

Landes, B. (Hg.): Es gibt keinen Hund. Das futuristische Theater. München 1989

Lang, P.: Das Schweizer Drama 1914 – 1944. Elgg 1944

Lange, R.: Carl Zuckmayer. Velber 1969

Lankheit, K. (Hg.): Der Blaue Reiter. Herausgegeben von Wassily Kandinsky und Franz Marc. 1912. (Dokumentarische Neuausgabe) München 1965

Lareau. A.: The Wild Stage. Literary Cabarets of the Weimar Republik. Columbia 1995

Lari, C.: Sem Benelli, il suo teatro, la sua compagnia. Mailand 1929

Leach, R., V. Borovsky (Hg.): A history of Russian theatre. Cambridge 1999

Leeuwe, H. de: Niederlande und Flämisch-Belgien. In: H. Kindermann 1974, 11–47

ders.: Sechs Jahrhunderte komödiantisches Theater in Holland. In: Maske u. Kothurn 15 (1969), 11–21

Lehfeldt, Ch.: Der Dramatiker Ferdinand Bruckner. Göppingen 1975

Leisler, E. u.a. (Hg.): Hugo von Hofmannsthal *Jedermann. Das Spiel vom Sterben des reichen Mannes* und Max Reinhardts Inszenierungen. Frankfurt 1973

Leisler, E., G. Prossnitz: Max Reinhardt in Europa. Salzburg 1973

Lentzen, M.: Der spanische Bürgerkrieg und die Dichter. Heidelberg 1985

Leutz, G.: Das klassische Psychodrama nach J.L. Moreno. Berlin u.a. 1974

Ley, K.: »manicomio« – »poesia«. Pirandellos *Sei personaggi in cerca d'autore* – In: N. Mennemeier, E. Fischer-Lichte 1994, 139–164

Liese, W.: Louise Dumont. Ein Leben für das Theater. Hamburg u. Düsseldorf 1971

Linares, F.: Theatre and Falangisme at the Beginning of the Franco Régime. In: G. Berghaus 1996, 210–228

Linke, M.: Gustav Lindemann. Regie am Düsseldorfer Schauspielhaus. Düsseldorf 1969

Lista, G. (Hg.): La Scène Moderne. Encyclopédie mondiale des arts du spectacle dans la seconde moitié du XX. Siècle. Paris 1997

ders.: Die Bühnenexperimente der futuristischen Maler oder die Konzeption des Theaters als »imago urbis«. In: E. Billeter 1986, 51–61

ders.: Théâtre Futuriste Italien. Anthologie critique. 2. Bd. Lausanne 1976

Litvak, L.: España 1900. Modernismo, Anarquismo y Fin de siglo. Barcelona 1990

Lo Vecchio Musti, M.: L'opera di Luigi Chiavelli. Rom 1942

Löden, B.: Max Reinhardts Massenregie auf der Guckkastenbühne von 1905 bis 1910. Bern u. Frankfurt 1976

Lorenz, R. (Hg.): Proletarische Kulturrevolution in Sowjetrußland (1917–1921). München 1969
Loubier, J.-M.: Louis Jouvet. Biographie. Paris 1986
Lyon, J.: The Theatre of Valle-Inclcán. Cambridge 1983
Mailand-Hansen, Ch.: Mejerchol'ds Theaterästhetik in den 1920er Jahren – ihr theaterpolitischer und kulturideologischer Kontext. Kopenhagen 1980
Maknys, V.: Litauen. In: H. Kindermann 1974, 83–93
Mander, G.: Jean Giraudoux, Velber 1969
Mann, G.: Deutsche Geschichte des 19. und 20. Jahrhunderts. Stuttgart u. Hamburg 1958
Maré, R. de: Les Ballets suédois. Paris 1932
Marker, Ch.: Jean Giraudoux in Selbstzeugnissen und Bilddokumenten. Reinbek 1962
Marker, F. J. u. L.-L.: A History of Scandinavian Theatre. Cambridge u. a. 1996
Marrast, R.: El teatre durant la guerra civil espanyola. Barcelona 1978
Massine, L.: My Life in Ballet. London 1968
Matašík, A.: Cinoherné divadlo na Slovensku. Bratislava 1997
Matkovič, M. (Red.): Le théâtre Yougoslave d'aujourd'hui. [Zagreb 1955]
Matthaei, R.: Luigi Pirandello. Velber 1967
Mayer, H.: Anmerkungen zu Brecht. Frankfurt 1965
Mayer, M.: Hugo von Hofmannsthal. Stuttgart u. Weimar 1993
McGowan, M.: Marieluise Fleißer. München 1987
Meiler, G.: Kunst und Kult im Werk von Gaston Baty. Motive, Probleme und Tendenzen einer Theaterreform. München 1984
Melchinger, S.: Modernes Welttheater. Lichter und Reflexe. Bremen 1956
ders.: Theater der Gegenwart. Frankfurt u. Hamburg 1956
Mennemeier, F., E. Fischer-Lichte (Hg.): Drama und Theater der europäischen Avantgarde. Tübingen u. Basel 1994
Mennemeier, F. N. (Hg.): Der Dramatiker Pirandello. Köln 1965
ders.: »Das wichtigste Element in der Kunst ist die Überraschung.« Iwan Goll als Theaterautor. In: F. N. Mennemeier, E. Fischer-Lichte. 1994, 1–28
Mercier-Campiche, M.: Le théâtre de J. Giraudoux et la condition humaine. Paris 1954
Meyer, R. u. a.: DADA in Zürich und Berlin 1916 – 1920. Kronberg 1973
Meyerhold, Wsewolod E., Alexander I. Tairow, Jewgeni B. Wachtangow: Theateroktober. Beiträge zur Entwicklung des sowjetischen Theaters. Frankfurt a. M. 1972
Meyerhold, W. E.: Schriften. 2 Bde. Berlin 1979
Michaelis, R.: Federico García Lorca. Velber 1969
Michalzik, P.: Gustaf Gründgens. Der Schauspieler und die Macht. Berlin 1999
Mistrik, M.: Slovenské divadlo v 20. storocí. Bratislava 1999
Mittenzwei, W.: Das Zürcher Schauspielhaus 1933 – 1945 oder Die letzte Chance. Berlin 1979
Mönch, W.: Französisches Theater im 20. Jahrhundert. Stuttgart 1965
Monleón, J.: Treinta años de teatro de la derecha. Barcelona 1971
Morckhoven, P. V.: The Contemporary Theatre in Belgium. Brüssel 1970
Moreno, J. L.: Das Stegreiftheater. Potsdam 1924
Morowitz, Ch.: Von Stanislawski zu Artaud fortschreitend. In: Theater heute 9 (1966), 18–24
Müller, H., P. Stöckemann: » ... jeder Mensch ist ein Tänzer«. Ausdruckstanz in Deutschland zwischen 1900 und 1945. Begleitbuch zur Ausstellung »Weltenfriede – Jugendglück« a. d. Akademie der Künste, Berlin 1993
Müller, K.-D. (Hg.): Bertolt Brecht. Epoche – Werk –Wirkung. München 1985
Müller, M. E. u. a. (Hg.): Reflexive Naivität. Zum Werk Marieluise Fleißers. Berlin 2000
Müller, R.: Antonio Buero Vallejo. Studien zum spanischen Nachkriegstheater. Diss. Köln 1970
Mundi, F.: El teatro de la Guerra Civil. Barcelona 1987
Müry, A.: »Jedermann« darf nicht sterben. Geschichte eines Salzburger Kults 1920 – 2001 ff. Salzburg u. München 2001
Nadeau, M.: Geschichte des Surrealismus. Reinbek 1965
Naeff, T.: Willem Royaards. ›s-Gravenhage 1947
Nef, A.: Fünfzig Jahre Berner Theater. Bern 1956
Neuschäfer, H.J.: Das 20. Jahrhundert. In: H.-J. Neuschäfer (Hg.): Spanische Literaturgeschichte. Stuttgart u. Weimar 1997, 315–402
ders.: Macht und Ohnmacht der Zensur. Literatur, Theater und Film in Spanien (1933–1976). Stuttgart 1991
Nygaard, J.: Why Choose the Worst and Most Costly – When the Best is Cheapest? On the Contrast between Action and Effect in the Norwegian Theatre. In: Nordic Theatre Studies (1991), 75–88
O'Connor, P.: Gregorio Martínez Sierra. Crónica de una colaboración. Madrid 1987
Oberzaucher-Schüller, G. (Hg.): Ausdruckstanz. Eine mitteleuropäische Bewegung der ersten Hälfte des 20. Jahrhunderts. Wilhelmshaven 1992
Obst, M.: Drei Beispiele für die Beziehung Autor – Regisseur im modernen tschechischen Theater. In: Maske u. Kothurn 17 (1971) 27–39
Opl, E.: Versuch einer Annäherung an Artaud. In: Maske u. Kothurn 32 (1986), 61–114

Oppel, H. (Hg.): Das moderne englische Drama. Berlin 1963
Ott, U.,F. Pfällin (Hg.): Carl Zuckmayer 1896–1977. »Ich wollte nur Theater machen.« Ausstellung des Deutschen Literaturarchivs. Stuttgart 1996 (Marbacher Kataloge 49)
Paco, M. de: Alfonso Sastre – ein Dramatiker im Wandel. In: W. Floeck 1990, 179–196
Paeck, J.: Das Theater der russischen Revolution. Theorie und Praxis des proletarisch-kulturrevolutionären Theaters in Rußland 1917–1924. Kronberg i.Ts. 1974
Passamani, B. (Red.): Fortunato Deparo. Ein Künstler des Futurismus. (Ausstellungskatalog) Bonn u. a. 1973
Pauli, M.: Sean O'Casey. Drama. Poesie. Wirklichkeit. Berlin 1977
Paulsen, W.: Georg Kaiser. Die Perspektiven seines Werks. Tübingen 1960
Pauly, D.: Théâtre années 20. La Rénovation scénique en France. Paris 1995
Pausch, H.A., E. Reinhold (Hg.): Georg Kaiser. Berlin u. Darmstadt 1980
Peeters, F.: Jan Oscar de Gruyter en het Vlaamse Volkstoneel 1920–1924. Leuven 1989
Petzet, W.: Theater. Die Münchner Kammerspiele 1911–1972. München 1973
Pirsich, V.: Der Sturm. Herzberg 1985
Piscator, E.: Das Politische Theater (1929). Neubearbeitet v. F. Gasbarra. Reinbek 1963
Piscator, E.: Schriften 2 Bd., Hg. v. L. Hoffmann. Berlin 1968
Plekker, J.: Albert van Dalsum: Man van het toneel. Zutphen 1983
Plett, H.F. (Hg.): Englisches Drama von Beckett bis Bond. München 1982
Plocher, H.: Der lebendige Schatten. Untersuchungen zu Antonin Artauds »Théâtre de la Cruauté«. Bern u. Frankfurt 1960
Poetter, J. (Hg.): Jean Cocteau. Gemälde, Zeichnungen, Keramik, Tapisserien, Literatur, Theater, Film, Ballett. Köln 1989
Pokrowski, B., J. Grigorowitsch: Das Bolschoi Ballett- und Operntheater in Moskau. Bern 1979
Pörtl, K. (Hg.): Reflexiones sobre el Nuevo Teatro Español. Tübingen 1986
ders.: Systemkritik im spanischen Protesttheater. Eine vorläufige Standortbestimmung von Antonio Martínez Ballesteros und Miguel Romero Esto. In: W. Floeck 1990, 197–414
Pörtner, P. (Hg.): Literatur-Revolution 1910–1925. Dokumente. Manifeste, Programme 2. Bd., Darmstadt u.a. 1960
ders.: Experiment Theater. Zürich 1960
Porto, C.: Die Situation macht das Theater. Bericht über die Theater in Portugal. In: Frankfurter Allgemeine Zeitung v. 8. Nov. 1973
der.: Theater in Portugal – Unterdrückung und Freiheit. In: Jahresring 1982, 35 f
Priestley, J.B.: Theatre Outlook. London 1947
Prosenc, M.: Die Dadaisten in Zürich. Bonn 1967
Puchner, W.: Spielarten des Komischen im griechischen Theater von 1475 bis 1975. In: Maske u. Kothurn 30 (1984), 73–80
Raabe, P. (Hg.): Expressionismus. Der Kampf um eine literarische Bewegung. München 1965
ders. (Hg.): Expressionismus. Aufsätze und Erinnerungen der Zeitgenossen. Freiburg 1965
Rabenalt, A.M.: Der Ausdruckstanz und das Theater der zwanziger Jahre. In: G. Oberzaucher-Schüller 1992, 431–442
Ragache, G. u. J.-R.: La Vie quotidienne des écrivains et des artistes pendant l'Occupation. Paris 1988
Rähesoo, J.: Estonian Theatre. Tallinn 1999
Raible, W.: Giraudoux. *Electre.* In: J. Stackelberg II, 1968, 229–252
Rauhut, F.: Der junge Pirandello oder Das Werden eines existentiellen Geistes. München 1964
Rebello, L.F.: Histoire du théâtre portugais. Louvain-la-Neuve 1985 (Cahiers théâtre Louvain 55)
Reichhardt, H.J.: Bei Kroll 1844 bis 1957. Berlin 1988
Renieu, L.: Histoire des théâtres de Bruxelles depuis leur origine jusqu'à ce jour. Brüssel 1974
Renner, U., G.B. Schmid (Hg.): Hugo von Hofmannsthal. Würzburg 1991
Richard, L. (Red.): L'expressionisme allemand. Neuausg. Noyons 1981 (Obliques No. 6 – 7)
Richter, H.: DADA – Kunst und Antikunst. Köln 1970
Ridenti, L.: Teatro italiano fra due guerre (1915–1940). Genua 1968
Riehle, W.: T.S. Eliot. Darmstadt 1979
Riemenschneider, H. (Hg.): Gustaf-Gründgens-Ausstellung. Düsseldorf 1980
ders.: Theatergeschichte der Stadt Düsseldorf II. Düsseldorf 1987
Riha, K. (Hg.): Dada Berlin. Stuttgart 1977
Rincón, C.: Das Theater García Lorcas. Berlin 1975
Rischbieter, H. (Hg.): Gustaf Gründgens. Velber 1963
ders.: Maxim Gorki. Velber 1973
ders. (Hg.): Theater-Lexikon. Zürich u. Schwäbisch Hall 1983
ders. (Hg.): Theater im »Dritten Reich«. Theaterpolitik, Spielplanstruktur, NS-Dramatik. Seelze-Velber 2000
Rischbieter, H., W. Storch (Hg.): Bühne und bildende Kunst im XX. Jahrhundert. Maler und Bildhauer arbeiten für das Theater. Velber 1968

Risco, A.: La estética de Valle-Inclán. Madrid 1966
Rodrigo, A.: Margarita Xirgu y su teatro. Barcelona 1974
Röber, T.: »Die neuen Methoden der Betrachtung«. Subjektivitäts- und Wahrnehmungskonzepte in Kulturtheorie und »sachlichem Theater« der 20er Jahre. 2 Bde. St. Ingbert 2001
Rogal, A., D. Sturges (Hg.): Carl Sternheim 1878–1942. Londoner Symposium. Stuttgart 1995
Rogmann, H.: Federico García Lorcas Theater: Variationen e i n e s Themas. In: W. Floeck 1990, 135–153
Rogmann, H.: García Lorca. Darmstadt 1981
Roloff, V., H. Wentzlaff-Eggebert: Das spanische Theater. Vom Mittelalter bis zur Gegenwart. Düsseldorf 1988
Rössner, M., F.-R. Hausmann: Theatralisierung der Wirklichkeit und Wirklichkeit des Theaters. 3. Pirandello-Kolloquium in Wien 1986. Bonn 1988
Roth, F.: Volkstümlichkeit und Realismus? Zur Wirkungsgeschichte der Theaterstücke von Marieluise Fleißer und Ödön von Horváth. In: Diskurs 6/7 (1973), 77–104
Roth, M.-L. (Hg.): Robert Musil. Theater. Kritisches und Theoretisches. Reinbek 1965
Roy, C.: Jean Vilar. Paris 1987
Royaards, K.: Werkteater Teaterwerk sinds 1970. Amsterdam 1980
Rubin, D. (Hg.): The World Encyclopedia of Contemporary Theatre Vol. I Europe. London u. New York 1994
Rubin, W.S.: Dada und Surrealismus. Stuttgart 1972
ders.: Dada. Stuttgart 1978
Rudnitsky, K.: Russian and Soviet Theater 1905–1932. New York 1988
Rühle, G. (Hg.): Theater für die Republik 1917–1933. Im Spiegel der Kritiker. Frankfurt 1967
ders. (Hg.): Materialien zum Leben und Schreiben der Marieluise Fleißer. Frankfurt a.M. 1973
Rühle, J.: Theater und Revolution. München 1963
Ruiz Ramón, F.: Die Entwicklung des dramatischen Textes der Gegenwart: fünf spanische Paradigmen. In: W. Floeck 1990, 19–40
ders.: Estudios de teatro español clásico y contemporáneo. Madrid 1978
ders.: Historia del teatro español. Siglo XX. Madrid (8. Aufl.) 1989
Rute, M., F. Bartoš: Die moderne tschechische Szene. Prag 1938
Saalbach, M.: Spanisches Gegenwartstheater. Unterdrükkung und Widerstand im Endstadium der Franco-Diktatur. Bonn 1984
Sanders, R.: Kurt Weill. München 1980
Sastre, A.: Teatro. Madrid 1964
Savutie, M.: Finnish Theatre: A Northern Part of World Theatre. Helsinki 1980
Scarpellini, E.: Organizzazione teatrale e politica del teatro nell'Italia fascista. Florenz 1989
Schilling, J.: Aktionskunst. Identität von Kunst und Leben? Eine Dokumentation. Luzern u. Frankfurt 1978
Schlegel, H.-J. (Hg.): Sergej M. Eisenstein. Schriften 1. München 1974
Schlicher, S.: Tanztheater. Traditionen und Freiheiten. Reinbek 1992
Schlösser, R.: Das Volk und seine Bühne. Bemerkungen zum Aufbau des deutschen Theaters. Berlin 1935
Schlüter, K.: Der Mensch als Schauspieler. Studien zur Deutung von T.S. Eliots Gesellschaftsdramen. Bonn 1962
Schmalenbach, W.: Kurt Schwitters. Köln 1967
ders..: Fernand Léger. Köln 1977
Schmidkonz, E.: Die Dramen Alejandro Casonas und die spanische Kritik der sechziger Jahre. Diss. München 1977
Schmidt, D.: »Baal« und der junge Brecht. Stuttgart 1966
Schmidt, J.: Tanztheater in Deutschland. Frankfurt/Main 1992
Schmidt-Bergmann, H.: Futurismus. Reinbek 1993
Schoenmakers, H.: Innovation in Theatrical Arts in the Netherlands. In: E. Fischer-Lichte, H. Xander 1993, 39–56
Scholten, G.: Mein Prag. Wien 1993
Scholze, D: Zwischen Vergnügen und Schock. Polnische Dramatik im 20. Jahrhundert. Berlin 1989
Schöne, L.: Neuigkeiten vom Mittelpunkt der Welt: der Kampf ums Theater in der Weimarer Republik. Darmstadt 1994
Schönert, J. (Hg.): Carl Sternheims Dramen. Zur Textanalyse, Ideologiekritik und Rezeptionsgeschichte. Heidelberg 1975
Schoop, G.: Das Zürcher Schauspielhaus im Zweiten Weltkrieg. Zürich 1957
Schoor, J. van: Herman Teirlinck en het Toneel. Amsterdam 1974
Schoot, C.S. van der: Nederlands Expressionistisch theater in het Interbellum. Amsterdam 1982
Schreiber, B.: Politische Retheologisierung. Ernst Tollers frühe Dramatik als Suche nach einer »Politik der reinen Mittel«. Würzburg 1997
Schreyer, L.: Expressionistisches Theater. Hamburg 1948
Schuh, W. (Hg.): Hugo von Hofmannsthal. Richard Strauss. *Der Rosenkavalier.* Fassungen. Filmszenarien. Briefe. Frankfurt 1971
Schultze, B.: Das Inventar des Theaters auf dem Prüfstand. Stanisław Ignacy Witkiewicz »Kurka Wodna« (Das Wasserhuhn). In: F.N. Mennemeier, E. Fischer-Lichte 1994, 29–48

Schulz, E. (Red.): Zeitstück – Zeittheater. Berlin 1981 (Schriften der Dramaturgischen Gesellschaft 15)

Schumacher, H.: Théâtre National Populaire (T.N.P.). In: M. Brauneck, G. Schneilin 1992, 1046–1047

Schürer, E.: Georg Kaiser und die Neue Sachlichkeit. In: H.A. Pausch u.a. 1980, 115–138

Schütze, P.: Fritz Kortner. Reinbek 1994

Schwabe, R.: Stadttheater Basel 1834 – 1934 – 1959. Basel 1959

Schwab-Felisch, H.: 75 Jahre Düsseldorfer Schauspielhaus 1905–1980. Düsseldorf u. Wien 1980

Sebald, W. G.: Carl Sternheim. Kritiker und Opfer der Wilhelminischen Ära. Stuttgart u. a. 1969

Seebohm, A. (Hg.): Die Wiener Oper. 350 Jahre Glanz und Tradition. Wien 1986

Segel. H.B.: Turn-of-the-Century Cabaret. Paris, Barcelona, Berlin, Munich, Vienna, Cracow, Moscow, St. Petersburg, Zürich. New Yorck 1987

Selbmann, S.: Die dramaturgischen Prinzipien Ferdinand Bruckners. Berlin 1971

Serrano, V.: Domingo Miras. Geschichte und Bedeutung eines Dramatikers. In: W. Floeck 1990, 215–232

Shoulov, I.: The Bulgarian Theatre. Sofia 1964

Sideris, Y.: History of Modern Greek Theatre. Athen 1990

Simhandl. P.: Bildertheater. Bildende Künstler des 20. Jahrhunderts als Theaterreformer. Berlin 1993

Simon, A.: Gaston Baty, théoricien du théâtre. Paris 1972

Sinisi, S. (Red.): Arstisti Scenografi Italiani 1915–1930. (Austellungskatalog) Rom 1981

Sjögren, H.: Stage and Society in Sweden. Aspects of the Swedish Theatre Since 1945. Stockholm 1979

Skraup, S. u.a.: Der Fall Bayreuth. Basel u. Stuttgart 1962

Slonim, M.L.: Russian Theatre from the Empire to the Soviets. Cleveland, OH 1961

Smith, C.H.: T.S. Eliot's Dramatic Theory and Practice. Princeton 1963

Sokel, W. H.: Der literarische Expressionismus. München o.J.

Solís, J.A.: Alejandro Casona y su teatro. Gijon 1982

Soya, C.E.: Paul Reumert. Kopenhagen 1942

Spalek, J.M.: Der Nachlaß Ernst Tollers. In: Litwiss. Jahrbuch i.A. d. Görresgesellschaft N.F. VI (1965), 251–266

ders.: Ernst Toller and his Critics. Charlottesville 1968

Spanish Theatre 1920–1995: Strategies in Protest and Imagination. Hg. M. Delgado. Newark, NJ 1997

Spanos, W.V.: The Christian Tradition in Modern British Vers Drama. New Brunswick 1967

Spielmann, H. (Hg.): Die russische Avantgarde und die Bühne 1890–1930. (Katalog). Schleswig 1991

Spoleti, D.: Sem Benelli e il suo teatro. Reggio Calabria 1956

Spotts, F.: Bayreuth. Eine Geschichte der Wagner- Festspiele. München 1944

Staud, G.: Das Kabarett in Ungarn 1901–1944. In: Maske u. Kothurn 30 (1984), 163–169

Steegmuller, F.: Cocteau. Paris 1973

Stefanek, P.: Zur Dramaturgie des Stationendramas. In: W. Keller 1976, 383–404

Stefano, C. di: La censura theatrale in Italia (1600–1962). Bologna 1964

Stefanova, K.: Contemporary Bulgarian Theatre. Newark, NJ 1997

Steffens, W.: Expressionistische Dramatik. Velber 1968

ders.: Georg Kaiser. Velber 1969

Steiger, K.P.: Das englische Drama nach 1945. Darmstadt 1983

Steiner, G.: Die Antigonen. Geschichte und Gegenwart eines Mythos. München 1988

Steinlein, R.: Theaterkritische Rezeption des expressionistischen Dramas. Kronberg i. Ts. 1974

Steinweg, R.: Das Lehrstück. Brechts Theorie einer politisch-ästhetischen Erziehung. 2. Aufl. Stuttgart 1976

Sternheim, C.: Aus dem bürgerlichen Heldenleben. Neuwied u. Berlin 1963

ders.: Vermischte Schriften. Hrg. v. F. Hofmann.

Berlin u. Weimar 1965

Strehler, G.: Un théâtre pour la vie. Paris 1980

Strosetzki, Ch. (Hg.): Geschichte der Spanischen Literatur. Tübingen 1991

Stuckenschmidt, H.H.: Schönberg. Leben, Umwelt, Werk. Zürich u. Freiburg 1974

Stürzer, A.: Dramatikerinnen und Zeitstücke. Ein vergessenes Kapitel Theatergeschichte von der Weimarer Republik bis zur Nachkriegszeit. Stuttgart 1993

Sugiera, M.: Artaud und Witkiewicz. Zwei Theatermodelle des 20. Jahrhunderts. In E. Fischer-Lichte 1995, 369–398

Szondi, P.: Theorie des modernen Dramas. Frankfurt (1. Aufl. 1956) 1963

Szydłowski, R.: Das Theater in Polen. Warschau 1972

Taborski, R.: Die Rezeption Max Reinhardts im polnischen Theaterleben bis zum Ersten Weltkrieg. In: Maske u. Kothurn 39 (1997), 7–22

Tairov, A.: Das entfesselte Theater (1923), hrsg. v. P. Pörtner. Köln 1964

Tancsik, P.: Die Prager Oper heißt Zemlinsky. Theatergeschichte des Neuen Deutschen Theaters Prag in der Ära Zemlinsky von 1911 bis 1927. Wien u.a. 2000

Le théâtre belge de langue française. Hg. R. Deldime. Bruxelles 1983

Theatre in the Five Scandinavian Countries. Hg. C. Stephenson. Stockholm 1971
Thoma, H., H.H. Wetzel: Novecento. In. V. Kapp (Hg.): Italienische Literaturgeschichte. Stuttgart u. Weimar 1992
Tietze, R. (Hg.): Vsevolod Meyerhold. Theaterarbeit 1917–1930. München 1974
Tilgher, A.: Das Drama Pirandellos. Berlin 1926
Toeplitz, J.: Geschichte des Films, I. 1895–1928. München 1975
Tormis, L.: Eesti teater 1920–1940. Tallinn 1978
Trommler, F.: Das politisch-revolutionäre Theater. In: W. Rothe (Hg): Die deutsche Literatur in der Weimarer Republik. Stuttgart 1974, 77–113
Trussler, S.: The Cambridge Illustrated History of British Theatre. Cambridge u. New York 1994
Trzeciak, E. (Red.): Polen. Ein geschichtliches Panorama. Warschau 1983
Twentieth Century Polish Theatre. Hg. B. Drozdowski, J. Calder. London 1979
Ullrich, V.: Die nervöse Großmacht. Aufstieg und Untergang des deutschen Kaiserreichs 1871–1918. Frankfurt 1997
Urbach, R., Benning, A.(Hg.): Burgtheater Wien 1776–1986. Ebenbild und Widerspruch, Zweihundert und zehn Jahre. Wien 1986
Valbuena Prat, A.: Historia del teatro español. Madrid 1956
Valogne, C.: Jean Vilar. Paris 1954
Veinstein, A.: Du Théâtre Libre au Théâtre Louis Jouvet. Paris 1955
Veistäjä, V.: Verbindungen des finnischen Theaters in drei Richtungen. In: Maske u. Kothurn 12 (1966), 259–266
Verkauf, W. u.a. (Hg.): Dada Monographie einer Bewegung. Teufen 1958
Verspielte Zeit: österreichisches Theater der dreißiger Jahre. Hg. H. Haider-Pregler, B. Reiterer. Wien 1997
Viebrock, H., A.P. Frank: Zur Aktualität T.S. Eliots. Frankfurt 1975
Vilar, J.: De la Tradition théâtrale. Paris 1955
ders.: Le Théâtre, service public. Paris 1975
Virmaux, A: Antonin Artaud et le théâtre. Paris 1970
Vlaenderen, M. van: Arie vanden Heuvel. De meester der Vlaamsche tooneelkunst. Gent 1935, 267–303
Völker, K.: Irisches Theater II: Sean O'Casey. Velber 1968
ders.: Brecht-Chronik. Korr. Fassung. München 1997
ders.: Bertolt Brecht. Eine Biographie. München 1976
ders.: Fritz Kortner. Schauspieler und Regisseur. Berlin 1993
Wächter, H.Ch.: Theater im Exil. Sozialgeschichte des deutschen Exiltheaters 1933–1945. München 1973
Waetzoldt, St., V. Haas (Red.): Tendenzen der Zwanziger Jahre (Ausstellungskatalog) Berlin 1977
Wagner, G.: Weill und Brecht. Das musikalische Zeittheater. München 1977
Wagner, L.: Der Szeniker Ludwig Sievert. Entwicklung des Bühnenbildes im letzten Jahrzehnt. Berlin 1926
Wahnón, S.: The Theatre Aesthetics of the Falange. In: G. Berghaus 1996, 191–209
Walach, D.: Gustav Gründgens. Eine deutsche Karriere. Berlin 1999
Waldberg, P.: Der Surrealismus. Köln 1975
Walker, K.: De Basil's Ballets russes. London 1982
Walter, H.-A.: Bedrohung und Verfolgung bis 1933. Deutsche Exilliteratur 1933–1950. Bd. 1. Darmstadt u. Neuwied 1972
Walter, M.: Hitler in der Oper. Deutsches Musikleben 1919 – 1945. Weimar 1995
Walter, M.: Richard Strauss und seine Zeit. Laaber 2000
Walter, S. (Hg.): »Wir sind so jung geblieben.« Klaus Mann und die Hamburger Kammerspiele. Hamburg 1999
Wardetzky, J.: Theaterpolitik im faschistischen Deutschland. Berlin 1983
Wasserka, J.: Die Sturm- Kampfbühne. Kunsttheorie und szenische Wirklichkeit im expressionistischen Theater Lothar Schreyers. Wien 1965
Weill, K.: Ausgewählte Schriften. Hg. v. D. Drew. Frankfurt 1975
Wellwarth, G.E.: Developments in the Avant-Garde Drama. New York 1971
ders.: New Generation – Spanish Drama – An Anthology. Montreal 1976
ders.: Spanish Underground Drama. University Park 1972
Wendler, W. (Hg.): Carl Sternheim. Materialienbuch. Darmstadt u. Neuwied 1980
Wentzlaff-Eggebert, H. (Hg.): Ramón del Valle-Inclán. Akten des Bamberger Kolloquiums vom 6. – 8. November 1986. Tübingen 1988
Whitton, D.: Stage directors in modern France. Manchester 1987
Williams, R. W.: Carl Sternheim. A Critical Study. Bern u. Frankfurt 1982
Winckler, L. (Hg.): Antifaschistische Literatur. Kronberg i. Ts. 1977
Wirth, A. (Hg.): Modernes polnisches Theater. Neuwied u. Berlin 1967
Worrall, N.: Modernism to Realism on the Soviet Stage: Tairov – Vakhtangov – Okhlopkov. Cambridge 1989
Woude, J. van der: Eduard Verkade en het toneel. 's-Gravenhage 1962

Wulf, J.: Theater und Film im Dritten Reich. Gütersloh 1964 (Frankfurt 1989)
Wünsche, D. (Red.): Leopold Lindtberg. Regisseur 1902 – 1984. Berlin 1990
Zdanov, A. A.: Über Kunst und Wissenschaft. Berlin 1951
Zelinsky, B. (Hg.): Das russische Drama. Düsseldorf 1986
Zettl, W.: Luigi Chiarellis Spiel »Die Maske und das Gesicht.« In: Maske u. Kothurn 11 (1965), 43–54
Zimmermann, V.: Das gemalte Drama. Die Vereinigung der Künste im Bühnenbild des deutschen Expressionismus. Diss. Aachen 1987
Zinder, D. G.: The Surrealist Connection. An Approach to a Surrealistic Aesthetic of Theatre. Ann Arbor 1976

Namenregister

Ortsregister

Bildnachweis

Nicht in allen Fällen war es möglich, die Rechtsinhaber geschützter Bilder zu ermitteln. Selbstverständlich wird der Verlag berechtigte Ansprüche auch nach Erscheinen des Buches erfüllen.

J. Abbé: 7, 253
Achay/SPADEN: 25
Akademie der Künste, Berlin: 410
Atelier Diederich: 561, 637
Atelier Jacobi, Berlin: 396
Archiv Burian, Strahov: 619
Archiv Comédie Française, Paris: 4 (l)
Archivo Direzione Gen. Dello Spettaculo: 124
Archif en museum voor het Vlaamse cultuurleven, Antwerpen: 707
Archivo Ricordi, Teatro alla Scala, Mailand: 147 (u)
M. Arzinger, Avignon: 77
Bakruschin Museum, Moskau: 772
M. Berger: 174
Bernard: 12, 189
Bibliothèque Nationale de France, Dpt. des Arts du spectacle, Paris: 9, 16, 18, 75 (u), 78
Biblioteca teatrale del Burcardo, Rom: 779
I. Buhs: 193, 388, 591
Coll. Art et Action, Bibliothèque Arsenal, Paris: 83
Coll. Gemeentearchif Den Haag: 706
Coll. Jacques Lorcey: 15
Coll. Maria Austria, Amsterdam: 710, 713, 716
Coll. Nederlands Architectuurinstituut, Amsterdam: 691, 705
Coll. Pitoëff, Bibliothèque Arsenal, Paris: 31
Coll. Theaterinstituut Nederland, Amsterdam: 690, 692, 695, 696, 697, 702, 709, 715
Coll. Universitteitsbibliotheek, Gent: 700
H. Croner: 404 (l)
P. Crowther, London: 648
P. Darke, Newquay / Cornwall: 73
Deutsches Tanzarchiv, Köln: 440 (l), 441 (r)
Deutsches Theatermuseum München: 275
Dumont-Lindemann-Archiv, Düsseldorf: 522, 523, 527
Fondation Érik Satie: 3
Fonds Albert Birot: 66 (r), 66 (l), 67 (r), 67 (l)
Friedrich Wolf Archiv: 322, 345
Fürstner Musikverlag: 585
Gallerie Del Levante, Mailand: 74
Gyenes: 209
Harcourt. Association Française pour la diffusion du Patrimoine photographe: 10
HCR International, Warrenton, USA: 693
Institut für Theaterwissenschaft der Freien Universität Berlin: 386, 520
Isabey: 57 (u)
G. Krüger, Hamburg: 261
L+M Services, Amsterdam: 80, 85
M. Lima: 184
Mackay: 89
Märkisches Museum, Berlin: 371 (o), 507
Mary Wigman-Gesellschaft: 444
Max-Reinhardt-Forschungsstätte, Salzburg: 285
Ph. Migeat: 343
MNAM-CCI. Service Photographique, Paris: 358 (o), 359 (o)
Museo Biblioteca dell'Attore, Genua: 146 (u)
Museo Depero, Rovereto: 137, 142, 144
Museum of Modern Art, New York: 81
Museo teatrale alla Scala, Mailand: 136
Nakayama: 84, 133
S. Okotowicz: 185
P. Pascuttini: 116
Paul-Klee-Stiftung, Kunstmuseum Bern [schauspielende Marionette, 1923, 253, 17,9×6,2/8,3 cm, Feder auf Papier aus einem Heft, links unregelmässig geschnitten, auf Karton]: 550 (o)
T. della Pera: 158
G. René: 26
Roger-Viollet: 91
Roger-Viollet / Studio Lipnitzki: 4 (r), 33, 36, 40, 86, 110, 113 (r)
H. Rogers: 649
Sammlung Brauneck: 462, 463
Sammlung Familie Schlemmer: 251, 352, 355
Sipa Press, Paris: 72
Staatliche Museen Preußischer Kulturbesitz, Berlin: 453 (u)
Stadt- und Universitätsbibliothek Frankfurt am Main: 303
Stifts- und Landesbibliothek Västeräs, Schweden: 531
H. Steinmetz: 308, 477, 489
J. Stier, Archiv Theater-Mosaik, Berlin: 539
Succession Picasso/VG-Bild Kunst, Bonn 2003: 50, 54 (r), 54 (l), 58 (o), 58 (u), 59 (o), 59 (u), 64
Tanzmuseum Stockholm: 49, 61 (o), 63 (u)
Teatro degli Independenti, Rom: 126, 132
Theaterinstitut Prag: 616
Theatermuseum Kopenhagen: 744 (l)
Theatermuseum V. Mejerchol'd, Penza: 861
Theatersammlung der Österreichischen Nationalbibliothek, Wien: 69 (o.l.), 452 (u), 480 (o), 480 (u), 481 (o), 481 (u), 538, 568, 589, 603, 773 (u)
Theatersammlung der Universität Hamburg: 348, 356, 357 (u), 358 (u), 359 (u), 366 (l), 366 (r), 368 (o), 369 (u), 379 (l), 390 (l)
Theaterwissenschaftliche Sammlung der Universität Köln: 69 (o.r.), 76, 238, 304, 313, 328, 372, 375, 376, 377, 395, 400, 402 (o), 402 (u), 403 (u), 404 (r), 409, 411, 417, 439 (l), 441 (l), 443, 453 (o), 456, 503, 515, 565, 587, 693
Ullstein-Bildarchiv: 591 (u)

Ungarische Nationalgalerie, Budapest: 633
VG Bild-Kunst, Bonn 2003: Umschlagabbildung 48, 49, 51, 52, 55 (r), 55 (l), 56 (r), 56 (l), 57 (u), 60 (o), 60 (u), 61 (o), 61 (u), 62, 63 (u), 66 (r), 66 (l), 67 (r), 67 (l), 68, 69 (o.r.), 69 (o.l.), 75 (o), 75 (u), 76, 77, 78 (r), 78 (l), 88, 90, 91, 92, 95, 99, 121, 128, 129, 132, 136, 137, 140, 142, 143 (o), 143 (m), 143 (u), 144, 150, 151, 152, 237, 313, 317, 340, 343, 357 (o), 358 (o), 359 (o), 364 (o), 364 (u), 386, 417, 419, 423, 456 (o), 456 (u), 457 (o), 516, 545, 551, 603, 625 (o), 625 (u), 633, 742, 743 (u), 772, 773 (o), 773 (u), 775, 790 (u), 802 (r), 802 (l), 803 (l), 805, 806, 807, 833 (o), 836 (r), 838 (o), 839, 841, 843, 855 (u), 857
Victoria and Albert Museum, London: 647, 768, 792
Willi-Saeger-Archiv: 63 (o), 379 (r), 475, 482, 495
E. Agerholm / V. Berggreen: Den Danske Skueplads 1722–1922. Kopenhagen 1922: 741
B. Albach: Het Huis Op Het Plein. Im Auftrag der Amsterdamse Schouwburg: 719
S. d'Amico: Storia del teatro drammatico. Mailand (Garzanti) 1953: 622, 635, 888, 898
Apollini et Musis – 250 Jahre Opernhaus Unter den Linden. Hrsg. v. G. Quader. Frankfurt/M u. Berlin (Propyläen) 1992: 569
Arnold Schönberg, Wassily Kandinsky. Briefe, Bilder und Dokumenten. Hrsg. v. J. Hahl-Koch. München (Econ / Ullstein / List) 1980: 456 (o), 456 (u), 457 (o), 467
V. Arpe: Das schwedische Theater. Göteborg (Svenska Bokförlaget) 1963: 727, 728, 732, 738, 756
Artaud. Hrsg. v. J.J. Pauvert. Paris 1986: 92, 102, 103
Autonomi, marionette e ballerine nel teatro d'avanguardi. Hrsg. v. C. Nasso u. S. Parini. Mailand: Museo di Arte Moderna e Contemporanea di teatro e revereto (Skira) 2000: 129, 350, 362 (r), 362 (l)
Ch. Balme: Das Theater von Morgen. Würzburg (Königshausen + Neumann) 1988: 249
F. Bartoš / M. Rutte: Die moderne tschechische Szene. Prag (Vladimir Zikes) 1938: 607, 608, 610, 611, 618
H. Bellow: Ballet in Moscow Today. London (Thames and Hudsons) 1956: 887
K. Budzinski: Pfeffer ins Getriebe. So ist und wurde das Kabarett. München (Universitas) 1982: 433, 434, 435, 436 (o), 437
Bühne und bildende Kunst des Frankfurter Expressionismus. Die Städtischen Bühnen 1917–1933. Frankfurt 1985: 335 (o), 338
Bühne und bildende Kunst im 20. Jahrhundert. Hrsg. v. H. Rischbieter. Velber b. Hannover (Friedrich) 1968: 48, 52, 53, 61, 80, 143 (o), 143 (m), 143 (u), 226, 237, 327, 535, 550 (u), 777
Carl Zuckmayer 1896–1977. »Ich wollte nur Theater machen«. Hrsg. v. G. Nickel u. U. Weiß. Stuttgart (Deutsche Schillergesellschaft Marbach) 1996: 381, 383 (o)
G. Chillemi: Il dramma antico nella Grecia moderna. Bologna (Capelli) 1963: 937, 940
M.-F. Christout: Théâtre du Vieux-Colombier: 1913–1993. Paris (Norma) 1993: 11, 19, 20, 22
F. Curet: Historia del Teatre Catalá. Barcelona (Aedos) 1967: 202, 204, 208
H. Curjel: Experiment Krolloper 1927–1931. Hrsg v. E. Kruttge. München (Prestel) 1975: 248, 357 (o), 448, 452 (o)
Le Décor de Théâtre dans le Monde depuis 1935. Hrsg. v. R. Hainaux. Paris u.a. (Elsevier) 1956: 730, 933 (u)
Dore Hoyer, Tänzerin. Hrsg. v. Deutschen Tanzarchiv Köln. Berlin (Edition Hentrich / Fröhlich & Kaufmann) 1992: 447, 451
Enciclopedia dello spettacolo. Rom (Casa Editrice Le Maschere) 1954: 108 (u), 127
Encyplopédie du théâtre contemporaine. Hrsg. v. G. Queant. Paris (Oliver Perrin) 1959: 13, 45, 106, 111, 442
Erwin Piscator. Eine Arbeitsbiographie in zwei Bänden. Hrsg. v. K. Boeser u. R. Vatková. Berlin (Edition Hentrich / Fröhlich & Kaufmann) 1986: 530
O. Fencl: Das Theater in der Tschechoslowakei. Prag (Artia) 1963: 623, 628
Frankfurt und sein Theater. Hrsg. v. H. Heym. Frankfurt/M. (Waldemar Kramer) 1963: 239, 334 (l), 498, 526 (o)
Gustaf Gründgens – Ansichten eines Schauspielers. Hrsg. v. M. Matzigkeit u. W. Meiszies. Düsseldorf 1999: 521, 526 (u.l.)
J. Grigorivitsch / B. Provski: Das Bolshoi. Ballett und Operntheater in Moskau. Bern (Benteli) 1976: 882
A. v. Gyseghem: Theatre in Soviet Russia. London (Faber and Faber) 1943: 808
Habima: Hebräisches Theater. Berlin Wilhelmsdorf (Keller) 1928: 833
H. Hobson: Theatre in Britain. A Personal View. Oxford (Phaidon) 1984: 656 (r), 661, 663, 665, 670, 687
D. Hoffmeier: Stanisławskij. Auf der Suche nach dem Kreativen im Schauspieler. Stuttgart (Urachhaus) 1993: 793, 824, 827, 848, 849, 850

W. Hortmann: Shakespeare und das Deutsche Theater im XX. Jahrhundert. Berlin (Henschel) 2001: 232, 341 (l), 344, 370, 374, 401 (o), 466
»Ich habe nichts zu sagen«. Gespräche mit Therese Giehse. Hrsg. v. M. Sperr. München u.a. (Bertelsmann) 1973: 108 (o), 494
100 Jahre Deutsches Schauspielhaus in Hamburg. Hrsg. v. Zentrum für Theaterforschung d. Universität Hamburg u. d. Deutschen Schauspielhaus in Hamburg (Dölling u. Galitz) 2000: 493, 514, 516
75 Jahre Düsseldorfer Schauspielhaus, 1905–1980. Hrsg. v. H. Schwab-Felisch. Düsseldorf u. Wien (Econ) 1980: 683, 686
25 Jahre Theatertreffen Berlin 1964–1988. Hrsg. v. U. Eckhardt u. B. v. Liebermann. Berlin (Argon) 1988: 562, 598
»Jeder Mensch ist ein Tänzer«. Ausdruckstanz in Deutschland zwischen 1900 und 1945. Hrsg. v. H. Müller u. P. Stökkemann. Giessen (Anabas) 1993: 229, 445, 517
Kamernyi Teatr in ego chydoschniki: 1914–1934. Moskau 1934: 666, 778, 801, 803 (r), 803 (l), 805, 807, 810, 833, 834, 837 (l), 840, 841, 876.
H. Keiser-Hayne: Erika Mann und ihr politisches Kabarett »Die Pfeffermühle« 1933–1937. Reinbek (Rowohlt) 1995: 536
H. Kindermann: Theatergeschichte Europas. Bd. X. Naturalismus und Impressionismus (3. Teil). Salzburg (Otto Müller) 1974: 703, 928
W. F. Knellessen: Agitation auf der Bühne. Das politische Theater der Weimarer Republik. Emsdetten (Lechte) 1970: 393, 428, 494 (u)
B. Kochno: Le Ballet. Paris (Hachette) 1954: 5 (r), 54 (r), 56 (l), 56 (r), 57, 58 (o), 59 (o), 62
Krogh, T.: Teatret på Kongens Nytorv 1748–1948. Kopenhagen (Berlingke) 1948: 734, 742, 745 (r), 763
F. Kuna: T. S. Eliot. Velber b. Hannover (Friedrich) 1968: 681 (r), 685 (r)
Kurt Weill. Ein Leben in Bildern und Dokumenten. Hrsg. v. D. Farneth, E. Juchem, D. Stein. München (Econ / Ullstein / List) 2000: 458, 472, 533
G. Latour: Le Extravagants du Théâtre. De la Belle Époque à la Drôle de Guerre. Paris 2000: 75, 94, 98
Leopold Jessner. Schriften. Theater der zwanziger Jahre. Hrsg. v. H. Fetting. Berlin (Henschel) 1979: 403 (o), 405
Lipnitzki: Images de Louis Jouvet. Paris (Émile-Paul Frères) 1952: 5 (l), 27, 28, 29 (l), 30 (u), 105, 113 (l)
G. Lista: La scène moderne: encyclopédie mondiale des arts du spectacle dans la seconde moitié du XXe siècle. Paris u.a. (Carré / Actes Sud) 1997: 486, 545
Die Maler und das Theater im 20. Jahrhundert. Frankfurt/M. 1986: 8, 54 (l), 55 (r), 55 (l), 60 (o), 64, 68 (u), 69 (u), 130, 131, 145, 146 (o), 147 (u), 155, 191, 212, 216, 223, 300, 354 (u), 551, 625 (u), 627, 717, 766, 773 (o), 779, 790 (o), 791 (u), 823 (o), 832, 833 (u), 836 (l), 859 (u), 860, 861
Maske & Kothurn. Graz u.a. (Böhlau) 7. Jahrgang, 1961: 575
Materialien zum Leben und Schreiben der Marieluise Fleißer. Hrsg. v. G. Rühle. Frankfurt/M. (Suhrkamp) 1973: 390 (r)
Max Reinhardt in Amerika. Hamburg u. Wien (Egermann Druckereigesellschaft) 2000: 274, 532
Max Reinhardt in Berlin. Hrsg. v. K. Boeser u. R. Vatková. Berlin (Edition Hentrich / Fröhlich & Kaufmann) 1984: 252, 259, 262 (l), 263 (r), 263 (l), 281, 643 (o)
Max Reinhardt. Sein Theater in Bildern. Hrsg. v. der Max Reinhardt Forschungsstätte Salzburg. Velber b. Hannover (Friedrich) u. Wien (Österreichischer Bundesverlag) 1968: 262 (r), 267 (r), 284, 286, 288, 289, 291, 292, 295, 570, 571
L. Moussinac: Le Théâtre. Des origines a nos jours. Paris (Amiot Dumont) 1957: 29 (r), 35, 109 (o), 229, 256, 656 (l), 669, 760
L. Moussinac: The new movement in the theatre. Survey of recent developments in Europe and America. New York (Benjamin Bloom) 1967: 65, 250, 325, 401 (u), 408, 412 (u), 459, 558, 701, 826, 880
H. Müller: Mary Wigmann. Leben und Werk der großen Tänzerin. Hrsg. v. der Akademie der Künste, Berlin. Weinheim u. Berlin (Quadriga) 1992: 230
A. Mury: Jedermann darf nicht sterben. Geschichte eines Salzburger Kults 1920–2001. Salzburg u. München (Anton Pustet) 2001: 572 (r), 572 (l), 573
Panorámica del teatro en España. Madrid (Ed. Nacional) 1973: 167, 179, 199
Piccolo teatro 1947–58. Mailand (Nicola Moneta) 1958: 162, 190, 681 (l)
M. Pauli: Sean O'Casey. Drama. Poesie. Wirklichkeit. Berlin (Henschel) 1977: 671, 673 (r)
D. Pauly: Théâtre Années 20. La Rénovation Scénique en France. Paris (Norma) 1995: 19 (u), 24, 34, 38, 44, 95, 662
W. Petzet: Theater. Die Münchner Kammerspiele 1911–1972. München (Kurt Desch) 1973: 341, 346, 347
E. Pirchan: Harald Kreutzberg: Sein Leben und seine Tänze. Wien (Frick) 1941: 438

J. B. Priestley: Theatre Outlook. London (Adprint) 1947: 645
A. M. Rabenalt: Mimus eroticus. Beiträge zur Sittengeschichte der erotischen Szenik im 20. Jahrhundert. Hamburg (Verlag f. Kulturforschung) 1965: 13, 560
Les révolutions scéniques du XXe siècle: Lithographies originales de Joan Miró. Hrsg. v. D. Bablet. Paris (Société international d'art XXe Siècle) 1975: 6, 50, 60, 63 (o), 253 (u), 361, 392, 616, 887, 896
H. Richter: Dada – Kunst und Antikunst. Köln (Dumont Schauberg) 1964: 550 (o.l.)
K. Rudnitzky: Russian and Soviet Theatre, 1905–1932. New York (Abraham) 1988: 88, 621, 767, 769, 770, 782, 788, 790 (u), 794, 795, 797, 802 (r), 802 (l), 814, 816, 819, 828, 836 (r), 837 (r), 838 (u), 839, 842, 847, 850, 851, 857, 865, 866, 871, 872, 873
Schmidt, J.: Das Tanztheater in Deutschland. Frankfurt/M. u. Berlin (Propyläen) 1992: 351
Schweizer Theaterbuch. Zürich (Atlantis) 1964: 553
Skuespillernes Jubilœumsbog 1904–1954. Hrsg. v. B. Rothe. Kopenhagen (Rasmus Nevers) 1954: 744 (r), 754
Šlepjanovi, stat'i, zametki, vyskazyvanija sovremenniki o Šlepjanove. Moskau (Iskusstvo) 1969: 852
Stadttheater Basel. Festschrift zur Feier des 125jährigen Bestehens des Basler Stadttheaters. Hrsg. v. R. Schwabe. Basel (Pharos) 1959: 542
Stage Design throughout the World since 1950. Hrsg. v. R. Hainaux. New York (Theatre Art Books) 1964: 881, 884
Stanisław I. Witkiewicz. Beelzebub Sonata. Plays, Essays and Documents. Hrsg. v. D. Gerould u. J. Kosicka. New York (Performing Arts Journal Publications) 1980: 893
A. Strindberg: Über Drama und Theater. Hrsg. v. M. Kesting u. V. Arpe. Köln (Kiepenheuer & Witsch) 1996: 726, 728, 729, 734, 757
Theater in der Weimarer Republik. Hrsg. v. Kunstamt Kreuzberg u. dem Institut für Theaterwissenschaft der Universität Köln. Berlin 1977: 117, 231, 233, 314, 320, 321, 326, 334 (r), 336, 384 (u), 414, 415, 426, 429, 431, 457 (u), 474, 490, 855 (o)
Theaterlexikon. Hrsg. v. H. Rischbieter. Zürich u. Schwäbisch Hall (Orell Füssli) 1983: 90, 170, 236, 382 (o), 382 (u), 384 (o), 492, 499, 579, 581, 899
Le théâtre en France. Bd. 2: De la révolution à nos jours. Hrsg. v. J. d. Jamaron. Paris (Colin) 1989: 91
The Theatre in Yugoslavia. Hrsg. v. Museum Theaterkunst Belgrad. Belgrad 1955: 927
The Theatre Museum – Victoria and Albert Museum. Hrsg. v. A. Schouvaloff. London (Scala Publications) 1987: 653
Le Théâtre Yougoslave d'aujourd'hui. Hrsg. v. Centre National Yougoslave de l'I.T.I. Zagreb: 118, 931, 932, 933, 934, 935 (o)
25 Teatersæsoner. Kopenhavnske teatre i billeder og repertoire, 1931 til 1956. Hrsg. v. S. Kragh-Jacobsen u. K. Christensen. Kopenhagen (Illustrationsforlaget): 750 (o), 751, 753, 754, 755
N. Treatt: Chéreau. Paris (Liko) 1984: 215
S. Trussler: The Cambridge Illustrated History of English Theatre. Cambridge (Cambridge University Press) 1994: 641, 642, 644, 647 (o), 651, 662 (o), 668, 685 (l)
K. Völker: Fritz Kortner. Schauspieler und Regisseur. Berlin (Hentrich) 1992: 323
K. Völker: Irisches Theater II: Sean O'Casey. Velber b. Hannover (Friedrich) 1968: 672 (r), 672 (l), 673 (l)
Les voies de la création théâtrale 7: Mises en scène années 20 et 30. Hrsg. v. D. Bablet. Centre national de la recherche scientifique (Paris) 1979: 412 (o), 412 (u), 479 (l), 626, 815, 845, 853, 854 (l)
Les voies de la création théâtrale 16: Giorgio Strehler. Hrsg. v. O. Aslan. Centre national de la recherche scientifique (Paris) 1989: 164, 484, 485, 491, 496
Vom Kurfürstendamm zum Broadway. Kurt Weill (1900–1950). Hrsg. v. B. Kortländer u. a. Düsseldorf (Droste) 1990: 451, 461, 470 (r), 471
L. Wagner: Der Szeniker Ludwig Sievert. Studie zur Entwicklung des Bühnenbildes im letzten Jahrzehnt. Berlin (Bühnenvolksbundverlag) 1926: 302, 329, 331
D. Walach: »Aber ich habe nicht mein Gesicht«: Gustaf Gründgens – eine Deutsche Karriere. Berlin (Henschel) 1999: 524, 526 (u.r.)
A. Weigel: Das Deutsche Theater. Eine Geschichte in Bildern. Hrsg. Deutsches Theater. Frankfurt/M u. Berlin (Propyläen) 1999: 266 (r), 266 (l), 267 (r), 270, 271, 277, 278, 282, 298, 306, 373, 502, 504, 510, 512 (r), 512 (l), 525, 592.
Welttheater – Theatergeschichte, Autoren, Stücke, Inszenierungen. Hrsg. v. H. Rischbieter u. J. Berg. 3. Aufl. Braunschweig (Westermann) 1985: 109 (u), 119, 157, 186, 227, 301, 307, 593, 676, 875 (l)
P. Zucker: Theater und Lichthäuser. Berlin (Ernst Wasmuth) 1926: 244 (o), 244 (u), 245 (o), 245 (u), 246, 247